מחזור המקדש ליום הכיפורים

קורן

נוסח ספרד

קורן ירושלים
מכון המקדש

מחזור המקדש ליום הכיפורים
קורן

ויאמר ה׳ סלחתי כדברך

נוסח המחזור ערוך ומוגה בידי
הרב דוד פוקס

מבואות לקטעי התפילה ופרקי ההסבר מאת
הרב ישראל אריאל – מכון המקדש

•

מכון המקדש
הוצאת קוֹרֵן ירושלים

מחזור המקדש ליום הכיפורים קורן
מהדורה ראשונה © תשע״ט (2019)
הוצאת קורן ירושלים
ת״ד 4044 ירושלים 9104001
www.korenpub.com

ציירים: ג׳ורג׳ ברדיצ׳בסקי, דמיטרי ברינובסקי, גרגורי וכליס, זליס סמיכוב, מיכאל פוטילוב.

ספרד, מהדורה אישית, כריכה קשה, מסת״ב: 978-965-7760-31-4.
Printed in Israel

ממאו

תוכן

הקדמה

"בתוך לבי משכן אבנה לזיוו, קרבן תקריב לו נפשי היחידה"
(ר' אלעזר אזכרי)

יהודי לעולם אינו מתהלך בעולם או ניגש אל ה' לבדו. בערב יום הכיפורים שפתיו מתחילות לנוע כשהוא מודע למיליוני יהודים שמתחילים להתפלל איתו בכל רחבי העולם ולדורות הקודמים שבזכותם הם ניצבים היום וכמו כן למציאות של הדור הזה, המרחפת בין גלות וגאולה.

יחד עם המודעות הזו קשה להתעלם מכך שאנחנו אחרי אלפיים שנות חוסר במקדש פיזי. יום הכיפורים בולט בין שאר המועדים כיום שבו היעדר המקדש מונע כמעט כל ביטוי פיזי של יחסו של עם ישראל אל ה' ויחס ה' אל עמו. יום שהיה מלא במחוות ברורות, בטבילות, בריצות זריזות ובקרבנות הפך ליום שבו משלבים תפילה, ציפייה ודממה.

המרחב של המקדש הוא מרחב של ביטויים מובהקים של הקשר בין עם ישראל לה': המערכת המשוכללת והמדויקת של עבודת המקדש, התופסת את המקום המרכזי ביותר בחמשת חומשי התורה, מאפשרת ליחיד ולציבור מנעד רחב של מבע כלפי ה', וגם יוצרת תנאים להתגלות מפורשת של נוכחות ה'. חורבן המקדש וגלות של אלפיים שנה ללא המרחב הזה אילצו את עם ישראל לפתח את המרחב הפנימי שלו ללא מבע חיצוני, ולטפח רגשות וגעגועים כלפי ה', שמראש נועדו להישאר ערטילאיים או לכל היותר לזכות למבע מילולי בלבד. עד כדי כך שכיום ישנם אנשים התמהים אם יש צורך במקדש של ביטויים מובהקים.

כמעט בלתי אפשרי להבין מה חסר לנו, כמו שכמעט בלתי אפשרי להסביר למה לא ניתן לנהל קשר של נישואים בין שני אנשים שגרים ביבשות שונות שכל התקשורת ביניהם היא במכתבים. בלי הקימה יחד בבוקר, המבטים ההדדיים החטופים, החיוכים העדינים וקריצות העין, האכילה המשותפת על הספה אחרי השכבת ילדים, ההבעה המפורשת של תסכולים - חסרים חיים! חיים ביחד. בהיעדר מקדש אפילו תקשורת הדדית של מכתבים אין לנו כיום - אנחנו נושאים תפילה אל ה' ואיננו זוכים לראות חוט שני שהופך ללבן או ניסים גלויים שמתרחשים לעין כול. בהעדר מרחב לביטוי חיצוני שלנו גם ה' אינו מתבטא בצורה גלויה. לכל היותר אנו זוכים בהרמז של חן מרומם וחמקמק, שבחלוף רגע החסד אנחנו מתלבטים אם הכמיהה שלנו היא זאת שכיזבה בנו רגשות נשגבים כדי לספק לנו תגמול כלשהו.

הצד המסוכן בביטויים חיצוניים הוא שהמערכת המופלאה הזאת עלולה להיות

חיצונית בלבד, שלא תביע מהות אלא תהיה מקבץ של פעולות טכניות. כאשר חוזרים על התנועות בלי שהן תהיינה מבע של כוונה פנימית טהורה, הבית שהקמנו יחד עם ה׳ חסר חיים, ומתמוטט מאליו, כי לא זה התפקיד של המרחב הזה שנועד לגילוי הדדי בינינו לבין ה׳.

אשרי הדור שלנו שנבחר על ידי רבונו של עולם וקיבל הזדמנות שמעולם לא הייתה לדורות שלפנינו. כמו דורו של נח שניגש ליצור חברה עם מודעות לכך שה׳ מסוגל לבחור להחריב אותה, כמו דורו של יהושע שנכנס לארץ הקודש בידיעה שה׳ יכול להחליט שהעם אינו ראוי לכך, כך הדור שלנו ניצב היום עם זכרון העבר של האומה לנגד עיניו. אנו מודעים לסכנה שבביטוי חיצוני שאין בו מבע מהותי, שאינו גם קשור למוסריות ושלמות הלב. אנחנו יודעים שיש ערך אדיר לעולם הפנימי שאותו טיפחנו כבר אלפיים שנה. אבל בניגוד לדורות שהיו מצויים עמוק בגלות, לנו כיום יש את הפנאי הרוחני לחלום על בניית בית המקדש. בדור האחרון מושגים שאלפיים שנה היו פנימיים בלבד ודנו רק באספקטים תיאורטיים שלהם, הפכו למצוות שיש להן ביטוי פיזי גדוש בגעגוע ותוכן רוחני שזוקק אלפיים שנה. נוכחות ה׳ כבר איננה מוגבלת לד׳ אמות של הלכה תיאורטית בלבד והיא מתפשטת לתחומים רבים. לנו כבר יש את האפשרות ואת התעוזה לדמיין כיצד אנחנו נחדיר משמעות, רגש ורצון בעבודת המקדש בפועל.

לדור שבו יש ערגה אבל אין מקדש יש חשיבות עילאית. גם אחרי שתהיה לנו הזכות להתייצב בבית המקדש, הניסים הגלויים והפעולות המעשיות עשויות למלא אותנו כל כך בהתפעמות שלא נראה שום ערך בכוונותינו וכמיהתנו הפשוטות והאישיות. אבל רחמנא ליבא בעי וזה הזמן למלא את הלב במשמעות הפנימית שבעבודת המקדש. כעת בתקופת היאירוסין שלנו, יש לנו הזדמנות להכיר את עבודת היום במקדש, ודווקא בגלל ריחוקנו להעיז לצרף אליה את רצונותינו בצורה כנה ותמימה. אם נשדך בין השניים, עבודת המקדש ופנימיות ליבנו, יש סיכוי שגם במקדש הבנוי נצליח להפיח את המעשים שלנו בכוונה טהורה בלי שחלילה נידרדר לחיצוניות גרידא.

ביצירת המחזור הייחודי הזה אנחנו מבקשים לאפשר למתפלל ליצור את החיבור הזה. בייחוד ביום הכיפורים, יום בו אנו שואפים לשוב ולמלא את כל המעשים שלנו בכוונה ומשמעות, ולבקש מה׳ ומחברינו מחילה על מעשים שהיו ריקים מכוונה או שנעשו בכוונה שגויה. אם נשאף תמיד למלא את כל המעשים שלנו בכוונה טהורה ובלב גועש, אז נזכה להיות ראויים גם להיראות פנים אל פנים עם ה׳ ביום כיפור, לקבל ממרום ביטויי אהבה מובהקים, ולעבוד במקדש שלא ייחרב (תנחומא שופטים ט).

תודתי נתונה לעוסקים במלאכה: העיצוב המוקפד הוא פרי מלאכתם של תמי מגר, רינה בן-גל ואליהו משגב. את התוכן ערכו והגיהו הרב אבי כהנא והרב ינון חן, ועל ההפקה אמון אבישי מגנצא.

יהושע מילר, עורך ראשי
הוצאת קורן ירושלים

מבוא

׳סדר העבודה׳ במקדש ובעת החורבן

יום הכיפורים בזמן שבית המקדש היה קיים היה יום שכולו עבודה. הכהן הגדול היה עושה את עבודת הקודש בעזרה, בהיכל ובקודש הקודשים, וישראל הנוכחים בעזרה היו צופים בעבודתו ואף היו שותפים בחלקים ממנה, בתשובה, בווידוי ובהשתחוויה.

עם חורבן המקדש בירושלים, בטלה עבודת הכהן הגדול והותירה חלל ריק. היום הקדוש בשנה איבד את תוכנו העיקרי. חכמינו ז״ל תיקנו תפילות ווידויים ליום זה, כתחליף לעבודת הקרבנות במקדש, בבחינת ״ונשלמה פרים שפתינו״, וקבעו את נוסח התפילות הללו. כמו כן תיקנו לומר בציבור את סדר עבודת הכהן הגדול במקדש לפרטיה, כחלק מתפילות היום.

בהעדר מקדש וכהן גדול ובהעדר המערכת השלמה, הכוללת ״כוהנים בעבודתם, לויים בדוכנם וישראל במעמדם״, דל כוחן של המילים לתת מושג על הגודל והעומק של המעמד במקדש. יתרה מזו, אף סדר המעשים כפשוטו קשה להבנה. במהלך הדורות ניסו הפייטנים לתאר סדר זה בצורה תמציתית וקצרה בפיוטי ׳סדר העבודה׳ שכתבו, אך סגנון הפיוט הכביד על ההבנה. עבור חלק ניכר מציבור המתפללים ׳סדר העבודה׳ הוא כ׳ספר החתום׳. המילים נאמרות כתפילה, אך בהעדר כוונה, האמירה היא כ׳גוף בלי נשמה׳. עם זאת, אצל רבים נאמר סדר העבודה מתוך רגש של קדושה, תוך כריעות והשתחוויות, הנותנות מושג קלוש על גודל היום הזה במקדש.

ב׳מחזור המקדש׳ שלפנינו, נעשה ניסיון למלא את החלל שנוצר מאז החורבן, ולהביע, כמידת היכולת, במילים ובציורים, משהו מגודלה ומהדרה של עבודת הכהן הגדול בבית המקדש.

התכנים של יום הכיפורים הם אוצר כביר של הלכות והגיונות עמוקים. תקצר היריעה מלפרוס את כולן, בוודאי במסגרת מחזור יום הכיפורים שאדם נוטל עמו לבית הכנסת. עם זאת, איננו פטורים מלחוש ביום זה משהו ממה שחש בזמנו אדם מישראל שעמד בעזרה והיה שותף לעבודת הכוהן הגדול ביום הכיפורים. תפילתו של אדם מישראל ביום זה אינה שלמה, אם אינו עד למעמד המופלא של עבודת הכוהן הגדול במקדש ושל עמידת ישראל בעזרה. שעות אלה במקדש היו פסגת השנה כולה, הייתה זו עבודת אלוהים במובנה העליון.

מחזור המקדש

סללנו את דרכנו במחזור זה בלא מעט לבטים, כיצד לתת למתפלל, גם בהיותו ב׳מקדש מעט׳, מושג מה על אשר התרחש ביום זה ״בבית הגדול והקדוש שנקרא שמך עליו״.

בציורים הנלווים מקבל המעיין מושג כלשהו על המקדש בהדרו, וכך גם תיאור של עיקרי עבודת יום הכיפורים. כן יוכל המעיין לחזות ב׳מראה כהן׳ כפי שנראה במהלך העבודה, להתבונן בקהל הסובב אותו בעזרה, ולחוש משהו מתחושתם בשעה זו.

שמנו לנגד עינינו את שיטתו ההלכתית והרעיונית של מורה הדורות – הרמב״ם – בספרו ׳משנה תורה׳ ובכתביו האחרים, ׳פירוש המשנה׳ ו׳מורה נבוכים׳. זאת מבלי להתעלם מדעותיהם של פרשנים אחרים, ראשונים ואחרונים, אף שמקוצר היריעה לא יכולנו להביא את מגוון דעותיהם, למרות חשיבותן.

יום הכיפורים הוא ים של הלכות והגיונות, המייחדים אותו משאר מועדי השנה. טיפה מן הים הזה דלינו, והננו מגישים אותה בפני הלומד והמעיין.

כבר אמרו חכמינו ז״ל: ״גדול תלמוד שמביא לידי מעשה״ (קידושין מ, ב). לפיכך, ככל שתגדל הידיעה, והדברים יהיו בהירים ומוחשיים, כך גם תקרב ותבוא השעה שבה ייבנה המקדש במקומו בירושלים, ועבודת יום הכיפורים תשוב למקומה כבעבר.

כדי לאפשר דיון רצוף ב׳סדר העבודה׳ גופו, הפרדנו נושאים המחייבים דיון רחב לפרקים העומדים ברשות עצמם והמשמשים כמבוא ל׳סדר העבודה׳. לפיכך, פעמים ימצא המעיין בביאור סדר העבודה חזרה על דברים שנידונו בהרחבה במבוא. הדבר נעשה כדי להקל על המעיין ב׳סדר העבודה׳ לעמוד על עיקרי הדברים, בלי להזדקק למבוא בכללותו.

החידוש במהדורה זו

׳מחזור המקדש׳ ליום הכיפורים ראה אור בשנת תשנ״ה, והתקבל בברכה בציבור הרחב. באותם ימים יצא המחזור בהוצאת חברת ׳כרטא׳ ועתה הוא רואה אור מחדש בהוצאת ׳קורן׳.

אחד החידושים במחזור שלפנינו הוא הוספות קצרות ושינויים קלים בתפילה, כמתחייב על פי דברי פוסקים, ראשונים ואחרונים.

מתברר, כי רבים בציבור בתקופתנו, מעוניינים לבטא בתפילה באופן משמעותי את המתחדש בדורנו – דור תקומה. עם ישראל כיום בן חורין בארצו, שולט במרחביה וגם במקום המקדש, אך הדבר אינו מוצא את ביטויו בנוסח התפילה המקובל, שעיצובו נעשה בתקופת הגלות. אי לכך, ולבקשת רבים, נכנסו למחזור זה שינויים אחדים, וכאמור לאור דברי הפוסקים. השינויים שנכנסו לא שולבו בגוף התפילה אלא בתחתית העמוד, כדי לאפשר לכל מתפלל להמשיך ולהתפלל בנוסח התפילה שהוא רגיל בו. כך יוכל כל אחד לבחור את הנוסח המתאים לו, לפי הבנתו ובחירתו.

תודה ותפילה

׳מכון המקדש׳ מודה להוצאת קורן על האכסניה המכובדת שנתנה למחזור זה, ועל השקעתה ומאמציה להוציא את סדרת מחזורי המקדש לכבוד ולתפארת. הוצאת קורן ראויה לתודה מיוחדת על הוצאת מחזור זה בדייקנות, בלבוש חדש ובתוכן חדש, כמתבקש בדורנו.

כמו כן, תודתנו למשרד לענייני דתות על הסיוע שהגיש למכון המקדש.

אנו מודים גם ליו״ר המכון למפרשי

התלמוד, הרב נחמן כהנא, אשר הדברים נכתבו בבית מדרשו, 'חזון יחזקאל', השוכן בצל מקום המקדש.

אין לנו אלא לסיים בתפילה הנאמרת במהלך תפילות המועדים, ואשר מקורה בתפילת הכהן הגדול ביום הכיפורים במקדש: "אנא רחום ברחמיך הרבים, השב שכינתך לציון עירך, **וסדר** העבודה לירושלים, ושם נעבדך ביראה, כימי עולם וכשנים קדמוניות. ברוך אתה ה', שאותך לבדך ביראה נעבוד".

תפילה כהלכתה בדור תקומה

מיוחדת היא תפילת יום הכיפורים מבין תפילות החגים, שבמהלכה מרגיש אדם מישראל כאילו הוא נוכח במקדש. שליח הציבור לוקח אותנו עמו בתפילת מוסף אל ההיכל וחצרותיו. המתפללים עוקבים אחר הכוהן הגדול בעבודתו במקדש, כשהוא מתוודה בשם כל ישראל לכפר על חטאי השנה כולה.

בהיותנו בגלות הייתה תפילה זו זיכרון העבר הקדום. אבל כשעם ישראל חוזר לחיות את חייו בארץ ישראל ובירושלים, כפי שזכינו, בחסדי ה', בדור תקומה זה, שבו נקבצו ישראל מכל הארצות לארץ ישראל, כשעינינו רואות ערים גדולות ויישובים בנויים לתפארה ברחבי הארץ, ירושלים בבניינה ובתפארתה ובה שישים ריבוא מישראל, ובלבה של ירושלים – הר הבית וקודש הקודשים בידי עם ישראל, במציאות זו – מתבקשת תפילה אחרת מזו שבתקופת הגלות. הדברים אמורים בכל תפילות השנה ובמיוחד ביום הכיפורים.

המציאות של ימינו יש לה הגדרה ברורה בדברי חז"ל, האומרים במסכת ברכות (לד, ב): "אין בין העולם הזה לימות המשיח אלא שעבוד מלכויות בלבד", והדברים מובאים להלכה ברמב"ם (הלכות תשובה ט, ב; הלכות מלכים יב, ב). בתקופה של יציאה מן הגלות, כשישראל יושבים על אדמתם בארץ ישראל כבני חורין, מתבקשת, בהכרח, תפילה התואמת את התקופה. תפילה אינה הקראה מתוך ספר, אלא ביטוי לרחשי הלב, ככתוב "ולעבדו בכל לבבכם" (דברים יא, יג), לפיכך אין נוסח התפילה יכול להיות זהה לנוסח שהיה נאמר בגלות. במציאות החדשה שזכינו לה מתחייבת תפילה לפי צורכי הזמן, והדבר צריך למצוא את ביטויו בנוסח התפילה, הן בתפילת ימי החול והן בתפילות המועדים השונים.

התפילה – מעיקרי האמונה

יום הכיפורים הוא אחד הימים בשנה שבו חלק נכבד מן העם היהודי מתייחד בתפילה ובחשבון נפש עם בורא עולם. התפילה היא אחת ממטרות הצום, במיוחד ביום הכיפורים, וכפי שנאמר בהפטרה, בישעיהו נח, ו: "הלוא זה צום אבחרהו... הלוא פרוס לרעב לחמך... אז תקרא – וה' יענה, תשווע – ויאמר הנני", כלומר: אחרי התיקון והתשובה – תתפלל ותזעק וה' יענה. מסיבה זו הוסיפו חכמים ביום כיפור 'תפילת נעילה'.

לאור האמור, ראוי לחזור ולעמוד על יסודות מצוות התפילה, שלדעת הרמב"ם ורוב הפוסקים היא מצווה מן התורה. כבסיס ויסוד לתפילה, יש לשים מול עינינו שניים משלושה עשר עיקרי האמונה שקבע

הרמב״ם. האחד: ״אני מאמין באמונה שלמה, שהבורא יתברך שמו **לו לבדו ראוי להתפלל**״, כלומר: הבורא מאזין לכל מילה היוצאת מפי האדם. והעיקר השני: ״שהבורא יתברך שמו יודע כל מעשי בני אדם וכל מחשבותיהם, שנאמר: ׳היוצר יחד לבם, המבין אל כל מעשיהם׳ (תהלים לג, טו)״. מכאן מובן הדגש ששמו חז״ל על הכוונה בתפילה, וכדברי חז״ל בירושלמי ברכות (ה, ה): ״אם כיוונת את לבך בתפילה – תהא מבושר שנשמעה תפילתך. מה טעם? ׳תכין לבם – תקשיב אונך׳ (תהלים י, יז)״. היינו, ככל שאדם מתרכז במחשבתו ומבטא את רחשי לבו באמת – כך גם תקובל תפילתו.

תפילה מזויפת אינה מתקבלת

מצינו בדברי נביאי ישראל תוכחות על תפילות הנאמרות לפני ה׳ כשהפה אינו משקף את הכוונה האמתית, וכדברי ישעיהו (כט, יג): ״בפיו ובשפתיו כבדוני ולבו רחק ממני״. לנוכח תפילות מזויפות שכאלה הזהיר הנביא על העונש הצפוי: ״לכן הנני יוסף להפליא את העם הזה [ולהביא עליהם צרות] הפלא ופלא״ (ישעיה כט, יד).

חז״ל במדרש מביאים מעשים מדורות עברו, על אודות דיבור שאינו רצוי בעיני בורא עולם ואינו אמתי, כמובא בתנחומא (פרשת בראשית): ״קין ביקש לגנוב דעת של מעלה, אמר הקדוש ברוך הוא: ׳מה עשית? קול דמי אחיך צועקים אלי!׳ (בראשית ד, י), כיון ששמע קין התחיל לעשות תשובה של רמאות״.

כעין זה עשו ישראל לרגלי הר סיני, כמבואר בתוספתא (בבא קמא ז, ח) שישראל אמרו דברים מן השפה ולחוץ, אך בורא עולם היודע מחשבות ידע באותה שעה כי אין זו אלא גניבת דעת: ״מצינו כשהיו ישראל עומדין על הר סיני ביקשו לגנוב דעת העליונה, שנאמר: ׳כל אשר דבר ה׳ נעשה ונשמע׳ (שמות כד, ז)... אם תאמר שאין הכול גלוי לפניו, והלא כבר נאמר: ׳ויפתוהו בפיהם ובלשונם יכזבו לו, ולבם לא נכון עמו ולא נאמנו בבריתו׳ (תהלים עח, לו)״. כך גם מובא בבמדבר רבה (נשא פרשה ז): ״אפילו בשעה שהיו אומרים ׳נעשה ונשמע׳, היו אומרים בפיהם אחד ובלבם אחד... אפילו באותו היום שהיו עומדים לפני הר סיני לא היה לבם נכון לבוראם״.

העולה מן האמור, שלא ייתכן זיוף בתפילה, אלא תפילה צריכה להיות אמתית ומדויקת, כמובא במדרש תהלים (מזמור קא, ג): ״׳לא ישב בקרב ביתי עושה רמיה׳... צריך אדם להיות עלוב [וישר] בתוך ביתו, וכל שכן בביתו של הקדוש ברוך הוא. ׳דובר שקרים לא יכון לנגד עיני׳... וכת שקרים אינה רואה פני השכינה״.

כל אי דיוק בדיבורו של אדם לפני המקום – פסול. מסיבה זו קבעו חז״ל שלא כל אדם מישראל המביא ביכורים למקדש רשאי לקיים את מצוות ׳מקרא ביכורים׳. למשל, אדם שאיבד את פירות שדהו, או שלוחו של אדם, וכן אדם שאינו הבעלים של השדה שאת פירותיה הוא מביא – אלה לא יקראו במקדש את פרשת מקרא הביכורים. אדם כגון זה אינו יכול לומר: ״הנה הבאתי את ראשית פרי האדמה **אשר נתת לי ה׳**״ (דברים כו, י), שכן הוא מביא למקדש פירות שדה שאינה שלו. כך אומרת המשנה גם בעניין

גר שנתגייר, שאינו קורא מקרא ביכורים, שכן אינו יכול לומר "הארץ אשר נשבע ה' לאבותינו" (אמנם להלכה פסק הרמב"ם בהלכות בכורים שהגר מביא וקורא, הואיל והארץ ניתנה לאברהם, ואברהם נקרא "אב המון גוים" (בראשית יז, ד), כלומר אברהם הוא אביהם של ישראל ושל הגרים, ולכן כשהגר אומר "לאבותינו" הוא אומר אמת).

ספר החינוך: התפילה והתחנון לפני ה' חייבים להיות אמתיים ומדויקים

בעל ספר החינוך (מצוה תר"ו) הביא אף הוא הלכות אלו: "יש מביאין ואינן קורין, כגון העבד והשליח אינן קורין, שאינן יכולין לומר: 'אשר נתת לי' שהארץ אינה שלהם", והסיק מכאן הלכה למעשה, לאדם העומד בתפילה לפני ה', שלא יאמר אלא דברי אמת, ובלשונו: "מן העניין הזה יש לנו ללמוד **בתפילותינו ותחנונינו** לפני השם ברוך הוא, לדקדק מאוד ולהיזהר בלשון, **שלא לומר דבר לפני השם כי אם בדקדוק גדול**, וזכור זה בני ושמרהו".

המקור לדבריו הם דברי חז"ל במשנה (מסכת ביכורים א, ד), האומרת שגר שהתגייר צריך לדקדק בלשונו בתפילה, ואינו יכול להתפלל כשאר בני אברהם יצחק ויעקב, אלא "כשהגר מתפלל בינו לבין עצמו, אומר: 'אלוהי אבות ישראל', וכשהוא בבית הכנסת אומר: 'אלוהי אבותיכם'. ואם הייתה אמו מישראל אומר: 'אלוהי אבותינו'".

אינה דומה תפילת אדם מישראל בגלות – לתפילתו בהיותו בן חורין בארצו

מכאן עלינו ללמוד לעניין נוסח התפילה בימינו. ברור לכל, שאינה דומה תפילה של אדם מישראל כשהוא נרדף בגלות ומושפל עד עפר, וכשהוא חי חיי עוני בגטו חשוך אי שם בגולה הדוויה, לתפילת יהודי בן חורין בארצו ובירושלים הנבנית לעיניו לתפארה. מצוות התפילה היא עבודת הלב, וכדברי חז"ל (תענית ב, א): "איזו היא עבודה שבלב? – זו תפילה". נמצא, שבהיות ישראל נרדפים בגלות – עבודת הלב הראויה הייתה בקשה לצאת מעבדות לחרות, ותוכן התפילה היה זעקה להגיע לארץ ישראל ולירושלים הבנויה. עתה, שהביאנו ה' לארץ אבותינו, וזכינו לשבת בירושלים, בהכרח עבודת הלב ותוכן התפילה משתנים; תחילה חובת האדם להודות לה' שהתקבלה תפילת הדורות ואלוהי ישראל הביא את ישראל לארצם. לאחר מכן צריך האדם להתפלל על ההמשך, וכדברי חז"ל (ברכות נד, א): "הנכנס לכרך... נותן הודאה על שעבר וצועק על העתיד", ומעתה יש להתפלל על המשך קיבוץ הגלויות, המשך בניין הארץ והרחבת גבולותיה, המשך בניין ירושלים, וכמובן עיקר העיקרים: בניין המקדש כימי עולם וכשנים קדמוניות.

אך בפועל תפילות הסידור נשארו כשהיו, ולשוננו ושפתותינו ממשיכות לשנן את תפילות הגלות, אף שכאמור, תפילה שאינה אמת – אינה מתקבלת. וכבר עמד על כך רבי יהודה הלוי, ולא בוש מלהביע אמת זו, באומרו שאף בהיותנו בגלות התפילה אינה אלא מן השפה ולחוץ, ובלשונו (כוזרי ב, כד): "העניין האלוהי [וההשגחה השמיימית] איננו חל על האיש אלא כפי הזדמנותו לו; אם מעט – מעט, ואם הרבה – הרבה... אין

דיבורנו: 'השתחוו להר קדשו', ו'השתחוו להדום רגליו', ו'המחזיר שכינתו לציון' **אלא כצפצוף הזרזיר!** שאין אנחנו חושבים על מה שנאמר בזה".

מעתה, אם בגלות לא יצאה התפילה מעומק הלב, על אחת כמה וכמה שכאשר אנו חוזרים בדבקות על לשון התפילה הגלותית בהיותנו בארצנו – לא נוכל לקרוא לתפילה שכזו "עבודה שבלב"!

כבר עמדו חכמים על כך שאין התפילה מתקבלת אלא אם כן היא באה מתוך צעקה אמתית שבלב, כדברי הגמרא בסנהדרין (קו, ב). הגמרא שם מביאה את דברי האמורא רבא, שציין את ההבדל בין דורו לדורו של רב יהודה, שהיה "שליף מסאני ואתא מטרא", כלומר, כשהיה מוריד את נעלו לצורך תענית על הגשם – כבר היה הגשם יורד, ואילו "אנן צווחינן וליכא דמשגח בן", כלומר אנו צווחים לשמים ואין משגיחים בנו. זאת למה? "אלא הקדוש ברוך הוא ליבא בעי, דכתיב: 'וה' יראה ללבב' (שמואל א' טז, ז)". כלומר: הצווחה של רב יהודה ובני דורו הייתה צווחה אמתית, מעומק הלב, ולכן הם היו נענים משמים וירד הגשם, ואילו הצווחה של בני דורנו היא צווחה מעושה, ולכן אין משגיחים בנו.

אדם בדור תקומה האומר בתפילתו: "הבט משמים וראה, כי היינו לעג וקלס בגויים, נחשבנו כצאן לטבח יובל, להרוג ולאבד למכה ולחרפה" – אין תפילתו תפילה אמתית. תחינה זו אמת הייתה בזמן הגלות, ובמיוחד בזמן השואה האחרונה, אך האם מאז לא השתנה דבר? האם לא קיים ה' את דברו בתורה (דברים ל, ג), ככתוב: "ושב ה' אלהיך את שבותך ורחמך, ושב וקבצך מכל העמים אשר הפיצך ה' אלהיך שמה"? היכן היא ההודאה על העבר והיכן התפילה לעתיד? מדוע סבורים אנו שהקב"ה ישפיע לנו ברכה בארצנו כשאנו עוצמים את עינינו, אוטמים את לבנו, וממשיכים לשנן את תפילות הגלות?

'תפילה חדשה בכל יום'

מדברי הגמרא בברכות (כט, ב) עולה, שאדם המתפלל בכל יום אותה תפילה – אין תפילתו רצויה לפני הבורא, אלא ראוי שאדם ישאל ויבקש במהלך התפילה דבר חדש בכל יום, ויהיה בבקשתו דבר חידוש שלא ביקש אתמול. ובלשון הגמרא: "העושה תפילתו קבע – אין תפילתו תחנונים". ושואלת הגמרא: "מאי 'קבע'?", ומסבירים רבה ורב יוסף: "כל שאינו יכול לחדש בה דבר". ומפרש רש"י שכוונת הגמרא היא ל"מי שאינו יכול לכוון את לבו לשאול צרכיו", שמה שהתפלל אתמול – כך מתפלל מחר, שתפילתו זו אינה ראויה. הווה אומר: מן השמים מצפים שאדם יחדש דבר בכל יום, ויבקש בתפילתו על הצורך המיוחד ליום זה, ועל הדבר הנדרש לו ביום זה יותר מביום אתמול. כך גם מובא בירושלמי (ברכות ד, ד): "העושה תפילתו קבע" – "שלא יהא כקורא באיגרת". עוד נאמר שם: "רבי אלעזר היה מתפלל תפילה חדשה בכל יום. רבי אבהו היה מברך ברכה חדשה בכל יום". הווה אומר: זה עניינה של התפילה – חידוש בנפש האדם, ברצונותיו ובצרכיו, וחידוש המעשים המיוחדים ליום זה, כשכל מעשה מלווה בתפילה חדשה וברכה חדשה. וראה מה שכתב המבי"ט

בספר בית אלהים (שער היסודות, פרק סא): "אפשר שבדורות הראשונים היו רובם דבקים בעבודת ה', וכל אחד מהם מגמת פניו ולבו הייתה שווה, להודות לה' על כל פרט ופרט ממה שהיה הווה להם בכל יום, כל אחד כפי צחות לשונו [וכך הוסיף כל אחד מדעת עצמו תפילה חדשה וברכה חדשה]. ואנחנו צריכים לתת הודאה לאל יתברך שנודה לו... כי אין אנחנו זהירים בכבוד ה' ואהבתו ויראתו על פנינו כל היום כמו שהיו רובם זהירים בזמנים הקודמים".

זה מה שכותב הרמב"ם בהלכות תפילה (ד, טז) בעניין מנהגם של חסידים הראשונים, שידעו להפעיל את מחשבתם, דמיונם ושיח שפתותיהם בתפילתם: "כיצד היא הכוונה? – שיפנה את לבו מכל המחשבות, ויראה עצמו כאלו הוא עומד לפני השכינה... חסידים הראשונים היו שוהין שעה אחת קודם תפילה ושעה אחת לאחר תפילה **ומאריכין בתפילה שעה**".

הווה אומר, חסידים ואנשי מעשה מתעלים בכל יום למדרגה חדשה, ויש להם בכל יום תכניות חדשות לחדש מצוות ומעשים טובים, ולכן הם צריכים להאריך בתפילה כדי להצליח במעשיהם. זו לשון הרמב"ם (הלכות תפילה ו, ב): "המתפלל עם הציבור לא יאריך את תפילתו יותר מדאי, אבל בינו לבין עצמו הרשות בידו... אם **רצה להוסיף בכל ברכה וברכה מן האמצעיות מעין הברכה – מוסיף**. כיצד? – היה לו חולה – מבקש עליו רחמים בברכת חולים כפי צחות לשונו, היה צריך לפרנסה – מוסיף תחינה ובקשה בברכת השנים, ועל דרך זה בכל אחת מהן. ואם רצה לשאול כל צרכיו בשומע תפילה – שואל, אבל לא ישאל לא בשלוש ראשונות ולא בשלוש אחרונות".

'חכם מישראל – מתאווה מחמד ומצפה על כבוד ירושלים ועל כבוד בית המקדש'

וראה מה שכתב הרמח"ל במסילת ישרים (פרק יט), בשם 'תנא דבי אליהו': "כל חכם מישראל שיש בו דברי תורה לאמתו, ומתאנח על כבודו של הקדוש ברוך הוא, ומתאווה ומחמד ומצפה על כבוד ירושלים, ועל כבוד בית המקדש, ועל ישועה שתצמח בקרוב, ועל כינוס גלויות – זוכה לרוח הקודש בדבריו". ומוסיף הרמח"ל: "נמצאת למד, שזאת היא הכוונה המעולה שהיא רחוקה לגמרי מכל הנאת עצמו, ואינה אלא לכבודו של מקום ולקידוש שמו יתברך, המתקדש בבריותיו בשעה שעושים רצונו, ועל זה אמרו (זוהר כי תצא): 'איזהו חסיד המתחסד עם קונו'". נמצא, שחסידים הראשונים אינם מתפללים על צרכי עצמם בלבד, כגון על צורכי פרנסתם, אלא הם מתפללים תפילה מיוחדת בברכה העוסקת בקיבוץ גלויות, וכן הם מתפללים תפילה מיוחדת ב'בונה ירושלים', ומבקשים על בניין המקדש, וכן הם מרבים תחינה ותפילה בברכת 'מצמיח ישועה' על ישועת ישראל בארץ ישראל מכל אויביהם מסביב, ועל תקומת מלכות בית דוד בארץ המתחדשת בפריחתה ובבניינה.

התפילה על המקדש – מצווה מן התורה

מעתה הגע עצמך! חז"ל אמרו שאדם שאינו מחדש כל יום דבר חידוש בתפילה – אין תפילתו ראויה. לאור האמור, אדם הממשיך

את תפילת הגלות וחוזר ומשנן דברים כאילו הגלות היא דבר נצחי ולא השתנה דבר, הרי זו היא בדיוק ההגדרה של "תפילת קבע" שאינה רצויה. אדם היושב בארץ ישראל, ואינו מחדש שבח לבורא שהביאנו עד הלום, ואינו מביא לידי ביטוי את צרכי הדור החדשים – אין לך "קריאה באיגרת" גדולה מזו! תפילה כזו – מדוע שתתקבל?

כך, למשל, אם אדם מבקש בתפילתו "יהי רצון שתעלנו בשמחה לארצנו", כאילו הוא יושב עדיין הרחק בחוץ לארץ – הרי הוא כמי ש"לא חידש בתפילתו דבר!", והרי אדרבה, חובת האדם היא להודות לה' שהעלה את ישראל וכינס אותם מארבע כנפות הארץ לארץ אבותינו, ולירושלים הנבנית לתפארה לנגד עינינו. כאן מתבקשת התפילה לעתיד: "תן בלבנו לבנות מקדשך, ולעשות חובותינו בבית מקדשך".

הרמב"ם והרמב"ן: הרואה את מקום המקדש בשבי אויב ואינו זועק – מבטל מצווה מן התורה

התפילה על המקדש אינה עניין רק לחסידים ואנשי מעשה, אלא היא חובה על כל ישראל, שהרי אויבי ישראל מנסים להשתלט לא רק על הר הבית, אלא על ירושלים ועל הארץ כולה. בכגון זה מצווה מן התורה להתפלל על שחרור מקום המקדש מיד אויבי ישראל, וכמובן על בניין הבית מחורבותיו.

כך הם דברי הרמב"ם בהלכות תעניות (א, א-ג): "מצוות עשה מן התורה לזעוק ולהריע בחצוצרות על כל צרה שתבוא על הצבור... כלומר, **כל דבר שייצר לכם**, כגון בצורת ודבר וארבה וכיוצא בהן, זעקו עליהן והריעו. ודבר זה מדרכי התשובה הוא... אבל אם לא יזעקו ולא יריעו, אלא יאמרו דבר זה ממנהג העולם אירע לנו, וצרה זו נקרה נקרית, הרי זו דרך אכזריות... ותוסיף הצרה צרות אחרות".

ייתכן שיש מי שסבור, ששליטת האסלאם על הר הבית היא "ממנהג העולם", ומציאות זו אינה אלא המשך הגלות, ומה לנו להיות מצרים על צרה זו? הרי אין מדובר ברעב בביתו של אדם, או במגפה מתפשטת, שיש לזעוק עליה!

על כך אומר הרמב"ם שהאומר כן עובר על מצוות עשה מן התורה, ואין זה אלא פגם באמונה לחשוב שמדובר במקרה בעלמא. למרבה הצער מצינו גם מי שכתב, שצדקה עשה עמנו הקב"ה שהשליט את מאמיני האיסלם על מקום המקדש, שכן בכך פטר אותנו הבורא מן המצוות שבמקדש.

אין זאת אלא מפני שיש מי ששבוי עדיין בכבלי הגלות, וטחו עיניו מראות את מעשי ה' הגדולים ואת הנס המופלא של חזרת הר הבית ומקום המקדש לידי ישראל.

לא כן אדם מישראל הרואה בעיניים פקוחות את גאולת ישראל המתרחשת ומתעצמת בימינו, כשהיא מתקדמת בעזרת גואל ישראל בצעדים גדולים, והדבר החסר הוא רק הכניסה לחצרות הקודש ובניין הבית השלישי. אדם זה לא ינוח ולא ישקוט, אלא להיפך, ירבה בתפילה ובמעשים לזרז את הגאולה, וכדברי ישעיהו (סב, ו-ז): "המזכירים את ה' אל דמי לכם, ואל תתנו דמי לו, עד יכונן ועד ישים את ירושלם תהלה בארץ!".

זוהי גם דעת הרמב"ן בהשגות לספר המצוות (עשה ה). הרמב"ן שם ביאר את

הפסוק "וכי תבואו מלחמה בארצכם על הצר הצורר אתכם והרעותם בחצוצרות, ונזכרתם לפני ה' אלהיכם", וכתב: "היא **מצווה על כל צרה וצרה** שתבוא על הציבור לצעוק לפניו בתפילה ובתרועה. והוא העניין שביאר שלמה ע"ה, כמו שכתוב (מלכים א' ח): 'בהיעצר השמים... רעב כי יהיה, דבר כי יהיה... כי יצר לו אויבו בארץ שעריו... כל נגע, כל מחלה, כל תפילה, כל תחינה, אשר יהיה לכל האדם, לכל עמך ישראל אשר ידעו איש נגע לבבו, ופרש כפיו אל הבית הזה". המציאות הזמנית בהר הבית הנתון חלקית בידי זרים, היא בדיוק המצב המתואר בתפילת שלמה: **"כי יצר לו אויבו בארץ שעריו"**, שהרי מאמיני האיסלם השואפים להכחידנו ניצבים על שערי הר הבית. לדעת הרמב"ן מצווה מן התורה להתפלל ולזעוק על מציאות זו.

ניתן להביא מקור לדבריו ממסכת שמחות (ו, יב), שנאמר שם: "מתחילה לא בנה שלמה הבית אלא על תנאי, שכל מי שיש לו צרה יבוא ויתפלל עליה... 'רעב כי יהיה... כי יצר לו אויבו בארץ שעריו...'". ומסיים התנא הלכה זו באומרו, שכאשר אדם מישראל רואה צרה ואינו זועק – הרי הוא כמורד: **"ומניין שלא יחזיקו במרדן?** תלמוד לומר: 'אשר ידעון איש נגע לבבו ופרש כפיו אל הבית הזה!'" מעתה, היש מי שירצה להיקרא, חלילה, 'מורד', הרואה את צרת השכינה השבויה בהר בית ה' ושותק?!

סגנון התפילה – כל אדם כלשונו וכחכמתו

מדברי הרמב"ם בהלכות תפילה (א, ד) עולה שכל אדם מתפלל בשפתו החופשית: "כיון שגלו ישראל בימי נבוכדנצר הרשע, נתערבו בפרס ויון ושאר האומות, ונולדו להם בנים בארצות הגויים, ואותן הבנים נתבלבלו שפתם, והייתה שפת כל אחד ואחד מעורבת מלשונות הרבה... ואינו יכול לדבר כל צורכו בלשון אחת אלא בשיבוש... ומפני זה **כשהיה אחד מהן מתפלל – תקצר לשונו לשאול חפציו** או להגיד שבח הקדוש ברוך הוא בלשון הקודש... וכיון שראה עזרא ובית דינו כך, עמדו ותיקנו להם שמונה עשרה ברכות על הסדר. שלוש ראשונות שבח לה' ושלוש אחרונות הודיה, ואמצעיות יש בהן שאלת כל הדברים... לכל חפצי איש ואיש ולצרכי הציבור כולן. [שמונה עשרה הברכות סודרו] כדי שיהיו ערוכות בפי הכול וילמדו אותן, ותהיה תפילת אלו העילגים תפילה שלמה, כתפילת בעלי הלשון הצחה. ומפני עניין זה תיקנו כל הברכות והתפילות מסודרות בפי כל ישראל, כדי שיהא עניין כל ברכה ערוך בפי העילג".

העולה מדבריו הוא, שמי שהוא "בעל לשון צחה" מוסיף תפילה בתוך שמונה עשרה הברכות ומתפלל כלשונו, וכפי שכתב בהלכה לעיל, שהיחיד מוסיף בכל אחת מן הברכות האמצעיות את בקשתו המיוחדת.

הרמב"ן: סגנון התפילה משתנה מאדם לאדם ומתקופה לתקופה

כך כותב גם הרמב"ן בהשגות לספר המצוות (שורש א), שחכמים תיקנו להתפלל שלוש פעמים ביום, אך לשון התפילה אינה מחייבת ויש מקום לסגנון הפרטי של האדם, ורק לאחר החזרה מבבל לארץ ישראל תיקנו את שמונה עשרה הברכות: "שיתחייבו להתפלל בכל יום בוקר וערב – זה תקנת חכמים

הוא, וכנגד תמידים תיקנום. גם בתקנה זו **לא פירשו מטבעה של תפילה**, אלא היו מתפללים כל אחד ואחד **כפי צחות לשונו וחכמתו**", ועיין שם בהמשך, בעניין תקנת תפילת שמונה עשרה. ברור מדבריו, שמעיקר הדין אין דפוס קבוע לתפילה, אלא כל אדם מתפלל "כחכמתו". כך גם כתב שם בעניין ברכת המזון: "נצטווינו מן התורה שנברך אחר אכילתנו, **כל אחד כפי דעתו**, כעניין ברכת מנימין רעיא (ברכות מ,ב), שאמר: 'בריך רחמנא מאריה דהאי פיתא' [כלומר, מנימין הרועה בירך: ברוך הרחמן, אדוני לחם זה], ובאו הנביאים ותיקנו לנו נוסח מתוקן הלשון וצח המליצה".

עוד כותב הרמב"ן בחידושיו למסכת ברכות (מו, א), שהתפילה משתנה לפי הזמן. כך למשל בתקופה ששלטו מלכי בית דוד, כגון דוד ושלמה, אסא, חזקיהו ויאשיהו, היו מתפללים תפילה מיוחדת, שמלכות בית דוד תימשך לדורי דורות. לעומת זאת בזמן החורבן והגלות, כשמלכות בית דוד התבטלה, מתפללים על השבת מלכות בית דוד למקומה כבעבר. וזו לשונו: "בשעה שהייתה מלכות בית דוד קיימת היו אומרים [בתפילה] 'מלכות בית דוד עבדך תכין עד עולם', וכיוצא בזה, ובזמן גלות הוא שאמרו 'תחזירנה למקומה'. וכן בכל עניין ברכות ותפילות עיקר הברכה חובה, ושאר תורף שלהם **לפי הזמן מתקנין אותה**".

כך הם גם דברי המשנה בסוטה (לג, א): "אלו נאמרין **בכל לשון**... **תפילה**", ומפרש הרמב"ם בפירוש המשנה (סוטה ז, א): "התפילה – תחנון, ומתחנן אדם בכל לשון". אין הכוונה רק לשפת הדיבור, כגון לשון הקודש או לועזית, אלא גם לתוכן התפילה, וכדברי הגמרא שם, האומרת: "תפילה – רחמי היא, **כל היכי דבעי מצלי**", פירוש: התפילה היא בקשת רחמים, ולכן על האדם להתפלל בדרך שבה הוא יודע לכוון את לבו. עוד אמרו חכמים: "רחמנא ליבא בעי", היינו, הקב"ה אינו מבקש נענוע שפתיים, אלא מצפה הוא לראות את רחשי הלב של האדם, את כוונתו מעומק הלב ואת התרגשותו, ולהיווכח בצורך אמתי ובזעקה אמתית, ככתוב: "צעק לבם אל ה' (איכה ב, יח)".

שינויים בתפילה מדור לדור לדעת הרמב"ם ושאר הראשונים

עוד מתברר, שלדעת הרמב"ם ניתן להוסיף בתפילה דברים לא רק בברכות האמצעיות, כמובא לעיל, אלא יש מקום להוסיף דברים גם בשלוש הברכות הראשונות והאחרונות, כשמדובר בצורך כלל ישראלי, ובקיום מצוות ה'.

כך כתב הרמב"ם בתשובה (שו"ת הרמב"ם סימן קפד), בדבר מנהג שנהגו בכמה מקומות להוסיף דברים בברכת רצה: "**שאלה**: ויורנו, בדבר מה שהזכיר הדרתו בפרק ו' מהלכות תפילה: 'אבל לא ישאל לא בשלוש ראשונות ולא בשלוש אחרונות'. ונהגו שיחיד יוסיף כתפילת רשות ב'עבודה' מאמר בזה הלשון: 'בהר מרום ישראל, שם נעבדך ושם נדרוש את כל אשר ציוויתנו, בריח ניחוח תרצה אותנו, תחזינה עינינו...' האם זה מותר, אם לאו? כי הוא פוגע בזה התנאי".

והשיב הרמב"ם: "**התשובה**: זו הלשון שמוסיפין ב'עבודה', אינה מזיקה ואין בה רע,

ואין זה שואל צרכיו, אלא זה עניין הברכה!" רצון הרמב"ם לומר, שאין כאן שאלת צרכיו הפרטיים של האדם, אלא המתפלל מדגיש את החובה המוטלת על ישראל להחזיר את העבודה למקומה, וכלשונו: "שם נעבדך [אנחנו!] ושם נדרוש [אנחנו!] את **כל אשר ציוויתנו**", כלומר, שם נקיים אנחנו את מאתיים המצוות שנצטווינו לעשותן במקדש.

מכאן הוראה ברורה של הרמב"ם, שלא רק שאין נוק בשינוי מילים אחדות בתפילה, אלא להיפך, **"זה עניין הברכה!"** להבהיר את בקשת המתפלל לפני בוראו.

כעין זה כותב בעל ערוך השולחן (אורח חיים סימן קיב): "בשלוש ראשונות ושלוש אחרונות אסור להוסיף... שהרי באחרונות נותן הודיה לרבו, ואיך יפסיק בבקשות?... אבל צורכי ציבור – מותר להוסיף, ולכן אומרים 'יעלה ויבוא' בעבודה".

על השינויים בתפילות בין תקופת המדבר לבין תקופת הבית או תקופת הגלות כותב גם הרשב"א, תלמיד הרמב"ן, בחידושיו למסכת ברכות (מח, ב): "בוודאי דקודם כיבוש הארץ ובניין ירושלם לא היו [ישראל במדבר] אומרין כמטבע שאמרו לאחר כיבוש ובניין, כמו שאין אנו אומרים כאותו מטבע שתיקנו דוד ושלמה, שאנו מבקשים להחזיר המלכות ולבנות הבית, והם היו מבקשין להעמיד המלכות ולהעמיד הבית ולהמשיך שלוות הארץ".

כך כותב גם רבי שמעון בן צמח, מגדולי הראשונים, בשו"ת התשב"ץ (ח"ב סימן קסא): "נוסח התפילה שאנו מתפללין היום אינו כנוסח שהיו מתפללין בפני הבית. שאנו מתפללין שתחזור מלכות בית דוד למקומה ושייבנה ביהמ"ק במהרה בימינו, ושיתקבצו נפוצותינו. והם היו מתפללין שתתקיים מלכות בית דוד, ושלא יחרב ביהמ"ק, ושלא יגלו ישראל מארצם. וכן כוהן גדול כשהיה מתפלל ביום הכיפורים ברכת 'רצה', לא היה מתפלל אותה על נוסח שלנו". יש אפוא לפנינו שיטה מסודרת של גדולי הראשונים, שהתפילה משתנה מתקופה לתקופה. ברור מעתה, שהתפילה משתנה בין מציאות של גלות ושעבוד בחוץ לארץ, לבין מציאות שלא נראתה זה אלפים בשנים, של תקומה ובניין בארץ ישראל ובירושלים הבנויה.

המבי"ט: שינויים שייעשו בתפילה בעתיד

בעקבות הראשונים דלעיל כותב המבי"ט, רבי משה בן יוסף טראני, הפוסק ואיש ההלכה, בספר 'בית אלהים' (שער היסודות, פרק סא), שבעתיד ייעשו שינויים בתפילה, בהתאם למציאות המתחדשת. וזו לשונו: "הברכות של חול ותפילות המועדים והמוספים, צריך לומר **כי יהיה שינוי בנוסח שלהם בזמן הגואל והתחייה**, כמו 'ושבור עול הגויים', [במקום זאת] נאמר: 'ונודה לך על ששברת עול הגויים... **ואתה מוליכנו קוממיות בארצנו**'... ובברכת 'תקע בשופר גדול' נאמר: 'נודה לך ה' אלוהינו על שתקעת בשופר גדול לחרותנו ונשאת נס... **וקיבצתנו יחד מארבע כנפות הארץ לארצנו**'. [בעניין ברכת ירושלים נאמר]: 'תשכון בתוך ירושלים עירך לעולם כאשר דברת, וכיסא דוד עבדך לעולם... **ובניינם יהיה בניין עולם, ברוך אתה ה', בונה ירושלים**'... ובתפילות המועדים [נאמר]: 'ומפני חטאינו גלינו מארצנו... ולא היינו

יכולים לעלות... מלך רחמן, שבת וריחמת עלינו ועל מקדשך... וקרבת פורינו והבאתנו לציון... יהי רצון מלפניך ה' אלוהינו, עכשיו שהעליתנו ונטעתנו בארצנו ובירושלים, **שנעשה לעולם קרבנות חובותינו**'. נמצא כי כל הברכות ונוסח התפילות יהיו קיימים, זולת מעט הצריכות מעט תיקון".

המבי"ט חי בצפת בתקופת פריחתה, כתוצאה מגירוש ספרד, לאחר שהתקבצו בה תלמידי חכמים גדולי עולם. הוא למד שם אצל המהר"י בי רב, ואף הוסמך על ידו כחבר בסנהדרין שהוקמה בזמנו בצפת, וכן היה חבר בבית דינו של רבי יוסף קארו, מחבר השולחן ערוך. לאחר פטירתו של רבי יוסף קארו, התמנה המבי"ט לרב העיר צפת. מהידועים בספריו הם ספרו על הרמב"ם – 'קרית ספר', ספר תשובותיו – שו"ת המבי"ט, וספר על עיקרי האמונה – 'בית אלהים'.

דברי המבי"ט מופיעים רבות בספרות ההלכה. כך למשל כתב בספר 'אהל משה', פרק כב, תחת הכותרת "נוסחאות התפילה בזמן ימות המשיח", ש"לאחר שנהיה בני חורין בארץ ישראל" – יחולו שינויים בתפילה, והביא את נוסח התפילות שיתחדשו, כנוסחאות הנ"ל שהציע המבי"ט בספר בית אלהים. דברי המבי"ט, שהתפילות ישתנו לאחר שיבת ישראל לארצם, הובאו גם בספר 'זבחי רצון', בהקדמה, וכן בספר 'התורה התמימה' (עמ' רפח). ובספר 'קוממיות בארצנו', סימן יט, שכותרתו "מנהגים הנהוגים בבית מדרש האר"י", כתב שבבית מדרש זה הכניסו שינויים בתפילה, והתקינו לומר בברכת יוצר "ותוליכנו מהרה קוממיות בארצנו", וכן בברכת המזון: "ותוליכנו מהרה קוממיות בארצנו". הסיבה לשינויים הללו דווקא באותם ימים, היא משום שבתקופת האר"י התקבצו לארץ ישראל רבים ממגורשי ספרד, ורובם התרכזו בעיר צפת, עד שהעיר מנתה בימי גדולתה כחמישה עשר אלף יהודים.

מן הראוי להוסיף, שאנשי התקופה ראו במציאות זו מעין אתחלתא דגאולה. הדבר בא לידי ביטוי בניסיון להקים סנהדרין, כפי שנזכר לעיל. יש לציין, שכאשר הדפיסו את הספר הראשון בדפוס צפת ת"ו (ספר 'לקח טוב' על מגילת אסתר), הדפיסו בשער הספר ציור של כיפת הסלע במקום המקדש. היה זה ספר ראשון שנדפס בארץ ישראל, והוא נדפס בחייו של המבי"ט, בשנת 1577 למניין האומות. המדפיסים כתבו על גוף הכיפה 'בית המקדש', שכן בעקבות התגברות העלייה לארץ ישראל התעוררה התקווה להגיע גם לירושלים ולבניין הבית. מכאן גם מובן מדוע ראו בני התקופה חובה לתקן את נוסח התפילה, ולומר: "ותוליכנו מהרה קוממיות בארצנו".

וידוי מרכזי החסר ברשימת הווידויים: 'מאסנו בבית המקדש'

בווידוי יום הכיפורים מתוודים אנו על דברים קטנים וגדולים, כגון על חטא שחטאנו בדיבור פה, על זלזול הורים ומורים, על עזות מצח ועל מידות אחרות שיש לתקן, אך יש עברות מרכזיות, על מצוות מן התורה – מצוות עשה ולא תעשה, שמשום מה לא בא זכרן ברשימת הווידויים הארוכה.

ואכן, בווידוי יום הכיפורים שחיבר החיד"א מצינו וידויים על כמה עברות, שראוי

לכל ירא שמים להתוודות עליהן, כדי לנקות את עצמו ביום הדין מחטאים אלו. וכך נאמר שם: "מרדנו במלכות שמים, מרדנו במלכות בית דוד, מאסנו בבית המקדש, ושלושתן אנו מבקשים".

חטאים אלה נזכרים במדרש שמואל (פרשה יג), ונאמר שם שעתידים ישראל לחטוא בהם: "תני רבי שמעון בן יוחי... בשלושה דברים עתידין ישראל למאוס: במלכות שמים, ובמלכות בית דוד, ובבניין בית המקדש... אמר רבי שמעון בן מנסיא: אין ישראל רואין סימן ברכה לעולם עד שיחזרו ויבקשו שלושתן, דכתיב: 'אחר ישובו בני ישראל ובקשו את ה' אלהיהם' (הושע ג, ה) – זו מלכות שמים. 'ואת דוד מלכם' – זו מלכות בית דוד. 'ופחדו אל ה' ואל טובו באחרית הימים' – זה בניין בית המקדש".

הרב יששכר טייכטל הי"ד, שהרבה להוכיח ולהתריע בספרו 'אם הבנים שמחה' אל מול כל המאורעות, הרדיפות ושפיכות הדמים שאירעו בימיו, כתב שכל אותם צרות לא באו אלא על חטא מאיסת המקדש. וכתב: "כל המכות שלקינו מטרתן לעורר אותנו לתשובה, על התרשלותנו מלעלות לארץ ישראל ולבנות את המקדש".

עוד כתב בספרו 'משנה שכיר' (מועדים ראש השנה – 'ובכן תן כבוד ה' לעמך') שאנו מבקשים על שלושת החטאים הללו בתפילות ימים נוראים. וזה לשונו: "כתבתי בפנקס ביום צום גדליה בעת גלותי שגליתי בחצי אלול דשנת **תש"ב** אנוש עד דכא... שייסרו אותנו האכזרים אשר שם עד דכדוכה של נפש, וברחנו אני ובני ביתי בלילה בעירום ובחוסר כל... ומשם עזרני השם לברוח לכאן..."

ומוסיף שם כדלהלן: "בתפילת הימים הנוראים אנו מתפללים להשי"ת: 'ובכן תן כבוד ה' לעמך' וכו' שמחה לארצך וששון לעירך וצמיחת קרן לדוד עבדך", וכנ"ל, ש'שמחה לארצך **וששון לעירך**' מכוון לשמחה שעושים ישראל בהגיעם לירושלים ולבית המקדש, 'וצמיחת קרן לדוד' – הכוונה היא לחידוש מלכות בית דוד". ומסיים את דבריו שם: "רבותי! כעת בראש השנה ויום הכיפורים שאנו מבקשים מהשי"ת בתפילת 'ובכן תן כבוד ה' לעמך' את ביאת דוד והקמת בית המקדש ונמליך עלינו את השי"ת, בזה אנו מבקשים מחדש את שלושתן, אז נזכה לראות אפילו בתוקף הצרות שאנו בו, תיכף איזה סימן לטובה לישועת ישראל, ונזכה לישועה אמיתית בביאת בן דוד במהרה בימינו אמן".

יום הכיפורים בדורנו צריך לעורר לתשובה ולהביא לחידוש העבודה במקדש

מכאן לימוד לדורנו, אשר זכה לראות בעיניו את קיבוץ נדחי ישראל לארץ ישראל המונים המונים, ואת הרגעים הגדולים שבהם החזיר ה' את מקום המקדש לחיק העם היהודי. מול כל אלה, האפשר להישאר אדיש?! ראה מה שנאמר בנחמיה (ב, ב), עד כמה היה נחמיה דואב על החורבן: "ויאמר לי המלך: מדוע פניך רעים?... אין זה כי אם רוע לב!... ואומר למלך: המלך לעולם יחיה! מדוע לא ירעו פני, אשר העיר בית קברות אבותי חרבה, ושעריה אוכלו באש!" ויש לשאול: על מה היה נחמיה מיצר? והרי בימיו כבר הוקם המקדש! אלא שעם זאת עדיין היו פניו רעים על שערי חומות העיר השרופים. ומה נאמר

אנו, שחורבן המקדש מתמשך לנגד עינינו, ואין איש שם על לב? הרי זכינו לברכת ה' פי שבעים ושבעה מימי נחמיה, ואם כן על מה אנחנו יושבים ומחשים? זכינו להיות עם ריבון בארצו ובירושלים, המקדש נמצא בהישג ידנו, ואילו אנו לוקים בעיוורון ובתימהון לבב.

רבים מתרצים עיוורון זה בהסברים שונים. יש מי שמצפה לירידת מקדש משמים, יש גם מי שמצפה למשיח שיעשה את המלאכה. אך אין זו אלא הונאה עצמית. הכול יודעים שהרעיון של מקדש משמים אינו אלא דבר אגדה, העומד בניגוד לתורה האומרת: "לא בשמים היא!" ובאשר למשיח – הדבר מנוגד להלכה ברמב"ם, הקובעת כי "אין מצווה בתורה התלויה במשיח".

יש אולי מי שנוח לו להונות את עצמו בתירוצים מעין אלו. אך לא כן איש אמונה, העומד מול בוראו ביום הכיפורים. הוא בוודאי יסיר מעליו את מעטה האדישות, ישוב בתשובה ויבקש מחילה על אדישות הדור מול המשך החורבן. יתוודה לפני ה' במילים "מאסנו בבית המקדש", יקום ויתקן את המעוות וייטול חלק בעשיית מעשים ופעולות לקירוב שעת הבניין.

שינויים בתפילה בדורנו על פי שיטת המבי"ט ולפי דברי הראשונים שמא יאמר מאן דהו: איך אחדש דבר? איך אתפלל תפילה שלא התפללו אבותינו?

תשובה: אבותינו חיו בגלות. ואנו, אשרינו שזכינו לחיות בעידן חדש המחייב תפילה חדשה. גדולי הראשונים שדבריהם הובאו לעיל, לא חששו לחדש הלכה במקום שהדבר נדרש, וכדברי המאירי בחולין (ז, א): "תלמיד שאמר דבר הלכה מחודשת... הן להחמיר הן להקל, **אף על פי שהוא מבטל בזה מנהג קדמונים** – אין ראוי להחזיקו בכך במידת יוהרא... מצד שלא נהגו הקדמונים כן. אחר שהוא מראה פנים [והוכחות] לדבריו, ושהוא כדאי לסמוך עליו. שכל תלמיד ותלמיד מקום הונח לו להתגדר בו, וזהו שאמרו חכמים:... 'מכאן לתלמיד חכם שאמר דבר הלכה שאין מזיחין אותו', רצונם לומר, שאין מסירין אותו מדעתו מצד המנהג הקדום". דברי המאירי נאמרו על חידוש של תלמיד מן התלמידים, ועל אחת כמה וכמה נכונים הדברים כשהדבר יוצא מפי כתבם של ראשונים וגדולי עולם, ובוודאי ראוי לסמוך על דבריהם.

דברי הראשונים הנ"ל מדברים בעד עצמם, שבכל דור ודור התפילה מותאמת לצרכי הדור, וכדברי הרמב"ן לעיל ש"התפילה – לפי הזמן מתקנים אותה". הווה אומר: באשר למסגרת התפילה שתיקנו חז"ל – זו אינה זזה ממקומה, כפי שהייתה בעבר, ולכן, למשל, אין מזיזים את שמונה עשרה הברכות שתיקנו בתפילה ממקומן. אך עם זאת, רשאים וחייבים אנו להכניס לתפילה שינויים קלים המתחייבים מן התקופה המיוחדת שאנו חיים בה.

'מחזור המקדש' ליום הכיפורים – והשינויים בנוסח

במחזור שלפנינו נכנסו שינויים אחדים. חלק מהשינויים מבוססים על שיטת הראשונים הנ"ל, שאפשר וראוי להכניס לתפילה שינויים קלים לפי הזמן והמקום. כמו כן נכנסו שינויים שהוצעו על ידי המבי"ט לאומרם בזמן גאולה. כמו כן נכנסו הברכות הנאמרות בבית כנסת בהר הבית, כהכנה ליום שבו ייבנה בית כנסת

בחצרות המקדש, במהרה בימינו. כבר כיום נוהגת תפילה זו וברכות אלה בבית כנסת בהר הבית שנקבע בזמנו על ידי מו״ר הרב שלמה גורן זצ״ל. זאת, על פי דברי הרמב״ם בהלכות תעניות ד, טו: ״כשהיו מתפללין על הסדר הזה בירושלם, היו מתכנסין בהר הבית... וכשמגיע שליח צבור לומר [בברכת מגן אברהם]:׳מי שענה את אברהם׳ אומר: ׳ברוך אתה ה׳ אלהינו אלהי ישראל מן העולם ועד העולם, ברוך אתה ה׳ גואל ישראל׳, והן עונין אחריו: ׳ברוך שם כבוד מלכותו לעולם ועד׳״. השינויים כולם נרשמו בהערות בתחתית העמוד, כדי לאפשר לכל אדם לבחור את הנוסח הנראה בעיניו.

להלן דוגמאות אחדות לשינויים שנכנסו במחזור:

׳יהי רצון... שייבנה בית המקדש במהרה בימינו׳

אחד הביטויים הנפוצים בתפילה הוא – ׳יהי רצון מלפניך... **שייבנה** בית המקדש במהרה בימינו׳, או – ׳**שתבנה** בית המקדש במהרה בימינו׳. נוסח זה נאמר עקב הגלות המתמשכת, כשאדם מישראל חי בגטו חשוך, בשעבוד ובהשפלה, ובקצה העולם, רחוק מירושלים משאת נפשו. במציאות זו הביטוי ״יהי רצון שייבנה בית המקדש״, וכן ״שתבנה את בית המקדש״ היה ראוי ומתבקש. תקוות המתפלל הייתה לראות בקיום דברי הנביאים, כמו נבואת יחזקאל (לז, כח) האומר: ״וידעו הגויים כי אני ה׳ מקדש את ישראל **בהיות מקדשי בתוכם לעולם**״. הנביא ניבא שהמקדש יקום, ולא פירש כיצד, בהנחה פשוטה שייבנה בידי ישראל, ככתוב בתורה. ואילו המתפלל, שחי באי ידיעה כיצד תתקיים הנבואה, שמר את הדברים בלבו מתוך אמונה תמימה, וכפי שכתב הרמב״ם בהלכות מלכים (יב, ב): ״כל אלו הדברים [של ימות המשיח] וכיוצא בהן, לא ידע אדם איך יהיו עד שיהיו״.

דא עקא, שברבות הימים התפילה התפרשה בציבור, כאילו ייבנה המקדש בידי שמיים, והבנה זו יצרה אמונה, כאילו בניין המקדש מוטל על בורא עולם. זאת, בניגוד למצווה מפורשת בתורה, האומרת: ״ועשו לי מקדש״ (שמות כה, ח), וכמבואר בתורה, שרק כך יתקיים ההמשך: ״ושכנתי בתוכם״. (כאמור, שגרת לשון התפילה הפכה ברבות הימים לאמונה עממית בדבר ירידת מקדש משמים. לא כאן המקום להרחיב בתוכנו של מושג זה, שכן נכתבו בעניינו מאמרים לרוב. ראה, למשל, באתר מכון המקדש, באנציקלופדיה ׳מגילת בית המקדש׳, ערך ׳מקדש בידי שמים – הלכה או אגדה?׳).

מעתה, כשברור שהמצווה מוטלת על ישראל, אנו מחויבים לשמוע לאזהרת בעל ספר החינוך, להיזהר מלומר בתפילה דבר שאינו אמת, ובלשונו: ״יש לנו ללמוד **בתפילותינו ותחנונינו** לפני השם ברוך הוא, לדקדק מאוד ולהיזהר בלשון, שלא לומר דבר לפני השם **כי אם בדקדוק גדול!** וזכור זה בני ושומרהו״. לאור דבריו, איך יתפלל אדם ויאמר לפני בוראו: ״יהי רצון... שתבנה את בית המקדש״, כשרצון ה׳ בתורתו הוא, שישראל הם שיבנו את בית המקדש?

חובה להוסיף ולהעיר בעניין זה, עם כל הזהירות וההסתייגות הנדרשות, כי האמונה בירידת מקדש משמים ראשיתה

בימי בית שני, עוד בהיות הבית על מכונו. מקור אמונה זו בכיתות האיסיים למיניהם שפרשו מירושלים ומן המקדש, חיו באזור ים המלח, ופיתחו אמונה בדבר ירידת מקדש שמיימי ממרום. רעיון זה התקבל באמונה הנוצרית, כמתואר בספר חזון יוחנן, החותם את הברית החדשה. בספר זה (פרק כא) נאמר: "ויראני העיר הקדושה ירושלים יורדת מן השמים מאת האלוהים".

מובן מאליו שיהודי המאמין בתורה משה אין לו חלק ונחלה ברעיון מסוג זה. יתר על כן, התורה אוסרת באיסור לאו שלא להאמין ברעיון הסותר את המצוות שנאמרו לישראל בסיני, כמובא ברמב"ם בהלכות עבודה זרה (ב, ג), וכפי שנאמר (במדבר טו, לט): "ולא תתורו אחרי לבבכם". אין לנו, אפוא, אלא מה שנקבע בהלכה, כמובא בהלכות בית הבחירה לרמב"ם (א, א): "מצוות עשה לעשות בית לה' מוכן להיות מקריבים בו הקרבנות...". הלכה זו – תלויות בה כל המצוות שבמקדש, שכן מדובר במצווה שהיא "תכלית התורה", כלשון הרמב"ם, וכל מוני המצוות, באין חולק, מנו אותה כמצוות עשה לדורות.

בדורנו, לאחר שעם ישראל שב לארצו ולירושלים עיר המקדש, חובה כפולה ומכופלת עלינו להיזהר מלהנציח שגיאות, או אמונות עממיות שגויות שדבקו בעם ישראל בתקופת הגלות, ולהסדיר את לשון התפילה כהלכתה. מכאן השינוי המוצע במחזור שלפנינו, ובמקום "יהי רצון... **שייבנה** המקדש", נאמר: "יהי רצון... **שנבנה** את בית המקדש".

שינויים בתפילה המתחייבים בדור תקומה

שינוי נוסף המתחייב בדורנו, הוא בתפילה המתאימה לתקופת הגלות, אך בימינו איבדה את משמעותה. המדובר הוא בפסקה בתפילת מוסף: "ומפני חטאינו גלינו מארצנו, והתרחקנו מעל אדמתנו, ואין אנחנו יכולים לעלות ולהיראות ולהשתחוות לפניך, ולעשות חובותינו בבית מקדשך". המתפלל בן דורנו, העומד מלא יראה לפני אביו שבשמים, מרגיש שהמילים שהוא מוציא מפיו במשפט זה אינן תואמות את האמת. הרי כיום חזרנו לאדמתנו, ועתה קרבנו המקום לעבודתו, שכן השליט הקב"ה את ישראל על ירושלים ועל מקום המקדש. איך אם כן נכפור בטובה שהביא לנו אלוהי ישראל, ונאמר: "אין אנחנו יכולים לעלות"? והרי אנחנו יכולים ויכולים! הרבה טענות נשמעות בדורנו כדי להצדיק אמירת נוסח זה בימינו, וכדי להסביר מדוע יובל שנים לאחר שחרור מקום המקדש אנו ממשיכים בתפילה הגלותית כקוראים ב"איגרת". יש מי שאומר: נמשיך להתפלל שאיננו יכולים, כי 'לא איכשר דרא'! ואחר אומר: איננו יכולים, כי 'צריך להשאיר משהו למשיח'.

לעומתם, המצפה באמת לעשות ולפעול לבניין המקדש ולחידוש העבודה, יאמץ לעצמו את הנוסח המוצע על ידי המבי"ט ב'בית אלהים', כמובא להלן:

מפני חטאינו גלינו מארצנו, ונתרחקנו מעל אדמתנו, ובעוונותינו לא היינו יכולים לעלות וליראות ולהשתחוות לפניך, ולעשות חובותינו בבית בחירתך, בבית הגדול והקדוש שנקרא שמך עליו, מפני היד שנשתלחה במקדשך. מלך רחמן, עתה,

שבת וריחמת עלינו ועל מקדשך, וקרבת פורינו והבאתנו לציון. ובכן יהי רצון מלפניך ה׳ אלוהינו, עכשיו שהעליתנו לארצנו ונטעת אותנו בירושלים ובמקום מקדשך, חזקנו ואמצנו לבנות מהרה את הבית הגדול והקדוש לכבוד ולתפארת, ככתוב בתורתך: ׳ועשו לי מקדש, ושכנתי בתוכם׳, והשרה שכינתך בתוכו, ותגדל כבודו.

אבינו מלכנו, גלה כבוד מלכותך עלינו מהרה, והופע והינשא עלינו לעיני כל חי, וקרב שארית פורינו מבין הגויים ונפוצותינו כנס מירכתי ארץ. והביאנו לציון עירך ברינה, ולירושלים בית מקדשך בשמחת עולם, ושם נעשה לפניך את קרבנות חובותינו, תמידים כסדרם ומוספים כהלכתם, ונעבדך שם עד עולם. ואת מוסף יום הכיפורים הזה נעשה ונקריב לפניך באהבה כמצות רצונך, כמו שכתבת עלינו בתורתך, על ידי משה עבדך, מפי כבודך, כאמור.

ברכת ׳בונה ירושלים׳ וברכות נוספות – השינוי המתחייב בדור תקומה

אחת מברכות שמונה עשרה שיש לה מעמד מיוחד בדור תקומה, היא ברכת בונה ירושלים. המתפלל המצוי סבור, שמדובר בבניין העיר ירושלים ורחובותיה, ולא היא. ברכה זו התייחדה לבניין המקדש, כמבואר במסכת מגילה (יז, ב; יח, א), שברכת בונה ירושלים נתקנה לעניין בניין המקדש, עיין שם ברש״י.

רבים מן הראשונים מביאים את מדרש חז״ל, האומר שמלאכי מרום הם שתיקנו את ברכת ׳בונה ירושלים׳ ביום שבנה שלמה המלך את המקדש. כך גם תפילת שמונה עשרה בכללה נאמרה על ידי המלאכים, בטרם נתקנו שמונה עשרה הברכות על ידי אנשי כנסת הגדולה.

כך מובא בשיבולי הלקט: ״כשניצל אברהם אבינו מאור כשדים, פתחו מלאכי השרת ואמרו: ברוך אתה ה׳ מגן אברהם...״. המדרש ממשיך ומבאר כיצד נתחדשו ברכות שמונה עשרה על ידי המלאכים, ומבואר שם בהמשך: ״כשבנה שלמה את בית המקדש – מיד פתחו מלאכי השרת ואמרו: ׳ברוך אתה ה׳ בונה ירושלים״. מדרש זה מובא בדברי המבי״ט (שם) וכן בבית יוסף (אורח חיים סימן קיב), בערוך השולחן (אורח חיים קיב, ב), ועוד. להלן נוסח ברכת ׳בונה ירושלים׳ לשיטת המבי״ט.

ולירושלים עירך ברחמים תשוב, ותשכון בתוכה כאשר דיברת. אשרינו שקיימת בנו ׳והבאתי אתכם ציון׳, עתה חזקנו לייסד את הבית הגדול והקדוש לתפארה ויעמוד לעולם, וכיסא דוד עבדך מהרה לתוכה תכין. ברוך אתה ה׳, בונה ירושלים.

להלן ברכות נוספות שראוי לתקנם בדור תקומה, לפי שיטת הרמב״ם, המבי״ט והראשונים.

תקע בשופר גדול לחרותנו, ושא נס לקבץ שארית גלויותינו הנפוצים בארבע כנפות הארץ, וקבצם מהרה לארצנו הטובה והרחבה. מודים אנחנו לך ששברת עול הגויים מעל צווארנו ואתה מוליכנו קוממיות בארצנו, כן תזכנו לרשתה ולשבת בה במלוא רוחב גבולותיה, ברוך אתה ה׳, מקבץ נדחי עמו ישראל.

רצה ה׳ אלהינו בעמך ישראל ולתפילתם שעה, והשב את העבודה לדביר ביתך, ואשי

ישראל ותפילתם מהרה באהבה תקבל ברצון. בבית הגדול והקדוש שם נעבדך ושם נדרוש את כל אשר ציוויתנו, בריח ניחוח תרצה אותנו, ותהי לרצון תמיד עבודת ישראל עמך. ותחזינה עינינו בשובך לציון ברחמים, ברוך אתה ה׳, המחזיר שכינתו לציון.

שינוי נוסף המתבקש בתפילה, הוא השינוי שנקבע בבית מדרשו של האר״י, כמובא לעיל. מגורשי ספרד, שחיו תחת שלטונו של הפחה שנתמנה על אזור צפת, התקינו שינוי בתפילה, לזכות ללכת קוממיות בארץ. לפיכך תיקנו לומר: ״ותוליכנו מהרה קוממיות בארצנו״. בזמנם, שלטון הטורקים גבה מהיהודים מיסים כבדים, ומעמדו של היהודי היה נחות לעומת מעמדם של המוסלמים, ולכן התפללו ללכת קוממיות בארץ ישראל. יסוד הבקשה בספר ויקרא (כו, יג): ״אני ה׳ אלהיכם אשר הוצאתי אתכם מארץ מצרים... ואולך אתכם קוממיות״.

ברם דורנו שזכה לשלוט בארץ ישראל כעם עצמאי בארצו, אינו יכול להסתפק בשינוי זה בלבד, בלא להתפלל על שליטה במקום המקדש, שכן לדעת חז״ל ישיבת עם ישראל בארץ ישראל אינה ״ישיבה״ בלי שליטה מלאה במקום המקדש. כך מפורש במדרש שמות רבה (פרשת בא, טו), שאברהם אבינו ראה במקדש את עיקר ארץ ישראל: ״משל למלך שהיה לו בן והשליטו על כל נכסיו, ואמר הבן לאביו: אם אין אתה נותן לי הכיסא שלך – היאך הכול יודעים שאתה מחבבני?... כיון שנתן לו הכול, אמר לו [אברהם]: אם אין אתה נותן לי בית המקדש חמש מאות אמה על חמש מאות אמה – **לא נתת לי כלום!** ונתן לו הקדוש ברוך הוא כל מה שביקש״. הווה אומר: ישיבת עם ישראל בארץ ישראל אינה שלמה בלי מקום המקדש, ולפיכך ראוי לבקש ולהתפלל: ״ותוליכנו מהרה קוממיות בארצנו ובמקדשנו״.

ייתן ה׳, ותפילות ישראל יתקבלו בפני היושב במרומים, ונזכה לראות בעינינו – כוהנים בעבודתם, לויים בדוכנם, וישראל במעמדם, במהרה בימינו, אמן.

מינוי סגן כהן גדול במעמד נציגי הסנהדרין והכהנים ◂

תוכנו של יום הכיפורים
העבודה במקדש

פרק א: יום הכיפורים בירושלים בימי בית שני

עולי הרגל הקדימו לבוא לירושלים לפני יום הכיפורים

מראהו ואופיו של יום הכיפורים בירושלים בזמן הבית, היה שונה מאד ממראהו ואופיו של היום כפי שהוא מאז החורבן.

ננסה כמידת היכולת לסקור את מראה פני הדברים בירושלים בתקופת הבית. מן הדברים תתקבל תמונה של יום הכיפורים, השונה מאוד מתמונת היום בתקופת הגלות. במקום להתכנס בבתי הכנסת, היה רוב הציבור בירושלים נתון בתנועה מתמדת במקדש, בסביבתו ואף בסביבות ירושלים.

עולי רגלים רבים הגיעו ליום הכיפורים לירושלים, למרות שיום זה אינו נמנה על שלושת הרגלים, וזאת מאחר שמועד זה סמוך לחג הסוכות. באותם ימים העלייה לירושלים הייתה כרוכה בהליכה רגלית במשך ימים ואף שבועות, ולכן עולי הרגל נאלצו להקדים את בואם, שכן בין יום כיפור לחג הסוכות יש ארבעה ימים בלבד (וגם זאת בתנאי שאין שבת באמצע). בנוסף לכך היו העולים צריכים למצוא סידור בירושלים מבחינת מגורים, כלכלה, הקמת סוכה, קניית לולב ואתרוג, הכנת קרבנות החג ובדיקתם, ועוד. היו אפוא, סיבות שחייבו את עולי הרגל להקדים את מועד עלייתם לירושלים לפני בוא יום הכיפורים.

מסתבר שהעולים לירושלים עשו כל שביכולתם כדי שלא ישבתו ביום הכיפורים באחת החניות בדרך, שכן מדובר ביום תענית, תפילה וכפרה.

עונת הבאת הביכורים למקדש הייתה בתקופת יום הכיפורים

לרשימת המקדימים להגיע לירושלים ליום הכיפורים יש להוסיף את מביאי הביכורים, שכן העונה העיקרית של הבאת הביכורים למקדש היא בסוף תקופת הקיץ. הדבר עולה מדברי המשנה במסכת ביכורים (ג, א), שם נאמר: "כיצד מפרישים את הביכורים? יורד אדם לתוך שדהו, ורואה תאנה שביכרה, אשכול שביכר, רימון שביכר, קושרו בגמי, ואומר: 'הרי אלו ביכורים'". מציאות זו תיתכן בעת הבשלת הפירות בסוף הקיץ.

המשנה מוסיפה ואומרת, ש"אין מביאין ביכורים אלא משבעת המינים" (ביכורים א, ג; א, י) פירות אלו רובם ככולם מבשילים בסוף הקיץ. יש להוסיף שרוב הפירות משבעת המינים: התאנה, הרימון, הזית והתמר, מבשילים בחדשי אלול – תשרי, ולא לפני

כן. זה גם זמן האסיף, כשהעבודה בשדה רבה, ואין האדם נוטה לעזוב את מלאכתו בשדה לעלות לירושלים, מה עוד שה'רגל' הבא – חג הסוכות – קרוב.

אמנם אפשר להתחיל ולהביא ביכורים כבר מחג השבועות, אך למעשה, בעונה מוקדמת זו של הקיץ, רק השעורים ביכרו כבר, וכן החלו כבר בקציר החיטים, ולכן יש להניח שרוב הציבור המתין בהבאת הביכורים עד הבשלת שאר הפירות. כך מוכח מדברי המשנה (ביכורים ג, ג), האומרת ש"הרחוקים [מירושלים] מביאים גרוגרות וצימוקים", שעונתם בסוף הקיץ.

בתנאים של ימי בית שני, כאשר העלייה לרגל לירושלים נמשכה ימים ואף שבועות, מסתבר שרוב הציבור ריכזו את כל חובותיהם למקדש לעת עלייתם לרגל, דהיינו לחג הסוכות.

כמו כן יש לזכור, שמי שלא הביא ביכורים עד לחג הסוכות יכול היה אמנם להביאם עד חג החנוכה, אך לא היה קורא את 'מקרא הביכורים' (רמב"ם ביכורים ד, ג).

כך שמי שרצה לקיים מצוה כמאמרה ובשלמותה, עונת הבאת הביכורים שלו הייתה בסוף תקופת הקיץ. נמצא, שמביאי הביכורים הביאום בימים שלפני החג, שכן החג עצמו היה עמוס מתחילתו ועד סופו בהבאת התמידים, המוספים וקרבנות עולי הרגלים, וכן בשמחת בית השואבה ובניסוך המים, וכדברי רבי יהושע בן חנניה במסכת סוכה (נג, א) שבימי חג הסוכות "לא ראינו שינה בעינינו", מחמת התעסוקה המרובה במקדש. רבי יהושע מזכיר את קרבן התמיד של שחר, קרבן המוסף, תפילות שונות, תמיד של בין הערביים ושמחת בית השואבה, ואילו הבאת הביכורים אינה נזכרת. נראה, אפוא, שהביכורים הובאו כבר לפני החג, בימים שלפני יום הכיפורים ובימים שבין יום הכיפורים לסוכות. במעמד הבאת הביכורים השתתפו אנשים רבים והוא נמשך זמן רב, שכן מאות אלפי חקלאים היו מביאים את ביכוריהם לעזרה, והם היו צריכים להניפם, לקרוא את 'מקרא הביכורים' בפני הכוהן, להשתחוות ולצאת. מביאי הביכורים היו

◂ **ההיכל** מראה ההיכל מבפנים במבט ממוזרח, על פי מסכת מידות (פרק ד, ו, ז). גבהו ארבעים אמה, ארכו ארבעים אמה, ורחבו עשרים אמה (אמה בין 48 ל־58 ס"מ). ממול, בקו ישר למערב – הפרוכת המבדילה בין הקדש לבין קדש הקדשים. הפרוכת עשויה בצבעי תכלת, ארגמן תולעת שני, ושש משזר (שמות כו, לא), וכן מחוטי זהב (ברייתא דמ"ט מידות). על הפרוכת ציור של הכרובים (שמות כו, לא; ורש"י שם) וכן דמות נשרים ואריות (יומא עב, ב; וירושלמי שקלים ח,ב). בבית שני היתה הפרוכת בגובה ארבעים אמה ומאחוריה במרחק אמה פרוכת שניה (יומא נא, ב). בין שתי הפרוכות נכנס הכהן הגדול לקדש הקדשים (שם). שלשה כלים ניצבו בהיכל: שלחן הזהב מצפון, המנורה מדרום (שניהם בסמוך לפרוכת) ואילו מזבח הזהב עמד באמצע ההיכל. בציור נראה הכהן הגדול כשהוא כורע על ברכיו להשתחוות בתום עבודתו. שני כהנים מימינו ומשמאלו, ושלישי עומד להחזיק באבני האפוד בעת ההשתחוויה (רמב"ם כלי המקדש ה, יא).

לא רק מיהודה ומן הגליל, אלא אף מעבר הירדן ומסוריה (ראה רמב"ם הלכות ביכורים ב, א). הווה אומר, שבתקופת יום הכיפורים רבים מעולי הרגל כבר היו בירושלים, כדי לקיים את מצות הבאת הביכורים.

חייבי קרבן חטאת ואשם, וכל אדם המבקש לשוב בתשובה שלמה, הקדימו את בואם לירושלים

יש להוסיף, שלא מעטים מבין העולים היו חייבים להביא את קרבנם למקדש, כגון חטאת או אשם, אם נכשלו במהלך השנה באחת מארבעים ושלוש עברות שבתורה, שאם עשה אותן האדם בשגגה הוא חייב להביא עליהן חטאת למקדש. חלק מן העברות מצויות למדי, כגון חילול שבת בשגגה, אכילת חמץ בפסח בשגגה, עשיית מלאכה בשגגה ביום הכיפורים, ועוד (ראה רמב"ם הלכות שגגות א, ד). כמו כן אדם חייב להביא אשם על גזל שגזל ועל עברות אחרות (ראה רמב"ם הל' שגגות ט, א).

בקשר לכך יש לזכור שגם אם עבר יום הכיפורים, חייב אדם להביא קרבנות אלה על חטאיו (רמב"ם הלכות שגגות ג, ט), לפיכך היה חשוב לכל אדם להביא את קרבנו למקדש לפני יום הכיפורים. אדם החרד מיום הדין עשה בוודאי ככל יכולתו לבוא אל היום הקדוש כשהוא נקי מעברה.

מסיבה זו רבים מישראל עשו מאמץ להגיע לירושלים לפני יום הכיפורים, להקרבת קרבנותיהם, והם באו כמובן עם בני משפחותיהם.

נוכחותו של אדם מישראל במקדש בעת עבודת הכוהן הגדול ביום הכיפורים, היא חלק מתהליך התשובה והכפרה, ולכן מי שהיה סיפק בידו, השתדל להיות במקדש בעת העבודה.

אמנם אין תיאורים מפורשים במשנה על מספר הבאים לירושלים ליום הכיפורים, אך מדברי חז"ל במשנה למדים אנו שרבים הגיעו מרחבי הארץ, ואף מארצות רחוקות, ליום מיוחד זה במקדש.

עולי רגלים מן הארץ, מבבל וממצרים הקדימו את בואם לירושלים

במשנה מבואר כי במרבית המקרים היה המוליך את השעיר למדבר איש מן הכוהנים. זאת למרות ש"הכול כשרים להוליכו", ואפילו אדם מישראל, אך הכוהנים הגדולים "עשו להם [מנהג של] קבע", ולא הניחו לישראל להוליכו (יומא סו, א). עם זאת, המשנה מספרת שאירע פעם שישראלים קיבלו רשות להוליך את השעיר למדבר, "והוליכו [אדם בשם] ערסלא מציפורי, וישראל היה" (ראה שם ובירושלמי). מדובר באדם מן הגליל, והוא זכה להוליך את השעיר מפני שהיה מן המקדימים את עלייתם לרגל לירושלים.

כמו כן הננו שומעים כי הגיעו עולי רגל אף מבבל ומאלכסנדריה. כך מובא במשנה (יומא סו, א), ש"כבש עשו לו [לשעיר המשתלח], מפני הבבליים, שהיו מתלשים בשערו, ואומרים לו: 'טול וצא! טול וצא!'", כאומרים לשעיר: קח את עוונותינו ואל תשתהה, אלא תצא אל המדבר כדי לסלק את עוונותינו מהר ככל האפשר. בקשר לכך מובא בגמרא מאמרו של רבה בר בר חנה, שה"בבליים" הנזכרים במשנה "לא בבליים

היו אלא אלכסנדריים היו, ומתוך ששונאים את הבבליים היו קורין אותם על שמם".

(רבה בר בר חנה אמר את דבריו מכוח חוויה קשה שעבר, שכן בעלותו ארצה מבבל הוא הגיע אל נהר הירדן ורצה לעבור אותו, וכיון שריש לקיש רחץ שם באותה שעה, רבה בר בר חנה הושיט את ידו לריש לקיש כדי שיעזור לו לעבור את הנהר, אך ריש לקיש דחה אותו, והטיח בפניו: "אלהא! סנינא לכו!" כלומר: אלוהים שבשמיים יודע שאנו שונאים אתכם, הבבלים, על שלא עליתם ארצה בראשית ימי הבית השני, משום שבגללכם חרב המקדש בסופו של דבר; ראה יומא ט, ב).

לאור מקרה זה, ומכוח העלבון שספג כשרצה להיכנס לארץ, הסביר רבה בר בר חנה שהמושג "בבליים" האמור במשנה מכוון למעשה לאלכסנדריים, דהיינו ליהודי אלכסנדריה שהגיעו לירושלים ליום כיפור, אלא שמתוך שנאת חכמי ישראל לבבליים, על שלא עלו כולם לארץ ישראל בזמן עליית עזרא, תלו בהם את ההתנהגות הבלתי הולמת של האלכסנדריים בשעת הולכת השעיר לעזאזל.

שילוב ישראלים וכוהנים בעבודת יום הכיפורים במקדש

במסכת מנחות (צט, ב), מסופר עוד על הבבליים שהגיעו ליום הכיפורים לירושלים. המשנה שם אומרת שהבבליים היו אוכלים את בשר קרבן החטאת של מוסף יום הכיפורים במוצאי יום הכיפורים כבשר חי, מפני ש"דעתן יפה", בלשון 'סגי נהור'. לפי המוסבר ברש"י ובתוספות שם, פעמים שנוצרה בעיה עם בשר קרבן החטאת, כאשר יום הכיפורים חל בערב שבת. במקרה זה אי אפשר היה לבשל את בשר החטאת לאכילת הכוהנים במוצאי יום הכיפורים, מפני קדושת השבת, והיה חשש שבשר הקרבן יישאר 'נותר' וייפסל. כוהנים אלה שהגיעו מבבל פתרו את הבעיה בכך שאכלו את בשר החטאת כשהוא חי, כדי שלא להותיר ממנו לבוקר. הם אף נהגו לאכול את בשר החטאת במוצאי יום הכיפורים מדי שנה כשהוא חי, כדי להתרגל לאכול את הבשר כשהוא חי בשנים שבהן יום הכיפורים חל ביום שישי.

למרות כוונתם הטובה, אכילת הבשר כשהוא חי אינה כבוד לקרבן, וצורת האכילה הזו איננה מקובלת, ולכן הדבר נראה כרעבתנות.

מסיבה זו מביאה הגמרא את דברי רבה בר בר חנה, החוזר אף כאן על המימרא שאמר ביומא (שם), שהבבליים הנזכרים במשנה אינם אלא אלכסנדריים, אלא שבשל שנאת חכמי ישראל לבבליים, שלא עלו לארץ ישראל בהמוניהם בימי עזרא ונחמיה, תלו בהם את התנהגותם של האלכסנדריים. מכל האמור משתמע בבירור, שלא רק עולים מרחבי ארץ ישראל באו לירושלים ליום הכיפורים, אלא גם עולים מארצות רחוקות, כמו בבל ומצרים.

כמו כן יש ללמוד מן הדברים שעולי הרגל שולבו בעבודת המקדש ביום הכיפורים, הן כוהנים הבאים מחוץ לארץ (שזכו באכילת בשר החטאת החי), והן אנשים מישראל, כדוגמת ערסלא מצפורי, שנתכבד בשילוח השעיר לעזאזל. נמצא,

▲ **"טול וצא טול וצא!"** במשנה מתואר שהבבליים (ולפי המבואר בגמרא הכוונה היא לאלכסנדריים) היו תולשים את שערו של השעיר המשתלח, ואומרים: "טול וצא טול וצא", כלומר, קח עמך את עוונותינו וצא מהרה אל המדבר (משנה יומא ו, ד). הכהנים מנעו בעדם מלהתקרב אל השעיר, ולשם כך התקינו 'כבש' וגשר מיוחד, למנוע מן הציבור את הגישה אל השעיר. מדברי המשנה במסכת שקלים (ד, ב) נראה, שה'כבש פרה אדומה וכבש שעיר המשתלח', המתואר שם, היה הכבש והגשר שחיבר בין הר הבית להר המשחה במזרח, כמתואר בציור.

שלמרות שעיקר עבודת יום הכיפורים מוטלת על הכוהן הגדול, דאגו הממונים במקדש לזכות את עולי הרגל בעבודות שניתן היה לשלב אותם בהן.

המתכנסים לירושלים היו נוכחים במקומות שונים במקדש ובסביבות ירושלים

מדברי חז"ל במסכת יומא למדים אנו כי רבים מעולי הרגל ומתושבי ירושלים ליוו את הכוהן הגדול בנוכחותם ובתפילתם בעת עבודתו. כך היה בליל יום הכיפורים, שרבים ליוו את הכוהן הגדול בהכנות לעבודה.

במשנה נאמר שפעמים הכוהן הגדול היה דורש בפני הציבור. במקרים אלו רבים היו באים לשמוע את דברי התורה שדרש הכוהן הגדול במקדש במהלך הלילה.

גם אם הכוהן הגדול לא היה דורש, מסיבה כלשהי, רבים היו נעורים במהלך הלילה ועוסקים בלימוד ובתפילה, "כדי

שישמע הכוהן הגדול קול הברה, ולא תהא שינה חוטפתו" (יומא יט, ב).

נראה שנוצרה מסורת בעם שחוגים שונים בציבור היו לוקחים חלק בחלקים מיוחדים של העבודה. כך מוצאים אנו ש"יקירי ירושלים" היו נעורים במקדש בלילה, כדי שנוכחותם שם וקולות הלימוד שלהם, העולים מבית המדרש, ימנעו את הכוהן גדול מלהירדם במהלך הלילה (יומא שם).

ליווי השעיר למדבר

יקירי ירושלים היו מלווים את השעיר בדרכו מירושלים למדבר, עד הסוכה הראשונה (משנה יומא ו, ד). שאר הנוכחים במהלך העבודה היו בוחרים באיזה חלק בעבודה לצפות.

לפי המתואר במסכת יומא, היו רגעים במהלך העבודה שהעבודות השונות נעשו בכמה מקומות בעת ובעונה אחת. כך למשל, בעת שילוח השעיר למדבר, רבים היו מתלווים לשעיר ולמשלחו בדרכם אל המדבר. חלק מן הקהל היו ממתינים לשעיר כבר מערב יום הכיפורים בסוכות מיוחדות, שהוצבו כתחנות בדרכו של השעיר אל הצוק.

קריאת התורה בעזרת נשים

בעת שהכוהן המשלח ומלוויו היו עושים את דרכם למדבר, היה חלק אחר מהקהל מתכנס בעזרת נשים, ושם הם היו ממתינים להודעה שהשעיר הגיע ליעדו. בעת שחלק מן הציבור שהה במקומות שונים במדבר, היה הכוהן הגדול קורא בתורה ומתפלל על שלום עם ישראל ועל שלום המקדש.

בתום תפילתו של הכוהן הגדול בפני הקהל בעזרת נשים, היו אנשי ירושלים פונים לבתיהם ומביאים עמם ספרי תורה לחצרות המקדש כדי לקרוא בהם ו"כדי להראות חזותו לרבים" (יומא ע, א), וכדברי רש"י שם: "להראות נויו של ספר תורה ותפארת בעליה". המראה של אנשי ירושלים ההולכים בחוצות העיר כשספרי תורה בידיהם והם עולים לבית המקדש, מלמד על תוכן נוסף שהיה ליום הכיפורים בירושלים בזמן הבית. לפי דעה מסוימת במפרשים, ספרי התורה הובאו למקדש בערב יום הכיפורים, רוכזו בעזרה ונמסרו לציבור בסיום קריאתו של הכוהן הגדול בתורה.

מעמד שרפת הפר והשעיר ב'בית הדשן הגדול'

בה בעת שקהל ישראל המתין להמשך העבודה במקדש, התכנס קהל גדול מחוץ לירושלים, בצפון העיר (המקום המדויק שנוי במחלוקת בגמרא). לפי המתואר במשנה (יומא ז, ב) היו רבים שפנו לראות בשרפת בשרם של פר הכוהן הגדול ושעיר העם. בתוספתא יומא (ג, יב) נאמר: "היכן שורפין אותן [את הפר ואת השעיר]? בבית הדשן הגדול חוץ לירושלים, לצפונה של ירושלים, חוץ לשלוש מחנות". בעל 'כפתור ופרח' זיהה את מקום "בית הדשן" מחוץ לחומה, כפי שהוא כותב (פרק ו): "וכן מקובל בית הדשן לצפון ירושלים כמרוצת הסוס, והוא תל קטן ונמוך הרבה".

הדבר מסביר את הנאמר במשנה, ש"הרואה הכוהן הגדול כשהוא קורא, אינו

▲ **הקריאה בתורה בעזרה** משהגיע השעיר למדבר יצא הכהן הגדול ל'עזרת נשים' שם התכנס הקהל לקריאת התורה. במעמד זה הופיע הכהן הגדול כשהוא לבוש "אצטלית לבן משלו" (אם כי היה רשאי לבוא ב'בגדי לבן'). "חזן הכנסת נוטל ספר תורה ונותנו לראש הכנסת, וראש הכנסת נותנו לסגן, והסגן נותנו לכהן גדול, וכהן גדול עומד ומקבל, וקורא [בפרשת 'אחרי מות' כשהוא] עומד (משנה יומא ז, א)", ומסיים בברכות מיוחדות ליום הכיפורים. הכהן נראה עומד על חמש עשרה המעלות שהעלו מעזרת נשים לעזרת ישראל. (דרך שער ניקנור הפתוח, ניתן לראות את המזבח בעזרה). קהל הנאספים בעזרה הביא עמו ספרי תורה, כדי לקרוא

רואה את פר ושעיר הנשרפין... שהייתה דרך רחוקה ביניהם". מדברי התוספתא שם עולה שהתאסף במקום ציבור גדול, וכלשון התוספתא: "וזקיפין של כוהנים היו מעמידין סביבות המערכה מפני **דוחק העם**, כדי שלא יהיו קופצים לראות ונופלים לתוך המדורה". הצורך להעמיד זקיפים מיוחדים לנוכח ריבוי המתכנסים מלמד על החשיבות שייחס הציבור לנוכחות במקום בשעת שרפת הפר והשעיר.

המוני הבאים לעזרה בעלות השחר 'עומדים צפופים' וממתינים להשתחוויה ולווידוי

למרות הצום, רבים מהציבור עשו מאמץ מיוחד להשכים ולהגיע למקדש כבר עם

שחר, כפי שנאמר במשנה: "שלא הייתה קריאת הגבר מגעת עד שהייתה עזרה מלאה מישראל" (משנה יומא א, ח). לחץ הבאים גבר במיוחד בעת שהכוהן הגדול היה מזכיר את השם המפורש ומתוודה על הפר והשעיר, שכן באותה שעה עשו רבים כמידת יכולתם להיות נוכחים בעזרה, כדי להשתחוות ארצה, ולהתוודות כל איש על חטאיו לפני ה', כיון שאותה שעה הייתה עת רצון, שבה הייתה תשובתם שלמה ומקובלת. על אותה שעה אמרו חכמינו ז"ל במסכת אבות (ה, ה; וכן ביומא כא, א) שהתרחש נס במקדש, וכל ההמון שהגיע למקדש היו "עומדים צפופים", אך "משתחווים – רווחים". במדרש מובא, שנוצר מרחק ארבע אמות בין אדם לחברו, כדי שלא ישמע האחד את וידויו של חברו ויתבייש.

רגעי חרדה במהלך עבודת הכוהן הגדול

ברגעים מיוחדים במהלך העבודה היה ציבור המתכנסים בעזרה מצוי בתחושת חרדה. אחד מרגעים אלה היה בשעה שהכוהן הגדול נכנס עם הקטורת לקודש הקודשים. החשש שקינן בלב הציבור היה שמא הכוהן הגדול ימות, כפי שאירע בעבר במקרים אחדים. לפיכך קיצר הכוהן הגדול בתפילתו בהיכל, כשיצא מקודש הקודשים, למרות ששעת הקטרת הקטורת הייתה שעה שבה התפילה על כלל ישראל הייתה מקובלת ביותר, כדי לא להחריד את הציבור הממתין בעזרה לשובו.

שעה אחרת שבה היה הציבור חרד, הייתה בעת שילוח השעיר למדבר, שכן זו השעה שבה מתכפרים עוונותיהם של ישראל, כמובא בתוספתא (סוף יומא), ש"השעיר מכפר **מיד**" (כך מובא גם בירושלמי יומא סוף פרק ח). ציבור המתכנסים בעזרה המתין בציפייה לידיעה שה"לשון של זהורית" הפכה את צבעה מאדום ללבן. היה בכך סימן משמים שעוונות ישראל מחולים. עם התקבל הידיעה שה"לשון של זהורית" הלבינה, התפוגג המתח, והיה זה סימן לכולם שקרבנם נרצה ותשובתם התקבלה.

אווירת שמחה ויום טוב בירושלים

משעה שהלבינה ה"לשון של זהורית", שינתה ירושלים את פניה. אווירת הרצינות וכובד הראש שאפיינה את יום הכיפורים בירושלים פינתה את מקומה לאווירת סיפוק ושמחה. על פני המתכנסים הופיעה נהרה, אשר מצאה את ביטויה גם בביטויי שמחה חיצוניים.

קהל הבאים לירושלים התקבצו סביב המקדש על מנת ללוות את הכוהן הגדול אל ביתו, בצאתו בשלום מן הקודש. בין המלווים היו גם חכמי ישראל וגדולי הדור, כמו שמעיה ואבטליון.

חלק אחר של הציבור, והן בנות ירושלים, היו יוצאות לחולל במחולות בכרמים שבסביבות העיר, כשהן לבושות בגדי לבן. הדי השירה נשמעו ברחובות העיר ובחוצותיה. הייתה זו שמחה מתוך כובד ראש, המלווה רגש של קדושה וטהרה, כיאה לאנשים שיצאו זה עתה מן המקדש כשהם מזוככים מעוונותיהם.

נעילת שערי המקדש

למרות סיום העבודות במקדש, עדיין נשארו רבים מישראל לתפילה ולתשובה בחצרות המקדש ובבית הכנסת שבהר הבית, שכן

"עיצומו של יום מכפר". בתוספתא (יומא סוף פרק ד) נאמר ש"יום הכיפורים מכפר עם חשכה" (וראה ירושלמי סוף יומא). רבים מן הקהל אשר הרגישו כי טרם טיהרו את לבם כראוי, המשיכו בתפילה במקדש עד רדת החשכה. זה עניינה של תפילת 'נעילה' שתיקנו חז"ל, אשר נקבעה כנגד "נעילת שערי היכל", בשעת סגירת שערי המקדש (ירושלמי ברכות ד, א). תפילה זו נתקנה לתעניות, אך עיקרה נתקן ליום הכיפורים, שכן "יום הכיפורים מכפר עם חשכה". עם סיום עבודת היום, לאחר ההשתחוויה והתפילה במקדש, פנו האנשים איש איש לביתו, שמחים וטובי לב, כמי שנתרצו עוונותיהם. רבים התאספו סביב ביתו של הכוהן הגדול, שכן הכוהן הגדול היה עושה "יום טוב" לידידיו ולכל הבאים לברכו. הייתה זו שמחה של הודיה לה', על שהעבודה נעשתה ללא תקלה ועל שתשובת ישראל נתקבלה.

פרק ב: כוהנים גדולים בעבודת יום הכיפורים בזמן הבית

כוהנים גדולים צדיקים לעומת כוהנים שקנו את משרתם בממון – בימי בית שני

במהלך העיון במסכת יומא אנו מוצאים תיאורים רבים על אודות הכוהנים הגדולים והנהגתם ביום הכיפורים, שכן הכוהן הגדול היה הדמות המרכזית ביום זה במקדש, ועיני הכול היו נשואות אליו כמי שנטל העבודה כולה נופל על כתפיו, ו"כל עבודות יום הכיפורים אינן כשרות אלא בו" (יומא לב, ב).

חכמינו ז"ל מבחינים בין שני סוגי כוהנים גדולים: כוהנים צדיקים, כדוגמת שמעון הצדיק, יוחנן הכוהן הגדול וכדומה, ולעומתם כוהנים גדולים שקנו את כהונתם בכסף.

אלו דברי הגמרא ביומא (ט, א): "אמר רבי יוחנן: מהו שנאמר (משלי י, כז): 'יראת ה' תוסיף ימים, ושנות רשעים תקצורנה'? 'יראת ה' תוסיף ימים' – זה מקדש ראשון, שעמד ארבע מאות ועשר שנים ולא שימשו בו אלא שמונה עשרה כוהנים גדולים. 'ושנות רשעים תקצורנה' – זה מקדש שני, שעמד ארבע מאות ועשרים שנה, ושימשו בו יותר משלוש מאות כוהנים (ובירושלמי יומא א, א מובאת גרסה שונה, ולפיה היו בימי בית שני כשמונים כוהנים גדולים, עיין שם). צא מהם ארבעים שנה ששימש שמעון הצדיק, ושמונים ששימש יוחנן כוהן גדול, ועשר ששימש ישמעאל בן פאבי, ויש אומרים אחת עשרה ששימש רבי אלעזר בן חרסום. מכאן ואילך צא וחשוב – כל אחד ואחד לא הוציא שנתו. אמר רבי יוחנן בן תורתא: וכל כך למה? לפי שהיו לוקחים אותה [את הכהונה] בדמים. אמר רבי אסי: תרקבא דדינרי (שלושה קבים דינרים) הכניסה לו מרתא בת בייתוס לינאי המלך, עד שהעמיד את יהושע בן גמלא בכהונה גדולה".

המינוי לכהונה גדולה בידי מלכים ושליטים בימי בית שני

תיאורים אלה משקפים את מציאות החיים בימי הבית השני. במהלך תקופה זו שלטו בארץ מלכים ושליטים מישראל ומאומות

העולם. מלכים ושליטים אלה נטלו לעצמם את הסמכות למנות כוהנים גדולים, ובכך להחזיק ברסן השלטון, לרכוש השפעה, ולהבטיח את קיום הסדר הרצוי להם במקדש ובסדרי החיים בכלל. יוסף בן מתתיהו מספר שהיו שליטים שלקחו את בגדי הכוהן הגדול לפיקדון ולמשמרת, והחזיקו אותם בבית אבן סמוך למקדש, ולא נתנו אותם אלא לעבודת יום הכיפורים בלבד, ברישיון מיוחד.

בתנאים הללו, נפתחה הדרך בפני כוהנים המקורבים לשלטון, לקבל לידם את הכהונה הגדולה תמורת כסף והבטחות אחרות, גם אם למעשה היו אנשים ריקים מתוכן. מול מציאות זו, היו גם תקופות שבהן כיהנו כוהנים ענקי רוח. הדבר התאפשר כשהשלטון היה בידי שליטים יראים ושלמים, כדוגמת בני חשמונאי, אגריפס המלך, וכדומה. כמו כן, פעמים הכוהנים וכלל הציבור קנו את המשרה בכסף עבור כוהן ראוי ומתאים לתפקיד, כגון יהושע בן גמלא ואחרים.

על שיטת המינוי של הכוהנים הגדולים בידי שליטים שונים ניתן ללמוד גם מכתבי יוסף בן מתתיהו (ראה קדמוניות היהודים יח, ב; שם כ, ט, ועוד). שם מובאת גם רשימה חלקית של כוהנים גדולים שכיהנו סמוך לחורבן. יש מהם שכיהנו שנים אחדות ויש כאלה שהורדו מגדולתם לאחר שלושה חודשים.

כוהנים גדולים בעלי רוח הקודש

בדברי חז"ל שהובאו לעיל נזכרים כוהנים גדולים צדיקים, כגון שמעון הצדיק ויוחנן כוהן גדול. על מעלתם הרוחנית הגבוהה אנו למדים מדברי הירושלמי (סוטה ט, יג), האומר שכוהנים אלה זכו לשמוע בת קול היוצאת מקודש הקודשים.

על שמעון הצדיק נאמר ב'מגילת תענית' (יא), שבימיו בטלה גזירת הקיסר להעמיד צלם בהיכל, והידיעה על ביטול הגזירה הגיעה אליו בבת קול שיצאה מקודש הקודשים. זה לשון המגילה: "יום ששלח גסקלגס את הצלמים להעמידם בהיכל, באה השמועה לירושלים, [היה] ערב יום טוב של חג [הסוכות, בימים שאחרי תשובתם של ישראל ביום הכיפורים]. אמר להם שמעון הצדיק: עשו מועדיכם בשמחה, שאין אחד מכל הדברים ששמעתם מקוים. כי מי ששיכן שמו בבית הזה... יעשה לנו ניסים בזמן הזה. מיד שמע בת קול מבית קודשי הקודשים האומרת: בטלה העבודה הזרה שאמר השונא להביא להיכל, איקטיל גסקלגס (נהרג גסקלגס) ובטלו גזירותיו. וכתבו אותה שעה וכיוונו (שבאותה שעה אכן נהרג גסקלגס)... ואותו יום עשאוהו יום טוב" (ראה שם ובירושלמי סוטה ט, יג).

במגילה שם מובא גם מעשה שאירע בימי יוחנן כוהן גדול: "מעשה שיצאו נערים להלחם באנטוכיה, ושמע יוחנן כוהן גדול בת קול יוצאת מקודש הקודשים ואומרת: 'נצחו טלייא דאגחו קרבא באנטוכיא', כלומר, ניצחו הנערים שיצאו לקרב באנטוכיה (עיר בדרום תורכיה כיום). וכתבו אותה העת ונתנו בו זמן וכיוונו, שבאותה שעה היה" (ירושלמי סוטה ט, יג).

כוהנים גדולים אלה היו, אפוא, כוהנים בעלי רוח הקודש בדרגה כזו, שהם היו ראויים לשמוע בת קול היוצאת מקודש הקודשים.

כוהנים גדולים צדיקים ודרך התמנותם

במקומות שונים בתלמוד אנו מוצאים תיאור אודות כוהנים גדולים גדולי תורה, צדיקים ויראי ה׳.

במסכת פסחים (נז, א) נזכרים יוחנן בן נרבאי וישמעאל בן פיאכי, ונאמר עליהם שם שהעזרה לא שקטה עד שלא נתמנו לעבודתם בקודש. ובלשון חז״ל: ״צווחה העזרה: ׳שאו שערים ראשיכם והנשאו פתחי עולם׳ ויבואו כוהנים אלה וייכנסו לעבודתם״ (עיין שם).

(המהרש״א בפסחים שם שואל: מדוע לא הזכירה הגמרא את מתתיהו בן יוחנן כוהן גדול כאחד הכוהנים הצדיקים? וכותב בקצרה: ״ויש ליישב״, ולא הסביר את דבריו. אולי כוונתו לומר, שלו היה מתתיהו נקרא ׳מתתיהו כוהן גדול בן יוחנן׳, היה מקום לומר שהוא עצמו היה הכוהן הגדול. אבל מכיון שמנהיג נס המרד של החשמונאים נקרא ׳מתתיהו בן **יוחנן כוהן גדול**׳, נראה שאביו יוחנן היה כוהן גדול, ואילו מתתיהו עצמו לא זכה לשמש בכהונה גדולה).

כוהן גדול אחר שניכר מהמעשה המסופר על התמנותו שהיה צדיק, הוא פנחס הסתת. וכך מובא בירושלמי (יומא א, א) וכן בתנחומא הקדום (פרשת אמור): ״מעשה בפנחס הסתת, שמינוהו כוהן גדול [נראה מתוך העניין שמינוי זה הושג על ידי כוהנים ששילמו את דמי המשרה עבורו]. ויצאו אחיו הכוהנים וראו אותו חוצב אבנים, ולא הניחוהו, ומילאו את המחצב לפניו זהב״.

כוהנים גדולים צדיקים נוספים בבית שני

מובא בגמרא (יומא נג, ב) מעשה שאירע בכוהן שלא נזכר בשמו, אך ניכר מן הדברים שהיה צדיק: ״מעשה בכוהן גדול אחד שהיה מאריך בתפילתו [בצאתו מעבודתו בקודש הקודשים] ונמנו אחיו הכוהנים להיכנס אחריו [מחשש שמת]. התחילו הם נכנסים והוא יוצא. אמרו לו: מפני מה הארכת בתפילתך? אמר להם: קשה בעיניכם שהתפללתי עליכם ועל בית המקדש שלא יחרב?!״ מדובר אפוא בכוהן שראה שליחות לעצמו להתפלל להצלת ישראל והמקדש מחורבן.

וראה להלן בביאור על ׳סדר העבודה׳, בעניין שבעה כוהנים צדיקים מבניה של קמחית, ועוד.

נמצא אפוא שרשימת הכוהנים הגדולים הצדיקים בימי בית שני היא ארוכה למדי, וזאת למרות המציאות העגומה המתוארת בדברי חז״ל ובכתבי יוסף בן מתתיהו, שמלכים ושליטים שונים התערבו בנעשה במקדש ומינו כוהנים גדולים ככל העולה על רוחם.

בתקופת כהונתו של שמעון הצדיק היה הגורל עולה בימין ולשון של זהורית מלבינה

הבאנו כבר את דברי חכמינו ז״ל באשר לכוהנים שקנו את כהונתם בדמים, אך מצינו בתלמוד גם תיאורים שונים על הנהגתם של כוהנים צדיקים במקדש ומחוצה לו, עובדות הקשורות למעשיהם ביום הכיפורים ותיאורים על רגעי כניסתם לקודש הקודשים ועל הרגשתם באותו מעמד.

על שמעון הצדיק ש״היה משיירי כנסת הגדולה״ (אבות א, ב) וחי בראשית ימי הבית השני, נאמר במסכת יומא (לט, ב)

ש"בארבעים שנה ששימש שמעון הצדיק היה גורל עולה בימין. מכאן ואילך, פעמים עולה בימין פעמים בשמאל". נראה שעליית הגורל בימין הייתה לא רק בזכותו של שמעון הצדיק, אלא גם בזכותם של ישראל שבדורו, שתשובתם הייתה מקובלת וקרבנם היה רצוי, שכן בארבעים שנה שלפני החורבן שימשו בכהונה גדולה כוהנים צדיקים, ובכל זאת הגורל לא היה עולה בימין (ראה יומא לט, ב).

כך נראה גם בעניין האמור בגמרא שם בהמשך, שבתקופתו של שמעון הצדיק "היה לשון של זהורית מלבין, מכאן ואילך פעמים מלבין פעמים אינו מלבין". אף כאן נראה, שהלשון הפכה את צבעה מאדום ללבן לא רק בזכות צדקותו של שמעון הצדיק, אלא גם מפני תשובת אנשי דורו, שכן הלשון המלבינה היא עדות לניקיון הלב של ישראל ולכך שיצאו זכאים בדין. לעומת זאת סמוך לחורבן, למרות שהיו כוהנים צדיקים, הייתה גם ירידה רוחנית בעם, כפי שנאמר במשנה (סוטה ט, ט): "משרבו הרוצחנין – בטלה עגלה ערופה... משרבו המנאפים – פסקו המים המרים", ומסיבה זו נשארה אותה לשון של זהורית בצבעה האדום ולא הלבינה (ראש השנה לא, ב).

ארבעים שנה ששימש שמעון הצדיק ראה פני שכינה בקודש הקודשים

מעדותו של שמעון הצדיק על כניסתו לפני ולפנים בשנת הארבעים לכהונתו, הננו מקבלים מושג מה על תחושתו של הכוהן הגדול בכניסתו להקטיר קטורת ולהזות מדם הפר והשעיר בקודש הקודשים.

כך נאמר בירושלמי (יומא ה, ב): "ארבעים שנה שימש שמעון הצדיק את ישראל בכהונה גדולה, ובשנה האחרונה אמר להם [לכוהנים]: בשנה הזאת אני מת. אמרו לו: מהיכן אתה יודע? אמר להן: כל שנה ושנה שהייתי נכנס לבית קודשי הקודשים, היה זקן אחד לבוש לבנים ועטוף לבנים נכנס עמי ויוצא עמי, בשנה הזו נכנס עמי ולא יוצא עמי". ובגמרא שם נאמר שהאמוראים שאלו את רבי אבהו על המראה שראה שמעון הצדיק, שהרי נאמר בתורה (ויקרא טז, יז): "וכל אדם לא יהיה באוהל מועד", ואם כן ברור ששום אדם לא נכנס עם שמעון הצדיק לקודש הקודשים, וכן גם מלאך לא נכנס עמו, שהרי גם במלאכים נאמר "ודמות פניהם **פני אדם**" (יחזקאל א, י). מהו, אם כן, פשר המראה שראה שמעון הצדיק?

והשיב להם רבי אבהו: "אני אומר: כבוד הקב"ה היה" (כך הגרסה על פי תוספות ישנים יומא לט, ב). רבי אבהו מסביר שאין מדובר בזקן ממש, אלא בהופעה רוחנית. דומה שבכך התקיים הפסוק האמור בתורה בעבודת יום הכיפורים: "כי בענן **אראה** על הכפורת" (ויקרא טז, ב). מפשטות הפסוק נראה, שהיה ביום הכיפורים גילוי שכינה בקודש הקודשים, ושמעון הצדיק בצדקותו חזה בכך מדי שנה בשנה. ה"זקן **לבוש** לבנים **ועטוף** לבנים", אינו אלא תיאור למעטה וכיסוי שהשכינה עטופה בו, כפי שאמר שלמה בתפילתו בעת חנוכת המקדש בירושלים: "ה' אמר לשכון בערפל" (מלכים א, ח, יב), וכפי שנאמר במשכן: "והנה כבוד ה' נראה בענן" (שמות טז, י), ועוד.

הענן הלבן הוא אחת הצורות שהקב"ה מתגלה בהן לבני האדם. שמעון הצדיק זכה

להבחין בכך, בעוד שכוהנים אחרים, שלא היו במדרגתו – לא זכו לראות, שכן לא כל העיניים זוכות לראות פני שכינה במקדש.

בשנה האחרונה לחייו הבחין שמעון הצדיק במראה בכניסתו, אך ביציאתו אחורנית חש שאיננו רואה את ה"זקן לבוש לבנים ועטוף לבנים" והמראה נתעלם מעיניו. כך הבין שרוח הקודש שזכה לה ניטלה ממנו, והדבר היה לו לאות ולסימן שסופו קרוב. ואכן, לאחר הרגל [חג הסוכות] חלה שבעה ימים ומת, כמובא במנחות כט, ב (וראה בתוספות שם, שאמרו "שמא שכינה הייתה").

מראה השכינה בקודש הקודשים בעת כניסתו של רבי ישמעאל כוהן גדול

מראה מסוג אחר ראה רבי ישמעאל בן אלישע כוהן גדול, אשר חי בסוף תקופת הבית השני, סמוך לחורבן. כך מובא במסכת ברכות (ז, א): "אמר רבי ישמעאל בן אלישע: פעם אחת נכנסתי להקטיר קטורת לפני ולפנים. וראיתי אכתריאל י-ה ה' צבאות, שהוא יושב על כיסא רם ונישא, ואמר לי: ישמעאל בני, ברכני! אמרתי לו: יהי רצון מלפניך, שיכבשו רחמיך את כעסך, ויגולו רחמיך על מידותיך, ותתנהג עם בניך במידת הרחמים, ותיכנס להם לפנים משורת הדין. ונענע לי בראשו".

מעשה זה אירע ביום הכיפורים, היום שבו הכוהן הגדול נכנס "לפני ולפנים להקטיר קטורת", בשעת כניסתו, שהיא עת רצון לתפילה לפני ה'.

ממעשה זה יש ללמוד שלמרות שבדרך כלל תפילת הכוהן הגדול צריכה להיות מחוץ לפרוכת, בצאתו מקודש הקודשים להיכל, כמובא במשנה: "ומתפלל תפילה קצרה בבית החיצון" (יומא נב, ב), היו מקרים מיוחדים שהכוהן הגדול היה מתפלל בקודש הקודשים עצמו, כמו במעשה זה. זאת, כנראה, מפני המראה המיוחד שנגלה לפניו. התיאור הזה תואם גם את המובא בתרגום יונתן, שהכוהן הגדול במהלך עבודתו בהיכל ובקודש הקודשים היה מוסיף מילים ו'סיפור דברים' בעת עבודתו (ראה להלן בביאור סדר העבודה פרק ה).

מבלי להיכנס לסתרי תורה, נראה שהשם המיוחד שמכנה בו רבי ישמעאל בן אלישע את הקב"ה: 'אכתריאל' וכו', שהוא שם בן כמה מילים, קשור להזכרת השם המפורש על ידי כוהן גדול במהלך עבודת יום הכיפורים עשר פעמים (לדעת הגאונים השם המפורש שאמר הכוהן הגדול היה שם מיוחד בן ארבעים ושתים אותיות, ושם זה היה ידוע לגאונים ואף לראשונים, ראה טור אורח חיים סימן תרכב).

'נענע לי בראשו'

בכניסתו לקודש הקודשים ראה רבי ישמעאל את השפעת הזכרת השם במקדש, כיצד הקב"ה שמושבו בשמים, ב"מקדש של מעלה", כביכול מרכין את שכינתו ביום הכיפורים לארץ, וכביכול מניח את "כיסאו" ביום זה בקודש הקודשים "בבית המקדש של מטה", וכדברי חז"ל בכמה מקומות: "בית המקדש של מעלה מכוון כנגד בית המקדש של מטה" (ירושלמי ברכות א, ד, ועוד).

ישמעאל כוהן גדול עומד מול החיזיון הזה, כשענן עשן הקטורת עולה ומיתמר אל

על וריח הקטורת הולך ומתפשט בחלל. זה אפוא הזמן לתפילה על ישראל.

הביטוי "נענע לי בראשו" – עניינו הסכמה, והוא בא לבטא את ההרגשה שהתפילה התקבלה. כשם שהלבנת לשון הזהורית מבשרת על מחילת עוונות, כך גם כשהקטורת עולה ומיתמרת כהלכה, הרי זה אות וסימן שהעבודה רצויה. ייתכן גם שהעשן המיתמר ומתנועע כלפי מעלה נראה כ'נענוע ראש' וכהסכמה משמיים. בתיאור זה מעביר רבי ישמעאל בן אלישע כוהן גדול, שהיה מאחרוני הכוהנים הגדולים במקדש, מושג כל שהוא לבני הדורות הבאים, על המעמד המופלא של הקטרת הקטורת ביום הכיפורים בקודש הקודשים (רבי ישמעאל חי בסוף ימי הבית השני ונמנה עם עשרת הרוגי מלכות. ראה אבות דרבי נתן לח, ב).

'ברכת הדיוט' ביום הכיפורים בקודש הקודשים חביבה לפני הקב"ה והיא מביאה כפרה לישראל

נראה שמעמד זה, שהנסתר בו רב על הגלוי, כפי שמוכח מסגנון הדברים בגמרא, ראוי הוא שיפיקו ממנו שפע של רעיונות. המעשה אכן נדון בדברי חז"ל במסכת ברכות, והמסקנה העולה ממנו היא לקח קצר ופשוט.

בהמשך למעשה זה שואלת הגמרא: "מאי קא משמע לן?" דהיינו: מה השמיע לנו רבי ישמעאל כוהן גדול במאמר זה? ותשובתה: "שלא תהא ברכת הדיוט קלה בעיניך!" דהיינו, שביום הכיפורים רוצה הקדוש ברוך הוא מברואיו דבר פשוט, שיתייצב בפניו שליח עם ישראל והאנושות כולה, וכאדם פשוט ו'הדיוט' יביא לפניו קטורת ככתוב, וכמצווה על ישראל בתורה, ויביא בפניו ברכת 'הדיוט' ותפילה, שיגולו רחמיו על מידותיו. ייתכן שבעינינו מעמד כזה הוא קל ערך, אך מבחינתו של הקב"ה מעמד זה הוא חביב ויקר מכל יקר. מול עבודת 'הדיוט' זו, הקב"ה כביכול "מנענע בראשו", "כמודה בברכה ועונה אמן" (רש"י ברכות שם).

חכמי המשנה בחרו לתאר את סדר עבודת יום הכיפורים במקדש כסדר הנעשה בידי כוהנים גדולים עמי ארצות

הסבר זה של חז"ל פותח בפנינו פתח להבין את מהלך הדברים במסכת יומא, הממחיש את סדר עבודת היום הקדוש דווקא באמצעות תיאורים על כוהנים גדולים עמי ארצות.

כאמור, היו בתקופת בית שני כוהנים גדולים קדושי עליון, כמו שמעון הצדיק, יוחנן כוהן גדול ששימש שמונים שנה בכהונה גדולה, ויהושע בן גמלא שחז"ל משבחים אותו בלשון מיוחדת, באומרם: "ברם זכור אותו האיש לטוב, שאלמלא הוא, נשתכחה תורה מישראל" (בבא בתרא כא, א). כמו כן היה רבי אלעזר בן חרסום, שהיה מפורסם בתורתו ובחסידותו, שהניח לו אביו עושר רב, ואילו הוא הפנה עורף לעושרו, והיה עוסק בתורה "כל היום וכל הלילה" (יומא לה, ב) וחכמינו ז"ל הציגו אותו כמופת "המחייב את העשירים". כוהן זה שימש בכהונה גדולה אחת עשרה שנה (יומא ט, א). אף על רבי ישמעאל בן פאבי נאמר ש"משמת – בטל זיו הכהונה" (סוטה מט, א), הווה אומר שמדובר בכוהן גדול שמעטים כמותו. והנה למרות שבבית

שני שימשו כל הכוהנים הגדולים הצדיקים האלה (וכן כוהנים צדיקים אחרים שהוזכרו לעיל), בחרו חז"ל במסכת יומא לתאר את סדר יום הכיפורים דווקא לפי אמת מידה של כוהנים פשוטים ופחותים בדרגתם. התיאור המתמשך לאורך המסכת מצייר לפנינו דמות של כוהן גדול עם הארץ העובד במקדש ביום הכיפורים, ומלמד אותנו כיצד יש לנהוג ביום הכיפורים דווקא במציאות שכזאת.

חברי הסנהדרין מלמדים כוהנים עמי ארצות את סדר עבודת הכוהן הגדול

כך מובא במשנה יומא (א, ג): "מסרו לו זקנים מזקני בית דין וקורין לפניו ב'סדר היום'". כלומר, זקני הסנהדרין היו עוזבים את מקומם בלשכת הגזית ואת הדיונים בנושאים העומדים ברומו של עולם, והיו יושבים וקוראים לפני הכוהן הגדול פסוקים פשוטים בפרשת 'אחרי מות', שהוא 'סדר היום' שבתורה. במהלך הדברים הם פונים אליו בעדינות ומתוך ענווה "ואומרים לו: אישי כוהן גדול! קרא אתה בפיך! שמא שכחת, או שמא לא למדת". מתברר שמדובר באדם שהגיע לכהונתו בכוח הכסף ובכוח קשריו עם השלטון. משרת הכוהן הגדול הייתה המשרה הרמה ביותר בישראל, אחרי משרת המלך. כוהן עם הארץ זכה לתפקיד המחייב ידיעה רחבה בכל מקצועות התורה, ובמיוחד בענייני המקדש והקרבנות, וכן בענייני טומאה וטהרה, וכפי שמוכח מדברי חז"ל, בחלק מן המקרים אדם זה לא קרא ולא שנה, ועתה, בערב יום הכיפורים, צריך ללמדו במהירות, ככל האפשר, את כל מה שכוהן גדול צריך לדעת ולעשות בפועל ביום הכיפורים, דבר המחייב שנות לימוד ארוכות. למרות הכול, הלימוד נעשה בדרך של כבוד: "אישי כוהן גדול", ובעדינות: "**שמא** שכחת או **שמא** לא למדת" (שם), וכיוצא בכך.

וכך גם "בערב יום הכיפורים שחרית היו... מעבירים לפניו פרים ואילים וכבשים כדי שיהא מכיר ורגיל בעבודה" (שם).

בליל יום הכיפורים הקריאו בפני הכוהן הגדול ספרים לפי דרגתו

גם כשהגיע ליל יום הכיפורים, כשהתאספו תלמידי חכמים בלשכת בית אבטינס והיו נעורים כל הלילה, נאמר במשנה (יומא א, ו), ש"אם היה חכם – דורש, ואם לאו – תלמידי חכמים דורשים לפניו", בפסוקי התורה מענייני היום. כמו כן, "אם היה רגיל לקרות [בתורה] – קורא, ואם לאו [שאינו יודע לקרוא, שכן קרה אף כדבר הזה] – קורין לפניו. ובמה קורין לפניו? באיוב ובעזרא ובדברי הימים".

מכך שהמשנה מציינת את שמות הספרים, נראה שהיו כוהנים שיכלו להתעמק בספרים קשים, כדוגמת איוב, אך היו גם כאלה שהיו קוראים בפניהם ספרים "סיפוריים" יותר בתנ"ך, כגון עזרא ודברי הימים, המכילים סיפורים מעברו של עם ישראל. וממשיכה המשנה (שם): "זכריה בן קבוטל אומר: **פעמים הרבה** קראתי לפניו בדניאל". משמעות הדברים היא שהיה במקדש כוהן גדול, שלמרות ששימש בכהונה גדולה שנים אחדות, לא ידע לקרוא בעצמו, וקראו לפניו תמיד בספר דניאל הכתוב ארמית, שזו הלשון שהייתה מדוברת בתקופת בית שני, והיא הלשון שהייתה שגורה בפיו של אותו כוהן גדול.

שאלה היא, כיצד הרגיש זקן מזקני הסנהדרין, כגון זכריה בן קבוטל, אשר הופקד לקרוא לפני כוהן גדול עם הארץ בליל יום הכיפורים את ספר עזרא או את ספר דברי הימים? ומה חשב אותו זקן למחרת, ביום הכיפורים, בשעת העבודה בעזרה, כשהיה עומד בעזרה ושומע את אותו כוהן גדול אומר "אנא ה'", ומזכיר את השם המפורש? במה היה מהרהר איש הסנהדרין בעת שנפל על פניו ארצה והשתחווה והתוודה?

דומה שמחברי המשנה רצו ללמד כאן דבר לדורות הבאים, שכן דברי חז"ל במשנה לא נכתבו לשם תיאור העבר, אלא כהלכות וכהוראות לעתיד. מדוע אם כן בחרו לתאר את סדר עבודת הכוהן הגדול ביום הכיפורים באמצעות הצגת דמות של כוהן גדול עם הארץ, הקונה את תפקידו בכסף? והרי יכלו חכמים לתאר בפני הדורות הבאים את סדר העבודה באמצעות כוהן גדול צדיק ובעל מעלה, כדוגמת יהושע בן גמלא, או רבי ישמעאל כוהן גדול. והרי חלק מן הכוהנים האלה שימשו סמוך מאוד לחורבן, ואם כן מדוע לא תיארו חכמים את עבודת המקדש ביום הכיפורים באמצעות כוהן גדול חכם וצדיק, הידוע בגדולתו בתורה ובקדושתו היתירה?

חכמי המשנה רצו ללמד לדורות כמה יקרה עבודת יום הכיפורים לפני ה' גם כשהיא נעשית בידי אדם פשוט

אולם דבר גדול רצו חכמינו ז"ל ללמד לדורות: לא האיש העושה את העבודה הוא הדבר החשוב, אלא עבודת יום הכיפורים היא החשובה. חכמי הסנהדרין הרכינו את ראשם ומיעטו את כבודם בפני כוהן גדול עם הארץ, לא מפני כבודו ולא מפני יראתו. יראת ה' והרצון לקיים מצווה כמאמרה, הם שהביאו אותם לקבל על עצמם ברצון כוהן שאינו אלא כלי ריק. שכן מאחר וזו מצות ה', וכוהן זה כשר לה, יש לקיים את המצוה כמאמרה, בכל תנאי ובכל מצב. כעין זה דרשו חז"ל על הפסוק "את מקדשי תיראו" (ויקרא יט, ל): "לא ממקדש אתה מתיירא, אלא ממי שהזהיר על המקדש" (יבמות ו, א). כך גם כאן, לא מן הכוהן יראו, אלא ממי שציווה על ישראל למנות עליהם כוהן גדול ולגשת לעשיית עבודת יום הכיפורים. והיה, אם יקרה בדור מן הדורות שיהיו בו כוהנים כבימי בית שני – מהם ילמדו וכן יעשו. זה גם תוכנו של מאמר חז"ל בברכות (ז, א), כנזכר לעיל: "מאי קא משמע לן?" היינו, למה התכוון רבי ישמעאל בן אלישע, כשסיפר לחכמי ישראל את המראה שראה בקודש הקודשים, ומדוע ראו חכמים לספר מעשה זה לדורות הבאים? ותשובת הגמרא היא: "שלא תהיה ברכת הדיוט קלה בעיניך". כלומר, חפצו של הקב"ה ביום הכיפורים אינו אלא לדבר פשוט, שיבוא לפניו בשר ודם, 'הדיוט', אשר יעשה את עבודת הקודש בקודש הקודשים, ו'ברכתו' ותפילתו הפשוטה של "הדיוט" זה, יקרים לבורא עולם מכל אשר בתבל.

כמובן, הרצוי ביותר הוא כוהן גדול בדרגת אהרן הכוהן, ככתוב: "בזאת יבוא אהרן אל הקודש" (ויקרא טז, יג), או כוהן כשמעון הצדיק או כרבי ישמעאל בן אלישע. אך גם אם יבוא כוהן גדול היודע בקושי קרוא וכתוב, כוהן כשר הוא כאהרן הכוהן בשעתו. כך הם גם דברי התורה עצמה: "ובאת אל

הכהן אשר יהיה בימים ההם" (דברים כו, ג), ואמרו על כך חז"ל בספרי: "אין לך אלא כוהן שבימיך" (ראה ברש"י שם), כי "אחד המרבה ואחד הממעיט, ובלבד שיכוון לבו לשמיים" (ברכות ה, ב). הדברים אמורים במיוחד ביום הכיפורים, שבעניינו מודגש בתורה (ויקרא טז, טז): "וכן יעשה לאהל מועד, **השוכן אתם בתוך טומאתם**", ודרשו חז"ל: "אף על פי שטמאים הם – שכינה עמהם".

פרק ג: המקדש – מקום תשובת עם ישראל ביום הכיפורים

המקדש הוא מקום התשובה

מצות התשובה קשורה למקדש קשר בל יינתק. המקדש הוא מקום התשובה. כשאדם מישראל חוטא, הרי הוא מעלה את קרבנו למקדש, סומך את ידיו על ראש קרבנו ומתוודה עליו על עוונותיו, וכך נמחל לו חטאו.

כך נאמר בויקרא (א, ד): "וסמך ידו על ראש העולה ונרצה לו לכפר עליו", ומסבירים חכמינו ז"ל ביומא (לו, א): "הסומך עומד במזרח [העזרה] ופניו למערב, ומניח שתי ידיו בין שני קרנות הזבח, ומתוודה על **חטאת** – עוון חטאת, ועל **אשם** – עוון אשם, ועל **עולה** – עוון עשה".

הווידוי אמנם אינו אלא דיבור שפתיים, אך הוא ממצה תהליך ממושך של הרהור תשובה, חרטה וקבלה לעתיד. רק כך יכול אדם לבוא אל המקדש ולהתוודות על קרבנו. במעשה זה חותם האדם את התשובה. לפיכך קבע הרמב"ם בראש הלכות תשובה את מצות הווידוי, שכן מעשה הווידוי בפה ממצה את התהליך הנפשי והרוחני של התשובה, "והכל הולך אחר החיתום" – כלשון חז"ל (ברכות יב, א).

הרמב"ם בהלכות מעשה הקרבנות (ג, טו) מביא את דברי הווידוי שאומר אדם על קרבנו במקדש: "כיצד מתוודה? אומר: חטאתי, עוויתי, פשעתי ועשיתי כך וכך, וחזרתי בתשובה לפניך, וזו כפרתי". הלשון "חזרתי" בלשון עבר מלמדת, שאת תהליך התשובה והקבלה לעתיד כבר עשה המקריב בתוך תוכו בטרם בא בשערי המקדש, ואילו בשעת הווידוי בשפתיו אינו אלא מודיע ומספר לפני ה' את אשר גמר בלבו.

מצות הווידוי נאמרה בתורה בקשר לקרבנות החוטא

המקום הראשון שבו מזכירה התורה את מצות הווידוי אף הוא קשור לקרבן, ככתוב בויקרא (ה, א): "ונפש כי תחטא... והיה כי יאשם לאחת מאלה, **והתוודה אשר חטא עליה**, והביא את אשמו..." הווידוי קשור, אם כן, להבאת קרבן במקדש. אף המקור שממנו למדו חכמינו ז"ל את מצות התשובה והווידוי כמצות עשה כללית לשוב בתשובה על כל עבירה, אף וידוי זה קשור לקרבן, כפי שנאמר בספר במדבר (ה, ו): "איש או אשה כי יעשו מכל חטאות האדם... והתוודו את חטאתם". הרמב"ם בספר המצוות (מצות עשה עג) מסביר שיש מצווה להתוודות גם ללא קרבן: "ולפי שנאמר הציווי הזה, כלומר '**והתוודו** את חטאתם' יחד **עם חיוב הקרבן**,

• **הכהן הגדול בשער המזרח מתבונן בקרבנות יום הכיפורים** הכהן הגדול מתבונן בקרבנות בערב יום הכיפורים, כדי להחליט איזו בהמה תתאים לכל קרבן (תפארת ישראל). כך היא לשון המשנה (יומא א, ג): "ערב יום הכיפורים שחרית מעמידין אותו בשער המזרח [שער ניקנור], ומעבירין לפניו פרים ואילים וכבשים, כדי שיהא מכיר ורגיל בעבודה". בציור נראות שש עשרה בהמות, העתידות לעמוד לפניו למחרת בעזרה: שני כבשים ל'תמידים', ושני פרים ושני אילים ושבעה כבשים למוסף, ושלשה שעירים: שנים לחטאת, והשלישי – שעיר המשתלח לעזאזל. מתוכן הקריבו רק חמש עשרה (שכן, השעיר המשתלח אינו קרבן). בציור הובאו כל הקרבנות לצורך לימוד וידיעה, אולם למעשה, לא הביאו בפני הכהן הגדול את השעירים, הבאים לכפר על חטאי ישראל, כדי שלא לגרום לו חולשת דעת (מחשש שלא יחזרו ישראל בתשובה ולא תקובל עבודתו. יומא יח, ב; ומאירי שם).

היינו יכולים להעלות בדעתנו שאין הווידוי לבדו מצווה בפני עצמה, אלא מטפלי הקרבן [והוא נאמר רק בעת הבאת הקרבן], לפיכך הוצרכו לבאר את זה במכילתא בלשון זה: '...ומנין [שמתוודים] אף בזמן שאין מביאין [קרבן]? – אמר [הפסוק]: 'דבר אל בני ישראל והתוודו!'... מנין אף בגלות? אמר [הפסוק]: 'והתוודו את עוונם ואת עוון אבותם' (ויקרא כו, מ). הנה התבאר לך מכל מה שהזכרנו, שהווידוי מצוה בפני עצמה, וחובה על החוטא [להתוודות] על איזה חטא שחטא, בין בארץ בין בחוצה לארץ, בין שהביא קרבן ובין שלא הביא קרבן – חייב להתוודות...".

אכן, חייבה התורה את החוטא להתוודות **גם** כשאין קרבן, וכגון כשהמקדש חרב, וכן על כלל החטאים שאדם מישראל

חוטא, גם על חטאים שאין חייבים להביא עליהם קרבן, אך מצות הווידוי נכתבה בתורה בקשר לקרבנות ובקשר למקדש, למרות שהעבירות שנעשו אינן חייבות קרבן, שכן התשובה קשורה למקדש.

שלמה המלך בתפילתו קושר את התשובה למקדש

אף שלמה המלך בתפילתו שנשא בעת חנוכת המקדש קושר את חטאי האדם ואת תשובתו למקדש, הן בדברים שבין אדם לחברו והן בדברים שבין אדם למקום: "את אשר יחטא **איש לרעהו**... ובאה [השבועה] **לפני מזבחך** בבית הזה, ואתה תשמע השמים... ושפטת את עבדיך". (מלכים א, ח, לב). וכן שם בהמשך התפילה: ***כי יחטאו לך*** [עמך], כי אין אדם אשר לא יחטא... **ושבו אליך בכל לבבם** ובכל נפשם בארץ אויביהם... והתפללו אליך דרך ארצם... **והבית אשר בניתי לשמך**... וסלחת לעמך... ולכל פשעיהם" (שם פסוק מו). התשובה וסליחת ה' לשבים קשורה, אפוא, למקדש.

בעל 'ספר החינוך': מטרת בניין המקדש – קיום מצות התשובה

כך כותב בעל 'ספר החינוך' (מצווה צה) בהסבר המצווה המוטלת על עם ישראל לבנות את בית הבחירה (מצוה צה): "על כן, כי יחטא איש [לה'] לא יטהר לבו יפה בדבר שפתים [בווידוי] לבד, שיאמר בינו ולכותל: 'חטאתי! לא אוסיף עוד!' אבל [יטהר הלב] בעשותו מעשה גדול על דבר חטאו, לקחת ממכלאותיו עתודים [צאן]. ומתוך כל המעשה הגדול ההוא, יקבע בנפשו רוע החטא, ויימנע ממנו פעם אחרת. ובעין זה מצאתי להרמב"ן זכרונו לברכה... [האומר]: 'צוה ה' יתברך, כי כאשר יחטא [האדם] יביא קרבן, ויסמוך את ידיו עליו כנגד **המעשה** [שעשה] ויתוודה בפניו כנגד **הדיבור**... ויזרוק הדם על המזבח כנגד **דמו בנפשו**, כדי שיחשוב אדם בעשותו כל אלה, כי חטא לאלוהים בגופו ובנפשו, וראוי לו שיישפך דמו ויישרף גופו. לולי [אלמלא] חסד הבורא [עמו] שלקח ממנו תמורה וכופר [תחליף לגופו בצורת] קרבן'".

כלומר, המקדש נבנה, בין השאר, במטרה להיטהר מן החטא ולשוב בתשובה, דווקא במקום המקדש, באמצעות קרבן לפני ה'.

מצוות הווידוי אמנם יכולה להיעשות בכל מקום בעולם, אך יש להבדיל בין וידוי הנעשה מרחוק, כשהאדם אינו נוכח במקדש ובהעדר הקרבן, לבין וידוי הנעשה בעזרה שבמקדש, כשהאדם סומך ידיו על קרבנו "בכל כוחו" כלשון חז"ל, ומתוודה, וקרבנו עולה ככפרה על המזבח. הווידוי והתשובה קשורים, אפוא, מהותית למקדש.

משמעות הציווי 'לפני ה' תטהרו' – התוודו לפני ה', במקדש, ביום הכיפורים

הדבר מסביר את הפסוק בתורה, שהננו חוזרים עליו פעמים רבות ביום הכיפורים: "כי ביום הזה יכפר עליכם לטהר אתכם מכל חטאותיכם לפני ה' תטהרו". "לפני ה'" – מובנו, פשוטו כמשמעו, שההיטהרות והתשובה ביום הכיפורים – מקומם במקדש, מול קודש הקודשים. רק כך ההיטהרות שלמה, כשהאדם רואה לפניו את עבודת היום במקדש, וכוהן גדול מזכיר את השם המפורש בקדושה ובטהרה. באותה שעה הרי הוא נופל ארצה לפני בוראו ביראה

ורעדה, ומתוודה בלב נשבר על חטאיו, וכך הוא נטהר.

הרמב"ם: קרבנות יום הכיפורים במקדש נועדו להשאיר רושם בנפש ולעורר את הציבור לתשובה

הרמב"ם ב'מורה נבוכים' (ג, מו) כותב בהסבר טעמם של קרבנות יום הכיפורים, כגון שעיר המשתלח, שמצוות אלו באו להשאיר רושם עמוק על האנשים הנמצאים בעזרה, לזעזע את הלבבות, לעורר את האדם מתרדמתו ולהחזירו בתשובה.

וכך כתב: "ולפי שהיה השעיר המשתלח [נועד] לכפרת חטאים גדולים באופן כללי [לכלל הציבור] עד שאין שם [במקדש] חטאת ציבור המכפרת [חטאים כה רבים כדוגמת כפרת] מה שמכפר [השעיר]. וכאילו הוא נושא [עמו] את כל החטאים [אל המדבר]. ולפיכך אין מתעסקין בו [הכוהנים] בשחיטה, ולא בשרפה [כשאר הקרבנות] ולא בהקרבה כלל, אלא מרחיקין אותו תכלית הריחוק, ויושלך ל'ארץ גזירה', כלומר שאין בה יישוב. ולא יסתפק שום אדם, כי החטאים אינם גוף [ודבר ממשי] המועברים מעל גב פרט זה [מעל גבו של אדם זה] לפרט אחר [אל גבו של השעיר]. ואין כל המעשים הללו אלא משלים [דוגמאות והמחשות] להקניית צורה [ציור ורושם] בנפש, כדי שתהא שם בהתפעלות [והתעוררות] לתשובה", עד כאן דבריו.

ברור מדבריו של הרמב"ם שקרבנות יום הכיפורים, והשעיר בכלל זה, נועדו להיעשות במעמד ישראל המתכנסים בעזרה, כדי לעורר את הציבור לשוב בתשובה ולהיטהר לפני ה'.

הכוהן הגדול אומר לנאספים בעזרה: "תטהרו!" - עשו תשובה!

מכאן מובנת הפסקה בפיוט 'אתה כוננת', האומרת "ואף הוא היה מתכוון לגמור את השם כנגד המברכים, **ואומר להם** 'תטהרו!'" ניסוח הדברים במשפט היה צריך להיות "ואף הוא היה מתכוון לגמור את הפסוק ('כי ביום הזה יכפר עליכם לטהר אתכם... מכל חטאתיכם לפני ה'') כנגד המברכים, ואומר להם: 'תטהרו'", שכן הפסוק מסתיים במילה זו. תמוה אפוא, מהו **"ואומר להם"?** - למי הוא אומר, ומה עניינה של האמירה?

אולם לאור האמור הדברים מובנים. לאחר שהכוהן הגדול עומד ומתוודה על השעיר, ואומר: "חטאו, עוו, פשעו לפניך עמך בית ישראל... כפר נא לחטאים" וכו', והכוהנים והעם העומדים בעזרה כורעים ומשתחווים ונופלים על פניהם, היה ממשיך הכוהן הגדול ומכריז, "אומר להם" - לבאי המקדש: "תטהרו!" כלומר: התוודו על עוונותיכם, ועשו תשובה כמצוות היום, וכך יטהר אתכם ה' ויכפר על חטאותיכם! וראה ספר 'מעשה אורג' שפירש כעין זה, ש"תטהרו" הוא תוכחה של הכוהן הגדול לציבור הנאספים בעזרה, שיחזרו בתשובה.

בכך גם יתבארו דברי הרמב"ם בהלכות עבודת יום הכיפורים (ב, ז), שכתב שם כנ"ל, שהכוהן הגדול מסיים את הווידוי ו"אומר **להם**: 'תטהרו!'", והאחרונים, נושאי כלי הרמב"ם, לא מצאו מקור לדבריו. אולם הדבר תואם את שיטתו, שהווידוי של ישראל הוא חלק מעבודת הכוהן הגדול בעזרה (כפי שיבואר עוד להלן), ולפיכך הכוהן הגדול קורא לנאספים להיטהר ולהתוודות, ואילו

תפקיד הנאספים הוא לשוב אל ה׳ במהלך העבודה.

הרמב״ם: יום הכיפורים נתייחד לקיום מצות התשובה והווידוי

מעשה התשובה של היחיד בזמן המקדש, היה חלק ממכלול המעשים והעבודות שנעשו בידי הכוהן הגדול במקדש.

להבנת העניין לעומקו, יש להתבונן בפסוקי התורה הדנים במצות עבודת יום הכיפורים במקדש. ביום זה עושה הכוהן הגדול סדרת מעשים ״לפני ה׳״, כלומר, בעזרה, בהיכל ובקודש הקודשים. שבע פעמים במהלך פרשה זו מזכירה התורה את הביטוי ״לפני ה׳״, שכן העבודה כולה נעשית בעזרה, על מזבח העולה, במזבח הקטורת, ולפני הארון והכרובים. כל אלו נקראים בתורה ״לפני ה׳״ (ראה מלבי״ם ויקרא ו, ז).

בסיומה של פרשה זו נאמר: ״בחודש השביעי בעשור לחודש תענו את נפשותיכם וכל מלאכה לא תעשו... כי ביום הזה יכפר עליכם לטהר אתכם, מכל חטאתיכם לפני ה׳ **תטהרו**... והיתה זאת לכם לחוקת עולם, לכפר על בני ישראל מכל חטאותם אחת בשנה״ (ויקרא טז, כט-לד). מפשטות הכתובים נראה, שאף התשובה שעושה אדם מישראל ״לפני ה׳״, צריכה להיות בעזרה שבמקדש.

הרמב״ם ב׳מורה נבוכים׳ מוצא בפסוקים אלה ציווי לשוב בתשובה ביום הכיפורים, שכן בשלושה דברים נצטווה כל אדם מישראל ביום הכיפורים: האחד – להתענות (״תענו את נפשותיכם״), השני – איסור מלאכה (״כל מלאכה לא תעשו״), והשלישי – לשוב בתשובה (״מכל חטאותיכם לפני ה׳ תטהרו״).

אלו דברי הרמב״ם ב׳מורה נבוכים׳ (ג, מג), בהסבירו את טעמה של מצות יום הכיפורים: ״גם עניין יום צום כיפור טעמו ברור, [היינו] למתן רעיון התשובה [בעולם]. והוא היום שירד אדון הנביאים [משה] בלוחות שניים [מהר סיני], ובישרם [לישראל] במחילת חטאם הגדול, ונעשה בו אותו היום לעולם יום תשובה ועבודה בלבד. ולפיכך נמנעה בו כל הנאה גופנית [חמשה עינויים] וכל עסק בתועלת גופנית, כלומר עשיית מלאכות [שבת שבתון]. ונצטמצמנו בו [היינו, נתייחד יום זה] על הווידויים, כלומר ההודאה בחטאים והתשובה מהם״. (את מצות העינוי ביום הכיפורים מנה הרמב״ם בספר המצוות מצוה קסד, ואת מצות השבתון ממלאכה מנה במצוה קסב).

דברי הרמב״ם, שיום זה נקבע ״למתן רעיון התשובה״ וכן דבריו שיום זה נתייחד לווידוי ולתשובה, צריכים הסבר, שכן הרמב״ם לא מנה בתרי״ג מצוות מצות תשובה מיוחדת **ליום הכיפורים**, אלא קבע בהלכות תשובה את הצורך **הכללי** לעשות תשובה, אם אירע שאדם חטא במהלך השנה.

מצות ׳וידוי יום הכיפורים׳ מקורה בפסוק ״לפני ה׳ תטהרו״

אולם מתברר שלדעת הרמב״ם יש מצוה מיוחדת לשוב בתשובה ביום הכיפורים, ובלשון הרמב״ם: **״מצוות וידוי יום הכיפורים״** (הלכות תשובה ב, ז). כאמור, המצווה נלמדת מן הפסוק: ״כי ביום הזה יכפר עליכם לטהר אתכם, מכל חטאתיכם לפני ה׳ תטהרו״. כלומר, יש ציווי מיוחד בתורה להיטהר

לפני ה׳ מכל החטאים דווקא ביום הכיפורים. המעיין בטעמים על מילות הפסוק ימצא שחלקו הראשון מדבר על כך שביום זה הקב״ה היושב בשמיים יושב ומכפר על ישראל, ככתוב: ״כי ביום הזה יכפר עליכם לטהר אתכם״. כאן באה ׳אתנחתא׳ (תחת המילה ׳אתכם׳). ומוסיף הפסוק ואומר: ״מכל חטאותיכם לפני ה׳ תטהרו״. כלומר, הקב״ה מצדו ״יכפר עליכם״, אך הכפרה מותנית בכך שתטהרו עצמכם, היינו שתעשו תשובה, לפני ה׳ במקדש. זה, אפוא, עניינו של הפסוק המוסיף ציווי מהתורה, לשוב בתשובה ״לפני ה׳״ במקדש, ״ביום הזה״ – ביום הכיפורים.

אכן, כך מתרגם תרגום יונתן את הפסוק הזה, ואומר: ״ארום ביומא דין יכפר עליכון לדכאה יתכון מכל חוביכון״, כלומר: מאחר שביום זה יכפר ה׳ עליכם לזכך אתכם מכל חטאיכם, לפיכך: ״ואתון – קדם ה׳ תודון סורחנותכון ותדכון״ (ויקרא טז, ל) כלומר: ״ואתם – לפני ה׳ תתוודו על עבירותיכם ותטהרו״. מתברר לאור האמור, שבמעשה העבודה של יום הכיפורים יש שני חלקים: חלק מן המצוה מוטל על הכוהן הגדול, וחלק מן המצוה מוטל על ישראל. הכוהן הגדול מצדו עושה את העבודה בעזרה ובהיכל, לפי סדר העבודה המתואר בתורה בפירוט. כאמור, ביטוי זה נזכר בתורה פעמים אחדות במהלך סדר העבודה. לעומתו, יעשו ישראל אף הם את חלקם בעבודה, וייטהרו אף הם ״לפני ה׳״, במקדשו, בווידוי ובתשובה. נמצא שהמצוה לעשות את סדר העבודה ביום הכיפורים, כוללת בתוכה את מעשה התשובה של ישראל.

עבודת יום הכיפורים במקדש – מצווה אחת הכוללת בתוכה את וידוי עם ישראל

להבנת מערכת התשובה והווידוי ביום הכיפורים, שהיא מעשה משולב של הכוהן הגדול יחד עם כל קהל ישראל, יש להתבונן בדברי הרמב״ם בספר המצוות (מצות עשה מט), שכתב שם: ״שנצטווינו בעבודת היום, כלומר כל הקרבנות והווידויים שנצטווינו ביום צום כיפור, לכפר בהן על העוונות... והיא כל החוקה האמורה ב׳אחרי מות׳. והראיה שהכול מצוה אחת, אומרים [מה שאמרו חז״ל] בסוף פרק חמישי מהכיפורים (יומא ס, א): ׳כל מעשה יום הכיפורים האמור [שכוהן גדול במקדש חייב לעשות] על הסדר, [אם] הקדים מעשה לחברו – לא עשה כלום׳״.

לשון הרמב״ם היא ״נצטווינו״ – אנחנו, כלומר: על ישראל מוטל לקיים את מצות הקרבנות ביום זה, אך לא רק את מצות הקרבנות, אלא גם את מצות **הווידויים** הנאמרים ביום זה, ואילו הכוהן הגדול אינו אלא שלוחם של כל ישראל, לעשות את העבודה. אין זו, אפוא, מצוה פרטית המוטלת על הכוהן הגדול, כמו מצות ׳מנחת חביתין׳ שהכוהן הגדול חייב, באופן אישי, להביא מדי יום ביומו, אלא המצוה מוטלת על כלל ישראל, והכוהן הגדול אינו אלא שלוחם.

ואכן, כך אומרים זקני בית דין לכוהן הגדול בשעה שהם מוסרים אותו לזקני כהונה: ״אישי כוהן גדול! אנו שלוחי בית דין, **ואתה שלוחנו ושליח בית דין**! משביעין אנו עליך במי ששיכן שמו בבית הזה, שלא תשנה דבר מכל מה שאמרנו לך״ (משנה יומא א, ה).

שליחותו של הכוהן הגדול היא בעבודה עצמה, דהיינו בהקרבת התמיד, המוסף, שעירי יום הכיפורים ושאר הקרבנות המיוחדים ליום הכיפורים, ואילו על ישראל מוטל החלק האחר – להתוודות ולעשות תשובה במקדש, ולקיים את מצות ה' בתורתו: "לפני ה' תטהרו".

הגדרת הרמב"ם, שכל מעשה יום הכיפורים זו "מצוה אחת", אומרת למעשה, שגם מה שנאמר בסיום סדר העבודה בתורה: "מכל חטאותיכם לפני ה' תטהרו", אף זה חלק של המצוה.

המאירי: וידויו של הכוהן הגדול בא לעורר את כלל הציבור להתוודות על חטאיהם כמותו

המאירי ב'חיבור התשובה' (מאמר ב פרק יג, עמ' 546 במהדורת ר"א סופר) כותב שווידויו של הכוהן הגדול על ראש השעיר המשתלח, בא לעורר את הרבים להתוודות על חטאיהם. זו לשונו שם: "וכן אמר [הרמב"ם] בשעיר המשתלח שהוא הערה [התעוררות] לכפרת חטאים רבים. כמו שתראה, שאמרו עליו שהייתה בו כפרה לכל ישראל, מצד היות [האיש] המיוחד שבעם [הכוהן הגדול] והמנהיגו, מתוודה [עליו] על לשון כל ישראל, כאומרו: 'והתוודה עליו את כל עוונות בני ישראל' (ויקרא טז, כא). והוא, שהוא היה מעיר את [האדם] הישן, להיות כל אחד ואחד מתוודה על כל עוונותיו בפרט. להיות כל יחיד ויחיד נמשך אחר הנהגתו [של הכוהן הגדול]".

נראה שכוונת המאירי לומר שכשאדם מישראל רואה את הכוהן הגדול המתוודה בפומבי לפני ה' ולפני כלל ישראל על עוונותיו, בראשונה – על הפר, ב"וידוי אנשי ביתו", בפעם השנייה ב"וידוי אחיו הכוהנים", ובשלישית בווידוי על השעיר בשם כל ישראל, הרי זה מביאו להתבוננות, שכן היחיד נושא קל וחומר בעצמו ואומר: ומה הכוהן הגדול, הנושא ציץ זהב על מצחו, ואורים ותומים על לבו, ועושה את עבודתו בקודש, ופורש מביתו ללשכתו שבמקדש שבעה ימים לפני יום הכיפורים, ועושה את כל ימיו קודש לעבודת ה', הנה הוא עומד לפני בוראו ומתחטא לפניו, ומכריז: 'חטאתי עוויתי פשעתי' ומתוודה שלושה וידויים, על אחת כמה וכמה אני, שכל ימי הנני מצוי בעולם של חולין, וקרוב יותר לעולם של טומאה, של חטא, שקר ומרמה – על אחת כמה וכמה שעלי להתוודות!

דעת המאירי, אפוא, שזו מטרת הווידויים בעזרה, הכוללים את הזכרת השם המפורש על ידי הכוהן הגדול, כל אלה לא באו אלא "להעיר את הישן", כדי שיתוודה על כל עוונותיו לפני ה' במקדש.

קבלת קרבנם של ישראל לפני ה' ביום הכיפורים מותנית בווידוי של ישראל העומדים בעזרה יחד עם הכוהן הגדול

המאירי ממשיך ומתאר את וידוי הכוהן הגדול על ראש השעיר המשתלח לעזאזל: "ואחר המעשים האלו... היה סומך שתי ידיו על ראש השעיר, ומתוודה עליו על ידי [בשם] כל ישראל... 'אנא השם! חטאו, עוו, פשעו...', ואחר שהתוודה עליו והתוודה עמו כל מי שלבו נוקפו, כמו שהקדמנו, היה מוסר את השעיר למי שמוליכו להר"

(חיבור התשובה מאמר ב, פרק יג, עמ' 566 במהדורת ר"א סופר). המילים "התוודה עמו" משמען כנ"ל, שתשובת ישראל במקדש היא חלק ממצות וידוי הכוהן הגדול וחלק מהותי של העבודה.

לאור האמור מסביר המאירי את דברי המשנה האומרת: "ערב יום הכיפורים שחרית מעמידין אותו [את הכוהן הגדול] בשער המזרח, ומעבירין לפניו פרים ואילים וכבשים, כדי שיהא מכיר ורגיל בעבודה" (יומא יח, א). שואלת על כך הגמרא: הרי הכוהן הגדול צריך להכיר גם את **השעירים** שהוא עתיד להקריב למחרת, ומדוע אין מעבירים לפניו שעירים? ומשיבה הגמרא: "כיון שעל חטא קא אתו – חלשא דעתיה!" היינו, כיון שהשעירים נועדו לכפר על חטאי עם ישראל, אם יראה אותם הכוהן הגדול – תיחלש דעתו.

חולשת דעת זו תמוהה, שהרי השעירים באים לכפר על חטאי עם ישראל, ואם כן צריך הכוהן לשמוח בראייתם, שכן הם שיכפרו ויטהרו את העם (וראה מה שכתבו מפרשי הגמרא בעניין זה).

אולם בהמשך לאמור, מסביר המאירי "שהיה [כוהן גדול] מתיירא, שלא יחזרו ישראל בתשובה, [ולכן חשש] שלא יהא קרבנו מקובל, כמו שביארנו, שלא הקרבנות מכפרים אלא התשובה."

כלומר, גם באשר לשעיר המשתלח לעזאזל, אין הדבר מובן מאליו שהקרבן יתקבל, אלא הדבר תלוי בתשובתם של ישראל בעת שכוהן גדול מתוודה על השעיר. והיה, אם ישובו – הקרבן יתקבל, אולם אם יחזיקו במרדם – לא יתקבל הקרבן.

קשירת לשון של זהורית על פתח ההיכל נועדה לזרז את ישראל לשוב בתשובה ולהתוודות כהלכה

לשיטת המאירי, מובן מאמרו של רבי ישמעאל במשנה (יומא סח, ב): "לשון של זהורית היה קשור על פתחו של היכל, וכשהגיע שעיר למדבר – היה הלשון מלבין, שנאמר: 'אם יהיו חטאיכם כשנים – כשלג ילבינו' (ישעיהו א, יח)".

המנהג תמוה, לשם מה לתלות את הלשון של זהורית על פתח ההיכל מול פני כל הנאספים בעזרה? זאת במיוחד לאור דברי הגמרא (שם סז, א) שתחילה קשרו את הלשון של זהורית על פתח האולם מבחוץ, וכשראו שהלשון מלבינה והציבור שמח, המשיכו במנהג, אך כשראו שהציבור עצבין כשהלשון אינה מלבינה, הסתירו את הלשון וקשרו אותה על הפתח מבפנים (עיין שם). הרי ברור, שהכוונה הייתה שכל הנאספים בעזרה יראו את הלשון קשורה. כיצד קרה אפוא, שלבסוף הסתירו אותה לגמרי מעין הציבור, והתקינו לקשור אותה הרחק מן המקדש, בסלע שבמדבר בעת השילוח, כך שרק המשלח יראה אותה?

אולם לשיטת המאירי נראה שהמנהג ברור, שכן הלשון של זהורית הצבועה באדום מזכירה לישראל את עוונותיהם, וכל עוד נשארת היא באדמימותה על פתחו של היכל הרי היא מעוררת את העם הנאספים בעזרה לפשפש במעשיהם ולשוב בתשובה. משום כך באמת התקינו בתחילה לקשור את הלשון על פתח ההיכל. אולם כשראו שכשהלשון לא הלבינה היו העם עצבים ומתרפים מן התשובה, שמו את הלשון על

דלת ההיכל מבפנים, כדי שלפחות הכוהן הגדול והכוהנים המסייעים בידו יתאמצו בתשובתם. וכשראו שגם שם העם מציץ ומתעצב אל לבו, התקינו שהמשלח את השעיר יקשור את הלשון בסלע בעת שהוא מגלגל את השעיר מן הצוק. הדבר מלמד, כי מטרת הצגת הלשון של זהורית בפני הציבור נועדה להעמיק את תשובתם של ישראל ולזרז אותם לקיים את הווידוי כהלכתו, ורק כשראו שהדבר משיג מטרה הפוכה הפסיקו להציג את הלשון. נמצאנו למדים, כי תשובת ישראל ביום הכיפורים היא חלק מהותי של 'סדר העבודה' של הכוהן הגדול במקדש.

וידויו של הכוהן הגדול – כללי. החרטה והקבלה לעתיד – נעשים על ידי כל יחיד מישראל

אחת השאלות שהעסיקו את פרשני התלמוד היא מדוע הכוהן הגדול מתוודה בווידוי יום הכיפורים באופן סתמי: "חטאו, עוו, פשעו לפניך עמך בית ישראל, כפר נא לחטאים וכו'". מדוע חסר פירוט החטא? ומה באשר לחרטה? והיכן ה'קבלה לעתיד'? (כפי שפירט הרמב"ם את שלבי התשובה בהלכות תשובה א, א). תשובות שונות נאמרו ביישובה של שאלה זו, אולם לאור האמור התשובה פשוטה: הכוהן הגדול אינו יכול לפרט אלא את חטאי עצמו, ולהביע את חרטת עצמו, ולקבל **על עצמו** לעתיד "שלא ישוב לחטא זה לעולם", אך הוא אינו יכול לעשות זאת עבור כלל ישראל. לפיכך דבר מחויב הוא, שישראל יתכנסו לעזרה בעת עבודת הכוהן הגדול, כדי שישמעו אותו בעת וידויו "על לשון כל ישראל", ובעת שהוא מבקש: "כפר נא לחטאים ולעוונות...", יתוודה כל אדם על חטאו, יפרט את החטא, יתחרט על מעשיו ויקבל על עצמו שלא ישוב לחטאו בעתיד, כדרך שאדם סומך ידיו על הקרבן ומתוודה. נמצא שווידויו של הכוהן הגדול וסמיכת ידיו על הקרבן מתחברים ומתקשרים עם הווידוי של כל ישראל, ונעשים שלמות אחת.

רבנו יונה גירונדי: התשובה ביום הכיפורים – מצוות עשה

לאור האמור, מובנים דברי רבנו יונה גירונדי בספרו 'שערי תשובה', שכתב שהתשובה ביום כיפור היא "מצוות עשה מן התורה".

כך כתב בשער השני מספרו (סעיף יד): "מצות עשה מן התורה, להעיר אדם את רוחו, **לחזור בתשובה ביום הכיפורים**, שנאמר: 'כי

• **וידוי הכהן הגדול על ראש השעיר המשתלח** הכהן הגדול עומד סמוך לשער המזרח ומתוודה על חטאי עם ישראל. (בציור נראית העזרה במבט מדרום ושער ניקנור נראה במזרח מימין). בעת שהכהן הגדול סמך את ידיו על ראש השעיר, הניח את כף יד ימינו על גבי כף יד שמאלו (תרגום יונתן ויקרא טז,כא). הכהן הגדול פתח ב"אנא השם" וכל הנאספים בעזרה השתחוו, וכך שלש פעמים במהלך הווידוי. לפי המתואר בירושלמי (יומא ג, ו) בתקופה מסויימת הזכיר הכהן הגדול את שם ה' בלחש ("משרבו הפרוצים" שהשתמשו בשם זה מחוץ למקדש), לפיכך, הקרובים שהבחינו בהזכרת שם השם השתחוו והרחוקים (בציור ישר לפנים) אמרו "ברוך שם כבוד מלכותו" וכו' והשתחוו בעקבותיהם.

ביום הזה יכפר עליכם... מכל חטאותיכם לפני ה׳ תטהרו׳, על כן הזהירנו הכתוב, שניטהר לפני ה׳ בתשובתנו, והוא יכפר עלינו ביום זה לטהר אותנו״.

הפסוק ״לפני ה׳ תטהרו״ אינו, אפוא, סיפור דברים בלבד, שה׳ מטהר את ישראל ביום הכיפורים בלא תשובה ובלא חרטה, אלא צו והוראה: ״לפני ה׳״ ובמקדשו, ״תטהרו!״, בתשובה ובווידוי, וגזרת מלך היא לשוב לפניו ביום זה, במקדש – בעת בניינו, ובכל מקום אחר – בעת חורבנו. מצות עשה זאת נגזרת מתוך ׳מעשה יום הכיפורים׳ של הכוהן הגדול יחד עם ישראל במקדש.

כאמור לעיל, הרמב״ם לא מנה את מצות התשובה ביום הכיפורים כמצוה מיוחדת, שכן היא נכללת בסדר עבודת יום הכיפורים, והיא חלק ממנה ״ומצוה אחת היא״ – כלשונו.

העזרה הייתה מתמלאת מישראל ביום הכיפורים עם שחר כדי לקיים מצות וידוי כהלכתה

בקשר לכך ראוי להעיר, כי הפרשנים התלבטו בפירוש המשנה ביומא (כ, א), האומרת: ״בכל יום תורמין את המזבח [תרומת הדשן] בקריאת הגבר או סמוך לו... וביום הכיפורים – מחצות [הלילה], וברגלים – מאשמורה הראשונה״. וממשיכה המשנה ואומרת: ״ולא הייתה קריאת הגבר מגעת עד שהייתה העזרה מלאה מישראל״. רש״י, וכן פרשנים אחרים, מסבירים שהמשפט מחובר כהמשך אחד, ובהמשך למה שנאמר במשנה, ש״ברגלים היו תורמים את הדשן מאשמורה הראשונה״, מוסיפה המשנה ואומרת שברגלים דווקא ״הייתה העזרה מתמלאת מישראל הבאים להקריב קרבנותיהם״ – כלשון רש״י.

אולם בעל ׳תפארת ישראל׳ מעיר על משנה זו, שאפשר שכוונת המשנה היא גם ליום הכיפורים, היינו שישראל היו ממלאים את העזרה ״לראות עבודת הכוהן הגדול, דנמי מצוה היא״ (כמובא ביומא ע, א).

ואכן כך קובע רבי אליעזר ברבי נתן, בעל פיוט ׳סדר העבודה׳, בפיוטו ״אכפרה פני מלך רב״ את הדברים בפשטות: ״בכל יום כיפור... בקרית הגבר נתמלאת עזרה מישראל״.

הרמב״ם בפירוש המשנה (מהדורת הרב קאפח) גורס במשנה: ״לא הייתה קריאת הגבר מגעת עד שהייתה עזרה מלאה מישראל״, כלומר, משפט זה עומד בפני עצמו, והוא המשך לתיאור הארוך של המשנה על ליל יום הכיפורים במקדש, כיצד היה נוהג הכוהן הגדול ופרחי הכהונה בלילה זה – במה היה דורש, ומה היה לומד, ואם ביקש להתנמנם כיצד היו עושים. כהמשך לכך, מתארת המשנה את יום הכיפורים עם שחר, שהעזרה הייתה מתמלאת מישראל. פירוש זה תואם את האמור לעיל, שהעם היה מזדרז לתפוס את מקומו בעזרה, ונראה שלא רק כדי ״לראות עבודת הכוהן הגדול״ – כלשון בעל ׳תפארת ישראל׳, אלא גם כדי להיות שותף לווידוי הכוהן הגדול, וכדי ״להעיר את רוחם״ כלשון רבנו יונה גירונדי, לקיים מצות עשה של ״לפני ה׳ תטהרו״ במקדש, כמאמרה. זוהי, אפוא, עיקר מצות התשובה ביום הכיפורים: להסתופף בחצרות ה׳ בעזרה ולהיות נוכח בשלבים השונים של עבודת הכוהן הגדול, כדי להתעורר ולשוב בתשובה ביום גילוי שכינה במקדש.

מצות וידוי מתקיימת לכתחילה בעזרה, אך בכל מקום שאדם התוודה – עשה מצוה

המצוה "לפני ה' תטהרו" המתקיימת במקדש, אינה מחייבת נוכחות של כל ישראל בעזרה, ולא חייבה התורה את כל ישראל לעלות לרגל למקדש ביום הכיפורים, ואין זה "רגל" נוסף על שלוש הרגלים. אף אין מקום לכלל ישראל כולו בתחומי העזרה. אין זו אלא מצוה למי שיכול לבוא לעזרה ולהתוודות, וכך המצוה לכתחילה, להיטהר לפני ה' במקדשו, אך מי שאינו יכול להיות נוכח בעזרה, מצות התשובה שלו מתקבלת בכל מקום שהוא נמצא בו.

מצינו כדבר הזה במצוות אחדות בתורה, שלכתחילה יש לעשותן "לפני ה'" בירושלים ובמקדש, כגון הקרבת מעשר בהמה "לפני ה'" (דברים יב, ה–ז; ושם יד, כג, כו), וכן הבאת נדרים "לפני ה'" בירושלים ובמקדש (דברים יב, יח), והבאת ביכורים "לפני ה'" במקדש (דברים כו, ד), או הקרבת בכורות בהמה ואכילתם (לכוהנים) "לפני ה'" בירושלים, ועוד. מצוות אלה ניתן לקיימן רק "לפני ה'" במקדשו, אך אין הכרח שמקיים המצוה יהיה נוכח בירושלים באותה שעה, שכן גם אם הוא מנוע מלעלות, המצוה יכולה להיעשות על ידי אחרים כשהוא נשאר בביתו.

דוגמה לדבר, מה שכתב בעל 'ספר החינוך' (מצוה תרז) לעניין מצות 'וידוי מעשר', שלכתחילה "מצותה בבית המקדש, שנאמר: 'לפני ה' אלהיך'. אבל אם התוודה בכל מקום – יצא".

כן גם מצות התשובה ביום הכיפורים: לכתחילה מתקיימת המצוה "לפני ה'" במקדש, אך אם התוודה האדם בכל מקום – תשובתו רצויה והיא מתקבלת לפני ה'. כך מתאפשר לכל אדם מישראל, בין בריא בין חולה, בין נער ובין זקן, בין אם היה ביכולתו להגיע לירושלים ולמקדש ביום הכיפורים ובין אם לאו, לחזור בתשובה בכל מקום, ואף מחוץ למקדש, ותשובתו רצויה "באשר הוא שם".

המצוה "לפני ה' תטהרו" – מצות עשה לדורות

נמצא, לאור האמור, שמצות הווידוי והתשובה בהמשך הדורות מאז החורבן, אינה אלא המשך למצות הווידוי והתשובה שעשו ישראל "לפני ה'" במקדש.

ואכן, כך כתב ב'ספר יראים' (סימן רסג), שמצות וידוי יום כיפור, על כל איש ואשה מישראל בכל דור ודור, היא 'תולדה' והמשך למצות הווידוי של הכוהן הגדול במקדש.

בכך יובנו דברי בעל 'ספר החינוך' (מצוה שסג), שדן במצוות הווידוי והתשובה, וכתב: "ונוהגת מצוה זו בכל מקום ובכל זמן, בזכרים ובנקבות. ועובר על זה, ולא התוודה על חטאיו ביום הכיפורים, שהוא יום קבוע מעולם לסליחה ולכפרה – ביטל עשה זה, ונשא עוונו".

דבריו תמוהים, כי אם המצוה נוהגת "בכל זמן", כלשונו, ממילא יכול כל אדם להתוודות על חטאיו בכל יום שירצה במהלך ימות השנה, ואולי יתוודה אחת לכמה שנים, ומהיכן למד שמי שלא התוודה ביום כיפור, שהוא "יום קבוע לכפרה" – ביטל **מצות עשה**?

ובהכרח, שאף לדעתו הפסוק בתורה

האומר: **"כי ביום הזה יכפר עליכם"** – אזי – "לפני ה' תטהרו!" אין זה סיפור דברים, אלא זו מצות עשה, ומי שלא שב ביום זה ביטל מצוה מן התורה, כנ"ל.

נראה שבעל 'ספר החינוך' למד זאת מדברי חז"ל בתוספתא (יומא ד, יג), שדבריה הובאו הן בתלמוד הבבלי (יומא פז, ב) והן בתלמוד הירושלמי (יומא סוף פרק ח), וכך נאמר שם: "מצות וידוי – ערב יום הכיפורים עם חשכה. אבל אמרו חכמים, מתוודה אדם קודם שיאכל וישתה, שמא תיטרף דעתו בתוך אכילה ושתייה. ואף על פי שהתוודה... צריך שיתוודה ערבית... שחרית... מוסף... מנחה... נעילה... שמא יארע בו דבר קלקלה כל היום כולו". מדברי חז"ל אלו נראה כדבר פשוט, שיש מצוה מן התורה להתוודות ביום הכיפורים דווקא, וכלשון הפסוק "כי ביום הזה יכפר" וכו', אלא שמן התורה די אם יתוודה אדם פעם אחת במהלך היום ויעשה תשובה. "אבל אמרו חכמים" – וכאן באה תקנת חז"ל כדי להבטיח, שאכן אדם יעשה תשובה כמצוות התורה, וחייבו את האדם מדברי חכמים להתוודות כבר בערב יום הכיפורים, קודם שיאכל וישתה, ואחר כך ימשיך ויתפלל את תפילות היום, "שמא יארע בו דבר קלקלה".

וראה בירושלמי שם שהוסיפו ואמרו ש"כל היום כשר לווידוי", ומשמע מן הלשון שכל היום "כשר" מן התורה לווידוי, אלא שבאו חכמים ולימדו כיצד יש להתוודות במהלך יום זה.

נראה שזה גם המקור לדברי הרמב"ם, הכותב בהלכות תשובה (ב, ז): "יום הכיפורים הוא זמן תשובה לכול... לפיכך חייבים הכול לעשות תשובה ולהתוודות ביום הכיפורים, ומצות וידוי יום הכיפורים היא שיתחיל מערב היום...".

המילים "חייבים הכל", וכן "מצות וידוי", מוכיחות כנ"ל, שבנוסף למצווה הכללית לשוב בתשובה בכל עת, לדעת הרמב"ם, יש מצוה וחובה מיוחדת לשוב בתשובה ביום הכיפורים. ובהכרח מקור הדברים הוא בפסוק "לפני ה' תטהרו", וכדברי חז"ל בתוספתא הנ"ל, שזאת מצוה מיוחדת ביום זה דווקא.

דברי רבי עקיבא בסוף מסכת יומא: המקדש לחוטאים – כמקווה לטהרת הטמאים

בהמשך לאמור, מתבארים דברי רבי עקיבא החותמים את משניות מסכת יומא (פה, ב): "אמר רבי עקיבא: אשריכם ישראל! לפני מי אתם מיטהרים ומי מטהר אתכם? אביכם שבשמים!... ואומר: 'מקווה ישראל ה'' – מה מקווה מטהר את הטמאים אף הקב"ה מטהר את ישראל". ולא נתבררו דבריו, במה "אשריכם ישראל"? ומה עניינו של ה"מקווה" לעניין אושרם של ישראל? וכיצד "טובלים" ישראל ונטהרים ב"מקווה" זה?

אולם מלשונו של רבי עקיבא ברור, שהוא מתייחס לפסוק המובא לפני כן במשנה שם: "כי ביום הזה יכפר עליכם לטהר אתכם... לפני ה' תטהרו". שכן נזכרת בדבריו חובת ישראל להיטהר לפני ה', וכן הבטחת ה' לטהר את ישראל כשישובו בתשובה.

אולם הדגשתו המיוחדת של רבי עקיבא היא שטהרה זאת נעשית "לפני ה'", במקדש, ולפיכך הביא כראיה את הפסוק

"מקווה ישראל ה'". פסוק זה נזכר בדברי ירמיהו בהמשך למילים "מרום מראשון מקום מקדשנו" (ירמיהו יז, יב). ובא רבי עקיבא, סנגורם של ישראל, לומר: "אשריכם ישראל!" ראו איזה 'אבא' טוב יש לכם, שבחר את היכלו ואת מקדשו לעשותו כ"מקווה" לרחוץ בו את כל טומאתכם. וכי מי זה המלך, ומי זה האב, שיעמיד את ארמונו ואת הפלטרין שלו לרחוץ בו את לכלוך בניו, את טומאתם ואת טינופם. אך "אשריכם ישראל!" לפני מי אתם מיטהרים ובאיזה "מקווה" נפלא אתם מיטהרים! (וראה גם ירמיהו ג, ז, שירושלים כולה היא כ'מקווה', שנאמר: "ונקוו אליה כל הגויים").

וממשיך רבי עקיבא: "מה מקווה מטהר את הטמאים" וסובל את טומאתם, בעוד שהמקווה עצמו נשאר טהור, אף הקב"ה במקדשו, הנמשל ל'מקווה', "מטהר את ישראל", וציווה על כל אדם מישראל לבוא ביום הכיפורים למקדש, לרחוץ עצמו מחטאותיו ומטומאתו, ככתוב: "מכל חטאותיכם לפני ה' – תטהרו!"

• **וידוי הכהן הגדול על ראש הפר** פר הכהן הגדול היה עומד 'בין האולם והמזבח' (בקרן צפונית מערבית של המזבח). "ראשו לדרום ופניו למערב (לכיוון ההיכל) והכהן עומד במזרח ופניו למערב (משנה יומא ג, ח) (בציור נראית העזרה במבט מצפון. מימין נראות שתים עשרה המעלות לרגלי פתח ה'אולם'. לעומתם נראה המזבח משמאל). על ראשו של פר זה היה הכהן הגדול סומך את שתי ידיו ומתוודה שני וידויים.

וידוי ראשון – "עליו ועל ביתו". לאחר מכן היה פונה למזרח העזרה להטיל גורל על השעירים, וחוזר שוב למקום הפר להתוודות וידוי שני – "על ביתו ועל אחיו הכהנים" (רמב"ם עבודת יום הכיפורים ד, א).

בשני וידויים אלה פתח הכהן הגדול ב"אנא השם" בהזכרת השם המפורש, והכהנים והעם השתחוו ארצה ב'פישוט ידים ורגלים'. במהלך שני הווידויים הזכיר הכהן הגדול את השם המפורש שש פעמים, והנוכחים בעזרה השתחוו ארצה על כל הזכרת שם.

ערב יום הכיפורים

בערב יום הכיפורים מתפללים מנחה של ערב שבת ויום טוב
ומוסיפים הווידוי לאחר "יהיו לרצון" בתפילת שמונה עשרה.
הוידוי מופיע בעמוד 70.

הדלקת נרות

לפני הדלקת הנרות ראוי להדליק נר נשמה,
כדי שיהיה 'נר ששבת' להבדלה במוצאי יום הכיפורים (שו"ע תרכד, ד).

בשבת יש להוסיף את המילים בסוגריים.

בָּרוּךְ אַתָּה יהוה אֱלֹהֵינוּ מֶלֶךְ הָעוֹלָם
אֲשֶׁר קִדְּשָׁנוּ בְּמִצְוֹתָיו
וְצִוָּנוּ לְהַדְלִיק נֵר שֶׁל (שַׁבָּת וְשֶׁל) יוֹם הַכִּפּוּרִים.

בָּרוּךְ אַתָּה יהוה אֱלֹהֵינוּ מֶלֶךְ הָעוֹלָם
שֶׁהֶחֱיָנוּ וְקִיְּמָנוּ, וְהִגִּיעָנוּ לַזְּמַן הַזֶּה.

תפילה לאישה אחרי שהדליקה נרות:

יְהִי רָצוֹן מִלְּפָנֶיךָ יהוה אֱלֹהֵינוּ וֵאלֹהֵי אֲבוֹתֵינוּ
שֶׁנִּבְנֶה אֶת בֵּית הַמִּקְדָּשׁ בִּמְהֵרָה בְיָמֵינוּ, וְתֵן חֶלְקֵנוּ בְּתוֹרָתֶךָ
וְשָׁם נַעֲבָדְךָ בְּיִרְאָה כִּימֵי עוֹלָם וּכְשָׁנִים קַדְמֹנִיּוֹת.
וְעָרְבָה לַיהוה מִנְחַת יְהוּדָה וִירוּשָׁלָםִ כִּימֵי עוֹלָם וּכְשָׁנִים קַדְמֹנִיּוֹת: מלאכי ג

יְהִי רָצוֹן מִלְּפָנֶיךָ יהוה אֱלֹהַי וֵאלֹהֵי אֲבוֹתַי, שֶׁתְּחוֹנֵן אוֹתִי (אישה נשואה
מוסיפה: **וְאֶת אִישִׁי** / אם הוריה חיים: **וְאֶת אָבִי** / **וְאֶת אִמִּי** / אם יש לה ילדים:
וְאֶת בָּנַי וְאֶת בְּנוֹתַי) וְאֶת כָּל קְרוֹבַי, וְתִתֶּן לָנוּ וּלְכָל יִשְׂרָאֵל חַיִּים טוֹבִים

וַאֲרֻכִּים, וְתִזְכְּרֵנוּ בְּזִכְרוֹן טוֹבָה וּבְרָכָה, וְתִפְקְדֵנוּ בִּפְקֻדַּת יְשׁוּעָה וְרַחֲמִים, וּתְבָרְכֵנוּ בְּרָכוֹת גְּדוֹלוֹת, וְתַשְׁלִים בָּתֵּינוּ וְתַשְׁכֵּן שְׁכִינָתְךָ בֵּינֵינוּ. וְזַכֵּנִי לְגַדֵּל בָּנִים וּבְנֵי בָנִים חֲכָמִים וּנְבוֹנִים, אוֹהֲבֵי יהוה יִרְאֵי אֱלֹהִים, אַנְשֵׁי אֱמֶת זֶרַע קֹדֶשׁ, בַּיהוה דְּבֵקִים וּמְאִירִים אֶת הָעוֹלָם בְּתוֹרָה וּבְמַעֲשִׂים טוֹבִים וּבְכָל מְלֶאכֶת עֲבוֹדַת הַבּוֹרֵא. אָנָּא שְׁמַע אֶת תְּחִנָּתִי בָּעֵת הַזֹּאת בִּזְכוּת שָׂרָה וְרִבְקָה וְרָחֵל וְלֵאָה אִמּוֹתֵינוּ, וְהָאֵר נֵרֵנוּ שֶׁלֹּא יִכְבֶּה לְעוֹלָם וָעֶד, וְהָאֵר פָּנֶיךָ וְנִוָּשֵׁעָה. אָמֵן.

הקדמה לערבית

'סלחתי כדבריך' – מבוא לבניין המקדש
תפילת ערבית של יום הכיפורים חותמת תקופה של ארבעים יום מאז ראש חודש אלול. עם רדת החשיכה וכניסת היום הקדוש הרי זו שעת רצון מיוחדת, שעת "סלחתי כדבריך". כך הם דברי רש"י (דברים ט, יח) על הפסוק המתאר את אותם ארבעים יום: "'ואתנפל לפני ה' כראשונה ארבעים יום'... ואותם ארבעים יום כלו ביום הכפורים. בו ביום נתרצה הקדוש ברוך הוא לישראל בשמחה, ואמר לו למשה: 'סלחתי כדברך'! לכך הוקבע יום זה למחילה ולסליחה". מסיבה זו התקינו מחברי התפילה לומר אחר 'כל נדרי' את הפסוק (במדבר טו, כו): "ויאמר ה' סלחתי כדברך". ומשנכנס הצום ביום הארבעים, וישראל מזוככים בצום תפילה ותשובה, גדול כוחה של תפילה זו לכפר על חטאי היחיד והציבור.

במדרש שמות רבה (פרשה נא) מוסיפים חז"ל, שמיד עם הסליחה ניתנה גם מצות בניין המקדש, ובלשון המדרש: "כיון שהלך משה לבקש רחמים עליהם – מיד סלח להם הקדוש ברוך הוא... אמר לו הקדוש ברוך הוא: חייך! הריני משרה שכינתי בתוכם, שנאמר (שמות כה): 'ועשו לי מקדש'... 'משכן העדות' – עדות היא לישראל שמחל להם הקדוש ברוך הוא". נמצא, שיום הכיפורים בו ניתנה מצוות המקדש לישראל הוא יום מסוגל ועת רצון, וביחד עם הסליחה נפתחת הדרך לבניין המקדש כבעבר.

זכרון בית המקדש בתפילות יום הכיפורים מביא לבניינו במהרה
במהלך תפילת העמידה של יום הכיפורים נזכרים הביטויים: 'ירושלים', 'ציון', 'משכן', 'מקדש' וכד', פעמים רבות. זאת, על פי מה שאמרו חז"ל, ש"כל תפילתן של ישראל אינה אלא על בית המקדש: בורא עולם! מתי יבנה המקדש? בורא עולם! מתי יבנה המקדש?" (בראשית רבה יג, ב).

כן גם אמרו חז"ל בירושלמי (ברכות ד, ה) על הפסוק בשיר השירים "תל פיות" – "תל וחורבה של הפיות מתפללים עליו שיבנה. בברכת המזון – 'בונה ירושלים', בתפילת שמונה עשרה – 'אלהי דוד ובונה ירושלים', בקריאת שמע (של ערבית) – 'הפורש סוכת שלום עלינו ועל עמו ישראל ועל ירושלים'".

יתכן שיאמר אדם: מי אני שאבוא לפני ה' ואבקש על בנין המקדש? כבר בקשו זאת גדולים וטובים לפני, ואם תפילתם לא נשמעה, למה תשמע תפילתי? על כך אמר ר' שמעון בן יוחאי במכילתא דרשב"י (משפטים כב): "מנין שלא יאמר אדם, איני כדאי להתפלל על בית המקדש ועל ארץ ישראל? תלמוד לומר: 'שמוע אשמע צעקתו'!" כלומר, כל תפילה של אדם, כקטון כגדול, מגיעה לפני

כסא כבודו של הקב"ה, ואין אדם יודע איזו תפילה, היוצאת מלב נשבר, מתקבלת ורצויה לפני הקב"ה, ומקרבת את השעה של בנין ירושלים.

כן אמרו חכמינו ז"ל, שאם ישראל מזכירים את ירושלים בתפילתם, מביא הדבר את הקב"ה לקיים את שבועתו ולבנות את ירושלים והמקדש. ראה תהלים (קלז) הפותח בפסוק: "על נהרות בבל שם ישבנו גם בכינו בזכרנו את ציון". ובהמשך נאמר שם: "אם אשכחך ירושלים תשכח ימיני". שואלים על כך חז"ל במדרש תהלים (קכא): "ולא כן היה צריך לומר?" כלומר, לשון הפסוק היתה צריכה להיות "אם נשכחך" – בלשון רבים? ומשיב המדרש: "אלא אמר להם הקב"ה: בכיתם אתם – אף אני בוכה עמכם! לכך נאמר [בלשון יחיד] 'אם אשכחך ירושלים תשכח ימיני'", ונשבע ה' לבנות את ירושלים.

מכוונת התפילה ביום הכיפורים

תפילת יום הכיפורים בנויה על מאמרו של ר' שמעון בן יוחאי: "בשלשה דברים מאסו ישראל: במלכות שמים, ובמלכות בית דוד ובבנין בית המקדש. אימתי מאסו שלשתם? בימי רחבעם וירבעם..." אמר ר' סימון בן מנסיא: "אין ישראל רואין סימן גאולה לעולם, עד שיחזרו ויבקשו שלשתם". (ילקוט שמעוני, שמואל ק"ו, ורש"י הושע ג, ה).

כנגד שלשת הדברים שמאסו ישראל, מובא בנוסח וידוי יום הכיפורים הנאמר בקהילות רבות מישראל כדלהלן: "מרדנו במלכות שמים, מרדנו במלכות בית דוד, מאסנו במקדש, והננו חוזרים ומבקשים את שלשתם".

בהמשך לאמור פותחת תפילת יום הכיפורים: "ובכן יתקדש שמך ה' אלהינו על ישראל עמך, ועל מלכות בית דוד משיחך, ועל מכונך והיכלך". במלים אלה, חוזרים ישראל ומבקשים את שלשת הדברים שמאסו בהם: את מלכות שמים – שימלוך ה' על ישראל, את מלכות בית דוד, ואת בנין בית המקדש.

המעיין בהמשך התפילה, יווכח כי מרבית הברכות סובבות סביב בקשת שלשת הדברים האלה, שכן ככל שיבקשו אותם ישראל – כן יתקדש שם ה' בעולם, וכן ילכו ויראו סימני גאולה.

וּבֶעָשׂוֹר לַחֹדֶשׁ הַשְּׁבִיעִי הַזֶּה
מִקְרָא־קֹדֶשׁ יִהְיֶה לָכֶם

במדבר כט, ז

כִּי
יוֹם כִּפֻּרִים
הוּא
לְכַפֵּר עֲלֵיכֶם
לִפְנֵי יְהוָה אֱלֹהֵיכֶם

ויקרא כג, כח

ליל יום הכיפורים

תפילה זכה

"מצות וידוי של ערב יום הכיפורים, שצריך להתוודות כדי שיכנס ליום בתשובה, הוא עם חשיכה סמוך ליום עצמו... ואף על פי שהתוודה קודם אכילה, חוזר ומתוודה בזמנו עם חשיכה" (רמב"ן, יומא פו ע"ב). אף ששיטת הרמב"ן לא נפסקה להלכה, רבים מקפידים לומר 'תפילה זכה' שבה וידוי לפני חשכה. מקורו של הנוסח המקובל ב'חיי אדם' קמד, כ.

נשים אומרות תפילה זו בלשון נקבה, ומשמיטות את המילים שבסוגריים.

רִבּוֹן כָּל הָעוֹלָמִים, אַב הָרַחֲמִים וְהַסְּלִיחוֹת, אֲשֶׁר יְמִינְךָ פְּשׁוּטָה לְקַבֵּל שָׁבִים, וְאַתָּה בָּרָאתָ אֶת הָאָדָם לְהֵיטִיב לוֹ בְּאַחֲרִיתוֹ, וּבָרָאתָ לוֹ שְׁנֵי יְצָרִים, יֵצֶר טוֹב וְיֵצֶר רָע, כְּדֵי שֶׁתִּהְיֶה הַבְּחִירָה בְּיָדוֹ לִבְחֹר בַּטּוֹב אוֹ בָּרָע וּכְדֵי לִתֵּן לוֹ שְׂכַר טוֹב עַל טוּב בְּחִירָתוֹ, כִּי כֵן גָּזְרָה חָכְמָתֶךָ, כְּמוֹ שֶׁכָּתוּב: רְאֵה נָתַתִּי לְפָנֶיךָ הַיּוֹם אֶת־הַחַיִּים וְאֶת־הַטּוֹב, וְאֶת־הַמָּוֶת וְאֶת־הָרָע: וּבָחַרְתָּ בַּחַיִּים: דברים ל

וְעַתָּה, אֱלֹהַי, לֹא שָׁמַעְתִּי לְקוֹלֶךָ, וְהָלַכְתִּי בַּעֲצַת יֵצֶר הָרָע וּבְדַרְכֵי לִבִּי, וּמָאַסְתִּי בְּטוֹב וּבָחַרְתִּי בְּרָע, וְלֹא דַי לִי שֶׁלֹּא קִדַּשְׁתִּי אֶת אֵבָרַי אֶלָּא טִמֵּאתִי אוֹתָם.

בָּרָאתָ בִּי מֹחַ וְלֵב וּבָהֶם חוּשׁ הַמַּחֲשָׁבָה לַחְשֹׁב מַחֲשָׁבוֹת טוֹבוֹת וְהִרְהוּרִים טוֹבִים, וְלֵב לְהָבִין דִּבְרֵי קָדְשֶׁךָ, וּלְהִתְפַּלֵּל וּלְבָרֵךְ כָּל הַבְּרָכוֹת בְּמַחֲשָׁבָה טְהוֹרָה, וַאֲנִי טִמֵּאתִי אוֹתָם בְּהִרְהוּרִים רָעִים וּמַחֲשָׁבוֹת זָרוֹת. (וְלֹא דַי בָּזֶה, אֶלָּא שֶׁעַל יְדֵי הִרְהוּרִים רָעִים בָּאתִי לִידֵי הוֹצָאוֹת זֶרַע לְבַטָּלָה, פַּעַם בְּרָצוֹן וּפַעַם בְּאֹנֶס, בְּטֻמְאַת קֶרִי הַמְטַמֵּא אֶת כָּל הַגּוּף, וּמֵהֶם בָּרָאתִי מַשְׁחִיתִים וּמְחַבְּלִים הַנִּקְרָאִים נִגְעֵי בְּנֵי אָדָם. אוֹי לִי כִּי תַּחַת מַחֲשָׁבוֹת טוֹבוֹת שֶׁיָּכֹלְתִּי לִבְרֹא עַל יְדֵיהֶן מַלְאָכִים קְדוֹשִׁים, שֶׁיִּהְיוּ סַנֵּגוֹרִים וּפְרַקְלִיטִים טוֹבִים עָלַי, תַּחְתֵּיהֶם בָּרָאתִי מַשְׁחִיתִים לְחַבֵּל בְּעַצְמִי, כְּמוֹ שֶׁכָּתוּב: וְהֹכַחְתִּיו בְּשֵׁבֶט אֲנָשִׁים וּבְנִגְעֵי בְּנֵי אָדָם:) שמואל ב' ז

בָּרָאתָ בִּי עֵינַיִם וּבָהֶן חוּשׁ הָרְאוּת לִרְאוֹת בָּהֶן מַה שֶּׁכָּתוּב בַּתּוֹרָה, וּלְקַדֵּשׁ אוֹתָן בִּרְאִיַּת כָּל דָּבָר שֶׁבִּקְדֻשָּׁה. הִזְהַרְתָּ בְּתוֹרָתֶךָ: וְלֹא במדבר טו

תָתוּרוּ אַחֲרֵי לְבַבְכֶם וְאַחֲרֵי עֵינֵיכֶם: אוֹי לִי כִּי הָלַכְתִּי אַחֲרֵי עֵינַי וְטִמֵּאתִי אוֹתָן לְהִסְתַּכֵּל בְּכָל דְּבַר טֻמְאָה.

בָּרָאתָ בִּי אָזְנַיִם לִשְׁמֹעַ דִּבְרֵי קְדֻשָּׁה וְדִבְרֵי תוֹרָה, אוֹי לִי כִּי טִמֵּאתִי אוֹתָן לִשְׁמֹעַ דִּבְרֵי נְבָלָה וְלָשׁוֹן הָרָע וּדְבָרִים אֲסוּרִים. אוֹי לְאָזְנַיִם שֶׁכָּךְ שׁוֹמְעוֹת.

בָּרָאתָ בִּי פֶּה וְלָשׁוֹן וְשִׁנַּיִם וְחֵיךְ וְגָרוֹן, וְנָתַתָּ בָּהֶם כֹּחַ לְדַבֵּר בָּהֶם חָמֵשׁ מוֹצָאוֹת הָאוֹתִיּוֹת הַקְּדוֹשׁוֹת שֶׁל אָלֶף בֵּית, אֲשֶׁר בָּהֶן בָּרָאתָ שָׁמַיִם וָאָרֶץ וּמְלוֹאָם, וּבָהֶן אָרַגְתָּ תּוֹרָתְךָ הַקְּדוֹשָׁה, וּבְכֹחַ הַדִּבּוּר הִבְדַּלְתָּ אֶת הָאָדָם מִן הַבְּהֵמָה, וַאֲפִלּוּ כִּבְהֵמָה לֹא הָיִיתִי, כִּי טִמֵּאתִי פִּי בְּדִבְרֵי נְבָלָה, בְּלָשׁוֹן הָרָע, בִּשְׁקָרִים, לֵיצָנוּת, רְכִילוּת, מַחֲלֹקֶת, מַלְבִּין פְּנֵי חֲבֵרוֹ, מְקַלֵּל אֶת חֲבֵרוֹ, מִתְכַּבֵּד בִּקְלוֹן חֲבֵרוֹ, דִּבְרֵי מַשָּׂא וּמַתָּן בְּשַׁבָּת וְיוֹם טוֹב, בִּשְׁבוּעוֹת וּנְדָרִים.

בָּרָאתָ בִּי יָדַיִם וְחוּשׁ הַמִּשּׁוּשׁ לַעֲסֹק בָּהֶן בְּמִצְוֹת, וַאֲנִי טִמֵּאתִי אוֹתָן בְּמִשְׁמוּשִׁין שֶׁל אִסּוּר, לְהַכּוֹת בְּאֶגְרוֹף רֶשַׁע וּלְהָרִים יָד לְהַכּוֹת בֶּן אָדָם וּלְטַלְטֵל דְּבָרִים הַמֻּקְצִים בְּשַׁבָּת וְיוֹם טוֹב.

בָּרָאתָ בִּי רַגְלַיִם לַהֲלֹךְ לְכָל דְּבַר מִצְוָה, וַאֲנִי טִמֵּאתִי אוֹתָן בְּרַגְלַיִם מְמַהֲרוֹת לָרוּץ לָרָעָה.

מִשַּׁשְׁתִּי אֶת כָּל אֵבָרַי וּמָצָאתִי אוֹתָם בַּעֲלֵי מוּמִין, מִכַּף רַגְלִי וְעַד רֹאשִׁי אֵין בִּי מְתֹם. בֹּשְׁתִּי וְנִכְלַמְתִּי לְהָרִים אֱלֹהַי פָּנַי אֵלֶיךָ, כִּי בְּאֵלֶּה הָאֵבָרִים וְהַחוּשִׁים שֶׁחֲנַנְתַּנִי בָּהֶם, וּבְכֹחַ הַחַיִּים שֶׁהִשְׁפַּעְתָּ עֲלֵיהֶם תָּמִיד, בָּהֶם נִשְׁתַּמַּשְׁתִּי לַעֲשׂוֹת הָרַע בְּעֵינֶיךָ וְלַעֲבֹר עַל רְצוֹנֶךָ. אוֹי לִי וַאוֹי לְנַפְשִׁי.

וְלִהְיוֹת שֶׁיָּדַעְתִּי שֶׁכִּמְעַט אֵין צַדִּיק בָּאָרֶץ אֲשֶׁר לֹא יֶחֱטָא בֵּין אָדָם לַחֲבֵרוֹ בְּמָמוֹן אוֹ בְּגוּפוֹ, בְּמַעֲשֶׂה אוֹ בְּדִבּוּר פֶּה, וְעַל זֶה דָּוֶה לִבִּי בְּקִרְבִּי, כִּי עַל חֵטְא שֶׁבֵּין אָדָם לַחֲבֵרוֹ אֵין יוֹם הַכִּפּוּרִים מְכַפֵּר עַד

שֶׁיִּרְצֶה אֶת חֲבֵרוֹ, וְעַל זֶה נִשְׁבַּר לִבִּי בְּקִרְבִּי וְרָחֲפוּ עַצְמוֹתַי, כִּי אֲפִלּוּ יוֹם הַמִּיתָה אֵינוֹ מְכַפֵּר. לָכֵן אֲנִי מַפִּיל תְּחִנָּתִי לְפָנֶיךָ שֶׁתְּרַחֵם עָלַי, וְתִתְּנֵנִי לְחֵן וּלְחֶסֶד וּלְרַחֲמִים בְּעֵינֶיךָ וּבְעֵינֵי כָּל בְּנֵי אָדָם. וְהִנְנִי מוֹחֵל בִּמְחִילָה גְּמוּרָה לְכָל מִי שֶׁחָטָא נֶגְדִּי, בֵּין בְּגוּפוֹ וּבֵין בְּמָמוֹנוֹ אוֹ שֶׁדִּבֵּר עָלַי לָשׁוֹן הָרָע, וַאֲפִלּוּ הוֹצָאַת שֵׁם רָע, וְכֵן לְכָל מִי שֶׁהִזִּיק לִי בְּגוּפִי אוֹ בְּמָמוֹנִי, וּלְכָל חַטֹּאת הָאָדָם אֲשֶׁר בֵּין אָדָם לַחֲבֵרוֹ, חוּץ מִמָּמוֹן אֲשֶׁר אוּכַל לְהוֹצִיא עַל פִּי דִין, וְחוּץ מִמִּי שֶׁחָטָא כְּנֶגְדִּי וְאָמַר: אֶחֱטָא לוֹ וְהוּא יִמְחַל לִי. חוּץ מֵאֵלּוּ, אֲנִי מוֹחֵל בִּמְחִילָה גְּמוּרָה, וְלֹא יֵעָנֵשׁ שׁוּם אָדָם בְּסִבָּתִי. וּכְשֵׁם שֶׁאֲנִי מוֹחֵל לְכָל אָדָם, כֵּן תִּתֵּן אֶת חִנִּי בְּעֵינֵי כָּל אָדָם, שֶׁיִּמְחֲלוּ לִי בִּמְחִילָה גְּמוּרָה.

וְעַתָּה יהוה אֱלֹהַי, גָּלוּי וְיָדוּעַ לְפָנֶיךָ, שֶׁלֹּא נִתְכַּוַּנְתִּי בְּכָל הַחֲטָאִים וְהָעֲוֹנוֹת לְהַכְעִיסְךָ וְלִמְרֹד כְּנֶגְדְּךָ, אַךְ הָלַכְתִּי בַּעֲצַת יִצְרִי הָרָע, אֲשֶׁר תָּמִיד בְּכָל יוֹם פּוֹרֵשׂ רֶשֶׁת לְרַגְלַי לְלָכְדֵנִי. וַאֲנִי עָנִי וְאֶבְיוֹן תּוֹלַעַת וְלֹא אִישׁ, כָּשַׁל כֹּחִי לַעֲמֹד כְּנֶגְדּוֹ, וַעֲמַל הַפַּרְנָסָה לְפַרְנֵס אֶת בְּנֵי בֵיתִי וְטִרְדַּת הַזְּמַן וּמִקְרָיו הֵם הָיוּ בְּעוֹכְרָי. וּלְפִי שֶׁכָּל זֶה גָּלוּי וְיָדוּעַ לְפָנֶיךָ,
כִּי אָדָם אֵין צַדִּיק בָּאָרֶץ, אֲשֶׁר יַעֲשֶׂה־טּוֹב וְלֹא יֶחֱטָא: לָכֵן בְּרַחֲמֶיךָ קהלת ז
הָרַבִּים נָתַתָּ לָנוּ יוֹם אֶחָד בַּשָּׁנָה, יוֹם אַדִּיר וְקָדוֹשׁ, יוֹם הַכִּפּוּרִים הַזֶּה הַבָּא עָלֵינוּ לְטוֹבָה, לָשׁוּב לְפָנֶיךָ וּלְכַפֵּר אֶת כָּל עֲוֹנוֹתֵינוּ וּלְטַהֵר אוֹתָנוּ
מִטֻּמְאוֹתֵינוּ, כְּמוֹ שֶׁכָּתוּב: כִּי־בַיּוֹם הַזֶּה יְכַפֵּר עֲלֵיכֶם לְטַהֵר אֶתְכֶם, ויקרא טז
מִכֹּל חַטֹּאתֵיכֶם לִפְנֵי יהוה תִּטְהָרוּ:

וְעַתָּה רְאֵה עַמְּךָ יִשְׂרָאֵל אֲשֶׁר לָקַחְתָּ אוֹתָם לְךָ לְעָם, מִי כְּעַמְּךָ יִשְׂרָאֵל טְהוֹרִים וּקְדוֹשִׁים הַמְיַחֲלִים וּמְצַפִּים לִמְחִילָתֶךָ. בָּאנוּ בְּלֵב נִשְׁבָּר וְנִדְכֶּה, כַּעֲנִיִּים וְדַלִּים וְרָשִׁים, לְבַקֵּשׁ מִמְּךָ מְחִילָה וּסְלִיחָה וְכַפָּרָה עַל כָּל מַה שֶּׁחָטָאנוּ וְעָוִינוּ וּפָשַׁעְנוּ לְפָנֶיךָ. יָדַעְנוּ יהוה רִשְׁעֵנוּ וַעֲוֹן
אֲבוֹתֵינוּ. בֹּשְׁנוּ וְנִכְלַמְנוּ לְהָרִים פָּנֵינוּ אֵלֶיךָ, כְּבֹשֶׁת גַּנָּב כִּי יִמָּצֵא: ירמיה ב
וְאֵיךְ נִפְתַּח פֶּה וְנָרִים רֹאשׁ, כִּי בְּרֹב עֲוֹנֵינוּ הֶעֱבַרְנוּ מֵעָלֵינוּ הַצֶּלֶם

הַקָּדוֹשׁ אֲשֶׁר הוּא מַלְבִּישׁ אוֹתָנוּ, אֲשֶׁר כָּל הַמַּזִּיקִים וְהַמְקַטְרְגִים
דברים כח אֵינָם יְכוֹלִים לְהַבִּיט בְּפָנָיו, כְּמָה שֶׁכָּתוּב: וְרָאוּ כָּל־עַמֵּי הָאָרֶץ, כִּי שֵׁם
יהוה נִקְרָא עָלֶיךָ, וְיָרְאוּ מִמֶּךָּ: וְהֶחֱלַפְנוּ אוֹתוֹ בְּצֶלֶם טָמֵא, וְלָבַשְׁנוּ
בְּגָדִים צוֹאִים, וְאֵיךְ נָבוֹא בְּשַׁעַר הַמֶּלֶךְ בִּלְבוּשׁ שַׂק מְלֻכְלָךְ בְּצוֹאָה.
מַתְמִיהִים אֲנַחְנוּ עַל נַפְשֵׁנוּ אֵיךְ נַעַשְׂתָה הַתּוֹעֵבָה הַזֹּאת, כִּי הוֹצֵאנוּ
נַפְשֵׁנוּ וְרוּחֵנוּ מֵהָעוֹלָם הַקָּדוֹשׁ וּבָרַחְנוּ לִמְקוֹם מִדְבָּר צִיָּה וְצַלְמָוֶת,
לִמְקוֹם טֻמְאַת הַקְּלִפּוֹת.

יחזקאל לג וְאַתָּה יהוה אֱלֹהֵינוּ, הָרוֹצֶה בִּתְשׁוּבַת רְשָׁעִים, כְּמָה שֶׁכָּתוּב: שׁוּבוּ
יחזקאל יח שׁוּבוּ מִדַּרְכֵיכֶם הָרָעִים, וְלָמָּה תָמוּתוּ בֵּית יִשְׂרָאֵל: וְנֶאֱמַר: הֶחָפֹץ
אֶחְפֹּץ מוֹת רָשָׁע, נְאֻם אֲדֹנָי יֱהֹוִה, הֲלוֹא בְּשׁוּבוֹ מִדְּרָכָיו וְחָיָה: עַתָּה
שַׂמְנוּ אֶל לִבֵּנוּ לָשׁוּב, וְלָבוֹא לְפָנֶיךָ בְּבֹשֶׁת פָּנִים. אָבִינוּ מַלְכֵּנוּ, רַחֵם
עָלֵינוּ כְּרַחֵם אָב עַל בְּנוֹ שֶׁמָּרַד בְּאָבִיו וְיָצָא מִבֵּיתוֹ, וּבְשׁוּבוֹ אֶל אָבִיו
בְּבֹשֶׁת פָּנִים וּבְכִי וּצְעָקָה וּמִתְנַפֵּל לְפָנָיו, מִדֶּרֶךְ הָאָב לְרַחֵם עַל בְּנוֹ.
וְאִם עֲבָדִים אֲנַחְנוּ, הַמַּכֶּה אֶת עַבְדּוֹ בְּיִסּוּרִים כְּשֶׁמָּרַד בּוֹ, הִנֵּה כְּבָר
לָקִינוּ בְּשִׁעְבּוּד מַלְכֻיּוֹת וְיִסּוּרִין שֶׁבַּגּוּף, אוֹ עֲנִיּוּת וְצַעַר גִּדּוּל בָּנִים
וּשְׁאָר מַכְאוֹבִים. יַסְּרֵנוּ יהוה אַךְ בְּמִשְׁפָּט, אַל בְּאַפְּךָ פֶּן תַּמְעִטֵנוּ.
רַחֵם עָלֵינוּ וְצַוֵּה לְמַלְאָכֶיךָ הַקְּדוֹשִׁים הַמְמֻנִּים עַל הַטָּהֳרָה, לְהַפְשִׁיט
אֶת הַבְּגָדִים הַצּוֹאִים מֵעָלֵינוּ וּלְטַהֲרֵנוּ מִכָּל חַטֹּאתֵינוּ, כְּמָה שֶׁכָּתוּב:
זכריה ג הָסִירוּ הַבְּגָדִים הַצֹּאִים מֵעָלָיו: וְהַלְבֵּשׁ אוֹתָנוּ מַחֲלָצוֹת. וְכִתְפִלַּת דָּוִד
תהלים נא הַמֶּלֶךְ עָלָיו הַשָּׁלוֹם: הָשִׁיבָה לִּי שְׂשׂוֹן יִשְׁעֶךָ, וְרוּחַ נְדִיבָה תִסְמְכֵנִי:
לֵב טָהוֹר בְּרָא לָנוּ אֱלֹהִים, וְרוּחַ חֲדָשָׁה תִּתֵּן בְּקִרְבֵּנוּ. וְאִם פָּשַׁעְנוּ
וּמָרַדְנוּ כְּמִדַּת בָּשָׂר וָדָם, אַתָּה עֲשֵׂה כְּמִדָּתְךָ לִמְחֹל וְלִסְלֹחַ. וְאַל
יְעַכְּבוּ עֲוֹנוֹתֵינוּ מִלָּשׁוּב לְפָנֶיךָ, כְּמִדָּתְךָ לְקַבֵּל שָׁבִים. וְחַזֵּק לִבֵּנוּ
בְּתוֹרָתְךָ וּבְיִרְאָתֶךָ, שֶׁתִּהְיֶה יִרְאָתְךָ תָּמִיד קְבוּעָה בְּלִבֵּנוּ. וְטַהֵר
רַעְיוֹנֵינוּ וּמַחְשְׁבוֹתֵינוּ לַעֲבוֹדָתֶךָ. וּרְאֵה בְּשִׁבְרוֹן לִבִּי, כִּי מִתְנַחֵם אֲנִי
עַל מַעֲשַׂי הָרָעִים שֶׁעָשִׂיתִי עַד הַיּוֹם הַזֶּה, וּבוֹכֶה וּמִתְאוֹנֵן וּמִתְוַדֶּה

עֲלֵיהֶם, וְאוֹמֵר: חָטָאתִי עָוִיתִי פָּשַׁעְתִּי לְפָנֶיךָ. וְקַבֵּל תְּשׁוּבָתִי בְּתוֹךְ תְּשׁוּבַת כָּל עַמְּךָ יִשְׂרָאֵל הַשָּׁבִים לְפָנֶיךָ בְּכָל לִבָּם, כִּי גַּם אֲנִי מִבְּנֵי אַבְרָהָם יִצְחָק וְיַעֲקֹב. וְאַל יְעַכְּבוּ עֲוֹנוֹתַי הָרַבִּים מִלָּשׁוּב לְפָנֶיךָ בְּכָל לֵב. וְזַכֵּנִי שֶׁאָשׁוּב לְפָנֶיךָ בְּלֵב שָׁלֵם וּלְהִתְחָרֵט עַל עֲוֹנוֹתַי חֲרָטָה גְּמוּרָה, וְלַעֲזֹב מַעֲשֵׂי הָרָעִים עֲזִיבָה עוֹלָמִית. וְרַחֵם עָלַי וְהַצִּילֵנִי עַד עוֹלָם מִכָּל חֵטְא וְעָוֹן, כִּי לוּלֵא רַחֲמֶיךָ וַחֲסָדֶיךָ אִי אֶפְשָׁר לַעֲמֹד נֶגֶד הַיֵּצֶר הָרָע, אֲשֶׁר הוּא בּוֹעֵר כָּאֵשׁ בְּעַצְמוֹתַי, וְלָכֵן רַחֵם עָלַי וְתֵן בִּי כֹּחַ לַעֲמֹד כְּנֶגְדּוֹ. כְּמוֹ שֶׁאָמְרוּ הַחֲכָמִים וְהַצַּדִּיקִים בְּדִבְרֵי קָדְשָׁם, הַבָּא לִטָּהֵר מְסַיְּעִין אוֹתוֹ.

וְהִנֵּה אֲנִי מְקַבֵּל עָלַי קְדֻשַּׁת יוֹם הַכִּפּוּרִים, וּלְהִתְעַנּוֹת בּוֹ בַּחֲמִשָּׁה עִנּוּיִים שֶׁצִּוִּיתָ לָנוּ עַל יְדֵי מֹשֶׁה עַבְדְּךָ בְּתוֹרָתְךָ הַקְּדוֹשָׁה: אֲכִילָה וּשְׁתִיָּה, רְחִיצָה, סִיכָה, נְעִילַת הַסַּנְדָּל, תַּשְׁמִישׁ הַמִּטָּה, וְלִשְׁבֹּת בַּיּוֹם הַקָּדוֹשׁ הַזֶּה מִכָּל מְלָאכָה. וְעַל יְדֵי עִנּוּי מֵאֲכִילָה וּשְׁתִיָּה, תְּכַפֵּר לָנוּ מַה שֶּׁחָטָאנוּ בַּאֲכִילוֹת וּשְׁתִיּוֹת אֲסוּרוֹת. וְעַל יְדֵי עִנּוּי מֵרְחִיצָה וְסִיכָה, תְּכַפֵּר לָנוּ מַה שֶּׁחָטָאנוּ בְּתַעֲנוּגִים בִּימֵי הַחֹל, וּבִפְרָט תַּעֲנוּגִים הָאֲסוּרִים. וְעַל יְדֵי עִנּוּי מִנְּעִילַת הַסַּנְדָּל, תְּכַפֵּר לָנוּ מַה שֶּׁחָטָאנוּ בְּרַגְלַיִם הַמְמַהֲרוֹת לָרוּץ לָרַע, וְאֵת אֲשֶׁר עָבַרְנוּ עַל עֶשְׂרִים וְאַרְבָּעָה דְּבָרִים שֶׁבֵּית דִּין מְנַדִּין עֲלֵיהֶם, וְנִתְחַיַּבְנוּ לִהְיוֹת יְחֵפֵי רַגְלַיִם כִּמְנֻדִּים. וְעַל יְדֵי עִנּוּי מִתַּשְׁמִישׁ הַמִּטָּה, תְּכַפֵּר לָנוּ מַה שֶּׁחָטָאנוּ (וּפָגַמְנוּ בִּבְרִית קֹדֶשׁ בְּטֻמְאַת קֶרִי וּבְהוֹצָאַת זֶרַע לְבַטָּלָה, וּמַה שֶּׁבָּעַלְנוּ בְּעִילוֹת אֲסוּרוֹת). וְעַל יְדֵי חָמֵשׁ תְּפִלּוֹת וּתְחִנּוֹת וּבַקָּשׁוֹת, יְתֻקַּן מַה שֶּׁפָּגַמְנוּ בְּחָמֵשׁ מוֹצָאוֹת הַפֶּה: הַחֵיךְ, וְהַגָּרוֹן, וְהַלָּשׁוֹן, וְהַשִּׁנַּיִם, וְהַשְּׂפָתַיִם, שֶׁמֵּהֶם יוֹצֵא הַדִּבּוּר, וְטִמֵּאתִי אוֹתָם בְּכָל הַדְּבָרִים הָאֲסוּרִים וּנְדָרִים וּשְׁבוּעוֹת. וְעַל יְדֵי חִבּוּק וְנִשּׁוּק סֵפֶר הַתּוֹרָה, וְעַל יְדֵי זְכוּת הַתְּפִלּוֹת שֶׁנִּתְפַּלֵּל בַּיּוֹם הַקָּדוֹשׁ הַזֶּה, יַעֲלוּ וְיָבוֹאוּ וְיַגִּיעוּ וְיִצְטָרְפוּ עִמָּהֶן כָּל הַתְּפִלּוֹת שֶׁהִתְפַּלַּלְנוּ בְּכָל הַשָּׁנָה בְּלֹא כַוָּנָה, וְיִהְיוּ כֻּלָּן נִכְלָלוֹת

בִּתְפִלּוֹת הַיּוֹם הַזֶּה, וְיַגִּיעוּ לְרֹאשְׁךָ לִהְיוֹת עֲטָרָה לְרֹאשְׁךָ בִּכְלַל תְּפִלּוֹת יִשְׂרָאֵל. וְעַל יְדֵי דִּמְעוֹת עֵינַי, יְתֻקַּן מַה שֶּׁפָּגַמְנוּ בִּרְאִיַּת עֵינַיִם בְּכָל דָּבָר טָמֵא. וְעַל יְדֵי רְתִיחַת גּוּפֵנוּ עַל יְדֵי הַתַּעֲנִית וְהַתְּפִלּוֹת, יְתֻקַּן מַה שֶּׁהִרְתַּחְנוּ רַמַ״ח אֵבָרֵינוּ וּשְׁסַ״ה גִּידֵינוּ בְּאֵשׁ שֶׁל יֵצֶר הָרָע. וּבְמִעוּט חֶלְבֵּנוּ וְדָמֵנוּ עַל יְדֵי הַתַּעֲנִית, יְכַפֵּר כָּל מַה שֶּׁחָטָאנוּ וְשֶׁעָוִינוּ וְשֶׁפָּשַׁעְנוּ לְפָנֶיךָ, וְתִהְיֶה נֶחְשֶׁבֶת לְפָנֶיךָ הַתַּעֲנִית כְּאִלּוּ הִקְרַבְנוּ אֶת גּוּפֵנוּ עַל גַּבֵּי הַמִּזְבֵּחַ, וּתְקַבֵּל לְפָנֶיךָ לְרֵיחַ נִיחוֹחַ כְּקָרְבָּן וּכְעוֹלָה.

וְהִנֵּה יָדַעְנוּ כִּי אֲנַחְנוּ מְחֻיָּבִים לְהִתְעַנּוֹת עַל פִּי תִּקּוּנֵי הַתְּשׁוּבָה עַל כָּל חֵטְא, וּלְסַגֵּף אֶת גּוּפֵנוּ בִּתְשׁוּבַת הַמִּשְׁקָל נֶגֶד מַה שֶּׁהִתְעַנַּגְנוּ בַּעֲבֵרוֹת. אַךְ גָּלוּי וְיָדוּעַ לְפָנֶיךָ, שֶׁאֵין בָּנוּ כֹּחַ לְהִתְעַנּוֹת אֲפִלּוּ עַל חֵטְא אֶחָד וּמִכָּל שֶׁכֵּן עַל כָּל עָוֹן וְעָוֹן, כִּי רַבּוּ עֲוֹנוֹתֵינוּ מִלִּסְפֹּר וְכָשַׁל כֹּחֵנוּ. וְלָכֵן יְהִי רָצוֹן מִלְּפָנֶיךָ יהוה אֱלֹהֵינוּ, שֶׁיִּהְיֶה צוֹם הַתַּעֲנִית בַּיּוֹם הַקָּדוֹשׁ הַזֶּה, יוֹם הַכִּפּוּרִים הַבָּא עָלֵינוּ לְטוֹבָה, כַּפָּרָה עַל כָּל עֲוֹנוֹתֵינוּ.

יְהִי רָצוֹן מִלְּפָנֶיךָ, אֵל מֶלֶךְ יוֹשֵׁב עַל כִּסֵּא רַחֲמִים, הָרוֹצֶה בִּתְשׁוּבַת רְשָׁעִים, שֶׁתִּתֵּן בְּלִבֵּנוּ וּבְלֵב כָּל עַמְּךָ בֵּית יִשְׂרָאֵל אַהֲבָתְךָ וְיִרְאָתְךָ לְיִרְאָה אוֹתְךָ כָּל הַיָּמִים. וּבְתוֹכָם תְּרַחֵם עַל פּוֹשְׁעֵי עַמְּךָ בֵּית יִשְׂרָאֵל, וְתֵן בְּלִבָּם פַּחַד הֲדַר גְּאוֹנֶךָ, וְהַכְנַע לִבָּם הָאֶבֶן וְיָשׁוּבוּ לְפָנֶיךָ בְּלֵב שָׁלֵם, כְּמוֹ שֶׁהִבְטַחְתָּ עַל יְדֵי נְבִיאֶיךָ, לְבַל יִדַּח מִמֶּנּוּ נִדָּח. גַּם כִּי הִרְבּוּ אַשְׁמָה לְפָנֶיךָ עַד שֶׁנִּנְעֲלוּ בִּפְנֵיהֶם דַּרְכֵי תְשׁוּבָה, אַתָּה בְּרַחֲמֶיךָ הָרַבִּים חֲתֹר לָהֶם חֲתִירָה מִתַּחַת כִּסֵּא כְבוֹדֶךָ וְקַבְּלֵם בִּתְשׁוּבָה. וְרַחֵם עָלֵינוּ וְתֵן בָּנוּ כֹּחַ לַעֲבֹד אוֹתְךָ כָּל הַיָּמִים, וְהָסֵר מִמֶּנּוּ כָּל הַמְּנִיעוֹת וְהַסִּבּוֹת הַמּוֹנְעוֹת אוֹתָנוּ מִלַּעֲבֹד אוֹתָךְ, כִּי אַתָּה יְצַרְתָּנוּ וְתֵדַע כָּל מַחְסוֹרֵי בְּנֵי אָדָם וְטִבְעָם הַמְבַלְבְּלִים אוֹתָם מֵעֲבוֹדָתְךָ, וּבְיָדְךָ לַהֲסִירָם וּלְמָנְעָם. וְלֹא תִטְרֹף עָלֵינוּ אֶת הַשָּׁעָה עַד שֶׁנָּשׁוּב לְפָנֶיךָ בְּלֵב שָׁלֵם, וְנִהְיֶה כָּל יָמֵינוּ בִּתְשׁוּבָה וּמַעֲשִׂים טוֹבִים, עַד סוֹף הָרֶגַע

הָאַחֲרוֹן, אֲשֶׁר יִהְיֶה לְרָצוֹן לְפָנֶיךָ לֶאֱסֹף אֶת נִשְׁמוֹתֵינוּ אֵלֶיךָ, אָז יִהְיוּ כָּל מַחְשְׁבוֹתֵינוּ דְּבוּקוֹת בַּשֵּׁם, וְאָז תֵּצֵא נִשְׁמָתֵנוּ בִּקְדֻשָּׁה וּבְטָהֳרָה, וְאָז נִזְכֶּה לַעֲלוֹת מִמַּטָּה לְמַעְלָה וּלְהַשְׁפִּיעַ שֶׁפַע בְּכָל הָעוֹלָמוֹת מִמַּעְלָה לְמַטָּה. וְתֵן בָּנוּ כֹּחַ לְהִתְעַנּוֹת בַּיּוֹם הַקָּדוֹשׁ הַזֶּה, וּלְהַשְׁלִים הַתַּעֲנִית בְּכָל חֲמֵשֶׁת הָעִנּוּיִים, וְשֶׁלֹּא יִגְרְמוּ מַעֲשֵׂינוּ לִהְיוֹת נִכְשָׁלִים חַס וְשָׁלוֹם בְּשׁוּם אֶחָד מִן חֲמֵשֶׁת הָעִנּוּיִים, כִּי כֻּלָּנוּ בְּנֵי אַבְרָהָם יִצְחָק וְיַעֲקֹב יְדִידֶיךָ. וְזַכֵּנוּ לְגַדֵּל בָּנֵינוּ לְתוֹרָה וּלְמַעֲשִׂים טוֹבִים, וְלֹא יִתָּפְסוּ חַס וְשָׁלוֹם בַּעֲוֹנוֹתֵינוּ. וְחָתְמֵנוּ בְּסֵפֶר חַיִּים טוֹבִים שֶׁל יִרְאֵי שְׁמֶךָ, חַיִּים שֶׁנַּעֲבֹד אוֹתְךָ בְּלֵב שָׁלֵם, חַיִּים שֶׁלֹּא נִכָּשֵׁל חַס וְשָׁלוֹם בְּשׁוּם חֵטְא וְעָוֹן וְאַשְׁמָה, חַיִּים שֶׁל פַּרְנָסָה בְּנַחַת וּבְכָבוֹד וּבְהֶתֵּר, וְלֹא תַטְרִידֵנוּ הַפַּרְנָסָה בְּטִרְדַּת הַזְּמַן, וְתֵן לָנוּ פַּרְנָסָה בְּהַשְׁקֵט וְשַׁלְוָה, כְּדֵי שֶׁיִּהְיֶה לִבֵּנוּ פָּנוּי לַעֲבוֹדָתֶךָ. וְטַהֵר רַעְיוֹנֵינוּ וּמַחְשְׁבוֹתֵינוּ כְּדֵי שֶׁנִּהְיֶה דְּבוּקִים בְּךָ תָּמִיד.

וּבְכֵן יַעֲלוּ וְיָבוֹאוּ וְיַגִּיעוּ וְיֵרָאוּ וְיֵרָצוּ וְיִשָּׁמְעוּ תְּפִלּוֹתֵינוּ. קַבֵּל רִנַּת עַמְּךָ, שַׂגְּבֵנוּ טַהֲרֵנוּ נוֹרָא. וְתוֹצִיא כָּל הַנִּיצוֹצוֹת הַקְּדוֹשִׁים שֶׁנָּפְלוּ לַקְּלִפָּה עַל יְדֵי חַטֹּאתֵינוּ. וְעַל יְדֵי קְדֻשַּׁת יוֹם הַכִּפּוּרִים יִתְעוֹרְרוּ מִדּוֹתֶיךָ,
הַגְּדֻלָּה וְהַגְּבוּרָה וְהַתִּפְאֶרֶת וְהַנֵּצַח וְהַהוֹד כִּי־כֹל בַּשָּׁמַיִם וּבָאָרֶץ, לְךָ (דברי הימים א׳ כט)
יהוה הַמַּמְלָכָה: אוֹר זָרֻעַ לַצַּדִּיק וּלְיִשְׁרֵי־לֵב שִׂמְחָה: וְתִתְפַּשֵּׁט עֲלֵיהֶם (תהלים צז)
קְדֻשַּׁת יוֹם הַכִּפּוּרִים לְכַפֵּר עָלֵינוּ, כְּמָה שֶׁכָּתוּב בְּתוֹרַת מֹשֶׁה עַבְדֶּךָ:
כִּי־בַיּוֹם הַזֶּה יְכַפֵּר עֲלֵיכֶם לְטַהֵר אֶתְכֶם, מִכֹּל חַטֹּאתֵיכֶם לִפְנֵי יהוה (ויקרא טז)
תִּטְהָרוּ: וִיהִי נֹעַם אֲדֹנָי אֱלֹהֵינוּ עָלֵינוּ, וּמַעֲשֵׂה יָדֵינוּ כּוֹנְנָה עָלֵינוּ, (תהלים צ)
וּמַעֲשֵׂה יָדֵינוּ כּוֹנְנֵהוּ: וְתַעֲבִיר מֶמְשֶׁלֶת זָדוֹן מִן הָאָרֶץ, וּמְלֹךְ עַל כָּל הָעוֹלָם כֻּלּוֹ בִּכְבוֹדֶךָ וְהִנָּשֵׂא עַל כָּל הָאָרֶץ בִּיקָרֶךָ, וְתֵן שִׂמְחָה לְאַרְצֶךָ וְשָׂשׂוֹן לְעִירֶךָ וּצְמִיחַת קֶרֶן לְדָוִד עַבְדֶּךָ.

יִהְיוּ לְרָצוֹן אִמְרֵי־פִי וְהֶגְיוֹן לִבִּי לְפָנֶיךָ, יהוה צוּרִי וְגֹאֲלִי: (תהלים יט)
אָמֵן, כֵּן יְהִי רָצוֹן.

כל נדרי

״טוֹב אֲשֶׁר לֹא־תִדֹּר מִשֶּׁתִּדּוֹר וְלֹא תְשַׁלֵּם״ (קהלת ה, ד).

מוציאים שני ספרי תורה ומוסרים אותם לשני אנשים המתייצבים משני צדי שליח הציבור. שליח הציבור אומר ׳אור זָרֻעַ׳ שלוש פעמים (קיצור של״ה; ויש המוסיפים על מספר זה).

אוֹר זָרֻעַ לַצַּדִּיק וּלְיִשְׁרֵי־לֵב שִׂמְחָה: תהלים צז

שליח הציבור אומר שלוש פעמים (׳כלבו׳, סח):

עַל דַּעַת הַמָּקוֹם, וְעַל דַּעַת הַקָּהָל
בִּישִׁיבָה שֶׁל מַעְלָה וּבִישִׁיבָה שֶׁל מַטָּה
אָנוּ מַתִּירִין לְהִתְפַּלֵּל עִם הָעֲבַרְיָנִים.

שליח הציבור אומר שלוש פעמים:

כָּל נִדְרֵי

וֶאֱסָרֵי וּשְׁבוּעֵי וַחֲרָמֵי וְקוֹנָמֵי וְקִנּוּסֵי וְכִנּוּיֵי
דְּאִנְדַּרְנָא, וּדְאִשְׁתַּבַּעְנָא, וּדְאַחֲרִימְנָא וּדְאָסַרְנָא עַל נַפְשָׁתָנָא
(מִיּוֹם כִּפּוּרִים שֶׁעָבַר עַד יוֹם כִּפּוּרִים זֶה
וּ)מִיּוֹם כִּפּוּרִים זֶה עַד יוֹם כִּפּוּרִים הַבָּא עָלֵינוּ לְטוֹבָה.
בְּכֻלְּהוֹן אִחֲרַטְנָא בְהוֹן, כֻּלְּהוֹן יְהוֹן שָׁרָן.
שְׁבִיקִין, שְׁבִיתִין, בְּטֵלִין וּמְבֻטָּלִין
לָא שְׁרִירִין, וְלָא קַיָּמִין.
נִדְרָנָא לָא נִדְרֵי
וֶאֱסָרָנָא לָא אֱסָרֵי
וּשְׁבוּעָתָנָא לָא שְׁבוּעוֹת.

שליח הציבור אומר שלוש פעמים, ואחריו הקהל:

וְנִסְלַח לְכָל־עֲדַת בְּנֵי יִשְׂרָאֵל, וְלַגֵּר הַגָּר בְּתוֹכָם כִּי לְכָל־הָעָם בִּשְׁגָגָה: במדבר טו

שליח הציבור:

סְלַח־נָא לַעֲוֹן הָעָם הַזֶּה כְּגֹדֶל חַסְדֶּךָ וְכַאֲשֶׁר נָשָׂאתָה לָעָם הַזֶּה מִמִּצְרַיִם וְעַד־הֵנָּה: במדבר יד

וְשָׁם נֶאֱמַר

והקהל אומר שלוש פעמים:

וַיֹּאמֶר יהוה, סָלַחְתִּי כִּדְבָרֶךָ:

שליח הציבור מברך ׳שֶׁהֶחֱיָנוּ׳ בקול, וכל יחיד מברך בלחש ומסיים לפני שליח הציבור כדי להספיק לענות אמן. נשים שכבר בירכו ׳שֶׁהֶחֱיָנוּ׳ בזמן ההדלקה, לא יברכו שנית (׳שער הציון׳ תריט, ז).

בָּרוּךְ אַתָּה יהוה אֱלֹהֵינוּ מֶלֶךְ הָעוֹלָם שֶׁהֶחֱיָנוּ וְקִיְּמָנוּ, וְהִגִּיעָנוּ לַזְּמַן הַזֶּה.

אם יום הכיפורים חל ביום חול, ממשיכים ׳בָּרְכוּ׳ בעמ׳ 57.

קבלת שבת

בשבת מתחילים כאן קבלת שבת מקוצרת.

בבתי כנסת המתפללים בנוסח אשכנז, מתחילים ׳מִזְמוֹר שִׁיר לְיוֹם הַשַּׁבָּת׳ בעמ׳ 55.

עומדים ואומרים:

מִזְמוֹר לְדָוִד, הָבוּ לַיהוה בְּנֵי אֵלִים, הָבוּ לַיהוה כָּבוֹד וָעֹז: הָבוּ לַיהוה כְּבוֹד שְׁמוֹ, הִשְׁתַּחֲווּ לַיהוה בְּהַדְרַת־קֹדֶשׁ: קוֹל יהוה עַל־הַמָּיִם, אֵל־הַכָּבוֹד הִרְעִים, יהוה עַל־מַיִם רַבִּים: קוֹל־יהוה בַּכֹּחַ, קוֹל יהוה בֶּהָדָר: קוֹל יהוה שֹׁבֵר אֲרָזִים, וַיְשַׁבֵּר יהוה אֶת־אַרְזֵי הַלְּבָנוֹן: וַיַּרְקִידֵם כְּמוֹ־עֵגֶל, לְבָנוֹן וְשִׂרְיוֹן כְּמוֹ בֶן־רְאֵמִים: קוֹל־יהוה חֹצֵב לַהֲבוֹת אֵשׁ: קוֹל יהוה יָחִיל מִדְבָּר, יָחִיל יהוה מִדְבַּר קָדֵשׁ: ◂ קוֹל יהוה יְחוֹלֵל אַיָּלוֹת וַיֶּחֱשֹׂף יְעָרוֹת, וּבְהֵיכָלוֹ, כֻּלּוֹ אֹמֵר כָּבוֹד: יהוה לַמַּבּוּל יָשָׁב, וַיֵּשֶׁב יהוה מֶלֶךְ לְעוֹלָם: יהוה עֹז לְעַמּוֹ יִתֵּן, יהוה יְבָרֵךְ אֶת־עַמּוֹ בַשָּׁלוֹם: תהלים כט

המקובלים הנהיגו לומר פיוט זה, מכיוון ששבע השורות שבו מקבילות לשבע הפעמים ש"קול ה'" נזכר במזמור שבעמוד הקודם (פרי עץ חיים).

אָנָּא, בְּכֹחַ גְּדֻלַּת יְמִינְךָ, תַּתִּיר צְרוּרָה.
קַבֵּל רִנַּת עַמְּךָ, שַׂגְּבֵנוּ, טַהֲרֵנוּ, נוֹרָא.
נָא גִבּוֹר, דּוֹרְשֵׁי יִחוּדְךָ כְּבָבַת שָׁמְרֵם.
בָּרְכֵם, טַהֲרֵם, רַחֲמֵי, צִדְקָתְךָ תָּמִיד גָּמְלֵם.
חֲסִין קָדוֹשׁ, בְּרֹב טוּבְךָ נַהֵל עֲדָתֶךָ.
יָחִיד גֵּאֶה, לְעַמְּךָ פְּנֵה, זוֹכְרֵי קְדֻשָּׁתֶךָ.
שַׁוְעָתֵנוּ קַבֵּל וּשְׁמַע צַעֲקָתֵנוּ, יוֹדֵעַ תַּעֲלוּמוֹת.
בָּרוּךְ שֵׁם כְּבוֹד מַלְכוּתוֹ לְעוֹלָם וָעֶד.

אומרים נוסח מקוצר של 'לְכָה דוֹדִי': שני הבתים הראשונים ושני האחרונים.

לְכָה דוֹדִי לִקְרַאת כַּלָּה, פְּנֵי שַׁבָּת נְקַבְּלָה.

לְכָה דוֹדִי לִקְרַאת כַּלָּה, פְּנֵי שַׁבָּת נְקַבְּלָה.

שָׁמוֹר וְזָכוֹר בְּדִבּוּר אֶחָד
הִשְׁמִיעָנוּ אֵל הַמְיֻחָד
יהוה אֶחָד וּשְׁמוֹ אֶחָד
לְשֵׁם וּלְתִפְאֶרֶת וְלִתְהִלָּה.

לְכָה דוֹדִי לִקְרַאת כַּלָּה, פְּנֵי שַׁבָּת נְקַבְּלָה.

לִקְרַאת שַׁבָּת לְכוּ וְנֵלְכָה
כִּי הִיא מְקוֹר הַבְּרָכָה
מֵרֹאשׁ מִקֶּדֶם נְסוּכָה
סוֹף מַעֲשֶׂה בְּמַחֲשָׁבָה תְּחִלָּה.

לְכָה דוֹדִי לִקְרַאת כַּלָּה, פְּנֵי שַׁבָּת נְקַבְּלָה.

יָמִין וּשְׂמֹאל תִּפְרֹצִי
וְאֶת יהוה תַּעֲרִיצִי
עַל יַד אִישׁ בֶּן פַּרְצִי
וְנִשְׂמְחָה וְנָגִילָה.

לְכָה דוֹדִי לִקְרַאת כַּלָּה, פְּנֵי שַׁבָּת נְקַבְּלָה.

הקהל עומד ופונה אל פתח בית הכנסת כדי לקבל את פני הכלה (משנ״ב רסב, י).
באמירת 'בּוֹאִי כַלָּה' הראשון קד לשמאל ובשני לימין (סידור יעב״ץ בשם אביו).

בּוֹאִי בְשָׁלוֹם עֲטֶרֶת בַּעְלָהּ
גַּם בְּרִנָּה וּבְצָהֳלָה
תּוֹךְ אֱמוּנֵי עַם סְגֻלָּה
בּוֹאִי כַלָּה, בּוֹאִי כַלָּה
בּוֹאִי כַלָּה, שַׁבָּת מַלְכְּתָא.

לְכָה דוֹדִי לִקְרַאת כַּלָּה, פְּנֵי שַׁבָּת נְקַבְּלָה.

מִזְמוֹר שִׁיר לְיוֹם הַשַּׁבָּת: טוֹב לְהֹדוֹת לַיהוה, וּלְזַמֵּר לְשִׁמְךָ עֶלְיוֹן: תהלים צב
לְהַגִּיד בַּבֹּקֶר חַסְדֶּךָ, וֶאֱמוּנָתְךָ בַּלֵּילוֹת: עֲלֵי־עָשׂוֹר וַעֲלֵי־נָבֶל,
עֲלֵי הִגָּיוֹן בְּכִנּוֹר: כִּי שִׂמַּחְתַּנִי יהוה בְּפָעֳלֶךָ, בְּמַעֲשֵׂי יָדֶיךָ אֲרַנֵּן:
מַה־גָּדְלוּ מַעֲשֶׂיךָ יהוה, מְאֹד עָמְקוּ מַחְשְׁבֹתֶיךָ: אִישׁ־בַּעַר לֹא
יֵדָע, וּכְסִיל לֹא־יָבִין אֶת־זֹאת: בִּפְרֹחַ רְשָׁעִים כְּמוֹ עֵשֶׂב, וַיָּצִיצוּ
כָּל־פֹּעֲלֵי אָוֶן, לְהִשָּׁמְדָם עֲדֵי־עַד: וְאַתָּה מָרוֹם לְעֹלָם יהוה: כִּי הִנֵּה
אֹיְבֶיךָ יהוה, כִּי־הִנֵּה אֹיְבֶיךָ יֹאבֵדוּ, יִתְפָּרְדוּ כָּל־פֹּעֲלֵי אָוֶן: וַתָּרֶם
כִּרְאֵים קַרְנִי, בַּלֹּתִי בְּשֶׁמֶן רַעֲנָן: וַתַּבֵּט עֵינִי בְּשׁוּרָי, בַּקָּמִים עָלַי
מְרֵעִים תִּשְׁמַעְנָה אָזְנָי: › צַדִּיק כַּתָּמָר יִפְרָח, כְּאֶרֶז בַּלְּבָנוֹן יִשְׂגֶּה:
שְׁתוּלִים בְּבֵית יהוה, בְּחַצְרוֹת אֱלֹהֵינוּ יַפְרִיחוּ: עוֹד יְנוּבוּן בְּשֵׂיבָה,
דְּשֵׁנִים וְרַעֲנַנִּים יִהְיוּ: לְהַגִּיד כִּי־יָשָׁר יהוה, צוּרִי, וְלֹא־עַוְלָתָה בּוֹ:

תהלים צג יהוה מָלָךְ, גֵּאוּת לָבֵשׁ, לָבֵשׁ יהוה עֹז הִתְאַזָּר, אַף־תִּכּוֹן תֵּבֵל
בַּל־תִּמּוֹט: נָכוֹן כִּסְאֲךָ מֵאָז, מֵעוֹלָם אָתָּה: נָשְׂאוּ נְהָרוֹת יהוה,
נָשְׂאוּ נְהָרוֹת קוֹלָם, יִשְׂאוּ נְהָרוֹת דָּכְיָם: ◂ מִקֹּלוֹת מַיִם רַבִּים,
אַדִּירִים מִשְׁבְּרֵי־יָם, אַדִּיר בַּמָּרוֹם יהוה: עֵדֹתֶיךָ נֶאֶמְנוּ מְאֹד,
לְבֵיתְךָ נַאֲוָה־קֹדֶשׁ, יהוה לְאֹרֶךְ יָמִים:

קדיש יתום

אבל: יִתְגַּדַּל וְיִתְקַדַּשׁ שְׁמֵהּ רַבָּא (קהל: אָמֵן)
בְּעָלְמָא דִּי בְרָא כִרְעוּתֵהּ
וְיַמְלִיךְ מַלְכוּתֵהּ
וְיַצְמַח פֻּרְקָנֵהּ וִיקָרֵב מְשִׁיחֵהּ (קהל: אָמֵן)
בְּחַיֵּיכוֹן וּבְיוֹמֵיכוֹן וּבְחַיֵּי דְכָל בֵּית יִשְׂרָאֵל
בַּעֲגָלָא וּבִזְמַן קָרִיב, וְאִמְרוּ אָמֵן. (קהל: אָמֵן)

קהל ואבל: יְהֵא שְׁמֵהּ רַבָּא מְבָרַךְ לְעָלַם וּלְעָלְמֵי עָלְמַיָּא.

אבל: יִתְבָּרַךְ וְיִשְׁתַּבַּח וְיִתְפָּאַר וְיִתְרוֹמַם וְיִתְנַשֵּׂא
וְיִתְהַדָּר וְיִתְעַלֶּה וְיִתְהַלָּל
שְׁמֵהּ דְּקֻדְשָׁא בְּרִיךְ הוּא (קהל: אָמֵן)
לְעֵלָּא לְעֵלָּא מִכָּל בִּרְכָתָא
וְשִׁירָתָא תֻּשְׁבְּחָתָא וְנֶחֱמָתָא
דַּאֲמִירָן בְּעָלְמָא, וְאִמְרוּ אָמֵן. (קהל: אָמֵן)

יְהֵא שְׁלָמָא רַבָּא מִן שְׁמַיָּא
וְחַיִּים טוֹבִים עָלֵינוּ וְעַל כָּל יִשְׂרָאֵל, וְאִמְרוּ אָמֵן. (קהל: אָמֵן)

כורע ופוסע שלוש פסיעות לאחור. קד לשמאל, לימין ולפנים באמירת:
עֹשֶׂה הַשָּׁלוֹם בִּמְרוֹמָיו
הוּא יַעֲשֶׂה שָׁלוֹם, עָלֵינוּ וְעַל כָּל יִשְׂרָאֵל, וְאִמְרוּ אָמֵן. (קהל: אָמֵן)

ערבית ליום הכיפורים

"מֵעֶרֶב עַד־עֶרֶב תִּשְׁבְּתוּ שַׁבַּתְּכֶם" (ויקרא כג, לב).

קריאת שמע וברכותיה

שליח הציבור כורע בתיבת 'בָּרְכוּ' וזוקף בשם. הקהל כורע בתיבת 'בָּרוּךְ' וזוקף בשם, ושליח הציבור כורע שוב כאשר הוא חוזר אחריהם.

ש"ץ: **בָּרְכוּ**

אֶת יהוה הַמְבֹרָךְ.

קהל: **בָּרוּךְ יהוה הַמְבֹרָךְ לְעוֹלָם וָעֶד.**

ש"ץ: **בָּרוּךְ יהוה הַמְבֹרָךְ לְעוֹלָם וָעֶד.**

'בְּחָכְמָה פּוֹתֵחַ שְׁעָרִים' – כמו שכתוב (ישעיה כו, ב):
"פִּתְחוּ שְׁעָרִים וְיָבֹא גוֹי־צַדִּיק" (אבודרהם).

בָּרוּךְ אַתָּה יהוה אֱלֹהֵינוּ מֶלֶךְ הָעוֹלָם
אֲשֶׁר בִּדְבָרוֹ מַעֲרִיב עֲרָבִים
בְּחָכְמָה פּוֹתֵחַ שְׁעָרִים
וּבִתְבוּנָה מְשַׁנֶּה עִתִּים וּמַחֲלִיף אֶת הַזְּמַנִּים
וּמְסַדֵּר אֶת הַכּוֹכָבִים בְּמִשְׁמְרוֹתֵיהֶם בָּרָקִיעַ כִּרְצוֹנוֹ.
בּוֹרֵא יוֹם וָלָיְלָה, גּוֹלֵל אוֹר מִפְּנֵי חֹשֶׁךְ וְחֹשֶׁךְ מִפְּנֵי אוֹר
◂ וּמַעֲבִיר יוֹם וּמֵבִיא לָיְלָה, וּמַבְדִּיל בֵּין יוֹם וּבֵין לָיְלָה
יהוה צְבָאוֹת שְׁמוֹ.
אֵל חַי וְקַיָּם תָּמִיד, יִמְלֹךְ עָלֵינוּ לְעוֹלָם וָעֶד.
בָּרוּךְ אַתָּה יהוה, הַמַּעֲרִיב עֲרָבִים.

אַהֲבַת עוֹלָם בֵּית יִשְׂרָאֵל עַמְּךָ אָהָבְתָּ
תּוֹרָה וּמִצְוֹת, חֻקִּים וּמִשְׁפָּטִים, אוֹתָנוּ לִמַּדְתָּ
עַל כֵּן יהוה אֱלֹהֵינוּ בְּשָׁכְבֵנוּ וּבְקוּמֵנוּ נָשִׂיחַ בְּחֻקֶּיךָ
וְנִשְׂמַח בְּדִבְרֵי תַלְמוּד תּוֹרָתֶךָ וּבְמִצְוֹתֶיךָ לְעוֹלָם וָעֶד
◂ כִּי הֵם חַיֵּינוּ וְאֹרֶךְ יָמֵינוּ, וּבָהֶם נֶהְגֶּה יוֹמָם וָלָיְלָה.
וְאַהֲבָתְךָ אַל תָּסִיר מִמֶּנּוּ לְעוֹלָמִים.
בָּרוּךְ אַתָּה יהוה, אוֹהֵב עַמּוֹ יִשְׂרָאֵל.

"יקרא קריאת שמע בכוונה – באימה, ביראה, ברתת וזיע" (שו"ע סא, א).

קריאת שמע צריכה כוונה מיוחדת בכל שלוש פרשיותיה. מי שאינו יכול לכוון בכולן חייב לכוון בפסוק הראשון, ואם לא התכוון צריך לחזור ולקרוא שוב.

בקריאת שמע שלוש פרשיות: 'שְׁמַע', שעניינה קבלת עול מלכות שמים; 'וְהָיָה אִם־שָׁמֹעַ', שעניינה קבלת עול מצוות; 'ציצית', שיש בה הזכרת יציאת מצרים ובחירת ה' בעם ישראל (משנה, ברכות יג ע"א).

המתפלל ביחידות אומר:

אֵל מֶלֶךְ נֶאֱמָן

מכסה את עיניו בידו ואומר בכוונה ובקול רם:

דברים ו שְׁמַע יִשְׂרָאֵל, יהוה אֱלֹהֵינוּ, יהוה ׀ אֶחָד:

בקול רם: בָּרוּךְ שֵׁם כְּבוֹד מַלְכוּתוֹ לְעוֹלָם וָעֶד.

דברים ו וְאָהַבְתָּ אֵת יהוה אֱלֹהֶיךָ, בְּכָל־לְבָבְךָ וּבְכָל־נַפְשְׁךָ וּבְכָל־
מְאֹדֶךָ: וְהָיוּ הַדְּבָרִים הָאֵלֶּה, אֲשֶׁר אָנֹכִי מְצַוְּךָ הַיּוֹם, עַל־לְבָבֶךָ:
וְשִׁנַּנְתָּם לְבָנֶיךָ וְדִבַּרְתָּ בָּם, בְּשִׁבְתְּךָ בְּבֵיתֶךָ וּבְלֶכְתְּךָ בַדֶּרֶךְ,
וּבְשָׁכְבְּךָ וּבְקוּמֶךָ: וּקְשַׁרְתָּם לְאוֹת עַל־יָדֶךָ וְהָיוּ לְטֹטָפֹת בֵּין
עֵינֶיךָ: וּכְתַבְתָּם עַל־מְזֻזוֹת בֵּיתֶךָ וּבִשְׁעָרֶיךָ:

דברים יא וְהָיָה אִם־שָׁמֹעַ תִּשְׁמְעוּ אֶל־מִצְוֹתַי אֲשֶׁר אָנֹכִי מְצַוֶּה אֶתְכֶם
הַיּוֹם, לְאַהֲבָה אֶת־יהוה אֱלֹהֵיכֶם וּלְעָבְדוֹ, בְּכָל־לְבַבְכֶם וּבְכָל־

נַפְשְׁכֶם: וְנָתַתִּי מְטַר־אַרְצְכֶם בְּעִתּוֹ, יוֹרֶה וּמַלְקוֹשׁ, וְאָסַפְתָּ
דְגָנֶךָ וְתִירֹשְׁךָ וְיִצְהָרֶךָ: וְנָתַתִּי עֵשֶׂב בְּשָׂדְךָ לִבְהֶמְתֶּךָ, וְאָכַלְתָּ
וְשָׂבָעְתָּ: הִשָּׁמְרוּ לָכֶם פֶּן־יִפְתֶּה לְבַבְכֶם, וְסַרְתֶּם וַעֲבַדְתֶּם
אֱלֹהִים אֲחֵרִים וְהִשְׁתַּחֲוִיתֶם לָהֶם: וְחָרָה אַף־יְהוָה בָּכֶם, וְעָצַר
אֶת־הַשָּׁמַיִם וְלֹא־יִהְיֶה מָטָר, וְהָאֲדָמָה לֹא תִתֵּן אֶת־יְבוּלָהּ,
וַאֲבַדְתֶּם מְהֵרָה מֵעַל הָאָרֶץ הַטֹּבָה אֲשֶׁר יְהוָה נֹתֵן לָכֶם:
וְשַׂמְתֶּם אֶת־דְּבָרַי אֵלֶּה עַל־לְבַבְכֶם וְעַל־נַפְשְׁכֶם, וּקְשַׁרְתֶּם
אֹתָם לְאוֹת עַל־יֶדְכֶם, וְהָיוּ לְטוֹטָפֹת בֵּין עֵינֵיכֶם: וְלִמַּדְתֶּם
אֹתָם אֶת־בְּנֵיכֶם לְדַבֵּר בָּם, בְּשִׁבְתְּךָ בְּבֵיתֶךָ, וּבְלֶכְתְּךָ בַדֶּרֶךְ
וּבְשָׁכְבְּךָ וּבְקוּמֶךָ: וּכְתַבְתָּם עַל־מְזוּזוֹת בֵּיתֶךָ וּבִשְׁעָרֶיךָ: לְמַעַן
יִרְבּוּ יְמֵיכֶם וִימֵי בְנֵיכֶם עַל הָאֲדָמָה אֲשֶׁר נִשְׁבַּע יְהוָה לַאֲבֹתֵיכֶם
לָתֵת לָהֶם, כִּימֵי הַשָּׁמַיִם עַל־הָאָרֶץ:

וַיֹּאמֶר יְהוָה אֶל־מֹשֶׁה לֵּאמֹר: דַּבֵּר אֶל־בְּנֵי יִשְׂרָאֵל וְאָמַרְתָּ במדבר טו
אֲלֵהֶם, וְעָשׂוּ לָהֶם צִיצִת עַל־כַּנְפֵי בִגְדֵיהֶם לְדֹרֹתָם, וְנָתְנוּ עַל־
צִיצִת הַכָּנָף פְּתִיל תְּכֵלֶת: וְהָיָה לָכֶם לְצִיצִת, וּרְאִיתֶם אֹתוֹ,
וּזְכַרְתֶּם אֶת־כָּל־מִצְוֹת יְהוָה וַעֲשִׂיתֶם אֹתָם, וְלֹא תָתֻרוּ אַחֲרֵי
לְבַבְכֶם וְאַחֲרֵי עֵינֵיכֶם, אֲשֶׁר־אַתֶּם זֹנִים אַחֲרֵיהֶם: לְמַעַן תִּזְכְּרוּ
וַעֲשִׂיתֶם אֶת־כָּל־מִצְוֹתָי, וִהְיִיתֶם קְדֹשִׁים לֵאלֹהֵיכֶם: אֲנִי יְהוָה
אֱלֹהֵיכֶם, אֲשֶׁר הוֹצֵאתִי אֶתְכֶם מֵאֶרֶץ מִצְרַיִם, לִהְיוֹת לָכֶם
לֵאלֹהִים, אֲנִי יְהוָה אֱלֹהֵיכֶם:

אֱמֶת

שליח הציבור חוזר ואומר:

◂ **יְהוָה אֱלֹהֵיכֶם אֱמֶת**

"כל שלא אמר אמת ויציב שחרית ואמת ואמונה ערבית – לא יצא ידי חובתו, שנאמר (תהלים צב, ג): 'לְהַגִּיד בַּבֹּקֶר חַסְדֶּךָ וֶאֱמוּנָתְךָ בַּלֵּילוֹת'" (ברכות יב ע"א).

"ברכת אמת ויציב כולה על חסד שעשה עם אבותינו היא, שהוציאם ממצרים ובקע להם הים והעבירם, וברכת אמת ואמונה מדבר בה אף על העתידות, שאנו מצפים שיקיים לנו הבטחתו ואמונתו לגאלנו מיד מלכים ומיד עריצים ולשום נפשנו בחיים, ולהדריכנו על במות אויבינו, כל אלה הנסים התדירים תמיד" (רש"י שם).

וֶאֱמוּנָה כָּל זֹאת וְקַיָּם עָלֵינוּ

כִּי הוּא יהוה אֱלֹהֵינוּ וְאֵין זוּלָתוֹ
וַאֲנַחְנוּ יִשְׂרָאֵל עַמּוֹ.
הַפּוֹדֵנוּ מִיַּד מְלָכִים
מַלְכֵּנוּ הַגּוֹאֲלֵנוּ מִכַּף כָּל הֶעָרִיצִים.
הָאֵל הַנִּפְרָע לָנוּ מִצָּרֵינוּ
הַמְשַׁלֵּם גְּמוּל לְכָל אוֹיְבֵי נַפְשֵׁנוּ.
הָעוֹשֶׂה גְדוֹלוֹת עַד אֵין חֵקֶר
נִסִּים וְנִפְלָאוֹת עַד אֵין מִסְפָּר.
הַשָּׂם נַפְשֵׁנוּ בַּחַיִּים, וְלֹא־נָתַן לַמּוֹט רַגְלֵנוּ: תהלים סו
הַמַּדְרִיכֵנוּ עַל בָּמוֹת אוֹיְבֵינוּ
וַיָּרֶם קַרְנֵנוּ עַל כָּל שׂוֹנְאֵינוּ.
הָעוֹשֶׂה לָּנוּ נִסִּים וּנְקָמָה בְּפַרְעֹה
אוֹתוֹת וּמוֹפְתִים בְּאַדְמַת בְּנֵי חָם.
הַמַּכֶּה בְעֶבְרָתוֹ כָּל בְּכוֹרֵי מִצְרָיִם
וַיּוֹצֵא אֶת עַמּוֹ יִשְׂרָאֵל מִתּוֹכָם לְחֵרוּת עוֹלָם.
▸ הַמַּעֲבִיר בָּנָיו בֵּין גִּזְרֵי יַם סוּף
אֶת רוֹדְפֵיהֶם וְאֶת שׂוֹנְאֵיהֶם בִּתְהוֹמוֹת טִבַּע
וְרָאוּ בָנָיו גְּבוּרָתוֹ
שִׁבְּחוּ וְהוֹדוּ לִשְׁמוֹ
וּמַלְכוּתוֹ בְּרָצוֹן קִבְּלוּ עֲלֵיהֶם.

מֹשֶׁה וּבְנֵי יִשְׂרָאֵל, לְךָ עָנוּ שִׁירָה בְּשִׂמְחָה רַבָּה
וְאָמְרוּ כֻלָּם

מִי־כָמֹכָה בָּאֵלִם יהוה שמות טו
מִי כָּמֹכָה נֶאְדָּר בַּקֹּדֶשׁ
נוֹרָא תְהִלֹּת עֹשֵׂה פֶלֶא:

◂ מַלְכוּתְךָ רָאוּ בָנֶיךָ, בּוֹקֵעַ יָם לִפְנֵי מֹשֶׁה
זֶה אֵלִי עָנוּ, וְאָמְרוּ
יהוה יִמְלֹךְ לְעֹלָם וָעֶד: שמות טו

◂ וְנֶאֱמַר
כִּי־פָדָה יהוה אֶת־יַעֲקֹב, וּגְאָלוֹ מִיַּד חָזָק מִמֶּנּוּ: ירמיה לא
בָּרוּךְ אַתָּה יהוה, גָּאַל יִשְׂרָאֵל.

בשבתות ובימים טובים אומרים ברכות קריאת שמע כביום חול בשינוי החתימה של ברכת ׳הַשְׁכִּיבֵנוּ׳ (סדר רב עמרם גאון), מפני שהשבת שומרת ומגנה, ואין צורך בשמירה נוספת מלבדה (טור, רסז):

הַשְׁכִּיבֵנוּ יהוה אֱלֹהֵינוּ לְשָׁלוֹם
וְהַעֲמִידֵנוּ מַלְכֵּנוּ לְחַיִּים טוֹבִים וּלְשָׁלוֹם
וּפְרֹשׂ עָלֵינוּ סֻכַּת שְׁלוֹמֶךָ
וְתַקְּנֵנוּ בְּעֵצָה טוֹבָה מִלְּפָנֶיךָ, וְהוֹשִׁיעֵנוּ מְהֵרָה לְמַעַן שְׁמֶךָ.
וְהָגֵן בַּעֲדֵנוּ
וְהָסֵר מֵעָלֵינוּ אוֹיֵב, דֶּבֶר וְחֶרֶב וְרָעָב וְיָגוֹן
וְהָסֵר שָׂטָן מִלְּפָנֵינוּ וּמֵאַחֲרֵינוּ, וּבְצֵל כְּנָפֶיךָ תַּסְתִּירֵנוּ
כִּי אֵל שׁוֹמְרֵנוּ וּמַצִּילֵנוּ אָתָּה, כִּי אֵל מֶלֶךְ חַנּוּן וְרַחוּם אָתָּה.
◂ וּשְׁמֹר צֵאתֵנוּ וּבוֹאֵנוּ לְחַיִּים וּלְשָׁלוֹם, מֵעַתָּה וְעַד עוֹלָם.
וּפְרֹשׂ עָלֵינוּ סֻכַּת רַחֲמִים וְחַיִּים וְשָׁלוֹם.
בָּרוּךְ אַתָּה יהוה
הַפּוֹרֵשׂ סֻכַּת שָׁלוֹם עָלֵינוּ וְעַל כָּל עַמּוֹ יִשְׂרָאֵל וְעַל יְרוּשָׁלָיִם.

נוהגים שהקהל עומד ואומר פסוקים אלה.

בשבת:

שמות לא
וְשָׁמְרוּ בְנֵי־יִשְׂרָאֵל אֶת־הַשַּׁבָּת
לַעֲשׂוֹת אֶת־הַשַּׁבָּת לְדֹרֹתָם בְּרִית עוֹלָם:
בֵּינִי וּבֵין בְּנֵי יִשְׂרָאֵל, אוֹת הִוא לְעֹלָם
כִּי־שֵׁשֶׁת יָמִים עָשָׂה יהוה אֶת־הַשָּׁמַיִם וְאֶת־הָאָרֶץ
וּבַיּוֹם הַשְּׁבִיעִי שָׁבַת וַיִּנָּפַשׁ:

הקהל ואחריו שליח הציבור:

ויקרא טז
כִּי־בַיּוֹם הַזֶּה יְכַפֵּר עֲלֵיכֶם לְטַהֵר אֶתְכֶם
מִכֹּל חַטֹּאתֵיכֶם לִפְנֵי יהוה תִּטְהָרוּ:

חצי קדיש

ש״ץ: יִתְגַּדַּל וְיִתְקַדַּשׁ שְׁמֵהּ רַבָּא (קהל: אָמֵן)
בְּעָלְמָא דִּי בְרָא כִרְעוּתֵהּ
וְיַמְלִיךְ מַלְכוּתֵהּ
וְיַצְמַח פֻּרְקָנֵהּ וִיקָרֵב מְשִׁיחֵהּ (קהל: אָמֵן)
בְּחַיֵּיכוֹן וּבְיוֹמֵיכוֹן וּבְחַיֵּי דְכָל בֵּית יִשְׂרָאֵל
בַּעֲגָלָא וּבִזְמַן קָרִיב
וְאִמְרוּ אָמֵן. (קהל: אָמֵן)

קהל וש״ץ: יְהֵא שְׁמֵהּ רַבָּא מְבָרַךְ לְעָלַם וּלְעָלְמֵי עָלְמַיָּא.

ש״ץ: יִתְבָּרַךְ וְיִשְׁתַּבַּח וְיִתְפָּאַר וְיִתְרוֹמַם וְיִתְנַשֵּׂא
וְיִתְהַדָּר וְיִתְעַלֶּה וְיִתְהַלָּל
שְׁמֵהּ דְּקֻדְשָׁא בְּרִיךְ הוּא (קהל: אָמֵן)
לְעֵלָּא לְעֵלָּא מִכָּל בִּרְכָתָא
וְשִׁירָתָא תֻּשְׁבְּחָתָא וְנֶחֱמָתָא
דַּאֲמִירָן בְּעָלְמָא
וְאִמְרוּ אָמֵן. (קהל: אָמֵן)

עמידה

״המתפלל צריך שיכוין בלבו פירוש המלות שמוציא בשפתיו; ויחשוב כאלו שכינה כנגדו ויסיר כל המחשבות הטורדות אותו עד שתשאר מחשבתו וכוונתו זכה בתפלתו״ (שו״ע צח, א).

פוסע שלוש פסיעות לפנים כמי שנכנס לפני המלך.
עומד ומתפלל בלחש מכאן ועד ׳וּכְשָׁנִים קַדְמֹנִיּוֹת׳ בעמ׳ 75.

כורע במקומות המסומנים ב׳, קד לפנים במילה הבאה וזוקף בשם.

אֲדֹנָי, שְׂפָתַי תִּפְתָּח, וּפִי יַגִּיד תְּהִלָּתֶךָ: תהלים נא

אבות

׳בָּרוּךְ אַתָּה יהוה, אֱלֹהֵינוּ וֵאלֹהֵי אֲבוֹתֵינוּ
אֱלֹהֵי אַבְרָהָם, אֱלֹהֵי יִצְחָק, וֵאלֹהֵי יַעֲקֹב
הָאֵל הַגָּדוֹל הַגִּבּוֹר וְהַנּוֹרָא, אֵל עֶלְיוֹן
גּוֹמֵל חֲסָדִים טוֹבִים, קוֹנֵה הַכֹּל
וְזוֹכֵר חַסְדֵי אָבוֹת
וּמֵבִיא גוֹאֵל לִבְנֵי בְנֵיהֶם, לְמַעַן שְׁמוֹ בְּאַהֲבָה.

זָכְרֵנוּ לְחַיִּים, מֶלֶךְ חָפֵץ בַּחַיִּים
וְכָתְבֵנוּ בְּסֵפֶר הַחַיִּים, לְמַעַנְךָ אֱלֹהִים חַיִּים.

מֶלֶךְ עוֹזֵר וּמוֹשִׁיעַ וּמָגֵן.
׳בָּרוּךְ אַתָּה יהוה, מָגֵן אַבְרָהָם.

אם שכח לומר ׳זָכְרֵנוּ לְחַיִּים׳, אינו חוזר.

גבורות

אַתָּה גִּבּוֹר לְעוֹלָם, אֲדֹנָי
מְחַיֵּה מֵתִים אַתָּה, רַב לְהוֹשִׁיעַ
מוֹרִיד הַטָּל
מְכַלְכֵּל חַיִּים בְּחֶסֶד, מְחַיֵּה מֵתִים בְּרַחֲמִים רַבִּים
סוֹמֵךְ נוֹפְלִים, וְרוֹפֵא חוֹלִים, וּמַתִּיר אֲסוּרִים
וּמְקַיֵּם אֱמוּנָתוֹ לִישֵׁנֵי עָפָר.

מִי כָמְוֹךָ, בַּעַל גְּבוּרוֹת, וּמִי דּוֹמֶה לָּךְ
מֶלֶךְ, מֵמִית וּמְחַיֶּה וּמַצְמִיחַ יְשׁוּעָה.

מִי כָמְוֹךָ אַב הָרַחֲמָן
זוֹכֵר יְצוּרָיו לְחַיִּים בְּרַחֲמִים.

וְנֶאֱמָן אַתָּה לְהַחֲיוֹת מֵתִים.
בָּרוּךְ אַתָּה יהוה, מְחַיֵּה הַמֵּתִים.

אם שכח לומר 'מִי כָמְוֹךָ אַב הָרַחֲמָן', אינו חוזר.

קדושת השם

אַתָּה קָדוֹשׁ וְשִׁמְךָ קָדוֹשׁ, וּקְדוֹשִׁים בְּכָל יוֹם יְהַלְלְוּךָ סֶּלָה.
כִּי אֵל מֶלֶךְ גָּדוֹל וְקָדוֹשׁ אָתָּה.

לְדוֹר וָדוֹר הַמְלִיכוּ לָאֵל
כִּי הוּא לְבַדּוֹ מָרוֹם וְקָדוֹשׁ.

תפילה ובקשה על מלכות שמים, מלכות בית דוד ובנין המקדש

וּבְכֵן יִתְקַדַּשׁ שִׁמְךָ יהוה אֱלֹהֵינוּ עַל יִשְׂרָאֵל עַמֶּךָ
וְעַל יְרוּשָׁלַיִם עִירֶךָ, וְעַל צִיּוֹן מִשְׁכַּן כְּבוֹדֶךָ
וְעַל מַלְכוּת בֵּית דָּוִד מְשִׁיחֶךָ,* וְעַל מְכוֹנְךָ וְהֵיכָלֶךָ.

וּבְכֵן תֵּן פַּחְדְּךָ יהוה אֱלֹהֵינוּ עַל כָּל מַעֲשֶׂיךָ
וְאֵימָתְךָ עַל כָּל מַה שֶּׁבָּרָאתָ
וְיִירָאְוּךָ כָּל הַמַּעֲשִׂים, וְיִשְׁתַּחֲווּ לְפָנֶיךָ כָּל הַבְּרוּאִים
וְיֵעָשׂוּ כֻלָּם אֲגֻדָּה אֶחָת לַעֲשׂוֹת רְצוֹנְךָ בְּלֵבָב שָׁלֵם
כְּמוֹ שֶׁיָּדַעְנוּ יהוה אֱלֹהֵינוּ שֶׁהַשָּׁלְטָן לְפָנֶיךָ
עֹז בְּיָדְךָ וּגְבוּרָה בִּימִינֶךָ
וְשִׁמְךָ נוֹרָא עַל כָּל מַה שֶּׁבָּרָאתָ.

---

* וְעַל בִּנְיַן מִקְדָּשְׁךָ וְהֵיכָלֶךָ

וּבְכֵן תֵּן כָּבוֹד יהוה לְעַמֶּךָ
תְּהִלָּה לִירֵאֶיךָ וְתִקְוָה טוֹבָה לְדוֹרְשֶׁיךָ
וּפִתְחוֹן פֶּה לַמְיַחֲלִים לָךְ
שִׂמְחָה לְאַרְצֶךָ, וְשָׂשׂוֹן לְעִירֶךָ
וּצְמִיחַת קֶרֶן לְדָוִד עַבְדֶּךָ
וַעֲרִיכַת נֵר לְבֶן יִשַׁי מְשִׁיחֶךָ בִּמְהֵרָה בְיָמֵינוּ.

וּבְכֵן צַדִּיקִים יִרְאוּ וְיִשְׂמָחוּ, וִישָׁרִים יַעֲלֹזוּ
וַחֲסִידִים בְּרִנָּה יָגִילוּ, וְעוֹלָתָה תִּקְפָּץ פִּיהָ
וְכָל הָרִשְׁעָה כֻּלָּהּ כְּעָשָׁן תִּכְלֶה
כִּי תַעֲבִיר מֶמְשֶׁלֶת זָדוֹן מִן הָאָרֶץ.

וְתִמְלֹךְ אַתָּה הוּא יהוה אֱלֹהֵינוּ
מְהֵרָה לְבַדֶּךָ עַל כָּל מַעֲשֶׂיךָ
בְּהַר צִיּוֹן מִשְׁכַּן כְּבוֹדֶךָ
וּבִירוּשָׁלַיִם עִיר קָדְשֶׁךָ
כַּכָּתוּב בְּדִבְרֵי קָדְשֶׁךָ
יִמְלֹךְ יהוה לְעוֹלָם, אֱלֹהַיִךְ צִיּוֹן לְדֹר וָדֹר, הַלְלוּיָהּ: תהלים קמו

קָדוֹשׁ אַתָּה וְנוֹרָא שְׁמֶךָ
וְאֵין אֱלוֹהַּ מִבַּלְעָדֶיךָ
כַּכָּתוּב, וַיִּגְבַּהּ יהוה צְבָאוֹת בַּמִּשְׁפָּט ישעיה ה
וְהָאֵל הַקָּדוֹשׁ נִקְדַּשׁ בִּצְדָקָה:
בָּרוּךְ אַתָּה יהוה, הַמֶּלֶךְ הַקָּדוֹשׁ.

אם שכח לומר את הפיסקאות המתחילות ׳לְדוֹר וָדוֹר׳, אינו חוזר,
אך אם חתם ׳הָאֵל הַקָּדוֹשׁ׳ כברוב ימות השנה, חוזר לראש.

קדושת היום

אַתָּה בְחַרְתָּנוּ מִכָּל הָעַמִּים
אָהַבְתָּ אוֹתָנוּ וְרָצִיתָ בָּנוּ, וְרוֹמַמְתָּנוּ מִכָּל הַלְּשׁוֹנוֹת
וְקִדַּשְׁתָּנוּ בְּמִצְוֹתֶיךָ, וְקֵרַבְתָּנוּ מַלְכֵּנוּ לַעֲבוֹדָתֶךָ
וְשִׁמְךָ הַגָּדוֹל וְהַקָּדוֹשׁ עָלֵינוּ קָרָאתָ.

בשבת מוסיפים את המילים שבסוגריים.

וַתִּתֶּן לָנוּ יהוה אֱלֹהֵינוּ בְּאַהֲבָה אֶת יוֹם
(הַשַּׁבָּת הַזֶּה לִקְדֻשָּׁה וְלִמְנוּחָה, וְאֶת יוֹם)
הַכִּפּוּרִים הַזֶּה, לִמְחִילָה וְלִסְלִיחָה וּלְכַפָּרָה
וְלִמְחָל בּוֹ אֶת כָּל עֲווֹנוֹתֵינוּ
(בְּאַהֲבָה) מִקְרָא קֹדֶשׁ, זֵכֶר לִיצִיאַת מִצְרָיִם.

אֱלֹהֵינוּ וֵאלֹהֵי אֲבוֹתֵינוּ
יַעֲלֶה וְיָבוֹא וְיַגִּיעַ, וְיֵרָאֶה וְיֵרָצֶה וְיִשָּׁמַע
וְיִפָּקֵד וְיִזָּכֵר זִכְרוֹנֵנוּ וּפִקְדוֹנֵנוּ
וְזִכְרוֹן אֲבוֹתֵינוּ
וְזִכְרוֹן מָשִׁיחַ בֶּן דָּוִד עַבְדֶּךָ
וְזִכְרוֹן יְרוּשָׁלַיִם עִיר קָדְשֶׁךָ
וְזִכְרוֹן כָּל עַמְּךָ בֵּית יִשְׂרָאֵל, לְפָנֶיךָ
לִפְלֵיטָה, לְטוֹבָה, לְחֵן וּלְחֶסֶד וּלְרַחֲמִים
לְחַיִּים וּלְשָׁלוֹם בְּיוֹם הַכִּפּוּרִים הַזֶּה.
זָכְרֵנוּ יהוה אֱלֹהֵינוּ בּוֹ לְטוֹבָה, וּפָקְדֵנוּ בוֹ לִבְרָכָה
וְהוֹשִׁיעֵנוּ בוֹ לְחַיִּים טוֹבִים.
וּבִדְבַר יְשׁוּעָה וְרַחֲמִים חוּס וְחָנֵּנוּ, וְרַחֵם עָלֵינוּ וְהוֹשִׁיעֵנוּ
כִּי אֵלֶיךָ עֵינֵינוּ, כִּי אֵל מֶלֶךְ חַנּוּן וְרַחוּם אָתָּה.

בשבת מוסיפים את המילים שבסוגריים.

אֱלֹהֵינוּ וֵאלֹהֵי אֲבוֹתֵינוּ
מְחַל לַעֲווֹנוֹתֵינוּ בְּיוֹם (הַשַּׁבָּת הַזֶּה וּבְיוֹם) הַכִּפּוּרִים הַזֶּה
מְחֵה וְהַעֲבֵר פְּשָׁעֵינוּ וְחַטֹּאתֵינוּ מִנֶּגֶד עֵינֶיךָ
כָּאָמוּר
אָנֹכִי אָנֹכִי הוּא מֹחֶה פְשָׁעֶיךָ לְמַעֲנִי ישעיה מג
וְחַטֹּאתֶיךָ לֹא אֶזְכֹּר:
וְנֶאֱמַר
מָחִיתִי כָעָב פְּשָׁעֶיךָ וְכֶעָנָן חַטֹּאותֶיךָ ישעיה מד
שׁוּבָה אֵלַי כִּי גְאַלְתִּיךָ:
וְנֶאֱמַר
כִּי־בַיּוֹם הַזֶּה יְכַפֵּר עֲלֵיכֶם לְטַהֵר אֶתְכֶם ויקרא טז
מִכֹּל חַטֹּאתֵיכֶם לִפְנֵי יהוה תִּטְהָרוּ:

(אֱלֹהֵינוּ וֵאלֹהֵי אֲבוֹתֵינוּ, רְצֵה נָא בִמְנוּחָתֵנוּ)
קַדְּשֵׁנוּ בְּמִצְוֹתֶיךָ וְתֵן חֶלְקֵנוּ בְּתוֹרָתֶךָ
שַׂבְּעֵנוּ מִטּוּבֶךָ, וְשַׂמַּח נַפְשֵׁנוּ בִּישׁוּעָתֶךָ
(וְהַנְחִילֵנוּ יהוה אֱלֹהֵינוּ בְּאַהֲבָה וּבְרָצוֹן שַׁבַּת קָדְשֶׁךָ
וְיָנוּחוּ בָהּ כָּל יִשְׂרָאֵל מְקַדְּשֵׁי שְׁמֶךָ)
וְטַהֵר לִבֵּנוּ לְעָבְדְּךָ בֶּאֱמֶת.
כִּי אַתָּה סָלְחָן לְיִשְׂרָאֵל וּמָחֳלָן לְשִׁבְטֵי יְשֻׁרוּן בְּכָל דּוֹר וָדוֹר
וּמִבַּלְעָדֶיךָ אֵין לָנוּ מֶלֶךְ מוֹחֵל וְסוֹלֵחַ אֶלָּא אָתָּה.
בָּרוּךְ אַתָּה יהוה
מֶלֶךְ מוֹחֵל וְסוֹלֵחַ לַעֲווֹנוֹתֵינוּ, וְלַעֲווֹנוֹת עַמּוֹ בֵּית יִשְׂרָאֵל
וּמַעֲבִיר אַשְׁמוֹתֵינוּ בְּכָל שָׁנָה וְשָׁנָה
מֶלֶךְ עַל כָּל הָאָרֶץ, מְקַדֵּשׁ (הַשַּׁבָּת וְ)יִשְׂרָאֵל וְיוֹם הַכִּפּוּרִים.

עבודה*

רְצֵה יהוה אֱלֹהֵינוּ בְּעַמְּךָ יִשְׂרָאֵל, וְלִתְפִלָּתָם שְׁעֵה
וְהָשֵׁב אֶת הָעֲבוֹדָה לִדְבִיר בֵּיתֶךָ
וְאִשֵּׁי יִשְׂרָאֵל וּתְפִלָּתָם, מְהֵרָה בְּאַהֲבָה תְקַבֵּל בְּרָצוֹן
וּתְהִי לְרָצוֹן תָּמִיד עֲבוֹדַת יִשְׂרָאֵל עַמֶּךָ.
וְתֶחֱזֶינָה עֵינֵינוּ בְּשׁוּבְךָ לְצִיּוֹן בְּרַחֲמִים.
בָּרוּךְ אַתָּה יהוה, הַמַּחֲזִיר שְׁכִינָתוֹ לְצִיּוֹן.

הודאה

כורע ב׳מודים׳ ואינו זוקף עד אמירת השם (סידור השל״ה).

מוֹדִים אֲנַחְנוּ לָךְ
שָׁאַתָּה הוּא יהוה אֱלֹהֵינוּ וֵאלֹהֵי אֲבוֹתֵינוּ לְעוֹלָם וָעֶד.
צוּר חַיֵּינוּ, מָגֵן יִשְׁעֵנוּ אַתָּה הוּא לְדוֹר וָדוֹר.
נוֹדֶה לְּךָ וּנְסַפֵּר תְּהִלָּתֶךָ עַל חַיֵּינוּ הַמְּסוּרִים בְּיָדֶךָ
וְעַל נִשְׁמוֹתֵינוּ הַפְּקוּדוֹת לָךְ, וְעַל נִסֶּיךָ שֶׁבְּכָל יוֹם עִמָּנוּ
וְעַל נִפְלְאוֹתֶיךָ וְטוֹבוֹתֶיךָ שֶׁבְּכָל עֵת, עֶרֶב וָבֹקֶר וְצָהֳרָיִם.
הַטּוֹב, כִּי לֹא כָלוּ רַחֲמֶיךָ, וְהַמְרַחֵם, כִּי לֹא תַמּוּ חֲסָדֶיךָ
כִּי מֵעוֹלָם קִוִּינוּ לָךְ.
וְעַל כֻּלָּם יִתְבָּרַךְ וְיִתְרוֹמַם וְיִתְנַשֵּׂא שִׁמְךָ מַלְכֵּנוּ
תָּמִיד לְעוֹלָם וָעֶד.
וּכְתֹב לְחַיִּים טוֹבִים כָּל בְּנֵי בְרִיתֶךָ.

---

* רְצֵה יהוה אֱלֹהֵינוּ בְּעַמְּךָ יִשְׂרָאֵל, וְלִתְפִלָּתָם שְׁעֵה, וְהָשֵׁב אֶת הָעֲבוֹדָה לִדְבִיר בֵּיתֶךָ, וְאִשֵּׁי יִשְׂרָאֵל וּתְפִלָּתָם, מְהֵרָה בְּאַהֲבָה תְקַבֵּל בְּרָצוֹן. בַּבַּיִת הַגָּדוֹל וְהַקָּדוֹשׁ שָׁם נַעֲבָדְךָ וְשָׁם נִדְרֹשׁ אֶת כָּל אֲשֶׁר צִוִּיתָנוּ, בְּרֵיחַ נִיחוֹחַ תִּרְצֶה אוֹתָנוּ, וּתְהִי לְרָצוֹן תָּמִיד עֲבוֹדַת יִשְׂרָאֵל עַמֶּךָ. וְתֶחֱזֶינָה עֵינֵינוּ בְּשׁוּבְךָ לְצִיּוֹן בְּרַחֲמִים. בָּרוּךְ אַתָּה יהוה, הַמַּחֲזִיר שְׁכִינָתוֹ לְצִיּוֹן. (לשיטת המבי״ט)

וְכֹל הַחַיִּים יוֹדְוּךָ סֶּלָה
וִיהַלְלוּ וִיבָרְכוּ אֶת שִׁמְךָ הַגָּדוֹל בֶּאֱמֶת לְעוֹלָם כִּי טוֹב
הָאֵל יְשׁוּעָתֵנוּ וְעֶזְרָתֵנוּ סֶלָה, הָאֵל הַטּוֹב.
׳בָּרוּךְ אַתָּה יהוה, הַטּוֹב שִׁמְךָ וּלְךָ נָאֶה לְהוֹדוֹת.

אם שכח לומר ׳וּכְתֹב לְחַיִּים טוֹבִים׳, אינו חוזר.

שלום

רבים נוהגים לומר ׳שָׁלוֹם רָב׳ (ליקוטי מהרי״ח),
ויש הנוהגים לומר גם בערבית ׳שִׂים שָׁלוֹם׳ (סידור בעל ה׳תניא׳, וכן מנהג הספרדים).

שָׁלוֹם רָב
עַל יִשְׂרָאֵל עַמְּךָ
תָּשִׂים לְעוֹלָם
כִּי אַתָּה הוּא
מֶלֶךְ אָדוֹן
לְכָל הַשָּׁלוֹם.

שִׂים שָׁלוֹם טוֹבָה וּבְרָכָה
חַיִּים חֵן וָחֶסֶד וְרַחֲמִים
עָלֵינוּ וְעַל כָּל יִשְׂרָאֵל עַמֶּךָ.
בָּרְכֵנוּ אָבִינוּ כֻּלָּנוּ כְּאֶחָד בְּאוֹר פָּנֶיךָ
כִּי בְאוֹר פָּנֶיךָ נָתַתָּ לָּנוּ יהוה אֱלֹהֵינוּ
תּוֹרַת חַיִּים וְאַהֲבַת חֶסֶד וּצְדָקָה וּבְרָכָה
וְרַחֲמִים וְחַיִּים וְשָׁלוֹם.

וְטוֹב יִהְיֶה בְּעֵינֶיךָ לְבָרְכֵנוּ וּלְבָרֵךְ אֶת כָּל עַמְּךָ יִשְׂרָאֵל
בְּכָל עֵת וּבְכָל שָׁעָה בִּשְׁלוֹמֶךָ.

בְּסֵפֶר חַיִּים, בְּרָכָה וְשָׁלוֹם, וּפַרְנָסָה טוֹבָה
וּגְזֵרוֹת טוֹבוֹת, יְשׁוּעוֹת וְנֶחָמוֹת
נִזָּכֵר וְנִכָּתֵב לְפָנֶיךָ אֲנַחְנוּ וְכָל עַמְּךָ בֵּית יִשְׂרָאֵל
לְחַיִּים טוֹבִים וּלְשָׁלוֹם.

בָּרוּךְ אַתָּה יהוה, הַמְבָרֵךְ אֶת עַמּוֹ יִשְׂרָאֵל בַּשָּׁלוֹם.

אם שכח לומר ׳בְּסֵפֶר חַיִּים׳, אינו חוזר.

יש מוסיפים:

יִהְיוּ לְרָצוֹן אִמְרֵי־פִי וְהֶגְיוֹן לִבִּי לְפָנֶיךָ, יהוה צוּרִי וְגֹאֲלִי: תהלים יט

סדר מצוות וידוי

יכוון לקיים מצוות עשה, של 'והתודו את חטאתם אשר עשו' (במדבר ה, ז). אלו דברי רבנו יונה גירונדי: "מצוות עשה מן התורה להעיר אדם את רוחו לחזור בתשובה ביום הכיפורים, שנאמר: 'מכל חטאתיכם לפני ה' תטהרו' (ויקרא טז, ל). על כן הזהירנו הכתוב, שנטהר לפני ה' בתשובתנו, והוא יכפר עלינו ביום זה לטהרנו" (שערי תשובה שער ב, יד). "והעובר על זה ולא התוודה על חטאיו ביום הכפורים, שהוא יום קבוע מעולם לסליחה ולכפרה, ביטל עשה זה... ונשא עוונו" (ספר החינוך שסג). הווידוי נאמר גם במעומד וגם בהשתחוויה (מאירי על פי הגאונים 'חיבור התשובה' ויומא דף פז).

אֱלֹהֵֽינוּ וֵאלֹהֵי אֲבוֹתֵֽינוּ
תָּבוֹא לְפָנֶֽיךָ תְּפִלָּתֵֽנוּ, וְאַל תִּתְעַלַּם מִתְּחִנָּתֵֽנוּ.
שֶׁאֵין אָֽנוּ עַזֵּי פָנִים וּקְשֵׁי עֹֽרֶף לוֹמַר לְפָנֶֽיךָ
יהוה אֱלֹהֵֽינוּ וֵאלֹהֵי אֲבוֹתֵֽינוּ
צַדִּיקִים אֲנַֽחְנוּ וְלֹא חָטָֽאנוּ.
אֲבָל אֲנַֽחְנוּ וַאֲבוֹתֵֽינוּ חָטָֽאנוּ.

כשמתוודה, מכה באגרופו על החזה כנגד הלב (מג"א תרז, ג, בשם מדרש קהלת).

אָשַֽׁמְנוּ, בָּגַֽדְנוּ, גָּזַֽלְנוּ, דִּבַּֽרְנוּ דֹּפִי
הֶעֱוִֽינוּ, וְהִרְשַֽׁעְנוּ, זַֽדְנוּ, חָמַֽסְנוּ, טָפַֽלְנוּ שֶֽׁקֶר
יָעַֽצְנוּ רָע, כִּזַּֽבְנוּ, לַֽצְנוּ, מָאַֽסְנוּ בְּבֵית הַמִּקְדָּשׁ, מָרַֽדְנוּ, נִאַֽצְנוּ, סָרַֽרְנוּ
עָוִֽינוּ, פָּשַֽׁעְנוּ, צָרַֽרְנוּ, קִשִּֽׁינוּ עֹֽרֶף
רָשַֽׁעְנוּ, שִׁחַֽתְנוּ, תִּעַֽבְנוּ, תָּעִֽינוּ, תִּעְתָּֽעְנוּ.

סַֽרְנוּ מִמִּצְוֹתֶֽיךָ וּמִמִּשְׁפָּטֶֽיךָ הַטּוֹבִים, וְלֹא שָֽׁוָה לָֽנוּ.
וְאַתָּה צַדִּיק עַל כָּל־הַבָּא עָלֵֽינוּ, כִּי־אֱמֶת עָשִֽׂיתָ, וַאֲנַֽחְנוּ הִרְשָֽׁעְנוּ: נחמיה ט

מַה נֹּאמַר לְפָנֶֽיךָ יוֹשֵׁב מָרוֹם, וּמַה נְּסַפֵּר לְפָנֶֽיךָ שׁוֹכֵן שְׁחָקִים
הֲלֹא כָּל הַנִּסְתָּרוֹת וְהַנִּגְלוֹת אַתָּה יוֹדֵֽעַ.

אַתָּה יוֹדֵֽעַ רָזֵי עוֹלָם וְתַעֲלוּמוֹת סִתְרֵי כָּל חָי.
אַתָּה חוֹפֵשׂ כָּל חַדְרֵי בָֽטֶן וּבוֹחֵן כְּלָיוֹת וָלֵב.
אֵין דָּבָר נֶעְלָם מִמֶּֽךָּ וְאֵין נִסְתָּר מִנֶּֽגֶד עֵינֶֽיךָ.

וּבְכֵן, יְהִי רָצוֹן מִלְּפָנֶיךָ, יהוה אֱלֹהֵינוּ וֵאלֹהֵי אֲבוֹתֵינוּ
שֶׁתְּכַפֵּר לָנוּ עַל כָּל חַטֹּאתֵינוּ
וְתִסְלַח לָנוּ עַל כָּל עֲוֹנוֹתֵינוּ
וְתִמְחַל לָנוּ עַל כָּל פְּשָׁעֵינוּ.

על כל חטא שמונה, מכה באגרופו על החזה כנגד הלב.

עַל חֵטְא שֶׁחָטָאנוּ לְפָנֶיךָ בְּאֹנֶס וּבְרָצוֹן
וְעַל חֵטְא שֶׁחָטָאנוּ לְפָנֶיךָ בְּאִמּוּץ הַלֵּב

עַל חֵטְא שֶׁחָטָאנוּ לְפָנֶיךָ בִּבְלִי דָעַת
וְעַל חֵטְא שֶׁחָטָאנוּ לְפָנֶיךָ בְּבִטּוּי שְׂפָתָיִם

עַל חֵטְא שֶׁחָטָאנוּ לְפָנֶיךָ בְּגִלּוּי עֲרָיוֹת
וְעַל חֵטְא שֶׁחָטָאנוּ לְפָנֶיךָ בְּגָלוּי וּבַסָּתֶר

עַל חֵטְא שֶׁחָטָאנוּ לְפָנֶיךָ בְּדַעַת וּבְמִרְמָה
וְעַל חֵטְא שֶׁחָטָאנוּ לְפָנֶיךָ בְּדִבּוּר פֶּה

עַל חֵטְא שֶׁחָטָאנוּ לְפָנֶיךָ בְּהוֹנָאַת רֵעַ
וְעַל חֵטְא שֶׁחָטָאנוּ לְפָנֶיךָ בְּהִרְהוּר הַלֵּב

עַל חֵטְא שֶׁחָטָאנוּ לְפָנֶיךָ בִּוְעִידַת זְנוּת
וְעַל חֵטְא שֶׁחָטָאנוּ לְפָנֶיךָ בְּוִדּוּי פֶּה

עַל חֵטְא שֶׁחָטָאנוּ לְפָנֶיךָ בְּזִלְזוּל הוֹרִים וּמוֹרִים
וְעַל חֵטְא שֶׁחָטָאנוּ לְפָנֶיךָ בְּזָדוֹן וּבִשְׁגָגָה

עַל חֵטְא שֶׁחָטָאנוּ לְפָנֶיךָ בְּחֹזֶק יָד
וְעַל חֵטְא שֶׁחָטָאנוּ לְפָנֶיךָ בְּחִלּוּל הַשֵּׁם

עַל חֵטְא שֶׁחָטָאנוּ לְפָנֶיךָ בְּטֻמְאַת שְׂפָתָיִם
וְעַל חֵטְא שֶׁחָטָאנוּ לְפָנֶיךָ בְּטִפְּשׁוּת פֶּה

עַל חֵטְא שֶׁחָטָאנוּ לְפָנֶיךָ בְּיֵצֶר הָרָע
וְעַל חֵטְא שֶׁחָטָאנוּ לְפָנֶיךָ בְּיוֹדְעִים וּבְלֹא יוֹדְעִים

וְעַל כֻּלָּם אֱלוֹהַּ סְלִיחוֹת סְלַח לָנוּ, מְחַל לָנוּ, כַּפֶּר לָנוּ.

עַל חֵטְא שֶׁחָטָאנוּ לְפָנֶיךָ בְּכַחַשׁ וּבְכָזָב
וְעַל חֵטְא שֶׁחָטָאנוּ לְפָנֶיךָ בְּכַפַּת שֹׁחַד

עַל חֵטְא שֶׁחָטָאנוּ לְפָנֶיךָ בְּלָצוֹן
וְעַל חֵטְא שֶׁחָטָאנוּ לְפָנֶיךָ בְּלָשׁוֹן הָרָע

עַל חֵטְא שֶׁחָטָאנוּ לְפָנֶיךָ בְּמַשָּׂא וּבְמַתָּן
וְעַל חֵטְא שֶׁחָטָאנוּ לְפָנֶיךָ בְּמַאֲכָל וּבְמִשְׁתֶּה

עַל חֵטְא שֶׁחָטָאנוּ לְפָנֶיךָ בְּנֶשֶׁךְ וּבְמַרְבִּית
וְעַל חֵטְא שֶׁחָטָאנוּ לְפָנֶיךָ בִּנְטִיַּת גָּרוֹן

עַל חֵטְא שֶׁחָטָאנוּ לְפָנֶיךָ בְּשִׂיחַ שִׂפְתוֹתֵינוּ
וְעַל חֵטְא שֶׁחָטָאנוּ לְפָנֶיךָ בְּשִׂקּוּר עָיִן

עַל חֵטְא שֶׁחָטָאנוּ לְפָנֶיךָ בְּעֵינַיִם רָמוֹת
וְעַל חֵטְא שֶׁחָטָאנוּ לְפָנֶיךָ בְּעַזּוּת מֵצַח

וְעַל כֻּלָּם אֱלוֹהַּ סְלִיחוֹת סְלַח לָנוּ, מְחַל לָנוּ, כַּפֶּר לָנוּ.

עַל חֵטְא שֶׁחָטָאנוּ לְפָנֶיךָ בִּפְרִיקַת עֹל
וְעַל חֵטְא שֶׁחָטָאנוּ לְפָנֶיךָ בִּפְלִילוּת

עַל חֵטְא שֶׁחָטָאנוּ לְפָנֶיךָ בִּצְדִיַּת רֵעַ
וְעַל חֵטְא שֶׁחָטָאנוּ לְפָנֶיךָ בְּצָרוּת עָיִן

עַל חֵטְא שֶׁחָטָאנוּ לְפָנֶיךָ בְּקַלּוּת רֹאשׁ
וְעַל חֵטְא שֶׁחָטָאנוּ לְפָנֶיךָ בְּקַשְׁיוּת עֹרֶף

עַל חֵטְא שֶׁחָטָאנוּ לְפָנֶיךָ בְּרִיצַת רַגְלַיִם לְהָרַע
וְעַל חֵטְא שֶׁחָטָאנוּ לְפָנֶיךָ בִּרְכִילוּת

עַל חֵטְא שֶׁחָטָאנוּ לְפָנֶיךָ בִּשְׁבוּעַת שָׁוְא
וְעַל חֵטְא שֶׁחָטָאנוּ לְפָנֶיךָ בְּשִׂנְאַת חִנָּם

עַל חֵטְא שֶׁחָטָאנוּ לְפָנֶיךָ בִּתְשׂוּמֶת יָד
וְעַל חֵטְא שֶׁחָטָאנוּ לְפָנֶיךָ בְּתִמְהוֹן לֵבָב

וְעַל כֻּלָּם אֱלוֹהַּ סְלִיחוֹת סְלַח לָנוּ, מְחַל לָנוּ, כַּפֶּר לָנוּ.

וְעַל חֲטָאִים שֶׁאָנוּ חַיָּבִים עֲלֵיהֶם עוֹלָה
וְעַל חֲטָאִים שֶׁאָנוּ חַיָּבִים עֲלֵיהֶם חַטָּאת
וְעַל חֲטָאִים שֶׁאָנוּ חַיָּבִים עֲלֵיהֶם קָרְבָּן עוֹלֶה וְיוֹרֵד
וְעַל חֲטָאִים שֶׁאָנוּ חַיָּבִים עֲלֵיהֶם אָשָׁם וַדַּאי וְתָלוּי
וְעַל חֲטָאִים שֶׁאָנוּ חַיָּבִים עֲלֵיהֶם מַכַּת מַרְדּוּת
וְעַל חֲטָאִים שֶׁאָנוּ חַיָּבִים עֲלֵיהֶם מַלְקוּת אַרְבָּעִים
וְעַל חֲטָאִים שֶׁאָנוּ חַיָּבִים עֲלֵיהֶם מִיתָה בִּידֵי שָׁמָיִם
וְעַל חֲטָאִים שֶׁאָנוּ חַיָּבִים עֲלֵיהֶם כָּרֵת וַעֲרִירִי
וְעַל חֲטָאִים שֶׁאָנוּ חַיָּבִים עֲלֵיהֶם אַרְבַּע מִיתוֹת בֵּית דִּין
סְקִילָה, שְׂרֵפָה, הֶרֶג, וְחֶנֶק.

עַל מִצְוַת עֲשֵׂה
וְעַל מִצְוַת לֹא תַעֲשֶׂה.
בֵּין שֶׁיֵּשׁ בָּהּ קוּם עֲשֵׂה
וּבֵין שֶׁאֵין בָּהּ קוּם עֲשֵׂה.

אֶת הַגְּלוּיִים לָנוּ וְאֶת שֶׁאֵינָם גְּלוּיִים לָנוּ
אֶת הַגְּלוּיִים לָנוּ, כְּבָר אֲמַרְנוּם לְפָנֶיךָ, וְהוֹדִינוּ לְךָ עֲלֵיהֶם
וְאֶת שֶׁאֵינָם גְּלוּיִים לָנוּ, לְפָנֶיךָ הֵם גְּלוּיִים וִידוּעִים
כַּדָּבָר שֶׁנֶּאֱמַר
הַנִּסְתָּרֹת לַיהוה אֱלֹהֵינוּ, וְהַנִּגְלֹת לָנוּ וּלְבָנֵינוּ עַד־עוֹלָם דברים כט
לַעֲשׂוֹת אֶת־כָּל־דִּבְרֵי הַתּוֹרָה הַזֹּאת:
כִּי אַתָּה סָלְחָן לְיִשְׂרָאֵל וּמָחֳלָן לְשִׁבְטֵי יְשֻׁרוּן בְּכָל דּוֹר וָדוֹר
וּמִבַּלְעָדֶיךָ אֵין לָנוּ מֶלֶךְ מוֹחֵל וְסוֹלֵחַ אֶלָּא אָתָּה.

אֱלֹהַי
עַד שֶׁלֹּא נוֹצַרְתִּי אֵינִי כְדַאי
וְעַכְשָׁיו שֶׁנּוֹצַרְתִּי, כְּאִלּוּ לֹא נוֹצַרְתִּי
עָפָר אֲנִי בְּחַיַּי, קַל וָחֹמֶר בְּמִיתָתִי.
הֲרֵי אֲנִי לְפָנֶיךָ כִּכְלִי מָלֵא בוּשָׁה וּכְלִמָּה.
יְהִי רָצוֹן מִלְּפָנֶיךָ, יהוה אֱלֹהַי וֵאלֹהֵי אֲבוֹתַי
שֶׁלֹּא אֶחֱטָא עוֹד.
וּמַה שֶּׁחָטָאתִי לְפָנֶיךָ, מְחֹק בְּרַחֲמֶיךָ הָרַבִּים
אֲבָל לֹא עַל יְדֵי יִסּוּרִים וָחֳלָיִים רָעִים.

אֱלֹהַי ברכות יז.
נְצֹר לְשׁוֹנִי מֵרָע וּשְׂפָתַי מִדַּבֵּר מִרְמָה
וְלִמְקַלְלַי נַפְשִׁי תִדֹּם, וְנַפְשִׁי כֶּעָפָר לַכֹּל תִּהְיֶה.
פְּתַח לִבִּי בְּתוֹרָתֶךָ
וְאַחֲרֵי מִצְוֹתֶיךָ תִּרְדֹּף נַפְשִׁי.
וְכָל הַקָּמִים וְהַחוֹשְׁבִים עָלַי רָעָה
מְהֵרָה הָפֵר עֲצָתָם וְקַלְקֵל מַחֲשַׁבְתָּם.

יש המוסיפים תחינה זו (קיצור של״ה, ׳אור הישר׳):

יְהִי רָצוֹן מִלְּפָנֶיךָ, יהוה אֱלֹהַי וֵאלֹהֵי אֲבוֹתַי
שֶׁלֹּא תַעֲלֶה קִנְאַת אָדָם עָלַי
וְלֹא קִנְאָתִי עַל אֲחֵרִים
וְשֶׁלֹּא אֶכְעֹס הַיּוֹם
וְשֶׁלֹּא אַכְעִיסֶךָ
וְתַצִּילֵנִי מִיֵּצֶר הָרָע
וְתֵן בְּלִבִּי הַכְנָעָה וַעֲנָוָה.
מַלְכֵּנוּ וֵאלֹהֵינוּ, יַחֵד שִׁמְךָ בְּעוֹלָמֶךָ
בְּנֵה עִירָךְ, יַסֵּד בֵּיתְךָ וְשַׁכְלֵל הֵיכָלֶךָ
וְקַבֵּץ קִבּוּץ גָּלֻיּוֹת, וּפְדֵה צֹאנֶךָ וְשַׂמַּח עֲדָתֶךָ.

עֲשֵׂה לְמַעַן שְׁמֶךָ, עֲשֵׂה לְמַעַן יְמִינֶךָ
עֲשֵׂה לְמַעַן תּוֹרָתֶךָ, עֲשֵׂה לְמַעַן קְדֻשָּׁתֶךָ.
לְמַעַן יֵחָלְצוּן יְדִידֶיךָ, הוֹשִׁיעָה יְמִינְךָ וַעֲנֵנִי: תהלים ס
יִהְיוּ לְרָצוֹן אִמְרֵי פִי וְהֶגְיוֹן לִבִּי לְפָנֶיךָ, יהוה צוּרִי וְגֹאֲלִי: תהלים יט

כורע ופוסע שלוש פסיעות לאחור. קד לשמאל, לימין ולפנים באמירת:

עֹשֶׂה הַשָּׁלוֹם בִּמְרוֹמָיו
הוּא יַעֲשֶׂה שָׁלוֹם, עָלֵינוּ וְעַל כָּל יִשְׂרָאֵל, וְאִמְרוּ אָמֵן.

יְהִי רָצוֹן מִלְּפָנֶיךָ יהוה אֱלֹהֵינוּ וֵאלֹהֵי אֲבוֹתֵינוּ
שֶׁיִּבָּנֶה בֵּית הַמִּקְדָּשׁ בִּמְהֵרָה בְיָמֵינוּ, וְתֵן חֶלְקֵנוּ בְּתוֹרָתֶךָ
וְשָׁם נַעֲבָדְךָ בְּיִרְאָה כִּימֵי עוֹלָם וּכְשָׁנִים קַדְמוֹנִיּוֹת.
וְעָרְבָה לַיהוה מִנְחַת יְהוּדָה וִירוּשָׁלָיִם כִּימֵי עוֹלָם וּכְשָׁנִים קַדְמֹנִיּוֹת: מלאכי ג

אם יום הכיפורים חל בשבת אומרים ׳וַיְכֻלּוּ׳ וברכה מעין שבע (למטה).
כשחל בחול, ממשיכים ׳יַעֲלֶה תַּחֲנוּנֵנוּ׳ בעמוד הבא.

הקהל עומד ואומר:

בראשית ב וַיְכֻלּוּ הַשָּׁמַיִם וְהָאָרֶץ וְכָל־צְבָאָם:
וַיְכַל אֱלֹהִים בַּיּוֹם הַשְּׁבִיעִי מְלַאכְתּוֹ אֲשֶׁר עָשָׂה
וַיִּשְׁבֹּת בַּיּוֹם הַשְּׁבִיעִי מִכָּל־מְלַאכְתּוֹ אֲשֶׁר עָשָׂה:
וַיְבָרֶךְ אֱלֹהִים אֶת־יוֹם הַשְּׁבִיעִי, וַיְקַדֵּשׁ אֹתוֹ
כִּי בוֹ שָׁבַת מִכָּל־מְלַאכְתּוֹ, אֲשֶׁר־בָּרָא אֱלֹהִים, לַעֲשׂוֹת:

ברכה מעין שבע

שליח הציבור:

בָּרוּךְ אַתָּה יהוה, אֱלֹהֵינוּ וֵאלֹהֵי אֲבוֹתֵינוּ
אֱלֹהֵי אַבְרָהָם, אֱלֹהֵי יִצְחָק, וֵאלֹהֵי יַעֲקֹב
הָאֵל הַגָּדוֹל הַגִּבּוֹר וְהַנּוֹרָא, אֵל עֶלְיוֹן, קֹנֵה שָׁמַיִם וָאָרֶץ.

הקהל ואחריו שליח הציבור:

מָגֵן אָבוֹת בִּדְבָרוֹ
מְחַיֵּה מֵתִים בְּמַאֲמָרוֹ
הַמֶּלֶךְ הַקָּדוֹשׁ שֶׁאֵין כָּמְוֹהוּ
הַמֵּנִיחַ לְעַמּוֹ בְּיוֹם שַׁבַּת קָדְשׁוֹ
כִּי בָם רָצָה לְהָנִיחַ לָהֶם
לְפָנָיו נַעֲבֹד בְּיִרְאָה וָפַחַד
וְנוֹדֶה לִשְׁמוֹ בְּכָל יוֹם תָּמִיד, מֵעֵין הַבְּרָכוֹת
אֵל הַהוֹדָאוֹת, אֲדוֹן הַשָּׁלוֹם
מְקַדֵּשׁ הַשַּׁבָּת וּמְבָרֵךְ שְׁבִיעִי
וּמֵנִיחַ בִּקְדֻשָּׁה לְעַם מְדֻשְּׁנֵי עֹנֶג
זֵכֶר לְמַעֲשֵׂה בְרֵאשִׁית.

שליח הציבור ממשיך:

אֱלֹהֵינוּ וֵאלֹהֵי אֲבוֹתֵינוּ, רְצֵה נָא בִמְנוּחָתֵנוּ.
קַדְּשֵׁנוּ בְּמִצְוֹתֶיךָ וְתֵן חֶלְקֵנוּ בְּתוֹרָתֶךָ
שַׂבְּעֵנוּ מִטּוּבֶךָ וְשַׂמַּח נַפְשֵׁנוּ בִּישׁוּעָתֶךָ, וְטַהֵר לִבֵּנוּ לְעָבְדְּךָ בֶּאֱמֶת.
וְהַנְחִילֵנוּ יהוה אֱלֹהֵינוּ בְּאַהֲבָה וּבְרָצוֹן שַׁבַּת קָדְשֶׁךָ
וְיָנוּחוּ בָהּ כָּל יִשְׂרָאֵל מְקַדְּשֵׁי שְׁמֶךָ.
בָּרוּךְ אַתָּה יהוה, מְקַדֵּשׁ הַשַּׁבָּת.

סליחות

"לְדָוִד, בָּרְכִי נַפְשִׁי אֶת־ה', וְכָל־קְרָבַי אֶת־שֵׁם קָדְשׁוֹ.
בָּרְכִי נַפְשִׁי אֶת־ה', וְאַל־תִּשְׁכְּחִי כָּל־גְּמוּלָיו.
הַסֹּלֵחַ לְכָל־עֲוֹנֵכִי, הָרֹפֵא לְכָל־תַּחֲלוּאָיְכִי" (תהלים קג, א-ג).

פותחים את ארון הקודש.

'יַעֲלֶה תַּחֲנוּנֵנוּ' הוא פיוט פתיחה לסליחות, המרמז ל'יַעֲלֶה וְיָבוֹא' שבתפילת העמידה. בקהילות שונות נאמרו נוסחים שונים לפיוט. הנוסח שלפנינו הוא שנתקבל ברוב הקהילות היום.

הקהל אומר שורה שורה, ושליח הציבור חוזר אחריו בקול.

סימן תשר"ק

יַעֲלֶה תַּחֲנוּנֵנוּ מֵעֶרֶב / וְיָבוֹא שַׁוְעָתֵנוּ מִבֹּקֶר / וְיֵרָאֶה רִנּוּנֵנוּ עַד עָרֶב.
יַעֲלֶה קוֹלֵנוּ מֵעֶרֶב / וְיָבֹא צִדְקָתֵנוּ מִבֹּקֶר / וְיֵרָאֶה פִּדְיוֹנֵנוּ עַד עָרֶב.
יַעֲלֶה עִנּוּיֵנוּ מֵעֶרֶב / וְיָבֹא סְלִיחָתֵנוּ מִבֹּקֶר / וְיֵרָאֶה נַאֲקָתֵנוּ עַד עָרֶב.
יַעֲלֶה מְנוּסֵנוּ מֵעֶרֶב / וְיָבֹא לְמַעֲנוֹ מִבֹּקֶר / וְיֵרָאֶה כִּפּוּרֵנוּ עַד עָרֶב.
יַעֲלֶה יִשְׁעֵנוּ מֵעֶרֶב / וְיָבֹא טָהֳרֵנוּ מִבֹּקֶר / וְיֵרָאֶה חִנּוּנֵנוּ עַד עָרֶב.
יַעֲלֶה זִכְרוֹנֵנוּ מֵעֶרֶב / וְיָבֹא וְעוּדֵנוּ מִבֹּקֶר / וְיֵרָאֶה הֲדָרָתֵנוּ עַד עָרֶב.
יַעֲלֶה דָּפְקֵנוּ מֵעֶרֶב / וְיָבֹא גִּילֵנוּ מִבֹּקֶר / וְיֵרָאֶה בַּקָּשָׁתֵנוּ עַד עָרֶב.
יַעֲלֶה אֶנְקָתֵנוּ מֵעֶרֶב / וְיָבֹא אֵלֶיךָ מִבֹּקֶר / וְיֵרָאֶה אֵלֵינוּ עַד עָרֶב.

סוגרים את ארון הקודש.

אומרים בלחש פתיחה בפסוקי השתחוויה.

תהלים סה שֹׁמֵעַ תְּפִלָּה, עָדֶיךָ כָּל־בָּשָׂר יָבֹאוּ:
יָבוֹא כָל בָּשָׂר לְהִשְׁתַּחֲוֹת לְפָנֶיךָ יהוה.
תהלים פו יָבוֹאוּ וְיִשְׁתַּחֲווּ לְפָנֶיךָ אֲדֹנָי, וִיכַבְּדוּ לִשְׁמֶךָ:
תהלים צה בֹּאוּ נִשְׁתַּחֲוֶה וְנִכְרָעָה, נִבְרְכָה לִפְנֵי־יהוה עֹשֵׂנוּ:
תהלים ק בֹּאוּ שְׁעָרָיו בְּתוֹדָה, חֲצֵרֹתָיו בִּתְהִלָּה הוֹדוּ לוֹ בָּרְכוּ שְׁמוֹ:
תהלים קלד הִנֵּה בָּרְכוּ אֶת־יהוה כָּל־עַבְדֵי יהוה, הָעֹמְדִים בְּבֵית־יהוה בַּלֵּילוֹת:
שְׂאוּ־יְדֵכֶם קֹדֶשׁ, וּבָרְכוּ אֶת־יהוה:
תהלים קלב נָבוֹאָה לְמִשְׁכְּנוֹתָיו, נִשְׁתַּחֲוֶה לַהֲדֹם רַגְלָיו:
תהלים צט רוֹמְמוּ יהוה אֱלֹהֵינוּ וְהִשְׁתַּחֲווּ לַהֲדֹם רַגְלָיו, קָדוֹשׁ הוּא:
שם רוֹמְמוּ יהוה אֱלֹהֵינוּ וְהִשְׁתַּחֲווּ לְהַר קָדְשׁוֹ, כִּי־קָדוֹשׁ יהוה אֱלֹהֵינוּ:
תהלים צו הִשְׁתַּחֲווּ לַיהוה בְּהַדְרַת־קֹדֶשׁ, חִילוּ מִפָּנָיו כָּל־הָאָרֶץ:
וַאֲנַחְנוּ בְּרֹב חַסְדְּךָ נָבוֹא בֵיתֶךָ
נִשְׁתַּחֲוֶה אֶל הֵיכַל קָדְשְׁךָ בְּיִרְאָתֶךָ.
נִשְׁתַּחֲוֶה אֶל הֵיכַל קָדְשְׁךָ, וְנוֹדֶה אֶת שְׁמֶךָ עַל חַסְדְּךָ וְעַל אֲמִתֶּךָ
כִּי הִגְדַּלְתָּ עַל כָּל שִׁמְךָ אִמְרָתֶךָ.
תהלים פט יהוה אֱלֹהֵי צְבָאוֹת מִי־כָמוֹךָ חֲסִין יָהּ, וֶאֱמוּנָתְךָ סְבִיבוֹתֶיךָ:
שם כִּי מִי בַשַּׁחַק יַעֲרֹךְ לַיהוה, יִדְמֶה לַיהוה בִּבְנֵי אֵלִים:
תהלים פו כִּי־גָדוֹל אַתָּה וְעֹשֵׂה נִפְלָאוֹת, אַתָּה אֱלֹהִים לְבַדֶּךָ:
תהלים קח כִּי־גָדוֹל מֵעַל־שָׁמַיִם חַסְדֶּךָ, וְעַד־שְׁחָקִים אֲמִתֶּךָ:
תהלים קמה גָּדוֹל יהוה וּמְהֻלָּל מְאֹד, וְלִגְדֻלָּתוֹ אֵין חֵקֶר:
דברי הימים א׳ טז כִּי גָדוֹל יהוה וּמְהֻלָּל מְאֹד, וְנוֹרָא הוּא עַל־כָּל־אֱלֹהִים:
תהלים צה כִּי אֵל גָּדוֹל יהוה, וּמֶלֶךְ גָּדוֹל עַל־כָּל־אֱלֹהִים:
דברים ג אֲשֶׁר מִי־אֵל בַּשָּׁמַיִם וּבָאָרֶץ אֲשֶׁר־יַעֲשֶׂה כְמַעֲשֶׂיךָ וְכִגְבוּרוֹתֶךָ:
ירמיה י מִי לֹא יִרָאֲךָ מֶלֶךְ הַגּוֹיִם, כִּי לְךָ יָאָתָה
כִּי בְכָל־חַכְמֵי הַגּוֹיִם וּבְכָל־מַלְכוּתָם מֵאֵין כָּמוֹךָ:
מֵאֵין כָּמוֹךָ יהוה, גָּדוֹל אַתָּה וְגָדוֹל שִׁמְךָ בִּגְבוּרָה:
תהלים פט לְךָ זְרוֹעַ עִם־גְּבוּרָה, תָּעֹז יָדְךָ תָּרוּם יְמִינֶךָ:

לְךָ יוֹם אַף־לְךָ לָיְלָה, אַתָּה הֲכִינוֹתָ מָאוֹר וָשָׁמֶשׁ: תהלים עד
אֲשֶׁר בְּיָדוֹ מֶחְקְרֵי־אָרֶץ, וְתוֹעֲפוֹת הָרִים לוֹ: תהלים צה
מִי יְמַלֵּל גְּבוּרוֹת יהוה, יַשְׁמִיעַ כָּל־תְּהִלָּתוֹ: תהלים קו
לְךָ יהוה הַגְּדֻלָּה וְהַגְּבוּרָה וְהַתִּפְאֶרֶת וְהַנֵּצַח וְהַהוֹד דברי הימים א׳ כט
כִּי־כֹל בַּשָּׁמַיִם וּבָאָרֶץ, לְךָ יהוה הַמַּמְלָכָה וְהַמִּתְנַשֵּׂא לְכֹל לְרֹאשׁ:
לְךָ שָׁמַיִם אַף־לְךָ אָרֶץ, תֵּבֵל וּמְלֹאָהּ אַתָּה יְסַדְתָּם: תהלים פט
אַתָּה הִצַּבְתָּ כָּל־גְּבוּלוֹת אָרֶץ, קַיִץ וָחֹרֶף אַתָּה יְצַרְתָּם: תהלים עד
אַתָּה רִצַּצְתָּ רָאשֵׁי לִוְיָתָן, תִּתְּנֶנּוּ מַאֲכָל לְעָם לְצִיִּים:
אַתָּה בָקַעְתָּ מַעְיָן וָנָחַל, אַתָּה הוֹבַשְׁתָּ נַהֲרוֹת אֵיתָן:
אַתָּה פוֹרַרְתָּ בְעָזְּךָ יָם, שִׁבַּרְתָּ רָאשֵׁי תַנִּינִים עַל־הַמָּיִם:
אַתָּה מוֹשֵׁל בְּגֵאוּת הַיָּם, בְּשׂוֹא גַלָּיו אַתָּה תְשַׁבְּחֵם: תהלים פט
גָּדוֹל יהוה וּמְהֻלָּל מְאֹד, בְּעִיר אֱלֹהֵינוּ הַר־קָדְשׁוֹ: תהלים מח
יהוה צְבָאוֹת אֱלֹהֵי יִשְׂרָאֵל יֹשֵׁב הַכְּרֻבִים ישעיה לז
אַתָּה־הוּא הָאֱלֹהִים לְבַדֶּךָ:
אֵל נַעֲרָץ בְּסוֹד־קְדֹשִׁים רַבָּה, וְנוֹרָא עַל־כָּל־סְבִיבָיו: תהלים פט
וְיוֹדוּ שָׁמַיִם פִּלְאֲךָ יהוה, אַף־אֱמוּנָתְךָ בִּקְהַל קְדֹשִׁים:
לְכוּ נְרַנְּנָה לַיהוה, נָרִיעָה לְצוּר יִשְׁעֵנוּ: תהלים צה
נְקַדְּמָה פָנָיו בְּתוֹדָה, בִּזְמִרוֹת נָרִיעַ לוֹ:
◂ צֶדֶק וּמִשְׁפָּט מְכוֹן כִּסְאֶךָ, חֶסֶד וֶאֱמֶת יְקַדְּמוּ פָנֶיךָ: תהלים פט
אֲשֶׁר יַחְדָּו נַמְתִּיק סוֹד, בְּבֵית אֱלֹהִים נְהַלֵּךְ בְּרָגֶשׁ: תהלים נה
אֲשֶׁר־לוֹ הַיָּם וְהוּא עָשָׂהוּ, וְיַבֶּשֶׁת יָדָיו יָצָרוּ: תהלים צה
אֲשֶׁר בְּיָדוֹ נֶפֶשׁ כָּל־חָי, וְרוּחַ כָּל־בְּשַׂר־אִישׁ: איוב יב

שליח הציבור:

הַנְּשָׁמָה לָךְ / וְהַגּוּף פָּעֳלָךְ / חוּסָה עַל עֲמָלָךְ.
הַנְּשָׁמָה לָךְ / וְהַגּוּף שֶׁלָּךְ / יהוה עֲשֵׂה לְמַעַן שְׁמֶךָ.
אָתָאנוּ עַל שִׁמְךָ יהוה / עֲשֵׂה לְמַעַן שְׁמֶךָ.
בַּעֲבוּר כְּבוֹד שִׁמְךָ / כִּי אֵל חַנּוּן וְרַחוּם שְׁמֶךָ.
לְמַעַן שִׁמְךָ יהוה / וְסָלַחְתָּ לַעֲוֹנֵנוּ כִּי רַב הוּא.

בעבר נהגו לפתוח את הסליחות לליל יום הכיפורים כמו שפתחו את הסליחות לעשרת ימי תשובה: פיסקת הפתיחה הרגילה לכל השנה: 'אֵל אֶרֶךְ אַפַּיִם אַתָּה', י״ג מידות, 'סְלַח־נָא לַעֲוֹן הָעָם הַזֶּה' ופיוט פתיחה.

היום נוהגים לומר רק את שתי שורות הפזמון ואת הבית 'תַּעֲלֶה אֲרוּכָה' מתוך פיוט הפתיחה 'אָמְנָם אֲשָׁמֵינוּ', שנהגו לומר בקהילות מזרח אירופה.

שליח הציבור והקהל אומרים שורה שורה:

דַּרְכְּךָ אֱלֹהֵינוּ לְהַאֲרִיךְ אַפֶּךָ, לָרָעִים וְלַטּוֹבִים, וְהִיא תְהִלָּתֶךָ.

לְמַעַנְךָ אֱלֹהֵינוּ עֲשֵׂה, וְלֹא לָנוּ, רְאֵה עֲמִידָתֵנוּ דַּלִּים וְרֵיקִים.

תַּעֲלֶה אֲרוּכָה לְעָלֶה נִדָּף, תְּנַחֵם עַל עָפָר וָאֵפֶר
תַּשְׁלִיךְ חֲטָאֵינוּ, וְתָחֹן מַעֲשֶׂיךָ
תֵּרֶא כִּי אֵין אִישׁ, עֲשֵׂה עִמָּנוּ צְדָקָה.

"כיוון שרואה שנתחייב העולם כליה
עומד מכסא הדין ויושב על כסא רחמים" (עבודה זרה ג ע״ב).

התפילה 'אֵל מֶלֶךְ יוֹשֵׁב עַל כִּסֵּא רַחֲמִים' כפתיחה לי״ג מידות הנאמרות בימי הסליחות, נזכרת כבר בסידורי הגאונים. במחזורי ראשוני אשכנז נקבע שלפני הפעם הראשונה שאומרים י״ג מידות, במקום 'אֵל מֶלֶךְ יוֹשֵׁב' אומרים 'אֵל אֶרֶךְ אַפַּיִם אַתָּה' מתפילת תחנון שבכל יום. משפסקו לומר את הפיוט 'אָמְנָם אֲשָׁמֵינוּ' בערבית, וסליחות בתפילות שחרית, מוסף ומנחה, נקבע המנהג שביום הכיפורים אומרים רק 'אֵל מֶלֶךְ'.

שליח הציבור והקהל:

אֵל מֶלֶךְ יוֹשֵׁב עַל כִּסֵּא רַחֲמִים, מִתְנַהֵג בַּחֲסִידוּת.
מוֹחֵל עֲוֹנוֹת עַמּוֹ, מַעֲבִיר רִאשׁוֹן רִאשׁוֹן.
מַרְבֶּה מְחִילָה לְחַטָּאִים, וּסְלִיחָה לְפוֹשְׁעִים.
עֹשֶׂה צְדָקוֹת עִם כָּל בָּשָׂר וָרוּחַ, לֹא כְרָעָתָם תִּגְמֹל.
◂ אֵל, הוֹרֵיתָ לָּנוּ לוֹמַר שְׁלֹשׁ עֶשְׂרֵה
זְכֹר לָנוּ הַיּוֹם בְּרִית שְׁלֹשׁ עֶשְׂרֵה
כְּהוֹדַעְתָּ לֶעָנָו מִקֶּדֶם, כְּמוֹ שֶׁכָּתוּב:
וַיֵּרֶד יהוה בֶּעָנָן, וַיִּתְיַצֵּב עִמּוֹ שָׁם שמות לד
וַיִּקְרָא בְשֵׁם, יהוה:

קהל ואחריו שליח הציבור:

וַיַּעֲבֹר יהוה עַל־פָּנָיו וַיִּקְרָא שמות לד

שליח הציבור והקהל אומרים בקול:

יהוה, יהוה, אֵל רַחוּם וְחַנּוּן, אֶרֶךְ אַפַּיִם, וְרַב־חֶסֶד וֶאֱמֶת:
נֹצֵר חֶסֶד לָאֲלָפִים, נֹשֵׂא עָוֹן וָפֶשַׁע וְחַטָּאָה, וְנַקֵּה:

וְסָלַחְתָּ לַעֲוֹנֵנוּ וּלְחַטָּאתֵנוּ, וּנְחַלְתָּנוּ:
סְלַח לָנוּ אָבִינוּ כִּי חָטָאנוּ
מְחַל לָנוּ מַלְכֵּנוּ כִּי פָשָׁעְנוּ.
כִּי־אַתָּה אֲדֹנָי טוֹב וְסַלָּח תהלים פו
וְרַב־חֶסֶד לְכָל־קֹרְאֶיךָ:

הסליחות בנויות בסדר מחזורי עד הפזמון: פיסקת פתיחה, י״ג מידות, פסוקים הקשורים לנושא הפיוט (לעתים תכופות בשינוי לשון הפסוק ללשון רבים) וסיום בבקשה ׳כְּרַחֵם אָב עַל בָּנִים׳ ובעקבותיה ארבעה פסוקים קבועים מתהלים, הפסוקים ׳סְלַח־נָא לַעֲוֹן הָעָם הַזֶּה׳ ו׳הַטֵּה אֱלֹהַי אָזְנְךָ וּשְׁמָע׳, ולאחריהם פיוט הסליחה. בקהילות רבות נוהגים לומר את הפסוקים ׳סְלַח־נָא׳ ו׳הַטֵּה׳ רק לאחר הסליחה הראשונה.

שליח הציבור והקהל:

הַאֲזִינָה יהוה תְּפִלָּתֵנוּ
וְהַקְשִׁיבָה בְּקוֹל תַּחֲנוּנוֹתֵינוּ.
הַקְשִׁיבָה לְקוֹל שַׁוְעֵנוּ מַלְכֵּנוּ וֵאלֹהֵינוּ כִּי אֵלֶיךָ נִתְפַּלָּל.
תְּהִי נָא אָזְנְךָ קַשֶּׁבֶת וְעֵינֶיךָ פְּתוּחוֹת
לִשְׁמֹעַ אֶל תְּפִלַּת עֲבָדֶיךָ עַמְּךָ יִשְׂרָאֵל.
וְשָׁמַעְתָּ הַשָּׁמַיִם מְכוֹן שִׁבְתֶּךָ אֶת־תְּפִלָּתָם וְאֶת־תְּחִנָּתָם מלכים א׳ ח
וְעָשִׂיתָ מִשְׁפָּטָם:
וְסָלַחְתָּ לְעַמְּךָ אֲשֶׁר חָטְאוּ־לָךְ:

כְּרַחֵם אָב עַל בָּנִים, כֵּן תְּרַחֵם יהוה עָלֵינוּ.
לַיהוה הַיְשׁוּעָה, עַל־עַמְּךָ בִרְכָתֶךָ סֶּלָה: תהלים ג
יהוה צְבָאוֹת עִמָּנוּ, מִשְׂגָּב לָנוּ אֱלֹהֵי יַעֲקֹב סֶלָה: תהלים מו
יהוה צְבָאוֹת, אַשְׁרֵי אָדָם בֹּטֵחַ בָּךְ: תהלים פד
יהוה הוֹשִׁיעָה, הַמֶּלֶךְ יַעֲנֵנוּ בְיוֹם־קָרְאֵנוּ: תהלים כ

שליח הציבור:

במדבר יד

סְלַח־נָא לַעֲוֹן הָעָם הַזֶּה כְּגֹדֶל חַסְדֶּךָ
וְכַאֲשֶׁר נָשָׂאתָה לָעָם הַזֶּה מִמִּצְרַיִם וְעַד־הֵנָּה:
וְשָׁם נֶאֱמַר

קהל ואחריו שליח הציבור:

וַיֹּאמֶר יהוה, סָלַחְתִּי כִּדְבָרֶךָ:

וממשיכים:

דניאל ט

הַטֵּה אֱלֹהַי אָזְנְךָ וּשְׁמָע
פְּקַח עֵינֶיךָ וּרְאֵה שֹׁמְמֹתֵינוּ וְהָעִיר אֲשֶׁר־נִקְרָא שִׁמְךָ עָלֶיהָ
כִּי לֹא עַל־צִדְקֹתֵינוּ אֲנַחְנוּ מַפִּילִים תַּחֲנוּנֵינוּ לְפָנֶיךָ
כִּי עַל־רַחֲמֶיךָ הָרַבִּים:
אֲדֹנָי שְׁמָעָה, אֲדֹנָי סְלָחָה, אֲדֹנָי הַקְשִׁיבָה וַעֲשֵׂה אַל־תְּאַחַר
לְמַעַנְךָ אֱלֹהַי, כִּי־שִׁמְךָ נִקְרָא עַל־עִירְךָ וְעַל־עַמֶּךָ:
חַזְּקֵנוּ וְאַמְּצֵנוּ לִבְנוֹת מִקְדָּשְׁךָ.

פותחים את ארון הקודש.

אֱלֹהֵינוּ וֵאלֹהֵי אֲבוֹתֵינוּ

סליחה זו מבוססת על הפסוק ׳סְלַח־נָא לַעֲוֹן׳ שנאמר לעיל.

סימן א״ב

סְלַח נָא אֲשָׁמוֹת וּפְשָׁעֵי לְאֻמֶּךָ
לַעֲוֹן בָּנֶיךָ בַּל יֶחֱרֶה זַעְמֶךָ.

סְלַח נָא גְּעוּלִים וְיִחְיוּ מִמְּקוֹר עִמֶּךָ
לַעֲוֹן דְּגָלֶיךָ שָׂא וְתִנָּחֵם כִּנְאָמֶךָ.

סְלַח נָא הֶבֶל מוֹדִים וְעוֹזְבִים כְּרִשּׁוּמֶךָ
לַעֲוֹן וָפֶשַׁע מְחֹל לְמַעַן שְׁמֶךָ.

סְלַח נָא זְדוֹנוֹת וּשְׁגָגוֹת לִבְרוּאֵי לִשְׁמֶךָ
לַעֲוֹן חֲטָאֵימוֹ חַטֵּא בִּנְדִיבַת גִּשְׁמֶךָ.

סְלַח נָא טֶפֶשׂ טִפְלוּת רִשְׁעֵי אֻמֶּךָ
לַעֲוֹן יְדִידֶיךָ יְבַקֵּשׁ וְאֵינֶנּוּ כְּנֶאֱמָן.

סְלַח נָא כַּחַשׁ כּוֹרְעִים וּמִשְׁתַּחֲוִים לְעֻמֶּךָ
לַעֲוֹן לְקוֹחֶיךָ כַּפֵּר בְּטוּב טַעְמֶךָ.

סְלַח נָא מְרִי מְיַחֲלֶיךָ וּמְיַחֲדֶיךָ בְּעוֹלָמֶךָ
לַעֲוֹן נִדָּחִים מְחֵה וּבְנֵה אוּלַמֶּךָ.

סְלַח נָא סִלּוּפָם וּגְוֹנְנֵם בְּסֻכַּת שְׁלוֹמֶךָ
לַעֲוֹן עֲבָדֶיךָ עַלֵּם וּכְבֹשׁ בְּעִלּוּמֶךָ.

סְלַח נָא פֶּן יֵעָנְשׁוּ מִמְּרוֹמֶךָ
לַעֲוֹן צֹאנְךָ שַׁכֵּח וְהִיא תְהִלָּתְךָ וְרוֹמְמֶךָ.

סְלַח נָא קְלוֹנָם וַחֲמֹל עָלֵימוֹ מִמְּרוֹמֶךָ
לַעֲוֹן רְחוּמֶיךָ תִּשָּׂא מִלְּצוּדָם בְּחֶרְמֶךָ.

סְלַח נָא שֶׁמֶץ תַּעְתּוּעַ תִּעוּב רְחוּמֶיךָ
לַעֲוֹן תְּמִימֶיךָ הַעֲבֵר כְּגֹדֶל רַחֲמֶיךָ.

סוגרים את ארון הקודש.

אֵל מֶלֶךְ יוֹשֵׁב עַל כִּסֵּא רַחֲמִים, מִתְנַהֵג בַּחֲסִידוּת.
מוֹחֵל עֲוֹנוֹת עַמּוֹ, מַעֲבִיר רִאשׁוֹן רִאשׁוֹן.
מַרְבֶּה מְחִילָה לְחַטָּאִים, וּסְלִיחָה לְפוֹשְׁעִים.
עֹשֶׂה צְדָקוֹת עִם כָּל בָּשָׂר וָרוּחַ, לֹא כְרָעָתָם תִּגְמֹל.
‣ אֵל, הוֹרֵיתָ לָּנוּ לוֹמַר שְׁלֹשׁ עֶשְׂרֵה
זְכָר לָנוּ הַיּוֹם בְּרִית שְׁלֹשׁ עֶשְׂרֵה
כְּהוֹדַעְתָּ לֶעָנָו מִקֶּדֶם, כְּמוֹ שֶׁכָּתוּב:
וַיֵּרֶד יהוה בֶּעָנָן, וַיִּתְיַצֵּב עִמּוֹ שָׁם שמות לד
וַיִּקְרָא בְשֵׁם, יהוה:

קהל ואחריו שליח הציבור:

שמות לד **וַיַּעֲבֹר יהוה עַל־פָּנָיו וַיִּקְרָא**

שליח הציבור והקהל אומרים בקול:

יהוה, יהוה, אֵל רַחוּם וְחַנּוּן, אֶרֶךְ אַפַּיִם, וְרַב־חֶסֶד וֶאֱמֶת:
נֹצֵר חֶסֶד לָאֲלָפִים, נֹשֵׂא עָוֹן וָפֶשַׁע וְחַטָּאָה, וְנַקֵּה:

וְסָלַחְתָּ לַעֲוֹנֵנוּ וּלְחַטָּאתֵנוּ, וּנְחַלְתָּנוּ:
סְלַח לָנוּ אָבִינוּ כִּי חָטָאנוּ
מְחַל לָנוּ מַלְכֵּנוּ כִּי פָשָׁעְנוּ.
תהלים פו כִּי־אַתָּה אֲדֹנָי טוֹב וְסַלָּח
וְרַב־חֶסֶד לְכָל־קֹרְאֶיךָ:

אַל תָּבוֹא בְמִשְׁפָּט עִמָּנוּ
כִּי לֹא יִצְדַּק לְפָנֶיךָ כָל חָי.
מַה נֹּאמַר לְפָנֶיךָ יהוה אֱלֹהֵינוּ
מַה נְּדַבֵּר וּמַה נִּצְטַדָּק.
אֱלֹהֵינוּ, בֹּשְׁנוּ בְמַעֲשֵׂינוּ וְנִכְלַמְנוּ בַּעֲוֹנֵינוּ.
אֱלֹהֵינוּ, בֹּשְׁנוּ וְנִכְלַמְנוּ
לְהָרִים אֱלֹהֵינוּ פָּנֵינוּ אֵלֶיךָ.
יָדַעְנוּ כִּי חָטָאנוּ וְאֵין מִי יַעֲמֹד בַּעֲדֵנוּ
שִׁמְךָ הַגָּדוֹל יַעֲמָד לָנוּ בְּעֵת צָרָה.

כְּרַחֵם אָב עַל בָּנִים, כֵּן תְּרַחֵם יהוה עָלֵינוּ.
תהלים ג לַיהוה הַיְשׁוּעָה, עַל־עַמְּךָ בִרְכָתֶךָ סֶּלָה:
תהלים מו יהוה צְבָאוֹת עִמָּנוּ, מִשְׂגָּב לָנוּ אֱלֹהֵי יַעֲקֹב סֶלָה:
תהלים פד יהוה צְבָאוֹת, אַשְׁרֵי אָדָם בֹּטֵחַ בָּךְ:
תהלים כ יהוה הוֹשִׁיעָה, הַמֶּלֶךְ יַעֲנֵנוּ בְיוֹם־קָרְאֵנוּ:

פותחים את ארון הקודש.
בקהילות רבות נוהגים להשמיט את הבית הפותח, ומתחילים ׳אָמְנָם כֵּן׳.

יוֹם יוֹם / יִדְרְשׁוּן / לָךְ / טוּב לְמָעוֹז / יְהִי עֹז / מִלּוּלָךְ סָלַחְתִּי.

סימן א״ב

אֱלֹהֵינוּ וֵאלֹהֵי אֲבוֹתֵינוּ

אָמְנָם כֵּן / יֵצֶר סוֹכֵן / בָּנוּ
בְּךָ לְהַצְדִּיק / רַב צֶדֶק / וַעֲנֵנוּ סָלַחְתִּי.

גְּעֹל מְרַגֵּל / וְגַם פִּגֵּל / סִפְרוֹ
דּוֹד שׁוֹאֵג בְּקוֹל / יִתֵּן קוֹל / דְּבָרוֹ סָלַחְתִּי.

הַס קָטֵגוֹר / וְקַח סָנֵגוֹר / מְקוֹמוֹ
וִיהִי יהוה לְמִשְׁעָן / לוֹ, לְמַעַן / נְאֻמוֹ סָלַחְתִּי.

זְכוּת אֶזְרָח / גַּם יִפְרַח / לְשׁוֹשַׁנָּה
חֵטְא הָעֵבֶר / וְקוֹל הַגֶּבֶר / מִמְּעוֹנָה סָלַחְתִּי.

טוּב וְסַלָּח / מְחַל וּסְלַח / אֲשָׁמִים
יָהּ הַקְשֵׁב / וְגַם הָשֵׁב / מִמְּרוֹמִים סָלַחְתִּי.

כְּאֵב תַּחֲבשׁ / וּבְצוּל תִּכְבּשׁ / עֲוֹנִי
לְךָ תְהִלָּה / אֱמֹר מִלָּה / לְמַעֲנִי סָלַחְתִּי.

מְחֵה פֶשַׁע / וְגַם רֶשַׁע / בְּנֵי בְרִית
נְהֹג חַסְדְּךָ / וְתֵן הוֹדְךָ / לִשְׁאֵרִית סָלַחְתִּי.

סְכֹת רַחֲשִׁי / וְגַם לַחֲשִׁי / תִּרְצֶה
עָוֹן נוֹשֵׂא / לְמַעַנְךָ עֲשֵׂה / וְתִפְצֶה סָלַחְתִּי.

פְּנֵה לְעֶלְבּוֹן / מְקוֹם עָוֹן / לְהָשִׂים
צַחַן הָסֵר / וְגַם תְּבַשֵּׂר / לְבָךְ חוֹסִים סָלַחְתִּי.

קוֹלִי שְׁמַע / וּרְאֵה דֶּמַע / עֵינִי
רִיב רִיבִי / שְׁעֵה נִיבִי / וַהֲשִׁיבֵנִי סָלַחְתִּי.

שֶׁמֶץ טַהֵר / כְּעָב מַהֵר / כְּנֶאֱמַר
תִּמְחֶה פֶשַׁע / לְעַם נוֹשַׁע / וְתֹאמַר סָלַחְתִּי.

סוגרים את ארון הקודש.

אֵל מֶלֶךְ יוֹשֵׁב עַל כִּסֵּא רַחֲמִים, מִתְנַהֵג בַּחֲסִידוּת.
מוֹחֵל עֲוֹנוֹת עַמּוֹ, מַעֲבִיר רִאשׁוֹן רִאשׁוֹן.
מַרְבֶּה מְחִילָה לְחַטָּאִים, וּסְלִיחָה לְפוֹשְׁעִים.
עֹשֶׂה צְדָקוֹת עִם כָּל בָּשָׂר וָרוּחַ, לֹא כְרָעָתָם תִּגְמֹל.
‹ אֵל, הוֹרֵיתָ לָּנוּ לוֹמַר שְׁלֹשׁ עֶשְׂרֵה
זְכָר לָנוּ הַיּוֹם בְּרִית שְׁלֹשׁ עֶשְׂרֵה
כְּהוֹדַעְתָּ לֶעָנָו מִקֶּדֶם, כְּמוֹ שֶׁכָּתוּב:
וַיֵּרֶד יהוה בֶּעָנָן, וַיִּתְיַצֵּב עִמּוֹ שָׁם, וַיִּקְרָא בְשֵׁם, יהוה: שמות לד

קהל ואחריו שליח הציבור:

וַיַּעֲבֹר יהוה עַל־פָּנָיו וַיִּקְרָא שמות לד

שליח הציבור והקהל אומרים בקול:

יהוה, יהוה, אֵל רַחוּם וְחַנּוּן, אֶרֶךְ אַפַּיִם, וְרַב־חֶסֶד וֶאֱמֶת:
נֹצֵר חֶסֶד לָאֲלָפִים, נֹשֵׂא עָוֹן וָפֶשַׁע וְחַטָּאָה, וְנַקֵּה:

וְסָלַחְתָּ לַעֲוֹנֵנוּ וּלְחַטָּאתֵנוּ, וּנְחַלְתָּנוּ:
סְלַח לָנוּ אָבִינוּ כִּי חָטָאנוּ, מְחַל לָנוּ מַלְכֵּנוּ כִּי פָשָׁעְנוּ.
כִּי־אַתָּה אֲדֹנָי טוֹב וְסַלָּח, וְרַב־חֶסֶד לְכָל־קֹרְאֶיךָ: תהלים פו

פותחים את ארון הקודש.

בקהילות אשכנז פיוטי הסליחות מסתיימים בפזמון – פיוט בעל מבנה קבוע, שכל בית בו נחתם בשורה חוזרת. אין אומרים לפני הפזמון פסוקים הקשורים לנושאו. מסתבר שבמקור שליח הציבור אמר את הבתים והקהל חזר על הפזמון. היום מקובל לשיר את כל הפיוט יחד.

כִּי הִנֵּה כַּחֹמֶר בְּיַד הַיּוֹצֵר / בִּרְצוֹתוֹ מַרְחִיב וּבִרְצוֹתוֹ מְקַצֵּר
כֵּן אֲנַחְנוּ בְיָדְךָ, חֶסֶד נוֹצֵר / לַבְּרִית הַבֵּט, וְאַל תֵּפֶן לַיֵּצֶר.

כִּי הִנֵּה כָּאֶבֶן בְּיַד הַמְסַתֵּת / בִּרְצוֹתוֹ אוֹחֵז וּבִרְצוֹתוֹ מְכַתֵּת
כֵּן אֲנַחְנוּ בְּיָדְךָ, מְחַיֶּה וּמְמוֹתֵת / לַבְּרִית הַבֵּט, וְאַל תֵּפֶן לַיֵּצֶר.

כִּי הִנֵּה כַּגַּרְזֶן בְּיַד הֶחָרָשׁ / בִּרְצוֹתוֹ דִּבֵּק לָאוּר וּבִרְצוֹתוֹ פֵּרַשׁ
כֵּן אֲנַחְנוּ בְּיָדְךָ, תּוֹמֵךְ עָנִי וָרָשׁ / לַבְּרִית הַבֵּט, וְאַל תֵּפֶן לַיֵּצֶר.

כִּי הִנֵּה כַּהֶגֶה בְּיַד הַמַּלָּח / בִּרְצוֹתוֹ אוֹחֵז וּבִרְצוֹתוֹ שִׁלַּח
כֵּן אֲנַחְנוּ בְּיָדְךָ, אֵל טוֹב וְסַלָּח / לַבְּרִית הַבֵּט, וְאַל תֵּפֶן לַיֵּצֶר.

כִּי הִנֵּה כִּזְכוּכִית בְּיַד הַמְזַגֵּג / בִּרְצוֹתוֹ חוֹגֵג וּבִרְצוֹתוֹ מְמוֹגֵג
כֵּן אֲנַחְנוּ בְּיָדְךָ, מַעֲבִיר זָדוֹן וָשֶׁגֶג / לַבְּרִית הַבֵּט, וְאַל תֵּפֶן לַיֵּצֶר.

כִּי הִנֵּה כַּיְרִיעָה בְּיַד הָרוֹקֵם / בִּרְצוֹתוֹ מְיַשֵּׁר וּבִרְצוֹתוֹ מְעַקֵּם
כֵּן אֲנַחְנוּ בְּיָדְךָ, אֵל קַנֹּא וְנוֹקֵם / לַבְּרִית הַבֵּט, וְאַל תֵּפֶן לַיֵּצֶר.

כִּי הִנֵּה כַּכֶּסֶף בְּיַד הַצּוֹרֵף / בִּרְצוֹתוֹ מְסַגְסֵג וּבִרְצוֹתוֹ מְצָרֵף
כֵּן אֲנַחְנוּ בְּיָדְךָ, מַמְצִיא לְמָזוֹר תֶּרֶף / לַבְּרִית הַבֵּט וְאַל תֵּפֶן לַיֵּצֶר.

סוגרים את ארון הקודש.

אֵל מֶלֶךְ יוֹשֵׁב עַל כִּסֵּא רַחֲמִים, מִתְנַהֵג בַּחֲסִידוּת.
מוֹחֵל עֲוֹנוֹת עַמּוֹ, מַעֲבִיר רִאשׁוֹן רִאשׁוֹן.
מַרְבֶּה מְחִילָה לְחַטָּאִים, וּסְלִיחָה לְפוֹשְׁעִים.
עֹשֵׂה צְדָקוֹת עִם כָּל בָּשָׂר וָרוּחַ, לֹא כְרָעָתָם תִּגְמֹל.
◂ אֵל, הוֹרֵיתָ לָּנוּ לוֹמַר שְׁלֹשׁ עֶשְׂרֵה
זְכָר לָנוּ הַיּוֹם בְּרִית שְׁלֹשׁ עֶשְׂרֵה
כְּהוֹדַעְתָּ לֶעָנָו מִקֶּדֶם, כְּמוֹ שֶׁכָּתוּב:
וַיֵּרֶד יהוה בֶּעָנָן, וַיִּתְיַצֵּב עִמּוֹ שָׁם שמות לד
וַיִּקְרָא בְשֵׁם, יהוה:

קהל ואחריו שליח הציבור:

וַיַּעֲבֹר יהוה עַל־פָּנָיו וַיִּקְרָא שמות לד

שליח הציבור והקהל אומרים בקול:

יהוה, יהוה, אֵל רַחוּם וְחַנּוּן, אֶרֶךְ אַפַּיִם, וְרַב־חֶסֶד וֶאֱמֶת:
נֹצֵר חֶסֶד לָאֲלָפִים, נֹשֵׂא עָוֹן וָפֶשַׁע וְחַטָּאָה, וְנַקֵּה:

וְסָלַחְתָּ לַעֲוֹנֵנוּ וּלְחַטָּאתֵנוּ, וּנְחַלְתָּנוּ:
סְלַח לָנוּ אָבִינוּ כִּי חָטָאנוּ, מְחַל לָנוּ מַלְכֵּנוּ כִּי פָשָׁעְנוּ.
תהלים פו **כִּי־אַתָּה אֲדֹנָי טוֹב וְסַלָּח, וְרַב־חֶסֶד לְכָל־קֹרְאֶיךָ:**

הפעם האחרונה שבה אומרים י״ג מידות (לפי המנהג היום, הרביעית), אינה פתיחה לפיוט, אלא לפסוקי סליחות. לאחר שביקשנו ׳זְכָר לָנוּ הַיּוֹם בְּרִית שְׁלֹשׁ עֶשְׂרֵה׳, אנו מבקשים מהקב״ה שיזכור את חסדי ישראל בעבר, ולבסוף את זכות האבות. הזכרת זכות האבות נותנת לנו את הביטחון לבקש ׳אַל־נָא תָשֵׁת עָלֵינוּ חַטָּאת׳.

הכול:

תהלים כה זְכֹר־רַחֲמֶיךָ יהוה וַחֲסָדֶיךָ, כִּי מֵעוֹלָם הֵמָּה:
תהלים עט אַל־תִּזְכָּר־לָנוּ עֲוֹנֹת רִאשֹׁנִים
מַהֵר יְקַדְּמוּנוּ רַחֲמֶיךָ כִּי דַלּוֹנוּ מְאֹד:
זָכְרֵנוּ יהוה בִּרְצוֹן עַמֶּךָ, פָּקְדֵנוּ בִּישׁוּעָתֶךָ.
תהלים עד זְכֹר עֲדָתְךָ קָנִיתָ קֶּדֶם, גָּאַלְתָּ שֵׁבֶט נַחֲלָתֶךָ, הַר־צִיּוֹן זֶה שָׁכַנְתָּ בּוֹ:
זְכֹר יהוה חִבַּת יְרוּשָׁלָיִם, אַהֲבַת צִיּוֹן אַל תִּשְׁכַּח לָנֶצַח.
תהלים קלז זְכֹר יהוה לִבְנֵי אֱדוֹם אֵת יוֹם יְרוּשָׁלָםִ
הָאֹמְרִים עָרוּ עָרוּ, עַד הַיְסוֹד בָּהּ:
תהלים קב אַתָּה תָקוּם תְּרַחֵם צִיּוֹן, כִּי־עֵת לְחֶנְנָהּ, כִּי־בָא מוֹעֵד:
שמות לב זְכֹר לְאַבְרָהָם לְיִצְחָק וּלְיִשְׂרָאֵל עֲבָדֶיךָ
אֲשֶׁר נִשְׁבַּעְתָּ לָהֶם בָּךְ וַתְּדַבֵּר אֲלֵהֶם
אַרְבֶּה אֶת־זַרְעֲכֶם כְּכוֹכְבֵי הַשָּׁמָיִם
וְכָל־הָאָרֶץ הַזֹּאת אֲשֶׁר אָמַרְתִּי אֶתֵּן לְזַרְעֲכֶם, וְנָחֲלוּ לְעֹלָם:
דברים ט זְכֹר לַעֲבָדֶיךָ לְאַבְרָהָם לְיִצְחָק וּלְיַעֲקֹב
אַל־תֵּפֶן אֶל־קְשִׁי הָעָם הַזֶּה וְאֶל־רִשְׁעוֹ וְאֶל־חַטָּאתוֹ:

שליח הציבור ואחריו הקהל:

במדבר יב **אַל־נָא תָשֵׁת עָלֵינוּ חַטָּאת אֲשֶׁר נוֹאַלְנוּ וַאֲשֶׁר חָטָאנוּ:**
חָטָאנוּ צוּרֵנוּ, סְלַח לָנוּ יוֹצְרֵנוּ.

לאחר פסוקי 'זְכֹר־רַחֲמֶיךָ' הקהל אומר כמה בקשות לקב"ה שיישא פניו אל המתפללים ברחמים, 'זְכָר לָנוּ בְּרִית אָבוֹת'. לפניה נהגו לומר פיוט 'חָטָאנוּ', הקרוי כך על שם השורה החוזרת 'חָטָאנוּ צוּרֵנוּ'. בערבית ליום הכיפורים אומרים את הפיוט 'אוֹתְךָ אֶדְרֹשׁ'. היום נוהגים לומר רק את השורה האחרונה.

שליח הציבור ואחריו הקהל:

הֵן יַעֲבִיר זָדוֹן לִמְשׁוּגָה / כִּי לְכָל־הָעָם בִּשְׁגָגָה: במדבר טו

חָטָאנוּ צוּרֵנוּ, סְלַח לָנוּ יוֹצְרֵנוּ.

הכול:

זְכָר לָנוּ בְּרִית אָבוֹת כַּאֲשֶׁר אָמַרְתָּ:
וְזָכַרְתִּי אֶת־בְּרִיתִי יַעֲקוֹב ויקרא כו
וְאַף אֶת־בְּרִיתִי יִצְחָק, וְאַף אֶת־בְּרִיתִי אַבְרָהָם אֶזְכֹּר
וְהָאָרֶץ אֶזְכֹּר:

זְכָר לָנוּ בְּרִית רִאשׁוֹנִים כַּאֲשֶׁר אָמַרְתָּ:
וְזָכַרְתִּי לָהֶם בְּרִית רִאשֹׁנִים ויקרא כו
אֲשֶׁר הוֹצֵאתִי־אֹתָם מֵאֶרֶץ מִצְרַיִם לְעֵינֵי הַגּוֹיִם
לִהְיוֹת לָהֶם לֵאלֹהִים, אֲנִי יהוה:

עֲשֵׂה עִמָּנוּ כְּמָה שֶׁהִבְטַחְתָּנוּ:
וְאַף גַּם־זֹאת בִּהְיוֹתָם בְּאֶרֶץ אֹיְבֵיהֶם ויקרא כו
לֹא־מְאַסְתִּים וְלֹא־גְעַלְתִּים לְכַלֹּתָם, לְהָפֵר בְּרִיתִי אִתָּם
כִּי אֲנִי יהוה אֱלֹהֵיהֶם:

הָשֵׁב שְׁבוּתֵנוּ וְרַחֲמֵנוּ כְּמָה שֶׁכָּתוּב:
וְשָׁב יהוה אֱלֹהֶיךָ אֶת־שְׁבוּתְךָ וְרִחֲמֶךָ דברים ל
וְשָׁב וְקִבֶּצְךָ מִכָּל־הָעַמִּים אֲשֶׁר הֱפִיצְךָ יהוה אֱלֹהֶיךָ שָׁמָּה:

קַבֵּץ נִדָּחֵינוּ כְּמָה שֶׁכָּתוּב:
אִם־יִהְיֶה נִדַּחֲךָ בִּקְצֵה הַשָּׁמָיִם דברים ל
מִשָּׁם יְקַבֶּצְךָ יהוה אֱלֹהֶיךָ וּמִשָּׁם יִקָּחֶךָ:

מְחֵה פְשָׁעֵינוּ כָּעָב וְכֶעָנָן כְּמָה שֶׁכָּתוּב:

ישעיה מד מָחִיתִי כָעָב פְּשָׁעֶיךָ וְכֶעָנָן חַטֹּאותֶיךָ
שׁוּבָה אֵלַי כִּי גְאַלְתִּיךָ:

מְחֵה פְשָׁעֵינוּ לְמַעַנְךָ כַּאֲשֶׁר אָמַרְתָּ:

ישעיה מג אָנֹכִי אָנֹכִי הוּא מֹחֶה פְשָׁעֶיךָ לְמַעֲנִי
וְחַטֹּאתֶיךָ לֹא אֶזְכֹּר:

הַלְבֵּן חֲטָאֵינוּ כַּשֶּׁלֶג וְכַצֶּמֶר כְּמָה שֶׁכָּתוּב:

ישעיה א לְכוּ־נָא וְנִוָּכְחָה יֹאמַר יהוה
אִם־יִהְיוּ חֲטָאֵיכֶם כַּשָּׁנִים כַּשֶּׁלֶג יַלְבִּינוּ
אִם־יַאְדִּימוּ כַתּוֹלָע כַּצֶּמֶר יִהְיוּ:

זְרֹק עָלֵינוּ מַיִם טְהוֹרִים וְטַהֲרֵנוּ כְּמָה שֶׁכָּתוּב:

יחזקאל לו וְזָרַקְתִּי עֲלֵיכֶם מַיִם טְהוֹרִים וּטְהַרְתֶּם
מִכֹּל טֻמְאוֹתֵיכֶם וּמִכָּל־גִּלּוּלֵיכֶם אֲטַהֵר אֶתְכֶם:

כַּפֵּר חֲטָאֵינוּ בַּיּוֹם הַזֶּה וְטַהֲרֵנוּ, כְּמָה שֶׁכָּתוּב:

ויקרא טז כִּי־בַיּוֹם הַזֶּה יְכַפֵּר עֲלֵיכֶם לְטַהֵר אֶתְכֶם
מִכֹּל חַטֹּאתֵיכֶם לִפְנֵי יהוה תִּטְהָרוּ:

רַחֵם עָלֵינוּ וְאַל תַּשְׁחִיתֵנוּ כְּמָה שֶׁכָּתוּב:

דברים ד כִּי אֵל רַחוּם יהוה אֱלֹהֶיךָ
לֹא יַרְפְּךָ וְלֹא יַשְׁחִיתֶךָ
וְלֹא יִשְׁכַּח אֶת־בְּרִית אֲבֹתֶיךָ אֲשֶׁר נִשְׁבַּע לָהֶם:

מוֹל אֶת לְבָבֵנוּ לְאַהֲבָה אֶת שְׁמֶךָ כְּמָה שֶׁכָּתוּב:

דברים ל וּמָל יהוה אֱלֹהֶיךָ אֶת־לְבָבְךָ וְאֶת־לְבַב זַרְעֶךָ
לְאַהֲבָה אֶת־יהוה אֱלֹהֶיךָ בְּכָל־לְבָבְךָ וּבְכָל־נַפְשְׁךָ
לְמַעַן חַיֶּיךָ:

הִמָּצֵא לָנוּ בְּבַקָּשָׁתֵנוּ כְּמָה שֶׁכָּתוּב:
וּבִקַּשְׁתֶּם מִשָּׁם אֶת־יהוה אֱלֹהֶיךָ וּמָצָאתָ דברים ד
כִּי תִדְרְשֶׁנּוּ בְּכָל־לְבָבְךָ וּבְכָל־נַפְשֶׁךָ:

תְּבִיאֵנוּ אֶל הַר קָדְשֶׁךָ, חַזֵּק יָדֵינוּ בְּבִנְיַן מִקְדָּשֶׁךָ
וְשַׂמְּחֵנוּ בְּבֵית תְּפִלָּתֶךָ כְּמָה שֶׁכָּתוּב:
וַהֲבִיאוֹתִים אֶל־הַר קָדְשִׁי, וְשִׂמַּחְתִּים בְּבֵית תְּפִלָּתִי ישעיה נו
עוֹלֹתֵיהֶם וְזִבְחֵיהֶם לְרָצוֹן עַל־מִזְבְּחִי
כִּי בֵיתִי בֵּית־תְּפִלָּה יִקָּרֵא לְכָל־הָעַמִּים:

פותחים את ארון הקודש.

יש קהילות שבהן נוהגים לומר את הפסוקים בסדר הבא:
׳שְׁמַע קוֹלֵנוּ׳, ׳הֲשִׁיבֵנוּ׳, ׳אַל תַּשְׁלִיכֵנוּ מִלְּפָנֶיךָ׳, ׳אַל תַּשְׁלִיכֵנוּ לְעֵת זִקְנָה׳ בקול.
שליח הציבור אומר פסוק פסוק והקהל עונה אחריו. את הפסוקים ׳אַל תַּעַזְבֵנוּ׳,
׳עֲשֵׂה עִמָּנוּ׳ ׳אֲמָרֵינוּ הַאֲזִינָה׳, ׳יִהְיוּ לְרָצוֹן׳, ׳כִּי לְךָ ה׳׳ אומרים בלחש.

הקהל ואחריו שליח הציבור אומרים פסוק פסוק עד ׳אַל תַּעַזְבֵנוּ׳.

שְׁמַע קוֹלֵנוּ, יהוה אֱלֹהֵינוּ, חוּס וְרַחֵם עָלֵינוּ
וְקַבֵּל בְּרַחֲמִים וּבְרָצוֹן אֶת תְּפִלָּתֵנוּ.
הֲשִׁיבֵנוּ יהוה אֵלֶיךָ וְנָשׁוּבָה, חַדֵּשׁ יָמֵינוּ כְּקֶדֶם: איכה ה
אֲמָרֵינוּ הַאֲזִינָה יהוה, בִּינָה הֲגִיגֵנוּ.
יִהְיוּ לְרָצוֹן אִמְרֵי פִינוּ וְהֶגְיוֹן לִבֵּנוּ לְפָנֶיךָ, יהוה צוּרֵנוּ וְגוֹאֲלֵנוּ.
אַל תַּשְׁלִיכֵנוּ מִלְּפָנֶיךָ, וְרוּחַ קָדְשְׁךָ אַל תִּקַּח מִמֶּנּוּ.
אַל תַּשְׁלִיכֵנוּ לְעֵת זִקְנָה, כִּכְלוֹת כֹּחֵנוּ אַל תַּעַזְבֵנוּ.

אַל תַּעַזְבֵנוּ יהוה, אֱלֹהֵינוּ אַל תִּרְחַק מִמֶּנּוּ.
עֲשֵׂה עִמָּנוּ אוֹת לְטוֹבָה, וְיִרְאוּ שׂוֹנְאֵינוּ וְיֵבֹשׁוּ
כִּי אַתָּה יהוה עֲזַרְתָּנוּ וְנִחַמְתָּנוּ.
כִּי לְךָ יהוה הוֹחָלְנוּ, אַתָּה תַעֲנֶה אֲדֹנָי אֱלֹהֵינוּ.

סוגרים את ארון הקודש.

שליח הציבור:

אֱלֹהֵינוּ וֵאלֹהֵי אֲבוֹתֵינוּ
אַל תַּעַזְבֵנוּ, וְאַל תִּטְּשֵׁנוּ, וְאַל תַּכְלִימֵנוּ
וְאַל תָּפֵר בְּרִיתְךָ אִתָּנוּ
קָרְבֵנוּ לְתוֹרָתֶךָ, לַמְּדֵנוּ מִצְוֹתֶיךָ
הוֹרֵנוּ דְרָכֶיךָ, הַט לִבֵּנוּ לְיִרְאָה אֶת שְׁמֶךָ
וּמוֹל אֶת לְבָבֵנוּ לְאַהֲבָתֶךָ
וְנָשׁוּב אֵלֶיךָ בֶּאֱמֶת וּבְלֵב שָׁלֵם
וּלְמַעַן שִׁמְךָ הַגָּדוֹל תִּמְחֹל וְתִסְלַח לַעֲוֹנֵינוּ
כַּכָּתוּב בְּדִבְרֵי קָדְשֶׁךָ
לְמַעַן־שִׁמְךָ יהוה, וְסָלַחְתָּ לַעֲוֹנִי כִּי רַב־הוּא: תהלים כה

הכול:

אֱלֹהֵינוּ וֵאלֹהֵי אֲבוֹתֵינוּ
סְלַח לָנוּ, מְחַל לָנוּ, כַּפֶּר לָנוּ.

כִּי אָנוּ עַמֶּךָ וְאַתָּה אֱלֹהֵינוּ אָנוּ בָנֶיךָ וְאַתָּה אָבִינוּ
אָנוּ עֲבָדֶיךָ וְאַתָּה אֲדוֹנֵינוּ אָנוּ קְהָלֶךָ וְאַתָּה חֶלְקֵנוּ
אָנוּ נַחֲלָתֶךָ וְאַתָּה גוֹרָלֵנוּ אָנוּ צֹאנֶךָ וְאַתָּה רוֹעֵנוּ
אָנוּ כַרְמֶךָ וְאַתָּה נוֹטְרֵנוּ אָנוּ פְעֻלָּתֶךָ וְאַתָּה יוֹצְרֵנוּ
אָנוּ רַעְיָתֶךָ וְאַתָּה דוֹדֵנוּ אָנוּ סְגֻלָּתֶךָ וְאַתָּה אֱלֹהֵינוּ
אָנוּ עַמֶּךָ וְאַתָּה מַלְכֵּנוּ אָנוּ מַאֲמִירֶיךָ וְאַתָּה מַאֲמִירֵנוּ.

שליח הציבור אומר שורה שורה, והקהל חוזר אחריו:

אָנוּ עַזֵּי פָנִים וְאַתָּה רַחוּם וְחַנּוּן
אָנוּ קְשֵׁי עֹרֶף וְאַתָּה אֶרֶךְ אַפַּיִם
אָנוּ מְלֵאֵי עָוֹן וְאַתָּה מָלֵא רַחֲמִים
אָנוּ יָמֵינוּ כְּצֵל עוֹבֵר וְאַתָּה־הוּא וּשְׁנוֹתֶיךָ לֹא יִתָּמּוּ: תהלים קב

שליח הציבור:

אֱלֹהֵינוּ וֵאלֹהֵי אֲבוֹתֵינוּ
תָּבוֹא לְפָנֶיךָ תְּפִלָּתֵנוּ
וְאַל תִּתְעַלַּם מִתְּחִנָּתֵנוּ.
שֶׁאֵין אָנוּ עַזֵּי פָנִים וּקְשֵׁי עֹרֶף לוֹמַר לְפָנֶיךָ
יהוה אֱלֹהֵינוּ וֵאלֹהֵי אֲבוֹתֵינוּ
צַדִּיקִים אֲנַחְנוּ וְלֹא חָטָאנוּ.
אֲבָל אֲנַחְנוּ וַאֲבוֹתֵינוּ חָטָאנוּ.

כשמתוודה, מכה באגרופו על החזה כנגד הלב
(מג״א תרז, ג, בשם מדרש קהלת).

שליח הציבור אומר, והקהל אומר אתו בלחש:

אָשַׁמְנוּ, בָּגַדְנוּ, גָּזַלְנוּ, דִּבַּרְנוּ דֹפִי
הֶעֱוִינוּ, וְהִרְשַׁעְנוּ, זַדְנוּ, חָמַסְנוּ, טָפַלְנוּ שֶׁקֶר
יָעַצְנוּ רָע, כִּזַּבְנוּ, לַצְנוּ, מָרַדְנוּ, מָאַסְנוּ בְּבֵית הַמִּקְדָּשׁ, נִאַצְנוּ, סָרַרְנוּ
עָוִינוּ, פָּשַׁעְנוּ, צָרַרְנוּ, קִשִּׁינוּ עֹרֶף
רָשַׁעְנוּ, שִׁחַתְנוּ, תִּעַבְנוּ, תָּעִינוּ, תִּעְתָּעְנוּ.

סַרְנוּ מִמִּצְוֹתֶיךָ וּמִמִּשְׁפָּטֶיךָ הַטּוֹבִים
וְלֹא שָׁוָה לָנוּ.
וְאַתָּה צַדִּיק עַל כָּל־הַבָּא עָלֵינוּ נחמיה ט
כִּי־אֱמֶת עָשִׂיתָ, וַאֲנַחְנוּ הִרְשָׁעְנוּ:

הִרְשַׁעְנוּ וּפָשַׁעְנוּ, לָכֵן לֹא נוֹשָׁעְנוּ
וְתֵן בְּלִבֵּנוּ לַעֲזֹב דֶּרֶךְ רֶשַׁע, וְחִישׁ לָנוּ יֶשַׁע
כַּכָּתוּב עַל יַד נְבִיאֶךָ
יַעֲזֹב רָשָׁע דַּרְכּוֹ, וְאִישׁ אָוֶן מַחְשְׁבֹתָיו ישעיה נה
וְיָשֹׁב אֶל־יהוה וִירַחֲמֵהוּ
וְאֶל־אֱלֹהֵינוּ כִּי־יַרְבֶּה לִסְלוֹחַ:

שליח הציבור:

אֱלֹהֵינוּ וֵאלֹהֵי אֲבוֹתֵינוּ
סְלַח וּמְחַל לַעֲוֹנוֹתֵינוּ
בְּיוֹם (בשבת: הַשַּׁבָּת הַזֶּה וּבְיוֹם) הַכִּפּוּרִים הַזֶּה
וְהֵעָתֵר לָנוּ בִּתְפִלָּתֵנוּ
מְחֵה וְהַעֲבֵר פְּשָׁעֵינוּ וְחַטֹּאתֵינוּ מִנֶּגֶד עֵינֶיךָ
וְכֹף אֶת יִצְרֵנוּ לְהִשְׁתַּעְבֶּד לָךְ
וְהַכְנַע עָרְפֵּנוּ לָשׁוּב אֵלֶיךָ בֶּאֱמֶת
וְחַדֵּשׁ כִּלְיוֹתֵינוּ לִשְׁמֹר פִּקּוּדֶיךָ
וּמוֹל אֶת לְבָבֵנוּ לְאַהֲבָה וּלְיִרְאָה אֶת שְׁמֶךָ
כַּכָּתוּב בְּתוֹרָתֶךָ
דברים ל וּמָל יהוה אֱלֹהֶיךָ אֶת־לְבָבְךָ וְאֶת־לְבַב זַרְעֶךָ
לְאַהֲבָה אֶת־יהוה אֱלֹהֶיךָ בְּכָל־לְבָבְךָ וּבְכָל־נַפְשְׁךָ, לְמַעַן חַיֶּיךָ:
הַזְּדוֹנוֹת וְהַשְּׁגָגוֹת אַתָּה מַכִּיר
הָרָצוֹן וְהָאֹנֶס, הַגְּלוּיִים וְהַנִּסְתָּרִים
לְפָנֶיךָ הֵם גְּלוּיִים וִידוּעִים.
מָה אָנוּ, מֶה חַיֵּינוּ, מֶה חַסְדֵּנוּ, מַה צִּדְקוֹתֵינוּ
מַה יְשׁוּעָתֵנוּ, מַה כֹּחֵנוּ, מַה גְּבוּרָתֵנוּ
מַה נֹּאמַר לְפָנֶיךָ, יהוה אֱלֹהֵינוּ וֵאלֹהֵי אֲבוֹתֵינוּ
הֲלֹא כָּל הַגִּבּוֹרִים כְּאַיִן לְפָנֶיךָ, וְאַנְשֵׁי הַשֵּׁם כְּלֹא הָיוּ
וַחֲכָמִים כִּבְלִי מַדָּע, וּנְבוֹנִים כִּבְלִי הַשְׂכֵּל
כִּי רֹב מַעֲשֵׂיהֶם תֹּהוּ, וִימֵי חַיֵּיהֶם הֶבֶל לְפָנֶיךָ
קהלת ג וּמוֹתַר הָאָדָם מִן־הַבְּהֵמָה אָיִן
כִּי הַכֹּל הָבֶל:

מַה נֹּאמַר לְפָנֶיךָ יוֹשֵׁב מָרוֹם, וּמַה נְּסַפֵּר לְפָנֶיךָ שׁוֹכֵן שְׁחָקִים
הֲלֹא כָּל הַנִּסְתָּרוֹת וְהַנִּגְלוֹת אַתָּה יוֹדֵעַ.

הפיוט 'אַתָּה מֵבִין', הוא הרחבה של הפיסקה 'אַתָּה יוֹדֵעַ רָזֵי עוֹלָם' למטה.
היום נוהגים לומר רק את שני הבתים האחרונים.

שליח הציבור ואחריו הקהל:

שִׁמְךָ מֵעוֹלָם עוֹבֵר עַל פֶּשַׁע
שַׁוְעָתֵנוּ תַּאֲזִין, בְּעָמְדֵנוּ לְפָנֶיךָ בִּתְפִלָּה

תַּעֲבֹר עַל פֶּשַׁע לְעַם שָׁבֵי פֶשַׁע
תִּמְחֶה פְשָׁעֵינוּ מִנֶּגֶד עֵינֶיךָ.

שליח הציבור אומר, והקהל אומר אתו בלחש:

אַתָּה יוֹדֵעַ רָזֵי עוֹלָם וְתַעֲלוּמוֹת סִתְרֵי כָּל חָי.
אַתָּה חוֹפֵשׂ כָּל חַדְרֵי בָטֶן וּבוֹחֵן כְּלָיוֹת וָלֵב.
אֵין דָּבָר נֶעְלָם מִמֶּךָּ וְאֵין נִסְתָּר מִנֶּגֶד עֵינֶיךָ.
וּבְכֵן, יְהִי רָצוֹן מִלְּפָנֶיךָ, יהוה אֱלֹהֵינוּ וֵאלֹהֵי אֲבוֹתֵינוּ
שֶׁתְּכַפֵּר לָנוּ עַל כָּל חַטֹּאתֵינוּ
וְתִסְלַח לָנוּ עַל כָּל עֲוֹנוֹתֵינוּ
וְתִמְחַל לָנוּ עַל כָּל פְּשָׁעֵינוּ.

על כל חטא שמונה, מכה באגרופו על החזה כנגד הלב.

עַל חֵטְא שֶׁחָטָאנוּ לְפָנֶיךָ בְּאֹנֶס וּבְרָצוֹן
וְעַל חֵטְא שֶׁחָטָאנוּ לְפָנֶיךָ בְּאִמּוּץ הַלֵּב

עַל חֵטְא שֶׁחָטָאנוּ לְפָנֶיךָ בִּבְלִי דָעַת
וְעַל חֵטְא שֶׁחָטָאנוּ לְפָנֶיךָ בְּבִטּוּי שְׂפָתָיִם

עַל חֵטְא שֶׁחָטָאנוּ לְפָנֶיךָ בְּגִלּוּי עֲרָיוֹת
וְעַל חֵטְא שֶׁחָטָאנוּ לְפָנֶיךָ בְּגָלוּי וּבַסָּתֶר

עַל חֵטְא שֶׁחָטָאנוּ לְפָנֶיךָ בְּדַעַת וּבְמִרְמָה
וְעַל חֵטְא שֶׁחָטָאנוּ לְפָנֶיךָ בְּדִבּוּר פֶּה

עַל חֵטְא שֶׁחָטָאנוּ לְפָנֶיךָ בְּהוֹנָאַת רֵעַ
וְעַל חֵטְא שֶׁחָטָאנוּ לְפָנֶיךָ בְּהַרְהוֹר הַלֵּב

עַל חֵטְא שֶׁחָטָאנוּ לְפָנֶיךָ בִּוְעִידַת זְנוּת
וְעַל חֵטְא שֶׁחָטָאנוּ לְפָנֶיךָ בְּוִדּוּי פֶּה

עַל חֵטְא שֶׁחָטָאנוּ לְפָנֶיךָ בְּזִלְזוּל הוֹרִים וּמוֹרִים
וְעַל חֵטְא שֶׁחָטָאנוּ לְפָנֶיךָ בְּזָדוֹן וּבִשְׁגָגָה

עַל חֵטְא שֶׁחָטָאנוּ לְפָנֶיךָ בְּחֹזֶק יָד
וְעַל חֵטְא שֶׁחָטָאנוּ לְפָנֶיךָ בְּחִלּוּל הַשֵּׁם

עַל חֵטְא שֶׁחָטָאנוּ לְפָנֶיךָ בְּטֻמְאַת שְׂפָתָיִם
וְעַל חֵטְא שֶׁחָטָאנוּ לְפָנֶיךָ בְּטִפְשׁוּת פֶּה

עַל חֵטְא שֶׁחָטָאנוּ לְפָנֶיךָ בְּיֵצֶר הָרָע
וְעַל חֵטְא שֶׁחָטָאנוּ לְפָנֶיךָ בְּיוֹדְעִים וּבְלֹא יוֹדְעִים

וְעַל כֻּלָּם אֱלוֹהַּ סְלִיחוֹת סְלַח לָנוּ, מְחַל לָנוּ, כַּפֶּר לָנוּ.

עַל חֵטְא שֶׁחָטָאנוּ לְפָנֶיךָ בְּכַחַשׁ וּבְכָזָב
וְעַל חֵטְא שֶׁחָטָאנוּ לְפָנֶיךָ בְּכַפַּת שֹׁחַד

עַל חֵטְא שֶׁחָטָאנוּ לְפָנֶיךָ בְּלָצוֹן
וְעַל חֵטְא שֶׁחָטָאנוּ לְפָנֶיךָ בְּלָשׁוֹן הָרָע

עַל חֵטְא שֶׁחָטָאנוּ לְפָנֶיךָ בְּמַשָּׂא וּבְמַתָּן
וְעַל חֵטְא שֶׁחָטָאנוּ לְפָנֶיךָ בְּמַאֲכָל וּבְמִשְׁתֶּה

עַל חֵטְא שֶׁחָטָאנוּ לְפָנֶיךָ בְּנֶשֶׁךְ וּבְמַרְבִּית
וְעַל חֵטְא שֶׁחָטָאנוּ לְפָנֶיךָ בִּנְטִיַּת גָּרוֹן

עַל חֵטְא שֶׁחָטָאנוּ לְפָנֶיךָ בְּשִׂיחַ שִׂפְתוֹתֵינוּ
וְעַל חֵטְא שֶׁחָטָאנוּ לְפָנֶיךָ בְּשִׂקּוּר עָיִן

עַל חֵטְא שֶׁחָטָאנוּ לְפָנֶיךָ בְּעֵינַיִם רָמוֹת
וְעַל חֵטְא שֶׁחָטָאנוּ לְפָנֶיךָ בְּעַזּוּת מֶצַח

וְעַל כֻּלָּם אֱלוֹהַּ סְלִיחוֹת סְלַח לָנוּ, מְחַל לָנוּ, כַּפֶּר לָנוּ.

עַל חֵטְא שֶׁחָטָאנוּ לְפָנֶיךָ בִּפְרִיקַת עֹל
וְעַל חֵטְא שֶׁחָטָאנוּ לְפָנֶיךָ בִּפְלִילוּת

עַל חֵטְא שֶׁחָטָאנוּ לְפָנֶיךָ בִּצְדִיַּת רֵעַ
וְעַל חֵטְא שֶׁחָטָאנוּ לְפָנֶיךָ בְּצָרוּת עָיִן

עַל חֵטְא שֶׁחָטָאנוּ לְפָנֶיךָ בְּקַלּוּת רֹאשׁ
וְעַל חֵטְא שֶׁחָטָאנוּ לְפָנֶיךָ בְּקַשְׁיוּת עֹרֶף

עַל חֵטְא שֶׁחָטָאנוּ לְפָנֶיךָ בְּרִיצַת רַגְלַיִם לְהָרַע
וְעַל חֵטְא שֶׁחָטָאנוּ לְפָנֶיךָ בִּרְכִילוּת

עַל חֵטְא שֶׁחָטָאנוּ לְפָנֶיךָ בִּשְׁבוּעַת שָׁוְא
וְעַל חֵטְא שֶׁחָטָאנוּ לְפָנֶיךָ בְּשִׂנְאַת חִנָּם

עַל חֵטְא שֶׁחָטָאנוּ לְפָנֶיךָ בִּתְשׂוּמֶת יָד
וְעַל חֵטְא שֶׁחָטָאנוּ לְפָנֶיךָ בְּתִמְהוֹן לֵבָב

וְעַל כֻּלָּם אֱלוֹהַּ סְלִיחוֹת סְלַח לָנוּ, מְחַל לָנוּ, כַּפֶּר לָנוּ.

וְעַל חֲטָאִים שֶׁאָנוּ חַיָּבִים עֲלֵיהֶם עוֹלָה
וְעַל חֲטָאִים שֶׁאָנוּ חַיָּבִים עֲלֵיהֶם חַטָּאת
וְעַל חֲטָאִים שֶׁאָנוּ חַיָּבִים עֲלֵיהֶם קָרְבָּן עוֹלֶה וְיוֹרֵד
וְעַל חֲטָאִים שֶׁאָנוּ חַיָּבִים עֲלֵיהֶם אָשָׁם וַדַּאי וְתָלוּי
וְעַל חֲטָאִים שֶׁאָנוּ חַיָּבִים עֲלֵיהֶם מַכַּת מַרְדּוּת
וְעַל חֲטָאִים שֶׁאָנוּ חַיָּבִים עֲלֵיהֶם מַלְקוּת אַרְבָּעִים
וְעַל חֲטָאִים שֶׁאָנוּ חַיָּבִים עֲלֵיהֶם מִיתָה בִּידֵי שָׁמַיִם
וְעַל חֲטָאִים שֶׁאָנוּ חַיָּבִים עֲלֵיהֶם כָּרֵת וַעֲרִירִי
וְעַל חֲטָאִים שֶׁאָנוּ חַיָּבִים עֲלֵיהֶם אַרְבַּע מִיתוֹת בֵּית דִּין
סְקִילָה, שְׂרֵפָה, הֶרֶג, וְחֶנֶק.

עַל מִצְוַת עֲשֵׂה וְעַל מִצְוַת לֹא תַעֲשֶׂה.
בֵּין שֶׁיֵּשׁ בָּהּ קוּם עֲשֵׂה וּבֵין שֶׁאֵין בָּהּ קוּם עֲשֵׂה.
אֶת הַגְּלוּיִים לָנוּ וְאֶת שֶׁאֵינָם גְּלוּיִים לָנוּ
אֶת הַגְּלוּיִים לָנוּ, כְּבָר אֲמַרְנוּם לְפָנֶיךָ, וְהוֹדִינוּ לְךָ עֲלֵיהֶם
וְאֶת שֶׁאֵינָם גְּלוּיִים לָנוּ, לְפָנֶיךָ הֵם גְּלוּיִים וִידוּעִים
כַּדָּבָר שֶׁנֶּאֱמַר
דברים כט הַנִּסְתָּרֹת לַיהוה אֱלֹהֵינוּ, וְהַנִּגְלֹת לָנוּ וּלְבָנֵינוּ עַד־עוֹלָם
לַעֲשׂוֹת אֶת־כָּל־דִּבְרֵי הַתּוֹרָה הַזֹּאת:

וְאַתָּה רַחוּם מְקַבֵּל שָׁבִים
עַל הַתְּשׁוּבָה מֵרֹאשׁ הִבְטַחְתָּנוּ
וְעַל הַתְּשׁוּבָה עֵינֵינוּ מְיַחֲלוֹת לָךְ.

פסוקי תחינה לחתימת הווידוי

וְדָוִד עַבְדְּךָ אָמַר לְפָנֶיךָ
תהלים יט שְׁגִיאוֹת מִי־יָבִין, מִנִּסְתָּרוֹת נַקֵּנִי:
נַקֵּנוּ יהוה אֱלֹהֵינוּ מִכָּל פְּשָׁעֵינוּ, וְטַהֲרֵנוּ מִכָּל טֻמְאוֹתֵינוּ
וּזְרֹק עָלֵינוּ מַיִם טְהוֹרִים וְטַהֲרֵנוּ, כַּכָּתוּב עַל יַד נְבִיאֶךָ
יחזקאל לו וְזָרַקְתִּי עֲלֵיכֶם מַיִם טְהוֹרִים, וּטְהַרְתֶּם
מִכֹּל טֻמְאוֹתֵיכֶם וּמִכָּל־גִּלּוּלֵיכֶם אֲטַהֵר אֶתְכֶם:

מִיכָה עַבְדְּךָ אָמַר לְפָנֶיךָ
מיכה ז מִי־אֵל כָּמוֹךָ נֹשֵׂא עָוֹן וְעֹבֵר עַל־פֶּשַׁע לִשְׁאֵרִית נַחֲלָתוֹ
לֹא־הֶחֱזִיק לָעַד אַפּוֹ כִּי־חָפֵץ חֶסֶד הוּא:
יָשׁוּב יְרַחֲמֵנוּ, יִכְבֹּשׁ עֲוֹנֹתֵינוּ, וְתַשְׁלִיךְ בִּמְצֻלוֹת יָם כָּל־חַטֹּאתָם:
וְכָל חַטֹּאת עַמְּךָ בֵּית יִשְׂרָאֵל תַּשְׁלִיךְ
בִּמְקוֹם אֲשֶׁר לֹא יִזָּכְרוּ וְלֹא יִפָּקְדוּ וְלֹא יַעֲלוּ עַל לֵב לְעוֹלָם.
שם תִּתֵּן אֱמֶת לְיַעֲקֹב, חֶסֶד לְאַבְרָהָם
אֲשֶׁר־נִשְׁבַּעְתָּ לַאֲבֹתֵינוּ מִימֵי קֶדֶם:

דָּנִיֵּאל אִישׁ חֲמוּדוֹת שִׁוַּע לְפָנֶיךָ
דניאל ט הַטֵּה אֱלֹהַי אָזְנְךָ וּשְׁמָע
פְּקַח עֵינֶיךָ וּרְאֵה שֹׁמְמֹתֵינוּ
וְהָעִיר אֲשֶׁר־נִקְרָא שִׁמְךָ עָלֶיהָ
כִּי לֹא עַל־צִדְקֹתֵינוּ אֲנַחְנוּ מַפִּילִים תַּחֲנוּנֵינוּ לְפָנֶיךָ
כִּי עַל־רַחֲמֶיךָ הָרַבִּים:
אֲדֹנָי שְׁמָעָה
אֲדֹנָי סְלָחָה
אֲדֹנָי הַקְשִׁיבָה וַעֲשֵׂה אַל־תְּאַחַר
לְמַעַנְךָ אֱלֹהַי, כִּי־שִׁמְךָ נִקְרָא עַל־עִירְךָ וְעַל־עַמֶּךָ:
חַזְקֵנוּ וְאַמְּצֵנוּ לִבְנוֹת מִקְדָּשֶׁךָ.

עֶזְרָא הַסּוֹפֵר אָמַר לְפָנֶיךָ
עזרא ט אֱלֹהַי, בֹּשְׁתִּי וְנִכְלַמְתִּי לְהָרִים אֱלֹהַי פָּנַי אֵלֶיךָ
כִּי עֲוֹנֹתֵינוּ רָבוּ לְמַעְלָה רֹּאשׁ, וְאַשְׁמָתֵנוּ גָדְלָה עַד לַשָּׁמָיִם:
וְאַתָּה אֱלוֹהַּ סְלִיחוֹת חַנּוּן וְרַחוּם
אֶרֶךְ אַפַּיִם וְרַב חֶסֶד, וְלֹא עֲזַבְתָּנוּ.

אַל תַּעַזְבֵנוּ אָבִינוּ
וְאַל תִּטְּשֵׁנוּ בּוֹרְאֵנוּ
וְאַל תַּזְנִיחֵנוּ יוֹצְרֵנוּ
וְאַל תַּעַשׂ עִמָּנוּ כָּלָה כְּחַטֹּאתֵינוּ
וְקַיֶּם לָנוּ יהוה אֱלֹהֵינוּ אֶת הַדָּבָר שֶׁהִבְטַחְתָּנוּ בְּקַבָּלָה
עַל יְדֵי יִרְמְיָהוּ חוֹזָךְ, כָּאָמוּר
ירמיה נ בַּיָּמִים הָהֵם וּבָעֵת הַהִיא נְאֻם־יהוה יְבֻקַּשׁ אֶת־עֲוֹן יִשְׂרָאֵל, וְאֵינֶנּוּ
וְאֶת־חַטֹּאת יְהוּדָה, וְלֹא תִמָּצֶאינָה, כִּי אֶסְלַח לַאֲשֶׁר אַשְׁאִיר:

עַמְּךָ וְנַחֲלָתְךָ, רְעֵבֵי טוּבְךָ, צְמֵאֵי חַסְדֶּךָ, תְּאֵבֵי יִשְׁעֶךָ
יַכִּירוּ וְיֵדְעוּ, כִּי לַיהוה אֱלֹהֵינוּ הָרַחֲמִים וְהַסְּלִיחוֹת.

כשיום הכיפורים חל בשבת ממשיכים ׳לְדָוִד מִזְמוֹר׳ בעמ׳ 105.

תחינות לחתימת הסליחות מסדר רב עמרם גאון

נוהגים שהקהל אומר את כל התחינות יחד, ושליח הציבור אומר בקול את השורה האחרונה בכל תחינה (ויש שליחי ציבור שאינם אומרים בקול עד 'אָבִינוּ מַלְכֵּנוּ' בעמ' 103).

אֵל רַחוּם שְׁמֶךָ. אֵל חַנּוּן שְׁמֶךָ.

בָּנוּ נִקְרָא שְׁמֶךָ. יהוה עֲשֵׂה לְמַעַן שְׁמֶךָ.

סימן א״ב

עֲשֵׂה לְמַעַן אֲמִתָּךְ. עֲשֵׂה לְמַעַן בְּרִיתָךְ.
עֲשֵׂה לְמַעַן גָּדְלָךְ וְתִפְאַרְתָּךְ. עֲשֵׂה לְמַעַן דָּתָךְ.
עֲשֵׂה לְמַעַן הוֹדָךְ. עֲשֵׂה לְמַעַן וְעוּדָךְ.
עֲשֵׂה לְמַעַן זִכְרָךְ. עֲשֵׂה לְמַעַן חַסְדָּךְ.
עֲשֵׂה לְמַעַן טוּבָךְ. עֲשֵׂה לְמַעַן יִחוּדָךְ.
עֲשֵׂה לְמַעַן כְּבוֹדָךְ. עֲשֵׂה לְמַעַן לִמּוּדָךְ.
עֲשֵׂה לְמַעַן מַלְכוּתָךְ. עֲשֵׂה לְמַעַן נִצְחָךְ.
עֲשֵׂה לְמַעַן סוֹדָךְ. עֲשֵׂה לְמַעַן עֻזָּךְ.
עֲשֵׂה לְמַעַן פְּאֵרָךְ. עֲשֵׂה לְמַעַן צִדְקָתָךְ.
עֲשֵׂה לְמַעַן קְדֻשָּׁתָךְ. עֲשֵׂה לְמַעַן רַחֲמֶיךָ הָרַבִּים.
עֲשֵׂה לְמַעַן שְׁכִינָתָךְ. עֲשֵׂה לְמַעַן תְּהִלָּתָךְ.

עֲשֵׂה לְמַעַן אוֹהֲבֶיךָ שׁוֹכְנֵי עָפָר.
עֲשֵׂה לְמַעַן אַבְרָהָם יִצְחָק וְיַעֲקֹב.
עֲשֵׂה לְמַעַן מֹשֶׁה וְאַהֲרֹן.
עֲשֵׂה לְמַעַן דָּוִד וּשְׁלֹמֹה.
עֲשֵׂה לְמַעַן יְרוּשָׁלַיִם עִיר קָדְשֶׁךָ.
עֲשֵׂה לְמַעַן צִיּוֹן מִשְׁכַּן כְּבוֹדֶךָ.
עֲשֵׂה לְמַעַן שִׁמְמוֹת הֵיכָלֶךָ.
עֲשֵׂה לְמַעַן הֲרִיסוּת מִזְבְּחֶךָ.
עֲשֵׂה לְמַעַן הֲרוּגִים עַל שֵׁם קָדְשֶׁךָ.
עֲשֵׂה לְמַעַן טְבוּחִים עַל יִחוּדֶךָ.
עֲשֵׂה לְמַעַן בָּאֵי בָאֵשׁ וּבַמַּיִם עַל קִדּוּשׁ שְׁמֶךָ.

עֲשֵׂה לְמַעַן יוֹנְקֵי שָׁדַיִם שֶׁלֹּא חָטְאוּ.
עֲשֵׂה לְמַעַן גְּמוּלֵי חָלָב שֶׁלֹּא פָשְׁעוּ.
עֲשֵׂה לְמַעַן תִּינוֹקוֹת שֶׁל בֵּית רַבָּן.
עֲשֵׂה לְמַעַנְךָ אִם לֹא לְמַעֲנֵנוּ.
עֲשֵׂה לְמַעַנְךָ וְהוֹשִׁיעֵנוּ.

עֲנֵנוּ יהוה עֲנֵנוּ. עֲנֵנוּ אֱלֹהֵינוּ עֲנֵנוּ.

סימן א״ב

עֲנֵנוּ אָבִינוּ עֲנֵנוּ. עֲנֵנוּ בּוֹרְאֵנוּ עֲנֵנוּ.
עֲנֵנוּ גּוֹאֲלֵנוּ עֲנֵנוּ. עֲנֵנוּ דּוֹרְשֵׁנוּ עֲנֵנוּ.
עֲנֵנוּ הָאֵל הַנֶּאֱמָן עֲנֵנוּ. עֲנֵנוּ וָתִיק וְחָסִיד עֲנֵנוּ.
עֲנֵנוּ זַךְ וְיָשָׁר עֲנֵנוּ. עֲנֵנוּ חַי וְקַיָּם עֲנֵנוּ.
עֲנֵנוּ טוֹב וּמֵטִיב עֲנֵנוּ. עֲנֵנוּ יוֹדֵעַ יֵצֶר עֲנֵנוּ.
עֲנֵנוּ כּוֹבֵשׁ כְּעָסִים עֲנֵנוּ. עֲנֵנוּ לוֹבֵשׁ צְדָקוֹת עֲנֵנוּ.
עֲנֵנוּ מֶלֶךְ מַלְכֵי הַמְּלָכִים עֲנֵנוּ. עֲנֵנוּ נוֹרָא וְנִשְׂגָּב עֲנֵנוּ.
עֲנֵנוּ סוֹלֵחַ וּמוֹחֵל עֲנֵנוּ. עֲנֵנוּ עוֹנֶה בְּעֵת צָרָה עֲנֵנוּ.
עֲנֵנוּ פּוֹדֶה וּמַצִּיל עֲנֵנוּ. עֲנֵנוּ צַדִּיק וְיָשָׁר עֲנֵנוּ.
עֲנֵנוּ קָרוֹב לְקוֹרְאָיו עֲנֵנוּ. עֲנֵנוּ רַחוּם וְחַנּוּן עֲנֵנוּ.
עֲנֵנוּ שׁוֹמֵעַ אֶל אֶבְיוֹנִים עֲנֵנוּ. עֲנֵנוּ תּוֹמֵךְ תְּמִימִים עֲנֵנוּ.
עֲנֵנוּ אֱלֹהֵי אֲבוֹתֵינוּ עֲנֵנוּ. עֲנֵנוּ אֱלֹהֵי אַבְרָהָם עֲנֵנוּ.
עֲנֵנוּ פַּחַד יִצְחָק עֲנֵנוּ. עֲנֵנוּ אֲבִיר יַעֲקֹב עֲנֵנוּ.
עֲנֵנוּ עֶזְרַת הַשְּׁבָטִים עֲנֵנוּ. עֲנֵנוּ מִשְׂגַּב אִמָּהוֹת עֲנֵנוּ.
עֲנֵנוּ קָשֶׁה לִכְעֹס עֲנֵנוּ. עֲנֵנוּ רַךְ לִרְצוֹת עֲנֵנוּ.
עֲנֵנוּ עוֹנֶה בְּעֵת רָצוֹן עֲנֵנוּ. עֲנֵנוּ אֲבִי יְתוֹמִים עֲנֵנוּ.
עֲנֵנוּ דַּיַּן אַלְמָנוֹת עֲנֵנוּ.

מִי שֶׁעָנָה לְאַבְרָהָם אָבִינוּ בְּהַר הַמּוֹרִיָּה, הוּא יַעֲנֵנוּ.
מִי שֶׁעָנָה לְיִצְחָק בְּנוֹ כְּשֶׁנֶּעֱקַד עַל גַּבֵּי הַמִּזְבֵּחַ, הוּא יַעֲנֵנוּ.
מִי שֶׁעָנָה לְיַעֲקֹב בְּבֵית אֵל, הוּא יַעֲנֵנוּ.

מִי שֶׁעָנָה לְיוֹסֵף בְּבֵית הָאֲסוּרִים, הוּא יַעֲנֵנוּ.
מִי שֶׁעָנָה לַאֲבוֹתֵינוּ עַל יַם סוּף, הוּא יַעֲנֵנוּ.
מִי שֶׁעָנָה לְמשֶׁה בְּחוֹרֵב, הוּא יַעֲנֵנוּ.
מִי שֶׁעָנָה לְאַהֲרֹן בַּמַּחְתָּה, הוּא יַעֲנֵנוּ.
מִי שֶׁעָנָה לְפִינְחָס בְּקוּמוֹ מִתּוֹךְ הָעֵדָה, הוּא יַעֲנֵנוּ.
מִי שֶׁעָנָה לִיהוֹשֻׁעַ בַּגִּלְגָּל, הוּא יַעֲנֵנוּ.
מִי שֶׁעָנָה לִשְׁמוּאֵל בַּמִּצְפָּה, הוּא יַעֲנֵנוּ.
מִי שֶׁעָנָה לְדָוִד וּשְׁלֹמֹה בְנוֹ בִּירוּשָׁלָיִם, הוּא יַעֲנֵנוּ.
מִי שֶׁעָנָה לְאֵלִיָּהוּ בְּהַר הַכַּרְמֶל, הוּא יַעֲנֵנוּ.
מִי שֶׁעָנָה לֶאֱלִישָׁע בִּירִיחוֹ, הוּא יַעֲנֵנוּ.
מִי שֶׁעָנָה לְיוֹנָה בִּמְעֵי הַדָּגָה, הוּא יַעֲנֵנוּ.
מִי שֶׁעָנָה לְחִזְקִיָּהוּ מֶלֶךְ יְהוּדָה בְּחָלְיוֹ, הוּא יַעֲנֵנוּ.
מִי שֶׁעָנָה לַחֲנַנְיָה מִישָׁאֵל וַעֲזַרְיָה בְּתוֹךְ כִּבְשַׁן הָאֵשׁ, הוּא יַעֲנֵנוּ.
מִי שֶׁעָנָה לְדָנִיֵּאל בְּגוֹב הָאֲרָיוֹת, הוּא יַעֲנֵנוּ.
מִי שֶׁעָנָה לְמָרְדְּכַי וְאֶסְתֵּר בְּשׁוּשַׁן הַבִּירָה, הוּא יַעֲנֵנוּ.
מִי שֶׁעָנָה לְעֶזְרָא בַּגּוֹלָה, הוּא יַעֲנֵנוּ.
מִי שֶׁעָנָה לְכָל הַצַּדִּיקִים וְהַחֲסִידִים וְהַתְּמִימִים וְהַיְשָׁרִים, הוּא יַעֲנֵנוּ.

רַחֲמָנָא דְּעָנֵי לַעֲנִיֵּי עֲנֵינָן.
רַחֲמָנָא דְּעָנֵי לִתְבִירֵי לִבָּא עֲנֵינָן.
רַחֲמָנָא דְּעָנֵי לְמַכִּיכֵי רוּחָא עֲנֵינָן.
רַחֲמָנָא עֲנֵינָן.
רַחֲמָנָא חוּס
רַחֲמָנָא פְּרֻק
רַחֲמָנָא שֵׁיזִב.
רַחֲמָנָא רַחֵם עֲלָן
הַשְׁתָּא בַּעֲגָלָא וּבִזְמַן קָרִיב.

בשבת אין אומרים 'אָבִינוּ מַלְכֵּנוּ' (מהרי"ל).

פותחים את ארון הקודש.

אָבִינוּ מַלְכֵּנוּ, חָטָאנוּ לְפָנֶיךָ.

אָבִינוּ מַלְכֵּנוּ, אֵין לָנוּ מֶלֶךְ אֶלָּא אָתָּה.

אָבִינוּ מַלְכֵּנוּ, עֲשֵׂה עִמָּנוּ לְמַעַן שְׁמֶךָ.

אָבִינוּ מַלְכֵּנוּ, חַדֵּשׁ עָלֵינוּ שָׁנָה טוֹבָה.

אָבִינוּ מַלְכֵּנוּ, בַּטֵּל מֵעָלֵינוּ כָּל גְּזֵרוֹת קָשׁוֹת.

אָבִינוּ מַלְכֵּנוּ, בַּטֵּל מַחְשְׁבוֹת שׂוֹנְאֵינוּ.

אָבִינוּ מַלְכֵּנוּ, הָפֵר עֲצַת אוֹיְבֵינוּ.

אָבִינוּ מַלְכֵּנוּ, כַּלֵּה כָּל צַר וּמַשְׂטִין מֵעָלֵינוּ.

אָבִינוּ מַלְכֵּנוּ, סְתֹם פִּיּוֹת מַשְׂטִינֵינוּ וּמְקַטְרְגֵינוּ.

אָבִינוּ מַלְכֵּנוּ, כַּלֵּה דֶּבֶר וְחֶרֶב וְרָעָב וּשְׁבִי וּמַשְׁחִית וְעָוֹן וּשְׁמַד מִבְּנֵי בְרִיתֶךָ.

אָבִינוּ מַלְכֵּנוּ, מְנַע מַגֵּפָה מִנַּחֲלָתֶךָ.

אָבִינוּ מַלְכֵּנוּ, סְלַח וּמְחַל לְכָל עֲוֹנוֹתֵינוּ.

אָבִינוּ מַלְכֵּנוּ, מְחֵה וְהַעֲבֵר פְּשָׁעֵינוּ וְחַטֹּאתֵינוּ מִנֶּגֶד עֵינֶיךָ.

אָבִינוּ מַלְכֵּנוּ, מְחֹק בְּרַחֲמֶיךָ הָרַבִּים כָּל שִׁטְרֵי חוֹבוֹתֵינוּ.

מכאן עד 'סְלִיחָה וּמְחִילָה' שליח הציבור אומר כל משפט בקול רם, והקהל אחריו:

אָבִינוּ מַלְכֵּנוּ, הַחֲזִירֵנוּ בִּתְשׁוּבָה שְׁלֵמָה לְפָנֶיךָ.

אָבִינוּ מַלְכֵּנוּ, שְׁלַח רְפוּאָה שְׁלֵמָה לְחוֹלֵי עַמֶּךָ.

אָבִינוּ מַלְכֵּנוּ, קְרַע רֹעַ גְּזַר דִּינֵנוּ.

אָבִינוּ מַלְכֵּנוּ, זָכְרֵנוּ בְּזִכָּרוֹן טוֹב לְפָנֶיךָ.

אָבִינוּ מַלְכֵּנוּ, כָּתְבֵנוּ בְּסֵפֶר חַיִּים טוֹבִים.

אָבִינוּ מַלְכֵּנוּ, כָּתְבֵנוּ בְּסֵפֶר גְּאֻלָּה וִישׁוּעָה.

אָבִינוּ מַלְכֵּנוּ, כָּתְבֵנוּ בְּסֵפֶר פַּרְנָסָה וְכַלְכָּלָה.

אָבִינוּ מַלְכֵּנוּ, כָּתְבֵנוּ בְּסֵפֶר זְכֻיּוֹת.

אָבִינוּ מַלְכֵּנוּ, כָּתְבֵנוּ בְּסֵפֶר סְלִיחָה וּמְחִילָה. עד כאן בקול.

אָבִינוּ מַלְכֵּנוּ, הַצְמַח לָנוּ יְשׁוּעָה בְּקָרוֹב.

אָבִינוּ מַלְכֵּנוּ, הָרֵם קֶרֶן יִשְׂרָאֵל עַמֶּךָ.

אָבִינוּ מַלְכֵּנוּ, הָרֵם קֶרֶן מְשִׁיחֶךָ.

אָבִינוּ מַלְכֵּנוּ, מַלֵּא יָדֵינוּ מִבִּרְכוֹתֶיךָ.

אָבִינוּ מַלְכֵּנוּ, מַלֵּא אֲסָמֵינוּ שָׂבָע.

אָבִינוּ מַלְכֵּנוּ, שְׁמַע קוֹלֵנוּ, חוּס וְרַחֵם עָלֵינוּ.

אָבִינוּ מַלְכֵּנוּ, קַבֵּל בְּרַחֲמִים וּבְרָצוֹן אֶת תְּפִלָּתֵנוּ.

אָבִינוּ מַלְכֵּנוּ, פְּתַח שַׁעֲרֵי שָׁמַיִם לִתְפִלָּתֵנוּ.

אָבִינוּ מַלְכֵּנוּ, זְכֹר כִּי עָפָר אֲנָחְנוּ.

אָבִינוּ מַלְכֵּנוּ, נָא אַל תְּשִׁיבֵנוּ רֵיקָם מִלְּפָנֶיךָ.

אָבִינוּ מַלְכֵּנוּ, תְּהֵא הַשָּׁעָה הַזֹּאת שְׁעַת רַחֲמִים וְעֵת רָצוֹן מִלְּפָנֶיךָ.

אָבִינוּ מַלְכֵּנוּ, חֲמֹל עָלֵינוּ וְעַל עוֹלָלֵינוּ וְטַפֵּנוּ.

אָבִינוּ מַלְכֵּנוּ, עֲשֵׂה לְמַעַן הֲרוּגִים עַל שֵׁם קָדְשֶׁךָ.

אָבִינוּ מַלְכֵּנוּ, עֲשֵׂה לְמַעַן טְבוּחִים עַל יִחוּדֶךָ.

אָבִינוּ מַלְכֵּנוּ, עֲשֵׂה לְמַעַן בָּאֵי בָאֵשׁ וּבַמַּיִם עַל קִדּוּשׁ שְׁמֶךָ.

אָבִינוּ מַלְכֵּנוּ, נְקֹם לְעֵינֵינוּ נִקְמַת דַּם עֲבָדֶיךָ הַשָּׁפוּךְ.

אָבִינוּ מַלְכֵּנוּ, עֲשֵׂה לְמַעַנְךָ אִם לֹא לְמַעֲנֵנוּ.

אָבִינוּ מַלְכֵּנוּ, עֲשֵׂה לְמַעַנְךָ וְהוֹשִׁיעֵנוּ.

אָבִינוּ מַלְכֵּנוּ, עֲשֵׂה לְמַעַן רַחֲמֶיךָ הָרַבִּים.

אָבִינוּ מַלְכֵּנוּ, עֲשֵׂה לְמַעַן שִׁמְךָ הַגָּדוֹל הַגִּבּוֹר וְהַנּוֹרָא
שֶׁנִּקְרָא עָלֵינוּ.

◂ אָבִינוּ מַלְכֵּנוּ, חָנֵּנוּ וַעֲנֵנוּ, כִּי אֵין בָּנוּ מַעֲשִׂים
עֲשֵׂה עִמָּנוּ צְדָקָה וָחֶסֶד וְהוֹשִׁיעֵנוּ.

תפילה לפרנסה

שליח הציבור והקהל אומרים פסוק פסוק:

לְדָוִד מִזְמוֹר, לַיהוה הָאָרֶץ וּמְלוֹאָהּ, תֵּבֵל וְיֹשְׁבֵי בָהּ: תהלים כד
כִּי־הוּא עַל־יַמִּים יְסָדָהּ, וְעַל־נְהָרוֹת יְכוֹנְנֶהָ:
מִי־יַעֲלֶה בְהַר־יהוה, וּמִי־יָקוּם בִּמְקוֹם קָדְשׁוֹ:
נְקִי כַפַּיִם וּבַר־לֵבָב, אֲשֶׁר לֹא־נָשָׂא לַשָּׁוְא נַפְשִׁי
וְלֹא נִשְׁבַּע לְמִרְמָה:
יִשָּׂא בְרָכָה מֵאֵת יהוה, וּצְדָקָה מֵאֱלֹהֵי יִשְׁעוֹ:
זֶה דּוֹר דֹּרְשָׁו, מְבַקְשֵׁי פָנֶיךָ יַעֲקֹב סֶלָה:
שְׂאוּ שְׁעָרִים רָאשֵׁיכֶם, וְהִנָּשְׂאוּ פִּתְחֵי עוֹלָם
וְיָבוֹא מֶלֶךְ הַכָּבוֹד:
מִי זֶה מֶלֶךְ הַכָּבוֹד, יהוה עִזּוּז וְגִבּוֹר, יהוה גִּבּוֹר מִלְחָמָה:
שְׂאוּ שְׁעָרִים רָאשֵׁיכֶם, וּשְׂאוּ פִּתְחֵי עוֹלָם, וְיָבֹא מֶלֶךְ הַכָּבוֹד:
מִי הוּא זֶה מֶלֶךְ הַכָּבוֹד, יהוה צְבָאוֹת הוּא מֶלֶךְ הַכָּבוֹד סֶלָה:

יש מהחסידים המוסיפים בלחש תפילה זו, המובאת בספרי החיד"א ('כף אחת' טו).
אין מבטאים את השמות המובאים בסוגריים.

יְהִי רָצוֹן מִלְּפָנֶיךָ, יהוה אֱלֹהֵינוּ, הָאֵל הַגָּדוֹל הַגִּבּוֹר וְהַנּוֹרָא, שֶׁתִּתְמַלֵּא רַחֲמִים, וְתָחֹן
עָלֵינוּ לְמַעַנְךָ וּלְמַעַן קְדֻשַּׁת הַמִּזְמוֹר הַזֶּה, וְהַשֵּׁמוֹת הַקְּדוֹשִׁים הַנִּזְכָּרִים בּוֹ, וּקְדֻשַּׁת
פְּסוּקָיו וְתֵבוֹתָיו וְאוֹתִיּוֹתָיו וּטְעָמָיו וְסוֹדוֹתָיו, וּקְדֻשַּׁת הַשֵּׁם הַקָּדוֹשׁ [דיקרנוסא] הַיּוֹצֵא
מִפָּסוּק: וַהֲרִיקֹתִי לָכֶם בְּרָכָה עַד־בְּלִי־דָי: וּמִפָּסוּק: נְסָה־עָלֵינוּ אוֹר פָּנֶיךָ יהוה: וְכָתְבֵנוּ מלאכי ג תהלים ד
בְּסֵפֶר פַּרְנָסָה טוֹבָה וְכַלְכָּלָה שָׁנָה זוֹ וְכָל שָׁנָה וְשָׁנָה, לָנוּ וּלְכָל בְּנֵי בֵיתֵנוּ כָּל יְמֵי חַיֵּינוּ,
בְּמִלּוּי וּבְרֶוַח, בְּהֶתֵּר וְלֹא בְאִסּוּר, בְּנַחַת וְלֹא בְצַעַר, וְלֹא בְעָמָל וָטֹרַח, בְּשַׁלְוָה וְהַשְׁקֵט
וָבֶטַח, בְּלִי שׁוּם עַיִן הָרָע. וּתְזַכֵּנוּ לַעֲבֹד עֲבוֹדַת הַקֹּדֶשׁ בְּלִי שׁוּם טִרְדָּה. וּתְפַרְנְסֵנוּ
פַּרְנָסָה שֶׁלֹּא יִהְיֶה בָהּ שׁוּם בּוּשָׁה וּכְלִמָּה. וְלֹא נִצְטָרֵךְ לְמַתְּנַת בָּשָׂר וָדָם, כִּי אִם מִיָּדְךָ
הַמְּלֵאָה וְהָרְחָבָה. וְתַצְלִיחֵנוּ וְתַרְוִיחֵנוּ בְּכָל לִמּוּדֵנוּ וּבְכָל מַעֲשֵׂה יָדֵינוּ וַעֲסָקֵינוּ. וִיהְיֶה
בֵיתֵנוּ מָלֵא בִּרְכַּת יהוה. וְנִשְׂבַּע לֶחֶם וְנִהְיֶה טוֹבִים. רַחוּם חַנּוּן שׁוֹמֵר תּוֹמֵךְ מַצִּיל
יָשָׁר פּוֹדֶה [רח"ש תמי"ף] רַחֵם עָלֵינוּ וּשְׁמַע תְּפִלָּתֵנוּ, כִּי אַתָּה שׁוֹמֵעַ תְּפִלַּת כָּל פֶּה.
בָּרוּךְ שׁוֹמֵעַ תְּפִלָּה [אוכף ארארית"א כוז"ו אזבוגא].

סוגרים את ארון הקודש.

קדיש שלם

ש״ץ: יִתְגַּדַּל וְיִתְקַדַּשׁ שְׁמֵהּ רַבָּא (קהל: אָמֵן)
בְּעָלְמָא דִּי בְרָא כִרְעוּתֵהּ
וְיַמְלִיךְ מַלְכוּתֵהּ
וְיַצְמַח פֻּרְקָנֵהּ וִיקָרֵב מְשִׁיחֵהּ (קהל: אָמֵן)
בְּחַיֵּיכוֹן וּבְיוֹמֵיכוֹן וּבְחַיֵּי דְכָל בֵּית יִשְׂרָאֵל
בַּעֲגָלָא וּבִזְמַן קָרִיב
וְאִמְרוּ אָמֵן. (קהל: אָמֵן)

קהל וש״ץ: יְהֵא שְׁמֵהּ רַבָּא מְבָרַךְ לְעָלַם וּלְעָלְמֵי עָלְמַיָּא.

ש״ץ: יִתְבָּרַךְ וְיִשְׁתַּבַּח וְיִתְפָּאַר וְיִתְרוֹמַם וְיִתְנַשֵּׂא
וְיִתְהַדָּר וְיִתְעַלֶּה וְיִתְהַלָּל
שְׁמֵהּ דְּקֻדְשָׁא בְּרִיךְ הוּא (קהל: אָמֵן)
לְעֵלָּא לְעֵלָּא מִכָּל בִּרְכָתָא וְשִׁירָתָא, תֻּשְׁבְּחָתָא וְנֶחֱמָתָא
דַּאֲמִירָן בְּעָלְמָא
וְאִמְרוּ אָמֵן. (קהל: אָמֵן)

תִּתְקַבַּל צְלוֹתְהוֹן וּבָעוּתְהוֹן דְּכָל בֵּית יִשְׂרָאֵל
קֳדָם אֲבוּהוֹן דִּי בִשְׁמַיָּא
וְאִמְרוּ אָמֵן. (קהל: אָמֵן)

יְהֵא שְׁלָמָא רַבָּא מִן שְׁמַיָּא
וְחַיִּים טוֹבִים עָלֵינוּ וְעַל כָּל יִשְׂרָאֵל
וְאִמְרוּ אָמֵן. (קהל: אָמֵן)

כורע ופוסע שלוש פסיעות לאחור. קד לשמאל, לימין ולפנים באמירת:

עֹשֶׂה הַשָּׁלוֹם בִּמְרוֹמָיו
הוּא יַעֲשֶׂה שָׁלוֹם, עָלֵינוּ וְעַל כָּל יִשְׂרָאֵל
וְאִמְרוּ אָמֵן. (קהל: אָמֵן)

תפילת 'עָלֵינוּ' מסיימת את התפילות גם בימות החול, אך היא מיוחדת בימים הנוראים, שכן במקורה הייתה חלק מסדר מלכיות ונאמרה רק בהם, ומאוחר יותר הועתקה לשאר ימות השנה ('עָלֵינוּ' בסיום התפילה מוזכרת לראשונה במחזור ויטרי צט, ואינה מוזכרת בסידורי הגאונים והרמב"ם).

אומרים 'עָלֵינוּ' בעמידה ומשתחווים במקום המסומן ב°.

עָלֵינוּ לְשַׁבֵּחַ לַאֲדוֹן הַכֹּל, לָתֵת גְּדֻלָּה לְיוֹצֵר בְּרֵאשִׁית
שֶׁלֹּא עָשָׂנוּ כְּגוֹיֵי הָאֲרָצוֹת, וְלֹא שָׂמָנוּ כְּמִשְׁפְּחוֹת הָאֲדָמָה
שֶׁלֹּא שָׂם חֶלְקֵנוּ כָּהֶם וְגוֹרָלֵנוּ כְּכָל הֲמוֹנָם.
שֶׁהֵם מִשְׁתַּחֲוִים לְהֶבֶל וָרִיק וּמִתְפַּלְלִים אֶל אֵל לֹא יוֹשִׁיעַ.
°וַאֲנַחְנוּ כּוֹרְעִים וּמִשְׁתַּחֲוִים וּמוֹדִים
לִפְנֵי מֶלֶךְ מַלְכֵי הַמְּלָכִים, הַקָּדוֹשׁ בָּרוּךְ הוּא
שֶׁהוּא נוֹטֶה שָׁמַיִם וְיוֹסֵד אָרֶץ, וּמוֹשַׁב יְקָרוֹ בַּשָּׁמַיִם מִמַּעַל
וּשְׁכִינַת עֻזּוֹ בְּגָבְהֵי מְרוֹמִים.
הוּא אֱלֹהֵינוּ, אֵין עוֹד.
אֱמֶת מַלְכֵּנוּ, אֶפֶס זוּלָתוֹ
כַּכָּתוּב בְּתוֹרָתוֹ, וְיָדַעְתָּ הַיּוֹם וַהֲשֵׁבֹתָ אֶל־לְבָבֶךָ דברים ד
כִּי יהוה הוּא הָאֱלֹהִים בַּשָּׁמַיִם מִמַּעַל וְעַל־הָאָרֶץ מִתָּחַת
אֵין עוֹד:

וְעַל כֵּן נְקַוֶּה לְּךָ יהוה אֱלֹהֵינוּ, לִרְאוֹת מְהֵרָה בְּתִפְאֶרֶת עֻזֶּךָ
לְהַעֲבִיר גִּלּוּלִים מִן הָאָרֶץ, וְהָאֱלִילִים כָּרוֹת יִכָּרֵתוּן
לְתַקֵּן עוֹלָם בְּמַלְכוּת שַׁדַּי.
וְכָל בְּנֵי בָשָׂר יִקְרְאוּ בִשְׁמֶךָ, לְהַפְנוֹת אֵלֶיךָ כָּל רִשְׁעֵי אָרֶץ.
יַכִּירוּ וְיֵדְעוּ כָּל יוֹשְׁבֵי תֵבֵל
כִּי לְךָ תִּכְרַע כָּל בֶּרֶךְ, תִּשָּׁבַע כָּל לָשׁוֹן.
לְפָנֶיךָ יהוה אֱלֹהֵינוּ יִכְרְעוּ וְיִפֹּלוּ, וְלִכְבוֹד שִׁמְךָ יְקָר יִתֵּנוּ
וִיקַבְּלוּ כֻלָּם אֶת עֹל מַלְכוּתֶךָ, וְתִמְלֹךְ עֲלֵיהֶם מְהֵרָה לְעוֹלָם וָעֶד.
כִּי הַמַּלְכוּת שֶׁלְּךָ הִיא וּלְעוֹלְמֵי עַד תִּמְלֹךְ בְּכָבוֹד
כַּכָּתוּב בְּתוֹרָתֶךָ, יהוה יִמְלֹךְ לְעֹלָם וָעֶד: שמות טו

זכריה יד ◄ וְנֶאֱמַר, וְהָיָה יהוה לְמֶלֶךְ עַל־כָּל־הָאָרֶץ
בַּיּוֹם הַהוּא יִהְיֶה יהוה אֶחָד וּשְׁמוֹ אֶחָד:

יש מוסיפים:

משלי ג אַל־תִּירָא מִפַּחַד פִּתְאֹם וּמִשֹּׁאַת רְשָׁעִים כִּי תָבֹא:

ישעיה ח עֻצוּ עֵצָה וְתֻפָר, דַּבְּרוּ דָבָר וְלֹא יָקוּם, כִּי עִמָּנוּ אֵל:

ישעיה מו וְעַד־זִקְנָה אֲנִי הוּא, וְעַד־שֵׂיבָה אֲנִי אֶסְבֹּל, אֲנִי עָשִׂיתִי וַאֲנִי אֶשָּׂא וַאֲנִי אֶסְבֹּל וַאֲמַלֵּט:

קדיש יתום

אם יש מניין, האבלים עומדים ואומרים קדיש יתום.

אבל: **יִתְגַּדַּל וְיִתְקַדַּשׁ שְׁמֵהּ רַבָּא** (קהל: אָמֵן)
בְּעָלְמָא דִּי בְרָא כִרְעוּתֵהּ, וְיַמְלִיךְ מַלְכוּתֵהּ
וְיַצְמַח פֻּרְקָנֵהּ וִיקָרֵב מְשִׁיחֵהּ (קהל: אָמֵן)
בְּחַיֵּיכוֹן וּבְיוֹמֵיכוֹן וּבְחַיֵּי דְכָל בֵּית יִשְׂרָאֵל
בַּעֲגָלָא וּבִזְמַן קָרִיב, וְאִמְרוּ אָמֵן. (קהל: אָמֵן)

קהל ואבל: **יְהֵא שְׁמֵהּ רַבָּא מְבָרַךְ לְעָלַם וּלְעָלְמֵי עָלְמַיָּא.**

אבל: **יִתְבָּרַךְ וְיִשְׁתַּבַּח וְיִתְפָּאַר וְיִתְרוֹמַם וְיִתְנַשֵּׂא**
וְיִתְהַדָּר וְיִתְעַלֶּה וְיִתְהַלָּל
שְׁמֵהּ דְּקֻדְשָׁא בְּרִיךְ הוּא (קהל: אָמֵן)
לְעֵלָּא לְעֵלָּא מִכָּל בִּרְכָתָא וְשִׁירָתָא,
תֻּשְׁבְּחָתָא וְנֶחֱמָתָא, דַּאֲמִירָן בְּעָלְמָא, וְאִמְרוּ אָמֵן. (קהל: אָמֵן)

יְהֵא שְׁלָמָא רַבָּא מִן שְׁמַיָּא
וְחַיִּים טוֹבִים עָלֵינוּ וְעַל כָּל יִשְׂרָאֵל, וְאִמְרוּ אָמֵן. (קהל: אָמֵן)

כורע ופוסע שלוש פסיעות לאחור. קד לשמאל, לימין ולפנים באמירת:

עֹשֶׂה הַשָּׁלוֹם בִּמְרוֹמָיו
הוּא יַעֲשֶׂה שָׁלוֹם עָלֵינוּ
וְעַל כָּל יִשְׂרָאֵל, וְאִמְרוּ אָמֵן. (קהל: אָמֵן)

בבתי כנסת המתפללים בנוסח אשכנז, נוהגים להוסיף כאן את המזמור ׳לְדָוִד, ה׳ אוֹרִי וְיִשְׁעִי׳ (עמ׳ 297) וקדיש יתום.

יש השרים כאן 'יִגְדַּל', יש השרים 'אֲדוֹן עוֹלָם',
ויש קהילות שבהן שרים את שניהם.

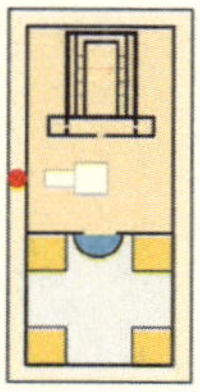

כהן גדול בלשכת
בית אבטינס
לימוד כל הלילה

יִגְדַּל אֱלֹהִים חַי וְיִשְׁתַּבַּח, נִמְצָא וְאֵין עֵת אֶל מְצִיאוּתוֹ.
אֶחָד וְאֵין יָחִיד כְּיִחוּדוֹ, נֶעְלָם וְגַם אֵין סוֹף לְאַחְדוּתוֹ.
אֵין לוֹ דְּמוּת הַגּוּף וְאֵינוֹ גוּף, לֹא נַעֲרֹךְ אֵלָיו קְדֻשָּׁתוֹ.
קַדְמוֹן לְכָל דָּבָר אֲשֶׁר נִבְרָא, רִאשׁוֹן וְאֵין רֵאשִׁית לְרֵאשִׁיתוֹ.
הִנּוֹ אֲדוֹן עוֹלָם, וְכָל נוֹצָר יוֹרֶה גְדֻלָּתוֹ וּמַלְכוּתוֹ.
שֶׁפַע נְבוּאָתוֹ נְתָנוֹ אֶל־אַנְשֵׁי סְגֻלָּתוֹ וְתִפְאַרְתּוֹ.
לֹא קָם בְּיִשְׂרָאֵל כְּמֹשֶׁה עוֹד נָבִיא וּמַבִּיט אֶת תְּמוּנָתוֹ.
תּוֹרַת אֱמֶת נָתַן לְעַמּוֹ אֵל עַל יַד נְבִיאוֹ נֶאֱמַן בֵּיתוֹ.
לֹא יַחֲלִיף הָאֵל וְלֹא יָמִיר דָּתוֹ לְעוֹלָמִים לְזוּלָתוֹ.
צוֹפֶה וְיוֹדֵעַ סְתָרֵינוּ, מַבִּיט לְסוֹף דָּבָר בְּקַדְמָתוֹ.
גּוֹמֵל לְאִישׁ חֶסֶד כְּמִפְעָלוֹ, נוֹתֵן לְרָשָׁע רָע כְּרִשְׁעָתוֹ.
יִשְׁלַח לְקֵץ יָמִין מְשִׁיחֵנוּ לִפְדּוֹת מְחַכֵּי קֵץ יְשׁוּעָתוֹ.
מֵתִים יְחַיֶּה אֵל בְּרֹב חַסְדּוֹ, בָּרוּךְ עֲדֵי עַד שֵׁם תְּהִלָּתוֹ.

אֲדוֹן עוֹלָם אֲשֶׁר מָלַךְ בְּטֶרֶם כָּל־יְצִיר נִבְרָא.
לְעֵת נַעֲשָׂה בְחֶפְצוֹ כֹּל אֲזַי מֶלֶךְ שְׁמוֹ נִקְרָא.
וְאַחֲרֵי כִּכְלוֹת הַכֹּל לְבַדּוֹ יִמְלֹךְ נוֹרָא.
וְהוּא הָיָה וְהוּא הֹוֶה וְהוּא יִהְיֶה בְּתִפְאָרָה.
וְהוּא אֶחָד וְאֵין שֵׁנִי לְהַמְשִׁיל לוֹ לְהַחְבִּירָה.
בְּלִי רֵאשִׁית בְּלִי תַכְלִית וְלוֹ הָעֹז וְהַמִּשְׂרָה.
וְהוּא אֵלִי וְחַי גּוֹאֲלִי וְצוּר חֶבְלִי בְּעֵת צָרָה.
וְהוּא נִסִּי וּמָנוֹס לִי מְנָת כּוֹסִי בְּיוֹם אֶקְרָא.
בְּיָדוֹ אַפְקִיד רוּחִי בְּעֵת אִישַׁן וְאָעִירָה.
וְעִם רוּחִי גְּוִיָּתִי יהוה לִי וְלֹא אִירָא.

יש נוהגים לומר מזמורים אלו (של״ה).

תהלים א אַשְׁרֵי־הָאִישׁ אֲשֶׁר לֹא הָלַךְ בַּעֲצַת רְשָׁעִים, וּבְדֶרֶךְ חַטָּאִים לֹא עָמָד, וּבְמוֹשַׁב לֵצִים לֹא יָשָׁב: כִּי אִם בְּתוֹרַת יהוה חֶפְצוֹ, וּבְתוֹרָתוֹ יֶהְגֶּה יוֹמָם וָלָיְלָה: וְהָיָה כְּעֵץ שָׁתוּל עַל־פַּלְגֵי מָיִם, אֲשֶׁר פִּרְיוֹ יִתֵּן בְּעִתּוֹ, וְעָלֵהוּ לֹא־יִבּוֹל, וְכֹל אֲשֶׁר־יַעֲשֶׂה יַצְלִיחַ: לֹא־כֵן הָרְשָׁעִים, כִּי אִם־כַּמֹּץ אֲשֶׁר־תִּדְּפֶנּוּ רוּחַ: עַל־כֵּן לֹא־יָקֻמוּ רְשָׁעִים בַּמִּשְׁפָּט, וְחַטָּאִים בַּעֲדַת צַדִּיקִים: כִּי־יוֹדֵעַ יהוה דֶּרֶךְ צַדִּיקִים, וְדֶרֶךְ רְשָׁעִים תֹּאבֵד:

תהלים ב לָמָּה רָגְשׁוּ גוֹיִם, וּלְאֻמִּים יֶהְגּוּ־רִיק: יִתְיַצְּבוּ מַלְכֵי־אֶרֶץ וְרוֹזְנִים נוֹסְדוּ־יָחַד, עַל־יהוה וְעַל־מְשִׁיחוֹ: נְנַתְּקָה אֶת־מוֹסְרוֹתֵימוֹ, וְנַשְׁלִיכָה מִמֶּנּוּ עֲבֹתֵימוֹ: יוֹשֵׁב בַּשָּׁמַיִם יִשְׂחָק, אֲדֹנָי יִלְעַג־לָמוֹ: אָז יְדַבֵּר אֵלֵימוֹ בְאַפּוֹ, וּבַחֲרוֹנוֹ יְבַהֲלֵמוֹ: וַאֲנִי נָסַכְתִּי מַלְכִּי עַל־צִיּוֹן הַר־קָדְשִׁי: אֲסַפְּרָה אֶל חֹק, יהוה אָמַר אֵלַי בְּנִי־אַתָּה, אֲנִי הַיּוֹם יְלִדְתִּיךָ: שְׁאַל מִמֶּנִּי וְאֶתְּנָה גוֹיִם נַחֲלָתֶךָ, וַאֲחֻזָּתְךָ אַפְסֵי־אָרֶץ: תְּרֹעֵם בְּשֵׁבֶט בַּרְזֶל, כִּכְלִי יוֹצֵר תְּנַפְּצֵם: וְעַתָּה מְלָכִים הַשְׂכִּילוּ, הִוָּסְרוּ שֹׁפְטֵי אָרֶץ: עִבְדוּ אֶת־יהוה בְּיִרְאָה, וְגִילוּ בִּרְעָדָה: נַשְּׁקוּ־בַר פֶּן־יֶאֱנַף וְתֹאבְדוּ דֶרֶךְ, כִּי־יִבְעַר כִּמְעַט אַפּוֹ, אַשְׁרֵי כָּל־חוֹסֵי בוֹ:

תהלים ג מִזְמוֹר לְדָוִד בְּבָרְחוֹ מִפְּנֵי אַבְשָׁלוֹם בְּנוֹ: יהוה מָה־רַבּוּ צָרָי, רַבִּים קָמִים עָלָי: רַבִּים אֹמְרִים לְנַפְשִׁי, אֵין יְשׁוּעָתָה לּוֹ בֵאלֹהִים סֶלָה: וְאַתָּה יהוה מָגֵן בַּעֲדִי, כְּבוֹדִי וּמֵרִים רֹאשִׁי: קוֹלִי אֶל־יהוה אֶקְרָא, וַיַּעֲנֵנִי מֵהַר קָדְשׁוֹ סֶלָה: אֲנִי שָׁכַבְתִּי וָאִישָׁנָה, הֱקִיצוֹתִי כִּי יהוה יִסְמְכֵנִי: לֹא־אִירָא מֵרִבְבוֹת עָם, אֲשֶׁר סָבִיב שָׁתוּ עָלָי: קוּמָה יהוה, הוֹשִׁיעֵנִי אֱלֹהַי, כִּי־הִכִּיתָ אֶת־כָּל־אֹיְבַי לֶחִי, שִׁנֵּי רְשָׁעִים שִׁבַּרְתָּ: לַיהוה הַיְשׁוּעָה, עַל־עַמְּךָ בִרְכָתֶךָ סֶּלָה:

תהלים ד לַמְנַצֵּחַ בִּנְגִינוֹת מִזְמוֹר לְדָוִד: בְּקָרְאִי עֲנֵנִי אֱלֹהֵי צִדְקִי, בַּצָּר הִרְחַבְתָּ לִּי, חָנֵּנִי וּשְׁמַע תְּפִלָּתִי: בְּנֵי־אִישׁ עַד־מֶה כְבוֹדִי לִכְלִמָּה תֶּאֱהָבוּן רִיק, תְּבַקְשׁוּ כָזָב סֶלָה: וּדְעוּ כִּי־הִפְלָה יהוה חָסִיד לוֹ, יהוה יִשְׁמַע בְּקָרְאִי אֵלָיו: רִגְזוּ וְאַל־תֶּחֱטָאוּ אִמְרוּ בִלְבַבְכֶם עַל־מִשְׁכַּבְכֶם וְדֹמּוּ סֶלָה: זִבְחוּ זִבְחֵי־צֶדֶק, וּבִטְחוּ אֶל־יהוה: רַבִּים אֹמְרִים מִי־יַרְאֵנוּ טוֹב, נְסָה־עָלֵינוּ אוֹר פָּנֶיךָ יהוה: נָתַתָּה שִׂמְחָה בְלִבִּי, מֵעֵת דְּגָנָם וְתִירוֹשָׁם רָבּוּ: בְּשָׁלוֹם יַחְדָּו אֶשְׁכְּבָה וְאִישָׁן, כִּי־אַתָּה יהוה לְבָדָד לָבֶטַח תּוֹשִׁיבֵנִי:

קדיש יתום

אם יש מניין, האבלים עומדים ואומרים קדיש יתום.

אבל: יִתְגַּדַּל וְיִתְקַדַּשׁ שְׁמֵהּ רַבָּא (קהל: אָמֵן)
בְּעָלְמָא דִּי בְרָא כִרְעוּתֵהּ
וְיַמְלִיךְ מַלְכוּתֵהּ
וְיַצְמַח פֻּרְקָנֵהּ וִיקָרֵב מְשִׁיחֵהּ (קהל: אָמֵן)
בְּחַיֵּיכוֹן וּבְיוֹמֵיכוֹן וּבְחַיֵּי דְכָל בֵּית יִשְׂרָאֵל
בַּעֲגָלָא וּבִזְמַן קָרִיב
וְאִמְרוּ אָמֵן. (קהל: אָמֵן)

קהל ואבל: יְהֵא שְׁמֵהּ רַבָּא מְבָרַךְ לְעָלַם וּלְעָלְמֵי עָלְמַיָּא.

אבל: יִתְבָּרַךְ וְיִשְׁתַּבַּח וְיִתְפָּאַר וְיִתְרוֹמַם וְיִתְנַשֵּׂא
וְיִתְהַדָּר וְיִתְעַלֶּה וְיִתְהַלָּל
שְׁמֵהּ דְּקֻדְשָׁא בְּרִיךְ הוּא (קהל: אָמֵן)
לְעֵלָּא לְעֵלָּא מִכָּל בִּרְכָתָא
וְשִׁירָתָא תֻּשְׁבְּחָתָא וְנֶחֱמָתָא
דַּאֲמִירָן בְּעָלְמָא
וְאִמְרוּ אָמֵן. (קהל: אָמֵן)

יְהֵא שְׁלָמָא רַבָּא מִן שְׁמַיָּא
וְחַיִּים טוֹבִים עָלֵינוּ וְעַל כָּל יִשְׂרָאֵל
וְאִמְרוּ אָמֵן. (קהל: אָמֵן)

כורע ופוסע שלוש פסיעות לאחור. קד לשמאל, לימין ולפנים באמירת:

עֹשֶׂה הַשָּׁלוֹם בִּמְרוֹמָיו
הוּא יַעֲשֶׂה שָׁלוֹם
עָלֵינוּ וְעַל כָּל יִשְׂרָאֵל
וְאִמְרוּ אָמֵן. (קהל: אָמֵן)

לימוד לליל יום הכיפורים

תשובת הכוהן הגדול וישראל בעזרה

פרק ד: השעיר לעזאזל – ותשובת ישראל בעזרה

מצות שעיר המשתלח – חוק בלא טעם וסיבה, אך בקיומו העולם קיים

אחת המצוות עטופות הסוד שבתורה, זו המצווה לשלח את השעיר "לעזאזל המדברה" ביום הכיפורים.

כך כותב הרמב"ם בסוף הלכות מעילה: "ראוי לאדם להתבונן במשפטי התורה הקדושה, ולידע סוף עניינם כפי כוחו, ודבר שלא ימצא לו טעם, ולא ידע לו עילה, אל יהי קל בעיניו... ולא יחפה דברים אשר לא כן על ה', ולא יחשוב בהן כמחשבתו בדברי החול... הרי נאמר בתורה: 'ושמרתם אל כל **חוקותי**' (ויקרא יט, לז), והחוקים הן המצוות שאין טעמן ידוע. אמרו חכמים: 'חוקים חקקתי לך ואין לך רשות להרהר בהן', ויצרו של אדם נוקפו בהן ואומות העולם משיבין עליהן, כגון איסור בשר חזיר... ועגלה ערופה, ופרה אדומה, **ושעיר המשתלח**... וכל הקרבנות כולם מכלל החוקים הם. אמרו חכמים, שבשביל עבודת הקרבנות העולם עומד" (אבות א, ב).

מדברי הרמב"ם נראה שרצה להסביר מדוע הפליגו חז"ל בערך הקרבנות ואמרו שהעולם עומד דווקא בזכותם. תשובתו של הרמב"ם היא שדווקא בגלל שמערכת המצוות הקשורות למקדש בנויה על מעשים רבים שאין להם תמיד טעם והסבר בהיגיון האנושי, ועם זאת ישראל והכוהנים מקיימים מצוות אלה בהקפדה יתרה, כעבד המקיים מצוות רבו וכגזרת מלך, משום כך עבודתם רצויה לפני ה', ועושה לו נחת רוח, יותר מקיום מצוות שיש להן טעם, וזה הדבר הנותן קיום לעולם.

הרמב"ם: מעשה שילוח השעיר למדבר הוא פעולה מעשית המבטאת את גמר תשובת הלב של האדם

למרות שהשעיר המשתלח הוא דוגמה למצווה שהיא חוק, בלא טעם וסיבה, מציע הרמב"ם במורה נבוכים (ג, מו) הסבר למצווה זו. הרמב"ם מסביר שהשעיר בא להמחיש לנוכחים במקדש עד כמה צריך האדם להזדכך בתשובתו ולהתרחק מן העבירה מרחק רב. לפיכך ישראל והכוהנים משלחים את השעיר ביום הכיפורים הרחק מן המקדש, אל ארץ גזרה. במקום לשחוט את השעיר כשאר הקרבנות, ולהביא חלקים ממנו אל אש המזבח, משולח השעיר הרחק

ככל האפשר ממקום יישוב, והוא מושלך ומתגלגל עד שהוא נעשה אברים אברים. כך אף אנו ביום זה במקדש: "כל מה שקדם ממעשינו, כבר ניקינו עצמנו מהם והשלכנום אחר גווינו". בכך מתכוון הרמב"ם, ככל הנראה, לתהליך התשובה שתיאר בהלכות תשובה (ב, ב): "ומה היא התשובה? הוא שיעזוב החוטא חטאו ויסירו ממחשבתו... וכן יתנחם על שעבר".

לדברי הרמב"ם במורה נבוכים, מעשה שילוח השעיר **גומר** את מעשה התשובה של ישראל, וזאת בצורת "משל" – כלשונו, כלומר בעזרת דוגמה מוחשית, המעידה על מחיקת חטאי העבר ועל השלכתם למקום "אשר לא יזכרו ולא יפקדו ולא יעלו על לב לעולם". במעשה זה נראה **כאילו** השעיר נושא עליו את החטאים, **וכאילו** הוא מנקה בכך את טומאת הלב שבאדם, אך לאמתו של דבר, רק האדם עצמו הוא המטהר את לבו בתשובתו. מעשה שילוח השעיר הוא פעולה מוחשית הבאה להעמיק את התהליך הנפשי, ולהביא "להתפעלות לתשובה" – כלשון הרמב"ם שם.

ספר החינוך: השעיר מהווה התרעה מוחשית בדבר סופו של החוטא, כדי לעורר לתשובה

הסבר אחר למעשה שילוח השעיר הננו מוצאים בדברי בעל 'ספר החינוך' במצוה צ"ה, וזו לשונו: "בקרבן עזאזל שנשלח **חי** אל מקום **החורבן והכיליון**, נאמר [הסבר וטעם] בפשט העניין: לבל ידמה החוטא הגמור שאחרי שתקבל נפשו עונש על חטאים, [הנה] תשוב [ותחזור] לעמוד במקום הטובים [והצדיקים, כאילו לא חטאה], או תהיה לה הישארות וטובה קצת [בעולם הבא] ואפילו יהיה [רשע] כירבעם בן נבט וחבריו, [דוגמה לדבר:] כמו שהוא רואה כל השנה כולה [במקדש], שיש לגוף הבהמה שהוא [מוקרב על המזבח] לדמיון גוף החוטא, הישארות קצת בבית ה' [וזאת] באפר שנשאר שם [על גבי המזבח] בעת השרפה, [אשר] לא יוציאוהו מן הבית עד אחרי זמן הרבה [וכך יזכה גם הוא להישאר לפני ה' אחר מותו, ולו בדרגה נמוכה ביחס לצדיקים]. על כן בשעיר החי הנושא את העוונות, יראה [האדם רמז] כי החוטא, שעוונותיו מרובין, כמו האפיקורסים, ושכפרו בתורה ובתחיית המתים, וכל המצרים לישראל בכלל – לא יראו בטובה לעולם, ו'תולעתם לא תמות ואשם לא תכבה' (ישעיה סו, כד), כמעשה השעיר בנושאו ריבוי עוונות כל ישראל, [אשר] יושלך לגמרי אל ארץ גזירה, 'זכרו יאבד מיני ארץ' (איוב יח, יז). וזהו שאמרו חכמינו זכרונם לברכה (ירושלמי יומא ו, ג), כי בשעה שישראל מרוצין [לפני ה'] לא הגיע לחצי ההר, עד שנעשה [השעיר] אברים אברים, להודיעך דמיון החוטא הגמור, כי כן יאבד מהרה, ויהיה כלה כיליון גמור, [וזאת] למען ילמדו וייקחו מוסר וייטיבו דרכיהם".

לדעת בעל ספר החינוך, בשילוח השעיר עושה הבורא חסד עם ישראל, ומייסר אותם במשל ודוגמה בטרם יחטאו, ואינו ממתין עד שאדם ירשיע ויאבד מן העולם, אלא מקדים ומראה לאדם באמצעות השעיר המשתלח מה סופו של חוטא, כמו ירבעם בן נבט, שנכרת בעוונו מן העולם, וכדוגמת השעיר הנעשה אברים אברים.

על כך יש להוסיף, כי העומדים בעזרה

רואים לפניהם תחילה שני שעירים "שווים בקומה ובמראה" (יומא סב, ב), כמובא בהלכה, ורק ההבדל הדק – הגורל, הוא המבדיל ביניהם: האחד זוכה ועולה לפני ה' כריח ניחוח, לכפר על ישראל, והשני מושלך אל הישימון, ובשרו נעשה מאכל לעוף השמים ולחייתו ארץ.

ומכאן לימוד ומוסר לכל אדם, כי הבחירה בידו לשוב אל ה' בכל לבו, ואז יהיו כל מעשיו בבחינת "ריח ניחוח לפני ה'", או ללכת חלילה אחר שרירות לבו הרע, עד שימצא עצמו מושלך ארצה אברים אברים.

מפרשי התורה ומחברים שונים עסקו בהסבר טעמה של מצוה זו. ראה מה שכתב בעניין זה הרמב"ן (ויקרא טז, ח), וכן ראה מה שכתבו האברבנאל, האלשיך ופרשנים אחרים שם. וראה 'ילקוט שמעוני' (ויקרא רמז תקעה), הכותב שהשעיר ניתן כ"שוחד" למי שמקטרג על ישראל ביום הדין, וכן ראה בזוהר פרשת תצווה (דף קפה), ועוד.

שעיר עיזים ומכירת יוסף

טעם נוסף לשילוח השעיר עולה מדברי חז"ל והראשונים, אך הוא לא נדון בדברי המפרשים, ולפיכך מן הראוי להביאו כאן. חז"ל קושרים את מצות שילוח השעיר לעזאזל לחטאם של אחי יוסף, אשר שלחו אל אביהם את כתונת הפסים של יוסף, כשהיא טבולה בדם שעיר עיזים.

כך אומרים חכמינו ז"ל ב'ילקוט שמעוני' (פרשת שמיני רמז תקכא): "יבוא שעיר ויכפר על מעשה שעיר", כלומר, שעיר החטאת המובא במקדש במועדים, בא לכפר על מה שחטאו ישראל בראשית ימי האומה, במחלוקת הפנימית בין האחים. השעיר בא לתקן את השנאה שהביאה למכירת יוסף ולירידה למצרים, וכך גם את המחלוקת המתמשכת בין השבטים במהלך הדורות. ואלו דברי המדרש שם: "אמר להם [משה]: אתם, יש בידכם בתחילה [כלומר, יש בידכם חטא ואשמה בראשית ימי האומה] ויש בידכם בסוף [היינו בתקופת המדבר]. יש בידכם בתחילה – 'וישחטו [אחי יוסף] שעיר עזים', ויש בידכם בסוף – 'עשו להם עגל מסכה'. יבוא שעיר – ויכפר על מעשה שעיר, יבוא עגל – ויכפר על מעשה העגל".

קרבן שעיר עיזים נועד למחוק את חטא השנאה והמחלוקת בישראל ולהרבות שלום

מכאן לומד הרמב"ם במורה נבוכים (ג, מו) שהתורה באה ללמדנו, בהקרבת שעיר החטאת במקדש, שבכל הדורות יש לשוב בתשובה על חטא מכירת יוסף, וכן על מעשה אחי יוסף שטבלו את הכתונת בדם שעיר העיזים ושיגרו אותה ליעקב אביהם. ואלו דבריו שם: "אבל החכמים ז"ל עשו טעם אחידות כפרת הציבור בשעירים, בגלל חטאת כל ישראל בראשונה [בימי יעקב ובניו] בשעיר עיזים, כוונתם על מכירת יוסף הצדיק, שבפרשתו נאמר: 'וישחטו שעיר עזים'. ואל יהי חלוש בעיניך טעם זה, כי תכלית כל הפעולות האלה [הנעשות במקדש במועדים וביום הכיפורים] לקבוע בנפש כל חוטא, שהוא צריך לזכור ולהזכיר את חטאו תמיד, כמו שאמר [הכתוב] 'וחטאתי נגדי תמיד' (תהלים נא, ה), ושהוא חייב לבקש מחילת אותו החטא, הוא וזרעו וזרע זרעו,

בעבודה [בפעולה מוחשית] שתהא ממין אותו החטא. וכאשר היה החטא [של האחים] בשעיר עיזים, [ממילא גם] הייתה העבודה [והתשובה] בשעיר עיזים".

כלומר, אם בני יעקב שגו בטיפוח השנאה ביניהם, וחטאו בשילוח שעיר העיזים ליעקב, ובכך הסתירו מאביהם את המריבה והשנאה שבינם לבין יוסף, מתחייב הדבר שכנגד מעשה זה, וכתשובה על כך, יביאו ישראל שעיר עיזים לפני ה', לכפרה ולתיקון המעוות, כדי לחדש את האחווה בישראל, להעמיק אותה ולהרבות שלום.

נמצא שהצורך לזכור את מעשה השעיר במכירת יוסף נועד לתקנתו הכללית של עם ישראל, כדי לזכור את הלקח המר של שנאת האחים ותוצאותיה ולהקריב שעיר במקדש כתשובה וכתיקון לדבר.

מכירת יוסף וטבילת כותנתו בדם שעיר אירעה ביום הכיפורים

דברי חז"ל והרמב"ם בדבר הצורך לעשות תשובה על מעשה הכתונת ביום הכיפורים, מבוססים, ככל הנראה, על מסורת קדומה, שכן מוצאים אנו מקור מקביל ב'ספר היובלים' שנתחבר בתקופת בית שני, ובו מסופר שהמריבה והמחלוקת בין בני יעקב הגיעה לשיאה **ביום הכיפורים**. ביום זה הושלך יוסף אל הבור, ביום זה הוא נמכר כעבד לישמעאלים והורד למצרים, וביום זה שלחו אחי יוסף את כותנתו ליעקב כשהיא טבולה בדם, והנציחו בכך את המחלוקת והשנאה לימים רבים. וכך נאמר שם ('ספר היובלים' לד, יב): "וישחטו בני יעקב שעיר עיזים, ויטבלו את כתונת יוסף בדמו, וישלחו אותה אל יעקב **בעשירי לחודש השביעי**... ויתאבל על יוסף... כי אמר ארד שאולה בהתאבלי על בני". ומוסיף בעל ספר היובלים: "על כן הוקם על בני ישראל לענות נפשם בעשרה לחודש השביעי... לכפר בו... בשעיר עיזים בעשרה לחודש השביעי, בעבור חטאותיהם, ובעבור כל פשעם, ובעבור כל שגגותיהם, לטהר נפשם ביום ההוא פעם בשנה". דברי חז"ל והרמב"ם מבוססים, אפוא, על מקור קדום, ותשובת ישראל על חטאים שבין אדם לחברו מתבקשת במיוחד ביום הכיפורים.

יום הכיפורים – יום תשובה על חטאים שבין אדם לחברו

הוא אשר נאמר בנוסח תפילת יום הכיפורים (בתחנונים שבסוף 'סדר העבודה'): "על כן ברחמיך הרבים נתת לנו את יום צום הכיפורים הזה... לסליחת עוון ולכפרת פשע. יום אסור באכילה, יום אסור בשתייה... **יום שימת אהבה ורעות**, יום עזיבת קנאה

◂ **שילוח השעיר למדבר** הכהן הגדול מוסר את השעיר המשתלח לידיו של 'איש עיתי' המזומן להוליכו למדבר. אל השעיר המשתלח נלוו אנשים מ'יקירי ירושלים', אך גם אנשים אחרים מבין המתכנסים למקדש, וביניהם אנשי בבל ואלכסנדריה (בציור, במלבושים מגוונים) שהשתתפו אף הם במעמד העבודה בעזרה (משנה יומא ו, ג – ד) (הציור על רקע 'שער שושן' במזרח הר הבית, השער הפונה לכיוון המדבר). כל אדם היה כשר להוליך את השעיר, אך הכהנים הקפידו שילווה אותו כהן דווקא. (בציורים מתואר האיש המשלח, פעמים בבגדי כהונה ופעמים בבגדים רגילים, זאת מן הסיבה האמורה).

ותחרות", דהיינו, יום הכיפורים הוא יום של חשבון נפש, לתיקון חטא המריבה והשנאה בראשית ימי האומה (וראה בפיוט סדר העבודה 'אתה כוננת עולם ברוב חסד', מאת יוסי בן יוסי, שכתונת הכוהן ביום הכיפורים באה לכפר על מעשה כתונת הפסים של אחי יוסף, וכלשונו שם: "בכפל [חוטים] **כתונת** בד וכיסה שארו... ויסיר דאגת **כתונת** פסים").

אכן, אחד מן היסודות של יום הכיפורים הוא החובה לשוב בתשובה על החטאים שבין אדם לחברו, כפי שנאמר במשנה (סוף מסכת יומא): "עברות שבין אדם לחברו אין יום הכיפורים מכפר עד שירצה את חברו". ההגרלה בין השעירים, אשר אחד מהם עולה כקרבן לה' והשני נשלח לעזאזל, רמז יש בה, שעברות שבין אדם למקום ניתן אמנם לתקן לפני ה' במקדשו, כפי שהדבר בא לידי ביטוי בקרבן השעיר העולה על מזבח ה'. אולם לעברות שבין אדם לחברו אין תקנה בקרבן, אלא יש להיפרד מהן לחלוטין ולבקש מחילה מחברו שחטא כנגדו. הדבר בא לידי ביטוי בשעיר הנשלח לעזאזל, וכך יש לשלח גם את המידות המגונות אל המדבר הרחוק. "הקנאה והתאווה והכבוד" מחריבים את היישוב ומביאים לידי מצב ש"איש את רעהו חיים בלעו" (אבות ג, ב), ולפיכך יש לשלחם, יחד עם השעיר, אל מחוץ ליישוב, וכן לדרדר אל התהום את המידות המגונות ולשוברן, כאותו שעיר המידרדר במורד ההר ונעשה אברים אברים.

כאמור, השעיר המשתלח הוא משל ודוגמה, והוא בא לעורר את המתכנסים בעזרה לתשובה ולתיקון המעשים. לפיכך, כל הרהור תשובה במהלך ההתבוננות בכוהן הגדול בעבודתו, בווידוייו השונים ובשאר המעשים הנעשים במקדש ביום זה, ובכלל זה שילוח השעיר למדבר, הרי הוא בבחינת "והחי יתן אל לבו".

מצות שילוח השעיר אינה קרבן אלא מצוה מיוחדת שנועדה לעורר לתשובה

העולה מן האמור הוא כי השעיר המשתלח אינו 'קרבן' במובן הרגיל, אלא מצוה מיוחדת ומעשה מיוחד שציוותה התורה את ישראל לעשות ביום הכיפורים, כדי לזעזע את העם ולעוררו לתשובה.

דוגמה לדבר – מצות 'עגלה ערופה' האמורה בתורה. פרטי מצות עגלה ערופה מעידים עליה, כי היא נועדה להתריע ולעורר את הציבור, לשמור את חיי הנפש של הזולת. זקני הסנהדרין נאספים אל מקום הרצח, רוחצים את ידיהם על העגלה הערופה, ומכריזים לפני קהל הנאספים: "ידינו לא שפכו את הדם הזה ועינינו לא ראו, **כפר לעמך ישראל** אשר פדית ה'". מטרתן של פעולות אלו היא **כפרה** על עם ישראל, ככתוב (סוף פרשת שופטים): "ונכפר להם הדם", והיא נועדה להגביר את הזהירות של העם ושל הנהגתו בשמירת חיי הזולת (וראה בספר החינוך שם, וכן בתרגום יונתן, שהמעמד כולו והפרסום של המעשה בציבור יש להם גם מטרה מעשית, להביא לגילוי הרוצח).

לאור האמור, מצות השעיר המשתלח, אינה אפוא סוג של קרבן, אלא היא מעשה העומד בפני עצמו. שילוח השעיר נגזר ממעשה הקרבנות במקדש, ומהטלת הגורל בין שני שעירים השווים בקומה, במראה וכו', אך משעה שנגזר על שעיר זה

שיישלח לעזאזל, הרי המעשה כולו נעשה **בנפרד** ממערכת קרבנות יום הכיפורים במקדש. ואכן, מצוות שילוח השעיר הייתה יכולה להיעשות גם על ידי אדם מישראל, וכמובא במשנה (יומא ו, ג), שבאחת השנים שלח את השעיר "ערסלא, וישראל היה". בירושלמי מבואר שאדם זה התגורר בעיר ציפורי שבגליל. אגב כך נמצאנו למדים שאנשי הגליל השתדלו לבוא לירושלים כבר לקראת יום הכיפורים, כדי להיות נוכחים במקדש בעת העבודה, וכפי שנתבאר לעיל בפרק א. ייחודו של השעיר לעזאזל, והעובדה שהוא אינו אחד מקרבנות היום, עולים בבירור כבר בהלכה הראשונה מ'הלכות עבודת יום הכיפורים' ברמב"ם. הרמב"ם שם מונה אחד לאחד את קרבנות היום המובאים במקדש, והם: שני תמידים [של כל יום], פר, איל ושבעה כבשים [למוסף], שעיר חטאת המוספים, ושני קרבנות מיוחדים ליום הכיפורים – פרו ואילו של הכוהן הגדול. לבסוף מונה הרמב"ם את שני שעירי העיזים, שהכוהן הגדול מטיל ביניהם את הגורל, מי מהם ישתלח לעזאזל, והוא מסכם: "נמצאו כל הבהמות הקרבים ביום זה – **חמש עשרה**", אף על פי שהפירוט כולל שישה עשר קרבנות. הווה אומר: שעיר המשתלח אינו קרבן.

כך כותב גם המאירי (יומא ע, א), וזו לשונו: "וצריך שתדע, שחמש עשרה בהמות היו קרבות בו ביום, והם... ושני שעירים אלו, של עזאזל **אינו ממניין חמש עשרה** בהמות אלו, שאין אנו מונים אלא אותן שהיו קרבות".

אין לפנינו אפוא 'קרבן' במובן הרגיל, שעניינו מנחה והקרבה לפני ה' במקדשו, אלא להיפך, דבר הנועד להרחקה, הן מן המקדש והן מיישוב של בני אדם.

שעיר המשתלח – מה עניינו? לעורר לתשובה או למחול עוונות?

למרות האמור לעיל, ששעיר המשתלח אינו קרבן במובן הרגיל, גדול כוחו של השעיר, שהוא מכפר על עוונות כל ישראל, וכפי שכתב הרמב"ם בהלכות תשובה (א, ב): "שעיר המשתלח, לפי שהוא כפרה על כל ישראל, הכוהן הגדול מתוודה עליו [בבקשה כללית] על לשון כל ישראל, שנאמר: 'והתוודה עליו את כל עוונות בני ישראל' (ויקרא טז, כא). שעיר המשתלח מכפר על כל עברות שבתורה, הקלות והחמורות, בין שעבר בזדון בין שעבר בשגגה, בין שהודע לו [שנודעה לו העברה שעבר לפני יום הכיפורים] ובין שלא הודע לו – הכול מתכפר בשעיר המשתלח".

אלא שלאור דברינו לעיל, שכל עניינו של השעיר הוא לעורר לתשובה, וכדברי הרמב"ם עצמו, יש לתמוה על המשך דברי הרמב"ם, הכותב באותה הלכה: "אבל אם לא עשה תשובה, אין השעיר מכפר אלא על הקלות". הרמב"ם מפרט בהמשך מה הן המצוות הקלות, וכותב: ש"מצוות לא תעשה [וכן] מצוות עשה שאין בהן כרת, הן הקלות". הווה אומר, מצד אחד הרמב"ם כותב שכל עניינו של השעיר המשתלח הוא לעורר לתשובה, ומצד שני הוא כותב שמעשה השעיר המשתלח מכפר על העברות הקלות, ונמצא, לכאורה, שמי שעבר על אחת העברות הקלות – אינו צריך לחשוש מאימת הדין.

מן הדברים משתמע, לכאורה, שגם אם

עבר אדם על מצוות עשה שבתורה, וכגון שלא הניח תפילין, או שלא הטיל ציצית בבגדו, או שלא אכל מצה בפסח, כמו כן, שלא נטל לולב, או שלא ישב בסוכה, או שלא שמע תקיעת שופר, וכדומה, או גם אם עבר על איסורי לא תעשה, כגון אכילת חזיר וכדומה, והוא אף מתכוון "להחזיק במרדו", כלשון הגמרא בשבועות (יג, א) – למרות זאת, אין לו מה לחשוש, לכאורה, שכן השעיר יכפר עליו.

יתרה מזו, הבאת שעיר המשתלח ביום הכיפורים במקדש, אף היא מצות עשה שבתורה שאין בה כרת, ונמצא לכאורה, שגם אדם שאין לו עניין בקיום המצווה, וכגון שאינו בא למקדש בעת שילוח השעיר או בעת וידוי הכוהן הגדול, ואף עוסק באותה שעה בענייני חולין, גם אז יכפר עליו השעיר. והדבר קשה, מדוע יזכה אדם זה לכפרה? והרי אין זה אלא "זבח רשעים" שהוא "תועבה", כדברי הגמרא בשבועות (יב, ב)!

יום הכיפורים מכפר למי ששב בתשובה ולמאמין בכפרתו, אך אינו מכפר ל'מבעט' בו

כנגד האפשרות לחשוב כך, עומדים בפנינו דברי הרמב"ם בהלכות שגגות (ג, י). הרמב"ם שם כותב: "אין יום הכיפורים [מכפר] ולא החטאת והאשם מכפרים, אלא על **השבים, המאמינים בכפרתם**. אבל המבעט בהם – אין מכפרין בו... וכן המבעט ביום הכיפורים – אין יום הכיפורים מכפר עליו".

מדברי הרמב"ם הנ"ל ברור שאין השעיר מכפר אלא על מי ששב בתשובה ומאמין בכפרת היום, אך מי ש"מבעט בו" – ביום הכיפורים – אין יום הכיפורים מכפר עליו. וראה גם בירושלמי יומא (פרק ח הלכה ו), האומר שמי "שמורד ביום הכיפורים" אין יום הכיפורים מכפר לו. וראה עוד ברמב"ם שם (הלכה ז), שאין יום הכיפורים מכפר לאדם בעל כורחו. ומובא שם משל, שאם אומר אדם למלך: אין אתה מלכי, למה יכפר לו המלך? עיין שם.

לאור האמור, איך ייתכן לומר ש"שעיר המשתלח מכפר על הקלות" ועל איסורי עשה ולא תעשה, כשאדם ממשיך בעברה "ומחזיק במרדו"?

דומה שהדבר עומד בסתירה למקובל בכל התורה, שכולה בנויה על שכר לעושה הטוב ועונש לעושה הרע, כך שלכל מצווה בתורה יש עונש קבוע לעובר עליה. ואילו אדם העושה כטוב בעיניו, כבר כינתה אותו התורה בכינוי "שורש פורה ראש ולענה" (דברים כט, יז), ומי שאומר: "בשרירות לבי אלך" נאמר עליו: **"לא יאבה ה' סלוח לו...**

• **השעיר בדרכו למדבר** כך מתואר במשנה מסעו של המשלח בהולכת השעיר במדבר: "הכל כשרים להוליכו [גם ישראלים]. עשר סוכות מירושלים ועד צוק – תשעים ריס [שנים עשר מיל]. על כל סוכה וסוכה אומרים לו: הרי מזון והרי מים [שאם הוכרח לאכול רשאי]" (יומא ו, ג). "ומעולם לא הוצרך אדם לכך" (ברייתא בגמ' יומא סז, א). המרחק בין סוכה לסוכה אלפיים אמה. "ומנין היו יודעים שהגיע שעיר למדבר? דרכיות היו עושין [מקומות מצפה שם עומד אדם] ומניפים בסודרין [מהר להר] ויודעין שהגיע שעיר למדבר" (משנה יומא ו, ח).

ורבצה בו כל האלה הכתובה בספר הזה!" (שם יט). וכן אמרו חז"ל: "כל האומר הקדוש ברוך הוא ותרן – ייוותרו חייו" (בבא קמא נ, א).

לעומת האמור, באה ההלכה האומרת שהשעיר מוחק את עוונות האדם גם אם לא עשה תשובה, והדבר נראה כניגוד גמור לכל האמור. הלכה זו מערערת, לכאורה, את כל המערכת של השכר והעונש, וכן את הצורך של האדם לעשות תשובה, שכן כמעט הכל מחול לחוטא גם בלי תשובה (שהרי רוב המצוות אין עליהן כרת).

המאירי: שעיר המשתלח מכפר רק למי שעושה תשובה, גם אם אין זו 'תשובה גמורה'

כאן יאירו את עינינו דברי המאירי ב'חיבור התשובה' (מהדורת ר"א סופר עמ' 546), שבהם הוא מסביר את דברי הרמב"ם לאשורם. אלו דבריו: "וכבר ידעת, **שאין שעיר המשתלח מכפר אלא לשבים** על כל עוונות, **הן קלים** הן חמורים, הן זדונות הן שגגות... דומה שאמרו בקצת מקומות (רמב"ם הלכות תשובה א, ב) ש'מכפר על הקלות' אף בלא תשובה, ביאור [דבריו הוא]: אף על פי שלא התעורר [האדם] **תכלית הערה** [כשראה את שילוח השעיר] עד [כדי] שיבוא ממנה **לתשובה גמורה** [למרות זאת השעיר יכפר עליו]. נמצא, מכל מקום, שהשעיר – סיבת התשובה,**והתשובה – היא הכפרה!** וכן כל מה שאמרו עליו [חז"ל בתלמוד] שהוא מכפר, אם 'שעיר', אם 'עצמו של יום הכיפורים', אם 'ייסורים', אם 'מיתה' [כוונת המאירי היא למה שאמרו חז"ל ביומא (פו, א) "ייסורים ממרקין", "מיתה ממרקת" וכו', שאין כוונת חז"ל לומר שאדם שבאו עליו ייסורים או מיתה נמחלו בכך כל עוונותיו, אלא] ביאור כולם **הערה** [כלומר, התעוררות לתשובה] באיזה מאלו, והכול – סיבת התשובה [כלומר, הייסורים 'מסובבים' ומעוררים את האדם לתשובה, אולם] והיא [התשובה עצמה, היא שבכוחה להביא את] הכפרה".

אין תחליף לתשובה

כלומר: אין תחליף לתשובה! רק היא יכולה להביא כפרה לאדם, ובאשר למצוות הקלות – אכן השעיר מכפר עליהן, אך בתנאי שעשה האדם תשובה, גם אם לא עשה תשובה גמורה.

אדם עשוי שלא לעשות תשובה גמורה מסיבות רבות. אפשר למשל שמחמת שרבו החטאים שהוא צריך לשוב עליהם, להתחרט עליהם מעומק הלב ולקבל על עצמו להימנע מהם בעתיד, ומחמת טרדתו, אין בידו די זמן כדי לשוב על כל עברה ועברה בדקדקנות וכדבעי.

יש שהאדם עבר עברות במקומות שונים לפני שנים רבות, ולא כל העברות שעבר רשומות בזיכרונו. אף חז"ל מביאים דוגמה של 'תשובה גמורה', שהיא תשובה שאדם עושה בצעירותו, "באותה אישה, באותו פרק, ובאותו מקום" (יומא עו, ב; רמב"ם הלכות תשובה ב, א). אם האדם אינו עושה תשובה אלא בזקנותו, אין זו 'תשובה גמורה', אך בכל זאת הוא נקרא 'בעל תשובה' (רמב"ם שם).

נמצא שעברות חמורות אינן נמחלות

בתשובה חלקית, אבל עברות קלות נמחלות גם בתשובה חלקית, ולכן השעיר המשתלח מכפר על עברות קלות, ובלבד שהאדם התעורר מעט ועשה תשובה חלקית כמידת יכולתו.

מן האמור מתברר שאין הקב"ה "מוותר" לאדם, ואין "מחילת עוונות" כללית, אלא הקב"ה "מאריך אפיה וגבי דיליה" (ירושלמי תענית ב, א), כלשון חז"ל, היינו: הקב"ה מאריך אפו, אך לבסוף הוא גובה את שלו.

וראה בפירוש הרב יוסף קאפח לרמב"ם (הלכות תשובה א, ב), המסביר אף הוא שאם האדם "עומד במרדו", גם שעיר המשתלח לא יעזור לו. ואין השעיר מכפר אלא כשלא הספיק לעשות תשובה גמורה, כנ"ל. דומה שהסבר זה מתבקש לאור דברי הרמב"ם בכתביו השונים, כמובא לעיל.

פרק ה: תפילת הכוהן הגדול וישראל במקדש

מעיון במקורות מתברר שלא הייתה במקדש תפילת יום הכיפורים כמקובל בימינו. הייתה תפילה קצרה של הכוהן הגדול בפני כלל הציבור, ועיקרה – שיתקבל הקרבן לרצון. כמו כן, הכוהן הגדול התפלל עבור הציבור כולו תפילה קצרה בצאתו מקודש הקודשים. נראה עם זאת, שכל יחיד התפלל בינו לבין עצמו בעת ההשתחוויות והווידויים, וכן ברגעי ההפסקה שבין עבודה לעבודה.

הנוכחות במקדש, ברוב עם, בעת הקרבת הקורבנות – מצוה מן התורה

בזמן הבית, העבודה במקדש הייתה מרכז היום, והציבור מילא את חובתו בכך שנכח במקדש בעת העבודה ובכך שליווה אותה והשתתף בפועל בחלקים שונים של העבודה.

המצווה העיקרית של היום לאדם מישראל בעזרה הייתה עצם נוכחותו שם, שכן "ברוב עם הדרת מלך" (משלי יד, כח), ומצוה היא שסדר העבודה על חלקיו השונים, בעזרה ומחוצה לה, ייעשה בנוכחות ציבור גדול ככל האפשר (ראה יומא ע, א).

מקור הדברים – במצות עשה שבתורה, להקריב קרבן תמיד, שכן כאשר ציוותה התורה את הכוהנים להקריב את הקרבן בעזרה, ציוותה גם את ישראל להיות נוכחים בעת ההקרבה, כמובא בספרי במדבר (כח, ב): "'**תשמרו** להקריב לי במועדו' – שיהו

• **ארץ גזירה** המשלח את השעיר היה מעמיד אותו בראש צוק סלע, וזאת משום שכתוב: "אל ארץ גזירה" (ויקרא טז, כב). הגמ' (יומא סז, א) מסבירה שהכוונה לארץ "חתוכה", היינו צוק חתוך וזקוף. בירושלמי (יומא ו, ג) מובא, שמאז שמת שמעון הצדיק, קרה, שכאשר השליכו את השעיר, "היה בורח למדבר, וה'סריקין' [שוכני המדבר] אוכלין אותו". בציור נראים המלווים את השעיר כשהם עומדים במרחק, זאת לאור דברי הרמב"ם האומר: "אנשי סוכה אחרונה עומדים ורואים מעשיו מרחוק" (עבודת יום הכיפורים ג, ז) לוודא שהמשלח מקיים את המצוה כהלכתה.

כוהנים לויים וישראלים עומדים עליהם" בעת ההקרבה.

אלו דברי הרמב"ם בהלכות כלי המקדש (ו, א): "אי אפשר שיהיה קרבנו של אדם קרב והוא אינו עומד על גביו. [כך גם] קרבנות הציבור הם קרבן של כל ישראל... לפיכך תיקנו נביאים ראשונים, שיבררו מישראל [אנשים] כשרים ויראי חטא, ויהיו שלוחי כל ישראל לעמוד על הקרבנות, והם הנקראים 'אנשי מעמד'".

ובפירוש המשנה לתענית (ד, ב) כתב הרמב"ם בעניין זה: "והייתה כוונתם ומטרתם [של העומדים על הקרבן] בהתעסקות בעבודה ותפילה... **ותהיה דעתם ומחשבתם בקרבנות**". הווה אומר: יש עניין מיוחד ומצווה מיוחדת שיעמדו אנשים מישראל על הקרבן ויעסקו בו, ויתנו את דעתם ומחשבתם על עבודת הקרבנות ותכניה המיוחדים.

עבודת הקרבנות – שלמות המציאות

הרמב"ם בדבריו בעניין קרבן התמיד, מחלק בין האנשים שעלו לירושלים לעמוד על הקרבן, לבין אנשי מעמד שלא עלו, אלא נשארו בעריהם. וזו לשונו (בפירוש המשנה שם) לגבי העולים לירושלים: "כל מי שהיה מהם מאנשי אותו מעמד קרוב לירושלים – יעלה לירושלים ויהיה מצוי במקדש בזמן הקרבת הקרבן, עם הכוהנים והלויים שבאותו משמר". ובאשר לרחוקים מירושלים כותב הרמב"ם: "ומי שהיה רחוק מירושלים, מתכנסים בבתי כנסיות בעריהן ומתפללים... וקורין במעשה בראשית [שענייניה של פרשה זו היא בריאת העולם], כי שלמות המציאות [והבריאה] היא עבודה [במקדש] ואין 'עבודה' אצלנו אלא עם הקרבנות. וכך אמרו חז"ל (תענית כז, ב): 'אלמלא קרבנות – לא נתקיימו שמים וארץ'".

כוהנים לויים וישראלים
העומדים בעזרה פטורים מן התפילה

הרמב"ם בהלכות כלי מקדש (ו, ד) כותב שאנשי המעמד היו מתפללים בשבוע של משמרתם ארבע תפילות בכל יום: שחרית, מוסף (כינוי לתפילה שנייה שאנשי משמר מתפללים, גם ביום שאין בו מוסף), מנחה ונעילה. 'מעמד' זה נועד "לתפילה, תחינה ובקשה" – כלשון הרמב"ם (שם הלכה ה).

הרמב"ם מוסיף שביום שהיה בו קרבן מוסף במקדש, כגון ראש חודש, יום טוב וכדומה, "לא היה בו מעמד לא בתפילה שנייה שלהם ולא במנחה, אלא בשחרית ובנעילה בלבד". הווה אומר שביום הכיפורים שיש בו מוסף וקרבנות מיוחדים, לא היו בו תפילות לאנשי מעמד במוסף ובמנחה, אלא רק בשחרית ובנעילה.

אף באשר לתפילת שחרית – אנשי המעמד לא התפללו תפילה מסודרת, כי אם תפילות פרטיות שהתפלל אדם בינו לבין עצמו, שכן כל מי שהיה בעזרה בעת ההקרבה – היה פטור מתפילה, כמובא בזבחים (יט, א) וברמב"ם הלכות תפילין (ד, יג). וזו לשון הרמב"ם שם: "כוהנים בשעת העבודה והלויים בשעה שעומדין בשיר על הדוכן **וישראל בשעה שעומדין במקדש, פטורים מן התפילה** ומן התפילין".

הווה אומר שהכוהנים, הלויים

והישראלים שהיו בעזרה ביום הכיפורים, היו פטורים מן התפילה.

אמנם מלשון הרמב"ם שכתב "שהלויים **בשעה שעומדין בשיר** על הדוכן היו פטורים", ניתן לדייק שבשעה שהם פסקו מלשיר הם היו צריכים להתפלל, ואולי עשו זאת כתפילה חרישית, כל אחד לעצמו. אך עם זאת, הלויים היו חלק מן הנוכחים בעזרה בעת ההקרבה, ונוכחותם היא חלק ממעשה המצווה של "תשמרו להקריב לי במועדו", וככל "עוסק במצווה" אף הם היו "פטורים מן המצווה" (ראה סוכה כה, א. וראה תפארת ישראל תמיד ה, א; בבועז).

ישראלים העומדים בעזרה פטורים מקריאת שמע

הנוכחים בעזרה פטורים, למעשה, גם מקריאת שמע, שהרי אם העומדים בעזרה פטורים ממצוות תפילין, שהיא מצות עשה, פטורים הם גם ממצוות קריאת שמע.

כך עולה מדברי הגמרא ביומא (לז, ב), ש"אנשי מעמד מאחרים" את אמירת קריאת שמע עד סיום עבודת התמיד (ראה רש"י ומאירי שם), הרי שקריאת שמע נאמרה באיחור רב, שכן מעשה התמיד נמשך שעה ארוכה. במיוחד אמורים הדברים ביום הכיפורים, שהעבודות כולן נעשו בו על ידי הכוהן הגדול לבדו (להלן הפעולות העיקריות של עבודת התמיד המוטלות על הכוהן הגדול, מלבד העבודה המיוחדת של יום הכיפורים. שחיטת התמיד, דישון מזבח הקטורת, דישון המנורה, זריקת הדם, הטבת חמש נרות, הולכת האברים לכבש, הקטרת הקטורת, הטבת שתי נרות, העלאת האברים מן הכבש למזבח, ברכת כוהנים, הקרבת מנחת הסולת, הקרבת מנחת החביתין וניסוך היין).

ביום הכיפורים באו הכוהנים, הלויים והישראלים לעזרה 'לעמוד על קרבנם'

מתברר אפוא, שישראל שמילאו את העזרה ביום הכיפורים מאז "קריאת הגבר" היו פטורים מקריאת שמע ומתפילה, כל זמן שהיו בעזרה.

אדם מישראל שבא לעזרה ביום הכיפורים, בא לשם לא רק כשליח של כלל ישראל, אלא גם כדי לעמוד על קרבנו שלו, שהרי הפר היה בא לכפר על כל הכוהנים, והשעיר היה בא לכפר על חטאי כל ישראל. לפיכך היה הדבר מתחייב, שכאשר מובא קרבן לכפר על חטאי האדם, לא ישב האדם ספון בביתו, אלא יבוא ויעמוד על קרבנו בעת ההקרבה ובעת הסמיכה והווידוי ויתוודה על חטאיו. ממילא כל אדם הנמצא בעזרה בשעת ההקרבה מקיים בכך מצווה המוטלת עליו, והוא בגדר "עוסק במצווה" הפטור מן התפילה.

הכוהנים במקדש התפללו תפילה קצרה, שיתקבל קרבנם לרצון

במהלך עבודתם "ירדו [הכוהנים] ללשכת הגזית לקרוא את שמע", כמובא במשנה במסכת תמיד (ד, ג), ושם בלשכת הגזית "אמר להם הממונה: ברכו ברכה אחת! והם בירכו וקראו את שמע", וכן אמר להם: "ברכו שלוש ברכות" (ראה תמיד ה, א ובפירוש המשנה לרמב"ם שם). עם זאת הייתה זו תפילה קצרה, שהיא צורך הקרבן, שכן בטרם העלו הכוהנים את האברים אל אש המערכה, התפללו שיתקבל קרבנם לרצון לפני ה'. זה

▲ **הקטרת הקטורת** מצות הקטרת הקטורת נעשית הן בתמיד של שחר והן בתמיד של בין הערביים. שלשה כהנים נכנסים להיכל, אחד מניח את הגחלים על גבי המזבח, השני נושא את כף הקטורת ומרוקן אותה אל חופניו של הכהן המקטיר. כולם יוצאים מן ההיכל ומ'בין האולם והמזבח', והכהן שזכה בהקטרת הקטורת מניח אותה בזהירות על הגחלים שלא יכווה, ומשתחווה ויוצא.

תוכנה של תפילת "רצה" שהתפללו שם: "רצה ה' אלוהינו עבודת עמך ישראל, ואשי ישראל ותפילתם תקבל ברצון. ברוך אתה ה' המקבל עבודת עמו ישראל ברחמים" (ראה במפרשים בתמיד שם, וכן ברש"י ובתוספות בברכות יא, ב).

כאמור, הייתה זאת תפילה קצרה של הכוהנים שיתקבל קרבנם, אך ישראל שבעזרה היו פטורים מקריאת שמע, למרות שהיא מן התורה, וכן מן התפילה, והם קראו קריאת שמע באיחור רב.

העבודה במקדש נעשתה ברצף ולא הותירה זמן לתפילה בציבור

מיד בתום הקרבת התמיד ביום הכיפורים, ניגש הכוהן הגדול להקרבת קרבן מוסף. גם עבודה זו נמשכה זמן רב, שכן העבודה כללה הקרבת פר ושבעה כבשים והבאת מנחות סולת ונסכי יין (בעת ניסוך היין שרו הלויים את השיר המיוחד ליום הכיפורים – מזמור לב). לאחר הקרבת המוספים עבר הכוהן הגדול לשלב הבא של עבודת היום – סדר עבודת יום הכיפורים. עבודת היום הייתה רצף אחד של עבודה, ללא שהיות יתרות וללא אפשרות לקיים תפילה בציבור.

עבודת הכוהן הגדול ביום הכיפורים התמשכה עד הקרבת תמיד של בין הערביים. הקרבת תמיד של בין הערביים ארכה אף היא זמן ממושך, כהקרבת תמיד של שחר. נמצא שלא נותר ביום הכיפורים במקדש זמן

לתפילה בציבור, לא בשחרית, לא במוסף ולא במנחה. נראה שכל יחיד התפלל תפילה חרישית בינו לבין עצמו בעת ההשתחוויות והווידויים, וכן ברגעים שהכוהן הגדול עבד בהיכל, וכדומה. בתפילות אלה התפלל כל אדם הנוכח בעזרה שיתקבלו הקרבנות לרצון, וכן ביקש על ענייני הכלל והפרט, כפי שנראה להלן בתפילת הכוהן הגדול.

רמז לתפילות היחיד בעת העבודה במקדש ניתן לראות בדברי חז"ל במדרש תהלים (פו), על הפסוק "כי אתה ה' עזרתנו ונחמתנו". המדרש אומר: "מדבר בישראל, בשעה שהייתה לשון של זהורית שנתלית על פתח ההיכל מתלבן, היו יודעים שנשמעה תפילתם". כלומר: ישראל היו מתפללים שתתקבל תשובתם, וכשראו שהלשון של זהורית הופכת ללבן – שמחו, כיון שהיה זה אות שתשובתם ותפילתם נתקבלו, והתחושה הייתה "עזרתנו וניחמתנו" (עיין שם). כאמור, מן הדברים נראה שכל יחיד מישראל שהיה בעזרה היה מלווה את העבודה בתפילת יחיד חרישית, שנאמרה בעיקר בעת הווידוי, כשכל הנאספים בעזרה השתחוו ארצה, וכמובא באבות דרבי נתן (פרק לה. ראה להלן פרק ו).

כמו כן נראה שלאחר סיום העבודה נשארו רבים במקדש לתפילה, עד נעילת המקדש עם חשכה. כך נראה מדברי רבי יוחנן בירושלמי ברכות (ד, א), שזמן תפילת נעילה ביום הכיפורים הוא בזמן "נעילת שערי היכל". נראה שהדבר קשור לעובדה, שעד ששערי המקדש נסגרו בתום עבודת היום – המשיכו רבים להתפלל בחצרות המקדש.

תפילת הכוהן הגדול בצאתו מקודש הקודשים

כאמור לעיל, במשנה ובגמרא נזכרות שתי תפילות בלבד ביום הכיפורים במקדש, ושתיהן תפילות של הכוהן הגדול (על התפילה בתוך קודש הקודשים ראה להלן ב'סדר העבודה').

באשר לתפילת הכוהן הגדול בצאתו מקודש הקודשים, לא נמסר במשנה (יומא ה, א) תוכן התפילה, ונאמר שם רק שהייתה זו "תפילה קצרה... ולא היה מאריך בתפילתו, שלא להבעית את ישראל". התלמוד הבבלי על משנה זו (יומא נג,ב) מוסר את תוכן התפילה: "יהי רצון מלפניך ה' אלוהינו שתהא שנה זו שחונה וגשומה", וכן נאמר שם שהכוהן הגדול היה אומר בתפילה זו "שלא יעדי עביד שולטן מדבית יהודה", כלומר שלא יסור מעם ישראל אדם המחזיק בשלטון. ועוד נאמר שם: "שלא יהיו עמך ישראל צריכין לפרנסה זה מזה", ובסיום: "ולא תיכנס לפניך תפילת עוברי דרכים" [המתפללים שלא ירדו גשמים – רש"י].

הירושלמי על אותה משנה מביא ציטוטים נוספים מתפילת הכוהן הגדול, וכגון: "יהי רצון מלפניך... שתהא השנה הזאת שנת זול, שנת שובע, שנת משא ומתן, שנה גשומה ושחונה וטלולה". כן מובאת שם בהמשך תפילה "על עמך ישראל, שלא יגבהו שררה זו על גב זו. ועל אנשי השרון היה אומר: 'יהי רצון מלפניך... שלא יעשו בתיהן קבריהן'".

הקיצור בתפילת הכוהן הגדול מלמד כי אין עבודה רצויה לפני ה' כעבודת הקרבנות

הקיצור בתפילת הכוהן הגדול יש בו כדי

להתמיה. הרי שעה זו היא פסגת היום והשנה כולה, שכן בשעה זו הכוהן הגדול בא להתפלל לפני ה׳ על כל עם ישראל לשנת חיים וברכה. והנה לא די שאין מתפללים במקדש תפילה בציבור, אלא אף תפילה יחידית וחשובה זו נאמרת בקיצור נמרץ.

גם תוכן התפילה מתמיה, שכן נראה שהוא סובב סביב ענייני הפרנסה והשררה, והוא אף מתמקד בבעיה פרטית של יושבי אזור מסוים בארץ ישראל – אזור השרון. זאת כאשר במשך יום זה לא התקיימו במקדש תפילות בציבור, כמובא לעיל. נמצא שחסר ביום זה במקדש דבר עיקרי – התפילה.

אולם דומה, שדבר זה גופו באו חכמינו ז״ל ללמד. הציטוטים שהביאו מנוסח התפילה של הכוהן הגדול, באים ללמדנו עד כמה יקרה היא עבודת הקרבנות של יום הכיפורים לפני ה׳, עד ששום תפילה לא תשווה לה. זאת כדברי הרמב״ם שהובאו לעיל, שעבודת הקרבנות היא ״שלמות המציאות״, ״ואין עבודה אצלנו אלא עם הקרבנות״, ובזכותם עומד העולם כולו, ובזכותם מתקיימים שמים וארץ.

באשר לתוכן התפילות, יש להעיר שהנוסח המובא בתלמוד אינו נוסח התפילה השלם של הכוהן הגדול, אלא האמוראים מוסרים קטעים מן התפילות, כפי שהגיעו לידם. הרמב״ם מסביר שהתפילות של הכוהן הגודל ביום הכיפורים היו עוסקות בענייני הכלל ובענייני הפרט, כמו שכתב בפירושו למשנה (יומא ה, א): ״היה [הכוהן הגדול] מתפלל שימצע ה׳ אויר שנה זו, וזו **טובה גדולה כללית לאדם ולבהמה**. כי כשמזג האוויר ממוצע, מבריאים גופות החולים ומתמדת בריאות הבריאים״. ומוסיף הרמב״ם, איש התורה והרפואה: **״וראשית לכל הברכות** [בספר דברים]: ׳והסיר ה׳ ממך כל חולי׳!״ כלומר, אין לראות במשפט ״שתהא שנה זו שחונה וגשומה״, תפילה על בעיה קטנה וצדדית, אלא זו בקשה על העיקר.

בקשה כללית נוספת שביקש הכוהן הגדול, לפי הרמב״ם, היא בקשה על קיום שלטון צדק: ״ואחר כך מתפלל בהתמדת שלטון האמת והצדק, **וזהו תכלית הכול״**. הווה אומר: כששני דברים אלה, היינו הבריאות התקינה ושלטון החותר אל האמת, קיימים – הרי זו הברכה הגדולה ביותר שאפשר להתפלל עליה.

ומוסיף הרמב״ם: ״ואחרי שני העניינים הכלליים האלו, מתפלל על עניינים פרטיים לכל בני אדם, [כגון] שיצליח ה׳ לכל אדם בעבודתו, ויצליחו עסקיו ומסחרו, כדי שלא יצטרך לשאול ולבקש מזולתו. ואחר כך מתפלל שירד הגשם״. בדברים אלה נותן הרמב״ם מבט כללי על תפילת הכוהן הגדול.

תפילת הכוהן הגדול בעזרת נשים

בסיום העבודות שנעשו בקודש הקודשים, ומשהגיעה הידיעה שהשעיר הגיע למדבר, היה הכוהן הגדול יוצא לעזרת נשים לקרוא בתורה, ומסיים שם בברכות ובתפילה.

המשנה ביומא (ז, א) מונה את הברכות שבירך הכוהן הגדול, ומפרטת את התכנים שלהן: ״על התורה, על העבודה, ועל ההודאה, ועל מחילת העוון...״ (כל זאת בנוסף לברכות התורה). בירושלמי שם מרחיבים חז״ל מעט בהסברת תוכן הברכות, והרמב״ם מביא את הדברים בהלכותיו (הלכות עבודת יום

הכיפורים ג, יא). מדברי חז״ל והפרשנים נראה שהברכות עצמן נוסחו על ידי הכוהן הגדול באופן חופשי. להלן תוכן אפשרי של ברכות אלו כפי שהובאו בדברי חז״ל, תוך שילוב קטעים כמוצע בדברי הפרשנים:

א. "על העבודה": "רצה ה' אלוהינו בעבודת עמך ישראל, ותרצה העבודה בדביר ביתך, ואשי ישראל ותפילתם תקבל ברצון, שאותך לבדך ביראה נעבוד, ברוך אתה ה' המקבל עבודת עמו ישראל ברצון" (נוסח זה הוא שילוב של דברי רש"י ביומא סח, ב ובברכות יא, ב). המאירי כותב שהכוהן הגדול היה מתפלל: "שתהא עבודתנו רצויה, ושייתן לנו לב טהור לעובדו בלבב שלם" (עיין בדבריו ביומא סח, ב).

ב. "על ההודאה" – "מודים אנחנו לך שאתה הוא ה' אלוהינו... ברוך אתה ה' הטוב שמך ולך נאה להודות".

ג. "על מחילת העוון" – "סלח לנו אבינו כי חטאנו, מחל לנו מלכנו כי פשענו. ברוך אתה ה' מוחל עוונות עמו ישראל ברחמים" (רמב"ם). לדעת רש"י (יומא סח, ב), לשון ברכת "על מחילת העוון", הוא כלשון התפילה המקובלת כיום: "מחול לעוונותינו ביום הכיפורים הזה, מחה והעבר פשעינו וחטאותינו מנגד עיניך... וטהר לבנו לעבדך באמת... כי אתה סלחן לישראל, ומחלן לשבטי ישורון בכל דור ודור... ברוך אתה ה', מלך מוחל וסולח לעוונותינו... מלך על כל הארץ מקדש ישראל ויום הכיפורים".

ד. "על המקדש" – כתב הרמב"ם: "ומברך על המקדש ברכה בפני עצמה, יהיה עניינה שיעמוד המקדש ושכינה בתוכו, [ושיתמיד ה' הדרתו]". וחותם בה: "ברוך אתה ה' שוכן בציון". (הלכות עבודת יום הכיפורים ג, יא, ופירוש המשנה לרמב"ם שם). ובמאירי ב'חיבור התשובה' (עמ' 570) כתב: "עניינה של הברכה, שייעד השם כבוד הבית בשלווה, וחותם: 'הבוחר לשכן שמו בבית המקדש'".

ה. "על ישראל" – כתב הרמב"ם (שם): "ומברך על ישראל ברכה בפני עצמה, יהיה עניינה שיושיע ה' את ישראל, ולא יסור מהם מלך, וחותם בה: ברוך אתה ה' הבוחר בישראל".

ו. "על הכוהנים" – כתב הרמב"ם (הל' עבודת יום הכיפורים שם ופירוש המשנה שם): "ומברך על הכוהנים ברכה בפני עצמה, עניינה שירצה המקום מעשיהם ועבודתם [ויקבל קרבנותיהם] ויברכם, וחותם בה: ברוך אתה ה' מקדש הכוהנים", והמאירי בחיבור התשובה (שם) כתב: "שמוסיפין בתוכה עניין ירושלים".

ז. "על שאר התפילה" – כתב הרמב"ם (שם ושם): "אומר תפילה ותחינה ורינה ובקשה, כפי מה שהוא רגיל [ומתפלל לתשועת ישראל ושינחילם ה' ניצחון], וחותם: 'הושע ה' עמך ישראל, שעמך ישראל צריכים להיוושע, ברוך אתה ה' שומע תפילה'". והמאירי ב'חיבור התשובה' (שם) כתב: "מברך ברכה כפי מה שרואה צורך השעה. וכולל בה מיני תפילות ותחינות ובקשות, כפי כל הדברים שהוא רואה שהדורות צריכים להם, וכל הצרות שהם צריכים תשועה מהם".

התפילה ביום הכיפורים במקדש אינה אלא בת לוויה לעבודת הקרבנות

ברכות ותפילות אלה היו למעשה התפילות

היחידות שנאמרו בציבור במהלך יום הכיפורים במקדש. ברור מתוך הדברים, שהקהל לא הצטרף לתפילות הללו, אלא הכוהן הגדול הוא שבירך והתפלל, והקהל ענה על ברכותיו. מסתבר שהמענה שהקהל ענה בעקבות הברכות היה: "ברוך שם כבוד מלכותו לעולם ועד", כדרך שעונים על הברכות שבמקדש (ברכות סג, א). נמצא שכל מה שאמר הקהל בציבור ביום זה במקדש, הייתה האמירה החוזרת בצוותא: "ברוך שם כבוד מלכותו לעולם ועד!" מענה זה נאמר כעשרים פעם במהלך העבודה: בעת הזכרת השם המפורש (עשר פעמים), על ברכות כוהנים בשחר ובין הערביים, וכאמור, על שבע הברכות שבירך הכוהן הגדול בעזרת נשים. זו הייתה אפוא תפילת הציבור במקדש ביום הכיפורים, כשהציבור אינו מברך ומתפלל בעצמו, אלא שומע את תפילת הכוהן הגדול, בבחינת "שומע כעונה" (סוכה לח, ב).

חלק ניכר מאותן שבע ברכות של הכוהן הגדול מתייחסות לעבודה במקדש. עיקר תוכנן הוא תפילה ובקשה שיתקבלו **הקרבנות** לרצון, **שעבודת הכוהנים** תהיה לרצון, **ושהמקדש ועבודתו** יהיו רצויים לפני ה' ויהיו קיימים לפניו לעד.

נמצא שלא הייתה במקדש תפילה בציבור באופן המקובל בתקופת הגלות והחורבן, ואף התפילה שהתקיימה, תוכנה סובב סביב העבודה, כי עבודת הקרבנות היא עיקר העיקרים ביום הכיפורים, ואילו התפילה אינה אלא בת לוויה לעיקר, שהוא 'סדר העבודה'. מאידך גיסא, כל אחד מן הנוכחים בעזרה היה כורע ומשתחווה עשר פעמים, בכל פעם שהכוהן הגדול הזכיר את השם המפורש, ובאותה שעה הוא היה מתוודה על חטאיו, והייתה רשות בידו להוסיף תפילה ובקשה, הן בעת ההשתחוויה והן בעת ההפסקות הקלות במהלך העבודה ולאחריה.

פרק ו: מצות ההשתחוויה במקדש ולאחר החורבן

מצות ההשתחוויה – עבודה מיוחדת לה' לבדו

עבודת הכוהן הגדול בטלה עם החורבן, אך שריד ממשי מעבודת המקדש ביום הכיפורים נותר בידינו גם במהלך דורות הגלות, וזו מצוות ההשתחוויה.

ראשון המשתחווים לפני ה' היה אברהם אבי האומה הישראלית, אשר בעת עלותו עם יצחק להר המוריה אמר לנעריו: "שבו לכם פה עם החמור, ואני והנער נלכה עד כה **ונשתחווה** ונשובה אליכם" (בראשית כב, ה).

ההשתחוויה ארצה מוכיחה בפועל ובמציאות את הביטול העצמי של אדם מישראל בפני בוראו.

הרמב"ם ב'מורה נבוכים' (ג, לב) מגדיר את מצות העבודה לה', ככתוב: "ולעבדו בכל לבבכם" (דברים יא, יג). מצוה זו כוללת פרטים רבים המסתעפים ממנה, שכולם מיוחדים לה' לבדו. וכדבריו שם: "ציוונו לבנות היכל **לו**... ושיהא מזבח **לשמו**... והקרבן **לו**, **וההשתחוויה לו**... והזהיר מלעשות דבר מן המעשים הללו לזולתו" (כוונת הרמב"ם

לאיסור האמור בתורה, בשמות לד, יד: "לא תשתחווה לאל אחר", וכפי שפסק הרמב"ם להלכה בהלכות עבודת כוכבים ג, ג). כך נעשים ישראל ל"ממלכת כהנים וגוי קדוש", כשכל עבודתם, וכך גם ההשתחוויה ארצה, הכול נעשה רק לכבוד ה' - "בלתי לה' לבדו". הרמב"ם בספר המצוות (מצות עשה ה) מדבר על מצוות העבודה לה' בתפילה, ככתוב "ואותו תעבוד", והוא מסביר שם את מושג ה'עבודה' והתפילה באופן כללי. אך בהלכות תפילה (ה, א; שם יג) מסביר הרמב"ם שעבודת התפילה אינה שלמה אם היא איננה כוללת השתחוויה. גם הרמב"ן מזכיר את ההשתחוויה כחלק ממצות ה'עבודה' לה', וכפי שכתב בהשגותיו לספר המצוות (עשה ה): "'אותו תעבודו'... לומר שיעבדו אותו בעבודת הקרבנות, השיר **וההשתחוויות**".

ההשתחוויה - עבודת אדם מישראל במקדש לפני אלוהיו

ההשתחוויה הייתה חלק מעבודת אדם מישראל במקדש. באשר לכוהנים, לא היה כוהן מסיים את עבודתו בהיכל בלא שישתחווה בהיכל לפני ה', "כעבד המשמש את רבו ונוטל רשות ויוצא" (תמיד ו, א, ובפירוש הרא"ש שם, וכן שם משניות ב, ג). וראה ברמב"ם בהלכות כלי מקדש (ה, יא), המתאר את כניסת הכוהן הגדול להשתחוות, כשכוהן אחד עומד מימינו ואחד משמאלו, ושלישי מחזיק "באבנים טובות שבאפוד מאחוריו, וייכנס להיכל וישתחווה".

כמו כן מצינו שבמהלך עבודת התמיד, היה שלב שבו כל הכוהנים היו מתכנסים ובאים להיכל, לקול המגרפה, ובאים להשתחוות לפני ה' מול קודש הקודשים (משנה תמיד ה, ו).

כך נהגו גם כל המתכנסים בעזרה בכל ימות השנה, שהיו משתחווים שלוש פעמים בזמן שירת הלוויים, כמובא במסכת תמיד (ז, ג): "על כל פרק - תקיעה, ועל כל תקיעה - **השתחוויה**". יתרה מזו, כשעלה אדם מישראל לרגל, עוד בטרם נכנס לעזרה, השתחווה בהר הבית כמה וכמה השתחוויות כנגד ההיכל. כך שנינו במסכת מידות (ב, ג; ושם משנה ו) שחז"ל תיקנו "שלוש עשרה השתחוויות" כנגד ההיכל, אלא שנחלקו היכן היו משתחווים: יש מי שאומר שהיו משתחווים כנגד שלוש עשרה הפרצות שהיו ב'סורג', ויש מי שאומר שהיו משתחווים כנגד שלוש עשרה שערי העזרה. אך לדעת הכול, כל אדם מישראל היה משתחווה פעמים אחדות לפני שנכנס לעזרה.

שיאה של הבאת הביכורים למקדש הייתה ההשתחוויה. מביא הביכורים עמד לפני ההיכל, ולאחר שנתן את הביכורים לכוהן - השתחווה, שנאמר: "והנחתו לפני ה' אלהיך, **והשתחווית** לפני ה' אלהיך" (דברים כו, י).

לפי זה מובן נוסח תפילת כל ישראל במוסף של שלוש רגלים בעת הגלות: "מלך רחמן רחם עלינו... וכונן מקדשך על מכונו... ושם נעלה ונראה **ונשתחווה לפניך**", שכן תכלית הראייה והעבודה לפני ה' היא ההשתחוויה לפניו במקדשו.

'הכל בזכות השתחוויה'

על גודל ערכה של עבודה זו לפני ה',

למדים אנו מדברי חז״ל בבראשית רבה (נו, ב). וכך מובא שם: **״הכל בזכות השתחוויה;** אברהם לא חזר מהר המוריה בשלום – אלא בזכות השתחוויה. ישראל לא נגאלו [ממצרים] – אלא בזכות השתחוויה... התורה לא ניתנה – אלא בזכות השתחוויה... חנה לא נפקדה – אלא בזכות השתחוויה... הגלויות אין מתכנסות – אלא בזכות השתחוויה... בית המקדש לא נבנה – אלא בזכות השתחוויה...״. הווה אומר שהמשאלות הנשגבות ביותר של עם ישראל: הגאולה, קיבוץ הגלויות ובניין המקדש, אינן מתממשות אלא בזכות עבודת ההשתחוויה.

חטא העגל נמחל בזכות השתחוויה

זכה משה רבנו, ובזכות השתחווייתו נמחל לישראל חטא העגל, וכדברי משה: **״ואתנפל** לפני ה׳ את ארבעים היום ואת ארבעים הלילה אשר **התנפלתי״** (דברים ט, כה). וראה בתרגום יונתן שם המסביר ש״התנפלות זו אינה אלא השתחוויה בתפילה, שכן הוא מתרגם: ״ואשתטחית בצלו״, כלומר: השתטחתי ארצה ארבעים יום בתפילה, ובזכות השתחוויה זו נסלח לישראל חטא העגל.

ההשתחוויה במקדש כדוגמת השתחווית משה בצור בחורב

עשר פעמים היה הכוהן הגדול מזכיר את השם המפורש ביום הכיפורים במקדש, ואז ״הכוהנים והעם העומדים בעזרה... היו כורעים ומשתחווים ונופלים על פניהם״. וכבר שאלו פרשנים שונים: מה המקור להשתחוויה זו בעת הזכרת השם המפורש? והרי לעניין

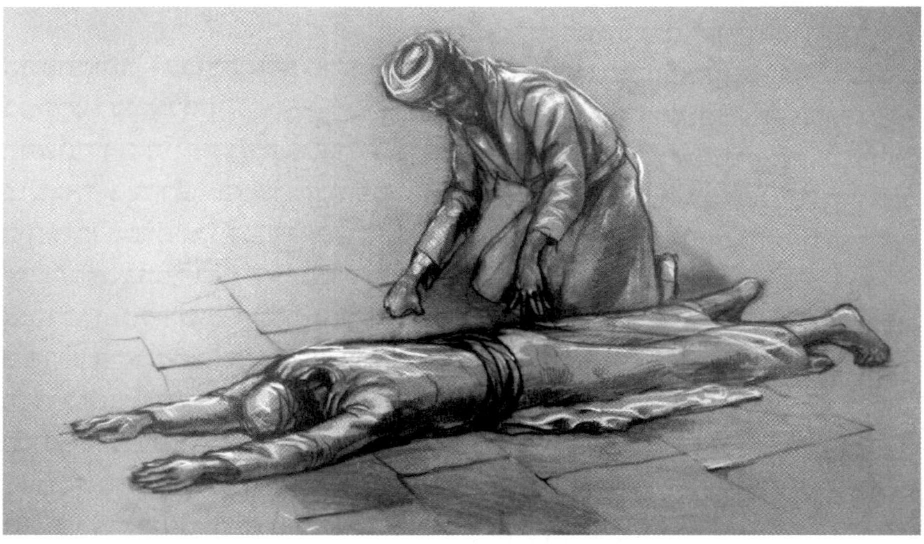

▲ **ההשתחוויה לשלביה** בשלב ראשון כורע האדם על ברכיו. בשלב שני פושט האדם את ידיו ואת רגליו למלוא אורכו, כשפניו דבוקות בקרקע. במקדש המצוה היא להשתחוות על רצפת האבנים של הר הבית והעזרה (רמב״ם הלכות עבודת כוכבים ו, ו).

תפילה נאמר להיפך, ש"כשהוא כורע – כורע בברוך, וכשהוא זוקף – **זוקף בשם**" (ברכות יב, א), ונמצא שבעת שמזכירים את שם ה' צריך דווקא לעמוד!

אולם דומה שמעשה בקשת הסליחה של ישראל ביום הכיפורים במקדש לקוח מהנהגת משה רבנו בעת שביקש מחילה על ישראל בסיני, בהיותו בצור בחורב, שכן השתחווייתו של משה, שהביאה בסופו של דבר סליחה לישראל, הייתה ביום הכיפורים, לאחר ששמע את השם המפורש והשתחווה.

זו לשון 'פרקי דרבי אליעזר הגדול' (סוף פרק מו): "אמר משה: **ביום הכיפורים** אראה כבודו של הקדוש ברוך הוא... וכשעבר [הקב"ה מעליו וקרא: ה' ה'] הסיר הקב"ה את כף ידו מעליו וראה אחורי שכינה". ומיד נאמר בו: "וימהר משה **ויקוד ארצה וישתחו**" (שמות לד, ח), וכך נמחל להם לישראל.

ישראל במקדש נוהגים בסדר דומה, וכשם שמשה לא זכה לשמוע את שמותיו של הקב"ה ואת מידותיו המיוחדות אלא ביום המיוחד, יום הכיפורים, ובמקום המיוחד – בצור בחורב, במקום גילוי השכינה, כן ישראל אינם זוכים לשמוע את השם המפורש כי אם ביום שנתכפר בו לישראל חטא העגל, ובמקום המיוחד – במקדש. רק בעזרה ניתן להזכיר את השם המפורש (כדברי הגמרא בסוטה לח, א). וראה רמב"ם הלכות נשיאת כפים (יד, י), הכותב: "אין מזכירים את השם [המפורש] ככתבו אלא במקדש בלבד". נמצא שכשם שמשה שמע את הקריאה: "ה' ה'" והשתחווה, וכך זכו ישראל למחילה – כך גם ישראל במקדש, כשהם שומעים את השם המפורש יוצא מפי כוהן גדול בקדושה ובטהרה, הרי הם משתחווים ונופלים על פניהם וכך נמחל להם.

רועי ישראל ונביאיו מתוודים לפני ה' בהשתחוויה

ואכן, כך נהגו תמיד רועי ישראל בכל הדורות, שבעת שהתוודו לפני ה' וביקשו רחמים על כלל ישראל – כרעו והשתחוו, וכך נענו. לא רק בחטא העגל השתחווה משה ונענה, אלא גם בפרשת המרגלים, שנאמר שם: "ויפול משה ואהרן על פניהם" (במדבר יג, לב). משה התפלל אז אל ה' והזכיר את שם ה', ככתוב: "ה' ארך אפיים ורב חסד נושא עוון ופשע...", ואף ביקש מחילה, באמרו: "סלח נא לעוון העם הזה כגודל חסדך" (יד, יח-יט), ועל השתחווייתו זו ועל וידוי זה נאמר לו: "סלחתי כדבריך!" (שם). נמצא שהווידוי הראוי לפני ה' הוא בנפילת אפיים ובהשתחוויה.

כך נהג גם דוד בשעה שהתוודה על חטאו, שמנה את ישראל, כפי שנאמר: "ויפול דוד והזקנים מכוסים בשקים **על פניהם**" (דברי הימים א' כא, טז). דוד התוודה אז על חטאו, וה' סלח לישראל והמגפה נעצרה (ואכן, רבות מקהילות ישראל נוהגות לומר בנפילת אפיים: "ויאמר דוד אל גד: צר לי מאד, נפלה נא ביד ה'... רחום וחנון **חטאתי לפניך**", ללמדנו שווידוי צריך להיות בנפילת אפיים לארץ, כדוד בשעתו).

כך עשה גם עזרא כשהתוודה לפני ה', בהגיעו לירושלים, לאחר ששמע שהשרים והסגנים נשאו נשים נוכריות, כמו שנאמר: "**ואכרעה על ברכי**... ואומרה: ה' אלהי! בושתי וגם נכלמתי להרים אלהי פני אליך... ואשמתנו גדלה עד לשמים" (עזרא ט, ה).

וכן נהג נחמיה במעמד דומה, כפי שנאמר: "ויקראו בספר תורת ה' אלהיהם **מתוודים ומשתחווים** לה' אלהיהם" (נחמיה ט, ו). מכל זה אנו למדים שכך היו הקדמונים נוהגים להתוודות, כחלק מתהליך התשובה שלהם, כשהם מביעים כניעה בפני הבורא וכשהם במצב של השתחוויה.

וידוי כל ישראל ביום הכיפורים במקדש נאמר בהשתחוויה

וידוי יום הכיפורים במקדש אף הוא, כאמור, נאמר בהשתחוויה לארץ. כך מסבירה הגמרא ביומא (כא, א), את דברי המשנה באבות (ה, ה), המונה את הניסים שנעשו לישראל במקדש, שאחד מהם הוא שהיו "עומדים צפופים ומשתחווים רווחים", ומסבירה הגמרא: "אף על פי שנמשכים אחת עשרה אמה אחורי בית הכפורת ועומדים צפופים, [עם זאת] כשהם משתחווים – משתחווים רווחים". ומפרש רש"י: "כשמשתחווים ונופלים על פניהם, נעשה להם נס והמקום מרחיב, עד שיש ביניהם ארבע אמות, שלא ישמע איש וידויו של חברו ולא ייכלם".

לא מצינו זמן אחר בשנה, מלבד יום הכיפורים, שכל הנאספים בעזרה היו מתוודים ומשתחווים בו כאחד. נמצא בהכרח, שווידוי זה הוא וידוי יום הכיפורים. הדבר מוכח גם מלשונו של רש"י בפירושו, הנוקט בדברי המשנה ביומא (ו, ב), המתארת את הווידוי על השעיר: "היו כורעים ומשתחווים ונופלים על פניהם", שאז היו הכוהנים והעם משתחווים בעזרה ביום הכיפורים.

רש"י בפירושו שם מוסיף שכאשר השתחוו, היו גם האנשים העומדים אחורי בית הכפורת "באים למזרח המזבח, מתוך העזרה, ומשתחווים לפני ההיכל וברווח". לכאורה, רש"י מגדיל את הנס ללא צורך, שכן די במה שהמשנה אומרת ש"עומדים צפופים ומשתחווים רווחים", שהרי זה כשלעצמו נס גדול. אולם רש"י טרח להוסיף שאף אלו העומדים במערב העזרה, היו מתקרבים לאזור המזבח במזרח כדי להשתחוות שם. ויש לשאול על פירושו: הרי בכך הגבירו את הצפיפות בעזרה לאין שיעור, וזאת למה? הרי אפשר שיעמוד כל אחד במקומו במערב או במזרח, וישתחווה משם לכיוון קודש הקודשים!

אולם לאור דברינו לעיל, שעיקרה של מצות וידוי יום הכיפורים הוא דווקא "לפני ה'", ככתוב: "מכל חטאותיכם **לפני ה'** תטהרו" (ויקרא טז, ל), הדבר מובן, שכן כל העומדים בעזרה התאמצו לעמוד "לפני ה'" במזרח, כדי להשתחוות ולהתוודות אל נוכח פתח ההיכל (וראה מלבי"ם ויקרא ו, ז, המסביר בהרחבה את המושג "לפני ה'", שמשמעותו היא – במזרחו של קודש הקודשים).

יתרה מזו, מדברי חז"ל על הנס הננו למדים ש"מן השמים הסכימו על ידם" במה שהלכו הכול והצטופפו במזרח העזרה, ונעשה להם נס והשתחוו רווחים. הווה אומר, שאכן הם היו ראויים שייעשה להם נס, כדי שתיעשה המצווה כתיקונה.

רגע ההשתחוויה, שבו נפלו כולם לארץ לאחר שהכוהן הגדול הזכיר את השם המפורש, היה גם הזמן שבו היה הכוהן הגדול אומר להם: "תטהרו!", כלומר: עשו תשובה והתוודו. בשעה זו גם היה ראוי שיתרחש הנס,

שהכול ישתחוו רווחים, "כדי שלא ישמע איש את וידויו של חברו וייכלם", כדברי רש"י. אלמלא הייתה מצוה בהשתחוויה בעת הווידוי, ואלמלא הייתה מצוה להתוודות דווקא במזרח – מדוע נעשה להם נס שלא לצורך? בהכרח, אפוא, שכך היא מצות הווידוי ביום הכיפורים – השתחוויה מול קודש הקודשים.

תפילה ווידוי במקדש בהשתחוויה

דברי רש"י בעניין נס זה לקוחים מ'אבות דרבי נתן' (נוסחה א' פרק לה). וכך נאמר שם: "כשישראל עומדין בתפילה [במקדש] דחוקים, ואין כל ברייה יכולה להושיט אצבע ביניהם, וכשהן משתחווים – נעשה רווח ביניהם כמלוא קומת אדם". כעין זה אנו מוצאים במדרש בראשית רבה (פרשה ה, ז), המתאר את הרווח שנוצר בין העומדים בעזרה כשהשתחוו רווחים: "ארבע אמות לכל אחד ואחד, ואמה מכל צד, כדי שלא יהא אדם שומע תפילתו של חברו". נראה שמשם למד רש"י את דבריו, ופירש ש"תפילתו" היינו הווידוי בתפילה, שכן **הווידוי** הוא הדבר הגורם לאדם להתבייש, ולא התפילה עצמה. בעקבות רש"י הלכו פרשנים אחרים, כגון המאירי, המסביר ש"עומדים צפופים ומשתחווים רווחים", היינו שהצפיפות הייתה כה רבה, עד שהיו "סומכין על גודלן" בעמידתם על הרצפה, כלומר עומדים על קצות אצבעותיהם. המאירי ממשיך וכותב כרש"י, שהתפילה הנזכרת בדברי חז"ל כללה בתוכה וידוי, ומשום כך נדרש הנס ש"משתחווים רווחים", ובלשונו: "אף על פי כן נעשה להם נס בשעת ההשתחוויה... כדי שלא ישמע אחד **וידויו** של חברו, כדי שלא יתבייש".

כעין זה כותב גם רבי שמעון בן צמח דוראן, בספרו 'מגן אבות' על פרקי אבות (ה, ה) שבעת ההשתחוויה האדם היה **מתפלל ומתוודה**: "מפני רוב הקהל שהיו עולים לרגל (העלייה למקדש ליום הכיפורים, אף היא נקראת 'עלייה לרגל', שהרי מי שעלה ליום הכיפורים עשה זאת כחלק ממצות העלייה לרגל, לקראת חג הסוכות) היו עומדים בבית המקדש דחוקים הרבה... כשהיה הכוהן הגדול מזכיר את השם המפורש **ביום הכיפורים**... נעשה להם נס... ומשתחווים ברווח, וכל אחד רחוק מחברו ארבע אמות, כדי שלא ישמע **וידוי חברו ותפילתו**, שלא ייכלם".

נמצא לאור האמור, שכך היא צורת הווידוי, הן במקדש והן מחוצה לו, להתוודות לפני ה' בכריעה ובהשתחוויה.

הרמב"ם: ההשתחוויה – חלק מהותי של התפילה

לאור האמור, מובנים דברי הרמב"ם בהלכות תפילה, בדבר התפילה והווידוי בכל השנה, שהם צריכים להיות בהשתחוויה לארץ. ואלו דברי הרמב"ם (הלכות תפילה ה, א והלאה): "שמונה דברים צריך המתפלל לעשותם... ואלו הם: עמידה, ונוכח המקדש... **וההשתחוויה**... השתחוויה כיצד? ישב **לארץ**, ונופל על פניו **ארצה**, ומתחנן בכל תחנונים שירצה... **השתחוויה** זה פישוט ידיים ורגליים, עד שנמצא מוטל על פניו ארצה".

ומוסיף הרמב"ם שביום הכיפורים מרבים בכריעות ובהשתחוויות בנפילת

אפיים ארצה, ומשתחווים בסיומה של כל אחת מתפילות יום הכיפורים. ואלו דבריו (שם): "וביום הכיפורים... **נופלים על פניהם בכל תפילה ותפילה**, מפני שהוא יום תחינה ובקשה ותענית".

השתחוויה זו בתפילה היא חלק ממצות העבודה לפני ה', הנובעת ממצות עשה של "ואותו תעבודו", כמבואר לעיל, ולכן ביום הכיפורים, שהוא יום שכולו תשובה ועבודה לפני ה', מתקיימת מצוה זו בכל תפילה ותפילה.

ההשתחוויה לאחר תפילת שמונה עשרה כוללת וידוי

ההשתחוויה לפני ה' לאחר התפילה כוללת, לדעת הרמב"ם, אף וידוי. זאת על פי המבואר לעיל, שהווידוי שנהגו בו הקדמונים היה בכריעה ובהשתחוויה.

אלו דברי הרמב"ם בהלכות תפילה (ט, ה), בעניין ההשתחוויה בכל יום אחר התפילה: "ואחר שישלים כל התפילה [בשחרית]... **ייפול על פניו**". ובהלכה ח שם: "במנחה... **נופלים על פניהם**". וב'סדר תפילות כל השנה' שבסוף ספר אהבה, מסביר הרמב"ם את משמעות נפילת הפנים [כדלהלן]: "לפיכך אני כורע **ומשתחווה** ומתחנן לפניך... מה נאמר לפניך ה'... **חטאנו ועווינו והרשענו ומרדנו** וסרנו ממצוותיך". ובהמשך שם: "נהגו העם להתחנן אחר נפילת פנים, **כשמגביה פניו מן הקרקע**, בפסוקים אלו...".

בהמשך לאמור לעיל, שלדעת הרמב"ם המושג 'השתחוויה' משמעו השתחוויה ארצה "בפישוט ידיים ורגליים", וכדברי הגמרא (ברכות לד, ב), קורא הרמב"ם להשתחוויה 'נפילת **פנים**', שכן בשעת ההשתחוויה פניו של האדם טוחות בקרקע, כפי שעולה מתיאור ההשתחוויה הנ"ל של הרמב"ם. ומוסיף הרמב"ם שבתחנונים שאומר אדם אחר תפילתו יוסיף דברי **וידוי**: "חטאנו ועווינו והרשענו ומרדנו", שזה "עיקר וידוי", כפי שאומרת הגמרא ביומא (פז, ב). (וראה רמב"ם הלכות תשובה א, א, שהביא גמרא זו להלכה. גם הטור אורח חיים סימן קלא כותב כעין זה: "ונופלין ציבור על פניהם ומבקשים רחמים ושואל כל אחד בקשתו... מה נאמר לפניך ה' אלהינו כי אנחנו העוינו והרשענו". וראה שם בבית חדש, שחז"ל למדו צורה זו של 'נפילת פנים' ממשה רבנו).

מנהג הרמב"ם על פי הגאונים להשתחוות בסיום כל תפילה מתפילות יום הכיפורים

שיטת הרמב"ם והטור בעניין חובת 'נפילת פנים' בסוף התפילה, בפישוט ידיים ורגליים, מקורה בתלמוד במסכת מגילה (כב, ב). בגמרא שם נאמר שבסוף התפילה ביום של תענית "נפלו כולי עלמא אאנפייהו", כלומר נפלו על פניהם בפישוט ידיים ורגליים (עיין שם).

כך נהגו בתקופת הגאונים בסוף כל תפילת שמונה עשרה, כמובא בסידור רב עמרם גאון: "ונופלין ציבור על פניהם", ובתוך התחנונים נכלל גם 'עיקר וידוי', וכלשונו שם: "ואומר: ריבון כל עולמים, מה נאמר לפניך... כי אנחנו **העווינו והרשענו**". וראה אוצר הגאונים למסכת יומא, חלק התשובות (פז, ב), שכתבו שם ש'נפילת פנים' זו נוהגת אף ביום הכיפורים. וראה שם, בעניין תפילת

נעילה, ש"אחר שמסיים 'עושה השלום', **נופלים על פנים** ומתחננים". וכן נאמר שם בעניין הווידוי בעת 'נפילת פנים', ש"נופלים על פניהם, ואומרים: **רחמנא חטאנא! רחמנא אסכלנא!**" כלומר: הרחמן (הקב"ה), חטאנו! הרחמן, שגינו!

נמצא אם כן שההשתחוויה והווידוי הם חלק מהותי של התפילה, ומדובר בנוהג קדום שנהגו בו לא רק הקדמונים בתקופת התנ"ך ובימי בית שני, אלא גם חכמי התלמוד והגאונים במהלך הדורות, וכך נהגו בזמן הרמב"ם הלכה למעשה.

מנהג הרמב"ם על פי הגאונים מובא במאירי, הכותב בחיבור התשובה (עמ' 325): "**ומתוודין** הציבור ושליח הציבור שלוש פעמים **בנפילת אפיים** [בחזרת הש"ץ בשחרית של יום הכיפורים], שעשר פעמים מתוודין הציבור... עם שליח הציבור ביום זה: שלוש בשחרית ושלוש במוסף ושלוש במנחה ואחת בנעילה, וסמכו הגאונים עניין זה [של וידוי בנפילת אפיים] כנגד עשר פעמים שהיה הכוהן הגדול [מזכיר] את השם ביום הכיפורים". ובעניין תפילת נעילה כתב: "כשמגיע לפסוקים של וידוי מתוודים שליח ציבור והציבור **בנפילת אפיים** פעם אחת בלבד" (חיבור התשובה עמ' 530).

מקורו של מנהג הווידוי בעמידה בגרסה מסוימת בסוגיה ביומא

לעומת האמור לעיל, נפסק בשולחן ערוך (אורח חיים סימן תרז, ג) ש"צריך להתוודות מעומד". זאת שלא כמוכח מכל המקורות דלעיל, שהווידוי צריך להיות דווקא בהשתחוויה, ושכך היה הדבר נוהג במקדש.

ההסבר לדעה זו בשולחן ערוך הוא בגרסא מיוחדת שהייתה לפני מחבר השו"ע בגמרא ביומא (פז, ב): "שמע מינה עיקר וידוי **מעומד** הוא". אולם הגרסא שהייתה לפני שאר הראשונים היא: "עיקר וידוי **האי** הוא" (עיין שם בגמרא). לפי גרסה זו, אין כל מקור לווידוי בעמידה, ולהיפך – המקורות הנ"ל מוכיחים שהווידוי הוא בהשתחוויה. כך היא דעת רש"י והרמב"ם על פי הגאונים, וכן היא דעת המאירי ופרשנים אחרים, שהווידוי נאמר בהשתחוויה.

וידוי והשתחוויה, כמנהג ישראל במקדש, בזמן הזה

לפי הגרסא המצויה בידינו בגמרא, שהיא הגרסא שהייתה גם בפני רוב הראשונים, האמור בגמרא ביומא (פז, ב) עוסק בעובדה שהייתה בבית מדרשו של שמואל, שכיון שאמר החזן 'אבל חטאנו', קם שמואל מקומו כאות להפסקה. משם למדו, שהאמירה "אבל חטאנו" היא 'עיקר הווידוי' ותו לא. לאור האמור נשארה בידינו ההלכה שהווידוי נעשה בהשתחוויה ולא בעמידה.

עם זאת המאירי (שם) מסביר שאם שמואל עמד, הוא עשה זאת כדי להתוודות יחד עם החזן בעמידה, ולפיכך יש מקום לומר שאדם יאמר וידוי לא רק בהשתחוויה אלא **גם** בעמידה (ונראה שהווידוי שאדם אומר בעמידה הוא 'עיקר וידוי', שהרי זה עיקר החידוש בסוגיית הגמרא שם, אך שאר הווידויים נאמרים בהשתחוויה). הרמב"ם אינו מביא את העובדה המובאת בגמרא להלכה, שכן סבר כנ"ל, ששמואל לא עמד לצורך וידוי, אלא כהודעה לחזן ולקהל שדי

בכך כדי לצאת ידי חובת וידוי. לכן הרמב"ם בהלכות תשובה (א, א) מביא את ההלכה של 'עיקר וידוי', והוא אינו מביא הלכה שיש לומר וידוי בעמידה.

נמצא לאור האמור, שמנהג אמירת וידוי בהשתחוויה הוא מנהג קדום, שנהג עוד לפני תקופת הבית, וכן היה נהוג ביום הכיפורים במקדש, וכן הלאה לאורך הדורות, בתקופת הגאונים, הרמב"ם והראשונים.

מנהג זה בצורתו זו נשתמר בכמה קהילות בישראל, כגון בקהילת בני תימן, עד לתקופתנו.

מכאן, שמי שנשאו לבו לנהוג את מנהג הווידוי כמנהג הקדמונים, בהשתחוויה – כהלכה עשה, ויש לו על מי שיסמוך. אף הידור מצוה יש בדבר, שהרי התוודה לפני אלוהיו בהכנעה ובביטול עצמי, כמנהג ישראל במקדש ביום הכיפורים.

ההשתחוויה לצורותיה

באשר לצורת ההשתחוויה, יש הבדלים במנהג בין קהילות ישראל השונות: יש המקפידים על השתחוויה כהלכתה, יש המקיימים אותה לחצאין, ויש קהילות שנשתכחה מהן צורת ההשתחוויה. ראוי, אפוא, לסקור את דרכי ההשתחוויה בהלכה, ואת מנהגי קהילות ישראל במהלך הדורות.

שלוש צורות של השתחוויה הן: קידה, כריעה והשתחוויה, וכדברי הגמרא בברכות (לד, ב): "'קידה' – על אפיים, 'כריעה' – על ברכיים, 'השתחוויה' – זה פישוט ידיים ורגליים" (עיין שם).

▲ **כריעה** ה'כריעה' היא אחת מצורות העבודה לה'. הגמרא בברכות (לד, ב) לומדת את צורת ה'כריעה' משלמה המלך, אשר נאמר בו: "ויברך על ברכיו נגד כל קהל ישראל ויפרוש את כפיו השמימה" (דברי הימים ב' ו, יב).

הכריעה

אחת מצורות ההשתחוויה היא הכריעה. בדרך זו השתחווה שלמה המלך בחנוכת בית המקדש הראשון, כפי שנאמר בדברי הימים ב׳ (ו, יב): ״ויעמד שלמה לפני מזבח ה׳ כי עשה שלמה כיור נחושת. ויעמוד עליו **ויברך על ברכיו** נגד כל קהל ישראל ויפרוש את כפיו השמימה״. מכאן למדו חז״ל (ברכות שם; מגילה כב, ב) שהכריעה היא אחת מצורות ההשתחוויה לפני ה׳.

הקידה

הקידה אף היא צורה של השתחוויה, אך רק יחידי סגולה יכלו להשתחוות בדרך זו כהלכתה. הגמרא במגילה (כב, ב) מספרת שלוי הראה את צורתה של הקידה לפני רבי, ״ואיטלע״, כלומר נעשה צולע. במסכת סוכה (נג, א) מסופר שרבן שמעון בן גמליאל היה יחיד בדורו שידע לבצע קידה כהלכתה, וכלשון הגמרא שם: ״אמרו עליו על רבן שמעון בן גמליאל... כשהוא משתחווה **נועץ שתי גודליו בארץ, ושוחה, ונושק את הרצפה וזוקף**, ואין כל ברייה יכולה לעשות כן, וזוהי קידה״. ופירש רש״י שם: ״אין לו להשתטח ולהגיע לארץ [את] גופו [בעת הקידה], אלא פניו בלבד, ובדורו של רבן שמעון לא היה אחד מעומדי עזרה שהיה יכול לעשות כן, אלא הוא״.

ההשתחוויה בפישוט ידיים ורגליים

הצורה השלישית של ההשתחוויה, זו ההשתחוויה בפישוט ידיים ורגליים. אלה דברי הרמב״ם בעניין זה בהלכות עבודת כוכבים (ו, ו): ״שיפשוט ידיו ורגליו על האבן, **ונמצא כולו מוטל עליה, שזו השתחוויה האמורה בתורה**״. וראה בכסף משנה שם, שכתב: ״שפניו דבוקות בארץ״. ואכן, לפי האמור במסכת מגילה (כב, ב) כך נהגו בתקופת התלמוד, ורב היה מקפיד להשתחוות אחר התפילה בפישוט ידיים ורגליים כדין תורה, ולא רצה לשנות ממנהגו, עיין שם.

איסור השתחוויה על רצפת אבנים והפתרונות בהלכה

מגבלה אחת קיימת בעניין ההשתחוויה, וזאת ההלכה שהמשתחווה ארצה בפישוט ידיים ורגליים לא ישתחווה על רצפת אבנים, שכן ההשתחוויה על אבן הותרה במקדש בלבד, ולא מחוצה לו, ככתוב: ״ואבן משכית לא תתנו בארצכם להשתחוות עליה״ (ויקרא כו, א), ודרשו חז״ל בתורת כוהנים: ״בארצכם אי אתם משתחווים, אבל אתם משתחווים על האבנים שבמקדש״. (וראה בתרגום יונתן שם, שהיו במקדש מקומות מיוחדים להשתחוויה, והיו אלה אבנים מגולפות ומצוירות, כפי שתרגם: ״סטיו חקיק בציורין ודיוקנין תשוון בארעית מקדשכון״).

לאור האמור, פסק הרמב״ם בהלכות עבודת כוכבים (ו, ו) שמותר להשתחוות על אבנים במקדש, אבל בשאר מקומות שמחוץ למקדש אסור להשתחוות על אבנים, אפילו לשם ה׳, והעובר על כך ומשתחווה – לוקה (עיין שם).

ומוסיף הרמב״ם: ״ומפני זה נהגו כל ישראל להציע מחצלאות בבתי כנסיות הרצופות אבנים... להבדיל בין פניהם לבין האבנים... או שוחה על צדו ומטה [את פניו]

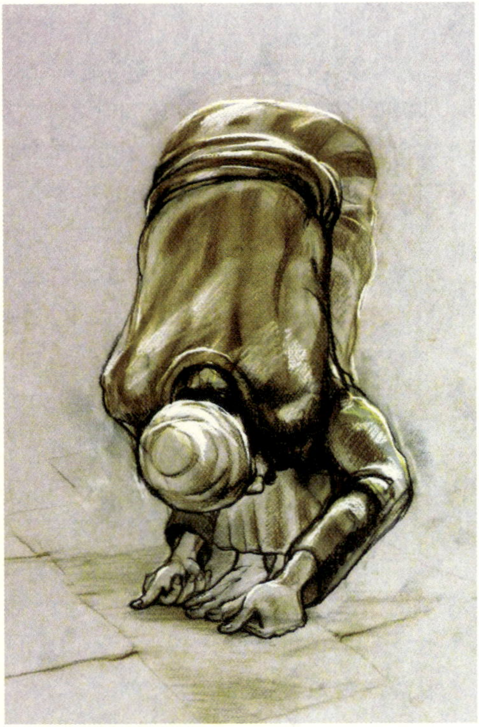

• **קידה** ה'קידה' זו צורת השתחוויה נדירה ומיוחדת, אך היא בגדר 'עבודה' לפני ה', לאותם יחידים המסוגלים לבצע אותה. להלן תיאור ה'קידה' כפי שנעשתה על ידי רבן שמעון בן גמליאל: "כשהוא משתחווה, נועץ שתי גודליו בארץ, שוחה, נושק את הרצפה, וזוקף... וזוהי 'קידה'" (סוכה נג, א; וראה ברכות לד, ב).

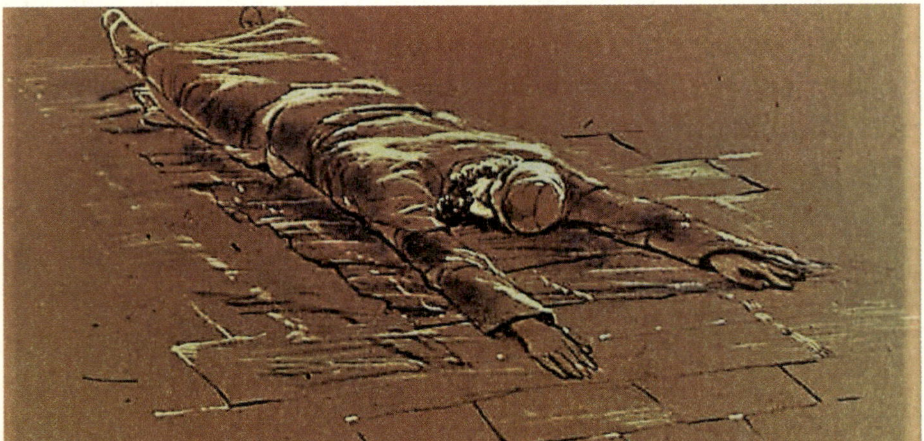

• **השתחוויה על רצפת אבנים** בציור, אדם משתחווה על רצפת אבנים מחוץ למקדש ב'פישוט ידים ורגלים', תוך הטית פנים לימין, והפסקה במחצלת. בצורה זו מקיים האדם מצות השתחוויה כהלכתה לדעת הכל.

כדי שלא ידביק פניו באבן". הרמב"ם מתאר את מנהג ישראל במהלך הדורות לפרוס מחצלאות בבתי הכנסת בכל ימות השנה, שכן לשיטתו ולשיטת הגאונים ההשתחוויה היא חלק מתפילות כל השנה; אך כמובן פריסת המחצלאות נוגעת במיוחד ליום הכיפורים, שיש בו כריעות והשתחוויות יתרות. הרמב"ם מביא גם את ההלכה להטות את הפנים לצד בעת ההשתחוויה במקום שיש רצפת אבנים ואין מחצלת. הלכה זו מבוססת על מנהגם של אביי ורבא, כמובא בגמרא במגילה (כג, א; עיין שם).

וראה גם ערוך השולחן אורח חיים (קלא, ד), הכותב: "עיקר נפילת אפיים [בכל תפילה מתפילות השנה] הוא בפישוט ידיים ורגליים בפנים שטוחות על הארץ, כמו שאנו עושים ביום הכיפורים".

שלושה מנהגי השתחוויה בקהילות ישראל

לאור האמור, יש בקהילות ישראל שלושה מנהגים עיקריים ביום הכיפורים:

מנהג קהילות ישראל על פי הרמב"ם

הנוהגים בשיטת הרמב"ם משתחווים, כאמור, בסיומה של כל תפילה מתפילות יום הכיפורים בפישוט ידיים ורגליים (ואם רצפת בית הכנסת עשויה אבנים, שוטחים עליה מחצלאות). בעת השתחוויה זו אומרים את הנוסח המובא ברמב"ם, הכולל בתוכו את 'עיקר הווידוי'. להלן נוסח 'נפילת פנים' המובא ב'סדר תפילות כל השנה' שבסוף ספר אהבה של הרמב"ם. וזו לשונו: "מנהגנו להתחנן בנפילת פנים בדברים ופסוקים אלו, פעמים בכולם ופעמים במקצתם: 'לפיכך אני כורע ומשתחווה ומתחנן לפניך, אדון העולם, אלוהי האלוהים ואדוני האדונים, כי לא על צדקותינו אנחנו מפילים תחנונינו לפניך, כי על רחמיך הרבים... מה נאמר לפניך ה', מה נדבר ומה נצטדק, **חטאנו ועווינו והרשענו ומרדנו** וסרנו ממצוותיך וממשפטיך... הושחרו פנינו מפני חטאותינו, ונכפפה קומתנו מפני אשמותינו... וסלחת לעווננו כי רב הוא" (ראה שם את הנוסח המלא).

מנהג בני תימן על פי רבנו סעדיה גאון

בני תימן נוהגים אף הם כשיטת הרמב"ם הנ"ל, להשתחוות בסוף כל תפילה. אולם באשר לצורת ההשתחוויה, נהגו בני תימן על פי שיטת רבנו סעדיה גאון (שכן בבתי הכנסיות בתימן היו מרצפות אבנים, ולא בכולם היו מחצלאות). וזה לשון רבנו סעדיה גאון בסידורו: "ותיאור נפילת אפיים [כדלהלן]: מניח את ברכו השמאלית על הארץ כדרכו כשהוא יושב [כדרכם של בני תימן לשבת על הרצפה], ומקפל את ברכו הימנית עליה כדרכו כשהוא כורע, ויהא חצי כורע חצי יושב, ואומר: 'רחום וחנון חטאנו לפניך... **אבל חטאנו עווינו והרשענו'**" (ההסבר אודות מנהג בני תימן, וכן הדגמה מעשית של ההשתחוויה, לאור שיחה עם הגאון הרב יוסף קאפח זצ"ל).

בקהילות ישראל הנוהגות כשיטת הרמב"ם ורס"ג, לא נהגו להשתחוות בעת אמירת 'סדר העבודה', כמקובל בקהילות אירופה, שכן הם נהגו להשתחוות ולהתוודות

▲ **ההשתחוויה בשיטת רבנו סעדיה גאון** ב'סידור רבנו סעדיה גאון' מתוארת ההשתחוויה על רצפת אבנים בלשון זו: "ותיאור נפילת אפיים [בהטיית פנים]: מניח את ברכו השמאלית על הארץ... ומקפל את ברכו הימנית עליה.... ואומר... 'אבל חטאנו עוינו והרשענו'. מנהג ההשתחוויה בשיטת רס"ג נהוג בעיקר בקרב בני תימן (הרב יוסף קאפח זצ"ל).

בסיומן של כל תפילה מתפילות היום (כמו כן, בקהילות אלה 'סדר העבודה' נאמר לאחר חזרת הש"ץ של תפילת מוסף).

מנהג קהילות ישראל להשתחוות בסדר העבודה "לדוגמה"

ברבות מקהילות ישראל, שבהן נהגו לומר וידוי בעמידה, כדעת ה'שולחן ערוך' שהובאה לעיל, נהגו עם זאת להשתחוות ביום הכיפורים במהלך אמירת 'סדר העבודה'. ראה טור אורח חיים (סימן תרכא), שכתב: "וכתב אבי העזרי: על כל אזכרה [של השם המפורש] היו מברכין וכורעין [במקדש] לכבוד ה' יתברך, וכן אנו עושים **לדוגמה**". על פי דברי הטור, נהגו ברבות מקהילות ישראל להשתחוות ארצה שלוש פעמים במהלך אמירת סדר העבודה:

א. בווידוי הראשון של הכוהן הגדול על הפר.

ב. בווידוי השני של הכוהן הגדול על הפר.

ג. בווידוי של הכוהן הגדול על השעיר.

[זאת בנוסף להשתחוויה בחזרת הש"ץ, בעת אמירת עלינו לשבח].

ההשתחוויה בפישוט ידיים ורגליים בדברי הפוסקים

ההשתחוויה ארצה בפישוט ידיים ורגליים ביום הכיפורים, מובאת להלכה בדברי הפוסקים.

הבאנו לעיל את דברי הרמב"ם, הכותב (הלכות תפילה ה, ו): "ביום הכיפורים נופלים על פניהם בכל תפילה ותפילה", וכוונתו היא

להשתחוויה, כפי שהגדיר שם (הלכה יג) ש"השתחוויה – זה פישוט ידיים ורגליים עד שנמצא מוטל על פניו ארצה".

וראה בעניין זה את אגרת רבי עובדיה מברטנורא ('אגרות ארץ ישראל' מאת אברהם יערי, עמ' 146), הכותב, שבפלרמו באיטליה, וכן במצרים ובארץ ישראל, נוהגים ש"נופלים על פניהם **בכל תפילה ותפילה ביום הכיפורים**" – כשיטת הרמב"ם.

הפוסקים הדנים בנושא ההשתחוויה מסכימים פה אחד, שגם במקומות שאין נוהגים להשתחוות בתפילה במהלך ימות השנה, ביום הכיפורים נופלים על פניהם "לדוגמה", בעת אמירת 'סדר העבודה', כדוגמת ההשתחוויה של ישראל במקדש. כך כתב בטור אורח חיים (סימן תרכא), וכך מובא שם ב'בית יוסף' וב'בית חדש', וכן כתב שם הרמ"א ב'דרכי משה' (סעיף י) בשם המרדכי: "וכן אנו עושים לזכר [למקדש]... וכן כתבו במנהגים, שכן נהגו בברין, **שנופלים על פניהם ממש, וכן נוהגים בכל מקום**".

כך פסק הרמ"א גם בשולחן ערוך (אורח חיים תרכב, ד). המחבר שם כתב: "במוסף [של יום הכיפורים] אומר שליח ציבור סדר העבודה", והוסיף על כך הרמ"א: "ונוהגים **ליפול על פניהם** כשאומרים 'והכוהנים והעם'". כך אכן נהגו בקהילות ישראל השונות, וכך כתב בעל 'מעשה רוקח' על דברי הרמב"ם, שיש להשתחוות בתפילות יום הכיפורים (הלכות תפילה ה, טו): "ומנהגנו שאין אנו נופלים על פנינו בשום תפילה [בתפילות כל השנה], חוץ מתפילת מוסף בחזרת שליח ציבור, כשאומרים 'הכוהנים והעם'".

וכן כתב בקיצור שולחן ערוך (סימן קלג, כג): "נוהגין להשתחוות **וליפול על הפנים** בשעת העבודה, **זכר למקדש**".

סדר זה מובא ב'משנה ברורה' (סימן קלא, סעיף קטן מג), בעניין 'נפילת פנים' ביום הכיפורים, הכותב: "רצונו לומר, כשהם נופלים דרך **פישוט ידיים ורגליים**". ועיין בדבריו שם שכתב כיצד מתקיימת ההשתחוויה. וראה ספר 'זה השולחן', חלק ג', מאת הרב שריה דבליצקי, שכך הוא מנהג הגר"א, להשתחוות בפישוט ידיים ורגליים.

המנהג להשתטח ארצה בפישוט ידיים ורגליים, נוהג כיום בכמה קהילות של יוצאי גרמניה וכן בכמה מקהילות הספרדים. כך המנהג גם בבית הכנסת של הרב גורן זצ"ל, וכן שמענו מן הרב חנוך הענך כהן שליט"א, מתלמידיו הקרובים של רבי יוסף דוב סולובייצ'יק, שהרב סולובייצ'יק זצ"ל היה נוהג להשתחוות בפישוט ידיים ורגליים, ואמר שכך הורה סבו, רבי חיים סולובייצ'יק זצ"ל.

המנהג לשטוח עשבים

אחת המגבלות המקשות על קיום ההשתחוויה, הוא החשש מפני השתחוויה על אבנים, שיש בה איסור תורה של "ואבן משכית לא תתנו בארצכם להשתחוות עליה". לפיכך כתבו הפוסקים שיש לשטוח בבית הכנסת, במקום שיש רצפת אבנים, עשבים או מחצלות, וכשאין עשבים או מחצלות – יש להטות את הפנים לצד (רמב"ם הלכות עבודת כוכבים ו, ז). למעשה, ברוב בתי הכנסת כיום המרצפות אינן עשויות מאבן, אלא מקרמיקה וכדומה, ואין חשש מהשתחוויה עליהן, שכן אינן בגדר 'אבן

משכית׳. עם זאת, יש מן הפוסקים שמחמת ספקות שונים החמירו ואמרו שגם במקום שאין רצפת אבנים, אלא אריחים ומרצפות, אף שם יש לשים מחצלות, מטפחת בד או נייר, כחציצה בין הפנים לרצפה, או להטות את הראש. ראה בדברי הפוסקים שהובאו לעיל, ה׳משנה ברורה׳ ואחרים, בסימנים הנ״ל.

וכך הם דברי בעל ׳חיי אדם׳ (כלל קמה סעיף לה), המסכם את דעת הפוסקים, הן בעניין צורת ההשתחוויה והן באשר למצב הרצפה בעת ההשתחוויה: ״נוהגים לשטוח עשבים בבית כנסת, לפי שנוהגים לעשות **זכר למקדש** להשתחוות בשעת [אמירת] עלינו לשבח, ובאמירת ׳והכוהנים והעם... היו כורעים ומשתחווים׳, ולפיכך מנהג הנכון **להשתחוות בפישוט ידיים ורגליים כדין ההשתחוויה במקדש.** ובמקום שהקרקע מרוצף אבנים אסור להשתחוות כן, [והמשתחווה] עובר בלאו, שנאמר: ׳ואבן משכית לא תתנו בארצכם להשתחוות עליה׳. ואפילו במקום שאינו מרוצף, צריך [המשתחווה] להטות קצת על צדו, דגזרינן אטו [רצפת] אבנים. לכן שוטחין עשבים, כדי להפסיק בינו ובין הקרקע, ואז לא גזרינן. ואם אין לו עשבים – יפסיק בטליתו או בדבר אחר״.

הלכה שקיומה נשתכח

לאור דברי הפוסקים המביאים הלכה מיוחדת זו מהלכות יום הכיפורים, שיש להשתחוות ביום זה בפישוט ידיים ורגליים ״כדין השתחוויה במקדש״, לפלא הוא שהלכה זו רופפת בקרב הציבור. בבתי הכנסת המבוכה רבה: יש הכורעים ארצה אך לא בפישוט ידיים ורגליים, יש המכופפים את ראשם בלבד, ויש שאין משתחווים כלל. פעמים שבבית כנסת אחד, חלקם כורעים, חלקם עומדים וחלקם יושבים. מציאות דומה קיימת במרבית הקהילות ובמרבית העדות.

לאור האמור לעיל, שההשתחוויה היא חלק ממצוות עשה של ״ואותו תעבודו״, ושהיא חלק מעבודת הכוהנים, הלויים והישראלים במקדש, לפלא הוא, שביום האחד והמיוחד בשנה, שבו נקבעה ההלכה בפוסקים לעבוד את ה׳ בעבודה זו, הלכה זו אינה מקוימת.

כמובא לעיל, גדול כוחה של ההשתחוויה להביא כפרה וסליחה על היחיד ועל הכלל, וכן אמרו חז״ל: ״חנה לא נפקדה אלא בזכות השתחוויה, **בית המקדש לא נבנה אלא בזכות השתחוויה**״.

ראויה, אפוא, עבודה זו שתשוב למקומה, כהלכה הנוהגת למעשה, וכפי שהייתה נוהגת בדורות עברו.

פרק ז: מנהגי יום הכיפורים שמקורם במקדש

מנהגים הנהוגים בתקופת הגלות בתפוצות ישראל כ׳דוגמה׳ וכ׳זכר למקדש׳

עסקנו לעיל במצות השתחוויה כפי שהתקיימה במקדש, וכן בדעות השונות בעניין קיום מצוה זו בדורות הגלות. נדון להלן במנהגים שונים שנהגו בקהילות ישראל ביום הכיפורים, אשר ככל הנראה מקורם במקדש.

א. לבישת בגדי לבן

זכר ל'בגדי לבן' של הכוהן הגדול

מנהג ישראל ללבוש בגדים לבנים ביום הכיפורים. המחפש מקור למנהג זה לא ימצא דבר מבוסס, ונראה שמקורו של המנהג הוא מצות היום של הכוהן הגדול ללבוש בגדי לבן בעבודת יום הכיפורים.

ראה רמ"א בהלכות יום הכיפורים (סימן תרי סעיף ד), שכתב: "יש שנהגו ללבוש בגדים לבנים נקיים ביום הכיפורים, דוגמת מלאכי השרת, וכן נוהגין ללבוש ה'קיטל', שהוא לבן ונקי, גם הוא בגד מתים, ועל ידי זה לב האדם נכנע ונשבר".

הטעמים המובאים בהלכה למנהג זה הם כאמור: להדמות למלאכי השרת או להזכיר את יום המיתה לשבירת הלב. אולם דומה ששורשו של מנהג זה במצות הכוהן הגדול ללבוש בגדי לבן לעבודת היום, שכן אף הכוהן הגדול בבגדיו אלה מתואר כמלאך. כך היא לשון הפייטן בסדר העבודה 'אתה כוננת': "**תוכן בוץ** ועריכת אבן מחוגר בכולם **כמלאך מיכאל משרת**". היינו: הכוהן הגדול חוגר את עצמו בבגדי בוץ, כלומר בגדי פשתן לבנים, ובכך הוא נראה כמלאך מיכאל המשרת בעולמות העליונים. ראה להלן בדברי ההסבר ל'אתה כוננת', ששירותו של הכוהן הגדול לפני מלך מלכי המלכים במקדש למטה, הוא כשירות מלאכי השרת למעלה, ואף הם משרתים כשהם לבושי לבן.

נראה, אפוא, שמנהג זה אינו אלא העתקה של הנעשה במקדש. כך עולה גם מדברי בעל 'מטה אפרים', הכותב ש"אין מייפים את הקיטל בזהב, ואין עושים לו בית צוואר של זהב, לפי שהזהב מזכיר את עוון העגל ו'אין קטגור נעשה סנגור'... אבל מייפים אותו בכסף, ועושין לו סביב בית הצוואר עטרה של כסף, שהכסף הוא לבן ומורה על החסד".

מדבריו עולה בבירור הדמיון בין לבושו של כל יחיד ביום הכיפורים ללבושו של הכוהן הגדול בעבודת היום. יתרה מזו, נראה שאף בזמן הבית היו נוהגים ללבוש בגדים לבנים, שכן גם כאשר פשט הכוהן הגדול את בגדי הלבן, ולבש את בגדיו הפרטיים, גם אז היו בגדיו לבנים, כמובא במשנה, שבזמן שהיה קורא בתורה בעזרת נשים, היה "קורא **באיצטלית לבן** משלו" (יומא סח, ב). כך, למעשה, כותב המאירי שם: "אם רצה [הכוהן הגדול] לקרות באיצטלית לבנה משלו, רצוני לומר, שאינה מבגדי כהונה – קורא. והוא הדין לכל שאר בגדים, אלא שדיבר בהווה, **שמנהג זקנים ואנשים של צורה** להיות בגדיהם לבנים ביום הכיפורים".

גם הנשים נוהגות ללבוש בגדי לבן ביום הכיפורים. אמנם יש המצדדים לומר שלא ילבשו בגדי לבן (מגן אברהם אורח חיים סימן תרי), אך ב'ספר המטעמים' הוכיח, בשם הריטב"א, שכך היה מנהג נשות ישראל מקדמת דנא. ואלו דבריו: "ונשים מפני מה לובשות בגדי לבן?... אלא מפני שאמרו בגמרא: 'לא היו ימים טובים לישראל כחמישה עשר באב **וכיום הכיפורים**, שבהם בנות ישראל יוצאות בכלי לבן...', כלומר שכבר בזמן הבית כך היה מנהגן. ומוסיף בעל 'מטה אפרים': "מכל מקום, לא יקשטו עצמן בתכשיטין של שבת ויום טוב, משום אימת יום הדין".

נמצאנו למדים, ששורש המנהג שנהגו

ישראל ללבוש בגדי לבן ביום הכיפורים, הוא בבגדי לבן של הכוהן הגדול בעבודתו במקדש.

ב. עשרה וידויים בתפילות היום
כנגד עשר פעמים שהזכיר הכוהן הגדול את השם המפורש

מצוות הווידוי ביום הכיפורים, לפי האמור במסכת יומא (פז ב), היא שהיחיד מתוודה בתפילת מנחה של ערב יום הכיפורים, וכן בכל תפילה ותפילה מתפילות יום הכיפורים, ונמצא שהתוודה במהלך היום שישה וידויים (וראה רמב"ם הלכות תשובה ב, ז).

עם זאת, הנהיגו הגאונים להתוודות עשרה וידויים, כנגד עשר הפעמים שהזכיר הכוהן הגדול את השם המפורש במהלך עבודת היום במקדש.

ראה בקובץ תשובות הגאונים 'שערי תשובה' (סימן קצב), שכתב: "עשר פעמים היה מזכיר הכוהן הגדול את השם ביום הכיפורים: שלושה בווידוי ראשון של פר, ושלושה בווידוי שני [של פר], ושלושה [בווידוי] של שעיר המשתלח, ואחד בגורלות... וכנגדם היה אומר וידויים עשרה ביום הכיפורים: שלושה ביוצר [הכוונה לשחרית] ושלושה במוסף ושלושה במנחה ואחד בנעילה". כך כתב גם הר"ן במסכת יומא, בסוף פרק שמיני.

המנהג כיום הוא לומר עשרה וידויים בסדר הבא: אחד במנחה של ערב יום הכיפורים, שניים בערבית, שניים בשחרית, שניים במוסף, שניים במנחה ואחד בנעילה. לכאורה, הקשר בין הזכרת השם והווידוי איננו ברור, שכן מה עניין זה אצל זה?

אך נראה לומר שכיון שבעת הזכרת השם היו הכוהנים והעם כורעים ומשתחווים ומתוודים לפני ה' איש על חטאיו, כמבואר לעיל, נמצא שבמהלך יום הכיפורים היו מתוודים במקדש עשר פעמים. לפיכך תיקנו עשרה וידויים, כנגד עשר הפעמים שהכוהן הגדול היה מזכיר את השם המפורש, והעם היה משתחווה ומתוודה באותה שעה.

אלה הם דברי המאירי ב'חיבור התשובה' (עמ' 325) שהובאו כבר לעיל בפרק הקודם: "ומתוודין ציבור ושליח ציבור שלוש פעמים בנפילת אפיים, שעשר פעמים מתוודים הציבור מתוך פסוקים של רחמים וסליחות עם שליח ציבור ביום זה. שלושה בשחרית ושלושה במוסף ושלושה במנחה ואחת בנעילה. וסמכו הגאונים עניין זה [של וידוי בנפילת אפיים] שהם תיקנו בכך, כנגד עשר פעמים שהיה הכוהן הגדול מזכיר את השם ביום הכיפורים".

נראה אפוא כנ"ל, שכיון שהווידויים של ישראל במקדש היו נאמרים בזמן הזכרת השם המפורש, לפיכך נהגו לומר עשרה וידויים ביום הכיפורים, כנגד עשר פעמים שהיה הכוהן הגדול מזכיר את השם; אם כי באשר לסדר הווידויים, הדבר תלוי במנהגים השונים שנהגו במהלך הדורות.

ג. 'ברוך שם כבוד מלכותו' – בקול רם
זכר לאמירת 'ברוך שם' במקדש

אמירה מיוחדת שהייתה נהוגה במקדש בציבור, היא אמירת "ברוך שם כבוד מלכותו לעולם ועד", וכדברי הרמב"ם בהלכות תעניות (ד, טו): "כשהיו מתפללים על הסדר הזה בירושלים [בתעניות על הגשמים], היו

מתכנסים בהר הבית כנגד שער המזרח... וכשמגיע שליח ציבור לומר: 'מי שענה את אברהם', אומר: 'ברוך אתה ה' אלוהינו אלוהי ישראל מן העולם ועד העולם, ברוך אתה ה' גואל ישראל', והן עונין אחריו: "ברוך שם כבוד מלכותו לעולם ועד!"". כלומר: במקדש ובהר הבית הציבור לא היה עונה "אמן" בסיום כל ברכה, אלא היו אומרים "ברוך שם כבוד מלכותו לעולם ועד".

כך נאמר בגמרא בברכות (סג, א) ובסוטה (מ, ב): "אין עונים אמן במקדש". ושואלת הגמרא בברכות: "ומנין שאין עונין אמן במקדש?", ומשיבה הגמרא: "שנאמר... 'ויברכו שם כבודך ומרומם על כל ברכה ותהילה' (נחמיה ט, ה) – על כל ברכה וברכה – תן לו תהילה", ומפרש רש"י: "**'ויברכו שם כבודך'** [פירושו] **'ברוך שם כבוד מלכותו** לעולם ועד'". עוד מפרש רש"י, ש"תהילה" הנאמרת בסוף כל ברכה היינו שבסוף כל ברכה מברכות התפילה יאמרו "ברוך שם כבוד מלכותו לעולם ועד" (ראה רש"י ומאירי שם).

מדברי המשנה ביומא הננו למדים כי כך נהגו ביום הכיפורים במקדש לא רק בעת שענו על ברכות הכוהן הגדול וכדומה, אלא גם כש"הכוהנים והעם העומדים בעזרה היו שומעים את השם המפורש יוצא מפי כוהן גדול", שאז היו אומרים "ברוך שם כבוד מלכותו לעולם ועד" (משנה יומא ו, ב).

יש, אפוא, מקום לומר שמנהג ישראל במקדש ביום הכיפורים לומר "ברוך שם כבוד מלכותו לעולם ועד" במקום "אמן", הוא המקור למנהג שנהגו ישראל במשך הדורות, לומר בקריאת שמע 'ברוך שם' בקול רם, כ"זכר למקדש". עם זאת, יש להעיר כי לא בכל קהילות ישראל נהגו כן.

רבנו יעקב בעל הטורים, מביא בטור אורח חיים (סימן תריט) הסבר למנהג שפשט באשכנו, לומר בקריאת שמע "ברוך שם כבוד מלכותו" בקול רם. וזו לשונו: "וקורין שמע [של ערבית] בברכותיה. ונוהגין באשכנו לומר: 'ברוך שם כבוד מלכותו לעולם ועד' בקול רם, וסמך לדבר במדרש ואלה הדברים רבה, בפרשת ואתחנן: 'כשעלה משה לרקיע, שמע מלאכי השרת שהיו מקלסין לקב"ה: 'ברוך שם כבוד מלכותו...' והורידו לישראל. למה הדבר דומה? לאדם שגנב הורמין, פירוש: חפץ נאה, מתוך פלטרין של מלך ונתנו לאשתו, ואמר לה: אל תתקשטי בו אלא בצנעה בתוך ביתך! לכן בכל השנה אומרים אותו בלחש, וביום הכיפורים אומרים אותו בפרהסיא, לפי שאנו כמלאכים".

עם זאת, לא רחוק הדבר מלומר כנ"ל, שמקור המנהג הוא במקדש, ששם נהגו לומר בצוותא "ברוך שם" בקול רם פעמים רבות במהלך יום הכיפורים. ייתכן אפוא שזה אחד מיסודות המנהג שפשט בקהילות ישראל, לומר ביום הכיפורים "ברוך שם" בקריאת שמע בקול רם.

ד. טבילה

טבילה לתוספת קדושה כטבילות הכוהן הגדול

מנהג הטבילה בערב יום הכיפורים אף הוא אין לו מקור ברור. עם זאת כתבו ראשונים ואחרונים שמנהג הטבילה שנהגו בו ישראל מנהג יפה הוא. וזו לשון המאירי ב'חיבור התשובה' (עמ' 793): "נהגו זקנים לטבול בו

[בערב יום הכיפורים] בשחרית, ויש שנהגו לטבול בשבע שעות או בשמונה [של היום], כדי לסמוך תפילת המנחה לטהרתם. וטבילה זו, כמו שאמרנו, אינה מתקנות חכמים אלא ממנהג זקנים [ואנשי מעשה] כדי לטהר את גופם ולנקותו, עד שמתוכה [של הטהרה] יתעוררו לטבילת הלב... ואף על פי שמנהג נאה הוא, ומנהג חכמים וחסידים, מכל מקום אין מברכים על המנהג".

בהמשך לאמור כתבו האחרונים שטבילה זו באה לשם טהרה רוחנית ולשם קבלת תשובה, כגר שנתגייר. טעמים כאלה ואחרים הובאו בדברי האחרונים להסברת המנהג שכבר התפשט בתפוצות ישראל. עם זאת, דומה, שעצם הרעיון של טבילה, שאינה באה כדי לטהר מטומאה מסוימת דווקא, אלא **לתוספת קדושה**, לקוחה מטבילת הכוהן הגדול במקדש ביום הכיפורים, שכן הכוהן הגדול שמר על טהרתו מטומאת מת ומכל טומאה אחרת שבעה ימים לפני יום הכיפורים, והוא אף טבל עם כניסתו לעבודה בעלות השחר של יום הכיפורים; ולמרות זאת ציוותה התורה שיטבול ארבע טבילות נוספות במהלך היום, בכל פעם שהוא מחליף את בגדיו מבגדי זהב לבגדי לבן או להיפך. מכאן אפשר ללמוד שיש מקום לטבילה של כל אדם, לקראת התעלות למדרגה חדשה בקודש, לתוספת קדושה.

לאור האמור, יש לומר שאחד מיסודות מנהג הטבילה הנהוג בישראל כהכנה לקראת היום הקדוש, מקורו בדוגמה זו של טבילות הכוהן הגדול ביום הכיפורים, שלא נעשו דווקא לשם טהרה מטומאה כל שהיא, אלא לתוספת קדושה.

ה. כפרות

זכר לשעיר המשתלח

מנהג עריכת כפרות בערב יום הכיפורים התפשט בקהילות ישראל, אם כי אין לו זכר בדברי חז"ל בתלמוד. יש דמיון רב בין מנהג הכפרות, לפרטיו השונים, לבין מצות שילוח השעיר לעזאזל.

בקהילות רבות נהגו לומר קודם עשיית מנהג זה תפילת "יהי רצון", שבה מזכירים את מצות שילוח השעיר לעזאזל: "יהי רצון שייבנה בית המקדש במהרה בימינו, ושם נעשה לפניך משפט שעיר המשתלח, ושעירי עזים נעשה ברצון...".

הדמיון בין מנהג הכפרות לשילוח השעיר לעזאזל

יש שינויים בפרטי המנהג בין הקהילות השונות, אולם קיימים כמה יסודות משותפים במנהג זה, כגון האמירה "זה תחת זה" בסגנונות שונים, והכוונה היא שתרנגול זה, או איל זה "ילך למיתה" (כדוגמת השעיר המושלך מן ההר, כשהוא נושא עליו את עברות כלל ישראל), "ואנו נלך לחיים", כלומר: בשחיטת התרנגול יתכפר למשלחיו.

יש שנהגו לסמוך את ידיהם על ראש התרנגול ואחר כך על ראש המתכפר, והרי זה כמין סימן, שהתרנגול יישא עליו את העברות על ראשו ויפדה בכך את המשלח מעונש.

יש שנהגו להשליך את התרנגול או משהו ממנו, ויש שנמנעו מלאכול את התרנגול, אלא נתנו אותו לעניים, או שפדו את התרנגול בכסף ונתנו לצדקה. יש גם שנהגו להשליך את הקרביים החוצה כדי שיאכלו אותם בעלי חיים. כמו כן, יש שעשו

את הכפרה לא באמצעות בעל חיים, אלא באמצעות גידולים שונים מן הצומח, ולאחר שסובבו את הצמח על הראש, השליכו אותו לנהר, וכיוצא בכך. כאמור יסוד מנהגים אלה הוא בסדר שילוח השעיר למדבר, וכדברי המשנה ביומא ו, ב: "בא לו אצל שעיר המשתלח וסומך שתי ידיו עליו ומתוודה... ודחפו לאחוריו והוא מתגלגל ויורד ולא היה מגיע לחצי ההר עד שנעשה אברים אברים"

ממנהגי הקהילות

המאירי כותב (חיבור התשובה עמ' 893): "נהגו זקנים ביום זה מנהג שיש לעיין עליו, והוא **שהתינוקות** מביאים לפניהם תרנגולים, ושוחטים אותם, וקוראים עליהם פסוקים... ומחליפין וממירים זה תחת זה [את התרנגול תחת התינוק] כאילו היה התינוק הקדש... שירצו לחלל קדושתו על התרנגול... ונתפשט דבר זה באומתנו... מבלי שנדע בדבר זה שורש ויסוד בתלמוד כלל... עד שכבר מחו קצת גאונים במנהג זה וחלקו הרבה על המעשה ולא נענו... ויש שנהגו לעשות את המנהג כאילו על שם שאירע ליצחק אבינו, שהיה רצון ה' להצילו ולהעמיד איל תחתיו, [ובכך] יזכרו בזה עניין העקדה".

הרא"ש (פסקי הרא"ש ליומא ח, כג) מתאר את המנהג שנהג במקומו, וזו לשונו: "וכך רגילים כאן, אוחז שליח ציבור או השמש תרנגול, ומניח ידו על ראש התרנגול, ונוטלו, ומניח ידו על ראש המתכפר, ואומר: 'זה תחת זה'... ועושה כסדר הזה שלוש פעמים".

המסתייגים מן המנהג שבעבר והמנהג הנהוג כיום

רבים מגדולי ישראל יצאו נגד המנהג. הרמב"ן ראה בכך "דרכי האמורי", והרשב"א בתשובה (חלק א סימן שצה) כתב: "מנעתי את המנהג הזה מעירנו", ועוד (ראה בית יוסף על טור אורח חיים סימן תרה, ושולחן ערוך שם).

הרמב"ם, שהמנהג היה קיים בזמנו, התעלם ממנו ולא הביא אותו להלכה. ב'שולחן ערוך' כתב המחבר סימן מיוחד (אורח חיים סימן תרה) כדי לבטל את המנהג: "מה שנוהגים לעשות כפרות בערב יום הכיפורים, לשחוט תרנגול על כל זכר ולומר פסוקים, יש למנוע המנהג". אולם המנהג השתרש בציבור עד כדי כך, עד שהמדפיסים הראשונים השמיטו בדפוס את הסימן הזה, כי חששו שמאחר שהציבור אינו יכול להרפות מן המנהג, יימנעו מלקנות את השולחן ערוך.

עם זאת, מחברים שונים לימדו סנגוריה על הנוהגים כן. ראה הגהת הרמ"א בסימן הנ"ל, שקרא למנהג "מנהג ותיקין". מחברים שונים נתנו טעם למנהג על פי נגלה או על פי נסתר.

כיום, שתרנגולים חיים אינם מצויים בשוק לשחיטה, ואין השוחטים מצויים לכל דורש כבעבר, מנהג רבים מישראל לקחת סכום כסף לעשות בו את הכפרות, ולתת אותו לאחר מכן לצדקה.

ו. זהירות מ'קרי'

מצינו בדברי חז"ל דיון על ראיית קרי ביום הכיפורים. כך נאמר בגמרא בסוף מסכת יומא (פח, א): "תנא דבי רבי ישמעאל: הרואה קרי ביום הכיפורים ידאג כל השנה כולה [שמא לא קיבלו תעניתו – רש"י שם]. ואם עלתה לו שנה – מובטח לו שהוא בן העולם הבא

• **הסוכות מירושלים עד הצוק** עשר סוכות היו מירושלים ועד הצוק אשר הוכנו כמקומות חניה בדרך. 'יקירי ירושלים' היו מלוים את המשלח עד הסוכה הראשונה (משנה יומא ו, ד). בכל סוכה "אומרים לו: הרי מזון, הרי מים" (שם) "שאם כשל כוחו וצריך לאכול – אוכל" (רמב"ם עבודת יום הכיפורים ג, ז). בכל אחת מן הסוכות המתינה קבוצת אנשים מערב יום הכיפורים, ובהגיע השעיר והמלווה היו מלווים אותו מהלך מיל אל הסוכה הבאה. בציור (משמאל) נראית קבוצת אנשים היוצאת מן הסוכה ללוות את השעיר ואת המשלח (השעיר והמשלח נראים לרגלי הצוק מימין). באופק, הרחק בראש ההר, נראית קבוצת אנשים בסוכה הסמוכה לצוק. לאורך הדרך בין הסוכה הראשונה לאחרונה, נראות קבוצות הממתינות לבוא השעיר המשתלח. כן נראים אנשים המנופפים בסודרים, הם ה'דרכיות' שבאמצעותן הודיעו לכהן גדול במקדש שהשעיר הגיע ליעדו.

[שלא מת, מובטח לו שמעשים טובים יש בידו שהגינו עליו, ובן העולם הבא הוא – רש"י]".

לאור האמור, נהגו בחלק מקהילות ישראל, על פי השל"ה, לומר בליל יום הכיפורים, בסיום תפילת ערבית, ארבעה פרקים ראשונים מספר תהלים, שיש באמירתם סגולה לשמירת האדם מראיית קרי.

נראה שזהירות מיוחדת זו קשורה למנהג ישראל להרחיק את הכוהן הגדול במקדש מכל חשש של ראיית קרי, הן בכך שמנעו ממנו מלהרבות באכילה בערב יום הכיפורים, והן בכך ששמרו עליו שלא יתנמנם במהלך הלילה.

נמצא אפוא שיסודה של הזהירות מקרי הוא בשמירת טהרתו של הכוהן הגדול ביום הכיפורים, ויש בכך 'זכר למקדש', שכן כל ישראל שומרים על טהרתם ביום הכיפורים, כדרך שהכוהן הגדול שמר על טהרתו במקדש.

ז. המנהג להיות נעורים כל הלילה

יש שנהגו להיות ערים ביום הכיפורים כל הלילה 'זכר למקדש'. אכן, במסכת יומא נאמר ש"מיקירי ירושלים לא היו ישנים כל הלילה, כדי שישמע הכוהן הגדול קול הברה, ולא תהא שינה חוטפתו" (יומא יט, ב). עוד מובא שם בגמרא בשם אבא שאול ש"אף בגבולין (כלומר, בשאר המקומות מחוץ לירושלים) היו עושין כן זכר למקדש, אלא שהיו חוטאין". ומפרש רש"י: "משחקין אנשים ונשים יחד ובאים לידי עברה". ומוסיפה הגמרא שם, שמדובר בעיר נהרדעא שבבבל.

נראה שאחת הסיבות לכך ש'יקירי ירושלים' וחשוביה היו ערים בלילה במקדש, הייתה כדי שאף הם עצמם לא יבואו לידי קרי. זאת, מכיון שרצו להיות נוכחים בעזרה למחרת, בעת עבודת הכוהן הגדול. לפיכך, אם היו נטמאים – לא היו יכולים להיות נוכחים שם, שכן גם אם הותר לבעל קרי לטבול ביום הכיפורים (ראה יומא פח, א), מכל מקום 'טבול יום' אסור להיכנס לעזרה, ואף לעזרת נשים (ראה משנה כלים א, ו). לאור האמור, היו צריכים להיות נעורים בלילה, כדי שלא ייטמאו ויוכלו להיות נוכחים בעזרה בשעת העבודה. כך יש לומר גם ביחס לבעלי התפקידים במקדש – הכוהנים והלויים שעזרתם דרושה לעבודת היום, כגון לתקיעת החצוצרות, לשירה, לפתיחת שערים וכדומה. כל אלה השתדלו לשמור את עיניהם משינה במהלך הלילה.

לפי זה מובן מדוע גם בגבולין היו נעורים בלילה "זכר למקדש". כיון שבירושלים היה זה מנהג מוכר, שרבים לא עצמו את עיניהם במשך הלילה, ועסקו בתורה, בשירות ובתשבחות, כדוגמת אלו שהיו עם הכוהן הגדול במהלך הלילה, לפיכך אלה שעלו לירושלים מרחבי הארץ ומרחבי העולם היהודי וראו את המנהג בירושלים וחזרו לביתם, הנהיגו את המנהג ביום הכיפורים בשנה האחרת אף בעירם. מדברי הגמרא לעיל, האומרת שאף בנהרדעא שבבבל נהגו כך, נראה שאף אנשי בבל שעלו לרגל לירושלים, הכירו את מנהגם של 'יקירי ירושלים' ונהגו כן בעירם. מנהג זה נשתמר גם בדורות שלאחר החורבן, וכפי שכתבו ראשונים ואחרונים.

אלה דברי המאירי ב'חיבור התשובה'

(עמ' 825) בעניין זה: "ומקצת זקנים [ואנשי מעשה] נוהגים להתעכב בבית הכנסת כל הלילה, ולעסוק בדברי שבח והודאה לה' יתברך... ובמסכת יומא אמרו ז"ל: 'מיקירי ירושלים לא היו ישנים' כלל... ובקצת מקומות נוהגים להעיר את עצמן בקריאת ספר תהלים". ובספר 'אור הישר', לרבי מאיר פאפירש, כתב ש"יש נוהגים ללמוד מסכת יומא ומסכת כריתות", שעניינן נוגע ליום הכיפורים ולעניין הווידוי.

ויש המביאים מנהג, ש"נוהגים לישון בבית הכנסת, לפי שאומרים שם שירות ותשבחות רוב הלילה... אך ייזהרו לישון במערב בית הכנסת או בעזרת נשים. וייזהרו שלא לדבר כלל שום שיחה" (שולחן ערוך הרב סימן תרי"ט, ועוד). והלבוש כתב שטוב שהאדם יישן בלילה, כדי שיוכל לכוון למחרת בתפילתו. על כל פנים, יסוד המנהג, כאמור, במנהג ישראל במקדש בליל יום הכיפורים.

ח. עמידה על הרגלים

המחבר בשולחן ערוך (אורח חיים סימן תרי"ט) מביא הלכה, ש"יש שעומדים על רגליהם כל היום וכל הלילה". המפרשים נתנו טעם למנהג זה "להיות דוגמת המלאכים". וכתבו הפוסקים שאין כוונת ההלכה שיש לעמוד כל הלילה ממש, שאם יעמוד כל הלילה לא יוכל לכוון למחרת בתפילה, אלא הכוונה היא שיעמוד בתפילת ערבית.

אולם נראה, שמקור המנהג זה אף הוא ביום הכיפורים במקדש. ראה פרקי דרבי אליעזר הגדול (פרק מ"ו): "ראה השטן שלא נמצא בהם [בישראל] חטא ביום הכיפורים. אמר לפניו: ריבונו של עולם! מה מלאכי השרת אין להם קפיצין [פרקים ברגלים] כך ישראל עומדים על רגליהן ביום הכיפורים. מה מלאכי השרת אין להם אכילה ושתייה, כך ישראל אין להם אכילה ושתייה ביום הכיפורים...". מדברים אלה נראה שעמידתם של ישראל ביום הכיפורים אין מטרתה להידמות לעמידת המלאכים, שכן המלאכים עומדים מפני שכך היא צורת בריאתם, ואילו ישראל עומדים משום שכך רצונם, לעמוד על רגליהם ביום זה לפני בוראם, למרות שהם יכולים לשבת. ואכן רבי דוד לוריא בפירושו שם מסביר ש"אפשר לומר, **שבבית המקדש** קאמר, שהיו ישראל שם **רוב היום**, שהייתה העבודה נמשכת כמעט כל היום, וכיון ש'אין ישיבה בעזרה', ממילא היו עומדין כמעט כל היום", ואם כן, נאלץ השטן ללמד סנגוריה על ישראל, שעומדים ביום הצום יום שלם במקדש. נמצא, שהמנהג לעמוד ביום הכיפורים מקורו במקדש, ולאור האמור, בוודאי אין צורך לעמוד כל הלילה, שכן במקדש עמדו ישראל רק ביום, שהוא זמן העבודה.

ט. החזן ככוהן גדול

במינוי שליח ציבור ליום הכיפורים מקפידים לכתחילה שיהא החזן בן למעלה משלושים, וזאת כדין הלויים במקדש, שכן תחילת כניסתם של הלויים לעבודה, לשורר על הדוכן, הוא בהיותם בני שלושים; וכך אף כאן. כך גם ההקפדה שהחזן יהיה נשוי, מקורה בדין הכוהן הגדול, שאם אין לו אישה אינו ראוי לעבודה. וכתב המאירי ב'חיבור התשובה': "ביום הנורא הזה, הנאמר 'ולקדוש ה' מכובד – זה יום הכיפורים' (שבת קיט, א),

ראוי לעטרו בכל מיני כבוד ומעלה... שצריך להיות אמרות [החזן] המכפר בעד כל קהל ישראל, אמרות טהורות כסף צרוף, זהב מזוקק שבעתים בשפה וברעיון. אין פרץ בחדרי לבבו ואין צווחה ברחובות שפתיו, ועומד ומסדר פיוטין" (מאמר ב פרק יב).

הרמ"א בדרכי משה (אורח חיים סימן תקפא סק"ב) מביא בשם המרדכי: "ומצאתי בהגהות מנהגים: מי שאינו נשוי אישה לא יתפלל בראש השנה וביום הכיפורים, דומיא דכוהן גדול".

ובשולחן ערוך (תריט, ד) כתב, ש"צריך להעמיד אחד לימין החזן ואחד לשמאלו". אמנם המפרשים מסבירים שלמדו זאת מאהרון וחור שעמדו מימין משה ומשמאלו בעת מלחמת עמלק, אך נראה שאף מנהג זה מקורו במקדש, שכן אף משני צדי הכוהן הגדול עמדו "הסגן מימינו וראש בית אב משמאלו" (משנה יומא ד, א). וכמו שהכוהן הגדול נזקק לעזרתם של הסגן וראש בית האב, כן המנהג הוא שהחזן נעזר בחלקים מן התפילה בסגן, ב'סומך' או במשוררים, כנהוג בקהילות רבות בישראל.

י. נעימות וניגונים

בקהילות ישראל נהגו ללוות את תפילות יום הכיפורים בנעימות ובניגונים, שכן אף במקדש היו קרבנות היום מלווים בשירת הלויים, וכן בניגון כלי הנגינה ב'שיר של יום הכיפורים' בתמיד של שחר, במוסף ובתמיד של בין הערביים. כן מתברר, שהיו במקדש נעימות מיוחדות בעת הזכרת השם המפורש על ידי הכוהן הגדול, כשהזכיר אותו עשר פעמים במהלך היום.

זו לשון הירושלמי (יומא ג, ז): "עשר פעמים היה הכוהן הגדול מזכיר את השם [המפורש] ביום הכיפורים. בראשונה היה אומר אותו בקול גבוה, משרבו הפרוצים [שהיו משתמשים בשם המפורש שלא כהלכה] – היה אומרו בקול נמוך. אמר רבי טרפון: עומד הייתי בין אחי הכוהנים בשורה, והטיתי אוזני כלפי הכוהן הגדול, ושמעתיו מבליעו בנעימת הכוהנים". כלומר: מנהגם של הכוהנים היה לנגן ולהנעים בעת הזכרת השם, וכך יכול היה הכוהן הגדול להזכיר את השם המפורש בהבלעה, בלא חשש שישמעו אותו.

כעין זה נאמר בעניין ברכת כוהנים, שאף שם נאמר ש"משמת שמעון הצדיק נמנעו הכוהנים מלברך בשם המפורש, אפילו במקדש... כדי שלא ילמד אותו אדם שאינו הגון" (יומא לט, ב וברש"י שם). וכך אמרו בקידושין (עא, א), שמשרבו הפרוצים המשתמשים בשם המפורש, היו מוסרים אותו לצנועים שבכהונה בלבד, לברך בו את העם, "והצנועים שבכהונה היו מבליעים אותו בנעימת אחיהם הכוהנים".

ואכן, כך הוא מנהגם של קהילות רבות בישראל, שהחזן והציבור מנגנים ומנעימים בנעימה בשני המקומות הללו בתפילה: בעת שהחזן מגיע ב'סדר העבודה' ל'והכוהנים והעם', נהגו שהכול מלווים את החזן בנעימה, ובעת ברכת כוהנים, נהגו בחלק מהקהילות שהחזן מנגן בעת הברכה, ויש מקומות שנהגו שהכוהנים מנגנים, וכן יש מקומות שהקהל כולו מנגן עם החזן והכוהנים.

הסברא נותנת שגם מנהג זה, לנגן במקומות אלה בתפילה, מקורו במנהג שנהגו הכוהנים במקדש.

יא. ברכת הבנים

נסיים את רשימת המנהגים שמקורם במקדש במנהג שהיה מקובל בירושלים בתקופת המקדש.

כך נאמר במסכת סופרים (פרק יח הלכה ה): "וכן היה מנהג טוב בירושלים לחנך [את] בניהם ובנותיהם הקטנים להתענות ביום צום [הכיפורים]: בן אחת עשרה שנה – עד עצם היום, בן שתים עשרה שנה – להשלים. בן שלוש עשרה – סובלו [סובל את הצום כולו] ומקרבו לפני כל זקן וזקן כדי לברכו, לחזקו שיתפלל עליו, שיזכה בתורה ובמעשים טובים. וכן כל מי שהיה לו גדול ממנו בעיר, היה עומד ממקומו, והולך לפניו, והיה משתחווה לו להתפלל בעדו. ללמד, שהם נאים ומעשיהם נאים ולבן לשמים".

נראה שמדובר במנהג קדום שהתקיים בירושלים בתקופת הבית, שכן לאחר החורבן, בזמן הגלות, אסרו הרומאים על ישראל לגור בירושלים ובסביבתה. מנהג ברכת הבנים הנהוג כיום בערבי שבתות, ובמיוחד בערב יום הכיפורים, יסודו, אפוא, במנהג ישראל בירושלים שבתקופת המקדש. מתוך העניין נראה, שהיו מביאים את הבנים בפני הזקנים וחכמי הדור, ובוודאי גם בפני חכמי הסנהדרין הקרויים 'זקנים', כדי להתברך מברכתם.

יש מקום להמשיך ולהרחיב במציאת הקשרים בין מנהגים שונים הנהוגים ביום הכיפורים, לבין מנהגי ישראל במקדש ביום זה. אך די במה שהבאנו כדי להראות, שחכמי ישראל, והציבור בכללו, אימצו מנהגים שיש בהם כדי לשמר מצוות ומנהגים שהיו נהוגים במקדש ביום זה.

הקדמה לשחרית

תפילת השחר – חידוש הקרבנות ובניין המקדש

בזמן שבית המקדש היה קיים, היו ישראל מלווים את עבודת הקרבנות שבכל יום בצום ובתפילה, כמובא במשנה (מסכת תענית כו, ב; וכן בתוספתא תענית ג, ב) שעמדו נביאים שבירושלים, וקבעו עשרים וארבע מעמדות מישראל שיעמדו בצום במקדש, ויתפללו שם על הקרבנות שיתקבלו לפני ה'. ומפרש הרמב"ם בפירוש המשנה, תענית ד, ב; ש"אנשי מעמד הם שלוחי כל ישראל, והיתה כוונתם ומטרתם ההתעסקות בעבודה ותפילה... ותהיה דעתם ומחשבתם בקרבנות".

מיוחד הוא יום הכיפורים, שלא רק 'אנשי מעמד' באו למקדש להיות שותפים להקרבת הקרבנות, אלא כלל ישראל ליווה את המעמד לאורך היום מתחילתו ועד סופו, וכדברי המשנה (יומא א, א): "לא הייתה קריאת הגבר מגעת, עד שהייתה עזרה מלאה מישראל". כך התנהלה הקרבת הקרבנות יחד עם המתכנסים בעזרה, בתפילה חרישית, בהשתחוויה ובווידוי. מכאן חשיבותה של תפילת יום הכיפורים, שהיא תפילת כלל ישראל להחזרת העבודה במקדש.

כשתקנו חכמי ישראל את זמני התפילות מדי יום ביומו, כיוונו אותן לזמן הקרבת הקרבן במקדש, וכדברי ר' יהושע בן לוי (ברכות כו, ב): "תפילות כנגד תמידים תקנום". כך נתקנה 'תפילת שחרית' כנגד 'תמיד של שחר'.

הקבלה זו, בין התפילה לבין הקרבן, לא באה כדי שהתפילה תשמש כתחליף לקרבן, שהרי מועדי התפילות נקבעו על ידי הכנסת הגדולה בראשית ימי הבית השני, כשהמקדש עמד על תילו והקרבנות הובאו במקדש – "תמידים כסדרם". לפיכך, כשתקנו חכמי ישראל, בוני הבית השני, תפילות כנגד התמידים והמוספים, היתה לכך מטרה להוסיף לקרבן גם תפילה העולה לפני כסא הכבוד יחד עם הקרבן העולה לריח ניחוח לפני ה'.

אלו דברי הרמב"ם בעניין התפילה: "עזרא ובית דינו... עמדו ותקנו להם לישראל שמונה עשרה ברכות על הסדר... וכן תקנו, שיהא מנין התפילות כמנין הקרבנות, שתי תפילות בכל יום כנגד שני תמידין. וכל יום שיש בו קרבן מוסף, תקנו בו תפילה שלישית כנגד קרבן מוסף... וכן התקינו שיהא אדם מתפלל תפילה אחת בלילה, שהרי אברי התמיד... מתעכלין והולכין כל הלילה" (הלכות תפילה א, ד- ו). התפילה, אפוא, אינה באה במקום הקרבן, אלא כתוספת לו. כלומר, הקרבן רצוי ומתקבל לפני ה' יותר, כאשר מתלווה אליו תפילת כל ישראל.

בכך, למעשה, הצמידו חז"ל את עבודת התפילה לעבודת הקרבן, שכן שניהם נקראים 'עבודה' (ראה ספרי יא, יג; שם נאמר: "כשם שעבודת המזבח קרויה 'עבודה' כך תפילה קרויה 'עבודה'").

מנין הברכות בתפילה כנגד מנין הצוויים בבניית המשכן

תפילת שמונה עשרה נתקנה על ידי עזרא ובית דינו בראשית ימי הבית השני וכמובא במסכת מגילה (יז, ב): "מאה ועשרים זקנים, ובהם כמה נביאים, התקינו שמונה עשרה ברכות על הסדר". הסדרת התפילה וקביעת זמנה עם הקמת הבית השני, יש בהן כדי ללמד שחכמים הרגישו בחסרונה של התפילה בעת הקרבן בזמן בית ראשון, ולפיכך ראו צורך לתקן את התפילה בראשית ימי הבית השני, כחיזוק לקיומו ולהתמדתו של בית המקדש.

כך גם נראה מדברי הירושלמי (ברכות ד, ג), שם שואלת הגמרא: "ולמה תקנו שמונה עשרה"? ותשובת הגמרא "כנגד שמונה עשר צוויים הכתובים בפרשת המשכן". כלומר, שמונה עשרה פעמים נאמר בתורה, שישראל הקימו את חלקי המשכן השונים על פי צווי ה':... "כאשר ציוה ה' את משה". דומה, שדברי הירושלמי בעניין הקשר בין התפילה ובניית במשכן צריכים הסבר.

ונראה לומר, שבקביעת החובה לומר שמונה עשרה ברכות בתפילה, רצו חכמים לרמז לישראל כי בכל תפילה כזו כאילו בונים הם את המקדש מחדש. נמצא, שלא רק על הקרבן מתפללים ישראל, אלא אף על בניינו וקיומו של הבית עצמו.

לאור האמור, התפילה אינה באה במקום הקרבן וכתחליף לו, בבחינת "ונשלמה פרים שפתינו", אלא עיקרה ניתקן על ידי חכמינו בראשית תקופת הבית השני, כדי להמשיך את קיומו של המקדש ולחזק אותו, כדי שעבודת הקרבנות תתמיד בו לדורי דורות.

אכן, עם החורבן נותרה בידי ישראל התפילה בלבד. לפיכך, אמירת שמונה עשרה ברכות כנגד שמונה עשר הצווים שנאמרו במשכן, עניינה בעת הגלות — תפילה לצורך עשייה. כלומר, בתפילת ישראל ב'שמונה עשרה' על הגאולה, ועל ירושלים, ועל העבודה במקדש וכו', מביעים הם את הרצון לשוב ולבנות מחדש את המקדש, כדוגמת אותם שמונה עשר צוויים שקיימו במהלך בניית המשכן במדבר.

תפילת שחרית

• ולא היתה קריאת הגבר מגעת עד שהיתה העזרה מלאה מישראל

תפילת שחרית

"ה', בֹּקֶר תִּשְׁמַע קוֹלִי, בֹּקֶר אֶעֱרָךְ־לְךָ וַאֲצַפֶּה" (תהלים ה, ד).

השכמת הבוקר

"יתגבר כארי לעמוד בבוקר לעבודת בוראו" (שו"ע א, א).

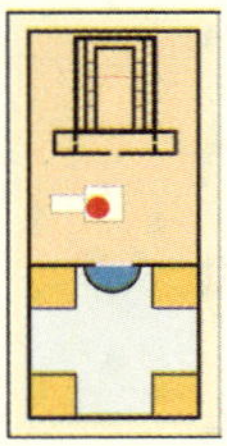

תרומת הדשן
בחצות הלילה
ע"ג מזבח החיצון

מיד כשמתעורר אדם משנתו, עוד בטרם נוטל את ידיו, כשעדיין אינו יכול לברך או לומר פסוקים, אומר:

מוֹדֶה/ נשים אומרות: **מוֹדָה/ אֲנִי לְפָנֶיךָ מֶלֶךְ חַי וְקַיָּם**
שֶׁהֶחֱזַרְתָּ בִּי נִשְׁמָתִי בְּחֶמְלָה
רַבָּה אֱמוּנָתֶךָ.

אחרי שנטל את ידיו, מברך:

בָּרוּךְ אַתָּה יהוה אֱלֹהֵינוּ מֶלֶךְ הָעוֹלָם
אֲשֶׁר קִדְּשָׁנוּ בְּמִצְוֹתָיו
וְצִוָּנוּ עַל נְטִילַת יָדָיִם.

בָּרוּךְ אַתָּה יהוה אֱלֹהֵינוּ מֶלֶךְ הָעוֹלָם
אֲשֶׁר יָצַר אֶת הָאָדָם בְּחָכְמָה
וּבָרָא בוֹ נְקָבִים נְקָבִים, חֲלוּלִים חֲלוּלִים.
גָּלוּי וְיָדוּעַ לִפְנֵי כִסֵּא כְבוֹדֶךָ
שֶׁאִם יִפָּתֵחַ אֶחָד מֵהֶם אוֹ יִסָּתֵם אֶחָד מֵהֶם
אִי אֶפְשָׁר לְהִתְקַיֵּם וְלַעֲמֹד לְפָנֶיךָ אֲפִלּוּ שָׁעָה אֶחָת.
בָּרוּךְ אַתָּה יהוה, רוֹפֵא כָל בָּשָׂר וּמַפְלִיא לַעֲשׂוֹת.

הגמרא בברכות ס ע״ב מזכירה ברכה זו שצריך לאומרה מיד כשמתעורר. הגאונים תיקנו לאומרה אחרי ברכת 'אֲשֶׁר יָצַר', כיוון שאינה פותחת בתיבות 'בָּרוּךְ אַתָּה ה׳' (רב נטרונאי גאון).

אֱלֹהַי

נְשָׁמָה שֶׁנָּתַתָּ בִּי טְהוֹרָה הִיא.

אַתָּה בְרָאתָהּ, אַתָּה יְצַרְתָּהּ, אַתָּה נְפַחְתָּהּ בִּי

וְאַתָּה מְשַׁמְּרָהּ בְּקִרְבִּי

וְאַתָּה עָתִיד לִטְּלָהּ מִמֶּנִּי

וּלְהַחֲזִירָהּ בִּי לֶעָתִיד לָבוֹא.

כָּל זְמַן שֶׁהַנְּשָׁמָה בְקִרְבִּי, מוֹדֶה/ נשים אומרות: מוֹדָה/ אֲנִי לְפָנֶיךָ

יהוה אֱלֹהַי וֵאלֹהֵי אֲבוֹתַי

רִבּוֹן כָּל הַמַּעֲשִׂים, אֲדוֹן כָּל הַנְּשָׁמוֹת.

בָּרוּךְ אַתָּה יהוה, הַמַּחֲזִיר נְשָׁמוֹת לִפְגָרִים מֵתִים.

לבישת ציצית

לפני שלובש טלית קטן, מברך 'עַל מִצְוַת צִיצִית'. ואם תכף יתעטף בטלית, לא יברך.

בָּרוּךְ אַתָּה יהוה אֱלֹהֵינוּ מֶלֶךְ הָעוֹלָם

אֲשֶׁר קִדְּשָׁנוּ בְּמִצְוֹתָיו וְצִוָּנוּ עַל מִצְוַת צִיצִית.

אחרי שלבש, אומר:

יְהִי רָצוֹן מִלְּפָנֶיךָ, יהוה אֱלֹהַי וֵאלֹהֵי אֲבוֹתַי, שֶׁתְּהֵא חֲשׁוּבָה מִצְוַת צִיצִית לְפָנֶיךָ, כְּאִלּוּ קִיַּמְתִּיהָ בְּכָל פְּרָטֶיהָ וְדִקְדּוּקֶיהָ וְכַוָּנוֹתֶיהָ, וְתַרְיַ״ג מִצְוֹת הַתְּלוּיוֹת בָּהּ, אָמֵן סֶלָה.

ברכות התורה

"ברכת התורה צריך ליזהר בה מאד" (שו״ע מז, א).

בָּרוּךְ אַתָּה יהוה אֱלֹהֵינוּ מֶלֶךְ הָעוֹלָם

אֲשֶׁר קִדְּשָׁנוּ בְּמִצְוֹתָיו וְצִוָּנוּ לַעֲסֹק בְּדִבְרֵי תוֹרָה.

וְהַעֲרֶב נָא יהוה אֱלֹהֵינוּ אֶת דִּבְרֵי תוֹרָתְךָ

בְּפִינוּ וּבְפִיּוֹת עַמְּךָ בֵּית יִשְׂרָאֵל

וְנִהְיֶה אֲנַחְנוּ וְצֶאֱצָאֵינוּ וְצֶאֱצָאֵי צֶאֱצָאֵינוּ
וְצֶאֱצָאֵי עַמְּךָ בֵּית יִשְׂרָאֵל
כֻּלָּנוּ יוֹדְעֵי שְׁמֶךָ וְלוֹמְדֵי תוֹרָתְךָ לִשְׁמָהּ.
בָּרוּךְ אַתָּה יהוה, הַמְלַמֵּד תּוֹרָה לְעַמּוֹ יִשְׂרָאֵל.

בָּרוּךְ אַתָּה יהוה אֱלֹהֵינוּ מֶלֶךְ הָעוֹלָם
אֲשֶׁר בָּחַר בָּנוּ מִכָּל הָעַמִּים וְנָתַן לָנוּ אֶת תּוֹרָתוֹ.
בָּרוּךְ אַתָּה יהוה, נוֹתֵן הַתּוֹרָה.

וַיְדַבֵּר יהוה אֶל־מֹשֶׁה לֵּאמֹר: במדבר ו
דַּבֵּר אֶל־אַהֲרֹן וְאֶל־בָּנָיו לֵאמֹר
כֹּה תְבָרְכוּ אֶת־בְּנֵי יִשְׂרָאֵל, אָמוֹר לָהֶם:
יְבָרֶכְךָ יהוה וְיִשְׁמְרֶךָ:
יָאֵר יהוה פָּנָיו אֵלֶיךָ וִיחֻנֶּךָּ:
יִשָּׂא יהוה פָּנָיו אֵלֶיךָ וְיָשֵׂם לְךָ שָׁלוֹם:
וְשָׂמוּ אֶת־שְׁמִי עַל־בְּנֵי יִשְׂרָאֵל, וַאֲנִי אֲבָרְכֵם:

אֵלּוּ דְבָרִים שֶׁאֵין לָהֶם שִׁעוּר משנה פאה א, א
הַפֵּאָה וְהַבִּכּוּרִים וְהָרֵאָיוֹן, וּגְמִילוּת חֲסָדִים וְתַלְמוּד תּוֹרָה.

אֵלּוּ דְבָרִים שֶׁאָדָם אוֹכֵל פֵּרוֹתֵיהֶם בָּעוֹלָם הַזֶּה שבת קכז.
וְהַקֶּרֶן קַיֶּמֶת לוֹ לָעוֹלָם הַבָּא, וְאֵלּוּ הֵן
כִּבּוּד אָב וָאֵם, וּגְמִילוּת חֲסָדִים
וְהַשְׁכָּמַת בֵּית הַמִּדְרָשׁ שַׁחֲרִית וְעַרְבִית
וְהַכְנָסַת אוֹרְחִים, וּבִקּוּר חוֹלִים, וְהַכְנָסַת כַּלָּה
וּלְוָיַת הַמֵּת, וְעִיּוּן תְּפִלָּה
וַהֲבָאַת שָׁלוֹם בֵּין אָדָם לַחֲבֵרוֹ, וּבֵין אִישׁ לְאִשְׁתּוֹ
וְתַלְמוּד תּוֹרָה כְּנֶגֶד כֻּלָּם.

עטיפת טלית

לפני עטיפה בטלית גדול נוהגים לומר:

בָּרְכִי נַפְשִׁי אֶת־יהוה, יהוה אֱלֹהַי גָּדַלְתָּ מְּאֹד, הוֹד וְהָדָר לָבָשְׁתָּ: תהלים קד
עֹטֶה־אוֹר כַּשַּׂלְמָה, נוֹטֶה שָׁמַיִם כַּיְרִיעָה:

יש אומרים:

לְשֵׁם יִחוּד קֻדְשָׁא בְּרִיךְ הוּא וּשְׁכִינְתֵּהּ בִּדְחִילוּ וּרְחִימוּ, לְיַחֵד שֵׁם י״ה בו״ה בְּיִחוּדָא שְׁלִים בְּשֵׁם כָּל יִשְׂרָאֵל.

הֲרֵינִי מִתְעַטֵּף בַּצִּיצִית. כֵּן תִּתְעַטֵּף נִשְׁמָתִי וּרְמַ״ח אֵבָרַי וּשְׁסָ״ה גִּידַי בְּאוֹר הַצִּיצִית הָעוֹלֶה תַּרְיַ״ג. וּכְשֵׁם שֶׁאֲנִי מִתְכַּסֶּה בְּטַלִּית בָּעוֹלָם הַזֶּה, כָּךְ אֶזְכֶּה לַחֲלוּקָא דְרַבָּנָן וּלְטַלִּית נָאָה לָעוֹלָם הַבָּא בְּגַן עֵדֶן. וְעַל יְדֵי מִצְוַת צִיצִית תִּנָּצֵל נַפְשִׁי רוּחִי וְנִשְׁמָתִי וּתְפִלָּתִי מִן הַחִיצוֹנִים. וְהַטַּלִּית תִּפְרֹשׂ כְּנָפֶיהָ עֲלֵיהֶם וְתַצִּילֵם, כְּנֶשֶׁר יָעִיר קִנּוֹ עַל־גּוֹזָלָיו יְרַחֵף: (דברים לב) וּתְהֵא חֲשׁוּבָה מִצְוַת צִיצִית לִפְנֵי הַקָּדוֹשׁ בָּרוּךְ הוּא, כְּאִלּוּ קִיַּמְתִּיהָ בְּכָל פְּרָטֶיהָ וְדִקְדּוּקֶיהָ וְכַוָּנוֹתֶיהָ וְתַרְיַ״ג מִצְוֹת הַתְּלוּיוֹת בָּהּ, אָמֵן סֶלָה.

עומד ומברך:

בָּרוּךְ אַתָּה יהוה אֱלֹהֵינוּ מֶלֶךְ הָעוֹלָם
אֲשֶׁר קִדְּשָׁנוּ בְּמִצְוֹתָיו וְצִוָּנוּ לְהִתְעַטֵּף בַּצִּיצִית.

נוהגים להתעטף בטלית אחר הברכה.

מתעטף ואומר (סידור השל״ה):

מַה־יָּקָר חַסְדְּךָ אֱלֹהִים, וּבְנֵי אָדָם בְּצֵל כְּנָפֶיךָ יֶחֱסָיוּן: תהלים לו
יִרְוְיֻן מִדֶּשֶׁן בֵּיתֶךָ, וְנַחַל עֲדָנֶיךָ תַשְׁקֵם:
כִּי־עִמְּךָ מְקוֹר חַיִּים, בְּאוֹרְךָ נִרְאֶה־אוֹר:
מְשֹׁךְ חַסְדְּךָ לְיֹדְעֶיךָ, וְצִדְקָתְךָ לְיִשְׁרֵי־לֵב:

הכנה לתפילה

בדרכו של אדם אל בית הכנסת ישים אל לבו את קדושת המקום, ויאמר:

בְּבֵית אֱלֹהִים נְהַלֵּךְ בְּרָגֶשׁ: תהלים נה

נכון לקבל עליו מצוות עשה של "ואהבת לרעך כמוך":

הֲרֵינִי מְקַבֵּל עַל עַצְמִי מִצְוַת עֲשֵׂה שֶׁל "וְאָהַבְתָּ לְרֵעֲךָ כָּמוֹךָ". ויקרא יט

מַה־טֹּבוּ במדבר כד

אֹהָלֶיךָ יַעֲקֹב, מִשְׁכְּנֹתֶיךָ יִשְׂרָאֵל:

וַאֲנִי בְּרֹב חַסְדְּךָ אָבוֹא בֵיתֶךָ תהלים ה

אֶשְׁתַּחֲוֶה אֶל־הֵיכַל־קָדְשְׁךָ

בְּיִרְאָתֶךָ:

יהוה אָהַבְתִּי מְעוֹן בֵּיתֶךָ תהלים כו

וּמְקוֹם מִשְׁכַּן כְּבוֹדֶךָ:

וַאֲנִי אֶשְׁתַּחֲוֶה

וְאֶכְרָעָה

אֶבְרְכָה לִפְנֵי יהוה עֹשִׂי.

וַאֲנִי תְפִלָּתִי־לְךָ יהוה תהלים סט

עֵת רָצוֹן

אֱלֹהִים בְּרָב־חַסְדֶּךָ

עֲנֵנִי בֶּאֱמֶת יִשְׁעֶךָ:

יש קהילות שבהן נוהגים להתחיל בשיר של יום (עמ׳ 293) ו׳לְדָוִד ה׳ אוֹרִי וְיִשְׁעִי׳ (עמ׳ 297), ואחרי כל אחד מהם אומרים קדיש יתום.

״לְהַגִּיד בַּבֹּקֶר חַסְדֶּךָ וֶאֱמוּנָתְךָ בַּלֵּילוֹת״ (תהלים צב, ג).
פיוט עתיק זה מיוחס לר׳ שלמה אבן גבירול (ויש המקדימים את זמנו לתקופת הגאונים).

אֲדוֹן עוֹלָם

אֲשֶׁר מָלַךְ בְּטֶרֶם כָּל־יְצִיר נִבְרָא.
לְעֵת נַעֲשָׂה בְחֶפְצוֹ כֹּל אֲזַי מֶלֶךְ שְׁמוֹ נִקְרָא.
וְאַחֲרֵי כִּכְלוֹת הַכֹּל לְבַדּוֹ יִמְלֹךְ נוֹרָא.
וְהוּא הָיָה וְהוּא הֹוֶה וְהוּא יִהְיֶה בְּתִפְאָרָה.
וְהוּא אֶחָד וְאֵין שֵׁנִי לְהַמְשִׁיל לוֹ לְהַחְבִּירָה.
בְּלִי רֵאשִׁית בְּלִי תַכְלִית וְלוֹ הָעֹז וְהַמִּשְׂרָה.
וְהוּא אֵלִי וְחַי גּוֹאֲלִי וְצוּר חֶבְלִי בְּעֵת צָרָה.
וְהוּא נִסִּי וּמָנוֹס לִי מְנָת כּוֹסִי בְּיוֹם אֶקְרָא.
בְּיָדוֹ אַפְקִיד רוּחִי בְּעֵת אִישַׁן וְאָעִירָה.
וְעִם רוּחִי גְּוִיָּתִי יהוה לִי וְלֹא אִירָא.

'יִגְדַּל' מיוסד על שלושה עשר עיקרי האמונה שמָנה הרמב"ם.

יִגְדַּל

אֱלֹהִים חַי וְיִשְׁתַּבַּח, נִמְצָא וְאֵין עֵת אֶל מְצִיאוּתוֹ.

אֶחָד וְאֵין יָחִיד כְּיִחוּדוֹ, נֶעְלָם וְגַם אֵין סוֹף לְאַחְדוּתוֹ.

אֵין לוֹ דְּמוּת הַגּוּף וְאֵינוֹ גּוּף, לֹא נַעֲרֹךְ אֵלָיו קְדֻשָּׁתוֹ.

קַדְמוֹן לְכָל דָּבָר אֲשֶׁר נִבְרָא, רִאשׁוֹן וְאֵין רֵאשִׁית לְרֵאשִׁיתוֹ.

הִנּוֹ אֲדוֹן עוֹלָם, וְכָל נוֹצָר יוֹרֶה גְדֻלָּתוֹ וּמַלְכוּתוֹ.

שֶׁפַע נְבוּאָתוֹ נְתָנוֹ אֶל־אַנְשֵׁי סְגֻלָּתוֹ וְתִפְאַרְתּוֹ.

לֹא קָם בְּיִשְׂרָאֵל כְּמֹשֶׁה עוֹד נָבִיא וּמַבִּיט אֶת תְּמוּנָתוֹ.

תּוֹרַת אֱמֶת נָתַן לְעַמּוֹ אֵל עַל יַד נְבִיאוֹ נֶאֱמַן בֵּיתוֹ.

לֹא יַחֲלִיף הָאֵל וְלֹא יָמִיר דָּתוֹ לְעוֹלָמִים לְזוּלָתוֹ.

צוֹפֶה וְיוֹדֵעַ סְתָרֵינוּ, מַבִּיט לְסוֹף דָּבָר בְּקַדְמָתוֹ.

גּוֹמֵל לְאִישׁ חֶסֶד כְּמִפְעָלוֹ, נוֹתֵן לְרָשָׁע רָע כְּרִשְׁעָתוֹ.

יִשְׁלַח לְקֵץ יָמִין מְשִׁיחֵנוּ לִפְדּוֹת מְחַכֵּי קֵץ יְשׁוּעָתוֹ.

מֵתִים יְחַיֶּה אֵל בְּרֹב חַסְדּוֹ, בָּרוּךְ עֲדֵי עַד שֵׁם תְּהִלָּתוֹ.

ברכות השחר

ברכות השחר נתקנו כדי שהאדם יאמרן במקביל למעשיו הראשונים כשמתעורר בבוקר (ברכות ס ע"ב). אך כבר בימי הראשונים נהגו שהציבור כולו אומרן יחד בבית הכנסת (פתיחה לסדר רב עמרם גאון).

בבתי כנסת רבים שליח הציבור מתחיל כאן.
ויש מקומות שנוהגים ששליח הציבור מתחיל בברייתא דרבי ישמעאל (עמ' 189) או בתפילות השחר (עמ' 192).

בָּרוּךְ אַתָּה יהוה אֱלֹהֵינוּ מֶלֶךְ הָעוֹלָם
אֲשֶׁר נָתַן לַשֶּׂכְוִי בִינָה
לְהַבְחִין בֵּין יוֹם וּבֵין לָיְלָה.

בָּרוּךְ אַתָּה יהוה אֱלֹהֵינוּ מֶלֶךְ הָעוֹלָם
שֶׁלֹּא עָשַׂנִי גּוֹי.

בָּרוּךְ אַתָּה יהוה אֱלֹהֵינוּ מֶלֶךְ הָעוֹלָם
שֶׁלֹּא עָשַׂנִי עָבֶד.

בָּרוּךְ אַתָּה יהוה אֱלֹהֵינוּ מֶלֶךְ הָעוֹלָם
גברים: **שֶׁלֹּא עָשַׂנִי אִשָּׁה.** / נשים: **שֶׁעָשַׂנִי כִּרְצוֹנוֹ.**

בָּרוּךְ אַתָּה יהוה אֱלֹהֵינוּ מֶלֶךְ הָעוֹלָם
פּוֹקֵחַ עִוְרִים.

בָּרוּךְ אַתָּה יהוה אֱלֹהֵינוּ מֶלֶךְ הָעוֹלָם
מַלְבִּישׁ עֲרֻמִּים.

בָּרוּךְ אַתָּה יהוה אֱלֹהֵינוּ מֶלֶךְ הָעוֹלָם
מַתִּיר אֲסוּרִים.

בָּרוּךְ אַתָּה יהוה אֱלֹהֵינוּ מֶלֶךְ הָעוֹלָם
זוֹקֵף כְּפוּפִים.

בָּרוּךְ אַתָּה יהוה אֱלֹהֵינוּ מֶלֶךְ הָעוֹלָם
רוֹקַע הָאָרֶץ עַל הַמָּיִם.

בָּרוּךְ אַתָּה יהוה אֱלֹהֵינוּ מֶלֶךְ הָעוֹלָם
הַמֵּכִין מִצְעֲדֵי גָבֶר.
בָּרוּךְ אַתָּה יהוה אֱלֹהֵינוּ מֶלֶךְ הָעוֹלָם
שֶׁעָשָׂה לִי כָּל צָרְכִּי.
בָּרוּךְ אַתָּה יהוה אֱלֹהֵינוּ מֶלֶךְ הָעוֹלָם
אוֹזֵר יִשְׂרָאֵל בִּגְבוּרָה.
בָּרוּךְ אַתָּה יהוה אֱלֹהֵינוּ מֶלֶךְ הָעוֹלָם
עוֹטֵר יִשְׂרָאֵל בְּתִפְאָרָה.
בָּרוּךְ אַתָּה יהוה אֱלֹהֵינוּ מֶלֶךְ הָעוֹלָם
הַנּוֹתֵן לַיָּעֵף כֹּחַ.

בָּרוּךְ אַתָּה יהוה אֱלֹהֵינוּ מֶלֶךְ הָעוֹלָם, הַמַּעֲבִיר שֵׁנָה מֵעֵינַי וּתְנוּמָה מֵעַפְעַפָּי. וִיהִי רָצוֹן מִלְּפָנֶיךָ יהוה אֱלֹהֵינוּ וֵאלֹהֵי אֲבוֹתֵינוּ, שֶׁתַּרְגִּילֵנוּ בְּתוֹרָתֶךָ, וְדַבְּקֵנוּ בְּמִצְוֹתֶיךָ, וְאַל תְּבִיאֵנוּ לֹא לִידֵי חֵטְא, וְלֹא לִידֵי עֲבֵרָה וְעָוֹן, וְלֹא לִידֵי נִסָּיוֹן וְלֹא לִידֵי בִזָּיוֹן, וְאַל תַּשְׁלֶט בָּנוּ יֵצֶר הָרָע, וְהַרְחִיקֵנוּ מֵאָדָם רָע וּמֵחָבֵר רָע, וְדַבְּקֵנוּ בְּיֵצֶר הַטּוֹב וּבְמַעֲשִׂים טוֹבִים, וְכֹף אֶת יִצְרֵנוּ לְהִשְׁתַּעְבֶּד לָךְ, וּתְנֵנוּ הַיּוֹם וּבְכָל יוֹם לְחֵן וּלְחֶסֶד וּלְרַחֲמִים, בְּעֵינֶיךָ, וּבְעֵינֵי כָל רוֹאֵינוּ, וְתִגְמְלֵנוּ חֲסָדִים טוֹבִים. בָּרוּךְ אַתָּה יהוה, גּוֹמֵל חֲסָדִים טוֹבִים לְעַמּוֹ יִשְׂרָאֵל.

ברכות טז: יְהִי רָצוֹן מִלְּפָנֶיךָ יהוה אֱלֹהַי וֵאלֹהֵי אֲבוֹתַי, שֶׁתַּצִּילֵנִי הַיּוֹם וּבְכָל יוֹם מֵעַזֵּי פָנִים וּמֵעַזּוּת פָּנִים, מֵאָדָם רָע, מִיֵּצֶר רָע, וּמֵחָבֵר רָע, וּמִשָּׁכֵן רָע, וּמִפֶּגַע רָע, מֵעַיִן הָרָע, מִלָּשׁוֹן הָרָע, מִמַּלְשִׁינוּת, מֵעֵדוּת שֶׁקֶר, מִשִּׂנְאַת הַבְּרִיּוֹת, מֵעֲלִילָה, מִמִּיתָה מְשֻׁנָּה, מֵחֳלָיִים רָעִים, מִמִּקְרִים רָעִים, וּמִשָּׂטָן הַמַּשְׁחִית, מִדִּין קָשֶׁה, וּמִבַּעַל דִּין קָשֶׁה בֵּין שֶׁהוּא בֶן בְּרִית וּבֵין שֶׁאֵינוֹ בֶן בְּרִית, וּמִדִּינָהּ שֶׁל גֵּיהִנֹּם.

פרשת העקדה

עקדת יצחק הייתה הניסיון העיקרי שעמדו בו אבותינו.

רבים נוהגים לקרוא בכל בוקר את פרשת העקדה
כדי לזכור את מסירות הנפש של האבות ולהזכיר את זכותם.

לפני פרשה זו ואחריה נוהגים לומר תחינה המבוססת על ברכת ׳זיכרונות׳ בתפילת מוסף לראש השנה. ולדעת רוב הפוסקים, אין אומרים אותה בשבת וביום טוב. ויש שכתבו שגם מי שבדרך כלל אינו אומר, רשאי לומר ביום הכיפורים (׳מטה אפרים׳ תריט, לד).

הכרזת אברהם אבינו על מקום המקדש כמקום עבודה לפני ה׳ לדורות:

אֱלֹהֵינוּ וֵאלֹהֵי אֲבוֹתֵינוּ, זָכְרֵנוּ בְּזִכְרוֹן טוֹב לְפָנֶיךָ, וּפָקְדֵנוּ בִּפְקֻדַּת יְשׁוּעָה וְרַחֲמִים מִשְּׁמֵי שְׁמֵי קֶדֶם, וּזְכָר לָנוּ יהוה אֱלֹהֵינוּ, אַהֲבַת הַקַּדְמוֹנִים אַבְרָהָם יִצְחָק וְיִשְׂרָאֵל עֲבָדֶיךָ, אֶת הַבְּרִית וְאֶת הַחֶסֶד וְאֶת הַשְּׁבוּעָה שֶׁנִּשְׁבַּעְתָּ לְאַבְרָהָם אָבִינוּ בְּהַר הַמּוֹרִיָּה, וְאֶת הָעֲקֵדָה שֶׁעָקַד אֶת יִצְחָק בְּנוֹ עַל גַּבֵּי הַמִּזְבֵּחַ, כַּכָּתוּב בְּתוֹרָתֶךָ:

בראשית כב
וַיְהִי אַחַר הַדְּבָרִים הָאֵלֶּה, וְהָאֱלֹהִים נִסָּה אֶת־אַבְרָהָם, וַיֹּאמֶר אֵלָיו אַבְרָהָם, וַיֹּאמֶר הִנֵּנִי: וַיֹּאמֶר קַח־נָא אֶת־בִּנְךָ אֶת־יְחִידְךָ אֲשֶׁר־אָהַבְתָּ, אֶת־יִצְחָק, וְלֶךְ־לְךָ אֶל־אֶרֶץ הַמֹּרִיָּה, וְהַעֲלֵהוּ שָׁם לְעֹלָה עַל אַחַד הֶהָרִים אֲשֶׁר אֹמַר אֵלֶיךָ: וַיַּשְׁכֵּם אַבְרָהָם בַּבֹּקֶר, וַיַּחֲבֹשׁ אֶת־חֲמֹרוֹ, וַיִּקַּח אֶת־שְׁנֵי נְעָרָיו אִתּוֹ וְאֵת יִצְחָק בְּנוֹ, וַיְבַקַּע עֲצֵי עֹלָה, וַיָּקָם וַיֵּלֶךְ אֶל־הַמָּקוֹם אֲשֶׁר־אָמַר־לוֹ הָאֱלֹהִים: בַּיּוֹם הַשְּׁלִישִׁי וַיִּשָּׂא אַבְרָהָם אֶת־עֵינָיו וַיַּרְא אֶת־הַמָּקוֹם מֵרָחֹק: וַיֹּאמֶר אַבְרָהָם אֶל־נְעָרָיו, שְׁבוּ־לָכֶם פֹּה עִם־הַחֲמוֹר, וַאֲנִי וְהַנַּעַר נֵלְכָה עַד־כֹּה, וְנִשְׁתַּחֲוֶה וְנָשׁוּבָה אֲלֵיכֶם: וַיִּקַּח אַבְרָהָם אֶת־עֲצֵי הָעֹלָה וַיָּשֶׂם עַל־יִצְחָק בְּנוֹ, וַיִּקַּח בְּיָדוֹ אֶת־הָאֵשׁ וְאֶת־הַמַּאֲכֶלֶת, וַיֵּלְכוּ שְׁנֵיהֶם יַחְדָּו: וַיֹּאמֶר יִצְחָק אֶל־אַבְרָהָם אָבִיו, וַיֹּאמֶר אָבִי, וַיֹּאמֶר הִנֶּנִּי בְנִי, וַיֹּאמֶר, הִנֵּה הָאֵשׁ וְהָעֵצִים, וְאַיֵּה הַשֶּׂה לְעֹלָה: וַיֹּאמֶר אַבְרָהָם,

אֱלֹהִים יִרְאֶה־לּוֹ הַשֶּׂה לְעֹלָה, בְּנִי, וַיֵּלְכוּ שְׁנֵיהֶם יַחְדָּו: וַיָּבֹאוּ אֶל־הַמָּקוֹם אֲשֶׁר אָמַר־לוֹ הָאֱלֹהִים, וַיִּבֶן שָׁם אַבְרָהָם אֶת־הַמִּזְבֵּחַ וַיַּעֲרֹךְ אֶת־הָעֵצִים, וַיַּעֲקֹד אֶת־יִצְחָק בְּנוֹ, וַיָּשֶׂם אֹתוֹ עַל־הַמִּזְבֵּחַ מִמַּעַל לָעֵצִים: וַיִּשְׁלַח אַבְרָהָם אֶת־יָדוֹ, וַיִּקַּח אֶת־הַמַּאֲכֶלֶת, לִשְׁחֹט אֶת־בְּנוֹ: וַיִּקְרָא אֵלָיו מַלְאַךְ יהוה מִן־הַשָּׁמַיִם, וַיֹּאמֶר אַבְרָהָם אַבְרָהָם, וַיֹּאמֶר הִנֵּנִי: וַיֹּאמֶר אַל־תִּשְׁלַח יָדְךָ אֶל־הַנַּעַר, וְאַל־תַּעַשׂ לוֹ מְאוּמָה, כִּי עַתָּה יָדַעְתִּי כִּי־יְרֵא אֱלֹהִים אַתָּה, וְלֹא חָשַׂכְתָּ אֶת־בִּנְךָ אֶת־יְחִידְךָ מִמֶּנִּי: וַיִּשָּׂא אַבְרָהָם אֶת־עֵינָיו, וַיַּרְא וְהִנֵּה־אַיִל, אַחַר נֶאֱחַז בַּסְּבַךְ בְּקַרְנָיו, וַיֵּלֶךְ אַבְרָהָם וַיִּקַּח אֶת־הָאַיִל, וַיַּעֲלֵהוּ לְעֹלָה תַּחַת בְּנוֹ: וַיִּקְרָא אַבְרָהָם שֵׁם־הַמָּקוֹם הַהוּא יהוה יִרְאֶה, אֲשֶׁר יֵאָמֵר הַיּוֹם בְּהַר יהוה יֵרָאֶה: וַיִּקְרָא מַלְאַךְ יהוה אֶל־אַבְרָהָם שֵׁנִית מִן־הַשָּׁמָיִם: וַיֹּאמֶר, בִּי נִשְׁבַּעְתִּי נְאֻם־יהוה, כִּי יַעַן אֲשֶׁר עָשִׂיתָ אֶת־הַדָּבָר הַזֶּה, וְלֹא חָשַׂכְתָּ אֶת־בִּנְךָ אֶת־יְחִידֶךָ: כִּי־בָרֵךְ אֲבָרֶכְךָ, וְהַרְבָּה אַרְבֶּה אֶת־זַרְעֲךָ כְּכוֹכְבֵי הַשָּׁמַיִם, וְכַחוֹל אֲשֶׁר עַל־שְׂפַת הַיָּם, וְיִרַשׁ זַרְעֲךָ אֵת שַׁעַר אֹיְבָיו: וְהִתְבָּרְכוּ בְזַרְעֲךָ כֹּל גּוֹיֵי הָאָרֶץ, עֵקֶב אֲשֶׁר שָׁמַעְתָּ בְּקֹלִי: וַיָּשָׁב אַבְרָהָם אֶל־נְעָרָיו, וַיָּקֻמוּ וַיֵּלְכוּ יַחְדָּו אֶל־בְּאֵר שָׁבַע, וַיֵּשֶׁב אַבְרָהָם בִּבְאֵר שָׁבַע:

יש מדלגים.

רִבּוֹנוֹ שֶׁל עוֹלָם, כְּמוֹ שֶׁכָּבַשׁ אַבְרָהָם אָבִינוּ אֶת רַחֲמָיו לַעֲשׂוֹת רְצוֹנְךָ בְּלֵבָב
שָׁלֵם, כֵּן יִכְבְּשׁוּ רַחֲמֶיךָ אֶת כַּעַסְךָ מֵעָלֵינוּ וְיִגֹּלּוּ רַחֲמֶיךָ עַל מִדּוֹתֶיךָ. וְתִתְנַהֵג
עִמָּנוּ יהוה אֱלֹהֵינוּ בְּמִדַּת הַחֶסֶד וּבְמִדַּת הָרַחֲמִים, וּבְטוּבְךָ הַגָּדוֹל יָשׁוּב
חֲרוֹן אַפְּךָ מֵעַמְּךָ וּמֵעִירְךָ וּמֵאַרְצְךָ וּמִנַּחֲלָתֶךָ. וְקַיֶּם לָנוּ יהוה אֱלֹהֵינוּ אֶת
הַדָּבָר שֶׁהִבְטַחְתָּנוּ בְּתוֹרָתֶךָ עַל יְדֵי מֹשֶׁה עַבְדֶּךָ, כָּאָמוּר: וְזָכַרְתִּי אֶת־בְּרִיתִי ויקרא כו
יַעֲקוֹב וְאַף אֶת־בְּרִיתִי יִצְחָק, וְאַף אֶת־בְּרִיתִי אַבְרָהָם אֶזְכֹּר, וְהָאָרֶץ אֶזְכֹּר:

ויקרא כו וְנֶאֱמַר: וְאַף גַּם־זֹאת בִּהְיוֹתָם בְּאֶרֶץ אֹיְבֵיהֶם, לֹא־מְאַסְתִּים וְלֹא־גְעַלְתִּים
לְכַלֹּתָם, לְהָפֵר בְּרִיתִי אִתָּם, כִּי אֲנִי יהוה אֱלֹהֵיהֶם: וְנֶאֱמַר: וְזָכַרְתִּי לָהֶם
בְּרִית רִאשֹׁנִים, אֲשֶׁר הוֹצֵאתִי־אֹתָם מֵאֶרֶץ מִצְרַיִם לְעֵינֵי הַגּוֹיִם, לִהְיוֹת
דברים ל לָהֶם לֵאלֹהִים, אֲנִי יהוה: וְנֶאֱמַר: וְשָׁב יהוה אֱלֹהֶיךָ אֶת־שְׁבוּתְךָ וְרִחֲמֶךָ,
וְשָׁב וְקִבֶּצְךָ מִכָּל־הָעַמִּים, אֲשֶׁר הֱפִיצְךָ יהוה אֱלֹהֶיךָ שָׁמָּה: אִם־יִהְיֶה נִדַּחֲךָ
בִּקְצֵה הַשָּׁמָיִם, מִשָּׁם יְקַבֶּצְךָ יהוה אֱלֹהֶיךָ, וּמִשָּׁם יִקָּחֶךָ: וְנֶאֱמַר: וֶהֱבִיאֲךָ
יהוה אֱלֹהֶיךָ אֶל־הָאָרֶץ אֲשֶׁר־יָרְשׁוּ אֲבֹתֶיךָ וִירִשְׁתָּהּ, וְהֵיטִבְךָ וְהִרְבְּךָ
ישעיה לג מֵאֲבֹתֶיךָ: וְנֶאֱמַר עַל יְדֵי נְבִיאֶךָ: יהוה חָנֵּנוּ, לְךָ קִוִּינוּ, הֱיֵה זְרֹעָם לַבְּקָרִים
ירמיה ל אַף־יְשׁוּעָתֵנוּ בְּעֵת צָרָה: וְנֶאֱמַר: וְעֵת־צָרָה הִיא לְיַעֲקֹב וּמִמֶּנָּה יִוָּשֵׁעַ: וְנֶאֱמַר:
ישעיה סג בְּכָל־צָרָתָם לוֹ צָר, וּמַלְאַךְ פָּנָיו הוֹשִׁיעָם, בְּאַהֲבָתוֹ וּבְחֶמְלָתוֹ הוּא גְאָלָם,
מיכה ז וַיְנַטְּלֵם וַיְנַשְּׂאֵם כָּל־יְמֵי עוֹלָם: וְנֶאֱמַר: מִי־אֵל כָּמוֹךָ נֹשֵׂא עָוֹן וְעֹבֵר עַל־פֶּשַׁע
לִשְׁאֵרִית נַחֲלָתוֹ, לֹא־הֶחֱזִיק לָעַד אַפּוֹ, כִּי־חָפֵץ חֶסֶד הוּא: יָשׁוּב יְרַחֲמֵנוּ
יִכְבֹּשׁ עֲוֹנֹתֵינוּ, וְתַשְׁלִיךְ בִּמְצֻלוֹת יָם כָּל־חַטֹּאתָם: תִּתֵּן אֱמֶת לְיַעֲקֹב, חֶסֶד
ישעיה נו לְאַבְרָהָם, אֲשֶׁר־נִשְׁבַּעְתָּ לַאֲבֹתֵינוּ מִימֵי קֶדֶם: וְנֶאֱמַר: וַהֲבִיאוֹתִים אֶל־הַר
קָדְשִׁי, וְשִׂמַּחְתִּים בְּבֵית תְּפִלָּתִי, עוֹלֹתֵיהֶם וְזִבְחֵיהֶם לְרָצוֹן עַל־מִזְבְּחִי, כִּי
בֵיתִי בֵּית־תְּפִלָּה יִקָּרֵא לְכָל־הָעַמִּים:

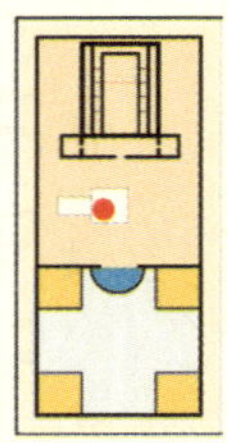
תרומת הדשן
בחצות הלילה
ע״ג מזבח החיצון

קבלת עול מלכות שמים

תפילה לאומית, הפותחת בחולשת ההווה, ממשיכה בקריאת שמע ומסיימת בתפילה לגאולה ובהכרה כלל עולמית במלכות ה׳ (רש״ר הירש).

תפילה זו נזכרה כבר ב׳תנא דבי אליהו׳ (כא, ו) ככל הנראה נקבעה בתקופת הרדיפות, כאשר היה אסור לקרוא קריאת שמע בציבור (ספר הפרדס, ׳שיבולי הלקט׳).

לְעוֹלָם יְהֵא אָדָם יְרֵא שָׁמַיִם בְּסֵתֶר וּבְגָלוּי
וּמוֹדֶה עַל הָאֱמֶת, וְדוֹבֵר אֱמֶת בִּלְבָבוֹ
וְיַשְׁכֵּם וְיֹאמַר

רִבּוֹן כָּל הָעוֹלָמִים וַאֲדוֹנֵי הָאֲדוֹנִים
דניאל ט לֹא עַל־צִדְקוֹתֵינוּ אֲנַחְנוּ מַפִּילִים תַּחֲנוּנֵינוּ לְפָנֶיךָ
כִּי עַל־רַחֲמֶיךָ הָרַבִּים:

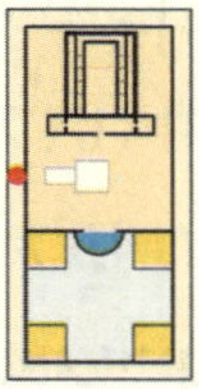

טבילה ראשונה
מעל גבי
שער המים

מָה אָנוּ, מֶה חַיֵּינוּ
מֶה חַסְדֵּנוּ, מַה צִּדְקוֹתֵינוּ
מַה יְּשׁוּעָתֵנוּ, מַה כֹּחֵנוּ, מַה גְּבוּרָתֵנוּ
מַה נֹּאמַר לְפָנֶיךָ יהוה אֱלֹהֵינוּ וֵאלֹהֵי אֲבוֹתֵינוּ
הֲלֹא כָּל הַגִּבּוֹרִים כְּאַיִן לְפָנֶיךָ
וְאַנְשֵׁי הַשֵּׁם כְּלֹא הָיוּ
וַחֲכָמִים כִּבְלִי מַדָּע
וּנְבוֹנִים כִּבְלִי הַשְׂכֵּל
כִּי רֹב מַעֲשֵׂיהֶם תֹּהוּ
וִימֵי חַיֵּיהֶם הֶבֶל לְפָנֶיךָ
וּמוֹתַר הָאָדָם מִן־הַבְּהֵמָה אָיִן קהלת ג
כִּי הַכֹּל הָבֶל:
לְבַד הַנְּשָׁמָה הַטְּהוֹרָה
שֶׁהִיא עֲתִידָה לִתֵּן דִּין וְחֶשְׁבּוֹן לִפְנֵי כִּסֵּא כְבוֹדֶךָ.
וְכָל הַגּוֹיִם כְּאַיִן נֶגְדֶּךָ
שֶׁנֶּאֱמַר
הֵן גּוֹיִם כְּמַר מִדְּלִי, וּכְשַׁחַק מֹאזְנַיִם נֶחְשָׁבוּ ישעיה מ
הֵן אִיִּים כַּדַּק יִטּוֹל:

אֲבָל אֲנַחְנוּ עַמְּךָ בְּנֵי בְרִיתֶךָ
בְּנֵי אַבְרָהָם אֹהַבְךָ שֶׁנִּשְׁבַּעְתָּ לּוֹ בְּהַר הַמּוֹרִיָּה
זֶרַע יִצְחָק יְחִידוֹ שֶׁנֶּעֱקַד עַל גַּבֵּי הַמִּזְבֵּחַ
עֲדַת יַעֲקֹב בִּנְךָ בְּכוֹרֶךָ
שֶׁמֵּאַהֲבָתְךָ שֶׁאָהַבְתָּ אוֹתוֹ, וּמִשִּׂמְחָתְךָ שֶׁשָּׂמַחְתָּ בּוֹ
קָרָאתָ אֶת שְׁמוֹ יִשְׂרָאֵל וִישֻׁרוּן.

לְפִיכָךְ אֲנַחְנוּ חַיָּבִים
לְהוֹדוֹת לְךָ וּלְשַׁבֵּחֲךָ וּלְפָאֶרְךָ
וּלְבָרֵךְ וּלְקַדֵּשׁ וְלִתֵּן שֶׁבַח וְהוֹדָיָה לִשְׁמֶךָ.
אַשְׁרֵינוּ, מַה טּוֹב חֶלְקֵנוּ, וּמַה נָּעִים גּוֹרָלֵנוּ, וּמַה יָּפָה יְרֻשָּׁתֵנוּ.

אַשְׁרֵינוּ, שֶׁאֲנוּ מַשְׁכִּימִים וּמַעֲרִיבִים
בְּבָתֵּי כְנֵסִיּוֹת וּבְבָתֵּי מִדְרָשׁוֹת
וּמְיַחֲדִים שִׁמְךָ בְּכָל יוֹם תָּמִיד
וְאוֹמְרִים פַּעֲמַיִם בְּאַהֲבָה

דברים ו **שְׁמַע יִשְׂרָאֵל, יהוה אֱלֹהֵינוּ, יהוה אֶחָד:**
בקול: בָּרוּךְ שֵׁם כְּבוֹד מַלְכוּתוֹ לְעוֹלָם וָעֶד.

נוהגים לקרוא את הפרשה הראשונה של קריאת שמע (מהרש״ל),
ויש הממשיכים ׳אַתָּה הוּא עַד שֶׁלֹּא נִבְרָא הָעוֹלָם׳.

אם חושש שיעבור זמן קריאת שמע, קורא את כל שלוש הפרשות (עמ׳ 231).

דברים ו וְאָהַבְתָּ אֵת יהוה אֱלֹהֶיךָ, בְּכָל־לְבָבְךָ, וּבְכָל־נַפְשְׁךָ, וּבְכָל־
מְאֹדֶךָ: וְהָיוּ הַדְּבָרִים הָאֵלֶּה, אֲשֶׁר אָנֹכִי מְצַוְּךָ הַיּוֹם, עַל־לְבָבֶךָ:
וְשִׁנַּנְתָּם לְבָנֶיךָ, וְדִבַּרְתָּ בָּם, בְּשִׁבְתְּךָ בְּבֵיתֶךָ, וּבְלֶכְתְּךָ בַדֶּרֶךְ,
וּבְשָׁכְבְּךָ וּבְקוּמֶךָ: וּקְשַׁרְתָּם לְאוֹת עַל־יָדֶךָ וְהָיוּ לְטֹטָפֹת בֵּין
עֵינֶיךָ: וּכְתַבְתָּם עַל־מְזֻזוֹת בֵּיתֶךָ וּבִשְׁעָרֶיךָ:

אַתָּה הוּא עַד שֶׁלֹּא נִבְרָא הָעוֹלָם
אַתָּה הוּא מִשֶּׁנִּבְרָא הָעוֹלָם.
אַתָּה הוּא בָּעוֹלָם הַזֶּה
וְאַתָּה הוּא לָעוֹלָם הַבָּא.
קַדֵּשׁ אֶת שִׁמְךָ עַל מַקְדִּישֵׁי שְׁמֶךָ
וְקַדֵּשׁ אֶת שִׁמְךָ בְּעוֹלָמֶךָ

וּבִישׁוּעָתְךָ תָּרוּם וְתַגְבִּיהַּ קַרְנֵנוּ לְמַעְלָה
וְהוֹשִׁיעֵנוּ בְּקָרוֹב לְמַעַן שְׁמֶךָ.
בָּרוּךְ הַמְקַדֵּשׁ שְׁמוֹ בָּרַבִּים.

אַתָּה הוּא יהוה אֱלֹהֵינוּ בַּשָּׁמַיִם וּבָאָרֶץ
וּבִשְׁמֵי הַשָּׁמַיִם הָעֶלְיוֹנִים.
אֱמֶת, אַתָּה הוּא רִאשׁוֹן וְאַתָּה הוּא אַחֲרוֹן
וּמִבַּלְעָדֶיךָ אֵין אֱלֹהִים.
קַבֵּץ נְפוּצוֹת קוֶֹיךָ מֵאַרְבַּע כַּנְפוֹת הָאָרֶץ.
יַכִּירוּ וְיֵדְעוּ כָּל בָּאֵי עוֹלָם
כִּי אַתָּה־הוּא הָאֱלֹהִים לְבַדֶּךָ, עֶלְיוֹן לְכֹל מַמְלְכוֹת הָאָרֶץ מלכים ב׳ יט
אַתָּה עָשִׂיתָ אֶת־הַשָּׁמַיִם וְאֶת־הָאָרֶץ:
אֶת־הַיָּם וְאֶת־כָּל־אֲשֶׁר־בָּם: שמות כ
וּמִי בְּכָל מַעֲשֵׂי יָדֶיךָ בָּעֶלְיוֹנִים וּבַתַּחְתּוֹנִים
שֶׁיֹּאמַר לְךָ מַה תַּעֲשֶׂה וּמַה תִּפְעָל.

אָבִינוּ שֶׁבַּשָּׁמַיִם, חַי וְקַיָּם
עֲשֵׂה עִמָּנוּ צְדָקָה וָחֶסֶד
בַּעֲבוּר שִׁמְךָ הַגָּדוֹל הַגִּבּוֹר וְהַנּוֹרָא שֶׁנִּקְרָא עָלֵינוּ
וְקַיֶּם לָנוּ יהוה אֱלֹהֵינוּ אֶת הַדָּבָר
שֶׁהִבְטַחְתָּנוּ עַל יְדֵי צְפַנְיָה חוֹזָךְ
כָּאָמוּר
בָּעֵת הַהִיא אָבִיא אֶתְכֶם, וּבָעֵת קַבְּצִי אֶתְכֶם צפניה ג
כִּי־אֶתֵּן אֶתְכֶם לְשֵׁם וְלִתְהִלָּה בְּכֹל עַמֵּי הָאָרֶץ
בְּשׁוּבִי אֶת־שְׁבוּתֵיכֶם לְעֵינֵיכֶם
אָמַר יהוה:

סדר הקרבנות

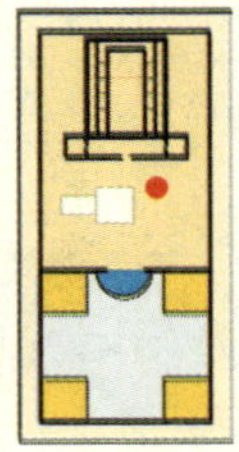

שחיטת התמיד

סדר הקרבת תמיד של שחר מבואר להלן במפורט ב׳סדר העבודה׳ פרק ג.

"אמר אברהם: רבונו של עולם! שמא ישראל חוטאין לפניך... בזמן שאין בית המקדש קיים, מה תהא עליהם? – אמר לו: כבר תקנתי להם סדר קרבנות, בזמן שקוראין בהן לפני – מעלה אני עליהם כאילו הקריבום לפני, ואני מוחל להם על כל עונותיהם" (תענית כז ע"ב).

יש לומר את פרשת קרבן התמיד (בעמוד הבא) בכל יום.

ונוהגים לומר לפניה את פרשות הכיור ותרומת הדשן, ולאחריה את פרשת הקטורת (שו"ע א, ט).

פרשת הכיור

מצוות קידוש ידיים ורגלים מן הכיור עם שחר

שמות ל

וַיְדַבֵּר יהוה אֶל־מֹשֶׁה לֵּאמֹר: וְעָשִׂיתָ כִּיּוֹר נְחֹשֶׁת וְכַנּוֹ נְחֹשֶׁת לְרָחְצָה, וְנָתַתָּ אֹתוֹ בֵּין־אֹהֶל מוֹעֵד וּבֵין הַמִּזְבֵּחַ, וְנָתַתָּ שָׁמָּה מָיִם: וְרָחֲצוּ אַהֲרֹן וּבָנָיו מִמֶּנּוּ אֶת־יְדֵיהֶם וְאֶת־רַגְלֵיהֶם: בְּבֹאָם אֶל־אֹהֶל מוֹעֵד יִרְחֲצוּ־מַיִם, וְלֹא יָמֻתוּ, אוֹ בְגִשְׁתָּם אֶל־הַמִּזְבֵּחַ לְשָׁרֵת, לְהַקְטִיר אִשֶּׁה לַיהוה: וְרָחֲצוּ יְדֵיהֶם וְרַגְלֵיהֶם וְלֹא יָמֻתוּ, וְהָיְתָה לָהֶם חָק־עוֹלָם, לוֹ וּלְזַרְעוֹ לְדֹרֹתָם:

פרשת תרומת הדשן

מצוות הרמת גחלים לוחשות במחתה מאש המערכה

ויקרא ו

וַיְדַבֵּר יהוה אֶל־מֹשֶׁה לֵּאמֹר: צַו אֶת־אַהֲרֹן וְאֶת־בָּנָיו לֵאמֹר, זֹאת תּוֹרַת הָעֹלָה, הִוא הָעֹלָה עַל מוֹקְדָה עַל־הַמִּזְבֵּחַ כָּל־הַלַּיְלָה עַד־הַבֹּקֶר, וְאֵשׁ הַמִּזְבֵּחַ תּוּקַד בּוֹ: וְלָבַשׁ הַכֹּהֵן מִדּוֹ בַד, וּמִכְנְסֵי־בַד יִלְבַּשׁ עַל־בְּשָׂרוֹ, וְהֵרִים אֶת־הַדֶּשֶׁן אֲשֶׁר תֹּאכַל הָאֵשׁ אֶת־הָעֹלָה, עַל־הַמִּזְבֵּחַ, וְשָׂמוֹ אֵצֶל הַמִּזְבֵּחַ: וּפָשַׁט אֶת־בְּגָדָיו, וְלָבַשׁ בְּגָדִים אֲחֵרִים, וְהוֹצִיא אֶת־הַדֶּשֶׁן אֶל־מִחוּץ לַמַּחֲנֶה, אֶל־מָקוֹם טָהוֹר: וְהָאֵשׁ עַל־הַמִּזְבֵּחַ תּוּקַד־בּוֹ, לֹא תִכְבֶּה, וּבִעֵר עָלֶיהָ הַכֹּהֵן עֵצִים בַּבֹּקֶר בַּבֹּקֶר, וְעָרַךְ עָלֶיהָ הָעֹלָה, וְהִקְטִיר עָלֶיהָ חֶלְבֵי הַשְּׁלָמִים: אֵשׁ, תָּמִיד תּוּקַד עַל־הַמִּזְבֵּחַ, לֹא תִכְבֶּה:

יש מדלגים על הפיסקה הבאה.

יְהִי רָצוֹן מִלְּפָנֶיךָ יהוה אֱלֹהֵינוּ וֵאלֹהֵי אֲבוֹתֵינוּ, שֶׁתְּרַחֵם עָלֵינוּ, וְתִמְחַל לָנוּ עַל כָּל חַטֹּאתֵינוּ וּתְכַפֵּר לָנוּ עַל כָּל עֲוֹנוֹתֵינוּ וְתִסְלַח לָנוּ עַל כָּל פְּשָׁעֵינוּ, וְשֶׁיִּבָּנֶה* בֵּית הַמִּקְדָּשׁ בִּמְהֵרָה בְיָמֵינוּ, וְנַקְרִיב לְפָנֶיךָ קָרְבַּן הַתָּמִיד שֶׁיְּכַפֵּר בַּעֲדֵנוּ, כְּמוֹ שֶׁכָּתַבְתָּ עָלֵינוּ בְּתוֹרָתֶךָ עַל יְדֵי מֹשֶׁה עַבְדֶּךָ מִפִּי כְבוֹדֶךָ, כָּאָמוּר

פרשת קרבן התמיד

מצוות הקרבת שני כבשים, אחד עם שחר וכבש שני בין הערביים

וַיְדַבֵּר יהוה אֶל־מֹשֶׁה לֵּאמֹר: צַו אֶת־בְּנֵי יִשְׂרָאֵל וְאָמַרְתָּ אֲלֵהֶם, אֶת־קָרְבָּנִי לַחְמִי לְאִשַּׁי, רֵיחַ נִיחֹחִי, תִּשְׁמְרוּ לְהַקְרִיב לִי בְּמוֹעֲדוֹ: וְאָמַרְתָּ לָהֶם, זֶה הָאִשֶּׁה אֲשֶׁר תַּקְרִיבוּ לַיהוה, כְּבָשִׂים בְּנֵי־שָׁנָה תְמִימִם שְׁנַיִם לַיּוֹם, עֹלָה תָמִיד: אֶת־הַכֶּבֶשׂ אֶחָד תַּעֲשֶׂה בַבֹּקֶר, וְאֵת הַכֶּבֶשׂ הַשֵּׁנִי תַּעֲשֶׂה בֵּין הָעַרְבָּיִם: וַעֲשִׂירִית הָאֵיפָה סֹלֶת לְמִנְחָה, בְּלוּלָה בְּשֶׁמֶן כָּתִית רְבִיעִת הַהִין: עֹלַת תָּמִיד, הָעֲשֻׂיָה בְּהַר סִינַי, לְרֵיחַ נִיחֹחַ אִשֶּׁה לַיהוה: וְנִסְכּוֹ רְבִיעִת הַהִין לַכֶּבֶשׂ הָאֶחָד, בַּקֹּדֶשׁ הַסֵּךְ נֶסֶךְ שֵׁכָר לַיהוה: וְאֵת הַכֶּבֶשׂ הַשֵּׁנִי תַּעֲשֶׂה בֵּין הָעַרְבָּיִם, כְּמִנְחַת הַבֹּקֶר וּכְנִסְכּוֹ תַּעֲשֶׂה, אִשֵּׁה רֵיחַ נִיחֹחַ לַיהוה: במדבר כח

וְשָׁחַט אֹתוֹ עַל יֶרֶךְ הַמִּזְבֵּחַ צָפֹנָה לִפְנֵי יהוה, וְזָרְקוּ בְּנֵי אַהֲרֹן הַכֹּהֲנִים אֶת־דָּמוֹ עַל־הַמִּזְבֵּחַ, סָבִיב: ויקרא א

יְהִי רָצוֹן מִלְּפָנֶיךָ, יהוה אֱלֹהֵינוּ וֵאלֹהֵי אֲבוֹתֵינוּ, שֶׁתְּהֵא אֲמִירָה זוֹ חֲשׁוּבָה וּמְקֻבֶּלֶת וּמְרֻצָּה לְפָנֶיךָ, כְּאִלּוּ הִקְרַבְנוּ קָרְבַּן הַתָּמִיד בְּמוֹעֲדוֹ וּבִמְקוֹמוֹ וּכְהִלְכָתוֹ.

* וְנִבְנֶה אֶת בֵּית הַמִּקְדָּשׁ בִּמְהֵרָה בְיָמֵינוּ.

אַתָּה הוּא יהוה אֱלֹהֵינוּ שֶׁהִקְטִירוּ אֲבוֹתֵינוּ לְפָנֶיךָ אֶת קְטֹרֶת הַסַּמִּים בִּזְמַן שֶׁבֵּית הַמִּקְדָּשׁ הָיָה קַיָּם, כַּאֲשֶׁר צִוִּיתָ אוֹתָם עַל יְדֵי מֹשֶׁה נְבִיאֶךָ, כַּכָּתוּב בְּתוֹרָתֶךָ:

פרשת הקטורת

הקטרת הקטורת בהיכל עם שחר

שמות ל וַיֹּאמֶר יהוה אֶל־מֹשֶׁה, קַח־לְךָ סַמִּים נָטָף וּשְׁחֵלֶת וְחֶלְבְּנָה, סַמִּים וּלְבֹנָה זַכָּה, בַּד בְּבַד יִהְיֶה: וְעָשִׂיתָ אֹתָהּ קְטֹרֶת, רֹקַח מַעֲשֵׂה רוֹקֵחַ, מְמֻלָּח, טָהוֹר קֹדֶשׁ: וְשָׁחַקְתָּ מִמֶּנָּה הָדֵק, וְנָתַתָּה מִמֶּנָּה לִפְנֵי הָעֵדֻת בְּאֹהֶל מוֹעֵד אֲשֶׁר אִוָּעֵד לְךָ שָׁמָּה, קֹדֶשׁ קָדָשִׁים תִּהְיֶה לָכֶם:

וְנֶאֱמַר

וְהִקְטִיר עָלָיו אַהֲרֹן קְטֹרֶת סַמִּים, בַּבֹּקֶר בַּבֹּקֶר בְּהֵיטִיבוֹ אֶת־הַנֵּרֹת יַקְטִירֶנָּה: וּבְהַעֲלֹת אַהֲרֹן אֶת־הַנֵּרֹת בֵּין הָעַרְבַּיִם יַקְטִירֶנָּה, קְטֹרֶת תָּמִיד לִפְנֵי יהוה לְדֹרֹתֵיכֶם:

כריתות ו. תָּנוּ רַבָּנָן: פִּטּוּם הַקְּטֹרֶת כֵּיצַד, שְׁלֹשׁ מֵאוֹת וְשִׁשִּׁים וּשְׁמוֹנָה מָנִים הָיוּ בָהּ. שְׁלֹשׁ מֵאוֹת וְשִׁשִּׁים וַחֲמִשָּׁה כְּמִנְיַן יְמוֹת הַחַמָּה, מָנֶה לְכָל יוֹם, פְּרַס בְּשַׁחֲרִית וּפְרַס בֵּין הָעַרְבַּיִם, וּשְׁלֹשָׁה מָנִים יְתֵרִים שֶׁמֵּהֶם מַכְנִיס כֹּהֵן גָּדוֹל מְלֹא חָפְנָיו בְּיוֹם הַכִּפּוּרִים, וּמַחֲזִירָן לְמַכְתֶּשֶׁת בְּעֶרֶב יוֹם הַכִּפּוּרִים וְשׁוֹחֲקָן יָפֶה יָפֶה, כְּדֵי שֶׁתְּהֵא דַקָּה מִן הַדַּקָּה. וְאַחַד עָשָׂר סַמָּנִים הָיוּ בָהּ, וְאֵלּוּ הֵן: הַצֳּרִי, וְהַצִּפֹּרֶן, וְהַחֶלְבְּנָה, וְהַלְּבוֹנָה מִשְׁקַל שִׁבְעִים שִׁבְעִים מָנֶה, מֹר, וּקְצִיעָה, שִׁבֹּלֶת נֵרְדְּ, וְכַרְכֹּם מִשְׁקַל שִׁשָּׁה עָשָׂר שִׁשָּׁה עָשָׂר מָנֶה, הַקֹּשְׁטְ שְׁנֵים עָשָׂר, קִלּוּפָה שְׁלֹשָׁה וְקִנָּמוֹן תִּשְׁעָה, בֹּרִית כַּרְשִׁינָה תִּשְׁעָה קַבִּין, יֵין קַפְרִיסִין סְאִין תְּלָת וְקַבִּין תְּלָתָא, וְאִם אֵין לוֹ יֵין קַפְרִיסִין, מֵבִיא חֲמַר חִוַּרְיָן עַתִּיק. מֶלַח סְדוֹמִית רֹבַע, מַעֲלֶה עָשָׁן כָּל שֶׁהוּא. רַבִּי נָתָן הַבַּבְלִי אוֹמֵר: אַף כִּפַּת הַיַּרְדֵּן כָּל שֶׁהוּא, וְאִם נָתַן בָּהּ דְּבַשׁ פְּסָלָהּ, וְאִם חִסֵּר אֶחָד מִכָּל סַמָּנֶיהָ, חַיָּב מִיתָה.

רַבָּן שִׁמְעוֹן בֶּן גַּמְלִיאֵל אוֹמֵר: הַצֳּרִי אֵינוֹ אֶלָּא שְׂרָף הַנּוֹטֵף מֵעֲצֵי הַקְּטָף. בֹּרִית כַּרְשִׁינָה שֶׁשָּׁפִין בָּהּ אֶת הַצִּפֹּרֶן כְּדֵי שֶׁתְּהֵא נָאָה, יֵין קַפְרִיסִין שֶׁשּׁוֹרִין בּוֹ אֶת הַצִּפֹּרֶן כְּדֵי שֶׁתְּהֵא עַזָּה, וַהֲלֹא מֵי רַגְלַיִם יָפִין לָהּ, אֶלָּא שֶׁאֵין מַכְנִיסִין מֵי רַגְלַיִם בַּמִּקְדָּשׁ מִפְּנֵי הַכָּבוֹד.

תַּנְיָא, רַבִּי נָתָן אוֹמֵר: כְּשֶׁהוּא שׁוֹחֵק אוֹמֵר, הָדֵק הֵיטֵב הֵיטֵב הָדֵק, מִפְּנֵי שֶׁהַקּוֹל יָפֶה לַבְּשָׂמִים. פִּטְּמָהּ לַחֲצָאִין כְּשֵׁרָה, לְשָׁלִישׁ וְלִרְבִיעַ לֹא שָׁמַעְנוּ. אָמַר רַבִּי יְהוּדָה: זֶה הַכְּלָל, אִם כְּמִדָּתָהּ כְּשֵׁרָה לַחֲצָאִין, וְאִם חִסַּר אֶחָד מִכָּל סַמָּנֶיהָ חַיָּב מִיתָה.

תַּנְיָא, בַּר קַפָּרָא אוֹמֵר: אַחַת לְשִׁשִּׁים אוֹ לְשִׁבְעִים שָׁנָה הָיְתָה בָאָה שֶׁל שִׁירַיִם לַחֲצָאִין. וְעוֹד תָּנֵי בַּר קַפָּרָא: אִלּוּ הָיָה נוֹתֵן בָּהּ קוֹרְטוֹב שֶׁל דְּבַשׁ אֵין אָדָם יָכוֹל לַעֲמֹד מִפְּנֵי רֵיחָהּ, וְלָמָּה אֵין מְעָרְבִין בָּהּ דְּבַשׁ, מִפְּנֵי שֶׁהַתּוֹרָה אָמְרָה: כִּי כָל־שְׂאֹר וְכָל־דְּבַשׁ לֹא־תַקְטִירוּ מִמֶּנּוּ אִשֶּׁה לַיהוה: ירושלמי יומא ד, הלכה ה / ויקרא ב

נוהגים לומר שלושה פסוקים אלה אחרי פרשת הקטורת ('שער הכוונות', על פי הירושלמי במסכת ברכות). והשל"ה כתב לומר כל פסוק שלוש פעמים.

יהוה צְבָאוֹת עִמָּנוּ, מִשְׂגָּב לָנוּ אֱלֹהֵי יַעֲקֹב סֶלָה: תהלים מו

יהוה צְבָאוֹת, אַשְׁרֵי אָדָם בֹּטֵחַ בָּךְ: תהלים פד

יהוה הוֹשִׁיעָה, הַמֶּלֶךְ יַעֲנֵנוּ בְיוֹם־קָרְאֵנוּ: תהלים כ

אַתָּה סֵתֶר לִי, מִצַּר תִּצְּרֵנִי, רָנֵּי פַלֵּט תְּסוֹבְבֵנִי סֶלָה: תהלים לב

וְעָרְבָה לַיהוה מִנְחַת יְהוּדָה וִירוּשָׁלָםִ מלאכי ג
כִּימֵי עוֹלָם וּכְשָׁנִים קַדְמֹנִיּוֹת:

סדר מערכה

סדר עבודת הכוהנים על גבי המזבח בידי כוהני בית אב

אַבַּיֵּי הֲוָה מְסַדֵּר סֵדֶר הַמַּעֲרָכָה מִשְּׁמָא דִגְמָרָא, וְאַלִּבָּא דְאַבָּא שָׁאוּל: מַעֲרָכָה גְדוֹלָה קוֹדֶמֶת לְמַעֲרָכָה שְׁנִיָּה שֶׁל קְטֹרֶת, וּמַעֲרָכָה שְׁנִיָּה שֶׁל קְטֹרֶת קוֹדֶמֶת לְסִדּוּר שְׁנֵי גִזְרֵי עֵצִים, וְסִדּוּר שְׁנֵי גִזְרֵי עֵצִים קוֹדֵם לְדִשּׁוּן מִזְבֵּחַ הַפְּנִימִי, וְדִשּׁוּן מִזְבֵּחַ הַפְּנִימִי קוֹדֵם לַהֲטָבַת חָמֵשׁ נֵרוֹת, וַהֲטָבַת חָמֵשׁ נֵרוֹת קוֹדֶמֶת לְדַם הַתָּמִיד, וְדַם הַתָּמִיד קוֹדֵם לַהֲטָבַת שְׁתֵּי נֵרוֹת, וַהֲטָבַת שְׁתֵּי נֵרוֹת קוֹדֶמֶת לִקְטֹרֶת, וּקְטֹרֶת קוֹדֶמֶת לְאֵבָרִים, וְאֵבָרִים לְמִנְחָה, וּמִנְחָה לַחֲבִתִּין, וַחֲבִתִּין לִנְסָכִין, וּנְסָכִין לְמוּסָפִין, וּמוּסָפִין לְבָזִיכִין, וּבָזִיכִין קוֹדְמִין לְתָמִיד שֶׁל בֵּין הָעַרְבָּיִם. שֶׁנֶּאֱמַר: וְעָרַךְ עָלֶיהָ הָעֹלָה, וְהִקְטִיר עָלֶיהָ חֶלְבֵי הַשְּׁלָמִים: עָלֶיהָ הַשְׁלֵם כָּל הַקָּרְבָּנוֹת כֻּלָּם. יומא לג. / ויקרא ו

המקובלים הנהיגו לומר פיוט עתיק זה
המיוחס לתנא ר׳ נחוניה בן הקנה, כהכנה לתפילה (שער הכוונות).

אָנָּא, בְּכֹחַ גְּדֻלַּת יְמִינְךָ, תַּתִּיר צְרוּרָה.
קַבֵּל רִנַּת עַמְּךָ, שַׂגְּבֵנוּ, טַהֲרֵנוּ, נוֹרָא.
נָא גִבּוֹר, דּוֹרְשֵׁי יִחוּדְךָ כְּבָבַת שָׁמְרֵם.
בָּרְכֵם, טַהֲרֵם, רַחֲמֵי צִדְקָתְךָ תָּמִיד גָּמְלֵם.
חֲסִין קָדוֹשׁ, בְּרֹב טוּבְךָ נַהֵל עֲדָתֶךָ.
יָחִיד גֵּאֶה, לְעַמְּךָ פְּנֵה, זוֹכְרֵי קְדֻשָּׁתֶךָ.
שַׁוְעָתֵנוּ קַבֵּל וּשְׁמַע צַעֲקָתֵנוּ, יוֹדֵעַ תַּעֲלוּמוֹת.
בָּרוּךְ שֵׁם כְּבוֹד מַלְכוּתוֹ לְעוֹלָם וָעֶד.

יש המדלגים על התחינה הבאה.

רִבּוֹן הָעוֹלָמִים,* אַתָּה צִוִּיתָנוּ לְהַקְרִיב קָרְבַּן הַתָּמִיד בְּמוֹעֲדוֹ וְלִהְיוֹת כֹּהֲנִים בַּעֲבוֹדָתָם וּלְוִיִּם בְּדוּכָנָם וְיִשְׂרָאֵל בְּמַעֲמָדָם. וְעַתָּה בַּעֲוֹנוֹתֵינוּ חָרַב בֵּית הַמִּקְדָּשׁ וּבָטַל הַתָּמִיד וְאֵין לָנוּ לֹא כֹהֵן בַּעֲבוֹדָתוֹ וְלֹא לֵוִי בְּדוּכָנוֹ וְלֹא יִשְׂרָאֵל בְּמַעֲמָדוֹ. וְאַתָּה אָמַרְתָּ: וּנְשַׁלְּמָה פָרִים שְׂפָתֵינוּ: הושע יד

לָכֵן יְהִי רָצוֹן מִלְּפָנֶיךָ יהוה אֱלֹהֵינוּ וֵאלֹהֵי אֲבוֹתֵינוּ, שֶׁיְּהֵא שִׂיחַ שִׂפְתוֹתֵינוּ חָשׁוּב וּמְקֻבָּל וּמְרֻצֶּה לְפָנֶיךָ כְּאִלּוּ הִקְרַבְנוּ קָרְבַּן הַתָּמִיד בְּמוֹעֲדוֹ וְעָמַדְנוּ עַל מַעֲמָדוֹ.

ויקרא ז וְנֶאֱמַר: זֹאת הַתּוֹרָה לָעֹלָה לַמִּנְחָה וְלַחַטָּאת וְלָאָשָׁם וְלַמִּלּוּאִים וּלְזֶבַח הַשְּׁלָמִים:

בשבת מוסיפים את פסוקי מוסף היום כהשלמה לפסוקי התמיד (שו״ע מח, א).

במדבר כח וּבְיוֹם הַשַּׁבָּת, שְׁנֵי־כְבָשִׂים בְּנֵי־שָׁנָה תְּמִימִם, וּשְׁנֵי עֶשְׂרֹנִים סֹלֶת מִנְחָה בְּלוּלָה בַשֶּׁמֶן, וְנִסְכּוֹ: עֹלַת שַׁבַּת בְּשַׁבַּתּוֹ, עַל־עֹלַת הַתָּמִיד וְנִסְכָּהּ:

שמות כה * רִבּוֹן הָעוֹלָמִים, אַתָּה צִוִּיתָנוּ וְעָשׂוּ לִי מִקְדָּשׁ וְשָׁכַנְתִּי בְּתוֹכָם: וְעַתָּה בַּעֲוֹנוֹתֵינוּ חָרַב בֵּית הַמִּקְדָּשׁ וּבָטַל הַתָּמִיד וְאֵין לָנוּ לֹא כֹהֵן בַּעֲבוֹדָתוֹ וְלֹא לֵוִי בְּדוּכָנוֹ וְלֹא יִשְׂרָאֵל בְּמַעֲמָדוֹ. לָכֵן יְהִי רָצוֹן מִלְּפָנֶיךָ יהוה אֱלֹהֵינוּ וֵאלֹהֵי אֲבוֹתֵינוּ, שֶׁתְּזַכֵּנוּ וּתְחַזְּקֵנוּ לִבְנוֹת מִקְדָּשׁ לִשְׁמֶךָ בִּמְהֵרָה וּלְהַקְרִיב בּוֹ תָּמִיד בְּמוֹעֲדוֹ וּבִמְקוֹמוֹ כְּהִלְכָתוֹ.

לאחר פסוקי הקרבנות אומרים פרק משנה ואת הברייתא הפותחת את מדרש תורת כוהנים כדי ללמוד בכל יום מקרא, משנה וגמרא (תוספות, קידושין ל ע״א).

חכמים בחרו את פרק ה במסכת זבחים, כיוון שכולו הלכה פסוקה בלי מחלוקת (משנ״ב נ, ב).

דיני זבחים

זבחים פרק ה

הלכות מעשה הקרבנות – ״אמר אברהם לפני הקב״ה: שמא חס ושלום ישראל חוטאין לפניך ואתה עושה להן כדור המבול? אמר לו: הקרבנות יכפרו עליהם! אמר לפניו: תינח, בזמן שבית המקדש קיים, בזמן שאין בית המקדש קיים מה תהא עליהם? אמר לו: כבר תקנתי להם סדר קרבנות. כל זמן שקוראים בהן, מעלה אני עליהן כאילו מקריבין לפני קרבן, ומוחל אני על כל עוונותיהם״ (מגילה לא, ב).

אֵיזֶהוּ מְקוֹמָן שֶׁל זְבָחִים. קָדְשֵׁי קָדָשִׁים שְׁחִיטָתָן בַּצָּפוֹן. פַּר וְשָׂעִיר שֶׁל יוֹם הַכִּפּוּרִים, שְׁחִיטָתָן בַּצָּפוֹן, וְקִבּוּל דָּמָן בִּכְלִי שָׁרֵת בַּצָּפוֹן, וְדָמָן טָעוּן הַזָּיָה עַל בֵּין הַבַּדִּים, וְעַל הַפָּרֹכֶת, וְעַל מִזְבַּח הַזָּהָב. מַתָּנָה אַחַת מֵהֶן מְעַכָּבֶת. שְׁיָרֵי הַדָּם הָיָה שׁוֹפֵךְ עַל יְסוֹד מַעֲרָבִי שֶׁל מִזְבֵּחַ הַחִיצוֹן, אִם לֹא נָתַן לֹא עִכֵּב.

פָּרִים הַנִּשְׂרָפִים וּשְׂעִירִים הַנִּשְׂרָפִים, שְׁחִיטָתָן בַּצָּפוֹן, וְקִבּוּל דָּמָן בִּכְלִי שָׁרֵת בַּצָּפוֹן, וְדָמָן טָעוּן הַזָּיָה עַל הַפָּרֹכֶת וְעַל מִזְבַּח הַזָּהָב. מַתָּנָה אַחַת מֵהֶן מְעַכָּבֶת. שְׁיָרֵי הַדָּם הָיָה שׁוֹפֵךְ עַל יְסוֹד מַעֲרָבִי שֶׁל מִזְבֵּחַ הַחִיצוֹן, אִם לֹא נָתַן לֹא עִכֵּב. אֵלּוּ וָאֵלּוּ נִשְׂרָפִין בְּבֵית הַדֶּשֶׁן.

חַטֹּאת הַצִּבּוּר וְהַיָּחִיד. אֵלּוּ הֵן חַטֹּאת הַצִּבּוּר: שְׂעִירֵי רָאשֵׁי חֳדָשִׁים וְשֶׁל מוֹעֲדוֹת. שְׁחִיטָתָן בַּצָּפוֹן, וְקִבּוּל דָּמָן בִּכְלִי שָׁרֵת בַּצָּפוֹן, וְדָמָן טָעוּן אַרְבַּע מַתָּנוֹת עַל אַרְבַּע קְרָנוֹת. כֵּיצַד, עָלָה בַכֶּבֶשׁ, וּפָנָה לַסּוֹבֵב, וּבָא לוֹ לְקֶרֶן דְּרוֹמִית מִזְרָחִית, מִזְרָחִית צְפוֹנִית, צְפוֹנִית מַעֲרָבִית, מַעֲרָבִית דְּרוֹמִית. שְׁיָרֵי הַדָּם הָיָה שׁוֹפֵךְ עַל יְסוֹד דְּרוֹמִי. וְנֶאֱכָלִין לִפְנִים מִן הַקְּלָעִים, לְזִכְרֵי כְהֻנָּה, בְּכָל מַאֲכָל, לְיוֹם וָלַיְלָה עַד חֲצוֹת.

הָעוֹלָה קֹדֶשׁ קָדָשִׁים. שְׁחִיטָתָהּ בַּצָּפוֹן, וְקִבּוּל דָּמָהּ בִּכְלִי שָׁרֵת בַּצָּפוֹן, וְדָמָהּ טָעוּן שְׁתֵּי מַתָּנוֹת שֶׁהֵן אַרְבַּע, וּטְעוּנָה הֶפְשֵׁט וְנִתּוּחַ, וְכָלִיל לָאִשִּׁים.

זִבְחֵי שַׁלְמֵי צִבּוּר וַאֲשָׁמוֹת. אֵלּוּ הֵן אֲשָׁמוֹת: אֲשַׁם גְּזֵלוֹת, אֲשַׁם מְעִילוֹת, אֲשַׁם שִׁפְחָה חֲרוּפָה, אֲשַׁם נָזִיר, אֲשַׁם מְצֹרָע, אָשָׁם תָּלוּי. שְׁחִיטָתָן בַּצָּפוֹן, וְקִבּוּל דָּמָן בִּכְלִי שָׁרֵת בַּצָּפוֹן, וְדָמָן טָעוּן שְׁתֵּי מַתָּנוֹת שֶׁהֵן אַרְבַּע. וְנֶאֱכָלִין לִפְנִים מִן הַקְּלָעִים, לְזִכְרֵי כְהֻנָּה, בְּכָל מַאֲכָל, לְיוֹם וָלַיְלָה עַד חֲצוֹת.

הַתּוֹדָה וְאֵיל נָזִיר קָדָשִׁים קַלִּים. שְׁחִיטָתָן בְּכָל מָקוֹם בָּעֲזָרָה, וְדָמָן טָעוּן שְׁתֵּי מַתָּנוֹת שֶׁהֵן אַרְבַּע, וְנֶאֱכָלִין בְּכָל הָעִיר, לְכָל אָדָם, בְּכָל מַאֲכָל, לְיוֹם וָלַיְלָה עַד חֲצוֹת. הַמּוּרָם מֵהֶם כַּיּוֹצֵא בָהֶם, אֶלָּא שֶׁהַמּוּרָם נֶאֱכָל לַכֹּהֲנִים, לִנְשֵׁיהֶם, וְלִבְנֵיהֶם וּלְעַבְדֵיהֶם.

שְׁלָמִים קָדָשִׁים קַלִּים. שְׁחִיטָתָן בְּכָל מָקוֹם בָּעֲזָרָה, וְדָמָן טָעוּן שְׁתֵּי מַתָּנוֹת שֶׁהֵן אַרְבַּע, וְנֶאֱכָלִין בְּכָל הָעִיר, לְכָל אָדָם, בְּכָל מַאֲכָל, לִשְׁנֵי יָמִים וְלַיְלָה אֶחָד. הַמּוּרָם מֵהֶם כַּיּוֹצֵא בָהֶם, אֶלָּא שֶׁהַמּוּרָם נֶאֱכָל לַכֹּהֲנִים, לִנְשֵׁיהֶם, וְלִבְנֵיהֶם וּלְעַבְדֵיהֶם.

הַבְּכוֹר וְהַמַּעֲשֵׂר וְהַפֶּסַח קָדָשִׁים קַלִּים. שְׁחִיטָתָן בְּכָל מָקוֹם בָּעֲזָרָה, וְדָמָן טָעוּן מַתָּנָה אֶחָת, וּבִלְבָד שֶׁיִּתֵּן כְּנֶגֶד הַיְסוֹד. שִׁנָּה בַאֲכִילָתָן, הַבְּכוֹר נֶאֱכָל לַכֹּהֲנִים וְהַמַּעֲשֵׂר לְכָל אָדָם, וְנֶאֱכָלִין בְּכָל הָעִיר, בְּכָל מַאֲכָל, לִשְׁנֵי יָמִים וְלַיְלָה אֶחָד. הַפֶּסַח אֵינוֹ נֶאֱכָל אֶלָּא בַלַּיְלָה, וְאֵינוֹ נֶאֱכָל אֶלָּא עַד חֲצוֹת, וְאֵינוֹ נֶאֱכָל אֶלָּא לִמְנוּיָו, וְאֵינוֹ נֶאֱכָל אֶלָּא צָלִי.

יש בתי כנסת המתחילים את התפילה בציבור כאן.

ברייתא דרבי ישמעאל

כללי שלוש עשרה מידות שהתורה נדרשת בהן:

רַבִּי יִשְׁמָעֵאל אוֹמֵר: בִּשְׁלֹשׁ עֶשְׂרֵה מִדּוֹת הַתּוֹרָה נִדְרֶשֶׁת

א מִקַּל וָחֹמֶר

ב וּמִגְּזֵרָה שָׁוָה

ג מִבִּנְיַן אָב מִכָּתוּב אֶחָד, וּמִבִּנְיַן אָב מִשְּׁנֵי כְתוּבִים

ד מִכְּלָל וּפְרָט

ה מִפְּרָט וּכְלָל

ו כְּלָל וּפְרָט וּכְלָל, אִי אַתָּה דָן אֶלָּא כְּעֵין הַפְּרָט

ז מִכְּלָל שֶׁהוּא צָרִיךְ לִפְרָט, וּמִפְּרָט שֶׁהוּא צָרִיךְ לִכְלָל

ח כָּל דָּבָר שֶׁהָיָה בִּכְלָל, וְיָצָא מִן הַכְּלָל לְלַמֵּד
לֹא לְלַמֵּד עַל עַצְמוֹ יָצָא, אֶלָּא לְלַמֵּד עַל הַכְּלָל כֻּלּוֹ יָצָא

ט כָּל דָּבָר שֶׁהָיָה בִּכְלָל, וְיָצָא לִטְעֹן טֹעַן אֶחָד שֶׁהוּא כְעִנְיָנוֹ
יָצָא לְהָקֵל וְלֹא לְהַחֲמִיר

י כָּל דָּבָר שֶׁהָיָה בִּכְלָל, וְיָצָא לִטְעֹן טֹעַן אַחֵר שֶׁלֹּא כְעִנְיָנוֹ
יָצָא לְהָקֵל וּלְהַחֲמִיר

יא כָּל דָּבָר שֶׁהָיָה בִּכְלָל, וְיָצָא לִדּוֹן בַּדָּבָר הֶחָדָשׁ
אִי אַתָּה יָכוֹל לְהַחֲזִירוֹ לִכְלָלוֹ
עַד שֶׁיַּחֲזִירֶנּוּ הַכָּתוּב לִכְלָלוֹ בְּפֵרוּשׁ

▸ יב דָּבָר הַלָּמֵד מֵעִנְיָנוֹ, וְדָבָר הַלָּמֵד מִסּוֹפוֹ

יג וְכֵן שְׁנֵי כְתוּבִים הַמַּכְחִישִׁים זֶה אֶת זֶה
עַד שֶׁיָּבוֹא הַכָּתוּב הַשְּׁלִישִׁי וְיַכְרִיעַ בֵּינֵיהֶם.

יְהִי רָצוֹן מִלְּפָנֶיךָ, יהוה אֱלֹהֵינוּ וֵאלֹהֵי אֲבוֹתֵינוּ
שֶׁיִּבָּנֶה בֵּית הַמִּקְדָּשׁ בִּמְהֵרָה בְיָמֵינוּ, וְתֵן חֶלְקֵנוּ בְּתוֹרָתֶךָ
וְשָׁם נַעֲבָדְךָ בְּיִרְאָה כִּימֵי עוֹלָם וּכְשָׁנִים קַדְמוֹנִיּוֹת.

קדיש דרבנן

אם יש מניין, האבלים עומדים ואומרים קדיש דרבנן.

אבל:

יתגדל ויתקדש שמו הגדול	יִתְגַּדַּל וְיִתְקַדַּשׁ שְׁמֵהּ רַבָּא (קהל: אָמֵן)
בעולם אשר ברא כרצונו	בְּעָלְמָא דִּי בְרָא כִרְעוּתֵהּ
וימליך מלכותו	וְיַמְלִיךְ מַלְכוּתֵהּ
ויצמיח ישועתו ויקרב משיחו	וְיַצְמַח פֻּרְקָנֵהּ וִיקָרֵב מְשִׁיחֵהּ (קהל: אָמֵן)
בחייכם ובימיכם	בְּחַיֵּיכוֹן וּבְיוֹמֵיכוֹן
ובחיי כל בית ישראל	וּבְחַיֵּי דְכָל בֵּית יִשְׂרָאֵל
במהרה ובזמן קרוב	בַּעֲגָלָא וּבִזְמַן קָרִיב
ואמרו אמן.	וְאִמְרוּ אָמֵן. (קהל: אָמֵן)

קהל ואבל:

יהא שמו הגדול מבורך	יְהֵא שְׁמֵהּ רַבָּא מְבָרַךְ
לעולם ולעולמי עולמים	לְעָלַם וּלְעָלְמֵי עָלְמַיָּא.

אבל:

יתברך וישתבח ויתפאר	יִתְבָּרַךְ וְיִשְׁתַּבַּח וְיִתְפָּאַר
ויתרומם ויתנשא	וְיִתְרוֹמַם וְיִתְנַשֵּׂא
ויתהדר ויתעלה ויתהלל	וְיִתְהַדָּר וְיִתְעַלֶּה וְיִתְהַלָּל
שמו של הקדוש ברוך הוא	שְׁמֵהּ דְּקֻדְשָׁא בְּרִיךְ הוּא (קהל: אָמֵן)
למעלה למעלה מכל הברכות	לְעֵלָּא לְעֵלָּא מִכָּל בִּרְכָתָא
והשירות, התשבחות והנחמות	וְשִׁירָתָא, תֻּשְׁבְּחָתָא וְנֶחֱמָתָא
האמורות בעולם	דַּאֲמִירָן בְּעָלְמָא
ואמרו אמן.	וְאִמְרוּ אָמֵן. (קהל: אָמֵן)

עַל יִשְׂרָאֵל וְעַל רַבָּנָן	על ישראל ועל רבותינו
וְעַל תַּלְמִידֵיהוֹן	ועל תלמידיהם
וְעַל כָּל תַּלְמִידֵי תַלְמִידֵיהוֹן	ועל כל תלמידי תלמידיהם
וְעַל כָּל מָאן דְּעָסְקִין בְּאוֹרַיְתָא	ועל כל מי שעוסקים בתורה
דִּי בְּאַתְרָא קַדִּישָׁא הָדֵין	שבמקום הקדוש הזה
וְדִי בְּכָל אֲתַר וַאֲתַר	ושבכל מקום ומקום
יְהֵא לְהוֹן וּלְכוֹן שְׁלָמָא רַבָּא	יהא להם ולכם שלום רב
חִנָּא וְחִסְדָּא, וְרַחֲמֵי	חן וחסד, ורחמים
וְחַיֵּי אֲרִיכֵי, וּמְזוֹנֵי רְוִיחֵי	וחיים ארוכים, ומזונות רווחים
וּפֻרְקָנָא מִן קֳדָם אֲבוּהוֹן	וישועה מלפני אביהם
דִּי בִשְׁמַיָּא וְאַרְעָא	שבשמים ובארץ
וְאִמְרוּ אָמֵן. (קהל: אָמֵן)	ואמרו אמן.

יְהֵא שְׁלָמָא רַבָּא מִן שְׁמַיָּא	יהא שלום רב מן השמים
וְחַיִּים טוֹבִים עָלֵינוּ	וחיים טובים עלינו
וְעַל כָּל יִשְׂרָאֵל	ועל כל ישראל
וְאִמְרוּ אָמֵן. (קהל: אָמֵן)	ואמרו אמן

כורע ופוסע שלוש פסיעות לאחור.
קד לשמאל, לימין ולפנים באמירת:

עֹשֶׂה הַשָּׁלוֹם בִּמְרוֹמָיו
הוּא בְּרַחֲמָיו יַעֲשֶׂה שָׁלוֹם
עָלֵינוּ וְעַל כָּל יִשְׂרָאֵל
וְאִמְרוּ אָמֵן. (קהל: אָמֵן)

תפילות השחר

המקור לאמירת ׳פסוקי דזמרה׳ כהקדמה לתפילה הם דברי ר׳ שמלאי במסכת ברכות (לב, א) אשר דרש: ״לעולם יסדר אדם שבחו של הקב״ה ואחר כך יתפלל״. מזמורי ׳פסוקי דזמרה׳ כולם שבח והלל לקב״ה על מעשיו בעולמו, אולם את המזמורים חורז קו מהותי שעניינו העבודה במקדש, שכן תפילת שחרית נתקנה כנגד תמיד של שחר. גם במזמורים שנבחרו לאמרם כהלל לפני ה׳, נזכר באופן עקבי נושא המקדש. ׳פסוקי דזמרה׳ פותחים ב׳שיר של יום׳ שחיבר דוד לאמרו בראשית הקמת בית ראשון בירושלים, וכן, ב׳מזמור שיר חנוכת הבית לדוד׳. ומסיימים ב׳שירת הים׳ החותמת ב׳מקדש ה׳ כוננו ידיך׳.

בבתי כנסת המתפללים בנוסח אשכנז, הסדר הוא:
׳מִזְמוֹר שִׁיר־חֲנֻכַּת הַבַּיִת לְדָוִד׳ (עמ׳ 194), קדיש יתום (עמ׳ 111), ׳בָּרוּךְ שֶׁאָמַר׳ (עמ׳ 206), ׳הוֹדוּ לַה׳ קִרְאוּ בִשְׁמוֹ׳ (למטה), וממשיכים ׳לַמְנַצֵּחַ מִזְמוֹר לְדָוִד׳ (עמ׳ 195).

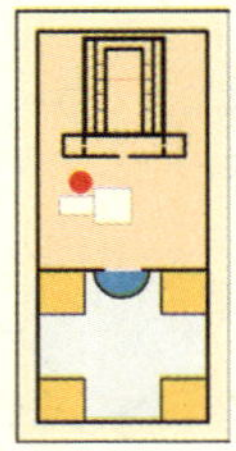
שפיכת שיירי דם התמיד

׳שיר של יום׳ לפני המזבח שבנה דוד

מזמור זה נאמר על ידי דוד נעים זמירות ישראל, בעת שהביא את ארון ברית ה׳ לעיר דוד. משעה שהובא הארון לירושלים, עמדו הלויים המשוררים והיו שרים בכל יום לפני הארון ומהללים לפני ה׳ בפסוקים אלה, חלקם בעת הקרבת תמיד של שחר, וחלקם בעת הקרבת תמיד של בין הערביים. אלו דברי ׳סדר עולם רבה׳ (פרק יד): ״בשחר היו אומרים: ׳הודו לה׳ קראו בשמו׳, וגומר. ובין הערביים היו אומרים: ׳שירו לה׳ כל הארץ׳. וכך היו אומרים כל ארבעים ושלש השנים ב׳ציון׳ לפני הארון, עד שהביאו שלמה ל׳בית עולמים׳ [בקדש הקדשים]״ (וראה רש״י דברי הימים א׳ טז, יב).

דברי הימים א׳ טז

׳שיר של יום׳ לתמיד של שחר: **הוֹדוּ לַיהוה קִרְאוּ בִשְׁמוֹ, הוֹדִיעוּ בָעַמִּים עֲלִילֹתָיו: שִׁירוּ לוֹ, זַמְּרוּ־לוֹ, שִׂיחוּ בְּכָל־נִפְלְאֹתָיו: הִתְהַלְלוּ בְּשֵׁם קָדְשׁוֹ, יִשְׂמַח לֵב מְבַקְשֵׁי יהוה: דִּרְשׁוּ יהוה וְעֻזּוֹ, בַּקְּשׁוּ פָנָיו תָּמִיד: זִכְרוּ נִפְלְאֹתָיו אֲשֶׁר עָשָׂה, מֹפְתָיו וּמִשְׁפְּטֵי־פִיהוּ: זֶרַע יִשְׂרָאֵל עַבְדּוֹ, בְּנֵי יַעֲקֹב בְּחִירָיו: הוּא יהוה אֱלֹהֵינוּ בְּכָל־הָאָרֶץ מִשְׁפָּטָיו: זִכְרוּ לְעוֹלָם בְּרִיתוֹ, דָּבָר צִוָּה לְאֶלֶף דּוֹר: אֲשֶׁר כָּרַת אֶת־אַבְרָהָם, וּשְׁבוּעָתוֹ לְיִצְחָק: וַיַּעֲמִידֶהָ לְיַעֲקֹב לְחֹק, לְיִשְׂרָאֵל בְּרִית עוֹלָם: לֵאמֹר, לְךָ אֶתֵּן אֶרֶץ־כְּנָעַן, חֶבֶל נַחֲלַתְכֶם: בִּהְיוֹתְכֶם מְתֵי מִסְפָּר, כִּמְעַט וְגָרִים בָּהּ: וַיִּתְהַלְּכוּ מִגּוֹי אֶל־גּוֹי, וּמִמַּמְלָכָה אֶל־עַם אַחֵר: לֹא־הִנִּיחַ לְאִישׁ לְעָשְׁקָם, וַיּוֹכַח עֲלֵיהֶם מְלָכִים: אַל־תִּגְּעוּ בִּמְשִׁיחָי, וּבִנְבִיאַי אַל־תָּרֵעוּ:**

שיר של יום׳ לתמיד של בין הערביים: שִׁירוּ לַיהוה כָּל־הָאָרֶץ, בַּשְּׂרוּ מִיּוֹם־אֶל־יוֹם יְשׁוּעָתוֹ: סַפְּרוּ בַגּוֹיִם אֶת־כְּבוֹדוֹ, בְּכָל־הָעַמִּים נִפְלְאֹתָיו: כִּי גָדוֹל יהוה וּמְהֻלָּל מְאֹד, וְנוֹרָא הוּא עַל־כָּל־אֱלֹהִים: › כִּי כָּל־אֱלֹהֵי הָעַמִּים אֱלִילִים, וַיהוה שָׁמַיִם עָשָׂה:

הוֹד וְהָדָר לְפָנָיו, עֹז וְחֶדְוָה בִּמְקֹמוֹ: הָבוּ לַיהוה מִשְׁפְּחוֹת עַמִּים, הָבוּ לַיהוה כָּבוֹד וָעֹז: הָבוּ לַיהוה כְּבוֹד שְׁמוֹ, שְׂאוּ מִנְחָה וּבֹאוּ לְפָנָיו, הִשְׁתַּחֲווּ לַיהוה בְּהַדְרַת־קֹדֶשׁ: חִילוּ מִלְּפָנָיו כָּל־הָאָרֶץ, אַף־תִּכּוֹן תֵּבֵל בַּל־תִּמּוֹט: יִשְׂמְחוּ הַשָּׁמַיִם וְתָגֵל הָאָרֶץ, וְיֹאמְרוּ בַגּוֹיִם יהוה מָלָךְ: יִרְעַם הַיָּם וּמְלוֹאוֹ, יַעֲלֹץ הַשָּׂדֶה וְכָל־אֲשֶׁר־בּוֹ: אָז יְרַנְּנוּ עֲצֵי הַיָּעַר, מִלִּפְנֵי יהוה, כִּי־בָא לִשְׁפּוֹט אֶת־הָאָרֶץ: הוֹדוּ לַיהוה כִּי טוֹב, כִּי לְעוֹלָם חַסְדּוֹ: וְאִמְרוּ, הוֹשִׁיעֵנוּ אֱלֹהֵי יִשְׁעֵנוּ, וְקַבְּצֵנוּ וְהַצִּילֵנוּ מִן־הַגּוֹיִם, לְהֹדוֹת לְשֵׁם קָדְשֶׁךָ, לְהִשְׁתַּבֵּחַ בִּתְהִלָּתֶךָ: בָּרוּךְ יהוה אֱלֹהֵי יִשְׂרָאֵל מִן־הָעוֹלָם וְעַד־הָעֹלָם, וַיֹּאמְרוּ כָל־הָעָם אָמֵן, וְהַלֵּל לַיהוה:

תהלים צט רוֹמְמוּ יהוה אֱלֹהֵינוּ וְהִשְׁתַּחֲווּ לַהֲדֹם רַגְלָיו, קָדוֹשׁ הוּא: רוֹמְמוּ יהוה אֱלֹהֵינוּ וְהִשְׁתַּחֲווּ לְהַר קָדְשׁוֹ, כִּי־קָדוֹשׁ יהוה אֱלֹהֵינוּ:

תהלים עח וְהוּא רַחוּם, יְכַפֵּר עָוֹן וְלֹא־יַשְׁחִית, וְהִרְבָּה לְהָשִׁיב אַפּוֹ,
תהלים מ וְלֹא־יָעִיר כָּל־חֲמָתוֹ: אַתָּה יהוה לֹא־תִכְלָא רַחֲמֶיךָ מִמֶּנִּי, חַסְדְּךָ
תהלים כה וַאֲמִתְּךָ תָּמִיד יִצְּרוּנִי: זְכֹר־רַחֲמֶיךָ יהוה וַחֲסָדֶיךָ, כִּי מֵעוֹלָם
תהלים סח הֵמָּה: תְּנוּ עֹז לֵאלֹהִים, עַל־יִשְׂרָאֵל גַּאֲוָתוֹ, וְעֻזּוֹ בַּשְּׁחָקִים:
נוֹרָא אֱלֹהִים מִמִּקְדָּשֶׁיךָ, אֵל יִשְׂרָאֵל הוּא נֹתֵן עֹז וְתַעֲצֻמוֹת
תהלים צד לָעָם, בָּרוּךְ אֱלֹהִים: אֵל־נְקָמוֹת יהוה, אֵל נְקָמוֹת הוֹפִיעַ:
תהלים ג הִנָּשֵׂא שֹׁפֵט הָאָרֶץ, הָשֵׁב גְּמוּל עַל־גֵּאִים: לַיהוה הַיְשׁוּעָה,

תהלים מו עַל־עַמְּךָ בִרְכָתֶךָ סֶּלָה: ◂ יהוה צְבָאוֹת עִמָּנוּ, מִשְׂגָּב לָנוּ אֱלֹהֵי
תהלים פד תהלים כ יַעֲקֹב סֶלָה: יהוה צְבָאוֹת, אַשְׁרֵי אָדָם בֹּטֵחַ בָּךְ: יהוה הוֹשִׁיעָה,
הַמֶּלֶךְ יַעֲנֵנוּ בְיוֹם־קָרְאֵנוּ:

תהלים כח הוֹשִׁיעָה אֶת־עַמֶּךָ, וּבָרֵךְ אֶת־נַחֲלָתֶךָ, וּרְעֵם וְנַשְּׂאֵם עַד־
תהלים לג הָעוֹלָם: נַפְשֵׁנוּ חִכְּתָה לַיהוה, עֶזְרֵנוּ וּמָגִנֵּנוּ הוּא: כִּי־בוֹ יִשְׂמַח
לִבֵּנוּ, כִּי בְשֵׁם קָדְשׁוֹ בָטָחְנוּ: יְהִי־חַסְדְּךָ יהוה עָלֵינוּ, כַּאֲשֶׁר
תהלים פה תהלים מד יִחַלְנוּ לָךְ: הַרְאֵנוּ יהוה חַסְדֶּךָ, וְיֶשְׁעֲךָ תִּתֶּן־לָנוּ: קוּמָה עֶזְרָתָה
תהלים פא לָּנוּ, וּפְדֵנוּ לְמַעַן חַסְדֶּךָ: אָנֹכִי יהוה אֱלֹהֶיךָ הַמַּעַלְךָ מֵאֶרֶץ
תהלים קמד מִצְרָיִם, הַרְחֶב־פִּיךָ וַאֲמַלְאֵהוּ: ◂ אַשְׁרֵי הָעָם שֶׁכָּכָה לּוֹ, אַשְׁרֵי
תהלים יג הָעָם שֶׁיהוה אֱלֹהָיו: וַאֲנִי בְּחַסְדְּךָ בָטַחְתִּי, יָגֵל לִבִּי בִּישׁוּעָתֶךָ,
אָשִׁירָה לַיהוה, כִּי גָמַל עָלָי:

׳מזמור שיר׳ לחנוכת הבית הראשון והשני

מזמור זה תיקן דוד, שיאמרוהו הלויים בחנוכת הבית בימי שלמה (רש״י תהלים ל, א). ״׳מזמור׳ - שישירו על בית ראשון בימי שלמה. ׳שיר׳ - שישירו על בנין בית שני בימי עזרא״ (מדרש תהלים שם).

תהלים ל מִזְמוֹר שִׁיר־חֲנֻכַּת הַבַּיִת לְדָוִד: אֲרוֹמִמְךָ יהוה כִּי דִלִּיתָנִי,
וְלֹא־שִׂמַּחְתָּ אֹיְבַי לִי: יהוה אֱלֹהָי, שִׁוַּעְתִּי אֵלֶיךָ וַתִּרְפָּאֵנִי:
יהוה, הֶעֱלִיתָ מִן־שְׁאוֹל נַפְשִׁי, חִיִּיתַנִי מִיָּרְדִי־בוֹר: זַמְּרוּ
לַיהוה חֲסִידָיו, וְהוֹדוּ לְזֵכֶר קָדְשׁוֹ: כִּי רֶגַע בְּאַפּוֹ, חַיִּים
בִּרְצוֹנוֹ, בָּעֶרֶב יָלִין בֶּכִי וְלַבֹּקֶר רִנָּה: וַאֲנִי אָמַרְתִּי בְשַׁלְוִי,
בַּל־אֶמּוֹט לְעוֹלָם: יהוה, בִּרְצוֹנְךָ הֶעֱמַדְתָּה לְהַרְרִי עֹז,
הִסְתַּרְתָּ פָנֶיךָ הָיִיתִי נִבְהָל: אֵלֶיךָ יהוה אֶקְרָא, וְאֶל־אֲדֹנָי
אֶתְחַנָּן: מַה־בֶּצַע בְּדָמִי, בְּרִדְתִּי אֶל שָׁחַת, הֲיוֹדְךָ עָפָר,
הֲיַגִּיד אֲמִתֶּךָ: שְׁמַע־יהוה וְחָנֵּנִי, יהוה הֱיֵה־עֹזֵר לִי:
◂ הָפַכְתָּ מִסְפְּדִי לְמָחוֹל לִי, פִּתַּחְתָּ שַׂקִּי, וַתְּאַזְּרֵנִי שִׂמְחָה:
לְמַעַן יְזַמֶּרְךָ כָבוֹד וְלֹא יִדֹּם, יהוה אֱלֹהַי, לְעוֹלָם אוֹדֶךָּ:

עומדים ואומרים:

יהוה מֶלֶךְ, יהוה מָלָךְ, יהוה יִמְלֹךְ לְעֹלָם וָעֶד.
יהוה מֶלֶךְ, יהוה מָלָךְ, יהוה יִמְלֹךְ לְעֹלָם וָעֶד.

וְהָיָה יהוה לְמֶלֶךְ עַל־כָּל־הָאָרֶץ זכריה יד
בַּיּוֹם הַהוּא יִהְיֶה יהוה אֶחָד וּשְׁמוֹ אֶחָד:

הוֹשִׁיעֵנוּ יהוה אֱלֹהֵינוּ, וְקַבְּצֵנוּ מִן־הַגּוֹיִם, לְהוֹדוֹת לְשֵׁם קָדְשֶׁךָ, לְהִשְׁתַּבֵּחַ תהלים קו
בִּתְהִלָּתֶךָ: בָּרוּךְ יהוה אֱלֹהֵי יִשְׂרָאֵל מִן־הָעוֹלָם וְעַד הָעוֹלָם, וְאָמַר כָּל־
הָעָם אָמֵן, הַלְלוּיָהּ: כֹּל הַנְּשָׁמָה תְּהַלֵּל יָהּ, הַלְלוּיָהּ: תהלים קנ

לַמְנַצֵּחַ מִזְמוֹר לְדָוִד: הַשָּׁמַיִם מְסַפְּרִים כְּבוֹד־אֵל, וּמַעֲשֵׂה תהלים יט
יָדָיו מַגִּיד הָרָקִיעַ: יוֹם לְיוֹם יַבִּיעַ אֹמֶר, וְלַיְלָה לְּלַיְלָה יְחַוֶּה־
דָּעַת: אֵין־אֹמֶר וְאֵין דְּבָרִים, בְּלִי נִשְׁמָע קוֹלָם: בְּכָל־הָאָרֶץ
יָצָא קַוָּם, וּבִקְצֵה תֵבֵל מִלֵּיהֶם, לַשֶּׁמֶשׁ שָׂם־אֹהֶל בָּהֶם: וְהוּא
כְּחָתָן יֹצֵא מֵחֻפָּתוֹ, יָשִׂישׂ כְּגִבּוֹר לָרוּץ אֹרַח: מִקְצֵה הַשָּׁמַיִם
מוֹצָאוֹ, וּתְקוּפָתוֹ עַל־קְצוֹתָם, וְאֵין נִסְתָּר מֵחַמָּתוֹ: תּוֹרַת יהוה
תְּמִימָה, מְשִׁיבַת נָפֶשׁ, עֵדוּת יהוה נֶאֱמָנָה, מַחְכִּימַת פֶּתִי:
פִּקּוּדֵי יהוה יְשָׁרִים, מְשַׂמְּחֵי־לֵב, מִצְוַת יהוה בָּרָה, מְאִירַת
עֵינָיִם: יִרְאַת יהוה טְהוֹרָה, עוֹמֶדֶת לָעַד, מִשְׁפְּטֵי־יהוה אֱמֶת,
צָדְקוּ יַחְדָּו: הַנֶּחֱמָדִים מִזָּהָב וּמִפַּז רָב, וּמְתוּקִים מִדְּבַשׁ וְנֹפֶת
צוּפִים: גַּם־עַבְדְּךָ נִזְהָר בָּהֶם, בְּשָׁמְרָם עֵקֶב רָב: ◂ שְׁגִיאוֹת מִי־
יָבִין, מִנִּסְתָּרוֹת נַקֵּנִי: גַּם מִזֵּדִים חֲשֹׂךְ עַבְדֶּךָ, אַל־יִמְשְׁלוּ־בִי
אָז אֵיתָם, וְנִקֵּיתִי מִפֶּשַׁע רָב: יִהְיוּ לְרָצוֹן אִמְרֵי־פִי וְהֶגְיוֹן לִבִּי
לְפָנֶיךָ, יהוה, צוּרִי וְגֹאֲלִי:

בבתי כנסת המתפללים בנוסח אשכנז, הסדר הוא:
מזמורים לד, צ, צא (עמ׳ 196–199), שני מזמורי הלל הגדול (עמ׳ 201–202),
׳רַנְּנוּ צַדִּיקִים׳ (למטה) וממשיכים ׳מִזְמוֹר שִׁיר לְיוֹם הַשַּׁבָּת׳ (עמ׳ 207).

עין ה׳ צופיה ממכון שבתו לתת שכר ועונש לברואיו: הקב״ה יושב ב׳מכון שבתו׳, [׳מכון שבתו׳ הוא בית המקדש של מטה המכוון כנגד בית המקדש של מעלה] וממנו צופה ורואה ״את כל בני האדם״ ביום הדין. ״היוצר רואה יחד את לבם ומבין אל כל מעשיהם״, ״וכולן נסקרין בסקירה אחת״ (רש״י תהלים לג; ראש השנה יח, א).

תהלים לג

רַנְּנוּ צַדִּיקִים בַּיהוה, לַיְשָׁרִים נָאוָה תְהִלָּה: הוֹדוּ לַיהוה בְּכִנּוֹר, בְּנֵבֶל עָשׂוֹר זַמְּרוּ־לוֹ: שִׁירוּ־לוֹ שִׁיר חָדָשׁ, הֵיטִיבוּ נַגֵּן בִּתְרוּעָה: כִּי־יָשָׁר דְּבַר־יהוה, וְכָל־מַעֲשֵׂהוּ בֶּאֱמוּנָה: אֹהֵב צְדָקָה וּמִשְׁפָּט, חֶסֶד יהוה מָלְאָה הָאָרֶץ: בִּדְבַר יהוה שָׁמַיִם נַעֲשׂוּ, וּבְרוּחַ פִּיו כָּל־צְבָאָם: כֹּנֵס כַּנֵּד מֵי הַיָּם, נֹתֵן בְּאוֹצָרוֹת תְּהוֹמוֹת: יִירְאוּ מֵיהוה כָּל־הָאָרֶץ, מִמֶּנּוּ יָגוּרוּ כָּל־יֹשְׁבֵי תֵבֵל: כִּי הוּא אָמַר וַיֶּהִי, הוּא־צִוָּה וַיַּעֲמֹד: יהוה הֵפִיר עֲצַת־גּוֹיִם, הֵנִיא מַחְשְׁבוֹת עַמִּים: עֲצַת יהוה לְעוֹלָם תַּעֲמֹד, מַחְשְׁבוֹת לִבּוֹ לְדֹר וָדֹר: אַשְׁרֵי הַגּוֹי אֲשֶׁר־יהוה אֱלֹהָיו, הָעָם בָּחַר לְנַחֲלָה לוֹ: מִשָּׁמַיִם הִבִּיט יהוה, רָאָה אֶת־כָּל־בְּנֵי הָאָדָם: מִמְּכוֹן־שִׁבְתּוֹ הִשְׁגִּיחַ, אֶל כָּל־יֹשְׁבֵי הָאָרֶץ: הַיֹּצֵר יַחַד לִבָּם, הַמֵּבִין אֶל־כָּל־מַעֲשֵׂיהֶם: אֵין־הַמֶּלֶךְ נוֹשָׁע בְּרָב־חָיִל, גִּבּוֹר לֹא־יִנָּצֵל בְּרָב־כֹּחַ: שֶׁקֶר הַסּוּס לִתְשׁוּעָה, וּבְרֹב חֵילוֹ לֹא יְמַלֵּט: הִנֵּה עֵין יהוה אֶל־יְרֵאָיו, לַמְיַחֲלִים לְחַסְדּוֹ: לְהַצִּיל מִמָּוֶת נַפְשָׁם, וּלְחַיּוֹתָם בָּרָעָב: ‹ נַפְשֵׁנוּ חִכְּתָה לַיהוה, עֶזְרֵנוּ וּמָגִנֵּנוּ הוּא: כִּי־בוֹ יִשְׂמַח לִבֵּנוּ, כִּי בְשֵׁם קָדְשׁוֹ בָטָחְנוּ: יְהִי־חַסְדְּךָ יהוה עָלֵינוּ, כַּאֲשֶׁר יִחַלְנוּ לָךְ:

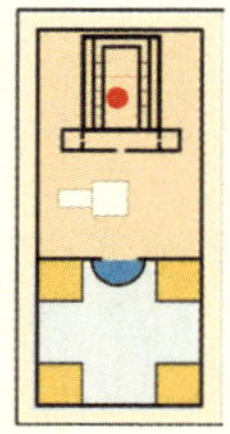

הטבת הנרות

מזמור זה, שנאמר בו ׳אֲבָרְכָה אֶת־ה׳ בְּכָל־עֵת׳, היה ראוי להיאמר בכל יום, אך משום שחכמים חששו לטורח הציבור, תיקנו לומר אותו רק בשבתות ובימים טובים (סידור ר״ש מגרמייזא).

תהלים לד

לְדָוִד, בְּשַׁנּוֹתוֹ אֶת־טַעְמוֹ לִפְנֵי אֲבִימֶלֶךְ, וַיְגָרְשֵׁהוּ וַיֵּלַךְ: אֲבָרְכָה אֶת־יהוה בְּכָל־עֵת, תָּמִיד תְּהִלָּתוֹ בְּפִי: בַּיהוה תִּתְהַלֵּל נַפְשִׁי, יִשְׁמְעוּ עֲנָוִים וְיִשְׂמָחוּ: גַּדְּלוּ לַיהוה אִתִּי, וּנְרוֹמְמָה שְׁמוֹ יַחְדָּו:

דָּרַשְׁתִּי אֶת־יהוה וְעָנָנִי, וּמִכָּל־מְגוּרוֹתַי הִצִּילָנִי: הִבִּיטוּ אֵלָיו וְנָהָרוּ, וּפְנֵיהֶם אַל־יֶחְפָּרוּ: זֶה עָנִי קָרָא, וַיהוה שָׁמֵעַ, וּמִכָּל־צָרוֹתָיו הוֹשִׁיעוֹ: חֹנֶה מַלְאַךְ־יהוה סָבִיב לִירֵאָיו, וַיְחַלְּצֵם: טַעֲמוּ וּרְאוּ כִּי־טוֹב יהוה, אַשְׁרֵי הַגֶּבֶר יֶחֱסֶה־בּוֹ: יְראוּ אֶת־יהוה קְדֹשָׁיו, כִּי־אֵין מַחְסוֹר לִירֵאָיו: כְּפִירִים רָשׁוּ וְרָעֵבוּ, וְדֹרְשֵׁי יהוה לֹא־יַחְסְרוּ כָל־טוֹב: לְכוּ־בָנִים שִׁמְעוּ־לִי, יִרְאַת יהוה אֲלַמֶּדְכֶם: מִי־הָאִישׁ הֶחָפֵץ חַיִּים, אֹהֵב יָמִים לִרְאוֹת טוֹב: נְצֹר לְשׁוֹנְךָ מֵרָע, וּשְׂפָתֶיךָ מִדַּבֵּר מִרְמָה: סוּר מֵרָע וַעֲשֵׂה־טוֹב, בַּקֵּשׁ שָׁלוֹם וְרָדְפֵהוּ: עֵינֵי יהוה אֶל־צַדִּיקִים, וְאָזְנָיו אֶל־שַׁוְעָתָם: פְּנֵי יהוה בְּעֹשֵׂי רָע, לְהַכְרִית מֵאֶרֶץ זִכְרָם: צָעֲקוּ וַיהוה שָׁמֵעַ, וּמִכָּל־צָרוֹתָם הִצִּילָם: קָרוֹב יהוה לְנִשְׁבְּרֵי־לֵב, וְאֶת־דַּכְּאֵי־רוּחַ יוֹשִׁיעַ: רַבּוֹת רָעוֹת צַדִּיק, וּמִכֻּלָּם יַצִּילֶנּוּ יהוה: שֹׁמֵר כָּל־עַצְמוֹתָיו, אַחַת מֵהֵנָּה לֹא נִשְׁבָּרָה: › תְּמוֹתֵת רָשָׁע רָעָה, וְשֹׂנְאֵי צַדִּיק יֶאְשָׁמוּ: פּוֹדֶה יהוה נֶפֶשׁ עֲבָדָיו, וְלֹא יֶאְשְׁמוּ כָּל־הַחֹסִים בּוֹ:

התשובה והמקדש – הרעיון והמעשה: מזמור זה הוא הראשון מאחד עשר מזמורים בספר תהלים, צ-ק, המיוחסים למשה (רש״י בתהלים). ממזמור זה למדו חכמים (פסחים נד ע״א; נדרים לט ע״ב) שהתשובה קדמה לעולם. כך היא לשון חז״ל: ״שבעה דברים קדמו לעולם...: התורה, וכסא הכבוד... ותשובה, ובית המקדש של מעלה... והקב״ה יושב על כסא הכבוד... ובית המקדש מתוקן לפניו... ובת קול מכרזת: ׳שובו בני אדם׳! אמר להם [משה לישראל כשבנו את המשכן]: תשרה שכינה במעשה ידיכם... כשם שנתעסקתם במלאכת המשכן ושרתה שכינה על מעשה ידיכם, כך תזכו ותבנו לפניו בית הבחירה... והן אומרים: ׳ויהי נועם ה׳ אלהינו עלינו׳ ״ (מדרש תהלים צ).

תְּפִלָּה לְמֹשֶׁה אִישׁ־הָאֱלֹהִים, אֲדֹנָי, מָעוֹן אַתָּה הָיִיתָ לָּנוּ בְּדֹר וָדֹר: בְּטֶרֶם הָרִים יֻלָּדוּ, וַתְּחוֹלֵל אֶרֶץ וְתֵבֵל, וּמֵעוֹלָם עַד־עוֹלָם אַתָּה אֵל: תָּשֵׁב אֱנוֹשׁ עַד־דַּכָּא, וַתֹּאמֶר שׁוּבוּ בְנֵי־אָדָם: כִּי אֶלֶף שָׁנִים בְּעֵינֶיךָ, כְּיוֹם אֶתְמוֹל כִּי יַעֲבֹר, וְאַשְׁמוּרָה בַלָּיְלָה: תהלים צ

זְרַמְתָּם, שֵׁנָה יִהְיוּ, בַּבֹּקֶר כֶּחָצִיר יַחֲלֹף: בַּבֹּקֶר יָצִיץ וְחָלָף,
לָעֶרֶב יְמוֹלֵל וְיָבֵשׁ: כִּי־כָלִינוּ בְאַפֶּךָ, וּבַחֲמָתְךָ נִבְהָלְנוּ: שַׁתָּ
עֲוֺנֹתֵינוּ לְנֶגְדֶּךָ, עֲלֻמֵנוּ לִמְאוֹר פָּנֶיךָ: כִּי כָל־יָמֵינוּ פָּנוּ בְעֶבְרָתֶךָ,
כִּלִּינוּ שָׁנֵינוּ כְמוֹ־הֶגֶה: יְמֵי־שְׁנוֹתֵינוּ בָהֶם שִׁבְעִים שָׁנָה, וְאִם
בִּגְבוּרֹת שְׁמוֹנִים שָׁנָה, וְרָהְבָּם עָמָל וָאָוֶן, כִּי־גָז חִישׁ וַנָּעֻפָה:
מִי־יוֹדֵעַ עֹז אַפֶּךָ, וּכְיִרְאָתְךָ עֶבְרָתֶךָ: לִמְנוֹת יָמֵינוּ כֵּן הוֹדַע,
וְנָבִא לְבַב חָכְמָה: שׁוּבָה יהוה עַד־מָתָי, וְהִנָּחֵם עַל־עֲבָדֶיךָ:
שַׂבְּעֵנוּ בַבֹּקֶר חַסְדֶּךָ, וּנְרַנְּנָה וְנִשְׂמְחָה בְּכָל־יָמֵינוּ: שַׂמְּחֵנוּ
כִּימוֹת עִנִּיתָנוּ, שְׁנוֹת רָאִינוּ רָעָה: יֵרָאֶה אֶל־עֲבָדֶיךָ פָעֳלֶךָ,
וַהֲדָרְךָ עַל־בְּנֵיהֶם: ▸ וִיהִי נֹעַם אֲדֹנָי אֱלֹהֵינוּ עָלֵינוּ, וּמַעֲשֵׂה
יָדֵינוּ כּוֹנְנָה עָלֵינוּ, וּמַעֲשֵׂה יָדֵינוּ כּוֹנְנֵהוּ:

השראת שכינה בצל קודש הקדשים: מזמור זה מכונה 'שיר של פגעים', מפני שהוא עוסק בשמירה של הקב"ה על האדם ובמידת הביטחון (שבועות טו ע"ב). כך היא לשון חז"ל: "המזמור הזה, לא אמָרו אלא משה בבית קדשי הקדשים... שהיה עשר [אמות] על עשר... כשאמר לו הקב"ה למשה: 'ועשו לי מקדש ושכנתי בתוכם' (שמות כה, ח) אמר משה: מי יכול לעשות מקום מקדש, ששכינה שרויה בתוכו? ... אמר לו הקב"ה: ... אני איני מבקש ממך, אלא עשר אמות בצפון ועשר אמות בדרום... הוי: 'יושב בסתר [המשכן] – עליון, בצל [המשכן] – שדי יתלונן' (מדרש תהלים צא).

יֹשֵׁב בְּסֵתֶר עֶלְיוֹן, בְּצֵל שַׁדַּי יִתְלוֹנָן: אֹמַר לַיהוה מַחְסִי וּמְצוּדָתִי, תהלים צא
אֱלֹהַי אֶבְטַח־בּוֹ: כִּי הוּא יַצִּילְךָ מִפַּח יָקוּשׁ, מִדֶּבֶר הַוּוֹת:
בְּאֶבְרָתוֹ יָסֶךְ לָךְ, וְתַחַת־כְּנָפָיו תֶּחְסֶה, צִנָּה וְסֹחֵרָה אֲמִתּוֹ:
לֹא־תִירָא מִפַּחַד לָיְלָה, מֵחֵץ יָעוּף יוֹמָם: מִדֶּבֶר בָּאֹפֶל יַהֲלֹךְ,
מִקֶּטֶב יָשׁוּד צָהֳרָיִם: יִפֹּל מִצִּדְּךָ אֶלֶף, וּרְבָבָה מִימִינֶךָ, אֵלֶיךָ
לֹא יִגָּשׁ: רַק בְּעֵינֶיךָ תַבִּיט, וְשִׁלֻּמַת רְשָׁעִים תִּרְאֶה: כִּי־אַתָּה
יהוה מַחְסִי, עֶלְיוֹן שַׂמְתָּ מְעוֹנֶךָ: לֹא־תְאֻנֶּה אֵלֶיךָ רָעָה, וְנֶגַע

לֹא־יִקְרַב בְּאָהֳלֶךָ: כִּי מַלְאָכָיו יְצַוֶּה־לָּךְ, לִשְׁמָרְךָ בְּכָל־דְּרָכֶיךָ: עַל־כַּפַּיִם יִשָּׂאוּנְךָ, פֶּן־תִּגֹּף בָּאֶבֶן רַגְלֶךָ: עַל־שַׁחַל וָפֶתֶן תִּדְרֹךְ, תִּרְמֹס כְּפִיר וְתַנִּין: כִּי בִי חָשַׁק וַאֲפַלְּטֵהוּ, אֲשַׂגְּבֵהוּ כִּי־יָדַע שְׁמִי: יִקְרָאֵנִי וְאֶעֱנֵהוּ, עִמּוֹ אָנֹכִי בְצָרָה, אֲחַלְּצֵהוּ וַאֲכַבְּדֵהוּ:
› אֹרֶךְ יָמִים אַשְׂבִּיעֵהוּ, וְאַרְאֵהוּ בִּישׁוּעָתִי:
אֹרֶךְ יָמִים אַשְׂבִּיעֵהוּ, וְאַרְאֵהוּ בִּישׁוּעָתִי:

'וַיִּשַּׁרְנָה הַפָּרוֹת בַּדֶּרֶךְ עַל־דֶּרֶךְ בֵּית שֶׁמֶשׁ' (שמו"א ו, יב) – "א"ר יוחנן בשם ר' מאיר: שאמרו שירה" (עבודה זרה כד ע"ב). בזוהר (חיי שרה, קכג ע"א) מבואר שהפרות שהעלו את הארון מידי הפלישתים אמרו את מזמור צח, ולכן נהגו לאומרו בשבת בבוקר (סידור ר' חיים ויטל).

בבתי כנסת המתפללים בנוסח אשכנז, אין אומרים מזמור זה,
ולא את שירי המעלות שאחריו, אלא ממשיכים
'הַלְלוּיָהּ, הַלְלוּ אֶת־שֵׁם ה'' (עמ' 201).

מִזְמוֹר, שִׁירוּ לַיהוה שִׁיר חָדָשׁ, כִּי־נִפְלָאוֹת עָשָׂה, הוֹשִׁיעָה־ לּוֹ יְמִינוֹ וּזְרוֹעַ קָדְשׁוֹ: הוֹדִיעַ יהוה יְשׁוּעָתוֹ, לְעֵינֵי הַגּוֹיִם גִּלָּה צִדְקָתוֹ: זָכַר חַסְדּוֹ וֶאֱמוּנָתוֹ לְבֵית יִשְׂרָאֵל, רָאוּ כָל־אַפְסֵי־ אָרֶץ אֵת יְשׁוּעַת אֱלֹהֵינוּ: הָרִיעוּ לַיהוה כָּל־הָאָרֶץ, פִּצְחוּ וְרַנְּנוּ וְזַמֵּרוּ: זַמְּרוּ לַיהוה בְּכִנּוֹר, בְּכִנּוֹר וְקוֹל זִמְרָה: בַּחֲצֹצְרוֹת וְקוֹל שׁוֹפָר, הָרִיעוּ לִפְנֵי הַמֶּלֶךְ יהוה: יִרְעַם הַיָּם וּמְלֹאוֹ, תֵּבֵל וְיֹשְׁבֵי בָהּ: › נְהָרוֹת יִמְחֲאוּ־כָף, יַחַד הָרִים יְרַנֵּנוּ: לִפְנֵי יהוה כִּי בָא לִשְׁפֹּט הָאָרֶץ, יִשְׁפֹּט־תֵּבֵל בְּצֶדֶק, וְעַמִּים בְּמֵישָׁרִים: תהלים צח

באבודרהם מובא שבשבת מוסיפים לפני פסוקי דזמרה עשרה מזמורים כנגד עשרה מאמרות שבהם נברא העולם, והוא מונה את מזמור קכא ומזמור קכד. ובסידורים שאחריו הוסיפו את מזמורים קכב וקכג, כדי ליצור רצף פרקים (סידור הרמ"ק).

שִׁיר לַמַּעֲלוֹת, אֶשָּׂא עֵינַי אֶל־הֶהָרִים, מֵאַיִן יָבֹא עֶזְרִי: עֶזְרִי מֵעִם יהוה, עֹשֵׂה שָׁמַיִם וָאָרֶץ: אַל־יִתֵּן לַמּוֹט רַגְלֶךָ, אַל־יָנוּם תהלים קכא

שֹׁמְרֶךָ: הִנֵּה לֹא־יָנוּם וְלֹא יִישָׁן, שׁוֹמֵר יִשְׂרָאֵל: יהוה שֹׁמְרֶךָ, יהוה צִלְּךָ עַל־יַד יְמִינֶךָ: יוֹמָם הַשֶּׁמֶשׁ לֹא־יַכֶּכָּה, וְיָרֵחַ בַּלָּיְלָה: ◂ יהוה יִשְׁמָרְךָ מִכָּל־רָע, יִשְׁמֹר אֶת־נַפְשֶׁךָ: יהוה יִשְׁמָר־צֵאתְךָ וּבוֹאֶךָ, מֵעַתָּה וְעַד־עוֹלָם:

בניין ירושלים והמקדש לעתיד – אמר הקב״ה: לא אבוא בירושלים של מעלה עד שיבואו ישראל ויבנו את ירושלים של מטה, ככתוב: ׳ירושלים הבנויה [למעלה] – כעיר שחוברה לה יחדיו [למטה]׳. (תענית ה, א; זהר, הקדמה, ע, א).

תהלים קכב
שִׁיר הַמַּעֲלוֹת לְדָוִד, שָׂמַחְתִּי בְּאֹמְרִים לִי בֵּית יהוה נֵלֵךְ: עֹמְדוֹת הָיוּ רַגְלֵינוּ, בִּשְׁעָרַיִךְ יְרוּשָׁלָםִ: יְרוּשָׁלַםִ הַבְּנוּיָה, כְּעִיר שֶׁחֻבְּרָה־לָּהּ יַחְדָּו: שֶׁשָּׁם עָלוּ שְׁבָטִים שִׁבְטֵי־יָהּ, עֵדוּת לְיִשְׂרָאֵל, לְהֹדוֹת לְשֵׁם יהוה: כִּי שָׁמָּה יָשְׁבוּ כִסְאוֹת לְמִשְׁפָּט, כִּסְאוֹת לְבֵית דָּוִד: שַׁאֲלוּ שְׁלוֹם יְרוּשָׁלָםִ, יִשְׁלָיוּ אֹהֲבָיִךְ: יְהִי־שָׁלוֹם בְּחֵילֵךְ, שַׁלְוָה בְּאַרְמְנוֹתָיִךְ: ◂ לְמַעַן אַחַי וְרֵעָי, אֲדַבְּרָה־נָּא שָׁלוֹם בָּךְ: לְמַעַן בֵּית־יהוה אֱלֹהֵינוּ, אֲבַקְשָׁה טוֹב לָךְ:

תהלים קכג
שִׁיר הַמַּעֲלוֹת, אֵלֶיךָ נָשָׂאתִי אֶת־עֵינַי, הַיֹּשְׁבִי בַּשָּׁמָיִם: הִנֵּה כְעֵינֵי עֲבָדִים אֶל־יַד אֲדוֹנֵיהֶם, כְּעֵינֵי שִׁפְחָה אֶל־יַד גְּבִרְתָּהּ, כֵּן עֵינֵינוּ אֶל־יהוה אֱלֹהֵינוּ, עַד שֶׁיְּחָנֵּנוּ: ◂ חָנֵּנוּ יהוה חָנֵּנוּ, כִּי־רַב שָׂבַעְנוּ בוּז: רַבַּת שָׂבְעָה־לָּהּ נַפְשֵׁנוּ, הַלַּעַג הַשַּׁאֲנַנִּים, הַבּוּז לִגְאֵי־יוֹנִים:

תהלים קכד
שִׁיר הַמַּעֲלוֹת לְדָוִד, לוּלֵי יהוה שֶׁהָיָה לָנוּ, יֹאמַר־נָא יִשְׂרָאֵל: לוּלֵי יהוה שֶׁהָיָה לָנוּ, בְּקוּם עָלֵינוּ אָדָם: אֲזַי חַיִּים בְּלָעוּנוּ, בַּחֲרוֹת אַפָּם בָּנוּ: אֲזַי הַמַּיִם שְׁטָפוּנוּ, נַחְלָה עָבַר עַל־נַפְשֵׁנוּ: אֲזַי עָבַר עַל־נַפְשֵׁנוּ, הַמַּיִם הַזֵּידוֹנִים: בָּרוּךְ יהוה, שֶׁלֹּא נְתָנָנוּ

טָרֶף לְשִׁנֵּיהֶם: › נַפְשֵׁנוּ כְּצִפּוֹר נִמְלְטָה מִפַּח יוֹקְשִׁים, הַפַּח נִשְׁבָּר וַאֲנַחְנוּ נִמְלָטְנוּ: עֶזְרֵנוּ בְּשֵׁם יהוה, עֹשֵׂה שָׁמַיִם וָאָרֶץ:

שירת ההלל של ישראל בחצרות המקדש – במזמור זה המשורר פונה לכוהנים וללוויים שיהללו את ה׳, ובמזמור הבא, המקביל לו, הוא פונה לישראל שיעשו כן אף הם (ראב״ע). ישראל, המכירים בחסד ה׳ עליהם, ובכך שבחר בהם לנחלתו והשכין את שכינתו בירושלים, מצווים לשיר לפניו ולברכו, על גודל מעשיו בעולמו. לפיכך יברכוהו במקדשו ׳בית אהרן׳, ׳בית הלוי׳, ושאר כל יראי ה׳ הבאים לחצרותיו.

הַלְלוּיָהּ, הַלְלוּ אֶת־שֵׁם יהוה, הַלְלוּ עַבְדֵי יהוה: שֶׁעֹמְדִים בְּבֵית יהוה, בְּחַצְרוֹת בֵּית אֱלֹהֵינוּ: הַלְלוּיָהּ כִּי־טוֹב יהוה, זַמְּרוּ לִשְׁמוֹ כִּי נָעִים: כִּי־יַעֲקֹב בָּחַר לוֹ יָהּ, יִשְׂרָאֵל לִסְגֻלָּתוֹ: כִּי אֲנִי יָדַעְתִּי כִּי־גָדוֹל יהוה, וַאֲדֹנֵינוּ מִכָּל־אֱלֹהִים: כֹּל אֲשֶׁר־חָפֵץ יהוה עָשָׂה, בַּשָּׁמַיִם וּבָאָרֶץ, בַּיַּמִּים וְכָל־תְּהֹמוֹת: מַעֲלֶה נְשִׂאִים מִקְצֵה הָאָרֶץ, בְּרָקִים לַמָּטָר עָשָׂה, מוֹצֵא־רוּחַ מֵאוֹצְרוֹתָיו: שֶׁהִכָּה בְּכוֹרֵי מִצְרָיִם, מֵאָדָם עַד־בְּהֵמָה: שָׁלַח אוֹתֹת וּמֹפְתִים בְּתוֹכֵכִי מִצְרָיִם, בְּפַרְעֹה וּבְכָל־עֲבָדָיו: שֶׁהִכָּה גּוֹיִם רַבִּים, וְהָרַג מְלָכִים עֲצוּמִים: לְסִיחוֹן מֶלֶךְ הָאֱמֹרִי, וּלְעוֹג מֶלֶךְ הַבָּשָׁן, וּלְכֹל מַמְלְכוֹת כְּנָעַן: וְנָתַן אַרְצָם נַחֲלָה, נַחֲלָה לְיִשְׂרָאֵל עַמּוֹ: יהוה שִׁמְךָ לְעוֹלָם, יהוה זִכְרְךָ לְדֹר־וָדֹר: כִּי־יָדִין יהוה עַמּוֹ, וְעַל־עֲבָדָיו יִתְנֶחָם: עֲצַבֵּי הַגּוֹיִם כֶּסֶף וְזָהָב, מַעֲשֵׂה יְדֵי אָדָם: פֶּה־לָהֶם וְלֹא יְדַבֵּרוּ, עֵינַיִם לָהֶם וְלֹא יִרְאוּ: אָזְנַיִם לָהֶם וְלֹא יַאֲזִינוּ, אַף אֵין־יֶשׁ־רוּחַ בְּפִיהֶם: כְּמוֹהֶם יִהְיוּ עֹשֵׂיהֶם, כֹּל אֲשֶׁר־בֹּטֵחַ בָּהֶם: › בֵּית יִשְׂרָאֵל בָּרְכוּ אֶת־יהוה, בֵּית אַהֲרֹן בָּרְכוּ אֶת־יהוה: בֵּית הַלֵּוִי בָּרְכוּ אֶת־יהוה, יִרְאֵי יהוה בָּרְכוּ אֶת־יהוה: בָּרוּךְ יהוה מִצִּיּוֹן, שֹׁכֵן יְרוּשָׁלָםִ, הַלְלוּיָהּ: תהלים קלה

מזמור זה מכונה בגמרא 'הלל הגדול' (פסחים קיח ע"א), מפני שהוא משבח את ה' על הבריאה, על הנסים שעשה לישראל ועל הפרנסה היום־יומית (סידור חסידי אשכנז).

נוהגים לומר אותו בעמידה.

תהלים קלו
הוֹדוּ לַיהוה כִּי־טוֹב כִּי לְעוֹלָם חַסְדּוֹ:
הוֹדוּ לֵאלֹהֵי הָאֱלֹהִים כִּי לְעוֹלָם חַסְדּוֹ:
הוֹדוּ לַאֲדֹנֵי הָאֲדֹנִים כִּי לְעוֹלָם חַסְדּוֹ:
לְעֹשֵׂה נִפְלָאוֹת גְּדֹלוֹת לְבַדּוֹ כִּי לְעוֹלָם חַסְדּוֹ:
לְעֹשֵׂה הַשָּׁמַיִם בִּתְבוּנָה כִּי לְעוֹלָם חַסְדּוֹ:
לְרֹקַע הָאָרֶץ עַל־הַמָּיִם כִּי לְעוֹלָם חַסְדּוֹ:
לְעֹשֵׂה אוֹרִים גְּדֹלִים כִּי לְעוֹלָם חַסְדּוֹ:
אֶת־הַשֶּׁמֶשׁ לְמֶמְשֶׁלֶת בַּיּוֹם כִּי לְעוֹלָם חַסְדּוֹ:
אֶת־הַיָּרֵחַ וְכוֹכָבִים לְמֶמְשְׁלוֹת בַּלָּיְלָה כִּי לְעוֹלָם חַסְדּוֹ:
לְמַכֵּה מִצְרַיִם בִּבְכוֹרֵיהֶם כִּי לְעוֹלָם חַסְדּוֹ:
וַיּוֹצֵא יִשְׂרָאֵל מִתּוֹכָם כִּי לְעוֹלָם חַסְדּוֹ:
בְּיָד חֲזָקָה וּבִזְרוֹעַ נְטוּיָה כִּי לְעוֹלָם חַסְדּוֹ:
לְגֹזֵר יַם־סוּף לִגְזָרִים כִּי לְעוֹלָם חַסְדּוֹ:
וְהֶעֱבִיר יִשְׂרָאֵל בְּתוֹכוֹ כִּי לְעוֹלָם חַסְדּוֹ:
וְנִעֵר פַּרְעֹה וְחֵילוֹ בְיַם־סוּף כִּי לְעוֹלָם חַסְדּוֹ:
לְמוֹלִיךְ עַמּוֹ בַּמִּדְבָּר כִּי לְעוֹלָם חַסְדּוֹ:
לְמַכֵּה מְלָכִים גְּדֹלִים כִּי לְעוֹלָם חַסְדּוֹ:
וַיַּהֲרֹג מְלָכִים אַדִּירִים כִּי לְעוֹלָם חַסְדּוֹ:
לְסִיחוֹן מֶלֶךְ הָאֱמֹרִי כִּי לְעוֹלָם חַסְדּוֹ:
וּלְעוֹג מֶלֶךְ הַבָּשָׁן כִּי לְעוֹלָם חַסְדּוֹ:
וְנָתַן אַרְצָם לְנַחֲלָה כִּי לְעוֹלָם חַסְדּוֹ:
נַחֲלָה לְיִשְׂרָאֵל עַבְדּוֹ כִּי לְעוֹלָם חַסְדּוֹ:
שֶׁבְּשִׁפְלֵנוּ זָכַר לָנוּ כִּי לְעוֹלָם חַסְדּוֹ:
וַיִּפְרְקֵנוּ מִצָּרֵינוּ כִּי לְעוֹלָם חַסְדּוֹ:

◂ נֹתֵן לֶחֶם לְכָל־בָּשָׂר כִּי לְעוֹלָם חַסְדּוֹ:
הוֹדוּ לְאֵל הַשָּׁמָיִם כִּי לְעוֹלָם חַסְדּוֹ:

בבתי כנסת המתפללים בנוסח אשכנז, אין אומרים פיוט זה וממשיכים 'רַנְּנוּ צַדִּיקִים' (עמ' 196).

הָאַדֶּרֶת וְהָאֱמוּנָה לְחַי עוֹלָמִים
הַבִּינָה וְהַבְּרָכָה לְחַי עוֹלָמִים
הַגַּאֲוָה וְהַגְּדֻלָּה לְחַי עוֹלָמִים
הַדֵּעָה וְהַדִּבּוּר לְחַי עוֹלָמִים
הַהוֹד וְהֶהָדָר לְחַי עוֹלָמִים
הַוַּעַד וְהַוָּתִיקוּת לְחַי עוֹלָמִים
הַזֹּךְ וְהַזֹּהַר לְחַי עוֹלָמִים
הַחַיִל וְהַחֹסֶן לְחַי עוֹלָמִים
הַטֶּכֶס וְהַטֹּהַר לְחַי עוֹלָמִים
הַיִּחוּד וְהַיִּרְאָה לְחַי עוֹלָמִים
הַכֶּתֶר וְהַכָּבוֹד לְחַי עוֹלָמִים
הַלֶּקַח וְהַלִּבּוּב לְחַי עוֹלָמִים
הַמְּלוּכָה וְהַמֶּמְשָׁלָה לְחַי עוֹלָמִים
הַנּוֹי וְהַנֵּצַח לְחַי עוֹלָמִים
הַסִּגּוּי וְהַשֶּׂגֶב לְחַי עוֹלָמִים
הָעֹז וְהָעֲנָוָה לְחַי עוֹלָמִים
הַפְּדוּת וְהַפְּאֵר לְחַי עוֹלָמִים
הַצְּבִי וְהַצֶּדֶק לְחַי עוֹלָמִים
הַקְּרִיאָה וְהַקְּדֻשָּׁה לְחַי עוֹלָמִים
הָרֹן וְהָרוֹמֵמוּת לְחַי עוֹלָמִים
◂ הַשִּׁיר וְהַשֶּׁבַח לְחַי עוֹלָמִים
הַתְּהִלָּה וְהַתִּפְאֶרֶת לְחַי עוֹלָמִים

Z. SMEKHOV

פסוקי דזמרה

מ׳בָּרוּךְ שֶׁאָמַר׳ ואילך אסור לדבר עד סוף התפילה.
נהוג לומר ׳בָּרוּךְ שֶׁאָמַר׳ בעמידה, והמתפלל אוחז שתי ציציות לפניו.

הֲרֵינִי מְזַמֵּן אֶת פִּי לְהוֹדוֹת וּלְהַלֵּל וּלְשַׁבֵּחַ אֶת בּוֹרְאִי, לְשֵׁם יִחוּד קֻדְשָׁא בְּרִיךְ הוּא וּשְׁכִינְתֵּהּ עַל יְדֵי הַהוּא טָמִיר וְנֶעְלָם בְּשֵׁם כָּל יִשְׂרָאֵל.

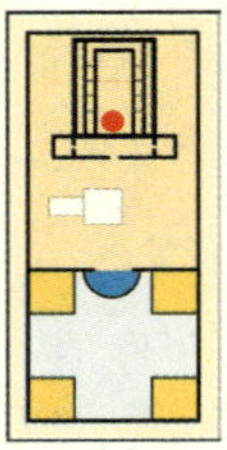

הקטרת
הקטורת

בָּרוּךְ שֶׁאָמַר

וְהָיָה הָעוֹלָם, בָּרוּךְ הוּא.
בָּרוּךְ אוֹמֵר וְעוֹשֶׂה
בָּרוּךְ גּוֹזֵר וּמְקַיֵּם
בָּרוּךְ עוֹשֶׂה בְרֵאשִׁית
בָּרוּךְ מְרַחֵם עַל הָאָרֶץ
בָּרוּךְ מְרַחֵם עַל הַבְּרִיּוֹת
בָּרוּךְ מְשַׁלֵּם שָׂכָר טוֹב לִירֵאָיו
בָּרוּךְ חַי לָעַד וְקַיָּם לָנֶצַח
בָּרוּךְ פּוֹדֶה וּמַצִּיל
בָּרוּךְ שְׁמוֹ
בָּרוּךְ אַתָּה יהוה אֱלֹהֵינוּ מֶלֶךְ הָעוֹלָם
הָאֵל הָאָב הָרַחֲמָן הַמְהֻלָּל בְּפֶה עַמּוֹ
מְשֻׁבָּח וּמְפֹאָר בִּלְשׁוֹן חֲסִידָיו וַעֲבָדָיו
וּבְשִׁירֵי דָוִד עַבְדֶּךָ, נְהַלֶּלְךָ יהוה אֱלֹהֵינוּ.

בְּשְׁבָחוֹת וּבִזְמִירוֹת נְגַדֶּלְךָ וּנְשַׁבֵּחֲךָ וּנְפָאֶרְךָ
וְנַמְלִיכְךָ וְנַזְכִּיר שִׁמְךָ מַלְכֵּנוּ אֱלֹהֵינוּ • יָחִיד חֵי הָעוֹלָמִים
מֶלֶךְ, מְשֻׁבָּח וּמְפֹאָר עֲדֵי עַד שְׁמוֹ הַגָּדוֹל
בָּרוּךְ אַתָּה יהוה, מֶלֶךְ מְהֻלָּל בַּתִּשְׁבָּחוֹת.

"'כִּי שִׂמַּחְתַּנִי' – ביום השבת שמחתני בהתבונני בפעלך ובמעשה ידיך
שהוא העולם ואשר בו, כי ביום זה יש לי פנאי להתבונן בהם ואז אשמח כשאשיג מהם
וזה מנהג כל חכם כשמתבונן במעשה בראשית" (סידור תלמידי ר' יונה).

תהלים צב
מִזְמוֹר שִׁיר לְיוֹם הַשַּׁבָּת: טוֹב לְהֹדוֹת לַיהוה, וּלְזַמֵּר לְשִׁמְךָ עֶלְיוֹן:
לְהַגִּיד בַּבֹּקֶר חַסְדֶּךָ, וֶאֱמוּנָתְךָ בַּלֵּילוֹת: עֲלֵי־עָשׂוֹר וַעֲלֵי־נָבֶל,
עֲלֵי הִגָּיוֹן בְּכִנּוֹר: כִּי שִׂמַּחְתַּנִי יהוה בְּפָעֳלֶךָ, בְּמַעֲשֵׂי יָדֶיךָ אֲרַנֵּן:
מַה־גָּדְלוּ מַעֲשֶׂיךָ יהוה, מְאֹד עָמְקוּ מַחְשְׁבֹתֶיךָ: אִישׁ־בַּעַר לֹא
יֵדָע, וּכְסִיל לֹא־יָבִין אֶת־זֹאת: בִּפְרֹחַ רְשָׁעִים כְּמוֹ עֵשֶׂב, וַיָּצִיצוּ
כָּל־פֹּעֲלֵי אָוֶן, לְהִשָּׁמְדָם עֲדֵי־עַד: וְאַתָּה מָרוֹם לְעֹלָם יהוה:
כִּי הִנֵּה אֹיְבֶיךָ יהוה, כִּי־הִנֵּה אֹיְבֶיךָ יֹאבֵדוּ, יִתְפָּרְדוּ כָּל־פֹּעֲלֵי
אָוֶן: וַתָּרֶם כִּרְאֵים קַרְנִי, בַּלֹּתִי בְּשֶׁמֶן רַעֲנָן: וַתַּבֵּט עֵינִי בְּשׁוּרָי,
בַּקָּמִים עָלַי מְרֵעִים תִּשְׁמַעְנָה אָזְנָי: • צַדִּיק כַּתָּמָר יִפְרָח, כְּאֶרֶז
בַּלְּבָנוֹן יִשְׂגֶּה: שְׁתוּלִים בְּבֵית יהוה, בְּחַצְרוֹת אֱלֹהֵינוּ יַפְרִיחוּ:
עוֹד יְנוּבוּן בְּשֵׂיבָה, דְּשֵׁנִים וְרַעֲנַנִּים יִהְיוּ: לְהַגִּיד כִּי־יָשָׁר יהוה,
צוּרִי, וְלֹא־עַוְלָתָה בּוֹ:

"'עֵדֹתֶיךָ נֶאֶמְנוּ מְאֹד' – עדות שכל העולם מעידים בשירתם כי אתה אלהים" (סידור הרוקח).

תהלים צג
יהוה מָלָךְ, גֵּאוּת לָבֵשׁ, לָבֵשׁ יהוה עֹז הִתְאַזָּר, אַף־תִּכּוֹן תֵּבֵל
בַּל־תִּמּוֹט: נָכוֹן כִּסְאֲךָ מֵאָז, מֵעוֹלָם אָתָּה: נָשְׂאוּ נְהָרוֹת יהוה,
נָשְׂאוּ נְהָרוֹת קוֹלָם, יִשְׂאוּ נְהָרוֹת דָּכְיָם: • מִקֹּלוֹת מַיִם רַבִּים,
אַדִּירִים מִשְׁבְּרֵי־יָם, אַדִּיר בַּמָּרוֹם יהוה: עֵדֹתֶיךָ נֶאֶמְנוּ מְאֹד
לְבֵיתְךָ נַאֲוָה־קֹדֶשׁ, יהוה לְאֹרֶךְ יָמִים:

הגמרא בחולין ס ע״א מייחסת את הפסוק ׳יְהִי כְבוֹד ה׳ לְעוֹלָם׳ לשר העולם,
שאמרו לאחר הבריאה. לאחר אמירת שני המזמורים הקודמים על השלמת הבריאה
ממשיכים באמירת פסוקי דזמרה שבכל יום.

תהלים קד תהלים קיג **יְהִי כְבוֹד יהוה לְעוֹלָם, יִשְׂמַח יהוה בְּמַעֲשָׂיו: יְהִי שֵׁם יהוה מְבֹרָךְ,**
מֵעַתָּה וְעַד־עוֹלָם: מִמִּזְרַח־שֶׁמֶשׁ עַד־מְבוֹאוֹ, מְהֻלָּל שֵׁם יהוה:
תהלים קלה **רָם עַל־כָּל־גּוֹיִם יהוה, עַל הַשָּׁמַיִם כְּבוֹדוֹ: יהוה שִׁמְךָ לְעוֹלָם, יהוה**
תהלים קג **זִכְרְךָ לְדֹר־וָדֹר: יהוה בַּשָּׁמַיִם הֵכִין כִּסְאוֹ, וּמַלְכוּתוֹ בַּכֹּל מָשָׁלָה:**
דברי הימים א׳ טז **יִשְׂמְחוּ הַשָּׁמַיִם וְתָגֵל הָאָרֶץ, וְיֹאמְרוּ בַגּוֹיִם יהוה מָלָךְ: יהוה**
תהלים י **מֶלֶךְ, יהוה מָלָךְ, יהוה יִמְלֹךְ לְעוֹלָם וָעֶד. יהוה מֶלֶךְ עוֹלָם וָעֶד,**
תהלים לג **אָבְדוּ גוֹיִם מֵאַרְצוֹ: יהוה הֵפִיר עֲצַת־גּוֹיִם, הֵנִיא מַחְשְׁבוֹת עַמִּים:**
משלי יט תהלים לג **רַבּוֹת מַחֲשָׁבוֹת בְּלֶב־אִישׁ, וַעֲצַת יהוה הִיא תָקוּם: עֲצַת יהוה**
לְעוֹלָם תַּעֲמֹד, מַחְשְׁבוֹת לִבּוֹ לְדֹר וָדֹר: כִּי הוּא אָמַר וַיֶּהִי, הוּא־
תהלים קלב תהלים קלה **צִוָּה וַיַּעֲמֹד: כִּי־בָחַר יהוה בְּצִיּוֹן, אִוָּהּ לְמוֹשָׁב לוֹ: כִּי־יַעֲקֹב בָּחַר**
תהלים צד **לוֹ יָהּ, יִשְׂרָאֵל לִסְגֻלָּתוֹ: כִּי לֹא־יִטֹּשׁ יהוה עַמּוֹ, וְנַחֲלָתוֹ לֹא יַעֲזֹב:**
תהלים עח ◂ **וְהוּא רַחוּם, יְכַפֵּר עָוֹן וְלֹא־יַשְׁחִית, וְהִרְבָּה לְהָשִׁיב אַפּוֹ, וְלֹא־**
תהלים כ **יָעִיר כָּל־חֲמָתוֹ: יהוה הוֹשִׁיעָה, הַמֶּלֶךְ יַעֲנֵנוּ בְיוֹם־קָרְאֵנוּ:**

״כל האומר תהלה לדוד בכל יום שלש פעמים – מובטח לו שהוא בן העולם הבא...
משום דאית ביה ׳פּוֹתֵחַ אֶת־יָדֶךָ׳״ (ברכות ד ע״ב), ויש לכוון במיוחד בפסוק זה,
ואם לא התכוון צריך לחזור ולאומרו שנית.

תהלים פד **אַשְׁרֵי יוֹשְׁבֵי בֵיתֶךָ, עוֹד יְהַלְלוּךָ סֶּלָה:**
תהלים קמד **אַשְׁרֵי הָעָם שֶׁכָּכָה לּוֹ, אַשְׁרֵי הָעָם שֶׁיהוה אֱלֹהָיו:**
תהלים קמה **תְּהִלָּה לְדָוִד**

אֲרוֹמִמְךָ אֱלוֹהַי הַמֶּלֶךְ, וַאֲבָרְכָה שִׁמְךָ לְעוֹלָם וָעֶד:
בְּכָל־יוֹם אֲבָרְכֶךָּ, וַאֲהַלְלָה שִׁמְךָ לְעוֹלָם וָעֶד:
גָּדוֹל יהוה וּמְהֻלָּל מְאֹד, וְלִגְדֻלָּתוֹ אֵין חֵקֶר:
דּוֹר לְדוֹר יְשַׁבַּח מַעֲשֶׂיךָ, וּגְבוּרֹתֶיךָ יַגִּידוּ:

הֲדַר כְּבוֹד הוֹדֶךָ, וְדִבְרֵי נִפְלְאֹתֶיךָ אָשִׂיחָה:
וֶעֱזוּז נוֹרְאֹתֶיךָ יֹאמֵרוּ, וּגְדוּלָּתְךָ אֲסַפְּרֶנָּה:
זֵכֶר רַב־טוּבְךָ יַבִּיעוּ, וְצִדְקָתְךָ יְרַנֵּנוּ:
חַנּוּן וְרַחוּם יהוה, אֶרֶךְ אַפַּיִם וּגְדָל־חָסֶד:
טוֹב־יהוה לַכֹּל, וְרַחֲמָיו עַל־כָּל־מַעֲשָׂיו:
יוֹדוּךָ יהוה כָּל־מַעֲשֶׂיךָ, וַחֲסִידֶיךָ יְבָרְכוּכָה:
כְּבוֹד מַלְכוּתְךָ יֹאמֵרוּ, וּגְבוּרָתְךָ יְדַבֵּרוּ:
לְהוֹדִיעַ לִבְנֵי הָאָדָם גְּבוּרֹתָיו, וּכְבוֹד הֲדַר מַלְכוּתוֹ:
מַלְכוּתְךָ מַלְכוּת כָּל־עֹלָמִים, וּמֶמְשַׁלְתְּךָ בְּכָל־דּוֹר וָדֹר:
סוֹמֵךְ יהוה לְכָל־הַנֹּפְלִים, וְזוֹקֵף לְכָל־הַכְּפוּפִים:
עֵינֵי־כֹל אֵלֶיךָ יְשַׂבֵּרוּ, וְאַתָּה נוֹתֵן־לָהֶם אֶת־אָכְלָם בְּעִתּוֹ:
פּוֹתֵחַ אֶת־יָדֶךָ, וּמַשְׂבִּיעַ לְכָל־חַי רָצוֹן:
צַדִּיק יהוה בְּכָל־דְּרָכָיו, וְחָסִיד בְּכָל־מַעֲשָׂיו:
קָרוֹב יהוה לְכָל־קֹרְאָיו, לְכֹל אֲשֶׁר יִקְרָאֻהוּ בֶאֱמֶת:
רְצוֹן־יְרֵאָיו יַעֲשֶׂה, וְאֶת־שַׁוְעָתָם יִשְׁמַע, וְיוֹשִׁיעֵם:
שׁוֹמֵר יהוה אֶת־כָּל־אֹהֲבָיו, וְאֵת כָּל־הָרְשָׁעִים יַשְׁמִיד:
◂ תְּהִלַּת יהוה יְדַבֶּר פִּי, וִיבָרֵךְ כָּל־בָּשָׂר שֵׁם קָדְשׁוֹ לְעוֹלָם וָעֶד:
וַאֲנַחְנוּ נְבָרֵךְ יָהּ מֵעַתָּה וְעַד־עוֹלָם, הַלְלוּיָהּ: תהלים קטו

מזמור ׳הַלְלוּיָהּ, הַלְלִי נַפְשִׁי׳ משבח את ה׳ על עצם החיים.

״׳הַלְלוּיָהּ, הַלְלִי נַפְשִׁי׳ – הנפש שהיא העיקר הללי את ה׳ אשר בראך... הנה אנחנו ברחנו בעיר מינצברק בתתקמ״ח באדר השיני מפני הגוים אשר רצו לטבוח אותנו כצאן טבחה, והנחנו כל אשר לנו בין הגוים את ספרי התורה וספרים וערבונות, והשם ישמרנו מכף כל אויבינו, וכל בני העיירות ברחו בעיר מצור, ועל כל זאת אנחנו מהללים שמו״ (סידור הרוקח).

תהלים קמו הַלְלוּיָהּ, הַלְלִי נַפְשִׁי אֶת־יהוה: אֲהַלְלָה יהוה בְּחַיָּי, אֲזַמְּרָה לֵאלֹהַי בְּעוֹדִי: אַל־תִּבְטְחוּ בִנְדִיבִים, בְּבֶן־אָדָם שֶׁאֵין לוֹ תְשׁוּעָה:

תֵּצֵא רוּחוֹ, יָשֻׁב לְאַדְמָתוֹ, בַּיּוֹם הַהוּא אָבְדוּ עֶשְׁתֹּנֹתָיו: אַשְׁרֵי שֶׁאֵל יַעֲקֹב בְּעֶזְרוֹ, שִׂבְרוֹ עַל־יהוה אֱלֹהָיו: עֹשֶׂה שָׁמַיִם וָאָרֶץ, אֶת־הַיָּם וְאֶת־כָּל־אֲשֶׁר־בָּם, הַשֹּׁמֵר אֱמֶת לְעוֹלָם: עֹשֶׂה מִשְׁפָּט לַעֲשׁוּקִים, נֹתֵן לֶחֶם לָרְעֵבִים, יהוה מַתִּיר אֲסוּרִים: יהוה פֹּקֵחַ עִוְרִים, יהוה זֹקֵף כְּפוּפִים, יהוה אֹהֵב צַדִּיקִים: יהוה שֹׁמֵר אֶת־גֵּרִים, יָתוֹם וְאַלְמָנָה יְעוֹדֵד, וְדֶרֶךְ רְשָׁעִים יְעַוֵּת: ‹ יִמְלֹךְ יהוה לְעוֹלָם, אֱלֹהַיִךְ צִיּוֹן לְדֹר וָדֹר, הַלְלוּיָהּ:

ירושלים נבנית בזמירות – בניין ירושלים, וכך בניין המקדש, מלווים בהלל ובזמירות. המשורר פותח ב״הללויה כי טוב זמרה אלהינו״ וממשיך ב״בונה ירושלים״. אומרים על כך חז״ל במדרש תהלים (קמז): ״כשם שהקב״ה מלך בהלל ובזמירות, כך ירושלים אינה נבנית אלא בהלל ובזמירות. וכן אתה מוצא בבנין אחרון [בית שני]... שנאמר: ׳ויסדו הבונים את היכל ה׳... ויענו בהלל ובהודות לה׳ כי טוב״ (עזרא ג, י–יא). כך התקיים בהם ״בונה ירושלים ה׳״ תחילה, ובניין המקדש, שנבנה בהלל וזמרה, הביא לקיום המשך הפסוק: ״נדחי ישראל יכנס״, היינו התכנסות העם לארץ ישראל בימי בית שני.

כן מובא במדרש: ״מסורת אגדה היא, שאין ירושלים נבנית עד שיתכנסו הגלויות, ואם יאמר לך אדם שכבר נתקבצו הגלויות ולא נבנית ירושלים - אל תאמן. למה? שכך כתיב: ׳בונה ירושלים ה׳״, ואחר כך ׳נדחי ישראל יכנס׳״ (תנחומא נח, יא).

אין קיבוץ גלויות בלי בניין ירושלים והמקדש.

הַלְלוּיָהּ, כִּי־טוֹב זַמְּרָה אֱלֹהֵינוּ, כִּי־נָעִים נָאוָה תְהִלָּה: בּוֹנֵה יְרוּשָׁלַםִ יהוה, נִדְחֵי יִשְׂרָאֵל יְכַנֵּס: הָרוֹפֵא לִשְׁבוּרֵי לֵב, וּמְחַבֵּשׁ לְעַצְּבוֹתָם: מוֹנֶה מִסְפָּר לַכּוֹכָבִים, לְכֻלָּם שֵׁמוֹת יִקְרָא: גָּדוֹל אֲדוֹנֵינוּ וְרַב־כֹּחַ, לִתְבוּנָתוֹ אֵין מִסְפָּר: מְעוֹדֵד עֲנָוִים יהוה, מַשְׁפִּיל רְשָׁעִים עֲדֵי־אָרֶץ: עֱנוּ לַיהוה בְּתוֹדָה, זַמְּרוּ לֵאלֹהֵינוּ בְכִנּוֹר: הַמְכַסֶּה שָׁמַיִם בְּעָבִים, הַמֵּכִין לָאָרֶץ מָטָר, הַמַּצְמִיחַ הָרִים חָצִיר: נוֹתֵן לִבְהֵמָה לַחְמָהּ, לִבְנֵי עֹרֵב אֲשֶׁר יִקְרָאוּ: לֹא בִגְבוּרַת הַסּוּס יֶחְפָּץ, לֹא־בְשׁוֹקֵי הָאִישׁ יִרְצֶה: רוֹצֶה יהוה אֶת־יְרֵאָיו, אֶת־הַמְיַחֲלִים לְחַסְדּוֹ: שַׁבְּחִי יְרוּשָׁלַםִ אֶת־יהוה, הַלְלִי תהלים קמז

אֱלֹהַיִךְ צִיּוֹן: כִּי־חִזַּק בְּרִיחֵי שְׁעָרָיִךְ, בֵּרַךְ בָּנַיִךְ בְּקִרְבֵּךְ: הַשָּׂם־
גְּבוּלֵךְ שָׁלוֹם, חֵלֶב חִטִּים יַשְׂבִּיעֵךְ: הַשֹּׁלֵחַ אִמְרָתוֹ אָרֶץ, עַד־
מְהֵרָה יָרוּץ דְּבָרוֹ: הַנֹּתֵן שֶׁלֶג כַּצָּמֶר, כְּפוֹר כָּאֵפֶר יְפַזֵּר: מַשְׁלִיךְ
קַרְחוֹ כְפִתִּים, לִפְנֵי קָרָתוֹ מִי יַעֲמֹד: יִשְׁלַח דְּבָרוֹ וְיַמְסֵם, יַשֵּׁב
רוּחוֹ יִזְּלוּ־מָיִם: ‹ מַגִּיד דְּבָרָו לְיַעֲקֹב, חֻקָּיו וּמִשְׁפָּטָיו לְיִשְׂרָאֵל:
לֹא עָשָׂה כֵן לְכָל־גּוֹי, וּמִשְׁפָּטִים בַּל־יְדָעוּם, הַלְלוּיָהּ:

מזמור המתאר את גדולת ה׳ כפי שהיא בעולם הנברא (ראב״ע).

הַלְלוּיָהּ, הַלְלוּ אֶת־יהוה מִן־הַשָּׁמַיִם, הַלְלוּהוּ בַּמְּרוֹמִים: תהלים קמח
הַלְלוּהוּ כָל־מַלְאָכָיו, הַלְלוּהוּ כָּל־צְבָאָו: הַלְלוּהוּ שֶׁמֶשׁ וְיָרֵחַ,
הַלְלוּהוּ כָּל־כּוֹכְבֵי אוֹר: הַלְלוּהוּ שְׁמֵי הַשָּׁמָיִם, וְהַמַּיִם אֲשֶׁר מֵעַל
הַשָּׁמָיִם: יְהַלְלוּ אֶת־שֵׁם יהוה, כִּי הוּא צִוָּה וְנִבְרָאוּ: וַיַּעֲמִידֵם
לָעַד לְעוֹלָם, חָק־נָתַן וְלֹא יַעֲבוֹר: הַלְלוּ אֶת־יהוה מִן־הָאָרֶץ,
תַּנִּינִים וְכָל־תְּהֹמוֹת: אֵשׁ וּבָרָד שֶׁלֶג וְקִיטוֹר, רוּחַ סְעָרָה עֹשָׂה
דְבָרוֹ: הֶהָרִים וְכָל־גְּבָעוֹת, עֵץ פְּרִי וְכָל־אֲרָזִים: הַחַיָּה וְכָל־
בְּהֵמָה, רֶמֶשׂ וְצִפּוֹר כָּנָף: מַלְכֵי־אֶרֶץ וְכָל־לְאֻמִּים, שָׂרִים וְכָל־
שֹׁפְטֵי אָרֶץ: בַּחוּרִים וְגַם־בְּתוּלוֹת, זְקֵנִים עִם־נְעָרִים: ‹ יְהַלְלוּ
אֶת־שֵׁם יהוה, כִּי־נִשְׂגָּב שְׁמוֹ לְבַדּוֹ, הוֹדוֹ עַל־אֶרֶץ וְשָׁמָיִם:
וַיָּרֶם קֶרֶן לְעַמּוֹ, תְּהִלָּה לְכָל־חֲסִידָיו, לִבְנֵי יִשְׂרָאֵל עַם קְרֹבוֹ,
הַלְלוּיָהּ:

לקראת סוף ספר תהלים המשורר קורא שלא להסתפק במזמורים אלו,
אלא להמשיך ולחדש שירות לה׳ על כל גאולה וגאולה (רד״ק).

הַלְלוּיָהּ, שִׁירוּ לַיהוה שִׁיר חָדָשׁ, תְּהִלָּתוֹ בִּקְהַל חֲסִידִים: יִשְׂמַח תהלים קמט
יִשְׂרָאֵל בְּעֹשָׂיו, בְּנֵי־צִיּוֹן יָגִילוּ בְמַלְכָּם: יְהַלְלוּ שְׁמוֹ בְמָחוֹל, בְּתֹף

וְכִנּוֹר יְזַמְּרוּ־לוֹ: כִּי־רוֹצֶה יהוה בְּעַמּוֹ, יְפָאֵר עֲנָוִים בִּישׁוּעָה:
יַעְלְזוּ חֲסִידִים בְּכָבוֹד, יְרַנְּנוּ עַל־מִשְׁכְּבוֹתָם: רוֹמְמוֹת אֵל
בִּגְרוֹנָם, וְחֶרֶב פִּיפִיּוֹת בְּיָדָם: לַעֲשׂוֹת נְקָמָה בַּגּוֹיִם, תּוֹכֵחוֹת
בַּלְאֻמִּים: ◂ לֶאְסֹר מַלְכֵיהֶם בְּזִקִּים, וְנִכְבְּדֵיהֶם בְּכַבְלֵי בַרְזֶל:
לַעֲשׂוֹת בָּהֶם מִשְׁפָּט כָּתוּב, הָדָר הוּא לְכָל־חֲסִידָיו, הַלְלוּיָהּ:

״אמר ר׳ מאיר: על כל נשימה ונשימה שאדם מעלה, חייב לקלס
את יוצרו... שנאמר ׳כֹּל הַנְּשָׁמָה תְּהַלֵּל יָהּ, הַלְלוּיָהּ׳״ (דברים רבה ב, לז).
חוזרים על הפסוק האחרון פעמיים, מפני שהוא סוף ה׳הלל שבכל יום׳ (סידור רש״י).

תהלים קנ הַלְלוּיָהּ, הַלְלוּ־אֵל בְּקָדְשׁוֹ, הַלְלוּהוּ בִּרְקִיעַ עֻזּוֹ:
הַלְלוּהוּ בִגְבוּרֹתָיו, הַלְלוּהוּ כְּרֹב גֻּדְלוֹ:
הַלְלוּהוּ בְּתֵקַע שׁוֹפָר, הַלְלוּהוּ בְּנֵבֶל וְכִנּוֹר:
הַלְלוּהוּ בְתֹף וּמָחוֹל, הַלְלוּהוּ בְּמִנִּים וְעֻגָב:
◂ הַלְלוּהוּ בְצִלְצְלֵי־שָׁמַע, הַלְלוּהוּ בְּצִלְצְלֵי תְרוּעָה:
כֹּל הַנְּשָׁמָה תְּהַלֵּל יָהּ, הַלְלוּיָהּ:
כֹּל הַנְּשָׁמָה תְּהַלֵּל יָהּ, הַלְלוּיָהּ:

ספר תהלים נחלק לחמישה ספרים כנגד חמישה חומשי תורה (מדרש שוחר טוב).
לאחר סיום הספר החמישי חוזרים ואומרים את פסוקי הסיום של שאר ספרי תהלים
פרט לספר הראשון והרביעי, כיוון שהם נאמרו כברכות במקדש (סידור יעב״ץ).

תהלים פט בָּרוּךְ יהוה לְעוֹלָם, אָמֵן וְאָמֵן:
תהלים קלה בָּרוּךְ יהוה מִצִּיּוֹן, שֹׁכֵן יְרוּשָׁלָםִ, הַלְלוּיָהּ:
תהלים עב בָּרוּךְ יהוה אֱלֹהִים אֱלֹהֵי יִשְׂרָאֵל,
עֹשֵׂה נִפְלָאוֹת לְבַדּוֹ:
◂ וּבָרוּךְ שֵׁם כְּבוֹדוֹ לְעוֹלָם,
וְיִמָּלֵא כְבוֹדוֹ אֶת־כֹּל־הָאָרֶץ,
אָמֵן וְאָמֵן:

פסוקי דזמרה מסתיימים בשלושה מעמדות מרכזיים בחיי העם: ברכת דוד כאשר נאספו הנדבות לבניין המקדש, הברית שכרתו עולי הגולה בימי עזרא ונחמיה, ושירת הים (הרב זקס).

נוהגים לומר פרשות אלה, מכאן ועד 'נִשְׁמַת' (עמ' 612), בעמידה ('דרך החיים', קיצור שו"ע).

כיוון התפילה לקודש הקודשים – ש'שכינה במערב'

"בואו ונחזיק טובה לאבותינו [אברהם יצחק ויעקב] שהודיעו [לנו] מקום תפילה [לכיוון קדש הקדשים במערב המקדש]. ככתוב: 'וצבא השמים לך משתחוים [ממזרח למערב]... אתה הוא ה' האלהים אשר בחרת באברם... ומצאת את לבבו נאמן לפניך'". (בבא בתרא כה, א); רמב"ם מו"נ ג, מה).

דברי הימים א׳ כט וַיְבָרֶךְ דָּוִיד אֶת־יהוה לְעֵינֵי כָּל־הַקָּהָל, וַיֹּאמֶר דָּוִיד, בָּרוּךְ אַתָּה
יהוה, אֱלֹהֵי יִשְׂרָאֵל אָבִינוּ, מֵעוֹלָם וְעַד־עוֹלָם: לְךָ יהוה הַגְּדֻלָּה
וְהַגְּבוּרָה וְהַתִּפְאֶרֶת וְהַנֵּצַח וְהַהוֹד, כִּי־כֹל בַּשָּׁמַיִם וּבָאָרֶץ,
לְךָ יהוה הַמַּמְלָכָה וְהַמִּתְנַשֵּׂא לְכֹל לְרֹאשׁ: וְהָעֹשֶׁר וְהַכָּבוֹד
מִלְּפָנֶיךָ, וְאַתָּה מוֹשֵׁל בַּכֹּל, וּבְיָדְךָ כֹּחַ וּגְבוּרָה, וּבְיָדְךָ לְגַדֵּל
וּלְחַזֵּק לַכֹּל: וְעַתָּה אֱלֹהֵינוּ מוֹדִים אֲנַחְנוּ לָךְ, וּמְהַלְלִים לְשֵׁם
נחמיה ט תִּפְאַרְתֶּךָ: וִיבָרְכוּ שֵׁם כְּבֹדֶךָ, וּמְרוֹמַם עַל־כָּל־בְּרָכָה
וּתְהִלָּה: אַתָּה־הוּא יהוה לְבַדֶּךָ, אַתָּ עָשִׂיתָ אֶת־הַשָּׁמַיִם, שְׁמֵי
הַשָּׁמַיִם וְכָל־צְבָאָם, הָאָרֶץ וְכָל־אֲשֶׁר עָלֶיהָ, הַיַּמִּים וְכָל־אֲשֶׁר
בָּהֶם, וְאַתָּה מְחַיֶּה אֶת־כֻּלָּם, וּצְבָא הַשָּׁמַיִם לְךָ מִשְׁתַּחֲוִים:
› אַתָּה הוּא יהוה הָאֱלֹהִים אֲשֶׁר בָּחַרְתָּ בְּאַבְרָם, וְהוֹצֵאתוֹ
מֵאוּר כַּשְׂדִּים, וְשַׂמְתָּ שְׁמוֹ אַבְרָהָם: וּמָצָאתָ אֶת־לְבָבוֹ נֶאֱמָן
לְפָנֶיךָ, › וְכָרוֹת עִמּוֹ הַבְּרִית לָתֵת אֶת־אֶרֶץ הַכְּנַעֲנִי הַחִתִּי הָאֱמֹרִי
וְהַפְּרִזִּי וְהַיְבוּסִי וְהַגִּרְגָּשִׁי, לָתֵת לְזַרְעוֹ, וַתָּקֶם אֶת־דְּבָרֶיךָ, כִּי
צַדִּיק אָתָּה: וַתֵּרֶא אֶת־עֳנִי אֲבֹתֵינוּ בְּמִצְרָיִם, וְאֶת־זַעֲקָתָם
שָׁמַעְתָּ עַל־יַם־סוּף: וַתִּתֵּן אֹתֹת וּמֹפְתִים בְּפַרְעֹה וּבְכָל־עֲבָדָיו
וּבְכָל־עַם אַרְצוֹ, כִּי יָדַעְתָּ כִּי הֵזִידוּ עֲלֵיהֶם, וַתַּעַשׂ־לְךָ שֵׁם כְּהַיּוֹם
הַזֶּה: › וְהַיָּם בָּקַעְתָּ לִפְנֵיהֶם, וַיַּעַבְרוּ בְתוֹךְ־הַיָּם בַּיַּבָּשָׁה, וְאֶת־
רֹדְפֵיהֶם הִשְׁלַכְתָּ בִמְצוֹלֹת כְּמוֹ־אֶבֶן, בְּמַיִם עַזִּים:

מטרת יציאת ישראל ממצרים - השראת השכינה במקדש

"והראשונים תיקנו לומר השירה בכל יום אחר פסוקי דזמרה כדי להזכיר נסים ונפלאות שעשה עמנו בעבור שמו הגדול ומתחילין מ'וַיּוֹשַׁע' שמשם עיקר הנס" (ספר הפרדס).

"זה אלי ואנוהו" – ואבנה לו בארץ נווה ומקדש לעובדו (תרגום ורש"י). "נהלת בעזך אל נוה קדשך" – הנהגת בגבורתך את עמך להר בית מקדשך ולמקום שכינתך (תרגום יונתן). "תביאמו ותטעמו בהר נחלתך" - בית מקדשך, מקום המכוון כנגד כסא כבודך, ומוכן כנגד מקדש של מעלה, שהתקינו ידיך (תרגומים; חז"ל ורש"י).

שמות יד **וַיּוֹשַׁע יְהוָה בַּיּוֹם הַהוּא אֶת־יִשְׂרָאֵל מִיַּד מִצְרָיִם וַיַּרְא יִשְׂרָאֵל אֶת־מִצְרַיִם מֵת עַל־שְׂפַת הַיָּם: • וַיַּרְא יִשְׂרָאֵל אֶת־הַיָּד הַגְּדֹלָה אֲשֶׁר עָשָׂה יְהוָה בְּמִצְרַיִם וַיִּירְאוּ הָעָם אֶת־יְהוָה וַיַּאֲמִינוּ בַּיהוָה וּבְמֹשֶׁה עַבְדּוֹ:**

הפסוק 'ה' יִמְלֹךְ לְעֹלָם וָעֶד' מסכם את פסוקי דזמרה, ולכן חוזרים עליו פעמיים (אבודרהם). והאר"י נהג לומר גם את התרגום לפסוק. אחרי השירה מוסיפים שלושה פסוקים מפסוקי מלכיות בתפילת מוסף, כדי לחתום במלכות ה' על העולם כולו (סידור חסידי אשכנז).

שמות טו **אָז יָשִׁיר־מֹשֶׁה וּבְנֵי יִשְׂרָאֵל אֶת־הַשִּׁירָה הַזֹּאת לַיהוָה, וַיֹּאמְרוּ**
לֵאמֹר, אָשִׁירָה לַיהוָה כִּי־גָאֹה גָּאָה, סוּס
וְרֹכְבוֹ רָמָה בַיָּם: עָזִּי וְזִמְרָת יָהּ וַיְהִי־לִי
לִישׁוּעָה, זֶה אֵלִי וְאַנְוֵהוּ, אֱלֹהֵי
אָבִי וַאֲרֹמְמֶנְהוּ: יְהוָה אִישׁ מִלְחָמָה, יְהוָה
שְׁמוֹ: מַרְכְּבֹת פַּרְעֹה וְחֵילוֹ יָרָה בַיָּם, וּמִבְחַר
שָׁלִשָׁיו טֻבְּעוּ בְיַם־סוּף: תְּהֹמֹת יְכַסְיֻמוּ, יָרְדוּ בִמְצוֹלֹת כְּמוֹ־
אָבֶן: יְמִינְךָ יְהוָה נֶאְדָּרִי בַּכֹּחַ, יְמִינְךָ
יְהוָה תִּרְעַץ אוֹיֵב: וּבְרֹב גְּאוֹנְךָ תַּהֲרֹס
קָמֶיךָ, תְּשַׁלַּח חֲרֹנְךָ יֹאכְלֵמוֹ כַּקַּשׁ: וּבְרוּחַ
אַפֶּיךָ נֶעֶרְמוּ מַיִם, נִצְּבוּ כְמוֹ־נֵד
נֹזְלִים, קָפְאוּ תְהֹמֹת בְּלֶב־יָם: אָמַר
אוֹיֵב אֶרְדֹּף, אַשִּׂיג, אֲחַלֵּק שָׁלָל, תִּמְלָאֵמוֹ
נַפְשִׁי, אָרִיק חַרְבִּי תּוֹרִישֵׁמוֹ יָדִי: נָשַׁפְתָּ

בְרוּחֲךָ כִּסָּמוֹ יָם, צָלֲלוּ כַּעוֹפֶרֶת בְּמַיִם
אַדִּירִים: מִי־כָמֹכָה בָּאֵלִם יהוה, מִי
כָּמֹכָה נֶאְדָּר בַּקֹּדֶשׁ, נוֹרָא תְהִלֹּת עֹשֵׂה
פֶלֶא: נָטִיתָ יְמִינְךָ תִּבְלָעֵמוֹ אָרֶץ: נָחִיתָ
בְחַסְדְּךָ עַם־זוּ גָּאָלְתָּ, נֵהַלְתָּ בְעָזְּךָ אֶל־נְוֵה
קָדְשֶׁךָ: שָׁמְעוּ עַמִּים יִרְגָּזוּן, חִיל
אָחַז יֹשְׁבֵי פְּלָשֶׁת: אָז נִבְהֲלוּ אַלּוּפֵי
אֱדוֹם, אֵילֵי מוֹאָב יֹאחֲזֵמוֹ רָעַד, נָמֹגוּ
כֹּל יֹשְׁבֵי כְנָעַן: תִּפֹּל עֲלֵיהֶם אֵימָתָה
וָפַחַד, בִּגְדֹל זְרוֹעֲךָ יִדְּמוּ כָּאָבֶן, עַד־
יַעֲבֹר עַמְּךָ יהוה, עַד־יַעֲבֹר עַם־זוּ
קָנִיתָ: תְּבִאֵמוֹ וְתִטָּעֵמוֹ בְּהַר נַחֲלָתְךָ, מָכוֹן
לְשִׁבְתְּךָ פָּעַלְתָּ יהוה, מִקְּדָשׁ אֲדֹנָי כּוֹנְנוּ
יָדֶיךָ: יהוה ׀ יִמְלֹךְ לְעֹלָם וָעֶד:

יהוה יִמְלֹךְ לְעֹלָם וָעֶד.
יהוה מַלְכוּתֵהּ קָאֵם לְעָלַם וּלְעָלְמֵי עָלְמַיָּא.

כִּי
בָא סוּס פַּרְעֹה בְּרִכְבּוֹ וּבְפָרָשָׁיו בַּיָּם, וַיָּשֶׁב יהוה עֲלֵהֶם אֶת־מֵי
הַיָּם, וּבְנֵי יִשְׂרָאֵל הָלְכוּ בַיַּבָּשָׁה בְּתוֹךְ הַיָּם:

▸ כִּי לַיהוה הַמְּלוּכָה וּמֹשֵׁל בַּגּוֹיִם: תהלים כב
וְעָלוּ מוֹשִׁעִים בְּהַר צִיּוֹן לִשְׁפֹּט אֶת־הַר עֵשָׂו עובדיה א
וְהָיְתָה לַיהוה הַמְּלוּכָה:
וְהָיָה יהוה לְמֶלֶךְ עַל־כָּל־הָאָרֶץ זכריה יד
בַּיּוֹם הַהוּא יִהְיֶה יהוה אֶחָד וּשְׁמוֹ אֶחָד:

׳נִשְׁמַת׳ הוא פיוט עתיק, ור׳ יוחנן כינהו ׳ברכת השיר׳ (פסחים קיח ע״א).
בתשובות הגאונים הוא מיוחס לחכמי התלמוד, ויש שהקדימו את זמן חיבורו
וייחסו אותו לאנשי הכנסת הגדולה (מרדכי, פסחים תריא).

נִשְׁמַת

כָּל חַי תְּבָרֵךְ אֶת שִׁמְךָ, יהוה אֱלֹהֵינוּ
וְרוּחַ כָּל בָּשָׂר תְּפָאֵר וּתְרוֹמֵם זִכְרְךָ מַלְכֵּנוּ תָּמִיד
מִן הָעוֹלָם וְעַד הָעוֹלָם אַתָּה אֵל.
וּמִבַּלְעָדֶיךָ אֵין לָנוּ מֶלֶךְ גּוֹאֵל וּמוֹשִׁיעַ
פּוֹדֶה וּמַצִּיל וּמְפַרְנֵס וְעוֹנֶה וּמְרַחֵם
בְּכָל עֵת צָרָה וְצוּקָה אֵין לָנוּ מֶלֶךְ עוֹזֵר וְסוֹמֵךְ אֶלָּא אָתָּה.
אֱלֹהֵי הָרִאשׁוֹנִים וְהָאַחֲרוֹנִים
אֱלְוֹהַּ כָּל בְּרִיּוֹת, אֲדוֹן כָּל תּוֹלָדוֹת
הַמְהֻלָּל בְּרֹב הַתִּשְׁבָּחוֹת
הַמְנַהֵג עוֹלָמוֹ בְּחֶסֶד וּבְרִיּוֹתָיו בְּרַחֲמִים.
וַיהוה עֵר, הִנֵּה לֹא־יָנוּם וְלֹא יִישָׁן: תהלים קכא
הַמְעוֹרֵר יְשֵׁנִים וְהַמֵּקִיץ נִרְדָּמִים
וְהַמֵּשִׂיחַ אִלְּמִים וְהַמַּתִּיר אֲסוּרִים
וְהַסּוֹמֵךְ נוֹפְלִים וְהַזּוֹקֵף כְּפוּפִים וְהַמְפַעְנֵחַ נֶעְלָמִים
וּלְךָ לְבַדְּךָ אֲנַחְנוּ מוֹדִים
וְאִלּוּ פִינוּ מָלֵא שִׁירָה כַּיָּם, וּלְשׁוֹנֵנוּ רִנָּה כַּהֲמוֹן גַּלָּיו
וְשִׂפְתוֹתֵינוּ שֶׁבַח כְּמֶרְחֲבֵי רָקִיעַ, וְעֵינֵינוּ מְאִירוֹת כַּשֶּׁמֶשׁ וְכַיָּרֵחַ
וְיָדֵינוּ פְרוּשׂוֹת כְּנִשְׁרֵי שָׁמָיִם, וְרַגְלֵינוּ קַלּוֹת כָּאַיָּלוֹת
אֵין אֲנַחְנוּ מַסְפִּיקִים לְהוֹדוֹת לְךָ, יהוה אֱלֹהֵינוּ וֵאלֹהֵי אֲבוֹתֵינוּ
וּלְבָרֵךְ אֶת שִׁמְךָ, מַלְכֵּנוּ
עַל אַחַת מֵאֶלֶף אֶלֶף אַלְפֵי אֲלָפִים וְרִבֵּי רְבָבוֹת פְּעָמִים
הַטּוֹבוֹת, נִסִּים וְנִפְלָאוֹת שֶׁעָשִׂיתָ עִם אֲבוֹתֵינוּ וְעִמָּנוּ

מִלְּפָנִים מִמִּצְרַיִם גְּאַלְתָּנוּ, יהוה אֱלֹהֵינוּ, וּמִבֵּית עֲבָדִים פְּדִיתָנוּ
בְּרָעָב זַנְתָּנוּ וּבְשָׂבָע כִּלְכַּלְתָּנוּ, מֵחֶרֶב הִצַּלְתָּנוּ וּמִדֶּבֶר מִלַּטְתָּנוּ
וּמֵחֳלָיִים רָעִים וְרַבִּים וְנֶאֱמָנִים דִּלִּיתָנוּ.
עַד הֵנָּה עֲזָרוּנוּ רַחֲמֶיךָ
וְלֹא עֲזָבוּנוּ חֲסָדֶיךָ, יהוה אֱלֹהֵינוּ
וְאַל תִּטְּשֵׁנוּ, יהוה אֱלֹהֵינוּ, לָנֶצַח.
עַל כֵּן אֵבָרִים שֶׁפִּלַּגְתָּ בָּנוּ, וְרוּחַ וּנְשָׁמָה שֶׁנָּפַחְתָּ בְאַפֵּינוּ
וְלָשׁוֹן אֲשֶׁר שַׂמְתָּ בְּפִינוּ
הֵן הֵם יוֹדוּ וִיבָרְכוּ וִישַׁבְּחוּ וִיפָאֲרוּ וִישׁוֹרְרוּ
וִירוֹמְמוּ וְיַעֲרִיצוּ וְיַקְדִּישׁוּ וְיַמְלִיכוּ אֶת שִׁמְךָ מַלְכֵּנוּ תָמִיד
כִּי כָל פֶּה לְךָ יוֹדֶה וְכָל לָשׁוֹן לְךָ תִשָּׁבַע וְכָל עַיִן לְךָ תְצַפֶּה
וְכָל בֶּרֶךְ לְךָ תִכְרַע וְכָל קוֹמָה לְפָנֶיךָ תִשְׁתַּחֲוֶה
וְכָל הַלְּבָבוֹת יִירָאוּךָ וְכָל קֶרֶב וּכְלָיוֹת יְזַמְּרוּ לִשְׁמֶךָ
כַּדָּבָר שֶׁכָּתוּב

כָּל עַצְמֹתַי תֹּאמַרְנָה יהוה מִי כָמוֹךָ תהלים לה
מַצִּיל עָנִי מֵחָזָק מִמֶּנּוּ, וְעָנִי וְאֶבְיוֹן מִגֹּזְלוֹ:

שַׁוְעַת עֲנִיִּים אַתָּה תִשְׁמַע, צַעֲקַת הַדַּל תַּקְשִׁיב וְתוֹשִׁיעַ.
מִי יִדְמֶה לָּךְ וּמִי יִשְׁוֶה לָּךְ וּמִי יַעֲרָךְ לָךְ
הָאֵל הַגָּדוֹל, הַגִּבּוֹר וְהַנּוֹרָא, אֵל עֶלְיוֹן, קוֹנֵה שָׁמַיִם וָאָרֶץ.
◂ נְהַלֶּלְךָ וּנְשַׁבֵּחֲךָ וּנְפָאֶרְךָ וּנְבָרֵךְ אֶת שֵׁם קָדְשֶׁךָ
כָּאָמוּר

לְדָוִד, בָּרְכִי נַפְשִׁי אֶת־יהוה תהלים קג
וְכָל־קְרָבַי אֶת־שֵׁם קָדְשׁוֹ:

הָאֵל בְּתַעֲצוּמוֹת עֻזֶּךָ, הַגָּדוֹל בִּכְבוֹד שְׁמֶךָ
הַגִּבּוֹר לָנֶצַח וְהַנּוֹרָא בְּנוֹרְאוֹתֶיךָ

שליח הציבור מתחיל כאן:

הַמֶּלֶךְ

יוֹשֵׁב עַל כִּסֵּא, רָם וְנִשָּׂא
שׁוֹכֵן עַד, מָרוֹם וְקָדוֹשׁ שְׁמוֹ

וְכָתוּב
רַנְּנוּ צַדִּיקִים בַּיהוה תהלים לג
לַיְשָׁרִים נָאוָה תְהִלָּה:

◄ בְּפִי יְשָׁרִים תִּתְרוֹמָם
וּבְשִׂפְתֵי צַדִּיקִים תִּתְבָּרַךְ
וּבִלְשׁוֹן חֲסִידִים תִּתְקַדָּשׁ
וּבְקֶרֶב קְדוֹשִׁים תִּתְהַלָּל

וּבְמַקְהֲלוֹת רִבְבוֹת עַמְּךָ בֵּית יִשְׂרָאֵל
בְּרִנָּה יִתְפָּאַר שִׁמְךָ מַלְכֵּנוּ בְּכָל דּוֹר וָדוֹר
◄ שֶׁכֵּן חוֹבַת כָּל הַיְצוּרִים
לְפָנֶיךָ יהוה אֱלֹהֵינוּ וֵאלֹהֵי אֲבוֹתֵינוּ
לְהוֹדוֹת, לְהַלֵּל, לְשַׁבֵּחַ, לְפָאֵר, לְרוֹמֵם
לְהַדֵּר וּלְנַצֵּחַ, לְבָרֵךְ לְעַלֵּה וּלְקַלֵּס
עַל כָּל דִּבְרֵי שִׁירוֹת וְתִשְׁבְּחוֹת
דָּוִד בֶּן יִשַׁי עַבְדְּךָ מְשִׁיחֶךָ.

נוהגים לעמוד מכאן עד 'בָּרְכוּ' (עמ' 223).

וּבְכֵן יִשְׁתַּבַּח שִׁמְךָ לָעַד מַלְכֵּנוּ
הָאֵל, הַמֶּלֶךְ, הַגָּדוֹל וְהַקָּדוֹשׁ בַּשָּׁמַיִם וּבָאָרֶץ
כִּי לְךָ נָאֶה, יהוה אֱלֹהֵינוּ וֵאלֹהֵי אֲבוֹתֵינוּ
שִׁיר וּשְׁבָחָה, הַלֵּל וְזִמְרָה
עֹז וּמֶמְשָׁלָה, נֶצַח, גְּדֻלָּה וּגְבוּרָה
תְּהִלָּה וְתִפְאֶרֶת, קְדֻשָּׁה וּמַלְכוּת
◂ בְּרָכוֹת וְהוֹדָאוֹת לְשִׁמְךָ הַגָּדוֹל וְהַקָּדוֹשׁ
וּמֵעוֹלָם וְעַד עוֹלָם אַתָּה אֵל.
בָּרוּךְ אַתָּה יהוה
אֵל מֶלֶךְ גָּדוֹל וּמְהֻלָּל בַּתִּשְׁבָּחוֹת
אֵל הַהוֹדָאוֹת
אֲדוֹן הַנִּפְלָאוֹת
בּוֹרֵא כָּל הַנְּשָׁמוֹת, רִבּוֹן כָּל הַמַּעֲשִׂים
הַבּוֹחֵר בְּשִׁירֵי זִמְרָה
מֶלֶךְ, יָחִיד, אֵל, חֵי הָעוֹלָמִים.

פותחים את ארון הקודש,
ושליח הציבור והקהל אומרים פסוק פסוק (שער הכוונות):

שִׁיר הַמַּעֲלוֹת, מִמַּעֲמַקִּים קְרָאתִיךָ יהוה: תהלים קל
אֲדֹנָי שִׁמְעָה בְקוֹלִי
תִּהְיֶינָה אָזְנֶיךָ קַשֻּׁבוֹת לְקוֹל תַּחֲנוּנָי:
אִם־עֲוֹנוֹת תִּשְׁמָר־יָהּ, אֲדֹנָי מִי יַעֲמֹד:
כִּי־עִמְּךָ הַסְּלִיחָה, לְמַעַן תִּוָּרֵא:
קִוִּיתִי יהוה קִוְּתָה נַפְשִׁי, וְלִדְבָרוֹ הוֹחָלְתִּי:

נַפְשִׁי לַאדֹנָי, מִשֹּׁמְרִים לַבֹּקֶר, שֹׁמְרִים לַבֹּקֶר:
יַחֵל יִשְׂרָאֵל אֶל־יהוה, כִּי־עִם־יהוה הַחֶסֶד
וְהַרְבֵּה עִמּוֹ פְדוּת:
וְהוּא יִפְדֶּה אֶת־יִשְׂרָאֵל, מִכֹּל עֲוֹנוֹתָיו:

סוגרים את ארון הקודש.

חצי קדיש

ש״ץ: יִתְגַּדַּל וְיִתְקַדַּשׁ שְׁמֵהּ רַבָּא (קהל: אָמֵן)
בְּעָלְמָא דִּי בְרָא כִרְעוּתֵהּ
וְיַמְלִיךְ מַלְכוּתֵהּ
וְיַצְמַח פֻּרְקָנֵהּ וִיקָרֵב מְשִׁיחֵהּ (קהל: אָמֵן)
בְּחַיֵּיכוֹן וּבְיוֹמֵיכוֹן וּבְחַיֵּי דְכָל בֵּית יִשְׂרָאֵל
בַּעֲגָלָא וּבִזְמַן קָרִיב
וְאִמְרוּ אָמֵן. (קהל: אָמֵן)

קהל וש״ץ: יְהֵא שְׁמֵהּ רַבָּא מְבָרַךְ לְעָלַם וּלְעָלְמֵי עָלְמַיָּא.

ש״ץ: יִתְבָּרַךְ וְיִשְׁתַּבַּח וְיִתְפָּאַר וְיִתְרוֹמַם וְיִתְנַשֵּׂא
וְיִתְהַדָּר וְיִתְעַלֶּה וְיִתְהַלָּל
שְׁמֵהּ דְּקֻדְשָׁא בְּרִיךְ הוּא (קהל: אָמֵן)
לְעֵלָּא לְעֵלָּא מִכָּל בִּרְכָתָא
וְשִׁירָתָא תֻּשְׁבְּחָתָא וְנֶחֱמָתָא
דַּאֲמִירָן בְּעָלְמָא
וְאִמְרוּ אָמֵן. (קהל: אָמֵן)

קריאת שמע וברכותיה

שליח הציבור כורע בתיבת 'בָּרְכוּ' וזוקף בשם. הקהל כורע בתיבת 'בָּרוּךְ' וזוקף בשם, ושליח הציבור כורע שוב כאשר הוא חוזר אחריהם.

ש״ץ: **בָּרְכוּ**

אֶת יהוה הַמְבֹרָךְ.

קהל: **בָּרוּךְ יהוה הַמְבֹרָךְ לְעוֹלָם וָעֶד.**

ש״ץ: **בָּרוּךְ יהוה הַמְבֹרָךְ לְעוֹלָם וָעֶד.**

״בשחר מברך שתים לפניה ואחת לאחריה״ (משנה, ברכות יא ע״א). הברכה הראשונה היא על האור, שהוא תחילת הבריאה, עם זאת מזכירים גם את בריאת החושך להודיע שבורא אחד ברא הכול (תלמידי רבינו יונה, ברכות יא ע״ב) ומטיל שלום ביניהם, שכן ״אם אין שלום אין כלום״ (רש״י, ויקרא כו, ו).

נוהגים לשבת בקריאת שמע וברכותיה (זוהר חדש תרומה, ח״א סט ע״ב).
אין להפסיק בדיבור מ'בָּרְכוּ' ועד סוף תפילת העמידה פרט לדברים שבקדושה.

יוצר – ברכת 'יוצר' פותח בתיאור פעולת ה' בבריאה, ובשבח שנותנים לו כל צבא השמים בהיכל העליון, על שהפקיד אותם להאיר לארץ ולדרים עליה. הברכה מסיימת ב״אור חדש על ציון תאיר״, אשר אין לה קשר לכאורה עם הפתיחה אולם ברכת 'יוצר' רומזת למה שאמרו חז״ל, ש״ההיכל של מטה מכוון כלפי היכל של מעלה״ (תנחומא פקודי ב), וכשם שמשבחים את ה' במרום, כן משבחים אותו בהיכל למטה. יתירה מזו, המשכן כולו עשוי כנגד מעשה שמים וארץ, כגון המנורה והדלקתה שמכוונת כנגד המאורות שבשמים (ראה ב'תנחומא' שם). שכן, העולם עומד על העבודה במקדש, כמובא ב'אבות' (א, ב), ובהעדר העבודה במקדש, גם פעולת המאורות ברקיע השמים נראית כמיותרת. וזהי אפוא ברכת 'יוצר המאורות', הצופנת בתוכה תפילה, שאור חדש על ציון יאיר. כי רק כשיאיר האור מחדש במקדש, תהא משמעות לפעולתם של גרמי השמים ולתפקידם בעולמו של הקב״ה.

פותחים את ארון הקודש.

בָּרוּךְ אַתָּה יהוה אֱלֹהֵינוּ מֶלֶךְ הָעוֹלָם
הַפּוֹתֵחַ לָנוּ שַׁעֲרֵי רַחֲמִים, וּמֵאִיר עֵינֵי הַמְחַכִּים לִסְלִיחָתוֹ
יוֹצֵר אוֹר וּבוֹרֵא חֹשֶׁךְ, עֹשֶׂה שָׁלוֹם וּבוֹרֵא אֶת הַכֹּל.
אוֹר עוֹלָם בְּאוֹצַר חַיִּים, אוֹרוֹת מֵאֹפֶל אָמַר וַיֶּהִי.

סוגרים את ארון הקודש.
בקהילות שבהן נוהגים לומר 'יוצרות', אומרים את הפיוט 'אָז בְּיוֹם כִּפּוּר'.

אם יום הכיפורים חל בשבת, אומרים ׳הַכֹּל יוֹדוּךָ׳ בעמוד הבא.
ביום הכיפורים שאינו חל בשבת אומרים ׳הַמֵּאִיר לָאָרֶץ׳ (סידור הרוקח).

הַמֵּאִיר לָאָרֶץ וְלַדָּרִים עָלֶיהָ בְּרַחֲמִים
וּבְטוּבוֹ מְחַדֵּשׁ בְּכָל יוֹם תָּמִיד מַעֲשֵׂה בְרֵאשִׁית.
מָה־רַבּוּ מַעֲשֶׂיךָ יהוה, כֻּלָּם בְּחָכְמָה עָשִׂיתָ תהלים קד
מָלְאָה הָאָרֶץ קִנְיָנֶךָ:
הַמֶּלֶךְ הַמְרוֹמָם לְבַדּוֹ מֵאָז
הַמְשֻׁבָּח וְהַמְפֹאָר וְהַמִּתְנַשֵּׂא מִימוֹת עוֹלָם.
אֱלֹהֵי עוֹלָם
בְּרַחֲמֶיךָ הָרַבִּים רַחֵם עָלֵינוּ
אֲדוֹן עֻזֵּנוּ, צוּר מִשְׂגַּבֵּנוּ
מָגֵן יִשְׁעֵנוּ, מִשְׂגָּב בַּעֲדֵנוּ.
אֵל בָּרוּךְ גְּדוֹל דֵּעָה
הֵכִין וּפָעַל זָהֳרֵי חַמָּה
טוֹב יָצַר כָּבוֹד לִשְׁמוֹ
מְאוֹרוֹת נָתַן סְבִיבוֹת עֻזּוֹ
פִּנּוֹת צְבָאָיו קְדוֹשִׁים
רוֹמְמֵי שַׁדַּי
תָּמִיד מְסַפְּרִים כְּבוֹד אֵל וּקְדֻשָּׁתוֹ.
◂ תִּתְבָּרַךְ יהוה אֱלֹהֵינוּ
בַּשָּׁמַיִם מִמַּעַל וְעַל הָאָרֶץ מִתָּחַת
עַל כָּל שֶׁבַח מַעֲשֵׂה יָדֶיךָ
וְעַל מְאוֹרֵי אוֹר שֶׁיָּצַרְתָּ
הֵמָּה יְפָאֲרוּךָ סֶּלָה.

וממשיכים ׳תִּתְבָּרֵךְ לָנֶצַח׳ בעמ׳ 221.

בשבת אומרים 'הַכֹּל יוֹדוּךָ' (מחזור ויטרי, קסא):

הַכֹּל יוֹדְוּךָ וְהַכֹּל יְשַׁבְּחוּךָ
וְהַכֹּל יֹאמְרוּ אֵין קָדוֹשׁ כַּיהוה
הַכֹּל יְרוֹמְמְוּךָ סֶּלָה, יוֹצֵר הַכֹּל.
הָאֵל הַפּוֹתֵחַ בְּכָל יוֹם דַּלְתוֹת שַׁעֲרֵי מִזְרָח וּבוֹקֵעַ חַלּוֹנֵי רָקִיעַ
מוֹצִיא חַמָּה מִמְּקוֹמָהּ וּלְבָנָה מִמְּכוֹן שִׁבְתָּהּ
וּמֵאִיר לָעוֹלָם כֻּלּוֹ וּלְיוֹשְׁבָיו, שֶׁבָּרָא בְּמִדַּת הָרַחֲמִים.
הַמֵּאִיר לָאָרֶץ וְלַדָּרִים עָלֶיהָ בְּרַחֲמִים
וּבְטוּבוֹ מְחַדֵּשׁ בְּכָל יוֹם תָּמִיד מַעֲשֵׂה בְרֵאשִׁית.
מָה־רַבּוּ מַעֲשֶׂיךָ יהוה, כֻּלָּם בְּחָכְמָה עָשִׂיתָ תהלים קד
מָלְאָה הָאָרֶץ קִנְיָנֶךָ:
הַמֶּלֶךְ הַמְרוֹמָם לְבַדּוֹ מֵאָז
הַמְשֻׁבָּח וְהַמְפֹאָר וְהַמִּתְנַשֵּׂא מִימוֹת עוֹלָם.
אֱלֹהֵי עוֹלָם, בְּרַחֲמֶיךָ הָרַבִּים רַחֵם עָלֵינוּ
אֲדוֹן עֻזֵּנוּ, צוּר מִשְׂגַּבֵּנוּ, מָגֵן יִשְׁעֵנוּ, מִשְׂגָּב בַּעֲדֵנוּ.

אֵין עֲרוֹךְ לְךָ
וְאֵין זוּלָתֶךָ
אֶפֶס בִּלְתֶּךָ
וּמִי דּוֹמֶה לָּךְ.

▸ אֵין עֲרוֹךְ לְךָ, יהוה אֱלֹהֵינוּ, בָּעוֹלָם הַזֶּה
וְאֵין זוּלָתְךָ, מַלְכֵּנוּ, לְחַיֵּי הָעוֹלָם הַבָּא
אֶפֶס בִּלְתְּךָ, גּוֹאֲלֵנוּ, לִימוֹת הַמָּשִׁיחַ
וְאֵין דּוֹמֶה לְּךָ, מוֹשִׁיעֵנוּ, לִתְחִיַּת הַמֵּתִים.

אֵל אָדוֹן עַל כָּל הַמַּעֲשִׂים
בָּרוּךְ וּמְבֹרָךְ בְּפִי כָּל הַנְּשָׁמָה
גָּדְלוֹ וְטוּבוֹ מָלֵא עוֹלָם
דַּעַת וּתְבוּנָה סוֹבְבִים הוֹדוֹ.

הַמִּתְגָּאֶה עַל חַיּוֹת הַקֹּדֶשׁ
וְנֶהְדָּר בְּכָבוֹד עַל הַמֶּרְכָּבָה
זְכוּת וּמִישׁוֹר לִפְנֵי כִסְאוֹ
חֶסֶד וְרַחֲמִים מָלֵא כְבוֹדוֹ.

טוֹבִים מְאוֹרוֹת שֶׁבָּרָא אֱלֹהֵינוּ
יְצָרָם בְּדַעַת בְּבִינָה וּבְהַשְׂכֵּל
כֹּחַ וּגְבוּרָה נָתַן בָּהֶם
לִהְיוֹת מוֹשְׁלִים בְּקֶרֶב תֵּבֵל.

מְלֵאִים זִיו וּמְפִיקִים נֹגַהּ
נָאֶה זִיוָם בְּכָל הָעוֹלָם
שְׂמֵחִים בְּצֵאתָם וְשָׂשִׂים בְּבוֹאָם
עוֹשִׂים בְּאֵימָה רְצוֹן קוֹנָם.

פְּאֵר וְכָבוֹד נוֹתְנִים לִשְׁמוֹ
צָהֳלָה וְרִנָּה לְזֵכֶר מַלְכוּתוֹ
קָרָא לַשֶּׁמֶשׁ וַיִּזְרַח אוֹר
רָאָה וְהִתְקִין צוּרַת הַלְּבָנָה.

שֶׁבַח נוֹתְנִים לוֹ כָּל צְבָא מָרוֹם
תִּפְאֶרֶת וּגְדֻלָּה, שְׂרָפִים וְחַיּוֹת וְאוֹפַנֵּי הַקֹּדֶשׁ.

לָאֵל אֲשֶׁר שָׁבַת מִכָּל הַמַּעֲשִׂים
בַּיּוֹם הַשְּׁבִיעִי נִתְעַלָּה וְיָשַׁב עַל כִּסֵּא כְבוֹדוֹ.
תִּפְאֶרֶת עָטָה לְיוֹם הַמְּנוּחָה
עֹנֶג קָרָא לְיוֹם הַשַּׁבָּת.
זֶה שֶׁבַח שֶׁל יוֹם הַשְּׁבִיעִי
שֶׁבּוֹ שָׁבַת אֵל מִכָּל מְלַאכְתּוֹ
וְיוֹם הַשְּׁבִיעִי מְשַׁבֵּחַ וְאוֹמֵר
מִזְמוֹר שִׁיר לְיוֹם הַשַּׁבָּת, טוֹב לְהֹדוֹת לַיהוה: תהלים צב
לְפִיכָךְ יְפָאֲרוּ וִיבָרְכוּ לָאֵל כָּל יְצוּרָיו
שֶׁבַח יְקָר וּגְדֻלָּה וְכָבוֹד יִתְּנוּ לָאֵל מֶלֶךְ יוֹצֵר כֹּל
הַמַּנְחִיל מְנוּחָה לְעַמּוֹ יִשְׂרָאֵל בִּקְדֻשָּׁתוֹ בְּיוֹם שַׁבַּת קֹדֶשׁ.
שִׁמְךָ יהוה אֱלֹהֵינוּ יִתְקַדַּשׁ, וְזִכְרְךָ מַלְכֵּנוּ יִתְפָּאַר
בַּשָּׁמַיִם מִמַּעַל וְעַל הָאָרֶץ מִתָּחַת.
תִּתְבָּרַךְ מוֹשִׁיעֵנוּ עַל כָּל שֶׁבַח מַעֲשֵׂה יָדֶיךָ
וְעַל מְאוֹרֵי אוֹר שֶׁיָּצַרְתָּ
הֵמָּה יְפָאֲרוּךָ סֶּלָה.

תִּתְבָּרַךְ לָנֶצַח
צוּרֵנוּ מַלְכֵּנוּ וְגוֹאֲלֵנוּ, בּוֹרֵא קְדוֹשִׁים
יִשְׁתַּבַּח שִׁמְךָ לָעַד
מַלְכֵּנוּ, יוֹצֵר מְשָׁרְתִים
וַאֲשֶׁר מְשָׁרְתָיו כֻּלָּם עוֹמְדִים בְּרוּם עוֹלָם
וּמַשְׁמִיעִים בְּיִרְאָה יַחַד בְּקוֹל
דִּבְרֵי אֱלֹהִים חַיִּים וּמֶלֶךְ עוֹלָם.

◂ כֻּלָּם אֲהוּבִים
כֻּלָּם בְּרוּרִים
כֻּלָּם גִּבּוֹרִים
כֻּלָּם קְדוֹשִׁים
וְכֻלָּם עוֹשִׂים בְּאֵימָה וּבְיִרְאָה רְצוֹן קוֹנָם
וְכֻלָּם פּוֹתְחִים אֶת פִּיהֶם בִּקְדֻשָּׁה וּבְטָהֳרָה
בְּשִׁירָה וּבְזִמְרָה
וּמְבָרְכִין וּמְשַׁבְּחִין וּמְפָאֲרִין
וּמַעֲרִיצִין וּמַקְדִּישִׁין וּמַמְלִיכִין
אֶת שֵׁם הָאֵל
הַמֶּלֶךְ הַגָּדוֹל הַגִּבּוֹר וְהַנּוֹרָא
קָדוֹשׁ הוּא.
◂ וְכֻלָּם מְקַבְּלִים עֲלֵיהֶם עֹל מַלְכוּת שָׁמַיִם זֶה מִזֶּה
וְנוֹתְנִים בְּאַהֲבָה רְשׁוּת זֶה לָזֶה
לְהַקְדִּישׁ לְיוֹצְרָם בְּנַחַת רוּחַ
בְּשָׂפָה בְרוּרָה וּבִנְעִימָה.
קְדֻשָּׁה כֻּלָּם כְּאֶחָד
עוֹנִים בְּאֵימָה
וְאוֹמְרִים בְּיִרְאָה

יש פוסקים הסבורים שיחיד אינו אומר את הפסוקים 'קָדוֹשׁ' ו'בָרוּךְ' אלא רק ציבור (רס"ג), ולכן ראוי שיחיד יאמר אותם בטעמים (שו"ע נט, ג; משנ"ב שם, יא).

משרתי ה' בעולמות העליונים מקדישים את ה' בבית המקדש של מעלה (תרגום ישעיה ו, ג). הקהל עונה יחד בקול רם ('אליה רבה' נט, ד):

ישעיה ו

קָדוֹשׁ ׀ קָדוֹשׁ, קָדוֹשׁ יהוה צְבָאוֹת
מְלֹא כָל־הָאָרֶץ כְּבוֹדוֹ:

בקהילות שבהן אומרים 'יוצרות', אומרים את ה'אופן' 'מַלְכוּתוֹ בִּקְהַל עֲדָתִי', וממשיכים 'וְהַחַיּוֹת יְשׁוֹרֵרוּ'.

המנהג הנפוץ הוא שאם אין אומרים 'אופן', אומרים 'וְהָאוֹפַנִּים' כבכל יום.

לעומתם משבחים מלאכי מרום ומברכים על גלוי כבוד ה' במקום שכינתו בין שני הכרובים בבית המקדש של מטה (יחזקאל ג, יב; בתרגום).

◂ וְהָאוֹפַנִּים וְחַיּוֹת הַקֹּדֶשׁ
בְּרַעַשׁ גָּדוֹל מִתְנַשְּׂאִים
לְעֻמַּת שְׂרָפִים
לְעֻמָּתָם מְשַׁבְּחִים וְאוֹמְרִים

וְהַחַיּוֹת יְשׁוֹרֵרוּ / וּכְרוּבִים יְפָאֵרוּ
וּשְׂרָפִים יָרֹנּוּ / וְאֶרְאֶלִּים יְבָרֵכוּ
פְּנֵי כָל חַיָּה וְאוֹפָן וּכְרוּב
לְעֻמַּת שְׂרָפִים
לְעֻמָּתָם מְשַׁבְּחִים וְאוֹמְרִים.

הקהל עונה יחד בקול רם (אליה רבה):

בָּרוּךְ כְּבוֹד־יְהוָה מִמְּקוֹמוֹ: יחזקאל ג

לָאֵל בָּרוּךְ נְעִימוֹת יִתֵּנוּ
לַמֶּלֶךְ אֵל חַי וְקַיָּם
זְמִירוֹת יֹאמֵרוּ וְתִשְׁבָּחוֹת יַשְׁמִיעוּ
כִּי הוּא לְבַדּוֹ מָרוֹם וְקָדוֹשׁ
פּוֹעֵל גְּבוּרוֹת, עוֹשֶׂה חֲדָשׁוֹת
בַּעַל מִלְחָמוֹת, זוֹרֵעַ צְדָקוֹת
מַצְמִיחַ יְשׁוּעוֹת, בּוֹרֵא רְפוּאוֹת
נוֹרָא תְהִלּוֹת, אֲדוֹן הַנִּפְלָאוֹת
הַמְחַדֵּשׁ בְּטוּבוֹ בְּכָל יוֹם תָּמִיד מַעֲשֵׂה בְרֵאשִׁית
כָּאָמוּר
לְעֹשֵׂה אוֹרִים גְּדֹלִים, כִּי לְעוֹלָם חַסְדּוֹ: תהלים קלו

◂ אוֹר חָדָשׁ עַל צִיּוֹן תָּאִיר
וְנִזְכֶּה כֻלָּנוּ בִמְהֵרָה לְאוֹרוֹ.
בָּרוּךְ אַתָּה יהוה, יוֹצֵר הַמְּאוֹרוֹת.

בברכות יא ע״ב נחלקו התנאים, אם נוסח הברכה השנייה לפני קריאת שמע הוא ׳אַהֲבָה רַבָּה׳ או ׳אַהֲבַת עוֹלָם׳, וראשוני ספרד פסקו שיש לומר ׳אַהֲבַת עוֹלָם׳ כהכרעת הרי״ף (ברכות ה ע״ב).

אַהֲבַת עוֹלָם אֲהַבְתָּנוּ, יהוה אֱלֹהֵינוּ
חֶמְלָה גְדוֹלָה וִיתֵרָה חָמַלְתָּ עָלֵינוּ.
אָבִינוּ מַלְכֵּנוּ
בַּעֲבוּר שִׁמְךָ הַגָּדוֹל, וּבַעֲבוּר אֲבוֹתֵינוּ שֶׁבָּטְחוּ בְךָ
וַתְּלַמְּדֵם חֻקֵּי חַיִּים
לַעֲשׂוֹת רְצוֹנְךָ בְּלֵבָב שָׁלֵם
כֵּן תְּחָנֵּנוּ וּתְלַמְּדֵנוּ.
אָבִינוּ, אָב הָרַחֲמָן, הַמְרַחֵם
רַחֵם נָא עָלֵינוּ
וְתֵן בְּלִבֵּנוּ בִּינָה לְהָבִין וּלְהַשְׂכִּיל
לִשְׁמֹעַ, לִלְמֹד וּלְלַמֵּד, לִשְׁמֹר וְלַעֲשׂוֹת
וּלְקַיֵּם אֶת כָּל דִּבְרֵי תַלְמוּד תּוֹרָתֶךָ בְּאַהֲבָה.
וְהָאֵר עֵינֵינוּ בְּתוֹרָתֶךָ, וְדַבֵּק לִבֵּנוּ בְּמִצְוֹתֶיךָ
וְיַחֵד לְבָבֵנוּ לְאַהֲבָה וּלְיִרְאָה אֶת שְׁמֶךָ
לְמַעַן לֹא נֵבוֹשׁ וְלֹא נִכָּלֵם וְלֹא נִכָּשֵׁל לְעוֹלָם וָעֶד.
כִּי בְשֵׁם קָדְשְׁךָ הַגָּדוֹל הַגִּבּוֹר וְהַנּוֹרָא בָּטָחְנוּ
נָגִילָה וְנִשְׂמְחָה בִּישׁוּעָתֶךָ.
וְרַחֲמֶיךָ יהוה אֱלֹהֵינוּ וַחֲסָדֶיךָ הָרַבִּים
אַל יַעַזְבוּנוּ נֶצַח סֶלָה וָעֶד.

״מצוה לאחוז הציצית ביד שמאלית כנגד לבו בשעת קריאת שמע״ (שו״ע כד, ב על פי ר׳ יונה וה׳מרדכי׳). נוהגים לקבץ כאן את ארבע הציציות ולאוחזן ביד שמאל עד פרשת ציצית (שער הכוונות).

מַהֵר וְהָבֵא עָלֵינוּ בְּרָכָה וְשָׁלוֹם
מְהֵרָה מֵאַרְבַּע כַּנְפוֹת כָּל הָאָרֶץ

וְשְׁבֹר עֻלֵּנוּ מֵעַל צַוָּארֵנוּ וְתוֹלִיכֵנוּ מְהֵרָה קוֹמְמִיּוּת לְאַרְצֵנוּ.*
◂ כִּי אֵל פּוֹעֵל יְשׁוּעוֹת אָתָּה וּבָנוּ בָחַרְתָּ מִכָּל עַם וְלָשׁוֹן
וְקֵרַבְתָּנוּ מַלְכֵּנוּ לְשִׁמְךָ הַגָּדוֹל סֶלָה בֶּאֱמֶת בְּאַהֲבָה
לְהוֹדוֹת לְךָ וּלְיַחֶדְךָ בְּאַהֲבָה, וּלְאַהֲבָה אֶת שְׁמֶךָ.
בָּרוּךְ אַתָּה יהוה, הַבּוֹחֵר בְּעַמּוֹ יִשְׂרָאֵל בְּאַהֲבָה.

"יקרא קריאת שמע בכוונה – באימה, ביראה, ברתת וזיע" (שו"ע סא, א).

קריאת שמע צריכה כוונה מיוחדת בכל שלוש פרשיותיה. מי שאינו יכול לכוון בכולן חייב לכוון בפסוק הראשון, ואם לא התכוון צריך לחזור ולקרוא שוב (שו"ע סג, ד).

בקריאת שמע שלוש פרשיות: 'שְׁמַע', שעניינה קבלת עול מלכות שמים; 'וְהָיָה אִם־שָׁמֹעַ', שעניינה קבלת עול מצוות; 'ציצית', שיש בה הזכרת יציאת מצרים ובחירת ה' בעם ישראל (עיינו במשנה, ברכות יג ע"א).

המתפלל ביחידות אומר (רמ"א סא, ג על פי מהרי"ק ואגור):

אֵל מֶלֶךְ נֶאֱמָן

מכסה את עיניו בידו ואומר בכוונה ובקול רם:

דברים ו שְׁמַע יִשְׂרָאֵל, יהוָה אֱלֹהֵינוּ, יהוָה ׀ אֶחָד:

בקול רם: בָּרוּךְ שֵׁם כְּבוֹד מַלְכוּתוֹ לְעוֹלָם וָעֶד.

דברים ו וְאָהַבְתָּ אֵת יהוָה אֱלֹהֶיךָ, בְּכָל־לְבָבְךָ וּבְכָל־נַפְשְׁךָ וּבְכָל־
מְאֹדֶךָ: וְהָיוּ הַדְּבָרִים הָאֵלֶּה, אֲשֶׁר אָנֹכִי מְצַוְּךָ הַיּוֹם, עַל־לְבָבֶךָ:
וְשִׁנַּנְתָּם לְבָנֶיךָ וְדִבַּרְתָּ בָּם, בְּשִׁבְתְּךָ בְּבֵיתֶךָ וּבְלֶכְתְּךָ בַדֶּרֶךְ,
וּבְשָׁכְבְּךָ וּבְקוּמֶךָ: וּקְשַׁרְתָּם לְאוֹת עַל־יָדֶךָ וְהָיוּ לְטֹטָפֹת בֵּין
עֵינֶיךָ: וּכְתַבְתָּם עַל־מְזֻזוֹת בֵּיתֶךָ וּבִשְׁעָרֶיךָ:

דברים יא וְהָיָה אִם־שָׁמֹעַ תִּשְׁמְעוּ אֶל־מִצְוֺתַי אֲשֶׁר אָנֹכִי מְצַוֶּה אֶתְכֶם
הַיּוֹם, לְאַהֲבָה אֶת־יהוָה אֱלֹהֵיכֶם וּלְעָבְדוֹ, בְּכָל־לְבַבְכֶם וּבְכָל־

* וְתוֹלִיכֵנוּ מְהֵרָה קוֹמְמִיּוּת בְּאַרְצֵנוּ וּבְמִקְדָּשֵׁנוּ.

נַפְשְׁכֶם: וְנָתַתִּי מְטַר־אַרְצְכֶם בְּעִתּוֹ, יוֹרֶה וּמַלְקוֹשׁ, וְאָסַפְתָּ דְגָנֶךָ וְתִירֹשְׁךָ וְיִצְהָרֶךָ: וְנָתַתִּי עֵשֶׂב בְּשָׂדְךָ לִבְהֶמְתֶּךָ, וְאָכַלְתָּ וְשָׂבָעְתָּ: הִשָּׁמְרוּ לָכֶם פֶּן־יִפְתֶּה לְבַבְכֶם, וְסַרְתֶּם וַעֲבַדְתֶּם אֱלֹהִים אֲחֵרִים וְהִשְׁתַּחֲוִיתֶם לָהֶם: וְחָרָה אַף־יהוה בָּכֶם, וְעָצַר אֶת־הַשָּׁמַיִם וְלֹא־יִהְיֶה מָטָר, וְהָאֲדָמָה לֹא תִתֵּן אֶת־יְבוּלָהּ, וַאֲבַדְתֶּם מְהֵרָה מֵעַל הָאָרֶץ הַטֹּבָה אֲשֶׁר יהוה נֹתֵן לָכֶם: וְשַׂמְתֶּם אֶת־דְּבָרַי אֵלֶּה עַל־לְבַבְכֶם וְעַל־נַפְשְׁכֶם, וּקְשַׁרְתֶּם אֹתָם לְאוֹת עַל־יֶדְכֶם, וְהָיוּ לְטוֹטָפֹת בֵּין עֵינֵיכֶם: וְלִמַּדְתֶּם אֹתָם אֶת־בְּנֵיכֶם לְדַבֵּר בָּם, בְּשִׁבְתְּךָ בְּבֵיתֶךָ וּבְלֶכְתְּךָ בַדֶּרֶךְ, וּבְשָׁכְבְּךָ וּבְקוּמֶךָ: וּכְתַבְתָּם עַל־מְזוּזוֹת בֵּיתֶךָ וּבִשְׁעָרֶיךָ: לְמַעַן יִרְבּוּ יְמֵיכֶם וִימֵי בְנֵיכֶם עַל הָאֲדָמָה אֲשֶׁר נִשְׁבַּע יהוה לַאֲבֹתֵיכֶם לָתֵת לָהֶם, כִּימֵי הַשָּׁמַיִם עַל־הָאָרֶץ:

נוהגים להעביר את הציציות ליד ימין ולנשקן במקומות המסומנים ב°.

במדבר טו וַיֹּאמֶר יהוה אֶל־מֹשֶׁה לֵּאמֹר: דַּבֵּר אֶל־בְּנֵי יִשְׂרָאֵל וְאָמַרְתָּ אֲלֵהֶם, וְעָשׂוּ לָהֶם °צִיצִת עַל־כַּנְפֵי בִגְדֵיהֶם לְדֹרֹתָם, וְנָתְנוּ °עַל־צִיצִת הַכָּנָף פְּתִיל תְּכֵלֶת: וְהָיָה לָכֶם °לְצִיצִת, וּרְאִיתֶם אֹתוֹ וּזְכַרְתֶּם אֶת־כָּל־מִצְוֹת יהוה, וַעֲשִׂיתֶם אֹתָם, וְלֹא תָתֻרוּ אַחֲרֵי לְבַבְכֶם וְאַחֲרֵי עֵינֵיכֶם, אֲשֶׁר־אַתֶּם זֹנִים אַחֲרֵיהֶם: לְמַעַן תִּזְכְּרוּ וַעֲשִׂיתֶם אֶת־כָּל־מִצְוֹתָי, וִהְיִיתֶם קְדֹשִׁים לֵאלֹהֵיכֶם: אֲנִי יהוה אֱלֹהֵיכֶם, אֲשֶׁר הוֹצֵאתִי אֶתְכֶם מֵאֶרֶץ מִצְרַיִם, לִהְיוֹת לָכֶם לֵאלֹהִים, אֲנִי יהוה אֱלֹהֵיכֶם:

°אֱמֶת

שליח הציבור חוזר ואומר:

◄ יהוה אֱלֹהֵיכֶם אֱמֶת

וְיַצִּיב, וְנָכוֹן וְקַיָּם, וְיָשָׁר וְנֶאֱמָן
וְאָהוּב וְחָבִיב, וְנֶחְמָד וְנָעִים
וְנוֹרָא וְאַדִּיר, וּמְתֻקָּן וּמְקֻבָּל, וְטוֹב וְיָפֶה
הַדָּבָר הַזֶּה עָלֵינוּ לְעוֹלָם וָעֶד.

אֱמֶת אֱלֹהֵי עוֹלָם מַלְכֵּנוּ
צוּר יַעֲקֹב מָגֵן יִשְׁעֵנוּ
לְדוֹר וָדוֹר הוּא קַיָּם וּשְׁמוֹ קַיָּם
וְכִסְאוֹ נָכוֹן
וּמַלְכוּתוֹ וֶאֱמוּנָתוֹ לָעַד קַיֶּמֶת.

במקום המסומן ב°, מנשק את הציציות ומניחן (שער הכוונות).

וּדְבָרָיו חָיִים וְקַיָּמִים, נֶאֱמָנִים וְנֶחֱמָדִים
°לָעַד וּלְעוֹלְמֵי עוֹלָמִים
עַל אֲבוֹתֵינוּ וְעָלֵינוּ
עַל בָּנֵינוּ וְעַל דּוֹרוֹתֵינוּ
וְעַל כָּל דּוֹרוֹת זֶרַע יִשְׂרָאֵל עֲבָדֶיךָ.
עַל הָרִאשׁוֹנִים וְעַל הָאַחֲרוֹנִים
דָּבָר טוֹב וְקַיָּם לְעוֹלָם וָעֶד

אֱמֶת וֶאֱמוּנָה, חֹק וְלֹא יַעֲבֹר

אֱמֶת שָׁאַתָּה הוּא יהוה
אֱלֹהֵינוּ וֵאלֹהֵי אֲבוֹתֵינוּ
מַלְכֵּנוּ מֶלֶךְ אֲבוֹתֵינוּ
גּוֹאֲלֵנוּ גּוֹאֵל אֲבוֹתֵינוּ
יוֹצְרֵנוּ צוּר יְשׁוּעָתֵנוּ
◂ פּוֹדֵנוּ וּמַצִּילֵנוּ מֵעוֹלָם הוּא שְׁמֶךָ
וְאֵין לָנוּ עוֹד אֱלֹהִים זוּלָתֶךָ סֶלָה.

עֶזְרַת אֲבוֹתֵינוּ אַתָּה הוּא מֵעוֹלָם
מָגֵן וּמוֹשִׁיעַ לָהֶם וְלִבְנֵיהֶם אַחֲרֵיהֶם בְּכָל דּוֹר וָדוֹר.
בְּרוּם עוֹלָם מוֹשָׁבֶךָ
וּמִשְׁפָּטֶיךָ וְצִדְקָתְךָ עַד אַפְסֵי אָרֶץ.
אֱמֶת אַשְׁרֵי אִישׁ שֶׁיִּשְׁמַע לְמִצְוֹתֶיךָ
וְתוֹרָתְךָ וּדְבָרְךָ יָשִׂים עַל לִבּוֹ.
אֱמֶת אַתָּה הוּא אָדוֹן לְעַמֶּךָ
וּמֶלֶךְ גִּבּוֹר לָרִיב רִיבָם לְאָבוֹת וּבָנִים.
אֱמֶת אַתָּה הוּא רִאשׁוֹן
וְאַתָּה הוּא אַחֲרוֹן
וּמִבַּלְעָדֶיךָ אֵין לָנוּ מֶלֶךְ גּוֹאֵל וּמוֹשִׁיעַ.
אֱמֶת מִמִּצְרַיִם גְּאַלְתָּנוּ, יהוה אֱלֹהֵינוּ
וּמִבֵּית עֲבָדִים פְּדִיתָנוּ
כָּל בְּכוֹרֵיהֶם הָרָגְתָּ, וּבְכוֹרְךָ יִשְׂרָאֵל גָּאָלְתָּ
וְיַם סוּף לָהֶם בָּקַעְתָּ
וְזֵדִים טִבַּעְתָּ
וִידִידִים הֶעֱבַרְתָּ
וַיְכַסּוּ מַיִם צָרֵיהֶם
אֶחָד מֵהֶם לֹא נוֹתָר.

עַל זֹאת שִׁבְּחוּ אֲהוּבִים, וְרוֹמְמוּ לָאֵל
וְנָתְנוּ יְדִידִים זְמִירוֹת, שִׁירוֹת וְתִשְׁבָּחוֹת
בְּרָכוֹת וְהוֹדָאוֹת
לַמֶּלֶךְ אֵל חַי וְקַיָּם
רָם וְנִשָּׂא, גָּדוֹל וְנוֹרָא

מַשְׁפִּיל גֵּאִים עֲדֵי אָרֶץ
וּמַגְבִּיהַּ שְׁפָלִים עֲדֵי מָרוֹם
מוֹצִיא אֲסִירִים
וּפוֹדֶה עֲנָוִים וְעוֹזֵר דַּלִּים
וְעוֹנֶה לְעַמּוֹ יִשְׂרָאֵל בְּעֵת שַׁוְּעָם אֵלָיו.

כאן נוהגים לעמוד כהכנה לתפילת העמידה (׳דרך החיים׳ על פי מהרי״ל)
ולפסוע שלוש פסיעות לאחור (׳אליה רבה׳ סו, ט).

▸ תְּהִלּוֹת לְאֵל עֶלְיוֹן גּוֹאֲלָם, בָּרוּךְ הוּא וּמְבֹרָךְ
מֹשֶׁה וּבְנֵי יִשְׂרָאֵל
לְךָ עָנוּ שִׁירָה בְּשִׂמְחָה רַבָּה
וְאָמְרוּ כֻלָּם

מִי־כָמֹכָה בָּאֵלִם, יהוה — שמות טו
מִי כָּמֹכָה נֶאְדָּר בַּקֹּדֶשׁ
נוֹרָא תְהִלֹּת, עֹשֵׂה פֶלֶא:

▸ שִׁירָה חֲדָשָׁה שִׁבְּחוּ גְאוּלִים
לְשִׁמְךָ הַגָּדוֹל עַל שְׂפַת הַיָּם
יַחַד כֻּלָּם הוֹדוּ וְהִמְלִיכוּ
וְאָמְרוּ

יהוה יִמְלֹךְ לְעֹלָם וָעֶד: — שמות טו

רבים נוהגים לסיים את ברכת ׳גָּאַל יִשְׂרָאֵל׳ עם שליח הציבור
כדי לצאת מהמחלוקת אם לענות אמן אחר ברכתו (מג״א סו, יא).

▸ צוּר יִשְׂרָאֵל, קוּמָה בְּעֶזְרַת יִשְׂרָאֵל
וּפְדֵה כִנְאֻמֶךָ יְהוּדָה וְיִשְׂרָאֵל
וְנֶאֱמַר

גֹּאֲלֵנוּ יהוה צְבָאוֹת שְׁמוֹ, קְדוֹשׁ יִשְׂרָאֵל: — ישעיה מז

בָּרוּךְ אַתָּה יהוה, גָּאַל יִשְׂרָאֵל.

עמידה

״המתפלל צריך שיכוין בלבו פירוש המלות שמוציא בשפתיו; ויחשוב כאלו שכינה כנגדו ויסיר כל המחשבות הטורדות אותו עד שתשאר מחשבתו וכוונתו זכה בתפלתו״ (שו״ע צח, א).

פוסע שלוש פסיעות לפנים כמי שנכנס לפני המלך (רמ״א צה, א בשם הרוקח).
עומד ומתפלל בלחש מכאן ועד ׳וּכְשָׁנִים קַדְמֹנִיּוֹת׳ בעמ׳ 242.

כורע במקומות המסומנים ב׳, קד לפנים במילה הבאה וזוקף בשם.

אֲדֹנָי, שְׂפָתַי תִּפְתָּח, וּפִי יַגִּיד תְּהִלָּתֶךָ: תהלים נא

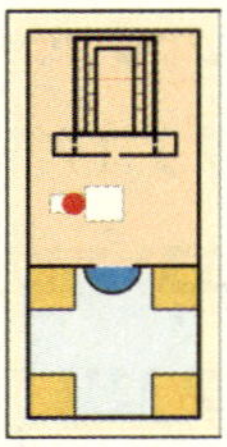
הקטרת אברי התמיד

אבות

׳בָּרוּךְ אַתָּה יהוה, אֱלֹהֵינוּ וֵאלֹהֵי אֲבוֹתֵינוּ
אֱלֹהֵי אַבְרָהָם, אֱלֹהֵי יִצְחָק, וֵאלֹהֵי יַעֲקֹב
הָאֵל הַגָּדוֹל הַגִּבּוֹר וְהַנּוֹרָא, אֵל עֶלְיוֹן
גּוֹמֵל חֲסָדִים טוֹבִים, קוֹנֵה הַכֹּל
וְזוֹכֵר חַסְדֵי אָבוֹת
וּמֵבִיא גוֹאֵל לִבְנֵי בְנֵיהֶם, לְמַעַן שְׁמוֹ בְּאַהֲבָה.

זָכְרֵנוּ לְחַיִּים, מֶלֶךְ חָפֵץ בַּחַיִּים
וְכָתְבֵנוּ בְּסֵפֶר הַחַיִּים, לְמַעַנְךָ אֱלֹהִים חַיִּים.

מֶלֶךְ עוֹזֵר וּמוֹשִׁיעַ וּמָגֵן.
׳בָּרוּךְ אַתָּה יהוה, מָגֵן אַבְרָהָם.

אם שכח לומר ׳זָכְרֵנוּ לְחַיִּים׳, אינו חוזר.

גבורות

אַתָּה גִּבּוֹר לְעוֹלָם, אֲדֹנָי
מְחַיֵּה מֵתִים אַתָּה, רַב לְהוֹשִׁיעַ
מוֹרִיד הַטָּל
מְכַלְכֵּל חַיִּים בְּחֶסֶד, מְחַיֵּה מֵתִים בְּרַחֲמִים רַבִּים
סוֹמֵךְ נוֹפְלִים, וְרוֹפֵא חוֹלִים, וּמַתִּיר אֲסוּרִים
וּמְקַיֵּם אֱמוּנָתוֹ לִישֵׁנֵי עָפָר.

מִי כָמוֹךָ, בַּעַל גְּבוּרוֹת, וּמִי דּוֹמֶה לָּךְ

מֶלֶךְ, מֵמִית וּמְחַיֶּה וּמַצְמִיחַ יְשׁוּעָה.

מִי כָמוֹךָ אָב הָרַחֲמָן

זוֹכֵר יְצוּרָיו לְחַיִּים בְּרַחֲמִים.

וְנֶאֱמָן אַתָּה לְהַחֲיוֹת מֵתִים.

בָּרוּךְ אַתָּה יהוה, מְחַיֵּה הַמֵּתִים.

אם שכח לומר ׳מִי כָמוֹךָ אַב הָרַחֲמָן׳, אינו חוזר.

קדושת השם

אַתָּה קָדוֹשׁ וְשִׁמְךָ קָדוֹשׁ, וּקְדוֹשִׁים בְּכָל יוֹם יְהַלְלוּךָ סֶּלָה

כִּי אֵל מֶלֶךְ גָּדוֹל וְקָדוֹשׁ אָתָּה.

לְדוֹר וָדוֹר הַמְלִיכוּ לָאֵל, כִּי הוּא לְבַדּוֹ מָרוֹם וְקָדוֹשׁ.

תפילה ובקשה על מלכות שמים, מלכות בית דוד ובנין המקדש

וּבְכֵן יִתְקַדַּשׁ שִׁמְךָ יהוה אֱלֹהֵינוּ עַל יִשְׂרָאֵל עַמֶּךָ

וְעַל יְרוּשָׁלַיִם עִירֶךָ, וְעַל צִיּוֹן מִשְׁכַּן כְּבוֹדֶךָ

וְעַל מַלְכוּת בֵּית דָּוִד מְשִׁיחֶךָ,* וְעַל מְכוֹנְךָ וְהֵיכָלֶךָ.

וּבְכֵן תֵּן פַּחְדְּךָ יהוה אֱלֹהֵינוּ עַל כָּל מַעֲשֶׂיךָ

וְאֵימָתְךָ עַל כָּל מַה שֶּׁבָּרָאתָ

וְיִירָאוּךָ כָּל הַמַּעֲשִׂים, וְיִשְׁתַּחֲווּ לְפָנֶיךָ כָּל הַבְּרוּאִים

וְיֵעָשׂוּ כֻלָּם אֲגֻדָּה אֶחָת לַעֲשׂוֹת רְצוֹנְךָ בְּלֵבָב שָׁלֵם

כְּמוֹ שֶׁיָּדַעְנוּ יהוה אֱלֹהֵינוּ שֶׁהַשָּׁלְטָן לְפָנֶיךָ

עֹז בְּיָדְךָ וּגְבוּרָה בִּימִינֶךָ

וְשִׁמְךָ נוֹרָא עַל כָּל מַה שֶּׁבָּרָאתָ.

* וְעַל בִּנְיַן בֵּית מִקְדָּשְׁךָ וְהֵיכָלֶךָ.

וּבְכֵן תֵּן כָּבוֹד יהוה לְעַמֶּךָ
תְּהִלָּה לִירֵאֶיךָ וְתִקְוָה טוֹבָה לְדוֹרְשֶׁיךָ
וּפִתְחוֹן פֶּה לַמְיַחֲלִים לָךְ
שִׂמְחָה לְאַרְצֶךָ, וְשָׂשׂוֹן לְעִירֶךָ
וּצְמִיחַת קֶרֶן לְדָוִד עַבְדֶּךָ
וַעֲרִיכַת נֵר לְבֶן יִשַׁי מְשִׁיחֶךָ בִּמְהֵרָה בְיָמֵינוּ.

וּבְכֵן צַדִּיקִים יִרְאוּ וְיִשְׂמָחוּ, וִישָׁרִים יַעֲלֹזוּ
וַחֲסִידִים בְּרִנָּה יָגִילוּ
וְעוֹלָתָה תִּקְפָּץ פִּיהָ
וְכָל הָרִשְׁעָה כֻּלָּהּ כְּעָשָׁן תִּכְלֶה
כִּי תַעֲבִיר מֶמְשֶׁלֶת זָדוֹן מִן הָאָרֶץ.

וְתִמְלֹךְ אַתָּה הוּא יהוה אֱלֹהֵינוּ
מְהֵרָה לְבַדֶּךָ עַל כָּל מַעֲשֶׂיךָ
בְּהַר צִיּוֹן מִשְׁכַּן כְּבוֹדֶךָ
וּבִירוּשָׁלַיִם עִיר קָדְשֶׁךָ
כַּכָּתוּב בְּדִבְרֵי קָדְשֶׁךָ
יִמְלֹךְ יהוה לְעוֹלָם, אֱלֹהַיִךְ צִיּוֹן לְדֹר וָדֹר, הַלְלוּיָהּ: תהלים קמו

קָדוֹשׁ אַתָּה וְנוֹרָא שְׁמֶךָ, וְאֵין אֱלוֹהַּ מִבַּלְעָדֶיךָ
כַּכָּתוּב, וַיִּגְבַּהּ יהוה צְבָאוֹת בַּמִּשְׁפָּט ישעיה ה
וְהָאֵל הַקָּדוֹשׁ נִקְדַּשׁ בִּצְדָקָה:
בָּרוּךְ אַתָּה יהוה, הַמֶּלֶךְ הַקָּדוֹשׁ.

אם שכח לומר את הפיסקאות המתחילות ׳לְדוֹר וָדוֹר׳, אינו חוזר,
אך אם חתם ׳הָאֵל הַקָּדוֹשׁ׳ כברוב ימות השנה, חוזר לראש.

קדושת היום

אַתָּה בְחַרְתָּנוּ מִכָּל הָעַמִּים
אָהַבְתָּ אוֹתָנוּ וְרָצִיתָ בָּנוּ, וְרוֹמַמְתָּנוּ מִכָּל הַלְּשׁוֹנוֹת
וְקִדַּשְׁתָּנוּ בְּמִצְוֹתֶיךָ, וְקֵרַבְתָּנוּ מַלְכֵּנוּ לַעֲבוֹדָתֶךָ
וְשִׁמְךָ הַגָּדוֹל וְהַקָּדוֹשׁ עָלֵינוּ קָרָאתָ.

בשבת מוסיפים את המילים שבסוגריים.

וַתִּתֶּן לָנוּ יהוה אֱלֹהֵינוּ בְּאַהֲבָה אֶת יוֹם
(הַשַּׁבָּת הַזֶּה לִקְדֻשָּׁה וְלִמְנוּחָה, וְאֶת יוֹם)
הַכִּפּוּרִים הַזֶּה, לִמְחִילָה וְלִסְלִיחָה וּלְכַפָּרָה
וְלִמְחָל בּוֹ אֶת כָּל עֲוֹנוֹתֵינוּ
(בְּאַהֲבָה) מִקְרָא קֹדֶשׁ, זֵכֶר לִיצִיאַת מִצְרָיִם.

אֱלֹהֵינוּ וֵאלֹהֵי אֲבוֹתֵינוּ
יַעֲלֶה וְיָבוֹא וְיַגִּיעַ, וְיֵרָאֶה וְיֵרָצֶה וְיִשָּׁמַע
וְיִפָּקֵד וְיִזָּכֵר זִכְרוֹנֵנוּ וּפִקְדוֹנֵנוּ וְזִכְרוֹן אֲבוֹתֵינוּ
וְזִכְרוֹן מָשִׁיחַ בֶּן דָּוִד עַבְדֶּךָ
וְזִכְרוֹן יְרוּשָׁלַיִם עִיר קָדְשֶׁךָ
וְזִכְרוֹן כָּל עַמְּךָ בֵּית יִשְׂרָאֵל, לְפָנֶיךָ, לִפְלֵיטָה לְטוֹבָה
לְחֵן וּלְחֶסֶד וּלְרַחֲמִים, לְחַיִּים וּלְשָׁלוֹם
בְּיוֹם הַכִּפּוּרִים הַזֶּה.
זָכְרֵנוּ יהוה אֱלֹהֵינוּ בּוֹ לְטוֹבָה, וּפָקְדֵנוּ בוֹ לִבְרָכָה
וְהוֹשִׁיעֵנוּ בוֹ לְחַיִּים טוֹבִים.
וּבִדְבַר יְשׁוּעָה וְרַחֲמִים חוּס וְחָנֵּנוּ וְרַחֵם עָלֵינוּ וְהוֹשִׁיעֵנוּ
כִּי אֵלֶיךָ עֵינֵינוּ, כִּי אֵל מֶלֶךְ חַנּוּן וְרַחוּם אָתָּה.

אֱלֹהֵינוּ וֵאלֹהֵי אֲבוֹתֵינוּ
מְחַל לַעֲווֹנוֹתֵינוּ בְּיוֹם (הַשַּׁבָּת הַזֶּה וּבְיוֹם) הַכִּפּוּרִים הַזֶּה
מְחֵה וְהַעֲבֵר פְּשָׁעֵינוּ וְחַטֹּאתֵינוּ מִנֶּגֶד עֵינֶיךָ
כָּאָמוּר
אָנֹכִי אָנֹכִי הוּא מֹחֶה פְשָׁעֶיךָ לְמַעֲנִי ישעיה מג
וְחַטֹּאתֶיךָ לֹא אֶזְכֹּר:
וְנֶאֱמַר
מָחִיתִי כָעָב פְּשָׁעֶיךָ וְכֶעָנָן חַטֹּאותֶיךָ ישעיה מד
שׁוּבָה אֵלַי כִּי גְאַלְתִּיךָ:
וְנֶאֱמַר
כִּי־בַיּוֹם הַזֶּה יְכַפֵּר עֲלֵיכֶם לְטַהֵר אֶתְכֶם ויקרא טז
מִכֹּל חַטֹּאתֵיכֶם לִפְנֵי יהוה תִּטְהָרוּ:

(אֱלֹהֵינוּ וֵאלֹהֵי אֲבוֹתֵינוּ, רְצֵה נָא בִמְנוּחָתֵנוּ)
קַדְּשֵׁנוּ בְּמִצְוֹתֶיךָ וְתֵן חֶלְקֵנוּ בְּתוֹרָתֶךָ
שַׂבְּעֵנוּ מִטּוּבֶךָ, וְשַׂמַּח נַפְשֵׁנוּ בִּישׁוּעָתֶךָ
(וְהַנְחִילֵנוּ יהוה אֱלֹהֵינוּ בְּאַהֲבָה וּבְרָצוֹן שַׁבַּת קָדְשֶׁךָ
וְיָנוּחוּ בוֹ כָּל יִשְׂרָאֵל מְקַדְּשֵׁי שְׁמֶךָ)
וְטַהֵר לִבֵּנוּ לְעָבְדְּךָ בֶּאֱמֶת.
כִּי אַתָּה סָלְחָן לְיִשְׂרָאֵל וּמָחֳלָן לְשִׁבְטֵי יְשֻׁרוּן בְּכָל דּוֹר וָדוֹר
וּמִבַּלְעָדֶיךָ אֵין לָנוּ מֶלֶךְ מוֹחֵל וְסוֹלֵחַ אֶלָּא אָתָּה.
בָּרוּךְ אַתָּה יהוה
מֶלֶךְ מוֹחֵל וְסוֹלֵחַ לַעֲווֹנוֹתֵינוּ, וְלַעֲווֹנוֹת עַמּוֹ בֵּית יִשְׂרָאֵל
וּמַעֲבִיר אַשְׁמוֹתֵינוּ בְּכָל שָׁנָה וְשָׁנָה
מֶלֶךְ עַל כָּל הָאָרֶץ, מְקַדֵּשׁ (הַשַּׁבָּת וְ)יִשְׂרָאֵל וְיוֹם הַכִּפּוּרִים.

עבודה*

רְצֵה יהוה אֱלֹהֵינוּ בְּעַמְּךָ יִשְׂרָאֵל, וְלִתְפִלָּתָם שְׁעֵה
וְהָשֵׁב אֶת הָעֲבוֹדָה לִדְבִיר בֵּיתֶךָ
וְאִשֵּׁי יִשְׂרָאֵל וּתְפִלָּתָם, מְהֵרָה בְּאַהֲבָה תְקַבֵּל בְּרָצוֹן
וּתְהִי לְרָצוֹן תָּמִיד עֲבוֹדַת יִשְׂרָאֵל עַמֶּךָ.
וְתֶחֱזֶינָה עֵינֵינוּ בְּשׁוּבְךָ לְצִיּוֹן בְּרַחֲמִים.
בָּרוּךְ אַתָּה יהוה, הַמַּחֲזִיר שְׁכִינָתוֹ לְצִיּוֹן.

הודאה

כורע ב׳מוֹדים׳ ואינו זוקף עד אמירת השם (סידור השל״ה).

ׂמוֹדִים אֲנַחְנוּ לָךְ
שָׁאַתָּה הוּא יהוה אֱלֹהֵינוּ וֵאלֹהֵי אֲבוֹתֵינוּ לְעוֹלָם וָעֶד.
צוּר חַיֵּינוּ, מָגֵן יִשְׁעֵנוּ אַתָּה הוּא לְדוֹר וָדוֹר.
נוֹדֶה לְּךָ וּנְסַפֵּר תְּהִלָּתֶךָ, עַל חַיֵּינוּ הַמְּסוּרִים בְּיָדֶךָ
וְעַל נִשְׁמוֹתֵינוּ הַפְּקוּדוֹת לָךְ, וְעַל נִסֶּיךָ שֶׁבְּכָל יוֹם עִמָּנוּ
וְעַל נִפְלְאוֹתֶיךָ וְטוֹבוֹתֶיךָ, שֶׁבְּכָל עֵת, עֶרֶב וָבֹקֶר וְצָהֳרָיִם.
הַטּוֹב, כִּי לֹא כָלוּ רַחֲמֶיךָ, וְהַמְרַחֵם, כִּי לֹא תַמּוּ חֲסָדֶיךָ
כִּי מֵעוֹלָם קִוִּינוּ לָךְ.
וְעַל כֻּלָּם יִתְבָּרַךְ וְיִתְרוֹמַם וְיִתְנַשֵּׂא שִׁמְךָ מַלְכֵּנוּ
תָּמִיד לְעוֹלָם וָעֶד.
וּכְתֹב לְחַיִּים טוֹבִים כָּל בְּנֵי בְרִיתֶךָ.

---

* רְצֵה יהוה אֱלֹהֵינוּ בְּעַמְּךָ יִשְׂרָאֵל, וְלִתְפִלָּתָם שְׁעֵה, וְהָשֵׁב אֶת הָעֲבוֹדָה לִדְבִיר בֵּיתֶךָ, וְאִשֵּׁי יִשְׂרָאֵל וּתְפִלָּתָם, מְהֵרָה בְּאַהֲבָה תְקַבֵּל בְּרָצוֹן. בְּבַיִת הַגָּדוֹל וְהַקָּדוֹשׁ שָׁם נַעֲבָדְךָ וְשָׁם נִדְרֹשׁ אֶת כָּל אֲשֶׁר צִוִּיתָנוּ, בְּרֵיחַ נִיחוֹחַ תִּרְצֶה אוֹתָנוּ, וּתְהִי לְרָצוֹן תָּמִיד עֲבוֹדַת יִשְׂרָאֵל עַמֶּךָ. וְתֶחֱזֶינָה עֵינֵינוּ בְּשׁוּבְךָ לְצִיּוֹן בְּרַחֲמִים. בָּרוּךְ אַתָּה יהוה, הַמַּחֲזִיר שְׁכִינָתוֹ לְצִיּוֹן. (לשיטת המבי״ט)

וְכֹל הַחַיִּים יוֹדוּךָ סֶּלָה
וִיהַלְלוּ וִיבָרְכוּ אֶת שִׁמְךָ הַגָּדוֹל בֶּאֱמֶת לְעוֹלָם כִּי טוֹב
הָאֵל יְשׁוּעָתֵנוּ וְעֶזְרָתֵנוּ סֶלָה, הָאֵל הַטּוֹב.
בָּרוּךְ אַתָּה יהוה, הַטּוֹב שִׁמְךָ וּלְךָ נָאֶה לְהוֹדוֹת.

אם שכח לומר 'וּכְתֹב לְחַיִּים טוֹבִים', אינו חוזר.

שלום

שִׂים שָׁלוֹם טוֹבָה וּבְרָכָה
חַיִּים חֵן וָחֶסֶד וְרַחֲמִים
עָלֵינוּ וְעַל כָּל יִשְׂרָאֵל עַמֶּךָ.
בָּרְכֵנוּ אָבִינוּ כֻּלָּנוּ כְּאֶחָד בְּאוֹר פָּנֶיךָ
כִּי בְאוֹר פָּנֶיךָ נָתַתָּ לָּנוּ יהוה אֱלֹהֵינוּ
תּוֹרַת חַיִּים וְאַהֲבַת חֶסֶד
וּצְדָקָה וּבְרָכָה וְרַחֲמִים וְחַיִּים וְשָׁלוֹם.
וְטוֹב יִהְיֶה בְּעֵינֶיךָ לְבָרְכֵנוּ וּלְבָרֵךְ אֶת כָּל עַמְּךָ יִשְׂרָאֵל
בְּכָל עֵת וּבְכָל שָׁעָה בִּשְׁלוֹמֶךָ.
בְּסֵפֶר חַיִּים, בְּרָכָה וְשָׁלוֹם, וּפַרְנָסָה טוֹבָה
וּגְזֵרוֹת טוֹבוֹת, יְשׁוּעוֹת וְנֶחָמוֹת
נִזָּכֵר וְנִכָּתֵב לְפָנֶיךָ
אֲנַחְנוּ וְכָל עַמְּךָ בֵּית יִשְׂרָאֵל
לְחַיִּים טוֹבִים וּלְשָׁלוֹם.
בָּרוּךְ אַתָּה יהוה, הַמְבָרֵךְ אֶת עַמּוֹ יִשְׂרָאֵל בַּשָּׁלוֹם.

אם שכח לומר 'בְּסֵפֶר חַיִּים', אינו חוזר.

יש מוסיפים:

תהלים יט יִהְיוּ לְרָצוֹן אִמְרֵי־פִי וְהֶגְיוֹן לִבִּי לְפָנֶיךָ, יהוה צוּרִי וְגֹאֲלִי:

סדר מצוות וידוי

יכוון לקיים מצוות עשה, של 'והתודו את חטאתם אשר עשו' (במדבר ה, ז). אלו דברי רבנו יונה גירונדי: "מצות עשה מן התורה להעיר אדם את רוחו לחזור בתשובה ביום הכיפורים, שנאמר: 'מכל חטאתיכם לפני ה' תטהרו' (ויקרא טז, ל). על כן הזהירנו הכתוב, שנטהר לפני ה' בתשובתנו, והוא יכפר עלינו ביום זה לטהרנו" (שערי תשובה שער ב, יד). "והעובר על זה ולא התוודה על חטאיו ביום הכפורים, שהוא יום קבוע מעולם לסליחה ולכפרה, ביטל עשה זה... ונשא עוונו" (ספר החינוך שסג). הווידוי נאמר גם במעומד וגם בהשתחוויה (מאירי על פי הגאונים 'חיבור התשובה' ויומא דף פז).

אֱלֹהֵינוּ וֵאלֹהֵי אֲבוֹתֵינוּ
תָּבוֹא לְפָנֶיךָ תְּפִלָּתֵנוּ
וְאַל תִּתְעַלַּם מִתְּחִנָּתֵנוּ.
שֶׁאֵין אָנוּ עַזֵּי פָנִים וּקְשֵׁי עֹרֶף לוֹמַר לְפָנֶיךָ
יהוה אֱלֹהֵינוּ וֵאלֹהֵי אֲבוֹתֵינוּ
צַדִּיקִים אֲנַחְנוּ וְלֹא חָטָאנוּ.
אֲבָל אֲנַחְנוּ וַאֲבוֹתֵינוּ חָטָאנוּ.

כשמתוודה, מכה באגרופו על החזה כנגד הלב (מג"א תרז, ג, בשם מדרש קהלת).

אָשַׁמְנוּ, בָּגַדְנוּ, גָּזַלְנוּ, דִּבַּרְנוּ דֹפִי
הֶעֱוִינוּ, וְהִרְשַׁעְנוּ, זַדְנוּ, חָמַסְנוּ, טָפַלְנוּ שֶׁקֶר
יָעַצְנוּ רָע, כִּזַּבְנוּ, לַצְנוּ, מָאַסְנוּ בְּבֵית הַמִּקְדָּשׁ, מָרַדְנוּ, נִאַצְנוּ, סָרַרְנוּ
עָוִינוּ, פָּשַׁעְנוּ, צָרַרְנוּ, קִשִּׁינוּ עֹרֶף
רָשַׁעְנוּ, שִׁחַתְנוּ, תִּעַבְנוּ, תָּעִינוּ, תִּעְתָּעְנוּ.

סַרְנוּ מִמִּצְוֹתֶיךָ וּמִמִּשְׁפָּטֶיךָ הַטּוֹבִים, וְלֹא שָׁוָה לָנוּ.
וְאַתָּה צַדִּיק עַל כָּל־הַבָּא עָלֵינוּ כִּי־אֱמֶת עָשִׂיתָ נחמיה ט
וַאֲנַחְנוּ הִרְשָׁעְנוּ:

מַה נֹּאמַר לְפָנֶיךָ יוֹשֵׁב מָרוֹם
וּמַה נְּסַפֵּר לְפָנֶיךָ שׁוֹכֵן שְׁחָקִים
הֲלֹא כָּל הַנִּסְתָּרוֹת וְהַנִּגְלוֹת אַתָּה יוֹדֵעַ.

אַתָּה יוֹדֵעַ רָזֵי עוֹלָם וְתַעֲלוּמוֹת סִתְרֵי כָּל חָי.
אַתָּה חוֹפֵשׂ כָּל חַדְרֵי בָטֶן וּבוֹחֵן כְּלָיוֹת וָלֵב.
אֵין דָּבָר נֶעְלָם מִמֶּךָּ וְאֵין נִסְתָּר מִנֶּגֶד עֵינֶיךָ.
וּבְכֵן, יְהִי רָצוֹן מִלְּפָנֶיךָ, יהוה אֱלֹהֵינוּ וֵאלֹהֵי אֲבוֹתֵינוּ
שֶׁתְּכַפֵּר לָנוּ עַל כָּל חַטֹּאתֵינוּ
וְתִסְלַח לָנוּ עַל כָּל עֲוֹנוֹתֵינוּ
וְתִמְחַל לָנוּ עַל כָּל פְּשָׁעֵינוּ.

על כל חטא שמונה, מכה באגרופו על החזה כנגד הלב.

עַל חֵטְא שֶׁחָטָאנוּ לְפָנֶיךָ בְּאֹנֶס וּבְרָצוֹן
וְעַל חֵטְא שֶׁחָטָאנוּ לְפָנֶיךָ בְּאִמּוּץ הַלֵּב

עַל חֵטְא שֶׁחָטָאנוּ לְפָנֶיךָ בִּבְלִי דָעַת
וְעַל חֵטְא שֶׁחָטָאנוּ לְפָנֶיךָ בְּבִטּוּי שְׂפָתָיִם

עַל חֵטְא שֶׁחָטָאנוּ לְפָנֶיךָ בְּגִלּוּי עֲרָיוֹת
וְעַל חֵטְא שֶׁחָטָאנוּ לְפָנֶיךָ בְּגָלוּי וּבַסָּתֶר

עַל חֵטְא שֶׁחָטָאנוּ לְפָנֶיךָ בְּדַעַת וּבְמִרְמָה
וְעַל חֵטְא שֶׁחָטָאנוּ לְפָנֶיךָ בְּדִבּוּר פֶּה

עַל חֵטְא שֶׁחָטָאנוּ לְפָנֶיךָ בְּהוֹנָאַת רֵעַ
וְעַל חֵטְא שֶׁחָטָאנוּ לְפָנֶיךָ בְּהִרְהוּר הַלֵּב

עַל חֵטְא שֶׁחָטָאנוּ לְפָנֶיךָ בִּוְעִידַת זְנוּת
וְעַל חֵטְא שֶׁחָטָאנוּ לְפָנֶיךָ בְּוִדּוּי פֶּה

עַל חֵטְא שֶׁחָטָאנוּ לְפָנֶיךָ בְּזִלְזוּל הוֹרִים וּמוֹרִים
וְעַל חֵטְא שֶׁחָטָאנוּ לְפָנֶיךָ בְּזָדוֹן וּבִשְׁגָגָה

עַל חֵטְא שֶׁחָטָאנוּ לְפָנֶיךָ בְּחֹזֶק יָד
וְעַל חֵטְא שֶׁחָטָאנוּ לְפָנֶיךָ בְּחִלּוּל הַשֵּׁם

עַל חֵטְא שֶׁחָטָאנוּ לְפָנֶיךָ בְּטֻמְאַת שְׂפָתָיִם
וְעַל חֵטְא שֶׁחָטָאנוּ לְפָנֶיךָ בְּטִפְשׁוּת פֶּה

עַל חֵטְא שֶׁחָטָאנוּ לְפָנֶיךָ בְּיֵצֶר הָרָע
וְעַל חֵטְא שֶׁחָטָאנוּ לְפָנֶיךָ בְּיוֹדְעִים וּבְלֹא יוֹדְעִים

וְעַל כֻּלָּם אֱלוֹהַּ סְלִיחוֹת סְלַח לָנוּ, מְחַל לָנוּ, כַּפֶּר לָנוּ.

עַל חֵטְא שֶׁחָטָאנוּ לְפָנֶיךָ בְּכַחַשׁ וּבְכָזָב
וְעַל חֵטְא שֶׁחָטָאנוּ לְפָנֶיךָ בְּכַפַּת שֹׁחַד

עַל חֵטְא שֶׁחָטָאנוּ לְפָנֶיךָ בְּלָצוֹן
וְעַל חֵטְא שֶׁחָטָאנוּ לְפָנֶיךָ בְּלָשׁוֹן הָרָע

עַל חֵטְא שֶׁחָטָאנוּ לְפָנֶיךָ בְּמַשָּׂא וּבְמַתָּן
וְעַל חֵטְא שֶׁחָטָאנוּ לְפָנֶיךָ בְּמַאֲכָל וּבְמִשְׁתֶּה

עַל חֵטְא שֶׁחָטָאנוּ לְפָנֶיךָ בְּנֶשֶׁךְ וּבְמַרְבִּית
וְעַל חֵטְא שֶׁחָטָאנוּ לְפָנֶיךָ בִּנְטִיַּת גָּרוֹן

עַל חֵטְא שֶׁחָטָאנוּ לְפָנֶיךָ בְּשִׂיחַ שִׂפְתוֹתֵינוּ
וְעַל חֵטְא שֶׁחָטָאנוּ לְפָנֶיךָ בְּשִׂקּוּר עָיִן

עַל חֵטְא שֶׁחָטָאנוּ לְפָנֶיךָ בְּעֵינַיִם רָמוֹת
וְעַל חֵטְא שֶׁחָטָאנוּ לְפָנֶיךָ בְּעַזּוּת מֶצַח

וְעַל כֻּלָּם אֱלוֹהַּ סְלִיחוֹת סְלַח לָנוּ, מְחַל לָנוּ, כַּפֶּר לָנוּ.

עַל חֵטְא שֶׁחָטָאנוּ לְפָנֶיךָ בִּפְרִיקַת עֹל
וְעַל חֵטְא שֶׁחָטָאנוּ לְפָנֶיךָ בִּפְלִילוּת

עַל חֵטְא שֶׁחָטָאנוּ לְפָנֶיךָ בִּצְדִיַּת רֵעַ
וְעַל חֵטְא שֶׁחָטָאנוּ לְפָנֶיךָ בְּצָרוּת עָיִן

עַל חֵטְא שֶׁחָטָאנוּ לְפָנֶיךָ בְּקַלּוּת רֹאשׁ
וְעַל חֵטְא שֶׁחָטָאנוּ לְפָנֶיךָ בְּקַשְׁיוּת עֹרֶף

עַל חֵטְא שֶׁחָטָאנוּ לְפָנֶיךָ בְּרִיצַת רַגְלַיִם לְהָרַע
וְעַל חֵטְא שֶׁחָטָאנוּ לְפָנֶיךָ בִּרְכִילוּת

עַל חֵטְא שֶׁחָטָאנוּ לְפָנֶיךָ בִּשְׁבוּעַת שָׁוְא
וְעַל חֵטְא שֶׁחָטָאנוּ לְפָנֶיךָ בְּשִׂנְאַת חִנָּם

עַל חֵטְא שֶׁחָטָאנוּ לְפָנֶיךָ בִּתְשׂוּמֶת יָד
וְעַל חֵטְא שֶׁחָטָאנוּ לְפָנֶיךָ בְּתִמְהוֹן לֵבָב

וְעַל כֻּלָּם אֱלוֹהַּ סְלִיחוֹת סְלַח לָנוּ, מְחַל לָנוּ, כַּפֶּר לָנוּ.

וְעַל חֲטָאִים שֶׁאָנוּ חַיָּבִים עֲלֵיהֶם עוֹלָה
וְעַל חֲטָאִים שֶׁאָנוּ חַיָּבִים עֲלֵיהֶם חַטָּאת
וְעַל חֲטָאִים שֶׁאָנוּ חַיָּבִים עֲלֵיהֶם קָרְבָּן עוֹלֶה וְיוֹרֵד
וְעַל חֲטָאִים שֶׁאָנוּ חַיָּבִים עֲלֵיהֶם אָשָׁם וַדַּאי וְתָלוּי
וְעַל חֲטָאִים שֶׁאָנוּ חַיָּבִים עֲלֵיהֶם מַכַּת מַרְדּוּת
וְעַל חֲטָאִים שֶׁאָנוּ חַיָּבִים עֲלֵיהֶם מַלְקוּת אַרְבָּעִים
וְעַל חֲטָאִים שֶׁאָנוּ חַיָּבִים עֲלֵיהֶם מִיתָה בִּידֵי שָׁמָיִם
וְעַל חֲטָאִים שֶׁאָנוּ חַיָּבִים עֲלֵיהֶם כָּרֵת וַעֲרִירִי
וְעַל חֲטָאִים שֶׁאָנוּ חַיָּבִים עֲלֵיהֶם אַרְבַּע מִיתוֹת בֵּית דִּין
סְקִילָה, שְׂרֵפָה, הֶרֶג, וְחֶנֶק.

עַל מִצְוַת עֲשֵׂה וְעַל מִצְוַת לֹא תַעֲשֶׂה.
בֵּין שֶׁיֵּשׁ בָּהּ קוּם עֲשֵׂה וּבֵין שֶׁאֵין בָּהּ קוּם עֲשֵׂה.
אֶת הַגְּלוּיִים לָנוּ וְאֶת שֶׁאֵינָם גְּלוּיִים לָנוּ
אֶת הַגְּלוּיִים לָנוּ, כְּבָר אֲמַרְנוּם לְפָנֶיךָ, וְהוֹדִינוּ לְךָ עֲלֵיהֶם
וְאֶת שֶׁאֵינָם גְּלוּיִים לָנוּ, לְפָנֶיךָ הֵם גְּלוּיִים וִידוּעִים
כַּדָּבָר שֶׁנֶּאֱמַר
הַנִּסְתָּרֹת לַיהוה אֱלֹהֵינוּ, וְהַנִּגְלֹת לָנוּ וּלְבָנֵינוּ עַד־עוֹלָם דברים כט
לַעֲשׂוֹת אֶת־כָּל־דִּבְרֵי הַתּוֹרָה הַזֹּאת:
כִּי אַתָּה סָלְחָן לְיִשְׂרָאֵל וּמָחֳלָן לְשִׁבְטֵי יְשֻׁרוּן בְּכָל דּוֹר וָדוֹר
וּמִבַּלְעָדֶיךָ אֵין לָנוּ מֶלֶךְ מוֹחֵל וְסוֹלֵחַ אֶלָּא אָתָּה.

אֱלֹהַי
עַד שֶׁלֹּא נוֹצַרְתִּי אֵינִי כְדַאי
וְעַכְשָׁיו שֶׁנּוֹצַרְתִּי, כְּאִלּוּ לֹא נוֹצַרְתִּי
עָפָר אֲנִי בְּחַיַּי, קַל וָחֹמֶר בְּמִיתָתִי.
הֲרֵי אֲנִי לְפָנֶיךָ כִּכְלִי מָלֵא בוּשָׁה וּכְלִמָּה.
יְהִי רָצוֹן מִלְּפָנֶיךָ, יהוה אֱלֹהַי וֵאלֹהֵי אֲבוֹתַי, שֶׁלֹּא אֶחֱטָא עוֹד.
וּמַה שֶּׁחָטָאתִי לְפָנֶיךָ, מְחֹק בְּרַחֲמֶיךָ הָרַבִּים
אֲבָל לֹא עַל יְדֵי יִסּוּרִים וָחֳלָיִם רָעִים.

אֱלֹהַי ברכות יז.
נְצֹר לְשׁוֹנִי מֵרָע וּשְׂפָתַי מִדַּבֵּר מִרְמָה
וְלִמְקַלְלַי נַפְשִׁי תִדֹּם, וְנַפְשִׁי כֶּעָפָר לַכֹּל תִּהְיֶה.
פְּתַח לִבִּי בְּתוֹרָתֶךָ, וְאַחֲרֵי מִצְוֹתֶיךָ תִּרְדֹּף נַפְשִׁי.
וְכָל הַקָּמִים וְהַחוֹשְׁבִים עָלַי רָעָה
מְהֵרָה הָפֵר עֲצָתָם וְקַלְקֵל מַחֲשַׁבְתָּם.

יש המוסיפים תחינה זו (קיצור של״ה, ׳אור הישר׳):

יְהִי רָצוֹן מִלְּפָנֶיךָ, יהוה אֱלֹהַי וֵאלֹהֵי אֲבוֹתַי
שֶׁלֹּא תַעֲלֶה קִנְאַת אָדָם עָלַי, וְלֹא קִנְאָתִי עַל אֲחֵרִים
וְשֶׁלֹּא אֶכְעֹס הַיּוֹם, וְשֶׁלֹּא אַכְעִיסֶךָ
וְתַצִּילֵנִי מִיֵּצֶר הָרָע, וְתֵן בְּלִבִּי הַכְנָעָה וַעֲנָוָה.
מַלְכֵּנוּ וֵאלֹהֵינוּ, יַחֵד שִׁמְךָ בְּעוֹלָמֶךָ
בְּנֵה עִירְךָ, יַסֵּד בֵּיתְךָ וְשַׁכְלֵל הֵיכָלֶךָ
וְקַבֵּץ קִבּוּץ גָּלֻיּוֹת, וּפְדֵה צֹאנֶךָ וְשַׂמַּח עֲדָתֶךָ.

עֲשֵׂה לְמַעַן שְׁמֶךָ, עֲשֵׂה לְמַעַן יְמִינֶךָ
עֲשֵׂה לְמַעַן תּוֹרָתֶךָ, עֲשֵׂה לְמַעַן קְדֻשָּׁתֶךָ.
לְמַעַן יֵחָלְצוּן יְדִידֶיךָ, הוֹשִׁיעָה יְמִינְךָ וַעֲנֵנִי: תהלים ס
יִהְיוּ לְרָצוֹן אִמְרֵי פִי וְהֶגְיוֹן לִבִּי לְפָנֶיךָ תהלים יט
יהוה צוּרִי וְגֹאֲלִי:

כורע ופוסע שלוש פסיעות לאחור. קד לשמאל, לימין ולפנים באמירת:

עֹשֶׂה הַשָּׁלוֹם בִּמְרוֹמָיו
הוּא יַעֲשֶׂה שָׁלוֹם, עָלֵינוּ וְעַל כָּל יִשְׂרָאֵל, וְאִמְרוּ אָמֵן.

יְהִי רָצוֹן מִלְּפָנֶיךָ יהוה אֱלֹהֵינוּ וֵאלֹהֵי אֲבוֹתֵינוּ
שֶׁיִּבָּנֶה בֵּית הַמִּקְדָּשׁ בִּמְהֵרָה בְיָמֵינוּ
וְתֵן חֶלְקֵנוּ בְּתוֹרָתֶךָ
וְשָׁם נַעֲבָדְךָ בְּיִרְאָה כִּימֵי עוֹלָם וּכְשָׁנִים קַדְמוֹנִיּוֹת.
וְעָרְבָה לַיהוה מִנְחַת יְהוּדָה וִירוּשָׁלָיִם מלאכי ג
כִּימֵי עוֹלָם וּכְשָׁנִים קַדְמוֹנִיּוֹת:

חזרת הש״ץ לשחרית

״לְמִשְׁפָּטֶיךָ עָמְדוּ הַיּוֹם, כִּי הַכֹּל עֲבָדֶיךָ״ (תהלים קיט, צא).

פותחים את ארון הקודש.

שליח הציבור פוסע שלוש פסיעות לפנים וחוזר על התפילה בקול רם.
כורע במקומות המסומנים ב°, קד לפנים במילה הבאה וזוקף בשם.

אֲדֹנָי, שְׂפָתַי תִּפְתָּח, וּפִי יַגִּיד תְּהִלָּתֶךָ: תהלים נא

אבות

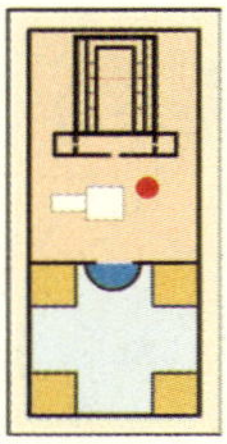

הקרבת חלק מקרבנות המוספים

°בָּרוּךְ אַתָּה יהוה, אֱלֹהֵינוּ וֵאלֹהֵי אֲבוֹתֵינוּ
אֱלֹהֵי אַבְרָהָם, אֱלֹהֵי יִצְחָק, וֵאלֹהֵי יַעֲקֹב
הָאֵל הַגָּדוֹל הַגִּבּוֹר וְהַנּוֹרָא, אֵל עֶלְיוֹן
גּוֹמֵל חֲסָדִים טוֹבִים, קוֹנֵה הַכֹּל
וְזוֹכֵר חַסְדֵי אָבוֹת
וּמֵבִיא גוֹאֵל לִבְנֵי בְנֵיהֶם, לְמַעַן שְׁמוֹ בְּאַהֲבָה.

נוסח זה מוסיפים לפני כל ׳קרובה׳ (מערכת פיוטים לחזרת הש״ץ) שאומרים ביום הכיפורים. בשחרית אומרים אחריה גם פיוט ׳רשות׳.

מִסּוֹד חֲכָמִים וּנְבוֹנִים
וּמִלֶּמֶד דַּעַת מְבִינִים
אֶפְתְּחָה פִּי בִּתְפִלָּה וּבְתַחֲנוּנִים
לְחַלּוֹת וּלְחַנֵּן פְּנֵי מֶלֶךְ מוֹחֵל וְסוֹלֵחַ לַעֲוֹנִים.

את ה׳קרובה׳ לשחרית של יום הכיפורים חיבר ר׳ משולם בן קלונימוס, רב ופייטן מלוקא באיטליה שהיגר למגנצא במאה העשירית לסה״נ והיה ראשון הפייטנים באשכנז.
ה׳קרובה׳ נוצקה באותה תבנית שטבע הקליר ב׳קרובה׳ ׳שׁוֹשַׁן עֵמֶק אֻיָּמָה׳ לתפילת מוסף, בהבדלים צורניים מעטים.
גם פיוט ה׳רשות׳ ׳אֵימֶיךָ נָשָׂאתִי׳ מיוחס לר׳ משולם עצמו.

רשות ל׳קרובה׳ ׳אִמַּצְתָּ עָשׂוֹר לְכִפּוּר תְּמָה׳ – סימן א״ב

אֵימֶיךָ נָשָׂאתִי חִין בְּעָרְכִי / בְּמַלְאֲכוּת עַמְּךָ בֶּרֶךְ בְּבָרְכִי
גּוֹחִי מִבֶּטֶן, הַגִּיהַּ חָשְׁכִּי / דַּבֵּר צָחוֹת, וּבַאֲמִתְּךָ הַדְרִיכִי.

הוֹרֵנִי שְׁפֹךְ שִׂיחַ עָרֵב / וְלוֹנְנִי בְּצִלְּךָ אוֹתִי לְקָרֵב
זַעַק יוֹפַק בְּכִוּוּן קֶרֶב / חַלּוֹתִי פָּנֶיךָ צִדְקָתְךָ תְּקָרֵב.

טְהוֹר עֵינַיִם, מְאֹד נַעֲלָה / יַדְּעֵנִי בֵּין עֱרֹךְ תְּפִלָּה
כַּדָּת לְחַנֵּן, בְּלִי תִפְלָה / לְהַמְצִיא שׁוֹלְחַי אֱרֶךְ וּתְעָלָה.

מִפְתַּח שְׂפָתַי תְּבָרֵר וּתְיַשֵּׁר / נִדְבוֹת פִּי רְצֵה וְהַכְשֵׁר
סֵדֶר הֲגִיגִי כְּשַׁי יִתָּשֵׁר / עֵתֶר פִּצְחִי כְּזִילַת חֵשֶׁר.

פְּעָמַי הָכֵן, פְּצוֹתִי מִכֶּשֶׁל / צוּר תְּמֹךְ אֲשׁוּרַי מֵהִנָּשֵׁל
קוֹמְמֵנִי וְחַזְּקֵנִי מֵרִפְיוֹן וָחֵשֶׁל / רְצוֹת אֲמָרַי, וְלֹא אֶכָּשֵׁל.

שָׁמְרֵנִי כְּאִישׁוֹן מִפֶּלֶץ וּבְעָתָה / שׁוּר שִׁפְלוּתִי, וּלְכָה לִישׁוּעָתָה
תָּחֹן דִּכְאוּתִי כִּלְחוּזָךְ פַּתְּתָ / תְּרַחֵם עַל בֵּן אַמָּתְתָ.

סוגרים את ארון הקודש.

עיקר ה׳קרובה׳ הוא שלושת הפיוטים הראשונים – ה׳מגן׳ הנאמר בברכת ׳מָגֵן אַבְרָהָם׳, ה׳מחיה׳ הנאמר בברכת ׳מְחַיֵּה מֵתִים׳, וה׳משלש׳ הפותח את הפיוטים המובילים לקדושה. בדרך כלל, שלושת הפיוטים עוסקים בנושא אחד. הקרובה של שחרית ליום הכיפורים מתארת את סערת הרגשות שבה אנו מצויים – מצד אחד חרדת הדין, כיוון שאנו מלוכלכים בעוונות, ומצד שני הביטחון שהקב״ה יסלח לנו ויושיע אותנו.

נוהגים שהקהל אומר את שלושת הפיוטים הראשונים, ושליח הציבור אומר בקול רק את השורות המסומנות ב▸. יש קהילות שבהן אין אומרים את ה׳מגן׳, וממשיכים ׳זָכְרֵנוּ לְחַיִּים׳ בעמוד הבא (ויש האומרים את הבית האחרון: ׳כַּצָּהֳרַיִם מִשְׁפָּטֵנוּ הָאֵר׳).

מגן – סימן א״ב

אַמָּתְתָּ עָשׂוֹר לְכִפּוּר תַּמָּה / בּוֹ לְצַחְצֵחַ צֵאוּי כִּתְמָה
גְּהֹץ צַחֲנָהּ, עִוּוּיָהּ לְהָתֵמָה / דִּינָהּ לְהָאִיר, לְתֶחִי לְחָתְמָה.

הָחֳרְדָה מִתֵּקַע יוֹם תְּרוּעָה / וּדְבָרִים קָחָה, סַרְעַף לְקָרְעָה
זֶה אֵלִי, לְצֶדֶק הַכְרִיעָה / חַי חַי יוֹדְךָ בְּהָרִיעָה.

טַפֶּיהָ וִישִׁישֶׁיהָ בְּעִנּוּי עֲיֵפִים / יְצִיגָתָם שׁוּר בְּיָחֵף יְחֵפִים
כֻּלָּם צָגִים וְלֹבֶן מְצַעְפִים / לְאַדְּרָךְ בַּקֹּדֶשׁ כִּשְׂרָפִים עָפִים.

מָגֵן עֲקָדָמוֹ בְּךָ חוֹסִים / נִשְׁעָנִים בְּתֻמָּם וּבְצִלְּךָ חָסִים
סְמוּכִים בִּבְרִית שְׁלֹשֶׁת יְחוּסִים / עוֹדְדֵם הֱיוֹת שׁוֹטְנֵימוֹ הַסִּים.

פְּנֵה בְּצִדְקַת אֵת מֵעֵבֶר / צֹאנְךָ תַּחַת שֵׁבֶט, כְּהַעֲבֵר
קַדְּמֵם רַחֲמֶיךָ בְּלִי הִתְעַבֵּר / רַחוּם עַל פֶּשַׁע עוֹבֵר.

שֶׁמֶץ זְדוֹנָם תְּכַבֵּס וּתְטַהֵר / שׁוֹעָם קְשֹׁב וְאַל תְּאַחֵר
‹ תְּמוּכֵי יְמִינְךָ, פְּנֵיהֶם נַהֵר / תַּעְתּוּעַ חֶטְאָם תְּכַפֵּר לְטַהֵר.

הכול:

כְּצָהֳרַיִם מִשְׁפָּטֵנוּ הָאֵר / חוֹכֶיךָ לְטוֹב תְּשָׁאֵר
‹ צִדְקֵנוּ תְּחַפֵּשׂ וּתְבָאֵר / בְּמָגִנְּךָ נִתְגּוֹנֵן לְהִתְפָּאֵר.

יש נוהגים שהקהל אומר בקול, ושליח הציבור חוזר אחריו:

זָכְרֵנוּ לְחַיִּים, מֶלֶךְ חָפֵץ בַּחַיִּים
וְכָתְבֵנוּ בְּסֵפֶר הַחַיִּים, לְמַעַנְךָ אֱלֹהִים חַיִּים.

שליח הציבור ממשיך:

מֶלֶךְ עוֹזֵר וּמוֹשִׁיעַ וּמָגֵן. ׳בָּרוּךְ* אַתָּה יהוה, מָגֵן אַבְרָהָם.

גבורות

אַתָּה גִּבּוֹר לְעוֹלָם, אֲדֹנָי, מְחַיֵּה מֵתִים אַתָּה, רַב לְהוֹשִׁיעַ
מוֹרִיד הַטָּל, מְכַלְכֵּל חַיִּים בְּחֶסֶד, מְחַיֵּה מֵתִים בְּרַחֲמִים רַבִּים
סוֹמֵךְ נוֹפְלִים, וְרוֹפֵא חוֹלִים, וּמַתִּיר אֲסוּרִים
וּמְקַיֵּם אֱמוּנָתוֹ לִישֵׁנֵי עָפָר.
מִי כָמְוֹךָ, בַּעַל גְּבוּרוֹת, וּמִי דּוֹמֶה לָּךְ
מֶלֶךְ, מֵמִית וּמְחַיֶּה וּמַצְמִיחַ יְשׁוּעָה.

---

* בבית כנסת הבנוי בהר הבית: בָּרוּךְ אַתָּה יהוה אֱלֹהֵי יִשְׂרָאֵל מִן הָעוֹלָם וְעַד הָעוֹלָם, בָּרוּךְ אַתָּה יהוה, מָגֵן אַבְרָהָם. הקהל אינו אומר ׳ברוך הוא וברוך שמו׳. בסיום אומר הקהל: בָּרוּךְ שֵׁם כְּבוֹד מַלְכוּתוֹ לְעוֹלָם וָעֶד.

ה׳מחיה׳ לשחרית מיוסד על הפסוק ״לְשִׁמְךָ וּלְזִכְרְךָ תַּאֲוַת־נָפֶשׁ״ (ישעיה כו, ח).
יש קהילות שבהן אין אומרים את ה׳מחיה׳, וממשיכים ׳עַד יוֹם מוֹתוֹ׳ למטה
(ויש האומרים את הבית האחרון: ׳נֶפֶשׁ נַעֲנָה תְּבַשֵּׂר סְלִיחָה׳).

מחיה – סימן תשר״ק

תַּאֲוַת נֶפֶשׁ לְשִׁמְךָ וּלְזִכְרְךָ / שְׁקֹד לְרַחֵם מְבָרְכֵי זִכְרְךָ
רְצוּיֵי אֲהַב כְּנַעַר וָרַךְ / קְרוּאִים וּנְקוּבִים בְּנָךְ בְּכוֹרֶךָ.

צְבָאוֹת הוֹצֵאתָ מִכּוּר אוֹנִים / פְּדוּתָם מִפֶּרֶךְ הָלְכוּ שַׁאֲנַנִּים
עֲמוּסִים מִבֶּטֶן פְּצֵם מִשְּׁאוֹנִים / סְעָדֵם בַּל לָמֹד כִּסְאוֹנִים.

נְתוּנָה בְּרִיתְךָ חֹק בִּשְׁאֵרָם / מִמַּחֲצֶבֶת צוּרָם מוֹלֶדֶת שְׁאוֹרָם
לִבְרִית הַבֵּט וְתָדִיחַ כְּאוּרָם / כַּבְּסֵם הֶרֶב וְתַבְהִיק אוֹרָם.

יֵרָאֶה לְפָנֶיךָ עֵקֶד מְיֻחָד / טוֹבֵחַ וְטָבוּחַ מִדְּבָרְךָ פָּחַד
חֲנִיטָיו חַלֵּץ מֵאֵימָתָה וָפַחַד / זְבוּחוּ וְדִשְׁנוֹ לְפָנֶיךָ יִתְיַחַד.

וְאִם הֶעֱווּ אֹרַח לְסַלֵּף / הַזָּכֵר רַחֲמֶיךָ חֹק מִלְּחַלֵּף
דְּרִישַׁת צֶדֶק מֵלִיץ יְאַלֵּף / גְּנוּנֶיךָ לְחַזֵּק בְּמָגִנַּת אֶלֶף.

בַּדֵּי יְדִידֶיךָ, הֲגִיגָם בִּין / בִּצּוּרָם תֶּשַׁע וְחֵטְא תַּלְבִּין
▸ אֱוֹן מִתְחַנְנֶיךָ בְּלִי תָבִין / אֶנֶק שְׁמַע וְלַחַשׁ הָבִין.

הכול:

נֶפֶשׁ נַעֲנָה תְּבַשֵּׂר סְלִיחָה / פַּלְטֵם מֵעֵמֶק שׁוּחָה
▸ מִתְקוֹמְמֵינוּ יְהוּ כַּסּוּחָה / הַחֲיֵנוּ בְּטַל אֱמוּנָתְךָ לְשׁוֹחֲחָה.

בקהילות אשכנז נהגו לומר פיוט תוכחה ׳אֱנוֹשׁ מַה יִּזְכֶּה׳ לאחר ה׳מחיה׳, והיום נוהגים לומר רק את הפזמון ׳עַד יוֹם מוֹתוֹ׳, לפני חתימת הברכה ׳מְחַיֵּה הַמֵּתִים׳.

שליח הציבור והקהל אומרים:

עַד יוֹם מוֹתוֹ תְּחַכֶּה לוֹ לִתְשׁוּבָה / לְהַנְטוֹתוֹ לִתְחִיָּה.

יש נוהגים שהקהל אומר בקול, ושליח הציבור חוזר אחריו:

מִי כָמוֹךָ אָב הָרַחֲמָן
זוֹכֵר יְצוּרָיו לְחַיִּים בְּרַחֲמִים.

שליח הציבור ממשיך:

וְנֶאֱמָן אַתָּה לְהַחֲיוֹת מֵתִים.

בָּרוּךְ* אַתָּה יהוה, מְחַיֵּה הַמֵּתִים.

יש קהילות שבהן אין אומרים את ה׳משלש׳, וממשיכים ׳יִמְלֹךְ ה׳ לְעוֹלָם׳ למטה
(ויש האומרים את הבית האחרון: ׳כְּלוּלַת אֲהָבִים אָנָּא זְכֹר׳).

משלש – סימן א״ת ב״ש

אִחַדְתָּ יוֹם זֶה בַּשָּׁנָה   תְּרוּפָה וּצְרִי שַׂמְתּוֹ לַשּׁוֹשַׁנָּה
בְּשָׁלֵם בִּהְיוֹת סֻכְּךָ בָּרִאשׁוֹנָה   שֵׁרוּתוֹ כִּפֵּר פִּשְׁעֵי יְשֵׁנָה.

גּוֹלִים מִנָּוֶךְ זְרוּיִם מֵהָלְאָה   רָן מְפִיקִים לְחַתֵּל תְּלָאָה
דִּכְאוּת רוּחַ וְשֶׁבֶר נַהֲלָאָה   קָדוֹשׁ, חֲשֹׁב כְּזִבְחֵי הָעֲלָאָה.

הָתְמַם מְרַחֵם יוֹשֵׁב אֹהָלִים   צוּרָתוֹ בְּכִסְאֲךָ חֲקַקְתָּהּ בְּהִלּוּלִים
וִלָדָיו חֹן, בְּעֹצֶר נִקְהָלִים   פְּאֵרְךָ מַבִּיעִים וְשִׁמְךָ מְהַלְּלִים.

זֵבֶד שִׁמְךָ שִׁתַּפְתָּ בִּשְׁמָם   עֲמוּתִים לְךָ כַּחוֹתָם לְשׂוּמָם
חָשְׁכֵם מֵאָנֶף, בְּלִי לְהַאֲשִׁימָם   סֵפֶר חַיִּים יְהִי רְשׁוּמָם.

טֹרַח עָוֹן וְכֹבֶד מַשָּׂא   נַעַר בְּצוּל, מְחוֹת בְּהַמָּסָה
יֶעֱרַב שִׂיחַ עֲנִיָּה וּרְמוּסָה   מְנִיחוֹחֵי כָּלִיל בְּאֶבֶן מַעֲמָסָה.

כְּלוּלַת אֲהָבִים אָנָּא זְכֹר   כְּלִמַּת נְעוּרִים עוֹד מִלִּזְכֹּר
◂ לְבֵן יַקִּירְךָ זָכוֹר תִּזְכֹּר   לְמַעַן חִילָךְ, לַעֲבָדֶיךָ זְכֹר.

במחזורים הישנים משולבים במערכות ה׳קרובות׳ הפסוקים שעליהם מבוססים
פיוטי ה׳קרובה׳. היום נוהגים לומר רק את שני הפסוקים ׳יִמְלֹךְ׳ ו׳וְאַתָּה קָדוֹשׁ׳,
ומסיימים ׳אֵל נָא׳ כפתיחה לפיוטים הבאים, המובילים אל הקדושה.

קהל ואחריו שליח הציבור:

יִמְלֹךְ יהוה לְעוֹלָם, אֱלֹהַיִךְ צִיּוֹן לְדֹר וָדֹר, הַלְלוּיָהּ: תהלים קמו

וְאַתָּה קָדוֹשׁ, יוֹשֵׁב תְּהִלּוֹת יִשְׂרָאֵל: תהלים כב

אֵל נָא.

---

* בבית כנסת הבנוי בהר הבית: **בָּרוּךְ אַתָּה יהוה אֱלֹהֵי יִשְׂרָאֵל מִן הָעוֹלָם וְעַד הָעוֹלָם, בָּרוּךְ אַתָּה יהוה, מְחַיֵּה הַמֵּתִים.**

פותחים את ארון הקודש.

פיוט זה נוסף ל'קרובה' בתקופת הראשונים.
סגנונו מעיד עליו שהוא עתיק מאוד, כנראה קודם לקליר.

סימן א״ב

אַתָּה הוּא אֱלֹהֵינוּ בַּשָּׁמַיִם וּבָאָרֶץ.
גִּבּוֹר וְנַעֲרָץ דָּגוּל מֵרְבָבָה.
הוּא שָׂח וַיֶּהִי וְצִוָּה וְנִבְרָאוּ.
זִכְרוֹ לָנֶצַח חַי עוֹלָמִים.
טְהוֹר עֵינַיִם יוֹשֵׁב סֵתֶר.
כִּתְרוֹ יְשׁוּעָה לְבוּשׁוֹ צְדָקָה.
מַעֲטֵהוּ קִנְאָה נֶאְפָּד נְקָמָה.
סִתְרוֹ יֹשֶׁר עֲצָתוֹ אֱמוּנָה.
פְּעֻלָּתוֹ אֱמֶת צַדִּיק וְיָשָׁר.
קָרוֹב לְקוֹרְאָיו בֶּאֱמֶת רָם וּמִתְנַשֵּׂא.
שׁוֹכֵן שְׁחָקִים תּוֹלֶה אֶרֶץ עַל בְּלִימָה.

הקהל ושליח הציבור אומרים:

חַי וְקַיָּם נוֹרָא וּמָרוֹם וְקָדוֹשׁ.

סוגרים את ארון הקודש.

שליח הציבור אומר את ארבעת החרוזים הבאים, והקהל חוזר אחרי כל אחד מהם.
חרוזים אלה הם שורות הפזמון של הפיוטים 'מוֹרֵה חַטָּאִים'
ו'אֶדֶר יְקָר אֵלִי'.

אָנָּא סְלַח נָא
פֶּשַׁע וְעָוֹן שָׂא נָא / וְכֹחֲךָ יִגְדַּל נָא.
קָדוֹשׁ.

אָנָּא רַחוּם כַּפֵּר
עֲוֹן צָגִים, תְּהִלָּתְךָ לְסַפֵּר / וְיַחֲקוּ לְחַיִּים בַּסֵּפֶר.
קָדוֹשׁ.

מֶלֶךְ שׁוֹכֵן עַד / לְבַדְּךָ מְלֹךְ עֲדֵי עַד
הָאֵל קָדוֹשׁ.

מֶלֶךְ מַאֲזִין שַׁוְעָה / לְעַמּוֹ מֵחִישׁ יְשׁוּעָה
נוֹרָא וְקָדוֹשׁ.

בדורות האחרונים פשט המנהג שלא לומר את שלושת הפיוטים הבאים במחזור: ׳אָנָּא אֱלֹהִים חַיִּים׳, ׳אֵימָה בָּחַר׳ ו׳אַךְ אָתִים בְּחִין לְפָנֶיךָ׳, אלא רק ׳הַיּוֹם יִכָּתֵב׳, שהוא הפזמון של הפיוט ׳אֵימָה בָּחַר׳.

שליח הציבור אומר, והקהל חוזר אחריו:

הַיּוֹם יִכָּתֵב / בְּסֵפֶר הַזִּכְרוֹנוֹת
הַחַיִּים וְהַמָּוֶת.
אָנָּא כַּנָּה
עוּרִי נָא / הִתְעוֹרְרִי נָא
עִמְדִי נָא / הִתְיַצְּבִי נָא
קוּמִי נָא / חַלִּי נָא
בְּעַד הַנֶּפֶשׁ חַנִּי נָא
פְּנֵי דָר עֶלְיוֹן.

לאחר ה׳קיקלרים׳ – פיוטים המתאפיינים בפזמון חוזר (או בכמה פזמונות חוזרים) – אומרים שורת פיוטים המכונים ׳רהיטים׳, המובילים מעיקר ה׳קרובה׳ אל הקדשה. לפני כל אחד מפיוטים אלה, אומרים שורת פתיחה המתחילה במילה ׳וּבְכֵן׳, ומציגה את הנושא המרכזי שהפיוט מפתח בהרחבה.

פותחים את ארון הקודש.

וּבְכֵן, אִמְרוּ לֵאלֹהִים, מַה־נּוֹרָא מַעֲשֶׂיךָ: תהלים סו

סימן א״ב

אִמְרוּ לֵאלֹהִים

אֶרֶךְ אַפַּיִם וּגְדָל־כֹּחַ / מֵכִין הָרִים בְּכֹחַ נחום א

חֲכַם לֵבָב וְאַמִּיץ כֹּחַ / נֹתֵן לַיָּעֵף כֹּחַ איוב ט ישעיה מ

לָכֵן יִתְגָּאֶה, גָּדוֹל אֲדוֹנֵינוּ וְרַב־כֹּחַ: תהלים קמז

אִמְרוּ לֵאלֹהִים

בּוֹנֶה בַשָּׁמַיִם מַעֲלוֹתָו / מַשְׁקֶה הָרִים מֵעֲלִיּוֹתָיו עמוס ט תהלים קד
זֵכֶר עָשָׂה לְנִפְלְאֹתָיו / וְלוֹ נִתְכְּנוּ עֲלִלוֹתָיו תהלים קיא
לָכֵן יִתְגָּאֶה, הַמְקָרֶה בַמַּיִם עֲלִיּוֹתָיו: תהלים קד

אִמְרוּ לֵאלֹהִים

גֵּאֶה וְגָבֹהַּ בִּשְׁמֵי מַעְלָה / עֹטֶה אוֹר כַּשַּׂלְמָה
לוֹ הַגְּבוּרָה וְהַגְּדֻלָּה / וְהָעֹז וְהַמֶּמְשָׁלָה
לָכֵן יִתְגָּאֶה, וּמַלְכוּתוֹ בַּכֹּל מָשָׁלָה: תהלים קג

אִמְרוּ לֵאלֹהִים

דָּגוּל מֵרִבְבוֹת קֹדֶשׁ / וְנֶאְדָּר בַּקֹּדֶשׁ
דַּרְכּוֹ בַּקֹּדֶשׁ / וּמִשְׁתַּחֲוִים לוֹ בְּהַדְרַת קֹדֶשׁ
לָכֵן יִתְגָּאֶה, הֲלִיכוֹת אֵלִי מַלְכִּי בַקֹּדֶשׁ: תהלים סח

אִמְרוּ לֵאלֹהִים

הוֹדוֹ כִּסָּה שָׁמַיִם / וְהָאָרֶץ רוֹקַע עַל הַמַּיִם
יַרְעֵם מִשָּׁמַיִם / לְקוֹל תִּתּוֹ הֲמוֹן מַיִם ירמיה נא
לָכֵן יִתְגָּאֶה, הַנּוֹטֶה כַדֹּק שָׁמַיִם: ישעיה מ

אִמְרוּ לֵאלֹהִים

וְכָל בַּשָּׁלִשׁ עֲפַר הָאָרֶץ / יָדוֹ יָסְדָה אָרֶץ ישעיה מ
וִימִינוֹ טִפְּחָה שְׁמֵי עֶרֶץ / וְהֶעֱמִידָם בְּלִי פֶרֶץ
לָכֵן יִתְגָּאֶה, הַיֹּשֵׁב עַל־חוּג הָאָרֶץ: שם

אִמְרוּ לֵאלֹהִים

זְהַר כִּסְאוֹ שְׁבִיבֵי אֵשׁ / מְשָׁרְתָיו לֹהֵט אֵשׁ
נְגַהּ לָאֵשׁ וּמַבְרִיק הָאֵשׁ / לְפָנָיו נִמְשָׁכִים נַהֲרֵי אֵשׁ
לָכֵן יִתְגָּאֶה, אֵשׁ אֹכְלָה אֵשׁ.

אִמְרוּ לֵאלֹהִים
חַי עוֹלָמִים / צָר בְּיָהּ עוֹלָמִים
אִוָּה בֵּית עוֹלָמִים / מָכוֹן לְשִׁבְתּוֹ עוֹלָמִים
לָכֵן יִתְגָּאֶה, עַתִּיק יוֹמִין.

אִמְרוּ לֵאלֹהִים
טְהוֹר עֵינַיִם / סְבִיבוֹתָיו חַשְׁרַת מַיִם
עָבֵי שַׁחַק חֶשְׁכַת מַיִם / טוֹעֲנֵי מֶרְכַּבְתּוֹ, גַּבּוֹתָם מְלֵאוֹת עֵינַיִם
לָכֵן יִתְגָּאֶה, מִצְוַת יהוה בָּרָה מְאִירַת עֵינָיִם: תהלים יט

אִמְרוּ לֵאלֹהִים
יוֹדֵעַ מַה בְּסִתְרֵי חֹשֶׁךְ / לֹא יַחְשִׁיךְ מֶנּוּ חֹשֶׁךְ
קֵץ שָׂם לַחֹשֶׁךְ / הֹפֵךְ לַבֹּקֶר צַלְמָוֶת וְחֹשֶׁךְ איוב כח
לָכֵן יִתְגָּאֶה, יוֹצֵר אוֹר וּבוֹרֵא חֹשֶׁךְ: ישעיה מה

אִמְרוּ לֵאלֹהִים
כּוֹנֵן כִּסְאוֹ לַמִּשְׁפָּט / מְכוֹן כִּסְאוֹ צֶדֶק וּמִשְׁפָּט
אֱלֹהֵי הַמִּשְׁפָּט / תֹּאחֵז יָדוֹ בְּמִשְׁפָּט
לָכֵן יִתְגָּאֶה, וַיִּגְבַּהּ יהוה צְבָאוֹת בַּמִּשְׁפָּט: ישעיה ה

אִמְרוּ לֵאלֹהִים
לוֹ יָאֲתָה מְלוּכָה / שׁוֹכֵן עַד, וְאֶת דַּכָּא
מֵשִׁיב אֱנוֹשׁ עַד דַּכָּא / וְאוֹמֵר, שׁוּבוּ בְּרוּחַ נְמוּכָה
לָכֵן יִתְגָּאֶה, כִּי לַיהוה הַמְּלוּכָה: תהלים כב

אִמְרוּ לֵאלֹהִים
מֹשֵׁל בִּגְבוּרָתוֹ עוֹלָם / הַכֹּל צָפוּי וְלֹא נֶעְלָם תהלים סו
זֶה שְּׁמוֹ לְעוֹלָם / חַסְדּוֹ מֵעוֹלָם וְעַד עוֹלָם
לָכֵן יִתְגָּאֶה, בָּרוּךְ יהוה אֱלֹהֵי יִשְׂרָאֵל, מֵהָעוֹלָם וְעַד־הָעוֹלָם: תהלים מא

אִמְרוּ לֵאלֹהִים

נוֹצֵר חֶסֶד לָאֶלֶף דּוֹר / לוֹחֵם קָמָיו מִדּוֹר לְדוֹר

מֵקִים סֻכַּת מְשִׁיחוֹ לִגְדּוֹר / הָאוֹר חוֹנֶה עִמּוֹ בְּמָדוֹר

לָכֵן יִתְגָּאֶה, וְזֶה זִכְרִי לְדֹר דֹּר: שמות ג

אִמְרוּ לֵאלֹהִים

סוֹבֵל עֶלְיוֹנִים וְתַחְתּוֹנִים / שֹׁמֵעַ אֶל־אֶבְיוֹנִים תהלים סט

מַאֲזִין שִׂיחַ חִנּוּנִים / מַקְשִׁיב שֶׁוַע רְנָנִים

לָכֵן יִתְגָּאֶה, אֱלֹהֵי הָאֱלֹהִים וַאֲדֹנֵי הָאֲדֹנִים: דברים י

אִמְרוּ לֵאלֹהִים

עִזּוּז וְגִבּוֹר מִלְחָמָה / נוֹקֵם לְצָרָיו וּבַעַל חֵמָה

מַכְרִית קָמִים בִּמְהוּמָה / נוֹהֵם עֲלֵיהֶם בִּנְהִימָה

לָכֵן יִתְגָּאֶה, יהוה אִישׁ מִלְחָמָה: שמות טו

אִמְרוּ לֵאלֹהִים

פּוֹעֵל וְעוֹשֶׂה הַכֹּל / בְּיָדוֹ לְגַדֵּל וּלְחַזֵּק לַכֹּל

אֵלָיו יְשַׂבְּרוּ עֵינֵי כֹל / עֵינָיו מְשׁוֹטְטוֹת בַּכֹּל

לָכֵן יִתְגָּאֶה, עֶלְיוֹן עַל־כֹּל: תהלים כג

אִמְרוּ לֵאלֹהִים

צַדִּיק בְּכָל דְּרָכָיו / יָשָׁר מֵצִיץ מֵחֲרַכָּיו

חָפֵץ בְּעַם מַמְלִיכָיו / יִירְשׁוּ אֶרֶץ מְבֹרָכָיו

לָכֵן יִתְגָּאֶה, בָּרְכוּ יהוה מַלְאָכָיו: תהלים קג

אִמְרוּ לֵאלֹהִים

קֹרֵא הַדֹּרוֹת מֵרֹאשׁ / מַגִּיד אַחֲרִית מֵרֹאשׁ ישעיה מא

בָּחַר בְּאֹם דַּלַּת רֹאשׁ / עֻזּוֹ יוֹם יוֹם לִדְרֹשׁ

לָכֵן יִתְגָּאֶה, וְהַמִּתְנַשֵּׂא לְכֹל לְרֹאשׁ: דברי הימים א׳ כט

אִמְרוּ לֵאלֹהִים

רָם וְנִשָּׂא, שֹׁכֵן עַד / בִּטְחוּ בוֹ עֲדֵי עַד ישעיה נז

כְּבוֹדוֹ בְּסוֹד קְדוֹשִׁים וָעַד / וּלְעַם קְדוֹשׁוֹ נוֹעַד

לָכֵן יִתְגָּאֶה, הַמַּבִּיט לָאָרֶץ וַתִּרְעָד: תהלים קד

אִמְרוּ לֵאלֹהִים

שְׁבִילוֹ בְּמַיִם רַבִּים / שָׁמָיו מַרְעִיף רְבִיבִים

שְׁמוֹ מְיַחֲדִים שַׁחַר וַעֲרָבִים / בְּשַׁעַר בַּת רַבִּים

לָכֵן יִתְגָּאֶה, יהוה צְבָאוֹת יֹשֵׁב הַכְּרֻבִים: שמואל א׳ ד

אִמְרוּ לֵאלֹהִים

תְּהִלָּתוֹ מָלְאָה הָאָרֶץ / מַעֲבִיר כִּלָּיוֹן וְחָרֶץ חבקוק ג

מֵשִׁיב חֲרוֹן אַף וָקֶרֶץ / שֶׁוַע מְחַנְנָיו יֶרֶץ

לָכֵן יִתְגָּאֶה, יהוה אֲדֹנֵינוּ, מָה־אַדִּיר שִׁמְךָ בְּכָל־הָאָרֶץ: תהלים ח

כמו בפיוטי ׳מֶלֶךְ עֶלְיוֹן׳ הנאמרים בראש השנה, גם לפיוטי ׳מַעֲשֵׂה אֱלֹהֵינוּ׳ המאפיינים את ׳קדושתאות׳ (מערכות פיוטים לחזרת הש״ץ) יום הכיפורים, נכתבו פיוטים משלימים, ׳מַעֲשֵׂה אֱנוֹשׁ׳, המדגישים את הניגוד בין הקב״ה לבשר ודם. כבר מימות הראשונים השמיטו את בתי הפיוט המשלים, פרט לבית האחרון שלו, שאומרים לפני הבית החותם.

וּבְכֵן, גְּדוֹלִים מַעֲשֵׂי אֱלֹהֵינוּ.

סימן א״ב

מַעֲשֵׂה אֱלֹהֵינוּ

אֵין מִי בַשַּׁחַק יַעֲרֹךְ לוֹ / בִּבְנֵי אֵלִים יִדְמֶה לוֹ

גְּבֹהִים עִלָּה לְמוֹשָׁב לוֹ / דָּרֵי גֵיא כַּחֲגָבִים לְמוּלוֹ

לָכֵן יִתְגָּאֶה, הַצּוּר תָּמִים פָּעֳלוֹ: דברים לב

מַעֲשֵׂה אֱלֹהֵינוּ

הַמְשֵׁל וָפַחַד עִמּוֹ / וְהַרְבֵּה פְּדוּת עִמּוֹ איוב כה
זַעַק וְלַחַשׁ עַמּוֹ / חָשׁ וּמַאֲזִין מִמְּרוֹמוֹ
לָכֵן יִתְגָּאֶה, יהוה צְבָאוֹת שְׁמוֹ: ישעיה מח

מַעֲשֵׂה אֱלֹהֵינוּ

טֶרֶף נָתַן לִירֵאָיו / יֹבִילוּ שַׁי לְמוֹרָאָיו תהלים קיא
כִּתֵּי גְּדוּדֵי צְבָאָיו / לֹא יְשׁוּרוּ כְּבוֹד מַרְאָיו
לָכֵן יִתְגָּאֶה, הִנֵּה עֵין יהוה אֶל־יְרֵאָיו: תהלים לג

מַעֲשֵׂה אֱלֹהֵינוּ

מַלְאָכָיו עוֹשֶׂה רוּחוֹת / נִקְדָּשׁ בְּשִׁירוֹת וְתִשְׁבָּחוֹת
סוֹכֵת שְׁפִיכַת שִׂיחוֹת / עוֹנֶה וּמַעֲמִיד רְוָחוֹת
לָכֵן יִתְגָּאֶה, אֱלֹהֵי הָרוּחֹת: במדבר טז

מַעֲשֵׂה אֱלֹהֵינוּ

פּוֹדֶה מִשַּׁחַת עֲמוּסָיו / צוּר יוֹדֵעַ חוֹסָיו
קָדוֹשׁ מַפְלִיא נִסָּיו / רַחוּם לִמְרַצָּיו וּמַכְעִיסָיו
לָכֵן יִתְגָּאֶה, וְרַחֲמָיו עַל־כָּל־מַעֲשָׂיו: תהלים קמה

סוגרים את ארון הקודש.

מַעֲשֵׂה אֱנוֹשׁ

תַּחְבּוּלוֹתָיו מְזִמָּה / שִׁבְתּוֹ בְּתוֹךְ מִרְמָה
רְפִידָתוֹ רִמָּה / קָבוּר בִּסְעִיף אֲדָמָה
וְאֵיךְ יִתְגָּאֶה, אָדָם לַהֶבֶל דָּמָה: תהלים קמד

פותחים את ארון הקודש.

אֲבָל מַעֲשֵׂה אֱלֹהֵינוּ

שׁוֹמֵעַ שַׁוְעוֹת / שׁוֹעֶה עֶרֶךְ שׁוּעוֹת
תּוֹרוֹתָיו מְשַׁעַשְׁעוֹת / תַּכְסִיסוֹ כּוֹבַע יְשׁוּעוֹת
לָכֵן יִתְגָּאֶה, הָאֵל לָנוּ אֵל לְמוֹשָׁעוֹת: תהלים סח

סוגרים את ארון הקודש.

לאחר הפיוט ׳מַעֲשֵׂה אֱלֹהֵינוּ׳ המתאר את עליונותו האינסופית של הקב״ה מעל האדם, הפייטן מתאר את הפרדוקס, שעם כל גדולתו של הקב״ה, הניכרת בפמליה של מעלה (ומתוארת בהרחבה בפיוט הקודם), הוא רוצה דווקא בשבח מפיהם של בני האדם.

כיום יש קהילות שאינן אומרות פיוט זה, ואפשר שכאשר אין אומרים את הבתים ׳מַעֲשֵׂה אֱנוֹשׁ׳, הפרדוקס חד פחות.

וּבְכֵן, לְנוֹרָא עֲלֵיהֶם בְּאֵימָה יַעֲרִיצוּ.

סימן א״ב

אֲשֶׁר אֹמֶץ תְּהִלָּתֶךָ בְּאֵילֵי שַׁחַק / בִּבְרְקֵי נֹגַהּ
בִּגְדוּדֵי גֹבַהּ / בִּדְמָמָה דַקָּה וּקְדֻשָּׁתְךָ בְּפִיהֶם.

וְרָצִיתָ שֶׁבַח מֵהוֹמֵי בְּרֶגֶשׁ / וְעוֹרְכֵי שֶׁוַע
זוֹעֲקֵי תְחִנָּה / חוֹכֵי חֲנִינָה וְהִיא כְבוֹדֶךָ.

אֲשֶׁר אֹמֶץ תְּהִלָּתֶךָ בְּטַפְסְרֵי טֹהַר / בִּידִּדוּן יִדּוֹן
בִּכְרוּבֵי כָבוֹד / בִּלְגְיוֹנֵי לַהַב וּקְדֻשָּׁתְךָ בְּפִיהֶם.

וְרָצִיתָ שֶׁבַח מִמְעוּטֵי יָמִים / נְשׁוּיֵי טוֹבָה
שְׂבֵעֵי רֹגֶז / עֲגוּמֵי נֶפֶשׁ וְהִיא כְבוֹדֶךָ.

אֲשֶׁר אֹמֶץ תְּהִלָּתֶךָ בִּפְלִיאֵי שֵׁמוֹת / בְּצִבְאוֹת עִירִין
בִּקְדוֹשֵׁי קֶדֶם / בְּרֶכֶב רִבֹּתַיִם וּקְדֻשָּׁתְךָ בְּפִיהֶם.

וְרָצִיתָ שֶׁבַח מִשּׁוֹקְדֵי דְלָתוֹת / שׁוֹפְכֵי שִׂיחַ
תּוֹבְעֵי סְלִיחָה / תְּאֵבֵי כַפָּרָה וְהִיא כְבוֹדֶךָ.

שני ה׳רהיטים׳ ׳עַל יִשְׂרָאֵל אֱמוּנָתוֹ׳ ו׳אַפְסֵי אֶרֶץ בִּדְבָרוֹ הֵקִים׳ מבוססים על תהלים סח, לה. פסוק זה מדגים את אותו העיקרון שהובא בפיוט הקודם. ה׳רהיט׳ ׳עַל יִשְׂרָאֵל אֱמוּנָתוֹ׳ מקביל לבתים המתחילים ׳וְרָצִיתָ שֶׁבַח׳ למעלה – הואיל והקב״ה רצה שבח דווקא מבשר ודם, הרי שכבודו תלוי בהם, ובפרט בישראל. שלושת הפיוטים שמדלגים עליהם, ׳אַפְסֵי אֶרֶץ בִּדְבָרוֹ הֵקִים׳, ׳מִי כָמוֹךָ אַדִּיר בַּמְּרוֹמִים׳ ו׳אֵין כָּמוֹךָ בְּאַדִּירֵי מַעְלָה׳, משבחים את הקב״ה על הבריאה (ומקבילים לבתים המתחילים ׳אֲשֶׁר אֹמֶץ תְּהִלָּתֶךָ׳). היום נוהגים ברוב הקהילות שלא לאומרם.

וּבְכֵן, תְּנוּ עֹז לֵאלֹהִים, עַל־יִשְׂרָאֵל גַּאֲוָתוֹ: תהלים סח

סימן א״ב

עַל יִשְׂרָאֵל אֱמוּנָתוֹ עַל יִשְׂרָאֵל בִּרְכָתוֹ
עַל יִשְׂרָאֵל גַּאֲוָתוֹ עַל יִשְׂרָאֵל דִּבְרָתוֹ

עַל יִשְׂרָאֵל הֲדָרָתוֹ עַל יִשְׂרָאֵל וְעִידָתוֹ
עַל יִשְׂרָאֵל זְכִירָתוֹ עַל יִשְׂרָאֵל חֶמְלָתוֹ
עַל יִשְׂרָאֵל טַהֲרָתוֹ עַל יִשְׂרָאֵל יְשָׁרָתוֹ
עַל יִשְׂרָאֵל כַּנָּתוֹ עַל יִשְׂרָאֵל לְאֻמָּתוֹ
עַל יִשְׂרָאֵל מַלְכוּתוֹ עַל יִשְׂרָאֵל נְעִימָתוֹ
עַל יִשְׂרָאֵל סְגֻלָּתוֹ עַל יִשְׂרָאֵל עֲדָתוֹ
עַל יִשְׂרָאֵל פְּעֻלָּתוֹ עַל יִשְׂרָאֵל צִדְקָתוֹ
עַל יִשְׂרָאֵל קְדֻשָּׁתוֹ עַל יִשְׂרָאֵל רוֹמְמוּתוֹ
עַל יִשְׂרָאֵל שְׁכִינָתוֹ עַל יִשְׂרָאֵל תִּפְאַרְתּוֹ.

פותחים את ארון הקודש.

מקורו של הפיוט ׳הָאַדֶּרֶת וְהָאֱמוּנָה׳ בספרות ההיכלות. חסידי אשכנז החשיבו אותו מאוד, וראו בו תיאור לשירת המלאכים (סידור הרוקח, יד).

וּבְכֵן, נְאַדֶּרְךָ חַי עוֹלָמִים.

סימן א״ב כפול

הָאַדֶּרֶת וְהָאֱמוּנָה לְחַי עוֹלָמִים
הַבִּינָה וְהַבְּרָכָה לְחַי עוֹלָמִים
הַגַּאֲוָה וְהַגְּדֻלָּה לְחַי עוֹלָמִים
הַדֵּעָה וְהַדִּבּוּר לְחַי עוֹלָמִים
הַהוֹד וְהֶהָדָר לְחַי עוֹלָמִים
הַוַּעַד וְהַוָּתִיקוּת לְחַי עוֹלָמִים
הַזַּךְ וְהַזֹּהַר לְחַי עוֹלָמִים
הַחַיִל וְהַחֹסֶן לְחַי עוֹלָמִים
הַטֶּכֶס וְהַטֹּהַר לְחַי עוֹלָמִים
הַיִּחוּד וְהַיִּרְאָה לְחַי עוֹלָמִים
הַכֶּתֶר וְהַכָּבוֹד לְחַי עוֹלָמִים

הַלֶּקַח וְהַלִּבּוּב לְחַי עוֹלָמִים
הַמְּלוּכָה וְהַמֶּמְשָׁלָה לְחַי עוֹלָמִים
הַנּוֹי וְהַנֵּצַח לְחַי עוֹלָמִים
הַסִּגּוּי וְהַשֶּׂגֶב לְחַי עוֹלָמִים
הָעֹז וְהָעֲנָוָה לְחַי עוֹלָמִים
הַפְּדוּת וְהַפְּאֵר לְחַי עוֹלָמִים
הַצְּבִי וְהַצֶּדֶק לְחַי עוֹלָמִים
הַקְּרִיאָה וְהַקְּדֻשָּׁה לְחַי עוֹלָמִים
הָרֹן וְהָרוֹמֵמוּת לְחַי עוֹלָמִים
◂ הַשִּׁיר וְהַשֶּׁבַח לְחַי עוֹלָמִים
הַתְּהִלָּה וְהַתִּפְאֶרֶת לְחַי עוֹלָמִים

סוגרים את ארון הקודש.

הקרובה לשחרית מסתיימת בשני פיוטים מורכבים יותר מה׳רהיטים׳ שקדמו להם, ׳אֵילֵי שַׁחַק חֲצוּבֵי לֶהָבִים׳ ו׳אֵין מִסְפָּר לִגְדוּדֵי צְבָא חֵילוֹ׳. היום בקהילות רבות נוהגים לומר רק את הפזמונות של שני הפיוטים.

שליח הציבור אומר, והקהל חוזר אחריו:

לְיוֹשֵׁב תְּהִלּוֹת / לְרוֹכֵב עֲרָבוֹת
קָדוֹשׁ וּבָרוּךְ.

שליח הציבור:

וּבְכֵן, שְׂרָפִים עֹמְדִים מִמַּעַל לוֹ: ישעיה ו

שליח הציבור אומר, והקהל חוזר אחריו:

זֶה אֶל זֶה שׁוֹאֲלִים
אַיֵּה אֵל אֵלִים
אָנָה שׁוֹכֵן מְעָלִים
וְכֻלָּם מַעֲרִיצִים וּמַקְדִּישִׁים וּמְהַלְלִים.

פותחים את ארון הקודש.

וּבְכֵן, לְךָ הַכֹּל יַכְתִּירוּ.

סימן א״ב

לְאֵל עוֹרֵךְ דִּין לְבוֹחֵן לְבָבוֹת בְּיוֹם דִּין.
לְגוֹלֶה עֲמֻקּוֹת בַּדִּין לְדוֹבֵר מֵישָׁרִים בְּיוֹם דִּין.
לְהוֹגֶה דֵעוֹת בַּדִּין לְוָתִיק וְעוֹשֶׂה חֶסֶד בְּיוֹם דִּין.
לְזוֹכֵר בְּרִיתוֹ בַּדִּין לְחוֹמֵל מַעֲשָׂיו בְּיוֹם דִּין.
לְטַהֵר חוֹסָיו בַּדִּין לְיוֹדֵעַ מַחֲשָׁבוֹת בְּיוֹם דִּין.
לְכוֹבֵשׁ כַּעְסוֹ בַּדִּין לְלוֹבֵשׁ צְדָקוֹת בְּיוֹם דִּין.
לְמוֹחֵל עֲוֹנוֹת בַּדִּין לְנוֹרָא תְהִלּוֹת בְּיוֹם דִּין.
לְסוֹלֵחַ לַעֲמוּסָיו בַּדִּין לְעוֹנֶה לְקוֹרְאָיו בְּיוֹם דִּין.
לְפוֹעֵל רַחֲמָיו בַּדִּין לְצוֹפֶה נִסְתָּרוֹת בְּיוֹם דִּין.
לְקוֹנֶה עֲבָדָיו בַּדִּין לְרַחֵם עַמּוֹ בְּיוֹם דִּין.
לְשׁוֹמֵר אֹהֲבָיו בַּדִּין לְתוֹמֵךְ תְּמִימָיו בְּיוֹם דִּין.

סוגרים את ארון הקודש.

וּבְכֵן לְךָ תַעֲלֶה קְדֻשָּׁה, כִּי אַתָּה אֱלֹהֵינוּ מֶלֶךְ מוֹחֵל וְסוֹלֵחַ.

קדושה

בבתי כנסת המתפללים בנוסח אשכנז, אומרים כאן:

נַעֲרִיצְךָ וְנַקְדִּישְׁךָ כְּסוֹד שִׂיחַ שַׂרְפֵי קֹדֶשׁ, הַמַּקְדִּישִׁים שִׁמְךָ בַּקֹּדֶשׁ, כַּכָּתוּב עַל יַד
ישעיה ו **נְבִיאֶךָ: וְקָרָא זֶה אֶל־זֶה וְאָמַר** וממשיכים ׳קָדוֹשׁ, קָדוֹשׁ, קָדוֹשׁ׳ בעמוד הבא.

בחזרת הש״ץ הקהל עומד ואומר קדושה. ביום הכיפורים נוהגים לומר בכל תפילות היום את הקדושה הארוכה של מוסף (ראבי״ה, תקל). במקומות המסומנים ב־˄, המתפלל מתרומם על קצות אצבעותיו.

קהל ואחריו שליח הציבור:

כֶּתֶר יִתְּנוּ לְךָ, יהוה אֱלֹהֵינוּ, מַלְאָכִים הֲמוֹנֵי מַעְלָה
עִם עַמְּךָ יִשְׂרָאֵל קְבוּצֵי מַטָּה
יַחַד כֻּלָּם קְדֻשָּׁה לְךָ יְשַׁלֵּשׁוּ כַּדָּבָר הָאָמוּר עַל יַד נְבִיאֶךָ
ישעיה ו **וְקָרָא זֶה אֶל־זֶה וְאָמַר**

קהל ואחריו שליח הציבור:

·קָדוֹשׁ, ·קָדוֹשׁ, ·קָדוֹשׁ, יהוה צְבָאוֹת, מְלֹא כָל־הָאָרֶץ כְּבוֹדוֹ:

כְּבוֹדוֹ מָלֵא עוֹלָם, מְשָׁרְתָיו שׁוֹאֲלִים זֶה לָזֶה

אַיֵּה מְקוֹם כְּבוֹדוֹ לְהַעֲרִיצוֹ

לְעֻמָּתָם מְשַׁבְּחִים וְאוֹמְרִים

קהל ואחריו שליח הציבור:

יחזקאל ג **·בָּרוּךְ כְּבוֹד־יהוה מִמְּקוֹמוֹ:**

מִמְּקוֹמוֹ הוּא יִפֶן בְּרַחֲמָיו לְעַמּוֹ

וְיָחֹן עַם הַמְיַחֲדִים שְׁמוֹ עֶרֶב וָבֹקֶר בְּכָל יוֹם תָּמִיד

פַּעֲמַיִם בְּאַהֲבָה שְׁמַע אוֹמְרִים

קהל ואחריו שליח הציבור:

דברים ו **שְׁמַע יִשְׂרָאֵל, יהוה אֱלֹהֵינוּ, יהוה אֶחָד:**

הוּא אֱלֹהֵינוּ, הוּא אָבִינוּ, הוּא מַלְכֵּנוּ, הוּא מוֹשִׁיעֵנוּ

וְהוּא יוֹשִׁיעֵנוּ וְיִגְאָלֵנוּ שֵׁנִית, וְיַשְׁמִיעֵנוּ בְּרַחֲמָיו לְעֵינֵי כָּל חַי לֵאמֹר

הֵן גָּאַלְתִּי אֶתְכֶם אַחֲרִית כְּרֵאשִׁית

במדבר טו **לִהְיוֹת לָכֶם לֵאלֹהִים, אֲנִי יהוה אֱלֹהֵיכֶם:**

קהל ואחריו שליח הציבור:

תהלים ח **אַדִּיר אַדִּירֵנוּ, יהוה אֲדֹנֵינוּ, מָה־אַדִּיר שִׁמְךָ בְּכָל־הָאָרֶץ:**

זכריה יד **וְהָיָה יהוה לְמֶלֶךְ עַל־כָּל־הָאָרֶץ**

בַּיּוֹם הַהוּא יִהְיֶה יהוה אֶחָד וּשְׁמוֹ אֶחָד:

שליח הציבור:

וּבְדִבְרֵי קָדְשְׁךָ כָּתוּב לֵאמֹר

קהל ואחריו שליח הציבור:

תהלים קמו **·יִמְלֹךְ יהוה לְעוֹלָם, אֱלֹהַיִךְ צִיּוֹן לְדֹר וָדֹר, הַלְלוּיָהּ:**

שליח הציבור:

לְדוֹר וָדוֹר נַגִּיד גָּדְלֶךָ, וּלְנֵצַח נְצָחִים קְדֻשָּׁתְךָ נַקְדִּישׁ

וְשִׁבְחֲךָ אֱלֹהֵינוּ מִפִּינוּ לֹא יָמוּשׁ לְעוֹלָם וָעֶד

כִּי אֵל מֶלֶךְ גָּדוֹל וְקָדוֹשׁ אָתָּה.

יש האומרים כאן את פיוטי הקדושה.

בבתי כנסת המתפללים בנוסח אשכנז, אין אומרים ׳לְדוֹר וָדוֹר׳.

לְדוֹר וָדוֹר הַמְלִיכוּ לָאֵל, כִּי הוּא לְבַדּוֹ מָרוֹם וְקָדוֹשׁ.

קהל ושליח הציבור אומרים יחד:

חֲמֹל עַל מַעֲשֶׂיךָ / וְתִשְׂמַח בְּמַעֲשֶׂיךָ
וְיֹאמְרוּ לְךָ חוֹסֶיךָ / בְּצַדֶּקְךָ עֲמוּסֶיךָ
תֻּקְדַּשׁ אָדוֹן עַל כָּל מַעֲשֶׂיךָ

כִּי מַקְדִּישֶׁיךָ בִּקְדֻשָּׁתְךָ קִדַּשְׁתָּ
נָאֶה לְקָדוֹשׁ פְּאֵר מִקְּדוֹשִׁים.

שליח הציבור ממשיך:

בְּאֵין מֵלִיץ יֹשֶׁר / מוּל מַגִּיד פֶּשַׁע
תַּגִּיד לְיַעֲקֹב דְּבַר, חֹק וּמִשְׁפָּט
וְצַדְּקֵנוּ בַּמִּשְׁפָּט, הַמֶּלֶךְ הַמִּשְׁפָּט.

עוֹד יִזְכֹּר לָנוּ אַהֲבַת אֵיתָן, אֲדוֹנֵינוּ
וּבַבֵּן הַנֶּעֱקָד יַשְׁבִּית מְדַיְּנֵנוּ
וּבִזְכוּת הַתָּם יוֹצִיא הַיּוֹם לְצֶדֶק דִּינֵנוּ
כִּי־קָדוֹשׁ הַיּוֹם לַאֲדֹנֵינוּ: נחמיה ח

תפילה ובקשה על מלכות שמים, מלכות בית דוד ובנין המקדש

וּבְכֵן יִתְקַדַּשׁ שִׁמְךָ יהוה אֱלֹהֵינוּ
עַל יִשְׂרָאֵל עַמֶּךָ, וְעַל יְרוּשָׁלַיִם עִירֶךָ
וְעַל צִיּוֹן מִשְׁכַּן כְּבוֹדֶךָ
וְעַל מַלְכוּת בֵּית דָּוִד מְשִׁיחֶךָ*
וְעַל מְכוֹנְךָ וְהֵיכָלֶךָ.

במחזורי אשכנז נוסף כאן סדר ׳רהיטים׳.

---

* וְעַל בִּנְיַן בֵּית מִקְדָּשְׁךָ וְהֵיכָלֶךָ.

וּבְכֵן תֵּן פַּחְדְּךָ יהוה אֱלֹהֵינוּ עַל כָּל מַעֲשֶׂיךָ
וְאֵימָתְךָ עַל כָּל מַה שֶּׁבָּרָאתָ
וְיִירָאוּךָ כָּל הַמַּעֲשִׂים
וְיִשְׁתַּחֲווּ לְפָנֶיךָ כָּל הַבְּרוּאִים
וְיֵעָשׂוּ כֻלָּם אֲגֻדָּה אֶחָת לַעֲשׂוֹת רְצוֹנְךָ בְּלֵבָב שָׁלֵם
כְּמוֹ שֶׁיָּדַעְנוּ יהוה אֱלֹהֵינוּ שֶׁהַשָּׁלְטָן לְפָנֶיךָ
עֹז בְּיָדְךָ וּגְבוּרָה בִּימִינֶךָ
וְשִׁמְךָ נוֹרָא עַל כָּל מַה שֶּׁבָּרָאתָ.

וּבְכֵן תֵּן כָּבוֹד יהוה לְעַמֶּךָ
תְּהִלָּה לִירֵאֶיךָ וְתִקְוָה טוֹבָה לְדוֹרְשֶׁיךָ
וּפִתְחוֹן פֶּה לַמְיַחֲלִים לָךְ
שִׂמְחָה לְאַרְצֶךָ, וְשָׂשׂוֹן לְעִירֶךָ
וּצְמִיחַת קֶרֶן לְדָוִד עַבְדֶּךָ
וַעֲרִיכַת נֵר לְבֶן יִשַׁי מְשִׁיחֶךָ בִּמְהֵרָה בְיָמֵינוּ.

וּבְכֵן צַדִּיקִים יִרְאוּ וְיִשְׂמָחוּ, וִישָׁרִים יַעֲלֹזוּ
וַחֲסִידִים בְּרִנָּה יָגִילוּ, וְעוֹלָתָה תִּקְפָּץ פִּיהָ
וְכָל הָרִשְׁעָה כֻּלָּהּ כְּעָשָׁן תִּכְלֶה
כִּי תַעֲבִיר מֶמְשֶׁלֶת זָדוֹן מִן הָאָרֶץ.

וְתִמְלֹךְ אַתָּה הוּא יהוה אֱלֹהֵינוּ
מְהֵרָה לְבַדֶּךָ עַל כָּל מַעֲשֶׂיךָ
בְּהַר צִיּוֹן מִשְׁכַּן כְּבוֹדֶךָ, וּבִירוּשָׁלַיִם עִיר קָדְשֶׁךָ
כַּכָּתוּב בְּדִבְרֵי קָדְשֶׁךָ
תהלים קמו יִמְלֹךְ יהוה לְעוֹלָם, אֱלֹהַיִךְ צִיּוֹן לְדֹר וָדֹר, הַלְלוּיָהּ:

קָדוֹשׁ אַתָּה וְנוֹרָא שְׁמֶךָ, וְאֵין אֱלוֹהַּ מִבַּלְעָדֶיךָ

כַּכָּתוּב, וַיִּגְבַּהּ יהוה צְבָאוֹת בַּמִּשְׁפָּט, ישעיה ה

וְהָאֵל הַקָּדוֹשׁ נִקְדַּשׁ בִּצְדָקָה:

בָּרוּךְ* אַתָּה יהוה, הַמֶּלֶךְ הַקָּדוֹשׁ.

קדושת היום

אַתָּה בְחַרְתָּנוּ מִכָּל הָעַמִּים

אָהַבְתָּ אוֹתָנוּ וְרָצִיתָ בָּנוּ, וְרוֹמַמְתָּנוּ מִכָּל הַלְּשׁוֹנוֹת

וְקִדַּשְׁתָּנוּ בְּמִצְוֹתֶיךָ, וְקֵרַבְתָּנוּ מַלְכֵּנוּ לַעֲבוֹדָתֶךָ

וְשִׁמְךָ הַגָּדוֹל וְהַקָּדוֹשׁ עָלֵינוּ קָרָאתָ.

בשבת מוסיפים את המילים שבסוגריים.

וַתִּתֶּן לָנוּ יהוה אֱלֹהֵינוּ בְּאַהֲבָה אֶת יוֹם

(הַשַּׁבָּת הַזֶּה לִקְדֻשָּׁה וְלִמְנוּחָה, וְאֶת יוֹם)

הַכִּפּוּרִים הַזֶּה, לִמְחִילָה וְלִסְלִיחָה וּלְכַפָּרָה

וְלִמְחָל בּוֹ אֶת כָּל עֲווֹנוֹתֵינוּ

(בְּאַהֲבָה) מִקְרָא קֹדֶשׁ, זֵכֶר לִיצִיאַת מִצְרָיִם.

אֱלֹהֵינוּ וֵאלֹהֵי אֲבוֹתֵינוּ

יַעֲלֶה וְיָבוֹא וְיַגִּיעַ, וְיֵרָאֶה וְיֵרָצֶה וְיִשָּׁמַע

וְיִפָּקֵד וְיִזָּכֵר זִכְרוֹנֵנוּ וּפִקְדוֹנֵנוּ וְזִכְרוֹן אֲבוֹתֵינוּ

וְזִכְרוֹן מָשִׁיחַ בֶּן דָּוִד עַבְדֶּךָ, וְזִכְרוֹן יְרוּשָׁלַיִם עִיר קָדְשֶׁךָ

וְזִכְרוֹן כָּל עַמְּךָ בֵּית יִשְׂרָאֵל, לְפָנֶיךָ, לִפְלֵיטָה לְטוֹבָה

לְחֵן וּלְחֶסֶד וּלְרַחֲמִים, לְחַיִּים וּלְשָׁלוֹם

בְּיוֹם הַכִּפּוּרִים הַזֶּה.

---

* בבית כנסת הבנוי בהר הבית: בָּרוּךְ אַתָּה יהוה אֱלֹהֵי יִשְׂרָאֵל מִן הָעוֹלָם וְעַד הָעוֹלָם, בָּרוּךְ אַתָּה יהוה, הַמֶּלֶךְ הַקָּדוֹשׁ.

זָכְרֵנוּ יהוה אֱלֹהֵינוּ בּוֹ לְטוֹבָה, וּפָקְדֵנוּ בוֹ לִבְרָכָה וְהוֹשִׁיעֵנוּ בוֹ לְחַיִּים טוֹבִים.
וּבִדְבַר יְשׁוּעָה וְרַחֲמִים, חוּס וְחָנֵּנוּ וְרַחֵם עָלֵינוּ וְהוֹשִׁיעֵנוּ כִּי אֵלֶיךָ עֵינֵינוּ, כִּי אֵל מֶלֶךְ חַנּוּן וְרַחוּם אָתָּה.

בימות הראשונים נהגו לומר סליחות ווידוי לפני חתימת הברכה הרביעית (סידור רס״ג). במאתיים השנים האחרונות הפסיקו בקהילות אשכנז לומר פיוטים וי״ג מידות (פרט לתפילות ערבית ונעילה), ומתחילים מיד בפסוקי סליחות.

הכול:

זְכֹר־רַחֲמֶיךָ יהוה וַחֲסָדֶיךָ, כִּי מֵעוֹלָם הֵמָּה: תהלים כה
אַל־תִּזְכָּר־לָנוּ עֲוֹנֹת רִאשֹׁנִים תהלים עט
מַהֵר יְקַדְּמוּנוּ רַחֲמֶיךָ כִּי דַלּוֹנוּ מְאֹד:
זָכְרֵנוּ יהוה בִּרְצוֹן עַמֶּךָ, פָּקְדֵנוּ בִּישׁוּעָתֶךָ.
זְכֹר עֲדָתְךָ קָנִיתָ קֶּדֶם תהלים עד
גָּאַלְתָּ שֵׁבֶט נַחֲלָתֶךָ, הַר־צִיּוֹן זֶה שָׁכַנְתָּ בּוֹ:
זְכֹר יהוה חִבַּת יְרוּשָׁלָיִם, אַהֲבַת צִיּוֹן אַל תִּשְׁכַּח לָנֶצַח.
זְכֹר יהוה לִבְנֵי אֱדוֹם אֵת יוֹם יְרוּשָׁלָיִם תהלים קלז
הָאוֹמְרִים עָרוּ עָרוּ, עַד הַיְסוֹד בָּהּ:
אַתָּה תָקוּם תְּרַחֵם צִיּוֹן, כִּי־עֵת לְחֶנְנָהּ, כִּי־בָא מוֹעֵד: תהלים קב
זְכֹר לְאַבְרָהָם לְיִצְחָק וּלְיִשְׂרָאֵל עֲבָדֶיךָ שמות לב
אֲשֶׁר נִשְׁבַּעְתָּ לָהֶם בָּךְ וַתְּדַבֵּר אֲלֵהֶם
אַרְבֶּה אֶת־זַרְעֲכֶם כְּכוֹכְבֵי הַשָּׁמָיִם
וְכָל־הָאָרֶץ הַזֹּאת אֲשֶׁר אָמַרְתִּי אֶתֵּן לְזַרְעֲכֶם, וְנָחֲלוּ לְעֹלָם:
זְכֹר לַעֲבָדֶיךָ לְאַבְרָהָם לְיִצְחָק וּלְיַעֲקֹב דברים ט
אַל־תֵּפֶן אֶל־קְשִׁי הָעָם הַזֶּה וְאֶל־רִשְׁעוֹ וְאֶל־חַטָּאתוֹ:

שליח הציבור ואחריו הקהל:

אַל־נָא תָשֵׁת עָלֵינוּ חַטָּאת אֲשֶׁר נוֹאַלְנוּ וַאֲשֶׁר חָטָאנוּ: במדבר יב
חָטָאנוּ צוּרֵנוּ, סְלַח לָנוּ יוֹצְרֵנוּ.

לאחר פסוקי ׳זְכֹר־רַחֲמֶיךָ׳ הקהל אומר שורת בקשות שהקב״ה ינהג עמנו ברחמים, ׳זְכָר לָנוּ בְּרִית אָבוֹת׳. לפני כן, נהגו לומר פיוט ׳חָטָאנוּ׳ על שם השורה החוזרת ׳חָטָאנוּ צוּרֵנוּ׳. בשחרית ליום הכיפורים אומרים את הפיוט ׳אֲדַבְּרָה תַחֲנוּנִים׳. היום נוהגים לומר רק את השורה האחרונה ׳קוֹל גָּדוֹל׳.

שליח הציבור ואחריו הקהל:

קוֹל גָּדוֹל כְּהַשְׁמִיעַ לִרְחוּמִים / קַבְּלוּ מַלְכוּתִי מִמְּקוֹרֵי רְחָמִים
יִזְכֹּר הַיּוֹם לְסָבִיב מִתְחָמִים / אֵל מֶלֶךְ יוֹשֵׁב עַל כִּסֵּא רַחֲמִים.

חָטָאנוּ צוּרֵנוּ, סְלַח לָנוּ יוֹצְרֵנוּ.

הכול:

זְכָר לָנוּ בְּרִית אָבוֹת כַּאֲשֶׁר אָמַרְתָּ:
ויקרא כו **וְזָכַרְתִּי אֶת־בְּרִיתִי יַעֲקוֹב**
וְאַף אֶת־בְּרִיתִי יִצְחָק, וְאַף אֶת־בְּרִיתִי אַבְרָהָם אֶזְכֹּר
וְהָאָרֶץ אֶזְכֹּר:

זְכָר לָנוּ בְּרִית רִאשׁוֹנִים כַּאֲשֶׁר אָמַרְתָּ:
ויקרא כו **וְזָכַרְתִּי לָהֶם בְּרִית רִאשֹׁנִים**
אֲשֶׁר הוֹצֵאתִי־אֹתָם מֵאֶרֶץ מִצְרַיִם לְעֵינֵי הַגּוֹיִם
לִהְיוֹת לָהֶם לֵאלֹהִים, אֲנִי יהוה:

עֲשֵׂה עִמָּנוּ כְּמָה שֶׁהִבְטַחְתָּנוּ:
ויקרא כו **וְאַף גַּם־זֹאת בִּהְיוֹתָם בְּאֶרֶץ אֹיְבֵיהֶם**
לֹא־מְאַסְתִּים וְלֹא־גְעַלְתִּים לְכַלֹּתָם, לְהָפֵר בְּרִיתִי אִתָּם
כִּי אֲנִי יהוה אֱלֹהֵיהֶם:

הָשֵׁב שְׁבוּתֵנוּ וְרַחֲמֵנוּ כְּמָה שֶׁכָּתוּב:
דברים ל **וְשָׁב יהוה אֱלֹהֶיךָ אֶת־שְׁבוּתְךָ וְרִחֲמֶךָ**
וְשָׁב וְקִבֶּצְךָ מִכָּל־הָעַמִּים אֲשֶׁר הֱפִיצְךָ יהוה אֱלֹהֶיךָ שָׁמָּה:

קַבֵּץ נִדָּחֵינוּ כְּמָה שֶׁכָּתוּב:
דברים ל **אִם־יִהְיֶה נִדַּחֲךָ בִּקְצֵה הַשָּׁמָיִם**
מִשָּׁם יְקַבֶּצְךָ יהוה אֱלֹהֶיךָ וּמִשָּׁם יִקָּחֶךָ:

מְחֵה פְשָׁעֵינוּ כָּעָב וְכֶעָנָן כְּמָה שֶׁכָּתוּב:
מָחִיתִי כָעָב פְּשָׁעֶיךָ וְכֶעָנָן חַטֹּאותֶיךָ ישעיה מד
שׁוּבָה אֵלַי כִּי גְאַלְתִּיךָ:

מְחֵה פְשָׁעֵינוּ לְמַעַנְךָ כַּאֲשֶׁר אָמַרְתָּ:
אָנֹכִי אָנֹכִי הוּא מֹחֶה פְשָׁעֶיךָ לְמַעֲנִי ישעיה מג
וְחַטֹּאתֶיךָ לֹא אֶזְכֹּר:

הַלְבֵּן חֲטָאֵינוּ כַּשֶּׁלֶג וְכַצֶּמֶר כְּמָה שֶׁכָּתוּב:
לְכוּ־נָא וְנִוָּכְחָה יֹאמַר יהוה ישעיה א
אִם־יִהְיוּ חֲטָאֵיכֶם כַּשָּׁנִים כַּשֶּׁלֶג יַלְבִּינוּ
אִם־יַאְדִּימוּ כַתּוֹלָע כַּצֶּמֶר יִהְיוּ:

זְרֹק עָלֵינוּ מַיִם טְהוֹרִים וְטַהֲרֵנוּ כְּמָה שֶׁכָּתוּב:
וְזָרַקְתִּי עֲלֵיכֶם מַיִם טְהוֹרִים וּטְהַרְתֶּם יחזקאל לו
מִכֹּל טֻמְאוֹתֵיכֶם וּמִכָּל־גִּלּוּלֵיכֶם אֲטַהֵר אֶתְכֶם:

כַּפֵּר חֲטָאֵינוּ בַּיּוֹם הַזֶּה וְטַהֲרֵנוּ, כְּמָה שֶׁכָּתוּב:
כִּי־בַיּוֹם הַזֶּה יְכַפֵּר עֲלֵיכֶם לְטַהֵר אֶתְכֶם ויקרא טז
מִכֹּל חַטֹּאתֵיכֶם לִפְנֵי יהוה תִּטְהָרוּ:

רַחֵם עָלֵינוּ וְאַל תַּשְׁחִיתֵנוּ כְּמָה שֶׁכָּתוּב:
כִּי אֵל רַחוּם יהוה אֱלֹהֶיךָ, לֹא יַרְפְּךָ וְלֹא יַשְׁחִיתֶךָ דברים ד
וְלֹא יִשְׁכַּח אֶת־בְּרִית אֲבוֹתֶיךָ אֲשֶׁר נִשְׁבַּע לָהֶם:

מוֹל אֶת לְבָבֵנוּ לְאַהֲבָה אֶת שְׁמֶךָ כְּמָה שֶׁכָּתוּב:
וּמָל יהוה אֱלֹהֶיךָ אֶת־לְבָבְךָ וְאֶת־לְבַב זַרְעֶךָ דברים ל
לְאַהֲבָה אֶת־יהוה אֱלֹהֶיךָ בְּכָל־לְבָבְךָ וּבְכָל־נַפְשְׁךָ, לְמַעַן חַיֶּיךָ:

הִמָּצֵא לָנוּ בְּבַקָּשָׁתֵנוּ כְּמָה שֶׁכָּתוּב:
וּבִקַּשְׁתֶּם מִשָּׁם אֶת־יהוה אֱלֹהֶיךָ וּמָצָאתָ דברים ד
כִּי תִדְרְשֶׁנּוּ בְּכָל־לְבָבְךָ וּבְכָל־נַפְשֶׁךָ:

תְּבִיאֵנוּ אֶל הַר קָדְשֶׁךָ,* וְשַׂמְּחֵנוּ בְּבֵית תְּפִלָּתֶךָ כְּמָה שֶׁכָּתוּב:

וַהֲבִיאוֹתִים אֶל־הַר קָדְשִׁי ישעיה נו

וְשִׂמַּחְתִּים בְּבֵית תְּפִלָּתִי

עוֹלֹתֵיהֶם וְזִבְחֵיהֶם לְרָצוֹן עַל־מִזְבְּחִי

כִּי בֵיתִי בֵּית־תְּפִלָּה יִקָּרֵא לְכָל־הָעַמִּים:

פותחים את ארון הקודש.

יש קהילות שבהן אומרים את הפסוקים בסדר הבא:
'שְׁמַע קוֹלֵנוּ', 'הֲשִׁיבֵנוּ', 'אַל תַּשְׁלִיכֵנוּ מִלְּפָנֶיךָ', 'אַל תַּשְׁלִיכֵנוּ לְעֵת זִקְנָה' בקול –
שליח הציבור אומר פסוק פסוק ואחריו הקהל;
'אַל תַּעַזְבֵנוּ', 'עֲשֵׂה עִמָּנוּ', 'אֲמָרֵינוּ הַאֲזִינָה', 'יִהְיוּ לְרָצוֹן', 'כִּי לְךָ ה'' בלחש.

הקהל ואחריו שליח הציבור אומרים פסוק פסוק עד 'אַל תַּעַזְבֵנוּ':

שְׁמַע קוֹלֵנוּ, יהוה אֱלֹהֵינוּ, חוּס וְרַחֵם עָלֵינוּ
וְקַבֵּל בְּרַחֲמִים וּבְרָצוֹן אֶת תְּפִלָּתֵנוּ.
הֲשִׁיבֵנוּ יהוה אֵלֶיךָ וְנָשׁוּבָה, חַדֵּשׁ יָמֵינוּ כְּקֶדֶם: איכה ה
אֲמָרֵינוּ הַאֲזִינָה יהוה, בִּינָה הֲגִיגֵנוּ.
יִהְיוּ לְרָצוֹן אִמְרֵי פִינוּ וְהֶגְיוֹן לִבֵּנוּ לְפָנֶיךָ, יהוה צוּרֵנוּ וְגוֹאֲלֵנוּ.
אַל תַּשְׁלִיכֵנוּ מִלְּפָנֶיךָ, וְרוּחַ קָדְשְׁךָ אַל תִּקַּח מִמֶּנּוּ.
אַל תַּשְׁלִיכֵנוּ לְעֵת זִקְנָה, כִּכְלוֹת כֹּחֵנוּ אַל תַּעַזְבֵנוּ.

אַל תַּעַזְבֵנוּ יהוה, אֱלֹהֵינוּ אַל תִּרְחַק מִמֶּנּוּ.
עֲשֵׂה עִמָּנוּ אוֹת לְטוֹבָה, וְיִרְאוּ שׂוֹנְאֵינוּ וְיֵבֹשׁוּ
כִּי אַתָּה יהוה עֲזַרְתָּנוּ וְנִחַמְתָּנוּ.
כִּי לְךָ יהוה הוֹחָלְנוּ, אַתָּה תַעֲנֶה אֲדֹנָי אֱלֹהֵינוּ.

סוגרים את ארון הקודש.

---

* חַזֵּק יָדֵינוּ בְּבִנְיַן מִקְדָּשֶׁךָ.

שליח הציבור:

אֱלֹהֵינוּ וֵאלֹהֵי אֲבוֹתֵינוּ
אַל תַּעַזְבֵנוּ, וְאַל תִּטְּשֵׁנוּ
וְאַל תַּכְלִימֵנוּ, וְאַל תָּפֵר בְּרִיתְךָ אִתָּנוּ
קָרְבֵנוּ לְתוֹרָתֶךָ, לַמְּדֵנוּ מִצְוֹתֶיךָ
הוֹרֵנוּ דְרָכֶיךָ, הַט לִבֵּנוּ לְיִרְאָה אֶת שְׁמֶךָ
וּמוֹל אֶת לְבָבֵנוּ לְאַהֲבָתֶךָ
וְנָשׁוּב אֵלֶיךָ בֶּאֱמֶת וּבְלֵב שָׁלֵם
וּלְמַעַן שִׁמְךָ הַגָּדוֹל תִּמְחֹל וְתִסְלַח לַעֲוֹנֵינוּ
כַּכָּתוּב בְּדִבְרֵי קָדְשֶׁךָ
לְמַעַן־שִׁמְךָ יהוה, וְסָלַחְתָּ לַעֲוֹנִי כִּי רַב־הוּא: תהלים כה

הכול:

אֱלֹהֵינוּ וֵאלֹהֵי אֲבוֹתֵינוּ
סְלַח לָנוּ, מְחַל לָנוּ, כַּפֶּר לָנוּ.

כִּי אָנוּ עַמֶּךָ וְאַתָּה אֱלֹהֵינוּ אָנוּ בָנֶיךָ וְאַתָּה אָבִינוּ
אָנוּ עֲבָדֶיךָ וְאַתָּה אֲדוֹנֵנוּ אָנוּ קְהָלֶךָ וְאַתָּה חֶלְקֵנוּ
אָנוּ נַחֲלָתֶךָ וְאַתָּה גוֹרָלֵנוּ אָנוּ צֹאנֶךָ וְאַתָּה רוֹעֵנוּ
אָנוּ כַרְמֶךָ וְאַתָּה נוֹטְרֵנוּ אָנוּ פְעֻלָּתֶךָ וְאַתָּה יוֹצְרֵנוּ
אָנוּ רַעְיָתֶךָ וְאַתָּה דוֹדֵנוּ אָנוּ סְגֻלָּתֶךָ וְאַתָּה אֱלֹהֵינוּ
אָנוּ עַמֶּךָ וְאַתָּה מַלְכֵּנוּ אָנוּ מַאֲמִירֶיךָ וְאַתָּה מַאֲמִירֵנוּ.

שליח הציבור אומר שורה שורה, והקהל חוזר אחריו:

אָנוּ עַזֵּי פָנִים וְאַתָּה רַחוּם וְחַנּוּן
אָנוּ קְשֵׁי עֹרֶף וְאַתָּה אֶרֶךְ אַפַּיִם
אָנוּ מְלֵאֵי עָוֹן וְאַתָּה מָלֵא רַחֲמִים
אָנוּ יָמֵינוּ כְּצֵל עוֹבֵר וְאַתָּה־הוּא וּשְׁנוֹתֶיךָ לֹא יִתָּמּוּ: תהלים קב

סדר מצות וידוי

יכוון לקיים מצוות עשה, של 'והתודו את חטאתם אשר עשו' (במדבר ה, ז). אלו דברי רבנו יונה גירונדי: "מצות עשה מן התורה להעיר אדם את רוחו לחזור בתשובה ביום הכיפורים, שנאמר: 'מכל חטאתיכם לפני ה' תטהרו' (ויקרא טז, ל). על כן הזהירנו הכתוב, שנטהר לפני ה' בתשובתנו, והוא יכפר עלינו ביום זה לטהרנו" (שערי תשובה שער ב, יד). "והעובר על זה ולא התוודה על חטאיו ביום הכפורים, שהוא יום קבוע מעולם לסליחה ולכפרה, ביטל עשה זה... ונשא עוונו" (ספר החינוך שסג). הווידוי נאמר גם במעומד וגם בהשתחוויה (מאירי על פי הגאונים 'חיבור התשובה' ויומא דף פז).

שליח הציבור:

אֱלֹהֵינוּ וֵאלֹהֵי אֲבוֹתֵינוּ
תָּבוֹא לְפָנֶיךָ תְּפִלָּתֵנוּ, וְאַל תִּתְעַלַּם מִתְּחִנָּתֵנוּ.
שֶׁאֵין אָנוּ עַזֵּי פָנִים וּקְשֵׁי עֹרֶף לוֹמַר לְפָנֶיךָ
יהוה אֱלֹהֵינוּ וֵאלֹהֵי אֲבוֹתֵינוּ
צַדִּיקִים אֲנַחְנוּ וְלֹא חָטָאנוּ.
אֲבָל אֲנַחְנוּ וַאֲבוֹתֵינוּ חָטָאנוּ.

כשמתוודה, מכה באגרופו על החזה כנגד הלב (מג״א תרז, ג, בשם מדרש קהלת).

שליח הציבור אומר, והקהל אומר אתו בלחש:

אָשַׁמְנוּ, בָּגַדְנוּ, גָּזַלְנוּ, דִּבַּרְנוּ דֹפִי
הֶעֱוִינוּ, וְהִרְשַׁעְנוּ, זַדְנוּ, חָמַסְנוּ, טָפַלְנוּ שֶׁקֶר
יָעַצְנוּ רָע, כִּזַּבְנוּ, לַצְנוּ, מָאַסְנוּ בְּבֵית הַמִּקְדָּשׁ, מָרַדְנוּ, נִאַצְנוּ, סָרַרְנוּ
עָוִינוּ, פָּשַׁעְנוּ, צָרַרְנוּ, קִשִּׁינוּ עֹרֶף
רָשַׁעְנוּ, שִׁחַתְנוּ, תִּעַבְנוּ, תָּעִינוּ, תִּעְתָּעְנוּ.

סַרְנוּ מִמִּצְוֹתֶיךָ וּמִמִּשְׁפָּטֶיךָ הַטּוֹבִים, וְלֹא שָׁוָה לָנוּ.
וְאַתָּה צַדִּיק עַל כָּל־הַבָּא עָלֵינוּ נחמיה ט
כִּי־אֱמֶת עָשִׂיתָ, וַאֲנַחְנוּ הִרְשָׁעְנוּ:

הִרְשַׁעְנוּ וּפָשַׁעְנוּ, לָכֵן לֹא נוֹשָׁעְנוּ
וְתֵן בְּלִבֵּנוּ לַעֲזֹב דֶּרֶךְ רֶשַׁע, וְחִישׁ לָנוּ יֶשַׁע
כַּכָּתוּב עַל יַד נְבִיאֶךָ, יַעֲזֹב רָשָׁע דַּרְכּוֹ, וְאִישׁ אָוֶן מַחְשְׁבֹתָיו ישעיה נה
וְיָשֹׁב אֶל־יהוה וִירַחֲמֵהוּ, וְאֶל־אֱלֹהֵינוּ כִּי־יַרְבֶּה לִסְלוֹחַ:

שליח הציבור:

אֱלֹהֵינוּ וֵאלֹהֵי אֲבוֹתֵינוּ
סְלַח וּמְחַל לַעֲוֹנוֹתֵינוּ בְּיוֹם (בשבת: הַשַּׁבָּת הַזֶּה וּבְיוֹם) הַכִּפּוּרִים הַזֶּה
וְהֵעָתֵר לָנוּ בִּתְפִלָּתֵנוּ, מְחֵה וְהַעֲבֵר פְּשָׁעֵינוּ וְחַטֹּאתֵינוּ מִנֶּגֶד עֵינֶיךָ
וְכֹף אֶת יִצְרֵנוּ לְהִשְׁתַּעְבֶּד לָךְ, וְהַכְנַע עָרְפֵּנוּ לָשׁוּב אֵלֶיךָ בֶּאֱמֶת
וְחַדֵּשׁ כִּלְיוֹתֵינוּ לִשְׁמֹר פִּקּוּדֶיךָ
וּמוֹל אֶת לְבָבֵנוּ לְאַהֲבָה וּלְיִרְאָה אֶת שְׁמֶךָ
כַּכָּתוּב בְּתוֹרָתֶךָ
וּמָל יהוה אֱלֹהֶיךָ אֶת־לְבָבְךָ וְאֶת־לְבַב זַרְעֶךָ דברים ל
לְאַהֲבָה אֶת־יהוה אֱלֹהֶיךָ בְּכָל־לְבָבְךָ וּבְכָל־נַפְשְׁךָ, לְמַעַן חַיֶּיךָ:
הַזְּדוֹנוֹת וְהַשְּׁגָגוֹת אַתָּה מַכִּיר
הָרָצוֹן וְהָאֹנֶס, הַגְּלוּיִים וְהַנִּסְתָּרִים
לְפָנֶיךָ הֵם גְּלוּיִים וִידוּעִים.
מָה אָנוּ, מֶה חַיֵּינוּ
מֶה חַסְדֵּנוּ, מַה צִּדְקוֹתֵינוּ, מַה יְשׁוּעָתֵנוּ, מַה כֹּחֵנוּ, מַה גְּבוּרָתֵנוּ
מַה נֹּאמַר לְפָנֶיךָ, יהוה אֱלֹהֵינוּ וֵאלֹהֵי אֲבוֹתֵינוּ
הֲלֹא כָּל הַגִּבּוֹרִים כְּאַיִן לְפָנֶיךָ, וְאַנְשֵׁי הַשֵּׁם כְּלֹא הָיוּ
וַחֲכָמִים כִּבְלִי מַדָּע, וּנְבוֹנִים כִּבְלִי הַשְׂכֵּל
כִּי רֹב מַעֲשֵׂיהֶם תֹּהוּ, וִימֵי חַיֵּיהֶם הֶבֶל לְפָנֶיךָ
וּמוֹתַר הָאָדָם מִן־הַבְּהֵמָה אָיִן, כִּי הַכֹּל הָבֶל: קהלת ג

מַה נֹּאמַר לְפָנֶיךָ יוֹשֵׁב מָרוֹם, וּמַה נְּסַפֵּר לְפָנֶיךָ שׁוֹכֵן שְׁחָקִים
הֲלֹא כָּל הַנִּסְתָּרוֹת וְהַנִּגְלוֹת אַתָּה יוֹדֵעַ.

הפיוט ׳אַתָּה מֵבִין׳ הוא הרחבה של הפיסקה ׳אַתָּה יוֹדֵעַ רָזֵי עוֹלָם׳ (בעמוד הבא).
היום נוהגים לומר רק את שני הבתים האחרונים שבו.

שליח הציבור ואחריו הקהל:

שִׁמְךָ מֵעוֹלָם עוֹבֵר עַל פֶּשַׁע / שַׁוְעָתֵנוּ תַּאֲזִין, בְּעָמְדֵנוּ לְפָנֶיךָ בִּתְפִלָּה
תַּעֲבֹר עַל פֶּשַׁע לְעַם שָׁבֵי פֶשַׁע / תִּמְחֶה פְשָׁעֵינוּ מִנֶּגֶד עֵינֶיךָ.

שליח הציבור אומר, והקהל אומר אתו בלחש:

אַתָּה יוֹדֵעַ רָזֵי עוֹלָם וְתַעֲלוּמוֹת סִתְרֵי כָּל חָי.
אַתָּה חוֹפֵשׂ כָּל חַדְרֵי בָטֶן וּבוֹחֵן כְּלָיוֹת וָלֵב.
אֵין דָּבָר נֶעְלָם מִמֶּךָּ וְאֵין נִסְתָּר מִנֶּגֶד עֵינֶיךָ.
וּבְכֵן, יְהִי רָצוֹן מִלְּפָנֶיךָ, יהוה אֱלֹהֵינוּ וֵאלֹהֵי אֲבוֹתֵינוּ
שֶׁתְּכַפֵּר לָנוּ עַל כָּל חַטֹּאתֵינוּ
וְתִסְלַח לָנוּ עַל כָּל עֲוֹנוֹתֵינוּ
וְתִמְחַל לָנוּ עַל כָּל פְּשָׁעֵינוּ.

על כל חטא שמונה, מכה באגרופו על החזה כנגד הלב.

עַל חֵטְא שֶׁחָטָאנוּ לְפָנֶיךָ בְּאֹנֶס וּבְרָצוֹן
וְעַל חֵטְא שֶׁחָטָאנוּ לְפָנֶיךָ בְּאִמּוּץ הַלֵּב

עַל חֵטְא שֶׁחָטָאנוּ לְפָנֶיךָ בִּבְלִי דָעַת
וְעַל חֵטְא שֶׁחָטָאנוּ לְפָנֶיךָ בְּבִטּוּי שְׂפָתָיִם

עַל חֵטְא שֶׁחָטָאנוּ לְפָנֶיךָ בְּגִלּוּי עֲרָיוֹת
וְעַל חֵטְא שֶׁחָטָאנוּ לְפָנֶיךָ בְּגָלוּי וּבַסָּתֶר

עַל חֵטְא שֶׁחָטָאנוּ לְפָנֶיךָ בְּדַעַת וּבְמִרְמָה
וְעַל חֵטְא שֶׁחָטָאנוּ לְפָנֶיךָ בְּדִבּוּר פֶּה

עַל חֵטְא שֶׁחָטָאנוּ לְפָנֶיךָ בְּהוֹנָאַת רֵעַ
וְעַל חֵטְא שֶׁחָטָאנוּ לְפָנֶיךָ בְּהַרְהוֹר הַלֵּב

עַל חֵטְא שֶׁחָטָאנוּ לְפָנֶיךָ בִּוְעִידַת זְנוּת
וְעַל חֵטְא שֶׁחָטָאנוּ לְפָנֶיךָ בְּוִדּוּי פֶּה

עַל חֵטְא שֶׁחָטָאנוּ לְפָנֶיךָ בְּזִלְזוּל הוֹרִים וּמוֹרִים
וְעַל חֵטְא שֶׁחָטָאנוּ לְפָנֶיךָ בְּזָדוֹן וּבִשְׁגָגָה

עַל חֵטְא שֶׁחָטָאנוּ לְפָנֶיךָ בְּחֹזֶק יָד
וְעַל חֵטְא שֶׁחָטָאנוּ לְפָנֶיךָ בְּחִלּוּל הַשֵּׁם

עַל חֵטְא שֶׁחָטָאנוּ לְפָנֶיךָ בְּטֻמְאַת שְׂפָתָיִם
וְעַל חֵטְא שֶׁחָטָאנוּ לְפָנֶיךָ בְּטִפְשׁוּת פֶּה

עַל חֵטְא שֶׁחָטָאנוּ לְפָנֶיךָ בְּיֵצֶר הָרָע
וְעַל חֵטְא שֶׁחָטָאנוּ לְפָנֶיךָ בְּיוֹדְעִים וּבְלֹא יוֹדְעִים

וְעַל כֻּלָּם אֱלוֹהַּ סְלִיחוֹת סְלַח לָנוּ, מְחַל לָנוּ, כַּפֶּר לָנוּ.

עַל חֵטְא שֶׁחָטָאנוּ לְפָנֶיךָ בְּכַחַשׁ וּבְכָזָב
וְעַל חֵטְא שֶׁחָטָאנוּ לְפָנֶיךָ בְּכַפַּת שֹׁחַד

עַל חֵטְא שֶׁחָטָאנוּ לְפָנֶיךָ בְּלָצוֹן
וְעַל חֵטְא שֶׁחָטָאנוּ לְפָנֶיךָ בְּלָשׁוֹן הָרָע

עַל חֵטְא שֶׁחָטָאנוּ לְפָנֶיךָ בְּמַשָּׂא וּבְמַתָּן
וְעַל חֵטְא שֶׁחָטָאנוּ לְפָנֶיךָ בְּמַאֲכָל וּבְמִשְׁתֶּה

עַל חֵטְא שֶׁחָטָאנוּ לְפָנֶיךָ בְּנֶשֶׁךְ וּבְמַרְבִּית
וְעַל חֵטְא שֶׁחָטָאנוּ לְפָנֶיךָ בִּנְטִיַּת גָּרוֹן

עַל חֵטְא שֶׁחָטָאנוּ לְפָנֶיךָ בְּשִׂיחַ שִׂפְתוֹתֵינוּ
וְעַל חֵטְא שֶׁחָטָאנוּ לְפָנֶיךָ בְּשִׂקּוּר עָיִן

עַל חֵטְא שֶׁחָטָאנוּ לְפָנֶיךָ בְּעֵינַיִם רָמוֹת
וְעַל חֵטְא שֶׁחָטָאנוּ לְפָנֶיךָ בְּעַזּוּת מֶצַח

וְעַל כֻּלָּם אֱלוֹהַּ סְלִיחוֹת סְלַח לָנוּ, מְחַל לָנוּ, כַּפֶּר לָנוּ.

עַל חֵטְא שֶׁחָטָאנוּ לְפָנֶיךָ בִּפְרִיקַת עֹל
וְעַל חֵטְא שֶׁחָטָאנוּ לְפָנֶיךָ בִּפְלִילוּת

עַל חֵטְא שֶׁחָטָאנוּ לְפָנֶיךָ בִּצְדִיַּת רֵעַ
וְעַל חֵטְא שֶׁחָטָאנוּ לְפָנֶיךָ בְּצָרוּת עָיִן

עַל חֵטְא שֶׁחָטָאנוּ לְפָנֶיךָ בְּקַלּוּת רֹאשׁ
וְעַל חֵטְא שֶׁחָטָאנוּ לְפָנֶיךָ בְּקַשְׁיוּת עֹרֶף

עַל חֵטְא שֶׁחָטָאנוּ לְפָנֶיךָ בְּרִיצַת רַגְלַיִם לְהָרַע
וְעַל חֵטְא שֶׁחָטָאנוּ לְפָנֶיךָ בִּרְכִילוּת

עַל חֵטְא שֶׁחָטָאנוּ לְפָנֶיךָ בִּשְׁבוּעַת שָׁוְא
וְעַל חֵטְא שֶׁחָטָאנוּ לְפָנֶיךָ בְּשִׂנְאַת חִנָּם

עַל חֵטְא שֶׁחָטָאנוּ לְפָנֶיךָ בִּתְשׂוּמֶת יָד
וְעַל חֵטְא שֶׁחָטָאנוּ לְפָנֶיךָ בְּתִמְהוֹן לֵבָב

וְעַל כֻּלָּם אֱלוֹהַּ סְלִיחוֹת סְלַח לָנוּ, מְחַל לָנוּ, כַּפֶּר לָנוּ.

וְעַל חֲטָאִים שֶׁאָנוּ חַיָּבִים עֲלֵיהֶם עוֹלָה
וְעַל חֲטָאִים שֶׁאָנוּ חַיָּבִים עֲלֵיהֶם חַטָּאת
וְעַל חֲטָאִים שֶׁאָנוּ חַיָּבִים עֲלֵיהֶם קָרְבָּן עוֹלֶה וְיוֹרֵד
וְעַל חֲטָאִים שֶׁאָנוּ חַיָּבִים עֲלֵיהֶם אָשָׁם וַדַּאי וְתָלוּי
וְעַל חֲטָאִים שֶׁאָנוּ חַיָּבִים עֲלֵיהֶם מַכַּת מַרְדּוּת
וְעַל חֲטָאִים שֶׁאָנוּ חַיָּבִים עֲלֵיהֶם מַלְקוּת אַרְבָּעִים
וְעַל חֲטָאִים שֶׁאָנוּ חַיָּבִים עֲלֵיהֶם מִיתָה בִּידֵי שָׁמָיִם
וְעַל חֲטָאִים שֶׁאָנוּ חַיָּבִים עֲלֵיהֶם כָּרֵת וַעֲרִירִי
וְעַל חֲטָאִים שֶׁאָנוּ חַיָּבִים עֲלֵיהֶם אַרְבַּע מִיתוֹת בֵּית דִּין
סְקִילָה, שְׂרֵפָה, הֶרֶג, וְחֶנֶק.
עַל מִצְוַת עֲשֵׂה וְעַל מִצְוַת לֹא תַעֲשֶׂה.
בֵּין שֶׁיֵּשׁ בָּהּ קוּם עֲשֵׂה וּבֵין שֶׁאֵין בָּהּ קוּם עֲשֵׂה.
אֶת הַגְּלוּיִים לָנוּ וְאֶת שֶׁאֵינָם גְּלוּיִים לָנוּ
אֶת הַגְּלוּיִים לָנוּ, כְּבָר אֲמַרְנוּם לְפָנֶיךָ, וְהוֹדִינוּ לְךָ עֲלֵיהֶם
וְאֶת שֶׁאֵינָם גְּלוּיִים לָנוּ, לְפָנֶיךָ הֵם גְּלוּיִים וִידוּעִים
כַּדָּבָר שֶׁנֶּאֱמַר
הַנִּסְתָּרֹת לַיהוה אֱלֹהֵינוּ, וְהַנִּגְלֹת לָנוּ וּלְבָנֵינוּ עַד־עוֹלָם דברים כט
לַעֲשׂוֹת אֶת־כָּל־דִּבְרֵי הַתּוֹרָה הַזֹּאת:

רצף פסוקים זה עוסק בסליחת עוונות.
במחזורים עתיקים שולבו פיוטים בין פסוק לפסוק, אך כבר מאות
בשנים שנוהגים לומר רק את משפטי המעבר שבין הפסוקים.

שליח הציבור ממשיך:

וְדָוִד עַבְדְּךָ אָמַר לְפָנֶיךָ
שְׁגִיאוֹת מִי־יָבִין, מִנִּסְתָּרוֹת נַקֵּנִי: תהלים יט
נַקֵּנוּ יהוה אֱלֹהֵינוּ מִכָּל פְּשָׁעֵינוּ
וְטַהֲרֵנוּ מִכָּל טֻמְאוֹתֵינוּ
וּזְרֹק עָלֵינוּ מַיִם טְהוֹרִים וְטַהֲרֵנוּ
כַּכָּתוּב עַל יַד נְבִיאֶךָ
וְזָרַקְתִּי עֲלֵיכֶם מַיִם טְהוֹרִים, וּטְהַרְתֶּם יחזקאל לו
מִכֹּל טֻמְאוֹתֵיכֶם וּמִכָּל־גִּלּוּלֵיכֶם אֲטַהֵר אֶתְכֶם:

אַל תִּירָא יַעֲקֹב
שׁוּבוּ בָנִים שׁוֹבָבִים, שׁוּבָה יִשְׂרָאֵל.
הִנֵּה לֹא־יָנוּם וְלֹא יִישָׁן, שׁוֹמֵר יִשְׂרָאֵל: תהלים קכא
כַּכָּתוּב עַל יַד נְבִיאֶךָ
שׁוּבָה יִשְׂרָאֵל עַד יהוה אֱלֹהֶיךָ, כִּי כָשַׁלְתָּ בַּעֲוֹנֶךָ: הושע יד
וְנֶאֱמַר
קְחוּ עִמָּכֶם דְּבָרִים, וְשׁוּבוּ אֶל־יהוה הושע יד
אִמְרוּ אֵלָיו, כָּל־תִּשָּׂא עָוֹן וְקַח־טוֹב, וּנְשַׁלְּמָה פָרִים שְׂפָתֵינוּ:

וְאַתָּה רַחוּם מְקַבֵּל שָׁבִים
וְעַל הַתְּשׁוּבָה מֵרֹאשׁ הִבְטַחְתָּנוּ, וְעַל הַתְּשׁוּבָה עֵינֵינוּ מְיַחֲלוֹת לָךְ.

וּמֵאַהֲבָתְךָ יהוה אֱלֹהֵינוּ, שֶׁאָהַבְתָּ אֶת יִשְׂרָאֵל עַמֶּךָ
וּמֵחֶמְלָתְךָ מַלְכֵּנוּ, שֶׁחָמַלְתָּ עַל בְּנֵי בְרִיתֶךָ
נָתַתָּ לָּנוּ יהוה אֱלֹהֵינוּ אֶת יוֹם
(בשבת: הַשַּׁבָּת הַזֶּה לִקְדֻשָּׁה וְלִמְנוּחָה, וְאֶת יוֹם) צוֹם הַכִּפּוּרִים הַזֶּה
לִמְחִילַת חֵטְא וְלִסְלִיחַת עָוֹן וּלְכַפָּרַת פֶּשַׁע.

הסליחות והווידוי עומדים במרכז ברכת קדושת היום, אך לקראת חתימת הברכה מוסיפים פיוט מורכב העוסק במעלת יום הכיפורים. בפיוט אחד עשר בתים, ולכל בית שלושה חלקים: צלע הפותחת במילה ׳יום׳ ומתארת את יום הכיפורים; צלע הפותחת במילה ׳הַיּוֹם׳ ובה תפילה ובקשת סליחה; פסוק המתאר כיצד הקב״ה מרחם על עמו.
הפיוט מחולק לשלושה חלקים, וכל אחד מהם נחתם בבית קצר המתחיל ׳בַּעֲבוּר כְּבוֹד שִׁמְךָ׳. בקהילות רבות נוהגים לדלג על החלק האמצעי.

מקובל ששליח הציבור אומר את הפיוט, והקהל אומר עמו את הפסוקים ואת הבית המתחיל ׳בַּעֲבוּר כְּבוֹד שִׁמְךָ׳.

סימן א״ת ב״ש

יום **אֲשֶׁר אֲשָׁמֵנוּ יְצֻלַּל וְיִסָּגֵר**
הַיּוֹם תִּסְלַח לְכָל עֲדַת בְּנֵי יִשְׂרָאֵל, וְלַגֵּר הַגָּר.
כַּכָּתוּב בְּתוֹרָתֶךָ
וְנִסְלַח לְכָל־עֲדַת בְּנֵי יִשְׂרָאֵל וְלַגֵּר הַגָּר בְּתוֹכָם במדבר טו
כִּי לְכָל־הָעָם בִּשְׁגָגָה:

יום **בָּגַדְנוּ תִּשָּׂא וְתִסְלַח / הַיּוֹם שִׁמְךָ יֵאָמֵן, אֵל טוֹב וְסַלָּח.**
כַּכָּתוּב בְּדִבְרֵי קָדְשֶׁךָ
כִּי־אַתָּה אֲדֹנָי טוֹב וְסַלָּח תהלים פו
וְרַב־חֶסֶד לְכָל־קֹרְאֶיךָ:

יום **גָּעַלְנוּ חֻקֶּיךָ, שַׁכַּח וַעֲזֹב / הַיּוֹם רַחֲמֵנוּ וְנָשׁוּב וְדֶרֶךְ רֶשַׁע נַעֲזֹב.**
כַּכָּתוּב עַל יַד נְבִיאֶךָ
יַעֲזֹב רָשָׁע דַּרְכּוֹ, וְאִישׁ אָוֶן מַחְשְׁבֹתָיו ישעיה נה
וְיָשֹׁב אֶל־יהוה וִירַחֲמֵהוּ, וְאֶל־אֱלֹהֵינוּ כִּי־יַרְבֶּה לִסְלוֹחַ:

יום **דְּפִינוּ אָנָּא שָׂא נָא / הַיּוֹם קְשֹׁב תַּחֲנוּנֵינוּ, וּבְתַחֲנוּן סְלַח נָא.**
כַּכָּתוּב בְּתוֹרָתֶךָ
סְלַח־נָא לַעֲוֹן הָעָם הַזֶּה כְּגֹדֶל חַסְדֶּךָ במדבר יד
וְכַאֲשֶׁר נָשָׂאתָה לָעָם הַזֶּה מִמִּצְרַיִם וְעַד־הֵנָּה:
וְשָׁם נֶאֱמַר, וַיֹּאמֶר יהוה, סָלַחְתִּי כִּדְבָרֶךָ:

בַּעֲבוּר כְּבוֹד שִׁמְךָ
הִמָּצֵא לָנוּ מוֹחֵל וְסוֹלֵחַ / סְלַח נָא לְמַעַן שְׁמֶךָ.

יום חִנְּנָךְ עָנָו, בַּעֲדֵנוּ תִּזְכֹּר / הַיּוֹם סְלַח לַעֲוֹנֵנוּ, וְחֵטְא אַל תִּזְכֹּר.

כַּכָּתוּב בְּדִבְרֵי קָדְשֶׁךָ

אַל־תִּזְכָּר־לָנוּ עֲוֹנֹת רִאשֹׁנִים תהלים עט

מַהֵר יְקַדְּמוּנוּ רַחֲמֶיךָ, כִּי דַלּוֹנוּ מְאֹד:

יום טָעוּתֵנוּ יְבֻקַּשׁ וָאַיִן / הַיּוֹם נְאֻם הַקֵּם, יְבֻקַּשׁ עָוֹן וָאַיִן.

כַּכָּתוּב עַל יַד נְבִיאֶךָ

בַּיָּמִים הָהֵם וּבָעֵת הַהִיא, נְאֻם־יהוה ירמיה נ

יְבֻקַּשׁ אֶת־עֲוֹן יִשְׂרָאֵל וְאֵינֶנּוּ

וְאֶת־חַטֹּאת יְהוּדָה, וְלֹא תִמָּצֶאינָה

כִּי אֶסְלַח לַאֲשֶׁר אַשְׁאִיר:

יום יִדְרְשׁוּן מְצָרֵף וּמְטַהֵר / הַיּוֹם מִכָּל חַטֹּאתֵינוּ אוֹתָנוּ תְּטַהֵר.

כַּכָּתוּב בְּתוֹרָתֶךָ

כִּי־בַיּוֹם הַזֶּה יְכַפֵּר עֲלֵיכֶם לְטַהֵר אֶתְכֶם ויקרא טז

מִכֹּל חַטֹּאתֵיכֶם לִפְנֵי יהוה תִּטְהָרוּ:

יום כָּל תִּשָּׂא עָוֹן, בְּתַחֲנוּן אֲבַטֵּחַ / הַיּוֹם לְשַׁוְעָתֵנוּ אָזְן הַטֵּה.

כַּכָּתוּב בְּדִבְרֵי קָדְשֶׁךָ

הַטֵּה אֱלֹהַי אָזְנְךָ וּשְׁמָע דניאל ט

פְּקַח עֵינֶיךָ וּרְאֵה שֹׁמְמֹתֵינוּ

וְהָעִיר אֲשֶׁר־נִקְרָא שִׁמְךָ עָלֶיהָ

כִּי לֹא עַל־צִדְקֹתֵינוּ אֲנַחְנוּ מַפִּילִים תַּחֲנוּנֵינוּ לְפָנֶיךָ

כִּי עַל־רַחֲמֶיךָ הָרַבִּים:

אֲדֹנָי שְׁמָעָה, אֲדֹנָי סְלָחָה

אֲדֹנָי הַקְשִׁיבָה וַעֲשֵׂה אַל־תְּאַחַר

לְמַעַנְךָ אֱלֹהַי, כִּי־שִׁמְךָ נִקְרָא עַל־עִירְךָ וְעַל־עַמֶּךָ:

וְחַזְּקֵנוּ וְאַמְּצֵנוּ לִבְנוֹת מִקְדָּשֶׁךָ.

בַּעֲבוּר כְּבוֹד שְׁמֶךָ

הַמָּצֵא לָנוּ שׁוֹמֵעַ תְּפִלָּה / שְׁמַע תְּפִלָּתֵנוּ לְמַעַן שְׁמֶךָ.

שורות הפיוט ׳מִי אֵל כָּמְוֹךָ׳ בנויות משתי צלעות מתחרזות.
נוהגים שאחר כל שורה ששליח הציבור אומר, הקהל עונה ׳מִי אֵל כָּמְוֹךָ׳.
בדומה לבתי הפיוט הקודם, פיוט זה מסתיים בפסוקי הסליחה
החותמים את ספר מיכה – אפשר לראות בו חתימה לפיוט
׳יוֹם אֲשֶׁר׳, ומעבר לפיסקת החתימה של הברכה ׳מְחַל לַעֲווֹנוֹתֵינוּ׳.
בקהילות רבות נוהגים לדלג על חלק מהפיוט.

סימן א״ב

מִי אֵל כָּמְוֹךָ.

אֲהַלֶלְךָ בְּקוֹל רָם / מָגֵן אַבְרָהָם — מִי אֵל כָּמְוֹךָ
בְּיָדְךָ מְמִתִים / מְחַיֵּה הַמֵּתִים — מִי אֵל כָּמְוֹךָ
גָּדְלְךָ אֶדְרֹשׁ / הַמֶּלֶךְ הַקָּדוֹשׁ — מִי אֵל כָּמְוֹךָ
דּוֹרֵשׁ אִמְרֵי דַעַת / חוֹנֵן הַדָּעַת — מִי אֵל כָּמְוֹךָ
הָאוֹמֵר שׁוּבָה / הָרוֹצֶה בִּתְשׁוּבָה — מִי אֵל כָּמְוֹךָ
וּמוֹחֵל וְסוֹלֵחַ / הַמַּרְבֶּה לִסְלְחַ — מִי אֵל כָּמְוֹךָ
קוֹל רִנָּה וְתוֹדוֹת / הַטּוֹב לְךָ לְהוֹדוֹת — מִי אֵל כָּמְוֹךָ
רָם בָּרֵךְ קְהַל הֲמוֹנַי / יְבָרֶכְךָ יהוה — מִי אֵל כָּמְוֹךָ
שְׁכִינָתְךָ שָׁלוֹם / עוֹשֶׂה הַשָּׁלוֹם — מִי אֵל כָּמְוֹךָ
תָּבֹא בְרָכָה אֲלֵיכֶם / וְנֹאמַר תְּפִלָּה עֲלֵיכֶם — מִי אֵל כָּמְוֹךָ
תַּעֲבֹר עַל פֶּשַׁע / לְעַם שָׁבֵי פֶשַׁע — מִי אֵל כָּמְוֹךָ

שליח הציבור אומר, והקהל אומר אתו בלחש:

כַּכָּתוּב עַל יַד נְבִיאֶךָ
מיכה ז מִי־אֵל כָּמְוֹךָ, נֹשֵׂא עָוֺן וְעֹבֵר עַל־פֶּשַׁע לִשְׁאֵרִית נַחֲלָתוֹ
לֹא־הֶחֱזִיק לָעַד אַפּוֹ כִּי־חָפֵץ חֶסֶד הוּא:
יָשׁוּב יְרַחֲמֵנוּ, יִכְבֹּשׁ עֲוֺנֹתֵינוּ, וְתַשְׁלִיךְ בִּמְצֻלוֹת יָם כָּל־חַטֹּאתָם:
וְכָל חַטֹּאת עַמְּךָ בֵּית יִשְׂרָאֵל תַּשְׁלִיךְ
בִּמְקוֹם אֲשֶׁר לֹא יִזָּכְרוּ וְלֹא יִפָּקְדוּ
וְלֹא יַעֲלוּ עַל לֵב לְעוֹלָם.

תִּתֵּן אֱמֶת לְיַעֲקֹב, חֶסֶד לְאַבְרָהָם שם
אֲשֶׁר־נִשְׁבַּעְתָּ לַאֲבֹתֵינוּ מִימֵי קֶדֶם:

בשבת מוסיפים את המילים שבסוגריים.

אֱלֹהֵינוּ וֵאלֹהֵי אֲבוֹתֵינוּ
מְחַל לַעֲווֹנוֹתֵינוּ בְּיוֹם (הַשַּׁבָּת הַזֶּה וּבְיוֹם) הַכִּפּוּרִים הַזֶּה
מְחֵה וְהַעֲבֵר פְּשָׁעֵינוּ וְחַטֹּאתֵינוּ מִנֶּגֶד עֵינֶיךָ
כָּאָמוּר
אָנֹכִי אָנֹכִי הוּא מֹחֶה פְשָׁעֶיךָ לְמַעֲנִי ישעיה מג
וְחַטֹּאתֶיךָ לֹא אֶזְכֹּר:
וְנֶאֱמַר
מָחִיתִי כָעָב פְּשָׁעֶיךָ וְכֶעָנָן חַטֹּאותֶיךָ ישעיה מד
שׁוּבָה אֵלַי כִּי גְאַלְתִּיךָ:
וְנֶאֱמַר
כִּי־בַיּוֹם הַזֶּה יְכַפֵּר עֲלֵיכֶם לְטַהֵר אֶתְכֶם ויקרא טז
מִכֹּל חַטֹּאתֵיכֶם לִפְנֵי יהוה תִּטְהָרוּ:

(אֱלֹהֵינוּ וֵאלֹהֵי אֲבוֹתֵינוּ, רְצֵה נָא בִמְנוּחָתֵנוּ)
קַדְּשֵׁנוּ בְּמִצְוֹתֶיךָ וְתֵן חֶלְקֵנוּ בְּתוֹרָתֶךָ
שַׂבְּעֵנוּ מִטּוּבֶךָ, וְשַׂמַּח נַפְשֵׁנוּ בִּישׁוּעָתֶךָ
(וְהַנְחִילֵנוּ יהוה אֱלֹהֵינוּ בְּאַהֲבָה וּבְרָצוֹן שַׁבַּת קָדְשֶׁךָ
וְיָנוּחוּ בוֹ כָּל יִשְׂרָאֵל מְקַדְּשֵׁי שְׁמֶךָ)
וְטַהֵר לִבֵּנוּ לְעָבְדְּךָ בֶּאֱמֶת.
כִּי אַתָּה סָלְחָן לְיִשְׂרָאֵל וּמָחֳלָן לְשִׁבְטֵי יְשֻׁרוּן בְּכָל דּוֹר וָדוֹר
וּמִבַּלְעָדֶיךָ אֵין לָנוּ מֶלֶךְ מוֹחֵל וְסוֹלֵחַ אֶלָּא אָתָּה.

בָּרוּךְ* אַתָּה יהוה
מֶלֶךְ מוֹחֵל וְסוֹלֵחַ לַעֲווֹנוֹתֵינוּ
וְלַעֲווֹנוֹת עַמּוֹ בֵּית יִשְׂרָאֵל
וּמַעֲבִיר אַשְׁמוֹתֵינוּ בְּכָל שָׁנָה וְשָׁנָה
מֶלֶךְ עַל כָּל הָאָרֶץ,
מְקַדֵּשׁ (הַשַּׁבָּת וְ)**יִשְׂרָאֵל וְיוֹם הַכִּפּוּרִים.**

עבודה**
רְצֵה יהוה אֱלֹהֵינוּ בְּעַמְּךָ יִשְׂרָאֵל, וְלִתְפִלָּתָם שְׁעֵה
וְהָשֵׁב אֶת הָעֲבוֹדָה לִדְבִיר בֵּיתֶךָ
וְאִשֵּׁי יִשְׂרָאֵל וּתְפִלָּתָם מְהֵרָה בְּאַהֲבָה תְקַבֵּל בְּרָצוֹן.
וּתְהִי לְרָצוֹן תָּמִיד עֲבוֹדַת יִשְׂרָאֵל עַמֶּךָ.
וְתֶחֱזֶינָה עֵינֵינוּ בְּשׁוּבְךָ לְצִיּוֹן בְּרַחֲמִים.
בָּרוּךְ אַתָּה יהוה אֱלֹהֵי יִשְׂרָאֵל מִן הָעוֹלָם וְעַד הָעוֹלָם
בָּרוּךְ* אַתָּה יהוה, הַמַּחֲזִיר שְׁכִינָתוֹ לְצִיּוֹן.**

---

* בבית כנסת הבנוי בהר הבית: בָּרוּךְ אַתָּה יהוה אֱלֹהֵי יִשְׂרָאֵל מִן הָעוֹלָם וְעַד הָעוֹלָם, בָּרוּךְ אַתָּה יהוה, מֶלֶךְ מוֹחֵל וְסוֹלֵחַ לַעֲווֹנוֹתֵינוּ וְלַעֲווֹנוֹת עַמּוֹ בֵּית יִשְׂרָאֵל, וּמַעֲבִיר אַשְׁמוֹתֵינוּ בְּכָל שָׁנָה וְשָׁנָה, מֶלֶךְ עַל כָּל הָאָרֶץ, מְקַדֵּשׁ (הַשַּׁבָּת וְ)יִשְׂרָאֵל וְיוֹם הַכִּפּוּרִים.

** רְצֵה יהוה אֱלֹהֵינוּ בְּעַמְּךָ יִשְׂרָאֵל, וְלִתְפִלָּתָם שְׁעֵה, וְהָשֵׁב אֶת הָעֲבוֹדָה לִדְבִיר בֵּיתֶךָ, וְאִשֵּׁי יִשְׂרָאֵל וּתְפִלָּתָם, מְהֵרָה בְּאַהֲבָה תְקַבֵּל בְּרָצוֹן. בְּבֵית הַגָּדוֹל וְהַקָּדוֹשׁ שָׁם נַעֲבָדְךָ וְשָׁם נִדְרֹשׁ אֶת כָּל אֲשֶׁר צִוִּיתָנוּ, בְּרֵיחַ נִיחוֹחַ תִּרְצֶה אוֹתָנוּ, וּתְהִי לְרָצוֹן תָּמִיד עֲבוֹדַת יִשְׂרָאֵל עַמֶּךָ. וְתֶחֱזֶינָה עֵינֵינוּ בְּשׁוּבְךָ לְצִיּוֹן בְּרַחֲמִים. בָּרוּךְ אַתָּה יהוה, הַמַּחֲזִיר שְׁכִינָתוֹ לְצִיּוֹן. (לשיטת המבי"ט)

*** בבית כנסת הבנוי בהר הבית: בָּרוּךְ אַתָּה יהוה אֱלֹהֵי יִשְׂרָאֵל מִן הָעוֹלָם וְעַד הָעוֹלָם, בָּרוּךְ אַתָּה יהוה, הַמַּחֲזִיר שְׁכִינָתוֹ לְצִיּוֹן.

הודאה

כורע ב׳מוֹדִים׳ ואינו זוקף עד אמירת השם.

ימוֹדִים אֲנַחְנוּ לָךְ
שָׁאַתָּה הוּא יהוה אֱלֹהֵינוּ
וֵאלֹהֵי אֲבוֹתֵינוּ לְעוֹלָם וָעֶד.
צוּר חַיֵּינוּ, מָגֵן יִשְׁעֵנוּ
אַתָּה הוּא לְדוֹר וָדוֹר.
נוֹדֶה לְּךָ וּנְסַפֵּר תְּהִלָּתֶךָ
עַל חַיֵּינוּ הַמְּסוּרִים בְּיָדֶךָ
וְעַל נִשְׁמוֹתֵינוּ הַפְּקוּדוֹת לָךְ
וְעַל נִסֶּיךָ שֶׁבְּכָל יוֹם עִמָּנוּ
וְעַל נִפְלְאוֹתֶיךָ וְטוֹבוֹתֶיךָ
שֶׁבְּכָל עֵת, עֶרֶב וָבֹקֶר וְצָהֳרָיִם.
הַטּוֹב, כִּי לֹא כָלוּ רַחֲמֶיךָ
וְהַמְרַחֵם, כִּי לֹא תַמּוּ חֲסָדֶיךָ
כִּי מֵעוֹלָם קִוִּינוּ לָךְ.

כששליח הציבור אומר ׳מוֹדִים׳, הקהל אומר בלחש (סוטה מ ע״א):

ימוֹדִים אֲנַחְנוּ לָךְ
שָׁאַתָּה הוּא יהוה אֱלֹהֵינוּ
וֵאלֹהֵי אֲבוֹתֵינוּ
אֱלֹהֵי כָל בָּשָׂר
יוֹצְרֵנוּ, יוֹצֵר בְּרֵאשִׁית.
בְּרָכוֹת וְהוֹדָאוֹת
לְשִׁמְךָ הַגָּדוֹל וְהַקָּדוֹשׁ
עַל שֶׁהֶחֱיִיתָנוּ וְקִיַּמְתָּנוּ.
כֵּן תְּחַיֵּנוּ וּתְקַיְּמֵנוּ
וְתֶאֱסֹף גָּלֻיּוֹתֵינוּ
לְחַצְרוֹת קָדְשֶׁךָ
לִשְׁמֹר חֻקֶּיךָ וְלַעֲשׂוֹת רְצוֹנֶךָ
וּלְעָבְדְּךָ בְּלֵבָב שָׁלֵם
עַל שֶׁאֲנוּ מוֹדִים לָךְ.
בָּרוּךְ אֵל הַהוֹדָאוֹת.

וְעַל כֻּלָּם יִתְבָּרַךְ וְיִתְרוֹמַם וְיִתְנַשֵּׂא שִׁמְךָ מַלְכֵּנוּ
תָּמִיד לְעוֹלָם וָעֶד.

קהל ואחריו שליח הציבור:

אָבִינוּ מַלְכֵּנוּ, זְכֹר רַחֲמֶיךָ וּכְבֹשׁ כַּעַסְךָ
וְכַלֵּה דֶבֶר, וְחֶרֶב, וְרָעָב, וּשְׁבִי, וּמַשְׁחִית, וְעָוֹן
וּמַגֵּפָה, וּפֶגַע רַע, וְכָל מַחֲלָה, וְכָל תַּקָּלָה, וְכָל קְטָטָה
וְכָל מִינֵי פֻרְעָנִיּוֹת, וְכָל גְּזֵרָה רָעָה, וְשִׂנְאַת חִנָּם
מֵעָלֵינוּ וּמֵעַל כָּל בְּנֵי בְרִיתֶךָ.

קהל ואחריו שליח הציבור:

וּכְתֹב לְחַיִּים טוֹבִים כָּל בְּנֵי בְרִיתֶךָ.

שליח הציבור ממשיך:

וְכֹל הַחַיִּים יוֹדְוּךָ סֶּלָה
וִיהַלְלוּ וִיבָרְכוּ אֶת שִׁמְךָ הַגָּדוֹל בֶּאֱמֶת לְעוֹלָם כִּי טוֹב
הָאֵל יְשׁוּעָתֵנוּ וְעֶזְרָתֵנוּ סֶלָה, הָאֵל הַטּוֹב.
°בָּרוּךְ* אַתָּה יהוה, הַטּוֹב שִׁמְךָ וּלְךָ נָאֶה לְהוֹדוֹת.

ברכת כוהנים

אם יותר מכוהן אחד עולה לדוכן, הגבאי קורא:

כֹּהֲנִים

הכוהנים מברכים:

בָּרוּךְ אַתָּה יהוה אֱלֹהֵינוּ מֶלֶךְ הָעוֹלָם, אֲשֶׁר קִדְּשָׁנוּ בִּקְדֻשָּׁתוֹ שֶׁל אַהֲרֹן, וְצִוָּנוּ לְבָרֵךְ אֶת עַמּוֹ יִשְׂרָאֵל בְּאַהֲבָה.**

שליח הציבור מקריא מילה במילה, והכוהנים אחריו:

יְבָרֶכְךָ יהוה וְיִשְׁמְרֶךָ: קהל: **אָמֵן** במדבר ו
יָאֵר יהוה פָּנָיו אֵלֶיךָ וִיחֻנֶּךָּ: קהל: **אָמֵן**
יִשָּׂא יהוה פָּנָיו אֵלֶיךָ וְיָשֵׂם לְךָ שָׁלוֹם: קהל: **אָמֵן**

שליח הציבור ממשיך 'שִׂים שָׁלוֹם'.

הקהל אומר:

אַדִּיר בַּמָּרוֹם שׁוֹכֵן בִּגְבוּרָה, אַתָּה שָׁלוֹם וְשִׁמְךָ שָׁלוֹם. יְהִי רָצוֹן שֶׁתָּשִׂים עָלֵינוּ וְעַל כָּל עַמְּךָ בֵּית יִשְׂרָאֵל חַיִּים וּבְרָכָה לְמִשְׁמֶרֶת שָׁלוֹם.

הכוהנים אומרים:

רִבּוֹנוֹ שֶׁל עוֹלָם, עָשִׂינוּ מַה שֶּׁגָּזַרְתָּ עָלֵינוּ, אַף אַתָּה עֲשֵׂה עִמָּנוּ כְּמוֹ שֶׁהִבְטַחְתָּנוּ. הַשְׁקִיפָה מִמְּעוֹן קָדְשְׁךָ מִן־הַשָּׁמַיִם, וּבָרֵךְ אֶת־עַמְּךָ אֶת־יִשְׂרָאֵל, וְאֵת הָאֲדָמָה אֲשֶׁר נָתַתָּה לָנוּ, כַּאֲשֶׁר נִשְׁבַּעְתָּ לַאֲבֹתֵינוּ, אֶרֶץ זָבַת חָלָב וּדְבָשׁ: דברים כו

---

* בבית כנסת הבנוי בהר הבית: **בָּרוּךְ אַתָּה יהוה אֱלֹהֵי יִשְׂרָאֵל מִן הָעוֹלָם וְעַד הָעוֹלָם, בָּרוּךְ אַתָּה יהוה, הַטּוֹב שִׁמְךָ וּלְךָ נָאֶה לְהוֹדוֹת.**

** בבית כנסת הבנוי בהר הבית שליח ציבור אומר את הברכות ברצף אחד. הציבור אינו אומר אמן. בסוף ברכת כהנים אומר הציבור: **בָּרוּךְ שֵׁם כְּבוֹד מַלְכוּתוֹ לְעוֹלָם וָעֶד.**

אם אין כוהנים העולים לדוכן, שליח הציבור אומר:

אֱלֹהֵינוּ וֵאלֹהֵי אֲבוֹתֵינוּ, בָּרְכֵנוּ בַּבְּרָכָה הַמְשֻׁלֶּשֶׁת בַּתּוֹרָה, הַכְּתוּבָה עַל יְדֵי מֹשֶׁה עַבְדֶּךָ, הָאֲמוּרָה מִפִּי אַהֲרֹן וּבָנָיו כֹּהֲנִים עַם קְדוֹשֶׁיךָ, כָּאָמוּר

יְבָרֶכְךָ יהוה וְיִשְׁמְרֶךָ: קהל: כֵּן יְהִי רָצוֹן במדבר ו

יָאֵר יהוה פָּנָיו אֵלֶיךָ וִיחֻנֶּךָּ: קהל: כֵּן יְהִי רָצוֹן

יִשָּׂא יהוה פָּנָיו אֵלֶיךָ וְיָשֵׂם לְךָ שָׁלוֹם: קהל: כֵּן יְהִי רָצוֹן

שלום

שִׂים שָׁלוֹם טוֹבָה וּבְרָכָה, חַיִּים חֵן וָחֶסֶד וְרַחֲמִים
עָלֵינוּ וְעַל כָּל יִשְׂרָאֵל עַמֶּךָ.
בָּרְכֵנוּ אָבִינוּ כֻּלָּנוּ כְּאֶחָד בְּאוֹר פָּנֶיךָ
כִּי בְאוֹר פָּנֶיךָ נָתַתָּ לָּנוּ יהוה אֱלֹהֵינוּ
תּוֹרַת חַיִּים וְאַהֲבַת חֶסֶד
וּצְדָקָה וּבְרָכָה וְרַחֲמִים וְחַיִּים וְשָׁלוֹם.
וְטוֹב יִהְיֶה בְּעֵינֶיךָ לְבָרְכֵנוּ וּלְבָרֵךְ אֶת כָּל עַמְּךָ יִשְׂרָאֵל
בְּכָל עֵת וּבְכָל שָׁעָה בִּשְׁלוֹמֶךָ.

קהל ואחריו שליח הציבור:

בְּסֵפֶר חַיִּים, בְּרָכָה וְשָׁלוֹם, וּפַרְנָסָה טוֹבָה
וּגְזֵרוֹת טוֹבוֹת, יְשׁוּעוֹת וְנֶחָמוֹת
נִזָּכֵר וְנִכָּתֵב לְפָנֶיךָ, אֲנַחְנוּ וְכָל עַמְּךָ בֵּית יִשְׂרָאֵל
לְחַיִּים טוֹבִים וּלְשָׁלוֹם.

שליח הציבור ממשיך:

בָּרוּךְ*** אַתָּה יהוה, הַמְבָרֵךְ אֶת עַמּוֹ יִשְׂרָאֵל בַּשָּׁלוֹם.

שליח הציבור מסיים את חזרת הש״ץ בלחש:

יִהְיוּ לְרָצוֹן אִמְרֵי־פִי וְהֶגְיוֹן לִבִּי לְפָנֶיךָ, יהוה צוּרִי וְגֹאֲלִי: תהלים יט

*** בבית כנסת הבנוי בהר הבית: בָּרוּךְ אַתָּה יהוה אֱלֹהֵי יִשְׂרָאֵל מִן הָעוֹלָם וְעַד הָעוֹלָם, בָּרוּךְ אַתָּה יהוה, הַמְבָרֵךְ אֶת עַמּוֹ יִשְׂרָאֵל בַּשָּׁלוֹם.

בשבת אין אומרים 'אָבִינוּ מַלְכֵּנוּ' (מהרי"ל). ממשיכים קדיש שלם בעמ' 292.

פותחים את ארון הקודש.

אָבִינוּ מַלְכֵּנוּ, חָטָאנוּ לְפָנֶיךָ.
אָבִינוּ מַלְכֵּנוּ, אֵין לָנוּ מֶלֶךְ אֶלָּא אָתָּה.
אָבִינוּ מַלְכֵּנוּ, עֲשֵׂה עִמָּנוּ לְמַעַן שְׁמֶךָ.
אָבִינוּ מַלְכֵּנוּ, חַדֵּשׁ עָלֵינוּ שָׁנָה טוֹבָה.
אָבִינוּ מַלְכֵּנוּ, בַּטֵּל מֵעָלֵינוּ כָּל גְּזֵרוֹת קָשׁוֹת.
אָבִינוּ מַלְכֵּנוּ, בַּטֵּל מַחְשְׁבוֹת שׂוֹנְאֵינוּ.
אָבִינוּ מַלְכֵּנוּ, הָפֵר עֲצַת אוֹיְבֵינוּ.
אָבִינוּ מַלְכֵּנוּ, כַּלֵּה כָּל צַר וּמַשְׂטִין מֵעָלֵינוּ.
אָבִינוּ מַלְכֵּנוּ, סְתֹם פִּיּוֹת מַשְׂטִינֵנוּ וּמְקַטְרְגֵינוּ.
אָבִינוּ מַלְכֵּנוּ, כַּלֵּה דֶּבֶר וְחֶרֶב וְרָעָב וּשְׁבִי וּמַשְׁחִית וְעָוֹן וּשְׁמַד מִבְּנֵי בְרִיתֶךָ.
אָבִינוּ מַלְכֵּנוּ, מְנַע מַגֵּפָה מִנַּחֲלָתֶךָ.
אָבִינוּ מַלְכֵּנוּ, סְלַח וּמְחַל לְכָל עֲוֹנוֹתֵינוּ.
אָבִינוּ מַלְכֵּנוּ, מְחֵה וְהַעֲבֵר פְּשָׁעֵינוּ וְחַטֹּאתֵינוּ מִנֶּגֶד עֵינֶיךָ.
אָבִינוּ מַלְכֵּנוּ, מְחֹק בְּרַחֲמֶיךָ הָרַבִּים כָּל שִׁטְרֵי חוֹבוֹתֵינוּ.

מכאן עד 'סְלִיחָה וּמְחִילָה' שליח הציבור אומר כל משפט בקול רם, והקהל אחריו:

אָבִינוּ מַלְכֵּנוּ, הַחֲזִירֵנוּ בִּתְשׁוּבָה שְׁלֵמָה לְפָנֶיךָ.
אָבִינוּ מַלְכֵּנוּ, שְׁלַח רְפוּאָה שְׁלֵמָה לְחוֹלֵי עַמֶּךָ.
אָבִינוּ מַלְכֵּנוּ, קְרַע רֹעַ גְּזַר דִּינֵנוּ.
אָבִינוּ מַלְכֵּנוּ, זָכְרֵנוּ בְּזִכָּרוֹן טוֹב לְפָנֶיךָ.
אָבִינוּ מַלְכֵּנוּ, כָּתְבֵנוּ בְּסֵפֶר חַיִּים טוֹבִים.
אָבִינוּ מַלְכֵּנוּ, כָּתְבֵנוּ בְּסֵפֶר גְּאֻלָּה וִישׁוּעָה.
אָבִינוּ מַלְכֵּנוּ, כָּתְבֵנוּ בְּסֵפֶר פַּרְנָסָה וְכַלְכָּלָה.

אָבִינוּ מַלְכֵּנוּ, כָּתְבֵנוּ בְּסֵפֶר זְכֻיּוֹת.

אָבִינוּ מַלְכֵּנוּ, כָּתְבֵנוּ בְּסֵפֶר סְלִיחָה וּמְחִילָה.

עד כאן בקול.

אָבִינוּ מַלְכֵּנוּ, הַצְמַח לָנוּ יְשׁוּעָה בְּקָרוֹב.

אָבִינוּ מַלְכֵּנוּ, הָרֵם קֶרֶן יִשְׂרָאֵל עַמֶּךָ.

אָבִינוּ מַלְכֵּנוּ, הָרֵם קֶרֶן מְשִׁיחֶךָ.

אָבִינוּ מַלְכֵּנוּ, מַלֵּא יָדֵינוּ מִבִּרְכוֹתֶיךָ.

אָבִינוּ מַלְכֵּנוּ, מַלֵּא אֲסָמֵינוּ שָׂבָע.

אָבִינוּ מַלְכֵּנוּ, שְׁמַע קוֹלֵנוּ, חוּס וְרַחֵם עָלֵינוּ.

אָבִינוּ מַלְכֵּנוּ, קַבֵּל בְּרַחֲמִים וּבְרָצוֹן אֶת תְּפִלָּתֵנוּ.

אָבִינוּ מַלְכֵּנוּ, פְּתַח שַׁעֲרֵי שָׁמַיִם לִתְפִלָּתֵנוּ.

אָבִינוּ מַלְכֵּנוּ, זְכֹר כִּי עָפָר אֲנָחְנוּ.

אָבִינוּ מַלְכֵּנוּ, נָא אַל תְּשִׁיבֵנוּ רֵיקָם מִלְּפָנֶיךָ.

אָבִינוּ מַלְכֵּנוּ, תְּהֵא הַשָּׁעָה הַזֹּאת שְׁעַת רַחֲמִים
וְעֵת רָצוֹן מִלְּפָנֶיךָ.

אָבִינוּ מַלְכֵּנוּ, חֲמֹל עָלֵינוּ וְעַל עוֹלָלֵינוּ וְטַפֵּנוּ.

אָבִינוּ מַלְכֵּנוּ, עֲשֵׂה לְמַעַן הֲרוּגִים עַל שֵׁם קָדְשֶׁךָ.

אָבִינוּ מַלְכֵּנוּ, עֲשֵׂה לְמַעַן טְבוּחִים עַל יִחוּדֶךָ.

אָבִינוּ מַלְכֵּנוּ, עֲשֵׂה לְמַעַן בָּאֵי בָאֵשׁ וּבַמַּיִם עַל קִדּוּשׁ שְׁמֶךָ.

אָבִינוּ מַלְכֵּנוּ, נְקֹם לְעֵינֵינוּ נִקְמַת דַּם עֲבָדֶיךָ הַשָּׁפוּךְ.

אָבִינוּ מַלְכֵּנוּ, עֲשֵׂה לְמַעַנְךָ אִם לֹא לְמַעֲנֵנוּ.

אָבִינוּ מַלְכֵּנוּ, עֲשֵׂה לְמַעַנְךָ וְהוֹשִׁיעֵנוּ.

אָבִינוּ מַלְכֵּנוּ, עֲשֵׂה לְמַעַן רַחֲמֶיךָ הָרַבִּים.

אָבִינוּ מַלְכֵּנוּ, עֲשֵׂה לְמַעַן שִׁמְךָ הַגָּדוֹל הַגִּבּוֹר וְהַנּוֹרָא
שֶׁנִּקְרָא עָלֵינוּ.

◂ אָבִֽינוּ מַלְכֵּֽנוּ, חָנֵּֽנוּ וַעֲנֵֽנוּ, כִּי אֵין בָּֽנוּ מַעֲשִׂים
עֲשֵׂה עִמָּֽנוּ צְדָקָה וָחֶֽסֶד וְהוֹשִׁיעֵֽנוּ.

סוגרים את ארון הקודש.

קדיש שלם

ש״ץ: יִתְגַּדַּל וְיִתְקַדַּשׁ שְׁמֵהּ רַבָּא (קהל: אָמֵן)
בְּעָלְמָא דִּי בְרָא כִרְעוּתֵהּ
וְיַמְלִיךְ מַלְכוּתֵהּ
וְיַצְמַח פֻּרְקָנֵהּ וִיקָרֵב מְשִׁיחֵהּ (קהל: אָמֵן)
בְּחַיֵּיכוֹן וּבְיוֹמֵיכוֹן וּבְחַיֵּי דְכָל בֵּית יִשְׂרָאֵל
בַּעֲגָלָא וּבִזְמַן קָרִיב, וְאִמְרוּ אָמֵן. (קהל: אָמֵן)

קהל וש״ץ: יְהֵא שְׁמֵהּ רַבָּא מְבָרַךְ לְעָלַם וּלְעָלְמֵי עָלְמַיָּא.

ש״ץ: יִתְבָּרַךְ וְיִשְׁתַּבַּח וְיִתְפָּאַר וְיִתְרוֹמַם וְיִתְנַשֵּׂא
וְיִתְהַדָּר וְיִתְעַלֶּה וְיִתְהַלָּל
שְׁמֵהּ דְּקֻדְשָׁא בְּרִיךְ הוּא (קהל: אָמֵן)
לְעֵֽלָּא לְעֵֽלָּא מִכָּל בִּרְכָתָא וְשִׁירָתָא תֻּשְׁבְּחָתָא וְנֶחֱמָתָא
דַּאֲמִירָן בְּעָלְמָא, וְאִמְרוּ אָמֵן. (קהל: אָמֵן)

תִּתְקַבַּל צְלוֹתְהוֹן וּבָעוּתְהוֹן דְּכָל בֵּית יִשְׂרָאֵל
קֳדָם אֲבוּהוֹן דִּי בִשְׁמַיָּא, וְאִמְרוּ אָמֵן. (קהל: אָמֵן)

יְהֵא שְׁלָמָא רַבָּא מִן שְׁמַיָּא
וְחַיִּים טוֹבִים עָלֵֽינוּ וְעַל כָּל יִשְׂרָאֵל, וְאִמְרוּ אָמֵן. (קהל: אָמֵן)

כורע ופוסע שלוש פסיעות לאחור. קד לשמאל, לימין ולפנים באמירת:
עֹשֶׂה הַשָּׁלוֹם בִּמְרוֹמָיו
הוּא יַעֲשֶׂה שָׁלוֹם עָלֵֽינוּ
וְעַל כָּל יִשְׂרָאֵל, וְאִמְרוּ אָמֵן. (קהל: אָמֵן)

שיר של יום

חלק ממצוות זיכרון השבת היא קריאת כל ימות השבוע על שמה
(מכילתא, מובא ברמב״ן שמות כ, ח).

נוהגים לומר אחרי חזרת הש״ץ לשחרית את השיר שאמרו הלוויים במקדש באותו יום (סדר רב עמרם גאון), ולאחריו קדיש יתום (עמ׳ 296). והנוהגים כדעת הגר״א, אומרים תמיד את מזמור לב בעמ׳ 296 (׳מעשה רב׳ רטז), פרט לשבת.

ביום שני אומרים את מזמור מח, כיוון שהבחירה בירושלים מקבילה להבדלה בין המים העליונים למים התחתונים ביום השני לבריאה (ר״ח, ראש השנה לא ע״א).

ליום ב׳ **הַיּוֹם יוֹם שֵׁנִי בְּשַׁבָּת, שֶׁבּוֹ הָיוּ הַלְוִיִּם אוֹמְרִים בְּבֵית הַמִּקְדָּשׁ:**

תהלים מח **שִׁיר מִזְמוֹר לִבְנֵי־קֹרַח: גָּדוֹל יהוה וּמְהֻלָּל מְאֹד, בְּעִיר אֱלֹהֵינוּ, הַר־קָדְשׁוֹ: יְפֵה נוֹף מְשׂוֹשׂ כָּל־הָאָרֶץ, הַר־צִיּוֹן יַרְכְּתֵי צָפוֹן, קִרְיַת מֶלֶךְ רָב: אֱלֹהִים בְּאַרְמְנוֹתֶיהָ נוֹדַע לְמִשְׂגָּב: כִּי־הִנֵּה הַמְּלָכִים נוֹעֲדוּ, עָבְרוּ יַחְדָּו: הֵמָּה רָאוּ כֵּן תָּמָהוּ, נִבְהֲלוּ נֶחְפָּזוּ: רְעָדָה אֲחָזָתַם שָׁם, חִיל כַּיּוֹלֵדָה: בְּרוּחַ קָדִים תְּשַׁבֵּר אֳנִיּוֹת תַּרְשִׁישׁ: כַּאֲשֶׁר שָׁמַעְנוּ כֵּן רָאִינוּ, בְּעִיר־יהוה צְבָאוֹת, בְּעִיר אֱלֹהֵינוּ, אֱלֹהִים יְכוֹנְנֶהָ עַד־עוֹלָם סֶלָה: דִּמִּינוּ אֱלֹהִים חַסְדֶּךָ, בְּקֶרֶב הֵיכָלֶךָ: כְּשִׁמְךָ אֱלֹהִים כֵּן תְּהִלָּתְךָ עַל־קַצְוֵי־אֶרֶץ, צֶדֶק מָלְאָה יְמִינֶךָ: יִשְׂמַח הַר־צִיּוֹן, תָּגֵלְנָה בְּנוֹת יְהוּדָה, לְמַעַן מִשְׁפָּטֶיךָ: סֹבּוּ צִיּוֹן וְהַקִּיפוּהָ, סִפְרוּ מִגְדָּלֶיהָ: שִׁיתוּ לִבְּכֶם לְחֵילָה, פַּסְּגוּ אַרְמְנוֹתֶיהָ, לְמַעַן תְּסַפְּרוּ לְדוֹר אַחֲרוֹן: ‹ כִּי זֶה אֱלֹהִים אֱלֹהֵינוּ עוֹלָם וָעֶד, הוּא יְנַהֲגֵנוּ עַל־מוּת:**

קדיש יתום (בעמ׳ 296)

מזמור זה אומרים ביום הרביעי, כיוון שהוא מתאר את הנקמה בעובדי הכוכבים, שנבראו ביום הרביעי (ראש השנה לא ע״א).
רבים נוהגים לסיים בפתיחה לקבלת שבת (בשלושת הפסוקים המתחילים את הפרק הבא), מפני שיום רביעי נחשב מכין לשבת הבאה (שפת אמת).

ליום ד׳ **הַיּוֹם יוֹם רְבִיעִי בְּשַׁבָּת, שֶׁבּוֹ הָיוּ הַלְוִיִּם אוֹמְרִים בְּבֵית הַמִּקְדָּשׁ:**

תהלים צד **אֵל־נְקָמוֹת יהוה, אֵל נְקָמוֹת הוֹפִיעַ: הִנָּשֵׂא שֹׁפֵט הָאָרֶץ, הָשֵׁב גְּמוּל עַל־גֵּאִים: עַד־מָתַי רְשָׁעִים, יהוה, עַד־מָתַי רְשָׁעִים יַעֲלֹזוּ: יַבִּיעוּ יְדַבְּרוּ עָתָק, יִתְאַמְּרוּ כָּל־פֹּעֲלֵי אָוֶן: עַמְּךָ יהוה יְדַכְּאוּ, וְנַחֲלָתְךָ**

יַעֲנוּ: אַלְמָנָה וְגֵר יַהֲרֹגוּ, וִיתוֹמִים יְרַצֵּחוּ: וַיֹּאמְרוּ לֹא יִרְאֶה־יָּהּ, וְלֹא־יָבִין אֱלֹהֵי יַעֲקֹב: בִּינוּ בֹּעֲרִים בָּעָם, וּכְסִילִים מָתַי תַּשְׂכִּילוּ: הֲנֹטַע אֹזֶן הֲלֹא יִשְׁמָע, אִם־יֹצֵר עַיִן הֲלֹא יַבִּיט: הֲיֹסֵר גּוֹיִם הֲלֹא יוֹכִיחַ, הַמְלַמֵּד אָדָם דָּעַת: יהוה יֹדֵעַ מַחְשְׁבוֹת אָדָם, כִּי־הֵמָּה הָבֶל: אַשְׁרֵי הַגֶּבֶר אֲשֶׁר־תְּיַסְּרֶנּוּ יָּהּ, וּמִתּוֹרָתְךָ תְלַמְּדֶנּוּ: לְהַשְׁקִיט לוֹ מִימֵי רָע, עַד יִכָּרֶה לָרָשָׁע שָׁחַת: כִּי לֹא־יִטֹּשׁ יהוה עַמּוֹ, וְנַחֲלָתוֹ לֹא יַעֲזֹב: כִּי־עַד־צֶדֶק יָשׁוּב מִשְׁפָּט, וְאַחֲרָיו כָּל־יִשְׁרֵי־לֵב: מִי־יָקוּם לִי עִם־מְרֵעִים, מִי־יִתְיַצֵּב לִי עִם־פֹּעֲלֵי אָוֶן: לוּלֵי יהוה עֶזְרָתָה לִּי, כִּמְעַט שָׁכְנָה דוּמָה נַפְשִׁי: אִם־אָמַרְתִּי מָטָה רַגְלִי, חַסְדְּךָ יהוה יִסְעָדֵנִי: בְּרֹב שַׂרְעַפַּי בְּקִרְבִּי, תַּנְחוּמֶיךָ יְשַׁעַשְׁעוּ נַפְשִׁי: הַיְחָבְרְךָ כִּסֵּא הַוּוֹת, יֹצֵר עָמָל עֲלֵי־חֹק: יָגוֹדּוּ עַל־נֶפֶשׁ צַדִּיק, וְדָם נָקִי יַרְשִׁיעוּ: וַיְהִי יהוה לִי לְמִשְׂגָּב, וֵאלֹהַי לְצוּר מַחְסִי: וַיָּשֶׁב עֲלֵיהֶם אֶת־אוֹנָם, וּבְרָעָתָם יַצְמִיתֵם, יַצְמִיתֵם יהוה אֱלֹהֵינוּ:

תהלים צה ‹ לְכוּ נְרַנְּנָה לַיהוה, נָרִיעָה לְצוּר יִשְׁעֵנוּ: נְקַדְּמָה פָנָיו בְּתוֹדָה, בִּזְמִרוֹת נָרִיעַ לוֹ: כִּי אֵל גָּדוֹל יהוה, וּמֶלֶךְ גָּדוֹל עַל־כָּל־אֱלֹהִים:

קדיש יתום (בעמ׳ 296)

מזמור זה אומרים ביום חמישי, כיוון שבו הקב״ה התחיל בבריאת
בעלי החיים, והיופי והגיוון בבריאה מעוררים את האדם לשבח את הבורא
(רש״י, ראש השנה לא ע״א).

ליום ה׳ הַיּוֹם יוֹם חֲמִישִׁי בְּשַׁבָּת, שֶׁבּוֹ הָיוּ הַלְוִיִּם אוֹמְרִים בְּבֵית הַמִּקְדָּשׁ:

תהלים פא לַמְנַצֵּחַ עַל־הַגִּתִּית לְאָסָף: הַרְנִינוּ לֵאלֹהִים עוּזֵּנוּ, הָרִיעוּ לֵאלֹהֵי יַעֲקֹב: שְׂאוּ־זִמְרָה וּתְנוּ־תֹף, כִּנּוֹר נָעִים עִם־נָבֶל: תִּקְעוּ בַחֹדֶשׁ שׁוֹפָר, בַּכֶּסֶה לְיוֹם חַגֵּנוּ: כִּי חֹק לְיִשְׂרָאֵל הוּא, מִשְׁפָּט לֵאלֹהֵי יַעֲקֹב: עֵדוּת בִּיהוֹסֵף שָׂמוֹ, בְּצֵאתוֹ עַל־אֶרֶץ מִצְרָיִם, שְׂפַת לֹא־

יָדַעְתִּי אֶשְׁמָע: הֲסִירוֹתִי מִסֵּבֶל שִׁכְמוֹ, כַּפָּיו מִדּוּד תַּעֲבֹרְנָה: בַּצָּרָה קָרָאתָ וָאֲחַלְּצֶךָּ, אֶעֶנְךָ בְּסֵתֶר רַעַם, אֶבְחָנְךָ עַל־מֵי מְרִיבָה סֶלָה: שְׁמַע עַמִּי וְאָעִידָה בָּךְ, יִשְׂרָאֵל אִם־תִּשְׁמַע־לִי: לֹא־יִהְיֶה בְךָ אֵל זָר, וְלֹא תִשְׁתַּחֲוֶה לְאֵל נֵכָר: אָנֹכִי יהוה אֱלֹהֶיךָ, הַמַּעַלְךָ מֵאֶרֶץ מִצְרָיִם, הַרְחֶב־פִּיךָ וַאֲמַלְאֵהוּ: וְלֹא־שָׁמַע עַמִּי לְקוֹלִי, וְיִשְׂרָאֵל לֹא־אָבָה לִי: וָאֲשַׁלְּחֵהוּ בִּשְׁרִירוּת לִבָּם, יֵלְכוּ בְּמוֹעֲצוֹתֵיהֶם: לוּ עַמִּי שֹׁמֵעַ לִי, יִשְׂרָאֵל בִּדְרָכַי יְהַלֵּכוּ: כִּמְעַט אוֹיְבֵיהֶם אַכְנִיעַ, וְעַל־צָרֵיהֶם אָשִׁיב יָדִי: מְשַׂנְאֵי יהוה יְכַחֲשׁוּ־לוֹ, וִיהִי עִתָּם לְעוֹלָם: ◂ וַיַּאֲכִילֵהוּ מֵחֵלֶב חִטָּה, וּמִצּוּר, דְּבַשׁ אַשְׂבִּיעֶךָ:

קדיש יתום (בעמוד הבא)

"אמרינן באגדה: 'מִזְמוֹר שִׁיר לְיוֹם הַשַּׁבָּת' – אמר הקב"ה:
פנים חדשות באו לכאן, נאמר שירה" (תוספות, כתובות ז ע"ב).

לשבת הַיּוֹם יוֹם שַׁבַּת קֹדֶשׁ, שֶׁבּוֹ הָיוּ הַלְוִיִּם אוֹמְרִים בְּבֵית הַמִּקְדָּשׁ:

מִזְמוֹר שִׁיר לְיוֹם הַשַּׁבָּת: טוֹב לְהֹדוֹת לַיהוה, וּלְזַמֵּר לְשִׁמְךָ עֶלְיוֹן: לְהַגִּיד בַּבֹּקֶר חַסְדֶּךָ, וֶאֱמוּנָתְךָ בַּלֵּילוֹת: עֲלֵי־עָשׂוֹר וַעֲלֵי־נָבֶל, עֲלֵי הִגָּיוֹן בְּכִנּוֹר: כִּי שִׂמַּחְתַּנִי יהוה בְּפָעֳלֶךָ, בְּמַעֲשֵׂי יָדֶיךָ אֲרַנֵּן: מַה־גָּדְלוּ מַעֲשֶׂיךָ יהוה, מְאֹד עָמְקוּ מַחְשְׁבֹתֶיךָ: אִישׁ־בַּעַר לֹא יֵדָע, וּכְסִיל לֹא־יָבִין אֶת־זֹאת: בִּפְרֹחַ רְשָׁעִים כְּמוֹ־עֵשֶׂב, וַיָּצִיצוּ כָּל־פֹּעֲלֵי אָוֶן, לְהִשָּׁמְדָם עֲדֵי־עַד: וְאַתָּה מָרוֹם לְעֹלָם יהוה: כִּי הִנֵּה אֹיְבֶיךָ יהוה, כִּי־הִנֵּה אֹיְבֶיךָ יֹאבֵדוּ, יִתְפָּרְדוּ כָּל־פֹּעֲלֵי אָוֶן: וַתָּרֶם כִּרְאֵים קַרְנִי, בַּלֹּתִי בְּשֶׁמֶן רַעֲנָן: וַתַּבֵּט עֵינִי בְּשׁוּרָי, בַּקָּמִים עָלַי מְרֵעִים תִּשְׁמַעְנָה אָזְנָי: צַדִּיק כַּתָּמָר יִפְרָח, כְּאֶרֶז בַּלְּבָנוֹן יִשְׂגֶּה: שְׁתוּלִים בְּבֵית יהוה, בְּחַצְרוֹת אֱלֹהֵינוּ יַפְרִיחוּ: ◂ עוֹד יְנוּבוּן בְּשֵׂיבָה, דְּשֵׁנִים וְרַעֲנַנִּים יִהְיוּ: לְהַגִּיד כִּי־יָשָׁר יהוה, צוּרִי, וְלֹא־עַוְלָתָה בּוֹ: תהלים צב

קדיש יתום (בעמוד הבא)

לדעת הגר״א, אומרים בכל יום מזמור זה. ויש נוהגים לאומרו בנוסף לשיר של יום.

תהלים לב
לְדָוִד מַשְׂכִּיל, אַשְׁרֵי נְשׂוּי־פֶּשַׁע כְּסוּי חֲטָאָה: אַשְׁרֵי־אָדָם לֹא יַחְשֹׁב
יהוה לוֹ עָוֹן, וְאֵין בְּרוּחוֹ רְמִיָּה: כִּי־הֶחֱרַשְׁתִּי בָּלוּ עֲצָמָי, בְּשַׁאֲגָתִי
כָּל־הַיּוֹם: כִּי יוֹמָם וָלַיְלָה תִּכְבַּד עָלַי יָדֶךָ, נֶהְפַּךְ לְשַׁדִּי בְּחַרְבֹנֵי
קַיִץ סֶלָה: חַטָּאתִי אוֹדִיעֲךָ וַעֲוֹנִי לֹא־כִסִּיתִי, אָמַרְתִּי אוֹדֶה עֲלֵי
פְשָׁעַי לַיהוה, וְאַתָּה נָשָׂאתָ עֲוֹן חַטָּאתִי סֶלָה: עַל־זֹאת יִתְפַּלֵּל
כָּל־חָסִיד אֵלֶיךָ לְעֵת מְצֹא, רַק לְשֵׁטֶף מַיִם רַבִּים, אֵלָיו לֹא יַגִּיעוּ:
אַתָּה סֵתֶר לִי, מִצַּר תִּצְּרֵנִי, רָנֵּי פַלֵּט, תְּסוֹבְבֵנִי סֶלָה: אַשְׂכִּילְךָ וְאוֹרְךָ
בְּדֶרֶךְ־זוּ תֵלֵךְ, אִיעֲצָה עָלֶיךָ עֵינִי: אַל־תִּהְיוּ כְּסוּס, כְּפֶרֶד אֵין הָבִין,
בְּמֶתֶג־וָרֶסֶן עֶדְיוֹ לִבְלוֹם, בַּל קְרֹב אֵלֶיךָ: רַבִּים מַכְאוֹבִים לָרָשָׁע,
וְהַבּוֹטֵחַ בַּיהוה חֶסֶד יְסוֹבְבֶנּוּ: ◂ שִׂמְחוּ בַיהוה וְגִילוּ צַדִּיקִים, וְהַרְנִינוּ
כָּל־יִשְׁרֵי־לֵב:

קדיש יתום

אם יש מניין, האבלים עומדים ואומרים קדיש יתום.

אבל: יִתְגַּדַּל וְיִתְקַדַּשׁ שְׁמֵהּ רַבָּא (קהל: אָמֵן)
בְּעָלְמָא דִּי בְרָא כִרְעוּתֵהּ
וְיַמְלִיךְ מַלְכוּתֵהּ
וְיַצְמַח פֻּרְקָנֵהּ וִיקָרֵב מְשִׁיחֵהּ (קהל: אָמֵן)
בְּחַיֵּיכוֹן וּבְיוֹמֵיכוֹן וּבְחַיֵּי דְכָל בֵּית יִשְׂרָאֵל
בַּעֲגָלָא וּבִזְמַן קָרִיב, וְאִמְרוּ אָמֵן. (קהל: אָמֵן)

קהל ואבל: יְהֵא שְׁמֵהּ רַבָּא מְבָרַךְ לְעָלַם וּלְעָלְמֵי עָלְמַיָּא.

אבל: יִתְבָּרַךְ וְיִשְׁתַּבַּח וְיִתְפָּאַר וְיִתְרוֹמַם וְיִתְנַשֵּׂא
וְיִתְהַדָּר וְיִתְעַלֶּה וְיִתְהַלָּל
שְׁמֵהּ דְּקֻדְשָׁא בְּרִיךְ הוּא (קהל: אָמֵן)

לְעֵֽלָּא לְעֵֽלָּא מִכָּל בִּרְכָתָא
וְשִׁירָתָא תֻּשְׁבְּחָתָא וְנֶחֱמָתָא
דַּאֲמִירָן בְּעָלְמָא, וְאִמְרוּ אָמֵן. (קהל: אָמֵן)

יְהֵא שְׁלָמָא רַבָּא מִן שְׁמַיָּא
וְחַיִּים טוֹבִים עָלֵֽינוּ וְעַל כָּל יִשְׂרָאֵל, וְאִמְרוּ אָמֵן. (קהל: אָמֵן)

כורע ופוסע שלוש פסיעות לאחור. קד לשמאל, לימין ולפנים באמירת:

עֹשֶׂה הַשָּׁלוֹם בִּמְרוֹמָיו
הוּא יַעֲשֶׂה שָׁלוֹם עָלֵֽינוּ
וְעַל כָּל יִשְׂרָאֵל, וְאִמְרוּ אָמֵן. (קהל: אָמֵן)

לְדָוִד, יהוה אוֹרִי וְיִשְׁעִי, מִמִּי אִירָא, יהוה מָעוֹז־חַיַּי, מִמִּי אֶפְחָד: תהלים כז
בִּקְרֹב עָלַי מְרֵעִים לֶאֱכֹל אֶת־בְּשָׂרִי, צָרַי וְאֹיְבַי לִי, הֵמָּה כָּשְׁלוּ
וְנָפָֽלוּ: אִם־תַּחֲנֶה עָלַי מַחֲנֶה, לֹא־יִירָא לִבִּי, אִם־תָּקוּם עָלַי מִלְחָמָה,
בְּזֹאת אֲנִי בוֹטֵֽחַ: אַחַת שָׁאַלְתִּי מֵאֵת־יהוה, אוֹתָהּ אֲבַקֵּשׁ, שִׁבְתִּי
בְּבֵית־יהוה כָּל־יְמֵי חַיַּי, לַחֲזוֹת בְּנֹֽעַם־יהוה, וּלְבַקֵּר בְּהֵיכָלוֹ: כִּי
יִצְפְּנֵֽנִי בְּסֻכֹּה בְּיוֹם רָעָה, יַסְתִּרֵֽנִי בְּסֵֽתֶר אָהֳלוֹ, בְּצוּר יְרוֹמְמֵֽנִי:
וְעַתָּה יָרוּם רֹאשִׁי עַל אֹיְבַי סְבִיבוֹתַי, וְאֶזְבְּחָה בְאָהֳלוֹ זִבְחֵי תְרוּעָה,
אָשִֽׁירָה וַאֲזַמְּרָה לַיהוה: שְׁמַע־יהוה קוֹלִי אֶקְרָא, וְחָנֵּֽנִי וַעֲנֵֽנִי: לְךָ
אָמַר לִבִּי בַּקְּשׁוּ פָנָי, אֶת־פָּנֶֽיךָ יהוה אֲבַקֵּשׁ: אַל־תַּסְתֵּר פָּנֶֽיךָ מִמֶּֽנִּי,
אַל תַּט־בְּאַף עַבְדֶּֽךָ, עֶזְרָתִי הָיִֽיתָ, אַל־תִּטְּשֵֽׁנִי וְאַל־תַּעַזְבֵֽנִי, אֱלֹהֵי
יִשְׁעִי: כִּי־אָבִי וְאִמִּי עֲזָבֽוּנִי, וַיהוה יַאַסְפֵֽנִי: הוֹרֵֽנִי יהוה דַּרְכֶּֽךָ, וּנְחֵֽנִי
בְּאֹֽרַח מִישׁוֹר, לְמַֽעַן שׁוֹרְרָי: אַל־תִּתְּנֵֽנִי בְּנֶֽפֶשׁ צָרָי, כִּי קָֽמוּ־בִי עֵדֵי־
שֶֽׁקֶר, וִיפֵֽחַ חָמָס: ◂ לוּלֵא הֶאֱמַֽנְתִּי לִרְאוֹת בְּטוּב־יהוה בְּאֶֽרֶץ חַיִּים:
קַוֵּה אֶל־יהוה, חֲזַק וְיַאֲמֵץ לִבֶּֽךָ, וְקַוֵּה אֶל־יהוה:

קדיש יתום בעמוד הקודם

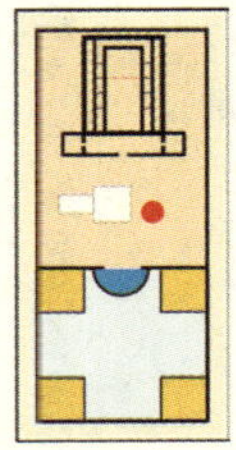

טבילה שנייה מע״ג לשכת בית הפרוה

הוצאת ספר תורה

״וכהן גדול עומד ומקבל וקורא ׳אַחֲרֵי מוֹת׳ ו׳אַךְ בֶּעָשׂוֹר׳. וגולל את התורה ומניחה בחיקו ואומר: יותר ממה שקראתי לפניכם כתוב כאן״ (משנה, יומא פ״ז מ״א).

לפני קריאת התורה אומרים ׳אַתָּה הָרְאֵתָ׳ (׳אור זרוע׳ ח״ב, מב). בבתי כנסת המתפללים בנוסח אשכנז, מתחילים ׳אֵין־כָּמוֹךָ׳.

דברים ד **אַתָּה הָרְאֵתָ לָדַעַת, כִּי יהוה הוּא הָאֱלֹהִים, אֵין עוֹד מִלְּבַדּוֹ:**

תהלים פו **אֵין־כָּמוֹךָ בָאֱלֹהִים, אֲדֹנָי, וְאֵין כְּמַעֲשֶׂיךָ:**

תהלים קמה **מַלְכוּתְךָ מַלְכוּת כָּל־עֹלָמִים, וּמֶמְשַׁלְתְּךָ בְּכָל־דּוֹר וָדֹר:**

יהוה מֶלֶךְ, יהוה מָלָךְ, יהוה יִמְלֹךְ לְעֹלָם וָעֶד.

תהלים כט **יהוה עֹז לְעַמּוֹ יִתֵּן, יהוה יְבָרֵךְ אֶת־עַמּוֹ בַשָּׁלוֹם:**

תהלים נא **אַב הָרַחֲמִים, הֵיטִיבָה בִרְצוֹנְךָ אֶת־צִיּוֹן תִּבְנֶה חוֹמוֹת יְרוּשָׁלָםִ:**
כִּי בְךָ לְבַד בָּטָחְנוּ, מֶלֶךְ אֵל רָם וְנִשָּׂא, אֲדוֹן עוֹלָמִים.

פותחים את ארון הקודש. הקהל עומד על רגליו.

במדבר י **וַיְהִי בִּנְסֹעַ הָאָרֹן וַיֹּאמֶר מֹשֶׁה**
קוּמָה יהוה וְיָפֻצוּ אֹיְבֶיךָ וְיָנֻסוּ מְשַׂנְאֶיךָ מִפָּנֶיךָ:
ישעיה ב **כִּי מִצִּיּוֹן תֵּצֵא תוֹרָה וּדְבַר־יהוה מִירוּשָׁלָםִ:**
בָּרוּךְ שֶׁנָּתַן תּוֹרָה לְעַמּוֹ יִשְׂרָאֵל בִּקְדֻשָּׁתוֹ.

יש אומרים י״ג מידות ו׳רִבּוֹנוֹ שֶׁל עוֹלָם׳, גם כשיום הכיפורים חל בשבת.
אומרים שלוש פעמים:

שמות לד **יהוה, יהוה, אֵל רַחוּם וְחַנּוּן, אֶרֶךְ אַפַּיִם וְרַב־חֶסֶד וֶאֱמֶת:**
נֹצֵר חֶסֶד לָאֲלָפִים, נֹשֵׂא עָוֹן וָפֶשַׁע וְחַטָּאָה, וְנַקֵּה:

רִבּוֹנוֹ שֶׁל עוֹלָם, מַלֵּא מִשְׁאֲלוֹתַי לְטוֹבָה, וְהָפֵק רְצוֹנִי וְתֵן שְׁאֵלָתִי, וּמְחַל לִי עַל כָּל עֲוֹנוֹתַי וְעַל כָּל עֲוֹנוֹת אַנְשֵׁי בֵיתִי, מְחִילָה בְּחֶסֶד מְחִילָה בְּרַחֲמִים, וְטַהֲרֵנוּ מֵחֲטָאֵינוּ וּמֵעֲוֹנוֹתֵינוּ וּמִפְּשָׁעֵינוּ, וְזָכְרֵנוּ בְּזִכָּרוֹן טוֹב לְפָנֶיךָ, וּפָקְדֵנוּ

בִּפְקֻדַּת יְשׁוּעָה וְרַחֲמִים. וְזָכְרֵנוּ לְחַיִּים טוֹבִים וּלְשָׁלוֹם, וּפַרְנָסָה וְכַלְכָּלָה, וְלֶחֶם לֶאֱכֹל וּבֶגֶד לִלְבֹּשׁ, וְעֹשֶׁר וְכָבוֹד, וְאֹרֶךְ יָמִים לַהֲגוֹת בְּתוֹרָתֶךָ וּלְקַיֵּם מִצְוֹתֶיהָ, וְשֵׂכֶל וּבִינָה לְהָבִין וּלְהַשְׂכִּיל עִמְקֵי סוֹדוֹתֶיהָ. וְהָפֵק רְפוּאָה לְכָל מַכְאוֹבֵינוּ, וּבָרֵךְ כָּל מַעֲשֵׂה יָדֵינוּ, וּגְזֹר עָלֵינוּ גְּזֵרוֹת טוֹבוֹת יְשׁוּעוֹת וְנֶחָמוֹת, וּבַטֵּל מֵעָלֵינוּ כָּל גְּזֵרוֹת קָשׁוֹת וְרָעוֹת, וְתֵן בְּלֵב שָׂרֵינוּ וְיוֹעֲצֵיהֶם (בחו״ל: וְתֵן בְּלֵב הַמַּלְכוּת וְיוֹעֲצֶיהָ וְשָׂרֶיהָ) עָלֵינוּ לְטוֹבָה. אָמֵן וְכֵן יְהִי רָצוֹן.

יִהְיוּ לְרָצוֹן אִמְרֵי־פִי וְהֶגְיוֹן לִבִּי לְפָנֶיךָ, יהוה צוּרִי וְגֹאֲלִי: תהלים יט

אומרים שלוש פעמים:

וַאֲנִי תְפִלָּתִי־לְךָ יהוה, עֵת רָצוֹן, אֱלֹהִים בְּרָב־חַסְדֶּךָ עֲנֵנִי בֶּאֱמֶת יִשְׁעֶךָ: תהלים סט

בְּרִיךְ שְׁמֵהּ דְּמָרֵא עָלְמָא, בְּרִיךְ כִּתְרָךְ וְאַתְרָךְ. יְהֵא רְעוּתָךְ עִם עַמָּךְ יִשְׂרָאֵל לְעָלַם, וּפֻרְקַן יְמִינָךְ אַחֲזֵי לְעַמָּךְ בְּבֵית מַקְדְּשָׁךְ, וּלְאַמְטוּיֵי לַנָא מִטּוּב נְהוֹרָךְ, וּלְקַבֵּל צְלוֹתַנָא בְּרַחֲמִין. יְהֵא רַעֲוָא קֳדָמָךְ דְּתוֹרִיךְ לַן חַיִּין בְּטִיבוּ, וְלֶהֱוֵי אֲנָא פְקִידָא בְּגוֹ צַדִּיקַיָּא, לְמִרְחַם עָלַי וּלְמִנְטַר יָתִי וְיַת כָּל דִּי לִי וְדִי לְעַמָּךְ יִשְׂרָאֵל. אַנְתְּ הוּא זָן לְכֹלָּא וּמְפַרְנֵס לְכֹלָּא, אַנְתְּ הוּא שַׁלִּיט עַל כֹּלָּא, אַנְתְּ הוּא דְּשַׁלִּיט עַל מַלְכַיָּא, וּמַלְכוּתָא דִּילָךְ הִיא. אֲנָא עַבְדָּא דְקֻדְשָׁא בְּרִיךְ הוּא, דְּסָגֵדְנָא קַמֵּהּ וּמִקַּמֵּי דִּיקַר אוֹרַיְתֵהּ בְּכָל עִדָּן וְעִדָּן. לָא עַל אֱנָשׁ רָחִיצְנָא וְלָא עַל בַּר אֱלָהִין זוהר ויקהל

תרגום

ברוך שמו של אדון העולם, ברוך כתרך ומקומך. יהי רצונך עם עמך ישראל לעולם, וישועת ימינך הראה לעמך בבית מקדשך, ולהביא לנו מטוב אורך, ולקבל תפילותינו ברחמים. יהי רצון מלפניך שתאריך לנו חיים בטוב, ואהיה אני נמנה בתוך הצדיקים, לרחם עלי ולשמור אותי ואת כל אשר לי ואשר לעמך ישראל. אתה הוא זן לכול ומפרנס לכול, אתה הוא שליט על הכול, אתה הוא השליט על המלכים, והמלכות שלך היא. אני עבדו של הקדוש ברוך הוא, משתחוה לפניו ולפני כבוד תורתו בכל עת ועת. לא על אדם אני בטוח ולא על מלאך אני סמוך,

סְמִיכְנָא, אֶלָּא בֵּאלָהָא דִשְׁמַיָּא, דְּהוּא אֱלָהָא קְשׁוֹט, וְאוֹרַיְתֵהּ קְשׁוֹט, וּנְבִיאוֹהִי קְשׁוֹט, וּמַסְגֵּא לְמֶעְבַּד טַבְוָן וּקְשׁוֹט. ◂ בֵּהּ אֲנָא רָחִיץ, וְלִשְׁמֵהּ קַדִּישָׁא יַקִּירָא אֲנָא אֵמַר תֻּשְׁבְּחָן. יְהֵא רַעֲוָא קֳדָמָךְ דְּתִפְתַּח לִבַּאי בְּאוֹרַיְתָא, וְתַשְׁלִים מִשְׁאֲלִין דְּלִבַּאי וְלִבָּא דְכָל עַמָּךְ יִשְׂרָאֵל לְטָב וּלְחַיִּין וְלִשְׁלָם.

שליח הציבור מקבל את ספר התורה בימינו,
פונה לקהל ואומר (מסכת סופרים פי״ד), ואחריו הקהל:

דברים ו **שְׁמַע יִשְׂרָאֵל, יהוה אֱלֹהֵינוּ, יהוה אֶחָד:**

שליח הציבור ואחריו הקהל:

אֶחָד אֱלֹהֵינוּ, גָּדוֹל אֲדוֹנֵינוּ, קָדוֹשׁ וְנוֹרָא שְׁמוֹ.

שליח הציבור פונה לעבר ארון הקודש, קד, מגביה את ספר התורה
ואומר (משנ״ב קלד, יג על פי מסכת סופרים):

תהלים לד **גַּדְּלוּ לַיהוה אִתִּי וּנְרוֹמְמָה שְׁמוֹ יַחְדָּו:**

סוגרים את ארון הקודש. כאשר שליח הציבור הולך אל הבימה, הקהל אומר:

דברי הימים א׳ כט לְךָ יהוה הַגְּדֻלָּה וְהַגְּבוּרָה וְהַתִּפְאֶרֶת וְהַנֵּצַח וְהַהוֹד, כִּי־כֹל בַּשָּׁמַיִם
תהלים צט וּבָאָרֶץ, לְךָ יהוה הַמַּמְלָכָה וְהַמִּתְנַשֵּׂא לְכֹל לְרֹאשׁ: רוֹמְמוּ יהוה אֱלֹהֵינוּ
שם וְהִשְׁתַּחֲווּ לַהֲדֹם רַגְלָיו, קָדוֹשׁ הוּא: רוֹמְמוּ יהוה אֱלֹהֵינוּ וְהִשְׁתַּחֲווּ
לְהַר קָדְשׁוֹ, כִּי־קָדוֹשׁ יהוה אֱלֹהֵינוּ:

הקהל אומר בלחש (מחזור ויטרי, קסה):

עַל הַכֹּל יִתְגַּדַּל וְיִתְקַדַּשׁ וְיִשְׁתַּבַּח וְיִתְפָּאַר וְיִתְרוֹמַם וְיִתְנַשֵּׂא שְׁמוֹ שֶׁל מֶלֶךְ מַלְכֵי הַמְּלָכִים הַקָּדוֹשׁ בָּרוּךְ הוּא בָּעוֹלָמוֹת שֶׁבָּרָא, הָעוֹלָם הַזֶּה

אלא באלהי השמים, שהוא אלהים אמת, ותורתו אמת, ונביאיו אמת, ומרבה לעשות חסד ואמת. בו אני בטוח, ולשמו הקדוש הנכבד אני אומר תשבחות. יהי רצון מלפניך שתפתח לבי בתורה, ותמלא משאלות לבי ולב כל עמך ישראל לטובה ולחיים ולשלום.

וְהָעוֹלָם הַבָּא, כִּרְצוֹנוֹ וְכִרְצוֹן יְרֵאָיו וְכִרְצוֹן כָּל בֵּית יִשְׂרָאֵל. צוּר הָעוֹלָמִים, אֲדוֹן כָּל הַבְּרִיּוֹת, אֱלוֹהַּ כָּל הַנְּפָשׁוֹת, הַיּוֹשֵׁב בְּמֶרְחֲבֵי מָרוֹם, הַשּׁוֹכֵן בִּשְׁמֵי שְׁמֵי קֶדֶם, קְדֻשָּׁתוֹ עַל הַחַיּוֹת, וּקְדֻשָּׁתוֹ עַל כִּסֵּא הַכָּבוֹד. וּבְכֵן יִתְקַדַּשׁ שִׁמְךָ בָּנוּ יהוה אֱלֹהֵינוּ לְעֵינֵי כָּל חָי, וְנֹאמַר לְפָנָיו שִׁיר חָדָשׁ,
כַּכָּתוּב: שִׁירוּ לֵאלֹהִים זַמְּרוּ שְׁמוֹ, סֹלּוּ לָרֹכֵב בָּעֲרָבוֹת, בְּיָהּ שְׁמוֹ, וְעִלְזוּ תהלים סח
לְפָנָיו: וְנִרְאֵהוּ עַיִן בְּעַיִן בְּשׁוּבוֹ אֶל נָוֵהוּ, כַּכָּתוּב: כִּי עַיִן בְּעַיִן יִרְאוּ בְּשׁוּב ישעיה נב
יהוה צִיּוֹן: וְנֶאֱמַר: וְנִגְלָה כְּבוֹד יהוה, וְרָאוּ כָל־בָּשָׂר יַחְדָּו כִּי פִּי יהוה דִּבֵּר: ישעיה מ

אַב הָרַחֲמִים הוּא יְרַחֵם עַם עֲמוּסִים, וְיִזְכֹּר בְּרִית אֵיתָנִים, וְיַצִּיל נַפְשׁוֹתֵינוּ מִן הַשָּׁעוֹת הָרָעוֹת, וְיִגְעַר בְּיֵצֶר הָרָע מִן הַנְּשׂוּאִים, וְיָחֹן אוֹתָנוּ לִפְלֵיטַת עוֹלָמִים, וִימַלֵּא מִשְׁאֲלוֹתֵינוּ בְּמִדָּה טוֹבָה יְשׁוּעָה וְרַחֲמִים.

מניח את ספר התורה על הבימה, והגבאי מכריז (מחזור ויטרי):

וְיַעֲזֹר וְיָגֵן וְיוֹשִׁיעַ לְכָל הַחוֹסִים בּוֹ, וְנֹאמַר אָמֵן. הַכֹּל הָבוּ גֹדֶל לֵאלֹהֵינוּ וּתְנוּ כָבוֹד לַתּוֹרָה. *כֹּהֵן קְרַב, יַעֲמֹד (פלוני בֶּן פלוני) הַכֹּהֵן.

*אם אין כוהן, הגבאי קורא ללוי או לישראל ואומר:

/אֵין כָּאן כֹּהֵן, יַעֲמֹד (פלוני בֶּן פלוני) בִּמְקוֹם כֹּהֵן./

בָּרוּךְ שֶׁנָּתַן תּוֹרָה לְעַמּוֹ יִשְׂרָאֵל בִּקְדֻשָּׁתוֹ.

הקהל ואחריו הגבאי:

וְאַתֶּם הַדְּבֵקִים בַּיהוה אֱלֹהֵיכֶם חַיִּים כֻּלְּכֶם הַיּוֹם: דברים ד

קריאת התורה בעמ׳ 308.

קודם הברכה על העולה לראות היכן קוראים ולנשק את ספר התורה.
בשעת הברכה אוחז בעמודי הספר.

עולה: בָּרְכוּ אֶת יהוה הַמְבֹרָךְ.

קהל: בָּרוּךְ יהוה הַמְבֹרָךְ לְעוֹלָם וָעֶד.

עולה: בָּרוּךְ יהוה הַמְבֹרָךְ לְעוֹלָם וָעֶד.
בָּרוּךְ אַתָּה יהוה אֱלֹהֵינוּ מֶלֶךְ הָעוֹלָם
אֲשֶׁר בָּחַר בָּנוּ מִכָּל הָעַמִּים וְנָתַן לָנוּ אֶת תּוֹרָתוֹ.
בָּרוּךְ אַתָּה יהוה, נוֹתֵן הַתּוֹרָה.

לאחר הקריאה העולה מנשק את ספר התורה ומברך:

עולה: **בָּרוּךְ אַתָּה יהוה אֱלֹהֵינוּ מֶלֶךְ הָעוֹלָם**
אֲשֶׁר נָתַן לָנוּ תּוֹרַת אֱמֶת
וְחַיֵּי עוֹלָם נָטַע בְּתוֹכֵנוּ.
בָּרוּךְ אַתָּה יהוה, נוֹתֵן הַתּוֹרָה.

מי שהיה בסכנה וניצל ממנה, מברך 'הַגּוֹמֵל':

בָּרוּךְ אַתָּה יהוה אֱלֹהֵינוּ מֶלֶךְ הָעוֹלָם
הַגּוֹמֵל לְחַיָּבִים טוֹבוֹת
שֶׁגְּמָלַנִי כָּל טוֹב.

הקהל עונה:

אָמֵן. מִי שֶׁגְּמָלְךָ כָּל טוֹב
הוּא יִגְמָלְךָ כָּל טוֹב
סֶלָה.

כאן אומרים 'מִי שֶׁבֵּרַךְ' לפי הצורך.

מי שבירך לעולה לתורה

מִי שֶׁבֵּרַךְ אֲבוֹתֵינוּ אַבְרָהָם יִצְחָק וְיַעֲקֹב, הוּא יְבָרֵךְ אֶת (פלוני בֶּן פלוני), **בַּעֲבוּר שֶׁעָלָה לִכְבוֹד הַמָּקוֹם וְלִכְבוֹד הַתּוֹרָה** (בשבת: **וְלִכְבוֹד הַשַּׁבָּת**) **וְלִכְבוֹד יוֹם הַדִּין. בִּשְׂכַר זֶה הַקָּדוֹשׁ בָּרוּךְ הוּא יִשְׁמְרֵהוּ וְיַצִּילֵהוּ מִכָּל צָרָה וְצוּקָה וּמִכָּל נֶגַע וּמַחֲלָה, וְיִשְׁלַח בְּרָכָה וְהַצְלָחָה בְּכָל מַעֲשֵׂה יָדָיו, וְיִכְתְּבֵהוּ וְיַחְתְּמֵהוּ לְחַיִּים טוֹבִים בְּיוֹם הַדִּין הַזֶּה עִם כָּל יִשְׂרָאֵל אֶחָיו, וְנֹאמַר אָמֵן.**

מי שבירך לחולֶה

מִי שֶׁבֵּרַךְ אֲבוֹתֵינוּ אַבְרָהָם יִצְחָק וְיַעֲקֹב, מֹשֶׁה וְאַהֲרֹן דָּוִד וּשְׁלֹמֹה הוּא יְבָרֵךְ וִירַפֵּא אֶת הַחוֹלֶה (פלוני בֶּן פלונית) **בַּעֲבוּר שֶׁ**(פלוני בֶּן פלוני) **נוֹדֵר צְדָקָה בַּעֲבוּרוֹ. בִּשְׂכַר זֶה הַקָּדוֹשׁ בָּרוּךְ הוּא יִמָּלֵא רַחֲמִים עָלָיו לְהַחֲלִימוֹ**

וּלְרַפְּאתוֹ וּלְהַחֲזִיקוֹ וּלְהַחֲיוֹתוֹ וְיִשְׁלַח לוֹ מְהֵרָה רְפוּאָה שְׁלֵמָה מִן הַשָּׁמַיִם לְרמ״ח אֵבָרָיו וּשְׁס״ה גִּידָיו בְּתוֹךְ שְׁאָר חוֹלֵי יִשְׂרָאֵל, רְפוּאַת הַנֶּפֶשׁ וּרְפוּאַת הַגּוּף (בשבת: שַׁבָּת הִיא מִלִּזְעֹק וּרְפוּאָה קְרוֹבָה לָבוֹא), הַשְׁתָּא בַּעֲגָלָא וּבִזְמַן קָרִיב, וְנֹאמַר אָמֵן.

מי שבירך לחולה

מִי שֶׁבֵּרַךְ אֲבוֹתֵינוּ אַבְרָהָם יִצְחָק וְיַעֲקֹב, מֹשֶׁה וְאַהֲרֹן דָּוִד וּשְׁלֹמֹה הוּא יְבָרֵךְ וִירַפֵּא אֶת הַחוֹלָה (פלונית בַּת פלונית) בַּעֲבוּר שֶׁ(פלוני בֶּן פלוני) נוֹדֵר צְדָקָה בַּעֲבוּרָהּ. בִּשְׂכַר זֶה הַקָּדוֹשׁ בָּרוּךְ הוּא יִמָּלֵא רַחֲמִים עָלֶיהָ לְהַחֲלִימָהּ וּלְרַפְּאתָהּ וּלְהַחֲזִיקָהּ וּלְהַחֲיוֹתָהּ וְיִשְׁלַח לָהּ מְהֵרָה רְפוּאָה שְׁלֵמָה מִן הַשָּׁמַיִם לְכָל אֵבָרֶיהָ וּלְכָל גִּידֶיהָ בְּתוֹךְ שְׁאָר חוֹלֵי יִשְׂרָאֵל, רְפוּאַת הַנֶּפֶשׁ וּרְפוּאַת הַגּוּף (בשבת: שַׁבָּת הִיא מִלִּזְעֹק וּרְפוּאָה קְרוֹבָה לָבוֹא), הַשְׁתָּא בַּעֲגָלָא וּבִזְמַן קָרִיב, וְנֹאמַר אָמֵן.

מי שבירך ליולדת בן

מִי שֶׁבֵּרַךְ אֲבוֹתֵינוּ אַבְרָהָם יִצְחָק וְיַעֲקֹב, מֹשֶׁה וְאַהֲרֹן דָּוִד וּשְׁלֹמֹה, שָׂרָה רִבְקָה רָחֵל וְלֵאָה הוּא יְבָרֵךְ אֶת הָאִשָּׁה הַיּוֹלֶדֶת (פלונית בַּת פלוני) וְאֶת בְּנָהּ שֶׁנּוֹלַד לָהּ לְמַזָּל טוֹב בַּעֲבוּר שֶׁבַּעְלָהּ וְאָבִיו נוֹדֵר צְדָקָה בַּעֲדָם. בִּשְׂכַר זֶה יִזְכּוּ אָבִיו וְאִמּוֹ לְהַכְנִיסוֹ בִּבְרִיתוֹ שֶׁל אַבְרָהָם אָבִינוּ וּלְגַדְּלוֹ לְתוֹרָה וּלְחֻפָּה וּלְמַעֲשִׂים טוֹבִים, וְיִכָּתֵב וְיֵחָתֵם לְחַיִּים טוֹבִים בְּיוֹם הַדִּין הַזֶּה עִם כָּל יִשְׂרָאֵל אֲחֵיהֶם, וְנֹאמַר אָמֵן.

מי שבירך ליולדת בת

מִי שֶׁבֵּרַךְ אֲבוֹתֵינוּ אַבְרָהָם יִצְחָק וְיַעֲקֹב, מֹשֶׁה וְאַהֲרֹן דָּוִד וּשְׁלֹמֹה, שָׂרָה רִבְקָה רָחֵל וְלֵאָה הוּא יְבָרֵךְ אֶת הָאִשָּׁה הַיּוֹלֶדֶת (פלונית בַּת פלוני) וְאֶת בִּתָּהּ שֶׁנּוֹלְדָה לָהּ לְמַזָּל טוֹב וְיִקָּרֵא שְׁמָהּ בְּיִשְׂרָאֵל (פלונית בַּת פלוני), בַּעֲבוּר שֶׁבַּעְלָהּ וְאָבִיהָ נוֹדֵר צְדָקָה בַּעֲדָן. בִּשְׂכַר זֶה יִזְכּוּ אָבִיהָ וְאִמָּהּ לְגַדְּלָהּ לְתוֹרָה וּלְחֻפָּה וּלְמַעֲשִׂים טוֹבִים, וְיִכָּתְבֵן וְיֵחָתְמֵן לְחַיִּים טוֹבִים בְּיוֹם הַדִּין הַזֶּה עִם כָּל יִשְׂרָאֵל אֲחֵיהֶן, וְנֹאמַר אָמֵן.

קריאת התורה מיתת בני אהרן במחנה שכינה

ויקרא טז,א–לד

וידבר יהוה אל־משה אחרי מות שני בני אהרן בקרבתם
לפני־יהוה וימתו: ויאמר יהוה אל־משה דבר אל־אהרן
אחיך ואל־יבא בכל־עת אל־הקדש מבית לפרכת אל־פני
הכפרת אשר על־הארן ולא ימות כי בענן אראה על־הכפרת:
בזאת יבא אהרן אל־הקדש בפר בן־בקר לחטאת ואיל

בשבת שני

לעלה: כתנת־בד קדש ילבש ומכנסי־בד יהיו על־בשרו
ובאבנט בד יחגר ובמצנפת בד יצנף בגדי־קדש הם ורחץ
במים את־בשרו ולבשם: ומאת עדת בני ישראל יקח שני־
שעירי עזים לחטאת ואיל אחד לעלה: והקריב אהרן את־

שני
בשבת שלישי

פר החטאת אשר־לו וכפר בעדו ובעד ביתו: ולקח את־שני
השעירם והעמיד אתם לפני יהוה פתח אהל מועד: ונתן
אהרן על־שני השעירם גרלות גורל אחד ליהוה וגורל אחד
לעזאזל: והקריב אהרן את־השעיר אשר עלה עליו הגורל
ליהוה ועשהו חטאת: והשעיר אשר עלה עליו הגורל לעזאזל
יעמד־חי לפני יהוה לכפר עליו לשלח אתו לעזאזל המדברה:
והקריב אהרן את־פר החטאת אשר־לו וכפר בעדו ובעד

שלישי
בשבת רביעי

ביתו ושחט את־פר החטאת אשר־לו: ולקח מלא־המחתה
גחלי־אש מעל המזבח מלפני יהוה ומלא חפניו קטרת סמים
דקה והביא מבית לפרכת: ונתן את־הקטרת על־האש לפני
יהוה וכסה | ענן הקטרת את־הכפרת אשר על־העדות ולא
ימות: ולקח מדם הפר והזה באצבעו על־פני הכפרת קדמה
ולפני הכפרת יזה שבע־פעמים מן־הדם באצבעו: ושחט
את־שעיר החטאת אשר לעם והביא את־דמו אל־מבית

כהן גדול סומך ידיו על ראש פרו ומתודה על עצמו ועל ביתו

לַפָּרֹכֶת וְעָשָׂה אֶת־דָּמוֹ כַּאֲשֶׁר עָשָׂה לְדַם הַפָּר וְהִזָּה אֹתוֹ
עַל־הַכַּפֹּרֶת וְלִפְנֵי הַכַּפֹּרֶת׃ וְכִפֶּר עַל־הַקֹּדֶשׁ מִטֻּמְאֹת בְּנֵי
יִשְׂרָאֵל וּמִפִּשְׁעֵיהֶם לְכָל־חַטֹּאתָם וְכֵן יַעֲשֶׂה לְאֹהֶל מוֹעֵד הַשֹּׁכֵן
אִתָּם בְּתוֹךְ טֻמְאֹתָם׃ וְכָל־אָדָם לֹא־יִהְיֶה ׀ בְּאֹהֶל מוֹעֵד בְּבֹאוֹ
לְכַפֵּר בַּקֹּדֶשׁ עַד־צֵאתוֹ וְכִפֶּר בַּעֲדוֹ וּבְעַד בֵּיתוֹ וּבְעַד כָּל־קְהַל
רביעי / בשבת חמישי — יִשְׂרָאֵל׃ וְיָצָא אֶל־הַמִּזְבֵּחַ אֲשֶׁר לִפְנֵי־יהוה וְכִפֶּר עָלָיו וְלָקַח
מִדַּם הַפָּר וּמִדַּם הַשָּׂעִיר וְנָתַן עַל־קַרְנוֹת הַמִּזְבֵּחַ סָבִיב׃ וְהִזָּה
עָלָיו מִן־הַדָּם בְּאֶצְבָּעוֹ שֶׁבַע פְּעָמִים וְטִהֲרוֹ וְקִדְּשׁוֹ מִטֻּמְאֹת
בְּנֵי יִשְׂרָאֵל׃ וְכִלָּה מִכַּפֵּר אֶת־הַקֹּדֶשׁ וְאֶת־אֹהֶל מוֹעֵד וְאֶת־
הַמִּזְבֵּחַ וְהִקְרִיב אֶת־הַשָּׂעִיר הֶחָי׃ וְסָמַךְ אַהֲרֹן אֶת־שְׁתֵּי יָדָו
עַל־רֹאשׁ הַשָּׂעִיר הַחַי וְהִתְוַדָּה עָלָיו אֶת־כָּל־עֲוֺנֹת בְּנֵי יִשְׂרָאֵל
וְאֶת־כָּל־פִּשְׁעֵיהֶם לְכָל־חַטֹּאתָם וְנָתַן אֹתָם עַל־רֹאשׁ הַשָּׂעִיר
וְשִׁלַּח בְּיַד־אִישׁ עִתִּי הַמִּדְבָּרָה׃ וְנָשָׂא הַשָּׂעִיר עָלָיו אֶת־כָּל־
עֲוֺנֹתָם אֶל־אֶרֶץ גְּזֵרָה וְשִׁלַּח אֶת־הַשָּׂעִיר בַּמִּדְבָּר׃ וּבָא אַהֲרֹן
אֶל־אֹהֶל מוֹעֵד וּפָשַׁט אֶת־בִּגְדֵי הַבָּד אֲשֶׁר לָבַשׁ בְּבֹאוֹ אֶל־
הַקֹּדֶשׁ וְהִנִּיחָם שָׁם׃ וְרָחַץ אֶת־בְּשָׂרוֹ בַמַּיִם בְּמָקוֹם קָדוֹשׁ וְלָבַשׁ
אֶת־בְּגָדָיו וְיָצָא וְעָשָׂה אֶת־עֹלָתוֹ וְאֶת־עֹלַת הָעָם וְכִפֶּר בַּעֲדוֹ
חמישי / בשבת שישי — וּבְעַד הָעָם׃ *וְאֵת חֵלֶב הַחַטָּאת יַקְטִיר הַמִּזְבֵּחָה׃ וְהַמְשַׁלֵּחַ
אֶת־הַשָּׂעִיר לַעֲזָאזֵל יְכַבֵּס בְּגָדָיו וְרָחַץ אֶת־בְּשָׂרוֹ בַּמָּיִם וְאַחֲרֵי־
כֵן יָבוֹא אֶל־הַמַּחֲנֶה׃ וְאֵת פַּר הַחַטָּאת וְאֵת ׀ שְׂעִיר הַחַטָּאת
אֲשֶׁר הוּבָא אֶת־דָּמָם לְכַפֵּר בַּקֹּדֶשׁ יוֹצִיא אֶל־מִחוּץ לַמַּחֲנֶה
וְשָׂרְפוּ בָאֵשׁ אֶת־עֹרֹתָם וְאֶת־בְּשָׂרָם וְאֶת־פִּרְשָׁם׃ וְהַשֹּׂרֵף
אֹתָם יְכַבֵּס בְּגָדָיו וְרָחַץ אֶת־בְּשָׂרוֹ בַּמָּיִם וְאַחֲרֵי־כֵן יָבוֹא אֶל־
הַמַּחֲנֶה׃ וְהָיְתָה לָכֶם לְחֻקַּת עוֹלָם בַּחֹדֶשׁ הַשְּׁבִיעִי בֶּעָשׂוֹר

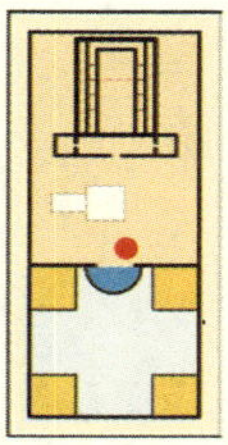
כהן גדול מגריל על שני השעירים גורלות במזרח העזרה

לַחֹ֙דֶשׁ֙ תְּעַנּ֣וּ אֶת־נַפְשֹׁתֵיכֶ֔ם וְכָל־מְלָאכָה֙ לֹ֣א תַעֲשׂ֔וּ הָֽאֶזְרָ֔ח
וְהַגֵּ֖ר הַגָּ֥ר בְּתוֹכְכֶֽם׃ כִּֽי־בַיּ֥וֹם הַזֶּ֛ה יְכַפֵּ֥ר עֲלֵיכֶ֖ם לְטַהֵ֣ר אֶתְכֶ֑ם
שישי / בשבת שביעי מִכֹּל֙ חַטֹּ֣אתֵיכֶ֔ם לִפְנֵ֥י יְהוָ֖ה תִּטְהָֽרוּ׃ שַׁבַּ֨ת שַׁבָּת֥וֹן הִיא֙ לָכֶ֔ם
וְעִנִּיתֶ֖ם אֶת־נַפְשֹׁתֵיכֶ֑ם חֻקַּ֖ת עוֹלָֽם׃ וְכִפֶּ֨ר הַכֹּהֵ֜ן אֲשֶׁר־יִמְשַׁ֣ח
אֹת֗וֹ וַאֲשֶׁ֤ר יְמַלֵּא֙ אֶת־יָד֔וֹ לְכַהֵ֖ן תַּ֣חַת אָבִ֑יו וְלָבַ֛שׁ אֶת־בִּגְדֵ֥י
הַבָּ֖ד בִּגְדֵ֥י הַקֹּֽדֶשׁ׃ וְכִפֶּר֙ אֶת־מִקְדַּ֣שׁ הַקֹּ֔דֶשׁ וְאֶת־אֹ֧הֶל מוֹעֵ֛ד
וְאֶת־הַמִּזְבֵּ֖חַ יְכַפֵּ֑ר וְעַ֧ל הַכֹּהֲנִ֛ים וְעַל־כָּל־עַ֥ם הַקָּהָ֖ל יְכַפֵּֽר׃
וְהָֽיְתָה־זֹּ֨את לָכֶ֜ם לְחֻקַּ֣ת עוֹלָ֗ם לְכַפֵּ֞ר עַל־בְּנֵ֤י יִשְׂרָאֵל֙ מִכָּל־
חַטֹּאתָ֔ם אַחַ֖ת בַּשָּׁנָ֑ה וַיַּ֕עַשׂ כַּאֲשֶׁ֛ר צִוָּ֥ה יְהוָ֖ה אֶת־מֹשֶֽׁה׃

חצי קדיש

לפני שקוראים למפטיר, בעל הקורא אומר חצי קדיש (רמב״ם, תפילה פי״ב ה״כ).

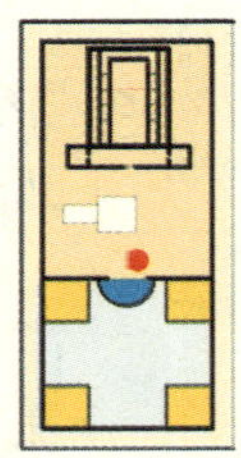

כהן גדול קושר לשון של זהורית בין קרני השעיר המשתלח וכן על צואר השעיר הנשחט

ש״ץ: יִתְגַּדַּל וְיִתְקַדַּשׁ שְׁמֵהּ רַבָּא (קהל: אָמֵן)
בְּעָלְמָא דִּי בְרָא כִרְעוּתֵהּ
וְיַמְלִיךְ מַלְכוּתֵהּ וְיַצְמַח פֻּרְקָנֵהּ וִיקָרֵב מְשִׁיחֵהּ (קהל: אָמֵן)
בְּחַיֵּיכוֹן וּבְיוֹמֵיכוֹן וּבְחַיֵּי דְכָל בֵּית יִשְׂרָאֵל
בַּעֲגָלָא וּבִזְמַן קָרִיב, וְאִמְרוּ אָמֵן. (קהל: אָמֵן)

קהל וש״ץ: יְהֵא שְׁמֵהּ רַבָּא מְבָרַךְ לְעָלַם וּלְעָלְמֵי עָלְמַיָּא.

ש״ץ: יִתְבָּרַךְ וְיִשְׁתַּבַּח וְיִתְפָּאַר וְיִתְרוֹמַם וְיִתְנַשֵּׂא
וְיִתְהַדָּר וְיִתְעַלֶּה וְיִתְהַלָּל
שְׁמֵהּ דְּקֻדְשָׁא בְּרִיךְ הוּא (קהל: אָמֵן)
לְעֵלָּא לְעֵלָּא מִכָּל בִּרְכָתָא
וְשִׁירָתָא תֻּשְׁבְּחָתָא וְנֶחֱמָתָא
דַּאֲמִירָן בְּעָלְמָא, וְאִמְרוּ אָמֵן. (קהל: אָמֵן)

הגבהה וגלילה

כאשר מגביהים את ספר התורה, הקהל אומר:

וְזֹאת הַתּוֹרָה אֲשֶׁר־שָׂם מֹשֶׁה לִפְנֵי בְּנֵי יִשְׂרָאֵל: דברים ד

עַל־פִּי יהוה בְּיַד מֹשֶׁה: במדבר ט

ויש מוסיפים: עֵץ־חַיִּים הִיא לַמַּחֲזִיקִים בָּהּ וְתֹמְכֶיהָ מְאֻשָּׁר: משלי ג
דְּרָכֶיהָ דַרְכֵי־נֹעַם וְכָל־נְתִיבוֹתֶיהָ שָׁלוֹם:
אֹרֶךְ יָמִים בִּימִינָהּ, בִּשְׂמֹאולָהּ עֹשֶׁר וְכָבוֹד:
יהוה חָפֵץ לְמַעַן צִדְקוֹ יַגְדִּיל תּוֹרָה וְיַאְדִּיר: ישעיה מב

מפטיר

קוראים למפטיר בספר שני.
קרבנות יום הכיפורים (במדבר כט).

וּבֶעָשׂוֹר לַחֹדֶשׁ הַשְּׁבִיעִי הַזֶּה מִקְרָא־קֹדֶשׁ יִהְיֶה לָכֶם וְעִנִּיתֶם במדבר כט, ז–יא
אֶת־נַפְשֹׁתֵיכֶם כָּל־מְלָאכָה לֹא תַעֲשׂוּ: וְהִקְרַבְתֶּם עֹלָה לַיהוה
רֵיחַ נִיחֹחַ פַּר בֶּן־בָּקָר אֶחָד אַיִל אֶחָד כְּבָשִׂים בְּנֵי־שָׁנָה שִׁבְעָה
תְּמִימִם יִהְיוּ לָכֶם: וּמִנְחָתָם סֹלֶת בְּלוּלָה בַשָּׁמֶן שְׁלֹשָׁה עֶשְׂרֹנִים
לַפָּר שְׁנֵי עֶשְׂרֹנִים לָאַיִל הָאֶחָד: עִשָּׂרוֹן עִשָּׂרוֹן לַכֶּבֶשׂ הָאֶחָד
לְשִׁבְעַת הַכְּבָשִׂים: שְׂעִיר־עִזִּים אֶחָד חַטָּאת מִלְּבַד חַטַּאת
הַכִּפֻּרִים וְעֹלַת הַתָּמִיד וּמִנְחָתָהּ וְנִסְכֵּיהֶם:

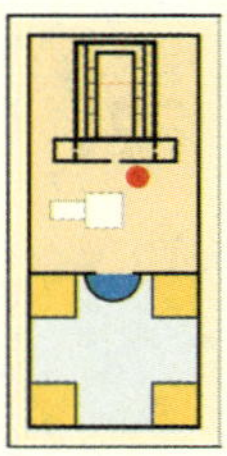

כהן הגדול מתודה וידוי שני על עצמו ועל אחיו הכהנים

הגבהה וגלילה

מגביהים את ספר התורה השני, והקהל אומר:

וְזֹאת הַתּוֹרָה אֲשֶׁר־שָׂם מֹשֶׁה לִפְנֵי בְּנֵי יִשְׂרָאֵל: דברים ד

עַל־פִּי יהוה בְּיַד מֹשֶׁה: במדבר ט

ויש מוסיפים: עֵץ־חַיִּים הִיא לַמַּחֲזִיקִים בָּהּ וְתֹמְכֶיהָ מְאֻשָּׁר: משלי ג
דְּרָכֶיהָ דַרְכֵי־נֹעַם וְכָל־נְתִיבוֹתֶיהָ שָׁלוֹם:
אֹרֶךְ יָמִים בִּימִינָהּ, בִּשְׂמֹאולָהּ עֹשֶׁר וְכָבוֹד:
יהוה חָפֵץ לְמַעַן צִדְקוֹ יַגְדִּיל תּוֹרָה וְיַאְדִּיר: ישעיה מב

ברכות ההפטרה

לפני קריאת ההפטרה בנביא, המפטיר מברך:

בָּרוּךְ אַתָּה יהוה אֱלֹהֵינוּ מֶלֶךְ הָעוֹלָם אֲשֶׁר בָּחַר בִּנְבִיאִים טוֹבִים,
וְרָצָה בְדִבְרֵיהֶם הַנֶּאֱמָרִים בֶּאֱמֶת. בָּרוּךְ אַתָּה יהוה, הַבּוֹחֵר
בַּתּוֹרָה וּבְמֹשֶׁה עַבְדּוֹ וּבְיִשְׂרָאֵל עַמּוֹ וּבִנְבִיאֵי הָאֱמֶת וָצֶדֶק.

הפטרה

ישעיה נז, יד – נח, יד וְאָמַר סֹלּוּ־סֹלּוּ פַּנּוּ־דָרֶךְ הָרִימוּ מִכְשׁוֹל מִדֶּרֶךְ עַמִּי: כִּי
כֹה אָמַר רָם וְנִשָּׂא שֹׁכֵן עַד וְקָדוֹשׁ שְׁמוֹ מָרוֹם וְקָדוֹשׁ אֶשְׁכּוֹן
וְאֶת־דַּכָּא וּשְׁפַל־רוּחַ לְהַחֲיוֹת רוּחַ שְׁפָלִים וּלְהַחֲיוֹת לֵב
נִדְכָּאִים: כִּי לֹא לְעוֹלָם אָרִיב וְלֹא לָנֶצַח אֶקְּצוֹף כִּי־רוּחַ מִלְּפָנַי
יַעֲטוֹף וּנְשָׁמוֹת אֲנִי עָשִׂיתִי: בַּעֲוֹן בִּצְעוֹ קָצַפְתִּי וְאַכֵּהוּ הַסְתֵּר
וְאֶקְצֹף וַיֵּלֶךְ שׁוֹבָב בְּדֶרֶךְ לִבּוֹ: דְּרָכָיו רָאִיתִי וְאֶרְפָּאֵהוּ וְאַנְחֵהוּ
וַאֲשַׁלֵּם נִחֻמִים לוֹ וְלַאֲבֵלָיו: בּוֹרֵא נוב שְׂפָתָיִם שָׁלוֹם ׀ שָׁלוֹם ניב
לָרָחוֹק וְלַקָּרוֹב אָמַר יהוה וּרְפָאתִיו: וְהָרְשָׁעִים כַּיָּם נִגְרָשׁ כִּי
הַשְׁקֵט לֹא יוּכָל וַיִּגְרְשׁוּ מֵימָיו רֶפֶשׁ וָטִיט: אֵין שָׁלוֹם אָמַר אֱלֹהַי
לָרְשָׁעִים: קְרָא בְגָרוֹן אַל־תַּחְשֹׂךְ כַּשּׁוֹפָר הָרֵם קוֹלֶךָ
וְהַגֵּד לְעַמִּי פִּשְׁעָם וּלְבֵית יַעֲקֹב חַטֹּאתָם: וְאוֹתִי יוֹם יוֹם יִדְרֹשׁוּן
וְדַעַת דְּרָכַי יֶחְפָּצוּן כְּגוֹי אֲשֶׁר־צְדָקָה עָשָׂה וּמִשְׁפַּט אֱלֹהָיו לֹא
עָזָב יִשְׁאָלוּנִי מִשְׁפְּטֵי־צֶדֶק קִרְבַת אֱלֹהִים יֶחְפָּצוּן: לָמָּה צַּמְנוּ
וְלֹא רָאִיתָ עִנִּינוּ נַפְשֵׁנוּ וְלֹא תֵדָע הֵן בְּיוֹם צֹמְכֶם תִּמְצְאוּ־חֵפֶץ
וְכָל־עַצְּבֵיכֶם תִּנְגֹּשׂוּ: הֵן לְרִיב וּמַצָּה תָּצוּמוּ וּלְהַכּוֹת בְּאֶגְרֹף
רֶשַׁע לֹא־תָצוּמוּ כַיּוֹם לְהַשְׁמִיעַ בַּמָּרוֹם קוֹלְכֶם: הֲכָזֶה יִהְיֶה צוֹם
אֶבְחָרֵהוּ יוֹם עַנּוֹת אָדָם נַפְשׁוֹ הֲלָכֹף כְּאַגְמֹן רֹאשׁוֹ וְשַׂק וָאֵפֶר
יַצִּיעַ הֲלָזֶה תִּקְרָא־צוֹם וְיוֹם רָצוֹן לַיהוה: הֲלוֹא זֶה צוֹם אֶבְחָרֵהוּ

הכהן שוחט את הפר ומקבל את הדם

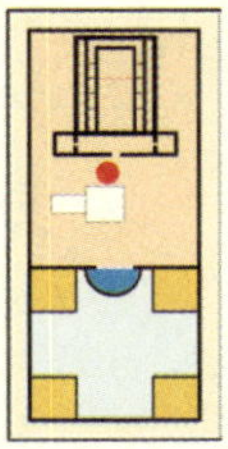

הכהן הגדול מוסר את הדם לכהן הממרס את הדם על רובד רביעי שבעזרה

פַּתֵּחַ חַרְצֻבּוֹת רֶשַׁע הַתֵּר אֲגֻדּוֹת מוֹטָה וְשַׁלַּח רְצוּצִים חָפְשִׁים
וְכָל־מוֹטָה תְּנַתֵּקוּ׃ הֲלוֹא פָרֹס לָרָעֵב לַחְמֶךָ וַעֲנִיִּים מְרוּדִים
תָּבִיא בָיִת כִּי־תִרְאֶה עָרֹם וְכִסִּיתוֹ וּמִבְּשָׂרְךָ לֹא תִתְעַלָּם׃ אָז
יִבָּקַע כַּשַּׁחַר אוֹרֶךָ וַאֲרֻכָתְךָ מְהֵרָה תִצְמָח וְהָלַךְ לְפָנֶיךָ צִדְקֶךָ
כְּבוֹד יהוה יַאַסְפֶךָ׃ אָז תִּקְרָא וַיהוה יַעֲנֶה תְּשַׁוַּע וְיֹאמַר הִנֵּנִי
אִם־תָּסִיר מִתּוֹכְךָ מוֹטָה שְׁלַח אֶצְבַּע וְדַבֶּר־אָוֶן׃ וְתָפֵק לָרָעֵב
נַפְשֶׁךָ וְנֶפֶשׁ נַעֲנָה תַּשְׂבִּיעַ וְזָרַח בַּחֹשֶׁךְ אוֹרֶךָ וַאֲפֵלָתְךָ כַּצָּהֳרָיִם׃
וְנָחֲךָ יהוה תָּמִיד וְהִשְׂבִּיעַ בְּצַחְצָחוֹת נַפְשֶׁךָ וְעַצְמֹתֶיךָ יַחֲלִיץ
וְהָיִיתָ כְּגַן רָוֶה וּכְמוֹצָא מַיִם אֲשֶׁר לֹא־יְכַזְּבוּ מֵימָיו׃ וּבָנוּ מִמְּךָ
חָרְבוֹת עוֹלָם מוֹסְדֵי דוֹר־וָדוֹר תְּקוֹמֵם וְקֹרָא לְךָ גֹּדֵר פֶּרֶץ
מְשֹׁבֵב נְתִיבוֹת לָשָׁבֶת׃ אִם־תָּשִׁיב מִשַּׁבָּת רַגְלֶךָ עֲשׂוֹת חֲפָצֶךָ
בְּיוֹם קָדְשִׁי וְקָרָאתָ לַשַּׁבָּת עֹנֶג לִקְדוֹשׁ יהוה מְכֻבָּד וְכִבַּדְתּוֹ
מֵעֲשׂוֹת דְּרָכֶיךָ מִמְּצוֹא חֶפְצְךָ וְדַבֵּר דָּבָר׃ אָז תִּתְעַנַּג עַל־יהוה
וְהִרְכַּבְתִּיךָ עַל־במותי אָרֶץ וְהַאֲכַלְתִּיךָ נַחֲלַת יַעֲקֹב אָבִיךָ כִּי בָּמֳתֵי
פִּי יהוה דִּבֵּר׃

ברכות לאחר ההפטרה

אחר קריאת ההפטרה המפטיר מברך:

בָּרוּךְ אַתָּה יהוה אֱלֹהֵינוּ מֶלֶךְ הָעוֹלָם, צוּר כָּל הָעוֹלָמִים, צַדִּיק בְּכָל הַדּוֹרוֹת, הָאֵל הַנֶּאֱמָן, הָאוֹמֵר וְעוֹשֶׂה, הַמְדַבֵּר וּמְקַיֵּם, שֶׁכָּל דְּבָרָיו אֱמֶת וָצֶדֶק. נֶאֱמָן אַתָּה הוּא יהוה אֱלֹהֵינוּ וְנֶאֱמָנִים דְּבָרֶיךָ, וְדָבָר אֶחָד מִדְּבָרֶיךָ אָחוֹר לֹא יָשׁוּב רֵיקָם, כִּי אֵל מֶלֶךְ נֶאֱמָן וְרַחֲמָן אָתָּה. בָּרוּךְ אַתָּה יהוה, הָאֵל הַנֶּאֱמָן בְּכָל דְּבָרָיו.

רַחֵם עַל צִיּוֹן כִּי הִיא בֵּית חַיֵּינוּ, וְלַעֲלוּבַת נֶפֶשׁ תּוֹשִׁיעַ בִּמְהֵרָה בְיָמֵינוּ. בָּרוּךְ אַתָּה יהוה, מְשַׂמֵּחַ צִיּוֹן בְּבָנֶיהָ.

שַׂמְּחֵנוּ יהוה אֱלֹהֵינוּ בְּאֵלִיָּהוּ הַנָּבִיא עַבְדֶּךָ, וּבְמַלְכוּת בֵּית דָּוִד מְשִׁיחֶךָ, בִּמְהֵרָה יָבוֹא וְיָגֵל לִבֵּנוּ. עַל כִּסְאוֹ לֹא יֵשֶׁב זָר, וְלֹא יִנְחֲלוּ עוֹד אֲחֵרִים אֶת כְּבוֹדוֹ, כִּי בְשֵׁם קָדְשְׁךָ נִשְׁבַּעְתָּ לּוֹ שֶׁלֹּא יִכְבֶּה נֵרוֹ לְעוֹלָם וָעֶד. בָּרוּךְ אַתָּה יהוה, מָגֵן דָּוִד.

בשבת מוסיפים את המילים שבסוגריים.

עַל הַתּוֹרָה וְעַל הָעֲבוֹדָה וְעַל הַנְּבִיאִים (וְעַל יוֹם הַשַּׁבָּת הַזֶּה) וְעַל יוֹם הַכִּפּוּרִים הַזֶּה, שֶׁנָּתַתָּ לָּנוּ, יהוה אֱלֹהֵינוּ (לִקְדֻשָּׁה וְלִמְנוּחָה), לִמְחִילָה וְלִסְלִיחָה וּלְכַפָּרָה, וְלִמְחָל בּוֹ אֶת כָּל עֲוֹנוֹתֵינוּ, לְכָבוֹד וּלְתִפְאָרֶת. עַל הַכֹּל יהוה אֱלֹהֵינוּ אֲנַחְנוּ מוֹדִים לָךְ וּמְבָרְכִים אוֹתָךְ, יִתְבָּרַךְ שִׁמְךָ בְּפִי כָּל חַי תָּמִיד לְעוֹלָם וָעֶד, וּדְבָרְךָ אֱמֶת וְקַיָּם לָעַד. בָּרוּךְ אַתָּה יהוה, מֶלֶךְ מוֹחֵל וְסוֹלֵחַ לַעֲוֹנוֹתֵינוּ וְלַעֲוֹנוֹת עַמּוֹ בֵּית יִשְׂרָאֵל, וּמַעֲבִיר אַשְׁמוֹתֵינוּ בְּכָל שָׁנָה וְשָׁנָה, מֶלֶךְ עַל כָּל הָאָרֶץ, מְקַדֵּשׁ (הַשַּׁבָּת וְ)יִשְׂרָאֵל וְיוֹם הַכִּפּוּרִים.

ביום הכיפורים שחל בשבת, אומרים ׳יְקוּם פֻּרְקָן׳.
אם אינו חל בשבת, ממשיכים בתפילה לשלום המדינה (עמ׳ 316).

במקום שיש בו מניין השכינה שורה, ולכן אומרים ברכה לקהל. ואין אומרים אותה ביחידות (׳אור זרוע׳ ח״ב, נ), ויש שנוהגים לומר את הפיסקה הראשונה גם ביחידות (שערי אפרים).

יְקוּם פֻּרְקָן מִן שְׁמַיָּא, חִנָּא וְחִסְדָּא וְרַחֲמֵי וְחַיֵּי אֲרִיכֵי וּמְזוֹנֵי רְוִיחֵי, וְסִיַּעְתָּא דִשְׁמַיָּא, וּבַרְיוּת גּוּפָא וּנְהוֹרָא מְעַלְיָא, זַרְעָא חַיָּא וְקַיָּמָא, זַרְעָא דִּי לָא יִפְסֻק וְדִי לָא יִבְטֻל מִפִּתְגָּמֵי אוֹרַיְתָא, לְמָרָנָן וְרַבָּנָן חֲבוּרָתָא קַדִּישָׁתָא דִּי בְאַרְעָא דְיִשְׂרָאֵל וְדִי בְבָבֶל, לְרֵישֵׁי כַלָּה, וּלְרֵישֵׁי גַלְוָתָא, וּלְרֵישֵׁי מְתִיבָתָא, וּלְדַיָּנֵי דְבָבָא, לְכָל תַּלְמִידֵיהוֹן, וּלְכָל תַּלְמִידֵי

תרגום

יקום פורקן מן השמים, חן וחסד ורחמים וחיים ארוכים ומזונות רווחים וסיוע מן השמים, ובריאות הגוף ואור מעולה, זרע חי וקיים, זרע שלא יפסוק ושלא יבטל מדברי תורה, למורינו ורבותינו החבורות הקדושות אשר בארץ ישראל ואשר בבבל, לראשי כלה ולראשי גלויות ולראשי הישיבות ולדייני השער, לכל תלמידיהם, ולכל

תַלְמִידֵיהוֹן, וּלְכָל מָאן דְּעָסְקִין בְּאוֹרַיְתָא. מַלְכָּא דְעָלְמָא יְבָרֵךְ יָתְהוֹן, יַפֵּשׁ חַיֵּיהוֹן וְיַסְגֵּא יוֹמֵיהוֹן, וְיִתֵּן אַרְכָא לִשְׁנֵיהוֹן, וְיִתְפָּרְקוּן וְיִשְׁתֵּיזְבוּן מִן כָּל עָקָא וּמִן כָּל מַרְעִין בִּישִׁין. מָרַן דִּי בִשְׁמַיָּא יְהֵא בְסַעְדְּהוֹן כָּל זְמַן וְעִדָּן, וְנֹאמַר אָמֵן.

יְקוּם פֻּרְקָן מִן שְׁמַיָּא, חִנָּא וְחִסְדָּא וְרַחֲמֵי וְחַיֵּי אֲרִיכֵי וּמְזוֹנֵי רְוִיחֵי, וְסִיַּעְתָּא דִשְׁמַיָּא, וּבַרְיוּת גּוּפָא וּנְהוֹרָא מְעַלְיָא, זַרְעָא חַיָּא וְקַיָּמָא, זַרְעָא דִּי לָא יִפְסֻק וְדִי לָא יִבְטֻל מִפִּתְגָּמֵי אוֹרַיְתָא, לְכָל קְהָלָא קַדִּישָׁא הָדֵין, רַבְרְבַיָּא עִם זְעֵרַיָּא, טַפְלָא וּנְשַׁיָּא. מַלְכָּא דְעָלְמָא יְבָרֵךְ יָתְכוֹן, יַפֵּשׁ חַיֵּיכוֹן וְיַסְגֵּא יוֹמֵיכוֹן, וְיִתֵּן אַרְכָא לִשְׁנֵיכוֹן, וְתִתְפָּרְקוּן וְתִשְׁתֵּיזְבוּן מִן כָּל עָקָא וּמִן כָּל מַרְעִין בִּישִׁין. מָרַן דִּי בִשְׁמַיָּא יְהֵא בְסַעְדְּכוֹן כָּל זְמַן וְעִדָּן, וְנֹאמַר אָמֵן.

מִי שֶׁבֵּרַךְ אֲבוֹתֵינוּ אַבְרָהָם יִצְחָק וְיַעֲקֹב, הוּא יְבָרֵךְ אֶת כָּל הַקָּהָל הַקָּדוֹשׁ הַזֶּה עִם כָּל קְהִלּוֹת הַקֹּדֶשׁ, הֵם וּנְשֵׁיהֶם וּבְנֵיהֶם וּבְנוֹתֵיהֶם וְכָל אֲשֶׁר לָהֶם, וּמִי שֶׁמְּיַחֲדִים בָּתֵּי כְנֵסִיּוֹת לִתְפִלָּה, וּמִי שֶׁבָּאִים בְּתוֹכָם לְהִתְפַּלֵּל, וּמִי שֶׁנּוֹתְנִים נֵר לַמָּאוֹר וְיַיִן לְקִדּוּשׁ וּלְהַבְדָּלָה וּפַת לָאוֹרְחִים וּצְדָקָה לָעֲנִיִּים, וְכָל מִי שֶׁעוֹסְקִים בְּצָרְכֵי צִבּוּר בֶּאֱמוּנָה. הַקָּדוֹשׁ בָּרוּךְ הוּא יְשַׁלֵּם שְׂכָרָם, וְיָסִיר מֵהֶם כָּל מַחֲלָה, וְיִרְפָּא לְכָל גּוּפָם, וְיִסְלַח לְכָל עֲוֹנָם, וְיִשְׁלַח בְּרָכָה וְהַצְלָחָה בְּכָל מַעֲשֵׂי יְדֵיהֶם עִם כָּל יִשְׂרָאֵל אֲחֵיהֶם, וְנֹאמַר אָמֵן.

תלמידי תלמידיהם, ולכל מי שעוסקים בתורה. מלך העולם יברך אותם, ירבה חייהם ויגדיל ימיהם ויתן אריכות לשנותיהם. ויִוָשעו ויינצלו מכל צרה ומכל חוליים רעים. אדוננו שבשמים יהיה בעזרתם בכל זמן ועת, ונאמר אמן.

יקום פורקן מן השמים, חן וחסד ורחמים וחיים ארוכים ומזונות רווחים וסיוע מן השמים, ובריאות הגוף ואור מעולה, זרע חי וקיים, זרע שלא יפסוק ושלא ייבטל מדברי תורה, לכל הקהל הקדוש הזה, הגדולים עם הקטנים, הטף והנשים. מלך העולם יברך אתכם, ירבה חייכם ויגדיל ימיכם ויתן אריכות לשנותיכם. ותיוָשעו ותינצלו מכל צרה ומכל חוליים רעים. אדוננו שבשמים יהיה בעזרתכם בכל זמן ועת, ונאמר אמן.

תפילה לשלום המדינה

אָבִינוּ שֶׁבַּשָּׁמַיִם, צוּר יִשְׂרָאֵל וְגוֹאֲלוֹ, בָּרֵךְ אֶת מְדִינַת יִשְׂרָאֵל, רֵאשִׁית צְמִיחַת גְּאֻלָּתֵנוּ. הָגֵן עָלֶיהָ בְּאֶבְרַת חַסְדֶּךָ וּפְרֹשׂ עָלֶיהָ סֻכַּת שְׁלוֹמֶךָ וּשְׁלַח אוֹרְךָ וַאֲמִתְּךָ לְרָאשֶׁיהָ, שָׂרֶיהָ וְיוֹעֲצֶיהָ, וְתַקְּנֵם בְּעֵצָה טוֹבָה מִלְּפָנֶיךָ לַעֲשׂוֹת רְצוֹנְךָ בְּלֵבָב שָׁלֵם.

חַזֵּק אֶת יְדֵי מְגִנֵּי אֶרֶץ קָדְשֵׁנוּ, וְהַנְחִילֵם אֱלֹהֵינוּ יְשׁוּעָה וַעֲטֶרֶת נִצָּחוֹן תְּעַטְּרֵם, וְנָתַתָּ שָׁלוֹם בָּאָרֶץ וְשִׂמְחַת עוֹלָם לְיוֹשְׁבֶיהָ.

וְאֶת אַחֵינוּ כָּל בֵּית יִשְׂרָאֵל, פְּקָד נָא בְּכָל אַרְצוֹת פְּזוּרֵיהֶם, וְתוֹלִיכֵם מְהֵרָה קוֹמְמִיּוּת לְצִיּוֹן עִירֶךָ וְלִירוּשָׁלַיִם מִשְׁכַּן שְׁמֶךָ, כַּכָּתוּב בְּתוֹרַת מֹשֶׁה עַבְדֶּךָ: אִם־יִהְיֶה נִדַּחֲךָ בִּקְצֵה הַשָּׁמָיִם, מִשָּׁם יְקַבֶּצְךָ יהוה אֱלֹהֶיךָ וּמִשָּׁם יִקָּחֶךָ: וֶהֱבִיאֲךָ יהוה אֱלֹהֶיךָ אֶל־הָאָרֶץ אֲשֶׁר־יָרְשׁוּ אֲבֹתֶיךָ וִירִשְׁתָּהּ, וְהֵיטִבְךָ וְהִרְבְּךָ מֵאֲבֹתֶיךָ: וּמָל יהוה אֱלֹהֶיךָ אֶת־לְבָבְךָ וְאֶת־לְבַב זַרְעֶךָ, לְאַהֲבָה אֶת־יהוה אֱלֹהֶיךָ בְּכָל־לְבָבְךָ וּבְכָל־נַפְשְׁךָ, לְמַעַן חַיֶּיךָ: (דברים ל)

וְיַחֵד לְבָבֵנוּ לְאַהֲבָה וּלְיִרְאָה אֶת שְׁמֶךָ, וְלִשְׁמֹר אֶת כָּל דִּבְרֵי תוֹרָתֶךָ, וּשְׁלַח לָנוּ מְהֵרָה בֶּן דָּוִד מְשִׁיחַ צִדְקֶךָ, לִפְדּוֹת מְחַכֵּי קֵץ יְשׁוּעָתֶךָ.

וְהוֹפַע בַּהֲדַר גְּאוֹן עֻזֶּךָ עַל כָּל יוֹשְׁבֵי תֵבֵל אַרְצֶךָ וְיֹאמַר כֹּל אֲשֶׁר נְשָׁמָה בְאַפּוֹ, יהוה אֱלֹהֵי יִשְׂרָאֵל מֶלֶךְ וּמַלְכוּתוֹ בַּכֹּל מָשָׁלָה, אָמֵן סֶלָה.

מי שבירך לחיילי צה״ל

מִי שֶׁבֵּרַךְ אֲבוֹתֵינוּ אַבְרָהָם יִצְחָק וְיַעֲקֹב הוּא יְבָרֵךְ אֶת חַיָּלֵי צְבָא הַהֲגָנָה לְיִשְׂרָאֵל וְאַנְשֵׁי כֹּחוֹת הַבִּטָּחוֹן, הָעוֹמְדִים עַל מִשְׁמַר אַרְצֵנוּ וְעָרֵי אֱלֹהֵינוּ, מֵהָרֵי הַלְּבָנוֹן וְעַד מִדְבַּר סִינַי וּמִן הַיָּם הַגָּדוֹל עַד לְבוֹא הָעֲרָבָה וּבְכָל מָקוֹם שֶׁהֵם, בַּיַּבָּשָׁה, בָּאֲוִיר וּבַיָּם. יִתֵּן יהוה אֶת אוֹיְבֵינוּ הַקָּמִים עָלֵינוּ נִגָּפִים לִפְנֵיהֶם. הַקָּדוֹשׁ בָּרוּךְ הוּא יִשְׁמֹר וְיַצִּיל אֶת חַיָּלֵינוּ מִכָּל צָרָה וְצוּקָה וּמִכָּל נֶגַע וּמַחֲלָה, וְיִשְׁלַח בְּרָכָה וְהַצְלָחָה בְּכָל מַעֲשֵׂי יְדֵיהֶם לְשִׁחְרוּר חֶבְלֵי אֶרֶץ יִשְׂרָאֵל. יַדְבֵּר שׂוֹנְאֵינוּ תַּחְתֵּיהֶם וִיעַטְּרֵם בְּכֶתֶר יְשׁוּעָה וּבַעֲטֶרֶת נִצָּחוֹן. וִיקֻיַּם בָּהֶם הַכָּתוּב: כִּי יהוה אֱלֹהֵיכֶם הַהֹלֵךְ עִמָּכֶם לְהִלָּחֵם לָכֶם עִם־ (דברים כ) אֹיְבֵיכֶם לְהוֹשִׁיעַ אֶתְכֶם: וְנֹאמַר אָמֵן.

תפילה לבניין המקדש

רִבּוֹנוֹ שֶׁל עוֹלָם: אַתָּה צִוִּיתָנוּ עַל יְדֵי מֹשֶׁה עַבְדְּךָ לִבְנוֹת מִקְדָּשׁ לְשִׁמְךָ בִּירוּשָׁלַיִם הַר קָדְשֶׁךָ, כַּכָּתוּב: וְעָשׂוּ לִי מִקְדָּשׁ וְשָׁכַנְתִּי בְּתוֹכָם:, לְמַעַן נַעַבָדְךָ בְּיִרְאָה, בִּתְפִלָּה, בְּהִשְׁתַּחֲוָיָה וּבַהֲבָאַת הַקָּרְבָּן.

וּבַחֲטָאֵינוּ חָרַב מִקְדָּשֵׁנוּ, וְיִשְׂרָאֵל נָפֹצוּ בָּאֲרָצוֹת זֶה אֲלָפִים בְּשָׁנִים בְּאֵין מְנַהֵל.

וְעַתָּה יהוה אֱלֹהֵינוּ, מוֹדִים אֲנַחְנוּ לָךְ, שֶׁהֶחֱיִיתָנוּ כַּיּוֹם הַזֶּה, וְזִכִּיתָנוּ לַעֲלוֹת לְאַרְצֵנוּ, וַהֲבֵאתָנוּ אֶל הַר קָדְשְׁךָ וְלִירוּשָׁלַיִם בֵּית מִקְדָּשֶׁךָ.

וּבְכֵן יְהִי רָצוֹן מִלְּפָנֶיךָ יהוה אֱלֹהֵינוּ וֵאלֹהֵי אֲבוֹתֵינוּ, אָנָּא עָזְרֵנוּ לְקוֹמֵם אֶת מִקְדָּשְׁךָ הַשָּׁמֵם מֵחָרְבוֹתָיו, וְלִבְנוֹתוֹ מֵהֲרִיסוֹתָיו. וְנִבְנֶה בַּיִת לִשְׁמֶךָ, כַּאֲבוֹתֵינוּ בִּימֵי דָּוִד וּשְׁלֹמֹה וְכִימֵי עֶזְרָא וּנְחֶמְיָה.

וְכֹהֲנֶיךָ הַקְּדוֹשִׁים יָבוֹאוּ אֶל הַבַּיִת הַזֶּה, לְהַקְרִיב תְּמִידִים כְּסִדְרָם וּמוּסָפִים כְּהִלְכָתָם, וְהַלְוִיִּם יִשְׂאוּ קוֹלָם בְּשִׁיר עַל הַדּוּכָן.

וְשָׁם נַעֲלֶה וְנֵרָאֶה וְנִשְׁתַּחֲוֶה לְפָנֶיךָ שָׁלֹשׁ פְּעָמִים בַּשָּׁנָה, וְשָׁם נַעַבְדְךָ בְּיִרְאָה כִּימֵי עוֹלָם וּכְשָׁנִים קַדְמֹנִיּוֹת. בָּרוּךְ אַתָּה שׁוֹמֵעַ תְּפִלָּה.

מי שבירך לשבויים

מִי שֶׁבֵּרַךְ אֲבוֹתֵינוּ אַבְרָהָם יִצְחָק וְיַעֲקֹב, יוֹסֵף מֹשֶׁה וְאַהֲרֹן, דָּוִד וּשְׁלֹמֹה, הוּא יְבָרֵךְ וְיִשְׁמֹר וְיִנְצֹר אֶת נֶעְדְּרֵי צְבָא הַהֲגָנָה לְיִשְׂרָאֵל וּשְׁבוּיָו, וְאֶת כָּל אַחֵינוּ הַנְּתוּנִים בְּצָרָה וּבְשִׁבְיָה, בַּעֲבוּר שֶׁכָּל הַקָּהָל הַקָּדוֹשׁ הַזֶּה מִתְפַּלֵּל בַּעֲבוּרָם. הַקָּדוֹשׁ בָּרוּךְ הוּא יִמָּלֵא רַחֲמִים עֲלֵיהֶם, וְיוֹצִיאֵם מֵחֹשֶׁךְ וְצַלְמָוֶת, וּמוֹסְרוֹתֵיהֶם יְנַתֵּק, וּמִמְּצוּקוֹתֵיהֶם יוֹשִׁיעֵם, וִישִׁיבֵם מְהֵרָה
תהלים קז לְחֵיק מִשְׁפְּחוֹתֵיהֶם. יוֹדוּ לַיהוה חַסְדּוֹ וְנִפְלְאוֹתָיו לִבְנֵי אָדָם:
ישעיה לה וִיקֻיַּם בָּהֶם מִקְרָא שֶׁכָּתוּב: וּפְדוּיֵי יהוה יְשֻׁבוּן, וּבָאוּ צִיּוֹן בְּרִנָּה, וְשִׂמְחַת עוֹלָם עַל־רֹאשָׁם, שָׂשׂוֹן וְשִׂמְחָה יַשִּׂיגוּ, וְנָסוּ יָגוֹן וַאֲנָחָה: וְנֹאמַר אָמֵן.

סדר הזכרת נשמות

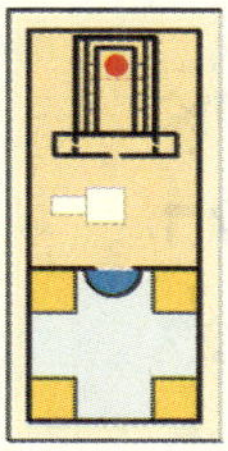

הכהן הגדול
בקודש הקדשים
מקטיר קטורת

"וַיַּקְשֵׁב ה׳ וַיִּשְׁמָע, וַיִּכָּתֵב סֵפֶר זִכָּרוֹן לְפָנָיו לְיִרְאֵי ה׳ וּלְחֹשְׁבֵי שְׁמוֹ" (מלאכי ג, טז).

נהגו ישראל להזכיר את נשמות המתים ולידור צדקה בעדם
ביום הכיפורים (שו"ע ורמ"א תרכא, ו).
במקומות רבים נוהגים שמי שהוריו בחיים
יוצא מבית הכנסת בשעת הזכרת נשמות ('שערי אפרים' י).

לזכרון אב

יִזְכֹּר אֱלֹהִים נִשְׁמַת אָבִי מוֹרִי (פלוני בֶּן פלוני) **שֶׁהָלַךְ לְעוֹלָמוֹ, בַּעֲבוּר שֶׁבְּלִי נֶדֶר אֶתֵּן צְדָקָה בַּעֲדוֹ. בִּשְׂכַר זֶה תְּהֵא נַפְשׁוֹ צְרוּרָה בִּצְרוֹר הַחַיִּים עִם נִשְׁמוֹת אַבְרָהָם יִצְחָק וְיַעֲקֹב, שָׂרָה רִבְקָה רָחֵל וְלֵאָה, וְעִם שְׁאָר צַדִּיקִים וְצִדְקָנִיּוֹת שֶׁבְּגַן עֵדֶן, וְנֹאמַר אָמֵן.**

לזכרון אם

יִזְכֹּר אֱלֹהִים נִשְׁמַת אִמִּי מוֹרָתִי (פלונית בַּת פלוני) **שֶׁהָלְכָה לְעוֹלָמָהּ, בַּעֲבוּר שֶׁבְּלִי נֶדֶר אֶתֵּן צְדָקָה בַּעֲדָהּ. בִּשְׂכַר זֶה תְּהֵא נַפְשָׁהּ צְרוּרָה בִּצְרוֹר הַחַיִּים עִם נִשְׁמוֹת אַבְרָהָם יִצְחָק וְיַעֲקֹב, שָׂרָה רִבְקָה רָחֵל וְלֵאָה, וְעִם שְׁאָר צַדִּיקִים וְצִדְקָנִיּוֹת שֶׁבְּגַן עֵדֶן, וְנֹאמַר אָמֵן.**

לזכרון קדושים

יִזְכֹּר אֱלֹהִים נִשְׁמַת (לזכר: פלוני בֶּן פלוני / לנקבה: פלונית בַּת פלוני) **וְנִשְׁמוֹת כָּל קְרוֹבַי וּקְרוֹבוֹתַי, הֵן מִצַּד אָבִי הֵן מִצַּד אִמִּי, שֶׁהוּמְתוּ וְשֶׁנֶּהֶרְגוּ וְשֶׁנִּשְׁחֲטוּ וְשֶׁנִּשְׂרְפוּ וְשֶׁנִּטְבְּעוּ וְשֶׁנֶּחְנְקוּ עַל קִדּוּשׁ הַשֵּׁם, בַּעֲבוּר שֶׁבְּלִי נֶדֶר אֶתֵּן צְדָקָה בְּעַד הַזְכָּרַת נִשְׁמוֹתֵיהֶם. בִּשְׂכַר זֶה תִּהְיֶינָה נַפְשׁוֹתֵיהֶם צְרוּרוֹת בִּצְרוֹר הַחַיִּים עִם נִשְׁמוֹת אַבְרָהָם יִצְחָק וְיַעֲקֹב, שָׂרָה רִבְקָה רָחֵל וְלֵאָה, וְעִם שְׁאָר צַדִּיקִים וְצִדְקָנִיּוֹת שֶׁבְּגַן עֵדֶן, וְנֹאמַר אָמֵן.**

לזכרון קרוב

אֵל מָלֵא רַחֲמִים, שׁוֹכֵן בַּמְּרוֹמִים, הַמְצֵא מְנוּחָה נְכוֹנָה עַל כַּנְפֵי הַשְּׁכִינָה, בְּמַעֲלוֹת קְדוֹשִׁים וּטְהוֹרִים, כְּזֹהַר הָרָקִיעַ מַזְהִירִים, לְנִשְׁמַת (פלוני בֶּן פלוני) שֶׁהָלַךְ לְעוֹלָמוֹ, בַּעֲבוּר שֶׁבְּלִי נֶדֶר אֶתֵּן צְדָקָה בְּעַד הַזְכָּרַת נִשְׁמָתוֹ, בְּגַן עֵדֶן תְּהֵא מְנוּחָתוֹ. לָכֵן, בַּעַל הָרַחֲמִים יַסְתִּירֵהוּ בְּסֵתֶר כְּנָפָיו לְעוֹלָמִים, וְיִצְרֹר בִּצְרוֹר הַחַיִּים אֶת נִשְׁמָתוֹ, יהוה הוּא נַחֲלָתוֹ, וְיָנוּחַ בְּשָׁלוֹם עַל מִשְׁכָּבוֹ, וְנֹאמַר אָמֵן.

לזכרון קרובה

אֵל מָלֵא רַחֲמִים, שׁוֹכֵן בַּמְּרוֹמִים, הַמְצֵא מְנוּחָה נְכוֹנָה עַל כַּנְפֵי הַשְּׁכִינָה, בְּמַעֲלוֹת קְדוֹשִׁים וּטְהוֹרִים, כְּזֹהַר הָרָקִיעַ מַזְהִירִים, לְנִשְׁמַת (פלונית בַּת פלוני) שֶׁהָלְכָה לְעוֹלָמָהּ, בַּעֲבוּר שֶׁבְּלִי נֶדֶר אֶתֵּן צְדָקָה בְּעַד הַזְכָּרַת נִשְׁמָתָהּ, בְּגַן עֵדֶן תְּהֵא מְנוּחָתָהּ. לָכֵן, בַּעַל הָרַחֲמִים יַסְתִּירֶהָ בְּסֵתֶר כְּנָפָיו לְעוֹלָמִים, וְיִצְרֹר בִּצְרוֹר הַחַיִּים אֶת נִשְׁמָתָהּ, יהוה הוּא נַחֲלָתָהּ, וְתָנוּחַ בְּשָׁלוֹם עַל מִשְׁכָּבָהּ, וְנֹאמַר אָמֵן.

אזכרה לחיילי צה״ל

אֵל מָלֵא רַחֲמִים, שׁוֹכֵן בַּמְּרוֹמִים, הַמְצֵא מְנוּחָה נְכוֹנָה עַל כַּנְפֵי הַשְּׁכִינָה, בְּמַעֲלוֹת קְדוֹשִׁים טְהוֹרִים וְגִבּוֹרִים, כְּזֹהַר הָרָקִיעַ מַזְהִירִים, לְנִשְׁמוֹת הַקְּדוֹשִׁים שֶׁנִּלְחֲמוּ בְּכָל מַעַרְכוֹת יִשְׂרָאֵל, בַּמַּחְתֶּרֶת וּבִצְבָא הַהֲגָנָה לְיִשְׂרָאֵל, וְשֶׁנָּפְלוּ בְּמִלְחַמְתָּם וּמָסְרוּ נַפְשָׁם עַל קְדֻשַּׁת הַשֵּׁם, הָעָם וְהָאָרֶץ, בַּעֲבוּר שֶׁאָנוּ מִתְפַּלְּלִים לְעִלּוּי נִשְׁמוֹתֵיהֶם. לָכֵן, בַּעַל הָרַחֲמִים יַסְתִּירֵם בְּסֵתֶר כְּנָפָיו לְעוֹלָמִים, וְיִצְרֹר בִּצְרוֹר הַחַיִּים אֶת נִשְׁמוֹתֵיהֶם, יהוה הוּא נַחֲלָתָם, בְּגַן עֵדֶן תְּהֵא מְנוּחָתָם, וְיָנוּחוּ בְּשָׁלוֹם עַל מִשְׁכְּבוֹתֵיהֶם וְתַעֲמֹד לְכָל יִשְׂרָאֵל זְכוּתָם, וְיַעַמְדוּ לְגוֹרָלָם לְקֵץ הַיָּמִין, וְנֹאמַר אָמֵן.

אזכרה לקדושי השואה

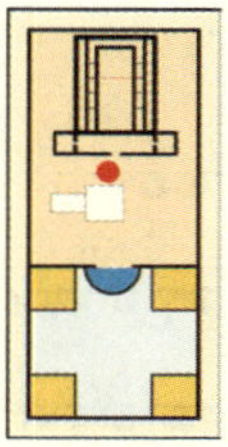

הכהן הגדול לוקח את דם פר החטאת ממי שממרס

אֵל מָלֵא רַחֲמִים, דַּיַּן אַלְמָנוֹת וַאֲבִי יְתוֹמִים, אַל נָא תֶחֱשֶׁה וְתִתְאַפַּק לְדַם יִשְׂרָאֵל שֶׁנִּשְׁפַּךְ כַּמַּיִם. הַמְצֵא מְנוּחָה נְכוֹנָה עַל כַּנְפֵי הַשְּׁכִינָה, בְּמַעֲלוֹת קְדוֹשִׁים וּטְהוֹרִים, כְּזֹהַר הָרָקִיעַ מְאִירִים וּמַזְהִירִים, לְנִשְׁמוֹתֵיהֶם שֶׁל רִבְבוֹת אַלְפֵי יִשְׂרָאֵל, אֲנָשִׁים וְנָשִׁים, יְלָדִים וִילָדוֹת, שֶׁנֶּהֶרְגוּ וְנִשְׁחֲטוּ וְנִשְׂרְפוּ וְנֶחְנְקוּ וְנִקְבְּרוּ חַיִּים, בָּאֲרָצוֹת אֲשֶׁר נָגְעָה בָּהֶן יַד הַצּוֹרֵר הַגֶּרְמָנִי וּגְרוּרָיו. כֻּלָּם קְדוֹשִׁים וּטְהוֹרִים, וּבָהֶם גְּאוֹנִים וְצַדִּיקִים, אַרְזֵי הַלְּבָנוֹן אַדִּירֵי הַתּוֹרָה. בְּגַן עֵדֶן תְּהֵא מְנוּחָתָם. לָכֵן, בַּעַל הָרַחֲמִים יַסְתִּירֵם בְּסֵתֶר כְּנָפָיו לְעוֹלָמִים, וְיִצְרוֹר בִּצְרוֹר הַחַיִּים אֶת נִשְׁמָתָם, יהוה הוּא נַחֲלָתָם, וְיָנְוּחוּ בְשָׁלוֹם עַל מִשְׁכָּבָם, וְנֹאמַר אָמֵן.

הקהל ושליח הציבור אומרים:

אַב הָרַחֲמִים שׁוֹכֵן מְרוֹמִים, בְּרַחֲמָיו הָעֲצוּמִים הוּא יִפְקֹד בְּרַחֲמִים
הַחֲסִידִים וְהַיְשָׁרִים וְהַתְּמִימִים, קְהִלּוֹת הַקֹּדֶשׁ שֶׁמָּסְרוּ נַפְשָׁם עַל
קְדֻשַּׁת הַשֵּׁם, הַנֶּאֱהָבִים וְהַנְּעִימִים בְּחַיֵּיהֶם, וּבְמוֹתָם לֹא נִפְרָדוּ,
מִנְּשָׁרִים קַלּוּ וּמֵאֲרָיוֹת גָּבֵרוּ לַעֲשׂוֹת רְצוֹן קוֹנָם וְחֵפֶץ צוּרָם. יִזְכְּרֵם
אֱלֹהֵינוּ לְטוֹבָה עִם שְׁאָר צַדִּיקֵי עוֹלָם, וְיִנְקֹם לְעֵינֵינוּ נִקְמַת דַּם
דברים לב עֲבָדָיו הַשָּׁפוּךְ, כַּכָּתוּב בְּתוֹרַת מֹשֶׁה אִישׁ הָאֱלֹהִים, הַרְנִינוּ גוֹיִם
עַמּוֹ, כִּי דַם־עֲבָדָיו יִקּוֹם, וְנָקָם יָשִׁיב לְצָרָיו, וְכִפֶּר אַדְמָתוֹ עַמּוֹ:
יואל ד וְעַל יְדֵי עֲבָדֶיךָ הַנְּבִיאִים כָּתוּב לֵאמֹר, וְנִקֵּיתִי, דָּמָם לֹא־נִקֵּיתִי,
תהלים עט וַיהוה שֹׁכֵן בְּצִיּוֹן: וּבְכִתְבֵי הַקֹּדֶשׁ נֶאֱמַר, לָמָּה יֹאמְרוּ הַגּוֹיִם אַיֵּה
תהלים ט אֱלֹהֵיהֶם, יִוָּדַע בַּגּוֹיִם לְעֵינֵינוּ נִקְמַת דַּם־עֲבָדֶיךָ הַשָּׁפוּךְ: וְאוֹמֵר, כִּי־
תהלים קי דֹרֵשׁ דָּמִים אוֹתָם זָכָר, לֹא־שָׁכַח צַעֲקַת עֲנָוִים: וְאוֹמֵר, יָדִין בַּגּוֹיִם
מָלֵא גְוִיּוֹת, מָחַץ רֹאשׁ עַל־אֶרֶץ רַבָּה: מִנַּחַל בַּדֶּרֶךְ יִשְׁתֶּה, עַל־כֵּן
יָרִים רֹאשׁ:

אם יש תינוק למול, מלים אותו כאן.

״אמר רבי אלעזר אמר רבי אבינא:
כל האומר ׳תְּהִלָּה לְדָוִד׳ בכל יום שלש פעמים – מובטח
לו שהוא בן העולם הבא״ (ברכות ד ע״ב).

תהלים כד אַשְׁרֵי יוֹשְׁבֵי בֵיתֶךָ, עוֹד יְהַלְלוּךָ סֶּלָה:

תהלים קמד אַשְׁרֵי הָעָם שֶׁכָּכָה לּוֹ, אַשְׁרֵי הָעָם שֶׁיהוה אֱלֹהָיו:

תהלים קמה תְּהִלָּה לְדָוִד

אֲרוֹמִמְךָ אֱלוֹהַי הַמֶּלֶךְ, וַאֲבָרְכָה שִׁמְךָ לְעוֹלָם וָעֶד:
בְּכָל־יוֹם אֲבָרְכֶךָּ, וַאֲהַלְלָה שִׁמְךָ לְעוֹלָם וָעֶד:
גָּדוֹל יהוה וּמְהֻלָּל מְאֹד, וְלִגְדֻלָּתוֹ אֵין חֵקֶר:
דּוֹר לְדוֹר יְשַׁבַּח מַעֲשֶׂיךָ, וּגְבוּרֹתֶיךָ יַגִּידוּ:
הֲדַר כְּבוֹד הוֹדֶךָ, וְדִבְרֵי נִפְלְאוֹתֶיךָ אָשִׂיחָה:
וֶעֱזוּז נוֹרְאוֹתֶיךָ יֹאמֵרוּ, וּגְדוּלָּתְךָ אֲסַפְּרֶנָּה:
זֵכֶר רַב־טוּבְךָ יַבִּיעוּ, וְצִדְקָתְךָ יְרַנֵּנוּ:
חַנּוּן וְרַחוּם יהוה, אֶרֶךְ אַפַּיִם וּגְדָל־חָסֶד:
טוֹב־יהוה לַכֹּל, וְרַחֲמָיו עַל־כָּל־מַעֲשָׂיו:
יוֹדוּךָ יהוה כָּל־מַעֲשֶׂיךָ, וַחֲסִידֶיךָ יְבָרְכוּכָה:
כְּבוֹד מַלְכוּתְךָ יֹאמֵרוּ, וּגְבוּרָתְךָ יְדַבֵּרוּ:
לְהוֹדִיעַ לִבְנֵי הָאָדָם גְּבוּרֹתָיו, וּכְבוֹד הֲדַר מַלְכוּתוֹ:
מַלְכוּתְךָ מַלְכוּת כָּל־עֹלָמִים, וּמֶמְשַׁלְתְּךָ בְּכָל־דּוֹר וָדֹר:
סוֹמֵךְ יהוה לְכָל־הַנֹּפְלִים, וְזוֹקֵף לְכָל־הַכְּפוּפִים:
עֵינֵי־כֹל אֵלֶיךָ יְשַׂבֵּרוּ, וְאַתָּה נוֹתֵן־לָהֶם אֶת־אָכְלָם בְּעִתּוֹ:
פּוֹתֵחַ אֶת־יָדֶךָ, וּמַשְׂבִּיעַ לְכָל־חַי רָצוֹן:
צַדִּיק יהוה בְּכָל־דְּרָכָיו, וְחָסִיד בְּכָל־מַעֲשָׂיו:
קָרוֹב יהוה לְכָל־קֹרְאָיו, לְכֹל אֲשֶׁר יִקְרָאֻהוּ בֶאֱמֶת:
רְצוֹן־יְרֵאָיו יַעֲשֶׂה, וְאֶת־שַׁוְעָתָם יִשְׁמַע, וְיוֹשִׁיעֵם:

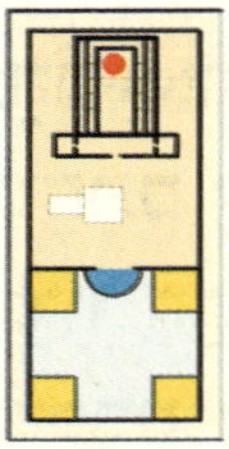
הכהן הגדול
בקודש הקדשים
מזה אחת למעלה
ושבע פעמים
למטה מדם הפר

שׁוֹמֵר יהוה אֶת־כָּל־אֹהֲבָיו, וְאֵת כָּל־הָרְשָׁעִים יַשְׁמִיד:
› תְּהִלַּת יהוה יְדַבֶּר פִּי, וִיבָרֵךְ כָּל־בָּשָׂר שֵׁם קָדְשׁוֹ לְעוֹלָם וָעֶד:
וַאֲנַחְנוּ נְבָרֵךְ יָהּ מֵעַתָּה וְעַד־עוֹלָם, הַלְלוּיָהּ: תהלים קטו

הכנסת ספר תורה

פותחים את ארון הקודש, והקהל עומד על רגליו.

שליח הציבור נוטל את ספר התורה ואומר:

יְהַלְלוּ אֶת־שֵׁם יהוה, כִּי־נִשְׂגָּב שְׁמוֹ, לְבַדּוֹ תהלים קמח

הקהל אומר:

הוֹדוֹ עַל־אֶרֶץ וְשָׁמָיִם:
וַיָּרֶם קֶרֶן לְעַמּוֹ
תְּהִלָּה לְכָל־חֲסִידָיו
לִבְנֵי יִשְׂרָאֵל עַם קְרֹבוֹ
הַלְלוּיָהּ:

ביום הכיפורים שחל בשבת, מלווים את ספר התורה לארון הקודש באמירת מזמור זה:

מִזְמוֹר לְדָוִד, הָבוּ לַיהוה בְּנֵי אֵלִים, הָבוּ לַיהוה כָּבוֹד וָעֹז: הָבוּ תהלים כט
לַיהוה כְּבוֹד שְׁמוֹ, הִשְׁתַּחֲווּ לַיהוה בְּהַדְרַת־קֹדֶשׁ: קוֹל יהוה
עַל־הַמָּיִם, אֵל־הַכָּבוֹד הִרְעִים, יהוה עַל־מַיִם רַבִּים: קוֹל־יהוה
בַּכֹּחַ, קוֹל יהוה בֶּהָדָר: קוֹל יהוה שֹׁבֵר אֲרָזִים, וַיְשַׁבֵּר יהוה אֶת־
אַרְזֵי הַלְּבָנוֹן: וַיַּרְקִידֵם כְּמוֹ־עֵגֶל, לְבָנוֹן וְשִׂרְיוֹן כְּמוֹ בֶן־רְאֵמִים:
קוֹל־יהוה חֹצֵב לַהֲבוֹת אֵשׁ: קוֹל יהוה יָחִיל מִדְבָּר, יָחִיל יהוה
מִדְבַּר קָדֵשׁ: קוֹל יהוה יְחוֹלֵל אַיָּלוֹת וַיֶּחֱשֹׂף יְעָרוֹת, וּבְהֵיכָלוֹ,
כֻּלּוֹ אֹמֵר כָּבוֹד: › יהוה לַמַּבּוּל יָשָׁב, וַיֵּשֶׁב יהוה מֶלֶךְ לְעוֹלָם:
יהוה עֹז לְעַמּוֹ יִתֵּן, יהוה יְבָרֵךְ אֶת־עַמּוֹ בַשָּׁלוֹם:

ביום הכיפורים שאינו חל בשבת, מלווים את ספר התורה לארון הקודש באמירת מזמור זה:

תהלים כד לְדָוִד מִזְמוֹר, לַיהוה הָאָרֶץ וּמְלוֹאָהּ, תֵּבֵל וְיֹשְׁבֵי בָהּ: כִּי־הוּא עַל־
יַמִּים יְסָדָהּ, וְעַל־נְהָרוֹת יְכוֹנְנֶהָ: מִי־יַעֲלֶה בְהַר־יהוה, וּמִי־יָקוּם
בִּמְקוֹם קָדְשׁוֹ: נְקִי כַפַּיִם וּבַר־לֵבָב, אֲשֶׁר לֹא־נָשָׂא לַשָּׁוְא נַפְשִׁי
וְלֹא נִשְׁבַּע לְמִרְמָה: יִשָּׂא בְרָכָה מֵאֵת יהוה, וּצְדָקָה מֵאֱלֹהֵי יִשְׁעוֹ:
זֶה דּוֹר דֹּרְשָׁו, מְבַקְשֵׁי פָנֶיךָ, יַעֲקֹב, סֶלָה: שְׂאוּ שְׁעָרִים רָאשֵׁיכֶם,
וְהִנָּשְׂאוּ פִּתְחֵי עוֹלָם, וְיָבוֹא מֶלֶךְ הַכָּבוֹד: מִי זֶה מֶלֶךְ הַכָּבוֹד, יהוה
עִזּוּז וְגִבּוֹר, יהוה גִּבּוֹר מִלְחָמָה: שְׂאוּ שְׁעָרִים רָאשֵׁיכֶם, וּשְׂאוּ
פִּתְחֵי עוֹלָם, וְיָבֹא מֶלֶךְ הַכָּבוֹד: ‹ מִי הוּא זֶה מֶלֶךְ הַכָּבוֹד, יהוה
צְבָאוֹת הוּא מֶלֶךְ הַכָּבוֹד, סֶלָה:

מכניסים את ספר התורה לארון הקודש ואומרים
(ספר המחכים, סידור 'מלאה הארץ דעה'):

במדבר י וּבְנֻחֹה יֹאמַר, שׁוּבָה יהוה רִבְבוֹת אַלְפֵי יִשְׂרָאֵל:

תהלים קלב קוּמָה יהוה לִמְנוּחָתֶךָ, אַתָּה וַאֲרוֹן עֻזֶּךָ:

כֹּהֲנֶיךָ יִלְבְּשׁוּ־צֶדֶק, וַחֲסִידֶיךָ יְרַנֵּנוּ:

בַּעֲבוּר דָּוִד עַבְדֶּךָ אַל־תָּשֵׁב פְּנֵי מְשִׁיחֶךָ:

משלי ד כִּי לֶקַח טוֹב נָתַתִּי לָכֶם, תּוֹרָתִי אַל־תַּעֲזֹבוּ:

משלי ג עֵץ־חַיִּים הִיא לַמַּחֲזִיקִים בָּהּ, וְתֹמְכֶיהָ מְאֻשָּׁר:

דְּרָכֶיהָ דַרְכֵי־נֹעַם וְכָל־נְתִיבֹתֶיהָ שָׁלוֹם:

איכה ה ‹ הֲשִׁיבֵנוּ יהוה אֵלֶיךָ וְנָשׁוּבָה, חַדֵּשׁ יָמֵינוּ כְּקֶדֶם:

סוגרים את ארון הקודש.

הקדמה למוסף

כוונת הלב בעת המוספים

כיוון הפנים והלב אל מקום קדש הקדשים נכון הוא בכל תפילה, אך הדברים אמורים במיוחד בזמן הקרבת מוסף של יום הכיפורים. שכן, קהל הנאספים בעזרה כיון במהלך עבודת הקרבנות המיוחדים ביום זה, גם את גופו וגם את לבו ונפשו למערב המקדש, כשהמחשבה והרגש מרוכזים בנעשה בקדש הקדשים.

התיאור המובא בפרשנים (יומא כא, א) אודות ההשתחוויה בעזרה, כשמכל קצוות העזרה נאספו למזרח העזרה, ופני כולם מכוונים אל פתח ההיכל כדי להשתחוות לכיוון קדש הקדשים, תיאור זה ממחיש מאין כמוהו את כוונת הלב של כלל ישראל לנקודה אחת – ל׳בית הכפורת׳ בקדש הקדשים.

יתירה מזו, כניסתו של הכהן הגדול ׳לפני ולפנים׳ כשלוחם של כל ישראל, כשכולם מלוים אותו בתפילה שתתקבל עבודתו, קושרת את כלל הציבור לנקודה אחת במקדש, ועיניהם ולבם למקום השראת השכינה השוכנת על בית הכפורת.

מאליו מובן שתפילת מוסף, המכילה בתוכה תיאור מפורט של עבודת הכהן הגדול בעזרה, בהיכל ולפני ולפנים, מביאה את המתפלל גם בעת החורבן להיות שותף למעמד. שכן, לא זזה שכינה מבית המקדש גם בעת החורבן כדברי חז״ל (תנחומא שמות י, זוהר חלק ב ד, ב): ״שכינה בבית המקדש – בין בנוי בין חרב״ (פסיקתא זוטרתי, ויצא כח, טז).

על המקום הזה נאמר: ״והיו עיני **ולבי** שם כל הימים״ (מלכים א׳ ט, ג) ולבו של הקב״ה כביכול נתון שם. ביום הכיפורים מתאחדת כוונת הלב של כל ישראל ושקיקתם אל מקום השראת השכינה בקדש הקדשים, עם החפץ האלוהי ועם רצונו של הקדוש ברוך הוא להשרות את שכינתו בביתו ובמשכנו בתוככי ירושלים. תפילת מוסף של יום הכיפורים, הנאמרת מתוך כמיהה לשוב אל הרגעים הגדולים של דבקות עם ישראל ביום זה בבוראו במקדשו, יש בה כדי לקרב את שעת השראת השכינה בפועל ובגלוי בירושלים, כשהמקדש בגדולתו ובתפארתו, כדבר ה׳ אל נביאיו.

נוכח המקדש

אחת מן ההלכות ההכרחיות לתפילה, היא הכוונת הפנים נוכח המקדש בירושלים, וכדברי הגמרא ב׳ברכות׳ (ל, א) שם נאמר: ״היה עומד בחוץ לארץ – יכוין את לבו כנגד ארץ ישראל... היה עומד בארץ ישראל – יכוין את לבו כנגד ירושלים... היה עומד בירושלים – יכוין את לבו כנגד בית המקדש... היה עומד בבית המקדש – יכוין את לבו כנגד בית קדשי הקדשים... היה

עומד בבית קדשי הקדשים – יכוין את לבו כנגד בית הכפורת, היה עומד אחורי בית הכפורת – יראה את עצמו כאילו לפני הכפורת... נמצא כל ישראל מכוונים פניהם למקום אחד".

הרמב"ם בהלכות תפילה מונה את הכוונת הפנים נוכח המקדש, כאחד מ"שמונת הדברים שצריך המתפלל להיזהר בם ולעשותם" (הלכות תפילה ה, א), זאת לאור דברי הגמרא דלעיל.

המעיין בדברי חז"ל יראה, שאין כוונתם להכוונת הפנים בלבד, אלא לכוונת הלב אל מקום המקדש, וליתר דיוק, הכוונת הלב אל מקום השראת השכינה, על הכפורת בין שני הכרובים. שכן הגמרא חוזרת ומדגישה: "יכוין את לבו". גם באשר לאדם העומד בבית קדשי הקדשים (ובהכרח מדובר בכהן גדול העומד ביום הכיפורים בין שני הבדים של ארון הברית, ופניו מופנים אל הכפורת), אף עליו אמרו חז"ל: "יכוין את לבו כנגד בית הכפורת".

כך גם באשר לעומד 'אחורי בית הכפורת' ופניו מכוונות אל קדש הקדשים ואל מקום הארון, אף עליו נאמר: "יראה את עצמו כאילו לפני הכפורת". כלומר, אין די בהכוונת הגוף והפנים אל מקום השכינה, אלא "אחר כוונת הלב הן הדברים" (ברכות טו, א) והמתפלל צריך לראות את עצמו כאילו עומד מול פני השכינה.

מוסף ליום הכיפורים

• פר יום הכיפורים ושעיר הנעשה בקדש הקדשים יוצאים לשריפה בבית הדשן

תפילת מוסף

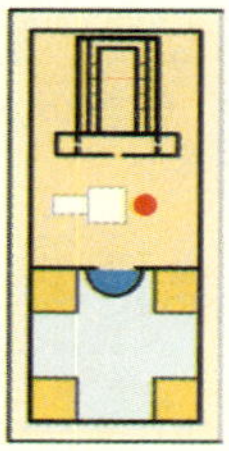
הכהן הגדול שוחט את השעיר לה׳

שליח ציבור הניגש לעמוד לפני בוראו ביום הכיפורים, ירגיש את עצמו ככהן גדול המשרת בקודש. בתלמוד הירושלמי מובא מנהגם של בני ארץ ישראל, שהיתה להם לשון מיוחדת להזמין שליח ציבור לתפילה. וכדברי הירושלמי (ברכות ד, ד): ״זה שעובר לפני התיבה, אין אומר לו: ׳בא והתפלל׳! אלא: ׳בא וקרב׳! - עשה קרבננו״. כלומר, ירגיש את עצמו החזן בתפילתו כמקריב קרבן על גבי המזבח, וכמקטיר קטורת בקדש הקדשים.

לפני תפילת מוסף שליח הציבור אומר תחינה זו:

הִנְנִי הֶעָנִי מִמַּעַשׂ, נִרְעָשׁ וְנִפְחָד מִפַּחַד יוֹשֵׁב תְּהִלּוֹת יִשְׂרָאֵל, בָּאתִי לַעֲמֹד וּלְחַנֵּן לְפָנֶיךָ עַל עַמְּךָ יִשְׂרָאֵל אֲשֶׁר שְׁלָחוּנִי, וְאַף עַל פִּי שֶׁאֵינִי כְדַאי וְהָגוּן לְכָךְ. עַל כֵּן אֲבַקֶּשְׁךָ אֱלֹהֵי אַבְרָהָם אֱלֹהֵי יִצְחָק וֵאלֹהֵי יַעֲקֹב, יהוה יהוה, אֵל רַחוּם וְחַנּוּן, אֱלֹהִים, שַׁדַּי אָיֹם וְנוֹרָא, הֱיֵה נָא מַצְלִיחַ דַּרְכִּי אֲשֶׁר אָנֹכִי הוֹלֵךְ לַעֲמֹד לְבַקֵּשׁ רַחֲמִים עָלַי וְעַל שׁוֹלְחַי. וְנָא אַל תַּפְשִׁיעֵם בְּחַטֹּאתַי וְאַל תְּחַיְּבֵם בַּעֲוֹנוֹתַי, כִּי חוֹטֵא וּפוֹשֵׁעַ אָנִי, וְאַל יִכָּלְמוּ בִּפְשָׁעַי, וְאַל יֵבֹשׁוּ בִי וְאַל אֵבוֹשָׁה בָּהֶם. וְקַבֵּל תְּפִלָּתִי כִּתְפִלַּת זָקֵן וְרָגִיל, וּפִרְקוֹ נָאֶה וּזְקָנוֹ מְגֻדָּל וְקוֹלוֹ נָעִים, וּמְעֹרָב בְּדַעַת עִם הַבְּרִיּוֹת. וְתִגְעַר בְּשָׂטָן לְבַל יַשְׂטִינֵנוּ, וִיהִי נָא דִגְלֵנוּ עָלֶיךָ אַהֲבָה, לְכָל פְּשָׁעִים תְּכַסֶּה בְּאַהֲבָה, וְכָל צוֹמוֹתֵינוּ וְעִנּוּיֵינוּ הֲפָךְ לָנוּ וּלְכָל יִשְׂרָאֵל לְשָׂשׂוֹן וּלְשִׂמְחָה לְחַיִּים וּלְשָׁלוֹם, הָאֱמֶת וְהַשָּׁלוֹם אֱהָבוּ, וְאַל יְהִי שׁוּם מִכְשׁוֹל בִּתְפִלָּתִי.

וִיהִי רָצוֹן מִלְּפָנֶיךָ יהוה אֱלֹהֵי אַבְרָהָם אֱלֹהֵי יִצְחָק וֵאלֹהֵי יַעֲקֹב, הָאֵל הַגָּדוֹל הַגִּבּוֹר וְהַנּוֹרָא אֵל עֶלְיוֹן אֶהְיֶה אֲשֶׁר אֶהְיֶה, שֶׁכָּל הַמַּלְאָכִים שֶׁהֵם בַּעֲלֵי תְפִלּוֹת יָבִיאוּ תְפִלָּתִי לִפְנֵי כִסֵּא כְבוֹדֶךָ וְיָפִיצוּ אוֹתָהּ לְפָנֶיךָ, בַּעֲבוּר כָּל הַצַּדִּיקִים וְהַחֲסִידִים הַתְּמִימִים וְהַיְשָׁרִים, וּבַעֲבוּר כְּבוֹד שִׁמְךָ הַגָּדוֹל הַגִּבּוֹר וְהַנּוֹרָא. כִּי אַתָּה שׁוֹמֵעַ תְּפִלַּת עַמְּךָ יִשְׂרָאֵל בְּרַחֲמִים, בָּרוּךְ אַתָּה שׁוֹמֵעַ תְּפִלָּה.

חצי קדיש

ש״ץ: יִתְגַּדַּל וְיִתְקַדַּשׁ שְׁמֵהּ רַבָּא (קהל: אָמֵן)
בְּעָלְמָא דִּי בְרָא כִרְעוּתֵהּ
וְיַמְלִיךְ מַלְכוּתֵהּ
וְיַצְמַח פֻּרְקָנֵהּ וִיקָרֵב מְשִׁיחֵהּ (קהל: אָמֵן)
בְּחַיֵּיכוֹן וּבְיוֹמֵיכוֹן וּבְחַיֵּי דְכָל בֵּית יִשְׂרָאֵל
בַּעֲגָלָא וּבִזְמַן קָרִיב, וְאִמְרוּ אָמֵן. (קהל: אָמֵן)

קהל וש״ץ: יְהֵא שְׁמֵהּ רַבָּא מְבָרַךְ לְעָלַם וּלְעָלְמֵי עָלְמַיָּא.

ש״ץ: יִתְבָּרַךְ וְיִשְׁתַּבַּח וְיִתְפָּאַר וְיִתְרוֹמַם וְיִתְנַשֵּׂא
וְיִתְהַדָּר וְיִתְעַלֶּה וְיִתְהַלָּל
שְׁמֵהּ דְּקֻדְשָׁא בְּרִיךְ הוּא (קהל: אָמֵן)
לְעֵלָּא לְעֵלָּא מִכָּל בִּרְכָתָא
וְשִׁירָתָא תֻּשְׁבְּחָתָא וְנֶחֱמָתָא
דַּאֲמִירָן בְּעָלְמָא, וְאִמְרוּ אָמֵן. (קהל: אָמֵן)

עמידה

״המתפלל צריך שיכוין בלבו פירוש המלות שמוציא בשפתיו; ויחשוב כאלו שכינה כנגדו ויסיר כל המחשבות הטורדות אותו עד שתשאר מחשבתו וכוונתו זכה בתפלתו״ (שו״ע צח, א).

פוסע שלוש פסיעות לפנים כמי שנכנס לפני המלך.

עומד ומתפלל בלחש מכאן ועד ׳וּכְשָׁנִים קַדְמֹנִיּוֹת׳ בעמ׳ 347.

כורע במקומות המסומנים ב׳, קד לפנים במילה הבאה וזוקף בשם.

כִּי שֵׁם יהוה אֶקְרָא, הָבוּ גֹדֶל לֵאלֹהֵינוּ: דברים לב

אֲדֹנָי, שְׂפָתַי תִּפְתָּח, וּפִי יַגִּיד תְּהִלָּתֶךָ: תהלים נא

אבות

׳בָּרוּךְ אַתָּה יהוה, אֱלֹהֵינוּ וֵאלֹהֵי אֲבוֹתֵינוּ
אֱלֹהֵי אַבְרָהָם, אֱלֹהֵי יִצְחָק, וֵאלֹהֵי יַעֲקֹב
הָאֵל הַגָּדוֹל הַגִּבּוֹר וְהַנּוֹרָא, אֵל עֶלְיוֹן

גּוֹמֵל חֲסָדִים טוֹבִים, קוֹנֵה הַכֹּל
וְזוֹכֵר חַסְדֵי אָבוֹת
וּמֵבִיא גוֹאֵל לִבְנֵי בְנֵיהֶם, לְמַעַן שְׁמוֹ בְּאַהֲבָה.

זָכְרֵנוּ לְחַיִּים, מֶלֶךְ חָפֵץ בַּחַיִּים
וְכָתְבֵנוּ בְּסֵפֶר הַחַיִּים
לְמַעַנְךָ אֱלֹהִים חַיִּים.

מֶלֶךְ עוֹזֵר וּמוֹשִׁיעַ וּמָגֵן.
בָּרוּךְ אַתָּה יהוה, מָגֵן אַבְרָהָם.

אם שכח לומר 'זָכְרֵנוּ לְחַיִּים', אינו חוזר.

גבורות

אַתָּה גִּבּוֹר לְעוֹלָם, אֲדֹנָי
מְחַיֵּה מֵתִים אַתָּה, רַב לְהוֹשִׁיעַ
מוֹרִיד הַטָּל
מְכַלְכֵּל חַיִּים בְּחֶסֶד, מְחַיֵּה מֵתִים בְּרַחֲמִים רַבִּים
סוֹמֵךְ נוֹפְלִים, וְרוֹפֵא חוֹלִים, וּמַתִּיר אֲסוּרִים
וּמְקַיֵּם אֱמוּנָתוֹ לִישֵׁנֵי עָפָר.
מִי כָמְוֹךָ, בַּעַל גְּבוּרוֹת, וּמִי דּוֹמֶה לָּךְ
מֶלֶךְ, מֵמִית וּמְחַיֶּה וּמַצְמִיחַ יְשׁוּעָה.

מִי כָמְוֹךָ אָב הָרַחֲמָן
זוֹכֵר יְצוּרָיו לְחַיִּים בְּרַחֲמִים.

וְנֶאֱמָן אַתָּה לְהַחֲיוֹת מֵתִים.
בָּרוּךְ אַתָּה יהוה, מְחַיֵּה הַמֵּתִים.

אם שכח לומר 'מִי כָמְוֹךָ אַב הָרַחֲמָן', אינו חוזר.

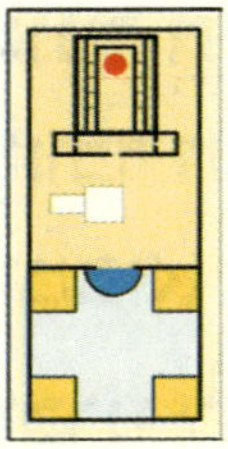

הכהן הגדול
מזה בקודש
הקדשים מדם
השעיר אחת
למעלה ושבע
פעמים למטה

קדושת השם

אַתָּה קָדוֹשׁ וְשִׁמְךָ קָדוֹשׁ
וּקְדוֹשִׁים בְּכָל יוֹם יְהַלְלוּךָ סֶּלָה
כִּי אֵל מֶלֶךְ גָּדוֹל וְקָדוֹשׁ אָתָּה.

לְדוֹר וָדוֹר הַמְלִיכוּ לָאֵל
כִּי הוּא לְבַדּוֹ מָרוֹם וְקָדוֹשׁ.

וּבְכֵן יִתְקַדַּשׁ שִׁמְךָ יהוה אֱלֹהֵינוּ עַל יִשְׂרָאֵל עַמֶּךָ
וְעַל יְרוּשָׁלַיִם עִירֶךָ, וְעַל צִיּוֹן מִשְׁכַּן כְּבוֹדֶךָ
וְעַל מַלְכוּת בֵּית דָּוִד מְשִׁיחֶךָ,* וְעַל מְכוֹנְךָ וְהֵיכָלֶךָ.

תפילה ובקשה על מלכות שמים, מלכות בית דוד ובנין המקדש

וּבְכֵן תֵּן פַּחְדְּךָ יהוה אֱלֹהֵינוּ עַל כָּל מַעֲשֶׂיךָ
וְאֵימָתְךָ עַל כָּל מַה שֶּׁבָּרָאתָ
וְיִירָאוּךָ כָּל הַמַּעֲשִׂים, וְיִשְׁתַּחֲווּ לְפָנֶיךָ כָּל הַבְּרוּאִים
וְיֵעָשׂוּ כֻלָּם אֲגֻדָּה אַחַת לַעֲשׂוֹת רְצוֹנְךָ בְּלֵבָב שָׁלֵם
כְּמוֹ שֶׁיָּדַעְנוּ יהוה אֱלֹהֵינוּ שֶׁהַשָּׁלְטָן לְפָנֶיךָ
עֹז בְּיָדְךָ וּגְבוּרָה בִּימִינֶךָ
וְשִׁמְךָ נוֹרָא עַל כָּל מַה שֶּׁבָּרָאתָ.

וּבְכֵן תֵּן כָּבוֹד יהוה לְעַמֶּךָ
תְּהִלָּה לִירֵאֶיךָ וְתִקְוָה טוֹבָה לְדוֹרְשֶׁיךָ
וּפִתְחוֹן פֶּה לַמְיַחֲלִים לָךְ
שִׂמְחָה לְאַרְצֶךָ, וְשָׂשׂוֹן לְעִירֶךָ, וּצְמִיחַת קֶרֶן לְדָוִד עַבְדֶּךָ
וַעֲרִיכַת נֵר לְבֶן יִשַׁי מְשִׁיחֶךָ בִּמְהֵרָה בְיָמֵינוּ.

---

* וְעַל בִּנְיַן בֵּית מִקְדָּשְׁךָ וְהֵיכָלֶךָ.

וּבְכֵן צַדִּיקִים יִרְאוּ וְיִשְׂמָחוּ, וִישָׁרִים יַעֲלֹזוּ
וַחֲסִידִים בְּרִנָּה יָגִילוּ, וְעוֹלָתָה תִּקְפָּץ פִּיהָ
וְכָל הָרִשְׁעָה כֻּלָּהּ כְּעָשָׁן תִּכְלֶה
כִּי תַעֲבִיר מֶמְשֶׁלֶת זָדוֹן מִן הָאָרֶץ.

וְתִמְלֹךְ אַתָּה הוּא יהוה אֱלֹהֵינוּ, מְהֵרָה לְבַדֶּךָ עַל כָּל מַעֲשֶׂיךָ
בְּהַר צִיּוֹן מִשְׁכַּן כְּבוֹדֶךָ, וּבִירוּשָׁלַיִם עִיר קָדְשֶׁךָ
כַּכָּתוּב בְּדִבְרֵי קָדְשֶׁךָ
יִמְלֹךְ יהוה לְעוֹלָם, אֱלֹהַיִךְ צִיּוֹן לְדֹר וָדֹר, הַלְלוּיָהּ: תהלים קמו

קָדוֹשׁ אַתָּה וְנוֹרָא שְׁמֶךָ, וְאֵין אֱלוֹהַּ מִבַּלְעָדֶיךָ
כַּכָּתוּב, וַיִּגְבַּהּ יהוה צְבָאוֹת בַּמִּשְׁפָּט ישעיה ה
וְהָאֵל הַקָּדוֹשׁ נִקְדַּשׁ בִּצְדָקָה:
בָּרוּךְ אַתָּה יהוה, הַמֶּלֶךְ הַקָּדוֹשׁ.

אם שכח לומר את הפיסקאות המתחילות ׳לְדוֹר וָדוֹר׳, אינו חוזר,
אך אם חתם ׳הָאֵל הַקָּדוֹשׁ׳ כברוב ימות השנה, חוזר לראש.

קדושת היום

אַתָּה בְחַרְתָּנוּ מִכָּל הָעַמִּים
אָהַבְתָּ אוֹתָנוּ וְרָצִיתָ בָּנוּ, וְרוֹמַמְתָּנוּ מִכָּל הַלְּשׁוֹנוֹת
וְקִדַּשְׁתָּנוּ בְּמִצְוֹתֶיךָ, וְקֵרַבְתָּנוּ מַלְכֵּנוּ לַעֲבוֹדָתֶךָ
וְשִׁמְךָ הַגָּדוֹל וְהַקָּדוֹשׁ עָלֵינוּ קָרָאתָ.

בשבת מוסיפים את המילים שבסוגריים.

וַתִּתֶּן לָנוּ יהוה אֱלֹהֵינוּ בְּאַהֲבָה אֶת יוֹם
(הַשַּׁבָּת הַזֶּה לִקְדֻשָּׁה וְלִמְנוּחָה, וְאֶת יוֹם)
הַכִּפּוּרִים הַזֶּה, לִמְחִילָה וְלִסְלִיחָה וּלְכַפָּרָה
וְלִמְחָל בּוֹ אֶת כָּל עֲוֹנוֹתֵינוּ
(בְּאַהֲבָה) מִקְרָא קֹדֶשׁ, זֵכֶר לִיצִיאַת מִצְרָיִם.

וּמִפְּנֵי חֲטָאֵינוּ גָּלִינוּ מֵאַרְצֵנוּ*
וְנִתְרַחַקְנוּ מֵעַל אַדְמָתֵנוּ
וְאֵין אָנוּ יְכוֹלִים לַעֲשׂוֹת חוֹבוֹתֵינוּ בְּבֵית בְּחִירָתֶךָ
בַּבַּיִת הַגָּדוֹל וְהַקָּדוֹשׁ שֶׁנִּקְרָא שִׁמְךָ עָלָיו
מִפְּנֵי הַיָּד שֶׁנִּשְׁתַּלְּחָה בְּמִקְדָּשֶׁךָ.

יְהִי רָצוֹן מִלְּפָנֶיךָ יהוה אֱלֹהֵינוּ וֵאלֹהֵי אֲבוֹתֵינוּ
מֶלֶךְ רַחֲמָן
שֶׁתָּשׁוּב וּתְרַחֵם עָלֵינוּ וְעַל מִקְדָּשְׁךָ בְּרַחֲמֶיךָ הָרַבִּים
וְתִבְנֵהוּ מְהֵרָה וּתְגַדֵּל כְּבוֹדוֹ.
אָבִינוּ מַלְכֵּנוּ, גַּלֵּה כְּבוֹד מַלְכוּתְךָ עָלֵינוּ מְהֵרָה
וְהוֹפַע וְהִנָּשֵׂא עָלֵינוּ לְעֵינֵי כָּל חָי
וְקָרֵב פְּזוּרֵינוּ מִבֵּין הַגּוֹיִם, וּנְפוּצוֹתֵינוּ כַּנֵּס מִיַּרְכְּתֵי אָרֶץ.

---

* וּמִפְּנֵי חֲטָאֵינוּ גָּלִינוּ מֵאַרְצֵנוּ, וְנִתְרַחַקְנוּ מֵעַל אַדְמָתֵנוּ, וּבַעֲווֹנוֹתֵינוּ לֹא הָיִינוּ יְכוֹלִים לַעֲלוֹת וְלֵרָאוֹת וּלְהִשְׁתַּחֲווֹת לְפָנֶיךָ, וְלַעֲשׂוֹת חוֹבוֹתֵינוּ בְּבֵית בְּחִירָתֶךָ, בַּבַּיִת הַגָּדוֹל וְהַקָּדוֹשׁ שֶׁנִּקְרָא שִׁמְךָ עָלָיו, מִפְּנֵי הַיָּד שֶׁנִּשְׁתַּלְּחָה בְּמִקְדָּשֶׁךָ. מֶלֶךְ רַחֲמָן, עַתָּה, שַׁבְתָּ וְרִחַמְתָּ עָלֵינוּ וְעַל מִקְדָּשֶׁךָ, וְקֵרַבְתָּ פְּזוּרֵינוּ וַהֲבֵאתָנוּ לְצִיּוֹן. וּבְכֵן יְהִי רָצוֹן מִלְּפָנֶיךָ יהוה אֱלֹהֵינוּ, עַכְשָׁיו שֶׁהֶעֱלִיתָנוּ לְאַרְצֵנוּ וּנְטַעְתָּ אוֹתָנוּ בִּירוּשָׁלַיִם וּבִמְקוֹם מִקְדָּשֶׁךָ, חַזְּקֵנוּ וְאַמְּצֵנוּ לִבְנוֹת מְהֵרָה אֶת הַבַּיִת הַגָּדוֹל וְהַקָּדוֹשׁ לְכָבוֹד וּלְתִפְאֶרֶת, כַּכָּתוּב בְּתוֹרָתְךָ וְעָשׂוּ לִי מִקְדָּשׁ וְשָׁכַנְתִּי בְּתוֹכָם: וְהַשְׁרֵה שְׁכִינָתְךָ (שמות כה) בְּתוֹכוֹ, וּתְגַדֵּל כְּבוֹדוֹ. (לשיטת המבי"ט)
אָבִינוּ מַלְכֵּנוּ גַּלֵּה כְּבוֹד מַלְכוּתְךָ עָלֵינוּ מְהֵרָה וְהוֹפַע וְהִנָּשֵׂא עָלֵינוּ לְעֵינֵי כָּל חַי, וְקָרֵב שְׁאֵרִית פְּזוּרֵינוּ מִבֵּין הַגּוֹיִם וּנְפוּצוֹתֵינוּ כַּנֵּס מִיַּרְכְּתֵי אָרֶץ. וַהֲבִיאֵנוּ לְצִיּוֹן עִירְךָ בְּרִנָּה וְלִירוּשָׁלַיִם בֵּית מִקְדָּשְׁךָ בְּשִׂמְחַת עוֹלָם, וְשָׁם נַעֲשֶׂה לְפָנֶיךָ אֶת קָרְבְּנוֹת חוֹבוֹתֵינוּ, תְּמִידִים כְּסִדְרָם וּמוּסָפִים כְּהִלְכָתָם, וְנַעֲבָדְךָ שָׁם עַד עוֹלָם. וְאֶת מוּסַף יוֹם / וְאֶת מוּסְפֵי יוֹם הַשַּׁבָּת הַזֶּה וְיוֹם/ הַכִּפּוּרִים הַזֶּה נַעֲשֶׂה וְנַקְרִיב לְפָנֶיךָ בְּאַהֲבָה כְּמִצְוַת רְצוֹנֶךָ, כְּמוֹ שֶׁכָּתַבְתָּ עָלֵינוּ בְּתוֹרָתֶךָ, עַל יְדֵי מֹשֶׁה עַבְדֶּךָ, מִפִּי כְבוֹדֶךָ, כָּאָמוּר וממשיך "ובעשור לחודש" להלן ואם חל בשבת מקדים "וביום השבת".

וַהֲבִיאֵנוּ לְצִיּוֹן עִירְךָ בְּרִנָּה
וְלִירוּשָׁלַיִם בֵּית מִקְדָּשְׁךָ בְּשִׂמְחַת עוֹלָם
וְשָׁם נַעֲשֶׂה לְפָנֶיךָ אֶת קָרְבְּנוֹת חוֹבוֹתֵינוּ
תְּמִידִים כְּסִדְרָם וּמוּסָפִים כְּהִלְכָתָם
וְאֶת מוּסַף יוֹם /וְאֶת מוּסְפֵי יוֹם הַשַּׁבָּת הַזֶּה וְיוֹם/ הַכִּפּוּרִים הַזֶּה
נַעֲשֶׂה וְנַקְרִיב לְפָנֶיךָ בְּאַהֲבָה כְּמִצְוַת רְצוֹנֶךָ
כְּמוֹ שֶׁכָּתַבְתָּ עָלֵינוּ בְּתוֹרָתֶךָ
עַל יְדֵי מֹשֶׁה עַבְדֶּךָ מִפִּי כְבוֹדֶךָ, כָּאָמוּר

בשבת מוסיפים:

וּבְיוֹם הַשַּׁבָּת, שְׁנֵי־כְבָשִׂים בְּנֵי־שָׁנָה תְּמִימִם במדבר כח
וּשְׁנֵי עֶשְׂרֹנִים סֹלֶת מִנְחָה בְּלוּלָה בַשֶּׁמֶן וְנִסְכּוֹ:
עֹלַת שַׁבַּת בְּשַׁבַּתּוֹ, עַל־עֹלַת הַתָּמִיד וְנִסְכָּהּ:

וּבֶעָשׂוֹר לַחֹדֶשׁ הַשְּׁבִיעִי הַזֶּה במדבר כט
מִקְרָא־קֹדֶשׁ יִהְיֶה לָכֶם
וְעִנִּיתֶם אֶת־נַפְשֹׁתֵיכֶם
כָּל־מְלָאכָה לֹא תַעֲשׂוּ:
וְהִקְרַבְתֶּם עֹלָה לַיהוה רֵיחַ נִיחֹחַ
פַּר בֶּן־בָּקָר אֶחָד, אַיִל אֶחָד
כְּבָשִׂים בְּנֵי־שָׁנָה שִׁבְעָה, תְּמִימִם יִהְיוּ לָכֶם:
וּמִנְחָתָם וְנִסְכֵּיהֶם כִּמְדֻבָּר
שְׁלֹשָׁה עֶשְׂרֹנִים לַפָּר וּשְׁנֵי עֶשְׂרֹנִים לָאָיִל
וְעִשָּׂרוֹן לַכֶּבֶשׂ, וְיַיִן כְּנִסְכּוֹ
וּשְׁנֵי שְׂעִירִים לְכַפֵּר
וּשְׁנֵי תְמִידִים כְּהִלְכָתָם.

בשבת מוסיפים:

יִשְׂמְחוּ בְמַלְכוּתְךָ שׁוֹמְרֵי שַׁבָּת וְקוֹרְאֵי עֹנֶג.
עַם מְקַדְּשֵׁי שְׁבִיעִי
כֻּלָּם יִשְׂבְּעוּ וְיִתְעַנְּגוּ מִטּוּבֶךָ
וּבַשְּׁבִיעִי רָצִיתָ בּוֹ וְקִדַּשְׁתּוֹ
חֶמְדַּת יָמִים אוֹתוֹ קָרָאתָ
זֵכֶר לְמַעֲשֵׂה בְרֵאשִׁית.

אֱלֹהֵינוּ וֵאלֹהֵי אֲבוֹתֵינוּ
מְחַל לַעֲוֹנוֹתֵינוּ בְּיוֹם
(הַשַּׁבָּת הַזֶּה וּבְיוֹם) הַכִּפּוּרִים הַזֶּה
מְחֵה וְהַעֲבֵר פְּשָׁעֵינוּ וְחַטֹּאתֵינוּ מִנֶּגֶד עֵינֶיךָ
כָּאָמוּר
ישעיה מג אָנֹכִי אָנֹכִי הוּא מֹחֶה פְשָׁעֶיךָ לְמַעֲנִי
וְחַטֹּאתֶיךָ לֹא אֶזְכֹּר:
וְנֶאֱמַר
ישעיה מד מָחִיתִי כָעָב פְּשָׁעֶיךָ וְכֶעָנָן חַטֹּאותֶיךָ
שׁוּבָה אֵלַי כִּי גְאַלְתִּיךָ:
וְנֶאֱמַר
ויקרא טז כִּי־בַיּוֹם הַזֶּה יְכַפֵּר עֲלֵיכֶם לְטַהֵר אֶתְכֶם
מִכֹּל חַטֹּאתֵיכֶם לִפְנֵי יהוה תִּטְהָרוּ:

(אֱלֹהֵינוּ וֵאלֹהֵי אֲבוֹתֵינוּ, רְצֵה נָא בִמְנוּחָתֵנוּ)
קַדְּשֵׁנוּ בְּמִצְוֹתֶיךָ וְתֵן חֶלְקֵנוּ בְּתוֹרָתֶךָ
שַׂבְּעֵנוּ מִטּוּבֶךָ, וְשַׂמַּח נַפְשֵׁנוּ בִּישׁוּעָתֶךָ

(וְהַנְחִילֵנוּ יהוה אֱלֹהֵינוּ בְּאַהֲבָה וּבְרָצוֹן שַׁבַּת קָדְשֶׁךָ
וְיָנוּחוּ בוֹ כָּל יִשְׂרָאֵל מְקַדְּשֵׁי שְׁמֶךָ)
וְטַהֵר לִבֵּנוּ לְעָבְדְּךָ בֶּאֱמֶת.
כִּי אַתָּה סָלְחָן לְיִשְׂרָאֵל וּמָחֳלָן לְשִׁבְטֵי יְשֻׁרוּן בְּכָל דּוֹר וָדוֹר
וּמִבַּלְעָדֶיךָ אֵין לָנוּ מֶלֶךְ מוֹחֵל וְסוֹלֵחַ אֶלָּא אָתָּה.
בָּרוּךְ אַתָּה יהוה
מֶלֶךְ מוֹחֵל וְסוֹלֵחַ לַעֲוֹנוֹתֵינוּ, וְלַעֲוֹנוֹת עַמּוֹ בֵּית יִשְׂרָאֵל
וּמַעֲבִיר אַשְׁמוֹתֵינוּ בְּכָל שָׁנָה וְשָׁנָה
מֶלֶךְ עַל כָּל הָאָרֶץ
מְקַדֵּשׁ (הַשַּׁבָּת וְ)יִשְׂרָאֵל וְיוֹם הַכִּפּוּרִים.

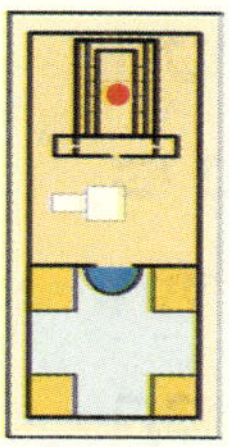

הכהן הגדול מזה מדם הפר ומדם השעיר על הפרוכת אחת למעלה ושבע פעמים למטה

עבודה*
רְצֵה יהוה אֱלֹהֵינוּ בְּעַמְּךָ יִשְׂרָאֵל, וְלִתְפִלָּתָם שְׁעֵה
וְהָשֵׁב אֶת הָעֲבוֹדָה לִדְבִיר בֵּיתֶךָ
וְאִשֵּׁי יִשְׂרָאֵל וּתְפִלָּתָם, מְהֵרָה בְּאַהֲבָה תְקַבֵּל בְּרָצוֹן
וּתְהִי לְרָצוֹן תָּמִיד עֲבוֹדַת יִשְׂרָאֵל עַמֶּךָ.
וְתֶחֱזֶינָה עֵינֵינוּ בְּשׁוּבְךָ לְצִיּוֹן בְּרַחֲמִים.
בָּרוּךְ אַתָּה יהוה, הַמַּחֲזִיר שְׁכִינָתוֹ לְצִיּוֹן.

---

* רְצֵה יהוה אֱלֹהֵינוּ בְּעַמְּךָ יִשְׂרָאֵל, וְלִתְפִלָּתָם שְׁעֵה, וְהָשֵׁב אֶת הָעֲבוֹדָה לִדְבִיר בֵּיתֶךָ, וְאִשֵּׁי יִשְׂרָאֵל וּתְפִלָּתָם, מְהֵרָה בְּאַהֲבָה תְקַבֵּל בְּרָצוֹן. בְּבֵית הַגָּדוֹל וְהַקָּדוֹשׁ שָׁם נַעֲבָדְךָ וְשָׁם נִדְרֹשׁ אֶת כָּל אֲשֶׁר צִוִּיתָנוּ, בְּרֵיחַ נִיחוֹחַ תִּרְצֶה אוֹתָנוּ, וּתְהִי לְרָצוֹן תָּמִיד עֲבוֹדַת יִשְׂרָאֵל עַמֶּךָ. וְתֶחֱזֶינָה עֵינֵינוּ בְּשׁוּבְךָ לְצִיּוֹן בְּרַחֲמִים. בָּרוּךְ אַתָּה יהוה, הַמַּחֲזִיר שְׁכִינָתוֹ לְצִיּוֹן.

הודאה

כורע ב׳מוֹדִים׳ ואינו זוקף עד אמירת השם.

ימוֹדִים אֲנַחְנוּ לָךְ

שָׁאַתָּה הוּא יהוה אֱלֹהֵינוּ וֵאלֹהֵי אֲבוֹתֵינוּ לְעוֹלָם וָעֶד.

צוּר חַיֵּינוּ, מָגֵן יִשְׁעֵנוּ אַתָּה הוּא לְדוֹר וָדוֹר.

נוֹדֶה לְךָ וּנְסַפֵּר תְּהִלָּתֶךָ, עַל חַיֵּינוּ הַמְּסוּרִים בְּיָדֶךָ

וְעַל נִשְׁמוֹתֵינוּ הַפְּקוּדוֹת לָךְ, וְעַל נִסֶּיךָ שֶׁבְּכָל יוֹם עִמָּנוּ

וְעַל נִפְלְאוֹתֶיךָ וְטוֹבוֹתֶיךָ, שֶׁבְּכָל עֵת, עֶרֶב וָבֹקֶר וְצָהֳרָיִם.

הַטּוֹב, כִּי לֹא כָלוּ רַחֲמֶיךָ, וְהַמְרַחֵם, כִּי לֹא תַמּוּ חֲסָדֶיךָ

כִּי מֵעוֹלָם קִוִּינוּ לָךְ.

וְעַל כֻּלָּם יִתְבָּרַךְ וְיִתְרוֹמַם וְיִתְנַשֵּׂא שִׁמְךָ מַלְכֵּנוּ

תָּמִיד לְעוֹלָם וָעֶד.

וּכְתֹב לְחַיִּים טוֹבִים כָּל בְּנֵי בְרִיתֶךָ.

וְכֹל הַחַיִּים יוֹדוּךָ סֶּלָה

וִיהַלְלוּ וִיבָרְכוּ אֶת שִׁמְךָ הַגָּדוֹל בֶּאֱמֶת לְעוֹלָם כִּי טוֹב

הָאֵל יְשׁוּעָתֵנוּ וְעֶזְרָתֵנוּ סֶלָה, הָאֵל הַטּוֹב.

יבָּרוּךְ אַתָּה יהוה, הַטּוֹב שִׁמְךָ וּלְךָ נָאֶה לְהוֹדוֹת.

אם שכח לומר ׳וּכְתֹב לְחַיִּים טוֹבִים׳, אינו חוזר.

שלום

שִׂים שָׁלוֹם טוֹבָה וּבְרָכָה, חַיִּים חֵן וָחֶסֶד וְרַחֲמִים

עָלֵינוּ וְעַל כָּל יִשְׂרָאֵל עַמֶּךָ.

בָּרְכֵנוּ אָבִינוּ כֻּלָּנוּ כְּאֶחָד בְּאוֹר פָּנֶיךָ

כִּי בְאוֹר פָּנֶיךָ נָתַתָּ לָנוּ יהוה אֱלֹהֵינוּ

תּוֹרַת חַיִּים וְאַהֲבַת חֶסֶד, וּצְדָקָה וּבְרָכָה וְרַחֲמִים וְחַיִּים וְשָׁלוֹם.

וְטוֹב יִהְיֶה בְּעֵינֶיךָ לְבָרְכֵנוּ
וּלְבָרֵךְ אֶת כָּל עַמְּךָ יִשְׂרָאֵל
בְּכָל עֵת וּבְכָל שָׁעָה בִּשְׁלוֹמֶךָ.

בְּסֵפֶר חַיִּים, בְּרָכָה וְשָׁלוֹם, וּפַרְנָסָה טוֹבָה
וּגְזֵרוֹת טוֹבוֹת, יְשׁוּעוֹת וְנֶחָמוֹת
נִזָּכֵר וְנִכָּתֵב לְפָנֶיךָ אֲנַחְנוּ וְכָל עַמְּךָ בֵּית יִשְׂרָאֵל
לְחַיִּים טוֹבִים וּלְשָׁלוֹם.

בָּרוּךְ אַתָּה יהוה, הַמְבָרֵךְ אֶת עַמּוֹ יִשְׂרָאֵל בַּשָּׁלוֹם.

אם שכח לומר ׳בְּסֵפֶר חַיִּים׳, אינו חוזר.

יש מוסיפים:

יִהְיוּ לְרָצוֹן אִמְרֵי־פִי וְהֶגְיוֹן לִבִּי לְפָנֶיךָ, יהוה צוּרִי וְגֹאֲלִי: תהלים יט

סדר מצוות וידוי

יכוון לקיים מצוות עשה, של ׳והתודו את חטאתם אשר עשו׳ (במדבר ה, ז). אלו דברי רבנו יונה גירונדי: ״מצות עשה מן התורה להעיר אדם את רוחו לחזור בתשובה ביום הכיפורים, שנאמר: ׳מכל חטאתיכם לפני ה׳ תטהרו׳ (ויקרא טז, ל). על כן הזהירנו הכתוב, שנטהר לפני ה׳ בתשובתנו, והוא יכפר עלינו ביום זה לטהרנו״ (שערי תשובה שער ב, יד). ״והעובר על זה ולא התוודה על חטאיו ביום הכפורים, שהוא יום קבוע מעולם לסליחה ולכפרה, ביטל עשה זה... ונשא עוונו״ (ספר החינוך שסג). הווידוי נאמר גם במעומד וגם בהשתחוויה (מאירי על פי הגאונים ׳חיבור התשובה׳ ויומא דף פו).

אֱלֹהֵינוּ וֵאלֹהֵי אֲבוֹתֵינוּ
תָּבוֹא לְפָנֶיךָ תְּפִלָּתֵנוּ
וְאַל תִּתְעַלַּם מִתְּחִנָּתֵנוּ.
שֶׁאֵין אָנוּ עַזֵּי פָנִים וּקְשֵׁי עֹרֶף לוֹמַר לְפָנֶיךָ
יהוה אֱלֹהֵינוּ וֵאלֹהֵי אֲבוֹתֵינוּ
צַדִּיקִים אֲנַחְנוּ וְלֹא חָטָאנוּ.
אֲבָל אֲנַחְנוּ וַאֲבוֹתֵינוּ חָטָאנוּ.

כשמתוודה, מכה באגרופו על החזה כנגד הלב (מג״א תרז, ג, בשם מדרש קהלת).

אָשַׁמְנוּ, בָּגַדְנוּ, גָּזַלְנוּ, דִּבַּרְנוּ דֹפִי
הֶעֱוִינוּ, וְהִרְשַׁעְנוּ, זַדְנוּ, חָמַסְנוּ, טָפַלְנוּ שֶׁקֶר
יָעַצְנוּ רָע, כִּזַּבְנוּ, לַצְנוּ, מָרַדְנוּ, מָאַסְנוּ בְּבֵית הַמִּקְדָּשׁ, נִאַצְנוּ, סָרַרְנוּ
עָוִינוּ, פָּשַׁעְנוּ, צָרַרְנוּ, קִשִּׁינוּ עֹרֶף
רָשַׁעְנוּ, שִׁחַתְנוּ, תִּעַבְנוּ, תָּעִינוּ, תִּעְתָּעְנוּ.

סַרְנוּ מִמִּצְוֹתֶיךָ וּמִמִּשְׁפָּטֶיךָ הַטּוֹבִים, וְלֹא שָׁוָה לָנוּ.
וְאַתָּה צַדִּיק עַל כָּל־הַבָּא עָלֵינוּ כִּי־אֱמֶת עָשִׂיתָ נחמיה ט
וַאֲנַחְנוּ הִרְשָׁעְנוּ:

מַה נֹּאמַר לְפָנֶיךָ יוֹשֵׁב מָרוֹם
וּמַה נְּסַפֵּר לְפָנֶיךָ שׁוֹכֵן שְׁחָקִים
הֲלֹא כָּל הַנִּסְתָּרוֹת וְהַנִּגְלוֹת אַתָּה יוֹדֵעַ.

אַתָּה יוֹדֵעַ רָזֵי עוֹלָם וְתַעֲלוּמוֹת סִתְרֵי כָּל חָי.
אַתָּה חוֹפֵשׂ כָּל חַדְרֵי בָטֶן וּבוֹחֵן כְּלָיוֹת וָלֵב.
אֵין דָּבָר נֶעְלָם מִמֶּךָּ וְאֵין נִסְתָּר מִנֶּגֶד עֵינֶיךָ.
וּבְכֵן, יְהִי רָצוֹן מִלְּפָנֶיךָ, יהוה אֱלֹהֵינוּ וֵאלֹהֵי אֲבוֹתֵינוּ
שֶׁתְּכַפֵּר לָנוּ עַל כָּל חַטֹּאתֵינוּ
וְתִסְלַח לָנוּ עַל כָּל עֲוֹנוֹתֵינוּ
וְתִמְחַל לָנוּ עַל כָּל פְּשָׁעֵינוּ.

על כל חטא שמונה, מכה באגרופו על החזה כנגד הלב.

עַל חֵטְא שֶׁחָטָאנוּ לְפָנֶיךָ בְּאֹנֶס וּבְרָצוֹן
וְעַל חֵטְא שֶׁחָטָאנוּ לְפָנֶיךָ בְּאִמּוּץ הַלֵּב

עַל חֵטְא שֶׁחָטָאנוּ לְפָנֶיךָ בִּבְלִי דָעַת
וְעַל חֵטְא שֶׁחָטָאנוּ לְפָנֶיךָ בְּבִטּוּי שְׂפָתָיִם

עַל חֵטְא שֶׁחָטָאנוּ לְפָנֶיךָ בְּגִלּוּי עֲרָיוֹת
וְעַל חֵטְא שֶׁחָטָאנוּ לְפָנֶיךָ בְּגָלוּי וּבַסָּתֶר

עַל חֵטְא שֶׁחָטָאנוּ לְפָנֶיךָ בְּדַעַת וּבְמִרְמָה
וְעַל חֵטְא שֶׁחָטָאנוּ לְפָנֶיךָ בְּדִבּוּר פֶּה

עַל חֵטְא שֶׁחָטָאנוּ לְפָנֶיךָ בְּהוֹנָאַת רֵעַ
וְעַל חֵטְא שֶׁחָטָאנוּ לְפָנֶיךָ בְּהַרְהוֹר הַלֵּב

עַל חֵטְא שֶׁחָטָאנוּ לְפָנֶיךָ בִּוְעִידַת זְנוּת
וְעַל חֵטְא שֶׁחָטָאנוּ לְפָנֶיךָ בְּוִדּוּי פֶּה

עַל חֵטְא שֶׁחָטָאנוּ לְפָנֶיךָ בְּזִלְזוּל הוֹרִים וּמוֹרִים
וְעַל חֵטְא שֶׁחָטָאנוּ לְפָנֶיךָ בְּזָדוֹן וּבִשְׁגָגָה

עַל חֵטְא שֶׁחָטָאנוּ לְפָנֶיךָ בְּחֹזֶק יָד
וְעַל חֵטְא שֶׁחָטָאנוּ לְפָנֶיךָ בְּחִלּוּל הַשֵּׁם

עַל חֵטְא שֶׁחָטָאנוּ לְפָנֶיךָ בְּטֻמְאַת שְׂפָתָיִם
וְעַל חֵטְא שֶׁחָטָאנוּ לְפָנֶיךָ בְּטִפְשׁוּת פֶּה

עַל חֵטְא שֶׁחָטָאנוּ לְפָנֶיךָ בְּיֵצֶר הָרָע
וְעַל חֵטְא שֶׁחָטָאנוּ לְפָנֶיךָ בְּיוֹדְעִים וּבְלֹא יוֹדְעִים

וְעַל כֻּלָּם אֱלוֹהַּ סְלִיחוֹת סְלַח לָנוּ, מְחַל לָנוּ, כַּפֶּר לָנוּ.

עַל חֵטְא שֶׁחָטָאנוּ לְפָנֶיךָ בְּכַחַשׁ וּבְכָזָב
וְעַל חֵטְא שֶׁחָטָאנוּ לְפָנֶיךָ בְּכַפַּת שֹׁחַד

עַל חֵטְא שֶׁחָטָאנוּ לְפָנֶיךָ בְּלָצוֹן
וְעַל חֵטְא שֶׁחָטָאנוּ לְפָנֶיךָ בְּלָשׁוֹן הָרָע

עַל חֵטְא שֶׁחָטָאנוּ לְפָנֶיךָ בְּמַשָּׂא וּבְמַתָּן
וְעַל חֵטְא שֶׁחָטָאנוּ לְפָנֶיךָ בְּמַאֲכָל וּבְמִשְׁתֶּה

עַל חֵטְא שֶׁחָטָאנוּ לְפָנֶיךָ בְּנֶשֶׁךְ וּבְמַרְבִּית
וְעַל חֵטְא שֶׁחָטָאנוּ לְפָנֶיךָ בִּנְטִיַּת גָּרוֹן

עַל חֵטְא שֶׁחָטָאנוּ לְפָנֶיךָ בְּשִׂיחַ שִׂפְתוֹתֵינוּ
וְעַל חֵטְא שֶׁחָטָאנוּ לְפָנֶיךָ בְּשִׂקּוּר עָיִן

עַל חֵטְא שֶׁחָטָאנוּ לְפָנֶיךָ בְּעֵינַיִם רָמוֹת
וְעַל חֵטְא שֶׁחָטָאנוּ לְפָנֶיךָ בְּעַזּוּת מֶצַח

וְעַל כֻּלָּם אֱלוֹהַּ סְלִיחוֹת סְלַח לָנוּ, מְחַל לָנוּ, כַּפֶּר לָנוּ.

עַל חֵטְא שֶׁחָטָאנוּ לְפָנֶיךָ בִּפְרִיקַת עֹל
וְעַל חֵטְא שֶׁחָטָאנוּ לְפָנֶיךָ בִּפְלִילוּת

עַל חֵטְא שֶׁחָטָאנוּ לְפָנֶיךָ בִּצְדִיַּת רֵעַ
וְעַל חֵטְא שֶׁחָטָאנוּ לְפָנֶיךָ בְּצָרוּת עָיִן

עַל חֵטְא שֶׁחָטָאנוּ לְפָנֶיךָ בְּקַלּוּת רֹאשׁ
וְעַל חֵטְא שֶׁחָטָאנוּ לְפָנֶיךָ בְּקַשְׁיוּת עֹרֶף

עַל חֵטְא שֶׁחָטָאנוּ לְפָנֶיךָ בְּרִיצַת רַגְלַיִם לְהָרַע
וְעַל חֵטְא שֶׁחָטָאנוּ לְפָנֶיךָ בִּרְכִילוּת

עַל חֵטְא שֶׁחָטָאנוּ לְפָנֶיךָ בִּשְׁבוּעַת שָׁוְא
וְעַל חֵטְא שֶׁחָטָאנוּ לְפָנֶיךָ בְּשִׂנְאַת חִנָּם

עַל חֵטְא שֶׁחָטָאנוּ לְפָנֶיךָ בִּתְשׂוּמֶת יָד
וְעַל חֵטְא שֶׁחָטָאנוּ לְפָנֶיךָ בְּתִמְהוֹן לֵבָב

וְעַל כֻּלָּם אֱלוֹהַּ סְלִיחוֹת סְלַח לָנוּ, מְחַל לָנוּ, כַּפֶּר לָנוּ.

וְעַל חֲטָאִים שֶׁאָנוּ חַיָּבִים עֲלֵיהֶם עוֹלָה
וְעַל חֲטָאִים שֶׁאָנוּ חַיָּבִים עֲלֵיהֶם חַטָּאת
וְעַל חֲטָאִים שֶׁאָנוּ חַיָּבִים עֲלֵיהֶם קָרְבָּן עוֹלֶה וְיוֹרֵד
וְעַל חֲטָאִים שֶׁאָנוּ חַיָּבִים עֲלֵיהֶם אָשָׁם וַדַּאי וְתָלוּי
וְעַל חֲטָאִים שֶׁאָנוּ חַיָּבִים עֲלֵיהֶם מַכַּת מַרְדּוּת
וְעַל חֲטָאִים שֶׁאָנוּ חַיָּבִים עֲלֵיהֶם מַלְקוּת אַרְבָּעִים
וְעַל חֲטָאִים שֶׁאָנוּ חַיָּבִים עֲלֵיהֶם מִיתָה בִּידֵי שָׁמָיִם
וְעַל חֲטָאִים שֶׁאָנוּ חַיָּבִים עֲלֵיהֶם כָּרֵת וַעֲרִירִי
וְעַל חֲטָאִים שֶׁאָנוּ חַיָּבִים עֲלֵיהֶם אַרְבַּע מִיתוֹת בֵּית דִּין
סְקִילָה, שְׂרֵפָה, הֶרֶג, וְחֶנֶק.

עַל מִצְוַת עֲשֵׂה וְעַל מִצְוַת לֹא תַעֲשֶׂה.
בֵּין שֶׁיֵּשׁ בָּהּ קוּם עֲשֵׂה וּבֵין שֶׁאֵין בָּהּ קוּם עֲשֵׂה.
אֶת הַגְּלוּיִים לָנוּ וְאֶת שֶׁאֵינָם גְּלוּיִים לָנוּ
אֶת הַגְּלוּיִים לָנוּ
כְּבָר אֲמַרְנוּם לְפָנֶיךָ
וְהוֹדִינוּ לְךָ עֲלֵיהֶם
וְאֶת שֶׁאֵינָם גְּלוּיִים לָנוּ
לְפָנֶיךָ הֵם גְּלוּיִים וִידוּעִים
כַּדָּבָר שֶׁנֶּאֱמַר
הַנִּסְתָּרֹת לַיהוה אֱלֹהֵינוּ (דברים כט)
וְהַנִּגְלֹת לָנוּ וּלְבָנֵינוּ עַד־עוֹלָם
לַעֲשׂוֹת אֶת־כָּל־דִּבְרֵי הַתּוֹרָה הַזֹּאת:
כִּי אַתָּה סָלְחָן לְיִשְׂרָאֵל וּמָחֳלָן לְשִׁבְטֵי יְשֻׁרוּן בְּכָל דּוֹר וָדוֹר
וּמִבַּלְעָדֶיךָ אֵין לָנוּ מֶלֶךְ מוֹחֵל וְסוֹלֵחַ אֶלָּא אָתָּה.

אֱלֹהַי
עַד שֶׁלֹּא נוֹצַרְתִּי אֵינִי כְדַאי
וְעַכְשָׁיו שֶׁנּוֹצַרְתִּי, כְּאִלּוּ לֹא נוֹצַרְתִּי
עָפָר אֲנִי בְּחַיָּי, קַל וָחֹמֶר בְּמִיתָתִי.
הֲרֵי אֲנִי לְפָנֶיךָ כִּכְלִי מָלֵא בוּשָׁה וּכְלִמָּה.
יְהִי רָצוֹן מִלְּפָנֶיךָ, יהוה אֱלֹהַי וֵאלֹהֵי אֲבוֹתַי
שֶׁלֹּא אֶחֱטָא עוֹד.
וּמַה שֶּׁחָטָאתִי לְפָנֶיךָ, מְחֹק בְּרַחֲמֶיךָ הָרַבִּים
אֲבָל לֹא עַל יְדֵי יִסּוּרִים וָחֳלָיִם רָעִים.

אֱלֹהַי ברכות יז.
נְצֹר לְשׁוֹנִי מֵרָע וּשְׂפָתַי מִדַּבֵּר מִרְמָה
וְלִמְקַלְלַי נַפְשִׁי תִדֹּם
וְנַפְשִׁי כֶּעָפָר לַכֹּל תִּהְיֶה.
פְּתַח לִבִּי בְּתוֹרָתֶךָ
וְאַחֲרֵי מִצְוֹתֶיךָ תִּרְדֹּף נַפְשִׁי.
וְכָל הַקָּמִים וְהַחוֹשְׁבִים עָלַי רָעָה
מְהֵרָה הָפֵר עֲצָתָם וְקַלְקֵל מַחֲשַׁבְתָּם.

יש המוסיפים תחינה זו (קיצור של״ה, ׳אור הישר׳):
יְהִי רָצוֹן מִלְּפָנֶיךָ, יהוה אֱלֹהַי וֵאלֹהֵי אֲבוֹתַי
שֶׁלֹּא תַעֲלֶה קִנְאַת אָדָם עָלַי, וְלֹא קִנְאָתִי עַל אֲחֵרִים
וְשֶׁלֹּא אֶכְעֹס הַיּוֹם, וְשֶׁלֹּא אַכְעִיסֶךָ
וְתַצִּילֵנִי מִיֵּצֶר הָרָע, וְתֵן בְּלִבִּי הַכְנָעָה וַעֲנָוָה.
מַלְכֵּנוּ וֵאלֹהֵינוּ, יַחֵד שִׁמְךָ בְּעוֹלָמֶךָ
בְּנֵה עִירְךָ, יַסֵּד בֵּיתְךָ וְשַׁכְלֵל הֵיכָלֶךָ
וְקַבֵּץ קִבּוּץ גָּלֻיּוֹת, וּפְדֵה צֹאנְךָ וְשַׂמַּח עֲדָתֶךָ.

עֲשֵׂה לְמַעַן שְׁמֶךָ, עֲשֵׂה לְמַעַן יְמִינֶךָ
עֲשֵׂה לְמַעַן תּוֹרָתֶךָ, עֲשֵׂה לְמַעַן קְדֻשָּׁתֶךָ.
לְמַעַן יֵחָלְצוּן יְדִידֶיךָ, הוֹשִׁיעָה יְמִינְךָ וַעֲנֵנִי: תהלים ס
יִהְיוּ לְרָצוֹן אִמְרֵי פִי וְהֶגְיוֹן לִבִּי לְפָנֶיךָ, יהוה צוּרִי וְגֹאֲלִי: תהלים יט

כורע ופוסע שלוש פסיעות לאחור. קד לשמאל, לימין ולפנים באמירת:

עֹשֶׂה הַשָּׁלוֹם בִּמְרוֹמָיו
הוּא יַעֲשֶׂה שָׁלוֹם, עָלֵינוּ וְעַל כָּל יִשְׂרָאֵל
וְאִמְרוּ אָמֵן.

יְהִי רָצוֹן מִלְּפָנֶיךָ יהוה אֱלֹהֵינוּ וֵאלֹהֵי אֲבוֹתֵינוּ
שֶׁיִּבָּנֶה בֵּית הַמִּקְדָּשׁ בִּמְהֵרָה בְיָמֵינוּ, וְתֵן חֶלְקֵנוּ בְּתוֹרָתֶךָ
וְשָׁם נַעֲבָדְךָ בְּיִרְאָה כִּימֵי עוֹלָם וּכְשָׁנִים קַדְמֹנִיּוֹת.
וְעָרְבָה לַיהוה מִנְחַת יְהוּדָה וִירוּשָׁלָםִ כִּימֵי עוֹלָם וּכְשָׁנִים קַדְמֹנִיּוֹת: מלאכי ג

חזרת הש״ץ למוסף

״יָדַעְתִּי ה׳ כִּי־צֶדֶק מִשְׁפָּטֶיךָ, וֶאֱמוּנָה עִנִּיתָנִי״ (תהלים קיט, עה).
״הַקְשִׁיבָה לִּי וַעֲנֵנִי, אָרִיד בְּשִׂיחִי וְאָהִימָה״ (שם נה, ג).
״וְנַפְשִׁי תָּגִיל בַּה׳, תָּשִׂישׂ בִּישׁוּעָתוֹ״ (שם לה, ט).
״הַנּוֹתֵן תְּשׁוּעָה לַמְּלָכִים, הַפּוֹצֶה אֶת־דָּוִד עַבְדּוֹ מֵחֶרֶב רָעָה״ (שם קמד, י).

פותחים את ארון הקודש.

שליח הציבור פוסע שלוש פסיעות לפנים כמי שנכנס לפני המלך.
כורע במקומות המסומנים ב׳, קד לפנים במילה הבאה וזוקף בשם.

דברים לב יש אומרים בלחש: **כִּי שֵׁם יהוה אֶקְרָא, הָבוּ גֹדֶל לֵאלֹהֵינוּ:**

תהלים נא **אֲדֹנָי, שְׂפָתַי תִּפְתָּח, וּפִי יַגִּיד תְּהִלָּתֶךָ:**

אבות

**׳בָּרוּךְ אַתָּה יהוה, אֱלֹהֵינוּ וֵאלֹהֵי אֲבוֹתֵינוּ
אֱלֹהֵי אַבְרָהָם, אֱלֹהֵי יִצְחָק, וֵאלֹהֵי יַעֲקֹב
הָאֵל הַגָּדוֹל הַגִּבּוֹר וְהַנּוֹרָא, אֵל עֶלְיוֹן
גּוֹמֵל חֲסָדִים טוֹבִים, קוֹנֵה הַכֹּל
וְזוֹכֵר חַסְדֵי אָבוֹת
וּמֵבִיא גוֹאֵל לִבְנֵי בְנֵיהֶם
לְמַעַן שְׁמוֹ בְּאַהֲבָה.**

לפני הקרובה של מוסף אין אומרים פיוט ׳רשות׳ ארוך.
שליח הציבור אומר ׳מִסּוֹד חֲכָמִים וּנְבוֹנִים׳ וממשיך ׳שׁוֹשַׁן עֵמֶק אֲיֻמָּה׳.

**מִסּוֹד חֲכָמִים וּנְבוֹנִים
וּמִלֶּמֶד דַּעַת מְבִינִים
אֶפְתְּחָה פִי בִּתְפִלָּה וּבְתַחֲנוּנִים
לְחַלּוֹת וּלְחַנֵּן פְּנֵי מֶלֶךְ מוֹחֵל וְסוֹלֵחַ לַעֲוֹנִים.**

סוגרים את ארון הקודש.

את ה׳קרובה׳ למוסף של יום הכיפורים חיבר ר׳ אלעזר הקליר. הנושא המאפיין את שלושת הפיוטים הראשונים הוא שמות היום (הנרמזים באקרוסטיכון ראשי הבתים). כל שם מבטא צד אחר באופיו של היום – השביתה מכל ענייני החולין, היותו יום סליחה וכפרה, ומעמדו כתענית.
נוהגים שהקהל אומר את שלושת הפיוטים הראשונים, ושליח הציבור אומר בקול רק את השורות המסומנות ב◂. יש קהילות שבהן אין אומרים את ה׳מגן׳, וממשיכים ׳זָכְרֵנוּ לְחַיִּים׳ בעמוד הבא (ויש האומרים את הבית האחרון: ׳שְׂפָתֵינוּ מְדוֹבְבוֹת יְשֵׁנִים׳).

מגן – סימן שבת שבתון (מרובע)

שׁוֹשַׁן עֵמֶק אֻיָּמָּה / שַׁבַּת שַׁבָּתוֹן לְקַיְּמָה
שֹׁרֶשׁ וְעָנָף סִיְּמָה / שָׁוִים יַחַד לְצַיְּמָה.

בְּעֵת מָטוּ יְסוֹדוֹתֶיהָ / בָּטְחָה בְּחִין מוֹסְדוֹתֶיהָ
בָּם תָּקְעָה יְתֵדוֹתֶיהָ / בְּכֵפֶל לְהַשְׁעִין יְדוֹתֶיהָ.

תָּמְכָה פֹּעַל צוּרִים / תְּמַת הֵמָּה הַיּוֹצְרִים
תְּרוּפָה תֵּת לַעֲצוּרִים / תֵּבֵל לְהַאֲפִיל לְצָרִים.

שְׁתִילֵי גְבָעוֹת אַרְבַּע / שַׁאַג סֵפֶר הַמְרֻבָּע
שֶׁוַע פְּגִיעוֹת אַרְבַּע / שְׁעֵה צִדְקָם לִתְבַּע.

בִּיטָה בְּמִתְהַלֵּךְ תָּמִים / בְּמוּסַר לְחָמוֹ חֲתוּמִים
בְּצִדְקוֹ תָּדִיחַ כְּתָמִים / בְּאֶפֶס אוּרִים וְתֻמִּים.

תְּמוּר תַּשְׁלוּמֵי פָר / תֶּבֶן הֶגֶה הַמְסֻפָּר
תּוֹקְעֵי בַּחֹדֶשׁ שׁוֹפָר / תַּלְאוּבָם בְּכִפּוּר יְכֻפָּר.

וְשַׁכֵּךְ חֲמַת זַעְמָךְ / וְתָחֹן שְׂרִידֵי עַמָּךְ
וְעָלֵינוּ יְהִי נָעֳמָךְ / וְנִחְיֶה מִמְּקוֹר עִמָּךְ.

נָאוֹר עִמְּךָ הַסְּלִיחָה / נָכוֹן מַהֵר לִסְלִיחָה
◂ נִיב שְׂפָתֵינוּ הַצְלִיחָה / נַאַק שְׁמָעָה וּסְלָחָה.

הכול:

שְׂפָתֵינוּ מְדוֹבְבוֹת יְשֵׁנִים / יְנַצְּחוּךָ כְּפַעַל שׁוֹשַׁנִּים
◂ חֲדָשִׁים גַּם יְשָׁנִים / בְּמָגִנַּת אָב נִשְׁעָנִים.

יש נוהגים שהקהל אומר בקול, ושליח הציבור חוזר אחריו:

זָכְרֵנוּ לְחַיִּים, מֶלֶךְ חָפֵץ בַּחַיִּים
וְכָתְבֵנוּ בְּסֵפֶר הַחַיִּים, לְמַעַנְךָ אֱלֹהִים חַיִּים.

שליח הציבור ממשיך:

מֶלֶךְ עוֹזֵר וּמוֹשִׁיעַ וּמָגֵן.
°בָּרוּךְ* אַתָּה יהוה, מָגֵן אַבְרָהָם.

גבורות

אַתָּה גִּבּוֹר לְעוֹלָם, אֲדֹנָי
מְחַיֵּה מֵתִים אַתָּה, רַב לְהוֹשִׁיעַ
מוֹרִיד הַטָּל
מְכַלְכֵּל חַיִּים בְּחֶסֶד, מְחַיֵּה מֵתִים בְּרַחֲמִים רַבִּים
סוֹמֵךְ נוֹפְלִים, וְרוֹפֵא חוֹלִים, וּמַתִּיר אֲסוּרִים
וּמְקַיֵּם אֱמוּנָתוֹ לִישֵׁנֵי עָפָר.
מִי כָמוֹךָ, בַּעַל גְּבוּרוֹת, וּמִי דּוֹמֶה לָּךְ
מֶלֶךְ, מֵמִית וּמְחַיֶּה וּמַצְמִיחַ יְשׁוּעָה.

יש קהילות שבהן אין אומרים את ה'מחיה', וממשיכים 'עוֹד בּוֹ נִשְׁמָתוֹ' בעמוד הבא
(ויש האומרים את הבית האחרון: 'כֹּפֶר פִּדְיוֹן נֶפֶשׁ').

מחיה – סימן יום כפורים (מרובע)

יוֹם מִיָּמִים הוּחַס / יוֹם כִּפּוּר הַמְיֻחָס
יוֹדְעָיו חֲמֹל וְחַס / יוֹקְשָׁיו לְפוֹעֶרֶת הַס.

וּבוֹ בְּתַחְבּוּלוֹת יוֹעָצוּ / וְדוּי בְּתַחַן יָאִיצוּ
וְשׁוֹכְנֵי עָפָר יָקִיצוּ / וּמֵרֹאשׁ הָרִים יָלִיצוּ.

---

* בבית כנסת הבנוי בהר הבית: **בָּרוּךְ אַתָּה יהוה אֱלֹהֵי יִשְׂרָאֵל מִן הָעוֹלָם וְעַד הָעוֹלָם, בָּרוּךְ אַתָּה יהוה, מָגֵן אַבְרָהָם.** הקהל אינו אומר 'ברוך הוא וברוך שמו'. בסיום אומר הקהל: **בָּרוּךְ שֵׁם כְּבוֹד מַלְכוּתוֹ לְעוֹלָם וָעֶד.**

מִפְּעֻלּוֹת עוֹקֵד וְעָקוּד / מֵאָז בְּיָדָם פָּקוּד
מוֹפֵת הַכָּמוּס לִפְקוֹד / מוּקָשׁ לְהַבְעִית בְּסִקּוּד.

כְּהַבְטָחַת סְבִיכַת אַיִל / כָּפְרוֹ הַנָּצוּר לְחַיִל
כֵּן תַּעֲצִים חַיִל / כּוֹרְעֶיךָ בְּעֶצֶם וָלַיִל.

פַּחְדוֹ יָחִיל שׁוֹטְמִים / פִּיוֹתָם הֱיוֹת אֲטוּמִים
פְּרָחָיו בְּמִשְׁעֲנוֹתָם חֲתוּמִים / פַּלְּטֵם מֵרֶכֶל פְּטוּמִים.

וְאִם אֵין מַעֲשִׂים / וְזֶבַח מִבְּלִי מֵשִׂים
וְזָכְרָה לִנְבְזִים וּמְאוּסִים / וּמִגִּזְעָם הָפֵר כְּעָסִים.

רָם קֶשֶׁט מַעְבָּדֶיךָ / רְאֵה תִרְאֶה עוֹבְדֶיךָ
רֵעִים בָּאֵי עָדֶיךָ / רַחוּם זְכֹר לַעֲבָדֶיךָ.

יְבֻקַּשׁ עָוֹן וְאֵינֶנּוּ / יָמָּה בִמְצוּלוֹת תְּנֶנּוּ
יֶלֶד בְּשַׁעֲשׁוּעָיו תַּעֲנֵנוּ / יֹשֶׁר מֵלִיץ יְחָנֶּנּוּ.

מִבְּרַק חֶרֶב הַשָּׁנוּן / מַלֵּט מַאֲרִיכֵי רִנּוּן
◂ מַלֵּא מִשְׁאֲלוֹתָם בְּתַחֲנוּן / מֶלֶךְ רַחוּם וְחַנּוּן.

הכול:

כֹּפֶר פִּדְיוֹן נֶפֶשׁ / פְּדֵה מִטְּבִיעַת רֶפֶשׁ
◂ מְיַחֲלֶיךָ בְּעִנּוּי וְכֹפֶשׁ / הַחַיִּים בְּטַלְלֵי נֹפֶשׁ.

בקהילות אשכנז נהגו לומר פיוט תוכחה ׳אֱנוֹשׁ אֵיךְ יִצְדַּק׳ לאחר ה׳מחיה׳, והיום נוהגים לומר רק את הפזמון ׳עוֹד בּוֹ נִשְׁמָתוֹ׳ לפני חתימת הברכה ׳מְחַיֵּה הַמֵּתִים׳.

שליח הציבור והקהל אומרים:

עוֹד בּוֹ נִשְׁמָתוֹ / יְקַו תְּשׁוּבַת יְצִיר אַדְמָתוֹ
לְהַחֲיוֹתוֹ לְהֵיטִיב אַחֲרִיתוֹ.

יש נוהגים שהקהל אומר בקול, ושליח הציבור חוזר אחריו:

מִי כָמוֹךָ אַב הָרַחֲמָן
זוֹכֵר יְצוּרָיו לְחַיִּים בְּרַחֲמִים.

שליח הציבור ממשיך:

וְנֶאֱמָן אַתָּה לְהַחֲיוֹת מֵתִים.
בָּרוּךְ* אַתָּה יהוה, מְחַיֵּה הַמֵּתִים.

יש קהילות שבהן אין אומרים את ה'משלש', וממשיכים 'יִמְלֹךְ ה' לְעוֹלָם' בעמוד הבא.

משלש – סימן צום העשור (מרובע)

צְפֵה בְּבַת תְּמוּתָה / צוֹם הֶעָשׂוֹר עֲמוּתָה
צֹאן בְּהֵעָנְשָׁהּ מִיתָה / צִדְקָהּ מִמֶּכֶר צְמִיתָה.

וּבְבֹא שׂוֹטֵן לִנְקֹב / וְלַחֲשׂף שַׁרְעַף עָקֹב
וּבַל יֵרָשֶׁה לִקֹּב / וְכַח תּוֹלְדוֹת יַעֲקֹב.

מָכוֹן לְשִׁבְתְּךָ בְּשׁוּמֶךָ / מֵאָז חֲקַקְתּוֹ בְּרִשּׁוּמֶךָ
מוֹלְדוֹתָיו הַכְּלוּלִים בִּשְׁמֶךָ / מַלְּטֵם לְמַעַן שְׁמֶךָ.

הִזָּכֵר יְשִׁיבַת אֹהַל / הַמֵּאָבֵק לְשַׂר גַּחַל
הַצִּילָה שְׁאוֹנוֹ מִבֶּהָל / הַצָּגִים לְהַרְטוֹת מַחַל.

עִנּוּי נֶפֶשׁ שׁוֹר / עָוֹן בְּלִי תָשׁוּר
עוֹרְכֵי שֶׁוַע בְּיִשּׁוּר / עֲנֵם בֶּאֱמֶת וְאִשּׁוּר.

סְלַח לְשָׁבֵי פֶשַׁע / סְלִיחָה תַּכְרִיעַ רֶשַׁע
סִדּוּר תְּשׁוּבָה תִּשַׁע / שֵׁבֶר פְּדוּת לְיֶשַׁע.

וְאִם הֵמָּה כְּאָדָם / וּמוֹעֲדָה וּמָטָה יָדָם
וְאַתָּה נוֹצֵר הָאָדָם / וְתָרוֹן תְּנָה לְעוֹדְדָם.

רְעָבָם וּצְמָאָם חֲזֵה / רָעָתָם בְּלִי תֶחֱזֶה
◂ רֶגֶשׁ רַחֲשָׁם מִלִּבְזֶה / רוֹנְנִים, סְלַח נָא לַעֲוֹן הָעָם הַזֶּה.

---

* בבית כנסת הבנוי בהר הבית: בָּרוּךְ אַתָּה יהוה אֱלֹהֵי יִשְׂרָאֵל מִן הָעוֹלָם וְעַד הָעוֹלָם, בָּרוּךְ אַתָּה יהוה, מְחַיֵּה הַמֵּתִים.

במחזורים הישנים משולבים במערכות ה׳קרובות׳ הפסוקים שעליהם מבוססים פיוטי ה׳קרובה׳. היום נוהגים לומר רק את שני הפסוקים ׳יִמְלֹךְ׳ ו׳וְאַתָּה קָדוֹשׁ׳, ומסיימים ׳אֵל נָא׳ כפתיחה לפיוטים הבאים, המובילים אל הקדושה.

קהל ואחריו שליח הציבור:

יִמְלֹךְ יהוה לְעוֹלָם תהלים קמו
אֱלֹהַיִךְ צִיּוֹן לְדֹר וָדֹר
הַלְלוּיָהּ:

וְאַתָּה קָדוֹשׁ יוֹשֵׁב תְּהִלּוֹת יִשְׂרָאֵל: תהלים כב
אֵל נָא.

שליח הציבור אומר את שלושת החרוזים הבאים, והקהל חוזר אחרי כל אחד מהם. חרוזים אלה הם שורות הפזמון של הפיוט ׳אֶשָּׂא דֵעִי לְמֵרָחוֹק׳.
שליח הציבור והקהל אומרים:

נֶחֱשַׁב כְּצָג בְּאֵיתוֹן / דְּחוֹת בְּפִלְלֵי עֲקַלָּתוֹן
וְנַקְדִּישְׁךָ בְּשַׁבַּת שַׁבָּתוֹן / קָדוֹשׁ.

הַיּוֹם בְּפָתְחֲךָ סְפָרִים / חֹן אֹם שִׁמְךָ מְפָאֲרִים
וְנַקְדִּישְׁךָ בְּיוֹם הַכִּפּוּרִים / קָדוֹשׁ.

מַשְׂטִין בְּכֶבֶל אֱסֹר / וְתִקְוַת אֲסִירַי בַּשֵּׂר
וְנַקְדִּישְׁךָ בְּצוֹם הֶעָשׂוֹר / קָדוֹשׁ.

שני החרוזים הבאים הם שורות הפזמון של הפיוט ׳אֵין עֲרֹךְ אֵלֶיךָ׳.
שליח הציבור והקהל אומרים:

אֶת לַחֲשִׁי עֲנֵה נָא / זַעֲקִי רְצֵה נָא
הָאֵל קָדוֹשׁ.
אָדוֹן לְקוֹל עַמֶּךָ / זְכֹר רַחֲמֶיךָ
נוֹרָא וְקָדוֹשׁ.

בדורות האחרונים פשט המנהג שלא לומר את שני הפיוטים ׳אַל תִּזְכָּר לָנוּ׳, ו׳אַךְ אוֹמְרִים בְּחִין לְפָנֶיךָ׳.

פותחים את ארון הקודש.

וּבְכֵן, אִמְרוּ לֵאלֹהִים, מַה־נּוֹרָא מַעֲשֶׂיךָ: תהלים סו

סדרת פיוטי ה׳רהיטים׳ לחזרת הש״ץ של מוסף מקבילה לזו הנאמרת בשחרית – למעשה, ר׳ משולם בן קלונימוס (מחבר מערכת הפיוטים לשחרית) ביסס את ה׳קרובה׳ שכתב, על ה׳קרובה׳ של הקליר למוסף. הפיוט ׳אִמְרוּ לֵאלֹהִים׳ שחיבר הקליר ארוך מאוד, והמנהג המקובל הוא לומר רק את עשרת הבתים הראשונים ואת הבית האחרון.

אִמְרוּ לֵאלֹהִים
אֵל מֶלֶךְ בְּעוֹלָמוֹ / מֵחִישׁ פְּדוּת עַמּוֹ
לְקַיֵּם אֶת דְּבַר נְאֻמוֹ / כִּי סְלִיחָה עִמּוֹ
הוֹדוּ לַיהוה קִרְאוּ בִשְׁמוֹ: דברי הימים א׳ טז

אִמְרוּ לֵאלֹהִים
בָּרוּךְ וּמְהֻלָּל בְּרֹב גָּדְלוֹ / מֵחִישׁ סְלִיחָה לִקְהָלוֹ
לְהַרְאוֹת לַכֹּל גָּדְלוֹ / מָדַד מַיִם בְּשָׁעֳלוֹ
שִׁירוּ לוֹ זַמְּרוּ־לוֹ:

אִמְרוּ לֵאלֹהִים
גּוֹאֵל עַם קְדוֹשׁוֹ / בִּסְלִיחָה לְהַקְדִּישׁוֹ
לְכוֹנֵן בֵּית מִקְדָּשׁוֹ / לָכֵן זֶרַע אַבְרָהָם קְדוֹשׁוֹ
הִתְהַלְלוּ בְּשֵׁם קָדְשׁוֹ:

אִמְרוּ לֵאלֹהִים
דָּגוּל וּמְהֻלָּל בִּרְקִיעַ עֻזּוֹ / סוֹלֵחַ לְעַם זוּ בְּזוֹ
בִּדְבַר עֻזּוֹ וּמָעֻזּוֹ / לָכֵן אַתֶּם עַם עֲדַת מָעֻזּוֹ
דִּרְשׁוּ יהוה וְעֻזּוֹ:

אִמְרוּ לֵאלֹהִים
הַכֹּל בְּמַאֲמָר עָשָׂה / וְהוּא פָעַל וְעָשָׂה
סוֹלֵחַ לְאֹם עֲמוּסָה / לָכֵן עַם בּוֹ חָסָה
זִכְרוּ נִפְלְאֹתָיו אֲשֶׁר עָשָׂה:

אִמְרוּ לֵאלֹהִים
וּמֵקִים דְּבַר עַבְדּוֹ / עַל אֶרֶץ וְשָׁמַיִם הוֹדוֹ
סוֹלֵחַ לְעַם מְיַחֲדוֹ / אֲשֶׁר נִקְרְאוּ בִּדְבַר סוֹדוֹ
זֶרַע יִשְׂרָאֵל עַבְדּוֹ:

אִמְרוּ לֵאלֹהִים
זֶה רֹקַע הָאָרֶץ / הַיּוֹשֵׁב עַל חוּג הָאָרֶץ
סוֹלֵחַ לְגוֹי אֶחָד בָּאָרֶץ / לָכֵן אִמְרוּ לְיוֹסֵד אָרֶץ
הוּא יהוה אֱלֹהֵינוּ, בְּכָל־הָאָרֶץ:

אִמְרוּ לֵאלֹהִים
חַי בִּמְעוֹנָתוֹ / חַנּוּן וְחוֹנֵן עֲדָתוֹ
יָשׁוּב בְּרַחֲמִים לְבֵיתוֹ / לָכֵן בָּאֵי בִבְרִיתוֹ
זִכְרוּ לְעוֹלָם בְּרִיתוֹ:

אִמְרוּ לֵאלֹהִים
טַפֵּי נַחֲלָתוֹ / טְלָאֵי יְרֻשָּׁתוֹ
יְקַיֵּם עָלֵימוֹ אִמְרָתוֹ / כְּחָקוּק בְּתוֹרָתוֹ
אֲשֶׁר כָּרַת אֶת־אַבְרָהָם, וּשְׁבוּעָתוֹ:

אִמְרוּ לֵאלֹהִים
יוֹעֵץ מֵישָׁרִים לְחֹק / יְרֵאָיו לְחַיִּים לָחֹק
סוֹלֵחַ חֵטְא הַנֶּחוּק / כְּנִשְׁמַע לָרוֹעֶה מֵרָחוֹק
וַיַּעֲמִידֶהָ לְיַעֲקֹב לְחֹק:

אִמְרוּ לֵאלֹהִים
תַּקִּיף אֱלֹהֵי עוֹלָם / דְּבָרוֹ נִצָּב לְעוֹלָם
וְהוּא מִכֹּל נֶעְלָם / וַאֲנוּ מְהַלְלִים שְׁמוֹ לְעוֹלָם
בָּרוּךְ יהוה אֱלֹהֵי יִשְׂרָאֵל מִן־הָעוֹלָם וְעַד־הָעֹלָם:

לפיוטי ׳מַעֲשֵׂה אֱלֹהֵינוּ׳ ב׳קדושתאות׳ יום הכיפורים
נכתבו פיוטים משלימים, ׳מַעֲשֵׂה אֱנוֹשׁ׳, המדגישים את הניגוד
בין הקב״ה לבשר ודם. כבר מימות הראשונים השמיטו את בתי הפיוט המשלים,
פרט לבית האחרון שלו, שלפני הבית החותם.

וּבְכֵן, גְּדוֹלִים מַעֲשֵׂי אֱלֹהֵינוּ.

סימן א״ב

מַעֲשֵׂה אֱלֹהֵינוּ

אַדִּיר בְּוֹעוּדוֹ / בְּרוּם וּבְתַחַת הוֹדוֹ
גִּלָּה אוֹר לְעוֹבְדוֹ / דְּבָרוֹ מֵקִים לְעַבְדּוֹ
לָכֵן יִתְגָּאֶה, אֵין עוֹד מִלְּבַדּוֹ: דברים ד

מַעֲשֵׂה אֱלֹהֵינוּ

הַמַּכִּיר עוֹלְמֵי עַד / וְסוֹפֵר וּמוֹנֶה עֲדֵי עַד
זִיו מוֹשָׁבוֹ נוֹעַד / חֶלֶד צוֹפֶה בְּמִסְעָד
לָכֵן יִתְגָּאֶה, הַמַּבִּיט לָאָרֶץ וַתִּרְעָד: תהלים קד

מַעֲשֵׂה אֱלֹהֵינוּ

טוֹעֵן הֲדוֹמוֹ / יוֹדֵעַ עוֹלָמוֹ
כִּלְלוֹ בְּנָאֳמוֹ / לָעַד לַהֲקִימוֹ
לָכֵן יִתְגָּאֶה, יהוה צְבָאוֹת שְׁמוֹ: ישעיה מז

מַעֲשֵׂה אֱלֹהֵינוּ

מוֹשֵׁל בְּמִפְעָלוֹ / נוֹרָא עַל זְבוּלוֹ
סִלּוּדוֹ כְּגָדְלוֹ / עֻזּוֹ בְּרֹב חֵילוֹ
לָכֵן יִתְגָּאֶה, שְׂרָפִים עֹמְדִים מִמַּעַל לוֹ: ישעיה ו

מַעֲשֵׂה אֱלֹהֵינוּ

פְּאֵרוֹ בִּשְׁמֵי מְעוֹנַי / צוֹפֶה וּמַבִּיט לְעֵינַי
קִלּוּס שְׁמוֹ בַּהֲמוֹנַי / רוֹדֶה בְּקֶרֶב מוֹנַי
לָכֵן יִתְגָּאֶה, גְּדֹלִים מַעֲשֵׂי יהוה: תהלים קיא

סוגרים את ארון הקודש.

מַעֲשֵׂה אֱנוֹשׁ

תַּחְבּוּלוֹתָיו מְזִמָּה / שִׁבְתּוֹ בְּתוֹךְ מִרְמָה

רְפִידָתוֹ רִמָּה / קָבוּר בִּסְעִיף אֲדָמָה

וְאֵיךְ יִתְגָּאֶה, אָדָם לַהֶבֶל דָּמָה: תהלים קמד

פותחים את ארון הקודש.

אֲבָל מַעֲשֵׂה אֱלֹהֵינוּ

שַׁדַּי רוֹקַע אֶרֶץ עַל בְּלִימָה / שׁוֹכְנָהּ בְּלִי הֱיוֹת לְשַׁמָּה

תִּכֵּן עַל מַיִם אֲדָמָה / תֹּקֶף שְׁמוֹ לְרוֹמְמָה

לָכֵן יִתְגָּאֶה, עֹטֶה־אוֹר כַּשַּׂלְמָה: תהלים קד

סוגרים את ארון הקודש.

ישנן קהילות המשמיטות פיוט זה.

וּבְכֵן, לְנוֹרָא עֲלֵיהֶם בְּאֵימָה יַעֲרִיצוּ.

סימן א"ב כפול

אֲשֶׁר אֵימָתֶךָ **בְּאֶרְאֶלֵּי אֹמֶן / בְּאַבִּירֵי אֹמֶץ**
בִּבְלוּלֵי קֶרַח / בִּבְדוּדֵי קֶדַח **וּמוֹרָאֲךָ עֲלֵיהֶם.**

וְאָבִיתָ תְהִלָּה **מִגְּלוּמֵי גוּשׁ / מִגָּרֵי גַיְא**
מִדְּלוּלֵי פֹעַל / מִדַּלֵּי מַעַשׂ **וְהִיא תְהִלָּתֶךָ.**

אֲשֶׁר אֵימָתֶךָ **בַּהֲמוֹן מַלְאָכִים / בְּהִלּוּךְ מַחֲנוֹת**
בְּוַעַד אֲלָפִים / בְּוֹכַח רְבָבוֹת **וּמוֹרָאֲךָ עֲלֵיהֶם.**

וְאָבִיתָ תְהִלָּה **מִזִּיו שׁוֹנֶה / מִזֹּהַר כָּבֶה**
מֵחַסְרֵי שֵׂכֶל / מֵחוֹרְשֵׁי רֶשַׁע **וְהִיא תְהִלָּתֶךָ.**

אֲשֶׁר אֵימָתֶךָ **בְּטִפּוּחַ עֲרָבוֹת / בְּטִכּוּס שְׁחָקִים**
בִּישְׁרַת עֲרָפֶל / בִּירִיעַת מְעוֹנָה **וּמוֹרָאֲךָ עֲלֵיהֶם.**

וְאָבִיתָ תְהִלָּה **מִכְּתוּמֵי שֶׁמֶץ / מִכְּמוּסֵי כֶתֶם**
מִלְּכוּדֵי פַח / מִלְּעוּנֵי מַר **וְהִיא תְהִלָּתֶךָ.**

אֲשֶׁר אֵימָתֶךָ בְּמַסְלוּלֵי זְבוּל / בִּמְרוֹמֵי שֶׁפֶר
בִּנְטִיַּת דֹּק / בִּנְחִיַּת עָבִים וּמוֹרָאֲךָ עֲלֵיהֶם.

וְאָבִיתָ תְהִלָּה מִסְּרוּחֵי מַעַשׂ / מִשְּׁבֵעֵי רֹגֶז
מֵעֲדוּרֵי אֱמֶת / מֵעֲמוּסֵי בֶטֶן וְהִיא תְהִלָּתֶךָ.

אֲשֶׁר אֵימָתֶךָ בְּפוֹתְחֵי קָדוֹשׁ / בְּפוֹצְחֵי בָרוּךְ
בִּצְדוּדֵי אַרְבַּע / בִּצְנוּפֵי שֵׁשׁ שֵׁשׁ וּמוֹרָאֲךָ עֲלֵיהֶם.

וְאָבִיתָ תְהִלָּה מִקְּרוּאֵי עַיִן / מִקּוֹרְאֵי בְחִנּוּף
מֵרְחֵקֵי אֱמֶת / מֵרֵיקֵי צֶדֶק וְהִיא תְהִלָּתֶךָ.

אֲשֶׁר אֵימָתֶךָ בִּשְׁבִיבֵי אֵשׁ / בִּשְׁבִילֵי מַיִם
בִּתְלוּלֵי רוּם / בְּתַלְתַּלֵּי גֹבַהּ וּמוֹרָאֲךָ עֲלֵיהֶם.

וְאָבִיתָ תְהִלָּה מִבָּשָׂר וָדָם / מֵהֶבֶל וָתֹהוּ
מֵחָצִיר יָבֵשׁ / מִצֵּל עוֹבֵר / וּמִצִּיץ נוֹבֵל
מַשְׁלִימֵי נֶפֶשׁ / מַפְרִיחֵי רוּחַ / וּמְעִיפֵי חַיָּה
וַחֲנִיטֵי נְשָׁמָה / וּמוֹצִיאֵי יְחִידָה
וְנִשְׁמָעִים בַּדִּין / וּמֵתִים בַּמִּשְׁפָּט
וְחַיִּים בְּרַחֲמִים / וְנוֹתְנִים לְךָ פְּאֵר חַי עוֹלָמִים
וְתִפְאַרְתְּךָ עֲלֵיהֶם.

ה׳קרובה׳ למוסף מסתיימת בשני פיוטים מורכבים יותר מה׳רהיטים׳ שקדמו להם, ׳אַמִּיצֵי שְׁחָקִים מִמַּעַל׳ ו׳אֵילֵי מָרוֹם אוֹמְרִים הִלּוּלוֹ׳. היום בקהילות רבות נוהגים לומר רק את הפזמונות של שני הפיוטים.

שליח הציבור אומר, והקהל חוזר אחריו:

לְיוֹשֵׁב תְּהִלּוֹת / לְרוֹכֵב עֲרָבוֹת / קָדוֹשׁ וּבָרוּךְ.

שליח הציבור:

וּבְכֵן, שְׂרָפִים עֹמְדִים מִמַּעַל לוֹ: ישעיה ו

שליח הציבור אומר, והקהל חוזר אחריו:

אֵלּוּ לְאֵלּוּ שׁוֹאֲלִים / אֵלּוּ לְאֵלּוּ מְמַלְּלִים
אָנָה שׁוֹכֵן מְעֻלִּים / לְהַעֲרִיצוֹ, לְהַקְדִּישׁוֹ בִּפְאֵר מְסַלְסְלִים.

הפיוט האחרון לפני הקדושה נקרא ׳סילוק׳, והוא פיוט ארוך ומורכב. בקהילות אשכנז פשט המנהג לומר כ׳סילוק׳ למוספי הימים הנוראים את הפיוט ׳וּנְתַנֶּה תֹּקֶף׳, ופיוטי ה׳סילוק׳ המקוריים של ה׳קדושתאות׳ נדחו מפניו.

לפיוט ׳וּנְתַנֶּה תֹּקֶף׳ נקשרה הילה מיוחדת בשל סיפורו של ר׳ אמנון ממגנצא, שאמָרו ביום הכיפורים לפני שמת בעינויים קשים על קידוש השם (או״ז ח״ב, רעו). הפיוט מצוי כבר בקטעים שנמצאו בגניזה, ונראה מסגנונו שהוא קדום לר׳ אלעזר הקליר. יש שייחסו אותו ליניי.

פותחים את ארון הקודש.

וּבְכֵן, לְךָ תַעֲלֶה קְדֻשָּׁה, כִּי אַתָּה אֱלֹהֵינוּ מֶלֶךְ מוֹחֵל וְסוֹלֵחַ.

סילוק

הקהל ושליח הציבור אומרים:

וּנְתַנֶּה תֹּקֶף קְדֻשַּׁת הַיּוֹם / כִּי הוּא נוֹרָא וְאָיֹם
וּבוֹ תִנָּשֵׂא מַלְכוּתֶךָ / וְיִכּוֹן בְּחֶסֶד כִּסְאֶךָ
וְתֵשֵׁב עָלָיו בֶּאֱמֶת.
אֱמֶת, כִּי אַתָּה הוּא דַיָּן וּמוֹכִיחַ, וְיוֹדֵעַ וָעֵד
וְכוֹתֵב וְחוֹתֵם וְסוֹפֵר וּמוֹנֶה
וְתִזְכֹּר כָּל הַנִּשְׁכָּחוֹת / וְתִפְתַּח אֶת סֵפֶר הַזִּכְרוֹנוֹת
וּמֵאֵלָיו יִקָּרֵא / וְחוֹתַם יַד כָּל אָדָם בּוֹ.

וּבְשׁוֹפָר גָּדוֹל יִתָּקַע / וְקוֹל דְּמָמָה דַקָּה יִשָּׁמַע
וּמַלְאָכִים יֵחָפֵזוּן / וְחִיל וּרְעָדָה יֹאחֵזוּן
וְיֹאמְרוּ, הִנֵּה יוֹם הַדִּין / לִפְקֹד עַל צְבָא מָרוֹם בַּדִּין
כִּי לֹא יִזְכּוּ בְעֵינֶיךָ בַּדִּין
וְכָל בָּאֵי עוֹלָם יַעַבְרוּן לְפָנֶיךָ כִּבְנֵי מָרוֹן.

כְּבַקָּרַת רוֹעֶה עֶדְרוֹ / מַעֲבִיר צֹאנוֹ תַּחַת שִׁבְטוֹ
כֵּן תַּעֲבִיר וְתִסְפֹּר וְתִמְנֶה / וְתִפְקֹד נֶפֶשׁ כָּל חָי
וְתַחְתֹּךְ קִצְבָה לְכָל בְּרִיָּה / וְתִכְתֹּב אֶת גְּזַר דִּינָם.

קהל ושליח הציבור אחריו:

בְּרֹאשׁ הַשָּׁנָה יִכָּתֵבוּן / וּבְיוֹם צוֹם כִּפּוּר יֵחָתֵמוּן.
כַּמָּה יַעַבְרוּן וְכַמָּה יִבָּרֵאוּן
מִי יִחְיֶה וּמִי יָמוּת / מִי בְקִצּוֹ וּמִי לֹא בְקִצּוֹ
מִי בַמַּיִם וּמִי בָאֵשׁ / מִי בַחֶרֶב וּמִי בַחַיָּה / מִי בָרָעָב וּמִי בַצָּמָא
מִי בָרַעַשׁ וּמִי בַמַּגֵּפָה / מִי בַחֲנִיקָה וּמִי בַסְּקִילָה.
מִי יָנְוּחַ וּמִי יָנְוּעַ / מִי יַשְׁקִיט וּמִי יְטֹּרָף
מִי יִשָּׁלֵו וּמִי יִתְיַסֵּר / מִי יֵעָנִי וּמִי יֵעָשֵׁר
מִי יֻשְׁפַּל וּמִי יָרוּם.

הקהל אומר בקול ושליח הציבור אחריו:

צום קול ממון

וּתְשׁוּבָה וּתְפִלָּה וּצְדָקָה / מַעֲבִירִין אֶת רֹעַ הַגְּזֵרָה.

הכול:

כִּי כְּשִׁמְךָ כֵּן תְּהִלָּתֶךָ / קָשֶׁה לִכְעֹס וְנוֹחַ לִרְצוֹת
כִּי לֹא תַחְפֹּץ בְּמוֹת הַמֵּת / כִּי אִם בְּשׁוּבוֹ מִדַּרְכּוֹ, וְחָיָה
וְעַד יוֹם מוֹתוֹ תְּחַכֶּה לּוֹ / אִם יָשׁוּב, מִיַּד תְּקַבְּלוֹ.

שליח הציבור:

אֱמֶת, כִּי אַתָּה הוּא יוֹצְרָם / וְיוֹדֵעַ יִצְרָם
כִּי הֵם בָּשָׂר וָדָם.

אָדָם יְסוֹדוֹ מֵעָפָר / וְסוֹפוֹ לֶעָפָר
בְּנַפְשׁוֹ יָבִיא לַחְמוֹ / מָשׁוּל כַּחֶרֶס הַנִּשְׁבָּר
כְּחָצִיר יָבֵשׁ, וּכְצִיץ נוֹבֵל / כְּצֵל עוֹבֵר, וּכְעָנָן כָּלֶה
וּכְרְוּחַ נוֹשָׁבֶת, וּכְאָבָק פּוֹרֵחַ, וְכַחֲלוֹם יָעוּף.

הקהל אומר בקול ושליח הציבור אחריו:

וְאַתָּה הוּא מֶלֶךְ, אֵל חַי וְקַיָּם.

סוגרים את ארון הקודש.

הקהל ושליח הציבור אחריו:

אֵין קִצְבָה לִשְׁנוֹתֶיךָ / וְאֵין קֵץ לְאֹרֶךְ יָמֶיךָ
וְאֵין לְשַׁעֵר מַרְכְּבוֹת כְּבוֹדֶךָ / וְאֵין לְפָרֵשׁ עֵילוּם שְׁמֶךָ.
שִׁמְךָ נָאֶה לְךָ / וְאַתָּה נָאֶה לִשְׁמֶךָ / וּשְׁמֵנוּ קָרָאתָ בִשְׁמֶךָ.
עֲשֵׂה לְמַעַן שְׁמֶךָ, וְקַדֵּשׁ אֶת שִׁמְךָ עַל מַקְדִּישֵׁי שְׁמֶךָ
בַּעֲבוּר כְּבוֹד שִׁמְךָ הַנַּעֲרָץ וְהַנִּקְדָּשׁ
כְּסוֹד שִׂיחַ שַׂרְפֵי קֹדֶשׁ, הַמַּקְדִּישִׁים שִׁמְךָ בַּקֹּדֶשׁ
דָּרֵי מַעְלָה עִם דָּרֵי מַטָּה
קוֹרְאִים וּמְשַׁלְּשִׁים בְּשִׁלּוּשׁ קְדֻשָּׁה בַּקֹּדֶשׁ.

קדושה

בבתי כנסת המתפללים בנוסח אשכנז, אומרים כאן:

כַּכָּתוּב עַל יַד נְבִיאֶךָ: וְקָרָא זֶה אֶל־זֶה וְאָמַר ישעיה ו

וממשיכים ׳קָדוֹשׁ, קָדוֹשׁ, קָדוֹשׁ׳ למטה.

במקומות המסומנים ב׳, המתפלל מתרומם על קצות אצבעותיו.

קהל ואחריו שליח הציבור:

כֶּתֶר יִתְּנוּ לְךָ, יהוה אֱלֹהֵינוּ, מַלְאָכִים הֲמוֹנֵי מַעְלָה
עִם עַמְּךָ יִשְׂרָאֵל קְבוּצֵי מַטָּה

קהל ואחריו שליח הציבור:

יַחַד כֻּלָּם קְדֻשָּׁה לְךָ יְשַׁלֵּשׁוּ כַּדָּבָר הָאָמוּר עַל יַד נְבִיאֶךָ
וְקָרָא זֶה אֶל־זֶה וְאָמַר ישעיה ו

קהל ואחריו שליח הציבור:

׳קָדוֹשׁ, ׳קָדוֹשׁ, ׳קָדוֹשׁ, יהוה צְבָאוֹת, מְלֹא כָל הָאָרֶץ כְּבוֹדוֹ:

יש האומרים כאן פיוטי קדושה.

כְּבוֹדוֹ מָלֵא עוֹלָם, מְשָׁרְתָיו שׁוֹאֲלִים זֶה לָזֶה
אַיֵּה מְקוֹם כְּבוֹדוֹ לְהַעֲרִיצוֹ
לְעֻמָּתָם מְשַׁבְּחִים וְאוֹמְרִים

קהל ואחריו שליח הציבור:

יחזקאל ג ׳בָּרוּךְ כְּבוֹד־יהוה מִמְּקוֹמוֹ:
מִמְּקוֹמוֹ הוּא יִפֶן בְּרַחֲמָיו לְעַמּוֹ, וְיָחֹן עַם הַמְיַחֲדִים שְׁמוֹ
עֶרֶב וָבֹקֶר בְּכָל יוֹם תָּמִיד
פַּעֲמַיִם בְּאַהֲבָה שְׁמַע אוֹמְרִים

קהל ואחריו שליח הציבור:

דברים ו שְׁמַע יִשְׂרָאֵל, יהוה אֱלֹהֵינוּ, יהוה אֶחָד:
הוּא אֱלֹהֵינוּ, הוּא אָבִינוּ, הוּא מַלְכֵּנוּ, הוּא מוֹשִׁיעֵנוּ
וְהוּא יוֹשִׁיעֵנוּ וְיִגְאָלֵנוּ שֵׁנִית
וְיַשְׁמִיעֵנוּ בְּרַחֲמָיו לְעֵינֵי כָּל חַי לֵאמֹר
במדבר טו הֵן גָּאַלְתִּי אֶתְכֶם אַחֲרִית כְּרֵאשִׁית, לִהְיוֹת לָכֶם לֵאלֹהִים
אֲנִי יהוה אֱלֹהֵיכֶם:

קהל ואחריו שליח הציבור:

תהלים ח אַדִּיר אַדִּירֵנוּ, יהוה אֲדֹנֵינוּ, מָה־אַדִּיר שִׁמְךָ בְּכָל־הָאָרֶץ:
זכריה יד וְהָיָה יהוה לְמֶלֶךְ עַל־כָּל־הָאָרֶץ
בַּיּוֹם הַהוּא יִהְיֶה יהוה אֶחָד וּשְׁמוֹ אֶחָד:

שליח הציבור:

וּבְדִבְרֵי קָדְשְׁךָ כָּתוּב לֵאמֹר

קהל ואחריו שליח הציבור:

תהלים קמו ׳יִמְלֹךְ יהוה לְעוֹלָם, אֱלֹהַיִךְ צִיּוֹן לְדֹר וָדֹר, הַלְלוּיָהּ:

יש האומרים כאן פיוטי קדושה.

שליח הציבור:

לְדוֹר וָדוֹר נַגִּיד גָּדְלֶךָ, וּלְנֵצַח נְצָחִים קְדֻשָּׁתְךָ נַקְדִּישׁ
וְשִׁבְחֲךָ אֱלֹהֵינוּ מִפִּינוּ לֹא יָמוּשׁ לְעוֹלָם וָעֶד
כִּי אֵל מֶלֶךְ גָּדוֹל וְקָדוֹשׁ אָתָּה.

בבתי כנסת המתפללים בנוסח אשכנז, אין אומרים ׳לְדוֹר וָדוֹר׳.

לְדוֹר וָדוֹר הַמְלִיכוּ לָאֵל, כִּי הוּא לְבַדּוֹ מָרוֹם וְקָדוֹשׁ.

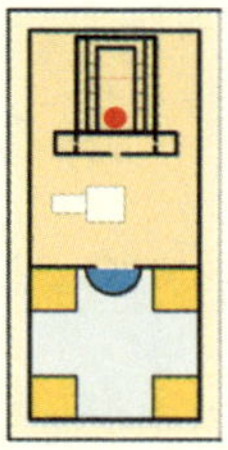

הכהן הגדול מזה מתערובת דם הפר ודם השעיר על מזבח הקטורת

חֲמֹל עַל מַעֲשֶׂיךָ
וְתִשְׂמַח בְּמַעֲשֶׂיךָ
וְיֹאמְרוּ לְךָ חוֹסֶיךָ
בְּצַדֶּקְךָ עֲמוּסֶיךָ
תֻּקְדַּשׁ אָדוֹן עַל כָּל מַעֲשֶׂיךָ

כִּי מַקְדִּישֶׁיךָ בִּקְדֻשָּׁתְךָ קִדַּשְׁתָּ
נָאֶה לְקָדוֹשׁ פְּאֵר מִקְּדוֹשִׁים.

תפילה ובקשה על מלכות שמים, מלכות בית דוד ובנין המקדש

וּבְכֵן יִתְקַדַּשׁ שִׁמְךָ יהוה אֱלֹהֵינוּ
עַל יִשְׂרָאֵל עַמֶּךָ
וְעַל יְרוּשָׁלַיִם עִירֶךָ
וְעַל צִיּוֹן מִשְׁכַּן כְּבוֹדֶךָ
וְעַל מַלְכוּת בֵּית דָּוִד מְשִׁיחֶךָ*
וְעַל מְכוֹנְךָ וְהֵיכָלֶךָ.

עוֹד יִזְכֹּר לָנוּ אַהֲבַת אֵיתָן, אֲדוֹנֵינוּ
וּבַבֵּן הַנֶּעֱקָד יַשְׁבִּית מְדַיְּנֵינוּ
וּבִזְכוּת הַתָּם יוֹצִיא הַיּוֹם לְצֶדֶק דִּינֵנוּ
כִּי־קָדוֹשׁ הַיּוֹם לַאֲדֹנֵינוּ: נחמיה ח

בְּאֵין מֵלִיץ יֹשֶׁר
מוּל מַגִּיד פֶּשַׁע
תַּגִּיד לְיַעֲקֹב דְּבַר, חֹק וּמִשְׁפָּט
וְצַדְּקֵנוּ בַּמִּשְׁפָּט, הַמֶּלֶךְ הַמִּשְׁפָּט.

* וְעַל בִּנְיַן בֵּית מִקְדָּשְׁךָ וְהֵיכָלֶךָ.

נוהגים ששליח הציבור מצרף את השורה הראשונה בפיוט לסוף המשפט הקודם, ואומר ׳הַמֶּלֶךְ הַמִּשְׁפָּט. הָאוֹחֵז בְּיָד מִדַּת מִשְׁפָּט׳ בנשימה אחת (מהרי״ל).

סימן א״ב

פותחים את ארון הקודש.

הָאוֹחֵז בְּיָד מִדַּת מִשְׁפָּט
וְכֹל מַאֲמִינִים שֶׁהוּא אֵל אֱמוּנָה.

הַבּוֹחֵן וּבוֹדֵק גִּנְזֵי נִסְתָּרוֹת
וְכֹל מַאֲמִינִים שֶׁהוּא בּוֹחֵן כְּלָיוֹת.

הַגּוֹאֵל מִמָּוֶת וּפוֹדֶה מִשַּׁחַת
וְכֹל מַאֲמִינִים שֶׁהוּא גּוֹאֵל חָזָק.

הַדָּן יְחִידִי לְבָאֵי עוֹלָם
וְכֹל מַאֲמִינִים שֶׁהוּא דַּיַּן אֱמֶת.

הֶהָגוּי בְּאֶהְיֶה אֲשֶׁר אֶהְיֶה
וְכֹל מַאֲמִינִים שֶׁהוּא הָיָה וְהֹוֶה וְיִהְיֶה.

הַוַּדַּאי, כִּשְׁמוֹ כֵּן תְּהִלָּתוֹ
וְכֹל מַאֲמִינִים שֶׁהוּא וְאֵין בִּלְתּוֹ.

הַזּוֹכֵר לְמַזְכִּירָיו טוֹבוֹת זִכְרוֹנוֹת
וְכֹל מַאֲמִינִים שֶׁהוּא זוֹכֵר הַבְּרִית.

הַחוֹתֵךְ חַיִּים לְכָל חָי
וְכֹל מַאֲמִינִים שֶׁהוּא חַי וְקַיָּם.

הַטּוֹב וּמֵיטִיב לָרָעִים וְלַטּוֹבִים
וְכֹל מַאֲמִינִים שֶׁהוּא טוֹב לַכֹּל.

הַיּוֹדֵעַ יֵצֶר כָּל יְצוּרִים
וְכֹל מַאֲמִינִים שֶׁהוּא יוֹצְרָם בַּבָּטֶן.

הַכֹּל יָכוֹל, וְכוֹלְלָם יַחַד
וְכֹל מַאֲמִינִים שֶׁהוּא כֹּל יָכוֹל.

הַלָּן בְּסֵתֶר בְּצֵל שַׁדַּי
וְכֹל מַאֲמִינִים שֶׁהוּא לְבַדּוֹ הוּא.

הַמַּמְלִיךְ מְלָכִים, וְלוֹ הַמְּלוּכָה
וְכֹל מַאֲמִינִים שֶׁהוּא מֶלֶךְ עוֹלָם.

הַנּוֹהֵג בְּחַסְדּוֹ עִם כָּל דּוֹר
וְכֹל מַאֲמִינִים שֶׁהוּא נוֹצֵר חֶסֶד.

הַסּוֹבֵל, וּמַעֲלִים עַיִן מִסּוֹרְרִים
וְכֹל מַאֲמִינִים שֶׁהוּא סוֹלֵחַ סֶלָה.

הָעֶלְיוֹן, וְעֵינָיו עַל יְרֵאָיו
וְכֹל מַאֲמִינִים שֶׁהוּא עוֹנֶה לָחַשׁ.

הַפּוֹתֵחַ שַׁעַר לְדוֹפְקֵי בִּתְשׁוּבָה
וְכֹל מַאֲמִינִים שֶׁהוּא פְּתוּחָה יָדוֹ.

הַצּוֹפֶה רָשָׁע, וְחָפֵץ לְהַצְדִּיקוֹ
וְכֹל מַאֲמִינִים שֶׁהוּא צַדִּיק וְיָשָׁר.

הַקָּצָר בְּזַעַם, וּמַאֲרִיךְ אַף
וְכֹל מַאֲמִינִים שֶׁהוּא קָשֶׁה לִכְעֹס.

הָרַחוּם, וּמַקְדִּים רַחֲמִים לְרֹגֶז
וְכֹל מַאֲמִינִים שֶׁהוּא רַךְ לִרְצוֹת.

הַשָּׁוֶה, וּמַשְׁוֶה קָטֹן וְגָדוֹל
וְכֹל מַאֲמִינִים שֶׁהוּא שׁוֹפֵט צֶדֶק.

הַתָּם, וּמִתַּמֵּם עִם תְּמִימִים
וְכֹל מַאֲמִינִים שֶׁהוּא תָּמִים פָּעֳלוֹ.

סוגרים את ארון הקודש
(ויש קהילות שבהן סוגרים את ארון הקודש בסוף הפיסקה הבאה).

תִּשְׂגַּב לְבַדֶּךָ, וְתִמְלֹךְ עַל כֹּל בְּיִחוּד
כַּכָּתוּב עַל יַד נְבִיאֶךָ
זכריה יד וְהָיָה יהוה לְמֶלֶךְ עַל־כָּל־הָאָרֶץ
בַּיּוֹם הַהוּא יִהְיֶה יהוה אֶחָד וּשְׁמוֹ אֶחָד:

שליח הציבור ממשיך ואומר:

וּבְכֵן תֵּן פַּחְדְּךָ יהוה אֱלֹהֵינוּ עַל כָּל מַעֲשֶׂיךָ
וְאֵימָתְךָ עַל כָּל מַה שֶּׁבָּרָאתָ
וְיִירָאוּךָ כָּל הַמַּעֲשִׂים, וְיִשְׁתַּחֲווּ לְפָנֶיךָ כָּל הַבְּרוּאִים
וְיֵעָשׂוּ כֻלָּם אֲגֻדָּה אַחַת לַעֲשׂוֹת רְצוֹנְךָ בְּלֵבָב שָׁלֵם
כְּמוֹ שֶׁיָּדַעְנוּ יהוה אֱלֹהֵינוּ שֶׁהַשָּׁלְטָן לְפָנֶיךָ
עֹז בְּיָדְךָ וּגְבוּרָה בִּימִינֶךָ
וְשִׁמְךָ נוֹרָא עַל כָּל מַה שֶּׁבָּרָאתָ.

וּבְכֵן תֵּן כָּבוֹד יהוה לְעַמֶּךָ
תְּהִלָּה לִירֵאֶיךָ
וְתִקְוָה טוֹבָה לְדוֹרְשֶׁיךָ
וּפִתְחוֹן פֶּה לַמְיַחֲלִים לָךְ
שִׂמְחָה לְאַרְצֶךָ, וְשָׂשׂוֹן לְעִירֶךָ
וּצְמִיחַת קֶרֶן לְדָוִד עַבְדֶּךָ
וַעֲרִיכַת נֵר לְבֶן יִשַׁי מְשִׁיחֶךָ בִּמְהֵרָה בְיָמֵינוּ.

וּבְכֵן צַדִּיקִים יִרְאוּ וְיִשְׂמָחוּ, וִישָׁרִים יַעֲלֹזוּ
וַחֲסִידִים בְּרִנָּה יָגִילוּ, וְעוֹלָתָה תִּקְפָּץ פִּיהָ
וְכָל הָרִשְׁעָה כֻּלָּהּ כְּעָשָׁן תִּכְלֶה
כִּי תַעֲבִיר מֶמְשֶׁלֶת זָדוֹן מִן הָאָרֶץ.

סימן א״ב

וְיֶאֱתָיוּ כֹל לְעָבְדֶךָ / וִיבָרְכוּ שֵׁם כְּבוֹדֶךָ
וְיַגִּידוּ בָאִיִּים צִדְקֶךָ / וְיִדְרְשׁוּךָ עַמִּים לֹא יְדָעוּךָ
וִיהַלְלוּךָ כָּל אַפְסֵי אָרֶץ / וְיֹאמְרוּ תָמִיד יִגְדַּל יהוה
וְיִזְנְחוּ אֶת עֲצַבֵּיהֶם / וְיַחְפְּרוּ עִם פְּסִילֵיהֶם
וְיַטּוּ שְׁכֶם אֶחָד לְעָבְדֶךָ / וְיִירָאוּךָ עִם שֶׁמֶשׁ מְבַקְשֵׁי פָנֶיךָ
וְיַכִּירוּ כֹּחַ מַלְכוּתֶךָ / וִילַמְּדוּ תוֹעִים בִּינָה
וִימַלְּלוּ אֶת גְּבוּרָתֶךָ / וִינַשְּׂאוּךָ, מִתְנַשֵּׂא לְכֹל לְרֹאשׁ
וִיסַלְּדוּ בְחִילָה פָּנֶיךָ / וִיעַטְּרוּךָ נֵזֶר תִּפְאָרָה
וְיִפְצְחוּ הָרִים רִנָּה / וְיִצְהֲלוּ אִיִּים בְּמָלְכֶךָ
וִיקַבְּלוּ עֹל מַלְכוּתְךָ עֲלֵיהֶם / וִירוֹמְמוּךָ בִּקְהַל עָם
וְיִשְׁמְעוּ רְחוֹקִים וְיָבוֹאוּ / וְיִתְּנוּ לְךָ כֶּתֶר מְלוּכָה.

וְתִמְלֹךְ אַתָּה הוּא יהוה אֱלֹהֵינוּ מְהֵרָה לְבַדֶּךָ עַל כָּל מַעֲשֶׂיךָ
בְּהַר צִיּוֹן מִשְׁכַּן כְּבוֹדֶךָ
וּבִירוּשָׁלַיִם עִיר קָדְשֶׁךָ
כַּכָּתוּב בְּדִבְרֵי קָדְשֶׁךָ
יִמְלֹךְ יהוה לְעוֹלָם, אֱלֹהַיִךְ צִיּוֹן לְדֹר וָדֹר, הַלְלוּיָהּ: תהלים קמו

קָדוֹשׁ אַתָּה וְנוֹרָא שְׁמֶךָ
וְאֵין אֱלוֹהַּ מִבַּלְעָדֶיךָ
כַּכָּתוּב: וַיִּגְבַּהּ יהוה צְבָאוֹת בַּמִּשְׁפָּט ישעיה ה
וְהָאֵל הַקָּדוֹשׁ נִקְדַּשׁ בִּצְדָקָה:
בָּרוּךְ* אַתָּה יהוה, הַמֶּלֶךְ הַקָּדוֹשׁ.

---

* בבית כנסת הבנוי בהר הבית: בָּרוּךְ אַתָּה יהוה אֱלֹהֵי יִשְׂרָאֵל מִן הָעוֹלָם וְעַד הָעוֹלָם, בָּרוּךְ אַתָּה יהוה, הַמֶּלֶךְ הַקָּדוֹשׁ.

קדושת היום

אַתָּה בְחַרְתָּנוּ מִכָּל הָעַמִּים
אָהַבְתָּ אוֹתָנוּ וְרָצִיתָ בָּנוּ, וְרוֹמַמְתָּנוּ מִכָּל הַלְּשׁוֹנוֹת
וְקִדַּשְׁתָּנוּ בְּמִצְוֹתֶיךָ, וְקֵרַבְתָּנוּ מַלְכֵּנוּ לַעֲבוֹדָתֶךָ
וְשִׁמְךָ הַגָּדוֹל וְהַקָּדוֹשׁ עָלֵינוּ קָרָאתָ.

בשבת מוסיפים את המילים שבסוגריים.

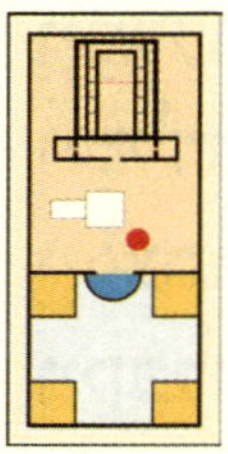

הכהן הגדול מתודה
על השעיר המשתלח
על חטאי העם

וַתִּתֶּן לָנוּ יהוה אֱלֹהֵינוּ בְּאַהֲבָה אֶת יוֹם
(הַשַּׁבָּת הַזֶּה לִקְדֻשָּׁה וְלִמְנוּחָה, וְאֶת יוֹם)
הַכִּפּוּרִים הַזֶּה, לִמְחִילָה וְלִסְלִיחָה וּלְכַפָּרָה
וְלִמְחׇל בּוֹ אֶת כׇּל עֲוֹנוֹתֵינוּ
(בְּאַהֲבָה) **מִקְרָא קֹדֶשׁ, זֵכֶר לִיצִיאַת מִצְרָיִם.**

וּמִפְּנֵי חֲטָאֵינוּ* גָּלִינוּ מֵאַרְצֵנוּ
וְנִתְרַחַקְנוּ מֵעַל אַדְמָתֵנוּ
וְאֵין אֲנוּ יְכוֹלִים לַעֲשׂוֹת חוֹבוֹתֵינוּ בְּבֵית בְּחִירָתֶךָ
בַּבַּיִת הַגָּדוֹל וְהַקָּדוֹשׁ שֶׁנִּקְרָא שִׁמְךָ עָלָיו
מִפְּנֵי הַיָּד שֶׁנִּשְׁתַּלְּחָה בְּמִקְדָּשֶׁךָ.

---

* וּמִפְּנֵי חֲטָאֵינוּ גָּלִינוּ מֵאַרְצֵנוּ, וְנִתְרַחַקְנוּ מֵעַל אַדְמָתֵנוּ, וּבַעֲוֹנוֹתֵינוּ לֹא הָיִינוּ יְכוֹלִים לַעֲלוֹת וְלֵרָאוֹת וּלְהִשְׁתַּחֲווֹת לְפָנֶיךָ, וְלַעֲשׂוֹת חוֹבוֹתֵינוּ בְּבֵית בְּחִירָתֶךָ, בַּבַּיִת הַגָּדוֹל וְהַקָּדוֹשׁ שֶׁנִּקְרָא שִׁמְךָ עָלָיו, מִפְּנֵי הַיָּד שֶׁנִּשְׁתַּלְּחָה בְּמִקְדָּשֶׁךָ. מֶלֶךְ רַחֲמָן, עַתָּה, שַׁבְתָּ וְרִחַמְתָּ עָלֵינוּ וְעַל מִקְדָּשֶׁךָ, וְקֵרַבְתָּ פְּזוּרֵינוּ וַהֲבֵאתָנוּ לְצִיּוֹן. וּבְכֵן יְהִי רָצוֹן מִלְּפָנֶיךָ יהוה אֱלֹהֵינוּ, עַכְשָׁיו שֶׁהֶעֱלִיתָנוּ לְאַרְצֵנוּ וְנָטַעְתָּ אוֹתָנוּ בִּירוּשָׁלַיִם וּבִמְקוֹם מִקְדָּשֶׁךָ, חַזְּקֵנוּ וְאַמְּצֵנוּ לִבְנוֹת מְהֵרָה אֶת הַבַּיִת הַגָּדוֹל וְהַקָּדוֹשׁ לְכָבוֹד וּלְתִפְאֶרֶת, כַּכָּתוּב בְּתוֹרָתְךָ וְעָשׂוּ לִי מִקְדָּשׁ וְשָׁכַנְתִּי בְּתוֹכָם: וְהַשְׁרֵה שְׁכִינָתְךָ בְּתוֹכוֹ, וּתְגַדֵּל כְּבוֹדוֹ. (לשיטת המבי״ט) שמות כה

יְהִי רָצוֹן מִלְּפָנֶיךָ יהוה אֱלֹהֵינוּ וֵאלֹהֵי אֲבוֹתֵינוּ
מֶלֶךְ רַחֲמָן
שֶׁתָּשׁוּב וּתְרַחֵם עָלֵינוּ וְעַל מִקְדָּשְׁךָ בְּרַחֲמֶיךָ הָרַבִּים
וְתִבְנֵהוּ מְהֵרָה וּתְגַדֵּל כְּבוֹדוֹ.
אָבִינוּ מַלְכֵּנוּ, גַּלֵּה כְּבוֹד מַלְכוּתְךָ עָלֵינוּ מְהֵרָה
וְהוֹפַע וְהִנָּשֵׂא עָלֵינוּ לְעֵינֵי כָּל חָי
וְקָרֵב פְּזוּרֵינוּ מִבֵּין הַגּוֹיִם, וּנְפוּצוֹתֵינוּ כַּנֵּס מִיַּרְכְּתֵי אָרֶץ.

וַהֲבִיאֵנוּ לְצִיּוֹן עִירְךָ בְּרִנָּה
וְלִירוּשָׁלַיִם בֵּית מִקְדָּשְׁךָ בְּשִׂמְחַת עוֹלָם
וְשָׁם נַעֲשֶׂה לְפָנֶיךָ אֶת קָרְבְּנוֹת חוֹבוֹתֵינוּ
תְּמִידִים כְּסִדְרָם וּמוּסָפִים כְּהִלְכָתָם
וְאֶת מוּסַף יוֹם /וְאֶת מוּסְפֵי יוֹם הַשַּׁבָּת הַזֶּה וְיוֹם/ הַכִּפּוּרִים הַזֶּה
נַעֲשֶׂה וְנַקְרִיב לְפָנֶיךָ בְּאַהֲבָה כְּמִצְוַת רְצוֹנֶךָ
כְּמוֹ שֶׁכָּתַבְתָּ עָלֵינוּ בְּתוֹרָתֶךָ
עַל יְדֵי מֹשֶׁה עַבְדֶּךָ מִפִּי כְבוֹדֶךָ, כָּאָמוּר

בשבת: וּבְיוֹם הַשַּׁבָּת, שְׁנֵי־כְבָשִׂים בְּנֵי־שָׁנָה תְּמִימִם במדבר כח
וּשְׁנֵי עֶשְׂרֹנִים סֹלֶת מִנְחָה בְּלוּלָה בַשֶּׁמֶן וְנִסְכּוֹ:
עֹלַת שַׁבַּת בְּשַׁבַּתּוֹ, עַל־עֹלַת הַתָּמִיד וְנִסְכָּהּ:

וּבֶעָשׂוֹר לַחֹדֶשׁ הַשְּׁבִיעִי הַזֶּה, מִקְרָא־קֹדֶשׁ יִהְיֶה לָכֶם במדבר כט
וְעִנִּיתֶם אֶת־נַפְשֹׁתֵיכֶם, כָּל־מְלָאכָה לֹא תַעֲשׂוּ:
וְהִקְרַבְתֶּם עֹלָה לַיהוה רֵיחַ נִיחֹחַ
פַּר בֶּן־בָּקָר אֶחָד, אַיִל אֶחָד
כְּבָשִׂים בְּנֵי־שָׁנָה שִׁבְעָה, תְּמִימִם יִהְיוּ לָכֶם:

וּמִנְחָתָם וְנִסְכֵּיהֶם כִּמְדֻבָּר
שְׁלֹשָׁה עֶשְׂרֹנִים לַפָּר וּשְׁנֵי עֶשְׂרֹנִים לָאָיִל, וְעִשָּׂרוֹן לַכֶּבֶשׂ
וְיַיִן כְּנִסְכּוֹ, וּשְׁנֵי שְׂעִירִים לְכַפֵּר, וּשְׁנֵי תְמִידִים כְּהִלְכָתָם.

בשבת: יִשְׂמְחוּ בְמַלְכוּתְךָ שׁוֹמְרֵי שַׁבָּת וְקוֹרְאֵי עֹנֶג.
עַם מְקַדְּשֵׁי שְׁבִיעִי
כֻּלָּם יִשְׂבְּעוּ וְיִתְעַנְּגוּ מִטּוּבֶךָ, וּבַשְּׁבִיעִי רָצִיתָ בּוֹ וְקִדַּשְׁתּוֹ
חֶמְדַּת יָמִים אוֹתוֹ קָרָאתָ, זֵכֶר לְמַעֲשֵׂה בְרֵאשִׁית.

פותחים את ארון הקודש.

עָלֵינוּ לְשַׁבֵּחַ לַאֲדוֹן הַכֹּל, לָתֵת גְּדֻלָּה לְיוֹצֵר בְּרֵאשִׁית
שֶׁלֹּא עָשָׂנוּ כְּגוֹיֵי הָאֲרָצוֹת, וְלֹא שָׂמָנוּ כְּמִשְׁפְּחוֹת הָאֲדָמָה
שֶׁלֹּא שָׂם חֶלְקֵנוּ כָּהֶם וְגוֹרָלֵנוּ כְּכָל הֲמוֹנָם.

סוגרים את ארון הקודש.

שֶׁהֵם מִשְׁתַּחֲוִים לְהֶבֶל וָרִיק וּמִתְפַּלְּלִים אֶל אֵל לֹא יוֹשִׁיעַ.

פותחים את ארון הקודש.
הקהל כורע במילה 'כּוֹרְעִים', ויש קהילות שבהן רק שליח הציבור כורע.

וַאֲנַחְנוּ כּוֹרְעִים וּמִשְׁתַּחֲוִים וּמוֹדִים
לִפְנֵי מֶלֶךְ מַלְכֵי הַמְּלָכִים, הַקָּדוֹשׁ בָּרוּךְ הוּא
שֶׁהוּא נוֹטֶה שָׁמַיִם וְיוֹסֵד אָרֶץ
וּמוֹשַׁב יְקָרוֹ בַּשָּׁמַיִם מִמַּעַל
וּשְׁכִינַת עֻזּוֹ בְּגָבְהֵי מְרוֹמִים.

כשהקהל אומר 'הוּא אֱלֹהֵינוּ', שליח הציבור אומר 'אַתָּה הָרְאֵתָ' (למטה).

הוּא אֱלֹהֵינוּ, אֵין עוֹד.
אֱמֶת מַלְכֵּנוּ, אֶפֶס זוּלָתוֹ, כַּכָּתוּב בְּתוֹרָתוֹ
וְיָדַעְתָּ הַיּוֹם וַהֲשֵׁבֹתָ אֶל־לְבָבֶךָ דברים ד
כִּי יהוה הוּא הָאֱלֹהִים בַּשָּׁמַיִם מִמַּעַל וְעַל־הָאָרֶץ מִתָּחַת
אֵין עוֹד:

שליח הציבור אומר:

אַתָּה הָרְאֵתָ לָדַעַת, כִּי יהוה הוּא הָאֱלֹהִים, אֵין עוֹד מִלְּבַדּוֹ: דברים ד
וְיָדַעְתָּ הַיּוֹם וַהֲשֵׁבֹתָ אֶל־לְבָבֶךָ, כִּי יהוה הוּא הָאֱלֹהִים בַּשָּׁמַיִם
מִמַּעַל וְעַל־הָאָרֶץ מִתָּחַת, אֵין עוֹד: שְׁמַע יִשְׂרָאֵל, יהוה אֱלֹהֵינוּ, דברים ו
יהוה אֶחָד: הֵן לַיהוה אֱלֹהֶיךָ הַשָּׁמַיִם וּשְׁמֵי הַשָּׁמָיִם, הָאָרֶץ דברים י
וְכָל־אֲשֶׁר־בָּהּ: כִּי יהוה אֱלֹהֵיכֶם הוּא אֱלֹהֵי הָאֱלֹהִים וַאֲדֹנֵי שם
הָאֲדֹנִים, הָאֵל הַגָּדֹל הַגִּבֹּר וְהַנּוֹרָא אֲשֶׁר לֹא־יִשָּׂא פָנִים וְלֹא
יִקַּח שֹׁחַד: כִּי שֵׁם יהוה אֶקְרָא, הָבוּ גֹדֶל לֵאלֹהֵינוּ: יְהִי שֵׁם דברים לב / תהלים קיג
יהוה מְבֹרָךְ, מֵעַתָּה וְעַד־עוֹלָם:

סוגרים את ארון הקודש.

אֱלֹהֵינוּ וֵאלֹהֵי אֲבוֹתֵינוּ

׳רשות׳ לסדר העבודה

הֱיֵה עִם פִּיפִיּוֹת שְׁלוּחֵי עַמְּךָ בֵּית יִשְׂרָאֵל
הָעוֹמְדִים לְבַקֵּשׁ תְּפִלָּה וְתַחֲנוּנִים מִלְּפָנֶיךָ עַל עַמְּךָ בֵּית יִשְׂרָאֵל.

הוֹרֵם מַה שֶּׁיֹּאמְרוּ / הֲבִינֵם מַה שֶּׁיְּדַבֵּרוּ
הֲשִׁיבֵם מַה שֶּׁיִּשְׁאֲלוּ / יַדְּעֵם הֵיךְ יְפָאֵרוּ.

בְּאוֹר פָּנֶיךָ יְהַלֵּכוּן: / בֶּרֶךְ לְךָ יִבְרְכוּן תהלים פט
עַמְּךָ בְּפִיהֶם יְבָרְכוּן / וּמִבִּרְכוֹת פִּיךָ כֻּלָּם יִתְבָּרְכוּן.

עַמְּךָ לְפָנֶיךָ יַעֲבִירוּן / וְהֵם בַּתָּוֶךְ יַעֲבֹרוּן
עֵינֵי עַמְּךָ בָּם תְּלוּיוֹת / וְעֵינֵיהֶם לְךָ מְיַחֲלוֹת.

גָּשִׁים מוּל אֲרוֹן הַקֹּדֶשׁ בְּאֵימָה / לְשַׁכֵּךְ כַּעַס וְחֵמָה
וְעַמְּךָ מְסַבְּבִים אוֹתָם כְּחוֹמָה /
וְאַתָּה מִן הַשָּׁמַיִם תַּשְׁגִּיחַ, אוֹתָם לְרַחֲמָה.

עַיִן נוֹשְׂאִים לְךָ לַשָּׁמַיִם / לֵב שׁוֹפְכִים נִכְחָךְ כַּמַּיִם

דברי הימים ב,ו וְאַתָּה תִּשְׁמַע מִן הַשָּׁמַיִם.

יש קהילות שבהן נוהגים שהקהל אומר בלחש עד ׳אֱלֹהֵי יִשְׂרָאֵל׳.

שֶׁלֹּא יִכָּשְׁלוּ בִלְשׁוֹנָם / וְלֹא יִנָּקְשׁוּ בְשִׁנּוּנָם

וְלֹא יֵבוֹשׁוּ בְּמִשְׁעָנָם / וְלֹא יִכָּלְמוּ בָם שְׁאוֹנָם

וְאַל יֹאמַר פִּיהֶם דָּבָר שֶׁלֹּא כִרְצוֹנֶךָ.

כִּי חֲנוּנֶיךָ יהוה אֱלֹהֵינוּ הֵמָּה חֲנוּנִים / וּמְלֻמָּדֶיךָ הֵמָּה מְלֻמָּדִים.

כְּמָה שֶׁיָּדַעְנוּ יהוה אֱלֹהֵינוּ

אֵת אֲשֶׁר תָּחֹן יוּחָן, וְאֵת אֲשֶׁר תְּרַחֵם יְרֻחָם.

שמות לג כַּכָּתוּב בְּתוֹרָתֶךָ, וַיֹּאמֶר, אֲנִי אַעֲבִיר כָּל־טוּבִי עַל־פָּנֶיךָ

וְקָרָאתִי בְשֵׁם יהוה לְפָנֶיךָ, וְחַנֹּתִי אֶת־אֲשֶׁר אָחֹן

וְרִחַמְתִּי אֶת־אֲשֶׁר אֲרַחֵם:

תהלים סט וְנֶאֱמַר אַל־יֵבֹשׁוּ בִי קֹוֶיךָ, אֲדֹנָי יֱהֹוִה צְבָאוֹת,

אַל־יִכָּלְמוּ בִי מְבַקְשֶׁיךָ, אֱלֹהֵי יִשְׂרָאֵל:

פותחים את ארון הקודש.

המשך ה׳רשות׳: הבקשה ׳הֱיֵה עִם פִּיפִיּוֹת׳ לעיל, הייתה עבור שליחי ציבור בכלל. ׳אוֹחִילָה לָאֵל׳ היא בקשה אישית של שליח הציבור.

סימן א מרובע

אוֹחִילָה לָאֵל, אֲחַלֶּה פָנָיו

אֶשְׁאֲלָה מִמֶּנּוּ מַעֲנֵה לָשׁוֹן.

אֲשֶׁר בִּקְהַל עָם אָשִׁירָה עֻזּוֹ

אַבִּיעָה רְנָנוֹת בְּעַד מִפְעָלָיו.

משלי טז לְאָדָם מַעַרְכֵי־לֵב וּמֵיהוה מַעֲנֵה לָשׁוֹן:

תהלים נא אֲדֹנָי, שְׂפָתַי תִּפְתָּח, וּפִי יַגִּיד תְּהִלָּתֶךָ:

יש שליחי ציבור האומרים פסוק זה בקול, ויש האומרים בלחש:

תהלים יט יִהְיוּ לְרָצוֹן אִמְרֵי־פִי וְהֶגְיוֹן לִבִּי לְפָנֶיךָ, יהוה צוּרִי וְגוֹאֲלִי:

סוגרים את ארון הקודש.

סדר העבודה

"כַּאֲשֶׁר עָשָׂה בַּיּוֹם הַזֶּה, צִוָּה ה' לַעֲשֹׂת לְכַפֵּר עֲלֵיכֶם" (ויקרא ח, לד).

סדר עבודת הכהן הגדול ביום הכיפורים מוגש למתפללים על ידי הפייטן ב'אתה כוננת', והתיאור כולו לקוח מן המשנה במסכת 'יומא'. שונה מסכת זו משאר המסכתות בתלמוד, שכן היא מתארת תיאור רצוף של 'סדר העבודה' 'דבר דבור על אופניו', כתיאור חי וכמעשה שהיה. נראה, שמסכת זו נוסחה בדרך 'סיפורית' משום שנועדה ללמד לא רק הלכות קצובות, אלא אף לספר כיצד הייתה נראית העבודה ביום זה במקדש, וכדי ללמוד אותה בצוותא ביום הכיפורים.

מדברי חז"ל בתלמוד נראה, שמסכת זו נאמרה בפני כלל הציבור ביום הכיפורים כלימוד משותף. בגמרא מתואר, שהשומעים היו נכנסים בוויכוח עם האומר בפני הציבור והיו מתקנים אותו בפרטי הלכה שונים, כדי שדבריו יהיו תואמים את המסקנה בגמרא. ראה ביומא (לו, ב; ושם נו, ב) ששליח הציבור אמר בפני הציבור את לשון המשנה ביומא, ורבא נכנס לתוך דבריו ותיקן את דבריו על פי מסקנת הגמרא שם.

במשך מאות שנים מאז החורבן ועד תקופת הגאונים, טרם התקבל נוסח קבוע של 'סדר העבודה' לאמירה בציבור, והנוסח העיקרי היה מסכת 'יומא', שכאמור, ניסוחה הותאם לאמירה בציבור במהלך תפילות היום. ברבות הימים נתחברו פיוטים תמציתיים ומקוצרים, שהחליפו את מקומה של מסכת יומא. ביניהם הפיוט 'אתה כוננת', שנתחבר ככל הנראה עוד בתקופת התלמוד.

'אתה כוננת' ופיוטים אחרים של 'סדר עבודה'

מחברו של 'אתה כוננת' אינו ידוע, אך נוסח זה הוא בבחינת 'אב' לכל הפיוטים שבאו בעקבותיו. רבים הם נוסחי 'סדר עבודה' שנתחברו על ידי גדולי ישראל במהלך הדורות: בארץ ישראל, בספרד, בצרפת, באשכנז וכד'. להלן כמה מן הפיוטים הידועים שהונהג לאמרם בקהילות בישראל בתקופת הגלות:

ב'סדר רב עמרם גאון' מוזכרים פיוטים אחדים של סדר העבודה, שיש לאומרם כ"חובת היום": "יש אומרים [לומר פיוט]: 'שבעת ימים' [היינו, "שבעת ימים קודם יום הכיפורים", שזוהי תחילת מסכת יומא] ויש אומרים: 'אזכיר סלה', ויש אומרים: 'אתה כוננת', ויש אומרים 'אצלצל', ויש אומרים: 'אשנן'". אכן, ידוע בספרות התורנית אודות פיוט המתחיל במילים "שבעת ימים", המנוסח בלשון המשנה, בתוספת דברים מתוך ה'תוספתא' ומדרשי חז"ל.

פיוט שנתחבר מאוחר יותר, הינו יצירה של ר' משולם בן קלונימוס איש מגנצא, הפותח במילים "אמיץ כוח ורב אונים" ואשר נכנס לנוסח התפילה בקהילות אשכנז.

במהלך הדורות לבשו הפיוטים צורה שירית והפיוט בנוי בצורת 'בתים' וחרוזים, כגון הפיוט שנהגו לאומרו בקהילות אשכנז: "אשוחח נפלאותיך צור עולמים, אהגה מפעלותיך אדיר במרומים..." לעומתו, הפיוט "אתה כוננת" – הקודם לכולם – חובר בטרם התפשטה צורת הפיוט בחרוזים. מאידך גיסא, בנוי פיוט זה על בסיס הא'-ב' מתחילתו לסופו ומסופו לתחילתו (שלש פעמים). בעקבותיו נתחבר הפיוט "אתה כוננת עולם ברוב חסד", הבנוי אף הוא על אותיות הא'-ב' (ארבע שורות של א', ארבע שורות של ב' וכן הלאה). סדר עבודה זה נתחבר על ידי הפייטן הקדום מתקופת התלמוד – יוסי בן יוסי.

בחלק מקהילות ישראל, כגון, בקהילות יוצאי תימן וכן בחלק מן הקהילות הנוהגות כמנהג הספרדים, נהוג עד היום לומר את 'סדר העבודה', כלימוד בציבור לאחר סיום תפילת מוסף. עם זאת, ברבות מקהילות ישראל שולב הפיוט בתוך חזרת הש"ץ של תפילת מוסף.

אמירת 'סדר העבודה' בשחרית, מוסף ומנחה

במשך מאות שנים עד תקופת הגאונים, נהגו לומר את 'סדר העבודה' פעמיים ואף שלש פעמים במהלכו של יום הכיפורים. ב'אוצר הגאונים' [יומא עמ' מא] מובא המנהג, לומר את סדר העבודה גם בשחרית וגם במוסף, וכך מובא שם: "ואמר רבינו האי גאון: 'ואשר כתבתם, כי מנהגכם לומר 'סדר העבודה' ביום הכיפורים בשחרית וגם במוסף, וכי מצאתם שמר עמרם [גאון] אמר, שאין 'סדר עבודה' אלא במוסף... דעו! כי העיקר מה שאמר רב עמרם כך הוא... אבל בבגדד מתוך שחביב עליהם דבר זה, היו אומרים גם בשחרית. ומר רב האי גאון... שהיה דיין בבגדד שנים רבות קודם לגאונותו, לא היה יכול להסיעם [ולשנות] ממנהגם".

עוד כתב, שרב האי גאון – "הוא תחילת מי ששכן מן הגאונים בבגדד, גלגל עמהם לעשות מנהגם. והגאונים ששכנו אחריו בבגדד, גם הם שתקו מזאת [ואמרו את 'סדר עבודה' גם בשחרית וגם במוסף]. אף אתם אל תשנו ממנהג אבותיכם". מנהג זה מובא אף ב'כלבו' להלכה.

נראה שהצורך לומר את 'סדר העבודה' גם בשחרית וגם במוסף, נובע מן העובדה, שסדר הקרבת התמיד של שחר וסדר מוספי יום הכיפורים תפסו חלק ניכר מ'סדר העבודה' ומשום כך ראו לנכון לאומרו אף בשחרית שזה זמן הקרבת התמיד.

מכאן מובן גם המנהג המובא ב'אור זרוע' (הלכות יום הכיפורים סימן רפ"א) הכותב: "בראשונה נהגו מקצת העם לומר 'סדר עבודת כהן גדול ביום הכיפורים' בשלש תפילות [שחרית, מוסף ומנחה], והכריעו הגאונים להזכירה בתפילה מוסף בלבד, שעיקר עבודת כהן גדול במוסף הייתה [אם כי עבודתו הקיפה אף את העבודות במהלך הקרבת תמיד של שחר וכך גם תמיד של בין הערביים]".

המנהג בקהילות ישראל

בדורות האחרונים התקבל הפיוט 'אתה כוננת' לאומרו ברוב קהילות ישראל. פיוט זה שולב בנוסח 'ספרד' וכן בנוסח הספרדים ועדות המזרח (בשינויים קלים). כן גם נוהגים לומר 'אתה כוננת' ברבות מקהילות 'אשכנז'.

ר' אלכסנדר זיסקינד בספרו 'יסוד ושורש העבודה' (שער יא פרק ט) כותב, שנוסח 'אתה כוננת' בהיר יותר, ולפיכך ראוי ללמד אותו לציבור לפני יום הכיפורים ואף לאומרו בנוסח התפילה. עם זאת, כיון שחזנים בעירו נהגו לומר את סדר 'אמיץ כח', כתב שיש לומר **גם** את נוסח 'אמיץ כח'. בחלק מן הקהילות הנוהגות כמנהג אשכנז, נוהגים לומר את הפיוט 'אמיץ כח' בלבד ב'סדר העבודה', למרות הקושי בהבנתו.

הביאור שלפנינו

באורנו ל'סדר העבודה' מבוסס על הציורים הנלווים למהלך הדברים, שכן ציורים אלה הם 'פירוש' בפני עצמו. פעמים שתמונה אחת עולה בערכה על פני מלים רבות ומשפטים ארוכים. המתבונן בתמונה באופן יסודי, יוכל למצוא בה פרטי הלכה רבים, שלא תמיד הבאנו אותם לידי ביטוי בכתובים. מאידך גיסא, אין לראות בציורים אלה "הלכה למשה מסיני", שכן, למרות המאמץ להוציא דבר מתוקן מתחת ידינו, פעמים שנפלו בהם אי דיוקים.

באשר לביאור העניני של 'סדר העבודה' ותוכנו, ניסינו להאיר נקודות מיוחדות במהלך העבודה מבחינה הלכתית או מבחינה רעיונית ורגשית, זאת, תוך הפניית תשומת הלב למראה הדברים בעזרה, בהיכל ובקדש הקדשים בעת העבודה. ניסינו גם לחוש את הרגשתו של הכהן הגדול ושל הנוכחים בעזרה, זאת, בידיעה ברורה, שאין בידינו הכלים המתאימים לתאר את כל אשר התרחש באמת.

ראינו לנכון במהלך הביאור, להזכיר בקצרה דברים שכתבנו בהרחבה במבוא למחזור, זאת, כדי לשמור על רצף הדברים ולאפשר למעיין ב'סדר העבודה' לקרוא את הביאור, גם בלא להזדקק לאמור במבוא.

'אתה כוננת' – נוסח מדויק של סדר העבודה

'אתה כוננת' התקבל לא רק בגלל סגנונו הנוח יותר להבנה וללימוד 'סדר העבודה', אלא גם בגלל הדיוק מבחינת ההלכה. כבר עמדו האחרונים על כמה הבדלים להלכה, בין הפיוטים השונים. כך למשל, השמיט בעל 'אמיץ כח' את אחת ההשתחוויות של הכהנים בעזרה – השתחוויה המתקיימת בעת הטלת הגורל בין שני השעירים, בעת הזכרת השם המפורש, ואין להשמטה זו הסבר. שינויים אלה אינם אלא דוגמה לפרטים אחרים בפיוט זה, הצריכים בירור בהלכה.

נוהגים שהקהל כולו אומר את הפיוט יחד, ושליח הציבור אומר בקול רק את השורות המסומנות ב▸.

סימן א"ב

כהן גדול – ממשיכם של אבות העולם

אַתָּה כּוֹנַנְתָּ עוֹלָם מֵרֹאשׁ / יָסַדְתָּ תֵּבֵל וְהַכֹּל פָּעַלְתָּ, וּבְרִיּוֹת בּוֹ יָצַרְתָּ.
בְּשׁוּרְךָ עוֹלָם תֹּהוּ וָבֹהוּ, וְחֹשֶׁךְ עַל פְּנֵי תְהוֹם
גֵּרַשְׁתָּ אֹפֶל וְהִצַּבְתָּ נֹגַהּ.

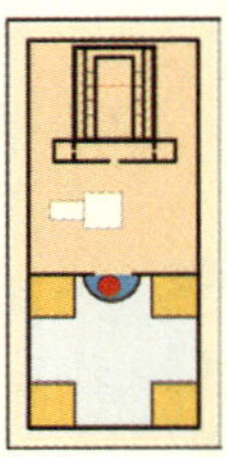

הוצאת הפר והשעיר לה' אל בית השריפה מחוץ לירושלים

פתיחה ל'אתה כוננת'

תיאור סדר עבודת יום הכיפורים בתלמוד במסכת יומא, וכך גם בפיוט 'אתה כוננת', אינו סדר יומו של הכהן הגדול בלבד, אלא תיאור מסע אל עולם מופלא רצוף מעשים רבים, ומלווה מחשבה רבה ועומק רב. במהלך המסע חולף הכהן הגדול – וכך הציבור המלווה אותו – דרך מקומות רבים במקדש ומחוצה לו. המסע רצוף רגעי התרגשות והתעלות שאין להם אח ורע בסדרי העבודה במקדש. אך המסע מלווה גם אכזבות לא מעטות, שכן הדבר תלוי באישיותם של האנשים מבצעי התפקיד ובסובבים אותם. הדרך המתמשכת, שיש בה מעלות ומורדות, מגיעה לפסגות רוחניות עילאיות, שהן פסגת השנה ליחיד ולציבור "הרוגשים בעזרה" – כלשון הפייטן, וכך גם לכהן הגדול המתעלה לעיתים למדרגת "**מלאך [מיכאל] משרת**".

אף הבריאה כולה חוזרת ליום אחד, כביכול, למדרגתה בראשית ימי הבריאה. יום זה במקדש עשיר, אפוא, בתכנים ליחיד, לציבור וליקום כולו.

העיון בסדר 'אתה כוננת' יחטיא את מטרתו, אם יעסוק בפרטים ובמעשים בלבד. במהלך העיון צריך לחוש את 'נשמת' הדברים, שכן, "תכלית חכמה –

תשובה ומעשים טובים" – כדברי חז"ל (ברכות יז, א) וביום הכיפורים במקדש על אחת כמה וכמה.

ננסה, אפוא, כמידת היכולת, לעקוב אחר סדר המעשים ביום הכיפורים במקדש, להתבונן במעשיו של הכהן הגדול, וכן של "הכהנים והעם" המלווים אותו, ומשתתפים עמו במעשה העבודה והתשובה ביום זה במקדש.

בריאת האדם

גֹּלֶם תַּבְנִיתְךָ מִן הָאֲדָמָה יָצַרְתָּ / וְעַל עֵץ הַדַּעַת אוֹתוֹ הִפְקַדְתָּ.
דַּרְכְּךָ זָנַח, וְנִזְנַח מֵעֵדֶן / וְלֹא כִלִּיתוֹ, לְמַעַן יְגִיעַ כַּפֶּיךָ.
הִגְדַּלְתָּ פִּרְיוֹ וּבֵרַכְתָּ זַרְעוֹ / וְהִפְרִיתָם בְּטוּבְךָ וְהוֹשַׁבְתָּם שֶׁקֶט.

הכנות מעשיות ורעיוניות של הכהן הגדול בלשכת פרהדרין

הפיוט 'אתה כוננת' פותח בתיאור בריאת העולם ויצירת האדם. כן מתאר הפייטן את השתלשלות הדברים מאז הבריאה דרך נח והמבול, אברהם ודורו, עד אשר ניגש הפייטן לגופם של דברים. תיאור הדברים מאז בריאת העולם ועד לכניסת הכהן הגדול לעבודת יום הכיפורים, תואם את הפיוטים השונים שחוברו סביב 'סדר העבודה'. נראה מתוכן הדברים, שפתיחה זו נועדה לתאר את מחשבותיו של הכהן הגדול בימים בהם התכונן להכנס לעבודה.

הפייטן מעביר בפנינו את המחשבות שהיה הכהן הגדול הוגה בהן. את השתלשלות הדברים מאז בריאת העולם, עד שזכה הוא להכנס לתפקידו. מושגי התשובה והמקדש העומדים במרכז היום הזה, עתיקים הם ועלו במחשבה בטרם הבריאה, כדברי הפייטן: "**אתה כוננת עולם מראש**", והדברים תוכננו עוד בטרם "**יסדת תבל והכל פעלת**". אדם הראשון "**גולם תבניתך** מן **האדמה יצרת ועל עץ הדעת אותו פקדת**".

כבר שם, בימי הבראשית, נפל העולם ממעלתו, שכן "דברך זנח ונזנח מעדן". כלומר, אדם הראשון גורש ורוחק ממקום השראת השכינה בקדש הקדשים אל מקום המזבח, לעבוד את בוראו כמובא בפרקי דרבי אליעזר (פרק יא): "'לעובדה ולשומרה' – לעסוק בדברי תורה ולשמור את כל מצוותיה". שם הקריב אדם הראשון קרבן לאלקיו על גבי המזבח, בניסיון לכפר על עצמו ולתקן את אשר עיוות.

נח ודור המבול

וַיִּפְרְקוּ עֹל, וַיֹּאמְרוּ לָאֵל סוּר מִמֶּנּוּ
וַהֲסִירוֹתָ יָד, כְּרֶגַע אֻמְלְלוּ כֶּחָצִיר.
זָכַרְתָּ בְּרִית לְתָמִים בְּדוֹרוֹ / וּבִשְׂכָרוֹ שַׂמְתָּ לְעוֹלָם שְׁאֵרִית.
חֹק בְּרִית קֶשֶׁת לְמַעֲנוֹ כָּרַתָּ / וּבְאַהֲבַת נִיחוֹחוֹ בָּנָיו בֵּרַכְתָּ.
טָעוּ בְעָשְׁרָם וַיִּבְנוּ מִגְדָּל
וַיֹּאמְרוּ לְכוּ וְנַעֲלֶה וְנַבְקִיעַ הָרָקִיעַ לְהִלָּחֵם בּוֹ.

פרק א: הכהן הגדול – ממשיכם של אבות העולם

אברהם

יָחִיד אַב הֲמוֹן, פִּתְאוֹם כְּכוֹכָב, זָרַח מֵאוּר כַּשְׂדִּים לְהָאִיר בַּחֹשֶׁךְ.
כַּעַסְךָ הֵפֵרְתָּ בְּשׁוּרְךָ פָּעֳלוֹ / וּלְעֵת שֵׂיבָתוֹ לְבָבוֹ חָקַרְתָּ.

יצחק

לִוְיַת חֵן מִמֶּנּוּ הוֹצֵאתָ / טָלֶה טָהוֹר מִכֶּבֶשׂ נִבְחָר.

אף נח ה"**תמים בדורו**" הקריב לפני ה' בהר המוריה, "**ובאהבת ניחוחו בניו ברכת**". אף הם טעו "ובנו מגדל", והעולם נכשל בחטא, עד שבא אברהם אבי האומה הישראלית. "יחיד 'אב המון [גוים]' פתאום ככוכב זרח" ונטל שכר הדורות שלפניו. ואחריו בנו יצחק "טלה טהור" עלה ונעקד בהר המוריה על גבי המזבח שבנו אבות העולם.

יעקב

מִגִּזְעוֹ אִישׁ תָּם הוֹצֵאתָ / חָתוּם בִּבְרִיתְךָ מֵרֶחֶם לָקַחְתָּ.
נָתַתָּ לוֹ שְׁנֵים עָשָׂר שְׁבָטִים / אֲהוּבֵי עֶלְיוֹן מִבֶּטֶן נִקְרָאוּ.

בחירת שבט לוי

שַׂמְתָּ עַל לֵוִי לִוְיַת חֵן וָחֶסֶד / וּמִכָּל אֶחָיו כֶּתֶר לוֹ עִטַּרְתָּ.
עַמְרָם נִבְחַר מִזֶּרַע לֵוִי / אַהֲרֹן קְדוֹשׁ יהוה מִשָּׁרָשָׁיו קִדַּשְׁתָּ.
פֵּאַרְתּוֹ בְּבִגְדֵי שְׂרָד / וּבְקָרְבְּנוֹתָיו הֵפֵר כַּעַסְךָ.

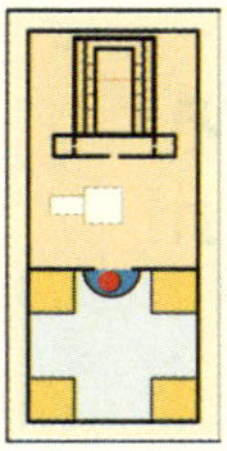

הכהן הגדול קורא מפרשיות יום הכיפורים לפני העם בעזרת נשים בזמן שריפת הפר והשעיר

׳בגדי זהב׳

צִיץ וּמְעִיל, חֹשֶׁן וְאֵפוֹד / כְּתֹנֶת וּמִכְנְסֵי בַד, מִצְנֶפֶת וְאַבְנֵט.
קָרְבְּנוֹת פָּרִים וְעוֹלוֹת כְּבָשִׂים / וּשְׁחִיטַת שְׂעִירִים וְנִיחוֹחַ אֵילִים.
רֵיחַ קְטֹרֶת, מִרְקַחַת וּבִעוּר גֶּחָלִים / וּזְרִיקַת דָּם וּסְפִירַת יֹשֶׁר.
שַׁוְעַת קְטֹרֶת וּתְפִלַּת אֱמֶת / וּקְדֻשָּׁתוֹ מְכַפֶּרֶת עֲוֹנוֹתֵינוּ.
תֹּכֶן בּוּץ וַעֲרִיכַת אֶבֶן / מְחֻגָּר בְּכֻלָּם, כְּמַלְאַךְ מִיכָאֵל מְשָׁרֵת.

שבט לוי נטל ׳כתר׳ כהונה ולויה, שכן לא חטאו בעגל

מיעקב ״איש תם״ התפתחה האומה הישראלית ״ונתת לו שנים עשר שבטים״, אולם מכולם זכה שבט לוי ש״מכל אחיו – כתר לו עטרת״.

כוונת הפייטן היא למאמרם של חכמינו ז״ל במסכת שבת (פח, א) שם נאמר: ״בשעה שהקדימו ישראל ׳נעשה׳ ל׳נשמע׳, באו ששים ריבוא של מלאכי השרת, לכל אחד ואחד מישראל קשרו לו שני כתרים, אחד – כנגד ׳נעשה׳, ואחד כנגד ׳נשמע׳. וכשחטאו, ירדו מאה ועשרים ריבוא מלאכי חבלה ופרקום, שנאמר: ׳ויתנצלו בני ישראל את עדיים [התכשיט, הכתר] מהר חורב״ (שמות לג, י. וראה שמות רבה נא, ח; ועוד)

שבט לוי אשר אנשיו לא עבדו לעגל, ואף נענו לקריאת משה: ״מי לה׳ אלי״, וטיהרו את מחנה ישראל מעובדי העגל, הם זכו ב״כתר״ ׳נעשה ונשמע׳. לפיכך זכו להיות ״לגיונו של מלך״ ולעבוד לפני ה׳ במקדשו במקום בכורי ישראל אשר נדחו מעבודה (וראה דברים י, ח; וברש״י שם). ״אהרון קדוש ה׳ לשרתך קדשת... ובקרבנותיו הפר כעסך״.

הכעס על חטא העגל שכך, שכן בהקמת המשכן והקרבת הקרבנות על ידי אהרון ובניו ירדה שכינה לשכון בתוכו, ובכך הודיע ה׳ לכל באי עולם, כי נתכפר לישראל חטא העגל. זה תוכנו המהותי של המשכן הנקרא ״משכן העדות״, וכדברי חז״ל: ״עדות היא לכל באי עולם, שהקב״ה נתרצה לישראל [על חטא העגל]״ (ראה תנחומא ישן פקודי ב; ועוד).

כהן גדול במקדש בשבעת ימי הפרישה

הכול אומרים:

סימן תשר״ק

תִּכַּנְתָּ כָּל אֵלֶּה לִכְבוֹד אַהֲרֹן / כְּלֵי כַפָּרָה לְיִשְׂרָאֵל שַׂמְתּוֹ
וְעַל יָדוֹ סְלִיחַת הֶעָוֹן נָתַתָּ.

תַּחַת אַהֲרֹן מִגִּזְעוֹ יַעֲמֹד / לְשָׁרֵת לְפָנֶיךָ בְּיוֹם הַסְּלִיחָה. תּוֹרַת מַעֲשֶׂה וַעֲבוֹדַת הַיּוֹם, שִׁבְעַת יָמִים בִּזְבוּלֵנוּ יִלְמֹד וּמַזִּין עָלָיו שְׁלִישִׁי וּשְׁבִיעִי.

הכהן הגדול נכנס לכהונתו 'תחת אהרון' וכממשיכו בעבודת יום הכיפורים

"**תחת אהרון מגזעו יעמוד**" הכהן הגדול, הממשיך את שליחותו "**לשרת לפניך ביום הסליחה**", כלומר, ביום הכיפורים שבו נסלח לישראל, וניתנו להם הלוחות השניים, ונקבע יום זה כ'יום סליחה' לדורות.

סידרת המחשבות המתוארת בדברי ההקדמה של הפייטן, היא זו אשר העסיקה גם את הכהן הגדול בלשכתו במקדש, הנשקפת אל העזרה ואל ההיכל הבנוי בתחומי 'הר המוריה', המקום בו התרחשו האירועים בגן עדן בעבר הקדום. בעוד הוא מסתופף בבית אלהיו בשבוע זה, הלכה והעמיקה בו התחושה, מה גודל התפקיד שהוטל עליו כשליחו של עם ישראל, לכפר עליהם ביום הכיפורים – יום הסליחה.

הכהן הגדול פורש מביתו יומיים לאחר ראשית השנה ושבעה ימים לפני יום הכיפורים – בעקבות פרישת אדם הראשון מביתו בתאריך זה

היום בו פרש הכהן מביתו – "זו אשתו" (משנה יומא א, א) – תואם את היום בו פרש אדם הראשון מאשתו. שכן, "בראש השנה נולד אדם הראשון" (זוהר חלק א, לז, א) היה זה היום הששי לבריאה. למחרתו ביום השבת טרם נענש, מפני כבוד השבת, וכמובא ב'בראשית רבה' (יא ב, ג) ש"אדם הראשון לן כבודו עמו כל השבת, ומוצאי שבת ניטל ממנו זיוו וטרדו [הקב"ה] מגן עדן". כלומר, עונשו נדחה וכך זכה לשבת בגן עדן – מעין עולם הבא – ביומיים הראשונים ליצירתו. בזוהר (חלק א; בראשית רנג, ב) מבואר המועד בו גורש אדם הראשון מגן עדן, שם נאמר: כיון שיצאה השבת והרהר בתשובה, הוציא אותו הקב"ה לאותו מקום שנקרא 'אדמה', ככתוב (בראשית ג, כ"ג): "לעבוד את האדמה אשר לוקח משם", היינו לעבוד באותו מקום בהר המוריה, אשר "הוצבר עפרו" ממנו, ובו נאמר "מזבח אדמה תעשה לי" (שמות כ, כא).

חז"ל מתארים את מעשה התשובה שעשה אדם הראשון: 'כיון שראה שנקנסה מיתה על ידו – ישב בתענית... ופירש מן האשה' (עירובין יח, ב)

נמצא, ש'עשרת ימי תשובה' – המקובלים בישראל מדור לדור כימי תשובה – שתחילתם

בראש השנה וחתימתם ביום הכיפורים, תואמים את מהלך הדברים בראשית ימיו של אדם הראשון וסדר הזמנים מקדמת דנא: ראש השנה – יום יצירת אדם וחוה, למחרתו – יום השבת, היתה זו 'שבת בראשית' – בה "לן אדם בכבודו" עדיין בגן עדן. בתום שני ימים אלה, פרש אדם הראשון מביתו כתשובה על חטאו. בעקבותיו פורש הכהן הגדול – ממשיכו של אדם הראשון – מביתו, יומיים לאחר ראשית השנה, כפי שנהג אדם הראשון בשעתו. הכהן הגדול מתכנס בלשכתו בעזרה בהר המוריה לשבעה ימים של חשבון נפש ותשובה כהכנה ליום הכיפורים. ביום הכיפורים – יום הסליחה, הוא היום בו מגיע תהליך התשובה לשיאו. הכהן הגדול לובש 'בגדי לבן', כאדם הראשון בשעתו, ומביא פר בן בקר לכפרה, בדומה לפרו של אדם הראשון, שהקריב קרבן ביום שבת הראשון לבריאה על חטא האכילה מעץ הדעת (עבודה זרה ח, א).

אלה הם ימי תשובה לא רק לישראל, אלא לכל צאצאי אדם הראשון. הכהן הגדול איננו אלא שליח כלל העולם, להכנס בשמם ובשם כל היצורים אל הקודש ואל קדש הקדשים.

פתיחת סדר העבודה – בלבישת 'בגדי זהב'

מבין הכלים והעבודות השונות במקדש, פותח הפייטן בתיאור בגדי הכהן הגדול ביום זה, וכדבריו: "פארתו בבגדי שרד... ציץ ומעיל, חושן ואפוד, כתונת ומכנסי בד, מצנפת ואבנט... וקדושתו מכפרת עוונותינו".

הפייטן רומז למה שאמרו חז"ל, ש"בגדי כהונה מכפרים" (זבחים פח, ב): "ציץ מכפר – על עזות פנים, המכנסיים – על גילוי עריות, האבנט – על עקמומיות שבלב" ועוד. עם זאת יש בפתיחה זו כדי ללמד על המיוחד ביום הכיפורים, שהיה היום היחידי בשנה, בו היה הכהן הגדול מחליף את בגדיו מ'בגדי זהב' ל'בגדי לבן' פעמים אחדות, ובכך "קדושתו מכפרת על עוונותינו".

קיים דמיון והשוואה בין מה שנצטווה הכהן הגדול ללבוש לצורך עבודת היום, היינו, "כתונת בד קודש ילבש", לבין הבגדים שלבש אדם הראשון, ככתוב: "ויעש ה' אלהים לאדם ולאשתו כתנות", ללמדנו, כי תבוא ה'כתונת' של הכהן הגדול, ממשיכו של אדם הראשון – לובש ה'כתונת' הראשונה כבגד כהונה, ותכפר על חטא אדם הראשון שהאפיל את העולם בראשית יצירתו.

פרק ב: הכהן הגדול במקדש בשבעת ימי הפרישה

כדברי הפתיחה של מסכת יומא: "שבעת ימים קודם יום הכפורים מפרישין כהן גדול מביתו ללשכת פרהדרין", כן גם הפייטן כותב: "תורת מעשה ועבודת היום שבעת

ימים בזבולנו ילמוד". כלומר, יציאתו של הכהן הגדול מביתו למשך שבעה ימים ללשכתו במקדש, נועדה לא רק כדי להתרחק מטומאה, אלא יש לה גם מטרה, ללמוד "תורת מעשה ועבודת היום". מקום הלימוד המתאים ביותר ללימוד סדרי 'עבודת היום', זה "זבולנו", היינו בית המקדש.

הכהן הגדול מכין עצמו לקבלת פני השכינה בקדש הקדשים

מילים אלו, הכתובות בצורה תמציתית, כדרך הפייטן, מסתירות מאחוריהן דיון מתמשך בדברי חז"ל בתחילת מסכת יומא, בדבר המקור שממנו למדו את החובה להפריש את הכהן הגדול מביתו למשך שבעה ימים. שני פסוקים מובאים בתלמוד כמקור להלכה, ש"מפרישין כהן גדול מביתו". פסוק אחד נאמר במשה רבנו במעמד הר סיני, ופסוק שני נאמר באהרון הכהן בעת מעמד חנוכת המשכן. שניהם נדרשו להכין את עצמם במשך שבעה ימים, בטרם יזכו לראות את פני השכינה.

אף באשר ליום הכיפורים נאמר: "כי בענן אראה על הכפורת" (ויקרא טז, ב). היינו, כבוד ה' נראה ומתגלה ביום הכיפורים בקדש הקדשים, מבין שני הכרובים "על הכפורת" (ראה בתרגומים שם). לפיכך, הכהן הגדול צריך להכין את עצמו לקבלת פני השכינה כדוגמת משה ואהרון בשעתם.

ציץ הזהב ◂

◂ כהן גדול מתרגל את מילוי הקטורת מלא חופניו

כניסתו של הכהן הגדול לקדש הקדשים
יש בה דמיון לעליית משה להר סיני

באשר למשה נאמר: "וישכון כבוד ה' על הר סיני, ויכסהו הענן [את משה] ששת ימים ויקרא אל משה ביום השביעי" (שמות כד, טז). מכאן, שמי שנכנס ל'מחנה שכינה', היינו הר סיני בזמנו, בו ניתנה תורה ועליו שרתה שכינה, צריך לפרוש מביתו ולהמתין בענן ליום השביעי – יום גילוי שכינה בסיני.

אכן, כניסתו של הכהן הגדול לקדש הקדשים, יש בה דמיון רב למעמד הר סיני, שהרי הלוחות שקיבל משה בהר סיני, הגיעו בסוף מסע מתמשך מהר סיני להר המוריה, ומקומם נקבע בקדש הקדשים, שהוא מקום השראת השכינה בעולמנו, ומאז הוקם המקדש בירושלים, הר המוריה הוא המחליף של הר סיני כמרכז הקדושה בעולם.

ממילא, אם הכהן הגדול מכין את עצמו להכנס ביום הכיפורים פנימה, אל מקום הארון והלוחות והכרובים, לזכות לגילוי שכינה, עליו להכין את עצמו שבעת ימים כמשה בשעתו, שעמד לקבל לוחות בהר סיני.

• החושן

הדמיון בין ההכנות ליום הכיפורים להכנות לחנוכת המשכן

ההכנה לכניסה לקדש הקדשים יש בה דמיון לשבעת ימי המילואים בעת חנוכת המשכן. שכן, אף אהרון הכהן הכין את עצמו בעת הקמת המשכן, ובטרם זכו לראות את השכינה בתוכו, נצטווה הוא ובניו מפי הגבורה לפרוש מביתם שבעה ימים, ככתוב: "ופתח אהל מועד תשבו שבעת ימים" (ויקרא ח, לד). דבר מסתבר הוא, שכדי לזכות לראות פני השכינה – וכפי שאכן ארע ביום השמיני, שירדה אש משמים על המזבח – יש לפרוש לתקופת מה מחיי החולין של העולם הזה, ולהתרכז בתוך עולם שכולו קודש, במשכן – ב'מחנה שכינה' (וראה את הדיון בסוגיא בגמרא יומא ב, א; יג, ב).

הרמב"ם מסכם את הדברים בקצרה וכותב: "דבר זה קבלה ממשה רבנו" (הלכות עבודת יום הכפורים א, ג). הדבר מצביע על המקור הקדום ממנו שאובה ההלכה, שעל הכהן הגדול לפרוש מביתו ולעבור ללשכתו במקדש – 'לשכת פרהדרין', וזאת לאור תוכנם של הפסוקים הנ"ל.

הכהן הגדול בלשכתו סוקר בדעתו את עבר העולם,
מאז החל אדם הראשון את צעדיו בהר המוריה עד יום כיפורים זה

אכן, משנכנס ללשכתו למשך שבעה ימים, היו אלה ימים רצופים של לימוד, שינון וחזרה על הלכות העבודה. כן היה הכהן הגדול עושה בפועל רבות מן העבודות, כגון זריקת הדם, הקטרת הקטורת, הטבת הנרות והעלאת אברי התמיד על גבי המזבח (רמב"ם עבודת יום הכיפורים א, ה) וכלשונו – "ומרגילין אותו בעבודות כל שבעה".

במהלך שבעת הימים בהם ישב הכהן הגדול ב'לשכת פרהדרין', פעלו כולם בצוותא – חברי הסנהדרין, זקני הכהונה והכהן הגדול – כדי שתיעשה העבודה כהלכתה, וכדי שלא תצא תקלה מתחת ידו של הכהן הגדול, ש"כל עבודות יום הכיפורים אינן כשירות אלא בו" (יומא עג, א'; הוריות יב, ב) וכלשון הפייטן: "שלומי זקני עם, וחכמי אחיו הכהנים תמיד יסובבוהו עד בוא יום העשור".

נסקור, אפוא, כמה מן הפעולות שנעשו כהכנה ליום הכיפורים:

א. טהרה באפר פרה אדומה

הלכה היא, שיש לטהר את הכהן הגדול מטומאת מת לפני יום הכיפורים, גם אם אין לו ידיעה ברורה שנטמא בעבר. מקור הדברים בברייתא המובאת במסכת יומא (ד, א) האומרת שהלכה זו נוהגת הן לגבי כהן העומד להכין את אפר הפרה האדומה ואת

שריפתה בהר המשחה, והן לגבי הכהן הגדול העומד לשרת בעבודת יום הכיפורים. זאת, כדי לוודא שהכהן טהור, שמא נטמא במת בלא ידיעתו.

ב. מינוי סגן לכהן גדול

חכמי הסנהדרין וזקני הכהונה "מתקינין כהן אחר תחתיו [של הכהן הגדול] שמא יארע בו פסול". החשש העיקרי היה מפני טומאה או תקלה אחרת. מינוי סגן לכהן המריץ את הכהן הגדול להישמר עוד יותר מטומאה, ולהתכונן לתפקידו בדקדקנות, כדי שלא יירש אחר את מקומו (יומא יא, א).

אם, אכן, נפסל הכהן הגדול מסיבה כל שהיא ביום הכיפורים, נכנס אחר תחתיו מיד וללא הכנות מיוחדות, אלא "עבודתו – מחנכתו" (יומא יב, ב; ורמב"ם עבודת יום הכפורים א, ג).

ואכן, קרו מקרים שהכהן הגדול נפסל לעבודה ונכנס ממלא מקום תחתיו, כמובא במסכת יומא (מז, א): "אמרו עליו, על ר' ישמעאל בן קמחית: פעם אחת [רש"י: 'יום הכיפורים היה'] סיפר דברים עם ערבי אחד בשוק, וניתזה צינורא [רוק] מפיו על בגדיו, ונכנס ישבב אחיו תחתיו, וראתה אימן שני כהנים גדולים ביום אחד. ושוב, אמרו עליו על ר' ישמעאל בן קמחית: פעם אחת יצא וסיפר עם אדון אחד בשוק, וניתזה צינורא מפיו על בגדיו, ונכנס יוסף אחיו ושימש תחתיו, וראתה אמן שני כהנים גדולים ביום אחד".

יש מקום לתמוה, מה עושה הכהן הגדול מחוץ למקדש בשבעת ימי הפרישה, וזאת בשיחה עם "ערבי אחד בשוק", או עם "אדון אחד", והרי מקומו בכל שבעת הימים שלפני יום הכיפורים בלשכתו במקדש? ולפירושו של רש"י, שהדבר קרה **ביום הכיפורים עצמו**, התמיהה גדולה יותר, שהרי היה עסוק בעבודה מעלות השחר!

הגמרא מציגה את המקרה בו כהן מחליף את אחיו, כדוגמה מופתית לקדושתה של משפחת הכהנים בני קמחית, כמובא בהמשך שם: "שבעה בנים היו לה לקמחית, וכולם שימשו בכהונה גדולה, אמרו לה חכמים: מה עשית שזכית לכך? אמרה להם: מימי לא ראו קורות ביתי קלעי [צמות] שערי" (שם, וראה ברש"י מה שכתב בשם הירושלמי).

לאור האמור יש לשאול, כיצד קרה שישמעאל בן קמחית יצא מבית המקדש, בעוד חובתו להיות בלשכתו? יתירה מזו, כיצד קרה שחזר ונטמא ביום כיפורים אחר, ומדוע לא למד מטומאתו בעבר, דבר שגרם לו בוודאי אכזבה לא מעטה, שנדחה מלקיים את העבודה ואחיו נטלה ממנו? יתכן להסביר את המקרה בעובדה הנזכרת

לעיל (מבוא, פרק ב) שמלכים ושליטים נטלו את בגדי הכהן הגדול כפיקדון – והחזירו אותם סמוך ליום הכיפורים. יתכן שישמעאל בן קמחית היה הסמכות הגבוהה ביותר באותה שעה, כדי לנהל את המשא ומתן עם השלטון על קבלת הבגדים לצורך העבודה. כך קרה שיצא לדבר עם "אדון אחד" מנציגי המלכות, ונטמא.

ג. סקירת הבהמות העומדות להקרבה

הפייטן מתאר את מעשיו של הכהן הגדול ערב יום הכיפורים:

"ערב יום כפור שחרית היו מעמידין אותו בשער המזרח [שער ניקנור], ומעבירין לפניו [בעזרת נשים] פרים ואילים וכבשים כדי שיהא מכיר ורגיל בעבודה". העברת הפרים והכבשים נועדה ללמד כהן עם הארץ "ולהרגילו בעבודה". אך העברת בהמות זו הייתה לה חשיבות אף לכהן תלמיד חכם. שכן, מסביר בעל 'תפארת ישראל' (יומא א, ג; אות יז), שהעבירו לפניו את הבהמות שהכינו לקראת יום הכיפורים להקרבה, כדי להכיר מראש את הבהמות ולראות איזה מהן יקחו לקרבן תמיד, ואלו בהמות יקחו לקרבן מוסף או לקרבנות יום הכיפורים.

מכאן מובן מדוע לא העבירו לפני הכהן הגדול סוג נוסף של בהמות, היינו שעירים, שאף הם מקרבנות היום. ומסבירה הגמרא (יומא יח, א): שמא תיחלש דעתו, שכן השעירים מזכירים את חטאי ישראל. נראה מדברי הגמרא, שאכן העבירו לפניו את אותן הבהמות שהוכנו להקרבה למחרת, ולפיכך העברת השעירים שעתידים להטיל עליהם גורלות בעזרה היה בה כדי להזכיר את חטאי ישראל.

הדבר תואם את דברי הגמרא (ביומא יח, א) ואת דברי המאירי, כפי שהובאו דבריו לעיל, שכהן גדול היה מודאג, שמא גם אם תיעשה עבודתו בשלימות, ישראל מצידם לא יעשו תשובה כהלכה, וקרבנו לא יהא מקובל ועבודתו לא תהא לרצון. מכאן חולשת הדעת למראה השעירים העומדים להקרבה ביום הכיפורים.

ד. לימוד חפינת הקטורת

חפינת הקטורת היא עבודה מיוחדת ביום הכיפורים, שכן נאמר בתורה: "ולקח מלוא המחתה גחלי אש... ומלוא חפניו קטורת סמים דקה והביא מבית לפרוכת" (ויקרא טז, יב). התורה לא קבעה מידה מדויקת לקטורת, אלא "מלוא חפניו", וכדברי חז"ל ב'תורת כהנים' על פסוק זה: "הגדול לפי גדלו והקטן לפי קטנו". כלומר, כל כהן כמידת כפות ידיו. ואכן מציינת הגמרא ביומא (מז, א) שהיו כהנים גדולים ש"מלוא חפניהם" הכילו כמות גדולה מאד של קטורת, וכדברי הגמרא שם: "אמרו עליו על ר' ישמעאל בן קמחית, שהיה חופן ארבע קבין ב'מלוא חפניו'".

▴ **חפינה ראשונה** החפינה היתה מן העבודות הקשות שבמקדש" (יומא מט, ב) בתורה נאמר: "ולקח... ומלא חופניו קטורת סמים דקה והביא מבית לפרוכת" (ויקרא טז, יב). הקושי היה בכך, שאת אותה כמות קטורת שהכין הכהן הגדול בחפניו בעזרה, אותה כמות עצמה חופן שוב "מבית לפרוכת", בהיותו בקדש הקדשים.

בהיותו בעזרה "חופן ממנה 'מלא חפניו', לא מחוקות ולא גדושות אלא טפופות" (יומא מח, א; רש"י שם; רמב"ם יום הכיפורים ד, א). כלומר, שכפות הידים לא יהיו מהודקות מדי זו לזו, ולא מרוחקות מדי זו מזו, אלא נוגעות זו בזו באופן רופף. ה'חפינה' אינה לפי משקל, אלא "הגדול לפי גדלו והקטן לפי קטנו" (משנה יומא מז, א).

▴ **חפינה שנייה** משנכנס הכהן הגדול לקדש הקדשים בין שני הבדים נוכח הארון (ובזמן 'בית שני' מול 'אבן השתיה') "אוחז בשפת ה'כף' בראשי אצבעותיו, או בשיניו [הדבר תלוי בצורת ה'כף'] ומערה הקטורת בגודלו לתוך חפניו, עד שמחזירה ל'מלוא חופניו' כשהיתה [בעת שמילא את חפניו בהיות בעזרה]. וזוהי עבודה קשה שבמקדש [שלא יפול גרגיר ארצה]" (רמב"ם עבודת יום הכיפורים ד, א). כאן נותן את הקטורת על הגחלים שבמחתה.

כהן גדול חפן את הקטורת בעזרה (בעומדו על הרובד הרביעי) והכניס את הקטורת ב'כף' לקדש הקדשים. שם חפן את הקטורת בשנית מן הכלי, תוך הקפדה לבל יפול גרגיר ארצה. את שיטת החפינה הזאת, שהייתה מן העבודות הקשות שבמקדש (יומא מט, רמב״ם עבודת יום הכפורים ד, א), היו מלמדים את הכהן הגדול בלשכת 'בית אבטינס' – משפחה שהיתה ממונה על הכנת הקטורת במקדש, ובני המשפחה היו בקיאים בהלכותיה.

לשכת בית אבטינס נבחרה על ידי זקני הסנהדרין כמקום מתאים להשביע שם את הכהן הגדול, שיקטיר את הקטורת על פי ההלכה המקובלת בידי הפרושים מדור לדור. שכן, אחת ההלכות שהצדוקים פירשו אותה באופן שונה מן הפרושים, היתה שיטת הבאת הקטורת לקדש הקדשים. מאז ומעולם הביאו הכהנים הגדולים את הקטורת ביום הכיפורים לקדש הקדשים, נתנו את הקטורת על הגחלים שבמחתה שהניחו לפני הארון, וכך "כיסה ענן הקטורת את הכפורת". ככתוב: "והביא [הכהן את הקטורת והגחלים] מבית לפרוכת, ונתן את הקטורת על האש לפני ה׳" (ויקרא טז, יב – יג). בהיות הכהן הגדול בין בדי הארון, שם נתן את הקטורת על הגחלים.

הצדוקים, לעומת זאת, שינו את ההלכה, ואמרו, כי מה שנאמר בתורה: "כי בענן אראה על הכפורת" (ויקרא טז, ב), הכוונה לומר, שיש להעלות את ענן הקטורת כבר בהיות הכהן הגדול בהיכל, וכך להכנס לקדש הקדשים. ומאחר שבעת הקטרת הקטורת לא נותר איש בהיכל, שכן כתוב: "וכל אדם לא יהיה באהל מועד בבואו לכפר בקדש עד צאתו" (ויקרא טז, יז) לא הייתה אפשרות למישהו לוודא ולהיווכח שכהן גדול אכן נהג כהלכה הכתובה ומסורה למשה מסיני.

שְׁלוּמֵי זִקְנֵי עָם, וְחַכְמֵי אֶחָיו הַכֹּהֲנִים
תָּמִיד יְסוֹבְבוּהוּ עַד בֹּא יוֹם הֶעָשׂוֹר, וְאוֹמְרִים לוֹ.
רְאֵה לִפְנֵי מִי אַתָּה נִכְנָס / לִמְקוֹם אֵשׁ, לַהֶבֶת, שַׁלְהֶבֶת.
קְהַל עֲדָתֵנוּ עָלֶיךָ יִסְמֹכוּ / וְעַל יָדְךָ תְּהֵא סְלִיחָתֵנוּ.
צִוּוּהוּ וְהִרְגִּילוּהוּ עַד בֹּא יוֹם הֶעָשׂוֹר
כְּדֵי שֶׁיְּהֵא מֻרְגָּל בְּסֵדֶר עֲבוֹדָה.

ה. השבעת הכהן הגדול בלשכת בית אבטינס

לאור האמור, נקטו הפרושים באמצעי שיש בו כדי להרתיע וזוהי ההשבעה, כמובא במשנה (יומא א׳, ה׳): "העלוהו [זקני הסנהדרין] לעליית בית אבטינס, ושם השביעוהו...

ואמרו לו: אישי כהן גדול! אנו שלוחי בית דין ואתה שלוחנו... משביעין אנו עליך במי ששיכן שמו בבית הזה, שלא תשנה דבר מכל מה שאמרנו לך. [והיה] הוא פורש ובוכה והן פורשין ובוכין". הפייטן מפרש את סיבת הבכיה:

"משביעין אותו... שמא יש בו צד מינות. הוא פורש ובוכה על שחשדוהו, והן פורשים ובוכים על שחשדו למי שמעשיו סתומים, שמא אין בלבו כלום. ואומרים לו: ראה לפני מי אתה נכנס, למקום אש להבת שלהבת".

בכך הזכירו לו את האמור בנדב אביהוא, שנאמר בהם: "ותצא אש מלפני ה' ותאכל אותם וימותו לפני ה'" (ויקרא י, ב). ומסיים הפייטן: "קהל עדתנו עליך יסמוכו ועל ידך תהא סליחתנו".

מדברי חז"ל הננו למדים, שסידרת פעולות זאת הביאה את הכהן לכלל הכרה, שעליו להתאים את עצמו ולנהוג על פי ההנחיות שקיבל מן הפרושים. אולם היו גם מקרים יוצאים מן הכלל, וכגון מה שמובא ביומא (יט, א), שם מתואר מעשה שהיה: "מעשה בצדוקי אחד שתיקן מבחוץ [בהיכל] והכניס [את הקטורת כשהיא מעלה עשן] לפנים [לקדש הקדשים]. ביציאתו היה שמח שמחה גדולה. פגע בו אביו אמר לו: בני! אף על פי שצדוקים אנחנו – מתייראים אנו מן הפרושים. אמר לו: כל ימי הייתי מצטער על פסוק זה. מתי יבוא לידי ואקיימנו, עכשיו שבא לידי – לא אקיימנו? אמרו: לא היו ימים מועטים עד שמת והוטל באשפה והיו תולעים יוצאות מחוטמו [מידה כנגד מידה, הוא חטא ב'ריח ניחוח', לפיכך נענש באבר בגוף המופקד על חוש הריח של האדם]. ויש אומרים: [מיד] ביציאתו ניגף, ששנה רבי חייא: כמין קול נשמע בעזרה שבא מלאך וחבטו על פניו, ונכנסו אחיו הכהנים ומצאו ככף רגל עגל בין כתפיו שנאמר: 'וכף רגליהם [של המלאכים נראית במראה הנבואה] ככף רגל עגל'".

היו, אפוא, מקרים שכהנים גדולים חרגו בפרט כלשהו מן המקובל בהלכה, אך מקרים כגון אלו מעידים על הכלל, וכעדות אביו של הצדוקי: "אף על פי שצדוקים אנו – מתייראים אנו מן הפרושים".

ו. הכהן הגדול ממעט במאכל ונמנע משינה

ב'סעודה מפסקת' היה הכהן הגדול אוכל מעט, כלשון המשנה: "ערב יום הכפורים עם חשיכה, לא היו מניחים אותו לאכול הרבה, מפני שהמאכל מביא את השינה", ושמא יראה קרי [מקרה לילה] בשנתו ויפסל לעבודה.

לפי המתואר במשנה, העסיקו את הכהן הגדול במשך הלילה, כדי שלא תיפול עליו תרדמה, ובקשו ממנו שידרוש בפני קהל הנאספים לחצרות הקודש בלילה, או שדרשו לפניו, וקראו לפניו ספרים המעניינים אותו.

כמו כן, באו רבים מ'יקירי ירושלים' למקדש, והיו עוסקים בתורה כל הלילה "כדי שישמע הכהן הגדול קול הברה ולא ישן" (יומא יט, ב).

כאמור, מטרת מניעת השינה מכהן גדול היתה, כדי שלא יבוא לידי טומאת קרי. עם זאת נשאלת השאלה, הרי הכהן הגדול חייב להכין את עצמו לקראת עבודת היום המסועפת והאחראית, ולעשותה בצלילות הדעת לפרטיה ולדקדוקיה. ברור הדבר, שאדם שלא עצם עין כל הלילה, עלול לבוא לכלל טעות. לאור האמור, האם לא היה רצוי שהכהן יישן כדרכו? ובאשר לחשש טומאת קרי, הרי כבר נאמר במשנה, שאחד מעשרה ניסים שנעשו בבית המקדש הוא "שלא אירע קרי לכהן גדול ביום הכפורים" – כמובא באבות (ה, ד) ואם כן עדיף שיישן, ומניעת שינה זו למה?

נמצינו למדים, שהנס במקדש היה דבר זה גופו, כלומר, לאחר שמנעו מכהן גדול מלהרבות באכילה, ולאחר שמנעו ממנו את השינה, ועשו הכל כדי שלא יבוא לכלל טומאה – כך אירע, שבמשך מאות שנים במקדש "לא ארע קרי לכהן גדול ביום הכפורים". נמצא, שזה עצמו נס גדול הוא. שכן ניסים אינם באים לעולם, אלא אם אדם עמל ויגע, ועושה כל אשר ביכולתו כדי שיתרחש הנס.

זאת כוונת חז"ל בירושלמי (יומא א, ד) המסבירים את הסדרים שהנהיגו במקדש למניעת שינה מכהן גדול, מפני ש"אין סומכין על הנס". כוונתם לומר, שאין סומכים על כך שהנס יבוא מעצמו, אלא עושים הכל כדי שיתרחש.

בהקשר לכך, יש להזכיר נס נוסף שהתרחש במקדש ביום הכיפורים, שהיו "עומדים צפופים ומשתחווים רווחים" (ראה לעיל הרחבת דברים בענין זה). והנה, בניגוד למקורות האומרים כי נתרווח לכל אדם מן הבאים לעזרה מירווח של ד' אמות בדרך נס לצורך השתחוויה, כדי שלא ישמע האחד את וידויו של חבירו, כותב הרמב"ם שהכל היה בדרך הטבע, היינו: "עומדים בעזרה אחד בצד השני, ובשעת

• **השבעת הכהן הגדול בידי חכמי הסנהדרין** חכמי הסנהדרין (בציור מימין) העלו את הכהן הגדול לעלית בית אבטינס' שהיתה במרומי האכסדרה של העזרה, מדרום. בלשכה זו הכינה משפחת בית אבטינס את סממני הקטורת (ראה מכתשת מימין). כאן למד הכהן הגדול את צורת החפינה ואת הלכותיה מפי זקני הכהונה (לבושים לבן משמאל). כאן השביעוהו ואמרו לו: "משביעין אנו עליך במי ששיכן שמו בבית הזה (ההיכל נראה מבעד לחלון) שלא תשנה דבר מכל מה שאמרנו לך", ולא תנהג בקטורת כדעת הצדוקים. "הוא פורש ובוכה והן פורשין ובוכין" (ראה את היושבים מימין ומשמאל) על שחשדוהו שמא הוא צדוקי (משנה יומא א, ה).

ההשתחוויה לא היו באים לידי דחק, ולא היו לוחצים זה את זה [זאת] לעוצם רגשי כבוד המקום ההוא!" (פירושו לאבות פרק ה'). כלומר לדעת הרמב"ם הצפיפות בעזרה היתה עובדה מציאותית, אך רגש הכבוד של האדם כלפי המקדש וכלפי "מי ששיכן שמו בבית הזה", יחד עם אימת יום הדין, הם שהביאו כל איש להצטמצם ולהתגמד, כך שלא הפריע בנוכחותו ובהשתחווייתו לחבירו העומד לצידו. כשמתרחשת תופעה כזאת המנוגדת לטבעם של אנשים, זה כשלעצמו בגדר נס הוא.

ז. 'יקירי ירושלים' במקדש

ליל יום הכיפורים במקדש שונה היה משאר לילות השנה, שכן בשאר הלילות בשנה ננעלו שערי המקדש עם רדת החשכה. כהן מיוחד נתמנה לנעול את השערים במפתח, ובעזרה שררו חושך ודממה. אזור המזבח היה מואר מאש המזבח ושם הלכו ונתעכלו קרבנות היום. משמרת הכהנים שהייתה אמורה להתחיל את עבודתה עם שחר, הייתה מתכנסת אל 'בית המוקד', שם ישנו על אצטבות מיוחדות, כדי שעם שחר יהיו מוכנים לעבודתם (מסכת תמיד, פרק א).

לעומת זאת, בליל יום הכיפורים היו הלשכות סביב העזרה מתמלאות אור וחיים. הוארו בעיקר אותן לשכות שניתן לשבת וללמוד בהן (שכן הישיבה אסורה בעזרה, וכן בכל לשכה שפתחה פתוח לעזרה ומקודשת בקדושת העזרה). בלשכות אלה התכנסו 'יקירי ירושלים' ועסקו בתורה כל הלילה, כמובא לעיל. עצם הקולות הנשמעים מן הלשכות השונות, יש בהם כדי לשמור על עירנותו של הכהן הגדול, אך לא פחות מכן עצם התכונה מסביב, והידיעה אודות נוכחותם של גדולי ירושלים וחכמיה במקדש, העוסקים בתורה במשך הלילה בהמתנה לתחילת עבודת הכהן עם שחר, אף זו סייעה ביד הכהן הגדול לשמור על עירנותו.

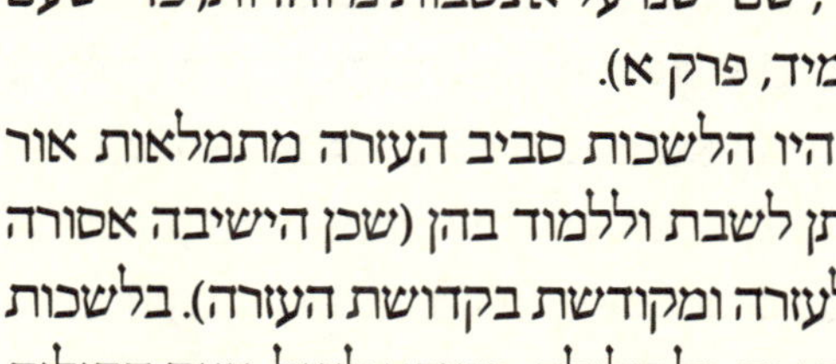

› **אצבע צרידה** אחת מן הדרכים שנקטו בהם כדי לעורר את הכהן הגדול, שלא יתנמנם במהלך ליל יום הכיפורים, היא ש"פרחי כהונה מכין לפניו באצבע צרידה" (משנה יומא א, ז), כלומר, לוחצים את האצבע על האגודל ושומטים אותה בכח להשמיע נקישה, וכך התעורר.

ח. לימוד ושירה לפני הכהן הגדול

מדברי המשנה ביומא נראה, שהכהן הגדול נשאר בלילה ב'לשכת בית אבטינס', במקום שבו מסרוהו זקני בית דין לזקני כהונה. הדבר מסתבר, שכן בית אבטינס היה מעל שער המים (ירושלמי) גבוה מעל רצפת העזרה, והמקום לא נתקדש בקדושת העזרה. כך יכלו הכהן הגדול והחכמים שהתכנסו ללשכתו, וכן פרחי כהונה ולויה, לשבת בצוותא ללימוד מתמשך במשך הלילה.

כמו כן, בסמוך ללשכה זו היה מקווה (שאף הוא לא נתקדש) ובו החל הכהן הגדול את עבודת היום בטבילה עם שחר (יומא לא, ב) ואם כן ראוי לשהות במקום זה בלילה, כדי להתחיל שם מיד בעבודת היום.

הלילה החל בדברי תורה מעניין יום הכיפורים, שדרש הכהן הגדול בפני חכמי ירושלים. אם לא היה בר הכי, היו דורשים בפניו ומקריאים לפניו בספרים המושכים את הלב.

כן מובא במשנה (יומא א, ז) שאם "ביקש להתנמנם, פרחי כהונה מכים לפניו באצבע צרידה" והנקישות עוררו אותו מתנומתו.

בגמרא (יומא יט, ב) מובא, שאף היו משוררים לפניו. שירה זו נעשתה ככל הנראה על ידי פרחי לויה, שהשירה בפה היא עבודתם במקדש (ראה רמב"ם הלכות עבודת יום הכפורים א, ח; שגרס במשנה 'פרחי לויה').

כן מובאת בגמרא (יומא יט, ב) דוגמה לאחד המזמורים ששרו לפניו: "אם ה' לא יבנה בית שווא עמלו בוניו בו" (תהלים קכז, א). מסביר שם רש"י: "כלומר, הזהר בעבודתך שתהא לשם שמים, שתהא לרצון, שאם אינה רצויה – אין טורחך עולה לכלום".

יש להוסיף, שהדגש במזמור זה הוא כנראה המשכו, שכן נאמר שם: "שוא לכם משכימי קום מאחרי שבת... כן יתן לידידו שנא" (שם, ב'). בפסוק זה מובע שחוק על אלו המשכימים קום ומאחרים לישון ברדיפתם אחרי הבלי העולם. מאידך גיסא, יש בפסוק שבח והלל לאלו שמדירים שינה מעיניהם בלילות, כדי לעסוק בתורה ולעמוד בבית ה' בלילות בשיר ושבח לאלקים על מעשיו עם בריותיו. כן מובטח להם, שהקב"ה יתן להם שכרם לעתיד לבא: "כן יתן [הקב"ה שכר] לידידו שנא [למנדד שינה מעיניו]". כך, אפוא, משוררים פרחי לויה לכהן גדול, שהוא עתיד לקבל שכר רב על שהדיר שינה מעיניו בליל יום הכיפורים כהכנה לקראת עבודת היום (וראה רש"י תהלים שם).

ט. לימוד 'קידה'

דרך נוספת לשמור על עירנותו של הכהן הגדול היה מנהגם של פרחי כהונה לומר

לו: "אישי כהן גדול, עמוד והפג אחת על הרצפה" (משנה א, ז) כלומר, קרר את רגלך על רצפת האבנים (פיהמ"ש לרמב"ם).

בגמרא ביומא מוסיפים, שאמרו לכהן הגדול: "אחווי קידה", כלומר, הראה לנו משהו חדש, שזוהי "קידה", שהיא עבודת השתחוויה שמעטים יכלו לעשותה.

נראה עם זאת, שהדבר נעשה לא רק כדי להעסיקו, שהרי הכהן הגדול לא ייענה לכל בקשה של פרחי כהונה ולויה, וזאת משום כבודו. לפיכך נראה, שפנייתם אליו הייתה מתוך רצון ללמוד את צורת ההשתחוויה. כלומר, מאחר שיום הכיפורים הוא יום של כריעות והשתחוויות במקדש, פונים הנוכחים אל הכהן בבקשה שיראה להם, כמומחה לדבר, את הצורה הנכונה של 'קידה', כדי שאם יזכו יוכלו אף הם לקיימה במהלך יום זה בעזרה. פנייתם אליו, אפוא, נוגעת לעניין היום. מאידך גיסא, כיון שצורת השתחוויה זו מאמצת מאד את הגוף ומותחת את כל האברים, היה בפעולה זו כדי לשמר את עירנותו של הכהן הגדול ושל הנוכחים בלשכתו בלילה זה.

▴ מעבירים לפניו פרים ואילים

י. תרומת הדשן בחצות

שלא כבשאר ימות השנה, שמצוות תרומת הדשן מן המזבח הייתה נעשית עם שחר (בקריאת הגבר, וברגלים מסוף אשמורה ראשונה, משנה יומא א, ח), ביום הכיפורים הייתה תרומת הדשן נעשית מחצות הלילה (שם).

בכך החל למעשה סדר עבודת יום הכיפורים על ידי הכהן הגדול (תוספות יומא כא, ב). יש בדבר לימוד ולקח לכהן הגדול כבר בתחילת עבודתו. שכן, תרומת הדשן עניינה סילוק אפר מעל גבי המזבח והנחתו ב'בית הדשן' בצד המזבח. סילוק זה, מלבד היותו מצווה, יש בו גם הודעה, שלפני שפותחים בעבודת היום יש לפנות ולנקות תחילה את המקום משיירי העבודה הקודמת, לקראת העבודה החדשה. ניקיון המקום והטיפול בגחלים ובאפר, הם 'עבודה' לכל דבר. יתירה מזו, זה הדבר הראשון שיש לעשותו. הכהן הגדול פותח, אפוא, את יומו בניקיון האפר והפיח של קרבנות אתמול. בכך הוא מודיע, כי אינו נכנס לעבודה זו להרבות את כבוד עצמו, אלא עבד הוא לבוראו במקדשו.

יא. תקיעת החצוצרות ופתיחת שערי העזרה

בחלקו האחרון של הלילה, החל העם להתכנס לחצרות המקדש בהר הבית ומול שערי העזרה, בהמתנה לפתיחת השערים. עם השמע "שלש תקיעות חצוצרות

▲ החצוצרות

לפתיחת שערים" (סוכה ה, ה; ו'מדרש הגדול בהעלותך י, י), פתחו השוערים הלוויים את שערי העזרה המוזהבים לרווחה, והקהל נהר פנימה מכל העברים לתפוס איש את מקומו.

יש שבחרו לעצמם מקום בצפון העזרה, שכן שם מקום השחיטה ומקום וידוי הכהן הגדול על הפר, וכן הטלת הגורל על השעירים. מצפון העזרה ניתן גם לראות את שתים עשרה המעלות העולות אל פתח האולם וההיכל, שם יוכלו לראות את הכהן הגדול בעת כניסתו לעבודה בהיכל ובעת צאתו. חלק אחר תפס את מקומו במזרח העזרה ובסמוך למקום בו יטיל הכהן הגדול גורלות על השעיר ויתוודה עליו, שם גם ישמעו מקרוב את שירת הלוויים. ויש כאלה שתפסו את מקומם בדרום העזרה, בסמוך למקום שבו טובל הכהן הגדול מעל 'בית הפרוה', משם יוכלו לראות גם את שילוח השעיר דרך שער ניקנור, וכן את כניסתו של הכהן הגדול להיכל להקטיר קטורת, ואף לראותו בעת שהוא עולה על כבש המזבח לעבודות היום.

אל העומדים הצטרפו חכמי הסנהדרין ו'יקירי ירושלים' שירדו מן הלשכות השונות והצטרפו אל הקהל המתכנס, וכדברי המשנה: "לא הייתה קריאת הגבר מגעת, עד שהייתה עזרה מלאה מישראל" (יומא א, א).

אכן, ר' אליעזר בר' נתן בחר לפתוח את פיוט 'העבודה' שלו – "אכפרה פני מלך רב" – בעניין פתיחת השערים, ובסיום ה'בית' הראשון כתב: "בכל יום כיפור בעוד עמנו-אל [במקדש] בקריאת הגבר – נתמלאת עזרה מישראל".

אש המזבח מקרבנות אתמול האירה אור קלוש סביב, והנאספים המתינו בעזרה שיאיר המזרח ותחל העבודה.

טבילה ראשונה של כהן גדול ולבישת 'בגדי זהב'

פֵּרְשׂוּ לוֹ סָדִין שֶׁל בּוּץ, בְּהַגִּיעַ עֵת שְׁחִיטַת כֶּבֶשׂ הַתָּמִיד
לַעֲשׂוֹת מְחִצָּה בֵּינוֹ וּבֵין הָעָם.
עוֹשֶׂה מִצְוָה בְּאֵימָה וּבְיִרְאָה / וּבוֹדֵק עַצְמוֹ מֵחוּצְצֵי טְבִילָה.
שָׂשׂ עַל מִצְוָה לְקַיֵּם דָּתוֹ, וּפָשַׁט בִּגְדֵי חֹל
וְיָרַד וְטָבַל וְעָלָה וְנִסְתַּפָּג כְּמוֹ שֶׁנִּזְהַר.

נָתְנוּ לוֹ בִּגְדֵי זָהָב וְלָבַשׁ
וְקִדֵּשׁ יָדָיו וְרַגְלָיו מִקִּיתוֹן שֶׁל זָהָב.

יב. 'ברקאי'!

הממונה על הפייסות פתח את העבודה בכך, ששלח את הכהנים למקום גבוה במקדש, לראות אם האיר המזרח. מרחוק שמעו הנאספים את שאלת ה'ממונה': "האיר פני כל המזרח?" ומיד שאל בשנית: "עד שבחברון?" כתשובה לשאלה, נשמעה הודעת הצופה: "הן"! תשובה אחרת שהייתה מקובלת אצל הצופה: "ברקאי!" היינו, הבריק השחר (ראה את השיטות השונות במשנה יומא ג, א). (כך גם נזכרת קריאת הצופה בפיוט 'אכפרה' הנ"ל: "קרני איילת [השחר] כהפציל, נם [ואמר] הצופה מליו: [ברקאי!]").

לפי המבואר בירושלמי יומא (ג, א) שאלת הממונה אם האיר המזרח "עד שבחברון", נועדה להזכיר את זכות האבות שנטמנו בחברון. הזכרה זו יש לה משמעות מיוחדת ביום הכיפורים, שכן אברהם אבי האומה היה מייסד המקדש, בכך שבנה את המזבח בהר המוריה ואחר כך הקריב עליו את האיל הנאחז בסבך. היה זה הקרבן הראשון שהקריבה האומה הישראלית במקדש. כן יש להזכיר את

▲ **ברקאי** בציור נראה המקדש עם שחר (במרכז). מימינו מגדל גבוה, עליו עלה אחד מן הכהנים לצפות לכיוון מזרח. הממונה שואל את הצופה אם הגיע זמן השחיטה. אם האיר המזרח, עונה הצופה "ברקאי!" וחוזרים ושואלים אותו, האם האיר "עד שבחברון"? והוא עונה: "הן!" (יומא כח, א). משנתקבלה תשובתו כנ"ל, החלו בשחיטת התמיד.

אשר מובא ב'פרקי דר' אליעזר הגדול', שאברהם אבינו נימול ביום הכיפורים בהר המוריה, במקום בו נבנה המזבח. וכלשון המדרש שם: "שביום הכיפורים נימול אברהם, וכל שנה ושנה הקב"ה רואה את דם ברית המילה של אברהם ומכפר על כל עוונותינו... ובאותו מקום שנימול ונשאר דמו, שם נבנה המזבח" (שם פרק תשעה ועשרים). ואם כן, היה ענין מיוחד להזכיר את זכות האבות במקדש דווקא ביום הכיפורים.

כך גם יצחק, אשר נעקד על מזבח זה, ופשט את צוארו לשחיטה, זכות זו נזכרת לפני ה' לדורות, ו"אפרו של יצחק הצבור על המזבח" מעורר רחמים לפני ה' (ראה ברכות סב, ב). לפיכך, שאלת הממונה אם "האיר המזרח עד שבחברון", פותחת את היום בהזכרת מידת הרחמים של הקב"ה על אבות האומה – אברהם, יצחק ויעקב – ועל בניהם. וכדברי בעל 'אתה כוננת' על אברהם ויצחק: "טלה טהור מכבש נבחר", ועל יעקב "איש תם" שיצא מ"גזעם".

פרק ג: כהן גדול וישראל בעבודת התמיד והמוספים

עבודת הקרבת קרבן התמיד במקדש, וכן הקרבת המוספים, אשר קדמו לעבודה המיוחדת ליום זה בעזרה, תפסו את מירב הזמן מתוך 'סדר העבודה' הכללי, שעבד הכהן הגדול במהלך יום הכיפורים.

תיאור מעשה התמיד והמוסף יארך, שכן הלכותיהם מרובות, ועניינם מחייב חיבור מיוחד ופיוט מיוחד.

מסיבה זו, דילגו הפייטנים השונים, אשר חיברו פיוטים לסדר עבודת יום הכיפורים, על תיאור עבודת התמיד והמוסף, והקדישו לכך לא יותר מאשר שתים שלש שורות. זאת, כדי להתמקד בעיקר, היינו 'סדר העבודה' המיוחד ליום זה. (ראה למשל בפיוט "אמיץ כח" לרבינו משולם בר' קלונימוס אשר הקדיש לכך שתי שורות, ובדומה לכך בפיוט "אשוחח נפלאותיך", וכך גם ב"אתה כוננת עולם ברב חסד"). מאליו מובן, שהשמטת התיאור הזה מסדר עבודת הכיפורים במקדש, מותירה את תיאור היום כולו כשהוא חסר ומקוטע.

לעומת פייטנים אחרים, לא נמנע בעל "אתה כוננת עולם מראש" מלהקדיש לעניין הקרבת התמיד והמוסף משפטים אחדים, המפרטים את עיקרי עבודת התמיד והמוסף ובעקבותיו נלך אף אנו. עם זאת, כאמור, תיאור עבודת התמיד והמוסף במקדש הוא עניין לחיבור מיוחד, ולפיכך נעמוד על פרטים אופייניים המיוחדים ליום הכיפורים.

התכונה בעזרה בעת טבילת הכהן הגדול

כך פותח בעל 'אתה כוננת' את סדר עבודת התמיד: "פירסו לו סדין של בוץ בהגיע עת שחיטת התמיד לעשות מחיצה בינו לבין העם". מלשון המשנה ביומא: "פירסו סדין", "הביאו לו 'בגדי זהב'" "הביאו לו את התמיד" (יומא ג, ד) וזאת בפינות שונות של העזרה ובלשכות שעל שער המים, נראה, שהייתה בעזרה תכונה מיוחדת. יתירה מזו, חלק מן הפעולות נועדו במפורש להביא דברים לתשומת לב הציבור ולעוררו להתבוננות ולתשובה.

להלן תיאור אפשרי של הדברים כפי שהוא עולה מדברי חז"ל והרמב"ם.

עם פריסת הסדין של בוץ מעל שער המים, נשאו העם העומדים בעזרה את

▲ **טבילה ו'קידוש' ללבישת 'בגדי זהב'** כשהכהן הגדול מחליף את בגדיו ביום הכיפורים, הוא 'מקדש' תחילה את ידיו ורגליו (בעמידה) מ'קיתון של זהב'. לאחר מכן פושט את 'בגדי הלבן' וטובל במקווה. לאחר הטבילה לובש 'בגדי זהב' (ראה כהנים נושאים בגדים בציור משמאל) ושוב 'מקדש' את ידיו ורגליו מן הקיתון (רמב"ם עבודת יום הכפורים ב, ב). כך היא לשון המשנה (יומא לא, ב): "אם היה כהן גדול זקן [הסובל מטבילה במים קרים], או אסטניס [שאינו רגיל בכך], מחממין לו מים [מערב יום כפור] ומטילין לתוך צונן". כך כותב הרמב"ם (עבודת יום הכפורים ד, ה): "מלבנין גושי ברזל באש מערב יום הכפורים, ולמחרת מטילין אותן במי המקוה להפיג צינתן" (ראה כהן בציור מימין, המטיל גוש ברזל אל המים).

עיניהם אל על לכיוון ׳לשכת בית אבטינס׳, שם הורגשה תכונה של כהנים. כמה כהנים נשאו עמם את שמונת הבגדים של הכהן הגדול. יש מי שנשא את ׳בגדי הלבן׳, ויש מי שנשא את בגדי הזהב, המעיל והפעמונים, האפוד והחושן, וכן את ציץ הזהב. בעקבותיהם הלך כהן הנושא עמו קיתון זהב מלא מים (מדברי רש״י נראה, שהמים היו ממי הכיור. יומא לא, ב; במשנה).

שני כהנים פירסו סדין של בוץ (פשתן) אשר השתלשל מגג האכסדרה כלפי מטה, וחצץ בין העם העומדים בעזרה לבין הכהנים העושים את דרכם לבית הטבילה שעל שער המים. לובנו של הסדין שנפרס הורגש למרות אפלולית הבוקר.

כהנים מיוחדים נתמנו להביא לכהן גדול את בגדיו, בהתאם לעבודות היום השונות. שכן עבודות התמיד והמוסף נעשו ב׳בגדי זהב׳ ואילו העבודה המיוחדת ליום הכיפורים נעשתה ב׳בגדי לבן׳, והיה צורך להביא את סידרת הבגדים הנכונה לעבודה המתאימה.

טבילות הכהן הגדול – להוסיף קדושה על קדושתו

פתיחת ׳סדר העבודה׳ בתורה מוקדשת לחילופי הבגדים. מודגש בפסוקים, כי עבודת היום צריכה להיעשות בקדושה יתירה ככתוב: ״כתונת בד קדש ילבש... ובמצנפת בד יצנוף בגדי קדש הם, ורחץ במים את בשרו ולבשם״ (ויקרא טז, ד). ואכן אמרו חז״ל: ״יבוא מי שנקרא ׳קדוש׳ [אהרון]... ויכנס לבית המקדש שנקרא ׳קדוש׳... ויקריב לפני ׳קדוש׳, וילבש ׳בגדי קדש׳, ויכפר על ישראל שנקראו ׳קדש׳... ראה כמה קדושות היו ביד הכהן הגדול״ (מדרש חדש שמות עמ׳ רנט).

קדושה זו של הכהן הגדול, היא תוצאה של ההכנה הנפשית שנעשתה בימים שלפני יום הכיפורים. למעשה, כבר נטהר הכהן הגדול לפני יום הכיפורים מכל טומאה אפשרית. גם בליל יום הכיפורים נשמר מכל טומאה, ואם כן, טבילה זו למה?

אך כך היא מצות התורה: ״ורחץ במים את בשרו״ – עם כל טהרתו, ורק אז – ״ולבשם״. כלומר, לבישת בגדי כהונה של יום הכיפורים אינה דומה ללבישת בגדי כהונה של שאר ימות השנה, אלא זוהי לבישה הבאה להוסיף קדושה.

הטבילה הראשונה הייתה בבית הטבילה שב׳חול׳, מעל ׳שער המים׳ ׳שבדרום העזרה, ובסמוך ל׳לשכת בית אבטינס׳, שהפכה ללשכת הכהן הגדול למשך ליל יום הכיפורים. (לשכת הכהן הגדול הקבועה – ׳לשכת פרהדרין׳ מקומה בצפון העזרה, ראה מידות פרק ה משנה ג).

אלו דברי הגמרא ביומא (יט, א): ״חמש טבילות ועשרה קידושין [קידוש ידיים ורגלים] טובל הכהן הגדול ומקדש בו ביום. וכולן בקודש ב׳בית הפרווה׳, חוץ [מטבילה]

• **טבילת הכהן הגדול** שני מיני טבילות היה טובל הכהן הגדול ביום הכיפורים. טבילה ראשונה שטבל היתה בבית הטבילה ש'בחול', ושאר הטבילות היו ב'קדש'. להלן תיאור מקומות הטבילה. בית טבילה של חול היה סמוך ל'לשכת בית אבטינס' מעל 'שער המים' בדרום העזרה (יומא לא, א, בציור נראה 'שער המים' מימין). ומעליו במרומי האכסדרה (על הגג מימין) נראית לשכה, עם שני חלונות, זה 'בית הטבילה של חול'. לעומתו 'בית הטבילה של קדש', היה למטה ממנו בתחומי העזרה מעל 'לשכת הפרווה' (יומא לד, ב). בציור משמאל נראים שלשה פתחים (בקומת הקרקע): לשכת המלח (משמאל) לשכת הפרווה (באמצע) ולשכת המדיחין (מימין) (משנה מידות ה, ג). מלשכת המדיחין עלתה 'מסיבה' (מדרגות העולות בצורה סבובית) אל 'בית הטבילה ש'בקדש'. במעלה המדרגות נראה הכהן הגדול, כשהוא לובש 'בגדי זהב', ותכלת וארגמן ותולעת שני. מאחוריו נראה כהן הנושא בידיו 'בגדי לבן' להחלפה. בקומה השנייה, מעל לשכת 'בית הפרווה' מול פתח בית הטבילה, עומדים שני כהנים הפורסים 'סדין של בוץ' בינו לבין העם, כדי להזכיר לכולם שהעבודה ב'בגדי לבן', ושהיום מצווים הכל 'להלבין' את עצמם מן החטא.

ראשונה, שהייתה בחול, על גבי 'שער המים', ובצד לשכתו [הזמנית] הייתה". ומסביר הרמב"ם (הלכות עבודת יוה"כ ב, ג) ש"טבילה ראשונה – רשאי לטבול אותה בחול, שאינה אלא להוסיף כוונתו".

כך היו הטבילות וה'קידושים', מוסיפים קדושה על קדושתו של הכהן הגדול לקראת עבודת היום.

פריסת סדין של בוץ – על שום מה?

ואכן, הקהל העומד בעזרה ראה כיצד נפרס הסדין של בוץ מגג האכסדרה הדרומית, כדי לרמז דבר ולהביא לידי מחשבה.

'ראשונים' ו'אחרונים' עסקו בשאלה: מה מטרת פריסת סדין לבן "בינו לבין העם"? יש שאמרו, כדי שלא יראו את גופו של הכהן הגדול בעת שהוא מחליף את בגדיו (המאירי וה'משנה למלך' עבודת יום הכפורים ד, א). הסבר זה קשה, שכן, הטבילה הייתה נעשית מעל 'שער המים', גבוה מאד מעל פני רצפת העזרה (עשרים ושלש אמות, ראה יומא לא, א) והטבילה נעשית בבית הטבילה המיוחד לכך המכיל מי מעין (מי 'עין עיטם', עיין שם בגמרא) ממילא, היה הכהן הגדול מוסתר בבית הטבילה מעין העומדים בעזרה, ומדוע אם כן, יש לפרוס סדין של בוץ?

יש שאמרו: כדי להזכיר לכהן הגדול שעבודת היום ב'בגדי לבן' (תוספות יומא לא, ב). גם הסבר זה מעורר תמיהה, שכן פריסת סדין של בוץ בטבילה ראשונה, נועדה לצורך החלפת בגדי החול של הכהן הגדול ל'בגדי זהב', ואם כן, מדוע צריך לפרוס עתה סדין לבן, ולהזכיר לו את 'בגדי הלבן', כשהוא עומד ללבוש עכשיו 'בגדי זהב'?

מה עוד, שאת 'בגדי הזהב' ו'בגדי לבן' שהחליף הכהן הגדול, "הביאו לו" כהנים מיוחדים המופקדים על כך וכדברי הפייטן ב'אתה כוננת' – "נתנו לו 'בגדי זהב'".

ואם כן, מה יתן ומה יוסיף לכהן הגדול האיזכור של 'סדין של בוץ', הרי הכהן המופקד על כך, יביא לפני הכהן בכל טבילה את הבגד הנכון לאותה עבודה?

ואכן, כתב בעל 'תפארת ישראל' (יומא פרק ג, אות כ) שהדבר נעשה כדי להזכיר לו **ולעם**, שעבודת היום המיוחדת תיעשה בבגדי בוץ, ולא פירש מה מטרת ההזכרה הזאת **לעם** ומה עניינה.

מצות 'בגדי לבן' – והתשובה

כבר הבאנו לעיל את המקורות מדברי חז"ל וה'ראשונים', המונים טעמים אחדים למצוות התורה ללבוש 'בגדי לבן' ביום זה. טעם אחד: הכהן הגדול מכפר ביום זה

על חטא אדם הראשון, אשר יצרו גרם לו להביא את המושג 'חטא' לעולם, ובכך הוריד את העולם ממדרגתו בעת הבריאה. תבוא, אפוא, "כתונת בד קודש" במקדש, ותכפר על מעשה אדם וחוה וכישלונם. שכן עשה להם הקב"ה "כתנות", ובכתונת שזכה לה אדם מאת הקב"ה, עמד אחר כך ושרת לפניו ככהן, והעלה קרבן על המזבח שבנה בהר המוריה.

טעם שני מנו חכמים: 'בגדי לבן' אלה נועדו להזכיר את חטא העגל. יום הכיפורים הוא גם היום שבו פוקד הקב"ה וזוכר מדי שנה את חטא העגל, וכדברי ה'תנחומא' על הפסוק "וביום פקדי ופקדתי" (שמות לב, לד) שכוונתו לומר, שביום זה יפקוד ה' גם את החטא הזה. וכיון שעשו בו ישראל תשובה, לפיכך יהיה זה יום סליחה ומחילה קבוע על חטא העגל ועל חטאים אחרים לדורות. מסיבה זו, בעת כניסתו של הכהן הגדול לקדש הקדשים יכנס ב'בגדי לבן' כדי שלא ייעשה ה'קטיגור' (הזהב) 'סניגור'.

טעם שלישי, המובא בדברי חז"ל, ש'בגדי לבן' באים לכפר על טבילת כותנתו של יוסף בדם, וכדי למחוק את זיכרה של כתונת הפסים של יוסף, לובש הכהן הגדול ביום זה 'בגדי לבן'. דומה שלכך התכוון הפייטן יוסי בן יוסי בפיוט ה'עבודה' 'אתה כוננת עולם ברוב חסד', שם כתב: בשיבוץ מכנסי בד... ובכפל כתונת בד... יסיר דאגת כתונת פסים" (באשר למילה "כפל" נראה להסביר, שכוונתו לבגדי לבן של שחרית מפילוסין, ובגדי לבן של בין הערביים מהינדואין, ראה יומא לד, ב).

לאור האמור, יש חומר רב למחשבה למתכנסים בעזרה, בעת שהם רואים חמש פעמים במהלך עבודת היום את הכהן הגדול נכנס להחליף את בגדיו, לטבול ולטהר את עצמו, ובכל פעם פורסים בינו לבין העם סדין של בוץ לבן, הלא דבר הוא?!

כך עולה וצף במחשבת העומד בעזרה, זכרון עבירות מימי קדם, כגון: חטאו של אדם הראשון הצריך תיקון, חטא המחלוקת בין בני יעקב והשנאה בין אדם לחברו המסתעפת ממנו, וחטא ישראל בעגל והשלכותיו לדורות – כל

קיתון של זהב ◂

אלו צריכים תיקון בכל דור ודור. בהרהורי תשובה אלה פותח האדם את יומו עם שחר במקדש.

גם הכהן הגדול צופה מבית הטבילה הנמצא ברום העזרה בעם העומדים למטה בחצרות הקודש וממתינים לתחילת עבודתו, כשהם סומכים עליו שבוודאי טיהר עצמו מכל שמץ של עבירה. אף הוא מטהר את עצמו כשליח עם ישראל והאנושות כולה לקראת עבודת קודש זו.

בכך יובן המשפט בדברי הפייטן, אודות טבילת הכהן הגדול: "עושה מצות טבילה באימה ויראה... שש על מצוה לקיים דתו ופשט בגדי חול וירד וטבל... נתנו לו 'בגדי זהב' ולבש".

'קידוש' מקיתון של זהב – תוספת קדושה

כאן באה פעולה נוספת שעושה הכהן הגדול כהכנה לעבודת היום: "קידש ידיו ורגליו מקיתון של זהב". בכל יום מקדש הכהן את ידיו ורגליו מן הכיור בפתיחת עבודת היום ודי בכך, אולם היום בא 'קידוש ידיים ורגלים' לפני 'עבודה' מיוחדת ביום זה: פשיטת בגדים ולבישת בגדים. בסיומה של 'עבודה' זו שוב יקדש ידיו ורגליו. הווה אומר: לבישת הבגדים עצמה היא עניין מיוחד, ויש בה תוספת קדושה והתעלות בכל שלב

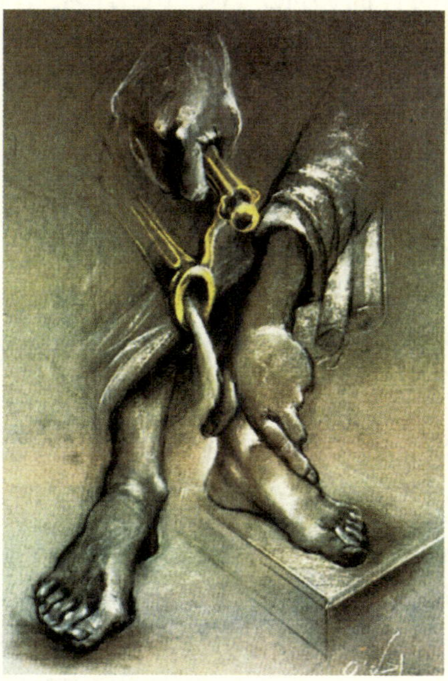

• **קידוש ידים ורגלים מקיתון של זהב** ביום הכיפורים הכהן הגדול 'מקדש' את ידיו ואת רגליו במהלך העבודה עשר פעמים. הרמב"ם כותב ש"בכל יום כהן גדול מקדש ידיו ורגליו מן הכיור כשאר הכהנים והיום [ביום הכיפורים] מקדש מקיתון של זהב משום כבודו" (עבודת יום הכפורים ב, ה). צורת 'קידוש ידים ורגלים' מן הקיתון לא נתפרשה, ומסתבר שדינה כדין קידוש ידים ורגלים מן הכיור, שם נאמר ש"מניח ידו הימנית על גבי רגלו הימני... שוחה ומקדש" (רמב"ם ביאת מקדש ה, טז). עם זאת, כאשר הכהן מקדש מן הכיור, מחזיק את שתי רגליו בשתי ידיו ורוחץ, ואילו בקיתון, מקדש תחילה את רגל ימין ואחר כך את רגל שמאל. יש סוברים שאת המים לקיתון היו מביאים ממי הכיור ('לחם שמים').

של העבודה. כך גם קידוש הידיים והרגלים לפני החלפת הבגדים ואחריהם. דומה שיש בקידוש זה כדי ללמד דבר, שכן הידיים והרגלים הם הכוח המניע את האדם ומפעיל אותו. היום יותר מבכל יום אחר, צריך האדם לחוש שידיו ורגליו – מקצה הגוף ועד קצהו – הן קודש לה׳, וכהן גדול על אחת כמה וכמה. לפיכך, אם בכל יום נעשה הקידוש מתוך כיור נחושת, היום ייעשה קידוש מיוחד זה מקיתון של זהב, וזאת מפני קדושת היום וכבודו של הכהן הגדול. (וראה רמב״ם וכן חידושי הגרי״ז עבודת יו״כ ב, ג; ש׳קידוש ידיים ורגלים׳ של יום הכיפורים שונה במהותו מ׳קידוש ידיים ורגלים׳ של שאר ימות השנה).

תמיד של שחר

מִיָּד מְקַבֵּל אֶת כֶּבֶשׂ הַתָּמִיד
וְשׁוֹחֵט בּוֹ רֹב שְׁנַיִם
וּמַנִּיחַ לְאַחֵר לִגְמֹר הַשְּׁחִיטָה
וּמְקַבֵּל אֶת הַדָּם, וְזוֹרְקוֹ עַל הַמִּזְבֵּחַ כְּמִצְוָתוֹ.

לִפְנִים יִכָּנֵס לְהֵיטִיב חָמֵשׁ נֵרוֹת וּלְהַקְטִיר קְטֹרֶת הַבֹּקֶר
וּלְהֵיטִיב אֶת שְׁתֵּי הַנֵּרוֹת הַנִּשְׁאָרוֹת
וְיָצָא וְהִקְרִיב אֶת הָרֹאשׁ וְאֶת הָאֵבָרִים כְּמִצְוָתָן.
כְּכָל יוֹם, יַעֲשֶׂה מִנְחַת חֲבִתִּין וִינַסֵּךְ אֶת הַיַּיִן בְּכָל כְּלֵי יֹשֶׁר

סדר הקרבת התמיד בעזרה

בעוד הכהן הגדול מכין עצמו בבית הטבילה לעבודה, נשמעה קריאת הממונה על הכהנים בעזרה: ״צאו והביאו טלה מלשכת הטלאים!״ (תמיד ג, ג). הכהנים פילסו להם דרך בתוך הקהל אל בית המוקד בצפון והביאו את הטלה להקרבת התמיד. בעקבותיהם הגיעה שורת כהנים המחזיקים בידיהם תשעים ושלשה כלי כסף וזהב: מזרקים מחתות, כלי קטורת, בזיכים, מגיסים ועוד. זאת, להקרבת קרבנות היום (תמיד ג, ד).

שורה אחרת של תשעה כהנים ניצבה הכן בצפון המזבח, כדי לסייע ביד הכהן הגדול בהכנת קרבן התמיד, ולהבאת אבריו אל המזבח. כמה מהם נשאו בידם כלים שונים לצורך נשיאת האימורים, למנחת הסולת, למנחת חביתין, וכך גם כלי לניסוך היין (תמיד ד, ג).

משהכינו הכהנים את הנדרש לשחיטת קרבן התמיד, והכהן הגדול היה מוכן בבגדי הזהב, ירד מבית הטבילה עם מלוויו למקום השחיטה, שנעשתה ב׳טבעת׳ המיועדת לכך בצפון מערב ׳בית המטבחיים׳.

מדברי המשנה בתמיד (ג, ז) עולה, שלאחר שהגיע הכהן הגדול אל הכבש העומד לשחיטה, עמד במקומו והמתין לפתיחת שערי ההיכל עם בוקר. כאן נראו כהנים העולים בזריזות במעלות האולם ושני מפתחות בידם. לאחר פתיחת סידרת שערים קטנים ״נשמע [בעזרה] קול שער הגדול שנפתח״ (כמובא בתמיד ג, ז, שקול דלתותיו הגיע למרחקים ועד לעיר יריחו). פתיחת שערי ההיכל הייתה האות לשחיטה, ככתוב: ״ושחטו **פתח** אוהל מועד׳ (ויקרא ג, ב) – בשעה שהוא פתוח״ (ראה תמיד ג, ג; ובמפרשים). כאן שחט הכהן הגדול את קרבן התמיד **״רוב שנים, ומניח לאחר לגמור השחיטה״** – כלשון הפייטן. זאת, כדי להקל על הכהן הגדול, וכדי שיוכל להזדרז בהשלמת עבודות התמיד האחרות הממתינות לו בהיכל.

הקטרת הקטורת והטבת הנרות בהיכל

לאחר שהכהן הגדול קיבל את הדם **״וזרקו על המזבח כמצוותו״** – כדברי הפייטן, חולקה העבודה לשניים: הכהן הגדול ומלוויו פנו אל עבר מעלות האולם ונכנסו לעבודות התמיד בהיכל, לעומתם פנו הכהנים המסייעים לכהן הגדול, לניתוח הקרבן לנתחיו והעלוהו על כבש המזבח. משסיימו אלו, פנו ללשכת הגזית לתפילה קצרה, שם ״אמר להם הממונה: ברכו ברכה אחת! והם ברכו, וקראו עשרת הדברים״, ״שהם יסודי הדת״ – כלשון הרמב״ם למסכת תמיד (ה, א). הכהנים קראו את ׳שמע׳ וברכות קצרות אחרות, שכך ״נכון הדבר, שיתפללו [הכהנים] קודם שיקטירו שום הקטר [של קטורת או קרבן על המזבח, כדי] שיעלה קרבנם לריח ניחוח״ (המפרש לתמיד לב, ב; ועיין שם במשנה ובמפרשים).

כאמור נכנס הכהן הגדול להיכל יחד עם הכהנים שזכו להכין עמו את הקטרת הקטורת והטבת המנורה, ״ומקטיר קטורת של שחר ומיטיב את הנרות״ (רמב״ם עבודת יום הכפורים ד, א).

לפי המתואר במסכת תמיד (ו, ג): ״לא היה המקטיר את הקטורת מקטיר, עד שהממונה אומר לו: הקטר! אם היה [המקטיר] כהן גדול, הממונה אומר לו: אישי כהן גדול! הקטר״!

בזמן ההקטרה פרשו הכהנים מן ההיכל, מן האולם, ואף מ׳בין האולם והמזבח׳, ככתוב: ״וכל אדם לא יהיה באהל מועד בבואו לכפר בקדש״ (ויקרא ט״ז, י״ז). כך נשאר הכהן הגדול לבדו בהיכל בעת הקטרת הקטורת על גבי מזבח הזהב.

משסיים הכהן הגדול את הקטרת הקטורת והטבת הנרות, נכנסו שלשה כהנים לסייע לו להשתחוות בסיום עבודתו בהיכל. כך מובא במסכת תמיד (ז, א): "שלשה אוחזים בו: אחד בימינו, ואחד בשמאלו, ואחד באבנים טובות", וזאת משום כבודו. וכך השתחווה בפישוט ידיים ורגלים בהיכל לפני אלוהיו.

"וכיון ששמע הממונה קול רגליו של הכהן הגדול שהוא יוצא, הגביה לו את הפרוכת שעל פתח האולם ויצא" (תמיד ז, א). לשון המשנה הוא "קול רגליו" ולא "קול צעדיו", שכן הצעדים לא נשמעו, כיון שהלך יחף. עם זאת נשמע קול פעמוני הזהב שבמעיל התכלת, בגלל תנועת "רגליו".

סיום עבודות התמיד בניסוך היין

לאחר עבודתו בקודש, בהיכל, עוד נכונה לכהן הגדול עבודה רבה להשלמת עבודות התמיד והמוספין: הקטרת אברים על אש המערכה, ברכת כהנים על מעלות האולם יחד עם כל אחיו הכהנים, הקרבת קרבן הכהן הגדול, המובא מדי יום ביומו – 'מנחת חביתין'.

סיומן של עבודות תמיד של שחר היה במצוות ניסוך היין.

כאן קבל הכהן הגדול לידיו את הכלי לניסוך היין, עלה באמצעיתו של כבש המזבח, ופנה לשמאל המזבח אל ספל הכסף הנמצא בקרן הדרומית מערבית של המזבח, ספל זה נועד לניסוך היין אל ה'שיתין' שביסוד המזבח.

לעומת הכהן הגדול שניצב בקרן זו מוכן לניסוך היין, פנה סגן הכהן הגדול אל הקרן הימנית של המזבח, כשה'סודרין' בידו. שניהם עמדו בראש המזבח, ליד הקרנות משני צידיו כשהם לבושים בהדרם (תמיד ז, ג).

• **הקטרת הקטורת בהיכל** הכהן הגדול מקטיר קטורת על מזבח הזהב כחלק מעבודת התמיד. "הממונה אומר: אישי כהן גדול – הקטר! (תמיד ו, ג). השומעים את הקריאה היו פורשים מאיזור ההיכל, ה'אולם', ו'בין האולם והמזבח' ככתוב: "וכל אדם לא יהיה באהל מועד בבואו לכפר בקדש" (ויקרא טז, יז). הכהן היה נזהר בעת שפיזר את הקטורת על האש שלא יכווה, וכלשון המשנה: "ומלמדים אותו: הוי זהיר... שלא תכווה" (שם). בתמונה נראה הכהן הגדול עומד כשפניו צפונה כבעת הזאת הדם ביום הכיפורים "בין המזבח והמנורה" (רמב"ם עבודת יום הכפורים ד, ב). (כיוון עמידת הכהן בעת ההקטרה לא נתפרש). המשנה ב'תמיד' מסיימת: "הקטיר, השתחוה ויצא". בגמרא מבואר שהעשן "עולה ומתמר כמקל" (יומא לח, א) כלפי מעלה בעזרת סממן "מעלה עשן". מן התקרה היה מתפשט והולך ומכסה את קירות הבית סביב.

• **הטבת הנרות** בעבודת תמיד של שחר עומד הכהן על שלש מעלות של אבן ו׳מיטיב׳ חמשה מן הנרות, כלומר, מחליף את הפתילות והשמן ומדליק אותם (רמב״ם תמידין ומוספין ג, יב; ו, ג). מכאן עבר להקטרת הקטורת ולאחר מכן חזר ו׳היטיב׳ את שני הנרות האחרים (רמב״ם שם; ויש החולקים עליו במהותה של ה׳הטבה׳ וכן באשר לסדר הדברים).

• **הכהן הגדול משתחווה בהיכל** שלשה כלים ניצבו בהיכל: שלחן הזהב מצפון, המנורה מדרום (שניהם בסמוך לפרוכת) ואילו מזבח הזהב עמד באמצע ההיכל.

בציור, נראה הכהן הגדול כשהוא כורע על ברכיו להשתחוות בתום עבודתו. שני כהנים מימינו ומשמאלו, ושלישי עומד להחזיק באבני החושן בעת ההשתחוויה (רמב״ם כלי המקדש ה, יא).

השיר שהלויים היו אומרים – שיר הווידוי והסליחה

לקראת ניסוך היין, נערכו הלויים על הדוכן ל׳שיר שיר של יום׳. אלו המשוררים בקולם ניצבו בשורה מוכנים לפתוח בשיר, לעומתם ניצבו על הדוכן המנגנים בכלי שיר שונים – בנבל, בכינור, בחצוצרות ובצלצל. אלו נערכו לפתוח בניגון, וכן גם כהנים הממונים על תקיעה בחצוצרות.

הכהן הגדול המנסך את היין, החל בניסוך היין טיפין טיפין, ומש״הניף הסגן בסודרין״ הקיש בן ארזא בצלצל, ושני כהנים שלידו אחד מימינו ואחד משמאלו, שתי חצוצרות של כסף בידם תקעו והריעו ותקעו בחצוצרות, ודיברו הלויים בשיר (משנה תמיד ז, ג; רמב״ם תמידין ומוספין ו, ז).

הגיעו ל׳פרק׳ ראשון, היינו, להפסקה ראשונה מתוך שלשת חלקיו של ׳שיר של יום׳, ״תקעו והשתחוו כל העם שבעזרה״ (רמב״ם שם). על כל פרק וחלק מתוך שיר של יום ׳תקעו׳ ׳תקיעה תרועה תקיעה׳, ועל כל תקיעה כזו באה השתחוויית כל הנאספים בעזרה ארצה, וכך שלש פעמים במהלך שירת ׳שיר של יום׳ (תמיד ז, ג).

לדעת הגר״א מוילנא ב׳מעשה רב׳, ׳שיר של יום הכפורים׳ במקדש היה ״אשרי נשוי פשע כסוי חטאה״ (תהלים לב) – מזמור המדבר על תשובת האדם. כך אומר דוד לפני אלוקיו במזמור זה: ״חטאתי אודיעך [לא אסתיר מפניך] ועווני לא כסיתי [אלא אפרט את עווני ואגלה אותו לפניך]. אמרתי: אודה עלי פשעי לה׳ [וכאשר אשוב על ׳חטאתי׳ ׳עווני׳ ו׳פשעי׳, אזי] – ״ואתה נשאת [וסלחת] עוון חטאתי סלה!״

תוכן המזמור תואם את הווידויים הרבים של הכהן הגדול ביום זה, יחד עם שאר הווידויים של צבור הנאספים בעזרה. זו, אפוא, שירת הלויים במקדש ביום הכיפורים. אדם מישראל העומד בעזרה ביום זה, שמע והאזין ללוויים המשוררים את שירת התשובה והווידוי, שירה ונגינה זו יש בה כדי להכין את לב האדם לתשובה. משהחלו התוקעים בתקיעתם, וכל העומדים בעזרה השתחוו ארצה בעת השירה שלש פעמים, היה זה כבר **מעשה** של תשובה המצטרף לשירה ולניגון.

בכך נסתיימה עבודת ה׳תמיד׳ והחלה עבודת המוספים, וכדברי הפייטן:

הקרבת המוספים

◂ וְאַחַר הַתָּמִיד מַקְרִיב פַּר הָעוֹלָה
וְשִׁבְעַת הַכְּבָשִׂים שֶׁל מוּסַף הַיּוֹם
וּמִנְחָתָם וְנִסְכֵּיהֶם כְּמִשְׁפָּטָם.

בשבת:

• וּבְיוֹם הַשַּׁבָּת מַקְרִיב קֹדֶם מוּסַף הַיּוֹם
שְׁנֵי כְבָשִׂים שֶׁל מוּסַף שַׁבָּת וּמִנְחָתָם
וְאַחַר כָּךְ מְסַדֵּר לֶחֶם הַפָּנִים
וּמַקְרִיב שְׁנֵי בְזִיכֵי לְבוֹנָה, וּמְנַסֵּךְ הַיַּיִן כְּהִלְכָתוֹ.

עבודת התמיד והמוסף – סיכום

להלן תיאור קצר ומסכם של סך הקרבנות, וכן המעשים העיקריים שנעשו בעת עבודת התמיד.

מאז האיר המזרח "והגיע זמן השחיטה" עד סוף הקרבת קרבנות המוספים, הקריב הכהן הגדול תשע מתוך חמש עשרה הבהמות שהוכנו לעבודת היום: כבש אחד לקרבן תמיד, וכן שור ושבעה כבשים של קרבן מוסף. (ואם חל יום הכיפורים בשבת, הביאו שני כבשים נוספים למוסף שבת).

במהלך עבודה זו עמדו הלויים פעמיים על הדוכן לשירת 'שיר של יום'. תוך כדי השירה תקעו החצוצרות בעזרה שמונה עשרה פעם, תשע תקיעות בעת 'שיר של יום' בשחרית, ותשע תקיעות ב'שיר של יום' של מוסף (בעת ניסוך היין). עם כל תקיעה באה השתחוויה, וכל קהל הנאספים בעזרה – כהנים, לויים וישראלים – השתחוו ארצה בפישוט ידים ורגליים.

העומדים בעזרה לא הסיחו דעתם ממעשה העבודה, ועקבו אחר הכהן הגדול מעת שירד מבית הטבילה בדרום העזרה, עד סיום עבודת התמיד והמוספים בעת ניסוך היין על גבי המזבח.

'קריאת שמע' וקבלת עול מלכות שמים ביום הכיפורים במקדש

בעת שהסתיימה עבודת התמיד והמוסף, כבר עברו שעות אחדות משעות היום, השמש האירה את כל העזרה זה מכבר, והציבור עדיין עמד וצפה בנעשה. הנאספים בעזרה טרם קראו 'קריאת שמע', שכן הם היו עסוקים בעבודה. מדברי הגמרא ביומא (לז, ב) עולה, ש'קריאת שמע' נאמרה לאחר זמנה בסוף עבודת התמיד והמוסף. אלו דברי הגמרא: "הקורא את 'שמע' שחרית עם... אנשי מעמד [הנוכחים בעת הקרבת התמיד] לא יצא, מפני... שאנשי מעמד מאחרים את זמן קריאת שמע". ומוסיף רש"י: "עד כלות עבודת התמיד". ביום זה, בו הקריבו גם קרבנות מוסף בהמשך לעבודת התמיד, היה הקהל עסוק גם במצוות המוספים והיו פטורים מ'קריאת שמע' עד אחר הבאת קרבן מוסף.

לאור דברי הגמרא הנ״ל ודברי רש״י נראה, שבתום עבודה זו, ובעת שפנה הכהן הגדול אל בית הטבילה שבעליית ׳בית הפרוה׳ להחליף את בגדיו, הגיעה שעתם של הנאספים בעזרה לקרוא ׳קריאת שמע׳.

עיקר עבודת ישראל ביום זה וקבלת עול מלכות שמים של יום הכיפורים הייתה, אפוא, בקיום מצוות היום בעזרה בידי הכהן הגדול במעמד ישראל ונוכחותם בעת הקרבת קרבנות התמיד והמוסף. מתוך עבודת קודש זו בעזרה, קראו ישראל ׳קריאת שמע׳ וקבלו עליהם עול מלכות שמים.

טבילה שנייה ולבישת ׳בגדי לבן׳ לעבודת היום בעזרה

הכול אומרים:

יָבֹא מִיָּד לְבֵית הַפַּרְוָה, וּבַקֹּדֶשׁ הָיְתָה
וְיִפְרְשׂוּ לוֹ סָדִין שֶׁל בּוּץ בֵּינוֹ לְבֵין הָעָם כְּבָרִאשׁוֹנָה.

טֶרֶם יִפְשֹׁט בִּגְדֵי זָהָב / מְקַדֵּשׁ בִּנְקִיּוּת יָדָיו וְרַגְלָיו.
חָל וּפָשַׁט בִּגְדֵי זָהָב / יָרַד וְטָבַל כְּמוֹ שֶׁנִּזְהַר, וְעָלָה וְנִסְתַּפָּג.
זְהָבִים מַעֲבִיר, וּלְבָנִים לוֹבֵשׁ / שֶׁעֲבוֹדַת הַיּוֹם בְּבִגְדֵי לָבָן.
וּמִהֵר וְקִדֵּשׁ יָדָיו וְרַגְלָיו, וּבָא לוֹ תְּחִלָּה אֵצֶל פָּרוֹ
וּפָרוֹ הָיָה עוֹמֵד בַּצָּפוֹן כְּנֶגֶד בֵּין הָאוּלָם וְלַמִּזְבֵּחַ
רֹאשׁוֹ לְדָרוֹם וּפָנָיו לַמַּעֲרָב
וְהַכֹּהֵן עוֹמֵד בְּמִזְרָח וּפָנָיו לַמַּעֲרָב.

◂ הוּא עוֹמֵד בְּאֵימָה לִפְנֵי אֵל עֶלְיוֹן, וְאוֹמֵר עָלָיו דִּבְרֵי וִדּוּי
וְסָמַךְ שְׁתֵּי יָדָיו עָלָיו, וְהִתְוַדָּה.

פרק ד: עבודת הכהן הגדול ב׳בגדי לבן׳ בעזרה

משנסתיימה עבודת התמיד, החל ׳סדר העבודה׳ המיוחד לכהן הגדול בעזרה ביום הכיפורים.

ארבעה דברים עיקריים היה עושה הכהן הגדול בעזרה לקראת כניסתו להיכל. קהל המתכנסים בעזרה היה צופה במעשיו, וכל מעשה ועבודה, היה בהם כדי לעורר למחשבה ולהכנת הלב לתשובה.

להלן סדר המעשים בעזרה:

א. החלפת בגדים: תחילה פנה הכהן הגדול אל בית הטבילה שעל 'בית הפרוה' בדרום העזרה, להחליף את בגדיו ל'בגדי לבן'.

ב. וידוי ראשון על הפר: לאחר מכן פנה משם אל 'בין האולם והמזבח' בצפון העזרה אל מול ההיכל, שם המתין לו פר להתוודות עליו.

ג. הטלת גורל על השעירים: משם פנה מזרחה ליד שער ניקנור, שם המתינו לו שני שעירים להטיל עליהם גורלות.

ד. וידוי שני על הפר: לאחר הטלת הגורל, חזר הכהן הגדול שוב אל הפר העומד מול ההיכל, כדי להתוודות עליו וידוי שני.

להלן באור עבודות אלו בהרחבה:

א. החלפת 'בגדי הזהב' ל'בגדי הלבן'

בעל 'אתה כוננת' פותח את 'סדר העבודה' המיוחד ליום הכיפורים, בהחלפת בגדי הכהן הגדול מ'בגדי זהב' ל'בגדי לבן', ובתיאור הנעשה בבית הטבילה שעל גג בית הפרוה.

מקום זה היה נקודת המוצא של הכהן הגדול למהלך כל עבודת היום. שם טבל ארבע מטבילות היום, שם קידש את ידיו ואת רגליו בטרם פשט את בגדיו וכך גם לאחר שלבשם. לשם הביאו את 'בגדי הלבן' או את 'בגדי הזהב' כדי שהכהן הגדול יחליף אותם בהתאם לעבודה שהוא עומד לעשות.

מקום זה משך את תשומת לב הנאספים בעזרה, שכן בכל עת שהכהן הגדול החליף את בגדיו, פירסו סדין של בוץ על פתח לשכת בית הטבילה, להבדיל "בינו לבין העם". וזאת כדי לחזור ולרמז "שעבודת היום ב'בגדי לבן'".

לפי המתואר במסכת 'מידות' (ה, ג), עלה הכהן הגדול מן העזרה לעליית בית הפרוה ב'מסיבה' (כלומר, במדרגות העולות בצורה סיבובית). הקהל בעזרה יכול היה לעקוב אחר הכהן הגדול ומלויו, וכן אחר נושאי בגדי הלבן בעלייתם ובירידתם.

זוהי משמעות דבריו של הפייטן: **"'זהבים' מעביר ו'לבנים' לובש שעבודת היום ב'בגדי לבן'"**.

'בגדי לבן' ביום הכיפורים – חדשים ומיוחדים

מדברי המשנה האומרת: "**הביאו** לו 'בגדי לבן'" (יומא לד, ב) נראה, שהביאו לו 'בגדי לבן' **אחרים** המיוחדים ליום הכיפורים. שהרי ארבעה מתוך שמונת הבגדים שלבש הכהן הגדול ביום זה, הם 'בגדי לבן', ויכול היה לחזור וללבוש ארבעת

הבגדים שלבש תחילה. ובהכרח, אפוא, שהביאו לו בגדי לבן חדשים, וכדברי הרמב"ם בהלכות כלי המקדש ח, ד: "ושתי כותנות אחרות היו לו לכהן גדול ביום הכפורים", כשכוונתו לומר, בנוסף לארבעת 'בגדי לבן' שלבש בעת עבודת התמיד.

במסכת יומא (לד, ב) מובא, שהושקעו עמל וממון רב בעשיית הבגדים המיוחדים ליום הכיפורים, כלשון המשנה שם: "בשחר היה לובש פילוסין של שנים עשר מנה, בין הערבים הנדויין של שמונה מאות זוז". עוד מובא בגמרא שם (לה, ב): "אמרו עליו על ר' ישמעאל בן פאבי, שעשתה לו אמו כתונת של מאה מנה ולובשה". כן מובא שם על ר' אלעזר בן חרסום, "שעשתה לו אמו כתונת משתי רבוא, ולא הניחוהו אחיו הכהנים ללובשה, מפני שנראה כערום". בירושלמי (יומא ג, ו) מובא, שר' אלעזר בן חרסום "עלה והקריב על גבי המזבח, והורידו אותו אחיו הכהנים [מפני] שהיה נראה מתוכה ערום".

יש לתמוה על ר' אלעזר בן חרסום המתואר ביומא (לה, ב) כתלמיד חכם וכחסיד מופלג, שעלה על גבי המזבח עם בגד שנראה בו כערום. ואכן, שואלת הגמרא שם: הרי חוטי כל אחד מהם כפול מששה חוטים, ואיך אם כן נראה ערום? אולם יתכן, שבגלל עדינות האריגה, היה הבגד מונח על בשרו באופן שקווי הגוף היו נראים ומורגשים, שכן הבגד צריך להיות כמידתו, ככתוב: "מידו בד", ואין זו מידת הצניעות המספקת הדרושה במקדש, ובמיוחד על גבי המזבח, שנאמר בו "ולא תעלה במעלות על מזבחי אשר לא תגלה ערותך עליו" (שמות כ, כג; וראה שם בגמרא מה שתירצו).

בגדי 'פלוסין' בשחר 'והנדוין' בין הערביים – להזכרת ימי הבראשית של העולם

להבנת החלפת הבגדים ביום זה לבגדים משובחים יותר, כשיש להביא בגד של שחר מ'פלוסין' שבשערי מצרים (העיר 'פלוסיון' שעל גדות הנילוס) ובגד של בין הערביים ילבש הכהן הגדול מבד שהובא מ'הנדוין', שבהודו הרחוקה, זאת, על שום מה?

אולם מתברר שהדבר נעשה באופן מכוון ומדויק, שכן שני מקומות אלה שוכנים על שניים מנהרות גן עדן הקדום. העיר 'פלוסין' שוכנת על שפת ה'גיחון' הקדום הנזכר בין נהרות גן עדן, הוא הנילוס, ואילו 'הינדוין' – הודו הרחוקה בה זורם נהר ה'פישון' (הגנגס. ראה את תיאוריו של יוסף בן מתתיהו ב'קדמוניות היהודים' אודות נהרות גן עדן וגבולותיו). משני מקומות אלה הובאו בגדי הכהן הגדול ושם

נוצרו. נמצא, שכשהכהן הגדול נכנס לקדש הקדשים בבגד פילוסין עם שחר, הוא מזכיר את הנהר בקצה המערבי של גן עדן ואילו בין הערביים, מזכיר הוא בבגדו את הנהר המזרחי מנהרות גן עדן, בכך עולה, כביכול, ריח גן עדן הקדום בפני בורא עולם והוא מתרצה לבריותיו.

גניזת 'בגדי לבן' ומשמעותה

בגד כהונה כדוגמת זה שמתואר במשנה, או הבגד שהוכן עבור ר' אלעזר בן חרסום, נעשה, למעשה, עבור עבודת יום אחד בשנה, שכן בתום עבודת יום הכיפורים היה הבגד נגנז, ככתוב: "והניחם שם" (ויקרא טז, כג) ודרשו חז"ל: "מלמד, שטעונין גניזה" (ראה יומא כד, א; ורמב"ם כלי מקדש ח, ה).

יש בכך כדי ללמד את האמור לעיל, שעבודת יום הכיפורים נעשית בלבוש היוצר הבדלה מוחלטת של הכהן הגדול ביום זה משאר ימות השנה, שכן היום עולה הכהן הגדול למדרגה רוחנית חדשה. היום לבוש הכהן 'בגדי לבן' כדוגמת אדם הראשון, זאת כדי לומר שלא רק בגדו של הכהן הגדול צריך להיות שונה ביום זה, אלא גם 'עטיפתו' הרוחנית צריכה להיות שונה. היום הכל מיוחד: האיש מיוחד, הבגד מיוחד, היום מיוחד, העבודה מיוחדת והמקום מיוחד. כל אלו מחזירים ליום אחד את הבריאה כולה לטהרתה ולימי הבראשית שלה, כמו שהייתה בעת יצירתה, וכפי שיצאה מתחת יד הבורא כיצירה שלמה בלא חטא.

לפיכך, בתום עבודת היום ייגנז הבגד ושוב לא יעבדו בו, שכן כחלוף היום, חוזרת המציאות לכמות שהייתה, לעולם שבו הקודש והחול, הטוב והרע משמשים בערבוביה.

ב. וידוי ראשון של הכהן הגדול בעזרה

הכהן והפר עומדים כשפניהם למערב – מדוע?

וידויו של הכהן הגדול בעזרה מתואר על ידי הפייטן בלשון זו: "היה עומד באימה לפני אל עליון ואומר עליו דברי וידוי וסמך שתי ידיו עליו והתוודה".

פתיחת 'סדר העבודה' בווידוי על הפר, היא נושא לשאלה. הרי פר זה הוא קרבן פרטי של הכהן הגדול, הנקנה מכספו, וכדברי חז"ל במסכת יומא (נו, ב): "משלו הוא מביא ולא משל ציבור". לאור האמור, מה מקום לווידוי פרטי של הכהן הגדול האומר בווידויו: "חטאתי עוויתי פשעתי לפניך אני וביתי" ביום הכיפורים בעזרה, וזאת, תוך כדי אמירת השם המפורש שלש פעמים? הרי יום זה הוא יום סליחה כללי, וכדברי

הרמב״ם בהלכות תשובה (ב, ז) שהוא ״זמן תשובה לכל, וקץ מחילה וסליחה לישראל״, ואם כן, וידוי הכהן הגדול עליו ועל ביתו כפרטים, צריך הסבר.

אולם ההיגיון נותן, שהכהן הגדול צריך להזדכך ולהתכפר תחילה, בטרם יבוא לכפר על אחרים, וכדברי הגמרא בשבועות (יד, א): ״יבוא זכאי ויכפר על החייב״. עוד אמרו חז״ל (בבא מציעא קז, ב): ״קשוט עצמך ואחר כך קשוט אחרים״, ברור, אפוא, מדוע מתוודה הכהן הגדול תחילה על עוונותיו ועוונות אנשי ביתו.

גם מקום עמידתו של הכהן הגדול במערב העזרה יש לו בוודאי משמעות, שכן, כדברי הפייטן, הפר עומד ״ראשו לדרום ופניו למערב, והכהן עומד במזרח ופניו למערב״. הפניית הפנים למערב דווקא, מה עניינה?

הפניית הפנים למערב – כי ״שכינה במערב״

אולם, כאמור לעיל במבוא, הכהן הגדול ביום הכיפורים אינו בא לפני ה׳ כפרט. צריך הוא אמנם לכפר על עצמו ועל חטאיו, ״כי אדם אין צדיק בארץ אשר יעשה טוב ולא יחטא״, עם זאת הכהן הגדול הוא שליח הכלל מאז בריאת אדם הראשון. בהבאת הפר כקרבן ראשון בעבודת היום, מזכיר הכהן הגדול את הקרבן שהביא אדם הראשון בראשית ימי הבריאה, כמבואר ב׳במדבר רבה׳ (פרשה ד): ״אדם הראשון היה בכורו של עולם, והקריב קרבנות [על המזבח] שנאמר: ׳ותיטב לה׳ משור פר מקרין מפריס׳״.

מובן מעתה, מדוע פני הכהן הגדול ופני פרו נשואות למערב, שכן במערב המקדש, שם מקום קדש הקדשים, שם שרויה השכינה, וכבר אמרו חכמים: ״שכינה במערב״ (בבא בתרא כה, א). במאמרם זה אין כוונת חז״ל לומר, שהשכינה שרויה במערב העולם, שכן אין נקודה קבועה ששמה ׳מערב׳. המושג ׳מערב׳ קיים בדעת האדם בלבד. אלא כוונת חז״ל לומר, שמקום השראת השכינה הוא במערב המקדש, בקדש הקדשים, שם שרויה השכינה על הארון בין שני הכרובים, וכדברי חז״ל: ״מעולם לא זזה שכינה משם״ (תנחומא שמות י).

ראה גם רמב״ם ׳מורה נבוכים׳ (חלק ג׳ פרק מ״ה) הכותב: ש״אברהם אבינו [קידש] את הר המוריה... ופירסם בו אמונת הייחוד [שם הכריז על האמונה באל אחד] וקבע הרוח שמתפללים כנגדה, והגבילה [לכיוון אחד בלבד] לפאת מערב, לפי שקדש הקדשים במערב [המקדש]. והוא ענין אומרם [מאמר חכמינו ז״ל]: ׳שכינה במערב׳. וכבר בארו חכמינו ז״ל בגמרא יומא (כח, ב) שאברהם אבינו קבע את הרוח שפונים אליה בתפילה, כלומר: בית קדשי הקדשים״.

▲ **גניזת 'בגד לבן'** בסיום עבודת הכהן הגדול, היה מוסר את 'בגדי הלבן', שעבד בהם ביום זה, לגניזה (יומא כד, א). בציור נראה הכהן הגדול ב'לשכת פנחס המלביש', שם היו מונחים בגדי הכהונה של משמרות הכהנים (משנה מידות א, ד). לידו נראים שני כהנים הנושאים שתי מערכות של 'בגדי לבן' שלבש בשחר ובין הערביים (ראה 'מנחת חינוך' מצוה צט; וקפה). כדי להניחם בחדר מיוחד לגניזה.

המסורת שמקום קדש הקדשים במערב – מקורה באדם הראשון

המדייק בדברי הרמב"ם ימצא, שחידושו העיקרי של אברהם היה בכך, שקבע את כיוון התפילה למערב, אך עצם המושג 'קדש הקדשים', שמקומו במערב המקדש, הוא קדום ועתיק, והיה מקובל מדור דור עוד לפני תקופת אברהם.

כך גם עולה מדברי הרמב"ם בהלכות בית הבחירה (ב, ב) הכותב: "ומסורת ביד הכל, שהמקום שבנה בו דוד ושלמה המזבח... הוא המקום שבנה בו אברהם המזבח, ועקד עליו [את] יצחק, והוא המקום שבנה בו נח... והוא המזבח שהקריב עליו קין והבל, ובו הקריב אדם הראשון קרבן **כשנברא**, ומשם נברא". דברי הרמב"ם מקורם ב'פרקי דר' אליעזר הגדול' (פרק לא, עיין שם). באותו פרק נאמר, שכאשר קרא המלאך לאברהם: "אל תשלח ידך אל הנער" (בראשית כב, יב) "השמיע קולו מבין שני הכרובים". נמצא שמקום הכרובים ומקום קדש הקדשים קדום הוא, ובו שרתה שכינה מימי הבראשית של העולם.

לפיכך, בבוא אברהם לבנות מזבח כדי לקיים את מצות ה׳ לעקוד את יצחק בנו, בנה אותו על פי המסורת הקדומה, שהמזבח בנוי מול קדש הקדשים, המזבח – במזרח, וקדש הקדשים – במערב.

וידוי ראשון של כהן גדול על ראש הפר

שליח הציבור אומר, והקהל אומר אתו בלחש:

וְכָךְ הָיָה אוֹמֵר

אָנָּא הַשֵּׁם / חָטָאתִי, עָוִיתִי, פָּשַׁעְתִּי לְפָנֶיךָ אֲנִי וּבֵיתִי.

אָנָּא בַשֵּׁם / כַּפֶּר נָא לַחֲטָאִים וְלַעֲוֹנוֹת וְלַפְּשָׁעִים

שֶׁחָטָאתִי וְשֶׁעָוִיתִי וְשֶׁפָּשַׁעְתִּי לְפָנֶיךָ אֲנִי וּבֵיתִי.

כַּכָּתוּב בְּתוֹרַת מֹשֶׁה עַבְדֶּךָ מִפִּי כְבוֹדֶךָ

כִּי־בַיּוֹם הַזֶּה יְכַפֵּר עֲלֵיכֶם לְטַהֵר אֶתְכֶם ויקרא טז

מִכֹּל חַטֹּאתֵיכֶם לִפְנֵי יהוה

השתחוויה בווידוי ראשון

עשר פעמים הזכיר הכהן הגדול את השם המפורש בעת וידוי יום הכיפורים, וקהל העומדים בעזרה השתחוו ארצה בעת הזכרת השם. מנהג ישראל בגלות במהלך אמירת סדר העבודה, להשתחוות ארצה שלש פעמים בלבד, וזאת פעם אחת בכל וידוי מווידויו של הכהן הגדול. על צורת ההשתחוויה במקדש ומחוצה לו ראה במבוא.

וְהַכֹּהֲנִים וְהָעָם הָעוֹמְדִים בָּעֲזָרָה

כְּשֶׁהָיוּ שׁוֹמְעִים אֶת הַשֵּׁם הַנִּכְבָּד וְהַנּוֹרָא

מְפֹרָשׁ יוֹצֵא מִפִּי כֹהֵן גָּדוֹל, בִּקְדֻשָּׁה וּבְטָהֳרָה

הקהל ושליח הציבור כורעים ומשתחווים.

הָיוּ כּוֹרְעִים וּמִשְׁתַּחֲוִים, וְנוֹפְלִים עַל פְּנֵיהֶם

וְאוֹמְרִים

בָּרוּךְ שֵׁם כְּבוֹד מַלְכוּתוֹ לְעוֹלָם וָעֶד.

הכול קמים על רגליהם, ושליח הציבור אומר:

וְאַף הוּא הָיָה מִתְכַּוֵּן לִגְמֹר אֶת הַשֵּׁם כְּנֶגֶד הַמְבָרְכִים
וְאוֹמֵר לָהֶם, תִּטְהָרוּ:
וְאַתָּה בְּטוּבְךָ מְעוֹרֵר רַחֲמֶיךָ, וְסוֹלֵחַ לְאִישׁ חֲסִידֶךָ.

וידוי ראשון על ראש הפר – על הופעת החטא בעולם על ידי אדם הראשון
מכאן מובנת עמידת הכהן הגדול ב'בגדי לבן' (ככתונת אדם הראשון) כשפניו למערב, וכך גם פני הפר מופנות למערב. עמידת הכהן הגדול ופרו דומה לעמידת אדם הראשון וקרבנו. אף וידויו של הכהן הגדול "בעדו ובעד ביתו" תואם את תשובתו של אדם הראשון, שכן בחטא אדם וחווה הורחקו שניהם ממקום השראת השכינה במערב. דבר, שאדם הראשון עשה על כך תשובה.

ראוי, אפוא, שהווידוי הראשון שמתוודה הכהן הגדול במקדש, יהיה על עצם הופעת החטא בעולם בידי אדם וחווה. זאת, בציפייה ליום בו יותר לאדם, ולאנושות בכלל, לשוב אל מקום השראת השכינה במערב, בקדש הקדשים, כמו בתקופה שלפני החטא.

בהשתחווית ישראל כלפי מערב – מובעת כמיהה להתמדת השכנת השכינה
דברי הפייטן "**היה עומד באימה לפני אל עליון**" משקפים את תחושת העומדים בעזרה, שכן בעבודת התמיד בה צפו לפני כן, ראו הכל את הכהן הגדול בהדרו

• **סמיכה על ראש הפר** הכהן הגדול סומך את שתי ידיו על ראש הפר בעת הוידוי ככתוב: "וסמך אהרן את שתי ידיו" (ויקרא טז, כא). "מניח שתי ידיו בין שתי קרנות של זבח" (יומא לו, א) "ולא ידו על גב ידו" (תוספתא מנחות י, ג).

ב'בגדי זהב', והנה כאן, בעבודה זו, פשט מעליו את בגדי ההדר והרי הוא לבוש בפשטות ב'בגדי לבן'.

קהל הנאספים רואה את הכהן הגדול כשהוא סומך ידיו על הפר, ראשו מורכן והמילים הנשמעות מפיו בעזרה הן: "חטאתי עויתי פשעתי לפניך אני וביתי". שלש פעמים יזכיר הכהן הגדול את השם הנכבד והנורא במהלך הווידוי, שלש פעמים ישתחווה הקהל באימה וייפול על פניו ארצה. השתחוויית הקהל הייתה לכיוון מערב, לכיוון ההיכל וקדש הקדשים (ראה רש"י יומא כא, א; ד"ה הכי קאמר). בכך, מצטרף הקהל לתחושת הכמיהה המובעת על ידי הכהן הגדול, להתמדת השכינה במקדש, ולשוב השכינה לימים בהם שרתה בכבודה בארץ ובקדש הקדשים, בלא מגבלות ובלא מחיצות.

הקריאה 'תטהרו' היא צו לשוב בתשובה

וידויו של הכהן הגדול בפני באי העזרה הוא דוגמה מוחשית למה שכל אדם צריך להרהר בלבו. היינו: אם הכהן הגדול העושה את עבודתו בקודש, פותח את העבודה לפני בוראו בווידוי "חטאתי"! – "מה יגידו אזובי הקיר!"

כך הפך מעמד וידויו הפרטי של הכהן הגדול לתחושה כללית בקהל, בדבר הצורך של הפרט והכלל כולו לשוב בתשובה. ואכן, אם תחילת הווידוי על ראש הפר היה וידוי פרטי: "חטאתי... אני וביתי", סופו היה פניית הכהן הגדול לכלל הנאספים בעזרה. כדברי הפייטן: "ואף הוא היה מתכוון כנגד המברכים לגמור את השם". שם היה פונה לקהל הנאספים בעזרה "ואומר להם: 'תטהרו!'" המילה "תטהרו" היא קריאה והוראה לכל הכורעים ומשתחווים בעזרה. וכאילו אומר להם: ההשתחוויה ביום זה במקדש וכך גם הווידוי הרי הם צו וחובה, ככתוב: "לפני ה' [במקדשו] תטהרו". כך הפך וידויו הפרטי של הכהן הגדול במקדש, לווידוי כללי המקיף את כלל ציבור הנאספים.

כהן גדול הנקרא 'איש חסידך' ראוי לסליחה,
מפני שכל חייו קודש לעבודת המקדש

אלו דברי הפייטן בסיום וידוי זה: "ואתה בטובך מעורר רחמיך וסולח לאיש חסידך". הביטוי "איש חסידך" לקוח מברכת משה לשבט לוי: "תומיך ואוריך לאיש חסידך... האומר לאביו ולאמו לא ראיתיו, ואת אחיו לא הכיר, ואת בניו לא ידע" (דברים לג, ט). בתרגום יונתן שם מבואר, מדוע זכה שבט הכהונה והלוויה לתואר "איש חסידך". שכן,

זמן השירות של שבט לוי במשכן שבמדבר, היה מבן שלשים שנה ועד גיל חמישים שנה. באותן שנים היו בני שבט לוי נתונים לעבודת הקודש עד כדי כך, שכמעט ולא ראו את משפחתם. זו משמעות הפסוק: "האומר לאביו ולאמו – לא ראיתיו! ואת אחיו [הצעירים] לא הכיר! ואת בניו – לא ידע. [מדוע?] – כי שמרו אמרתך"! כמובן, נאמר הפסוק בלשון מליצית, שכן העבודה במשכן ובמקדש היא רק ביום. כמו כן היו חילופי משמרות בין הכהנים, וכן הלויים, וכך התאפשר לאדם להיות בביתו. אך כוונת הדברים היא, שהאדם היה נתון בלבו ובנפשוהדברים אמורים במיוחד על הכהן הגדול, אשר נאמר עליו: "ומן המקדש לא יצא" (ויקרא כא, יב) ולמדו חז"ל מפסוק זה, שכהן גדול אינו מפסיק מעבודתו אפילו ביום שמתו עליו אביו ואמו (עיין שם ברש"י). ראוי אפוא הדבר, שמי שנותן את נפשו לעבודת המקדש עד שאינו "מכיר" את אביו ואמו, ואינו "מכיר" את ביתו ומשפחתו, שהשוכן במקדש יסלח לעוונותיו. לפיכך: "ואתה בטובך מעורר רחמיך וסולח ל'איש חסידך'".

הטלת גורל על השעירים

הכול אומרים:

דָּרַךְ וּבָא לוֹ לְמִזְרַח הָעֲזָרָה לִצְפוֹן הַמִּזְבֵּחַ
הַסְּגָן מִימִינוֹ וְרֹאשׁ בֵּית אָב מִשְּׂמֹאלוֹ
וְשָׁם שְׁנֵי שְׂעִירִים, פְּנֵיהֶם לַמַּעֲרָב וַאֲחוֹרֵיהֶם לַמִּזְרָח
אֶחָד לִימִינוֹ וְאֶחָד לִשְׂמֹאלוֹ
טָרַף בַּקַּלְפִּי, וְהֶעֱלָה שְׁנֵי גוֹרָלוֹת.
◂ גּוֹרָל יָמִין כְּשֶׁהוּא שֶׁל שֵׁם
יִתְּנֵהוּ עַל הַשָּׂעִיר וְאוֹמֵר, לַיהוה חַטָּאת.

ברוב הקהילות נוהגים שלא לכרוע כאן. הכול אומרים אומרים:

וְהַכֹּהֲנִים וְהָעָם הָעוֹמְדִים בָּעֲזָרָה
כְּשֶׁהָיוּ שׁוֹמְעִים אֶת הַשֵּׁם הַנִּכְבָּד וְהַנּוֹרָא
מְפֹרָשׁ יוֹצֵא מִפִּי כֹהֵן גָּדוֹל,
בִּקְדֻשָּׁה וּבְטָהֳרָה
הָיוּ כּוֹרְעִים וּמִשְׁתַּחֲוִים וְנוֹפְלִים עַל פְּנֵיהֶם

וְאוֹמְרִים
בָּרוּךְ שֵׁם כְּבוֹד מַלְכוּתוֹ לְעוֹלָם וָעֶד.

קשירת לשון של זהורית

בִּשְׂעִיר עֲזָאזֵל לְשׁוֹן זְהוֹרִית מִשְׁקַל שְׁתֵּי סְלָעִים, בֵּין קַרְנָיו יִקְשֹׁר וְיַעֲמִידֵהוּ בְּשַׁעַר הַמִּזְרָח כְּנֶגֶד בֵּית שִׁלּוּחוֹ.

וידוי שני של כהן גדול על ראש הפר

שליח הציבור אומר, והקהל אומר אתו בלחש:

אַף בְּשָׂעִיר שֶׁהוּא שֶׁל שֵׁם
יִקְשֹׁר לָשׁוֹן שֶׁל זְהוֹרִית כְּנֶגֶד בֵּית שְׁחִיטָתוֹ בְּצַוָּאר

ג. הטלת הגורל על שעירי יום הכיפורים

יום הכיפורים וזכרון חטא העגל

כך מתאר בעל ׳אתה כוננת׳ את הפעולה הבאה של הכהן הגדול בעזרה:

״דרך ובא לו לשער ניקנור, והוא למזרח העזרה לצפון המזבח. הסגן מימינו וראש בית אב משמאלו, ושם שני שעירים, פניהם למערב ואחוריהם למזרח״. עבודה זו באה לקיים את האמור בתורה: ״ונתן אהרון על שני השעירים גורלות, גורל אחד לה׳ וגורל אחד לעזאזל״ (ויקרא טז, ח).

קשירת לשון של זהורית הכהן הגדול קושר את הלשון של זהורית ״בראש השעיר המשתלח״ בין קרניו, ולאחר מכן ״מעמיד אותו כנגד בית שילוחו״ לכיוון שער ניקנור במזרח. את השעיר הנשחט היה קושר ״כנגד בית שחיטתו״ בצואר, זאת, כדי שלא יחליפו ביניהם, וכדי שלא יתערבו השעירים בקרבנות אחרים (משנה יומא ד, ב).

לשם כך, פנה הכהן הגדול ממערב העזרה, ממקום עומדו בפתח ההיכל, למזרח לתחומי שער ניקנור, שם המתינו לו שני השעירים.

הכהן הגדול ומלויו עומדים מאחורי השעירים כשכולם "פניהם למערב ואחוריהם למזרח". עצם הבאת שני השעירים ביום הכיפורים, וכך גם הטלת הגורל ביניהם, צריכה הסבר, וממילא אף צורת עמידה מיוחדת זו יש לה בוודאי טעם וסיבה.

כאמור במבוא, יום הכיפורים הוא יום של חשבון נפש כללי, אך יש בו גם זיכרון חטא העגל. ישראל עשו תשובה על חטא העגל, אך כתם החטא נשאר לדורי דורות, וכדברי חז"ל בסנהדרין (קב, ב): "אין לך כל פורענות ופורענות שבעולם, שאין בה מחטא העגל... שנאמר: 'ביום פקדי ופקדתי עליהם חטאתם' (שמות לב, לד)".

אמנם יום הכיפורים הפך מאז חטא העגל ליום סליחה ומחילה לישראל, אך עם זאת הפך גם ליום דין, וכדברי חז"ל ב'תנחומא' (תשא כו) על הפסוק "ביום פקדי ופקדתי": "הריני יושב עליהם בדין ביום הכיפורים ומזכה את הזכאי ומחייב את החייב".

שעיר יום הכיפורים, מטרתו כפרה על חטא העגל

'שעיר יום הכיפורים' המובא על אש המערכה בעזרה, קשור אף הוא לדעת חז"ל לחטא העגל, כמובא ב'מדרש הגדול' (תרומה כה, א) שבין התרומות שנדרשו ישראל להביא למשכן, נאמר להם להביא גם צמר עזים, כדי לעשות למשכן יריעות עזים. ומסבירים חז"ל את סיבת הדבר: "כדי שיכפר להם [הקב"ה] בקרבן עזים [של יום הכיפורים] דכתיב: 'ומאת עדת בני ישראל יקח [הכהן הגדול ביום הכיפורים] שני שעירי עזים לחטאת" (ויקרא טז, ה). שעירי עזים אלה מובאים, אפוא, ביום הכיפורים לכפרה על חטא העגל.

ואכן, יש דמיון רב בין סדר הקרבת 'שעיר יום הכיפורים' לבין הקרבת 'שעיר עבודה זרה' ('שעיר עבודה זרה' מובא במקרה שישראל טעו, ועבדו בשוגג אחת מן העבודות הנעשות לעבודה זרה. ראה במדבר טו, כד). בשני קרבנות אלה מובא הדם אל הקודש פנימה להזות על הפרוכת ועל מזבח הזהב. כמו כן, בשניהם נשרף בשר השעיר ב'בית הדשן' מחוץ למקדש, ומחוץ לירושלים. דבר המלמד כי שעיר יום הכיפורים מובא על חטא עבודה זרה.

שונה 'שעיר יום הכיפורים' מ'שעיר עבודה זרה' בכך, שדמו של שעיר יום הכיפורים מובא אף לקדש הקדשים פנימה, בבחינת "מעלין בקודש".

נמצא, שמטרת הליכתו של הכהן הגדול ממקום הפר שהתוודה עליו אל מקום השעירים המובאים למקדש, להזכיר את חטא העגל ולהביא כפרה גם על חטא זה.

• הקלפי והגורלות

הפניית העורף כלפי מזרח באה לבטל את קיומה של עבודה זרה

אף הכיוון אליו פונה הכהן הגדול בהליכתו למזרח העזרה, וההדגשה שהשעירים עומדים "כשפניהם למערב ואחוריהם למזרח", אף לכך יש משמעות.

כבר הבאנו לעיל את דברי הרמב"ם המדבר על חשיבותו של ה'מערב' במקדש, שעניינו "שכינה במערב".

אלו דברי הרמב"ם ב'מורה נבוכים' (חלק ג, פרק מה) בעניין קידושו של הר המוריה על ידי אברהם כמקדש לדורות: "אברהם קבע את הרוח שפונים אליה בתפילה, כלומר בית קדש הקדשים. וטעם הדבר, לדעתי, כיון שהייתה ההשקפה המפורסמת בעולם אז [שיש לעבוד את] עבודת השמש ושהיא האלוה... והיו כל בני אדם פונים למזרח [ומשתחווים לשמש הזורחת במזרח]. לפיכך, פנה אברהם אבינו למערב בהר המוריה, כלומר, במקדש, כדי שיהיו אחוריו לשמש. והבן דבר נפלא זה". וממשיך הרמב"ם: "וכן אין ספק לדעתי, כי אותו המקום אשר קידש אברהם אבינו בחזון, היה ידוע אצל משה רבנו ואצל רבים [מאז אדם הראשון, כמובא לעיל] כי אברהם כבר ציווה אותם שיהא זה בית עבודה [לה'] כמו שבאר המתרגם [אונקלוס] ואמר: 'ופלח וצלי אברהם תמן באתרא ההוא ואמר: קדם ה' הכא יהון פלחן דריא' (בראשית כב, יד) ועבד והתפלל אברהם במקום ההוא ואמר: לפני ה' כאן יעבדו הדורות הבאים"!

כלומר, בהפניית הפנים במקדש למערב עושים ישראל שני דברים: האחד – במעשה העבודה כשהפנים כלפי השכינה בקדש הקדשים, כמו כן בהשתחווייה לכיוון מערב, הם מודיעים ומכריזים על מלכות ה' בעולם. והשני – ישראל מפנים בכך

עורף למזרח ולעבודת השמש, ומכחישים ומבטלים במעשיהם את קיומה של עבודה זרה בעולם. לאור דברי הרמב״ם הנ״ל, מובן כיוון העמידה כשהעורף כלפי מזרח. זאת, כדי להוכיח בעצם עמידת האדם בעזרה, כי פניו מופנות רק מערבה, ואילו אחוריו למזרח. בכך שולל האדם את קיומה של עבודה זרה ועובדיה הסוגדים למזרח (לדברי הרמב״ם האלו יש סימוכין בכמה מקומות בדברי חז״ל, ולא כאן המקום להרחיב).

בעמידת ישראל בעזרה כלפי מערב מכריזים הם על ביטול מעשה העגל

לאור האמור, מתברר מדוע פונה הכהן הגדול למזרח, שכן בבואו לעשות עבודה שיש בה כדי לכפר על חטא ישראל בעגל, הוא פונה יחד עם מלויו מזרחה אל השעירים העומדים במזרח. והנה בהגיעו למזרח העזרה מסתובב לאחור ופונה מערבה לכיוון קודש הקדשים. כאברהם בשעתו, כן הכהן הגדול ומלוויו, וכך השעירים, הכל פונים לכיוון מערב. בעצם עמידתם כשפניהם כלפי מקום השכינה, מכריזים הם על ביטול כל עבודה זרה, וחטא העגל בכלל זה.

למעשה, קהל הנאספים בעזרה עומדים מרבית שעות היום ביום הכיפורים כשפניהם כלפי מערב. כל הכריעות וההשתחוויות נעשות כלפי ההיכל וקדש הקדשים. (כעשרים השתחוויות היו ביום הכיפורים: שלש בתמיד של שחר, שלש במוסף, עשר בעת הזכרת השם המפורש ושלש בתמיד של בין הערביים).

עשר פעמים ביום זה משתחווה עם ישראל לפני בוראו, כשהנאספים בעזרה מכריזים בקול: ״ברוך שם כבוד מלכותו לעולם ועד!״ היש הכרזה גדולה מזו על מלכות ה׳ בעולם?!

הטלת גורלות – ביטוי להשגחת ה׳ בעולם

אלו דברי הפייטן בעניין הגורלות: ״טרף בקלפי והעלה שני גורלות. גורל ימין כשהוא של שם יתנהו על השעיר ואומר: ׳לה׳ חטאת׳!״ מצוות התורה היא, ששעיר יום

• **טרף בקלפי** הכהן הגדול מניח את שתי ידיו בתוך הקלפי. הקלפי נעשית בגודל שתי ידיו של אדם, ״ואינה מחזקת אלא שתי ידים״ (יומא לט, א) כדי שלא יברור את הגורל של שם ה׳ שיעלה ביד ימין. ״טרף בקלפי״ בחטיפה והעלה את שני הגורלות בשתי ידיו (רש״י שם).

לעזאזל
קלפי

ליהוה

הכיפורים העולה על המזבח – "לחטאת לה'", לא ייקבע בידי אדם אלא על פי הגורל, "והגורל מעכב" (רמב"ם עבודת יום הכפורים ג, ג).

אף בכך באה התורה ללמד דבר את העומדים בעזרה. שכן, מהו הגורל אם לא ביטוי מוחשי להשגחת השם בעולם על היחיד ועל הכלל? וכבר אמר שלמה (משלי טז, לג): "בחיק יוטל את הגורל ומה' כל משפטו". היינו, יכול אדם בעת הטלת הגורל להחביא אותו בחיקו ולהסתירו מעין רואים, אך הכל גלוי לבורא עולם, ובסופו של דבר – "מה' כל משפטו".

מסיבה זו ציוותה התורה להטיל גורל לבירור מצווה נוספת בתורה, ככתוב: "אך בגורל יחלק את הארץ" (במדבר כו, נה).

אומרים על כך חז"ל: "אין ארץ ישראל מתחלקת אלא בגורל" (בבא בתרא קכב, א). כלומר, ארץ ישראל היא ארצו של הקב"ה, לפיכך ראוי הדבר שהנחלות בארץ יחולקו לכל איש ואיש בהשגחה מיוחדת של הקב"ה.

ביום הכיפורים, כאשר יש גילוי שכינה במקדש ובקדש הקדשים, זה היום בו השעיר נבחר בגורל על ידי ה', וכהן גדול מכריז ברבים – "לה' חטאת!" כלומר שעיר זה הוא שנבחר לקרבן משמים.

הקריאה 'הגבה ימינך' היא הכרזה האומרת שימין ה' רוממה

במשנה ביומא נאמר, שאם עלה הגורל של שם ה' בימין, היה הסגן העומד לימינו של הכהן הגדול אומר לו: "אישי "כהן גדול! הגבה ימינך"! זאת למה?

ממקומות שונים בדברי התורה והנביאים הננו למדים, כי הרמת הימין היא בטוי לשליטה ולכוח. וכדברי דוד בתהלים: "ימין ה' רוממה ימין ה' עושה חיל" (תהלים קיח, טו). כך גם בשירת הים נאמר: "ימינך ה' נאדרי בכוח ימינך ה' תרעץ אויב" (שמות טו, ו). כן נאמר: "הושיעה לו ימינו וזרוע קדשו" (תהלים צח, א), ועוד. בהגבהת ימינו של הכהן הגדול, שבה נמצא הגורל שכתוב עליו שם ה', ובקריאה "לה' חטאת", היה מכריז שעינו של הקב"ה פקוחה על הכל, והוא שליט על כל פרט

• **הגורל** מקום עמידת הכהן הגדול בעת הטלת הגורלות היה במזרח העזרה סמוך ל'שער ניקנור' (השער נראה מאחורי הכהן הגדול) ומצפון למזבח. לפניו עומדים שני השעירים להטלת גורל ביניהם. משני צידי הכהן הגדול עומדים "הסגן מימינו וראש בית אב משמאלו" (משנה יומא ג, ט). פני כולם למערב – לכיוון ההיכל. על השלחן – הקלפי (עשוי עץ). כשעלה הגורל של שם ה' בימין, היה הסגן אומר לו: "אישי כהן גדול הגבה ימינך!" כדי שידעו הכל שהגורל עלה בימין. הכהנים משני צידיו מחזיקים בידיהם לשון של זהורית כדי לקשור אותה בראשי השעירים לסימן.

• **הגבה ימינך** כשעלה הגורל של שם ה׳ בימין, הכריז סגן כהן גדול: ״הגבה ימינך!״ כדי להראות לכל שגורל של שם עלה בימין. אם עלה הגורל בשמאל, קרא ראש בית אב לכהן גדול: ״הגבה שמאלך!״.

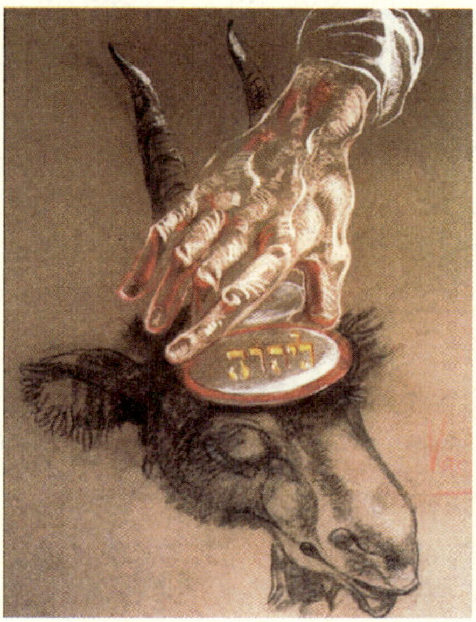

• **סמיכה על ראש השעיר** הסמיכה על השעיר נעשית בשתי ידים. אך מתוך שכתוב ״וסמך את שתי ידו״ נראה שהסמיכה על ראש השעיר נעשית יד אחת על גבי השנייה, שכן המקום שבין קרניו צר מהכיל שתי ידיים. וכך מתרגם יונתן: ״ויסמוך אהרן ית תרתי ידוי בסידרא חדא ית ימינה על שמאליה על ריש צפירא״ (ויקרא טז, כא).

במעשיו, וכך גם לקבוע ששם ה׳ יעלה בימין, ושהשעיר שמימין יעלה כקרבן לה׳.

המראה הזה הוא נושא ללימוד לנאספים בעזרה, כי מי שחוסה תחת כנפי הקב״ה, הרי ה׳ לימינו, אך מי שנשען על כוחות מדומים ועובד לשקר כדוגמת העגל או כוחות אחרים, משולח לצוק ׳מזרח׳, למקום ולכוח שבחר לעבוד אותו, ומתגלגל ויורד כדוגמת השעיר, ש״לא היה מגיע לחצי ההר עד שנעשה איברים איברים״ (יומא ו, ו).

ארבעים שנה שעלה הגורל בימין

לאור האמור, יובן התיאור המובא במסכת יומא, שם נאמר, ש״בארבעים שנה ששימש שמעון הצדיק [ככהן גדול] – עלה הגורל בימין״ (יומא לט, א). שכן, בדורו של כהן גדול וצדיק כזה, הייתה עינו של הקב״ה והשגחתו פקוחה על ישראל.

מאמר חז״ל זה משתלב עם התיאור המובא ביומא (סט, א) אודות המצביא אלכסנדר מוקדון, כובש העולם הקדום ופגישתו עם שמעון הצדיק. אלכסנדר מנסה להשליט את עבודת אלילי יוון בעולם, מיוון ועד הודו הרחוקה, משהגיע סמוך לירושלים, הנה הוא פוגש את שמעון הצדיק הלבוש בגדי כהונה, יחד עם מלוויו כהני המקדש כשהם נושאים אבוקות בידיהם ויוצאים לקראתו. מול מראה זה יורד אלכסנדר מעל מרכבתו ומשתחווה לפני שמעון הצדיק ארצה, באומרו: ״דמות דיוקנו של זה מנצחת לפני בבית מלחמתי״. שכן, בהגיעו לירושלים, למד כי השגחת ה׳ המשכין את שכינתו במקדש בירושלים, היא המלווה אותו במלחמותיו.

ואכן, באותו מעמד הפר אלכסנדר מוקדון את מזימת השומרונים להרוס את המקדש בירושלים, ומאידך גיסא נתן רשות לשמעון הצדיק להרוס את מקדשם בהר גריזים. זאת, משום שהכיר בכך, שזוכות התפילות הנאמרות במקדש ה׳ בירושלים, היא שעומדת לו במלחמותיו (עיין שם בגמרא).

זוהי, אפוא, משמעות הקריאה: ״הגבה ימינך!״ כלומר, הגבה את ידך, והראה לכל כי ״ימין ה׳ רוממה״ בעולמו, ועינו פקוחה על הפרט ועל הכלל, וכדברי ירמיה בנבואתו (לב, יט): ״אשר עיניך פקוחות על דרכי בני אדם לתת לאיש כדרכיו וכפרי מעלליו״.

ארבעים שנה של הסתר פנים

לעומת ארבעים השנים שבהם עלה הגורל בימין בימי שמעון הצדיק, מתארים חז״ל מציאות שונה, של ארבעים שנים אחרות, בהם עלה הגורל תמיד בשמאל. היו אלה ארבעים השנים שלפני חורבן הבית (ראה יומא לט, ב). שכן, כשאין ישראל עושים

רצונו של מקום, תשש, כביכול, כוחה של השכינה, הקב״ה מסיר את השגחתו מישראל, וכך, בהסתר פנים זה, חרב בסופו של דבר המקדש.

ההתעניינות שגילה ציבור הנוכחים בעזרה, בשאלה אם עלה הגורל בימין אם לאו, וכן בשאלה האם הלשון של זהורית הלבינה אם לאו, לא הייתה סקרנות גרידא. הייתה זו שאלה הרבה יותר עמוקה, ו״סימן״ לישראל – כלשון חז״ל – האם עינו של ה׳ פקוחה עליהם בשנה זו לטובה, ומעשיהם לרצון לפניו, או שמא, חלילה, מסתיר ה׳ את פניו מישראל מפני שאין מעשיהם לרצון.

מעמד הטלת הגורל היה בו, אפוא, כדי לעורר לחשבון נפש, ולהעמיק את רגש התשובה בלב הנוכחים בעזרה.

לפיכך, בעת שהכהן הגדול הניח את הגורל על השעיר ״ואומר: לה׳ חטאת!״ והקהל היה נופל בהשתחוויה על פניו ארצה, הייתה זו שעה בה הוכשרה הנפש לתשובה ולווידוי.

▲ **השעיר בראש הצוק** המשנה ביומא (סז, א) מתארת את דחיפתו של השעיר מן הצוק: ״מה היה עושה [המשלח]? היה חולק לשון של זהורית [לשנים] חציו קשור בסלע [בציור מימין כדי לראות שהלשון של זהורית מלבינה] וחציו קשור בין שני קרניו [הלשון בצבע אדום], ודחפו לאחוריו״.

▲ **ושלח את השעיר במדבר** ״שעיר המשתלח הוא כפרה על כל ישראל״ [רמב״ם תשובה א, ב]. על שעת הכפרה אומר בעל ׳אתה כוננת׳: ״דחפו בשתי ידיו לאחוריו, והוא היה מתגלגל ויורד, ולא היה מגיע לחצי ההר עד שנעשה אברים אברים. ואומר: כך ימחו עוונות עמך בית ישראל״.

‹ וּבָא לוֹ שֵׁנִית אֵצֶל פָּרוֹ
וְאוֹמֵר עָלָיו וִדּוּי בֵּיתוֹ וּוִדּוּי אֶחָיו הַכֹּהֲנִים.
וְסָמַךְ שְׁתֵּי יָדָיו עָלָיו, וְהִתְוַדָּה.

וְכָךְ הָיָה אוֹמֵר
אָנָּא הַשֵּׁם / חָטָאתִי, עָוִיתִי, פָּשַׁעְתִּי לְפָנֶיךָ
אֲנִי וּבֵיתִי וּבְנֵי אַהֲרֹן עַם קְדוֹשֶׁךָ.
אָנָּא בַּשֵּׁם / כַּפֶּר נָא לַחֲטָאִים וְלַעֲוֹנוֹת וְלַפְּשָׁעִים
שֶׁחָטָאתִי וְשֶׁעָוִיתִי וְשֶׁפָּשַׁעְתִּי לְפָנֶיךָ
אֲנִי וּבֵיתִי וּבְנֵי אַהֲרֹן עַם קְדוֹשֶׁךָ.
כַּכָּתוּב בְּתוֹרַת מֹשֶׁה עַבְדֶּךָ מִפִּי כְבוֹדֶךָ
כִּי־בַיּוֹם הַזֶּה יְכַפֵּר עֲלֵיכֶם לְטַהֵר אֶתְכֶם ויקרא טז
מִכֹּל חַטֹּאתֵיכֶם לִפְנֵי יהוה

וְהַכֹּהֲנִים וְהָעָם הָעוֹמְדִים בָּעֲזָרָה
כְּשֶׁהָיוּ שׁוֹמְעִים אֶת הַשֵּׁם הַנִּכְבָּד וְהַנּוֹרָא
מְפֹרָשׁ יוֹצֵא מִפִּי כֹהֵן גָּדוֹל
בִּקְדֻשָּׁה וּבְטָהֳרָה

הקהל ושליח הציבור כורעים ומשתחווים.

הָיוּ כּוֹרְעִים וּמִשְׁתַּחֲוִים וּמוֹדִים, וְנוֹפְלִים עַל פְּנֵיהֶם
וְאוֹמְרִים
בָּרוּךְ שֵׁם כְּבוֹד מַלְכוּתוֹ לְעוֹלָם וָעֶד.

הכול קמים על רגליהם, ושליח הציבור אומר:

וְאַף הוּא הָיָה מִתְכַּוֵּן כְּנֶגֶד הַמְבָרְכִים לִגְמֹר אֶת הַשֵּׁם
וְאוֹמֵר, תִּטְהָרוּ.
וְאַתָּה בְּטוּבְךָ מְעוֹרֵר רַחֲמֶיךָ, וְסוֹלֵחַ לְשֵׁבֶט מְשָׁרְתֶךָ.

ד. וידוי שני של הכהן הגדול בעזרה

וידוי שני על הפר – לכפר על חלקו של אהרון בעגל

זו לשון הפייטן ב'אתה כוננת': "ובא לו שנית אצל פרו, ואומר עליו וידוי ביתו ווידוי אחיו הכהנים". כאן ישאל השואל: וידוי שני על ראש הפר מה ענינו? כמו כן, מדוע קיימת הפסקה בין וידוי לווידוי על ידי מצוות הטלת גורל על השעירים?

אולם בהמשך לאמור שהשעיר בא לכפר על חטא העגל, כך גם הפר – המזכיר את העגל – אף הוא עניינו לכפר על אותו מעשה. כך הם גם דברי הרמב"ם ב'מורה נבוכים' (חלק ג, פרק מו) הכותב: "כבר אמרו חכמים, כי הטעם [שמביאים]... בחטאת

▲ **הזאת הדם על הפרוכת** הכהן הגדול מזה מדם הפר על הפרוכת "אחת למעלה (כלפי מעלה) ושבע למטה (כלפי מטה)". הזאת הדם לא היתה על הפרוכת עצמה כי אם אל מול הפרוכת ומקום הארון. (ר' אלעזר בר' יוסי מוסר שראה את הפרוכת ברומי, "והיו עליה כמה טיפי דמים" שהגיעו אל הפרוכת שלא במתכוין, יומא כו, א). הכהן הגדול היה מכוין את הזאת הדם כנגד 'בין הבדים' ככתוב: "וכן יעשה לאהל מועד" (ויקרא טז, טז). מתוך כלל המשכן והמקדש, הפרוכת נקראת "אהל מועד", שכן במקום זה היה ה' מתוועד עם משה, והקול הנבואי היה מגיע אליו דרך הפרוכת מבין הבדים. בזמן בית ראשון היו בדי הארון בולטים החוצה (יומא נד, א). (בציור משתקף מראה ההיכל כפי שהיה בימי בית שני, ואילו ראשי הבדים הבולטים צוירו, להמחשת מקום ההזאה כפי שהיה נראה בימי בית ראשון).

יום הכפורים פר בן בקר לחטאת [הרי זה] לכפר על מעשה העגל". פר זה מובא ככפרה על חלקו של אהרון הכהן בהכנת העגל. שהרי נאמר בו: "באהרון התאנף ה' מאד להשמידו" (דברים ט, כ). מעתה, שאהרון יש לו חלק בעגל, כיצד יבוא צאצא מצאצאיו המשרת ככהן גדול, לכפר על חטא העגל, בעוד שדבק אף בו משהו מחטא זה?! אמנם אהרון באומרו: "פרקו נזמי הזהב" (שמות לב, ב) התכוון לעכב את העם מלחטוא, ובהכנות אלה להשהות את העם ממעשיהם עד שיבוא משה, אך התוצאה של פעולתו היא, שיצאה תקלה מתחת ידו וישראל השתחוו לעגל.

וידוי שני על הפר – בדומה לווידוי על 'פר כהן משיח'

במעשהו ובקרבנו של אהרון ביום הכיפורים, יש דמיון ל'פר כהן משיח'. בתורה נקבע קרבן זה למקרה שהכהן הגדול טעה בדבר הלכה. כמובא בויקרא (ד, ג) אודות כהן גדול ששגה בהוראתו, כגון שהורה היתר לצבור לעשות דבר שיש בו כרת, יביא הכהן הגדול 'פר כהן משיח' לחטאת.

▲ הארון הכפורת והכרובים

יש דמיון רב בין 'פר יום הכיפורים' ו'פר כהן משיח': בשניהם נוטל הכהן הגדול את הדם ומביאו אל ההיכל פנימה, להזות ממנו על הפרוכת ועל מזבח הזהב. כמו כן, בשניהם נוטלים הכהנים את בשרם, ובמקום להעלותו על גבי המזבח, מוציאים אותו אל מחוץ למחנה לשריפה. מיוחד הוא פר הכהן הגדול ביום הכיפורים, אשר בבחינת "מעלין בקודש", מובא דמו אל קדש הקדשים.

נמצא, שקרבן 'פר יום הכיפורים' בא ככפרה על חטאו של אהרון הכהן הגדול, ששגה בהוראתו להביא נזמי זהב, בכך איפשר לציבור להכין את עגל הזהב. לפיכך, בעת שבא הכהן הגדול, מצאצאי אהרון הכהן במהלך הדורות, לכפר על חטא ישראל בעגל, פושט הוא לפני כן מעליו את 'בגדי הזהב', ולובש 'בגדי לבן' לעבודה זו. זאת, כדברי חז"ל בעניין כניסתו ב'בגדי לבן' לקדש הקדשים: "אין קטיגור נעשה סניגור". כמו כן, יתוודה הכהן הגדול בעזרה על 'פר יום הכיפורים' הדומה בהלכותיו ל'פר כהן משיח'. וידוי זה אינו אלא כאותו וידוי האמור בכהן גדול שהורה הוראה בטעות, וזאת, כדי לכפר על חלקו של אהרון בחטא העגל.

פעמיים מתוודה הכהן הגדול:

א. כממשיכו של אדם הראשון. ב. כממשיכו של אהרון

כן מתקיים הפסוק בתורה: "בזאת יבוא אהרון אל הקודש בפר בן בקר"... (ויקרא טז, ג) כי רק בהבאת פר זה הותר לו להיכנס לקודש הקדשים.

כן גם מובן, מדוע בווידוי שני על הפר חוזר הכהן הגדול ואומר: "חטאתי עוויתי פשעתי לפניך אני וביתי ובני אהרון", והרי כבר התוודה 'עליו ועל ביתו' בווידוי ראשון על הפר? אולם בווידוי ראשון התוודה על פר זה כממשיכו של אדם הראשון, ואילו בווידוי שני מתוודה הכהן הגדול על פר, כדין 'פר כהן משיח' וכווידוי על חטא העגל.

וידוי הכהן הגדול לעיני כל ישראל בעזרה – לעורר לתשובה

בווידוי זה מתוודה הכהן הגדול כמנהיג בישראל המראה דוגמה אישית איך חוזרים בתשובה. באומרו "חטאתי עוויתי פשעתי אני וביתי", מכריז הוא למעשה, כי גם הכהן הגדול ומנהיג בישראל עשוי לטעות ולשגות, ואף להטעות אחרים בהנהגה שאיננה לרצון ה'. לפנינו, אפוא, לימוד לקהל הנאספים בעזרה לעוררם לתשובה.

אכן, כך כותב הרמב"ם בהלכות תשובה (ב, ה): "ושבח גדול לשב [בתשובה] שיתוודה ברבים ויודיע פשעיו להם... ואומר להם: אמנם חטאתי... והריני היום שב ומתנחם... אבל בעבירות שבין אדם למקום... מתוודה עליהם בפני רבים סתם [ואינו מפרט את חטאיו]". וראה בראב"ד שם, שבעבירות גלויות ומפורסמות, אף על פי שהן

עבירות שבין אדם למקום, צריך להתוודות בגלוי, "שכמו שנתפרסם החטא – כך צריך לפרסם את התשובה". וכאן, שחטא העגל מתואר בגלוי ובפרסום בתורה, חובה לשוב עליו מדי יום הכיפורים, ובכך תשובת הכהן הגדול בעזרה, בווידוי – "חטאתי... אני וביתי" – הרי היא דבר המתבקש.

קהל הנאספים בעזרה שומע את הכהן הגדול מתוודה על מעשים שנעשו בידי ישראל לפני מאות ואלפי שנים, ושגם אהרון הכהן לא נקי ממנו, ולפיכך בניו אחריו ממשיכים להתנקות מחטא זה, בבחינת "וחטאתי נגדי תמיד". הקהל לומד מכך לפשפש איש במעשיו ולהתוודות, שכן השגיאה והטעות מונחות לרגלי כל בן תמותה.

מעתה, בכל עת שמזכיר הכהן הגדול בווידוי זה את השם המפורש, והכהנים והעם העומדים בעזרה שומעים את השם הנכבד והנורא יוצא מפיו והם נופלים ארצה, הרי זה כדי ללכת בעקבות הכהן הגדול, להתנקות מחטאיהם ולהתוודות כמותו.

ולפיכך, כשבאה קריאתו של הכהן הגדול "כנגד המברכים" והוא "אומר להם: 'תטהרו'"! נופלים דבריו על אוזניים קשובות. כל הבא לעזרה כדי לקיים את מצוות היום ולהתוודות, אינו צריך דוגמה טובה יותר לווידוי מאשר וידוי זה של הכהן הגדול נוכח ההיכל.

יש מקום לומר, שמכאן לקוח המאמר המקובל: "פתחו לי פתח כחודו של מחט ואני אפתח לכם פתח כפתחו של אולם". למעשה, בדברי חז"ל מובא נוסח שונה, שכן, "פתחו של אולם" לא נזכר בדברי חז"ל (ראה שיר השירים רבה פרשה ה, ב: "אמר הקדוש ברוך הוא לישראל: בני פתחו לי פתח אחד של תשובה כחודה של מחט ואני פותח לכם **פתחים שיהיו עגלות וקרוניות נכנסות בו**". או בפסיקתא דרב כהנא פיסקא ה: "'פתחי לי אחותי' – פתח כחרירה של מחט ואני פותח לכם פתח שיהו אהליות וכצוצטריות נכנסין בו"). הדבר מעורר שאלה; כיצד התחלף המאמר, והכל מסיימים אותו במילים "פתחו של אולם" דווקא?

אולם יש רגע במקדש שליבו של האדם נפתח לתשובה, כי הניצב במעמד התשובה של הכהן הגדול, ורואה לפניו את ההיכל בכל הדרו, ואת פתח האולם מתנשא לפניו בכל גבהו, ופרוכת ההיכל עומדת להיפתח לקראת כניסתו של הכהן הגדול לקדש הקדשים. והנה בטרם כניסתו להיכל עוצר הכהן הגדול, וחוזר ומתוודה לפני ה' בשנית על ראש הפר לעיני כל הנוכחים בעזרה – זה רגע ההשתחוויה בו נפתח לבו של האדם "כחודו של מחט". ואם רק ירחיב את פתחי לבבו, וירצה לחדש בקרבו לב חדש ורוח חדשה, זו השעה בה נפתחים לפניו שערי שמים "כפתחו של אולם".

שחיטת הפר

הכול אומרים:

סימן א"ב

אַחַר וִדּוּי שָׁקַד בְּעָצְמָה / לַעֲשׂוֹת חַטָּאתוֹ וְחַטַּאת הָעָם.
בָּדַק סַכִּין, וְשָׁחַט פָּרוֹ רֹב שְׁנַיִם, וּמֵרַק אַחֵר אֶת הַשְּׁחִיטָה
וְקִבֵּל דָּמוֹ בְּמִזְרָק טָהוֹר.
גַּם לַחֲבֵרוֹ יִתֵּן מִיָּד, לְמָרֵס בְּדָמוֹ כְּדֵי שֶׁלֹּא יִקְרֹשׁ.
דָּם זֶה הִנִּיחוֹ בְּיַד מִי שֶׁמְּמָרֵס בּוֹ בָּעֲזָרָה
עַל הָרֹבֶד הָרְבִיעִי שֶׁמִּן הַהֵיכָל וּלַחוּץ

ההכנות להקטרת הקטורת בקדש הקדשים

וְנָטַל מַחְתָּה שֶׁל זָהָב אָדֹם קַלָּה
מַחֲזֶקֶת שְׁלֹשָׁה קַבִּין, וְיָדָהּ אֲרוּכָה
וְעָלָה לְרֹאשׁ הַמִּזְבֵּחַ, וּפִנָּה גֶּחָלִים
שֶׁמַּחֲצִיתָן גַּחֶלֶת וּמַחֲצִיתָן שַׁלְהֶבֶת, אֵילָךְ וְאֵילָךְ
וְחָתָה מִן הַלּוֹחֲשׁוֹת מִצַּד מַעֲרַב הַמִּזְבֵּחַ.
הוֹרִידָהּ מְלֵאָה גַּחֲלֵי אֵשׁ לוֹחֲשׁוֹת
וְהִנִּיחָהּ עַל הָרֹבֶד הָרְבִיעִי שֶׁבָּעֲזָרָה
הוֹצִיאוּ לוֹ כַּף רֵיקָן, וּמַחְתָּה מְלֵאָה קְטֹרֶת דַּקָּה מִן הַדַּקָּה.
וְחָפַן מִמֶּנָּה מְלֹא חָפְנָיו
לֹא מְחוּקוֹת וְלֹא גְדוּשׁוֹת, אֶלָּא טְפוּפוֹת
וְנָתַן לְתוֹךְ הַכַּף, וְנוֹתֵן בִּימִינוֹ הַמַּחְתָּה שֶׁל גֶּחָלִים
וּבִשְׂמֹאלוֹ הַכַּף שֶׁל קְטֹרֶת.

פרק ה: עבודת הכהן הגדול בהיכל ובקדש הקדשים

א. הכהן הגדול בדרכו לקדש הקדשים

חמש פעולות עיקריות נקט הכהן הגדול לקראת כניסתו לקדש הקדשים. פעולות אלה נעשו ברובן לרגלי מעלות ההיכל 'בין האולם והמזבח'.

א. הכהן שחט את הפר וקיבל את דמו.
ב. נתן את המזרק המלא בדם לכהן אחר 'למרס' בו.
ג. לה למזבח ומחתה של זהב בידו וממלא אותה גחלים.
ד. חפן מלא חופניו קטורת והחזירה ל'כף' המיוחדת לכך.
ה. החזיק בימינו את מחתת הגחלים ובשמאלו את כף הקטורת לקראת כניסתו להיכל.

פעולות אלה, לכאורה, פעולות של שיגרה הן, וכבר למד הכהן הגדול את הדברים וחזר עליהם פעמים אחדות בשבעת ימי הפרישה, בהיותו ב'בית אבטינס' ובמהלך עבודתו בימים אלה בעזרה.

עם זאת נראה, שהכנות אלה חייבו את הכהן הגדול למאמץ רוחני כביר.

תיאור של רגעי כניסת הכהן הגדול לקדש הקדשים הננו מוצאים ב'זוהר' הקדוש. לפי המתואר שם, הקיפו אותו בדרכו להיכל שלש שורות של כהנים ולוויים, אשר הרימו את ידיהם בתפילה לה', להצלחת הכהן הגדול בשליחותו, ועל עבודת הקטורת שתתקבל לרצון.

מקור ב'זוהר': קושרים שלשלת לרגלי הכהן הגדול, שמא ימות

כאן המקום להעיר על פרט המובא ב'זוהר', שאין לו מקבילה ממקור אחר, היינו, שהיו קושרים שלשלת של זהב ברגלו של הכהן הגדול לפני כניסתו להיכל, שאם ימות חלילה ימשכו אותו בשלשלת זו החוצה (זוהר אחרי מות סז, א; וזוהר אמור קב, א; בשינוים. ועיין שם ב'ניצוצי זוהר').

כלל נקוט בידי הפוסקים, שבענייני הלכה יש לקבל את הכתוב בתלמוד הבבלי והירושלמי ובמדרשי הלכה, ואילו דבר המובא בתורת הנסתר, שיש בו בעיה מבחינת ההלכה, הדבר צריך בדיקה. כך כותב בעל 'יד מלאכי' (כללי הפוסקים כללי שני התלמודים): "כל מקום שתמצא הקבלה חולקת עם הגמרא – הלך אחר הגמרא והפוסקים... כן כתב ה'כנסת הגדולה' בשם הרדב"ז וספר יוחסין ומהר"י הלוי.

אף בעניין קשירת השלשלת, קשה לקבל את האמור בזוהר, שכן אין להוסיף בגד על בגדי הכהונה של כהן בעבודתו, ואפילו חוט מיותר מהווה חציצה (ראה רמב"ם הלכות כלי המקדש י, ו-ח. אמנם מפרשי הזוהר עמלו ליישב את התיאור מבחינת ההלכה – ראה 'ניצוצי זוהר' שם, אך נשארו עם כמה תמיהות, כגון, ששלשלת הזהב העשויה מתכת היא עצמה מטמאת, עיין שם).

למעשה הסברא נותנת שאין להטיל אימה יתירה על הכהן הגדול בקשירה זו, שכן כיצד יוכל לעשות את עבודתו כהלכה, ביודעו ששלשלת קשורה לרגלו מחשש שכל רגע הוא עלול למות. מה עוד שכלל פשוט הוא בהלכה, ש״אין לך דבר העומד בפני פקוח נפש, חוץ מעבודה זרה גילוי עריות ושפיכות דמים״, והתורה והמצוות לחיים ניתנו ככתוב: ״וחי בהם ולא שימות בהם״?

אכן, קרו מקרים בודדים, שכהן גדול מת כשלא נהג כהלכה בהיותו בקדש הקדשים, וכאותו צדוקי, אשר שם את הקטורת על הגחלים בהיותו בהיכל כמנהג הצדוקים, ״ובא מלאך וחבטו על פניו״ (יומא יט, ב). אך גם במקרה בודד זה נאמר בגמרא, ש״ביציאתו ניגף״. הווה אומר, גם אם חלילה אין הכהן נוהג כהלכה – דבר נדיר כשלעצמו – גם אז, כשמענישים אותו משמים, הדבר נעשה מחוץ לקדש הקדשים, כדי שלא ינוול בגופתו את קדש הקדשים. לאור האמור, לשם מה יקשרו שלשלת לרגלו?

דומה, שיש במעשה הקשירה גם פגיעה בכבוד הכהן הגדול. שכן הלכה היא, שמשום הזהירות בכבודו, שמו על שער ניקנור מזוזה, כדי שלא יאמרו על ישיבתו בשבעת ימי הפרישה ב״לשכת פרהדרין״: ״כהן גדול חבוש בבית האסורים״ (יומא י, ב). מעתה, מה יאמר קהל הנאספים בעזרה, כשיראה את הכהן הגדול עולה במעלות האולם, כשאחריו נסרכת שלשלת כנידון למוות?

יש להוסיף, כי שלשלת כזו היתה יכולה גם להכשיל אותו בהליכתו, שכן עליו לעבור דרך ארוכה בדרכו לקדש הקדשים, וכן בין שתי הפרוכות המבדילות בין הקדש לקדש הקדשים. לפי המתואר בירושלמי היה המקום אפל – ״והיה מגשש ונכנס מגשש ויוצא״ (יומא ה, ד). לפיכך, קיימת סכנה בעצם קיומה של שלשלת זו, שמא יכשל בה ויפול. ונמצאת עבודת היום בטלה. פרט משמעותי נוסף, שהזהב הוא מתכת כבדה מאד, ונמצא שגם כהן זקן יצטרך בהליכתו לגרור אחריו משא כבד!

כן נראה להוכיח מעובדה הנזכרת ביומא (נג, ב) שם מוכח, שלא הייתה שלשלת ברגלו של הכהן הגדול. זו לשון הגמרא: ״מעשה בכהן גדול אחד, שהאריך בתפילתו, ונימנו אחיו הכהנים להיכנס אחריו. התחילו הם נכנסים והוא יוצא... אמרו לו: אל תהי רגיל לעשות כן״. בגמרא נאמר, שנמנו ״להיכנס אחריו״, וכן ״התחילו הם נכנסים״, ולכאורה למה ייכנסו? ימשכו בשלשלת, והיה, אם הכהן חי – ימשוך אותה חזרה וידעו שהוא חי, ואם אכן מת – יגררוהו החוצה? בהכרח, אפוא, שלא הייתה שלשלת כזו.

בהעדר מקור מקביל בדברי חז״ל, בתלמוד ובמדרשי ההלכה המאשר את התיאור המובא בזוהר, ומאחר שפרט זה לא נזכר בדברי הפוסקים, כמו הרמב״ם, יש מקום להשאיר מקור זה ב״צריך עיון״.

עם זאת, מביא התיאור בזוהר לידי ביטוי מוחשי, את החשש שליווה את כניסתו של הכהן הגדול לקדש הקדשים, ואת האימה שאחזה בציבור, בעת שהכהן הגדול הכין את עצמו להיכנס לעבודת היום 'לפני ולפנים'.

הקטרת הקטורת בקדש הקדשים

זֵרֵז עַצְמוֹ וְנִכְנַס לְקֹדֶשׁ הַקֳּדָשִׁים עַד שֶׁמַּגִּיעַ לָאָרוֹן
וְהִנִּיחַ הַמַּחְתָּה בֵּין בַּדֵּי הָאָרוֹן
וּבְבַיִת שֵׁנִי מַנִּיחַ עַל אֶבֶן הַשְּׁתִיָּה.
חָפַן כָּל הַקְּטֹרֶת שֶׁבְּכַף בְּחָפְנָיו
וְנָתַן עַל הַגֶּחָלִים לְצַד מַעֲרָב
וּמַמְתִּין שָׁם עַד שֶׁנִּתְמַלֵּא הַבַּיִת כֻּלּוֹ עָשָׁן.

ב. הארון ואבן השתיה בימי בית ראשון ושני

אלו דברי הפייטן: "הניח המחתה בין בדי הארון, ובבית שני מניח על אבן השתיה". להבנת סדר הדברים בימי בית ראשון ושני, ותיאור פני הדברים בקדש הקדשים, נביא להלן כמה מן המקורות הדנים בנושא. כך מתאר הרמב"ם את המראה שנגלה לעיני הכהן הגדול בקדש הקדשים: "אבן היתה בקדש הקדשים במערבו שעליה היה ארון מונח, ולפניו צנצנת המן ומטה אהרון. ובעת שבנה שלמה את הבית, וידע שסופו ליחרב, בנה בו מקום לגנוז בו הארון למטה במטמוניות עמוקות ועקלקלות. ויאשיהו המלך ציוה, וגנזו במקום שבנה שלמה... ונגנז עמו מטה אהרון והצנצנת ושמן המשחה. וכל אלו לא חזרו בבית שני" (הלכות בית הבחירה ד, א).

במשנה במסכת יומא (ג, ב) מתארים חז"ל כיצד נהג הכהן הגדול בקדש הקדשים בבית שני: "משניטל ארון, אבן היתה שם מימות נביאים ראשונים, ו'שתייה' הייתה נקראת, גבוה מן הארץ שלוש אצבעות ועליה היה [כהן גדול] נותן [את הקטורת]".

מדברי הגמרא ביומא נראה, שלאנשי בית שני היו ידיעות או רמזים על מקום הימצאו של הארון. שכן, כך מובא ביומא (נד, א): "חכמים אומרים: ארון בלשכת 'דיר העצים' היה גנוז". ומביאה הגמרא בהמשך (משנה שקלים ו, ב): "מעשה בכהן אחד, שהיה מתעסק [בקרדומו] וראה רצפה משונה מחברותיה. ובא והודיע את חברו, ולא הספיק לגמור את הדבר, עד שיצתה נשמתו, וידעו בייחוד [בבירור] ששם הארון נגנז". כן מובא שם בגמרא, ש"שני כהנים בעלי מומים היו מתליעין בעצים

[בוררים עצים בלא תולעים לצורך הקרבנות] ונשמטה קרדומו של אחד מהם ונפלה שם ויצתה אש ואכלתו".

לאור האמור, מובן מדוע אנשי בית שני לא העלו את הארון למקומו כבתחילה, לקיים את עבודת יום הכיפורים כהלכתה, שכן ראו, שמי שעוסק בחיפוש אחר הארון, פוגעת בו מידת הדין, והסיקו מסקנה, שיש להשאיר את הארון במקומו ובגניזתו.

כן גם נראה, שהחשש, שבגללו הטמינו את הארון בימי בית ראשון, היה קיים בימי בית שני, שכן טרם חלפה שעת הסכנה שהארון יילקח בידי אויבים, ועדיין לא יכלו להניחו במקומו. ימי בית שני היו משובשים במלחמות מצד כובשים שונים, אשר באו בראש צבאותיהם לירושלים: יונים, מצרים, רומאים ועוד, והחשש שמא יחמוד מישהו את הארון ויקח אותו לשלל היה ממשי. (כפי שאכן קרה, שהמקדש נשדד במהלך ימי בית שני על ידי כובשים שונים, כגון פומפיאוס כמתואר בכתבי יוסף בן מתתיהו). לפיכך סברו חכמים, שמוטב שישאר הארון במקומו "במטמוניות" – כלשון הרמב"ם.

מקום גניזת הארון מכוון כנגד מקומו בקדש הקדשים

עם זאת, עדיין יש מקום לשאלה, כיצד קיימו בימי בית שני את הזאת הדם בקדש הקדשים, בהעדר הארון, הכפורת והכרובים?

▲ הכנת הקטורת

שאלה זו נדונה במסכת מנחות (כז, ב) ותשובת הגמרא שם: "אמר קרא: 'וכפר את מקדש הקדש' (ויקרא טז, לג) – מקום המקודש לקדש". כלומר, אין צורך דווקא, שהארון גופו יעמוד במקומו לצורך עבודת יום הכיפורים, אלא די ב"מקום המקודש" להזות כנגדו. המושג "מקום המקודש" אינו רק עצם המקום בו עמד הארון, שבכך נתקדש, אלא נראה שדרשה זו נסמכת גם על הכלל הקבוע בדברי חז"ל, ש"מעולם לא זזה שכינה מקדש הקדשים" (תנחומא שמות י) ושקדושת המקום אינה בטלה לעולם (רמב"ם בית הבחירה סוף פרק ו).

מעיון בדברי הרמב"ם, שהובאו לעיל בעניין גניזת הארון, ניתן לדייק, שבעת שהכינו מקום לארון במעבה האדמה, לא היה זה מחבוא סתמי, אלא הניחו את הארון "למטה" – כלשונו. כוונתו לומר שהארון הוטמן מתחת לאבן השתייה, במקום המכוון אנכית כנגד מקום עמידתו המקורי של הארון. זאת, כדי שמצוות יום הכיפורים בקדש הקדשים, היינו, הנחת מחתת הקטורת "בין הבדים" והזאת הדם "בין הבדים", יהיו כנגד הארון ובדיו אף בעת גניזתו של הארון.

כך נראה מדברי המאירי ליומא (נב, ב) הכותב, ש"ראה שלמה ברוח הקודש שבית המקדש עתיד ליחרב, וחפר בעומק, במקום הארון, למטה ממנו, בעקלקלות, שיהא עומד להם [המקום מוכן] לעת צרה לגונזו בתוכו". נראה מדבריו שהארון הוטמן באופן כזה, שעבודת יום הכיפורים תוכל להמשך כאילו הארון עומד במקומו.

אמנם הדבר עומד, לכאורה, בסתירה למה שנאמר בגמרא, שהכהנים שהתליעו עצים בלשכת 'דיר העצים' הבחינו שרצפת 'דיר העצים' שונה מחברותיה, ונראה מן הדברים שהארון נגנז ב'דיר העצים' ולא בקדש הקדשים. אולם אין זו סתירה בהכרח, שכן ניתן לומר שהארון אכן נגנז בקדש הקדשים, אך פתח המחילה המובילה אליו היה ב'דיר העצים'.

ג. הנחת הקטורת על אבן השתיה ומשמעותה

בהעדר ארון בימי בית שני הונחה הקטורת על 'אבן השתיה', ומדברי חז"ל והרמב"ם נראה שהיתה זו אבן מיוחדת, שהונחה בקדש הקדשים מימות 'נביאים ראשונים', ועל פני אבן זו עמד הארון. המושג 'אבן השתייה' מוסבר בגמרא יומא (נד עב) – "שממנה הושתת העולם", כלומר, בעת הבריאה התרקם העולם סביב אבן זו עד שנשלמה יצירתו. זאת על פי הפסוק: "מציון מכלל יופי אלהים הופיע" (תהלים נ, ב). רש"י בגמרא שם מסביר, שכוונת הפסוק לומר שציון וירושלים הם נקודת המרכז, שסביבה הלך ונוצר העולם סביב.

לעומת דברי חז״ל אלה אשר מקורם בתוספתא יומא (פרק ב) כותב הרמב״ם בפירושו למשנה יומא (ה, א) בקצרה: ״ופירוש ׳שתיה׳ – יסוד. ולפי האמת, מקום העבודה הוא יסוד העולם, וכמו שהזכירו [חכמינו ז״ל] בתחילת ׳אבות׳״. כוונת הרמב״ם בדבריו אלה, למה שאומרת המשנה בתחילת מסכת ׳אבות׳: ״על שלשה דברים העולם עומד על התורה ועל העבודה...״ שם מסביר הרמב״ם כי ״בקיום מצוות התורה, **והם הקרבנות** – התמדת תקינות העולם וסדירות מציאותו באופן היותר שלם״. בדבריו אלה יוצק הרמב״ם תוכן למאמר חכמינו ז״ל המובא לעיל, שהעולם נוצר מ׳אבן השתייה׳. שכן, לאבן זו יש משמעות, במידה שהיא מוסיפה קדושה לעולם. לפיכך מסביר הרמב״ם, שהעבודה הנעשית במקדש לפני ה׳ בהבאת קרבנות על המזבח, תמידים כסדרם, ובקיום כל המצוות הנעשות בחצרות

▲ **הנחת הקטורת על אבן השתיה בימי בית שני** ״משינטל ארון [הברית ממקומו בימי בית ראשון] אבן היתה שם מימות נביאים ראשונים [דוד ושמואל] ו׳שתיה׳ היתה נקראת, גבוה מן הארץ שלש אצבעות, ועליה היה [הכהן הגדול] נותן [את המחתה ואת הקטורת]״ (יומא נג, ב). למחתה של יום הכיפורים היה ׳ניאשתיק׳ [יומא נד, ב] היינו, רגלים ובסיס, לייצב אותה בעת הנחתה על פני האבן (המאירי שם, מתוך פירושים אחדים).

מקדש, היא הנותנת לעולם את המשך קיומו, ובכך ממשיכה אבן זו להיות יסוד לקיומו התקין של העולם.

יש, אפוא, משמעות להנחת הקטורת בידי הכהן הגדול ביום הכיפורים על 'אבן השתייה' דווקא, שהרי ביום זה נידון העולם כולו לשבט או לחסד. פעמים שבכוחה של מצוה אחת להכריע את העולם כולו לכף זכות, וכמובא בקידושין (מ, א): "העולם נידון אחר רובו, והיחיד נידון אחר רובו. עשה מצוה אחת – אשריו! שהכריע את עצמו ואת העולם לכף זכות. עבר עבירה אחת – אוי לו! שהכריע את עצמו ואת כל העולם כולו לכף חובה!" מעשה הנחת הקטורת בידי הכהן הגדול על 'אבן השתייה' מהווה הודעה, כי יש צידוק לבריאת העולם, וכי יש טעם להמשך קיומו.

הקטורת מעלה לפני ה' ריח ניחות, אך אין זה ריח לשמו, כי אם הזכרה כללית של כלל המצוות הנעשות על ידי ישראל ביום הכיפורים, המעלות "ניחוח" לפניו, כגון: מעשה הקרבנות, השירה, התשובה, הווידויים המרובים, ההשתחוויות וכו'. כל אלו הם ה'ניחוח' והם הנחת רוח הבאה לפני ה' ביום זה. נמצא, שבהנחת הקטורת על 'אבן השתיה' מתבסס יסוד העולם, ודברי הרמב"ם, ש"מקום העבודה – הוא יסוד העולם וקיומו", הופכים למציאות מוחשית.

ד. הקטרת הקטורת מביאה להשראת שכינה בעולם

כגודל האימה שנפלה על ישראל כשכהן גדול נכנס להקטיר קטורת, כן גם גדלה השמחה ביציאתו.

ראה 'תנחומא' (תצוה טו) שם מוסבר הפסוק: "שמן וקטורת ישמח לב" (משלי כז, ט): "הכתוב הזה מדבר... בישראל. כיצד? בשעה שהיה הכהן הגדול נוטל את הקטורת, באותה מחתה [של זהב] ביום הכיפורים, ונכנס 'לפני ולפנים' בבית קדשי

• **ההקטרה בקדש הקדשים** קדש הקדשים במבט מדרום. ארון הברית עמד על גבי 'אבן השתיה' שגבהה שלש אצבעות מעל פני הקרקע. בדי הארון היו ארוכים "והיו דוחקים ובולטים בפרוכת" (יומא נד, א). כשהכהן הגדול נכנס לקדש הקדשים מצפון, מצא את הפרוכת 'פרופה' ומקופלת על ידי קרס של זהב (יומא נב, ב; ורש"י). בדרכו אל הארון עבר לאורך הפרוכת, הסיט אותה מעט ונכנס אל בין שני הבדים. את המחתה הניח על אבן השתיה, ולאחר מכן חפן "מלא חפניו" קטורת מן ה'כף'. את הקטורת הניח במרוכז ובצבירה על פני הגחלים, כדי שעשנה יעלה בבת אחת (רמב"ם, עבודת יום הכפורים ד, א). "וממתין שם עד שיתמלא הבית עשן" (שם) כדי לקיים את הפסוק "וכסה ענן הקטורת את הכפורת".

הקדשים... וכשהיה ענן הקטורת מיתמר ועולה ופונה למעלה, ונעשה כאשכול, היה יודע שנתכפר לישראל ושנתקבלו מעשיו. ואם לא כיסה ענן הקטורת, היה נודע שהוא מת... נמצאת אתה אומר, שכהן גדול וכל ישראל מרתיתים בשעה שכהן גדול נכנס 'לפני ולפנים', עד שיוצא בשלום. כיון שהיה יוצא, הייתה שמחה גדולה בישראל, שנתקבל [קרבנם] ברצון, שנאמר: 'שמן וקטורת ישמח לב'".

מדברי חז"ל נראה, כי לא רק לישראל הייתה השמחה, אלא אף שמחה לפני הקב"ה. שכן, כך מובא במדרש שם: "אמר הקדוש ברוך הוא: מכל הקרבנות שאתם מקריבים לפני אין חביב עלי כקטורת. תדע, שכל הקרבנות כולן – לצרכיהן של ישראל [לחטאת, אשם וכד']... אבל הקטורת אינה באה... אלא על השמחה".

מה טיבה של שמחה זו – אין המדרש מסביר. עם זאת, מתוך דברי הסיום במדרש 'תנחומא' שם הדברים מתבארים, שכך נאמר שם: "אמר ר' יצחק בר' אליעזר: תדע לך, שכשעשה משה המשכן וכליו, וכל המלאכה והקרבנות, לא ירדה שכינה עד שהקטירו קטורת, דכתיב: 'עורי צפון ובואי תימן הפיחי גני, יזלו בשמיו יבוא דודי לגנו ויאכל פרי מגדיו' (שיר השירים ד, טז). אמר הקב"ה לישראל: בני! הזהרו בקטורת יותר מכל הקרבנות שאתם מקריבים לפני, שעל ידי הקטורת אתם מתכפרים..."

במה גדול כוחה של הקטורת, שדווקא בזכותה יורדת שכינה לעולם וישראל מתכפרים? ר' יצחק בר' אליעזר רומז בעצמו על מקור השמחה האלקית בהקטרת הקטורת, שכן, כדבריו, בזכותה "יבוא דודי לגנו", היינו, בזכות ריח הניחוח העולה מן הקטורת, המזכירה את ניחוחם של עצי גן עדן, יורדת השכינה לעולם, והיא מתמידה את 'דירתה' 'במחנה שכינה' במקדש בירושלים. הקטורת מבשרת בכל פעם מחדש, על שיבת העולם למקורו כבימי הבראשית בזמן אדם הראשון (וראה מדרש שיר השירים רבה על פסוק זה). מכאן גם כוח כפרתה של הקטורת על ישראל ועל העולם.

• טָהוֹר לֵב פָּסַע וְשָׁב לַאֲחוֹרָיו
פָּנָיו לַקֹּדֶשׁ וַאֲחוֹרָיו לַהֵיכָל, עַד שֶׁיָּצָא מִן הַפָּרֹכֶת
וּמִתְפַּלֵּל בְּהֵיכָל תְּפִלָּה קְצָרָה סָמוּךְ לַפָּרֹכֶת.

תפילת כהן גדול לפני הפרוכת בהיכל

וְכָךְ הָיְתָה תְּפִלָּתוֹ שֶׁל כֹּהֵן גָּדוֹל

הכול אומרים:

יְהִי רָצוֹן מִלְּפָנֶיךָ יהוה אֱלֹהֵינוּ וֵאלֹהֵי אֲבוֹתֵינוּ
שֶׁתְּהֵא שָׁנָה זוֹ הַבָּאָה עָלֵינוּ וְעַל כָּל עַמְּךָ בֵּית יִשְׂרָאֵל
בְּכָל מָקוֹם שֶׁהֵם
אִם שְׁחוּנָה גְשׁוּמָה*
וְאַל יִכָּנֵס לְפָנֶיךָ תְּפִלַּת עוֹבְרֵי דְרָכִים לְעִנְיַן הַגֶּשֶׁם
בְּשָׁעָה שֶׁהָעוֹלָם צָרִיךְ לוֹ
וְשֶׁלֹּא יִצְטָרְכוּ עַמְּךָ בֵּית יִשְׂרָאֵל בְּפַרְנָסָה זֶה לָזֶה
וְלֹא לְעַם אַחֵר.
שָׁנָה שֶׁלֹּא תַפִּיל אִשָּׁה פְּרִי בִטְנָהּ
וְשֶׁיִּתְּנוּ עֲצֵי הַשָּׂדֶה אֶת תְּנוּבָתָם
וְלֹא יַעֲדֵי עָבֵד שָׁלְטָן מִדְּבֵית יְהוּדָה.

ה. תפילת הכהן הגדול בקדש הקדשים

במשנה במסכת יומא מבואר, שהכהן הגדול "מתפלל תפילה קצרה בבית החיצון" (יומא נב, ב) ומפרש רש"י שתפילתו היתה בהיכל. יש בדבר כדי לעורר למחשבה, מדוע אינו מתפלל בקדש הקדשים?

אולם מתברר, שלעומת דברי המשנה האלו, מצינו עובדות, שכהן גדול, אכן, מתפלל בתוך קדש הקדשים.

כך נזכר ביחס לר' ישמעאל בן אלישע שהתפלל בתוך קדש הקדשים (ברכות ז, א).

כך גם עולה מדברי הברייתא בברכות (ל, א) האומרת: "היה [אדם] בקדש הקדשים, יכוון את לבו [בתפילתו] כנגד בית הכפורת". הברייתא מדברת בהכרח על הכהן הגדול בכניסתו לקדש הקדשים ביום הכיפורים, ומלמדת שיכוין את לבו בתפילתו כנגד 'בית הכפורת' אשר שם שרויה השכינה (שהרי אין רשות לאדם אחר להמצא בקדש הקדשים).

---

* **לפי הירושלמי: בְּכָל מָקוֹם שֶׁהֵם, שְׁחוּנָה וּגְשׁוּמָה.**

למעשה כך מובא בסדר רב עמרם גאון, שתפילת הכהן הגדול היתה בהיותו בבית קדש הקדשים, וכך גם ב׳מחזור ויטרי׳ וכן ב׳ספר חסידים׳ השלם.

ואכן, מאחר שהכהן הגדול היה ממתין עד שיתמלא הבית עשן והדבר נמשך כמה וכמה רגעים, שכן היה זה חלל גדול למדי וגובה קדש הקדשים מגיע לארבעים אמה, מן הראוי היה שלא יעמוד בטל ובאפס מעשה, אלא יקדיש את הרגעים המיוחדים האלה לבקשת מחילה ולתפילה. נראה, אפוא, שלכך מתכוונים המקורות הנ״ל, בהם מדובר על תפילת הכהן הגדול בקדש הקדשים.

יתירה מזו מצינו במפורש ב׳תרגום יונתן׳ את תוכן התפילה שהיה מתפלל בקדש הקדשים, ושאם לא התפלל אותה ולא התכוון בה כראוי – עבירה היא בידו ונענש על כך. זו לשון תרגום יונתן לבמדבר לה, כה; על המילים ״וישב בה [הרוצח בשגגה] עד מות הכהן הגדול״: ומפני שלא התפלל כהן גדול **בקדש הקדשים** ביום הכיפורים על שלש העבירות החמורות, שלא יכשלו עם ישראל בעבודה זרה, ובגילוי עריות, ובשפיכות דם אדם נקי, והיה בידו של כהן גדול לבטלם בתפילתו, **ולא התפלל**, לפיכך בא על עונשו למות בשנה ההיא (ראה שם בלשון התרגום במקור).

באשר לדברי המשנה בענין תפילת הכהן הגדול, נראה להסביר לאור המקורות הנ״ל, שאף לדעת המשנה היה מתפלל בקדש הקדשים, אלא **שהוסיפה** המשנה ואמרה: ״יצא ובא לו בדרך בית כניסתו, ומתפלל תפילה קצרה [נוספת, אם רצה] בבית החיצון. ולא היה מאריך בתפילתו זו שלא להבעית את ישראל״ (יומא נב, ב). בהסברת המשנה נראה לומר, שכיון ש״נתמלא כל הבית כולו עשן״ – כמבואר שם – לפיכך לא היה צריך לומר במשנה דבר באשר לתפילתו בפנים, וברור אף לדעת המשנה שהיה מתפלל לפני ולפנים, אלא שהיה מקצר בגלל העשן. עם זאת באה המשנה לומר, שאם בא להשלים את תפילתו מחוץ לפרוכת בהיכל – רשאי, אלא שלא היה מאריך בתפילה זו, ״שלא להבעית את ישראל״.

כן יש לעמוד על הביטוי ״בית חיצון״ שבמשנה. מדוע לא אמרה המשנה במפורש ״ומתפלל תפילה קצרה **בהיכל**״ כפירוש רש״י, שכן לא שמענו במקום אחר במשנה, שההיכל נקרא ׳בית חיצון׳?

לפיכך, אולי יש להסביר שהמושג ׳בית חיצון׳ עניינו המירווח שבין שתי הפרוכות, שמקום זה נקרא ׳בית חיצון׳ של קדש הקדשים ביחס ל׳בית הפנימי׳. תפילתו של הכהן הגדול במקום זה מסתברת, מאחר שמחמת העשן היה צריך לסיים שהייתו בקדש הקדשים, לפיכך המשיך את תפילתו במקום שאף הוא חלק מקדש הקדשים. אם כי נפל ספק בדבר בעניין דרגת הקדושה של מקום זה (ראה יומא נא, ב) עם זאת עדיף שיתפלל שם ב׳בית החיצון׳ בגלל קדושתו המיוחדת, משיתפלל בהיכל.

הזאת דם הפר בקדש הקדשים

שליח הציבור:

יָצָא וְנָטַל דַּם הַפָּר מִמִּי שֶׁמְּמָרֵס בּוֹ
וְנִכְנַס לְמָקוֹם שֶׁנִּכְנַס, וְעָמַד בְּמָקוֹם שֶׁעָמַד
וְהִזָּה מִמֶּנּוּ לִפְנֵי הַכַּפֹּרֶת בֵּין בַּדֵּי הָאָרוֹן
אַחַת לְמַעְלָה וְשֶׁבַע לְמַטָּה
וְלֹא הָיָה מִתְכַּוֵּן לְהַזּוֹת
לֹא לְמַעְלָה וְלֹא לְמַטָּה
אֶלָּא כְּמַצְלִיף.

שליח הציבור מונה, והקהל מונה אחריו:

וְכָךְ הָיָה מוֹנֶה
אַחַת אַחַת וְאַחַת
אַחַת וּשְׁתַּיִם אַחַת וְשָׁלשׁ
אַחַת וְאַרְבַּע אַחַת וְחָמֵשׁ
אַחַת וָשֵׁשׁ אַחַת וָשֶׁבַע.

שליח הציבור:

כְּצֵאתוֹ הֵבִיאוּ לוֹ שְׂעִיר חַטָּאת
שְׁחָטוֹ וְקִבֵּל דָּמוֹ בְּמִזְרָק טָהוֹר.

ו. הזאת הדם על מזבח הקטורת

אלה דברי הפייטן בעניין הזאת הדם על מזבח הקטורת: **"חותה הגחלים והאפר שבמזבח הזהב... עד שמגלה זהבו, ומזה מדם התערובת על טהרו של המזבח שבע פעמים"**. בהתבוננות על מעשיו של הכהן הגדול על קרנות המזבח ועל "זהבו", נראה שיש משמעות למעשיו. **למזבח הקטורת** נועד התפקיד להביא כפרה על חטא העגל. הדבר עולה מסדר הדברים בפרשת המשכן. שכן מזבח הקטורת

אינו נזכר במלאכת כלי המשכן יחד עם הארון, השלחן והמנורה בפרשת 'תרומה', אלא רק לאחר השלמת תיאור מעשה הכלים כולם: הקרשים, היריעות, הבגדים וכו', בסוף פרשת 'תצוה' – שם מובא עניינו של מזבח הקטורת. מזבח זה מוגדר בתורה כ**'קדש קדשים'** (שמות כט לז). מכאן, שבאופן מכוון נקבע תיאורו דווקא בסיום, בחתימת תיאור המשכן וכליו, כפיסגת הכלים במשכן. זאת, ללמד, כי מבין כלי המשכן השונים, הכלי שעבודת התמיד הנעשית עליו חשובה ביותר זה מזבח הזהב – מזבח הקטורת. אלו דברי המדרש (תנחומא תצוה י"ד): "'ועשית מזבח מקטר קטורת'... מה עיסקו של מזבח הקטורת [דווקא בסוף?] – כיון שעשו [ישראל] אותו מעשה [חטא העגל] ביקש הקב"ה לכלותן, עמד משה וביקש עליהם רחמים... ונחבט בקרקע עד שנתרצה לו הקב"ה... אמר משה: רבונו של עולם!...מי מודיע לבאי עולם שאתה נתרצית לישראל? אמר לו: 'ועשו לי מקדש'... ומכל קרבנותיהם איני רוצה אלא הריח... תדע לך [שאכן כך] שמזבח העולה שהיה לקרבנות, היה נתון בחוץ, ואילו מזבח הקטורת שהיה לריח – נתון בפנים".

▲ **הזאת הדם על מזבח הזהב** הכהן הגדול עומד לפני מזבח הזהב מדרום "בין המזבח והמנורה" כשהמזרק בידו, (רמב"ם עבודת יום הכיפורים ד, ב) ומתחיל ונותן מן הדם באצבעו על קרנות המזבח (כשהוא עומד במקומו) בצורה סיבובית, מימין לשמאל, בסדר דלהלן: קרן מזרחית צפונית, צפונית מערבית, מערבית דרומית, דרומית מזרחית. לאחר מכן "חותה הגחלים והאפר שבמזבח הזהב הילך והילך, עד שמגלה זהבו, ומזה מדם התערובת [של דם הפר ודם השעיר] על טהרו של מזבח שבע פעמים. [את הדם מזה] בצד הדרום [של זהב המזבח] במקום ששלמו מתנות קרנותיו [כלומר, בפינה הדרומית מזרחית]" (רמב"ם שם).

הזאת דם השעיר בקדש הקדשים

לִפְנִים יִכָּנֵס לְהַזּוֹת מִדָּמוֹ בֵּין שְׁנֵי בַּדֵּי הָאָרוֹן, כְּסֵדֶר דַּם הַפָּר
אַחַת לְמַעְלָה וְשֶׁבַע לְמַטָּה
וְלֹא הָיָה מִתְכַּוֵּן לְהַזּוֹת לֹא לְמַעְלָה וְלֹא לְמַטָּה, אֶלָּא כְּמַצְלִיף.

שליח הציבור מונה, והקהל מונה אחריו:

וְכָךְ הָיָה מוֹנֶה

אַחַת **אַחַת וְאַחַת**
אַחַת וּשְׁתַּיִם **אַחַת וְשָׁלשׁ**
אַחַת וְאַרְבַּע **אַחַת וְחָמֵשׁ**
אַחַת וָשֵׁשׁ **אַחַת וָשֶׁבַע.**

שליח הציבור:

יָצָא וְהִנִּיחַ עַל כַּן הַזָּהָב הַשֵּׁנִי שֶׁהָיָה בְּהֵיכָל.

נראה לומר, שכשם שבעניין הארון נאמר: "יבוא זהב הכפורת ויכפר על חטא העגל", כך אף לענין מזבח הקטורת, יבוא זהב המזבח, שעליו מקריבים את החביב שבקרבנות, ויכפר אף הוא על חטא העגל, בכך שישמש כמקום להשראת שכינה בישראל.

גם פינוי הגחלים אילך ואילך, "עד שמגלה זהבו" - כלשון הפייטן - כדי להזות על מזבח הזהב מן הדם שבע פעמים - אף בכך יש מעין הודעה, כי הזהב, אשר נתרם תחילה על ידי ישראל להרבות טומאה בעולם במעשה העגל, עתה, ביום הכיפורים הוא נועד להעלות ריח ניחוח במקדש ולהוסיף השראת שכינה בעולם.

ז. אחת למעלה ושבע למטה

ארבע פעמים במהלך סדר העבודה, משמיענו הפייטן את מניין ההזאות היוצא מפי כהן גדול בקדש הקדשים ובהיכל, בעת שהוא מזה את הדם: "**אחת! אחת ואחת, אחת ושתים, אחת ושלש... אחת ושבע**!" כשהשאלה הנשאלת היא, מה פשרן של ההזאות הללו?

▴ **הזאת הדם בין הבדים**

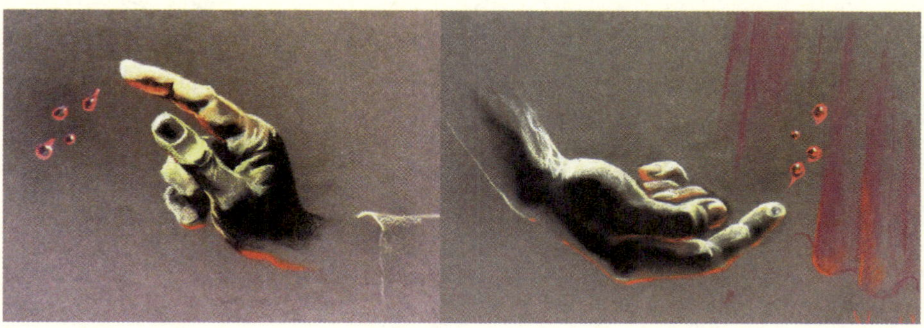

▴ **אחת למעלה** הזאת הדם מול הפרוכת "אחת למעלה ושבע למטה", נעשתה בדרך זו: תחילה טובל הכהן הגדול את אצבעו בדם שמזרק. לאחר מכן הופך את ידו, כשהאצבע כלפי מעלה וגב היד כלפי הרצפה. כך היה מזה "אחת למעלה" – לכיוון מעלה, נוכח הפרוכת ובין הבדים. ואילו את "השבע למטה" הזה, כשגב ידו כלפי מעלה והאצבע מופנית כלפי מטה, לארץ, כשהוא מזה לכיוון 'בין הבדים' (יומא נה, א; גמרא; רש"י).

סך כל ההזאות שהזה הכהן הגדול בקדש הקדשים ובהיכל הגיע לארבעים ושלש. הזאות אלו נעשו בשלשה מוקדים עיקריים במקדש, מקומות שבהם מתגלה השכינה ב'מחנה שכינה': האחת: מול הכפורת. השנייה: מול הפרוכת. השלישית: על מזבח הזהב. שלשה מוקדים אלה מכוונים זה כנגד זה ממערב למזרח, ובאמצעותם הגיע הקול הנבואי אל משה איש האלקים.

גילוי שכינה ביום הכיפורים בקדש הקדשים בא
בעקבות "טהרת" המקום "מטומאות בני ישראל"

בפתיחת פרשת יום הכיפורים (בפרשת 'אחרי מות') מודיעה התורה, כי ביום הכיפורים, בעת שיכנס הכהן הגדול אל קדש הקדשים להקטיר קטורת, תתגלה שכינה בקדש הקדשים, ככתוב: "כי בענן אראה על הכפורת". הווה אומר: מחד גיסא, תפקידם של כל המעשים האלה כולם "לכפר" ולטהר את הקדש "מטומאות בני ישראל", ומאידך גיסא, תפקידם להביא להשראת שכינה ולהתמדתה במקדש ה' בירושלים וממילא בעולם כולו.

מעשה הבאת הקטורת מהווה פתיחה, ועבודה מקדימה לסידרת הקרבנות המובאים פנימה, כדי שיעלו כולם לרצון ולריח ניחוח לפני ה' וכדי שיהיו "שמחה לפניו".

בכך בא הכהן הגדול לתקן שני כשלונות גדולים בתולדות האנושות: האחד: כשלונו של אדם הראשון בראשית הבריאה. השני: כשלונם של ישראל לאחר קבלת התורה בחטא העגל.

הזאת דם קרבנות אלה – אחת למעלה ושבע למטה, כנגד שלשת המקומות בהם מתגלה השכינה במקדש, זו כשלעצמה בקשת סליחה ומחילה יש בה. הזאה זו באה כביכול 'לטהר' את המקדש מן הטומאה ש'דבקה' בו מעבירותיהם של ישראל. ריצוי זה בא לומר: גם אם כשלנו בעווננו, נא, אל תסלק את שכינתך מתוכנו, וקיים לנו את הבטחתך: "**ושכנתי בתוך בני ישראל**, והייתי להם לאלהים... **לשכני בתוכם**, אני ה' אלהיהם!" (שמות כט, מו).

המושגים 'כפרה' ו'כפורת' משמעותם: טיהור קדש הקדשים

בטרם יתבאר עניינה של הזאת הדם מול פני הכפורת, מן הראוי להרחיב מעט בהסברת המושג 'כפרה', החוזר על עצמו פעמים אחדות במהלך סדר העבודה, כגון: "**וכיפר** בעדו ובעד ביתו" (ויקרא טז, ו; ושם טז, יא) וכן: "**וכיפר** על הקודש מטומאות בני ישראל" (ויקרא טז, טז; ושם בפסוק יז). כך גם – "וכילה **מכפר** את הקדש", (שם כ' ושם פסוקים כז, לב, לג – ביטוי החוזר **כחמש עשרה פעמים**. עיין שם).

המעיין בתרגום יונתן במקומות אלה, ימצא שתירגם: "באישתעות מילא". כלומר, יכפר בשיחה ובסיפור דברים. כך היא גם דרשת חז"ל ביומא (לו, ב): "בכפרת דברים הכתוב מדבר". הזאת הדם אינה באה כשלעצמה אלא בצירוף וידוי, בסיפור דברים ובבקשת מחילה. הדבר נעשה בעיקר בעת שהכהן הגדול מתוודה על הפר והשעיר בעזרה, אך מדברי תרגום יונתן הננו למדים כי זה גם עניינה של ה'כפרה' **בקדש הקדשים ובהיכל**. אף שם היה הכהן הגדול מתוודה שיכפר ה' לישראל על כך שישראל 'טימאו' את מקום השראת השכינה במעשיהם.

הזאת דם הפר כנגד הפרוכת בהיכל

מִהֵר וְנָטַל דַּם הַפָּר מִן הַכֵּן שֶׁהִנִּיחַ עָלָיו
וְטוֹבֵל אֶצְבָּעוֹ עַל כָּל הַזָּיָה
וְהִזָּה מִמֶּנּוּ עַל הַפָּרֹכֶת כְּנֶגֶד הָאָרוֹן מִבַּחוּץ,
אַחַת לְמַעְלָה וְשֶׁבַע לְמַטָּה
וְלֹא הָיָה מִתְכַּוֵּן לְהַזּוֹת לֹא לְמַעְלָה וְלֹא לְמַטָּה, אֶלָּא כְּמַצְלִיף.

שליח הציבור מונה, והקהל מונה אחריו:

וְכָךְ הָיָה מוֹנֶה
אַחַת אַחַת וְאַחַת
אַחַת וּשְׁתַּיִם אַחַת וְשָׁלֹשׁ
אַחַת וְאַרְבַּע אַחַת וְחָמֵשׁ
אַחַת וָשֵׁשׁ אַחַת וָשֶׁבַע.

הזאת דם השעיר כנגד הפרוכת בהיכל

שליח הציבור:

נָחַץ וְהִנִּיחַ דַּם הַפָּר וְנָטַל דַּם הַשָּׂעִיר
וְעָשָׂה לְדָמוֹ כַּאֲשֶׁר עָשָׂה לְדַם הַפָּר
וְהִזָּה עַל הַפָּרֹכֶת כְּנֶגֶד הָאָרוֹן מִבַּחוּץ, אַחַת לְמַעְלָה וְשֶׁבַע לְמַטָּה
וְלֹא הָיָה מִתְכַּוֵּן לְהַזּוֹת לֹא לְמַעְלָה וְלֹא לְמַטָּה, אֶלָּא כְּמַצְלִיף.

שליח הציבור מונה, והקהל מונה אחריו:

וְכָךְ הָיָה מוֹנֶה

אַחַת אַחַת וְאַחַת
אַחַת וּשְׁתַּיִם אַחַת וְשָׁלֹשׁ
אַחַת וְאַרְבַּע אַחַת וְחָמֵשׁ
אַחַת וָשֵׁשׁ אַחַת וָשֶׁבַע.

הזאת דם הפר והשעיר על מזבח הקטורת
הכול אומרים:

שָׁשׁ וְעֵרָה דַּם הַפָּר לְתוֹךְ הַמִּזְרָק שֶׁבּוֹ דַּם הַשָּׂעִיר
וְנָתַן הַמָּלֵא בְּרֵיקָן,
כְּדֵי שֶׁיִּתְעָרְבוּ יָפֶה יָפֶה זֶה בָּזֶה
וְעָמַד לִפְנִים מִמִּזְבַּח הַזָּהָב בֵּין הַמִּזְבֵּחַ וְהַמְּנוֹרָה
וּמַתְחִיל לְהַזּוֹת מִדַּם הַתַּעֲרֹבֶת.
עַל אַרְבַּע קַרְנוֹתָיו יִתֵּן כְּסִדְרָן
מַתְחִיל מִקֶּרֶן מִזְרָחִית צְפוֹנִית
וּמְסַיֵּם בְּקֶרֶן דְּרוֹמִית מִזְרָחִית
וְחוֹתֶה הַגֶּחָלִים וְהָאֵפֶר בְּמִזְבַּח הַזָּהָב
אֵילָךְ וְאֵילָךְ, עַד שֶׁמְּגַלֶּה זְהָבוֹ
וּמַזֶּה מִדַּם הַתַּעֲרֹבֶת עַל טָהֳרוֹ שֶׁל מִזְבֵּחַ שֶׁבַע פְּעָמִים.

שפיכת שיירי הדם על יסוד מערבי

פָּסַע וְיָצָא לְצַד דָּרוֹם, חוּץ לָאוּלָם
וְשָׁפַךְ אֶת הַשִּׁירַיִם עַל יְסוֹד מַעֲרָבִי שֶׁל מִזְבֵּחַ הַחִיצוֹן.

בכך מתקיים הפסוק "**וטיהרו וקידשו** [את המקדש] מטומאות בני ישראל" (ויקרא טז, יט). כך 'נטהר', כביכול, המקדש מן הטומאה שדבקה בו ומתנקה ממנה, וכך ראוי 'מחנה שכינה' שה' יתמיד להשכין בו את שכינתו.

מכאן גם מתבאר המושג 'כפורת', הנזכר **שבע פעמים** במהלך עבודת יום הכיפורים בפרשת 'אחרי מות'. שכן, ל'כפורת' שעל גבי הארון נועד תפקיד: באמצעותה משכין הקב"ה את שכינתו במקדש בין שני הכרובים, ובאמצעותה "מתכפר" המקדש "מטומאות בני ישראל". זוהי כוונת חכמינו ז"ל בשמות רבה (פרשה נ, ד) האומרים: "ולמה נקרא שמה '**כפורת**'? שהיה **מכפר** לישראל"! זאת, בדומה לדברי ירושלמי (שקלים א, א) שהוזכרו לעיל: "יבוא זהב של כפורת ויכפר על זהב של עגל".

בתרגום יונתן מתורגם המושג "כפורת" – "בית כיפורי" או "בית כפורתא". למעשה, על שם 'כפורת' זו נקרא בית קדשי הקדשים כולו "בית הכפורת" (ראה דברי הימים א כח, יא; וכן זבחים נה, ב). כך גם הצד המערבי של העזרה נקרא "אחורי בית הכפורת" (מידות א, א). כל זאת, על שם ה'כפורת', היינו, הכיסוי שעל ארון העדות.

ללמדנו, כי עבודת הכהן הגדול ביום הכיפורים מול 'כפורת' זו, היא ה'מכפרת' ו'מטהרת' את המקדש כולו להתמדת השכנת השכינה במקדש, והיא המכפרת על ישראל ומטהרת אותם להמשיך ולהיות עם בחירו של אלקי ישראל ולזכות לשרת לפניו במקדשו.

ההזאה אחת למעלה ושבע למטה, עניינה השראת שכינה מתחת לשבעת הרקיעים בהר המוריה בירושלים

לאור האמור, יובן עניינה של הזאת הדם "אחת למעלה ושבע למטה". שכן, מבואר בדברי חז"ל בבראשית רבה פרשה יט, ז; שתחילה שרתה שכינה בעולם בגן עדן, ומפני החטא נסתלקה למרום עד שהורידוה צדיקים לעולם ושרתה במשכן: "עיקר שכינה בתחתונים הייתה, כיון שחטא אדם הראשון נסתלקה שכינה לרקיע הראשון, חטא קין – נסתלקה לרקיע השני, דור אנוש – לשלישי, דור המבול – לרביעי, דור הפלגה – לחמישי, סדומיים – לששי, ומצרים בימי אברהם – לשביעי, וכנגדן עמדו שבעה צדיקים, ואלו הן: אברהם יצחק ויעקב, לוי קהת עמרם משה, עמד אברהם והורידה לשישי, עמד יצחק והורידה לחמישי, עמד יעקב והורידה לרביעי", וכך עמדו לוי, קהת, עמרם ומשה והורידוה – "עמד משה והורידה מלמעלה למטה".

כך עמלו אבות האומה ורועי ישראל, ובמעשיהם הטובים הורידו את השכינה מרקיע לרקיע, עד שזכו ישראל, ובימי משה הוקם המשכן ושרתה בו שכינה, והתקיים בישראל הפסוק: "באתי לגני אחותי כלה" (שיר השירים ה, א) והקב"ה שב 'לגנו' כבתחילה.

כאמור לעיל, ליווה הכהן הגדול את מעשיו בדברי ריצוי ובקשת סליחה. אך דומה, שעצם המעשים והפעולות של הכהן הגדול בקדש הקדשים ביום הכיפורים, יש

בהם עוצמה ו׳כפרה׳ יותר מכל מילה אשר בן אנוש מסוגל להעלותה על דל שפתיו.

שכן, כך אומר הפייטן: ״**נכנס למקום שנכנס, ועמד במקום שעמד... והיזה ממנו לפני הכפורת בין בדי הארון אחת למעלה ושבע למטה**״. המתבונן בדברי חז״ל המתארים את תנועת ידו של הכהן הגדול, המזה הזאה ראשונה כשאצבעו מופנית כלפי מעלה (יומא נו, א) ולאחר מכן מזה שבע פעמים כשאצבעו מופנית כלפי מטה, רואה בבירור בתנועת ידו בקשה ותביעה המובעת בהזאה זו.

אין זו אלא אמירה גדולה: ידענו גם ידענו כי מושב יקרו של הקב״ה הוא בעליונים – בשמים, ומשום כך כף היד בהזאה הראשונה מופנית כלפי מעלה. אך מאידך גיסא מופנית כף היד – ״שבע למטה״! כלומר, תפילתנו ובקשתנו היא, כי כבוד השכינה יירד אלינו מרקיע לרקיע, משבעת הרקיעים אשר איווה למושב לו (ראה חגיגה יב, ב) וישכון כבוד במקדשו, בבית אשר בחר לו בארץ, בהר המוריה ובירושלים.

וידוי על השעיר המשתלח

▸ צָעַד וּבָא לוֹ אֵצֶל הַשָּׂעִיר הַמִּשְׁתַּלֵּחַ לַעֲזָאזֵל
לְהִתְוַדּוֹת עָלָיו אַשְׁמַת קְהָלוֹ
וְסָמַךְ שְׁתֵּי יָדָיו עָלָיו, וְהִתְוַדָּה.

שליח הציבור אומר, והקהל אומר אתו בלחש:

וְכָךְ הָיָה אוֹמֵר
אָנָּא הַשֵּׁם / חָטְאוּ, עָווּ, פָּשְׁעוּ לְפָנֶיךָ עַמְּךָ בֵּית יִשְׂרָאֵל.
אָנָּא בַשֵּׁם / כַּפֶּר נָא לַחֲטָאִים וְלַעֲוֹנוֹת וְלַפְּשָׁעִים
שֶׁחָטְאוּ וְשֶׁעָווּ וְשֶׁפָּשְׁעוּ לְפָנֶיךָ עַמְּךָ בֵּית יִשְׂרָאֵל.
כַּכָּתוּב בְּתוֹרַת מֹשֶׁה עַבְדֶּךָ מִפִּי כְבוֹדֶךָ
כִּי־בַיּוֹם הַזֶּה יְכַפֵּר עֲלֵיכֶם לְטַהֵר אֶתְכֶם ויקרא טז
מִכֹּל חַטֹּאתֵיכֶם לִפְנֵי יהוה

וְהַכֹּהֲנִים וְהָעָם הָעוֹמְדִים בָּעֲזָרָה
כְּשֶׁהָיוּ שׁוֹמְעִים אֶת הַשֵּׁם הַנִּכְבָּד וְהַנּוֹרָא
מְפֹרָשׁ יוֹצֵא מִפִּי כֹהֵן גָּדוֹל, בִּקְדֻשָּׁה וּבְטָהֳרָה

הקהל ושליח הציבור כורעים ומשתחווים.

הָיוּ כּוֹרְעִים וּמִשְׁתַּחֲוִים וּמוֹדִים, וְנוֹפְלִים עַל פְּנֵיהֶם וְאוֹמְרִים

בָּרוּךְ שֵׁם כְּבוֹד מַלְכוּתוֹ לְעוֹלָם וָעֶד.

הכול אומרים קמים על רגליהם, ושליח הציבור אומר:

וְאַף הוּא הָיָה מִתְכַּוֵּן כְּנֶגֶד הַמְבָרְכִים לִגְמֹר אֶת הַשֵּׁם
וְאוֹמֵר, תִּטְהָרוּ.
וְאַתָּה בְּטוּבְךָ מְעוֹרֵר רַחֲמֶיךָ
וְסוֹלֵחַ לַעֲדַת יְשֻׁרוּן.

שילוח השעיר למדבר

הכול אומרים:

קָרָא לְאֶחָד מִן הַכֹּהֲנִים הַמְזֻמָּן מֵאֶתְמוֹל לְהוֹלִיכוֹ, וּמְסָרוֹ לוֹ
וְהוֹלִיכוֹ אֶל אֶרֶץ גְּזֵרָה לְמִדְבָּר שָׁמֵם
וּכְשֶׁהִגִּיעַ לַצּוּק חוֹלֵק לָשׁוֹן שֶׁל זְהוֹרִית שֶׁבְּקַרְנָיו
חֶצְיוֹ קוֹשֵׁר בְּסֶלַע, וְחֶצְיוֹ בֵּין קַרְנָיו
וּדְחָפוֹ בִּשְׁתֵּי יָדָיו לַאֲחוֹרָיו, וְהוּא הָיָה מִתְגַּלְגֵּל וְיוֹרֵד
וְלֹא הָיָה מַגִּיעַ לַחֲצִי הָהָר, עַד שֶׁנַּעֲשָׂה אֵבָרִים אֵבָרִים
וְאוֹמֵר, כָּךְ יִמָּחוּ עֲוֹנוֹת עַמְּךָ בֵּית יִשְׂרָאֵל.

שילוח בשר הפר והשעיר לשריפה

רָץ לוֹ אֵצֶל הַפָּר וְאֵצֶל הַשָּׂעִיר הַנִּשְׂרָפִים, וּקְרָעָן
וְהוֹצִיא אֵמוּרֵיהֶם
וּנְתָנָם בְּמָגֵס לְהַקְטִירָם עַל גַּבֵּי הַמִּזְבֵּחַ
וּבְשָׂרָן קְלָעָן בְּמִקְלָעוֹת
וּמְשַׁלְּחָן בְּיַד אֲחֵרִים, לְהוֹצִיאָן לְבֵית הַשְּׂרֵפָה.

קריאת התורה והברכות בעזרת נשים

שָׁב וּבָא לְעֶזְרַת נָשִׁים, אַחַר שֶׁהִגִּיעַ הַשָּׂעִיר לַמִּדְבָּר
לִקְרוֹת בְּתוֹרַת כֹּהֲנִים פָּרָשַׁת אַחֲרֵי מוֹת וְאַךְ בֶּעָשׂוֹר
וְגוֹלֵל הַסֵּפֶר תּוֹרָה, וּמַנִּיחוֹ בְּחֵיקוֹ, וְאוֹמֵר
יוֹתֵר מִמַּה שֶּׁקָּרִיתִי לִפְנֵיכֶם כָּתוּב כָּאן
וּבֶעָשׂוֹר שֶׁבְּחֻמַּשׁ הַפְּקוּדִים קוֹרֵא עַל פֶּה
◂ וּמְבָרֵךְ לְאַחֲרֵיהֶם שְׁמוֹנֶה בְּרָכוֹת
עַל הַתּוֹרָה וְעַל הָעֲבוֹדָה
וְעַל הַהוֹדָאָה וְעַל מְחִילַת הֶעָוֹן
וְעַל הַמִּקְדָּשׁ וְעַל יִשְׂרָאֵל
וְעַל הַכֹּהֲנִים וְעַל שְׁאָר הַתְּפִלָּה.

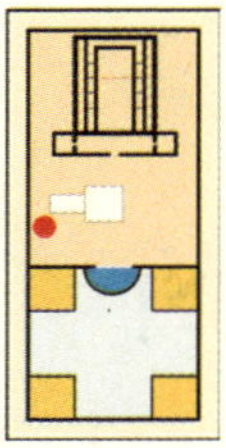

הכהן הגדול טובל טבילה שלישית על לשכת הפרוה ולובש בגדי זהב

קריאת התורה והברכות בעזרת נשים

הכול אומרים:

תִּכֵּן צְעָדָיו וּבָא לְבֵית הַטְּבִילָה, וְקִדֵּשׁ יָדָיו וְרַגְלָיו
וּפָשַׁט בִּגְדֵי לָבָן, וְיָרַד וְטָבַל, עָלָה וְנִסְתַּפָּג
הֵבִיאוּ לוֹ בִּגְדֵי זָהָב וְלָבַשׁ, וְקִדֵּשׁ יָדָיו וְרַגְלָיו

השלמת קרבנות המוספים

וְעָשָׂה שְׂעִיר הַנַּעֲשָׂה בַחוּץ, שֶׁהוּא מִמּוּסַף הַיּוֹם
וְאַחַר כָּךְ מַקְרִיב אֶת אֵילוֹ וְאֶת אֵיל הָעָם
וּמִנְחָתָם וְנִסְכֵּיהֶם כְּמִשְׁפָּטָם
וּמַקְטִיר הָאֵמוּרִים שֶׁל פַּר וְשָׂעִיר הַנִּשְׂרָפִים

תמיד של בין הערביים

◂ וְאַחַר כָּךְ מַקְרִיב תָּמִיד שֶׁל בֵּין הָעַרְבַּיִם כְּהִלְכָתוֹ.

טבילה רביעית ולבישת 'בגדי לבן'

הכול אומרים:

אַחַר כַּלּוֹתוֹ מֵעֲשׂוֹת כָּל אֵלֶּה, עוֹד בָּא לוֹ לְבֵית הַטְּבִילָה
מִהֵר וְקִדֵּשׁ יָדָיו וְרַגְלָיו
וּפָשַׁט בִּגְדֵי זָהָב, וְיָרַד וְטָבַל, עָלָה וְנִסְתַּפָּג
הֵבִיאוּ לוֹ בִּגְדֵי לָבָן, לָבַשׁ וְקִדֵּשׁ יָדָיו וְרַגְלָיו

ח. הוצאת הכף והמחתה מקדש הקדשים

כניסתו של הכהן הגדול לקדש הקדשים להוצאת הכף והמחתה מתוארת בדברי הפייטן בלשון זו: "אחר כלותו מעשות כל אלה עוד בא לבית הטבילה... הביאו לו 'בגדי לבן'... ונכנס לבית קדשי הקדשים להוציא את הכף ואת המחתה שהכניס בשחרית".

כניסה נוספת זו לקדש הקדשים מעוררת כמה שאלות; שכן כניסתו לא הייתה לצורך עבודה מיוחדת, ולאור אזהרת התורה שלא להיכנס לקדש הקדשים כי אם ביום הכיפורים לצורך עבודה, תמוהה העובדה שכהן גדול נכנס לצורך הוצאת כף ומחתה בלבד. יש אמנם חשיבות בהוצאת הכף והמחתה, שלא יישארו שם

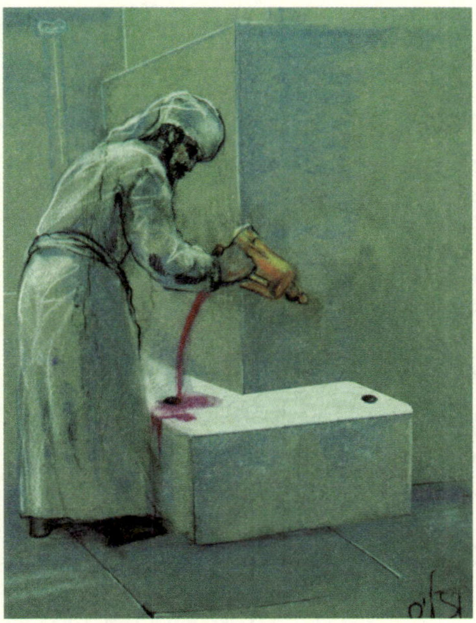

• **שיירי הדם – על 'יסוד מערבי'** בתום ארבעים ושלש הזאות הדם שהיה הכהן הגדול מזה בקדש הקדשים ובהיכל, "יצא לצד דרום (של המזבח) חוץ ל'אולם', ושפך את השיריים [שיירי הדם שבמזרק] על יסוד מערבי של המזבח החיצון" – כלשון בעל 'אתה כוננת'. בקרן הדרומית של יסוד המזבח היו נקבים לשפיכת שיירי הדם, נקב דרומי ונקב מערבי. ביום הכיפורים היה נותן את שיירי הדם בנקב המערבי.

במהלך ימות השנה עד ליום הכיפורים הבא, אך הכהן הגדול היה יכול להוציאם בתום עבודתו בהקטרת הקטורת בקדש הקדשים, או אגב כניסתו להזות מן הדם בהמשך עבודתו?! אולם חז״ל למדו מדרשת הפסוקים (יומא עא) שהתורה קבעה ב׳סדר העבודה׳ שלב מיוחד, היינו, החלפת בגדים וכניסה מיוחדת לקדש הקדשים לצורך הוצאת הכף והמחתה. בהכרח שיש טעם וסיבה לדבר.

כן בולט לעין, שלמטרה זו, הנראית מישנית בחשיבותה, היינו הוצאת הכלים, היו עושים לכהן גדול בגד מיוחד המובא מ׳הנדווין׳, ושוויו שמונה מאות זוז (לדעת ר׳ מאיר במשנה יומא ג, ז) וזאת למה?

יתירה מזו, החלפת בגדים זו הייתה כרוכה ב׳קידוש ידים ורגלים׳ הן לפני פשיטת הבגדים והן לאחר הלבשתם, וכך גם חייבה לטבול במקווה להתקדשות נוספת. יתר על כן, לבסוף בגד זה נגנז ואינו אלא בגד שנעשה לשעה קלה, וכל זאת לצורך דבר הנראה פעוט בחשיבותו – להוצאת כף ומחתה!

אולם דווקא פרטים אלה מלמדים אותנו את המשמעות שבמעשה זה, כי לא חשיבותה של הפעולה לפי מראה עיני האדם היא הקובעת, אלא הידיעה כי עבודה ושירות זה נעשים לפני מלך מלכי המלכים הקב״ה, אשר גם עבודה שקטנה בעינינו, לפניו היא עבודה גדולה. לפיכך, למרות שמדובר בהוצאת כף ומחתה בלבד, לאחר שכבר עשו את תפקידם, עם זאת יבוא הכהן הגדול לקיים את מצוות סידור קודש הקדשים וניקיונו בעצמו ולא על ידי שליח. כמו כן, ילבש לשם כך ׳בגדי לבן׳ מיוחדים, ויקדש ידיו ורגליו ויטבול, ולבסוף, בגדים אלה, למרות שווים, נגנזים אף הם (יומא עא, א; ברש״ש, וכן בסידור ר׳ יעקב עמדין). ללמדך את ערכה של עבודה קלה, שכן מטרתה לפאר את פלטרין של מלך מלכי המלכים הקב״ה, לפיכך יש לעשות סביבה את כל ההכנות האפשריות, כדי לעשות נחת רוח לפניו.

עוד מתברר, שהכהן הגדול פותח את יומו בפעולת ׳ניקיון׳ לפני בוראו, בהרמת תרומת הדשן, וכך גם מסיים את עבודתו לפני בוראו בפעולת ׳ניקיון׳, שנכנס בעצמו, אחר סידרת הכנות, להוציא את הכף והמחתה מלפני הארון בסיום עבודת היום המיוחדת, לבל יישארו שם כפי שהניחם בעת העבודה. כל אלה הם נושא ללימוד כיצד אדם צריך לעבוד ולשמש את בוראו.

הוצאת הכף והמחתה מקדש הקדשים

נִכְנַס לְבֵית קֹדֶשׁ הַקֳּדָשִׁים
לְהוֹצִיא אֶת הַכַּף וְאֶת הַמַּחְתָּה שֶׁהִכְנִיס בְּשַׁחֲרִית

טבילה חמישית ולבישת ׳בגדי זהב׳

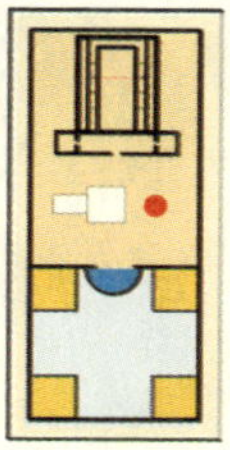

הכהן הגדול מקריב את שאר קרבנות היום

וְעוֹד בָּא לוֹ לְבֵית הַטְּבִילָה, וְקִדֵּשׁ יָדָיו וְרַגְלָיו
וּפָשַׁט בִּגְדֵי לָבָן, וְיָרַד וְטָבַל, עָלָה וְנִסְתַּפָּג
הֵבִיאוּ לוֹ בִּגְדֵי זָהָב, לָבַשׁ וְקִדֵּשׁ יָדָיו וְרַגְלָיו

הקטרת הקטורת והדלקת הנרות בהיכל

נִכְנַס לְהֵיכָל לְהַקְטִיר אֶת הַקְּטֹרֶת שֶׁל בֵּין הָעַרְבַּיִם
וּלְהַדְלִיק אֶת הַנֵּרוֹת כִּשְׁאָר יָמִים
וְיָצָא וְהִקְרִיב מִנְחַת הַתָּמִיד, וּמוֹתַר מִנְחַת חֲבִתִּין
וּמְנַסֵּךְ הַיַּיִן בְּכָל כְּלֵי שִׁיר כְּהִלְכָתוֹ

סיום העבודה

וְקִדֵּשׁ יָדָיו וְרַגְלָיו, וּפָשַׁט בִּגְדֵי זָהָב
‹ הֵבִיאוּ לוֹ בִּגְדֵי עַצְמוֹ וְלָבַשׁ, וּמְלַוִּין אוֹתוֹ עַד בֵּיתוֹ

וְיוֹם טוֹב הָיָה עוֹשֶׂה בְּצֵאתוֹ בְּשָׁלוֹם מִן הַקֹּדֶשׁ.
תהלים קמד
אַשְׁרֵי הָעָם שֶׁכָּכָה לּוֹ, אַשְׁרֵי הָעָם שֶׁיהוה אֱלֹהָיו:

ט. ׳יום טוב׳ היה עושה כהן גדול בצאתו בשלום מן הקודש

הפייטן מסיים את סדר העבודה בלשון זו: ״**ויום טוב היה עושה** [לאוהביו] **בצאתו בשלום מן הקודש**״. מובנו הפשוט של משפט זה הוא, השמחה על כך שהכהן הגדול יצא מבית קדשי הקדשים כשהוא חי בלא פגע. אכן, לאור הידיעה כי היו מקרים של כהנים שנפגעו ומתו כתוצאה מעבודתם בקודש, היה מקום לשמחה שיצא בשלום. עם זאת, אף במקרים שכהן גדול נפגע, היה זה ימים אחדים לאחר יום הכיפורים, כפי שמתואר על אותו כהן גדול – ״שלא עברו ימים מועטים עד שמצאו כהן גדול מוטל באשפה ותולעים יוצאים מחוטמו״ (יומא יט, ב). כן היו כהנים גדולים ״שלא הוציאו את שנתם״, ואם כן, מה לו לעשות ׳יום טוב׳ בצאתו בשלום מן הקודש, הרי יתכן שמחר או מחרתיים ימות ״ולשמחה מה זו עושה״?

אולם עיקר השמחה הייתה על כך, שהעבודה מצד עצמה עברה ללא תקלה, למרות המאמץ, ולמרות הצורך לעמוד בפרטים רבים ועבודות מורכבות שהיה צריך לעשותן בדקדוק, וזאת כשכהן גדול בצום ובתענית ולאחר שהדיר שינה מעיניו לילה תמים. אם למרות הכל עשה את עבודתו כהלכה – הייתה זו סיבה לעשות "יום טוב".

הביטוי 'יום טוב' שהשתמשו בו חז"ל, משמעותו 'חג', הדבר מלמד שלא הייתה זו שמחתו הפרטית של הכהן הגדול, אלא שמחת הכלל, בכך שהכהן הגדול, שלוחם של כלל ישראל, עשה את המוטל עליו והכל עבר ללא תקלה.

כך גם נראה מן העובדה המתוארת בגמרא (יומא עא, ב) ששמעיה ואבטליון באו להקביל את פני הכהן הגדול לברכו בצאתו בשלום מן הקודש. הווה אומר, שלא רק הכהנים והעם היו מלווים את הכהן גדול לביתו, אלא גם גדולי ישראל הלכו להקביל פניו לברכו.

לפי המתואר בגמרא שם, מובא מעשה זה כדי להראות שאותו כהן גדול נהג שלא כהלכה בשמעיה ואבטליון, שכן כשראה שהעם שמתלווה אליו נוהר להקביל את פניהם נהג בהם זלזול, וזאת, כנראה, מאחר שהיה מאותם כהנים שלא היו ראויים לתפקידם וקנו את תפקידם בכסף. עם זאת, יש ללמוד מן העובדה שגדולי האומה הולכים להקביל את פני הכהן הגדול בסיום העבודה במקדש, למרות שהוא כשלעצמו אין בו חכמה ואין בו יראה, כי היה זה "יום טוב" ושמחה לכל ישראל, שזכו שעבודת היום נעשתה כהלכתה, ונסתיימה בלא תקלה ובלא פגע.

הכינוי "יום טוב" ליום הכיפורים, עולה גם מאותו "יום טוב" שנהגו בו בנות ירושלים ביום הכיפורים. שכן, בעת שהכהנים והעם ליוו את הכהן הגדול לביתו, פנו בנות ישראל שעלו לרגל מערי הארץ השונות ויצאו לכרמים בסביבות ירושלים, כמובא בתענית כו, ב: "לא היו ימים טובים לישראל כחמשה עשר באב **וכיום הכיפורים**, שבהן בנות ירושלים יוצאות בכלי לבן שאולין, שלא לבייש את מי שאין לו... ובנות ירושלים יוצאות וחולות בכרמים, ומה היו אומרות?... 'צאינה וראינה בנות ציון במלך שלמה בעטרה שעטרה לו אמו ביום חתונתו **וביום שמחת לבו**'... זה בניין בית המקדש". שכן, אין לך "יום טוב" ושמחה גדולה מזו, שבורא עולם מתרצה לישראל, מוחל על עוונות העבר, ומשכין את שכינתו בתוכם.

• **ויום טוב היה עושה לאוהביו בצאתו בשלום מן הקודש"** מן התיאורים מתקופת בית שני עולה, שבעת שיצא הכהן הגדול מן הקדש, היו פניו קורנות. כמו כן מובא במשנה (יומא ע, א) שהנאספים בעזרה היו מצטרפים אליו "ומלווים אותו עד ביתו". אף ראשי הסנהדרין (בציור משמאל), כדוגמת שמעיה ואבטליון, באו להקביל את פניו ולברכו (יומא עא, ב). במוצאי יום הכיפורים היה הכהן הגדול עושה "יום טוב" לכל השותפים להכנת 'סדר העבודה' ולביצועו כהלכתו (משנה שם).

הכול אומרים:

וּבְכֵן, כְּמוֹ שֶׁשָּׁמַעְתָּ תְּפִלַּת כֹּהֵן גָּדוֹל בְּהֵיכָל
כְּמוֹ כֵן מִפִּינוּ תִּשְׁמַע וְתוֹשִׁיעַ.

יְהִי רָצוֹן מִלְּפָנֶיךָ יהוה אֱלֹהֵינוּ וֵאלֹהֵי אֲבוֹתֵינוּ
שֶׁתְּהֵא הַשָּׁנָה הַזֹּאת הַבָּאָה עָלֵינוּ
וְעַל כָּל עַמְּךָ בֵּית יִשְׂרָאֵל, בְּכָל מָקוֹם שֶׁהֵם

סימן א״ב

שְׁנַת אוֹרָה שְׁנַת בְּרָכָה
שְׁנַת גִּילָה שְׁנַת דִּיצָה
שְׁנַת הוֹד שְׁנַת וַעַד טוֹב
שְׁנַת זִמְרָה שְׁנַת חֶדְוָה
שְׁנַת טוֹבָה שְׁנַת יְשׁוּעָה
שְׁנַת כַּלְכָּלָה שְׁנַת לִמּוּד
שְׁנַת מְנוּחָה שְׁנַת נֶחָמָה
שְׁנַת שָׂשׂוֹן שְׁנַת עֶלְצוֹן
שְׁנַת פְּדוּת שְׁנַת צָהֳלָה
שְׁנַת קוֹמְמִיּוּת שְׁנַת קִבּוּץ גָּלֻיּוֹת
שְׁנַת קִבּוּל תְּפִלּוֹת שְׁנַת רָצוֹן
שְׁנַת שָׁלוֹם שָׁנָה טְלוּלָה, גְּשׁוּמָה אִם שְׁחוּנָה
שְׁנַת שֹׂבַע שָׁנָה שֶׁתּוֹלִיכֵנוּ בָהּ קוֹמְמִיּוּת בְּאַרְצֵנוּ*
שָׁנָה שֶׁתַּדְבֵּר בָּהּ עַמִּים תַּחְתֵּינוּ**
שָׁנָה שֶׁתִּכְתְּבֵנוּ בָהּ לְחַיִּים טוֹבִים
שָׁנָה שֶׁלֹּא יִצְטָרְכוּ עַמְּךָ בֵּית יִשְׂרָאֵל לְפַרְנָסָה זֶה לָזֶה
וְלֹא לְעַם אַחֵר

* שָׁנָה שֶׁמֶּמְשֶׁלֶת יִשְׂרָאֵל תִּבְנֶה אֶת עָרֵי אֶרֶץ יִשְׂרָאֵל וּבֵית הַמִּקְדָּשׁ.

** שָׁנָה שֶׁתַּשְׁלִיטֵנוּ בָּהּ עַל כָּל אוֹיְבֵינוּ בְּאֶרֶץ יִשְׂרָאֵל וּבִסְבִיבוֹתֶיהָ. שָׁנָה שֶׁעַם יִשְׂרָאֵל יָקוּם וְיִבְנֶה בָּהּ אֶת בֵּית הַמִּקְדָּשׁ.

שָׁנָה שֶׁתֵּעָצֵר הַמַּגֵּפָה וְהַמַּשְׁחִית מֵעָלֵינוּ,
וּמֵעַל כָּל עַמְּךָ בֵּית יִשְׂרָאֵל
שָׁנָה שֶׁלֹּא תַפִּיל אִשָּׁה פְּרִי בִטְנָהּ.

שליח הציבור:

וּבְכֵן, וְעַתָּה יהוה אֱלֹהֵינוּ, עַל רַחֲמֶיךָ הָרַבִּים אָנוּ בְטוּחִים
וְעַל חֲסָדֶיךָ אָנוּ נִשְׁעָנִים, וְלִסְלִיחוֹתֶיךָ אָנוּ מְקַוִּים
כִּי אַתָּה אֵל רַחוּם וְחַנּוּן, אֶרֶךְ אַפַּיִם וְרַב חֶסֶד
וּמַרְבֶּה לְהֵיטִיב
וּמַנְהִיג אֶת הָעוֹלָם כֻּלּוֹ בְּמִדַּת הַחֶסֶד וּבְמִדַּת הָרַחֲמִים.
כַּכָּתוּב בְּתוֹרַת מֹשֶׁה עַבְדֶּךָ:
וַיֹּאמֶר, אֲנִי אַעֲבִיר כָּל־טוּבִי עַל־פָּנֶיךָ, וְקָרָאתִי בְשֵׁם יהוה לְפָנֶיךָ שמות לג
וְחַנֹּתִי אֶת־אֲשֶׁר אָחֹן, וְרִחַמְתִּי אֶת־אֲשֶׁר אֲרַחֵם:

לאחר סדר העבודה אומרים כמה פיוטי מעבר לסליחות. הפיוטים פותחים בגעגוע לעבודת המקדש, ממשיכים בתיאור ההווה הקודר, בבקשת מחילה על עוונות ישראל, ומסיימים בתפילה לגאולה.

ראוי ששליח הציבור יאמר פיוטים אלה כחלק מחזרת הש״ץ. עם זאת, ברוב הקהילות נוהגים שהקהל אומר את כל הפיוטים יחד, ושליח הציבור אומר בקול את השורה האחרונה בכל תחינה (ויש שליחי ציבור שאינם אומרים בקול עד ׳מַה נְּדַבֵּר׳ בעמ׳ 483).

וּבְכֵן, מַה נֶּהְדָּר הָיָה כֹּהֵן גָּדוֹל, בְּצֵאתוֹ בְּשָׁלוֹם מִן הַקֹּדֶשׁ.

מבין הפיוטים שלאחר סדר העבודה, הפיוט ׳מַרְאֵה כֹהֵן׳ היה היחיד שבמרוצת הדורות נהגו לקצרו. בדורות האחרונים הוא קיבל מעמד מיוחד, בשל הלחן הקליט שהותאם לו. היום נוהגים ברוב הקהילות לשיר את כולו.

סימן א״ב

כְּאֹהֶל הַנִּמְתָּח בְּדָרֵי מַעְלָה מַרְאֵה כֹהֵן
כִּבְרָקִים הַיּוֹצְאִים מִזִּיו הַחַיּוֹת מַרְאֵה כֹהֵן
כְּגֹדֶל גְּדִילִים בְּאַרְבַּע קְצָווֹת מַרְאֵה כֹהֵן
כִּדְמוּת הַקֶּשֶׁת בְּתוֹךְ הֶעָנָן מַרְאֵה כֹהֵן

כְּהוֹד אֲשֶׁר הִלְבִּישׁ צוּר לִיצוּרִים מַרְאֵה כֹהֵן
כְּוֶרֶד הַנָּתוּן בְּתוֹךְ גִּנַּת חֶמֶד מַרְאֵה כֹהֵן
כְּזֵר הַנָּתוּן עַל מֵצַח מֶלֶךְ מַרְאֵה כֹהֵן
כְּחֶסֶד הַנִּתָּן עַל פְּנֵי חָתָן מַרְאֵה כֹהֵן
כְּטֹהַר הַנָּתוּן בְּצָנִיף טָהוֹר מַרְאֵה כֹהֵן
כְּיוֹשֵׁב בְּסֵתֶר לְחַלּוֹת פְּנֵי מֶלֶךְ מַרְאֵה כֹהֵן
כְּכוֹכַב הַנֹּגַהּ בִּגְבוּל מִזְרָח מַרְאֵה כֹהֵן

יש קהילות שבהן אין אומרים את המשך הפיוט.

כִּלְבוּשׁ מְעִיל וּכְשִׁרְיַן צְדָקָה מַרְאֵה כֹהֵן
כְּמַלְאָךְ הַנִּצָּב עַל רֹאשׁ דֶּרֶךְ מַרְאֵה כֹהֵן
כְּנֵר הַמֵּצִיץ מִבֵּין הַחַלּוֹנוֹת מַרְאֵה כֹהֵן
כְּשָׂרֵי צְבָאוֹת בְּרֹאשׁ עַם קֹדֶשׁ מַרְאֵה כֹהֵן
כְּעֹז אֲשֶׁר הִלְבִּישׁ טָהוֹר לַמִּטַּהֵר מַרְאֵה כֹהֵן
כְּפַעֲמוֹנֵי זָהָב בְּשׁוּלֵי הַמְּעִיל מַרְאֵה כֹהֵן
כְּצוּרַת הַבַּיִת וּפָרֹכֶת הָעֵדוּת מַרְאֵה כֹהֵן
כִּקְהִלָּה מְכֻסָּה תְּכֵלֶת וְאַרְגָּמָן מַרְאֵה כֹהֵן
כְּרוֹאֵי זְרִיחַת שֶׁמֶשׁ עַל הָאָרֶץ מַרְאֵה כֹהֵן
כְּשׁוֹשַׁנַּת גַּן מִבֵּין הַחוֹחִים מַרְאֵה כֹהֵן
כְּתַבְנִית כְּסִיל וְכִימָה מִתֵּימָן מַרְאֵה כֹהֵן

י. מראה כהן

נסיים את סקירתנו על 'סדר העבודה' בדברי הפייטן האומר: **"כדמות הקשת בתוך הענן מראה כהן".**

פיוט זה בנוי על מקור קדום מימי הבית השני. כך נראה מתוך ההקבלות

הלשוניות בין פיוט זה לבין מה שמובא בפרק האחרון של 'חכמת שמעון בן סירא' (מן הספרים שנכתבו בימי בית שני ולא נכנסו למסגרת ספרי התנ"ך. פסוקים רבים ממנו נזכרים בדברי חז"ל בתלמוד). התיאור המובא שם הוא הקדום ביותר הידוע לנו על יום הכיפורים במקדש, שכן נכתב בימי שמעון בן חוניו כהן גדול, אשר יש שרוצים לומר שכהן זה הוא שמעון הצדיק. על כל פנים, ברור שתיאור זה נכתב כמאתיים וחמישים שנה לפני החורבן. לעומת זאת, התיאורים המובאים במסכת יומא נוסחו לאחר החורבן. מפאת חשיבותו של מקור זה נביא אותו כלשונו:

> שמעון בן חוניו כהן הגדול חיזק בימיו את בדקי הבית ואת היכל ה'. כפליים הגביה [את] יסודם, ואת ההיכל הקיף יציע גבוה. צינורי המים [לירושלים] המעיטו מימיהם, ויעשם נחושת ויזלו שלשתיים [פי שלוש]. כגבר עמד בפרץ עמו, ונגד הפורץ ביצר הקרת [בימי אלכסנדר מוקדון וממשיכיו]. מה טוב מראהו בעיני הקהל [ביום הכיפורים] בצאתו מבית לפרוכת, כיליל בן שחר מציץ מענן, וכירח במלאו תפארתו. כשמש זורח על היכל ה', וכקשת עם הדרת צבעיו במרום. כשושנה בימי האביב, כחבצלת על אפיקי מים, וכארז לבנון בקיץ... בלכתו למזבח לבוש מעילו, ופארי הקודש [מצנפת] מסביב, וימלא הבית תפארתו. בקחתו חלקי הזבח מכף אחיו, ובעמדו על אש המזבח הקיפוהו הכהנים, כארז לבנון מוקף תמרים. כולמו בני אהרון לבושי הדר, וזבחי ה' בכפימו, לעיני כל עדת בני ישראל. ולכלות עבודת המזבח, בהקריבו את אישי ה', שלח לנסך ידו, להסך דם ענב, לריח ניחוח לה' – מלך כל הארץ. ובני אהרון נשאו את קולם, ויריעו בחצוצרות התרועה לזכרון לפני ה'. וכל העם נפלו על פניהם, וישתחוו לה' אל עליון. השרים [המשוררים] פתחו בשיר פיהם, והבית מלא נעים זמירות. ויודו כל העם את חסדי ה', ויתחננו לו עד כלות כל העבודה. והכהן בצאתו נשא את ידו אל כל קהל ישראל, ויברכם בברכת ה'. וישתחוו כל העם שנית לפני ה' ויאמרו: 'הודו לה' כי טוב לעולם חסדו'! הגדיל ה' לעשות עמנו, מיום צאתנו מרחם עד היום, וכה יוסף לעשות עמנו כחסדו. תן לנו לב שוחר, וחדש ימינו בשלום כקדם. יהי נא חסדך עלינו. ופדנו לעת רצון כי בא מועד.

שליח הציבור:

כָּל אֵלֶּה בִּהְיוֹת הַהֵיכָל עַל יְסוֹדוֹתָיו
וּמִקְדַּשׁ הַקֹּדֶשׁ עַל מְכוֹנוֹתָיו
וְכֹהֵן גָּדוֹל עוֹמֵד וּמְשָׁרֵת דּוֹרוֹ רָאוּ וְשָׂמֵחוּ.

אַשְׁרֵי עַיִן רָאֲתָה כָּל אֵלֶּה, הֲלֹא לְמִשְׁמַע אֹזֶן דָּאֲבָה נַפְשֵׁנוּ.

הכול אומרים אומרים:

סימן א״ב

אַשְׁרֵי עַיִן רָאֲתָה אָהֳלֵנוּ / בְּשִׂמְחַת קְהָלֵנוּ
הֲלֹא לְמִשְׁמַע אֹזֶן דָּאֲבָה נַפְשֵׁנוּ.

אַשְׁרֵי עַיִן רָאֲתָה גִּילֵנוּ / דִּיצַת צַהֲלֵנוּ
הֲלֹא לְמִשְׁמַע אֹזֶן דָּאֲבָה נַפְשֵׁנוּ.

אַשְׁרֵי עַיִן רָאֲתָה הַמְשׁוֹרְרִים / וְכָל מִינֵי שִׁירִים
הֲלֹא לְמִשְׁמַע אֹזֶן דָּאֲבָה נַפְשֵׁנוּ.

אַשְׁרֵי עַיִן רָאֲתָה זְבוּל הַמְתֻכָּן / חַי בּוֹ שָׁכָן
הֲלֹא לְמִשְׁמַע אֹזֶן דָּאֲבָה נַפְשֵׁנוּ.

אַשְׁרֵי עַיִן רָאֲתָה טִירוֹת כְּגֶלֶף / יוֹנְקֵי כֹהֲנִים, עֶשְׂרִים וְאַרְבָּעָה אֶלֶף
הֲלֹא לְמִשְׁמַע אֹזֶן דָּאֲבָה נַפְשֵׁנוּ.

אַשְׁרֵי עַיִן רָאֲתָה כְּבוֹד מְנוֹרוֹת / לְאֶחָד וַעֲשָׂרָה כִּיּוֹרוֹת
הֲלֹא לְמִשְׁמַע אֹזֶן דָּאֲבָה נַפְשֵׁנוּ.

אַשְׁרֵי עַיִן רָאֲתָה מִזְבֵּחַ מִקְטַר קְטֹרֶת / נֵזֶר עָלָיו כַּעֲטֶרֶת
הֲלֹא לְמִשְׁמַע אֹזֶן דָּאֲבָה נַפְשֵׁנוּ.

אַשְׁרֵי עַיִן רָאֲתָה שִׂמְחַת בֵּית הַשּׁוֹאֵבָה
עַם שׁוֹאֶבֶת רוּחַ הַקֹּדֶשׁ, רוּחַ נְדִיבָה
הֲלֹא לְמִשְׁמַע אֹזֶן דָּאֲבָה נַפְשֵׁנוּ.

אַשְׁרֵי עַיִן רָאֲתָה פְּרִישַׁת כֹּהֵן בְּרֶשֶׁם / צוֹעֵק אָנָּא הַשֵּׁם
הֲלֹא לְמִשְׁמַע אֹזֶן דָּאֲבָה נַפְשֵׁנוּ.

אַשְׁרֵי עַיִן רָאֲתָה קְהַל קְדוֹשִׁים / רוֹגְשִׁים בְּבֵית קֹדֶשׁ הַקֳּדָשִׁים
הֲלֹא לְמִשְׁמַע אֹזֶן דָּאֲבָה נַפְשֵׁנוּ.

אַשְׁרֵי עַיִן רָאֲתָה שְׁנֵי הַמְלֻבָּן / מִשְּׂעִיר הַקָּרְבָּן
הֲלֹא לְמִשְׁמַע אֹזֶן דָּאֲבָה נַפְשֵׁנוּ.

אַשְׁרֵי עַיִן רָאֲתָה תְּמִידִים קְרֵבִים / בְּשַׁעַר בַּת רַבִּים
הֲלֹא לְמִשְׁמַע אֹזֶן דָּאֲבָה נַפְשֵׁנוּ.

שליח הציבור:

עֲוֹנוֹת אֲבוֹתֵינוּ הֶחֱרִיבוּ נָוֶה
וְחַטֹּאתֵינוּ הֶאֱרִיכוּ קִצּוֹ
אֲבָל זִכְרוֹן דְּבָרִים תְּהֵא סְלִיחָתֵנוּ
וְעִנּוּי נַפְשֵׁנוּ תְּהֵא כַפָּרָתֵנוּ
עַל כֵּן בְּרַחֲמֶיךָ הָרַבִּים נָתַתָּ לָנוּ אֶת יוֹם הַכִּפּוּרִים הַזֶּה
וְאֶת יוֹם מְחִילַת הֶעָוֹן הַזֶּה
לִסְלִיחַת עָוֹן וּלְכַפָּרַת פָּשַׁע.

יוֹם אָסוּר בַּאֲכִילָה / יוֹם אָסוּר בִּשְׁתִיָּה
יוֹם אָסוּר בִּרְחִיצָה / יוֹם אָסוּר בְּסִיכָה
יוֹם אָסוּר בְּתַשְׁמִישׁ הַמִּטָּה / יוֹם אָסוּר בִּנְעִילַת הַסַּנְדָּל
יוֹם שִׂימַת אַהֲבָה וְרֵעוּת / יוֹם עֲזִיבַת קִנְאָה וְתַחֲרוּת
יוֹם שֶׁתִּמְחַל לְכָל עֲוֹנוֹתֵינוּ.

וּבָעֵת וּבָעוֹנָה הַזֹּאת
גָּלוּי וְיָדוּעַ לִפְנֵי כִסֵּא כְבוֹדֶךָ
שֶׁאֵין לָנוּ כְּיָמִים רִאשׁוֹנִים
לֹא כֹהֵן גָּדוֹל לְהַקְרִיב קָרְבָּן
וְלֹא מִזְבֵּחַ לְהַעֲלוֹת עָלָיו עוֹלָה וְכָלִיל.

שליח הציבור:

וּמֵרֹב עֲוֹנֵינוּ אֵין לָנוּ

הכול אומרים אומרים:

סימן א״ב כפול

לֹא אִשִּׁים וְלֹא אָשָׁם   לֹא בַדִּים וְלֹא בְלוּלָה
לֹא גוֹרָל וְלֹא גַחֲלֵי אֵשׁ   לֹא דְבִיר וְלֹא דַקָּה
לֹא הֵיכָל וְלֹא הַזָּיָה   לֹא וִדּוּי וְלֹא וָעַד
לֹא זֶבַח וְלֹא זְרִיקָה   לֹא חַטָּאת וְלֹא חֲלָבִים
לֹא טְבִילָה וְלֹא טָהֳרָה   לֹא יְרוּשָׁלַיִם וְלֹא יַעַר הַלְּבָנוֹן
לֹא כִיּוֹר וְלֹא כַנּוֹ   לֹא לְבוֹנָה וְלֹא לֶחֶם הַפָּנִים
לֹא מִזְבֵּחַ וְלֹא מִנְחָה   לֹא נִיחֹחַ וְלֹא נְסָכִים
לֹא סֹלֶת וְלֹא סַמִּים   לֹא עֵרֶךְ וְלֹא עוֹלָה
לֹא פָּרֹכֶת וְלֹא פַר חַטָּאת   לֹא צִיּוֹן וְלֹא צִיץ הַזָּהָב
לֹא קְטֹרֶת וְלֹא קָרְבָּן   לֹא רֹקַח וְלֹא רֵיחַ נִיחֹחַ
◂ לֹא שַׁי וְלֹא שְׁלָמִים   לֹא תוֹדָה וְלֹא תְמִידִים.

שליח הציבור:

כִּי בַעֲוֹנוֹתֵינוּ וּבַעֲוֹנוֹת אֲבוֹתֵינוּ חָסַרְנוּ כָּל אֵלֶּה.
וּמֵעֵת חָסַרְנוּ כָּל אֵלֶּה

הכול אומרים אומרים:

סימן תשר״ק (כפול)

תָּכְפוּ עָלֵינוּ צָרוֹת / תְּלָאוֹת עָבְרוּ רֹאשֵׁנוּ
שִׁחֲרְנוּ יְשׁוּעָה וָאָיִן / שָׁלוֹם וְהִנֵּה קְפָדָה
רַבּוּ הַקָּמִים עָלֵינוּ / רָמוּ וְגַם נָשְׂאוּ רֹאשׁ
קָצְנוּ בְּעֹל עַלִּיזִים / קָשֶׁה עָלֵינוּ סִבְלָם
צְבִי אֶרֶץ חָנְפָה עָלֵינוּ / צָמְחָה וְלֹא לִבְרָכָה
פָּנֵינוּ לְהַרְבֵּה וְהִנֵּה מְעַט / פַּח נֶפֶשׁ בָּא בַּאֲסָמֵינוּ
עָשְׁקוּ זֵיתִים שַׁמְנָם / עֲשׁוּתָם, וְלֹא מָלְאוּ שֶׁפֶק
סְמָדַר אִם יַרְבֶּה כֶּרֶם / סָבְאוּ לֹא יַשְׁפִּיעַ יֶקֶב
נֶאֶרְוּ אִבֵּי שָׂדֶה / נִלְקְחוּ מַטְעַמֵּי אֹכֶל

מִמִּכְלְאוֹת צֹאן עֲדָרִים דָּלְלוּ / מִגֵּז וּמִמִּיץ וּמֵהֵרָיוֹן
לְזָנָב וְלֹא לְרֹאשׁ הוּשַׁתְנוּ / לַעֲבֹט, וְלֹא הֶעֱבַט לָנוּ
כֹּחֵנוּ לָרִיק וּבֶהָלָה / כָּלָה מִבְּלִי שָׂכָר
יַד כָּל עָמֵל בִּכִשְׁרוֹן / יָרְדָה, וְאֵין מִי יַחֲזִיק
טֻלְטְלוּ מַיִם וְעַד יָם / טַרְפָּם לֹא סָפַק לָמוֹ
חֲשֵׁכָה לְעֵין מִשְׂתַּכֵּר / חִשֵּׁב שְׂכָרוֹ לְמַפָּח
זְעָמוּ מַלְוֶה וְלֹוֶה / זֶה בָּזֶה שָׁלְחוּ מֵעַתָּה
וְנִלְאוּ יְדֵי מַמְצִיאֵי יָד / וְעָשִׁיר לֹא חוֹנֵן רָשׁ
הֵן אֶרֶץ נִמְכְּרָה בְּיַד רָעִים / הָמוֹן בָּהּ לֹא מָצְאוּ רֶוַח
דְּבִיר בֵּית אֱלֹהֵינוּ שָׁמֵם / דְּרָכֵינוּ מֵאֲנוּ לְהַצְלִיחַ
גִּיל נָוֶה שָׁבַת / גִּילָה לִלְבָבֵנוּ מַה נַּעַל
בְּאֵין אֳרְחַת אָב תָּמִיד / בְּכֵן בֶּטֶן בָּנִים תֶּחְסַר
▸ אֲדוֹן בַּיִת, כְּאוֹרֵחַ בַּמָּלוֹן / אֵיפֹה נִמְצָא מָנוֹחַ.

שליח הציבור:

וּמִשֶּׁחָרֵב בֵּית מִקְדָּשֵׁנוּ

הכול אומרים: סימן תשר״ק

תְּנוּאוֹת צָרוֹת לֹא נוּכַל / שֶׁבֶר בְּכָל יוֹם וַאֲנָחָה
רָבְתָה בָנוּ חַלְחָלָה / קֶרֶן יָרְדָה עַד עָפָר
צָרֵי עַיִן מָצְאוּ יָד / פּוֹעֲלֵי שֶׁקֶר עָשׂוּ חָיִל
עוֹשֵׂי צְדָקָה לֹא נִרְאוּ / שׂוֹנְאֵי בֶצַע לֹא עָמָדוּ
נִדְמֵינוּ כִּכְלִי רִיק / מִכֹּל נִשְׁאַרְנוּ עֲרֻמִּים
לֹא נָבִיא וְלֹא חָזוֹן בָּנוּ / כַּעִוְרִים נְגַשֵּׁשׁ וְנֵלֵךְ
יוֹם יוֹם נֹאמַר מַה בְּסוֹפֵנוּ / טוֹב מָוֶת מֵחַיִּים אָמַרְנוּ
חַיֵּינוּ תְּלוּאִים מִנֶּגֶד / זָרִים לְרֹאשׁ, וַאֲנַחְנוּ לְזָנָב
וּמַה נַּעֲשֶׂה, וְחַטֹּאתֵינוּ עָשׂוּ / הֵן אָנוּ כְּלֹא הָיִינוּ
דַּלִּים נִבְזִים וּשְׁפָלִים / גְּעוּלִים מְאוּסִים וּבְזוּיִים
בְּנֵי נֵכָר מָשְׁלוּ בָנוּ / אָמַרְנוּ נִגְזַרְנוּ אָבָדְנוּ
▸ אָדוֹן הָקֵל עָלֵינוּ / וּשְׁלַח יֶשַׁע לְגָאֳלֵנוּ.

שליח הציבור:

אֱלֹהֵינוּ וֵאלֹהֵי אֲבוֹתֵינוּ

סימן א"ת ב"ש

הכול אומרים:

אַל תַּעַשׂ עִמָּנוּ כָלָה / תֹּאחֵז יָדְךָ בְּמִשְׁפָּט
בְּבֹא תוֹכֵחָה לְנֶגְדְּךָ / שְׁמֵנוּ מִסִּפְרְךָ אַל תֶּמַח
גִּשְׁתְּךָ לַחְתֹּם מוּסָר / רַחֲמֶיךָ יְקַדְּמוּ רָגְזָךְ
דַּלּוּת מַעֲשִׂים בְּשׁוּרְךָ / קָרֵב צֶדֶק מֵאֵלֶיךָ
הוֹרֵנוּ מַה שֶּׁנִּצְעַק לְפָנֶיךָ / צוּ יְשׁוּעָתֵנוּ בְּמַפְגִּיעַ
וְתָשִׁיב שְׁבוּת אָהֳלֵי תָם / פְּתָחָיו רְאֵה כִּי שָׁמֵמוּ
זְכֹר שַׁחְתָּ לֹא תִשָּׁכַח / עֵדוּת מִפִּי זַרְעוֹ
חוֹתַם תְּעוּדָה תַּתִּיר / סוֹדְךָ שִׂים בְּלִמּוּדְךָ
טַבּוּר אַגַּן הַסַּהַר / נָא אַל יֶחְסַר הַמָּזֶג
יַדַּע אֶת אֲשֶׁר יְדָעוּךָ / מַגֵּר עַם לֹא יְדָעוּךָ
◂ כִּי תָשִׁיב לְבִצָּרוֹן / לְכוּדִים אֲסִירֵי הַתִּקְוָה.

שליח הציבור:

וְהֵן אָנוּ עַתָּה

סימן תשר"ק

הכול אומרים:

כְּתוֹעִים וְאֵין לְבַקֵּשׁ / כִּשְׁבוּיִים וְאֵין לְשׁוֹבֵב
כִּרְעֵבִים וְאֵין לְהַאֲכִיל / כִּקְנוּיִים וְאֵין לִקְנוֹת
כִּצְמֵאִים וְאֵין לְהַשְׁקוֹת / כִּפְתָאִים וְאֵין לְלַמֵּד
כַּעֲיֵפִים וְאֵין לְהָשִׁיב / כִּשְׂנוּאִים וְאֵין לֶאֱהֹב
כְּנֶהְדָּפִים וְאֵין לְקָרֵב / כִּמְנֻדִּים וְאֵין לְהַתִּיר
כִּלְקוּחִים וְאֵין אֲדוֹנִים / כִּכְפוּפִים וְאֵין לִזְקֹף
כִּיתוֹמִים וְאֵין לָהֶם אָב / כִּטְמֵאִים וְאֵין לְטַהֵר
כַּחֲסֵרִים וְאֵין לְמַלְּאוֹת / כִּזְנוּחִים וְאֵין לִזְכֹּר
כְּהוֹמִים וְאֵין לָהֶם מְנוּחָה / כְּדַלִּים וְאֵין לְחָנְנָם
כְּגֵרִים וְאֵין לְקַבֵּל / כִּבְזוּיִים וְאֵין לְכַבֵּד
◂ כַּאֲבֵלִים וְאֵין מְנַחֵם / כַּאֲנוּסִים וְאֵין מָנוֹס.

שליח הציבור:

אֱלֹהֵינוּ וֵאלֹהֵי אֲבוֹתֵינוּ

סימן תשר״ק

הכול אומרים:

אִם תָּעִינוּ לֹא תַתְעֵנוּ / אִם שָׁגַגְנוּ לֹא תַשְׁלֵנוּ
אִם רָחַקְנוּ קָרֵב נָא / אִם קָרַבְנוּ לֹא תִרְחָק
אִם צָעַקְנוּ לֹא תַעְלִים / אִם פָּשַׁעְנוּ לֹא תִפְרָע
אִם עָוִינוּ לֹא תַסְתִּיר / אִם סַרְנוּ לֹא תָסוּר
אִם נָקַמְנוּ לֹא תִטֹּר / אִם מָרִינוּ לֹא כְּמִרְיֵנוּ
אִם לַצְנוּ לֹא תִלְחֹם / אִם כִּחַשְׁנוּ לֹא תְכַלֶּה
אִם יָרַדְנוּ לֹא תַטְבִּיעַ / אִם טָעִינוּ לֹא תְטַאטְאֵנוּ
אִם חָבַלְנוּ לֹא תַחְבֹּל / אִם זַדְנוּ לֹא תִזְכֹּר
אִם וִכַּחְנוּ לֹא תוֹכִיחַ / אִם הִרְשַׁעְנוּ לֹא תֶהְדֹּף
אִם דָּפַקְנוּ לֹא תִדְחֶה / אִם גָּעַלְנוּ לֹא תִגְעַל
‹ אִם בָּאנוּ לֹא תִמְאַס / אִם אָשַׁמְנוּ לֹא תְאַבֵּד.

שליח הציבור:

וּמֵרֹב עֲוֹנֵינוּ

סימן תשר״ק

הכול אומרים:

תַּאֲוַת לֵב לֹא הִשַּׂגְנוּ / שֶׁקֶט קִוִּינוּ וַיָּבֹא רֹגֶז
רוּם קֶרֶן וְהִנֵּה שְׁפָלָה / קָרְבָה יְשׁוּעָה אָמַרְנוּ וְנִתְרַחֲקָה
צִפִּינוּ לְטוֹבָה וּבְרָכָה מִמֶּנּוּ / פַּח נֶפֶשׁ בָּא בַּאֲסָמֵינוּ
עִצָּבוֹן בְּמִשְׁלַח יָדֵינוּ / שִׂמְחָה עָרְבָה מֵאֶרֶץ
נֶאֱרְרוּ יְבוּלֵי בְרָכוֹתֶיהָ / מְעַט מֵהַרְבֵּה נָבִיא
לַחְמָהּ לְרָזוֹן וְלֹא לָשֹׂבַע / כֹּחָהּ לֹא תוֹסִיף תֵּת
יְדֵי עֲמֵלֶיהָ מוּטָטוּ / טַרְפָּם לֹא יִמְצְאוּ בָהּ
חֵלֶב מִשְׁמַנֶּיהָ לְזָרִים / זְמוֹרוֹת עֲדָנֶיהָ לְנָכְרִים
וְנִמְכְּרָה אֶרֶץ בְּיַד רָעִים / הוֹן בֶּצַע לֹא מָצְאוּ בָהּ
דִּמִּינוּ גַּם מִמְּצֹא יָד / גָּלָה שְׂכַר הַיְצוּרִים
‹ בֵּית מִקְדָּשׁ אֵל חָרֵב / אָסַף חֶסֶד מִכָּל אֱנוֹשׁ.

שליח הציבור:

אֱלֹהֵינוּ וֵאלֹהֵי אֲבוֹתֵינוּ

סימן א״ב

הכול אומרים:

תֹּאמַר לִמְחוֹת אֲשָׁמֵינוּ / תָּבֹא לְחַדֵּשׁ יָמֵינוּ
תְּגַלֶּה שְׁנַת שִׁלּוּמֵנוּ / תַּדְגִּיל לְגַדֵּל אֶת שְׁמֵנוּ
תֶּהְדֹּף מֵהֲדוֹם מִתְקוֹמְמֵינוּ / תּוֹפִיעַ מִמָּרוֹם לְרוֹמְמֵנוּ
תִּזְכֹּר רַחֲמֶיךָ לְרַחֲמֵנוּ / תָּחִישׁ מְנַחֵם לְנַחֲמֵנוּ
תְּטַהֵר שִׁמְצַת גְּוִיֵּנוּ / תֵּידַע כִּי אַתָּה הוּא אֱלֹהֵינוּ
תְּכַפֵּר עֲוֹן זְדוֹנֵנוּ / תְּלוּי רֹאשׁ תִּתֵּן לְהַחֲיֵנוּ
תִּמְחַל עִקְּשׁוּת מִרְיֵנוּ / תִּנְאַם לְהַעֲצִים פִּרְיֵנוּ
תַּסְכִּית שְׁפִיכַת שִׂיחֵנוּ / תַּעֲנֶה עֶתֶר פִּצְחֵנוּ
תִּפְנֶה לְקוֹמֵם מִזְבְּחֵנוּ / תַּצְדִּיק נִיב שְׂפָתֵינוּ
תְּקָרֵב קֵץ מְשִׁיחֵנוּ / תִּרְצֶה רֵיחַ נִיחוֹחֵנוּ
◂ תְּשׁוֹבֵב מִקְצָווֹת נִדּוּחֵינוּ / תִּתְמְכֵנוּ, וְכָאֵזוֹר תַּדְבִּיקֵנוּ.

שליח הציבור:

אֱלֹהֵינוּ וֵאלֹהֵי אֲבוֹתֵינוּ

סימן א״ב

הכול אומרים:

אוֹרְךָ תַּזְרִיחַ לַחֲשׁוּכָה / בְּרַחֲמִים תָּשׁוּב אֵלֶיהָ
גַּלֵּה יוֹם נָקָם בְּלֵב / דְּבָרְךָ תִּשְׁלַח וְתִרְפָּאֵנוּ
הָאֵר פָּנֶיךָ אֵלֵינוּ / וְאַל תִּשְׁכָּחֵנוּ לָנֶצַח
זְכוּת הֲרָרֵי קֶדֶם זְכֹר / חַטֹּאת נְעוּרִים אַל תִּזְכֹּר
טֻמְאָה מֵעָלֵינוּ תָּסִיר / יְדִידוּת נַפְשְׁךָ אַל תִּשְׁכַּח
כְּלוּלוֹת אַהֲבָתֵנוּ תִּזְכֹּר / לֶכְתֵּנוּ אַחֲרֶיךָ בַּמִּדְבָּר
מָשְׁכֵנוּ וְנָרוּץ אַחֲרֶיךָ / נְחֵנוּ וַהֲבִיאֵנוּ אֶל חֲדָרֶיךָ
סְעָדֵנוּ וְסָמְכֵנוּ וּנְחִיֶה / עֵת כִּי תַשְׁמִיעֵנוּ קוֹלֶךָ
פְּצֵנוּ מִשְּׁאוֹן גַּלִּים / צוּלָה תַּחֲרִיב בְּאַפֶּךָ
קוּמָה בַּחֲרוֹנְךָ עַל גֵּאִים / רוֹמְמָה בְּעֻזְּךָ וְרוֹמֵם שְׁפָלִים

שְׁבֹר זְרוֹעַ מַלְכוּת רֶשַׁע / תִּמְלֹךְ לְבַדְּךָ בְּקוֹרְאֵי שְׁמֶךָ
תּוֹדִיעַ לְעֵין כָּל אֻמִּים / כִּי אֵין אֱלוֹהַּ בִּלְעָדֶיךָ
◂ כִּי תְבִיאֵנוּ לְהַר קָדְשֶׁךָ / וּתְשַׂמְּחֵנוּ בְּבֵית תְּפִלָּתֶךָ.

שליח הציבור:

אֱלֹהֵינוּ וֵאלֹהֵי אֲבוֹתֵינוּ

סימן א״ב משולש

הכול אומרים:

אֹפֶל אַלְמָנָה תָּאִיר / בֹּהוּ בּוֹכִיָּה תַּבְהִיק
גִּיל גַּלְמוּדָה תַּגִּישׁ / דֶּלֶף דִּמְעָתָהּ תַּדְמִים
הַר הַשָּׁמֵם תְּהַדֵּר / וְתָשׁוּב, וְאֵלָיו תּוֹפִיעַ
זֹהַר זְבוּלְךָ תַּזְרִיחַ / חֲדַר חֻפָּתְךָ תְּחַדֵּשׁ
טֶנֶף טֻמְאָתָהּ תְּטַהֵר / יְפִי יִקְרַת תְּיַסְּדָהּ
כַּדְכֹד כְּבוּדָּה תְכוֹנְנֶהָ / לְאוֹרָהּ לְאֻמִּים תַּלְוֶה
מֶלֶךְ, מִכְּבוֹדְךָ תְּמַלְּאָהּ / נֵצַח נְצָחִים תְּנוֹסְסָהּ
שֹׂבַע שְׂמָחוֹת תַּשְׂבִּיעָהּ / עֲנַן עָשָׁן תְּעַטְּרָהּ
פִּנַּת פְּתָחֶיהָ תְּפָאֵר / צֶדֶק צְנוּעִים תַּצְמִיחַ
קָמֵי קְהָלֶיהָ תָּקִיא / רֶגֶשׁ רְגָלִים תָּרִיץ
שְׁבָטִים שְׁכֵחַת תְּשׁוֹבֵב / תִּקְרָא, תִּשְׁרֹק, תִּתְקַע
◂ תְּבִיאֵם לְהַר קָדְשֶׁךָ / וּתְשַׂמְּחֵם בְּבֵית תְּפִלָּתֶךָ.

שליח הציבור:

אֱלֹהֵינוּ וֵאלֹהֵי אֲבוֹתֵינוּ

סימן תשר״ק

הכול אומרים:

תִּתֵּן אַחֲרִית לְעַמֶּךָ / תָּשִׁיב מִקְדָּשׁ לְתוֹכֵנוּ
תְּרוֹמֵם הַר מְרוֹם הָרִים / תְּקוֹמֵם קֶרֶן גְּדוּעָה
תַּצְהִיר מַחֲשַׁכֵּי אִוּוּי / תְּפָאֵר יוֹשֶׁבֶת בָּדָד
תַּעְטֶה בָּהּ מְלוּכָה לְבַדֶּךָ / תָּסִיר חֶרְפָּה מֵעִיר
תְּנַעֵר זֵדִים מִזְּבוּלֶךָ / תַּמְצִיא צְדָקָה לַעֲדָתֶךָ

תְּלַבֵּב אֶת רַעְיָתֶךָ / תִּכְרוֹת לָהּ בְּרִית חֲדָשָׁה
תִּיקַר נַפְשָׁהּ בְּעֵינֶיךָ / תְּטַהֲרֶנָּה בְּמַיִם טְהוֹרִים
תַּחֲנֶה בְּעִיר חָנָה דָוִד / תְּזַקֵּף קוֹמַת תְּמָרָה
תּוֹדִיעַ לַכֹּל אַהֲבָתֵנוּ / תְּהַלֵּךְ בְּקֶרֶב מַחֲנוֹתֵינוּ
תִּדְרֹשׁ גְּאֻלָּה לְגָלוּתֵנוּ / תְּגַלֶּה קֵץ לְקִנּוּתֵנוּ
◂ תָּבֹא מְהֵרָה לְנַחֲמֵנוּ / תַּאֲמִירֵנוּ לָךְ וְנַאֲמִירְךָ לָנוּ.

הפיוט האחרון בסדרה הוא פיוט סליחה,
המשלב וידוי על חטאי ישראל ומצדיק את הדין.

שליח הציבור:

וּמֵרֹב עֲוֹנֵינוּ

הכול אומרים: סימן תשר״ק

תָּעִינוּ מֵאַחֲרֶיךָ / שָׁגַגְנוּ מִמִּצְוֹתֶיךָ
רָחַקְנוּ מִבֵּית חַיֵּינוּ / קִלְקַלְנוּ אָרְחוֹת עוֹלָם
צְעָדֵינוּ לֹא יִשַּׁרְנוּ / פָּשַׁעְנוּ לְשֵׁם קָדְשֶׁךָ
עֲזַבְנוּ תוֹרָתֶךָ / סַרְנוּ מֵאִמְרֵי פִיךָ
נִאַצְנוּךָ בְּמַעֲשֵׂה יָדֵינוּ / מָרִינוּ וּמָרַדְנוּ בָךְ
לֹא הִקְשַׁבְנוּ לְדִבְרֵי נְבִיאֶיךָ / כִּעַסְנוּךָ וְלֹא בִקַּשְׁנוּךָ
יִרְאָתְךָ מִלֵּב שָׁכַחְנוּ / טַהֲרָתְךָ בְּמַעֲשֵׂינוּ טִמֵּאנוּ
חָטָאנוּ לְךָ יהוה אֱלֹהֵינוּ / זִעַמְנוּךָ מֵרֹב עֲוֹנֵינוּ
וְאִמַּצְנוּ אֶת לְבָבֵנוּ / הִקְשִׁינוּ אֶת עָרְפֵּנוּ
דַּרְכְּךָ אָחוֹר הִשְׁלַכְנוּ / גְּדֻלָּתְךָ לֹא הִגַּדְנוּ
בֵּיתְךָ נֶהֱרַס בַּעֲוֹנֵינוּ / אִוּוּיךָ נִתַּץ בַּחֲטָאֵינוּ.

שליח הציבור:

מַה נְּדַבֵּר, פְּנֵי מֵישָׁרִים דּוֹבֵר, וּמַה נַּעֲנֶה, לְמִמֶּנּוּ מַעֲנֶה
וּמַה נִּצְטַדָּקָה, פְּנֵי לוֹבֵשׁ צְדָקָה, גְּמָלָנוּ טוֹבוֹת וְשִׁלַּמְנוּ רָעוֹת
וּמַה יֶּשׁ לָנוּ עוֹד צְדָקָה לִזְעֹק פְּנֵי מֶלֶךְ.

בימות הראשונים נהגו לומר סליחות ווידוי לפני חתימת הברכה הרביעית (סידור רס"ג).
במאתיים השנים האחרונות בקהילות אשכנז הפסיקו לומר פיוטים וי"ג מידות
(פרט לתפילות ערבית ונעילה), ומתחילים מיד בפסוקי סליחות.

הכול אומרים:

תהלים כה זְכֹר־רַחֲמֶיךָ יהוה וַחֲסָדֶיךָ, כִּי מֵעוֹלָם הֵמָּה:

תהלים עט אַל־תִּזְכָּר־לָנוּ עֲוֹנֹת רִאשֹׁנִים
מַהֵר יְקַדְּמוּנוּ רַחֲמֶיךָ כִּי דַלּוֹנוּ מְאֹד:

זָכְרֵנוּ יהוה בִּרְצוֹן עַמֶּךָ, פָּקְדֵנוּ בִּישׁוּעָתֶךָ.

תהלים עד זְכֹר עֲדָתְךָ קָנִיתָ קֶּדֶם, גָּאַלְתָּ שֵׁבֶט נַחֲלָתֶךָ
הַר־צִיּוֹן זֶה שָׁכַנְתָּ בּוֹ:

זְכֹר יהוה חִבַּת יְרוּשָׁלָיִם,
אַהֲבַת צִיּוֹן אַל תִּשְׁכַּח לָנֶצַח.

תהלים קלז זְכֹר יהוה לִבְנֵי אֱדוֹם אֵת יוֹם יְרוּשָׁלָםִ
הָאֹמְרִים עָרוּ עָרוּ, עַד הַיְסוֹד בָּהּ:

תהלים קב אַתָּה תָקוּם תְּרַחֵם צִיּוֹן
כִּי־עֵת לְחֶנְנָהּ, כִּי־בָא מוֹעֵד:

שמות לב זְכֹר לְאַבְרָהָם לְיִצְחָק וּלְיִשְׂרָאֵל עֲבָדֶיךָ
אֲשֶׁר נִשְׁבַּעְתָּ לָהֶם בָּךְ וַתְּדַבֵּר אֲלֵהֶם
אַרְבֶּה אֶת־זַרְעֲכֶם כְּכוֹכְבֵי הַשָּׁמָיִם
וְכָל־הָאָרֶץ הַזֹּאת אֲשֶׁר אָמַרְתִּי אֶתֵּן לְזַרְעֲכֶם
וְנָחֲלוּ לְעֹלָם:

דברים ט זְכֹר לַעֲבָדֶיךָ לְאַבְרָהָם לְיִצְחָק וּלְיַעֲקֹב
אַל־תֵּפֶן אֶל־קְשִׁי הָעָם הַזֶּה,
וְאֶל־רִשְׁעוֹ וְאֶל־חַטָּאתוֹ:

שליח הציבור ואחריו הקהל:

במדבר יב **אַל־נָא תָשֵׁת עָלֵינוּ חַטָּאת אֲשֶׁר נוֹאַלְנוּ וַאֲשֶׁר חָטָאנוּ:**
חָטָאנוּ צוּרֵנוּ, סְלַח לָנוּ יוֹצְרֵנוּ.

גם כיום מקובל לומר פיוט ׳חָטָאנוּ׳ לתפילת מוסף – ׳אֵלֶּה אֶזְכְּרָה׳,
המתאר את עשרת הרוגי מלכות. במקור אמר את הפיוט שליח הציבור,
והקהל ענה רק את הפזמון ׳חָטָאנוּ צוּרֵנוּ, סְלַח לָנוּ יוֹצְרֵנוּ׳.

כיום נוהגים שהקהל ושליח הציבור אומרים את כולו:
יש קהילות שבהן הכול אומרים אומרים זוג בתים בכל פעם, ושליח הציבור
מסיים בקול את סוף הבית השני מביניהם, ואין עונים אחריו ׳חָטָאנוּ׳.

סימן א״ב יהודה חזק

אֵלֶּה אֶזְכְּרָה, וְנַפְשִׁי עָלַי אֶשְׁפְּכָה
כִּי בְלָעוּנוּ זֵדִים כְּעֻגָה בְּלִי הֲפוּכָה
כִּי בִימֵי קֵיסָר לֹא עָלְתָה אֲרוּכָה
לַעֲשָׂרָה הֲרוּגֵי מְלוּכָה.

בְּלָמְדוֹ סֵפֶר מִפִּי מְשׁוּלֵי עֲרֵמַת
וְהֵבִין וְדִקְדֵּק בְּדָת רְשׁוּמַת
וּפָתַח בְּוְאֵלֶּה הַמִּשְׁפָּטִים, וְחִשֵּׁב מְזִמַּת
וְגֹנֵב אִישׁ וּמְכָרוֹ וְנִמְצָא בְיָדוֹ, מוֹת יוּמָת: שמות כא

חָטָאנוּ צוּרֵנוּ, סְלַח לָנוּ יוֹצְרֵנוּ.

גָּבַהּ לֵב בְּלִיַּעַל עוֹבֵד אֱלִילִים
וְצִוָּה לְמַלֹּאות פַּלְטֵירוֹ נְעָלִים
וְקָרָא לַעֲשָׂרָה חֲכָמִים גְּדוֹלִים
מְבִינֵי דָת וּטְעָמֶיהָ בְּפִלְפּוּלִים.

דִּינוּ מִשְׁפָּט זֶה לַאֲשׁוּרוֹ
וְאַל תְּעַוְּתוּהוּ, בְּכָזָב לְאָמְרוֹ
כִּי אִם הוֹצִיאוּהוּ לַאֲמִתּוֹ וּלְאוֹרוֹ
כִּי־יִמָּצֵא אִישׁ גֹּנֵב נֶפֶשׁ מֵאֶחָיו מִבְּנֵי יִשְׂרָאֵל וְהִתְעַמֶּר־בּוֹ וּמְכָרוֹ: דברים כד
חָטָאנוּ צוּרֵנוּ, סְלַח לָנוּ יוֹצְרֵנוּ.

הֵם כְּעָנוּ לוֹ, וּמֵת הַגַּנָּב הַהוּא
נָם, אַיֵּה אֲבוֹתֵיכֶם, אֲשֶׁר אֲחִיהֶם מְכָרוּהוּ

לְאֹרְחַת יִשְׁמְעֵאלִים סְחָרוּהוּ
וּבְעַד נַעֲלַיִם נְתָנוּהוּ.

וְאַתֶּם קַבְּלוּ דִין שָׁמַיִם עֲלֵיכֶם
כִּי מִימֵיהֶם לֹא נִמְצָא כָּכֶם
וְאִם הָיוּ בַחַיִּים, הָיִיתִי דָנָם לִפְנֵיכֶם
וְאַתֶּם תִּשְׂאוּ עֲוֹן אֲבוֹתֵיכֶם. חָטָאנוּ צוּרֵנוּ, סְלַח לָנוּ יוֹצְרֵנוּ.

זְמַן תְּנָה לָנוּ שְׁלֹשָׁה יָמִים
עַד שֶׁנֵּדַע אִם נִגְזַר הַדָּבָר מִמְּרוֹמִים
אִם אֲנַחְנוּ חַיָּבִים וַאֲשֵׁמִים
נִסְבֹּל בִּגְזֵרַת מָלֵא רַחֲמִים.

חָלוּ וְזָעוּ וְנָעוּ כֻּלָּמוֹ
עַל רַבִּי יִשְׁמָעֵאל כֹּהֵן גָּדוֹל נָתְנוּ עֵינֵימוֹ
לְהַזְכִּיר אֶת הַשֵּׁם, לַעֲלוֹת לַאֲדוֹנֵימוֹ
לָדַעַת אִם יָצְאָה הַגְּזֵרָה מֵאֵת אֱלֹהֵימוֹ.

חָטָאנוּ צוּרֵנוּ, סְלַח לָנוּ יוֹצְרֵנוּ.

טִהֵר רַבִּי יִשְׁמָעֵאל עַצְמוֹ, וְהִזְכִּיר אֶת הַשֵּׁם בִּסְלוּדִים
וְעָלָה לַמָּרוֹם, וְשָׁאַל מֵאֵת הָאִישׁ לְבוּשׁ הַבַּדִּים
וְנָם לוֹ, קַבְּלוּ עֲלֵיכֶם צַדִּיקִים וִידִידִים
כִּי שָׁמַעְתִּי מֵאֲחוֹרֵי הַפַּרְגּוֹד כִּי בְּזֹאת אַתֶּם נִלְכָּדִים.

יָרַד וְהִגִּיד לַחֲבֵרָיו מַאֲמַר אֵל
וְצִוָּה בְלִיַּעַל לְהָרְגָם בְּכֹחַ וָלָאֵל
וּשְׁנַיִם מֵהֶם הוֹצִיאוּ תְּחִלָּה, שֶׁהֵם גְּדוֹלֵי יִשְׂרָאֵל
רַבִּי יִשְׁמָעֵאל כֹּהֵן גָּדוֹל, וְרַבָּן שִׁמְעוֹן בֶּן גַּמְלִיאֵל נְשִׂיא יִשְׂרָאֵל.

חָטָאנוּ צוּרֵנוּ, סְלַח לָנוּ יוֹצְרֵנוּ.

כְּרֹת רֹאשׁוֹ תְּחִלָּה הִרְבָּה מְּנּוּ לִבְעוֹן
וְנָם, הֲרְגֵנִי תְחִלָּה וְאַל אֶרְאֶה בְּמִיתַת מְשָׁרֵת דָּר מָעוֹן
לְהַפִּיל גּוֹרָלוֹת צִוָּה צִפְעוֹן
וְנָפַל הַגּוֹרָל עַל רַבָּן שִׁמְעוֹן.

לִשְׁפֹּךְ דָּמוֹ מִהֵר כְּשׁוֹר פָּר
וּכְשֶׁנֶּחְתַּךְ רֹאשׁוֹ, נְטָלוֹ וְצָרַח עָלָיו בְּקוֹל מַר כַּשּׁוֹפָר
אֵי הַלָּשׁוֹן הַמְמַהֶרֶת לְהוֹרוֹת אִמְרֵי שֶׁפֶר
בַּעֲוֹנוֹת, אֵיךְ עַתָּה לוֹחֶכֶת אֶת הֶעָפָר.

חָטָאנוּ צוּרֵנוּ, סְלַח לָנוּ יוֹצְרֵנוּ.

מַה מְּאֹד בָּכָה עָלָיו בַּחֲרָדָה
בַּת בְּלִיַּעַל לְקוֹל בְּכִיָּתוֹ עָמְדָה
תֹּאַר יָפְיוֹ בְּלִבָּהּ חָמְדָה
וְשָׁאֲלָה מֵאֵת אָבִיהָ, חַיָּתוֹ לְהַעֲמִידָה.

נִאֵץ בְּלִיַּעַל דָּבָר זֶה לַעֲשׂוֹתוֹ
לְהַפְשִׁיט עוֹרוֹ מֵעַל פָּנָיו, שָׁאֲלָה מֵאִתּוֹ
וְלֹא עִכֵּב דָּבָר זֶה לַעֲשׂוֹתוֹ
וּכְשֶׁהִגִּיעַ לִמְקוֹם תְּפִלִּין, וְצָרַח בְּקוֹל מַר לְיוֹצֵר נִשְׁמָתוֹ.

חָטָאנוּ צוּרֵנוּ, סְלַח לָנוּ יוֹצְרֵנוּ.

שַׂרְפֵי מַעְלָה צָעֲקוּ בְּמָרָה
זוֹ תוֹרָה וְזוֹ שְׂכָרָהּ, עוֹטֶה כַּשַּׂלְמָה אוֹרָה
אוֹיֵב מְנָאֵץ שִׁמְךָ הַגָּדוֹל וְהַנּוֹרָא
וּמְחָרֵף וּמְגַדֵּף עַל דִּבְרֵי תוֹרָה.

עָנְתָה בַּת קוֹל מִשָּׁמַיִם
אִם אֶשְׁמַע קוֹל אַחֵר, אֶהֱפֹךְ אֶת הָעוֹלָם לַמַּיִם
לְתֹהוּ וָבֹהוּ אָשִׁית הֲדוֹמַיִם
גְּזֵרָה הִיא מִלְּפָנַי, קַבְּלוּהָ מְשַׁעַשְׁעֵי דָת יוֹמָיִם.

חָטָאנוּ צוּרֵנוּ, סְלַח לָנוּ יוֹצְרֵנוּ.

פְּקִידִים נֶהֱרְגוּ, מֵאַחֲרֵי שֶׁבֶת בָּתֵּי כְנֵסִיּוֹת
מְלֵאֵי מִצְוֹת כְּרִמּוֹן וּכְזָוִיּוֹת
וְהוֹצִיאוּ אֶת רַבִּי עֲקִיבָא, דּוֹרֵשׁ כִּתְרֵי אוֹתִיּוֹת
וְסָרְקוּ בְשָׂרוֹ בְּמַסְרְקוֹת פִּיפִיּוֹת.

צִוָּה לְהוֹצִיא רַבִּי חֲנַנְיָא בֶּן תְּרַדְיוֹן מִבֵּית אוּלַמּוֹ
וּבַחֲבִילֵי זְמוֹרוֹת שָׂרְפוּ גָלְמוֹ
וּסְפוֹגִין שֶׁל צֶמֶר שָׂמוּ עַל לִבּוֹ לְעַכֵּב עַצְמוֹ
וּכְשֶׁנִּסְתַּלְּקוּ מִיָּד נִשְׂרַף וְסֵפֶר תּוֹרָה עִמּוֹ.

חָטָאנוּ צוּרֵנוּ, סְלַח לָנוּ יוֹצְרֵנוּ.

קוֹנְנוּ קְדוֹשִׁים, עַם לֹא אַלְמָן
כִּי עַל דָּבָר מוּעָט נֶהֶרְגוּ וְנִשְׁפַּךְ דָּמָן
לְקַדֵּשׁ שֵׁם שָׁמַיִם מָסְרוּ עַצְמָן
בַּהֲרִיגַת רַבִּי חֻצְפִּית הַמְתֻרְגְּמָן.

רְעָדָה תֹּאחֵז כָּל שׁוֹמֵעַ שִׁמּוּעַ
וְתִזַּל כָּל עַיִן דִּמּוּעַ
וְנֶהְפַּךְ לְאֵבֶל כָּל שַׁעֲשׁוּעַ
בַּהֲרִיגַת רַבִּי אֶלְעָזָר בֶּן שַׁמּוּעַ. חָטָאנוּ צוּרֵנוּ, סְלַח לָנוּ יוֹצְרֵנוּ.

שִׁחֲתוּנִי צוֹרְרַי וּמְעַנַּי
וּמִלְאוּ כְרֵסָם מֵעֲדָנַי
וְהִשְׁקוּנִי מֵי רוֹשׁ וְלַעֲנַי
בַּהֲרִיגַת רַבִּי חֲנִינָא בֶּן חֲכִינָי.

תָּקְפוּ עָלֵינוּ מִצְוֹת לְהָפֵר
וּמֵאַנּוּ לָקַחַת הוֹן וָכֹפֶר
כִּי אִם נְפָשׁוֹת הַהוֹגוֹת אִמְרֵי שֶׁפֶר
כְּמוֹ רַבִּי יְשֵׁבָב הַסּוֹפֵר. חָטָאנוּ צוּרֵנוּ, סְלַח לָנוּ יוֹצְרֵנוּ.

יְחַתְּונוּ בְּנֵי עֲדִינָה הַשּׁוֹמֵמָה
הֵרֵעוּ לָנוּ מִכָּל מַלְכֵי אֲדָמָה
וְהָרְגוּ מֶנּוּ כַּמָּה וְכַמָּה
בַּהֲרִיגַת רַבִּי יְהוּדָה בֶּן דָּמָה.

דִּבַּרְתָּ, בֵּית־יַעֲקֹב אֵשׁ וּבֵית יוֹסֵף לֶהָבָה: עובדיה א
הֵן עַתָּה קַשׁ אוּרָם כָּבָה
חַי, זְעַךְ קוֹמָתָם בְּבִיעוּר יוֹם הַבָּא
כִּי הֵמָּה הִסְכִּימוּ לַהֲרֹג עֲשָׂרָה צַדִּיקִים
עִם רַבִּי יְהוּדָה בֶּן בָּבָא.
חָטָאנוּ צוּרֵנוּ, סְלַח לָנוּ יוֹצְרֵנוּ.

זֹאת קְרָאַתְנוּ וְסִפַּרְנוּ בְּשִׁנּוּן
וְשָׁפַכְנוּ לֵב שָׁפוּל וְאָנוּן
מִמָּרוֹם הַסְכֵּת תַּחֲנוּן
יהוה יהוה אֵל רַחוּם וְחַנּוּן: שמות לד

חַנּוּן הַבִּיטָה מִמְּרוֹמִים
תִּשְׁפֹּכֶת דַּם הַצַּדִּיקִים וְתַמְצִית דָּמִים
תִּרְאֶה בְּפַרְגּוֹדָךְ, וְהַעֲבֵר כְּתָמִים
אֵל מֶלֶךְ יוֹשֵׁב עַל כִּסֵּא רַחֲמִים.
חָטָאנוּ צוּרֵנוּ, סְלַח לָנוּ יוֹצְרֵנוּ.

הכול אומרים:

זְכֹר לָנוּ בְּרִית אָבוֹת כַּאֲשֶׁר אָמַרְתָּ:
וְזָכַרְתִּי אֶת־בְּרִיתִי יַעֲקוֹב ויקרא כו
וְאַף אֶת־בְּרִיתִי יִצְחָק
וְאַף אֶת־בְּרִיתִי אַבְרָהָם אֶזְכֹּר
וְהָאָרֶץ אֶזְכֹּר:

זְכֹר לָֽנוּ בְּרִית רִאשׁוֹנִים כַּאֲשֶׁר אָמַֽרְתָּ:
ויקרא כו וְזָכַרְתִּי לָהֶם בְּרִית רִאשֹׁנִים
אֲשֶׁר הוֹצֵֽאתִי־אֹתָם מֵאֶֽרֶץ מִצְרַֽיִם לְעֵינֵי הַגּוֹיִם
לִהְיוֹת לָהֶם לֵאלֹהִים, אֲנִי יהוה:

עֲשֵׂה עִמָּֽנוּ כְּמָה שֶּׁהִבְטַחְתָּֽנוּ:
ויקרא כו וְאַף גַּם־זֹאת בִּהְיוֹתָם בְּאֶֽרֶץ אֹיְבֵיהֶם
לֹא־מְאַסְתִּים וְלֹא־גְעַלְתִּים לְכַלֹּתָם
לְהָפֵר בְּרִיתִי אִתָּם
כִּי אֲנִי יהוה אֱלֹהֵיהֶם:

הָשֵׁב שְׁבוּתֵֽנוּ וְרַחֲמֵֽנוּ כְּמָה שֶּׁכָּתוּב:
דברים ל וְשָׁב יהוה אֱלֹהֶֽיךָ אֶת־שְׁבוּתְךָ וְרִחֲמֶֽךָ
וְשָׁב וְקִבֶּצְךָ מִכָּל־הָעַמִּים אֲשֶׁר הֱפִיצְךָ יהוה אֱלֹהֶֽיךָ שָֽׁמָּה:

קַבֵּץ נִדָּחֵֽינוּ כְּמָה שֶּׁכָּתוּב:
דברים ל אִם־יִהְיֶה נִדַּחֲךָ בִּקְצֵה הַשָּׁמָֽיִם
מִשָּׁם יְקַבֶּצְךָ יהוה אֱלֹהֶֽיךָ וּמִשָּׁם יִקָּחֶֽךָ:

מְחֵה פְשָׁעֵֽינוּ כָּעָב וְכֶעָנָן כְּמָה שֶּׁכָּתוּב:
ישעיה מד מָחִֽיתִי כָעָב פְּשָׁעֶֽיךָ וְכֶעָנָן חַטֹּאותֶֽיךָ
שׁוּבָה אֵלַי כִּי גְאַלְתִּֽיךָ:

מְחֵה פְשָׁעֵֽינוּ לְמַעַנְךָ כַּאֲשֶׁר אָמַֽרְתָּ:
ישעיה מג אָנֹכִי אָנֹכִי הוּא מֹחֶה פְשָׁעֶֽיךָ לְמַעֲנִי
וְחַטֹּאתֶֽיךָ לֹא אֶזְכֹּר:

הַלְבֵּן חֲטָאֵֽינוּ כַּשֶּֽׁלֶג וְכַצֶּֽמֶר כְּמָה שֶּׁכָּתוּב:
ישעיה א לְכוּ־נָא וְנִוָּכְחָה יֹאמַר יהוה
אִם־יִהְיוּ חֲטָאֵיכֶם כַּשָּׁנִים כַּשֶּֽׁלֶג יַלְבִּֽינוּ
אִם־יַאְדִּֽימוּ כַתּוֹלָע כַּצֶּֽמֶר יִהְיוּ:

זְרֹק עָלֵינוּ מַיִם טְהוֹרִים וְטַהֲרֵנוּ כְּמָה שֶׁכָּתוּב:
וְזָרַקְתִּי עֲלֵיכֶם מַיִם טְהוֹרִים וּטְהַרְתֶּם יחזקאל לו
מִכֹּל טֻמְאוֹתֵיכֶם וּמִכָּל־גִּלּוּלֵיכֶם אֲטַהֵר אֶתְכֶם:

כַּפֵּר חֲטָאֵינוּ בַּיּוֹם הַזֶּה וְטַהֲרֵנוּ, כְּמָה שֶׁכָּתוּב:
כִּי־בַיּוֹם הַזֶּה יְכַפֵּר עֲלֵיכֶם לְטַהֵר אֶתְכֶם ויקרא טז
מִכֹּל חַטֹּאתֵיכֶם לִפְנֵי יהוה תִּטְהָרוּ:

רַחֵם עָלֵינוּ וְאַל תַּשְׁחִיתֵנוּ כְּמָה שֶׁכָּתוּב:
כִּי אֵל רַחוּם יהוה אֱלֹהֶיךָ דברים ד
לֹא יַרְפְּךָ וְלֹא יַשְׁחִיתֶךָ
וְלֹא יִשְׁכַּח אֶת־בְּרִית אֲבוֹתֶיךָ
אֲשֶׁר נִשְׁבַּע לָהֶם:

מוֹל אֶת לְבָבֵנוּ לְאַהֲבָה אֶת שְׁמֶךָ כְּמָה שֶׁכָּתוּב:
וּמָל יהוה אֱלֹהֶיךָ אֶת־לְבָבְךָ וְאֶת־לְבַב זַרְעֶךָ דברים ל
לְאַהֲבָה אֶת־יהוה אֱלֹהֶיךָ
בְּכָל־לְבָבְךָ וּבְכָל־נַפְשְׁךָ
לְמַעַן חַיֶּיךָ:

הִמָּצֵא לָנוּ בְּבַקָּשָׁתֵנוּ כְּמָה שֶׁכָּתוּב:
וּבִקַּשְׁתֶּם מִשָּׁם אֶת־יהוה אֱלֹהֶיךָ וּמָצָאתָ דברים ד
כִּי תִדְרְשֶׁנּוּ בְּכָל־לְבָבְךָ וּבְכָל־נַפְשֶׁךָ:

תְּבִיאֵנוּ אֶל הַר קָדְשֶׁךָ, חַזֵּק יָדֵינוּ בְּבִנְיַן מִקְדָּשֶׁךָ
וְשַׂמְּחֵנוּ בְּבֵית תְּפִלָּתֶךָ כְּמָה שֶׁכָּתוּב:
וַהֲבִיאוֹתִים אֶל־הַר קָדְשִׁי, וְשִׂמַּחְתִּים בְּבֵית תְּפִלָּתִי ישעיה נו
עוֹלֹתֵיהֶם וְזִבְחֵיהֶם לְרָצוֹן עַל־מִזְבְּחִי
כִּי בֵיתִי בֵּית־תְּפִלָּה יִקָּרֵא לְכָל־הָעַמִּים:

פותחים את ארון הקודש.

בקהילות רבות נוהגים לומר את הפסוקים בסדר הבא:
׳שְׁמַע קוֹלֵנוּ׳, ׳הֲשִׁיבֵנוּ׳, ׳אַל תַּשְׁלִיכֵנוּ מִלְּפָנֶיךָ׳, ׳אַל תַּשְׁלִיכֵנוּ לְעֵת זִקְנָה׳ בקול,
שליח הציבור אומר פסוק פסוק ואחריו הקהל; ׳אַל תַּעַזְבֵנוּ׳, ׳עֲשֵׂה עִמָּנוּ׳
׳אֲמָרֵינוּ הַאֲזִינָה׳, ׳יִהְיוּ לְרָצוֹן׳, ׳כִּי לְךָ ה׳׳ בלחש.

הקהל ואחריו שליח הציבור אומרים פסוק פסוק עד ׳אַל תַּעַזְבֵנוּ׳:

שְׁמַע קוֹלֵנוּ, יהוה אֱלֹהֵינוּ, חוּס וְרַחֵם עָלֵינוּ
וְקַבֵּל בְּרַחֲמִים וּבְרָצוֹן אֶת תְּפִלָּתֵנוּ.

הֲשִׁיבֵנוּ יהוה אֵלֶיךָ וְנָשׁוּבָה, חַדֵּשׁ יָמֵינוּ כְּקֶדֶם: איכה ה

אֲמָרֵינוּ הַאֲזִינָה יהוה, בִּינָה הֲגִיגֵנוּ.

יִהְיוּ לְרָצוֹן אִמְרֵי פִינוּ וְהֶגְיוֹן לִבֵּנוּ לְפָנֶיךָ, יהוה צוּרֵנוּ וְגוֹאֲלֵנוּ.

אַל תַּשְׁלִיכֵנוּ מִלְּפָנֶיךָ, וְרוּחַ קָדְשְׁךָ אַל תִּקַּח מִמֶּנּוּ.

אַל תַּשְׁלִיכֵנוּ לְעֵת זִקְנָה, כִּכְלוֹת כֹּחֵנוּ אַל תַּעַזְבֵנוּ.

אַל תַּעַזְבֵנוּ יהוה, אֱלֹהֵינוּ אַל תִּרְחַק מִמֶּנּוּ.

עֲשֵׂה עִמָּנוּ אוֹת לְטוֹבָה, וְיִרְאוּ שׂוֹנְאֵינוּ וְיֵבֹשׁוּ
כִּי אַתָּה יהוה עֲזַרְתָּנוּ וְנִחַמְתָּנוּ.

כִּי לְךָ יהוה הוֹחָלְנוּ, אַתָּה תַעֲנֶה אֲדֹנָי אֱלֹהֵינוּ.

סוגרים את ארון הקודש.

שליח הציבור:

אֱלֹהֵינוּ וֵאלֹהֵי אֲבוֹתֵינוּ
אַל תַּעַזְבֵנוּ, וְאַל תִּטְּשֵׁנוּ, וְאַל תַּכְלִימֵנוּ, וְאַל תָּפֵר בְּרִיתְךָ אִתָּנוּ
קָרְבֵנוּ לְתוֹרָתֶךָ, לַמְּדֵנוּ מִצְוֹתֶיךָ
הוֹרֵנוּ דְרָכֶיךָ, הַט לִבֵּנוּ לְיִרְאָה אֶת שְׁמֶךָ
וּמוֹל אֶת לְבָבֵנוּ לְאַהֲבָתֶךָ, וְנָשׁוּב אֵלֶיךָ בֶּאֱמֶת וּבְלֵב שָׁלֵם
וּלְמַעַן שִׁמְךָ הַגָּדוֹל תִּמְחֹל וְתִסְלַח לַעֲוֹנֵינוּ
כַּכָּתוּב בְּדִבְרֵי קָדְשֶׁךָ: לְמַעַן־שִׁמְךָ יהוה, וְסָלַחְתָּ לַעֲוֹנִי כִּי רַב־הוּא: תהלים כה

הכול אומרים:

אֱלֹהֵינוּ וֵאלֹהֵי אֲבוֹתֵינוּ
סְלַח לָנוּ, מְחַל לָנוּ, כַּפֶּר לָנוּ.

כִּי אָנוּ עַמֶּךָ	וְאַתָּה אֱלֹהֵינוּ	אָנוּ בָנֶיךָ	וְאַתָּה אָבִינוּ
אָנוּ עֲבָדֶיךָ	וְאַתָּה אֲדוֹנֵינוּ	אָנוּ קְהָלֶךָ	וְאַתָּה חֶלְקֵנוּ
אָנוּ נַחֲלָתֶךָ	וְאַתָּה גוֹרָלֵנוּ	אָנוּ צֹאנֶךָ	וְאַתָּה רוֹעֵנוּ
אָנוּ כַרְמֶךָ	וְאַתָּה נוֹטְרֵנוּ	אָנוּ פְעֻלָּתֶךָ	וְאַתָּה יוֹצְרֵנוּ
אָנוּ רַעְיָתֶךָ	וְאַתָּה דוֹדֵנוּ	אָנוּ סְגֻלָּתֶךָ	וְאַתָּה אֱלֹהֵינוּ
אָנוּ עַמֶּךָ	וְאַתָּה מַלְכֵּנוּ	אָנוּ מַאֲמִירֶיךָ	וְאַתָּה מַאֲמִירֵנוּ.

שליח הציבור אומר שורה שורה, והקהל חוזר אחריו:

אָנוּ עַזֵּי פָנִים	וְאַתָּה רַחוּם וְחַנּוּן
אָנוּ קְשֵׁי עֹרֶף	וְאַתָּה אֶרֶךְ אַפַּיִם
אָנוּ מְלֵאֵי עָוֹן	וְאַתָּה מָלֵא רַחֲמִים
אָנוּ יָמֵינוּ כְּצֵל עוֹבֵר	וְאַתָּה־הוּא וּשְׁנוֹתֶיךָ לֹא יִתָּמּוּ: תהלים קב

סדר מצוות וידוי

יכוון לקיים מצוות עשה, של ׳והתודו את חטאתם אשר עשו׳ (במדבר ה, ז). אלו דברי רבנו יונה גירונדי: ״מצות עשה מן התורה להעיר אדם את רוחו לחזור בתשובה ביום הכיפורים, שנאמר: ׳מכל חטאתיכם לפני ה׳ תטהרו׳ (ויקרא טז, ל). על כן הזהירנו הכתוב, שנטהר לפני ה׳ בתשובתנו, והוא יכפר עלינו ביום זה לטהרנו״ (שערי תשובה שער ב, יד). ״והעובר על זה ולא התוודה על חטאיו ביום הכפורים, שהוא יום קבוע מעולם לסליחה ולכפרה, ביטל עשה זה... ונשא עוונו״ (ספר החינוך שסג). הווידוי נאמר גם במעומד וגם בהשתחוויה (מאירי על פי הגאונים ׳חיבור התשובה׳ ויומא דף פז).

שליח הציבור:

אֱלֹהֵינוּ וֵאלֹהֵי אֲבוֹתֵינוּ
תָּבוֹא לְפָנֶיךָ תְּפִלָּתֵנוּ, וְאַל תִּתְעַלַּם מִתְּחִנָּתֵנוּ.
שֶׁאֵין אָנוּ עַזֵּי פָנִים וּקְשֵׁי עֹרֶף לוֹמַר לְפָנֶיךָ
יהוה אֱלֹהֵינוּ וֵאלֹהֵי אֲבוֹתֵינוּ
צַדִּיקִים אֲנַחְנוּ וְלֹא חָטָאנוּ.
אֲבָל אֲנַחְנוּ וַאֲבוֹתֵינוּ חָטָאנוּ.

כשמתוודה, מכה באגרופו על החזה כנגד הלב (מג״א תרז, ג, בשם מדרש קהלת).

אָשַׁמְנוּ, בָּגַדְנוּ, גָּזַלְנוּ, דִּבַּרְנוּ דֹפִי

הֶעֱוִינוּ, וְהִרְשַׁעְנוּ, זַדְנוּ, חָמַסְנוּ, טָפַלְנוּ שֶׁקֶר

יָעַצְנוּ רָע, כִּזַּבְנוּ, לַצְנוּ, מָרַדְנוּ, מָאַסְנוּ בְּבֵית הַמִּקְדָּשׁ, נִאַצְנוּ, סָרַרְנוּ

עָוִינוּ, פָּשַׁעְנוּ, צָרַרְנוּ, קִשִּׁינוּ עֹרֶף

רָשַׁעְנוּ, שִׁחַתְנוּ, תִּעַבְנוּ, תָּעִינוּ, תִּעְתָּעְנוּ.

סַרְנוּ מִמִּצְוֹתֶיךָ וּמִמִּשְׁפָּטֶיךָ הַטּוֹבִים, וְלֹא שָׁוָה לָנוּ.

וְאַתָּה צַדִּיק עַל כָּל־הַבָּא עָלֵינוּ נחמיה ט

כִּי־אֱמֶת עָשִׂיתָ, וַאֲנַחְנוּ הִרְשָׁעְנוּ:

הִרְשַׁעְנוּ וּפָשַׁעְנוּ, לָכֵן לֹא נוֹשָׁעְנוּ

וְתֵן בְּלִבֵּנוּ לַעֲזֹב דֶּרֶךְ רֶשַׁע

וְחִישׁ לָנוּ יֶשַׁע

כַּכָּתוּב עַל יַד נְבִיאֶךָ

יַעֲזֹב רָשָׁע דַּרְכּוֹ, וְאִישׁ אָוֶן מַחְשְׁבֹתָיו ישעיה נה

וְיָשֹׁב אֶל־יהוה וִירַחֲמֵהוּ, וְאֶל־אֱלֹהֵינוּ כִּי־יַרְבֶּה לִסְלוֹחַ:

שליח הציבור:

אֱלֹהֵינוּ וֵאלֹהֵי אֲבוֹתֵינוּ

סְלַח וּמְחַל לַעֲוֹנוֹתֵינוּ

בְּיוֹם (בשבת: הַשַּׁבָּת הַזֶּה וּבְיוֹם) הַכִּפּוּרִים הַזֶּה

וְהֵעָתֵר לָנוּ בִּתְפִלָּתֵנוּ

מְחֵה וְהַעֲבֵר פְּשָׁעֵינוּ וְחַטֹּאתֵינוּ מִנֶּגֶד עֵינֶיךָ

וְכֹף אֶת יִצְרֵנוּ לְהִשְׁתַּעְבֶּד לָךְ

וְהַכְנַע עָרְפֵּנוּ לָשׁוּב אֵלֶיךָ בֶּאֱמֶת

וְחַדֵּשׁ כִּלְיוֹתֵינוּ לִשְׁמֹר פִּקּוּדֶיךָ

וּמוֹל אֶת לְבָבֵנוּ לְאַהֲבָה וּלְיִרְאָה אֶת שְׁמֶךָ

כַּכָּתוּב בְּתוֹרָתֶךָ:
וּמָל יהוה אֱלֹהֶיךָ אֶת־לְבָבְךָ וְאֶת־לְבַב זַרְעֶךָ דברים ל
לְאַהֲבָה אֶת־יהוה אֱלֹהֶיךָ
בְּכָל־לְבָבְךָ וּבְכָל־נַפְשְׁךָ, לְמַעַן חַיֶּיךָ:
הַזְּדוֹנוֹת וְהַשְּׁגָגוֹת אַתָּה מַכִּיר
הָרָצוֹן וְהָאֹנֶס, הַגְּלוּיִים וְהַנִּסְתָּרִים
לְפָנֶיךָ הֵם גְּלוּיִים וִידוּעִים.
מָה אָנוּ, מֶה חַיֵּינוּ
מֶה חַסְדֵּנוּ, מַה צִּדְקוֹתֵינוּ
מַה יְּשׁוּעָתֵנוּ, מַה כֹּחֵנוּ, מַה גְּבוּרָתֵנוּ
מַה נֹּאמַר לְפָנֶיךָ, יהוה אֱלֹהֵינוּ וֵאלֹהֵי אֲבוֹתֵינוּ
הֲלֹא כָּל הַגִּבּוֹרִים כְּאַיִן לְפָנֶיךָ, וְאַנְשֵׁי הַשֵּׁם כְּלֹא הָיוּ
וַחֲכָמִים כִּבְלִי מַדָּע, וּנְבוֹנִים כִּבְלִי הַשְׂכֵּל
כִּי רֹב מַעֲשֵׂיהֶם תֹּהוּ, וִימֵי חַיֵּיהֶם הֶבֶל לְפָנֶיךָ
וּמוֹתַר הָאָדָם מִן־הַבְּהֵמָה אָיִן, כִּי הַכֹּל הָבֶל: קהלת ג

מַה נֹּאמַר לְפָנֶיךָ יוֹשֵׁב מָרוֹם
וּמַה נְּסַפֵּר לְפָנֶיךָ שׁוֹכֵן שְׁחָקִים
הֲלֹא כָּל הַנִּסְתָּרוֹת וְהַנִּגְלוֹת אַתָּה יוֹדֵעַ.

הפיוט ׳אַתָּה מֵבִין׳ הוא הרחבה של הפיסקה ׳אַתָּה יוֹדֵעַ רָזֵי עוֹלָם׳ למטה.
היום נוהגים לומר רק את שני הבתים האחרונים שבו.

שליח הציבור ואחריו הקהל:

שִׁמְךָ מֵעוֹלָם עוֹבֵר עַל פֶּשַׁע
שַׁוְעָתֵנוּ תַּאֲזִין, בְּעָמְדֵנוּ לְפָנֶיךָ בִּתְפִלָּה

תַּעֲבֹר עַל פֶּשַׁע לְעַם שָׁבֵי פֶשַׁע
תִּמְחֶה פְּשָׁעֵינוּ מִנֶּגֶד עֵינֶיךָ.

שליח הציבור אומר, והקהל אומר אתו בלחש:

אַתָּה יוֹדֵעַ רָזֵי עוֹלָם וְתַעֲלוּמוֹת סִתְרֵי כָּל חָי.
אַתָּה חוֹפֵשׂ כָּל חַדְרֵי בָטֶן וּבוֹחֵן כְּלָיוֹת וָלֵב.
אֵין דָּבָר נֶעְלָם מִמֶּךָּ וְאֵין נִסְתָּר מִנֶּגֶד עֵינֶיךָ.
וּבְכֵן, יְהִי רָצוֹן מִלְּפָנֶיךָ, יהוה אֱלֹהֵינוּ וֵאלֹהֵי אֲבוֹתֵינוּ
שֶׁתְּכַפֵּר לָנוּ עַל כָּל חַטֹּאתֵינוּ
וְתִסְלַח לָנוּ עַל כָּל עֲוֹנוֹתֵינוּ
וְתִמְחַל לָנוּ עַל כָּל פְּשָׁעֵינוּ.

על כל חטא שמונה, מכה באגרופו על החזה כנגד הלב.

עַל חֵטְא שֶׁחָטָאנוּ לְפָנֶיךָ בְּאֹנֶס וּבְרָצוֹן
וְעַל חֵטְא שֶׁחָטָאנוּ לְפָנֶיךָ בְּאִמּוּץ הַלֵּב

עַל חֵטְא שֶׁחָטָאנוּ לְפָנֶיךָ בִּבְלִי דָעַת
וְעַל חֵטְא שֶׁחָטָאנוּ לְפָנֶיךָ בְּבִטּוּי שְׂפָתָיִם

עַל חֵטְא שֶׁחָטָאנוּ לְפָנֶיךָ בְּגִלּוּי עֲרָיוֹת
וְעַל חֵטְא שֶׁחָטָאנוּ לְפָנֶיךָ בְּגָלוּי וּבַסָּתֶר

עַל חֵטְא שֶׁחָטָאנוּ לְפָנֶיךָ בְּדַעַת וּבְמִרְמָה
וְעַל חֵטְא שֶׁחָטָאנוּ לְפָנֶיךָ בְּדִבּוּר פֶּה

עַל חֵטְא שֶׁחָטָאנוּ לְפָנֶיךָ בְּהוֹנָאַת רֵעַ
וְעַל חֵטְא שֶׁחָטָאנוּ לְפָנֶיךָ בְּהַרְהוֹר הַלֵּב

עַל חֵטְא שֶׁחָטָאנוּ לְפָנֶיךָ בִּוְעִידַת זְנוּת
וְעַל חֵטְא שֶׁחָטָאנוּ לְפָנֶיךָ בְּוִדּוּי פֶּה

עַל חֵטְא שֶׁחָטָאנוּ לְפָנֶיךָ בְּזִלְזוּל הוֹרִים וּמוֹרִים
וְעַל חֵטְא שֶׁחָטָאנוּ לְפָנֶיךָ בְּזָדוֹן וּבִשְׁגָגָה

עַל חֵטְא שֶׁחָטָאנוּ לְפָנֶיךָ בְּחוֹזֶק יָד
וְעַל חֵטְא שֶׁחָטָאנוּ לְפָנֶיךָ בְּחִלּוּל הַשֵּׁם

עַל חֵטְא שֶׁחָטָאנוּ לְפָנֶיךָ בְּטֻמְאַת שְׂפָתָיִם
וְעַל חֵטְא שֶׁחָטָאנוּ לְפָנֶיךָ בְּטִפְשׁוּת פֶּה

עַל חֵטְא שֶׁחָטָאנוּ לְפָנֶיךָ בְּיֵצֶר הָרָע
וְעַל חֵטְא שֶׁחָטָאנוּ לְפָנֶיךָ בְּיוֹדְעִים וּבְלֹא יוֹדְעִים

וְעַל כֻּלָּם אֱלוֹהַּ סְלִיחוֹת סְלַח לָנוּ, מְחַל לָנוּ, כַּפֶּר לָנוּ.

עַל חֵטְא שֶׁחָטָאנוּ לְפָנֶיךָ בְּכַחַשׁ וּבְכָזָב
וְעַל חֵטְא שֶׁחָטָאנוּ לְפָנֶיךָ בְּכַפַּת שֹׁחַד

עַל חֵטְא שֶׁחָטָאנוּ לְפָנֶיךָ בְּלָצוֹן
וְעַל חֵטְא שֶׁחָטָאנוּ לְפָנֶיךָ בְּלָשׁוֹן הָרָע

עַל חֵטְא שֶׁחָטָאנוּ לְפָנֶיךָ בְּמַשָּׂא וּבְמַתָּן
וְעַל חֵטְא שֶׁחָטָאנוּ לְפָנֶיךָ בְּמַאֲכָל וּבְמִשְׁתֶּה

עַל חֵטְא שֶׁחָטָאנוּ לְפָנֶיךָ בְּנֶשֶׁךְ וּבְמַרְבִּית
וְעַל חֵטְא שֶׁחָטָאנוּ לְפָנֶיךָ בִּנְטִיַּת גָּרוֹן

עַל חֵטְא שֶׁחָטָאנוּ לְפָנֶיךָ בְּשִׂיחַ שִׂפְתוֹתֵינוּ
וְעַל חֵטְא שֶׁחָטָאנוּ לְפָנֶיךָ בְּשִׂקּוּר עָיִן

עַל חֵטְא שֶׁחָטָאנוּ לְפָנֶיךָ בְּעֵינַיִם רָמוֹת
וְעַל חֵטְא שֶׁחָטָאנוּ לְפָנֶיךָ בְּעַזּוּת מֵצַח

וְעַל כֻּלָּם אֱלוֹהַּ סְלִיחוֹת סְלַח לָנוּ, מְחַל לָנוּ, כַּפֶּר לָנוּ.

עַל חֵטְא שֶׁחָטָאנוּ לְפָנֶיךָ בִּפְרִיקַת עֹל
וְעַל חֵטְא שֶׁחָטָאנוּ לְפָנֶיךָ בִּפְלִילוּת

עַל חֵטְא שֶׁחָטָאנוּ לְפָנֶיךָ בִּצְדִיַּת רֵעַ
וְעַל חֵטְא שֶׁחָטָאנוּ לְפָנֶיךָ בְּצָרוּת עָיִן

עַל חֵטְא שֶׁחָטָאנוּ לְפָנֶיךָ בְּקַלּוּת רֹאשׁ
וְעַל חֵטְא שֶׁחָטָאנוּ לְפָנֶיךָ בְּקַשְׁיוּת עֹרֶף

עַל חֵטְא שֶׁחָטָאנוּ לְפָנֶיךָ בְּרִיצַת רַגְלַיִם לְהָרַע
וְעַל חֵטְא שֶׁחָטָאנוּ לְפָנֶיךָ בִּרְכִילוּת

עַל חֵטְא שֶׁחָטָאנוּ לְפָנֶיךָ בִּשְׁבוּעַת שָׁוְא
וְעַל חֵטְא שֶׁחָטָאנוּ לְפָנֶיךָ בְּשִׂנְאַת חִנָּם

עַל חֵטְא שֶׁחָטָאנוּ לְפָנֶיךָ בִּתְשׂוּמֶת יָד
וְעַל חֵטְא שֶׁחָטָאנוּ לְפָנֶיךָ בְּתִמְהוֹן לֵבָב

וְעַל כֻּלָּם אֱלוֹהַּ סְלִיחוֹת סְלַח לָנוּ, מְחַל לָנוּ, כַּפֶּר לָנוּ.

וְעַל חֲטָאִים שֶׁאָנוּ חַיָּבִים עֲלֵיהֶם עוֹלָה
וְעַל חֲטָאִים שֶׁאָנוּ חַיָּבִים עֲלֵיהֶם חַטָּאת
וְעַל חֲטָאִים שֶׁאָנוּ חַיָּבִים עֲלֵיהֶם קָרְבָּן עוֹלֶה וְיוֹרֵד
וְעַל חֲטָאִים שֶׁאָנוּ חַיָּבִים עֲלֵיהֶם אָשָׁם וַדַּאי וְתָלוּי
וְעַל חֲטָאִים שֶׁאָנוּ חַיָּבִים עֲלֵיהֶם מַכַּת מַרְדּוּת
וְעַל חֲטָאִים שֶׁאָנוּ חַיָּבִים עֲלֵיהֶם מַלְקוּת אַרְבָּעִים
וְעַל חֲטָאִים שֶׁאָנוּ חַיָּבִים עֲלֵיהֶם מִיתָה בִּידֵי שָׁמָיִם
וְעַל חֲטָאִים שֶׁאָנוּ חַיָּבִים עֲלֵיהֶם כָּרֵת וַעֲרִירִי
וְעַל חֲטָאִים שֶׁאָנוּ חַיָּבִים עֲלֵיהֶם אַרְבַּע מִיתוֹת בֵּית דִּין
סְקִילָה, שְׂרֵפָה, הֶרֶג, וְחֶנֶק.

עַל מִצְוַת עֲשֵׂה וְעַל מִצְוַת לֹא תַעֲשֶׂה.
בֵּין שֶׁיֵּשׁ בָּהּ קוּם עֲשֵׂה, וּבֵין שֶׁאֵין בָּהּ קוּם עֲשֵׂה.
אֶת הַגְּלוּיִים לָנוּ וְאֶת שֶׁאֵינָם גְּלוּיִים לָנוּ
אֶת הַגְּלוּיִים לָנוּ, כְּבָר אֲמַרְנוּם לְפָנֶיךָ, וְהוֹדִינוּ לְךָ עֲלֵיהֶם
וְאֶת שֶׁאֵינָם גְּלוּיִים לָנוּ, לְפָנֶיךָ הֵם גְּלוּיִים וִידוּעִים
כַּדָּבָר שֶׁנֶּאֱמַר
הַנִּסְתָּרֹת לַיהוה אֱלֹהֵינוּ דברים כט
וְהַנִּגְלֹת לָנוּ וּלְבָנֵינוּ עַד־עוֹלָם
לַעֲשׂוֹת אֶת־כָּל־דִּבְרֵי הַתּוֹרָה הַזֹּאת:

רצף פסוקים זה עוסק בסליחת עוונות. במחזורים עתיקים שולבו פיוטים בין פסוק לפסוק, אך כבר מאות בשנים שנוהגים לומר רק את משפטי המעבר שבין הפסוקים.

שליח הציבור ממשיך:

וְדָוִד עַבְדְּךָ אָמַר לְפָנֶיךָ
שְׁגִיאוֹת מִי־יָבִין, מִנִּסְתָּרוֹת נַקֵּנִי: תהלים יט
נַקֵּנוּ יהוה אֱלֹהֵינוּ מִכָּל פְּשָׁעֵינוּ, וְטַהֲרֵנוּ מִכָּל טֻמְאוֹתֵינוּ
וּזְרֹק עָלֵינוּ מַיִם טְהוֹרִים וְטַהֲרֵנוּ
כַּכָּתוּב עַל יַד נְבִיאֶךָ, וְזָרַקְתִּי עֲלֵיכֶם מַיִם טְהוֹרִים, וּטְהַרְתֶּם יחזקאל לו
מִכֹּל טֻמְאוֹתֵיכֶם וּמִכָּל־גִּלּוּלֵיכֶם אֲטַהֵר אֶתְכֶם:

אַל תִּירָא יַעֲקֹב, שׁוּבוּ בָּנִים שׁוֹבָבִים, שׁוּבָה יִשְׂרָאֵל.
הִנֵּה לֹא־יָנוּם וְלֹא יִישָׁן, שׁוֹמֵר יִשְׂרָאֵל: תהלים קכא
כַּכָּתוּב עַל יַד נְבִיאֶךָ, שׁוּבָה יִשְׂרָאֵל עַד יהוה אֱלֹהֶיךָ הושע יד
כִּי כָשַׁלְתָּ בַּעֲוֹנֶךָ:
וְנֶאֱמַר, קְחוּ עִמָּכֶם דְּבָרִים, וְשׁוּבוּ אֶל־יהוה שם
אִמְרוּ אֵלָיו, כָּל־תִּשָּׂא עָוֹן וְקַח־טוֹב, וּנְשַׁלְּמָה פָרִים שְׂפָתֵינוּ:

וְאַתָּה רַחוּם מְקַבֵּל שָׁבִים
וְעַל הַתְּשׁוּבָה מֵרֹאשׁ הִבְטַחְתָּנוּ, וְעַל הַתְּשׁוּבָה עֵינֵינוּ מְיַחֲלוֹת לָךְ.

בתפילת מוסף נהגו להוסיף כאן פיוט תוכחה. היום נוהגים לומר רק את הפזמון שלו, המבוסס על מחלוקת בית שמאי ובית הלל (עירובין יג ע"ב).

מְנוּיָה וּגְמוּרָה, בְּסוֹד חַכְמֵי תוֹרָה
אַשְׁרֵי מִי שֶׁלֹּא נִבְרָא.

וּמֵאַהֲבָתְךָ יהוה אֱלֹהֵינוּ, שֶׁאָהַבְתָּ אֶת יִשְׂרָאֵל עַמֶּךָ
וּמֵחֶמְלָתְךָ מַלְכֵּנוּ, שֶׁחָמַלְתָּ עַל בְּנֵי בְרִיתֶךָ
נָתַתָּ לָנוּ יהוה אֱלֹהֵינוּ אֶת יוֹם
(בשבת: **הַשַּׁבָּת הַזֶּה לִקְדֻשָּׁה וְלִמְנוּחָה, וְאֶת יוֹם**) **צוֹם הַכִּפּוּרִים הַזֶּה**
לִמְחִילַת חֵטְא וְלִסְלִיחַת עָוֹן וּלְכַפָּרַת פָּשַׁע.

הפיוט 'יוֹם אָתָא לְכַפֵּר' המיוחס לר' אלעזר הקליר, בנוי כמו הפיוט המקביל לו 'יוֹם אֲשֶׁר אֲשָׁמֵנוּ' הנאמר בשחרית (ראה עמ' 282). בקהילות רבות נוהגים היום להשמיט חלק מבתיו.

מקובל ששליח הציבור אומר את הפיוט, והקהל אומר עמו את הפסוקים ואת הבית 'בַּעֲבוּר כְּבוֹד שִׁמְךָ'.

סימן א"ב

יוֹם אָתָא לְכַפֵּר פִּשְׁעֵי יְשֵׁנָה / הַיּוֹם בִּיאָתוֹ אַחַת בַּשָּׁנָה.

כַּכָּתוּב בְּתוֹרָתֶךָ
וְהָיְתָה־זֹּאת לָכֶם לְחֻקַּת עוֹלָם ויקרא טז
לְכַפֵּר עַל־בְּנֵי יִשְׂרָאֵל מִכָּל־חַטֹּאתָם, אַחַת בַּשָּׁנָה:

יוֹם זֶה נִתַּן תְּעוּדָה לְעַם זֶה
הַיּוֹם חַל בּוֹ צִיר, סְלַח נָא לַעֲוֹן הָעָם הַזֶּה.

כַּכָּתוּב בְּתוֹרָתֶךָ, סְלַח־נָא לַעֲוֹן הָעָם הַזֶּה כְּגֹדֶל חַסְדֶּךָ במדבר יד
וְכַאֲשֶׁר נָשָׂאתָה לָעָם הַזֶּה מִמִּצְרַיִם וְעַד־הֵנָּה:
וְשָׁם נֶאֱמַר, וַיֹּאמֶר יהוה, סָלַחְתִּי כִּדְבָרֶךָ:

בַּעֲבוּר כְּבוֹד שִׁמְךָ
הַמְצֵא לָנוּ מוֹחֵל וְסוֹלֵחַ / סְלַח נָא לְמַעַן שְׁמֶךָ.

יום מְחִילָה בִּשַּׂרְתָּ לְצִיר בְּרֶשֶׁם / הַיּוֹם נִתְיַצַּבְתָּ עִמּוֹ, וְקָרָאתָ בְּשֵׁם.

כַּכָּתוּב בְּתוֹרָתָךְ

שמות לד

וַיֵּרֶד יהוה בֶּעָנָן, וַיִּתְיַצֵּב עִמּוֹ שָׁם

וַיִּקְרָא בְשֵׁם, יהוה:

וַיַּעֲבֹר יהוה עַל־פָּנָיו וַיִּקְרָא

יהוה, יהוה, אֵל רַחוּם וְחַנּוּן, אֶרֶךְ אַפַּיִם, וְרַב־חֶסֶד וֶאֱמֶת:

נֹצֵר חֶסֶד לָאֲלָפִים, נֹשֵׂא עָוֹן וָפֶשַׁע וְחַטָּאָה, וְנַקֵּה:

בַּעֲבוּר כְּבוֹד שִׁמְךָ

הִמָּצֵא לָנוּ רַחוּם וְחַנּוּן / רַחֵם נָא לְמַעַן שְׁמֶךָ.

יום שְׁמְמוֹת הֵיכָלְךָ הַבִּיטָה / הַיּוֹם תָּחֹן אָזְנְךָ הַטֵּה לְהַבִּיטָה.

כַּכָּתוּב בְּדִבְרֵי קָדְשֶׁךָ

דניאל ט

הַטֵּה אֱלֹהַי אָזְנְךָ וּשְׁמָע

פְּקַח עֵינֶיךָ וּרְאֵה שֹׁמְמֹתֵינוּ

וְהָעִיר אֲשֶׁר־נִקְרָא שִׁמְךָ עָלֶיהָ

כִּי לֹא עַל־צִדְקֹתֵינוּ אֲנַחְנוּ מַפִּילִים תַּחֲנוּנֵינוּ לְפָנֶיךָ

כִּי עַל־רַחֲמֶיךָ הָרַבִּים:

אֲדֹנָי שְׁמָעָה

אֲדֹנָי סְלָחָה

אֲדֹנָי הַקְשִׁיבָה וַעֲשֵׂה אַל־תְּאַחַר

לְמַעַנְךָ אֱלֹהַי

כִּי־שִׁמְךָ נִקְרָא עַל־עִירְךָ וְעַל־עַמֶּךָ:

וְחַזְּקֵנוּ וְאַמְּצֵנוּ לִבְנוֹת מִקְדָּשֶׁךָ.

בַּעֲבוּר כְּבוֹד שִׁמְךָ

הִמָּצֵא לָנוּ שׁוֹמֵעַ תְּפִלָּה / שְׁמַע תְּפִלָּתֵנוּ לְמַעַן שְׁמֶךָ.

גם הפיוט ׳מִי אֵל כָּמוֹךָ׳ בנוי במתכונתו של הפיוט המקביל לו הנאמר בשחרית (עמ׳ 284).
נוהגים שאחר כל שורה ששליח הציבור אומר, הקהל עונה ׳מִי אֵל כָּמוֹךָ׳.
בקהילות רבות נוהגים לדלג על חלק מהפיוט.

מִי אֵל כָּמוֹךָ.

סימן א״ב

אַדִּיר וְנָאוֹר / בּוֹרֵא דֹק וָחֶלֶד מִי אֵל כָּמוֹךָ
גּוֹלֶה עֲמֻקּוֹת / דּוֹבֵר צְדָקוֹת מִי אֵל כָּמוֹךָ
הָדוּר בִּלְבוּשׁוֹ / וְאֵין זוּלָתוֹ מִי אֵל כָּמוֹךָ
זוֹקֵף כְּפוּפִים / חוֹנֵן דַּלִּים מִי אֵל כָּמוֹךָ
טְהוֹר עֵינַיִם / יוֹשֵׁב שָׁמַיִם מִי אֵל כָּמוֹךָ
שׁוֹכֵן שְׁחָקִים / תּוֹמֵךְ תְּמִימִים מִי אֵל כָּמוֹךָ
נוֹשֵׂא עָוֹן / וְעוֹבֵר עַל פֶּשַׁע מִי אֵל כָּמוֹךָ

שליח הציבור אומר, והקהל אומר אתו בלחש:

כַּכָּתוּב עַל יַד נְבִיאֶךָ
מיכה ז מִי־אֵל כָּמוֹךָ נֹשֵׂא עָוֹן וְעֹבֵר עַל־פֶּשַׁע לִשְׁאֵרִית נַחֲלָתוֹ
לֹא־הֶחֱזִיק לָעַד אַפּוֹ כִּי־חָפֵץ חֶסֶד הוּא:
יָשׁוּב יְרַחֲמֵנוּ, יִכְבֹּשׁ עֲוֹנֹתֵינוּ
וְתַשְׁלִיךְ בִּמְצֻלוֹת יָם כָּל־חַטֹּאתָם:
וְכָל חַטֹּאת עַמְּךָ בֵּית יִשְׂרָאֵל תַּשְׁלִיךְ
בִּמְקוֹם אֲשֶׁר לֹא יִזָּכְרוּ וְלֹא יִפָּקְדוּ
וְלֹא יַעֲלוּ עַל לֵב לְעוֹלָם.
שם תִּתֵּן אֱמֶת לְיַעֲקֹב, חֶסֶד לְאַבְרָהָם
אֲשֶׁר־נִשְׁבַּעְתָּ לַאֲבֹתֵינוּ מִימֵי קֶדֶם:

בשבת מוסיפים את המילים שבסוגריים.

אֱלֹהֵינוּ וֵאלֹהֵי אֲבוֹתֵינוּ
מְחַל לַעֲוֹנוֹתֵינוּ בְּיוֹם (הַשַּׁבָּת הַזֶּה וּבְיוֹם) הַכִּפּוּרִים הַזֶּה
מְחֵה וְהַעֲבֵר פְּשָׁעֵינוּ וְחַטֹּאתֵינוּ מִנֶּגֶד עֵינֶיךָ

כָּאָמוּר

אָנֹכִי אָנֹכִי הוּא מֹחֶה פְשָׁעֶיךָ לְמַעֲנִי ישעיה מג

וְחַטֹּאתֶיךָ לֹא אֶזְכֹּר:

וְנֶאֱמַר

מָחִיתִי כָעָב פְּשָׁעֶיךָ וְכֶעָנָן חַטֹּאותֶיךָ ישעיה מד

שׁוּבָה אֵלַי כִּי גְאַלְתִּיךָ:

וְנֶאֱמַר

כִּי־בַיּוֹם הַזֶּה יְכַפֵּר עֲלֵיכֶם לְטַהֵר אֶתְכֶם ויקרא טז

מִכֹּל חַטֹּאתֵיכֶם לִפְנֵי יהוה תִּטְהָרוּ:

(אֱלֹהֵינוּ וֵאלֹהֵי אֲבוֹתֵינוּ, רְצֵה נָא בִמְנוּחָתֵנוּ)

קַדְּשֵׁנוּ בְּמִצְוֹתֶיךָ וְתֵן חֶלְקֵנוּ בְּתוֹרָתֶךָ

שַׂבְּעֵנוּ מִטּוּבֶךָ, וְשַׂמַּח נַפְשֵׁנוּ בִּישׁוּעָתֶךָ

(וְהַנְחִילֵנוּ יהוה אֱלֹהֵינוּ בְּאַהֲבָה וּבְרָצוֹן שַׁבַּת קָדְשֶׁךָ

וְיָנוּחוּ בוֹ כָּל יִשְׂרָאֵל מְקַדְּשֵׁי שְׁמֶךָ)

וְטַהֵר לִבֵּנוּ לְעָבְדְּךָ בֶּאֱמֶת.

כִּי אַתָּה סָלְחָן לְיִשְׂרָאֵל וּמָחֳלָן לְשִׁבְטֵי יְשֻׁרוּן בְּכָל דּוֹר וָדוֹר

וּמִבַּלְעָדֶיךָ אֵין לָנוּ מֶלֶךְ מוֹחֵל וְסוֹלֵחַ אֶלָּא אָתָּה.

בָּרוּךְ* אַתָּה יהוה, מֶלֶךְ מוֹחֵל וְסוֹלֵחַ לַעֲווֹנוֹתֵינוּ

וְלַעֲווֹנוֹת עַמּוֹ בֵּית יִשְׂרָאֵל

וּמַעֲבִיר אַשְׁמוֹתֵינוּ בְּכָל שָׁנָה וְשָׁנָה

מֶלֶךְ עַל כָּל הָאָרֶץ

מְקַדֵּשׁ (הַשַּׁבָּת וְ)יִשְׂרָאֵל וְיוֹם הַכִּפּוּרִים.

---

* בבית כנסת הבנוי בהר הבית: בָּרוּךְ אַתָּה יהוה אֱלֹהֵי יִשְׂרָאֵל מִן הָעוֹלָם וְעַד הָעוֹלָם, בָּרוּךְ אַתָּה יהוה, מֶלֶךְ מוֹחֵל וְסוֹלֵחַ לַעֲווֹנוֹתֵינוּ וְלַעֲווֹנוֹת עַמּוֹ בֵּית יִשְׂרָאֵל, וּמַעֲבִיר אַשְׁמוֹתֵינוּ בְּכָל שָׁנָה וְשָׁנָה, מֶלֶךְ עַל כָּל הָאָרֶץ, מְקַדֵּשׁ (הַשַּׁבָּת וְ)יִשְׂרָאֵל וְיוֹם הַכִּפּוּרִים.

עבודה*

רְצֵה יהוה אֱלֹהֵינוּ בְּעַמְּךָ יִשְׂרָאֵל, וְלִתְפִלָּתָם שְׁעֵה
וְהָשֵׁב אֶת הָעֲבוֹדָה לִדְבִיר בֵּיתֶךָ
וְאִשֵּׁי יִשְׂרָאֵל וּתְפִלָּתָם
מְהֵרָה בְּאַהֲבָה תְקַבֵּל בְּרָצוֹן
וּתְהִי לְרָצוֹן תָּמִיד עֲבוֹדַת יִשְׂרָאֵל עַמֶּךָ.

אם כוהנים עולים לברך, אומרים כאן ׳וְתֶעֱרַב׳.

קהל וש״ץ: וְתֶעֱרַב עָלֶיךָ עֲתִירָתֵנוּ כְּעוֹלָה וּכְקָרְבָּן. אָנָּא רַחוּם, בְּרַחֲמֶיךָ הָרַבִּים הָשֵׁב שְׁכִינָתְךָ לְצִיּוֹן עִירְךָ, וְסֵדֶר הָעֲבוֹדָה לִירוּשָׁלָיִם. וְתֶחֱזֶינָה עֵינֵינוּ בְּשׁוּבְךָ לְצִיּוֹן בְּרַחֲמִים. וְשָׁם נַעֲבָדְךָ בְּיִרְאָה כִּימֵי עוֹלָם וּכְשָׁנִים קַדְמוֹנִיּוֹת.

ש״ץ: בָּרוּךְ אַתָּה יהוה שֶׁאוֹתְךָ לְבַדְּךָ בְּיִרְאָה נַעֲבֹד.

ממשיכים ׳מוֹדִים׳ בעמוד הבא.

אם אין כוהנים העולים לברך, אומר:

וְתֶחֱזֶינָה עֵינֵינוּ בְּשׁוּבְךָ לְצִיּוֹן בְּרַחֲמִים.
בָּרוּךְ** אַתָּה יהוה, הַמַּחֲזִיר שְׁכִינָתוֹ לְצִיּוֹן.

---

* רְצֵה יהוה אֱלֹהֵינוּ בְּעַמְּךָ יִשְׂרָאֵל, וְלִתְפִלָּתָם שְׁעֵה, וְהָשֵׁב אֶת הָעֲבוֹדָה לִדְבִיר בֵּיתֶךָ, וְאִשֵּׁי יִשְׂרָאֵל וּתְפִלָּתָם, מְהֵרָה בְּאַהֲבָה תְקַבֵּל בְּרָצוֹן. בְּבֵית הַגָּדוֹל וְהַקָּדוֹשׁ שָׁם נַעֲבָדְךָ וְשָׁם נִדְרֹשׁ אֶת כָּל אֲשֶׁר צִוִּיתָנוּ, בְּרֵיחַ נִיחוֹחַ תִּרְצֶה אוֹתָנוּ, וּתְהִי לְרָצוֹן תָּמִיד עֲבוֹדַת יִשְׂרָאֵל עַמֶּךָ. וְתֶחֱזֶינָה עֵינֵינוּ בְּשׁוּבְךָ לְצִיּוֹן בְּרַחֲמִים. בָּרוּךְ אַתָּה יהוה, הַמַּחֲזִיר שְׁכִינָתוֹ לְצִיּוֹן. (לשיטת המבי״ט)

** בבית כנסת שבהר הבית חותם: וְתֶחֱזֶינָה עֵינֵינוּ בְּשׁוּבְךָ לְצִיּוֹן בְּרַחֲמִים. בָּרוּךְ אַתָּה יהוה אֱלֹהֵי יִשְׂרָאֵל מִן הָעוֹלָם וְעַד הָעוֹלָם, בָּרוּךְ אַתָּה יהוה, הַמַּחֲזִיר שְׁכִינָתוֹ לְצִיּוֹן.

הודאה

כורע ב׳מוֹדִים׳ ואינו זוקף עד אמירת השם.

ימוֹדִים אֲנַחְנוּ לָךְ
שָׁאַתָּה הוּא יהוה אֱלֹהֵינוּ
וֵאלֹהֵי אֲבוֹתֵינוּ לְעוֹלָם וָעֶד.
צוּר חַיֵּינוּ, מָגֵן יִשְׁעֵנוּ
אַתָּה הוּא לְדוֹר וָדוֹר.
נוֹדֶה לְּךָ וּנְסַפֵּר תְּהִלָּתֶךָ
עַל חַיֵּינוּ הַמְּסוּרִים בְּיָדֶךָ
וְעַל נִשְׁמוֹתֵינוּ הַפְּקוּדוֹת לָךְ
וְעַל נִסֶּיךָ שֶׁבְּכָל יוֹם עִמָּנוּ
וְעַל נִפְלְאוֹתֶיךָ וְטוֹבוֹתֶיךָ
שֶׁבְּכָל עֵת, עֶרֶב וָבֹקֶר וְצָהֳרָיִם.
הַטּוֹב, כִּי לֹא כָלוּ רַחֲמֶיךָ
וְהַמְרַחֵם, כִּי לֹא תַמּוּ חֲסָדֶיךָ
כִּי מֵעוֹלָם קִוִּינוּ לָךְ.

כששליח הציבור אומר ׳מוֹדִים׳, הקהל אומר בלחש (סוטה מ ע״א):

ימוֹדִים אֲנַחְנוּ לָךְ
שָׁאַתָּה הוּא יהוה אֱלֹהֵינוּ
וֵאלֹהֵי אֲבוֹתֵינוּ
אֱלֹהֵי כָל בָּשָׂר
יוֹצְרֵנוּ, יוֹצֵר בְּרֵאשִׁית.
בְּרָכוֹת וְהוֹדָאוֹת
לְשִׁמְךָ הַגָּדוֹל וְהַקָּדוֹשׁ
עַל שֶׁהֶחֱיִיתָנוּ וְקִיַּמְתָּנוּ.
כֵּן תְּחַיֵּנוּ וּתְקַיְּמֵנוּ
וְתֶאֱסֹף גָּלֻיּוֹתֵינוּ
לְחַצְרוֹת קָדְשֶׁךָ
לִשְׁמֹר חֻקֶּיךָ וְלַעֲשׂוֹת רְצוֹנֶךָ
וּלְעָבְדְּךָ בְּלֵבָב שָׁלֵם
עַל שֶׁאֲנוּ מוֹדִים לָךְ.
בָּרוּךְ אֵל הַהוֹדָאוֹת.

וְעַל כֻּלָּם יִתְבָּרַךְ וְיִתְרוֹמַם וְיִתְנַשֵּׂא שִׁמְךָ מַלְכֵּנוּ
תָּמִיד לְעוֹלָם וָעֶד.

קהל ואחריו שליח הציבור:

אָבִינוּ מַלְכֵּנוּ, זְכֹר רַחֲמֶיךָ וּכְבֹשׁ כַּעַסְךָ
וְכַלֵּה דֶבֶר, וְחֶרֶב, וְרָעָב, וּשְׁבִי,
וּמַשְׁחִית, וְעָוֹן, וּמַגֵּפָה, וּפֶגַע רַע
וְכָל מַחֲלָה, וְכָל תַּקָּלָה, וְכָל קְטָטָה,
וְכָל מִינֵי פֻרְעָנִיּוֹת, וְכָל גְּזֵרָה רָעָה
וְשִׂנְאַת חִנָּם מֵעָלֵינוּ וּמֵעַל כָּל בְּנֵי בְרִיתֶךָ.

קהל ואחריו שליח הציבור:

וּכְתֹב לְחַיִּים טוֹבִים כָּל בְּנֵי בְרִיתֶךָ.

שליח הציבור ממשיך:

וְכֹל הַחַיִּים יוֹדְוּךָ סֶּלָה
וִיהַלְלוּ וִיבָרְכוּ אֶת שִׁמְךָ הַגָּדוֹל בֶּאֱמֶת לְעוֹלָם כִּי טוֹב
הָאֵל יְשׁוּעָתֵנוּ וְעֶזְרָתֵנוּ סֶלָה, הָאֵל הַטּוֹב.
בָּרוּךְ* אַתָּה יְיָ, הַטּוֹב שִׁמְךָ וּלְךָ נָאֶה לְהוֹדוֹת.

ברכת כוהנים

אם יותר מכוהן אחד עולה לדוכן, הגבאי קורא:

כֹּהֲנִים

הכוהנים מברכים:

בָּרוּךְ אַתָּה יהוה אֱלֹהֵינוּ מֶלֶךְ הָעוֹלָם, אֲשֶׁר קִדְּשָׁנוּ בִּקְדֻשָּׁתוֹ שֶׁל אַהֲרֹן, וְצִוָּנוּ לְבָרֵךְ אֶת עַמּוֹ יִשְׂרָאֵל בְּאַהֲבָה.**

שליח הציבור מקריא מילה במילה, והכוהנים אחריו:

במדבר ו **יְבָרֶכְךָ יהוה וְיִשְׁמְרֶךָ:** קהל: **אָמֵן**
יָאֵר יהוה פָּנָיו אֵלֶיךָ וִיחֻנֶּךָּ: קהל: **אָמֵן**
יִשָּׂא יהוה פָּנָיו אֵלֶיךָ וְיָשֵׂם לְךָ שָׁלוֹם: קהל: **אָמֵן**

שליח הציבור ממשיך ׳שִׂים שָׁלוֹם׳.

הקהל אומר:

אַדִּיר בַּמָּרוֹם שׁוֹכֵן בִּגְבוּרָה, אַתָּה שָׁלוֹם וְשִׁמְךָ שָׁלוֹם. יְהִי רָצוֹן שֶׁתָּשִׂים עָלֵינוּ וְעַל כָּל עַמְּךָ בֵּית יִשְׂרָאֵל חַיִּים וּבְרָכָה לְמִשְׁמֶרֶת שָׁלוֹם.

הכוהנים אומרים:

דברים כו **רִבּוֹנוֹ שֶׁל עוֹלָם, עָשִׂינוּ מַה שֶּׁגָּזַרְתָּ עָלֵינוּ, אַף אַתָּה עֲשֵׂה עִמָּנוּ כְּמוֹ שֶׁהִבְטַחְתָּנוּ. הַשְׁקִיפָה מִמְּעוֹן קָדְשְׁךָ מִן־הַשָּׁמַיִם, וּבָרֵךְ אֶת־עַמְּךָ אֶת־יִשְׂרָאֵל, וְאֵת הָאֲדָמָה אֲשֶׁר נָתַתָּה לָנוּ, כַּאֲשֶׁר נִשְׁבַּעְתָּ לַאֲבוֹתֵינוּ, אֶרֶץ זָבַת חָלָב וּדְבָשׁ:**

---

* בבית כנסת הבנוי בהר הבית: **בָּרוּךְ אַתָּה יהוה אֱלֹהֵי יִשְׂרָאֵל מִן הָעוֹלָם וְעַד הָעוֹלָם, בָּרוּךְ אַתָּה יהוה, הַטּוֹב שִׁמְךָ וּלְךָ נָאֶה לְהוֹדוֹת.**

** בבית כנסת הבנוי בהר הבית שליח ציבור אומר את הברכות ברצף אחד. הציבור אינו אומר ׳אמן׳. בסוף ברכת כהנים אומר הציבור: **בָּרוּךְ שֵׁם כְּבוֹד מַלְכוּתוֹ לְעוֹלָם וָעֶד.**

אם אין כוהנים העולים לדוכן, שליח הציבור אומר:

אֱלֹהֵינוּ וֵאלֹהֵי אֲבוֹתֵינוּ,
בָּרְכֵנוּ בַבְּרָכָה הַמְשֻׁלֶּשֶׁת בַּתּוֹרָה,
הַכְּתוּבָה עַל יְדֵי משֶׁה עַבְדֶּךָ,
הָאֲמוּרָה מִפִּי אַהֲרֹן וּבָנָיו כֹּהֲנִים עַם קְדוֹשֶׁיךָ, כָּאָמוּר

יְבָרֶכְךָ יהוה וְיִשְׁמְרֶךָ: קהל: כֵּן יְהִי רָצוֹן במדבר ו
יָאֵר יהוה פָּנָיו אֵלֶיךָ וִיחֻנֶּךָּ: קהל: כֵּן יְהִי רָצוֹן
יִשָּׂא יהוה פָּנָיו אֵלֶיךָ וְיָשֵׂם לְךָ שָׁלוֹם: קהל: כֵּן יְהִי רָצוֹן

שלום

שִׂים שָׁלוֹם טוֹבָה וּבְרָכָה
חַיִּים חֵן וָחֶסֶד וְרַחֲמִים
עָלֵינוּ וְעַל כָּל יִשְׂרָאֵל עַמֶּךָ.
בָּרְכֵנוּ אָבִינוּ כֻּלָּנוּ כְּאֶחָד בְּאוֹר פָּנֶיךָ
כִּי בְאוֹר פָּנֶיךָ נָתַתָּ לָּנוּ יהוה אֱלֹהֵינוּ
תּוֹרַת חַיִּים וְאַהֲבַת חֶסֶד
וּצְדָקָה וּבְרָכָה וְרַחֲמִים וְחַיִּים וְשָׁלוֹם.
וְטוֹב יִהְיֶה בְּעֵינֶיךָ לְבָרְכֵנוּ
וּלְבָרֵךְ אֶת כָּל עַמְּךָ יִשְׂרָאֵל
בְּכָל עֵת וּבְכָל שָׁעָה בִּשְׁלוֹמֶךָ.

הקהל ושליח הציבור אומרים:

בְּסֵפֶר חַיִּים, בְּרָכָה וְשָׁלוֹם, וּפַרְנָסָה טוֹבָה
וּגְזֵרוֹת טוֹבוֹת, יְשׁוּעוֹת וְנֶחָמוֹת
נִזָּכֵר וְנִכָּתֵב לְפָנֶיךָ
אֲנַחְנוּ וְכָל עַמְּךָ בֵּית יִשְׂרָאֵל
לְחַיִּים טוֹבִים וּלְשָׁלוֹם.

שליח הציבור ממשיך:

וְנֶאֱמַר

משלי ט **כִּי־בִי יִרְבּוּ יָמֶיךָ, וְיוֹסִיפוּ לְךָ שְׁנוֹת חַיִּים:**

לְחַיִּים טוֹבִים תִּכְתְּבֵנוּ, אֱלֹהִים חַיִּים

כָּתְבֵנוּ בְּסֵפֶר הַחַיִּים.

כַּכָּתוּב

דברים ד **וְאַתֶּם הַדְּבֵקִים בַּיהוה אֱלֹהֵיכֶם**

חַיִּים כֻּלְּכֶם הַיּוֹם:

פותחים את ארון הקודש.

נוהגים לומר כאן שבע שורות מהפיוט ׳הַיּוֹם תְּאַמְּצֵנוּ׳.

הקהל אומר את השורות אחת אחת, ושליח הציבור חוזר עליהן.
לאחר שליח הציבור הקהל עונה ׳אָמֵן׳ וממשיך בשורה הבאה.

סימן א״ב

הַיּוֹם תְּאַמְּצֵנוּ. אָמֵן

הַיּוֹם תְּבָרְכֵנוּ. אָמֵן

הַיּוֹם תְּגַדְּלֵנוּ. אָמֵן

הַיּוֹם תִּדְרְשֵׁנוּ לְטוֹבָה. אָמֵן

הַיּוֹם תִּשְׁמַע שַׁוְעָתֵנוּ. אָמֵן

הַיּוֹם תְּקַבֵּל בְּרַחֲמִים וּבְרָצוֹן אֶת תְּפִלָּתֵנוּ. אָמֵן

הַיּוֹם תִּתְמְכֵנוּ בִּימִין צִדְקֶךָ. אָמֵן

סוגרים את ארון הקודש.

שליח הציבור ממשיך:

כְּהַיּוֹם הַזֶּה תְּבִיאֵנוּ, שָׂשִׂים וּשְׂמֵחִים בְּבִנְיַן שָׁלֵם.

ישעיה נו **כַּכָּתוּב: וַהֲבִיאוֹתִים אֶל־הַר קָדְשִׁי, וְשִׂמַּחְתִּים בְּבֵית תְּפִלָּתִי**

עוֹלֹתֵיהֶם וְזִבְחֵיהֶם לְרָצוֹן עַל־מִזְבְּחִי

כִּי בֵיתִי בֵּית־תְּפִלָּה יִקָּרֵא לְכָל־הָעַמִּים:

וְנֶאֱמַר: וַיְצַוֵּנוּ יהוה לַעֲשׂוֹת אֶת־כָּל־הַחֻקִּים הָאֵלֶּה דברים ו
לְיִרְאָה אֶת־יהוה אֱלֹהֵינוּ, לְטוֹב לָנוּ כָּל־הַיָּמִים לְחַיֹּתֵנוּ כְּהַיּוֹם הַזֶּה:
וְנֶאֱמַר: וּצְדָקָה תִּהְיֶה־לָּנוּ, כִּי־נִשְׁמֹר לַעֲשׂוֹת אֶת־כָּל־הַמִּצְוָה הַזֹּאת שם
לִפְנֵי יהוה אֱלֹהֵינוּ, כַּאֲשֶׁר צִוָּנוּ:
וּצְדָקָה וּבְרָכָה וְרַחֲמִים וְחַיִּים וְשָׁלוֹם
יִהְיֶה לָנוּ וּלְכָל יִשְׂרָאֵל עַד הָעוֹלָם.

בָּרוּךְ* אַתָּה יהוה, הַמְבָרֵךְ אֶת עַמּוֹ יִשְׂרָאֵל בַּשָּׁלוֹם.

שליח הציבור מסיים בלחש:

יִהְיוּ לְרָצוֹן אִמְרֵי־פִי וְהֶגְיוֹן לִבִּי לְפָנֶיךָ, יהוה צוּרִי וְגֹאֲלִי: תהלים יט

---

* בבית כנסת הבנוי בהר הבית: בָּרוּךְ אַתָּה יהוה אֱלֹהֵי יִשְׂרָאֵל מִן הָעוֹלָם וְעַד הָעוֹלָם, בָּרוּךְ אַתָּה יהוה, הַמְבָרֵךְ אֶת עַמּוֹ יִשְׂרָאֵל בַּשָּׁלוֹם.

קדיש שלם

ש״ץ: יִתְגַּדַּל וְיִתְקַדַּשׁ שְׁמֵהּ רַבָּא (קהל: אָמֵן)
בְּעָלְמָא דִּי בְרָא כִרְעוּתֵהּ
וְיַמְלִיךְ מַלְכוּתֵהּ
וְיַצְמַח פֻּרְקָנֵהּ וִיקָרֵב מְשִׁיחֵהּ (קהל: אָמֵן)
בְּחַיֵּיכוֹן וּבְיוֹמֵיכוֹן וּבְחַיֵּי דְכָל בֵּית יִשְׂרָאֵל
בַּעֲגָלָא וּבִזְמַן קָרִיב, וְאִמְרוּ אָמֵן. (קהל: אָמֵן)

קהל וש״ץ: יְהֵא שְׁמֵהּ רַבָּא מְבָרַךְ לְעָלַם וּלְעָלְמֵי עָלְמַיָּא.

ש״ץ: יִתְבָּרַךְ וְיִשְׁתַּבַּח וְיִתְפָּאַר וְיִתְרוֹמַם וְיִתְנַשֵּׂא
וְיִתְהַדָּר וְיִתְעַלֶּה וְיִתְהַלָּל
שְׁמֵהּ דְּקֻדְשָׁא בְּרִיךְ הוּא (קהל: אָמֵן)
לְעֵלָּא לְעֵלָּא מִכָּל בִּרְכָתָא וְשִׁירָתָא, תֻּשְׁבְּחָתָא וְנֶחֱמָתָא
דַּאֲמִירָן בְּעָלְמָא, וְאִמְרוּ אָמֵן. (קהל: אָמֵן)

תִּתְקַבַּל צְלוֹתְהוֹן וּבָעוּתְהוֹן דְּכָל בֵּית יִשְׂרָאֵל
קֳדָם אֲבוּהוֹן דִּי בִשְׁמַיָּא, וְאִמְרוּ אָמֵן. (קהל: אָמֵן)

יְהֵא שְׁלָמָא רַבָּא מִן שְׁמַיָּא
וְחַיִּים טוֹבִים עָלֵינוּ וְעַל כָּל יִשְׂרָאֵל, וְאִמְרוּ אָמֵן. (קהל: אָמֵן)

כורע ופוסע שלוש פסיעות לאחור. קד לשמאל, לימין ולפנים באמירת:

עֹשֶׂה הַשָּׁלוֹם בִּמְרוֹמָיו
הוּא יַעֲשֶׂה שָׁלוֹם, עָלֵינוּ
וְעַל כָּל יִשְׂרָאֵל, וְאִמְרוּ אָמֵן. (קהל: אָמֵן)

ברוב הקהילות אין אומרים ׳אֵין כֵּאלֹהֵינוּ׳ ולא ׳עָלֵינוּ׳ אחרי התפילה, משום שבתקופת הראשונים לא הייתה כלל הפסקה, והיו ממשיכים במנחה מיד אחרי סוף מוסף.
לדעת היעב״ץ, אם מפסיקים אחרי מוסף יש לומר ׳עָלֵינוּ׳ (עמ׳ 107)
אך רוב העולם אינו נוהג כן.

הקדמה למנחה

תפילה ווידוי לעת מנחה

מבין תפילות יום הכיפורים תפילת מנחה צריכה חיזוק, שכן זו השעה בה כוחות האדם כלים מצום ומתפילה. אם תפילות היום עד כה היה בהם חידוש, תפילת מנחה יש בה כבר מן השגרה, ועשוי האדם לעשות את תפילתו כ"מצות אנשים מלומדה".

כבר אמרו חז"ל: "לעולם יזהר אדם בתפילת המנחה" (ברכות ז, ב), והדברים נכונים במיוחד בשעה זו ביום הכיפורים, כשנדמה לאדם שכבר עשה כל שיכול, כדי לשוב בתשובה ולטהר את עצמו לפני אלהיו. לפיכך, דוקא שעת המנחה זו השעה להתגברות האדם בכוחות מחודשים כנגד החולשה ורוח העצלות הנופלת עליו. כך הננו מוצאים אצל עזרא, כאשר הוא רואה את הנעשה בירושלים עם בואו ואת עזיבת התורה, קורע הוא את בגדיו, ומורט את שערות ראשו, ויושב משומם בצום ובתענית. אך בהגיע שעת המנחה נאמר בו: "**ובמנחת הערב** קמתי מתעניתי... ואכרעה על ברכי ואפרשה כפי אל ה' אלהי" (עזרא ט, ה). עזרא מתגבר בתפילה באזני שומעיו ומכוחה של התפילה הנשמעת מפיו לעת חולשתו, הולכים ונאספים אליו אנשי ירושלים ומקבלים על עצמם לתקן את מעשיהם.

אומרים על כך חז"ל במדרש תהלים קמא: "ולמה במנחה [דווקא נאספו אליו האנשים]? אלא כל היום טובה נפשי בעולם, שלא נצטערה [כלומר, הצום טרם נתן את אותותיו באדם], ובמנחה מתה עלי [נפשי] ומעי מתחלפין. לפיכך צריך אדם להתוודות חטאתו ולהתחנן בתפילת המנחה". כלומר, שעת מנחה בעת הצום, כשנפשו של אדם "מתה עליו", זה הזמן לווידוי ולתפילה, שכן אז נפשו מנותקת מעולם החומר, והווידוי והתשובה יוצאים מנפש טהורה.

תפילה כקטורת – בזמן מנחה

דוד נעים זמירות ישראל אומר בספר תהלים: "תיכון תפילתי קטורת לפניך משאת כפי מנחת ערב" (תהלים קמא, ב). דוד בוחר להמשיל את התפילה לקטורת, ואת נשיאת ידיו בתפילה כלפי מעלה ממשיל הוא ל'מנחת ערב', כלומר, למנחה שמביאים על גבי המזבח בין הערביים. שתי עבודות אלה, הקטורת והבאת המנחה, הם עבודות הסיום של כל קרבנות היום במקדש (ראה ליקוטי הלכות 'תמיד' סוף פרק ג).

לאור האמור, דומה שכוונת דוד לומר: כשם שהקטורת והמנחה שבסוף עבודת היום במקדש הם תמצית העבודה כולה, והניחוח העולה מהם הוא המביא לפני ה' את ניחוח כל הקרבנות כולם, כן גם תפילתי זו תבוא לפניך כתמצית כל הגיגי ובקשותי, ותהיה רצויה לפניך כקטורת וכמנחה

שבסיום העבודה. ואכן, להבעת משאלה זו, נהגו ברבות מקהילות ישראל לומר פסוק זה כהקדמה וכפתיחה לתפילת שמונה עשרה בתפילת מנחה.

עתה, שהמקדש בחורבנו, ראוי לשים לב לדברי חז"ל על פסוק זה במדרש תהלים (קמא): "כשהיה בית המקדש קיים היינו מקטירים לפניך קטורת. עכשיו, שאין לנו לא מזבח ולא כהן גדול, תקבל תפילתי, ותקרע הרקיע ותכנס תפילתי [לפניך כקטורת התמיד של בין הערביים]", כי זה כוחה של תפילה הנאמרת תוך התגברות האדם על עצמו, ברגעי חולשה והתרופפות, שהיא עושה את דרכה ובוקעת רקיעים ועולה עד כסא הכבוד.

מנחה ליום הכיפורים

• קרבנות התמיד והמוספים מובאים בעזרה

תפילת מנחה

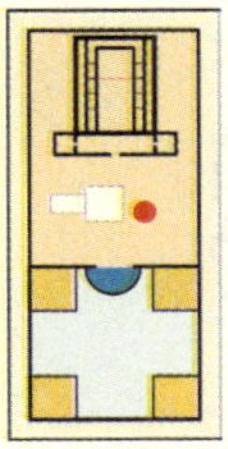

הכהן הגדול מקריב קרבן תמיד של בין הערביים

"וְעָרְבָה לַה׳ מִנְחַת יְהוּדָה וִירוּשָׁלָםִ כִּימֵי עוֹלָם וּכְשָׁנִים קַדְמֹנִיּוֹת" (מלאכי ג, ד).
ראוי לומר לפני תפילת מנחה את סדר הקרבנות בעמ׳ 182-186
(פרשת הכיור, פרשת התמיד, סדר הקטורת עד אחרי ׳אָנָּא, בְּכֹחַ׳).

בשנה משאר שבתות וימים טובים, אין אומרים ׳אַשְׁרֵי׳ ׳וּבָא לְצִיּוֹן׳ במנחה, אלא דוחים אותם כדי להפסיק בין מנחה לנעילה (סידור רש״י, ריד), ומתחילים בהוצאת ספר תורה.

הוצאת ספר תורה

פותחים את ארון הקודש. הקהל עומד על רגליו.

במדבר י
וַיְהִי בִּנְסֹעַ הָאָרֹן וַיֹּאמֶר מֹשֶׁה
קוּמָה יהוה וְיָפֻצוּ אֹיְבֶיךָ וְיָנֻסוּ מְשַׂנְאֶיךָ מִפָּנֶיךָ:
ישעיה ב
כִּי מִצִּיּוֹן תֵּצֵא תוֹרָה וּדְבַר־יהוה מִירוּשָׁלָםִ:
בָּרוּךְ שֶׁנָּתַן תּוֹרָה לְעַמּוֹ יִשְׂרָאֵל בִּקְדֻשָּׁתוֹ.

זוהר ויקהל
בְּרִיךְ שְׁמֵהּ דְּמָרֵא עָלְמָא, בְּרִיךְ כִּתְרָךְ וְאַתְרָךְ. יְהֵא רְעוּתָךְ עִם עַמָּךְ יִשְׂרָאֵל לְעָלַם, וּפֻרְקַן יְמִינָךְ אַחֲזֵי לְעַמָּךְ בְּבֵית מַקְדְּשָׁךְ, וּלְאַמְטוֹיֵי לָנָא מִטּוּב נְהוֹרָךְ, וּלְקַבֵּל צְלוֹתַנָא בְּרַחֲמִין. יְהֵא רַעֲוָא קֳדָמָךְ דְּתוֹרִיךְ לַן חַיִּין בְּטִיבוּ, וְלֶהֱוֵי אֲנָא פְקִידָא בְּגוֹ צַדִּיקַיָּא, לְמִרְחַם עֲלַי וּלְמִנְטַר יָתִי וְיַת כָּל דִּי לִי וְדִי לְעַמָּךְ יִשְׂרָאֵל. אַנְתְּ הוּא זָן לְכֹלָּא וּמְפַרְנֵס לְכֹלָּא, אַנְתְּ הוּא שַׁלִּיט עַל כֹּלָּא, אַנְתְּ הוּא דְּשַׁלִּיט עַל מַלְכַיָּא, וּמַלְכוּתָא דִּילָךְ הִיא. אֲנָא עַבְדָּא דְקֻדְשָׁא בְּרִיךְ הוּא, דְּסָגֵדְנָא קַמֵּהּ וּמִקַּמֵּי דִּיקַר אוֹרַיְתֵהּ בְּכָל עִדָּן וְעִדָּן. לָא עַל אֱנָשׁ

תרגום

ברוך שמו של אדון העולם, ברוך כתרך ומקומך. יהי רצונך עם עמך ישראל לעולם, וישועת ימינך הראה לעמך בבית מקדשך, ולהביא לנו מטוב אורך, ולקבל תפילותינו ברחמים. יהי רצון מלפניך שתאריך לנו חיים בטוב, ואהיה אני נמנה בתוך הצדיקים, לרחם עלי ולשמור אותי ואת כל אשר לי ואשר לעמך ישראל. אתה הוא זן לכול ומפרנס לכול, אתה הוא שליט על הכול, אתה הוא השליט על המלכים, והמלכות שלך היא. אני עבדו של הקדוש ברוך הוא, משתחוה לפניו ולפני כבוד תורתו בכל עת ועת. לא על אדם אני בטוח ולא על מלאך

רְחִיצְנָא וְלָא עַל בַּר אֱלָהִין סָמִיכְנָא, אֶלָּא בֵּאלָהָא דִשְׁמַיָּא, דְּהוּא אֱלָהָא קְשׁוֹט, וְאוֹרַיְתֵהּ קְשׁוֹט, וּנְבִיאוֹהִי קְשׁוֹט, וּמַסְגֵּא לְמֶעְבַּד טַבְוָן וּקְשׁוֹט. • בֵּהּ אֲנָא רָחִיץ, וְלִשְׁמֵהּ קַדִּישָׁא יַקִּירָא אֲנָא אֵמַר תֻּשְׁבְּחָן. יְהֵא רַעֲוָא קֳדָמָךְ דְּתִפְתַּח לִבַּאי בְּאוֹרַיְתָא, וְתַשְׁלִים מִשְׁאֲלִין דְּלִבַּאי וְלִבָּא דְכָל עַמָּךְ יִשְׂרָאֵל לְטָב וּלְחַיִּין וְלִשְׁלָם.

שליח הציבור מקבל את ספר התורה בימינו, קד לעבר ארון הקודש, פונה לקהל ואומר:

תהלים לד

גַּדְּלוּ לַיהוה אִתִּי וּנְרוֹמְמָה שְׁמוֹ יַחְדָּו:

סוגרים את ארון הקודש. שליח הציבור הולך אל הבימה, והקהל אומר:

דברי הימים א׳ כט

לְךָ יהוה הַגְּדֻלָּה וְהַגְּבוּרָה וְהַתִּפְאֶרֶת וְהַנֵּצַח וְהַהוֹד, כִּי־כֹל בַּשָּׁמַיִם וּבָאָרֶץ: לְךָ יהוה הַמַּמְלָכָה וְהַמִּתְנַשֵּׂא לְכֹל לְרֹאשׁ:

תהלים צט שם

רוֹמְמוּ יהוה אֱלֹהֵינוּ וְהִשְׁתַּחֲווּ לַהֲדֹם רַגְלָיו, קָדוֹשׁ הוּא: רוֹמְמוּ יהוה אֱלֹהֵינוּ וְהִשְׁתַּחֲווּ לְהַר קָדְשׁוֹ, כִּי־קָדוֹשׁ יהוה אֱלֹהֵינוּ:

אַב הָרַחֲמִים הוּא יְרַחֵם עַם עֲמוּסִים, וְיִזְכֹּר בְּרִית אֵיתָנִים, וְיַצִּיל נַפְשׁוֹתֵינוּ מִן הַשָּׁעוֹת הָרָעוֹת, וְיִגְעַר בְּיֵצֶר הָרָע מִן הַנְּשׂוּאִים, וְיָחֹן אוֹתָנוּ לִפְלֵיטַת עוֹלָמִים, וִימַלֵּא מִשְׁאֲלוֹתֵינוּ בְּמִדָּה טוֹבָה יְשׁוּעָה וְרַחֲמִים.

מניח את הספר על הבימה, והגבאי מכריז:

וְתִגָּלֶה וְתֵרָאֶה מַלְכוּתוֹ עָלֵינוּ בִּזְמַן קָרוֹב, וְיָחֹן פְּלֵיטָתֵנוּ וּפְלֵיטַת עַמּוֹ בֵּית יִשְׂרָאֵל לְחֵן וּלְחֶסֶד וּלְרַחֲמִים וּלְרָצוֹן וְנֹאמַר אָמֵן. הַכֹּל הָבוּ גֹדֶל לֵאלֹהֵינוּ וּתְנוּ כָבוֹד לַתּוֹרָה. *כֹּהֵן קְרַב, יַעֲמֹד (פלוני בֶּן פלוני) הַכֹּהֵן.

*אם אין כוהן, הגבאי קורא ללוי או לישראל ואומר:

/אֵין כָּאן כֹּהֵן, יַעֲמֹד (פלוני בֶּן פלוני) בִּמְקוֹם כֹּהֵן./

בָּרוּךְ שֶׁנָּתַן תּוֹרָה לְעַמּוֹ יִשְׂרָאֵל בִּקְדֻשָּׁתוֹ.

הקהל ואחריו הגבאי:

דברים ד

וְאַתֶּם הַדְּבֵקִים בַּיהוה אֱלֹהֵיכֶם חַיִּים כֻּלְּכֶם הַיּוֹם:

אני סמוך, אלא באלהי השמים, שהוא אלהים אמת, ותורתו אמת, ונביאיו אמת, ומרבה לעשות חסד ואמת. בו אני בטוח, ולשמו הקדוש הנכבד אני אומר תשבחות. יהי רצון מלפניך שתפתח לבי בתורה, ותמלא משאלות לבי ולב כל עמך ישראל לטובה ולחיים ולשלום.

קודם הברכה על העולה לראות היכן קוראים ולנשק את ספר התורה.
בשעת הברכה אוחז בעמודי הספר.

עולה: בָּרְכוּ אֶת יהוה הַמְבֹרָךְ.

קהל: בָּרוּךְ יהוה הַמְבֹרָךְ לְעוֹלָם וָעֶד.

עולה: בָּרוּךְ יהוה הַמְבֹרָךְ לְעוֹלָם וָעֶד.
בָּרוּךְ אַתָּה יהוה אֱלֹהֵינוּ מֶלֶךְ הָעוֹלָם
אֲשֶׁר בָּחַר בָּנוּ מִכָּל הָעַמִּים וְנָתַן לָנוּ אֶת תּוֹרָתוֹ.
בָּרוּךְ אַתָּה יהוה, נוֹתֵן הַתּוֹרָה.

לאחר הקריאה העולה מנשק את ספר התורה ומברך:

עולה: בָּרוּךְ אַתָּה יהוה אֱלֹהֵינוּ מֶלֶךְ הָעוֹלָם
אֲשֶׁר נָתַן לָנוּ תּוֹרַת אֱמֶת
וְחַיֵּי עוֹלָם נָטַע בְּתוֹכֵנוּ.
בָּרוּךְ אַתָּה יהוה, נוֹתֵן הַתּוֹרָה.

קריאת התורה

וַיְדַבֵּר יְהוָה אֶל־מֹשֶׁה לֵּאמֹר: דַּבֵּר אֶל־בְּנֵי יִשְׂרָאֵל וְאָמַרְתָּ ויקרא יח,א-ל
אֲלֵהֶם אֲנִי יְהוָה אֱלֹהֵיכֶם: כְּמַעֲשֵׂה אֶרֶץ־מִצְרַיִם אֲשֶׁר יְשַׁבְתֶּם־
בָּהּ לֹא תַעֲשׂוּ וּכְמַעֲשֵׂה אֶרֶץ־כְּנַעַן אֲשֶׁר אֲנִי מֵבִיא אֶתְכֶם
שָׁמָּה לֹא תַעֲשׂוּ וּבְחֻקֹּתֵיהֶם לֹא תֵלֵכוּ: אֶת־מִשְׁפָּטַי תַּעֲשׂוּ
וְאֶת־חֻקֹּתַי תִּשְׁמְרוּ לָלֶכֶת בָּהֶם אֲנִי יְהוָה אֱלֹהֵיכֶם: וּשְׁמַרְתֶּם
אֶת־חֻקֹּתַי וְאֶת־מִשְׁפָּטַי אֲשֶׁר יַעֲשֶׂה אֹתָם הָאָדָם וָחַי בָּהֶם
אֲנִי יְהוָה: אִישׁ אִישׁ אֶל־כָּל־שְׁאֵר בְּשָׂרוֹ לֹא תִקְרְבוּ שני
לְגַלּוֹת עֶרְוָה אֲנִי יְהוָה: עֶרְוַת אָבִיךָ וְעֶרְוַת אִמְּךָ לֹא
תְגַלֵּה אִמְּךָ הִוא לֹא תְגַלֶּה עֶרְוָתָהּ: עֶרְוַת אֵשֶׁת־
אָבִיךָ לֹא תְגַלֵּה עֶרְוַת אָבִיךָ הִוא: עֶרְוַת אֲחוֹתְךָ
בַת־אָבִיךָ אוֹ בַת־אִמֶּךָ מוֹלֶדֶת בַּיִת אוֹ מוֹלֶדֶת חוּץ לֹא תְגַלֶּה
עֶרְוָתָן: עֶרְוַת בַּת־בִּנְךָ אוֹ בַת־בִּתְּךָ לֹא תְגַלֶּה עֶרְוָתָן

כִּי עֶרְוָתְךָ הֵנָּה: עֶרְוַת בַּת־אֵשֶׁת אָבִיךָ מוֹלֶדֶת אָבִיךָ
אֲחוֹתְךָ הִוא לֹא תְגַלֶּה עֶרְוָתָהּ: עֶרְוַת אֲחוֹת־אָבִיךָ
לֹא תְגַלֵּה שְׁאֵר אָבִיךָ הוּא: עֶרְוַת אֲחוֹת־אִמְּךָ לֹא
תְגַלֵּה כִּי־שְׁאֵר אִמְּךָ הוּא: עֶרְוַת אֲחִי־אָבִיךָ לֹא
תְגַלֵּה אֶל־אִשְׁתּוֹ לֹא תִקְרָב דֹּדָתְךָ הִוא: עֶרְוַת כַּלָּתְךָ
לֹא תְגַלֵּה אֵשֶׁת בִּנְךָ הִוא לֹא תְגַלֶּה עֶרְוָתָהּ: עֶרְוַת
אֵשֶׁת־אָחִיךָ לֹא תְגַלֵּה עֶרְוַת אָחִיךָ הִוא: עֶרְוַת
אִשָּׁה וּבִתָּהּ לֹא תְגַלֵּה אֶת־בַּת־בְּנָהּ וְאֶת־בַּת־בִּתָּהּ לֹא תִקַּח
לְגַלּוֹת עֶרְוָתָהּ שַׁאֲרָה הֵנָּה זִמָּה הִוא: וְאִשָּׁה אֶל־אֲחֹתָהּ לֹא
תִקָּח לִצְרֹר לְגַלּוֹת עֶרְוָתָהּ עָלֶיהָ בְּחַיֶּיהָ: וְאֶל־אִשָּׁה בְּנִדַּת
טֻמְאָתָהּ לֹא תִקְרַב לְגַלּוֹת עֶרְוָתָהּ: וְאֶל־אֵשֶׁת עֲמִיתְךָ לֹא־תִתֵּן
שְׁכָבְתְּךָ לְזָרַע לְטָמְאָה־בָהּ: וּמִזַּרְעֲךָ לֹא־תִתֵּן לְהַעֲבִיר לַמֹּלֶךְ
וְלֹא תְחַלֵּל אֶת־שֵׁם אֱלֹהֶיךָ אֲנִי יְהוָה: וְאֶת־זָכָר לֹא תִשְׁכַּב שלישי
מִשְׁכְּבֵי אִשָּׁה תּוֹעֵבָה הִוא: וּבְכָל־בְּהֵמָה לֹא־תִתֵּן שְׁכָבְתְּךָ
לְטָמְאָה־בָהּ וְאִשָּׁה לֹא־תַעֲמֹד לִפְנֵי בְהֵמָה לְרִבְעָהּ תֶּבֶל הוּא:
אַל־תִּטַּמְּאוּ בְּכָל־אֵלֶּה כִּי בְכָל־אֵלֶּה נִטְמְאוּ הַגּוֹיִם אֲשֶׁר־אֲנִי
מְשַׁלֵּחַ מִפְּנֵיכֶם: וַתִּטְמָא הָאָרֶץ וָאֶפְקֹד עֲוֺנָהּ עָלֶיהָ וַתָּקִא
הָאָרֶץ אֶת־יֹשְׁבֶיהָ: וּשְׁמַרְתֶּם אַתֶּם אֶת־חֻקֹּתַי וְאֶת־מִשְׁפָּטַי
וְלֹא תַעֲשׂוּ מִכֹּל הַתּוֹעֵבֹת הָאֵלֶּה הָאֶזְרָח וְהַגֵּר הַגָּר בְּתוֹכְכֶם:
כִּי אֶת־כָּל־הַתּוֹעֵבֹת הָאֵל עָשׂוּ אַנְשֵׁי־הָאָרֶץ אֲשֶׁר לִפְנֵיכֶם
וַתִּטְמָא הָאָרֶץ: וְלֹא־תָקִיא הָאָרֶץ אֶתְכֶם בְּטַמַּאֲכֶם אֹתָהּ
כַּאֲשֶׁר קָאָה אֶת־הַגּוֹי אֲשֶׁר לִפְנֵיכֶם: כִּי כָּל־אֲשֶׁר יַעֲשֶׂה מִכֹּל
הַתּוֹעֵבֹת הָאֵלֶּה וְנִכְרְתוּ הַנְּפָשׁוֹת הָעֹשֹׂת מִקֶּרֶב עַמָּם: וּשְׁמַרְתֶּם
אֶת־מִשְׁמַרְתִּי לְבִלְתִּי עֲשׂוֹת מֵחֻקּוֹת הַתּוֹעֵבֹת אֲשֶׁר נַעֲשׂוּ
לִפְנֵיכֶם וְלֹא תִטַּמְּאוּ בָּהֶם אֲנִי יְהוָה אֱלֹהֵיכֶם:

הגבהה וגלילה

כאשר מגביהים את ספר התורה, הקהל אומר:

וְזֹאת הַתּוֹרָה אֲשֶׁר־שָׂם מֹשֶׁה לִפְנֵי בְּנֵי יִשְׂרָאֵל: דברים ד

עַל־פִּי יהוה בְּיַד מֹשֶׁה: במדבר ט

יש מוסיפים: עֵץ־חַיִּים הִיא לַמַּחֲזִיקִים בָּהּ וְתֹמְכֶיהָ מְאֻשָּׁר: משלי ג

דְּרָכֶיהָ דַרְכֵי־נֹעַם וְכָל־נְתִיבוֹתֶיהָ שָׁלוֹם:

אֹרֶךְ יָמִים בִּימִינָהּ, בִּשְׂמֹאולָהּ עֹשֶׁר וְכָבוֹד:

יהוה חָפֵץ לְמַעַן צִדְקוֹ יַגְדִּיל תּוֹרָה וְיַאְדִּיר: ישעיה מב

ברכה לפני ההפטרה

לפני קריאת ההפטרה בנביא, המפטיר מברך:

בָּרוּךְ אַתָּה יהוה אֱלֹהֵינוּ מֶלֶךְ הָעוֹלָם אֲשֶׁר בָּחַר בִּנְבִיאִים טוֹבִים, וְרָצָה בְדִבְרֵיהֶם הַנֶּאֱמָרִים בֶּאֱמֶת. בָּרוּךְ אַתָּה יהוה, הַבּוֹחֵר בַּתּוֹרָה וּבְמֹשֶׁה עַבְדּוֹ וּבְיִשְׂרָאֵל עַמּוֹ וּבִנְבִיאֵי הָאֱמֶת וָצֶדֶק.

הפטרה – ספר יונה

וַיְהִי דְּבַר־יהוה אֶל־יוֹנָה בֶן־אֲמִתַּי לֵאמֹר: קוּם לֵךְ אֶל־נִינְוֵה
הָעִיר הַגְּדוֹלָה וּקְרָא עָלֶיהָ כִּי־עָלְתָה רָעָתָם לְפָנָי: וַיָּקָם יוֹנָה
לִבְרֹחַ תַּרְשִׁישָׁה מִלִּפְנֵי יהוה וַיֵּרֶד יָפוֹ וַיִּמְצָא אָנִיָּה ׀ בָּאָה
תַרְשִׁישׁ וַיִּתֵּן שְׂכָרָהּ וַיֵּרֶד בָּהּ לָבוֹא עִמָּהֶם תַּרְשִׁישָׁה מִלִּפְנֵי
יהוה: וַיהוה הֵטִיל רוּחַ־גְּדוֹלָה אֶל־הַיָּם וַיְהִי סַעַר־גָּדוֹל בַּיָּם
וְהָאֳנִיָּה חִשְּׁבָה לְהִשָּׁבֵר: וַיִּירְאוּ הַמַּלָּחִים וַיִּזְעֲקוּ אִישׁ אֶל־אֱלֹהָיו
וַיָּטִלוּ אֶת־הַכֵּלִים אֲשֶׁר בָּאֳנִיָּה אֶל־הַיָּם לְהָקֵל מֵעֲלֵיהֶם וְיוֹנָה
יָרַד אֶל־יַרְכְּתֵי הַסְּפִינָה וַיִּשְׁכַּב וַיֵּרָדַם: וַיִּקְרַב אֵלָיו רַב הַחֹבֵל
וַיֹּאמֶר לוֹ מַה־לְּךָ נִרְדָּם קוּם קְרָא אֶל־אֱלֹהֶיךָ אוּלַי יִתְעַשֵּׁת
הָאֱלֹהִים לָנוּ וְלֹא נֹאבֵד: וַיֹּאמְרוּ אִישׁ אֶל־רֵעֵהוּ לְכוּ וְנַפִּילָה
גוֹרָלוֹת וְנֵדְעָה בְּשֶׁלְּמִי הָרָעָה הַזֹּאת לָנוּ וַיַּפִּלוּ גּוֹרָלוֹת וַיִּפֹּל

הגורל על־יונה: ויאמרו אליו הגידה־נא לנו באשר למי־הרעה
הזאת לנו מה־מלאכתך ומאין תבוא מה ארצך ואי־מזה עם
אתה: ויאמר אליהם עברי אנכי ואת־יהוה אלהי השמים אני
ירא אשר־עשה את־הים ואת־היבשה: וייראו האנשים יראה
גדולה ויאמרו אליו מה־זאת עשית כי־ידעו האנשים כי־מלפני
יהוה הוא ברח כי הגיד להם: ויאמרו אליו מה־נעשה לך
וישתק הים מעלינו כי הים הולך וסער: ויאמר אליהם שאוני
והטילני אל־הים וישתק הים מעליכם כי יודע אני כי בשלי
הסער הגדול הזה עליכם: ויחתרו האנשים להשיב אל־היבשה
ולא יכלו כי הים הולך וסער עליהם: ויקראו אל־יהוה ויאמרו
אנה יהוה אל־נא נאבדה בנפש האיש הזה ואל־תתן עלינו
דם נקיא כי־אתה יהוה כאשר חפצת עשית: וישאו את־יונה
ויטלהו אל־הים ויעמד הים מזעפו: וייראו האנשים יראה
גדולה את־יהוה ויזבחו־זבח ליהוה וידרו נדרים: וימן יהוה דג
גדול לבלע את־יונה ויהי יונה במעי הדג שלשה ימים ושלשה
לילות: ויתפלל יונה אל־יהוה אלהיו ממעי הדגה: ויאמר
קראתי מצרה לי אל־יהוה ויענני מבטן שאול שועתי שמעת
קולי: ותשליכני מצולה בלבב ימים ונהר יסבבני כל־משבריך
וגליך עלי עברו: ואני אמרתי נגרשתי מנגד עיניך אך אוסיף
להביט אל־היכל קדשך: אפפוני מים עד־נפש תהום יסבבני
סוף חבוש לראשי: לקצבי הרים ירדתי הארץ בריחיה בעדי
לעולם ותעל משחת חיי יהוה אלהי: בהתעטף עלי נפשי את־
יהוה זכרתי ותבוא אליך תפלתי אל־היכל קדשך: משמרים
הבלי־שוא חסדם יעזבו: ואני בקול תודה אזבחה־לך אשר
נדרתי אשלמה ישועתה ליהוה: ויאמר יהוה לדג

וַיָּקֵא אֶת־יוֹנָה אֶל־הַיַּבָּשָׁה׃ וַיְהִי דְבַר־יְהוָה אֶל־יוֹנָה
שֵׁנִית לֵאמֹר׃ קוּם לֵךְ אֶל־נִינְוֵה הָעִיר הַגְּדוֹלָה וּקְרָא אֵלֶיהָ
אֶת־הַקְּרִיאָה אֲשֶׁר אָנֹכִי דֹּבֵר אֵלֶיךָ׃ וַיָּקָם יוֹנָה וַיֵּלֶךְ אֶל־נִינְוֵה
כִּדְבַר יְהוָה וְנִינְוֵה הָיְתָה עִיר־גְּדוֹלָה לֵאלֹהִים מַהֲלַךְ שְׁלֹשֶׁת
יָמִים׃ וַיָּחֶל יוֹנָה לָבוֹא בָעִיר מַהֲלַךְ יוֹם אֶחָד וַיִּקְרָא וַיֹּאמַר
עוֹד אַרְבָּעִים יוֹם וְנִינְוֵה נֶהְפָּכֶת׃ וַיַּאֲמִינוּ אַנְשֵׁי נִינְוֵה בֵּאלֹהִים
וַיִּקְרְאוּ־צוֹם וַיִּלְבְּשׁוּ שַׂקִּים מִגְּדוֹלָם וְעַד־קְטַנָּם׃ וַיִּגַּע הַדָּבָר
אֶל־מֶלֶךְ נִינְוֵה וַיָּקָם מִכִּסְאוֹ וַיַּעֲבֵר אַדַּרְתּוֹ מֵעָלָיו וַיְכַס שַׂק
וַיֵּשֶׁב עַל־הָאֵפֶר׃ וַיַּזְעֵק וַיֹּאמֶר בְּנִינְוֵה מִטַּעַם הַמֶּלֶךְ וּגְדֹלָיו
לֵאמֹר הָאָדָם וְהַבְּהֵמָה הַבָּקָר וְהַצֹּאן אַל־יִטְעֲמוּ מְאוּמָה אַל־
יִרְעוּ וּמַיִם אַל־יִשְׁתּוּ׃ וְיִתְכַּסּוּ שַׂקִּים הָאָדָם וְהַבְּהֵמָה וְיִקְרְאוּ
אֶל־אֱלֹהִים בְּחָזְקָה וְיָשֻׁבוּ אִישׁ מִדַּרְכּוֹ הָרָעָה וּמִן־הֶחָמָס אֲשֶׁר
בְּכַפֵּיהֶם׃ מִי־יוֹדֵעַ יָשׁוּב וְנִחַם הָאֱלֹהִים וְשָׁב מֵחֲרוֹן אַפּוֹ וְלֹא
נֹאבֵד׃ וַיַּרְא הָאֱלֹהִים אֶת־מַעֲשֵׂיהֶם כִּי־שָׁבוּ מִדַּרְכָּם הָרָעָה
וַיִּנָּחֶם הָאֱלֹהִים עַל־הָרָעָה אֲשֶׁר־דִּבֶּר לַעֲשׂוֹת־לָהֶם וְלֹא עָשָׂה׃
וַיֵּרַע אֶל־יוֹנָה רָעָה גְדוֹלָה וַיִּחַר לוֹ׃ וַיִּתְפַּלֵּל אֶל־יְהוָה וַיֹּאמַר
אָנָּה יְהוָה הֲלוֹא־זֶה דְבָרִי עַד־הֱיוֹתִי עַל־אַדְמָתִי עַל־כֵּן קִדַּמְתִּי
לִבְרֹחַ תַּרְשִׁישָׁה כִּי יָדַעְתִּי כִּי אַתָּה אֵל־חַנּוּן וְרַחוּם אֶרֶךְ אַפַּיִם
וְרַב־חֶסֶד וְנִחָם עַל־הָרָעָה׃ וְעַתָּה יְהוָה קַח־נָא אֶת־נַפְשִׁי מִמֶּנִּי
כִּי טוֹב מוֹתִי מֵחַיָּי׃ וַיֹּאמֶר יְהוָה הַהֵיטֵב חָרָה לָךְ׃ וַיֵּצֵא יוֹנָה
מִן־הָעִיר וַיֵּשֶׁב מִקֶּדֶם לָעִיר וַיַּעַשׂ לוֹ שָׁם סֻכָּה וַיֵּשֶׁב תַּחְתֶּיהָ
בַּצֵּל עַד אֲשֶׁר יִרְאֶה מַה־יִּהְיֶה בָּעִיר׃ וַיְמַן יְהוָה־אֱלֹהִים קִיקָיוֹן
וַיַּעַל ׀ מֵעַל לְיוֹנָה לִהְיוֹת צֵל עַל־רֹאשׁוֹ לְהַצִּיל לוֹ מֵרָעָתוֹ
וַיִּשְׂמַח יוֹנָה עַל־הַקִּיקָיוֹן שִׂמְחָה גְדוֹלָה׃ וַיְמַן הָאֱלֹהִים תּוֹלַעַת
בַּעֲלוֹת הַשַּׁחַר לַמָּחֳרָת וַתַּךְ אֶת־הַקִּיקָיוֹן וַיִּיבָשׁ׃ וַיְהִי ׀ כִּזְרֹחַ

הַשֶּׁמֶשׁ וַיְמַן אֱלֹהִים רוּחַ קָדִים חֲרִישִׁית וַתַּךְ הַשֶּׁמֶשׁ עַל־רֹאשׁ
יוֹנָה וַיִּתְעַלָּף וַיִּשְׁאַל אֶת־נַפְשׁוֹ לָמוּת וַיֹּאמֶר טוֹב מוֹתִי מֵחַיָּי׃
וַיֹּאמֶר אֱלֹהִים אֶל־יוֹנָה הַהֵיטֵב חָרָה־לְךָ עַל־הַקִּיקָיוֹן וַיֹּאמֶר
הֵיטֵב חָרָה־לִי עַד־מָוֶת׃ וַיֹּאמֶר יהוה אַתָּה חַסְתָּ עַל־הַקִּיקָיוֹן
אֲשֶׁר לֹא־עָמַלְתָּ בּוֹ וְלֹא גִדַּלְתּוֹ שֶׁבִּן־לַיְלָה הָיָה וּבִן־לַיְלָה אָבָד׃
וַאֲנִי לֹא אָחוּס עַל־נִינְוֵה הָעִיר הַגְּדוֹלָה אֲשֶׁר יֶשׁ־בָּהּ הַרְבֵּה
מִשְׁתֵּים־עֶשְׂרֵה רִבּוֹ אָדָם אֲשֶׁר לֹא־יָדַע בֵּין־יְמִינוֹ לִשְׂמֹאלוֹ
וּבְהֵמָה רַבָּה׃

ויש מוסיפים:

מי־אֵל כָּמוֹךָ נֹשֵׂא עָוֹן וְעֹבֵר עַל־פֶּשַׁע לִשְׁאֵרִית נַחֲלָתוֹ לֹא־ מיכה ז, יח–כ
הֶחֱזִיק לָעַד אַפּוֹ כִּי־חָפֵץ חֶסֶד הוּא׃ יָשׁוּב יְרַחֲמֵנוּ יִכְבֹּשׁ עֲוֺנֹתֵינוּ
וְתַשְׁלִיךְ בִּמְצֻלוֹת יָם כָּל־חַטֹּאתָם׃ תִּתֵּן אֱמֶת לְיַעֲקֹב חֶסֶד
לְאַבְרָהָם אֲשֶׁר־נִשְׁבַּעְתָּ לַאֲבֹתֵינוּ מִימֵי קֶדֶם׃

ברכות לאחר ההפטרה

אחר קריאת ההפטרה המפטיר מברך:

בָּרוּךְ אַתָּה יהוה אֱלֹהֵינוּ מֶלֶךְ הָעוֹלָם, צוּר כָּל הָעוֹלָמִים, צַדִּיק בְּכָל הַדּוֹרוֹת, הָאֵל הַנֶּאֱמָן, הָאוֹמֵר וְעוֹשֶׂה, הַמְדַבֵּר וּמְקַיֵּם, שֶׁכָּל דְּבָרָיו אֱמֶת וָצֶדֶק. נֶאֱמָן אַתָּה הוּא יהוה אֱלֹהֵינוּ וְנֶאֱמָנִים דְּבָרֶיךָ, וְדָבָר אֶחָד מִדְּבָרֶיךָ אָחוֹר לֹא יָשׁוּב רֵיקָם, כִּי אֵל מֶלֶךְ נֶאֱמָן וְרַחֲמָן אָתָּה. בָּרוּךְ אַתָּה יהוה, הָאֵל הַנֶּאֱמָן בְּכָל דְּבָרָיו.

רַחֵם עַל צִיּוֹן כִּי הִיא בֵּית חַיֵּינוּ, וְלַעֲלוּבַת נֶפֶשׁ תּוֹשִׁיעַ בִּמְהֵרָה בְיָמֵינוּ. בָּרוּךְ אַתָּה יהוה, מְשַׂמֵּחַ צִיּוֹן בְּבָנֶיהָ.

שַׂמְּחֵנוּ יהוה אֱלֹהֵינוּ בְּאֵלִיָּהוּ הַנָּבִיא עַבְדֶּךָ, וּבְמַלְכוּת בֵּית דָּוִד מְשִׁיחֶךָ, בִּמְהֵרָה יָבוֹא וְיָגֵל לִבֵּנוּ. עַל כִּסְאוֹ לֹא יֵשֵׁב זָר, וְלֹא יִנְחֲלוּ עוֹד אֲחֵרִים אֶת כְּבוֹדוֹ, כִּי בְשֵׁם קָדְשְׁךָ נִשְׁבַּעְתָּ לּוֹ שֶׁלֹּא יִכְבֶּה נֵרוֹ לְעוֹלָם וָעֶד. בָּרוּךְ אַתָּה יהוה, מָגֵן דָּוִד.

הכנסת ספר תורה

פותחים את ארון הקודש, והקהל עומד על רגליו. שליח הציבור נוטל את ספר התורה ואומר:

יְהַלְלוּ אֶת־שֵׁם יהוה, כִּי־נִשְׂגָּב שְׁמוֹ, לְבַדּוֹ תהלים קמח

הקהל אומר:

הוֹדוֹ עַל־אֶרֶץ וְשָׁמָיִם:
וַיָּרֶם קֶרֶן לְעַמּוֹ, תְּהִלָּה לְכָל־חֲסִידָיו
לִבְנֵי יִשְׂרָאֵל עַם קְרֹבוֹ, הַלְלוּיָהּ:

כאשר מלווים את ספר התורה לארון הקודש, אומרים:

לְדָוִד מִזְמוֹר, לַיהוה הָאָרֶץ וּמְלוֹאָהּ, תֵּבֵל וְיֹשְׁבֵי בָהּ: כִּי־הוּא עַל־יַמִּים יְסָדָהּ, וְעַל־נְהָרוֹת יְכוֹנְנֶהָ: מִי־יַעֲלֶה בְהַר־יהוה, וּמִי־יָקוּם בִּמְקוֹם קָדְשׁוֹ: נְקִי כַפַּיִם וּבַר־לֵבָב, אֲשֶׁר לֹא־נָשָׂא לַשָּׁוְא נַפְשִׁי וְלֹא נִשְׁבַּע לְמִרְמָה: יִשָּׂא בְרָכָה מֵאֵת יהוה, וּצְדָקָה מֵאֱלֹהֵי יִשְׁעוֹ: זֶה דּוֹר דֹּרְשָׁו, מְבַקְשֵׁי פָנֶיךָ, יַעֲקֹב, סֶלָה: שְׂאוּ שְׁעָרִים רָאשֵׁיכֶם, וְהִנָּשְׂאוּ פִּתְחֵי עוֹלָם, וְיָבוֹא מֶלֶךְ הַכָּבוֹד: מִי זֶה מֶלֶךְ הַכָּבוֹד, יהוה עִזּוּז וְגִבּוֹר, יהוה גִּבּוֹר מִלְחָמָה: שְׂאוּ שְׁעָרִים רָאשֵׁיכֶם, וּשְׂאוּ פִּתְחֵי עוֹלָם, וְיָבֹא מֶלֶךְ הַכָּבוֹד: ◂ מִי הוּא זֶה מֶלֶךְ הַכָּבוֹד, יהוה צְבָאוֹת הוּא מֶלֶךְ הַכָּבוֹד, סֶלָה: תהלים כד

מכניסים את ספר התורה לארון הקודש ואומרים:

וּבְנֻחֹה יֹאמַר, שׁוּבָה יהוה רִבְבוֹת אַלְפֵי יִשְׂרָאֵל: במדבר י
קוּמָה יהוה לִמְנוּחָתֶךָ, אַתָּה וַאֲרוֹן עֻזֶּךָ: תהלים קלב
כֹּהֲנֶיךָ יִלְבְּשׁוּ־צֶדֶק, וַחֲסִידֶיךָ יְרַנֵּנוּ:
בַּעֲבוּר דָּוִד עַבְדֶּךָ אַל־תָּשֵׁב פְּנֵי מְשִׁיחֶךָ:
כִּי לֶקַח טוֹב נָתַתִּי לָכֶם, תּוֹרָתִי אַל־תַּעֲזֹבוּ: משלי ד
עֵץ־חַיִּים הִיא לַמַּחֲזִיקִים בָּהּ, וְתֹמְכֶיהָ מְאֻשָּׁר: משלי ג
דְּרָכֶיהָ דַרְכֵי־נֹעַם וְכָל־נְתִיבֹתֶיהָ שָׁלוֹם:
◂ הֲשִׁיבֵנוּ יהוה אֵלֶיךָ וְנָשׁוּבָה, חַדֵּשׁ יָמֵינוּ כְּקֶדֶם: איכה ה

סוגרים את ארון הקודש.

חצי קדיש

ש״ץ: יִתְגַּדַּל וְיִתְקַדַּשׁ שְׁמֵהּ רַבָּא (קהל: אָמֵן)
בְּעָלְמָא דִּי בְרָא כִרְעוּתֵהּ
וְיַמְלִיךְ מַלְכוּתֵהּ
וְיַצְמַח פֻּרְקָנֵהּ וִיקָרֵב מְשִׁיחֵהּ (קהל: אָמֵן)
בְּחַיֵּיכוֹן וּבְיוֹמֵיכוֹן וּבְחַיֵּי דְכָל בֵּית יִשְׂרָאֵל
בַּעֲגָלָא וּבִזְמַן קָרִיב, וְאִמְרוּ אָמֵן. (קהל: אָמֵן)

קהל וש״ץ: יְהֵא שְׁמֵהּ רַבָּא מְבָרַךְ לְעָלַם וּלְעָלְמֵי עָלְמַיָּא.

ש״ץ: יִתְבָּרַךְ וְיִשְׁתַּבַּח וְיִתְפָּאַר וְיִתְרוֹמַם וְיִתְנַשֵּׂא
וְיִתְהַדָּר וְיִתְעַלֶּה וְיִתְהַלָּל
שְׁמֵהּ דְּקֻדְשָׁא בְּרִיךְ הוּא (קהל: אָמֵן)
לְעֵלָּא לְעֵלָּא מִכָּל בִּרְכָתָא וְשִׁירָתָא
תֻּשְׁבְּחָתָא וְנֶחֱמָתָא
דַּאֲמִירָן בְּעָלְמָא, וְאִמְרוּ אָמֵן. (קהל: אָמֵן)

עמידה

״המתפלל צריך שיכוין בלבו פירוש המלות שמוציא בשפתיו; ויחשוב כאלו שכינה כנגדו ויסיר כל המחשבות הטורדות אותו עד שתשאר מחשבתו וכוונתו זכה בתפלתו״ (שו״ע צח, א).

פוסע שלוש פסיעות לפנים כמי שנכנס לפני המלך.
עומד ומתפלל בלחש מכאן ועד ׳וּכְשָׁנִים קַדְמֹנִיּוֹת׳ בעמ׳ 539.

כורע במקומות המסומנים ב׳, קד לפנים במילה הבאה וזוקף בשם.

דברים לב כִּי שֵׁם יהוה אֶקְרָא, הָבוּ גֹדֶל לֵאלֹהֵינוּ:
תהלים נא אֲדֹנָי, שְׂפָתַי תִּפְתָּח, וּפִי יַגִּיד תְּהִלָּתֶךָ:

אבות

׳בָּרוּךְ אַתָּה יהוה, אֱלֹהֵינוּ וֵאלֹהֵי אֲבוֹתֵינוּ
אֱלֹהֵי אַבְרָהָם, אֱלֹהֵי יִצְחָק, וֵאלֹהֵי יַעֲקֹב
הָאֵל הַגָּדוֹל הַגִּבּוֹר וְהַנּוֹרָא, אֵל עֶלְיוֹן

גּוֹמֵל חֲסָדִים טוֹבִים, קוֹנֵה הַכֹּל
וְזוֹכֵר חַסְדֵי אָבוֹת
וּמֵבִיא גוֹאֵל לִבְנֵי בְנֵיהֶם, לְמַעַן שְׁמוֹ בְּאַהֲבָה.

זָכְרֵנוּ לְחַיִּים, מֶלֶךְ חָפֵץ בַּחַיִּים
וְכָתְבֵנוּ בְּסֵפֶר הַחַיִּים
לְמַעַנְךָ אֱלֹהִים חַיִּים.

מֶלֶךְ עוֹזֵר וּמוֹשִׁיעַ וּמָגֵן.
'בָּרוּךְ אַתָּה יהוה, מָגֵן אַבְרָהָם.

אם שכח לומר 'זָכְרֵנוּ לְחַיִּים', אינו חוזר.

גבורות

אַתָּה גִּבּוֹר לְעוֹלָם, אֲדֹנָי
מְחַיֵּה מֵתִים אַתָּה, רַב לְהוֹשִׁיעַ
מוֹרִיד הַטָּל
מְכַלְכֵּל חַיִּים בְּחֶסֶד, מְחַיֵּה מֵתִים בְּרַחֲמִים רַבִּים
סוֹמֵךְ נוֹפְלִים, וְרוֹפֵא חוֹלִים
וּמַתִּיר אֲסוּרִים
וּמְקַיֵּם אֱמוּנָתוֹ לִישֵׁנֵי עָפָר.
מִי כָמְוֹךָ, בַּעַל גְּבוּרוֹת, וּמִי דּוֹמֶה לָּךְ
מֶלֶךְ, מֵמִית וּמְחַיֶּה וּמַצְמִיחַ יְשׁוּעָה.

מִי כָמְוֹךָ אָב הָרַחֲמָן
זוֹכֵר יְצוּרָיו לְחַיִּים בְּרַחֲמִים.

וְנֶאֱמָן אַתָּה לְהַחֲיוֹת מֵתִים.
בָּרוּךְ אַתָּה יהוה, מְחַיֵּה הַמֵּתִים.

אם שכח לומר 'מִי כָמְוֹךָ אַב הָרַחֲמָן', אינו חוזר.

קדושת השם

אַתָּה קָדוֹשׁ וְשִׁמְךָ קָדוֹשׁ
וּקְדוֹשִׁים בְּכָל יוֹם יְהַלְלוּךָ סֶּלָה
כִּי אֵל מֶלֶךְ גָּדוֹל וְקָדוֹשׁ אָתָּה.

לְדוֹר וָדוֹר הַמְלִיכוּ לָאֵל, כִּי הוּא לְבַדּוֹ מָרוֹם וְקָדוֹשׁ.

תפילה ובקשה על מלכות שמים, מלכות בית דוד ובנין המקדש

וּבְכֵן יִתְקַדַּשׁ שִׁמְךָ יהוה אֱלֹהֵינוּ עַל יִשְׂרָאֵל עַמֶּךָ
וְעַל יְרוּשָׁלַיִם עִירֶךָ, וְעַל צִיּוֹן מִשְׁכַּן כְּבוֹדֶךָ
וְעַל מַלְכוּת בֵּית דָּוִד מְשִׁיחֶךָ*
וְעַל מְכוֹנְךָ וְהֵיכָלֶךָ.

וּבְכֵן תֵּן פַּחְדְּךָ יהוה אֱלֹהֵינוּ עַל כָּל מַעֲשֶׂיךָ
וְאֵימָתְךָ עַל כָּל מַה שֶּׁבָּרָאתָ
וְיִירָאוּךָ כָּל הַמַּעֲשִׂים, וְיִשְׁתַּחֲווּ לְפָנֶיךָ כָּל הַבְּרוּאִים
וְיֵעָשׂוּ כֻלָּם אֲגֻדָּה אֶחָת לַעֲשׂוֹת רְצוֹנְךָ בְּלֵבָב שָׁלֵם
כְּמוֹ שֶׁיָּדַעְנוּ יהוה אֱלֹהֵינוּ שֶׁהַשָּׁלְטָן לְפָנֶיךָ
עֹז בְּיָדְךָ וּגְבוּרָה בִּימִינֶךָ
וְשִׁמְךָ נוֹרָא עַל כָּל מַה שֶּׁבָּרָאתָ.

וּבְכֵן תֵּן כָּבוֹד יהוה לְעַמֶּךָ
תְּהִלָּה לִירֵאֶיךָ וְתִקְוָה טוֹבָה לְדוֹרְשֶׁיךָ
וּפִתְחוֹן פֶּה לַמְיַחֲלִים לָךְ
שִׂמְחָה לְאַרְצֶךָ, וְשָׂשׂוֹן לְעִירֶךָ, וּצְמִיחַת קֶרֶן לְדָוִד עַבְדֶּךָ
וַעֲרִיכַת נֵר לְבֶן יִשַׁי מְשִׁיחֶךָ בִּמְהֵרָה בְיָמֵינוּ.

---

* וְעַל בִּנְיַן בֵּית מִקְדָּשְׁךָ וְהֵיכָלֶךָ.

וּבְכֵן צַדִּיקִים יִרְאוּ וְיִשְׂמָחוּ, וִישָׁרִים יַעֲלֹזוּ
וַחֲסִידִים בְּרִנָּה יָגִילוּ
וְעוֹלָתָה תִּקְפָּץ פִּיהָ
וְכָל הָרִשְׁעָה כֻּלָּהּ כְּעָשָׁן תִּכְלֶה
כִּי תַעֲבִיר מֶמְשֶׁלֶת זָדוֹן מִן הָאָרֶץ.

וְתִמְלֹךְ אַתָּה הוּא יהוה אֱלֹהֵינוּ
מְהֵרָה לְבַדֶּךָ עַל כָּל מַעֲשֶׂיךָ
בְּהַר צִיּוֹן מִשְׁכַּן כְּבוֹדֶךָ
וּבִירוּשָׁלַיִם עִיר קָדְשֶׁךָ
כַּכָּתוּב בְּדִבְרֵי קָדְשֶׁךָ
יִמְלֹךְ יהוה לְעוֹלָם, אֱלֹהַיִךְ צִיּוֹן לְדֹר וָדֹר, הַלְלוּיָהּ: תהלים קמו

קָדוֹשׁ אַתָּה וְנוֹרָא שְׁמֶךָ
וְאֵין אֱלוֹהַּ מִבַּלְעָדֶיךָ
כַּכָּתוּב, וַיִּגְבַּהּ יהוה צְבָאוֹת בַּמִּשְׁפָּט ישעיה ה
וְהָאֵל הַקָּדוֹשׁ נִקְדַּשׁ בִּצְדָקָה:
בָּרוּךְ אַתָּה יהוה, הַמֶּלֶךְ הַקָּדוֹשׁ.

קדושת היום

אַתָּה בְחַרְתָּנוּ מִכָּל הָעַמִּים
אָהַבְתָּ אוֹתָנוּ וְרָצִיתָ בָּנוּ
וְרוֹמַמְתָּנוּ מִכָּל הַלְּשׁוֹנוֹת
וְקִדַּשְׁתָּנוּ בְּמִצְוֹתֶיךָ
וְקֵרַבְתָּנוּ מַלְכֵּנוּ לַעֲבוֹדָתֶךָ
וְשִׁמְךָ הַגָּדוֹל וְהַקָּדוֹשׁ עָלֵינוּ קָרָאתָ.

בשבת מוסיפים את המילים שבסוגריים.

וַתִּתֶּן לָנוּ יהוה אֱלֹהֵינוּ בְּאַהֲבָה אֶת יוֹם
(הַשַּׁבָּת הַזֶּה לִקְדֻשָּׁה וְלִמְנוּחָה, וְאֶת יוֹם)
הַכִּפּוּרִים הַזֶּה, לִמְחִילָה וְלִסְלִיחָה וּלְכַפָּרָה
וְלִמְחָל בּוֹ אֶת כָּל עֲוֹנוֹתֵינוּ
(בְּאַהֲבָה) מִקְרָא קֹדֶשׁ, זֵכֶר לִיצִיאַת מִצְרָיִם.

אֱלֹהֵינוּ וֵאלֹהֵי אֲבוֹתֵינוּ
יַעֲלֶה וְיָבוֹא וְיַגִּיעַ, וְיֵרָאֶה וְיֵרָצֶה וְיִשָּׁמַע
וְיִפָּקֵד וְיִזָּכֵר זִכְרוֹנֵנוּ וּפִקְדוֹנֵנוּ
וְזִכְרוֹן אֲבוֹתֵינוּ
וְזִכְרוֹן מָשִׁיחַ בֶּן דָּוִד עַבְדֶּךָ
וְזִכְרוֹן יְרוּשָׁלַיִם עִיר קָדְשֶׁךָ
וְזִכְרוֹן כָּל עַמְּךָ בֵּית יִשְׂרָאֵל, לְפָנֶיךָ, לִפְלֵיטָה לְטוֹבָה
לְחֵן וּלְחֶסֶד וּלְרַחֲמִים
לְחַיִּים וּלְשָׁלוֹם
בְּיוֹם הַכִּפּוּרִים הַזֶּה.
זָכְרֵנוּ יהוה אֱלֹהֵינוּ בּוֹ לְטוֹבָה
וּפָקְדֵנוּ בוֹ לִבְרָכָה
וְהוֹשִׁיעֵנוּ בוֹ לְחַיִּים טוֹבִים.
וּבִדְבַר יְשׁוּעָה וְרַחֲמִים
חוּס וְחָנֵּנוּ וְרַחֵם עָלֵינוּ וְהוֹשִׁיעֵנוּ
כִּי אֵלֶיךָ עֵינֵינוּ
כִּי אֵל מֶלֶךְ חַנּוּן וְרַחוּם אָתָּה.

אֱלֹהֵינוּ וֵאלֹהֵי אֲבוֹתֵינוּ
מְחַל לַעֲווֹנוֹתֵינוּ בְּיוֹם (הַשַּׁבָּת הַזֶּה וּבְיוֹם) הַכִּפּוּרִים הַזֶּה
מְחֵה וְהַעֲבֵר פְּשָׁעֵינוּ וְחַטֹּאתֵינוּ מִנֶּגֶד עֵינֶיךָ
כָּאָמוּר
אָנֹכִי אָנֹכִי הוּא מֹחֶה פְשָׁעֶיךָ לְמַעֲנִי ישעיה מג
וְחַטֹּאתֶיךָ לֹא אֶזְכֹּר:
וְנֶאֱמַר
מָחִיתִי כָעָב פְּשָׁעֶיךָ וְכֶעָנָן חַטֹּאותֶיךָ ישעיה מד
שׁוּבָה אֵלַי כִּי גְאַלְתִּיךָ:
וְנֶאֱמַר
כִּי־בַיּוֹם הַזֶּה יְכַפֵּר עֲלֵיכֶם לְטַהֵר אֶתְכֶם ויקרא טז
מִכֹּל חַטֹּאתֵיכֶם לִפְנֵי יהוה תִּטְהָרוּ:

(אֱלֹהֵינוּ וֵאלֹהֵי אֲבוֹתֵינוּ, רְצֵה נָא בִמְנוּחָתֵנוּ)
קַדְּשֵׁנוּ בְּמִצְוֹתֶיךָ וְתֵן חֶלְקֵנוּ בְּתוֹרָתֶךָ
שַׂבְּעֵנוּ מִטּוּבֶךָ, וְשַׂמַּח נַפְשֵׁנוּ בִּישׁוּעָתֶךָ
(וְהַנְחִילֵנוּ יהוה אֱלֹהֵינוּ בְּאַהֲבָה וּבְרָצוֹן שַׁבַּת קָדְשֶׁךָ
וְיָנוּחוּ בָם כָּל יִשְׂרָאֵל מְקַדְּשֵׁי שְׁמֶךָ)
וְטַהֵר לִבֵּנוּ לְעָבְדְּךָ בֶּאֱמֶת.
כִּי אַתָּה סָלְחָן לְיִשְׂרָאֵל וּמָחֳלָן לְשִׁבְטֵי יְשֻׁרוּן בְּכָל דּוֹר וָדוֹר
וּמִבַּלְעָדֶיךָ אֵין לָנוּ מֶלֶךְ מוֹחֵל וְסוֹלֵחַ אֶלָּא אָתָּה.
בָּרוּךְ אַתָּה יהוה
מֶלֶךְ מוֹחֵל וְסוֹלֵחַ לַעֲווֹנוֹתֵינוּ, וְלַעֲווֹנוֹת עַמּוֹ בֵּית יִשְׂרָאֵל
וּמַעֲבִיר אַשְׁמוֹתֵינוּ בְּכָל שָׁנָה וְשָׁנָה
מֶלֶךְ עַל כָּל הָאָרֶץ, מְקַדֵּשׁ (הַשַּׁבָּת וְ)יִשְׂרָאֵל וְיוֹם הַכִּפּוּרִים.

עבודה*

רְצֵה יהוה אֱלֹהֵינוּ בְּעַמְּךָ יִשְׂרָאֵל, וְלִתְפִלָּתָם שְׁעֵה
וְהָשֵׁב אֶת הָעֲבוֹדָה לִדְבִיר בֵּיתֶךָ
וְאִשֵּׁי יִשְׂרָאֵל וּתְפִלָּתָם, מְהֵרָה בְּאַהֲבָה תְקַבֵּל בְּרָצוֹן
וּתְהִי לְרָצוֹן תָּמִיד עֲבוֹדַת יִשְׂרָאֵל עַמֶּךָ.
וְתֶחֱזֶינָה עֵינֵינוּ בְּשׁוּבְךָ לְצִיּוֹן בְּרַחֲמִים.
בָּרוּךְ אַתָּה יהוה, הַמַּחֲזִיר שְׁכִינָתוֹ לְצִיּוֹן.

הודאה

כורע ב'מוֹדִים' ואינו זוקף עד אמירת השם (סידור השל"ה).

ימוֹדִים אֲנַחְנוּ לָךְ.
שָׁאַתָּה הוּא יהוה אֱלֹהֵינוּ וֵאלֹהֵי אֲבוֹתֵינוּ לְעוֹלָם וָעֶד.
צוּר חַיֵּינוּ, מָגֵן יִשְׁעֵנוּ אַתָּה הוּא לְדוֹר וָדוֹר.
נוֹדֶה לְּךָ וּנְסַפֵּר תְּהִלָּתֶךָ, עַל חַיֵּינוּ הַמְּסוּרִים בְּיָדֶךָ
וְעַל נִשְׁמוֹתֵינוּ הַפְּקוּדוֹת לָךְ, וְעַל נִסֶּיךָ שֶׁבְּכָל יוֹם עִמָּנוּ
וְעַל נִפְלְאוֹתֶיךָ וְטוֹבוֹתֶיךָ שֶׁבְּכָל עֵת, עֶרֶב וָבֹקֶר וְצָהֳרָיִם.
הַטּוֹב, כִּי לֹא כָלוּ רַחֲמֶיךָ, וְהַמְרַחֵם, כִּי לֹא תַמּוּ חֲסָדֶיךָ
כִּי מֵעוֹלָם קִוִּינוּ לָךְ.
וְעַל כֻּלָּם יִתְבָּרַךְ וְיִתְרוֹמַם וְיִתְנַשֵּׂא שִׁמְךָ מַלְכֵּנוּ
תָּמִיד לְעוֹלָם וָעֶד.

וּכְתֹב לְחַיִּים טוֹבִים כָּל בְּנֵי בְרִיתֶךָ.

* רְצֵה יהוה אֱלֹהֵינוּ בְּעַמְּךָ יִשְׂרָאֵל, וְלִתְפִלָּתָם שְׁעֵה, וְהָשֵׁב אֶת הָעֲבוֹדָה לִדְבִיר בֵּיתֶךָ, וְאִשֵּׁי יִשְׂרָאֵל וּתְפִלָּתָם, מְהֵרָה בְּאַהֲבָה תְקַבֵּל בְּרָצוֹן. בְּבַיִת הַגָּדוֹל וְהַקָּדוֹשׁ שָׁם נַעַבְדְךָ וְשָׁם נִדְרֹשׁ אֶת כָּל אֲשֶׁר צִוִּיתָנוּ, בְּרֵיחַ נִיחוֹחַ תִּרְצֶה אוֹתָנוּ, וּתְהִי לְרָצוֹן תָּמִיד עֲבוֹדַת יִשְׂרָאֵל עַמֶּךָ. וְתֶחֱזֶינָה עֵינֵינוּ בְּשׁוּבְךָ לְצִיּוֹן בְּרַחֲמִים. בָּרוּךְ אַתָּה יהוה, הַמַּחֲזִיר שְׁכִינָתוֹ לְצִיּוֹן. (לשיטת המבי"ט)

וְכֹל הַחַיִּים יוֹדְוּךָ סֶּלָה
וִיהַלְלוּ וִיבָרְכוּ אֶת שִׁמְךָ הַגָּדוֹל בֶּאֱמֶת לְעוֹלָם כִּי טוֹב
הָאֵל יְשׁוּעָתֵנוּ וְעֶזְרָתֵנוּ סֶלָה, הָאֵל הַטּוֹב.
בָּרוּךְ אַתָּה יהוה, הַטּוֹב שִׁמְךָ וּלְךָ נָאֶה לְהוֹדוֹת.

אם שכח לומר 'וּכְתֹב לְחַיִּים טוֹבִים', אינו חוזר.

שלום

שִׂים שָׁלוֹם טוֹבָה וּבְרָכָה
חַיִּים חֵן וָחֶסֶד וְרַחֲמִים
עָלֵינוּ וְעַל כָּל יִשְׂרָאֵל עַמֶּךָ.
בָּרְכֵנוּ אָבִינוּ כֻּלָּנוּ כְּאֶחָד בְּאוֹר פָּנֶיךָ
כִּי בְאוֹר פָּנֶיךָ נָתַתָּ לָּנוּ יהוה אֱלֹהֵינוּ
תּוֹרַת חַיִּים וְאַהֲבַת חֶסֶד
וּצְדָקָה וּבְרָכָה וְרַחֲמִים וְחַיִּים וְשָׁלוֹם.
וְטוֹב יִהְיֶה בְּעֵינֶיךָ לְבָרְכֵנוּ וּלְבָרֵךְ אֶת כָּל עַמְּךָ יִשְׂרָאֵל
בְּכָל עֵת וּבְכָל שָׁעָה בִּשְׁלוֹמֶךָ.

בְּסֵפֶר חַיִּים, בְּרָכָה וְשָׁלוֹם, וּפַרְנָסָה טוֹבָה
וּגְזֵרוֹת טוֹבוֹת, יְשׁוּעוֹת וְנֶחָמוֹת
נִזָּכֵר וְנִכָּתֵב לְפָנֶיךָ
אֲנַחְנוּ וְכָל עַמְּךָ בֵּית יִשְׂרָאֵל
לְחַיִּים טוֹבִים וּלְשָׁלוֹם.

בָּרוּךְ אַתָּה יהוה, הַמְבָרֵךְ אֶת עַמּוֹ יִשְׂרָאֵל בַּשָּׁלוֹם.

אם שכח לומר 'בְּסֵפֶר חַיִּים', אינו חוזר.

יש מוסיפים:

יִהְיוּ לְרָצוֹן אִמְרֵי־פִי וְהֶגְיוֹן לִבִּי לְפָנֶיךָ, יהוה צוּרִי וְגֹאֲלִי: תהלים יט

סדר מצוות וידוי

יכוון לקיים מצוות עשה, של 'והתודו את חטאתם אשר עשו' (במדבר ה, ז). אלו דברי רבנו יונה גירונדי: "מצות עשה מן התורה להעיר אדם את רוחו לחזור בתשובה ביום הכיפורים, שנאמר: 'מכל חטאתיכם לפני ה' תטהרו' (ויקרא טז, ל). על כן הזהירנו הכתוב, שנטהר לפני ה' בתשובתנו, והוא יכפר עלינו ביום זה לטהרנו" (שערי תשובה שער ב, יד). "והעובר על זה ולא התוודה על חטאיו ביום הכפורים, שהוא יום קבוע מעולם לסליחה ולכפרה, ביטל עשה זה... ונשא עוונו" (ספר החינוך שסג). הווידוי נאמר גם במעומד וגם בהשתחוויה (מאירי על פי הגאונים 'חיבור התשובה' ויומא דף פו).

אֱלֹהֵינוּ וֵאלֹהֵי אֲבוֹתֵינוּ
תָּבוֹא לְפָנֶיךָ תְּפִלָּתֵנוּ
וְאַל תִּתְעַלַּם מִתְּחִנָּתֵנוּ.
שֶׁאֵין אֲנוּ עַזֵּי פָנִים וּקְשֵׁי עֹרֶף לוֹמַר לְפָנֶיךָ
יהוה אֱלֹהֵינוּ וֵאלֹהֵי אֲבוֹתֵינוּ
צַדִּיקִים אֲנַחְנוּ וְלֹא חָטָאנוּ.
אֲבָל אֲנַחְנוּ וַאֲבוֹתֵינוּ חָטָאנוּ.

כשמתוודה, מכה באגרופו על החזה כנגד הלב (מג"א תרז, ג, בשם מדרש קהלת).

אָשַׁמְנוּ, בָּגַדְנוּ, גָּזַלְנוּ, דִּבַּרְנוּ דֹפִי
הֶעֱוִינוּ, וְהִרְשַׁעְנוּ, זַדְנוּ, חָמַסְנוּ, טָפַלְנוּ שֶׁקֶר
יָעַצְנוּ רָע, כִּזַּבְנוּ, לַצְנוּ, מָרַדְנוּ, מָאַסְנוּ בְּבֵית הַמִּקְדָּשׁ, נִאַצְנוּ, סָרַרְנוּ
עָוִינוּ, פָּשַׁעְנוּ, צָרַרְנוּ, קִשִּׁינוּ עֹרֶף
רָשַׁעְנוּ, שִׁחַתְנוּ, תִּעַבְנוּ, תָּעִינוּ, תִּעְתָּעְנוּ.

סַרְנוּ מִמִּצְוֹתֶיךָ וּמִמִּשְׁפָּטֶיךָ הַטּוֹבִים, וְלֹא שָׁוָה לָנוּ.
וְאַתָּה צַדִּיק עַל כָּל־הַבָּא עָלֵינוּ כִּי־אֱמֶת עָשִׂיתָ נחמיה ט
וַאֲנַחְנוּ הִרְשָׁעְנוּ:

מַה נֹּאמַר לְפָנֶיךָ יוֹשֵׁב מָרוֹם
וּמַה נְּסַפֵּר לְפָנֶיךָ שׁוֹכֵן שְׁחָקִים
הֲלֹא כָּל הַנִּסְתָּרוֹת וְהַנִּגְלוֹת אַתָּה יוֹדֵעַ.

אַתָּה יוֹדֵעַ רָזֵי עוֹלָם וְתַעֲלוּמוֹת סִתְרֵי כָּל חָי.
אַתָּה חוֹפֵשׂ כָּל חַדְרֵי בָטֶן וּבוֹחֵן כְּלָיוֹת וָלֵב.
אֵין דָּבָר נֶעְלָם מִמֶּךָּ וְאֵין נִסְתָּר מִנֶּגֶד עֵינֶיךָ.
וּבְכֵן, יְהִי רָצוֹן מִלְּפָנֶיךָ, יהוה אֱלֹהֵינוּ וֵאלֹהֵי אֲבוֹתֵינוּ
שֶׁתְּכַפֵּר לָנוּ עַל כָּל חַטֹּאתֵינוּ
וְתִסְלַח לָנוּ עַל כָּל עֲוֹנוֹתֵינוּ
וְתִמְחַל לָנוּ עַל כָּל פְּשָׁעֵינוּ.

על כל חטא שמונה, מכה באגרופו על החזה כנגד הלב.

עַל חֵטְא שֶׁחָטָאנוּ לְפָנֶיךָ בְּאֹנֶס וּבְרָצוֹן
וְעַל חֵטְא שֶׁחָטָאנוּ לְפָנֶיךָ בְּאִמּוּץ הַלֵּב

עַל חֵטְא שֶׁחָטָאנוּ לְפָנֶיךָ בִּבְלִי דָעַת
וְעַל חֵטְא שֶׁחָטָאנוּ לְפָנֶיךָ בְּבִטּוּי שְׂפָתָיִם

עַל חֵטְא שֶׁחָטָאנוּ לְפָנֶיךָ בְּגִלּוּי עֲרָיוֹת
וְעַל חֵטְא שֶׁחָטָאנוּ לְפָנֶיךָ בְּגָלוּי וּבַסָּתֶר

עַל חֵטְא שֶׁחָטָאנוּ לְפָנֶיךָ בְּדַעַת וּבְמִרְמָה
וְעַל חֵטְא שֶׁחָטָאנוּ לְפָנֶיךָ בְּדִבּוּר פֶּה

עַל חֵטְא שֶׁחָטָאנוּ לְפָנֶיךָ בְּהוֹנָאַת רֵעַ
וְעַל חֵטְא שֶׁחָטָאנוּ לְפָנֶיךָ בְּהִרְהוּר הַלֵּב

עַל חֵטְא שֶׁחָטָאנוּ לְפָנֶיךָ בִּוְעִידַת זְנוּת
וְעַל חֵטְא שֶׁחָטָאנוּ לְפָנֶיךָ בְּוִדּוּי פֶּה

עַל חֵטְא שֶׁחָטָאנוּ לְפָנֶיךָ בְּזִלְזוּל הוֹרִים וּמוֹרִים
וְעַל חֵטְא שֶׁחָטָאנוּ לְפָנֶיךָ בְּזָדוֹן וּבִשְׁגָגָה

עַל חֵטְא שֶׁחָטָאנוּ לְפָנֶיךָ בְּחֹזֶק יָד
וְעַל חֵטְא שֶׁחָטָאנוּ לְפָנֶיךָ בְּחִלּוּל הַשֵּׁם

עַל חֵטְא שֶׁחָטָאנוּ לְפָנֶיךָ בְּטֻמְאַת שְׂפָתָיִם
וְעַל חֵטְא שֶׁחָטָאנוּ לְפָנֶיךָ בְּטִפְשׁוּת פֶּה

עַל חֵטְא שֶׁחָטָאנוּ לְפָנֶיךָ בְּיֵצֶר הָרָע
וְעַל חֵטְא שֶׁחָטָאנוּ לְפָנֶיךָ בְּיוֹדְעִים וּבְלֹא יוֹדְעִים

וְעַל כֻּלָּם אֱלוֹהַּ סְלִיחוֹת סְלַח לָנוּ, מְחַל לָנוּ, כַּפֶּר לָנוּ.

עַל חֵטְא שֶׁחָטָאנוּ לְפָנֶיךָ בְּכַחַשׁ וּבְכָזָב
וְעַל חֵטְא שֶׁחָטָאנוּ לְפָנֶיךָ בְּכַפַּת שֹׁחַד

עַל חֵטְא שֶׁחָטָאנוּ לְפָנֶיךָ בְּלָצוֹן
וְעַל חֵטְא שֶׁחָטָאנוּ לְפָנֶיךָ בְּלָשׁוֹן הָרָע

עַל חֵטְא שֶׁחָטָאנוּ לְפָנֶיךָ בְּמַשָּׂא וּבְמַתָּן
וְעַל חֵטְא שֶׁחָטָאנוּ לְפָנֶיךָ בְּמַאֲכָל וּבְמִשְׁתֶּה

עַל חֵטְא שֶׁחָטָאנוּ לְפָנֶיךָ בְּנֶשֶׁךְ וּבְמַרְבִּית
וְעַל חֵטְא שֶׁחָטָאנוּ לְפָנֶיךָ בִּנְטִיַּת גָּרוֹן

עַל חֵטְא שֶׁחָטָאנוּ לְפָנֶיךָ בְּשִׂיחַ שִׂפְתוֹתֵינוּ
וְעַל חֵטְא שֶׁחָטָאנוּ לְפָנֶיךָ בְּשִׂקּוּר עָיִן

עַל חֵטְא שֶׁחָטָאנוּ לְפָנֶיךָ בְּעֵינַיִם רָמוֹת
וְעַל חֵטְא שֶׁחָטָאנוּ לְפָנֶיךָ בְּעַזּוּת מֶצַח

וְעַל כֻּלָּם אֱלוֹהַּ סְלִיחוֹת סְלַח לָנוּ, מְחַל לָנוּ, כַּפֶּר לָנוּ.

עַל חֵטְא שֶׁחָטָאנוּ לְפָנֶיךָ בִּפְרִיקַת עֹל
וְעַל חֵטְא שֶׁחָטָאנוּ לְפָנֶיךָ בִּפְלִילוּת

עַל חֵטְא שֶׁחָטָאנוּ לְפָנֶיךָ בִּצְדִיַּת רֵעַ
וְעַל חֵטְא שֶׁחָטָאנוּ לְפָנֶיךָ בְּצָרוּת עָיִן

עַל חֵטְא שֶׁחָטָאנוּ לְפָנֶיךָ בְּקַלּוּת רֹאשׁ
וְעַל חֵטְא שֶׁחָטָאנוּ לְפָנֶיךָ בְּקַשְׁיוּת עֹרֶף

עַל חֵטְא שֶׁחָטָאנוּ לְפָנֶיךָ בְּרִיצַת רַגְלַיִם לְהָרַע
וְעַל חֵטְא שֶׁחָטָאנוּ לְפָנֶיךָ בִּרְכִילוּת

עַל חֵטְא שֶׁחָטָאנוּ לְפָנֶיךָ בִּשְׁבוּעַת שָׁוְא
וְעַל חֵטְא שֶׁחָטָאנוּ לְפָנֶיךָ בְּשִׂנְאַת חִנָּם

עַל חֵטְא שֶׁחָטָאנוּ לְפָנֶיךָ בִּתְשׂוּמֶת יָד
וְעַל חֵטְא שֶׁחָטָאנוּ לְפָנֶיךָ בְּתִמְהוֹן לֵבָב

וְעַל כֻּלָּם אֱלוֹהַּ סְלִיחוֹת סְלַח לָנוּ, מְחַל לָנוּ, כַּפֶּר לָנוּ.

וְעַל חֲטָאִים שֶׁאָנוּ חַיָּבִים עֲלֵיהֶם עוֹלָה
וְעַל חֲטָאִים שֶׁאָנוּ חַיָּבִים עֲלֵיהֶם חַטָּאת
וְעַל חֲטָאִים שֶׁאָנוּ חַיָּבִים עֲלֵיהֶם קָרְבָּן עוֹלֶה וְיוֹרֵד
וְעַל חֲטָאִים שֶׁאָנוּ חַיָּבִים עֲלֵיהֶם אָשָׁם וַדַּאי וְתָלוּי
וְעַל חֲטָאִים שֶׁאָנוּ חַיָּבִים עֲלֵיהֶם מַכַּת מַרְדּוּת
וְעַל חֲטָאִים שֶׁאָנוּ חַיָּבִים עֲלֵיהֶם מַלְקוּת אַרְבָּעִים
וְעַל חֲטָאִים שֶׁאָנוּ חַיָּבִים עֲלֵיהֶם מִיתָה בִּידֵי שָׁמָיִם
וְעַל חֲטָאִים שֶׁאָנוּ חַיָּבִים עֲלֵיהֶם כָּרֵת וַעֲרִירִי
וְעַל חֲטָאִים שֶׁאָנוּ חַיָּבִים עֲלֵיהֶם אַרְבַּע מִיתוֹת בֵּית דִּין
סְקִילָה, שְׂרֵפָה, הֶרֶג, וְחֶנֶק.

עַל מִצְוַת עֲשֵׂה וְעַל מִצְוַת לֹא תַעֲשֶׂה.
בֵּין שֶׁיֵּשׁ בָּהּ קוּם עֲשֵׂה וּבֵין שֶׁאֵין בָּהּ קוּם עֲשֵׂה.
אֶת הַגְּלוּיִים לָנוּ וְאֶת שֶׁאֵינָם גְּלוּיִים לָנוּ
אֶת הַגְּלוּיִים לָנוּ, כְּבָר אֲמַרְנוּם לְפָנֶיךָ, וְהוֹדִינוּ לְךָ עֲלֵיהֶם
וְאֶת שֶׁאֵינָם גְּלוּיִים לָנוּ, לְפָנֶיךָ הֵם גְּלוּיִים וִידוּעִים
כַּדָּבָר שֶׁנֶּאֱמַר
הַנִּסְתָּרֹת לַיהוה אֱלֹהֵינוּ, וְהַנִּגְלֹת לָנוּ וּלְבָנֵינוּ עַד־עוֹלָם דברים כט
לַעֲשׂוֹת אֶת־כָּל־דִּבְרֵי הַתּוֹרָה הַזֹּאת:
כִּי אַתָּה סָלְחָן לְיִשְׂרָאֵל וּמָחֳלָן לְשִׁבְטֵי יְשֻׁרוּן בְּכָל דּוֹר וָדוֹר
וּמִבַּלְעָדֶיךָ אֵין לָנוּ מֶלֶךְ מוֹחֵל וְסוֹלֵחַ אֶלָּא אָתָּה.

אֱלֹהַי
עַד שֶׁלֹּא נוֹצַרְתִּי אֵינִי כְדַאי
וְעַכְשָׁיו שֶׁנּוֹצַרְתִּי, כְּאִלּוּ לֹא נוֹצַרְתִּי
עָפָר אֲנִי בְּחַיָּי, קַל וָחֹמֶר בְּמִיתָתִי.
הֲרֵי אֲנִי לְפָנֶיךָ כִּכְלִי מָלֵא בוּשָׁה וּכְלִמָּה.
יְהִי רָצוֹן מִלְּפָנֶיךָ, יהוה אֱלֹהַי וֵאלֹהֵי אֲבוֹתַי, שֶׁלֹּא אֶחֱטָא עוֹד.
וּמַה שֶּׁחָטָאתִי לְפָנֶיךָ, מְחֹק בְּרַחֲמֶיךָ הָרַבִּים
אֲבָל לֹא עַל יְדֵי יִסּוּרִים וָחֳלָיִם רָעִים.

אֱלֹהַי ברכות יז.
נְצֹר לְשׁוֹנִי מֵרָע וּשְׂפָתַי מִדַּבֵּר מִרְמָה
וְלִמְקַלְלַי נַפְשִׁי תִדֹּם, וְנַפְשִׁי כֶּעָפָר לַכֹּל תִּהְיֶה.
פְּתַח לִבִּי בְּתוֹרָתֶךָ, וְאַחֲרֵי מִצְוֹתֶיךָ תִּרְדֹּף נַפְשִׁי.
וְכָל הַקָּמִים וְהַחוֹשְׁבִים עָלַי רָעָה
מְהֵרָה הָפֵר עֲצָתָם וְקַלְקֵל מַחֲשַׁבְתָּם.

יש המוסיפים תחינה זו (קיצור של״ה, ׳אור הישר׳):

יְהִי רָצוֹן מִלְּפָנֶיךָ, יהוה אֱלֹהַי וֵאלֹהֵי אֲבוֹתַי
שֶׁלֹּא תַעֲלֶה קִנְאַת אָדָם עָלַי, וְלֹא קִנְאָתִי עַל אֲחֵרִים
וְשֶׁלֹּא אֶכְעֹס הַיּוֹם, וְשֶׁלֹּא אַכְעִיסֶךָ
וְתַצִּילֵנִי מִיֵּצֶר הָרָע, וְתֵן בְּלִבִּי הַכְנָעָה וַעֲנָוָה.
מַלְכֵּנוּ וֵאלֹהֵינוּ, יַחֵד שִׁמְךָ בְּעוֹלָמֶךָ
בְּנֵה עִירְךָ, יַסֵּד בֵּיתְךָ וְשַׁכְלֵל הֵיכָלֶךָ
וְקַבֵּץ קִבּוּץ גָּלֻיּוֹת, וּפְדֵה צֹאנְךָ וְשַׂמַּח עֲדָתֶךָ.

עֲשֵׂה לְמַעַן שְׁמֶךָ, עֲשֵׂה לְמַעַן יְמִינֶךָ
עֲשֵׂה לְמַעַן תּוֹרָתֶךָ, עֲשֵׂה לְמַעַן קְדֻשָּׁתֶךָ.
לְמַעַן יֵחָלְצוּן יְדִידֶיךָ, הוֹשִׁיעָה יְמִינְךָ וַעֲנֵנִי: תהלים ס
יִהְיוּ לְרָצוֹן אִמְרֵי פִי וְהֶגְיוֹן לִבִּי לְפָנֶיךָ, יהוה צוּרִי וְגוֹאֲלִי: תהלים יט

כורע ופוסע שלוש פסיעות לאחור. קד לשמאל, לימין ולפנים באמירת:

עֹשֶׂה הַשָּׁלוֹם בִּמְרוֹמָיו
הוּא יַעֲשֶׂה שָׁלוֹם
עָלֵינוּ וְעַל כָּל יִשְׂרָאֵל, וְאִמְרוּ אָמֵן.

יְהִי רָצוֹן מִלְּפָנֶיךָ יהוה אֱלֹהֵינוּ וֵאלֹהֵי אֲבוֹתֵינוּ
שֶׁיִּבָּנֶה בֵּית הַמִּקְדָּשׁ בִּמְהֵרָה בְיָמֵינוּ, וְתֵן חֶלְקֵנוּ בְּתוֹרָתֶךָ
וְשָׁם נַעֲבָדְךָ בְּיִרְאָה כִּימֵי עוֹלָם וּכְשָׁנִים קַדְמוֹנִיּוֹת.
וְעָרְבָה לַיהוה מִנְחַת יְהוּדָה וִירוּשָׁלָםִ כִּימֵי עוֹלָם וּכְשָׁנִים קַדְמוֹנִיּוֹת: מלאכי ג

חזרת הש"ץ למנחה

"וּבְמִנְחַת הָעֶרֶב קַמְתִּי מִתַּעֲנִיתִי, וּבְקָרְעִי בִגְדִי וּמְעִילִי,
וָאֶכְרְעָה עַל־בִּרְכַּי וָאֶפְרְשָׂה כַפַּי אֶל־ה' אֱלֹהָי" (עזרא ט, ה).

פותחים את ארון הקודש.

שליח הציבור פוסע שלוש פסיעות לפנים וחוזר על התפילה בקול רם.
כורע במקומות המסומנים ב', קד לפנים במילה הבאה וזוקף בשם.

דברים לב יש אומרים בלחש: **כִּי שֵׁם יהוה אֶקְרָא, הָבוּ גֹדֶל לֵאלֹהֵינוּ:**

תהלים נא **אֲדֹנָי, שְׂפָתַי תִּפְתָּח, וּפִי יַגִּיד תְּהִלָּתֶךָ:**

אבות

'בָּרוּךְ אַתָּה יהוה, אֱלֹהֵינוּ וֵאלֹהֵי אֲבוֹתֵינוּ
אֱלֹהֵי אַבְרָהָם, אֱלֹהֵי יִצְחָק, וֵאלֹהֵי יַעֲקֹב
הָאֵל הַגָּדוֹל הַגִּבּוֹר וְהַנּוֹרָא, אֵל עֶלְיוֹן
גּוֹמֵל חֲסָדִים טוֹבִים, קוֹנֵה הַכֹּל, וְזוֹכֵר חַסְדֵי אָבוֹת
וּמֵבִיא גוֹאֵל לִבְנֵי בְנֵיהֶם, לְמַעַן שְׁמוֹ בְּאַהֲבָה.

לפני ה'קרובה' של מנחה אין אומרים פיוט 'רשות' ארוך.
שליח הציבור אומר 'מִסּוֹד חֲכָמִים וּנְבוֹנִים' וממשיך 'אֵיתָן הִכִּיר אֱמוּנָתֶךָ'.

מִסּוֹד חֲכָמִים וּנְבוֹנִים / וּמִלֶּמֶד דַּעַת מְבִינִים
אֶפְתְּחָה פִּי בִּתְפִלָּה וּבְתַחֲנוּנִים
לְחַלּוֹת וּלְחַנֵּן פְּנֵי מֶלֶךְ מוֹחֵל וְסוֹלֵחַ לַעֲוֹנִים.

סוגרים את ארון הקודש.

את פיוטי ה'מגן', 'מחיה' ו'משלש' למנחה של יום הכיפורים חיבר ר' אליה בר מרדכי.
מדובר בשלושה פיוטים קצרים העוסקים בשלושת האבות.

נוהגים שהקהל אומר את שלושת הפיוטים, ושליח הציבור אומר
בקול רק את השורות המסומנות ב◂. יש קהילות שבהן אין אומרים
את ה'קרובה', ובהן ממשיכים 'זָכְרֵנוּ לְחַיִּים' בעמוד הבא.

מגן – סימן א"ב

אֵיתָן הִכִּיר אֱמוּנָתֶךָ / בְּדוֹר לֹא יָדְעוּ לִרְצוֹתֶךָ
גָּהַץ בְּךָ וְיָדַע יִרְאָתֶךָ / דָּץ לְהוֹדִיעַ לַכֹּל הַדְרָתֶךָ

הִדְרִיךְ תּוֹעִים בִּנְתִיבָתֶךָ / וְנִקְרָא אָב לְאֻמָּתֶךָ
זָהִר לַעֲשׂוֹת דִּבְרָתֶךָ / חָפֵץ לַחֲסוֹת בְּצֵל שְׁכִינָתֶךָ
טְעַם לָעוֹבְרִים כַּלְכָּלָתֶךָ / יָדַע לַשָּׁבִים כִּי אֵין בִּלְתֶּךָ
◂ כִּי הֶאֱמִין בְּךָ לְחַלּוֹתֶךָ / לְטַע אֵשֶׁל וּלְהַזְכִּיר גְּבוּרוֹתֶיךָ.

הכול:

צְדָקָה תֵּחָשֵׁב לָנוּ / בְּצֶדֶק אָב סְלַח לָנוּ
◂ לֹא כַחֲטָאֵינוּ תַּעֲשֶׂה לָנוּ / מָגִנֵּנוּ כִּי לְךָ יִחַלְנוּ.

יש נוהגים שהקהל אומר בקול, ושליח הציבור חוזר אחריו:

זָכְרֵנוּ לְחַיִּים, מֶלֶךְ חָפֵץ בַּחַיִּים
וְכָתְבֵנוּ בְּסֵפֶר הַחַיִּים, לְמַעַנְךָ אֱלֹהִים חַיִּים.

שליח הציבור ממשיך:

מֶלֶךְ עוֹזֵר וּמוֹשִׁיעַ וּמָגֵן.
ˇבָּרוּךְ* אַתָּה יהוה, מָגֵן אַבְרָהָם.

גבורות

אַתָּה גִּבּוֹר לְעוֹלָם, אֲדֹנָי
מְחַיֵּה מֵתִים אַתָּה, רַב לְהוֹשִׁיעַ
מוֹרִיד הַטָּל
מְכַלְכֵּל חַיִּים בְּחֶסֶד, מְחַיֵּה מֵתִים בְּרַחֲמִים רַבִּים
סוֹמֵךְ נוֹפְלִים, וְרוֹפֵא חוֹלִים, וּמַתִּיר אֲסוּרִים
וּמְקַיֵּם אֱמוּנָתוֹ לִישֵׁנֵי עָפָר.
מִי כָמוֹךָ, בַּעַל גְּבוּרוֹת, וּמִי דּוֹמֶה לָּךְ
מֶלֶךְ, מֵמִית וּמְחַיֶּה וּמַצְמִיחַ יְשׁוּעָה.

---

* בבית כנסת הבנוי בהר הבית: בָּרוּךְ אַתָּה יהוה אֱלֹהֵי יִשְׂרָאֵל מִן הָעוֹלָם וְעַד הָעוֹלָם, בָּרוּךְ אַתָּה יהוה, מָגֵן אַבְרָהָם.

ה׳מחיה׳ עוסק ביצחק, ומתאר את עקדתו.
בקהילות שבהן אין נוהגים לומר ׳קרובה׳, ממשיכים ׳מִי כָמְוֹךָ אַב הָרַחֲמָן׳ בעמוד הבא.

מחיה – סימן א״ב (המשך מהפיוט הקודם)

מְאֻהָב וְיָחִיד לְאִמּוֹ / נַפְשׁוֹ לָטֶבַח בְּהַשְׁלִימוֹ
שְׂרָפִים צָעֲקוּ מִמְּרוֹמוֹ / עוֹנִים חוּסָה, לָאֵל מְרַחֲמוֹ
פּוֹדֶה וּמַצִּיל רִחֲמוֹ / צוּ שֶׂה תְּמוּרוֹ בִּמְקוֹמוֹ
קָשַׁב אַל תִּשְׁפֹּךְ דָּמוֹ / רְחֻפוּ רַחוּם לִמְרוֹמוֹ
שְׁמָרוֹ וְקִיְּמוֹ לִשְׁמוֹ / שְׁפֵר תָּאֳרוֹ כְּנֹגַהּ יוֹמוֹ
◂ תְּרָאֵהוּ הַיּוֹם כְּשָׂרוּף בְּאוּלַמּוֹ / תִּזְכֹּר עֲקֵדָתוֹ וְתָחֹן עַמּוֹ.

הכול:

לְפָנָיו יְקִימֵנוּ וְנִחְיֶה / בְּצֶדֶק אָב נִחְיֶה
◂ יהוה מֵמִית וּמְחַיֶּה / בְּטְלָלָיו רְדוּמִים יְחַיֶּה.

יש נוהגים שהקהל אומר בקול, ושליח הציבור חוזר אחריו:

מִי כָמְוֹךָ אַב הָרַחֲמָן
זוֹכֵר יְצוּרָיו לְחַיִּים בְּרַחֲמִים.

שליח הציבור ממשיך:

וְנֶאֱמָן אַתָּה לְהַחֲיוֹת מֵתִים.
בָּרוּךְ* אַתָּה יהוה, מְחַיֵּה הַמֵּתִים.

ה׳משלש׳ עוסק ביעקב, שדמותו חקוקה בכיסא הכבוד (בראשית רבה פב, ב).
בקהילות שבהן אין נוהגים לומר ׳קרובה׳, ממשיכים ׳יִמְלֹךְ ה׳ לְעוֹלָם׳ למטה.

משלש – סימן אלייה בירבי מרדכי

אֶרְאֶלִּים בְּשֵׁם תָּם מַמְלִיכִים / לְמֶלֶךְ מַלְכֵי הַמְּלָכִים
יָפְיוֹ לָשׁוּר בַּכֵּס הוֹלְכִים / יְלָדָיו הַיּוֹם צָגִים כְּמַלְאָכִים
הַמַּקְדִּישִׁים וְתַחַן עוֹרְכִים / בְּיוֹם זֶה אֵיבָה מַשְׁלִיכִים

---

* בבית כנסת הבנוי בהר הבית: **בָּרוּךְ אַתָּה יהוה אֱלֹהֵי יִשְׂרָאֵל מִן הָעוֹלָם וְעַד הָעוֹלָם, בָּרוּךְ אַתָּה יהוה, מְחַיֵּה הַמֵּתִים.**

יָחִד בְּשֵׁם אֲבִיהֶם מְבָרְכִים / רָם לְרַצּוֹת בִּדְבָרִים רַכִּים
בִּזְכוּת תָּם יָצִיץ מֵחֲרַכִּים / יָהּ יָאִיר עֵינֵי חֲשֵׁכִים
מֶלֶךְ נִצָּב בַּעֲדַת בְּרוּכִים / רוֹצֶה בְּעַמּוֹ יְפָאֵר נְמוּכִים
דּוֹפְקִים בִּתְפִלָּה לְהַשְׁכִּים / כְּטוֹב וְסַלָּח עִמָּם יַסְכִּים
▸ יַשְׁמִיעַ לֹא תֵבוֹשׁוּ דַּכִּים / יֹאמַר לָכֵן לְבֵית הַמְחַכִּים.

שליח הציבור והקהל אומרים:

יִמְלֹךְ יהוה לְעוֹלָם, אֱלֹהַיִךְ צִיּוֹן לְדֹר וָדֹר, הַלְלוּיָהּ: תהלים קמו
וְאַתָּה קָדוֹשׁ, יוֹשֵׁב תְּהִלּוֹת יִשְׂרָאֵל: אֵל נָא. תהלים כב

שליח הציבור אומר את שלושת החרוזים הבאים, והקהל חוזר אחרי כל אחד מהם.
חרוזים אלה הם שורות הפזמון של הפיוטים ׳אֶדֶר בְּתְאַר מָכוֹן׳
ו׳אֲפָאֵר לְמַלְכִּי בְּקֹדֶשׁ׳.

אֱמוּנַת אֹם נוֹטֶרֶת / לְמַעַנְךָ עֲזֹר לַנִּשְׁאֶרֶת
זַעֲקָהּ רְצֵה נָא כִּקְטֹרֶת / קָדוֹשׁ.

יְכַפֵּר וְיִסְלַח / אֵל טוֹב וְסַלָּח / נוֹרָא וְקָדוֹשׁ.

תְּפִלָּתֵנוּ מִמְּעוֹנוֹת / יְקַבֵּל כְּקָרְבָּנוֹת / הָאֵל קָדוֹשׁ.

שליח הציבור:

וּבְכֵן, שְׂרָפִים עֹמְדִים מִמַּעַל לוֹ: ישעיה ו

החרוז הבא הוא הפזמון של הפיוט ׳אֶרְאֶלֵּי הוֹד׳.
שליח הציבור אומר, והקהל חוזר אחריו:

מִיכָאֵל מִיָּמִין מְהַלֵּל / וְגַבְרִיאֵל מִשְּׂמֹאל מְמַלֵּל
בַּשָּׁמַיִם אֵין כָּאֵל / וּבָאָרֶץ מִי כְּעַמְּךָ יִשְׂרָאֵל.

שליח הציבור:

וּבְכֵן לְךָ תַעֲלֶה קְדֻשָּׁה, כִּי אַתָּה אֱלֹהֵינוּ מֶלֶךְ מוֹחֵל וְסוֹלֵחַ.

קדושה

בבתי כנסת המתפללים בנוסח אשכנז, אומרים כאן:

נַעֲרִיצְךָ וְנַקְדִּישְׁךָ כְּסוֹד שִׂיחַ שַׂרְפֵי קֹדֶשׁ, הַמַּקְדִּישִׁים שִׁמְךָ בַּקֹּדֶשׁ, כַּכָּתוּב עַל יַד
נְבִיאֶךָ: וְקָרָא זֶה אֶל־זֶה וְאָמַר ישעיה ו
וממשיכים ׳קָדוֹשׁ, קָדוֹשׁ, קָדוֹשׁ׳ בעמוד הבא.

בחזרת הש״ץ הקהל עומד ואומר קדושה.
במקומות המסומנים ב־*, המתפלל מתרומם על קצות אצבעותיו.

קהל ואחריו שליח הציבור:

כֶּתֶר יִתְּנוּ לְךָ, יהוה אֱלֹהֵינוּ, מַלְאָכִים הֲמוֹנֵי מַעְלָה
עִם עַמְּךָ יִשְׂרָאֵל קְבוּצֵי מַטָּה
יַחַד כֻּלָּם קְדֻשָּׁה לְךָ יְשַׁלֵּשׁוּ כַּדָּבָר הָאָמוּר עַל יַד נְבִיאֶךָ
ישעיה ו וְקָרָא זֶה אֶל־זֶה וְאָמַר

קהל ואחריו שליח הציבור:

*קָדוֹשׁ, *קָדוֹשׁ, *קָדוֹשׁ, יהוה צְבָאוֹת, מְלֹא כָל־הָאָרֶץ כְּבוֹדוֹ:
כְּבוֹדוֹ מָלֵא עוֹלָם, מְשָׁרְתָיו שׁוֹאֲלִים זֶה לָזֶה
אַיֵּה מְקוֹם כְּבוֹדוֹ לְהַעֲרִיצוֹ
לְעֻמָּתָם מְשַׁבְּחִים וְאוֹמְרִים

קהל ואחריו שליח הציבור:

יחזקאל ג *בָּרוּךְ כְּבוֹד־יהוה מִמְּקוֹמוֹ:
מִמְּקוֹמוֹ הוּא יִפֶן בְּרַחֲמָיו לְעַמּוֹ
וְיָחֹן עַם הַמְיַחֲדִים שְׁמוֹ עֶרֶב וָבֹקֶר בְּכָל יוֹם תָּמִיד
פַּעֲמַיִם בְּאַהֲבָה שְׁמַע אוֹמְרִים

קהל ואחריו שליח הציבור:

דברים ו שְׁמַע יִשְׂרָאֵל, יהוה אֱלֹהֵינוּ, יהוה אֶחָד:
הוּא אֱלֹהֵינוּ, הוּא אָבִינוּ, הוּא מַלְכֵּנוּ, הוּא מוֹשִׁיעֵנוּ
וְהוּא יוֹשִׁיעֵנוּ וְיִגְאָלֵנוּ שֵׁנִית, וְיַשְׁמִיעֵנוּ בְּרַחֲמָיו לְעֵינֵי כָּל חַי לֵאמֹר
הֵן גָּאַלְתִּי אֶתְכֶם אַחֲרִית כְּבְרֵאשִׁית
במדבר טו לִהְיוֹת לָכֶם לֵאלֹהִים, אֲנִי יהוה אֱלֹהֵיכֶם:

קהל ואחריו שליח הציבור:

אַדִּיר אַדִּירֵנוּ, יהוה אֲדֹנֵינוּ, מָה־אַדִּיר שִׁמְךָ בְּכָל־הָאָרֶץ: תהלים ח

וְהָיָה יהוה לְמֶלֶךְ עַל־כָּל־הָאָרֶץ זכריה יד

בַּיּוֹם הַהוּא יִהְיֶה יהוה אֶחָד וּשְׁמוֹ אֶחָד:

שליח הציבור:

וּבְדִבְרֵי קָדְשְׁךָ כָּתוּב לֵאמֹר

קהל ואחריו שליח הציבור:

יִמְלֹךְ יהוה לְעוֹלָם, אֱלֹהַיִךְ צִיּוֹן לְדֹר וָדֹר, הַלְלוּיָהּ: תהלים קמו

שליח הציבור:

לְדוֹר וָדוֹר נַגִּיד גָּדְלֶךָ, וּלְנֵצַח נְצָחִים קְדֻשָּׁתְךָ נַקְדִּישׁ

וְשִׁבְחֲךָ אֱלֹהֵינוּ מִפִּינוּ לֹא יָמוּשׁ לְעוֹלָם וָעֶד

כִּי אֵל מֶלֶךְ גָּדוֹל וְקָדוֹשׁ אָתָּה.

בבתי כנסת המתפללים בנוסח אשכנז, אין אומרים ׳לְדוֹר וָדוֹר׳.

לְדוֹר וָדוֹר הַמְלִיכוּ לָאֵל, כִּי הוּא לְבַדּוֹ מָרוֹם וְקָדוֹשׁ.

קהל ושליח הציבור אומרים יחד:

חֲמֹל עַל מַעֲשֶׂיךָ

וְתִשְׂמַח בְּמַעֲשֶׂיךָ

וְיֹאמְרוּ לְךָ חוֹסֶיךָ

בְּצַדֶּקְךָ עֲמוּסֶיךָ

תֻּקְדַּשׁ אָדוֹן עַל כָּל מַעֲשֶׂיךָ

כִּי מַקְדִּישֶׁיךָ בִּקְדֻשָּׁתְךָ קִדַּשְׁתָּ

נָאֶה לְקָדוֹשׁ פְּאֵר מִקְּדוֹשִׁים.

שליח הציבור ממשיך:

בְּאֵין מֵלִיץ יֹשֶׁר מוּל מַגִּיד פֶּשַׁע

תַּגִּיד לְיַעֲקֹב דְּבַר, חֹק וּמִשְׁפָּט

וְצַדְּקֵנוּ בַּמִּשְׁפָּט, הַמֶּלֶךְ הַמִּשְׁפָּט.

עוֹד יִזְכּוֹר לָנוּ אַהֲבַת אֵיתָן, אֲדוֹנֵינוּ
וּבַבֵּן הַנֶּעֱקָד יַשְׁבִּית מְדַיְּנֵינוּ
וּבִזְכוּת הַתָּם יוֹצִיא הַיּוֹם לְצֶדֶק דִּינֵנוּ
כִּי־קָדוֹשׁ הַיּוֹם לַאֲדֹנֵינוּ: נחמיה ח

וּבְכֵן יִתְקַדַּשׁ שִׁמְךָ יהוה אֱלֹהֵינוּ
עַל יִשְׂרָאֵל עַמֶּךָ
וְעַל יְרוּשָׁלַיִם עִירֶךָ
וְעַל צִיּוֹן מִשְׁכַּן כְּבוֹדֶךָ
וְעַל מַלְכוּת בֵּית דָּוִד מְשִׁיחֶךָ*
וְעַל מְכוֹנְךָ וְהֵיכָלֶךָ.

וּבְכֵן תֵּן פַּחְדְּךָ יהוה אֱלֹהֵינוּ עַל כָּל מַעֲשֶׂיךָ
וְאֵימָתְךָ עַל כָּל מַה שֶּׁבָּרָאתָ
וְיִירָאוּךָ כָּל הַמַּעֲשִׂים, וְיִשְׁתַּחֲווּ לְפָנֶיךָ כָּל הַבְּרוּאִים
וְיֵעָשׂוּ כֻלָּם אֲגֻדָּה אַחַת לַעֲשׂוֹת רְצוֹנְךָ בְּלֵבָב שָׁלֵם
כְּמוֹ שֶׁיָּדַעְנוּ יהוה אֱלֹהֵינוּ שֶׁהַשָּׁלְטָן לְפָנֶיךָ
עֹז בְּיָדְךָ וּגְבוּרָה בִּימִינֶךָ
וְשִׁמְךָ נוֹרָא עַל כָּל מַה שֶּׁבָּרָאתָ.

וּבְכֵן תֵּן כָּבוֹד יהוה לְעַמֶּךָ
תְּהִלָּה לִירֵאֶיךָ וְתִקְוָה טוֹבָה לְדוֹרְשֶׁיךָ
וּפִתְחוֹן פֶּה לַמְיַחֲלִים לָךְ
שִׂמְחָה לְאַרְצֶךָ, וְשָׂשׂוֹן לְעִירֶךָ, וּצְמִיחַת קֶרֶן לְדָוִד עַבְדֶּךָ
וַעֲרִיכַת נֵר לְבֶן יִשַׁי מְשִׁיחֶךָ בִּמְהֵרָה בְיָמֵינוּ.

* וְעַל בִּנְיַן בֵּית מִקְדָּשְׁךָ וְהֵיכָלֶךָ.

וּבְכֵן צַדִּיקִים יִרְאוּ וְיִשְׂמָחוּ, וִישָׁרִים יַעֲלֹזוּ
וַחֲסִידִים בְּרִנָּה יָגִילוּ, וְעוֹלָתָה תִּקְפָּץ פִּיהָ
וְכָל הָרִשְׁעָה כֻּלָּהּ כְּעָשָׁן תִּכְלֶה
כִּי תַעֲבִיר מֶמְשֶׁלֶת זָדוֹן מִן הָאָרֶץ.

וְתִמְלֹךְ אַתָּה הוּא יהוה אֱלֹהֵינוּ
מְהֵרָה לְבַדֶּךָ עַל כָּל מַעֲשֶׂיךָ
בְּהַר צִיּוֹן מִשְׁכַּן כְּבוֹדֶךָ
וּבִירוּשָׁלַיִם עִיר קָדְשֶׁךָ
כַּכָּתוּב בְּדִבְרֵי קָדְשֶׁךָ
יִמְלֹךְ יהוה לְעוֹלָם, אֱלֹהַיִךְ צִיּוֹן לְדֹר וָדֹר, הַלְלוּיָהּ: תהלים קמו

קָדוֹשׁ אַתָּה וְנוֹרָא שְׁמֶךָ, וְאֵין אֱלוֹהַּ מִבַּלְעָדֶיךָ
כַּכָּתוּב, וַיִּגְבַּהּ יהוה צְבָאוֹת בַּמִּשְׁפָּט ישעיה ה
וְהָאֵל הַקָּדוֹשׁ נִקְדַּשׁ בִּצְדָקָה:
בָּרוּךְ** אַתָּה יהוה, הַמֶּלֶךְ הַקָּדוֹשׁ.

קדושת היום

אַתָּה בְחַרְתָּנוּ מִכָּל הָעַמִּים
אָהַבְתָּ אוֹתָנוּ וְרָצִיתָ בָּנוּ
וְרוֹמַמְתָּנוּ מִכָּל הַלְּשׁוֹנוֹת
וְקִדַּשְׁתָּנוּ בְּמִצְוֹתֶיךָ
וְקֵרַבְתָּנוּ מַלְכֵּנוּ לַעֲבוֹדָתֶךָ
וְשִׁמְךָ הַגָּדוֹל וְהַקָּדוֹשׁ עָלֵינוּ קָרָאתָ.

** בבית כנסת הבנוי בהר הבית: בָּרוּךְ אַתָּה יהוה אֱלֹהֵי יִשְׂרָאֵל מִן הָעוֹלָם וְעַד הָעוֹלָם, בָּרוּךְ אַתָּה יהוה, הַמֶּלֶךְ הַקָּדוֹשׁ.

בשבת מוסיפים את המילים שבסוגריים.

וַתִּתֶּן לָנוּ יהוה אֱלֹהֵינוּ בְּאַהֲבָה אֶת יוֹם
(הַשַּׁבָּת הַזֶּה לִקְדֻשָּׁה וְלִמְנוּחָה, וְאֶת יוֹם)
הַכִּפּוּרִים הַזֶּה, לִמְחִילָה וְלִסְלִיחָה וּלְכַפָּרָה
וְלִמְחָל בּוֹ אֶת כָּל עֲוֹנוֹתֵינוּ
(בְּאַהֲבָה) מִקְרָא קֹדֶשׁ, זֵכֶר לִיצִיאַת מִצְרָיִם.

אֱלֹהֵינוּ וֵאלֹהֵי אֲבוֹתֵינוּ
יַעֲלֶה וְיָבוֹא וְיַגִּיעַ, וְיֵרָאֶה וְיֵרָצֶה וְיִשָּׁמַע
וְיִפָּקֵד וְיִזָּכֵר זִכְרוֹנֵנוּ וּפִקְדוֹנֵנוּ וְזִכְרוֹן אֲבוֹתֵינוּ
וְזִכְרוֹן מָשִׁיחַ בֶּן דָּוִד עַבְדֶּךָ, וְזִכְרוֹן יְרוּשָׁלַיִם עִיר קָדְשֶׁךָ
וְזִכְרוֹן כָּל עַמְּךָ בֵּית יִשְׂרָאֵל, לְפָנֶיךָ, לִפְלֵיטָה לְטוֹבָה
לְחֵן וּלְחֶסֶד וּלְרַחֲמִים, לְחַיִּים וּלְשָׁלוֹם
בְּיוֹם הַכִּפּוּרִים הַזֶּה.
זָכְרֵנוּ יהוה אֱלֹהֵינוּ בּוֹ לְטוֹבָה, וּפָקְדֵנוּ בוֹ לִבְרָכָה
וְהוֹשִׁיעֵנוּ בוֹ לְחַיִּים טוֹבִים.
וּבִדְבַר יְשׁוּעָה וְרַחֲמִים
חוּס וְחָנֵּנוּ וְרַחֵם עָלֵינוּ וְהוֹשִׁיעֵנוּ
כִּי אֵלֶיךָ עֵינֵינוּ, כִּי אֵל מֶלֶךְ חַנּוּן וְרַחוּם אָתָּה.

בימות הראשונים נהגו לומר סליחות ווידוי לפני חתימת הברכה הרביעית (סידור רס"ג). במאתיים השנים האחרונות הפסיקו לומר בקהילות אשכנז פיוטים וי"ג מידות (פרט לתפילות ערבית ונעילה), ומתחילים מיד בפסוקי סליחות.

הכול:

זְכֹר־רַחֲמֶיךָ יהוה וַחֲסָדֶיךָ, כִּי מֵעוֹלָם הֵמָּה: תהלים כה
אַל־תִּזְכָּר־לָנוּ עֲוֹנֹת רִאשֹׁנִים, מַהֵר יְקַדְּמוּנוּ רַחֲמֶיךָ כִּי דַלּוֹנוּ מְאֹד: תהלים עט

זָכְרֵנוּ יהוה בִּרְצוֹן עַמֶּךָ, פָּקְדֵנוּ בִּישׁוּעָתֶךָ.

זְכֹר עֲדָתְךָ קָנִיתָ קֶּדֶם, גָּאַלְתָּ שֵׁבֶט נַחֲלָתֶךָ, הַר־צִיּוֹן זֶה שָׁכַנְתָּ בּוֹ: תהלים עד

זְכֹר יהוה חִבַּת יְרוּשָׁלָםִ, אַהֲבַת צִיּוֹן אַל תִּשְׁכַּח לָנֶצַח.

זְכֹר יהוה לִבְנֵי אֱדוֹם אֵת יוֹם יְרוּשָׁלָםִ תהלים קלז

הָאוֹמְרִים עָרוּ עָרוּ, עַד הַיְסוֹד בָּהּ:

אַתָּה תָקוּם תְּרַחֵם צִיּוֹן, כִּי־עֵת לְחֶנְנָהּ, כִּי־בָא מוֹעֵד: תהלים קב

זְכֹר לְאַבְרָהָם לְיִצְחָק וּלְיִשְׂרָאֵל עֲבָדֶיךָ שמות לב

אֲשֶׁר נִשְׁבַּעְתָּ לָהֶם בָּךְ וַתְּדַבֵּר אֲלֵהֶם

אַרְבֶּה אֶת־זַרְעֲכֶם כְּכוֹכְבֵי הַשָּׁמָיִם

וְכָל־הָאָרֶץ הַזֹּאת אֲשֶׁר אָמַרְתִּי אֶתֵּן לְזַרְעֲכֶם, וְנָחֲלוּ לְעֹלָם:

זְכֹר לַעֲבָדֶיךָ לְאַבְרָהָם לְיִצְחָק וּלְיַעֲקֹב דברים ט

אַל־תֵּפֶן אֶל־קְשִׁי הָעָם הַזֶּה וְאֶל־רִשְׁעוֹ וְאֶל־חַטָּאתוֹ:

שליח הציבור ואחריו הקהל:

אַל־נָא תָשֵׁת עָלֵינוּ חַטָּאת אֲשֶׁר נוֹאַלְנוּ וַאֲשֶׁר חָטָאנוּ: במדבר יב

חָטָאנוּ צוּרֵנוּ, סְלַח לָנוּ יוֹצְרֵנוּ.

גם כיום נוהגים ברוב הקהילות לומר פיוט ׳חָטָאנוּ׳ לתפילת מנחה –
׳אֵל נָא, רְפָא נָא׳, המתאר כיצד הקב״ה ענה לתפילתם של אבות האומה.
יש קהילות שבהן אומרים פיוט זה כפיוט ׳חָטָאנוּ׳ בכל תעניות ציבור.
במקור את הפיוט אמר שליח הציבור, והקהל ענה רק את הפזמון ׳חָטָאנוּ צוּרֵנוּ,
סְלַח לָנוּ יוֹצְרֵנוּ׳. כיום נוהגים שהקהל ושליח הציבור אומרים את כולו:
יש קהילות שבהן הכול אומרים זוג בתים בכל פעם, ושליח הציבור מסיים
בקול את סוף הבית השני מביניהם, ואין עונים אחריו ׳חָטָאנוּ׳.

סימן א״ב

אֵל נָא, רְפָא נָא תַּחֲלוּאֵי גֶּפֶן פּוֹרִיָּה

בּוֹשָׁה וְחָפֵרָה, וְאֻמְלַל פִּרְיָהּ

גְּאָלֶנָּה מִשַּׁחַת וּמִמַּכָּה טְרִיָּה.

עֲנֵנוּ כְּשֶׁעָנִיתָ לְאַבְרָהָם אָבִינוּ בְּהַר הַמּוֹרִיָּה.

חָטָאנוּ צוּרֵנוּ, סְלַח לָנוּ יוֹצְרֵנוּ.

דִּגְלֵי עָם, פְּדוּיֵי בִּזְרוֹעַ חָשׂוּף
הַצֵּל מִנֶּגֶף וְאַל יִהְיוּ לְשִׁסּוּף
וְתַעֲנֶה קְרִיאָתֵנוּ וּלְמַעֲשֵׂה יָדֶיךָ תִּכְסֹף
עֲנֵנוּ כְּשֶׁעָנִיתָ לַאֲבוֹתֵינוּ עַל יַם סוּף.
חָטָאנוּ צוּרֵנוּ, סְלַח לָנוּ יוֹצְרֵנוּ.

זְכוּת צוּר חָצַב הַיּוֹם לָנוּ תְגַל
חָשְׂכֵנוּ מֵאֶנֶף וּנְחֵנוּ בְּיֹשֶׁר מַעְגָּל
טַהֵר טֻמְאָתֵנוּ וְלִמְאוֹר תּוֹרָתְךָ עֵינֵינוּ גַל
עֲנֵנוּ כְּשֶׁעָנִיתָ לִיהוֹשֻׁעַ בַּגִּלְגָּל.
חָטָאנוּ צוּרֵנוּ, סְלַח לָנוּ יוֹצְרֵנוּ.

יָהּ, רְאֵה דֶּשֶׁן עָקוּד, וְהַצְמַח לָנוּ תְרוּפָה
כַּלֵּה שֹׁד וָשֶׁבֶר, סַעַר וְסוּפָה
לַמְּדֵנוּ וְחַכְּמֵנוּ אִמְרָתְךָ הַצְּרוּפָה
עֲנֵנוּ כְּשֶׁעָנִיתָ לִשְׁמוּאֵל בַּמִּצְפָּה.
חָטָאנוּ צוּרֵנוּ, סְלַח לָנוּ יוֹצְרֵנוּ.

מְתֻמָּם מֵרֶחֶם, שָׁרָשָׁיו אַל תְּקַמֵּל
נַקֵּנוּ מִכֶּתֶם וָשֶׁמֶץ, וְלֹא נֶאֱמַל
סַעֲדֵנוּ וְנִוָּשֵׁעָה, וְאָרְחוֹת חֲסָדֶיךָ נִגָּמֵל
עֲנֵנוּ כְּשֶׁעָנִיתָ לְאֵלִיָּהוּ בְּהַר הַכַּרְמֶל.
חָטָאנוּ צוּרֵנוּ, סְלַח לָנוּ יוֹצְרֵנוּ.

עוֹדְדֵנוּ בְּצֶדֶק מָשׁוּי מִמַּיִם, וְכַפֵּר זָדוֹן וּמְשׁוּגָה
פְּדֵנוּ מִמְּהוּמַת מָוֶת, וְאָחוֹר בַּל נִסּוֹגָה
צַוֵּה יְשׁוּעָתֵנוּ, וּבַעֲוֹנוֹתֵינוּ אַל נִתְמוֹגְגָה
עֲנֵנוּ כְּשֶׁעָנִיתָ לְיוֹנָה בִּמְעֵי הַדָּגָה.
חָטָאנוּ צוּרֵנוּ, סְלַח לָנוּ יוֹצְרֵנוּ.

קְדֻשַּׁת אִישׁ חֲסִידֶךָ זְכוֹר לִיפַת פַּעֲמַיִם
רַחֲמֶיךָ תְּעוֹרֵר כִּי לָקִינוּ בְּכִפְלַיִם
שׁוּבֵנוּ תְּקָף לְיִרְאָתֶךָ וְלֹא נֶחְשַׁף שׁוּלַיִם
עֲנֵנוּ כְּשֶׁעָנִיתָ לְדָוִד וְלִשְׁלֹמֹה בְנוֹ בִּירוּשָׁלָיִם.

חָטָאנוּ צוּרֵנוּ, סְלַח לָנוּ יוֹצְרֵנוּ.

הכול:

זְכָר לָנוּ בְּרִית אָבוֹת כַּאֲשֶׁר אָמַרְתָּ:
וְזָכַרְתִּי אֶת־בְּרִיתִי יַעֲקוֹב, וְאַף אֶת־בְּרִיתִי יִצְחָק ויקרא כו
וְאַף אֶת־בְּרִיתִי אַבְרָהָם אֶזְכֹּר
וְהָאָרֶץ אֶזְכֹּר:

זְכָר לָנוּ בְּרִית רִאשׁוֹנִים כַּאֲשֶׁר אָמַרְתָּ:
וְזָכַרְתִּי לָהֶם בְּרִית רִאשֹׁנִים ויקרא כו
אֲשֶׁר הוֹצֵאתִי־אֹתָם מֵאֶרֶץ מִצְרַיִם לְעֵינֵי הַגּוֹיִם
לִהְיוֹת לָהֶם לֵאלֹהִים, אֲנִי יהוה:

עֲשֵׂה עִמָּנוּ כְּמָה שֶׁהִבְטַחְתָּנוּ:
וְאַף גַּם־זֹאת בִּהְיוֹתָם בְּאֶרֶץ אֹיְבֵיהֶם ויקרא כו
לֹא־מְאַסְתִּים וְלֹא־גְעַלְתִּים לְכַלֹּתָם
לְהָפֵר בְּרִיתִי אִתָּם, כִּי אֲנִי יהוה אֱלֹהֵיהֶם:

הָשֵׁב שְׁבוּתֵנוּ וְרַחֲמֵנוּ כְּמָה שֶׁכָּתוּב:
וְשָׁב יהוה אֱלֹהֶיךָ אֶת־שְׁבוּתְךָ וְרִחֲמֶךָ דברים ל
וְשָׁב וְקִבֶּצְךָ מִכָּל־הָעַמִּים אֲשֶׁר הֱפִיצְךָ יהוה אֱלֹהֶיךָ שָׁמָּה:

קַבֵּץ נִדָּחֵינוּ כְּמָה שֶׁכָּתוּב:
אִם־יִהְיֶה נִדַּחֲךָ בִּקְצֵה הַשָּׁמָיִם דברים ל
מִשָּׁם יְקַבֶּצְךָ יהוה אֱלֹהֶיךָ וּמִשָּׁם יִקָּחֶךָ:

מְחֵה פְשָׁעֵינוּ כָּעָב וְכֶעָנָן כְּמָה שֶׁכָּתוּב:
ישעיה מד מָחִיתִי כָעָב פְּשָׁעֶיךָ וְכֶעָנָן חַטֹּאותֶיךָ
שׁוּבָה אֵלַי כִּי גְאַלְתִּיךָ:

מְחֵה פְשָׁעֵינוּ לְמַעַנְךָ כַּאֲשֶׁר אָמַרְתָּ:
ישעיה מג אָנֹכִי אָנֹכִי הוּא מֹחֶה פְשָׁעֶיךָ לְמַעֲנִי
וְחַטֹּאתֶיךָ לֹא אֶזְכֹּר:

הַלְבֵּן חֲטָאֵינוּ כַּשֶּׁלֶג וְכַצֶּמֶר כְּמָה שֶׁכָּתוּב:
ישעיה א לְכוּ־נָא וְנִוָּכְחָה יֹאמַר יהוה
אִם־יִהְיוּ חֲטָאֵיכֶם כַּשָּׁנִים כַּשֶּׁלֶג יַלְבִּינוּ
אִם־יַאְדִּימוּ כַתּוֹלָע כַּצֶּמֶר יִהְיוּ:

זְרֹק עָלֵינוּ מַיִם טְהוֹרִים וְטַהֲרֵנוּ כְּמָה שֶׁכָּתוּב:
יחזקאל לו וְזָרַקְתִּי עֲלֵיכֶם מַיִם טְהוֹרִים וּטְהַרְתֶּם
מִכֹּל טֻמְאוֹתֵיכֶם וּמִכָּל־גִּלּוּלֵיכֶם אֲטַהֵר אֶתְכֶם:

כַּפֵּר חֲטָאֵינוּ בַּיּוֹם הַזֶּה וְטַהֲרֵנוּ, כְּמָה שֶׁכָּתוּב:
ויקרא טז כִּי־בַיּוֹם הַזֶּה יְכַפֵּר עֲלֵיכֶם לְטַהֵר אֶתְכֶם
מִכֹּל חַטֹּאתֵיכֶם לִפְנֵי יהוה תִּטְהָרוּ:

רַחֵם עָלֵינוּ וְאַל תַּשְׁחִיתֵנוּ כְּמָה שֶׁכָּתוּב:
דברים ד כִּי אֵל רַחוּם יהוה אֱלֹהֶיךָ
לֹא יַרְפְּךָ וְלֹא יַשְׁחִיתֶךָ
וְלֹא יִשְׁכַּח אֶת־בְּרִית אֲבוֹתֶיךָ
אֲשֶׁר נִשְׁבַּע לָהֶם:

מוֹל אֶת לְבָבֵנוּ לְאַהֲבָה אֶת שְׁמֶךָ כְּמָה שֶׁכָּתוּב:
דברים ל וּמָל יהוה אֱלֹהֶיךָ אֶת־לְבָבְךָ וְאֶת־לְבַב זַרְעֶךָ
לְאַהֲבָה אֶת־יהוה אֱלֹהֶיךָ, בְּכָל־לְבָבְךָ וּבְכָל־נַפְשְׁךָ, לְמַעַן חַיֶּיךָ:

הִמָּצֵא לָנוּ בְּבַקָּשָׁתֵנוּ כְּמָה שֶׁכָּתוּב:

וּבִקַּשְׁתֶּם מִשָּׁם אֶת־יהוה אֱלֹהֶיךָ וּמָצָאתָ דברים ד
כִּי תִדְרְשֶׁנּוּ בְּכָל־לְבָבְךָ וּבְכָל־נַפְשֶׁךָ:

תְּבִיאֵנוּ אֶל הַר קָדְשֶׁךָ, וְשַׂמְּחֵנוּ בְּבֵית תְּפִלָּתֶךָ כְּמָה שֶׁכָּתוּב:

וַהֲבִיאוֹתִים אֶל־הַר קָדְשִׁי, וְשִׂמַּחְתִּים בְּבֵית תְּפִלָּתִי ישעיה נו
עוֹלֹתֵיהֶם וְזִבְחֵיהֶם לְרָצוֹן עַל־מִזְבְּחִי
כִּי בֵיתִי בֵּית־תְּפִלָּה יִקָּרֵא לְכָל־הָעַמִּים:

פותחים את ארון הקודש.

בקהילות רבות נוהגים לומר את הפסוקים בסדר הבא:
׳שְׁמַע קוֹלֵנוּ׳, ׳הֲשִׁיבֵנוּ׳, ׳אַל תַּשְׁלִיכֵנוּ מִלְּפָנֶיךָ׳, ׳אַל תַּשְׁלִיכֵנוּ לְעֵת זִקְנָה׳ בקול,
שליח הציבור אומר פסוק פסוק ואחריו הקהל; ׳אַל תַּעַזְבֵנוּ׳, ׳עֲשֵׂה עִמָּנוּ׳
׳אֲמָרֵינוּ הַאֲזִינָה׳, ׳יִהְיוּ לְרָצוֹן׳, ׳כִּי לְךָ ה׳׳ בלחש.

הקהל ואחריו שליח הציבור אומרים פסוק פסוק עד ׳אַל תַּעַזְבֵנוּ׳:

שְׁמַע קוֹלֵנוּ, יהוה אֱלֹהֵינוּ, חוּס וְרַחֵם עָלֵינוּ
וְקַבֵּל בְּרַחֲמִים וּבְרָצוֹן אֶת תְּפִלָּתֵנוּ.

הֲשִׁיבֵנוּ יהוה אֵלֶיךָ וְנָשׁוּבָה, חַדֵּשׁ יָמֵינוּ כְּקֶדֶם: איכה ה

אֲמָרֵינוּ הַאֲזִינָה יהוה, בִּינָה הֲגִיגֵנוּ.

יִהְיוּ לְרָצוֹן אִמְרֵי פִינוּ וְהֶגְיוֹן לִבֵּנוּ לְפָנֶיךָ, יהוה צוּרֵנוּ וְגוֹאֲלֵנוּ.

אַל תַּשְׁלִיכֵנוּ מִלְּפָנֶיךָ, וְרוּחַ קָדְשְׁךָ אַל תִּקַּח מִמֶּנּוּ.

אַל תַּשְׁלִיכֵנוּ לְעֵת זִקְנָה, כִּכְלוֹת כֹּחֵנוּ אַל תַּעַזְבֵנוּ.

אַל תַּעַזְבֵנוּ יהוה, אֱלֹהֵינוּ אַל תִּרְחַק מִמֶּנּוּ.

עֲשֵׂה עִמָּנוּ אוֹת לְטוֹבָה, וְיִרְאוּ שׂוֹנְאֵינוּ וְיֵבֹשׁוּ
כִּי אַתָּה יהוה עֲזַרְתָּנוּ וְנִחַמְתָּנוּ.

כִּי לְךָ יהוה הוֹחָלְנוּ, אַתָּה תַעֲנֶה אֲדֹנָי אֱלֹהֵינוּ.

סוגרים את ארון הקודש.

שליח הציבור:

אֱלֹהֵינוּ וֵאלֹהֵי אֲבוֹתֵינוּ
אַל תַּעַזְבֵנוּ, וְאַל תִּטְּשֵׁנוּ
וְאַל תַּכְלִימֵנוּ, וְאַל תָּפֵר בְּרִיתְךָ אִתָּנוּ
קָרְבֵנוּ לְתוֹרָתֶךָ, לַמְּדֵנוּ מִצְוֹתֶיךָ
הוֹרֵנוּ דְרָכֶיךָ, הַט לִבֵּנוּ לְיִרְאָה אֶת שְׁמֶךָ
וּמוֹל אֶת לְבָבֵנוּ לְאַהֲבָתֶךָ,
וְנָשׁוּב אֵלֶיךָ בֶּאֱמֶת וּבְלֵב שָׁלֵם
וּלְמַעַן שִׁמְךָ הַגָּדוֹל תִּמְחֹל וְתִסְלַח לַעֲוֹנֵינוּ
כַּכָּתוּב בְּדִבְרֵי קָדְשֶׁךָ
תהלים כה לְמַעַן־שִׁמְךָ יהוה, וְסָלַחְתָּ לַעֲוֹנִי כִּי רַב־הוּא:

הכול:

אֱלֹהֵינוּ וֵאלֹהֵי אֲבוֹתֵינוּ
סְלַח לָנוּ, מְחַל לָנוּ, כַּפֶּר לָנוּ.

כִּי אָנוּ עַמֶּךָ וְאַתָּה אֱלֹהֵינוּ אָנוּ בָנֶיךָ וְאַתָּה אָבִינוּ
אָנוּ עֲבָדֶיךָ וְאַתָּה אֲדוֹנֵינוּ אָנוּ קְהָלֶךָ וְאַתָּה חֶלְקֵנוּ
אָנוּ נַחֲלָתֶךָ וְאַתָּה גוֹרָלֵנוּ אָנוּ צֹאנֶךָ וְאַתָּה רוֹעֵנוּ
אָנוּ כַרְמֶךָ וְאַתָּה נוֹטְרֵנוּ אָנוּ פְעֻלָּתֶךָ וְאַתָּה יוֹצְרֵנוּ
אָנוּ רַעְיָתֶךָ וְאַתָּה דוֹדֵנוּ אָנוּ סְגֻלָּתֶךָ וְאַתָּה אֱלֹהֵינוּ
אָנוּ עַמֶּךָ וְאַתָּה מַלְכֵּנוּ אָנוּ מַאֲמִירֶיךָ וְאַתָּה מַאֲמִירֵנוּ.

שליח הציבור אומר שורה שורה, והקהל חוזר אחריו:

אָנוּ עַזֵּי פָנִים וְאַתָּה רַחוּם וְחַנּוּן
אָנוּ קְשֵׁי עֹרֶף וְאַתָּה אֶרֶךְ אַפַּיִם
אָנוּ מְלֵאֵי עָוֹן וְאַתָּה מָלֵא רַחֲמִים
תהלים קב אָנוּ יָמֵינוּ כְּצֵל עוֹבֵר וְאַתָּה־הוּא וּשְׁנוֹתֶיךָ לֹא יִתָּמּוּ:

סדר מצוות וידוי

יכוון לקיים מצוות עשה, של ׳והתודו את חטאתם אשר עשו׳ (במדבר ה, ז). אלו דברי רבנו יונה גירונדי: ״מצות עשה מן התורה להעיר אדם את רוחו לחזור בתשובה ביום הכיפורים, שנאמר: ׳מכל חטאתיכם לפני ה׳ תטהרו׳ (ויקרא טז, ל). על כן הזהירנו הכתוב, שנטהר לפני ה׳ בתשובתנו, והוא יכפר עלינו ביום זה לטהרנו״ (שערי תשובה שער ב, יד). ״והעובר על זה ולא התוודה על חטאיו ביום הכפורים, שהוא יום קבוע מעולם לסליחה ולכפרה, ביטל עשה זה... ונשא עוונו״ (ספר החינוך שסג). הווידוי נאמר גם במעומד וגם בהשתחוויה (מאירי על פי הגאונים ׳חיבור התשובה׳ ויומא דף פו).

שליח הציבור:

אֱלֹהֵינוּ וֵאלֹהֵי אֲבוֹתֵינוּ
תָּבוֹא לְפָנֶיךָ תְּפִלָּתֵנוּ, וְאַל תִּתְעַלַּם מִתְּחִנָּתֵנוּ.
שֶׁאֵין אֲנוּ עַזֵּי פָנִים וּקְשֵׁי עֹרֶף לוֹמַר לְפָנֶיךָ
יהוה אֱלֹהֵינוּ וֵאלֹהֵי אֲבוֹתֵינוּ
צַדִּיקִים אֲנַחְנוּ וְלֹא חָטָאנוּ. אֲבָל אֲנַחְנוּ וַאֲבוֹתֵינוּ חָטָאנוּ.

כשמתוודה, מכה באגרופו על החזה כנגד הלב (מג״א תרז, ג, בשם מדרש קהלת).

אָשַׁמְנוּ, בָּגַדְנוּ, גָּזַלְנוּ, דִּבַּרְנוּ דֹפִי
הֶעֱוִינוּ, וְהִרְשַׁעְנוּ, זַדְנוּ, חָמַסְנוּ, טָפַלְנוּ שֶׁקֶר
יָעַצְנוּ רָע, כִּזַּבְנוּ, לַצְנוּ, מָרַדְנוּ, מָאַסְנוּ בְּבֵית הַמִּקְדָּשׁ, נִאַצְנוּ, סָרַרְנוּ
עָוִינוּ, פָּשַׁעְנוּ, צָרַרְנוּ, קִשִּׁינוּ עֹרֶף
רָשַׁעְנוּ, שִׁחַתְנוּ, תִּעַבְנוּ, תָּעִינוּ, תִּעְתָּעְנוּ.

סַרְנוּ מִמִּצְוֹתֶיךָ וּמִמִּשְׁפָּטֶיךָ הַטּוֹבִים, וְלֹא שָׁוָה לָנוּ.
וְאַתָּה צַדִּיק עַל כָּל־הַבָּא עָלֵינוּ נחמיה ט
כִּי־אֱמֶת עָשִׂיתָ, וַאֲנַחְנוּ הִרְשָׁעְנוּ:

הִרְשַׁעְנוּ וּפָשַׁעְנוּ, לָכֵן לֹא נוֹשָׁעְנוּ
וְתֵן בְּלִבֵּנוּ לַעֲזֹב דֶּרֶךְ רֶשַׁע
וְחִישׁ לָנוּ יֶשַׁע
כַּכָּתוּב עַל יַד נְבִיאֶךָ: יַעֲזֹב רָשָׁע דַּרְכּוֹ, וְאִישׁ אָוֶן מַחְשְׁבֹתָיו ישעיה נה
וְיָשֹׁב אֶל־יהוה וִירַחֲמֵהוּ
וְאֶל־אֱלֹהֵינוּ כִּי־יַרְבֶּה לִסְלוֹחַ:

שליח הציבור:

אֱלֹהֵינוּ וֵאלֹהֵי אֲבוֹתֵינוּ
סְלַח וּמְחַל לַעֲוֹנוֹתֵינוּ
בְּיוֹם (בשבת: הַשַּׁבָּת הַזֶּה וּבְיוֹם) הַכִּפּוּרִים הַזֶּה
וְהֵעָתֵר לָנוּ בִּתְפִלָּתֵנוּ
מְחֵה וְהַעֲבֵר פְּשָׁעֵינוּ וְחַטֹּאתֵינוּ מִנֶּגֶד עֵינֶיךָ
וְכֹף אֶת יִצְרֵנוּ לְהִשְׁתַּעְבֶּד לָךְ
וְהַכְנַע עָרְפֵּנוּ לָשׁוּב אֵלֶיךָ בֶּאֱמֶת
וְחַדֵּשׁ כִּלְיוֹתֵינוּ לִשְׁמֹר פִּקּוּדֶיךָ
וּמוֹל אֶת לְבָבֵנוּ לְאַהֲבָה וּלְיִרְאָה אֶת שְׁמֶךָ
כַּכָּתוּב בְּתוֹרָתֶךָ
וּמָל יהוה אֱלֹהֶיךָ אֶת־לְבָבְךָ וְאֶת־לְבַב זַרְעֶךָ דברים ל
לְאַהֲבָה אֶת־יהוה אֱלֹהֶיךָ
בְּכָל־לְבָבְךָ וּבְכָל־נַפְשְׁךָ, לְמַעַן חַיֶּיךָ:
הַזְּדוֹנוֹת וְהַשְּׁגָגוֹת אַתָּה מַכִּיר
הָרָצוֹן וְהָאֹנֶס, הַגְּלוּיִים וְהַנִּסְתָּרִים
לְפָנֶיךָ הֵם גְּלוּיִים וִידוּעִים.
מָה אָנוּ, מֶה חַיֵּינוּ, מֶה חַסְדֵּנוּ, מַה צִּדְקוֹתֵינוּ
מַה יְשׁוּעָתֵנוּ, מַה כֹּחֵנוּ, מַה גְּבוּרָתֵנוּ
מַה נֹּאמַר לְפָנֶיךָ, יהוה אֱלֹהֵינוּ וֵאלֹהֵי אֲבוֹתֵינוּ
הֲלֹא כָּל הַגִּבּוֹרִים כְּאַיִן לְפָנֶיךָ
וְאַנְשֵׁי הַשֵּׁם כְּלֹא הָיוּ
וַחֲכָמִים כִּבְלִי מַדָּע, וּנְבוֹנִים כִּבְלִי הַשְׂכֵּל
כִּי רֹב מַעֲשֵׂיהֶם תֹּהוּ, וִימֵי חַיֵּיהֶם הֶבֶל לְפָנֶיךָ
וּמוֹתַר הָאָדָם מִן־הַבְּהֵמָה אָיִן, כִּי הַכֹּל הָבֶל: קהלת ג

מַה נֹּאמַר לְפָנֶיךָ יוֹשֵׁב מָרוֹם,
וּמַה נְּסַפֵּר לְפָנֶיךָ שׁוֹכֵן שְׁחָקִים
הֲלֹא כָּל הַנִּסְתָּרוֹת וְהַנִּגְלוֹת אַתָּה יוֹדֵעַ.

הפיוט ׳אַתָּה מֵבִין׳, הוא הרחבה של הפיסקה ׳אַתָּה יוֹדֵעַ רָזֵי עוֹלָם׳ למטה.
היום נוהגים לומר רק את שני הבתים האחרונים שבו.

שליח הציבור ואחריו הקהל:

שִׁמְךָ מֵעוֹלָם עוֹבֵר עַל פֶּשַׁע
שַׁוְעָתֵנוּ תַּאֲזִין, בְּעָמְדֵנוּ לְפָנֶיךָ בִּתְפִלָּה

תַּעֲבֹר עַל פֶּשַׁע לְעַם שָׁבֵי פֶשַׁע
תִּמְחֶה פְּשָׁעֵינוּ מִנֶּגֶד עֵינֶיךָ.

שליח הציבור אומר, והקהל אומר אתו בלחש:

אַתָּה יוֹדֵעַ רָזֵי עוֹלָם וְתַעֲלוּמוֹת סִתְרֵי כָּל חָי.
אַתָּה חוֹפֵשׂ כָּל חַדְרֵי בָטֶן וּבוֹחֵן כְּלָיוֹת וָלֵב.
אֵין דָּבָר נֶעְלָם מִמֶּךָּ וְאֵין נִסְתָּר מִנֶּגֶד עֵינֶיךָ.
וּבְכֵן, יְהִי רָצוֹן מִלְּפָנֶיךָ, יהוה אֱלֹהֵינוּ וֵאלֹהֵי אֲבוֹתֵינוּ
שֶׁתְּכַפֵּר לָנוּ עַל כָּל חַטֹּאתֵינוּ
וְתִסְלַח לָנוּ עַל כָּל עֲוֹנוֹתֵינוּ
וְתִמְחַל לָנוּ עַל כָּל פְּשָׁעֵינוּ.

על כל חטא שמונה, מכה באגרופו על החזה כנגד הלב.

עַל חֵטְא שֶׁחָטָאנוּ לְפָנֶיךָ בְּאֹנֶס וּבְרָצוֹן
וְעַל חֵטְא שֶׁחָטָאנוּ לְפָנֶיךָ בְּאִמּוּץ הַלֵּב

עַל חֵטְא שֶׁחָטָאנוּ לְפָנֶיךָ בִּבְלִי דָעַת
וְעַל חֵטְא שֶׁחָטָאנוּ לְפָנֶיךָ בְּבִטּוּי שְׂפָתָיִם

עַל חֵטְא שֶׁחָטָאנוּ לְפָנֶיךָ בְּגִלּוּי עֲרָיוֹת
וְעַל חֵטְא שֶׁחָטָאנוּ לְפָנֶיךָ בְּגָלוּי וּבַסָּתֶר

עַל חֵטְא שֶׁחָטָאנוּ לְפָנֶיךָ בְּדַעַת וּבְמִרְמָה
וְעַל חֵטְא שֶׁחָטָאנוּ לְפָנֶיךָ בְּדִבּוּר פֶּה

עַל חֵטְא שֶׁחָטָאנוּ לְפָנֶיךָ בְּהוֹנָאַת רֵעַ
וְעַל חֵטְא שֶׁחָטָאנוּ לְפָנֶיךָ בְּהַרְהוֹר הַלֵּב

עַל חֵטְא שֶׁחָטָאנוּ לְפָנֶיךָ בִּוְעִידַת זְנוּת
וְעַל חֵטְא שֶׁחָטָאנוּ לְפָנֶיךָ בְּוִדּוּי פֶּה

עַל חֵטְא שֶׁחָטָאנוּ לְפָנֶיךָ בְּזִלְזוּל הוֹרִים וּמוֹרִים
וְעַל חֵטְא שֶׁחָטָאנוּ לְפָנֶיךָ בְּזָדוֹן וּבִשְׁגָגָה

עַל חֵטְא שֶׁחָטָאנוּ לְפָנֶיךָ בְּחֹזֶק יָד
וְעַל חֵטְא שֶׁחָטָאנוּ לְפָנֶיךָ בְּחִלּוּל הַשֵּׁם

עַל חֵטְא שֶׁחָטָאנוּ לְפָנֶיךָ בְּטֻמְאַת שְׂפָתָיִם
וְעַל חֵטְא שֶׁחָטָאנוּ לְפָנֶיךָ בְּטִפְשׁוּת פֶּה

עַל חֵטְא שֶׁחָטָאנוּ לְפָנֶיךָ בְּיֵצֶר הָרָע
וְעַל חֵטְא שֶׁחָטָאנוּ לְפָנֶיךָ בְּיוֹדְעִים וּבְלֹא יוֹדְעִים

וְעַל כֻּלָּם אֱלוֹהַּ סְלִיחוֹת סְלַח לָנוּ, מְחַל לָנוּ, כַּפֶּר לָנוּ.

עַל חֵטְא שֶׁחָטָאנוּ לְפָנֶיךָ בְּכַחַשׁ וּבְכָזָב
וְעַל חֵטְא שֶׁחָטָאנוּ לְפָנֶיךָ בְּכַפַּת שֹׁחַד

עַל חֵטְא שֶׁחָטָאנוּ לְפָנֶיךָ בְּלָצוֹן
וְעַל חֵטְא שֶׁחָטָאנוּ לְפָנֶיךָ בְּלָשׁוֹן הָרָע

עַל חֵטְא שֶׁחָטָאנוּ לְפָנֶיךָ בְּמַשָּׂא וּבְמַתָּן
וְעַל חֵטְא שֶׁחָטָאנוּ לְפָנֶיךָ בְּמַאֲכָל וּבְמִשְׁתֶּה

עַל חֵטְא שֶׁחָטָאנוּ לְפָנֶיךָ בְּנֶשֶׁךְ וּבְמַרְבִּית
וְעַל חֵטְא שֶׁחָטָאנוּ לְפָנֶיךָ בִּנְטִיַּת גָּרוֹן

עַל חֵטְא שֶׁחָטָאנוּ לְפָנֶיךָ בְּשִׂיחַ שִׂפְתוֹתֵינוּ
וְעַל חֵטְא שֶׁחָטָאנוּ לְפָנֶיךָ בְּשִׂקּוּר עָיִן

עַל חֵטְא שֶׁחָטָאנוּ לְפָנֶיךָ בְּעֵינַיִם רָמוֹת
וְעַל חֵטְא שֶׁחָטָאנוּ לְפָנֶיךָ בְּעַזּוּת מֵצַח

וְעַל כֻּלָּם אֱלוֹהַּ סְלִיחוֹת סְלַח לָנוּ, מְחַל לָנוּ, כַּפֶּר לָנוּ.

עַל חֵטְא שֶׁחָטָאנוּ לְפָנֶיךָ בִּפְרִיקַת עֹל
וְעַל חֵטְא שֶׁחָטָאנוּ לְפָנֶיךָ בִּפְלִילוּת

עַל חֵטְא שֶׁחָטָאנוּ לְפָנֶיךָ בִּצְדִיַּת רֵעַ
וְעַל חֵטְא שֶׁחָטָאנוּ לְפָנֶיךָ בְּצָרוּת עָיִן

עַל חֵטְא שֶׁחָטָאנוּ לְפָנֶיךָ בְּקַלּוּת רֹאשׁ
וְעַל חֵטְא שֶׁחָטָאנוּ לְפָנֶיךָ בְּקַשְׁיוּת עֹרֶף

עַל חֵטְא שֶׁחָטָאנוּ לְפָנֶיךָ בְּרִיצַת רַגְלַיִם לְהָרַע
וְעַל חֵטְא שֶׁחָטָאנוּ לְפָנֶיךָ בִּרְכִילוּת

עַל חֵטְא שֶׁחָטָאנוּ לְפָנֶיךָ בִּשְׁבוּעַת שָׁוְא
וְעַל חֵטְא שֶׁחָטָאנוּ לְפָנֶיךָ בְּשִׂנְאַת חִנָּם

עַל חֵטְא שֶׁחָטָאנוּ לְפָנֶיךָ בִּתְשׂוּמֶת יָד
וְעַל חֵטְא שֶׁחָטָאנוּ לְפָנֶיךָ בְּתִמְהוֹן לֵבָב

וְעַל כֻּלָּם אֱלוֹהַּ סְלִיחוֹת סְלַח לָנוּ, מְחַל לָנוּ, כַּפֶּר לָנוּ.

וְעַל חֲטָאִים שֶׁאָנוּ חַיָּבִים עֲלֵיהֶם עוֹלָה
וְעַל חֲטָאִים שֶׁאָנוּ חַיָּבִים עֲלֵיהֶם חַטָּאת
וְעַל חֲטָאִים שֶׁאָנוּ חַיָּבִים עֲלֵיהֶם קָרְבָּן עוֹלֶה וְיוֹרֵד
וְעַל חֲטָאִים שֶׁאָנוּ חַיָּבִים עֲלֵיהֶם אָשָׁם וַדַּאי וְתָלוּי
וְעַל חֲטָאִים שֶׁאָנוּ חַיָּבִים עֲלֵיהֶם מַכַּת מַרְדּוּת
וְעַל חֲטָאִים שֶׁאָנוּ חַיָּבִים עֲלֵיהֶם מַלְקוּת אַרְבָּעִים
וְעַל חֲטָאִים שֶׁאָנוּ חַיָּבִים עֲלֵיהֶם מִיתָה בִּידֵי שָׁמָיִם
וְעַל חֲטָאִים שֶׁאָנוּ חַיָּבִים עֲלֵיהֶם כָּרֵת וַעֲרִירִי
וְעַל חֲטָאִים שֶׁאָנוּ חַיָּבִים עֲלֵיהֶם אַרְבַּע מִיתוֹת בֵּית דִּין
סְקִילָה, שְׂרֵפָה, הֶרֶג, וְחֶנֶק.

עַל מִצְוַת עֲשֵׂה וְעַל מִצְוַת לֹא תַעֲשֶׂה.
בֵּין שֶׁיֵּשׁ בָּהּ קוּם עֲשֵׂה וּבֵין שֶׁאֵין בָּהּ קוּם עֲשֵׂה.
אֶת הַגְּלוּיִים לָנוּ וְאֶת שֶׁאֵינָם גְּלוּיִים לָנוּ
אֶת הַגְּלוּיִים לָנוּ, כְּבָר אֲמַרְנוּם לְפָנֶיךָ, וְהוֹדִינוּ לְךָ עֲלֵיהֶם
וְאֶת שֶׁאֵינָם גְּלוּיִים לָנוּ, לְפָנֶיךָ הֵם גְּלוּיִים וִידוּעִים
כַּדָּבָר שֶׁנֶּאֱמַר: הַנִּסְתָּרֹת לַיהוה אֱלֹהֵינוּ דברים כט
וְהַנִּגְלֹת לָנוּ וּלְבָנֵינוּ עַד־עוֹלָם
לַעֲשׂוֹת אֶת־כָּל־דִּבְרֵי הַתּוֹרָה הַזֹּאת:

רצף פסוקים זה עוסק בסליחת עוונות. במחזורים עתיקים שולבו פיוטים בין פסוק לפסוק, אך כבר מאות בשנים שנוהגים לומר רק את משפטי המעבר שבין הפסוקים.

שליח הציבור ממשיך:

וְדָוִד עַבְדְּךָ אָמַר לְפָנֶיךָ
שְׁגִיאוֹת מִי־יָבִין, מִנִּסְתָּרוֹת נַקֵּנִי: תהלים יט
נַקֵּנוּ יהוה אֱלֹהֵינוּ מִכָּל פְּשָׁעֵינוּ, וְטַהֲרֵנוּ מִכָּל טֻמְאוֹתֵינוּ
וּזְרֹק עָלֵינוּ מַיִם טְהוֹרִים וְטַהֲרֵנוּ
כַּכָּתוּב עַל יַד נְבִיאֶךָ
וְזָרַקְתִּי עֲלֵיכֶם מַיִם טְהוֹרִים, וּטְהַרְתֶּם יחזקאל לו
מִכֹּל טֻמְאוֹתֵיכֶם וּמִכָּל־גִּלּוּלֵיכֶם אֲטַהֵר אֶתְכֶם:

אַל תִּירָא יַעֲקֹב
שׁוּבוּ בָנִים שׁוֹבָבִים, שׁוּבָה יִשְׂרָאֵל.
הִנֵּה לֹא־יָנוּם וְלֹא יִישָׁן, שׁוֹמֵר יִשְׂרָאֵל: תהלים קכא
כַּכָּתוּב עַל יַד נְבִיאֶךָ
שׁוּבָה יִשְׂרָאֵל עַד יהוה אֱלֹהֶיךָ כִּי כָשַׁלְתָּ בַּעֲוֺנֶךָ: הושע יד
וְנֶאֱמַר, קְחוּ עִמָּכֶם דְּבָרִים, וְשׁוּבוּ אֶל־יהוה שם
אִמְרוּ אֵלָיו, כָּל־תִּשָּׂא עָוֺן וְקַח־טוֹב, וּנְשַׁלְּמָה פָרִים שְׂפָתֵינוּ:

וְאַתָּה רַחוּם מְקַבֵּל שָׁבִים
וְעַל הַתְּשׁוּבָה מֵרֹאשׁ הִבְטַחְתָּנוּ, וְעַל הַתְּשׁוּבָה עֵינֵינוּ מְיַחֲלוֹת לָךְ.

וּמֵאַהֲבָתְךָ, יהוה אֱלֹהֵינוּ, שֶׁאָהַבְתָּ אֶת יִשְׂרָאֵל עַמֶּךָ
וּמֵחֶמְלָתְךָ מַלְכֵּנוּ, שֶׁחָמַלְתָּ עַל בְּנֵי בְרִיתֶךָ
נָתַתָּ לָּנוּ יהוה אֱלֹהֵינוּ אֶת יוֹם
(בשבת: **הַשַּׁבָּת הַזֶּה לִקְדֻשָּׁה וְלִמְנוּחָה, וְאֶת יוֹם**) **צוֹם הַכִּפּוּרִים הַזֶּה**
לִמְחִילַת חֵטְא וְלִסְלִיחַת עָוֹן וּלְכַפָּרַת פָּשַׁע.

במקומות רבים נוהגים לדלג עד ׳מִימֵי קֶדֶם׳ כדי להספיק להגיע בזמן לתפילת נעילה, וממשיכים ׳אֱלֹהֵינוּ וֵאלֹהֵי אֲבוֹתֵינוּ מְחַל לַעֲוֹנוֹתֵינוּ׳ בעמ׳ 563.

הפיוט ׳יוֹם אֲשֶׁר הוּחַק׳, המיוחס לר׳ אלעזר הקליר, בנוי כמו הפיוט המקביל לו ׳יוֹם אֲשֶׁר אָשָׁמְנוּ׳ הנאמר בשחרית (ראה עמ׳ 282). בקהילות רבות נוהגים היום להשמיט חלק מבתיו.

מקובל ששליח הציבור אומר את הפיוט, והקהל אומר עמו את הפסוקים ואת הבית ׳בַּעֲבוּר כְּבוֹד שִׁמְךָ׳.

סימן א״ב

יוֹם אֲשֶׁר הוּחַק לְכַפָּרָתֵנוּ / הַיּוֹם בּוֹ תְּבַשְּׂרֵנוּ צוּרֵנוּ תִּטְהָרוּ.

כַּכָּתוּב בְּתוֹרָתֶךָ:
כִּי־בַיּוֹם הַזֶּה יְכַפֵּר עֲלֵיכֶם לְטַהֵר אֶתְכֶם ויקרא טז
מִכֹּל חַטֹּאתֵיכֶם, לִפְנֵי יהוה תִּטְהָרוּ:

יוֹם מַנְחִיל דָּת שִׁוַּע בְּעַד דּוֹר / הַיּוֹם נָשָׂא לוֹ, בְּבַקְּשׁוֹ סְלַח נָא.

כַּכָּתוּב בְּתוֹרָתֶךָ
סְלַח־נָא לַעֲוֹן הָעָם הַזֶּה כְּגֹדֶל חַסְדֶּךָ במדבר יד
וְכַאֲשֶׁר נָשָׂאתָה לָעָם הַזֶּה מִמִּצְרַיִם וְעַד־הֵנָּה:
וְשָׁם נֶאֱמַר, וַיֹּאמֶר יהוה, סָלַחְתִּי כִּדְבָרֶךָ:

בַּעֲבוּר כְּבוֹד שִׁמְךָ
הַמְצֵא לָנוּ מוֹחֵל וְסוֹלֵחַ / סְלַח נָא לְמַעַן שְׁמֶךָ.

יוֹם קוֹרְאֵי בְשִׁמְךָ יְמַלְּטוּ / הַיּוֹם רַחֵם עָלֵינוּ, כְּאָז קָרָא בְשֵׁם.

כַּכָּתוּב בְּתוֹרָתֶךָ
וַיֵּרֶד יהוה בֶּעָנָן, וַיִּתְיַצֵּב עִמּוֹ שָׁם שמות לד
וַיִּקְרָא בְשֵׁם, יהוה:

וַיַּעֲבֹר יהוה עַל־פָּנָיו וַיִּקְרָא
יהוה, יהוה, אֵל רַחוּם וְחַנּוּן, אֶרֶךְ אַפַּיִם, וְרַב־חֶסֶד וֶאֱמֶת:
נֹצֵר חֶסֶד לָאֲלָפִים, נֹשֵׂא עָוֹן וָפֶשַׁע וְחַטָּאָה, וְנַקֵּה:

בַּעֲבוּר כְּבוֹד שְׁמֶךָ
הִמָּצֵא לָנוּ רַחוּם וְחַנּוּן / רַחֵם נָא לְמַעַן שְׁמֶךָ.

יוֹם שׁוֹמְמוֹת הֵיכָלְךָ תַּבִּיט /
הַיּוֹם תַּעֲשֶׂה לְמַעַן שְׁמֶךָ, כְּנָם אִישׁ חֲמוּדוֹת.

כַּכָּתוּב בְּדִבְרֵי קָדְשֶׁךָ
הַטֵּה אֱלֹהַי אָזְנְךָ וּשֲׁמָע, דניאל ט
פְּקַח עֵינֶיךָ וּרְאֵה שֹׁמְמֹתֵינוּ
וְהָעִיר אֲשֶׁר־נִקְרָא שִׁמְךָ עָלֶיהָ
כִּי לֹא עַל־צִדְקֹתֵינוּ אֲנַחְנוּ מַפִּילִים תַּחֲנוּנֵינוּ לְפָנֶיךָ
כִּי עַל־רַחֲמֶיךָ הָרַבִּים:
אֲדֹנָי שְׁמָעָה, אֲדֹנָי סְלָחָה, אֲדֹנָי הַקְשִׁיבָה וַעֲשֵׂה אַל־תְּאַחַר
לְמַעַנְךָ אֱלֹהַי, כִּי־שִׁמְךָ נִקְרָא עַל־עִירְךָ וְעַל־עַמֶּךָ:
וְחַזְּקֵנוּ וְאַמְּצֵנוּ לִבְנוֹת מִקְדָּשֶׁךָ.

בַּעֲבוּר כְּבוֹד שְׁמֶךָ
הִמָּצֵא לָנוּ שׁוֹמֵעַ תְּפִלָּה / שְׁמַע תְּפִלָּתֵנוּ לְמַעַן שְׁמֶךָ.

גם הפיוט ׳מִי אֵל כָּמְוֹךָ׳ בנוי במתכונתו של הפיוט המקביל לו
הנאמר בשחרית (עמ׳ 284).
נוהגים שאחר כל שורה ששליח הציבור אומר, הקהל עונה ׳מִי אֵל כָּמְוֹךָ׳.
בקהילות רבות נוהגים לדלג על חלק מהפיוט.

מִי אֵל כָּמְוֹךָ.

סימן א״ב

אָדוֹן אַבִּיר / בְּמַעֲשָׂיו כַּבִּיר מִי אֵל כָּמְוֹךָ
גּוֹלֶה עֲמֻקּוֹת / דּוֹבֵר צְדָקוֹת מִי אֵל כָּמְוֹךָ
הַצּוּר תָּמִים / וּמָלֵא רַחֲמִים מִי אֵל כָּמְוֹךָ
כּוֹבֵשׁ כְּעָסִים / לְהַצְדִּיק עֲמוּסִים מִי אֵל כָּמְוֹךָ

שליח הציבור אומר, והקהל אומר אתו בלחש:

כַּכָּתוּב עַל יַד נְבִיאֶךָ

מִי־אֵל כָּמוֹךָ נֹשֵׂא עָוֹן וְעֹבֵר עַל־פֶּשַׁע לִשְׁאֵרִית נַחֲלָתוֹ מיכה ז

לֹא־הֶחֱזִיק לָעַד אַפּוֹ כִּי־חָפֵץ חֶסֶד הוּא:

יָשׁוּב יְרַחֲמֵנוּ, יִכְבֹּשׁ עֲוֹנֹתֵינוּ

וְתַשְׁלִיךְ בִּמְצֻלוֹת יָם כָּל־חַטֹּאתָם:

וְכָל חַטֹּאת עַמְּךָ בֵּית יִשְׂרָאֵל תַּשְׁלִיךְ

בִּמְקוֹם אֲשֶׁר לֹא יִזָּכְרוּ וְלֹא יִפָּקְדוּ, וְלֹא יַעֲלוּ עַל לֵב לְעוֹלָם.

תִּתֵּן אֱמֶת לְיַעֲקֹב, חֶסֶד לְאַבְרָהָם, אֲשֶׁר־נִשְׁבַּעְתָּ לַאֲבֹתֵינוּ מִימֵי קֶדֶם: שם

בשבת מוסיפים את המילים שבסוגריים.

אֱלֹהֵינוּ וֵאלֹהֵי אֲבוֹתֵינוּ

מְחַל לַעֲוֹנוֹתֵינוּ בְּיוֹם (הַשַּׁבָּת הַזֶּה וּבְיוֹם) הַכִּפּוּרִים הַזֶּה

מְחֵה וְהַעֲבֵר פְּשָׁעֵינוּ וְחַטֹּאתֵינוּ מִנֶּגֶד עֵינֶיךָ

כָּאָמוּר

אָנֹכִי אָנֹכִי הוּא מֹחֶה פְשָׁעֶיךָ לְמַעֲנִי ישעיה מג

וְחַטֹּאתֶיךָ לֹא אֶזְכֹּר:

וְנֶאֱמַר

מָחִיתִי כָעָב פְּשָׁעֶיךָ וְכֶעָנָן חַטֹּאותֶיךָ ישעיה מד

שׁוּבָה אֵלַי כִּי גְאַלְתִּיךָ:

וְנֶאֱמַר

כִּי־בַיּוֹם הַזֶּה יְכַפֵּר עֲלֵיכֶם לְטַהֵר אֶתְכֶם ויקרא טז

מִכֹּל חַטֹּאתֵיכֶם לִפְנֵי יהוה תִּטְהָרוּ:

(אֱלֹהֵינוּ וֵאלֹהֵי אֲבוֹתֵינוּ, רְצֵה נָא בִמְנוּחָתֵנוּ)

קַדְּשֵׁנוּ בְּמִצְוֹתֶיךָ וְתֵן חֶלְקֵנוּ בְּתוֹרָתֶךָ

שַׂבְּעֵנוּ מִטּוּבֶךָ, וְשַׂמַּח נַפְשֵׁנוּ בִּישׁוּעָתֶךָ

(וְהַנְחִילֵנוּ יהוה אֱלֹהֵינוּ בְּאַהֲבָה וּבְרָצוֹן שַׁבַּת קָדְשֶׁךָ

וְיָנוּחוּ בָם כָּל יִשְׂרָאֵל מְקַדְּשֵׁי שְׁמֶךָ)

וְטַהֵר לִבֵּנוּ לְעָבְדְּךָ בֶּאֱמֶת.
כִּי אַתָּה סָלְחָן לְיִשְׂרָאֵל וּמָחֳלָן לְשִׁבְטֵי יְשֻׁרוּן בְּכָל דּוֹר וָדוֹר
וּמִבַּלְעָדֶיךָ אֵין לָנוּ מֶלֶךְ מוֹחֵל וְסוֹלֵחַ אֶלָּא אָתָּה.
בָּרוּךְ* אַתָּה יהוה
מֶלֶךְ מוֹחֵל וְסוֹלֵחַ לַעֲווֹנוֹתֵינוּ, וְלַעֲווֹנוֹת עַמּוֹ בֵּית יִשְׂרָאֵל
וּמַעֲבִיר אַשְׁמוֹתֵינוּ בְּכָל שָׁנָה וְשָׁנָה
מֶלֶךְ עַל כָּל הָאָרֶץ, מְקַדֵּשׁ (הַשַּׁבָּת וְ)יִשְׂרָאֵל וְיוֹם הַכִּפּוּרִים.

עבודה**

רְצֵה יהוה אֱלֹהֵינוּ בְּעַמְּךָ יִשְׂרָאֵל, וְלִתְפִלָּתָם שְׁעֵה
וְהָשֵׁב אֶת הָעֲבוֹדָה לִדְבִיר בֵּיתֶךָ
וְאִשֵּׁי יִשְׂרָאֵל וּתְפִלָּתָם, מְהֵרָה בְּאַהֲבָה תְקַבֵּל בְּרָצוֹן
וּתְהִי לְרָצוֹן תָּמִיד עֲבוֹדַת יִשְׂרָאֵל עַמֶּךָ.
וְתֶחֱזֶינָה עֵינֵינוּ בְּשׁוּבְךָ לְצִיּוֹן בְּרַחֲמִים.
בָּרוּךְ*** אַתָּה יהוה, הַמַּחֲזִיר שְׁכִינָתוֹ לְצִיּוֹן.

---

* בבית כנסת הבנוי בהר הבית: בָּרוּךְ אַתָּה יהוה אֱלֹהֵי יִשְׂרָאֵל מִן הָעוֹלָם וְעַד הָעוֹלָם, בָּרוּךְ אַתָּה יהוה, מֶלֶךְ מוֹחֵל וְסוֹלֵחַ לַעֲווֹנוֹתֵינוּ וְלַעֲווֹנוֹת עַמּוֹ בֵּית יִשְׂרָאֵל, וּמַעֲבִיר אַשְׁמוֹתֵינוּ בְּכָל שָׁנָה וְשָׁנָה, מֶלֶךְ עַל כָּל הָאָרֶץ, מְקַדֵּשׁ (הַשַּׁבָּת וְ)יִשְׂרָאֵל וְיוֹם הַכִּפּוּרִים.

** רְצֵה יהוה אֱלֹהֵינוּ בְּעַמְּךָ יִשְׂרָאֵל, וְלִתְפִלָּתָם שְׁעֵה, וְהָשֵׁב אֶת הָעֲבוֹדָה לִדְבִיר בֵּיתֶךָ, וְאִשֵּׁי יִשְׂרָאֵל וּתְפִלָּתָם, מְהֵרָה בְּאַהֲבָה תְקַבֵּל בְּרָצוֹן. בַּבַּיִת הַגָּדוֹל וְהַקָּדוֹשׁ שָׁם נַעֲבָדְךָ וְשָׁם נִדְרֹשׁ אֶת כָּל אֲשֶׁר צִוִּיתָנוּ, בְּרֵיחַ נִיחוֹחַ תִּרְצֶה אוֹתָנוּ, וּתְהִי לְרָצוֹן תָּמִיד עֲבוֹדַת יִשְׂרָאֵל עַמֶּךָ. וְתֶחֱזֶינָה עֵינֵינוּ בְּשׁוּבְךָ לְצִיּוֹן בְּרַחֲמִים. בָּרוּךְ אַתָּה יהוה, הַמַּחֲזִיר שְׁכִינָתוֹ לְצִיּוֹן.

*** בבית כנסת שבהר הבית חותם: בָּרוּךְ אַתָּה יהוה אֱלֹהֵי יִשְׂרָאֵל מִן הָעוֹלָם וְעַד הָעוֹלָם, בָּרוּךְ אַתָּה יהוה, הַמַּחֲזִיר שְׁכִינָתוֹ לְצִיּוֹן.

הודאה

כורע ב׳מודים׳ ואינו זוקף עד אמירת השם.

׳מוֹדִים אֲנַחְנוּ לָךְ
שָׁאַתָּה הוּא יהוה אֱלֹהֵינוּ
וֵאלֹהֵי אֲבוֹתֵינוּ לְעוֹלָם וָעֶד.
צוּר חַיֵּינוּ, מָגֵן יִשְׁעֵנוּ
אַתָּה הוּא לְדוֹר וָדוֹר.
נוֹדֶה לְּךָ וּנְסַפֵּר תְּהִלָּתֶךָ
עַל חַיֵּינוּ הַמְּסוּרִים בְּיָדֶךָ
וְעַל נִשְׁמוֹתֵינוּ הַפְּקוּדוֹת לָךְ
וְעַל נִסֶּיךָ שֶׁבְּכָל יוֹם עִמָּנוּ
וְעַל נִפְלְאוֹתֶיךָ וְטוֹבוֹתֶיךָ
שֶׁבְּכָל עֵת
עֶרֶב וָבֹקֶר וְצָהֳרָיִם.
הַטּוֹב, כִּי לֹא כָלוּ רַחֲמֶיךָ
וְהַמְרַחֵם, כִּי לֹא תַמּוּ חֲסָדֶיךָ
כִּי מֵעוֹלָם קִוִּינוּ לָךְ.

כששליח הציבור אומר ׳מודים׳, הקהל אומר בלחש (סוטה מ ע״א):

׳מוֹדִים אֲנַחְנוּ לָךְ
שָׁאַתָּה הוּא יהוה אֱלֹהֵינוּ
וֵאלֹהֵי אֲבוֹתֵינוּ
אֱלֹהֵי כָל בָּשָׂר
יוֹצְרֵנוּ, יוֹצֵר בְּרֵאשִׁית.
בְּרָכוֹת וְהוֹדָאוֹת
לְשִׁמְךָ הַגָּדוֹל וְהַקָּדוֹשׁ
עַל שֶׁהֶחֱיִיתָנוּ וְקִיַּמְתָּנוּ.
כֵּן תְּחַיֵּנוּ וּתְקַיְּמֵנוּ
וְתֶאֱסֹף גָּלֻיּוֹתֵינוּ
לְחַצְרוֹת קָדְשֶׁךָ
לִשְׁמֹר חֻקֶּיךָ
וְלַעֲשׂוֹת רְצוֹנֶךָ וּלְעָבְדְּךָ
בְּלֵבָב שָׁלֵם
עַל שֶׁאָנוּ מוֹדִים לָךְ.
בָּרוּךְ אֵל הַהוֹדָאוֹת.

וְעַל כֻּלָּם יִתְבָּרַךְ וְיִתְרוֹמַם וְיִתְנַשֵּׂא שִׁמְךָ מַלְכֵּנוּ
תָּמִיד לְעוֹלָם וָעֶד.

קהל ואחריו שליח הציבור:

אָבִינוּ מַלְכֵּנוּ, זְכֹר רַחֲמֶיךָ וּכְבֹשׁ כַּעַסְךָ
וְכַלֵּה דֶּבֶר, וְחֶרֶב, וְרָעָב, וּשְׁבִי, וּמַשְׁחִית, וְעָוֹן
וּמַגֵּפָה, וּפֶגַע רַע, וְכָל מַחֲלָה, וְכָל תַּקָּלָה, וְכָל קְטָטָה,
וְכָל מִינֵי פֻרְעָנִיּוֹת, וְכָל גְּזֵרָה רָעָה, וְשִׂנְאַת חִנָּם
מֵעָלֵינוּ וּמֵעַל כָּל בְּנֵי בְרִיתֶךָ.

קהל ואחריו שליח הציבור:

וּכְתֹב לְחַיִּים טוֹבִים כָּל בְּנֵי בְרִיתֶךָ.

שליח הציבור ממשיך:

וְכֹל הַחַיִּים יוֹדְוּךָ סֶּלָה
וִיהַלְלוּ וִיבָרְכוּ אֶת שִׁמְךָ הַגָּדוֹל בֶּאֱמֶת לְעוֹלָם כִּי טוֹב
הָאֵל יְשׁוּעָתֵנוּ וְעֶזְרָתֵנוּ סֶלָה, הָאֵל הַטּוֹב.
ˈבָּרוּךְ* אַתָּה יהוה, הַטּוֹב שִׁמְךָ וּלְךָ נָאֶה לְהוֹדוֹת.

הכוהנים אינם נושאים כפיהם במנחה (תענית כו ע״ב), ושליח הציבור אומר:

אֱלֹהֵינוּ וֵאלֹהֵי אֲבוֹתֵינוּ, בָּרְכֵנוּ בַּבְּרָכָה הַמְשֻׁלֶּשֶׁת בַּתּוֹרָה, הַכְּתוּבָה עַל יְדֵי מֹשֶׁה עַבְדֶּךָ, הָאֲמוּרָה מִפִּי אַהֲרֹן וּבָנָיו כֹּהֲנִים עַם קְדוֹשֶׁיךָ, כָּאָמוּר

במדבר ו
יְבָרֶכְךָ יהוה וְיִשְׁמְרֶךָ: קהל: כֵּן יְהִי רָצוֹן
יָאֵר יהוה פָּנָיו אֵלֶיךָ וִיחֻנֶּךָּ: קהל: כֵּן יְהִי רָצוֹן
יִשָּׂא יהוה פָּנָיו אֵלֶיךָ וְיָשֵׂם לְךָ שָׁלוֹם: קהל: כֵּן יְהִי רָצוֹן

שלום

שִׂים שָׁלוֹם טוֹבָה וּבְרָכָה
חַיִּים חֵן וָחֶסֶד וְרַחֲמִים
עָלֵינוּ וְעַל כָּל יִשְׂרָאֵל עַמֶּךָ.
בָּרְכֵנוּ אָבִינוּ כֻּלָּנוּ כְּאֶחָד בְּאוֹר פָּנֶיךָ
כִּי בְאוֹר פָּנֶיךָ נָתַתָּ לָּנוּ יהוה אֱלֹהֵינוּ
תּוֹרַת חַיִּים וְאַהֲבַת חֶסֶד
וּצְדָקָה וּבְרָכָה וְרַחֲמִים וְחַיִּים וְשָׁלוֹם.
וְטוֹב יִהְיֶה בְעֵינֶיךָ לְבָרְכֵנוּ
וּלְבָרֵךְ אֶת כָּל עַמְּךָ יִשְׂרָאֵל
בְּכָל עֵת וּבְכָל שָׁעָה בִּשְׁלוֹמֶךָ.

---

* בבית כנסת הבנוי בהר הבית: בָּרוּךְ אַתָּה יהוה אֱלֹהֵי יִשְׂרָאֵל מִן הָעוֹלָם וְעַד הָעוֹלָם, בָּרוּךְ אַתָּה יהוה, הַטּוֹב שִׁמְךָ וּלְךָ נָאֶה לְהוֹדוֹת.

קהל ואחריו שליח הציבור:

בְּסֵפֶר חַיִּים, בְּרָכָה וְשָׁלוֹם, וּפַרְנָסָה טוֹבָה
וּגְזֵרוֹת טוֹבוֹת, יְשׁוּעוֹת וְנֶחָמוֹת
נִזָּכֵר וְנִכָּתֵב לְפָנֶיךָ
אֲנַחְנוּ וְכָל עַמְּךָ בֵּית יִשְׂרָאֵל, לְחַיִּים טוֹבִים וּלְשָׁלוֹם.

שליח הציבור ממשיך:

בָּרוּךְ אַתָּה יהוה, הַמְבָרֵךְ אֶת עַמּוֹ יִשְׂרָאֵל בַּשָּׁלוֹם.**

שליח הציבור מסיים את חזרת הש״ץ בלחש:

יִהְיוּ לְרָצוֹן אִמְרֵי־פִי וְהֶגְיוֹן לִבִּי לְפָנֶיךָ, יהוה צוּרִי וְגֹאֲלִי: תהלים יט

בשבת אין אומרים ׳אָבִינוּ מַלְכֵּנוּ׳.
כמו כן, גם כאשר יום הכיפורים חל בחול,
אין אומרים ׳אָבִינוּ מַלְכֵּנוּ׳ אם לא נותר די זמן עד השקיעה.

פותחים את ארון הקודש.

אָבִינוּ מַלְכֵּנוּ, חָטָאנוּ לְפָנֶיךָ.
אָבִינוּ מַלְכֵּנוּ, אֵין לָנוּ מֶלֶךְ אֶלָּא אָתָּה.
אָבִינוּ מַלְכֵּנוּ, עֲשֵׂה עִמָּנוּ לְמַעַן שְׁמֶךָ.
אָבִינוּ מַלְכֵּנוּ, חַדֵּשׁ עָלֵינוּ שָׁנָה טוֹבָה.
אָבִינוּ מַלְכֵּנוּ, בַּטֵּל מֵעָלֵינוּ כָּל גְּזֵרוֹת קָשׁוֹת.
אָבִינוּ מַלְכֵּנוּ, בַּטֵּל מַחְשְׁבוֹת שׂוֹנְאֵינוּ.
אָבִינוּ מַלְכֵּנוּ, הָפֵר עֲצַת אוֹיְבֵינוּ.
אָבִינוּ מַלְכֵּנוּ, כַּלֵּה כָּל צַר וּמַשְׂטִין מֵעָלֵינוּ.
אָבִינוּ מַלְכֵּנוּ, סְתֹם פִּיּוֹת מַשְׂטִינֵנוּ וּמְקַטְרְגֵינוּ.

** בבית כנסת הבנוי בהר הבית: בָּרוּךְ אַתָּה יהוה אֱלֹהֵי יִשְׂרָאֵל מִן הָעוֹלָם וְעַד הָעוֹלָם, בָּרוּךְ אַתָּה יהוה, הַמְבָרֵךְ אֶת עַמּוֹ יִשְׂרָאֵל בַּשָּׁלוֹם.

אָבִינוּ מַלְכֵּנוּ, כַּלֵּה דֶּבֶר וְחֶרֶב וְרָעָב וּשְׁבִי וּמַשְׁחִית וְעָוֹן וּשְׁמַד מִבְּנֵי בְרִיתֶךָ.

אָבִינוּ מַלְכֵּנוּ, מְנַע מַגֵּפָה מִנַּחֲלָתֶךָ.

אָבִינוּ מַלְכֵּנוּ, סְלַח וּמְחַל לְכָל עֲוֹנוֹתֵינוּ.

אָבִינוּ מַלְכֵּנוּ, מְחֵה וְהַעֲבֵר פְּשָׁעֵינוּ וְחַטֹּאתֵינוּ מִנֶּגֶד עֵינֶיךָ.

אָבִינוּ מַלְכֵּנוּ, מְחֹק בְּרַחֲמֶיךָ הָרַבִּים כָּל שִׁטְרֵי חוֹבוֹתֵינוּ.

מכאן עד ׳סְלִיחָה וּמְחִילָה׳ שליח הציבור אומר כל משפט בקול רם, והקהל אחריו:

אָבִינוּ מַלְכֵּנוּ, הַחֲזִירֵנוּ בִּתְשׁוּבָה שְׁלֵמָה לְפָנֶיךָ.

אָבִינוּ מַלְכֵּנוּ, שְׁלַח רְפוּאָה שְׁלֵמָה לְחוֹלֵי עַמֶּךָ.

אָבִינוּ מַלְכֵּנוּ, קְרַע רֹעַ גְּזַר דִּינֵנוּ.

אָבִינוּ מַלְכֵּנוּ, זָכְרֵנוּ בְּזִכְרוֹן טוֹב לְפָנֶיךָ.

אָבִינוּ מַלְכֵּנוּ, כָּתְבֵנוּ בְּסֵפֶר חַיִּים טוֹבִים.

אָבִינוּ מַלְכֵּנוּ, כָּתְבֵנוּ בְּסֵפֶר גְּאֻלָּה וִישׁוּעָה.

אָבִינוּ מַלְכֵּנוּ, כָּתְבֵנוּ בְּסֵפֶר פַּרְנָסָה וְכַלְכָּלָה.

אָבִינוּ מַלְכֵּנוּ, כָּתְבֵנוּ בְּסֵפֶר זְכֻיּוֹת.

אָבִינוּ מַלְכֵּנוּ, כָּתְבֵנוּ בְּסֵפֶר סְלִיחָה וּמְחִילָה. עד כאן בקול.

אָבִינוּ מַלְכֵּנוּ, הַצְמַח לָנוּ יְשׁוּעָה בְּקָרוֹב.

אָבִינוּ מַלְכֵּנוּ, הָרֵם קֶרֶן יִשְׂרָאֵל עַמֶּךָ.

אָבִינוּ מַלְכֵּנוּ, הָרֵם קֶרֶן מְשִׁיחֶךָ.

אָבִינוּ מַלְכֵּנוּ, מַלֵּא יָדֵינוּ מִבִּרְכוֹתֶיךָ.

אָבִינוּ מַלְכֵּנוּ, מַלֵּא אֲסָמֵינוּ שָׂבָע.

אָבִינוּ מַלְכֵּנוּ, שְׁמַע קוֹלֵנוּ, חוּס וְרַחֵם עָלֵינוּ.

אָבִינוּ מַלְכֵּנוּ, קַבֵּל בְּרַחֲמִים וּבְרָצוֹן אֶת תְּפִלָּתֵנוּ.

אָבִינוּ מַלְכֵּנוּ, פְּתַח שַׁעֲרֵי שָׁמַיִם לִתְפִלָּתֵנוּ.

אָבִינוּ מַלְכֵּנוּ, זְכֹר כִּי עָפָר אֲנָחְנוּ.

אָבִינוּ מַלְכֵּנוּ, נָא אַל תְּשִׁיבֵנוּ רֵיקָם מִלְּפָנֶיךָ.
אָבִינוּ מַלְכֵּנוּ, תְּהֵא הַשָּׁעָה הַזֹּאת שְׁעַת רַחֲמִים וְעֵת רָצוֹן מִלְּפָנֶיךָ.
אָבִינוּ מַלְכֵּנוּ, חֲמֹל עָלֵינוּ וְעַל עוֹלָלֵינוּ וְטַפֵּנוּ.
אָבִינוּ מַלְכֵּנוּ, עֲשֵׂה לְמַעַן הֲרוּגִים עַל שֵׁם קָדְשֶׁךָ.
אָבִינוּ מַלְכֵּנוּ, עֲשֵׂה לְמַעַן טְבוּחִים עַל יִחוּדֶךָ.
אָבִינוּ מַלְכֵּנוּ, עֲשֵׂה לְמַעַן בָּאֵי בָאֵשׁ וּבַמַּיִם עַל קִדּוּשׁ שְׁמֶךָ.
אָבִינוּ מַלְכֵּנוּ, נְקֹם לְעֵינֵינוּ נִקְמַת דַּם עֲבָדֶיךָ הַשָּׁפוּךְ.
אָבִינוּ מַלְכֵּנוּ, עֲשֵׂה לְמַעַנְךָ אִם לֹא לְמַעֲנֵנוּ.
אָבִינוּ מַלְכֵּנוּ, עֲשֵׂה לְמַעַנְךָ וְהוֹשִׁיעֵנוּ.
אָבִינוּ מַלְכֵּנוּ, עֲשֵׂה לְמַעַן רַחֲמֶיךָ הָרַבִּים.
אָבִינוּ מַלְכֵּנוּ, עֲשֵׂה לְמַעַן שִׁמְךָ הַגָּדוֹל הַגִּבּוֹר וְהַנּוֹרָא, שֶׁנִּקְרָא עָלֵינוּ.
◂ אָבִינוּ מַלְכֵּנוּ, חָנֵּנוּ וַעֲנֵנוּ, כִּי אֵין בָּנוּ מַעֲשִׂים
עֲשֵׂה עִמָּנוּ צְדָקָה וָחֶסֶד וְהוֹשִׁיעֵנוּ.

סוגרים את ארון הקודש.

קדיש שלם

ש״ץ: יִתְגַּדַּל וְיִתְקַדַּשׁ שְׁמֵהּ רַבָּא (קהל: אָמֵן)
בְּעָלְמָא דִּי בְרָא כִרְעוּתֵהּ
וְיַמְלִיךְ מַלְכוּתֵהּ
וְיַצְמַח פֻּרְקָנֵהּ וִיקָרֵב מְשִׁיחֵהּ (קהל: אָמֵן)
בְּחַיֵּיכוֹן וּבְיוֹמֵיכוֹן וּבְחַיֵּי דְכָל בֵּית יִשְׂרָאֵל
בַּעֲגָלָא וּבִזְמַן קָרִיב
וְאִמְרוּ אָמֵן. (קהל: אָמֵן)

קהל וש״ץ: יְהֵא שְׁמֵהּ רַבָּא מְבָרַךְ לְעָלַם וּלְעָלְמֵי עָלְמַיָּא.

ש״ץ: יִתְבָּרַךְ וְיִשְׁתַּבַּח וְיִתְפָּאַר וְיִתְרוֹמַם וְיִתְנַשֵּׂא
וְיִתְהַדָּר וְיִתְעַלֶּה וְיִתְהַלָּל
שְׁמֵהּ דְּקֻדְשָׁא בְּרִיךְ הוּא (קהל: אָמֵן)

לְעֵלָּא לְעֵלָּא מִכָּל בִּרְכָתָא וְשִׁירָתָא
תֻּשְׁבְּחָתָא וְנֶחֱמָתָא, דַּאֲמִירָן בְּעָלְמָא
וְאִמְרוּ אָמֵן. (קהל: אָמֵן)

תִּתְקַבַּל צְלוֹתְהוֹן וּבָעוּתְהוֹן דְּכָל בֵּית יִשְׂרָאֵל
קֳדָם אֲבוּהוֹן דִּי בִשְׁמַיָּא
וְאִמְרוּ אָמֵן. (קהל: אָמֵן)

יְהֵא שְׁלָמָא רַבָּא מִן שְׁמַיָּא
וְחַיִּים טוֹבִים עָלֵינוּ וְעַל כָּל יִשְׂרָאֵל
וְאִמְרוּ אָמֵן. (קהל: אָמֵן)

כורע ופוסע שלוש פסיעות לאחור. קד לשמאל, לימין ולפנים באמירת:
עֹשֶׂה הַשָּׁלוֹם בִּמְרוֹמָיו
הוּא יַעֲשֶׂה שָׁלוֹם עָלֵינוּ וְעַל כָּל יִשְׂרָאֵל
וְאִמְרוּ אָמֵן. (קהל: אָמֵן)

יש נוהגים לומר 'לְדָוִד, ה' אוֹרִי וְיִשְׁעִי' (עמ' 297) ואחריו קדיש יתום.

הקדמה לנעילה

שערי תשובה לעולם פתוחים

שעת 'נעילה' מביאה אתה את רגעי הסיום של היום שנקבע בתורה כיום תשובה, ככתוב: "כי ביום הזה יכפר עליכם" הווה אומר, שדווקא ביום זה מתרצה ה' לאדם יותר מבכל יום אחר מימות השנה, לטהר אותו מחטאותיו. נותרו עוד רגעים אחדים לאדם לחשבון נפש של שעה יקרה.

ככל שהאדם מרבה בתחינה ובתפילה ביום זה ובשעה זו לפני ה', כן גדולים הסיכויים שהקב"ה ימחל לו. כך אומרים חז"ל על תפילותיו של דוד המלך ביום הכיפורים: "אמר דוד: אם תוציא דיני [ותחתום אותו] ביום הכפורים בבוקר, איני יכול לעמוד [שכן, טרם תיקנתי את כל מה שאני צריך לתקן], אלא מאחר שאקרא קריאת שמע [של שחרית] ואתפלל ארבע תפילות [שחרית, מוסף, מנחה ונעילה] אחר כך - 'מלפניך משפטי יצא'" (מדרש תהלים יז). כלומר, רק אם מיצה האדם את שעות היום במלואן, והרבה תשובה ותפילה, רשאי הוא להאמין כי נמחלו לו חטאיו.

אמנם חז"ל קראו לתפילה זו תפילת 'נעילה', אך זאת לא משום שלאחר מכן ננעלים השערים וננעלת הדלת בפני אדם הבא לשוב בתשובה. אדרבה, כבר אמרו חז"ל: "שערי תשובה לעולם פתוחים" (איכה רבתי ג, לה). דווקא משום כך, וכדי להמריץ את האדם לקיים את מצוות היום, התקינו חכמים תפילה ל'נעילת שערים', כדי לתת לאדם הזדמנות נוספת ביום זה, לעשות את חשבון נפשו ולשוב אל ה'.

אחד המקורות אשר מהם למדו חז"ל שיש מקום להתקין תפילה כזאת, הוא הפסוק האמור בחנה: "והיה כי **הרבתה** להתפלל" (שמואל א' א, יב). בירושלמי (ברכות ד, א) שואלת הגמרא: "מניין [לתפילת] נעילה? - שנאמר: גם כי **תרבו** תפילה' - מכאן שכל **המרבה** בתפילת נענה".

השם 'נעילה' לא בא, אפוא, לנעול שערים: אלא להפך - לעורר את האדם לתפילה, כדי לפתוח בפניו את שערי התשובה.

נעילת שערי היכל

בירושלמי שם נחלקו רב ור' יוחנן בשאלה: "אימתי הוא זמן נעילה"? דעת רב היא שהזמן הוא "בנעילת שערי שמים", (שעת החשיכה), ור' יוחנן אמר "בנעילת שערי היכל" (מבעוד יום). אף כאן, אין כוונת הדברים שמשעה שינעלו השערים אין האדם מתקבל יותר לפני אביו שבשמים, שהרי גם אם ינעלו שערי ההיכל אין בכוחם של שערי עץ ומתכת לעצור את תפילות האדם לפני בוראו. הרי כך הם דברי חכמינו ז"ל בסוטה: "אפילו מחיצה של ברזל אינה חוצצת בין ישראל ואביהם

שבשמים!" (סוטה לח, ב). יתירה מזו, חכמינו ז"ל התקינו תפילה מיוחדת בכל יום – תפילת ערבית – לשעות הלילה בהם שערי המקדש נעולים, זאת כנגד האברים והפדרים הנאכלים באש על גבי המזבח במהלך הלילה.

גם בעת תפילת ערבית מכוין האדם את פניו אל המקדש ואל קדש הקדשים, שכן המקדש הוא המקום בו מתקבלות התפילות, בין אם שעריו פתוחים ובין אם הם נעולים.

דומה, שבשם 'נעילה' באו חכמינו ז"ל לרמז שאכן יש עת רצון ששערי המקדש פתוחים ועבודת הקודש נעשית שם, וזו השעה הראויה לתפילה ולווידוי, וראויה היא תפילתו של אדם שתתקבל. לא כן כאשר שערי המקדש נעולים, אז צריכה תפילת האדם לפלס לה את דרכה אל בורא עולם בלא שיהיו לה מסייעים מלמטה.

ואכן בירושלמי (שם) מתואר, שרב ביקש מרב אדא שכאשר יראה את החמה בראש האילנות יגיש לו בגדים מיוחדים לתפילת נעילה (למרות שדעת רב ששעת נעילה היא בעת 'נעילת שערי שמים'). מכוח בגדים אלה האריך בתפילתו, החל מזמן 'נעילת שערי היכל' עד שעת 'נעילת שערי שמים' ברדת החשיכה.

נמצינו למדים ממנהגו של רב, ששעת 'נעילת שערים' זה הזמן להתגבר בתפילה ולהוסיף על תפילות היום והווידוים ולהאריך בהם. את הלימוד הזה למדו חז"ל מתפילת חנה, שדווקא בגלל תפילתה, שהיתה מרובה מעבר ליכולתה, זכתה ונענתה.

שעת נעילת השערים היא בדיקה ומבחן לאדם: האם נלאה מן הצום ונופל ברוחו או שמא מגביר חיילים ועז רצונו לשוב אל ה'. לפיכך יפה שעה זו לקבלת תשובת האדם, וכלשון נוסח תפילת הנעילה הנהוגה ברבות מקהילות ישראל: "אתה נותן יד לפושעים, וימינך פשוטה לקבל שבים" וזאת, דווקא לאלו המתדפקים על השערים ברגעי היום האחרונים, בשעת נעילת שערים, שעה זו היא שעת רצון, ושומע תפילה מקבל את תשובתם ותפילתם.

נעילה ליום הכיפורים

▸ נעילת שערי העזרה. לפי דעה אחת תפילת הנעילה היא כנגד זמן נעילת שערי העזרה.

תפילת נעילה

״אפילו הישיבה גרידא בבית האלהים יש בה משום השראת אווירה טובה על רוח ונפש, שהרי מהרהרים בה׳ וביעודו של המקום, להתנשא אל ה׳ ולטהר את עצמו לפניו״ (רש״ר הירש).

אשריהם של הצדיקים היושבים בבית המקדש והיכולים להללך בתהילה זו לנצח (תהלים פד, ה; תרגום).

תהלים פד
אַשְׁרֵי יוֹשְׁבֵי בֵיתֶךָ, עוֹד יְהַלְלוּךָ סֶּלָה:

תהלים קמד
אַשְׁרֵי הָעָם שֶׁכָּכָה לּוֹ, אַשְׁרֵי הָעָם שֶׁיהוה אֱלֹהָיו:

תהלים קמה
תְּהִלָּה לְדָוִד

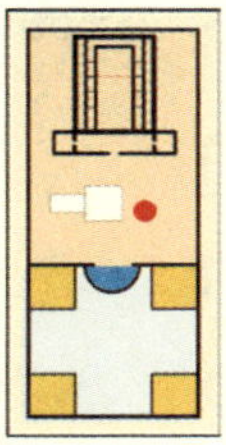

כהן גדול טובל טבילה רביעית במקוה על גג לשכת בית הפרוה

אֲרוֹמִמְךָ אֱלוֹהַי הַמֶּלֶךְ, וַאֲבָרְכָה שִׁמְךָ לְעוֹלָם וָעֶד:
בְּכָל־יוֹם אֲבָרְכֶךָּ, וַאֲהַלְלָה שִׁמְךָ לְעוֹלָם וָעֶד:
גָּדוֹל יהוה וּמְהֻלָּל מְאֹד, וְלִגְדֻלָּתוֹ אֵין חֵקֶר:
דּוֹר לְדוֹר יְשַׁבַּח מַעֲשֶׂיךָ, וּגְבוּרֹתֶיךָ יַגִּידוּ:
הֲדַר כְּבוֹד הוֹדֶךָ, וְדִבְרֵי נִפְלְאֹתֶיךָ אָשִׂיחָה:
וֶעֱזוּז נוֹרְאֹתֶיךָ יֹאמֵרוּ, וּגְדוּלָּתְךָ אֲסַפְּרֶנָּה:
זֵכֶר רַב־טוּבְךָ יַבִּיעוּ, וְצִדְקָתְךָ יְרַנֵּנוּ:
חַנּוּן וְרַחוּם יהוה, אֶרֶךְ אַפַּיִם וּגְדָל־חָסֶד:
טוֹב־יהוה לַכֹּל, וְרַחֲמָיו עַל־כָּל־מַעֲשָׂיו:
יוֹדוּךָ יהוה כָּל־מַעֲשֶׂיךָ, וַחֲסִידֶיךָ יְבָרְכוּכָה:
כְּבוֹד מַלְכוּתְךָ יֹאמֵרוּ, וּגְבוּרָתְךָ יְדַבֵּרוּ:
לְהוֹדִיעַ לִבְנֵי הָאָדָם גְּבוּרֹתָיו, וּכְבוֹד הֲדַר מַלְכוּתוֹ:
מַלְכוּתְךָ מַלְכוּת כָּל־עֹלָמִים, וּמֶמְשַׁלְתְּךָ בְּכָל־דּוֹר וָדֹר:
סוֹמֵךְ יהוה לְכָל־הַנֹּפְלִים, וְזוֹקֵף לְכָל־הַכְּפוּפִים:
עֵינֵי־כֹל אֵלֶיךָ יְשַׂבֵּרוּ, וְאַתָּה נוֹתֵן־לָהֶם אֶת־אָכְלָם בְּעִתּוֹ:
פּוֹתֵחַ אֶת־יָדֶךָ, וּמַשְׂבִּיעַ לְכָל־חַי רָצוֹן:

צַדִּיק יהוה בְּכָל־דְּרָכָיו, וְחָסִיד בְּכָל־מַעֲשָׂיו:
קָרוֹב יהוה לְכָל־קֹרְאָיו, לְכֹל אֲשֶׁר יִקְרָאֻהוּ בֶאֱמֶת:
רְצוֹן־יְרֵאָיו יַעֲשֶׂה, וְאֶת־שַׁוְעָתָם יִשְׁמַע, וְיוֹשִׁיעֵם:
שׁוֹמֵר יהוה אֶת־כָּל־אֹהֲבָיו, וְאֵת כָּל־הָרְשָׁעִים יַשְׁמִיד:
◂ תְּהִלַּת יהוה יְדַבֶּר פִּי, וִיבָרֵךְ כָּל־בָּשָׂר שֵׁם קָדְשׁוֹ לְעוֹלָם וָעֶד:
תהלים קטו וַאֲנַחְנוּ נְבָרֵךְ יָהּ מֵעַתָּה וְעַד־עוֹלָם, הַלְלוּיָהּ:

"אמר ר' יונתן: גדולה תשובה, שמקרבת את הגאולה, שנאמר: 'וּבָא לְצִיּוֹן גּוֹאֵל, וּלְשָׁבֵי פֶשַׁע בְּיַעֲקֹב'. מה טעם 'ובא לציון גואל'? – משום דשבי פשע ביעקב" (יומא פו ע"ב).

ישעיה נט וּבָא לְצִיּוֹן גּוֹאֵל, וּלְשָׁבֵי פֶשַׁע בְּיַעֲקֹב, נְאֻם יהוה:
וַאֲנִי זֹאת בְּרִיתִי אוֹתָם, אָמַר יהוה
רוּחִי אֲשֶׁר עָלֶיךָ וּדְבָרַי אֲשֶׁר־שַׂמְתִּי בְּפִיךָ
לֹא־יָמוּשׁוּ מִפִּיךָ וּמִפִּי זַרְעֲךָ וּמִפִּי זֶרַע זַרְעֲךָ
אָמַר יהוה, מֵעַתָּה וְעַד־עוֹלָם:

תהלים כב ◂ וְאַתָּה קָדוֹשׁ יוֹשֵׁב תְּהִלּוֹת יִשְׂרָאֵל:
ישעיה ו וְקָרָא זֶה אֶל־זֶה וְאָמַר ◂
קָדוֹשׁ, קָדוֹשׁ, קָדוֹשׁ, יהוה צְבָאוֹת
מְלֹא כָל־הָאָרֶץ כְּבוֹדוֹ:

תרגום יונתן ישעיה ו וּמְקַבְּלִין דֵּין מִן דֵּין וְאָמְרִין, קַדִּישׁ בִּשְׁמֵי מְרוֹמָא עִלָּאָה בֵּית שְׁכִינְתֵהּ
קַדִּישׁ עַל אַרְעָא עוֹבַד גְּבוּרְתֵהּ, קַדִּישׁ לְעָלַם וּלְעָלְמֵי עָלְמַיָּא,
יהוה צְבָאוֹת מַלְיָא כָל אַרְעָא זִיו יְקָרֵהּ.

יחזקאל ג ◂ וַתִּשָּׂאֵנִי רוּחַ, וָאֶשְׁמַע אַחֲרַי קוֹל רַעַשׁ גָּדוֹל ◂
בָּרוּךְ כְּבוֹד־יהוה מִמְּקוֹמוֹ:

תרגום יונתן יחזקאל ג וּנְטָלַתְנִי רוּחָא, וּשְׁמָעִית בַּתְרַי קָל זִיעַ סַגִּיא, דִּמְשַׁבְּחִין וְאָמְרִין
בְּרִיךְ יְקָרָא דַיהוה מֵאֲתַר בֵּית שְׁכִינְתֵהּ.

יהוה יִמְלֹךְ לְעֹלָם וָעֶד: שמות טו

יהוה מַלְכוּתֵהּ קָאֵם לְעָלַם וּלְעָלְמֵי עָלְמַיָּא. תרגום אונקלוס שמות טו

יהוה אֱלֹהֵי אַבְרָהָם יִצְחָק וְיִשְׂרָאֵל אֲבֹתֵינוּ, שָׁמְרָה־זֹּאת לְעוֹלָם דברי הימים א, כט
לְיֵצֶר מַחְשְׁבוֹת לְבַב עַמֶּךָ, וְהָכֵן לְבָבָם אֵלֶיךָ: וְהוּא רַחוּם יְכַפֵּר תהלים עח
עָוֹן וְלֹא־יַשְׁחִית, וְהִרְבָּה לְהָשִׁיב אַפּוֹ, וְלֹא־יָעִיר כָּל־חֲמָתוֹ:
כִּי־אַתָּה אֲדֹנָי טוֹב וְסַלָּח, וְרַב־חֶסֶד לְכָל־קֹרְאֶיךָ: צִדְקָתְךָ צֶדֶק תהלים פו תהלים קיט
לְעוֹלָם וְתוֹרָתְךָ אֱמֶת: תִּתֵּן אֱמֶת לְיַעֲקֹב, חֶסֶד לְאַבְרָהָם, אֲשֶׁר־ מיכה ז
נִשְׁבַּעְתָּ לַאֲבֹתֵינוּ מִימֵי קֶדֶם: בָּרוּךְ אֲדֹנָי יוֹם יוֹם יַעֲמָס־לָנוּ, תהלים סח
הָאֵל יְשׁוּעָתֵנוּ סֶלָה: יהוה צְבָאוֹת עִמָּנוּ, מִשְׂגָּב לָנוּ אֱלֹהֵי יַעֲקֹב תהלים מו
סֶלָה: יהוה צְבָאוֹת, אַשְׁרֵי אָדָם בֹּטֵחַ בָּךְ: יהוה הוֹשִׁיעָה, הַמֶּלֶךְ תהלים כ תהלים פד
יַעֲנֵנוּ בְיוֹם־קָרְאֵנוּ:

בָּרוּךְ הוּא אֱלֹהֵינוּ שֶׁבְּרָאָנוּ לִכְבוֹדוֹ, וְהִבְדִּילָנוּ מִן הַתּוֹעִים, וְנָתַן לָנוּ תּוֹרַת אֱמֶת, וְחַיֵּי עוֹלָם נָטַע בְּתוֹכֵנוּ. הוּא יִפְתַּח לִבֵּנוּ בְּתוֹרָתוֹ, וְיָשֵׂם בְּלִבֵּנוּ אַהֲבָתוֹ וְיִרְאָתוֹ וְלַעֲשׂוֹת רְצוֹנוֹ וּלְעָבְדוֹ בְּלֵבָב שָׁלֵם, לְמַעַן לֹא נִיגַע לָרִיק וְלֹא נֵלֵד לַבֶּהָלָה.

יְהִי רָצוֹן מִלְּפָנֶיךָ יהוה אֱלֹהֵינוּ וֵאלֹהֵי אֲבוֹתֵינוּ, שֶׁנִּשְׁמֹר חֻקֶּיךָ
בָּעוֹלָם הַזֶּה, וְנִזְכֶּה וְנִחְיֶה וְנִרְאֶה וְנִירַשׁ טוֹבָה וּבְרָכָה, לִשְׁנֵי
יְמוֹת הַמָּשִׁיחַ וּלְחַיֵּי הָעוֹלָם הַבָּא. לְמַעַן יְזַמֶּרְךָ כָבוֹד וְלֹא יִדֹּם, תהלים ל
יהוה אֱלֹהַי, לְעוֹלָם אוֹדֶךָּ: בָּרוּךְ הַגֶּבֶר אֲשֶׁר יִבְטַח בַּיהוה, וְהָיָה ירמיה יז
יהוה מִבְטַחוֹ: בִּטְחוּ בַיהוה עֲדֵי־עַד, כִּי בְּיָהּ יהוה צוּר עוֹלָמִים: ישעיה כו
› וְיִבְטְחוּ בְךָ יוֹדְעֵי שְׁמֶךָ, כִּי לֹא־עָזַבְתָּ דֹרְשֶׁיךָ, יהוה: יהוה חָפֵץ תהלים ט ישעיה מב
לְמַעַן צִדְקוֹ, יַגְדִּיל תּוֹרָה וְיַאְדִּיר:

חצי קדיש

ש״ץ: **יִתְגַּדַּל וְיִתְקַדַּשׁ שְׁמֵהּ רַבָּא** (קהל: **אָמֵן**)
בְּעָלְמָא דִּי בְרָא כִרְעוּתֵהּ
וְיַמְלִיךְ מַלְכוּתֵהּ
וְיַצְמַח פֻּרְקָנֵהּ וִיקָרֵב מְשִׁיחֵהּ (קהל: **אָמֵן**)
בְּחַיֵּיכוֹן וּבְיוֹמֵיכוֹן וּבְחַיֵּי דְכָל בֵּית יִשְׂרָאֵל
בַּעֲגָלָא וּבִזְמַן קָרִיב, וְאִמְרוּ אָמֵן. (קהל: **אָמֵן**)

קהל וש״ץ: **יְהֵא שְׁמֵהּ רַבָּא מְבָרַךְ לְעָלַם וּלְעָלְמֵי עָלְמַיָּא.**

ש״ץ: **יִתְבָּרַךְ וְיִשְׁתַּבַּח וְיִתְפָּאַר וְיִתְרוֹמַם וְיִתְנַשֵּׂא**
וְיִתְהַדָּר וְיִתְעַלֶּה וְיִתְהַלָּל
שְׁמֵהּ דְּקֻדְשָׁא בְּרִיךְ הוּא (קהל: **אָמֵן**)
לְעֵלָּא לְעֵלָּא מִכָּל בִּרְכָתָא וְשִׁירָתָא, תֻּשְׁבְּחָתָא וְנֶחֱמָתָא
דַּאֲמִירָן בְּעָלְמָא, וְאִמְרוּ אָמֵן. (קהל: **אָמֵן**)

עמידה

״המתפלל צריך שיכוין בלבו פירוש המלות שמוציא בשפתיו; ויחשוב כאלו שכינה כנגדו ויסיר כל המחשבות הטורדות אותו עד שתשאר מחשבתו וכוונתו זכה בתפלתו״ (שו״ע צח, א).

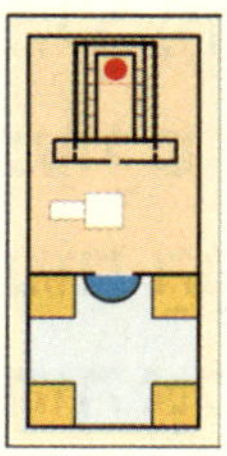

הכהן הגדול בקודש הקדשים בפעם הרביעית ואחרונה. מוציא את הכף והמחתה

פוסע שלוש פסיעות לפנים כמי שנכנס לפני המלך.
עומד ומתפלל בלחש מכאן ועד ׳וּכְשָׁנִים קַדְמֹנִיּוֹת׳ בעמ׳ 592.
כורע במקומות המסומנים ב׳, קד לפנים במילה הבאה וזוקף בשם.

כִּי שֵׁם יהוה אֶקְרָא, הָבוּ גֹדֶל לֵאלֹהֵינוּ: דברים לב
אֲדֹנָי, שְׂפָתַי תִּפְתָּח, וּפִי יַגִּיד תְּהִלָּתֶךָ: תהלים נא

אבות

׳בָּרוּךְ אַתָּה יהוה, אֱלֹהֵינוּ וֵאלֹהֵי אֲבוֹתֵינוּ
אֱלֹהֵי אַבְרָהָם, אֱלֹהֵי יִצְחָק, וֵאלֹהֵי יַעֲקֹב
הָאֵל הַגָּדוֹל הַגִּבּוֹר וְהַנּוֹרָא, אֵל עֶלְיוֹן

גּוֹמֵל חֲסָדִים טוֹבִים, קוֹנֵה הַכֹּל
וְזוֹכֵר חַסְדֵי אָבוֹת
וּמֵבִיא גוֹאֵל לִבְנֵי בְנֵיהֶם, לְמַעַן שְׁמוֹ בְּאַהֲבָה.

זָכְרֵנוּ לְחַיִּים, מֶלֶךְ חָפֵץ בַּחַיִּים
וְחָתְמֵנוּ בְּסֵפֶר הַחַיִּים
לְמַעַנְךָ אֱלֹהִים חַיִּים.

מֶלֶךְ עוֹזֵר וּמוֹשִׁיעַ וּמָגֵן.
בָּרוּךְ אַתָּה יהוה, מָגֵן אַבְרָהָם.

אם שכח לומר ׳זָכְרֵנוּ לְחַיִּים׳, אינו חוזר,
וכן אם אמר ׳וְכָתְבֵנוּ׳ במקום ׳וְחָתְמֵנוּ׳, אינו חוזר.

גבורות

אַתָּה גִּבּוֹר לְעוֹלָם, אֲדֹנָי
מְחַיֵּה מֵתִים אַתָּה, רַב לְהוֹשִׁיעַ
מוֹרִיד הַטָּל
מְכַלְכֵּל חַיִּים בְּחֶסֶד, מְחַיֵּה מֵתִים בְּרַחֲמִים רַבִּים
סוֹמֵךְ נוֹפְלִים, וְרוֹפֵא חוֹלִים, וּמַתִּיר אֲסוּרִים
וּמְקַיֵּם אֱמוּנָתוֹ לִישֵׁנֵי עָפָר.
מִי כָמְוֹךָ, בַּעַל גְּבוּרוֹת, וּמִי דּוֹמֶה לָּךְ
מֶלֶךְ, מֵמִית וּמְחַיֶּה וּמַצְמִיחַ יְשׁוּעָה.

מִי כָמְוֹךָ אָב הָרַחֲמָן
זוֹכֵר יְצוּרָיו לְחַיִּים בְּרַחֲמִים.

וְנֶאֱמָן אַתָּה לְהַחֲיוֹת מֵתִים.
בָּרוּךְ אַתָּה יהוה, מְחַיֵּה הַמֵּתִים.

אם שכח לומר ׳מִי כָמְוֹךָ אַב הָרַחֲמָן׳, אינו חוזר.

קדושת השם

אַתָּה קָדוֹשׁ וְשִׁמְךָ קָדוֹשׁ
וּקְדוֹשִׁים בְּכָל יוֹם יְהַלְלוּךָ סֶּלָה
כִּי אֵל מֶלֶךְ גָּדוֹל וְקָדוֹשׁ אָתָּה.

לְדוֹר וָדוֹר הַמְלִיכוּ לָאֵל, כִּי הוּא לְבַדּוֹ מָרוֹם וְקָדוֹשׁ.

תפילה ובקשה על מלכות שמים, מלכות בית דוד ובנין המקדש

וּבְכֵן יִתְקַדַּשׁ שִׁמְךָ יהוה אֱלֹהֵינוּ עַל יִשְׂרָאֵל עַמֶּךָ
וְעַל יְרוּשָׁלַיִם עִירֶךָ, וְעַל צִיּוֹן מִשְׁכַּן כְּבוֹדֶךָ
וְעַל מַלְכוּת בֵּית דָּוִד מְשִׁיחֶךָ,* וְעַל מְכוֹנְךָ וְהֵיכָלֶךָ.

וּבְכֵן תֵּן פַּחְדְּךָ יהוה אֱלֹהֵינוּ עַל כָּל מַעֲשֶׂיךָ
וְאֵימָתְךָ עַל כָּל מַה שֶּׁבָּרָאתָ
וְיִירָאוּךָ כָּל הַמַּעֲשִׂים, וְיִשְׁתַּחֲווּ לְפָנֶיךָ כָּל הַבְּרוּאִים
וְיֵעָשׂוּ כֻלָּם אֲגֻדָּה אֶחָת לַעֲשׂוֹת רְצוֹנְךָ בְּלֵבָב שָׁלֵם
כְּמוֹ שֶׁיָּדַעְנוּ יהוה אֱלֹהֵינוּ שֶׁהַשָּׁלְטָן לְפָנֶיךָ
עֹז בְּיָדְךָ וּגְבוּרָה בִּימִינֶךָ
וְשִׁמְךָ נוֹרָא עַל כָּל מַה שֶּׁבָּרָאתָ.

וּבְכֵן תֵּן כָּבוֹד יהוה לְעַמֶּךָ
תְּהִלָּה לִירֵאֶיךָ וְתִקְוָה טוֹבָה לְדוֹרְשֶׁיךָ
וּפִתְחוֹן פֶּה לַמְיַחֲלִים לָךְ
שִׂמְחָה לְאַרְצֶךָ, וְשָׂשׂוֹן לְעִירֶךָ, וּצְמִיחַת קֶרֶן לְדָוִד עַבְדֶּךָ
וַעֲרִיכַת נֵר לְבֶן יִשַׁי מְשִׁיחֶךָ בִּמְהֵרָה בְיָמֵינוּ.

---

* וְעַל בִּנְיַן בֵּית מִקְדָּשְׁךָ וְהֵיכָלֶךָ.

וּבְכֵן צַדִּיקִים יִרְאוּ וְיִשְׂמָחוּ, וִישָׁרִים יַעֲלֹזוּ
וַחֲסִידִים בְּרִנָּה יָגִילוּ, וְעוֹלָתָה תִּקְפָּץ פִּיהָ
וְכָל הָרִשְׁעָה כֻּלָּהּ כְּעָשָׁן תִּכְלֶה
כִּי תַעֲבִיר מֶמְשֶׁלֶת זָדוֹן מִן הָאָרֶץ.

וְתִמְלֹךְ אַתָּה הוּא יהוה אֱלֹהֵינוּ
מְהֵרָה לְבַדֶּךָ עַל כָּל מַעֲשֶׂיךָ
בְּהַר צִיּוֹן מִשְׁכַּן כְּבוֹדֶךָ, וּבִירוּשָׁלַיִם עִיר קָדְשֶׁךָ
כַּכָּתוּב בְּדִבְרֵי קָדְשֶׁךָ
יִמְלֹךְ יהוה לְעוֹלָם, אֱלֹהַיִךְ צִיּוֹן לְדֹר וָדֹר, הַלְלוּיָהּ: תהלים קמו

קָדוֹשׁ אַתָּה וְנוֹרָא שְׁמֶךָ
וְאֵין אֱלוֹהַ מִבַּלְעָדֶיךָ
כַּכָּתוּב, וַיִּגְבַּהּ יהוה צְבָאוֹת בַּמִּשְׁפָּט ישעיה ה
וְהָאֵל הַקָּדוֹשׁ נִקְדַּשׁ בִּצְדָקָה:
בָּרוּךְ אַתָּה יהוה, הַמֶּלֶךְ הַקָּדוֹשׁ.

אם שכח לומר את הפיסקאות המתחילות ׳לְדוֹר וָדוֹר׳, אינו חוזר,
אך אם חתם ׳הָאֵל הַקָּדוֹשׁ׳ כברוב ימות השנה, חוזר לראש.

קדושת היום

אַתָּה בְחַרְתָּנוּ מִכָּל הָעַמִּים
אָהַבְתָּ אוֹתָנוּ וְרָצִיתָ בָּנוּ
וְרוֹמַמְתָּנוּ מִכָּל הַלְּשׁוֹנוֹת
וְקִדַּשְׁתָּנוּ בְּמִצְוֹתֶיךָ
וְקֵרַבְתָּנוּ מַלְכֵּנוּ לַעֲבוֹדָתֶךָ
וְשִׁמְךָ הַגָּדוֹל וְהַקָּדוֹשׁ עָלֵינוּ קָרָאתָ.

בשבת מוסיפים את המילים שבסוגריים.

וַתִּתֶּן לָנוּ יהוה אֱלֹהֵינוּ בְּאַהֲבָה אֶת יוֹם
(הַשַּׁבָּת הַזֶּה לִקְדֻשָּׁה וְלִמְנוּחָה, וְאֶת יוֹם)
הַכִּפּוּרִים הַזֶּה, לִמְחִילָה וְלִסְלִיחָה וּלְכַפָּרָה
וְלִמְחָל בּוֹ אֶת כָּל עֲוֹנוֹתֵינוּ
(בְּאַהֲבָה) מִקְרָא קֹדֶשׁ, זֵכֶר לִיצִיאַת מִצְרָיִם.

אֱלֹהֵינוּ וֵאלֹהֵי אֲבוֹתֵינוּ
יַעֲלֶה וְיָבוֹא וְיַגִּיעַ, וְיֵרָאֶה וְיֵרָצֶה וְיִשָּׁמַע
וְיִפָּקֵד וְיִזָּכֵר זִכְרוֹנֵנוּ וּפִקְדוֹנֵנוּ
וְזִכְרוֹן אֲבוֹתֵינוּ
וְזִכְרוֹן מָשִׁיחַ בֶּן דָּוִד עַבְדֶּךָ
וְזִכְרוֹן יְרוּשָׁלַיִם עִיר קָדְשֶׁךָ
וְזִכְרוֹן כָּל עַמְּךָ בֵּית יִשְׂרָאֵל, לְפָנֶיךָ, לִפְלֵיטָה לְטוֹבָה
לְחֵן וּלְחֶסֶד וּלְרַחֲמִים
לְחַיִּים וּלְשָׁלוֹם
בְּיוֹם הַכִּפּוּרִים הַזֶּה.
זָכְרֵנוּ יהוה אֱלֹהֵינוּ בּוֹ לְטוֹבָה
וּפָקְדֵנוּ בוֹ לִבְרָכָה
וְהוֹשִׁיעֵנוּ בוֹ לְחַיִּים טוֹבִים.
וּבִדְבַר יְשׁוּעָה וְרַחֲמִים
חוּס וְחָנֵּנוּ וְרַחֵם עָלֵינוּ וְהוֹשִׁיעֵנוּ
כִּי אֵלֶיךָ עֵינֵינוּ
כִּי אֵל מֶלֶךְ חַנּוּן וְרַחוּם אָתָּה.

אֱלֹהֵינוּ וֵאלֹהֵי אֲבוֹתֵינוּ
מְחַל לַעֲוֹונוֹתֵינוּ בְּיוֹם (הַשַּׁבָּת הַזֶּה וּבְיוֹם) הַכִּפּוּרִים הַזֶּה
מְחֵה וְהַעֲבֵר פְּשָׁעֵינוּ וְחַטֹּאתֵינוּ מִנֶּגֶד עֵינֶיךָ
כָּאָמוּר
אָנֹכִי אָנֹכִי הוּא מֹחֶה פְשָׁעֶיךָ לְמַעֲנִי ישעיה מג
וְחַטֹּאתֶיךָ לֹא אֶזְכֹּר:
וְנֶאֱמַר
מָחִיתִי כָעָב פְּשָׁעֶיךָ וְכֶעָנָן חַטֹּאותֶיךָ ישעיה מד
שׁוּבָה אֵלַי כִּי גְאַלְתִּיךָ:
וְנֶאֱמַר
כִּי־בַיּוֹם הַזֶּה יְכַפֵּר עֲלֵיכֶם לְטַהֵר אֶתְכֶם ויקרא טז
מִכֹּל חַטֹּאתֵיכֶם לִפְנֵי יהוה תִּטְהָרוּ:

(אֱלֹהֵינוּ וֵאלֹהֵי אֲבוֹתֵינוּ, רְצֵה נָא בִמְנוּחָתֵנוּ)
קַדְּשֵׁנוּ בְּמִצְוֹתֶיךָ וְתֵן חֶלְקֵנוּ בְּתוֹרָתֶךָ
שַׂבְּעֵנוּ מִטּוּבֶךָ, וְשַׂמַּח נַפְשֵׁנוּ בִּישׁוּעָתֶךָ
(וְהַנְחִילֵנוּ יהוה אֱלֹהֵינוּ בְּאַהֲבָה וּבְרָצוֹן שַׁבַּת קָדְשֶׁךָ
וְיָנוּחוּ בָם כָּל יִשְׂרָאֵל מְקַדְּשֵׁי שְׁמֶךָ)
וְטַהֵר לִבֵּנוּ לְעָבְדְּךָ בֶּאֱמֶת.
כִּי אַתָּה סָלְחָן לְיִשְׂרָאֵל וּמָחֳלָן לְשִׁבְטֵי יְשֻׁרוּן בְּכָל דּוֹר וָדוֹר
וּמִבַּלְעָדֶיךָ אֵין לָנוּ מֶלֶךְ מוֹחֵל וְסוֹלֵחַ אֶלָּא אָתָּה.
בָּרוּךְ אַתָּה יהוה
מֶלֶךְ מוֹחֵל וְסוֹלֵחַ לַעֲוֹונוֹתֵינוּ, וְלַעֲוֹונוֹת עַמּוֹ בֵּית יִשְׂרָאֵל
וּמַעֲבִיר אַשְׁמוֹתֵינוּ בְּכָל שָׁנָה וְשָׁנָה
מֶלֶךְ עַל כָּל הָאָרֶץ, מְקַדֵּשׁ (הַשַּׁבָּת וְ)יִשְׂרָאֵל וְיוֹם הַכִּפּוּרִים.

עבודה*

רְצֵה יהוה אֱלֹהֵינוּ בְּעַמְּךָ יִשְׂרָאֵל, וְלִתְפִלָּתָם שְׁעֵה
וְהָשֵׁב אֶת הָעֲבוֹדָה לִדְבִיר בֵּיתֶךָ
וְאִשֵּׁי יִשְׂרָאֵל וּתְפִלָּתָם, מְהֵרָה בְּאַהֲבָה תְקַבֵּל בְּרָצוֹן
וּתְהִי לְרָצוֹן תָּמִיד עֲבוֹדַת יִשְׂרָאֵל עַמֶּךָ.
וְתֶחֱזֶינָה עֵינֵינוּ בְּשׁוּבְךָ לְצִיּוֹן בְּרַחֲמִים.
בָּרוּךְ אַתָּה יהוה, הַמַּחֲזִיר שְׁכִינָתוֹ לְצִיּוֹן.

הודאה

כורע ב'מודים' ואינו זוקף עד אמירת השם (סידור השל"ה).

מוֹדִים אֲנַחְנוּ לָךְ
שָׁאַתָּה הוּא יהוה אֱלֹהֵינוּ וֵאלֹהֵי אֲבוֹתֵינוּ לְעוֹלָם וָעֶד.
צוּר חַיֵּינוּ, מָגֵן יִשְׁעֵנוּ אַתָּה הוּא לְדוֹר וָדוֹר.
נוֹדֶה לְּךָ וּנְסַפֵּר תְּהִלָּתֶךָ
עַל חַיֵּינוּ הַמְּסוּרִים בְּיָדֶךָ
וְעַל נִשְׁמוֹתֵינוּ הַפְּקוּדוֹת לָךְ
וְעַל נִסֶּיךָ שֶׁבְּכָל יוֹם עִמָּנוּ,
וְעַל נִפְלְאוֹתֶיךָ וְטוֹבוֹתֶיךָ
שֶׁבְּכָל עֵת, עֶרֶב וָבֹקֶר וְצָהֳרָיִם.
הַטּוֹב, כִּי לֹא כָלוּ רַחֲמֶיךָ
וְהַמְרַחֵם, כִּי לֹא תַמּוּ חֲסָדֶיךָ
כִּי מֵעוֹלָם קִוִּינוּ לָךְ.

* רְצֵה יהוה אֱלֹהֵינוּ בְּעַמְּךָ יִשְׂרָאֵל, וְלִתְפִלָּתָם שְׁעֵה, וְהָשֵׁב אֶת הָעֲבוֹדָה לִדְבִיר בֵּיתֶךָ, וְאִשֵּׁי יִשְׂרָאֵל וּתְפִלָּתָם, מְהֵרָה בְּאַהֲבָה תְקַבֵּל בְּרָצוֹן. בְּבֵית הַגָּדוֹל וְהַקָּדוֹשׁ שָׁם נַעֲבָדְךָ וְשָׁם נִדְרֹשׁ אֶת כָּל אֲשֶׁר צִוִּיתָנוּ, בְּרֵיחַ נִיחוֹחַ תִּרְצֶה אוֹתָנוּ, וּתְהִי לְרָצוֹן תָּמִיד עֲבוֹדַת יִשְׂרָאֵל עַמֶּךָ. וְתֶחֱזֶינָה עֵינֵינוּ בְּשׁוּבְךָ לְצִיּוֹן בְּרַחֲמִים. בָּרוּךְ אַתָּה יהוה, הַמַּחֲזִיר שְׁכִינָתוֹ לְצִיּוֹן.

וְעַל כֻּלָּם יִתְבָּרַךְ וְיִתְרוֹמֵם וְיִתְנַשֵּׂא שִׁמְךָ מַלְכֵּנוּ
תָּמִיד לְעוֹלָם וָעֶד.

וַחֲתֹם לְחַיִּים טוֹבִים כָּל בְּנֵי בְרִיתֶךָ.

וְכֹל הַחַיִּים יוֹדְוּךָ סֶּלָה
וִיהַלְלוּ וִיבָרְכוּ אֶת שִׁמְךָ הַגָּדוֹל בֶּאֱמֶת לְעוֹלָם כִּי טוֹב
הָאֵל יְשׁוּעָתֵנוּ וְעֶזְרָתֵנוּ סֶלָה, הָאֵל הַטּוֹב.
ּבָּרוּךְ אַתָּה יהוה, הַטּוֹב שִׁמְךָ וּלְךָ נָאֶה לְהוֹדוֹת.

אם שכח לומר 'וַחֲתֹם לְחַיִּים טוֹבִים', אינו חוזר, וכן אם אמר 'וּכְתֹב' במקום 'וַחֲתֹם', אינו חוזר.

שלום

שִׂים שָׁלוֹם טוֹבָה וּבְרָכָה, חַיִּים חֵן וָחֶסֶד וְרַחֲמִים
עָלֵינוּ וְעַל כָּל יִשְׂרָאֵל עַמֶּךָ.
בָּרְכֵנוּ אָבִינוּ כֻּלָּנוּ כְּאֶחָד בְּאוֹר פָּנֶיךָ
כִּי בְאוֹר פָּנֶיךָ נָתַתָּ לָּנוּ יהוה אֱלֹהֵינוּ
תּוֹרַת חַיִּים וְאַהֲבַת חֶסֶד
וּצְדָקָה וּבְרָכָה וְרַחֲמִים וְחַיִּים וְשָׁלוֹם.
וְטוֹב יִהְיֶה בְּעֵינֶיךָ לְבָרְכֵנוּ וּלְבָרֵךְ אֶת כָּל עַמְּךָ יִשְׂרָאֵל
בְּכָל עֵת וּבְכָל שָׁעָה בִּשְׁלוֹמֶךָ.

בְּסֵפֶר חַיִּים, בְּרָכָה וְשָׁלוֹם, וּפַרְנָסָה טוֹבָה
וּגְזֵרוֹת טוֹבוֹת, יְשׁוּעוֹת וְנֶחָמוֹת
נִזָּכֵר וְנֵחָתֵם לְפָנֶיךָ, אֲנַחְנוּ וְכָל עַמְּךָ בֵּית יִשְׂרָאֵל
לְחַיִּים טוֹבִים וּלְשָׁלוֹם.

בָּרוּךְ אַתָּה יהוה, הַמְבָרֵךְ אֶת עַמּוֹ יִשְׂרָאֵל בַּשָּׁלוֹם.

אם שכח לומר 'בְּסֵפֶר חַיִּים', אינו חוזר, וכן אם אמר 'וְנִכָּתֵב' במקום 'וְנֵחָתֵם', אינו חוזר.

יש מוסיפים:

יִהְיוּ לְרָצוֹן אִמְרֵי־פִי וְהֶגְיוֹן לִבִּי לְפָנֶיךָ, יהוה צוּרִי וְגֹאֲלִי: תהלים יט

סדר מצוות וידוי

יכוון לקיים מצוות עשה, של 'והתודו את חטאתם אשר עשו' (במדבר ה, ז). אלו דברי רבנו יונה גירונדי: "מצות עשה מן התורה להעיר אדם את רוחו לחזור בתשובה ביום הכיפורים, שנאמר: 'מכל חטאתיכם לפני ה' תטהרו' (ויקרא טז, ל). על כן הזהירנו הכתוב, שנטהר לפני ה' בתשובתנו, והוא יכפר עלינו ביום זה לטהרנו" (שערי תשובה שער ב, יד). "והעובר על זה ולא התוודה על חטאיו ביום הכפורים, שהוא יום קבוע מעולם לסליחה ולכפרה, ביטל עשה זה... ונשא עוונו" (ספר החינוך שסג). הווידוי נאמר גם במעומד וגם בהשתחוויה (מאירי על פי הגאונים 'חיבור התשובה' ויומא דף פז).

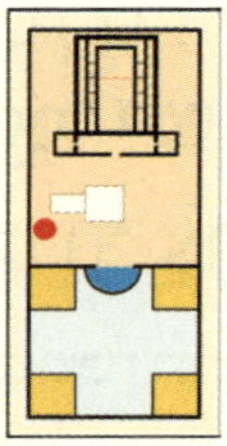

הכהן הגדול טובל בפעם החמישית במקוה על גג לשכת הפרוה ולובש בגדי זהב

אֱלֹהֵינוּ וֵאלֹהֵי אֲבוֹתֵינוּ
תָּבוֹא לְפָנֶיךָ תְּפִלָּתֵנוּ, וְאַל תִּתְעַלַּם מִתְּחִנָּתֵנוּ.
שֶׁאֵין אֲנוּ עַזֵּי פָנִים וּקְשֵׁי עֹרֶף לוֹמַר לְפָנֶיךָ,
יהוה אֱלֹהֵינוּ וֵאלֹהֵי אֲבוֹתֵינוּ,
צַדִּיקִים אֲנַחְנוּ וְלֹא חָטָאנוּ.
אֲבָל אֲנַחְנוּ וַאֲבוֹתֵינוּ חָטָאנוּ.

כשמתוודה, מכה באגרופו על החזה כנגד הלב (מג"א תרז, ג, בשם מדרש קהלת).

אָשַׁמְנוּ, בָּגַדְנוּ, גָּזַלְנוּ, דִּבַּרְנוּ דֹפִי
הֶעֱוִינוּ, וְהִרְשַׁעְנוּ, זַדְנוּ, חָמַסְנוּ, טָפַלְנוּ שֶׁקֶר
יָעַצְנוּ רָע, כִּזַּבְנוּ, לַצְנוּ, מָרַדְנוּ,
מָאַסְנוּ בְּבֵית הַמִּקְדָּשׁ, נִאַצְנוּ, סָרַרְנוּ
עָוִינוּ, פָּשַׁעְנוּ, צָרַרְנוּ, קִשִּׁינוּ עֹרֶף
רָשַׁעְנוּ, שִׁחַתְנוּ, תִּעַבְנוּ, תָּעִינוּ, תִּעְתָּעְנוּ.

סַרְנוּ מִמִּצְוֹתֶיךָ וּמִמִּשְׁפָּטֶיךָ הַטּוֹבִים, וְלֹא שָׁוָה לָנוּ.
וְאַתָּה צַדִּיק עַל כָּל־הַבָּא עָלֵינוּ כִּי־אֱמֶת עָשִׂיתָ וַאֲנַחְנוּ הִרְשָׁעְנוּ: נחמיה ט

מַה נֹּאמַר לְפָנֶיךָ יוֹשֵׁב מָרוֹם,
וּמַה נְּסַפֵּר לְפָנֶיךָ שׁוֹכֵן שְׁחָקִים
הֲלֹא כָּל הַנִּסְתָּרוֹת וְהַנִּגְלוֹת אַתָּה יוֹדֵעַ.

״נעילה היא תפילה יתירה, ר״ל אינה כשאר תפילות...
אלא שנהגו לשנות הנוסח מעט, מ׳אַתָּה יוֹדֵעַ רָזֵי עוֹלָם׳
ואילך ל׳אַתָּה נוֹתֵן יָד לְפוֹשְׁעִים׳״ (מאירי, יומא פז ע״ב).

אַתָּה נוֹתֵן יָד לְפוֹשְׁעִים, וִימִינְךָ פְשׁוּטָה לְקַבֵּל שָׁבִים
וַתְּלַמְּדֵנוּ יהוה אֱלֹהֵינוּ לְהִתְוַדּוֹת לְפָנֶיךָ עַל כָּל עֲוֹנוֹתֵינוּ
לְמַעַן נֶחְדַּל מֵעֹשֶׁק יָדֵינוּ
וּתְקַבְּלֵנוּ בִּתְשׁוּבָה שְׁלֵמָה לְפָנֶיךָ כְּאִשִּׁים וּכְנִיחוֹחִים
לְמַעַן דְּבָרֶיךָ אֲשֶׁר אָמָרְתָּ.
אֵין קֵץ לְאִשֵּׁי חוֹבוֹתֵינוּ, וְאֵין מִסְפָּר לְנִיחוֹחֵי אַשְׁמוֹתֵינוּ
וְאַתָּה יוֹדֵעַ שֶׁאַחֲרִיתֵנוּ רִמָּה וְתוֹלֵעָה
לְפִיכָךְ הִרְבֵּיתָ סְלִיחָתֵנוּ.

מָה אָנוּ, מֶה חַיֵּינוּ, מֶה חַסְדֵּנוּ, מַה צִּדְקוֹתֵינוּ
מַה יְּשׁוּעָתֵנוּ, מַה כֹּחֵנוּ, מַה גְּבוּרָתֵנוּ
מַה נֹּאמַר לְפָנֶיךָ, יהוה אֱלֹהֵינוּ וֵאלֹהֵי אֲבוֹתֵינוּ
הֲלֹא כָּל הַגִּבּוֹרִים כְּאַיִן לְפָנֶיךָ
וְאַנְשֵׁי הַשֵּׁם כְּלֹא הָיוּ
וַחֲכָמִים כִּבְלִי מַדָּע
וּנְבוֹנִים כִּבְלִי הַשְׂכֵּל
כִּי רֹב מַעֲשֵׂיהֶם תֹּהוּ
וִימֵי חַיֵּיהֶם הֶבֶל לְפָנֶיךָ
וּמוֹתַר הָאָדָם מִן־הַבְּהֵמָה אָיִן קהלת ג
כִּי הַכֹּל הָבֶל:

אַתָּה הִבְדַּלְתָּ אֱנוֹשׁ מֵרֹאשׁ
וַתַּכִּירֵהוּ לַעֲמֹד לְפָנֶיךָ.
כִּי מִי יֹאמַר לְךָ מַה תִּפְעָל
וְאִם יִצְדַּק מַה יִּתֶּן לָךְ.

וַתִּתֶּן לָנוּ יהוה אֱלֹהֵינוּ בְּאַהֲבָה אֶת יוֹם צוֹם הַכִּפּוּרִים הַזֶּה
קֵץ וּמְחִילָה וּסְלִיחָה עַל כָּל עֲוֹנוֹתֵינוּ
לְמַעַן נֶחְדַּל מֵעֹשֶׁק יָדֵינוּ
וְנָשׁוּב אֵלֶיךָ לַעֲשׂוֹת חֻקֵּי רְצוֹנְךָ בְּלֵבָב שָׁלֵם.

וְאַתָּה בְּרַחֲמֶיךָ הָרַבִּים רַחֵם עָלֵינוּ
כִּי לֹא תַחְפֹּץ בְּהַשְׁחָתַת עוֹלָם
שֶׁנֶּאֱמַר
ישעיה נה דִּרְשׁוּ יהוה בְּהִמָּצְאוֹ
קְרָאֻהוּ בִּהְיוֹתוֹ קָרוֹב:
וְנֶאֱמַר
ישעיה נה יַעֲזֹב רָשָׁע דַּרְכּוֹ, וְאִישׁ אָוֶן מַחְשְׁבֹתָיו
וְיָשֹׁב אֶל־יהוה וִירַחֲמֵהוּ
וְאֶל־אֱלֹהֵינוּ כִּי־יַרְבֶּה לִסְלוֹחַ:

וְאַתָּה אֱלוֹהַּ סְלִיחוֹת, חַנּוּן וְרַחוּם
אֶרֶךְ אַפַּיִם וְרַב חֶסֶד וֶאֱמֶת, וּמַרְבֶּה לְהֵיטִיב
וְרוֹצֶה אַתָּה בִּתְשׁוּבַת רְשָׁעִים
וְאֵין אַתָּה חָפֵץ בְּמִיתָתָם
שֶׁנֶּאֱמַר
יחזקאל לג אֱמֹר אֲלֵיהֶם, חַי־אָנִי נְאֻם אֲדֹנָי יֶהֹוִה
אִם־אֶחְפֹּץ בְּמוֹת הָרָשָׁע
כִּי אִם־בְּשׁוּב רָשָׁע מִדַּרְכּוֹ, וְחָיָה
שׁוּבוּ שׁוּבוּ מִדַּרְכֵיכֶם הָרָעִים
וְלָמָּה תָמוּתוּ בֵּית יִשְׂרָאֵל:
וְנֶאֱמַר
יחזקאל יח הֶחָפֹץ אֶחְפֹּץ מוֹת רָשָׁע
נְאֻם אֲדֹנָי יֶהֹוִה
הֲלוֹא בְּשׁוּבוֹ מִדְּרָכָיו וְחָיָה:

וְנֶאֱמַר
כִּי לֹא אֶחְפֹּץ בְּמוֹת הַמֵּת יחזקאל יח
נְאֻם אֲדֹנָי יֱהֹוִה
וְהָשִׁיבוּ וִחְיוּ:

כִּי אַתָּה סָלְחָן לְיִשְׂרָאֵל
וּמָחֳלָן לְשִׁבְטֵי יְשֻׁרוּן בְּכָל דּוֹר וָדוֹר
וּמִבַּלְעָדֶיךָ אֵין לָנוּ מֶלֶךְ מוֹחֵל וְסוֹלֵחַ אֶלָּא אָתָּה.

אֱלֹהַי
עַד שֶׁלֹּא נוֹצַרְתִּי אֵינִי כְדַאי
וְעַכְשָׁיו שֶׁנּוֹצַרְתִּי, כְּאִלּוּ לֹא נוֹצַרְתִּי
עָפָר אֲנִי בְּחַיַּי, קַל וָחֹמֶר בְּמִיתָתִי.
הֲרֵי אֲנִי לְפָנֶיךָ כִּכְלִי מָלֵא בוּשָׁה וּכְלִמָּה.
יְהִי רָצוֹן מִלְּפָנֶיךָ, יהוה אֱלֹהַי וֵאלֹהֵי אֲבוֹתַי
שֶׁלֹּא אֶחֱטָא עוֹד.
וּמַה שֶּׁחָטָאתִי לְפָנֶיךָ, מְחֹק בְּרַחֲמֶיךָ הָרַבִּים
אֲבָל לֹא עַל יְדֵי יִסּוּרִים וָחֳלָיִם רָעִים.

אֱלֹהַי ברכות יז.
נְצֹר לְשׁוֹנִי מֵרָע וּשְׂפָתַי מִדַּבֵּר מִרְמָה
וְלִמְקַלְלַי נַפְשִׁי תִדֹּם
וְנַפְשִׁי כֶּעָפָר לַכֹּל תִּהְיֶה.
פְּתַח לִבִּי בְּתוֹרָתֶךָ
וְאַחֲרֵי מִצְוֹתֶיךָ תִּרְדֹּף נַפְשִׁי.
וְכָל הַקָּמִים וְהַחוֹשְׁבִים עָלַי רָעָה
מְהֵרָה הָפֵר עֲצָתָם וְקַלְקֵל מַחֲשַׁבְתָּם.

יש המוסיפים תחינה זו (קיצור של״ה, ׳אור הישר׳):

יְהִי רָצוֹן מִלְּפָנֶיךָ, יהוה אֱלֹהַי וֵאלֹהֵי אֲבוֹתַי
שֶׁלֹּא תַעֲלֶה קִנְאַת אָדָם עָלַי, וְלֹא קִנְאָתִי עַל אֲחֵרִים
וְשֶׁלֹּא אֶכְעֹס הַיּוֹם, וְשֶׁלֹּא אַכְעִיסֶךָ
וְתַצִּילֵנִי מִיֵּצֶר הָרָע, וְתֵן בְּלִבִּי הַכְנָעָה וַעֲנָוָה.
מַלְכֵּנוּ וֵאלֹהֵינוּ, יַחֵד שִׁמְךָ בְּעוֹלָמֶךָ
בְּנֵה עִירְךָ, יַסֵּד בֵּיתְךָ וְשַׁכְלֵל הֵיכָלֶךָ
וְקַבֵּץ קִבּוּץ גָּלֻיּוֹת, וּפְדֵה צֹאנֶךָ וְשַׂמַּח עֲדָתֶךָ.

עֲשֵׂה לְמַעַן שְׁמֶךָ, עֲשֵׂה לְמַעַן יְמִינֶךָ
עֲשֵׂה לְמַעַן תּוֹרָתֶךָ, עֲשֵׂה לְמַעַן קְדֻשָּׁתֶךָ.
לְמַעַן יֵחָלְצוּן יְדִידֶיךָ, הוֹשִׁיעָה יְמִינְךָ וַעֲנֵנִי: תהלים ס
יִהְיוּ לְרָצוֹן אִמְרֵי פִי וְהֶגְיוֹן לִבִּי לְפָנֶיךָ, יהוה צוּרִי וְגוֹאֲלִי: תהלים יט

כורע ופוסע שלוש פסיעות לאחור. קד לשמאל, לימין ולפנים באמירת:

עֹשֶׂה הַשָּׁלוֹם בִּמְרוֹמָיו
הוּא יַעֲשֶׂה שָׁלוֹם, עָלֵינוּ וְעַל כָּל יִשְׂרָאֵל
וְאִמְרוּ אָמֵן.

יְהִי רָצוֹן מִלְּפָנֶיךָ יהוה אֱלֹהֵינוּ וֵאלֹהֵי אֲבוֹתֵינוּ
שֶׁיִּבָּנֶה בֵּית הַמִּקְדָּשׁ בִּמְהֵרָה בְיָמֵינוּ, וְתֵן חֶלְקֵנוּ בְּתוֹרָתֶךָ
וְשָׁם נַעֲבָדְךָ בְּיִרְאָה כִּימֵי עוֹלָם וּכְשָׁנִים קַדְמוֹנִיּוֹת.
וְעָרְבָה לַיהוה מִנְחַת יְהוּדָה וִירוּשָׁלָיִם כִּימֵי עוֹלָם וּכְשָׁנִים קַדְמֹנִיּוֹת: מלאכי ג

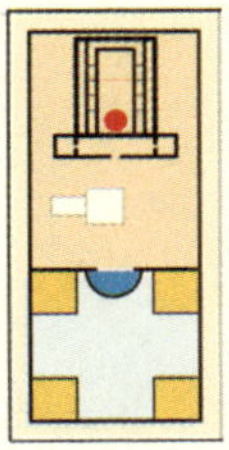

הכהן הגדול
מקטיר קטורת של
בין הערבים על מזבח
הזהב שבהיכל

חזרת הש״ץ לנעילה

״ותכלית יום הכיפורים הוא תפילת נעילה, ואז [הוא נקרא] ׳יום הכיפורים׳,
כי יום כיפורים מכפר בסופו.
ושם קבעו אנשי כנסת הגדולה לומר בנוסח התפילה:
׳וַתִּתֶּן לָנוּ ה׳ אֱלֹהֵינוּ בְּאַהֲבָה אֶת יוֹם צוֹם הַכִּפּוּרִים הַזֶּה,
קֵץ וּמְחִילָה וּסְלִיחָה עַל כָּל עֲוֹנוֹתֵינוּ, לְמַעַן נֶחְדַּל מֵעֹשֶׁק יָדֵינוּ׳״
(של״ה חולין, נר מצווה נד).

פותחים את ארון הקודש.

שליח הציבור פוסע שלוש פסיעות לפנים כמי שנכנס לפני המלך.
כורע במקומות המסומנים ב׳, קד לפנים במילה הבאה וזוקף בשם.

יש אומרים בלחש: **כִּי שֵׁם יהוה אֶקְרָא, הָבוּ גֹדֶל לֵאלֹהֵינוּ:** דברים לב

אֲדֹנָי, שְׂפָתַי תִּפְתָּח, וּפִי יַגִּיד תְּהִלָּתֶךָ: תהלים נא

אבות

׳בָּרוּךְ אַתָּה יהוה, אֱלֹהֵינוּ וֵאלֹהֵי אֲבוֹתֵינוּ
אֱלֹהֵי אַבְרָהָם, אֱלֹהֵי יִצְחָק, וֵאלֹהֵי יַעֲקֹב
הָאֵל הַגָּדוֹל הַגִּבּוֹר וְהַנּוֹרָא, אֵל עֶלְיוֹן
גּוֹמֵל חֲסָדִים טוֹבִים, קוֹנֵה הַכֹּל
וְזוֹכֵר חַסְדֵי אָבוֹת
וּמֵבִיא גוֹאֵל לִבְנֵי בְנֵיהֶם, לְמַעַן שְׁמוֹ בְּאַהֲבָה.

לפני ה׳קרובה׳ של נעילה אין אומרים פיוט ׳רשות׳ ארוך.
שליח הציבור אומר ׳מִסּוֹד חֲכָמִים וּנְבוֹנִים׳ וממשיך ׳אָב יְדָעֲךָ מִנֹּעַר׳.

מִסּוֹד חֲכָמִים וּנְבוֹנִים
וּמִלֶּמֶד דַּעַת מְבִינִים
אֶפְתְּחָה פִי בִּתְפִלָּה וּבְתַחֲנוּנִים
לְחַלּוֹת וּלְחַנֵּן פְּנֵי מֶלֶךְ מוֹחֵל וְסוֹלֵחַ לַעֲוֹנִים.

את פיוטי ה׳מגן׳, ׳מחיה׳ ו׳משלש׳ לתפילת נעילה של יום הכיפורים חיבר ר׳ אלעזר הקליר. למעשה, מדובר בפיוט אחד המסודר על סדר הא״ב, ועוסק בתפילתם של שלושת האבות. בפיוט בקשה שכשם שתפילותיהם נענו, כן יעלו תפילותינו לרצון לפני ה׳.

מאחר שהפיוטים קצרים ובגלל מבנה האמירה הנהוג בהם, הקהל אומר שורה אחת, ושליח הציבור אומר בקול את השורה הבאה, המסומנות ב־ (השווה ל׳מגן׳ הארוך ׳אִמַּצְתָּ עָשׂוֹר׳ בעמ׳ 250). יש קהילות שבהן אין אומרים את ה׳קרובה׳ וממשיכים ׳זָכְרֵנוּ לְחַיִּים׳ למטה.

מגן – סימן א״ב

אָב יְדָעֲךָ מִנֹּעַר / בְּחַנְתּוֹ בְּעֶשֶׂר, בַּל עֲבֹר בְּרֹאשׁ תַּעַר
גָּשׁ לְחַלּוֹתְךָ כְּנַעַר וְלֹא כְּבַעַר / דְּגָלָיו לָבֹא בְּזֶה הַשַּׁעַר.

אֱמוּנִים גָּשׁוּ לְנַצְּחָךְ אָיֹם / נֶצַח כָּל הַיּוֹם
עֲבוּר כִּי פָנָה יוֹם / גּוֹנְנֵנוּ בְּצֶדֶק יוֹשֵׁב כְּחֹם הַיּוֹם.

יש נוהגים שהקהל אומר בקול, ושליח הציבור חוזר אחריו:

זָכְרֵנוּ לְחַיִּים, מֶלֶךְ חָפֵץ בַּחַיִּים
וְחָתְמֵנוּ בְּסֵפֶר הַחַיִּים, לְמַעַנְךָ אֱלֹהִים חַיִּים.

שליח הציבור ממשיך:

מֶלֶךְ עוֹזֵר וּמוֹשִׁיעַ וּמָגֵן. ׳בָּרוּךְ* אַתָּה יהוה, מָגֵן אַבְרָהָם.

גבורות

אַתָּה גִּבּוֹר לְעוֹלָם, אֲדֹנָי
מְחַיֵּה מֵתִים אַתָּה, רַב לְהוֹשִׁיעַ
מוֹרִיד הַטָּל
מְכַלְכֵּל חַיִּים בְּחֶסֶד, מְחַיֵּה מֵתִים בְּרַחֲמִים רַבִּים
סוֹמֵךְ נוֹפְלִים, וְרוֹפֵא חוֹלִים, וּמַתִּיר אֲסוּרִים
וּמְקַיֵּם אֱמוּנָתוֹ לִישֵׁנֵי עָפָר.
מִי כָמוֹךָ, בַּעַל גְּבוּרוֹת, וּמִי דּוֹמֶה לָּךְ
מֶלֶךְ, מֵמִית וּמְחַיֶּה וּמַצְמִיחַ יְשׁוּעָה.

---

* בבית כנסת הבנוי בהר הבית: בָּרוּךְ אַתָּה יהוה אֱלֹהֵי יִשְׂרָאֵל מִן הָעוֹלָם וְעַד הָעוֹלָם, בָּרוּךְ אַתָּה יהוה, מָגֵן אַבְרָהָם.

בקהילות שבהן אין נוהגים לומר 'קרובה', ממשיכים 'מִי כָמוֹךָ אַב הָרַחֲמָן' למטה.

מחיה

הַנִּקְרָא לְאָב זֶרַע / וְנִפְנָה לָסוּר מִמּוֹקְשֵׁי רַע

› זָעַק וְחִנֵּן, וְשִׂיחָה לֹא גָרַע / חֻסַּן בְּרָכָה בַּאֲשֶׁר זָרַע.

יָהּ שִׁמְךָ בָּנוּ יֶעֱרַב / וְיֶשְׁעֲךָ לָנוּ תְּקָרֵב

› גְּאַל נָא מִקֶּרֶב / הַחֲיֵינוּ בְּטַל, כְּשָׁח לִפְנוֹת עֶרֶב.

יש נוהגים שהקהל אומר בקול, ושליח הציבור חוזר אחריו:

מִי כָמוֹךָ אָב הָרַחֲמָן
זוֹכֵר יְצוּרָיו לְחַיִּים בְּרַחֲמִים.

שליח הציבור ממשיך:

וְנֶאֱמָן אַתָּה לְהַחֲיוֹת מֵתִים.
בָּרוּךְ אַתָּה יהוה, מְחַיֵּה הַמֵּתִים.**

בקהילות שבהן אין נוהגים לומר 'קרובה', ממשיכים 'יִמְלֹךְ ה' לְעוֹלָם' למטה.

משלש

טֶבַע זִיו תְּאָרָהּ / יָהּ חֲקָקוֹ בְּכֵס יְקָרָהּ

› כְּשָׁר תָּם מְקוֹם מַה נּוֹרָא / לְעֵת קֵץ חָז וַיִּירָא.

שליח הציבור והקהל אומרים חרוז חרוז:

יִמְלֹךְ יהוה לְעוֹלָם תהלים קמו
אֱלֹהַיִךְ צִיּוֹן לְדֹר וָדֹר, הַלְלוּיָהּ:
וְאַתָּה קָדוֹשׁ, יוֹשֵׁב תְּהִלּוֹת יִשְׂרָאֵל:
אֵל נָא.

שְׁמַע נָא, סְלַח נָא הַיּוֹם
עֲבוּר כִּי פָנָה יוֹם
וּנְהַלֶּלְךָ נוֹרָא וְאָיֹם
קָדוֹשׁ.

** בבית כנסת הבנוי בהר הבית: בָּרוּךְ אַתָּה יהוה אֱלֹהֵי יִשְׂרָאֵל מִן הָעוֹלָם וְעַד הָעוֹלָם, בָּרוּךְ אַתָּה יהוה, מְחַיֵּה הַמֵּתִים.

שליח הציבור ממשיך:

וּבְכֵן לְךָ תַעֲלֶה קְדֻשָּׁה
כִּי אַתָּה אֱלֹהֵינוּ מֶלֶךְ מוֹחֵל וְסוֹלֵחַ.

׳וְהַשַּׁעַר לֹא־יִסָּגֵר עַד־הָעָרֶב׳ (יחזקאל מו, ב).

בניגוד לתפילות שחרית ומנחה בקהילות רבות נוהגים לומר את ה׳סילוק׳ לנעילה.
ויש שאין אומרים אותו, ומתחילים את הקדושה בתיבת ׳נַעֲרִיצְךָ׳ (למטה).
גם הנוהגים לומר אותו, אומרים רק את חלקו.

סילוק – סימן א״ב

שַׁעֲרֵי אַרְמוֹן מְהֵרָה תִּפְתַּח לְבוֹאֲרֵי אָמוֹן
שַׁעֲרֵי גְנוּזִים מְהֵרָה תִּפְתַּח לְדָתְךָ אֲחוּזִים
שַׁעֲרֵי הֵיכַל הַנֶּחְמָדִים מְהֵרָה תִּפְתַּח לְוַעוּדִים
שַׁעֲרֵי זְבוּל מַחֲנַיִם מְהֵרָה תִּפְתַּח לְחַכְלִילֵי עֵינַיִם
שַׁעֲרֵי טְהוֹרָה מְהֵרָה תִּפְתַּח לְיָפָה וּבָרָה
שַׁעֲרֵי כֶּתֶר הַמְיֻמָּן מְהֵרָה תִּפְתַּח לְלֹא אַלְמָן.

וּבָהֶם תְּעֻרַץ וְתֻקְדַּשׁ, כְּסוֹד שִׂיחַ שַׂרְפֵי קֹדֶשׁ
הַמַּקְדִּישִׁים שִׁמְךָ בַּקֹּדֶשׁ

קדושה

בבתי כנסת המתפללים בנוסח אשכנז, אומרים כאן ׳כַּכָּתוּב׳, או ׳נַעֲרִיצְךָ׳ אם לא אמרו ׳סילוק׳.
נַעֲרִיצְךָ וְנַקְדִּישְׁךָ כְּסוֹד שִׂיחַ שַׂרְפֵי קֹדֶשׁ, הַמַּקְדִּישִׁים שִׁמְךָ בַּקֹּדֶשׁ, כַּכָּתוּב עַל יַד
ישעיה ו **נְבִיאֶךָ: וְקָרָא זֶה אֶל־זֶה וְאָמַר** וממשיכים ׳קָדוֹשׁ, קָדוֹשׁ, קָדוֹשׁ׳ בעמוד הבא.

בחזרת הש״ץ הקהל עומד ואומר קדושה.
במקומות המסומנים ב°, המתפלל מתרומם על קצות אצבעותיו.

קהל ואחריו שליח הציבור:
כֶּתֶר יִתְּנוּ לְךָ, יהוה אֱלֹהֵינוּ, מַלְאָכִים הֲמוֹנֵי מַעְלָה
עִם עַמְּךָ יִשְׂרָאֵל קְבוּצֵי מַטָּה
יַחַד כֻּלָּם קְדֻשָּׁה לְךָ יְשַׁלֵּשׁוּ כַּדָּבָר הָאָמוּר עַל יַד נְבִיאֶךָ
ישעיה ו **וְקָרָא זֶה אֶל־זֶה וְאָמַר**

קהל ואחריו שליח הציבור:

קָדוֹשׁ, קָדוֹשׁ, קָדוֹשׁ, יהוה צְבָאוֹת, מְלֹא כָל־הָאָרֶץ כְּבוֹדוֹ:
כְּבוֹדוֹ מָלֵא עוֹלָם, מְשָׁרְתָיו שׁוֹאֲלִים זֶה לָזֶה
אַיֵּה מְקוֹם כְּבוֹדוֹ לְהַעֲרִיצוֹ
לְעֻמָּתָם מְשַׁבְּחִים וְאוֹמְרִים

קהל ואחריו שליח הציבור:

בָּרוּךְ כְּבוֹד־יהוה מִמְּקוֹמוֹ: יחזקאל ג
מִמְּקוֹמוֹ הוּא יִפֶן בְּרַחֲמָיו לְעַמּוֹ
וְיָחֹן עַם הַמְיַחֲדִים שְׁמוֹ עֶרֶב וָבֹקֶר בְּכָל יוֹם תָּמִיד
פַּעֲמַיִם בְּאַהֲבָה שְׁמַע אוֹמְרִים

קהל ואחריו שליח הציבור:

שְׁמַע יִשְׂרָאֵל, יהוה אֱלֹהֵינוּ, יהוה אֶחָד: דברים ו
הוּא אֱלֹהֵינוּ, הוּא אָבִינוּ, הוּא מַלְכֵּנוּ, הוּא מוֹשִׁיעֵנוּ
וְהוּא יוֹשִׁיעֵנוּ וְיִגְאָלֵנוּ שֵׁנִית, וְיַשְׁמִיעֵנוּ בְּרַחֲמָיו לְעֵינֵי כָּל חַי לֵאמֹר
הֵן גָּאַלְתִּי אֶתְכֶם אַחֲרִית כְּרֵאשִׁית
לִהְיוֹת לָכֶם לֵאלֹהִים, אֲנִי יהוה אֱלֹהֵיכֶם: במדבר טו

קהל ואחריו שליח הציבור:

אַדִּיר אַדִּירֵנוּ, יהוה אֲדֹנֵינוּ, מָה־אַדִּיר שִׁמְךָ בְּכָל־הָאָרֶץ: תהלים ח
וְהָיָה יהוה לְמֶלֶךְ עַל־כָּל־הָאָרֶץ זכריה יד
בַּיּוֹם הַהוּא יִהְיֶה יהוה אֶחָד וּשְׁמוֹ אֶחָד:

שליח הציבור:

וּבְדִבְרֵי קָדְשְׁךָ כָּתוּב לֵאמֹר

קהל ואחריו שליח הציבור:

יִמְלֹךְ יהוה לְעוֹלָם, אֱלֹהַיִךְ צִיּוֹן לְדֹר וָדֹר, הַלְלוּיָהּ: תהלים קמו

שליח הציבור:

לְדוֹר וָדוֹר נַגִּיד גָּדְלֶךָ, וּלְנֵצַח נְצָחִים קְדֻשָּׁתְךָ נַקְדִּישׁ
וְשִׁבְחֲךָ אֱלֹהֵינוּ מִפִּינוּ לֹא יָמוּשׁ לְעוֹלָם וָעֶד
כִּי אֵל מֶלֶךְ גָּדוֹל וְקָדוֹשׁ אָתָּה.

בבתי כנסת המתפללים בנוסח אשכנז, אין אומרים ׳לְדוֹר וָדוֹר׳.

לְדוֹר וָדוֹר הַמְלִיכוּ לָאֵל, כִּי הוּא לְבַדּוֹ מָרוֹם וְקָדוֹשׁ.

הכול:

חֲמֹל עַל מַעֲשֶׂיךָ
וְתִשְׂמַח בְּמַעֲשֶׂיךָ
וְיֹאמְרוּ לְךָ חוֹסֶיךָ
בְּצַדֶּקְךָ עֲמוּסֶיךָ
תֻּקְדַּשׁ אָדוֹן עַל כָּל מַעֲשֶׂיךָ

כִּי מַקְדִּישֶׁיךָ בִּקְדֻשָּׁתְךָ קִדַּשְׁתָּ
נָאֶה לְקָדוֹשׁ פְּאֵר מִקְּדוֹשִׁים.

שליח הציבור ממשיך:

בְּאֵין מֵלִיץ יֹשֶׁר מוּל מַגִּיד פֶּשַׁע
תַּגִּיד לְיַעֲקֹב דְּבַר, חֹק וּמִשְׁפָּט
וְצַדְּקֵנוּ בַּמִּשְׁפָּט, הַמֶּלֶךְ הַמִּשְׁפָּט.

עוֹד יִזְכֹּר לָנוּ אַהֲבַת אֵיתָן, אֲדוֹנֵינוּ
וּבַבֵּן הַנֶּעֱקָד יַשְׁבִּית מְדַיְּנֵנוּ
וּבִזְכוּת הַתָּם יוֹצִיא הַיּוֹם לְצֶדֶק דִּינֵנוּ
כִּי־קָדוֹשׁ הַיּוֹם לַאֲדֹנֵינוּ: נחמיה ח

שליח הציבור ממשיך:

וּבְכֵן יִתְקַדַּשׁ שִׁמְךָ יהוה אֱלֹהֵינוּ
עַל יִשְׂרָאֵל עַמֶּךָ
וְעַל יְרוּשָׁלַיִם עִירֶךָ
וְעַל צִיּוֹן מִשְׁכַּן כְּבוֹדֶךָ
וְעַל מַלְכוּת בֵּית דָּוִד מְשִׁיחֶךָ*
וְעַל מְכוֹנְךָ וְהֵיכָלֶךָ.

---

* וְעַל בִּנְיַן בֵּית מִקְדָּשְׁךָ וְהֵיכָלֶךָ.

קדושת השם

וּבְכֵן תֵּן פַּחְדְּךָ יהוה אֱלֹהֵינוּ עַל כָּל מַעֲשֶׂיךָ
וְאֵימָתְךָ עַל כָּל מַה שֶּׁבָּרָאתָ
וְיִירָאוּךָ כָּל הַמַּעֲשִׂים, וְיִשְׁתַּחֲווּ לְפָנֶיךָ כָּל הַבְּרוּאִים
וְיֵעָשׂוּ כֻלָּם אֲגֻדָּה אַחַת לַעֲשׂוֹת רְצוֹנְךָ בְּלֵבָב שָׁלֵם
כְּמוֹ שֶׁיָּדַעְנוּ יהוה אֱלֹהֵינוּ שֶׁהַשָּׁלְטָן לְפָנֶיךָ
עֹז בְּיָדְךָ וּגְבוּרָה בִּימִינֶךָ
וְשִׁמְךָ נוֹרָא עַל כָּל מַה שֶּׁבָּרָאתָ.

וּבְכֵן תֵּן כָּבוֹד יהוה לְעַמֶּךָ
תְּהִלָּה לִירֵאֶיךָ וְתִקְוָה טוֹבָה לְדוֹרְשֶׁיךָ
וּפִתְחוֹן פֶּה לַמְיַחֲלִים לָךְ
שִׂמְחָה לְאַרְצֶךָ, וְשָׂשׂוֹן לְעִירֶךָ
וּצְמִיחַת קֶרֶן לְדָוִד עַבְדֶּךָ
וַעֲרִיכַת נֵר לְבֶן יִשַׁי מְשִׁיחֶךָ בִּמְהֵרָה בְיָמֵינוּ.

וּבְכֵן צַדִּיקִים יִרְאוּ וְיִשְׂמָחוּ, וִישָׁרִים יַעֲלֹזוּ
וַחֲסִידִים בְּרִנָּה יָגִילוּ, וְעוֹלָתָה תִּקְפָּץ פִּיהָ
וְכָל הָרִשְׁעָה כֻּלָּהּ כְּעָשָׁן תִּכְלֶה
כִּי תַעֲבִיר מֶמְשֶׁלֶת זָדוֹן מִן הָאָרֶץ.

וְתִמְלֹךְ אַתָּה הוּא יהוה אֱלֹהֵינוּ
מְהֵרָה לְבַדֶּךָ עַל כָּל מַעֲשֶׂיךָ
בְּהַר צִיּוֹן מִשְׁכַּן כְּבוֹדֶךָ, וּבִירוּשָׁלַיִם עִיר קָדְשֶׁךָ
כַּכָּתוּב בְּדִבְרֵי קָדְשֶׁךָ
יִמְלֹךְ יהוה לְעוֹלָם, אֱלֹהַיִךְ צִיּוֹן לְדֹר וָדֹר, הַלְלוּיָהּ: תהלים קמו

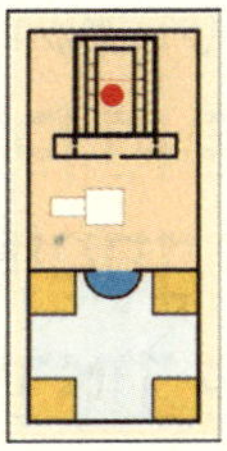

הכהן הגדול
מטיב את הנרות
במנורה שבהיכל

קָדוֹשׁ אַתָּה וְנוֹרָא שְׁמֶךָ
וְאֵין אֱלוֹהַּ מִבַּלְעָדֶיךָ
כַּכָּתוּב
וַיִּגְבַּהּ יהוה צְבָאוֹת בַּמִּשְׁפָּט ישעיה ה
וְהָאֵל הַקָּדוֹשׁ נִקְדַּשׁ בִּצְדָקָה:
בָּרוּךְ* אַתָּה יהוה, הַמֶּלֶךְ הַקָּדוֹשׁ.

קדושת היום

אַתָּה בְחַרְתָּנוּ מִכָּל הָעַמִּים
אָהַבְתָּ אוֹתָנוּ וְרָצִיתָ בָּנוּ
וְרוֹמַמְתָּנוּ מִכָּל הַלְּשׁוֹנוֹת
וְקִדַּשְׁתָּנוּ בְּמִצְוֹתֶיךָ
וְקֵרַבְתָּנוּ מַלְכֵּנוּ לַעֲבוֹדָתֶךָ
וְשִׁמְךָ הַגָּדוֹל וְהַקָּדוֹשׁ עָלֵינוּ קָרָאתָ.

בשבת מוסיפים את המילים שבסוגריים.

וַתִּתֶּן לָנוּ יהוה אֱלֹהֵינוּ בְּאַהֲבָה אֶת יוֹם
(הַשַּׁבָּת הַזֶּה לִקְדֻשָּׁה וְלִמְנוּחָה, וְאֶת יוֹם) הַכִּפּוּרִים הַזֶּה,
לִמְחִילָה וְלִסְלִיחָה וּלְכַפָּרָה
וְלִמְחָל בּוֹ אֶת כָּל עֲווֹנוֹתֵינוּ
(בְּאַהֲבָה) מִקְרָא קֹדֶשׁ, זֵכֶר לִיצִיאַת מִצְרָיִם.

אֱלֹהֵינוּ וֵאלֹהֵי אֲבוֹתֵינוּ
יַעֲלֶה וְיָבוֹא וְיַגִּיעַ, וְיֵרָאֶה וְיֵרָצֶה וְיִשָּׁמַע

* בבית כנסת הבנוי בהר הבית: בָּרוּךְ אַתָּה יהוה אֱלֹהֵי יִשְׂרָאֵל מִן הָעוֹלָם וְעַד הָעוֹלָם, בָּרוּךְ אַתָּה יהוה, הַמֶּלֶךְ הַקָּדוֹשׁ.

וְיִפָּקֵד וְיִזָּכֵר זִכְרוֹנֵנוּ וּפִקְדוֹנֵנוּ
וְזִכְרוֹן אֲבוֹתֵינוּ
וְזִכְרוֹן מָשִׁיחַ בֶּן דָּוִד עַבְדֶּךָ
וְזִכְרוֹן יְרוּשָׁלַיִם עִיר קָדְשֶׁךָ
וְזִכְרוֹן כָּל עַמְּךָ בֵּית יִשְׂרָאֵל
לְפָנֶיךָ, לִפְלֵיטָה לְטוֹבָה
לְחֵן וּלְחֶסֶד וּלְרַחֲמִים, לְחַיִּים וּלְשָׁלוֹם
בְּיוֹם הַכִּפּוּרִים הַזֶּה.
זָכְרֵנוּ יהוה אֱלֹהֵינוּ בּוֹ לְטוֹבָה, וּפָקְדֵנוּ בוֹ לִבְרָכָה
וְהוֹשִׁיעֵנוּ בוֹ לְחַיִּים טוֹבִים.
וּבִדְבַר יְשׁוּעָה וְרַחֲמִים חוּס וְחָנֵּנוּ וְרַחֵם עָלֵינוּ וְהוֹשִׁיעֵנוּ
כִּי אֵלֶיךָ עֵינֵינוּ, כִּי אֵל מֶלֶךְ חַנּוּן וְרַחוּם אָתָּה.

"וצריך ש"ץ לקצר בסליחות ופסוקים שבאמצע התפילה" (שו"ע תרכג, ב).
בתפילת נעילה אומרים סליחות, אך מקצרים אותן מאוד. כבר בימות הראשונים התקבל המנהג ששליח הציבור אומר רק את חרוזי הפזמון של מרבית פיוטי הסליחות, והקהל חוזר אחריו. החרוז הראשון הוא הפזמון של פיוט הפתיחה 'אָז לִפְנוֹת עֶרֶב'; השני והשלישי הם חרוזי פזמון קבועים, הבאים בכמה פיוטים שונים.

שליח הציבור והקהל אומרים שורה שורה:

פְּתַח לָנוּ שַׁעַר / בְּעֵת נְעִילַת שַׁעַר
כִּי פָנָה יוֹם.

הַיּוֹם יִפְנֶה / הַשֶּׁמֶשׁ יָבֹא וְיִפְנֶה
נָבוֹאָה שְׁעָרֶיךָ.

אָנָּא אֵל נָא
שָׂא נָא, סְלַח נָא, מְחַל נָא, חֲמָל נָא, רַחֶם נָא, כַּפֶּר נָא
כְּבֹשׁ חֵטְא וְעָוֹן.

״כיוון שרואה שנתחייב העולם כליה, עומד מכסא הדין ויושב על כסא רחמים״ (עבודה זרה ג ע״ב). בתפילת נעילה נוהגים לומר י״ג מידות שבע פעמים.

שליח הציבור והקהל:

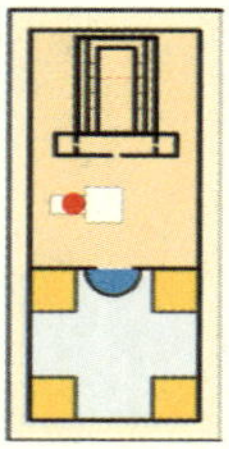

הכהן הגדול מקריב את מנחת קרבן התמיד ונסכי קרבן התמיד

אֵל מֶלֶךְ יוֹשֵׁב עַל כִּסֵּא רַחֲמִים, מִתְנַהֵג בַּחֲסִידוּת.
מוֹחֵל עֲוֹנוֹת עַמּוֹ, מַעֲבִיר רִאשׁוֹן רִאשׁוֹן.
מַרְבֶּה מְחִילָה לְחַטָּאִים, וּסְלִיחָה לְפוֹשְׁעִים.
עֹשֶׂה צְדָקוֹת עִם כָּל בָּשָׂר וָרוּחַ, לֹא כְרָעָתָם תִּגְמֹל.
‹ אֵל, הוֹרֵיתָ לָּנוּ לוֹמַר שְׁלֹשׁ עֶשְׂרֵה
זְכֹר לָנוּ הַיּוֹם בְּרִית שְׁלֹשׁ עֶשְׂרֵה
כְּהוֹדַעְתָּ לֶעָנָו מִקֶּדֶם, כְּמוֹ שֶׁכָּתוּב:
שמות לד **וַיֵּרֶד יהוה בֶּעָנָן, וַיִּתְיַצֵּב עִמּוֹ שָׁם, וַיִּקְרָא בְשֵׁם, יהוה:**

קהל ואחריו שליח הציבור:

שמות לד **וַיַּעֲבֹר יהוה עַל־פָּנָיו וַיִּקְרָא**

שליח הציבור והקהל אומרים בקול:

יהוה, יהוה, אֵל רַחוּם וְחַנּוּן, אֶרֶךְ אַפַּיִם, וְרַב־חֶסֶד וֶאֱמֶת:
נֹצֵר חֶסֶד לָאֲלָפִים, נֹשֵׂא עָוֹן וָפֶשַׁע וְחַטָּאָה, וְנַקֵּה:

הכול:

וְסָלַחְתָּ לַעֲוֹנֵנוּ וּלְחַטָּאתֵנוּ, וּנְחַלְתָּנוּ:
סְלַח לָנוּ אָבִינוּ כִּי חָטָאנוּ
מְחַל לָנוּ מַלְכֵּנוּ כִּי פָשָׁעְנוּ.
תהלים פו **כִּי־אַתָּה אֲדֹנָי טוֹב וְסַלָּח**
וְרַב־חֶסֶד לְכָל־קֹרְאֶיךָ:

תהלים קל **כִּי־עִמְּךָ הַסְּלִיחָה, לְמַעַן תִּוָּרֵא:**
שם **אִם־עֲוֹנוֹת תִּשְׁמָר־יָהּ, אֲדֹנָי מִי יַעֲמֹד:**
כְּרַחֵם אָב עַל בָּנִים, כֵּן תְּרַחֵם יהוה עָלֵינוּ.

לַיהוה הַיְשׁוּעָה, עַל־עַמְּךָ בִרְכָתֶךָ סֶּלָה: תהלים ג

יהוה צְבָאוֹת עִמָּנוּ, מִשְׂגָּב לָנוּ אֱלֹהֵי יַעֲקֹב סֶלָה: תהלים מו

יהוה צְבָאוֹת, אַשְׁרֵי אָדָם בֹּטֵחַ בָּךְ: תהלים פד

יהוה הוֹשִׁיעָה, הַמֶּלֶךְ יַעֲנֵנוּ בְיוֹם־קָרְאֵנוּ: תהלים כ

יש מדלגים מכאן ועד ׳וּמִי יַעֲמֹד׳ (למטה).

· סְלַח־נָא לַעֲוֹן הָעָם הַזֶּה כְּגֹדֶל חַסְדֶּךָ במדבר יד
וְכַאֲשֶׁר נָשָׂאתָה לָעָם הַזֶּה מִמִּצְרַיִם וְעַד־הֵנָּה:
וְשָׁם נֶאֱמַר

קהל ואחריו שליח הציבור:

וַיֹּאמֶר יהוה, סָלַחְתִּי כִּדְבָרֶךָ:

הכול:

הַטֵּה אֱלֹהַי אָזְנְךָ וּשְׁמָע דניאל ט
פְּקַח עֵינֶיךָ וּרְאֵה שֹׁמְמֹתֵינוּ וְהָעִיר אֲשֶׁר־נִקְרָא שִׁמְךָ עָלֶיהָ
כִּי לֹא עַל־צִדְקֹתֵינוּ אֲנַחְנוּ מַפִּילִים תַּחֲנוּנֵינוּ לְפָנֶיךָ
כִּי עַל־רַחֲמֶיךָ הָרַבִּים:
אֲדֹנָי שְׁמָעָה, אֲדֹנָי סְלָחָה, אֲדֹנָי הַקְשִׁיבָה וַעֲשֵׂה אַל־תְּאַחַר
לְמַעַנְךָ אֱלֹהַי כִּי־שִׁמְךָ נִקְרָא עַל־עִירְךָ וְעַל־עַמֶּךָ:
וְחַזְּקֵנוּ וְאַמְּצֵנוּ לִבְנוֹת מִקְדָּשְׁךָ.

החרוזים הבאים הם סופו של הפיוט ׳תְּעָלַת צֳרִי׳, שכתב ר׳ שלמה הבבלי.
בקהילות רבות נוהגים לומר באמצעו י״ג מידות פעם נוספת.

שליח הציבור והקהל אומרים חרוז חרוז:

וּמִי יַעֲמֹד, חֵטְא אִם תִּשְׁמֹר / וּמִי יָקוּם, דִּין אִם תִּגְמֹר
הַסְּלִיחָה עִמְּךָ הִיא, סָלַחְתִּי לֵאמֹר / הָרַחֲמִים גַּם לְךָ מִדָּתְךָ לִכְמֹר.

דִּכְדּוּךְ דַּלּוּתֵנוּ רְאֵה, אַל תְּכַלִּים / דַּעַת נְתִיב דְּרָכֶיךָ חֶפְצֵנוּ תַּשְׁלִים
גָּדוֹל וְקָטָן רוֹחַ שֵׂכֶל הַחֲלִים / גִּבּוֹרֵי כֹחַ, רְצוֹנְךָ חַזֵּק וְהָאֲלִים.

בְּצִלְּךָ שֶׁבֶת שָׁבִים קַבֵּל נְדָבָה / בֵּיתְךָ יַפְרִיחוּ וְלֹא יוֹסִיפוּ לְדַאֲבָה
אוֹבֵד וְנִדָּח תַּשְׁבִּית, נוֹגֵשׂ וּמַדְהֵבָה / אָז יַעֲלוּ וְיֵרָאוּ בְּרוּחַ נְדִיבָה.

יש קהילות שבהן אין אומרים ׳אֵל מֶלֶךְ׳ וי״ג מידות,
וממשיכים ׳שִׂלּוּם פָּרִים שְׂפָתֵינוּ׳ (למטה).

שליח הציבור והקהל:

אֵל מֶלֶךְ יוֹשֵׁב עַל כִּסֵּא רַחֲמִים, מִתְנַהֵג בַּחֲסִידוּת.
מוֹחֵל עֲוֹנוֹת עַמּוֹ, מַעֲבִיר רִאשׁוֹן רִאשׁוֹן.
מַרְבֶּה מְחִילָה לְחַטָּאִים, וּסְלִיחָה לְפוֹשְׁעִים.
עֹשֶׂה צְדָקוֹת עִם כָּל בָּשָׂר וָרוּחַ, לֹא כְרָעָתָם תִּגְמֹל.
◄ אֵל, הוֹרֵיתָ לָּנוּ לוֹמַר שְׁלֹשׁ עֶשְׂרֵה
זְכָר לָנוּ הַיּוֹם בְּרִית שְׁלֹשׁ עֶשְׂרֵה
כְּהוֹדַעְתָּ לֶעָנָו מִקֶּדֶם, כְּמוֹ שֶׁכָּתוּב:
וַיֵּרֶד יהוה בֶּעָנָן, וַיִּתְיַצֵּב עִמּוֹ שָׁם, וַיִּקְרָא בְשֵׁם, יהוה: שמות לד

קהל ואחריו שליח הציבור:

וַיַּעֲבֹר יהוה עַל־פָּנָיו וַיִּקְרָא שמות לד

שליח הציבור והקהל אומרים בקול:

יהוה, יהוה, אֵל רַחוּם וְחַנּוּן, אֶרֶךְ אַפַּיִם, וְרַב־חֶסֶד וֶאֱמֶת:
נֹצֵר חֶסֶד לָאֲלָפִים, נֹשֵׂא עָוֹן וָפֶשַׁע וְחַטָּאָה, וְנַקֵּה:

הכול:

וְסָלַחְתָּ לַעֲוֹנֵנוּ וּלְחַטָּאתֵנוּ, וּנְחַלְתָּנוּ:
סְלַח לָנוּ אָבִינוּ כִּי חָטָאנוּ, מְחַל לָנוּ מַלְכֵּנוּ כִּי פָשָׁעְנוּ.
כִּי־אַתָּה אֲדֹנָי טוֹב וְסַלָּח, וְרַב־חֶסֶד לְכָל־קֹרְאֶיךָ: תהלים פו

המשך הפיוט שלעיל

שִׂלּוּם פָּרִים שְׂפָתֵינוּ תִּכּוֹן אֱמֶת / לֶכְתֵּנוּ אַחֲרֶיךָ בְּתֹם וְיֹשֶׁר הַעֲמֵת
מֵלִיץ יֹשֶׁר קַבֵּל, וּמְלָשְׁנִי צַמֵּת / הֶחָפֵץ בַּחַיִּים וְלֹא בְּמוֹת הַמֵּת.

הֲקִימֵנוּ בְּאוֹר פָּנֶיךָ וְחֶשְׁבּוֹן יִתְמַצֶּה / קִיּוּם מֵרֶדֶת שַׁחַת כֹּפֶר יִמָּצֵא
טֶרֶם נִקְרָא עוֹד דִּבּוּר יֵצֵא / נִדְבוֹת פִּינוּ יהוה נָא רְצֵה.

שליח הציבור והקהל:

אֵל מֶלֶךְ יוֹשֵׁב עַל כִּסֵּא רַחֲמִים, מִתְנַהֵג בַּחֲסִידוּת.
מוֹחֵל עֲוֹנוֹת עַמּוֹ, מַעֲבִיר רִאשׁוֹן רִאשׁוֹן.
מַרְבֶּה מְחִילָה לְחַטָּאִים, וּסְלִיחָה לְפוֹשְׁעִים.
עֹשֶׂה צְדָקוֹת עִם כָּל בָּשָׂר וָרוּחַ, לֹא כְרָעָתָם תִּגְמֹל.
› אֵל, הוֹרֵיתָ לָּנוּ לוֹמַר שְׁלֹשׁ עֶשְׂרֵה
זְכָר לָנוּ הַיּוֹם בְּרִית שְׁלֹשׁ עֶשְׂרֵה
כְּהוֹדַעְתָּ לֶעָנָו מִקֶּדֶם, כְּמוֹ שֶׁכָּתוּב:
וַיֵּרֶד יהוה בֶּעָנָן, וַיִּתְיַצֵּב עִמּוֹ שָׁם, וַיִּקְרָא בְשֵׁם, יהוה: שמות לד

קהל ואחריו שליח הציבור:

וַיַּעֲבֹר יהוה עַל־פָּנָיו וַיִּקְרָא שמות לד

שליח הציבור והקהל אומרים בקול:

יהוה, יהוה, אֵל רַחוּם וְחַנּוּן, אֶרֶךְ אַפַּיִם, וְרַב־חֶסֶד וֶאֱמֶת:
נֹצֵר חֶסֶד לָאֲלָפִים, נֹשֵׂא עָוֹן וָפֶשַׁע וְחַטָּאָה, וְנַקֵּה:

הכול:

וְסָלַחְתָּ לַעֲוֹנֵנוּ וּלְחַטָּאתֵנוּ, וּנְחַלְתָּנוּ:
סְלַח לָנוּ אָבִינוּ כִּי חָטָאנוּ, מְחַל לָנוּ מַלְכֵּנוּ כִּי פָשָׁעְנוּ.
כִּי־אַתָּה אֲדֹנָי טוֹב וְסַלָּח, וְרַב־חֶסֶד לְכָל־קֹרְאֶיךָ: תהלים פו

החרוזים הבאים הם סופו של הפיוט ׳אָדוֹן מוֹעֵד׳,
שכתב ר׳ יוסף בר יצחק מאורליאנש.
שליח הציבור והקהל אומרים חרוז חרוז:

מְרֻבִּים צָרְכֵי עַמְּךָ, וְדַעְתָּם קְצָרָה /
מַחְסוֹרָם וּמִשְׁאֲלוֹתָם בַּל יוּכְלוּ לְסַפְּרָה
נָא בִּינָה הֲגִיגֵנוּ טֶרֶם נִקְרָא / הָאֵל הַגָּדֹל הַגִּבֹּר וְהַנּוֹרָא: דברים י

סָפוּ וְגַם כָּלוּ יוֹדְעֵי פְגִיעָה / סֵדֶר תְּפִלּוֹת בְּמַעֲנֵה לָשׁוֹנָם לְהַבִּיעָה
עֲרָמִים נוֹתַרְנוּ, וְרַבְּתָה בָּנוּ הָרָעָה / עַל כֵּן לֹא הִשִּׂיגַתְנוּ יְשׁוּעָה.

פָּנִים אֵין לָנוּ פָּנֶיךָ לְחַלּוֹת / פָּשַׁעְנוּ וּמָרַדְנוּ וְהֶעֱוִינוּ מְסִלּוֹת
תהלים קלד צְדָקָה לְךָ לְבַד נְבַקֵּשׁ בְּמַעַרְכֵי תְהִלּוֹת / הָעֹמְדִים בְּבֵית־יהוה בַּלֵּילוֹת:

קָדוֹשׁ, רְאֵה כִּי פַּס מֵלִיץ כַּשּׁוּרָה / קַבֵּל נִיבִי כְּמַרְבִּית תְּשׁוּרָה
רִנָּתִי הַיּוֹם תְּהֵא בְּכִתְרְךָ קְשׁוּרָה / אֵל נֶאְזָר בִּגְבוּרָה.

שַׁוְעָתִי שְׁעֵה וּתְפִלָּתִי תְּהֵא נְעִימָה / שְׁמַע פְּגִיעָתִי כִּפְגִיעָה תַמָּה
איוב כו תְּחָקְקֵנוּ לְחַיִּים וְתֵיטִיב הַחֲתִימָה / תֹּלֶה אֶרֶץ עַל־בְּלִימָה:

שליח הציבור והקהל:

אֵל מֶלֶךְ יוֹשֵׁב עַל כִּסֵּא רַחֲמִים, מִתְנַהֵג בַּחֲסִידוּת.
מוֹחֵל עֲוֹנוֹת עַמּוֹ, מַעֲבִיר רִאשׁוֹן רִאשׁוֹן.
מַרְבֶּה מְחִילָה לְחַטָּאִים, וּסְלִיחָה לְפוֹשְׁעִים.
עֹשֶׂה צְדָקוֹת עִם כָּל בָּשָׂר וָרוּחַ, לֹא כְרָעָתָם תִּגְמֹל.
◂ אֵל, הוֹרֵיתָ לָּנוּ לוֹמַר שְׁלֹשׁ עֶשְׂרֵה
זְכָר לָנוּ הַיּוֹם בְּרִית שְׁלֹשׁ עֶשְׂרֵה
כְּהוֹדַעְתָּ לֶעָנָו מִקֶּדֶם, כְּמוֹ שֶׁכָּתוּב:
שמות לד וַיֵּרֶד יהוה בֶּעָנָן, וַיִּתְיַצֵּב עִמּוֹ שָׁם, וַיִּקְרָא בְשֵׁם, יהוה:

קהל ואחריו שליח הציבור:

שמות לד וַיַּעֲבֹר יהוה עַל־פָּנָיו וַיִּקְרָא

שליח הציבור והקהל אומרים בקול:

יהוה, יהוה, אֵל רַחוּם וְחַנּוּן, אֶרֶךְ אַפַּיִם, וְרַב־חֶסֶד וֶאֱמֶת:
נֹצֵר חֶסֶד לָאֲלָפִים, נֹשֵׂא עָוֹן וָפֶשַׁע וְחַטָּאָה, וְנַקֵּה:

הכול:

וְסָלַחְתָּ לַעֲוֹנֵנוּ וּלְחַטָּאתֵנוּ, וּנְחַלְתָּנוּ:
סְלַח לָנוּ אָבִינוּ כִּי חָטָאנוּ, מְחַל לָנוּ מַלְכֵּנוּ כִּי פָשָׁעְנוּ.
תהלים פו כִּי־אַתָּה אֲדֹנָי טוֹב וְסַלָּח, וְרַב־חֶסֶד לְכָל־קֹרְאֶיךָ:

המשך הפיוט שלעיל

יָדְךָ פְּשֹׁט, וְקַבֵּל תְּשׁוּבָתִי בְּמַעֲמָדִי / סְלַח נָא וּמְחַל רֹעַ מַעְבָּדִי
פְּנֵה וַעֲסֹק בְּטוֹבַת מְשַׁחֲרֶיךָ, דּוֹדִי וּמְעוֹדְדִי / וְאַתָּה יהוה מָגֵן בַּעֲדִי: תהלים ג

שליח הציבור והקהל:

אֵל מֶלֶךְ יוֹשֵׁב עַל כִּסֵּא רַחֲמִים, מִתְנַהֵג בַּחֲסִידוּת.
מוֹחֵל עֲוֹנוֹת עַמּוֹ, מַעֲבִיר רִאשׁוֹן רִאשׁוֹן.
מַרְבֶּה מְחִילָה לְחַטָּאִים, וּסְלִיחָה לְפוֹשְׁעִים.
עוֹשֶׂה צְדָקוֹת עִם כָּל בָּשָׂר וָרוּחַ, לֹא כְרָעָתָם תִּגְמֹל.
› אֵל, הוֹרֵיתָ לָּנוּ לוֹמַר שְׁלֹשׁ עֶשְׂרֵה
זְכָר לָנוּ הַיּוֹם בְּרִית שְׁלֹשׁ עֶשְׂרֵה
כְּהוֹדַעְתָּ לֶעָנָו מִקֶּדֶם, כְּמוֹ שֶׁכָּתוּב:
וַיֵּרֶד יהוה בֶּעָנָן, וַיִּתְיַצֵּב עִמּוֹ שָׁם, וַיִּקְרָא בְשֵׁם, יהוה: שמות לד

קהל ואחריו שליח הציבור:

וַיַּעֲבֹר יהוה עַל־פָּנָיו וַיִּקְרָא שמות לד

שליח הציבור והקהל אומרים בקול:

יהוה, יהוה, אֵל רַחוּם וְחַנּוּן, אֶרֶךְ אַפַּיִם, וְרַב־חֶסֶד וֶאֱמֶת:
נֹצֵר חֶסֶד לָאֲלָפִים, נֹשֵׂא עָוֹן וָפֶשַׁע וְחַטָּאָה, וְנַקֵּה:

הכול:

וְסָלַחְתָּ לַעֲוֹנֵנוּ וּלְחַטָּאתֵנוּ, וּנְחַלְתָּנוּ:
סְלַח לָנוּ אָבִינוּ כִּי חָטָאנוּ, מְחַל לָנוּ מַלְכֵּנוּ כִּי פָשָׁעְנוּ.
כִּי־אַתָּה אֲדֹנָי טוֹב וְסַלָּח, וְרַב־חֶסֶד לְכָל־קֹרְאֶיךָ: תהלים פו

זְכֹר בְּרִית אַבְרָהָם וַעֲקֵדַת יִצְחָק
וְהָשֵׁב שְׁבוּת אָהֳלֵי יַעֲקֹב
וְהוֹשִׁיעֵנוּ לְמַעַן שְׁמֶךָ.

החרוזים הבאים – מקורם בכמה פיוטים. שני הראשונים מהפיוט ׳אָבַדְנוּ מֵאֶרֶץ טוֹבָה בְּחִפָּזוֹן׳ שחיבר ר׳ גרשם מאור הגולה; ׳אֶנְקַת מְסַלְּדֶיךָ׳ הוא חרוז פזמון הבא בכמה פיוטים שונים – לדוגמה, בפיוט שלאחר נפילת אפיים בערב ראש השנה; ׳יִשְׂרָאֵל נוֹשַׁע בַּה׳׳ הוא הבית הראשון מפיוט שחיבר שפטיה בן אמיתי, הנאמר כפזמון בסליחות שלפני ראש השנה, ובסליחות בה״ב; ׳יַחְבִּיאֵנוּ צֵל יָדוֹ׳ הוא הבית הראשון מפיוט שחיבר ר׳ יצחק ב״ר שמואל, שנאמר כפזמון בסליחות למוסף בחלק מהמנהגים; ׳יַשְׁמִיעֵנוּ סָלַחְתִּי׳ הוא הבית הראשון של פיוט שחיבר ר׳ שלמה ב״ר שמואל, ונאמר כפזמון לסליחות בשבוע שלפני ראש השנה.

שליח הציבור והקהל אומרים חרוז חרוז:

גּוֹאֵל חָזָק, לְמַעַנְךָ פְּדֵנוּ / רְאֵה כִּי אָזְלַת יָדֵנוּ
שׁוּר כִּי אָבְדוּ חֲסִידֵינוּ / מַפְגִּיעַ אֵין בַּעֲדֵנוּ
וְשׁוּב בְּרַחֲמִים עַל שְׁאֵרִית יִשְׂרָאֵל / וְהוֹשִׁיעֵנוּ לְמַעַן שְׁמֶךָ.

הָעִיר הַקֹּדֶשׁ וְהַמְּחוֹזוֹת / הָיוּ לְחֶרְפָּה וּלְבִזּוֹת
וְכָל מַחְמַדֶּיהָ טְבוּעוֹת וּגְנוּזוֹת / וְאֵין שִׁיּוּר, רַק הַתּוֹרָה הַזֹּאת*
וְהָשֵׁב שְׁבוּת אָהֳלֵי יַעֲקֹב / וְהוֹשִׁיעֵנוּ לְמַעַן שְׁמֶךָ.

אֶנְקַת מְסַלְּדֶיךָ / תַּעַל לִפְנֵי כִּסֵּא כְבוֹדֶךָ
מַלֵּא מִשְׁאֲלוֹת עַם מְיַחֲדֶיךָ / שׁוֹמֵעַ תְּפִלַּת בָּאֵי עָדֶיךָ.

יִשְׂרָאֵל נוֹשַׁע בַּיהוה תְּשׁוּעַת עוֹלָמִים: ישעיה מה
גַּם הַיּוֹם יִוָּשְׁעוּ מִפִּיךָ, שׁוֹכֵן מְרוֹמִים
כִּי אַתָּה רַב סְלִיחוֹת וּבַעַל הָרַחֲמִים.

יַחְבִּיאֵנוּ צֵל יָדוֹ / תַּחַת כַּנְפֵי הַשְּׁכִינָה
חֹן יָחֹן, כִּי יִבְחֹן / לֵב עָקֹב לְהָכִינָה
קוּמָה נָא אֱלֹהֵינוּ, עֻזָּה עֻזִּי נָא / יהוה לִשְׁוְעָתֵנוּ הַאֲזִינָה.

---

* עִיר הַקֹּדֶשׁ יְרוּשָׁלַיִם וְהַמְּחוֹזוֹת / אֲלָפִים בַּשָּׁנִים הָיוּ לְחֶרְפָּה וּלְבִזּוֹת
עַתָּה זָכִינוּ וְהִתְקַיְּמוּ בָּנוּ הַנְּבוּאוֹת / וַהֲשִׁיבוֹתִיךָ אֶל הָאֲדָמָה הַזֹּאת:

יַשְׁמִיעֵנוּ סַלַחְתִּי / יֹשֵׁב בְּסֵתֶר עֶלְיוֹן: תהלים צא
בִּימִין יֶשַׁע / לְהִוָּשַׁע / עַם עָנִי וְאֶבְיוֹן
בְּשַׁוְעֵנוּ אֵלֶיךָ / נוֹרָאוֹת בְּצֶדֶק תַּעֲנֵנוּ
יהוה, הֱיֵה עוֹזֵר לָנוּ.

יש קהילות שבהן אומרים כאן ׳אֵל מֶלֶךְ׳ וי״ג מידות עד ׳לְכָל־קֹרְאֶיךָ׳ (בעמוד הקודם).

פיוט זה – חיברו אמיתי בן שפטיה, מראשוני פייטני איטליה, והוא מבוסס על י״ג מידות. בקהילות שבהן אומרים סליחות בה״ב, הוא נאמר כפזמון ליום האחרון. יש שהסתייגו מלשון הבית השני, כיוון שיש בו פנייה ישירה למידת הרחמים, והציעו נוסח חלופי (הגרי״ד סולובייצ׳יק).

שליח הציבור והקהל:

יהוה, יהוה, אֵל רַחוּם וְחַנּוּן, אֶרֶךְ אַפַּיִם, וְרַב־חֶסֶד וֶאֱמֶת: שמות לד
נֹצֵר חֶסֶד לָאֲלָפִים, נֹשֵׂא עָוֹן וָפֶשַׁע וְחַטָּאָה, וְנַקֵּה:
וְסָלַחְתָּ לַעֲוֹנֵנוּ וּלְחַטָּאתֵנוּ, וּנְחַלְתָּנוּ:

שליח הציבור אומר בית בית והקהל אחריו: סימן אמתי

אֶזְכְּרָה אֱלֹהִים וְאֶהֱמָיָה**
בִּרְאוֹתִי כָּל עִיר עַל תִּלָּהּ בְּנוּיָה
וְעִיר הָאֱלֹהִים מֻשְׁפֶּלֶת עַד שְׁאוֹל תַּחְתִּיָּה
וּבְכָל זֹאת, אָנוּ לְיָהּ וְעֵינֵינוּ לְיָהּ.

מִדַּת הָרַחֲמִים עָלֵינוּ הִתְגַּלְגְּלִי
וְלִפְנֵי קוֹנֵךְ תְּחִנָּתֵנוּ הַפִּילִי
וּבְעַד עַמֵּךְ רַחֲמִים שַׁאֲלִי
כִּי כָל לֵבָב דַּוָּי וְכָל רֹאשׁ לָחֳלִי.

יש אומרים בית זה בנוסח שונה:

מִדַּת הָרַחֲמִים עָלֵינוּ נִגְלְגְּלָה / וְלִפְנֵי קוֹנֵנוּ תְּחִנָּתֵנוּ נַפִּילָה
וּבְעַד עַמֵּנוּ רַחֲמִים נִשְׁאֲלָה / כִּי כָל לֵבָב דַּוָּי וְכָל רֹאשׁ לְמַחֲלָה.

** אֶזְכְּרָה אֱלֹהִים וְאֶהֱמָיָה / בִּרְאוֹתִי כָּל עִיר עַל תִּלָּהּ בְּנוּיָה
וְעִיר הָאֱלֹהִים מִתְחַדֶּשֶׁת לְקִרְיָה הוֹמִיָּה / עָזְרֵנוּ לִבְנוֹת מִקְדָּשׁ לְשִׁמְךָ בְּהַר הַמּוֹרִיָּה.

תָּמַכְתִּי יְתֵדוֹתַי בִּשְׁלֹשׁ עֶשְׂרֵה תֵבוֹת
וּבְשַׁעֲרֵי דְמָעוֹת, כִּי לֹא נִשְׁלָבוֹת
לָכֵן שָׁפַכְתִּי שִׂיחַ פְּנֵי בּוֹחֵן לִבּוֹת
בָּטוּחַ אֲנִי בָּאֵלֶּה, וּבִזְכוּת שְׁלֹשֶׁת אָבוֹת.

יְהִי רָצוֹן מִלְּפָנֶיךָ, שׁוֹמֵעַ קוֹל בְּכִיּוֹת
שֶׁתָּשִׂים דִּמְעוֹתֵינוּ בְּנֹאדְךָ לִהְיוֹת
וְתַצִּילֵנוּ מִכָּל גְּזֵרוֹת אַכְזָרִיּוֹת
כִּי לְךָ לְבַד עֵינֵינוּ תְלוּיוֹת.

שליח הציבור והקהל:

אֵל מֶלֶךְ יוֹשֵׁב עַל כִּסֵּא רַחֲמִים, מִתְנַהֵג בַּחֲסִידוּת.
מוֹחֵל עֲוֹנוֹת עַמּוֹ, מַעֲבִיר רִאשׁוֹן רִאשׁוֹן.
מַרְבֶּה מְחִילָה לְחַטָּאִים, וּסְלִיחָה לְפוֹשְׁעִים.
עֹשֶׂה צְדָקוֹת עִם כָּל בָּשָׂר וָרוּחַ, לֹא כְרָעָתָם תִּגְמֹל.
◂ אֵל, הוֹרֵיתָ לָּנוּ לוֹמַר שְׁלֹשׁ עֶשְׂרֵה
זְכָר לָנוּ הַיּוֹם בְּרִית שְׁלֹשׁ עֶשְׂרֵה
כְּהוֹדַעְתָּ לֶעָנָו מִקֶּדֶם, כְּמוֹ שֶׁכָּתוּב:
וַיֵּרֶד יהוה בֶּעָנָן, וַיִּתְיַצֵּב עִמּוֹ שָׁם, וַיִּקְרָא בְשֵׁם, יהוה: שמות לד

קהל ואחריו שליח הציבור:

וַיַּעֲבֹר יהוה עַל־פָּנָיו וַיִּקְרָא שמות לד

שליח הציבור והקהל אומרים בקול:

יהוה, יהוה, אֵל רַחוּם וְחַנּוּן, אֶרֶךְ אַפַּיִם, וְרַב־חֶסֶד וֶאֱמֶת:
נֹצֵר חֶסֶד לָאֲלָפִים, נֹשֵׂא עָוֹן וָפֶשַׁע וְחַטָּאָה, וְנַקֵּה:

הכול:

וְסָלַחְתָּ לַעֲוֹנֵנוּ וּלְחַטָּאתֵנוּ, וּנְחַלְתָּנוּ:

סְלַח לָנוּ אָבִינוּ כִּי חָטָאנוּ, מְחַל לָנוּ מַלְכֵּנוּ כִּי פָשָׁעְנוּ.

כִּי־אַתָּה אֲדֹנָי טוֹב וְסַלָּח, וְרַב־חֶסֶד לְכָל־קֹרְאֶיךָ: תהלים פו

׳רַחֵם נָא׳ הוא חרוז הפתיחה והבית האחרון של הפיוט ׳אָז כְּעֵינֵי עֲבָדִים אֶל יַד אֲדוֹנִים׳, החותם את הבקשות על הגשם בהושענא רבה.

שליח הציבור והקהל אומרים חרוז חרוז:

רַחֵם נָא קְהַל עֲדַת יְשֻׁרוּן
סְלַח וּמְחַל עֲוֹנָם
וְהוֹשִׁיעֵנוּ אֱלֹהֵי יִשְׁעֵנוּ.

שַׁעֲרֵי שָׁמַיִם פְּתַח
וְאוֹצָרְךָ הַטּוֹב לָנוּ תִפְתַּח
תּוֹשִׁיעֵנוּ וְרִיב אַל תִּמְתַּח
וְהוֹשִׁיעֵנוּ אֱלֹהֵי יִשְׁעֵנוּ.

שליח הציבור והקהל:

אֵל מֶלֶךְ יוֹשֵׁב עַל כִּסֵּא רַחֲמִים, מִתְנַהֵג בַּחֲסִידוּת.
מוֹחֵל עֲוֹנוֹת עַמּוֹ, מַעֲבִיר רִאשׁוֹן רִאשׁוֹן.
מַרְבֶּה מְחִילָה לְחַטָּאִים, וּסְלִיחָה לְפוֹשְׁעִים.
עֹשֶׂה צְדָקוֹת עִם כָּל בָּשָׂר וָרוּחַ, לֹא כְרָעָתָם תִּגְמֹל.
◂ אֵל, הוֹרֵיתָ לָּנוּ לוֹמַר שְׁלֹשׁ עֶשְׂרֵה
זְכָר לָנוּ הַיּוֹם בְּרִית שְׁלֹשׁ עֶשְׂרֵה
כְּהוֹדַעְתָּ לֶעָנָו מִקֶּדֶם, כְּמוֹ שֶׁכָּתוּב:
וַיֵּרֶד יהוה בֶּעָנָן, וַיִּתְיַצֵּב עִמּוֹ שָׁם, וַיִּקְרָא בְשֵׁם, יהוה: שמות לד

קהל ואחריו שליח הציבור:

וַיַּעֲבֹר יהוה עַל־פָּנָיו וַיִּקְרָא שמות לד

שליח הציבור והקהל אומרים בקול:

יהוה, יהוה, אֵל רַחוּם וְחַנּוּן, אֶרֶךְ אַפַּיִם, וְרַב־חֶסֶד וֶאֱמֶת:
נֹצֵר חֶסֶד לָאֲלָפִים, נֹשֵׂא עָוֹן וָפֶשַׁע וְחַטָּאָה, וְנַקֵּה:

הכול:

וְסָלַחְתָּ לַעֲוֹנֵנוּ וּלְחַטָּאתֵנוּ, וּנְחַלְתָּנוּ:
סְלַח לָנוּ אָבִינוּ כִּי חָטָאנוּ
מְחַל לָנוּ מַלְכֵּנוּ כִּי פָשָׁעְנוּ.
כִּי־אַתָּה אֲדֹנָי טוֹב וְסַלָּח תהלים פו
וְרַב־חֶסֶד לְכָל־קֹרְאֶיךָ:

בניגוד לשאר תפילות יום הכיפורים וימים אחרים שבהם אומרים סליחות,
בתפילת נעילה אין אומרים ׳זְכֹר־רַחֲמֶיךָ׳ ו׳שְׁמַע קוֹלֵנוּ׳,
אלא עוברים לווידוי מיד לאחר
שאמרו י״ג מידות בפעם האחרונה.

הכול:

אֱלֹהֵינוּ וֵאלֹהֵי אֲבוֹתֵינוּ
סְלַח לָנוּ, מְחַל לָנוּ, כַּפֶּר לָנוּ.

כִּי אָנוּ עַמֶּךָ וְאַתָּה אֱלֹהֵינוּ אָנוּ בָנֶיךָ וְאַתָּה אָבִינוּ
אָנוּ עֲבָדֶיךָ וְאַתָּה אֲדוֹנֵנוּ אָנוּ קְהָלֶךָ וְאַתָּה חֶלְקֵנוּ
אָנוּ נַחֲלָתֶךָ וְאַתָּה גוֹרָלֵנוּ אָנוּ צֹאנֶךָ וְאַתָּה רוֹעֵנוּ
אָנוּ כַרְמֶךָ וְאַתָּה נוֹטְרֵנוּ אָנוּ פְעֻלָּתֶךָ וְאַתָּה יוֹצְרֵנוּ
אָנוּ רַעְיָתֶךָ וְאַתָּה דוֹדֵנוּ אָנוּ סְגֻלָּתֶךָ וְאַתָּה אֱלֹהֵינוּ
אָנוּ עַמֶּךָ וְאַתָּה מַלְכֵּנוּ אָנוּ מַאֲמִירֶיךָ וְאַתָּה מַאֲמִירֵנוּ.

שליח הציבור אומר שורה שורה, והקהל חוזר אחריו:

אָנוּ עַזֵּי פָנִים וְאַתָּה רַחוּם וְחַנּוּן
אָנוּ קְשֵׁי עֹרֶף וְאַתָּה אֶרֶךְ אַפַּיִם
אָנוּ מְלֵאֵי עָוֹן וְאַתָּה מָלֵא רַחֲמִים
אָנוּ יָמֵינוּ כְּצֵל עוֹבֵר וְאַתָּה־הוּא וּשְׁנוֹתֶיךָ לֹא יִתָּמּוּ: תהלים קב

סדר מצוות וידוי

יכוון לקיים מצוות עשה, של ׳והתודו את חטאתם אשר עשו׳ (במדבר ה, ז). אלו דברי רבנו יונה גירונדי: ״מצות עשה מן התורה להעיר אדם את רוחו לחזור בתשובה ביום הכיפורים, שנאמר: ׳מכל חטאתיכם לפני ה׳ תטהרו׳ (ויקרא טז, ל). על כן הזהירנו הכתוב, שנטהר לפני ה׳ בתשובתנו, והוא יכפר עלינו ביום זה לטהרנו״ (שערי תשובה שער ב, יד). ״והעובר על זה ולא התוודה על חטאיו ביום הכפורים, שהוא יום קבוע מעולם לסליחה ולכפרה, ביטל עשה זה... ונשא עוונו״ (ספר החינוך שסג). הווידוי נאמר גם במעומד וגם בהשתחוויה (מאירי על פי הגאונים ׳חיבור התשובה׳ ויומא דף פז). שליח הציבור:

אֱלֹהֵינוּ וֵאלֹהֵי אֲבוֹתֵינוּ, תָּבוֹא לְפָנֶיךָ תְּפִלָּתֵנוּ
וְאַל תִּתְעַלַּם מִתְּחִנָּתֵנוּ.
שֶׁאֵין אָנוּ עַזֵּי פָנִים וּקְשֵׁי עֹרֶף לוֹמַר לְפָנֶיךָ
יהוה אֱלֹהֵינוּ וֵאלֹהֵי אֲבוֹתֵינוּ, צַדִּיקִים אֲנַחְנוּ וְלֹא חָטָאנוּ.
אֲבָל אֲנַחְנוּ וַאֲבוֹתֵינוּ חָטָאנוּ.

כשמתוודה, מכה באגרופו על החזה כנגד הלב
(מג״א תרז, ג, בשם מדרש קהלת).

אָשַׁמְנוּ, בָּגַדְנוּ, גָּזַלְנוּ, דִּבַּרְנוּ דֹפִי
הֶעֱוִינוּ, וְהִרְשַׁעְנוּ, זַדְנוּ, חָמַסְנוּ, טָפַלְנוּ שֶׁקֶר
יָעַצְנוּ רָע, כִּזַּבְנוּ, לַצְנוּ, מָרַדְנוּ, מָאַסְנוּ בְּבֵית הַמִּקְדָּשׁ, נִאַצְנוּ, סָרַרְנוּ
עָוִינוּ, פָּשַׁעְנוּ, צָרַרְנוּ, קִשִּׁינוּ עֹרֶף
רָשַׁעְנוּ, שִׁחַתְנוּ, תִּעַבְנוּ, תָּעִינוּ, תִּעְתָּעְנוּ.

סַרְנוּ מִמִּצְוֹתֶיךָ וּמִמִּשְׁפָּטֶיךָ הַטּוֹבִים, וְלֹא שָׁוָה לָנוּ.
וְאַתָּה צַדִּיק עַל כָּל־הַבָּא עָלֵינוּ, כִּי־אֱמֶת עָשִׂיתָ, וַאֲנַחְנוּ הִרְשָׁעְנוּ: נחמיה ט

מַה נֹּאמַר לְפָנֶיךָ יוֹשֵׁב מָרוֹם, וּמַה נְּסַפֵּר לְפָנֶיךָ שׁוֹכֵן שְׁחָקִים
הֲלֹא כָּל הַנִּסְתָּרוֹת וְהַנִּגְלוֹת אַתָּה יוֹדֵעַ.

אַתָּה נוֹתֵן יָד לְפוֹשְׁעִים, וִימִינְךָ פְשׁוּטָה לְקַבֵּל שָׁבִים
וַתְּלַמְּדֵנוּ יהוה אֱלֹהֵינוּ לְהִתְוַדּוֹת לְפָנֶיךָ עַל כָּל עֲוֹנוֹתֵינוּ
לְמַעַן נֶחְדַּל מֵעֹשֶׁק יָדֵינוּ
וּתְקַבְּלֵנוּ בִּתְשׁוּבָה שְׁלֵמָה לְפָנֶיךָ כְּאִשִּׁים וּכְנִיחוֹחִים
לְמַעַן דְּבָרֶיךָ אֲשֶׁר אָמָרְתָּ.
אֵין קֵץ לְאִשֵּׁי חוֹבוֹתֵינוּ, וְאֵין מִסְפָּר לְנִיחוֹחֵי אַשְׁמוֹתֵינוּ
וְאַתָּה יוֹדֵעַ שֶׁאַחֲרִיתֵנוּ רִמָּה וְתוֹלֵעָה, לְפִיכָךְ הִרְבֵּיתָ סְלִיחָתֵנוּ.

מָה אָנוּ, מֶה חַיֵּינוּ, מֶה חַסְדֵּנוּ, מַה צִּדְקוֹתֵינוּ
מַה יְּשׁוּעָתֵנוּ, מַה כֹּחֵנוּ, מַה גְּבוּרָתֵנוּ
מַה נֹּאמַר לְפָנֶיךָ, יהוה אֱלֹהֵינוּ וֵאלֹהֵי אֲבוֹתֵינוּ
הֲלֹא כָּל הַגִּבּוֹרִים כְּאַיִן לְפָנֶיךָ, וְאַנְשֵׁי הַשֵּׁם כְּלֹא הָיוּ
וַחֲכָמִים כִּבְלִי מַדָּע, וּנְבוֹנִים כִּבְלִי הַשְׂכֵּל
כִּי רֹב מַעֲשֵׂיהֶם תֹּהוּ, וִימֵי חַיֵּיהֶם הֶבֶל לְפָנֶיךָ
קהלת ג וּמוֹתַר הָאָדָם מִן־הַבְּהֵמָה אָיִן, כִּי הַכֹּל הָבֶל:

בשבת מוסיפים את המילים שבסוגריים.

אַתָּה הִבְדַּלְתָּ אֱנוֹשׁ מֵרֹאשׁ, וַתַּכִּירֵהוּ לַעֲמֹד לְפָנֶיךָ.
כִּי מִי יֹאמַר לְךָ מַה תִּפְעָל, וְאִם יִצְדַּק מַה יִּתֶּן לָךְ.
וַתִּתֶּן לָנוּ, יהוה אֱלֹהֵינוּ
בְּאַהֲבָה אֶת יוֹם (הַשַּׁבָּת הַזֶּה וְאֶת יוֹם) צוֹם הַכִּפּוּרִים הַזֶּה
קֵץ וּמְחִילָה וּסְלִיחָה עַל כָּל עֲוֹנוֹתֵינוּ
לְמַעַן נֶחְדַּל מֵעֹשֶׁק יָדֵינוּ
וְנָשׁוּב אֵלֶיךָ לַעֲשׂוֹת חֻקֵּי רְצוֹנְךָ בְּלֵבָב שָׁלֵם.

וְאַתָּה בְּרַחֲמֶיךָ הָרַבִּים רַחֵם עָלֵינוּ
כִּי לֹא תַחְפֹּץ בְּהַשְׁחָתַת עוֹלָם
שֶׁנֶּאֱמַר
ישעיה נה דִּרְשׁוּ יהוה בְּהִמָּצְאוֹ
קְרָאֻהוּ בִּהְיוֹתוֹ קָרוֹב:

וְנֶאֱמַר

יַעֲזֹב רָשָׁע דַּרְכּוֹ, וְאִישׁ אָוֶן מַחְשְׁבֹתָיו ישעיה נה
וְיָשֹׁב אֶל־יהוה וִירַחֲמֵהוּ, וְאֶל־אֱלֹהֵינוּ כִּי־יַרְבֶּה לִסְלוֹחַ:

וְאַתָּה אֱלוֹהַּ סְלִיחוֹת, חַנּוּן וְרַחוּם, אֶרֶךְ אַפַּיִם וְרַב חֶסֶד וֶאֱמֶת
וּמַרְבֶּה לְהֵיטִיב, וְרוֹצֶה אַתָּה בִּתְשׁוּבַת רְשָׁעִים
וְאֵין אַתָּה חָפֵץ בְּמִיתָתָם

שֶׁנֶּאֱמַר

אֱמֹר אֲלֵיהֶם, חַי־אָנִי נְאֻם אֲדֹנָי יֱהֹוִה יחזקאל לג
אִם־אֶחְפֹּץ בְּמוֹת הָרָשָׁע כִּי אִם־בְּשׁוּב רָשָׁע מִדַּרְכּוֹ, וְחָיָה
שׁוּבוּ שׁוּבוּ מִדַּרְכֵיכֶם הָרָעִים, וְלָמָּה תָמוּתוּ בֵּית יִשְׂרָאֵל:

וְנֶאֱמַר

הֶחָפֹץ אֶחְפֹּץ מוֹת רָשָׁע, נְאֻם אֲדֹנָי יֱהֹוִה יחזקאל יח
הֲלוֹא בְּשׁוּבוֹ מִדְּרָכָיו, וְחָיָה:

וְנֶאֱמַר

כִּי לֹא אֶחְפֹּץ בְּמוֹת הַמֵּת, נְאֻם אֲדֹנָי יֱהֹוִה, וְהָשִׁיבוּ וִחְיוּ: יחזקאל יח

כִּי אַתָּה סָלְחָן לְיִשְׂרָאֵל וּמָחֳלָן לְשִׁבְטֵי יְשֻׁרוּן בְּכָל דּוֹר וָדוֹר
וּמִבַּלְעָדֶיךָ אֵין לָנוּ מֶלֶךְ מוֹחֵל וְסוֹלֵחַ אֶלָּא אָתָּה.

בשבת מוסיפים את המילים שבסוגריים.

אֱלֹהֵינוּ וֵאלֹהֵי אֲבוֹתֵינוּ
מְחַל לַעֲוֹנוֹתֵינוּ בְּיוֹם (הַשַּׁבָּת הַזֶּה וּבְיוֹם) הַכִּפּוּרִים הַזֶּה
מְחֵה וְהַעֲבֵר פְּשָׁעֵינוּ וְחַטֹּאתֵינוּ מִנֶּגֶד עֵינֶיךָ

כָּאָמוּר

אָנֹכִי אָנֹכִי הוּא מֹחֶה פְשָׁעֶיךָ לְמַעֲנִי ישעיה מג
וְחַטֹּאתֶיךָ לֹא אֶזְכֹּר:

וְנֶאֱמַר

מָחִיתִי כָעָב פְּשָׁעֶיךָ וְכֶעָנָן חַטֹּאותֶיךָ ישעיה מד
שׁוּבָה אֵלַי כִּי גְאַלְתִּיךָ:

וְנֶאֱמַר

ויקרא טז כִּי־בַיּוֹם הַזֶּה יְכַפֵּר עֲלֵיכֶם לְטַהֵר אֶתְכֶם
מִכֹּל חַטֹּאתֵיכֶם לִפְנֵי יהוה תִּטְהָרוּ:

(אֱלֹהֵינוּ וֵאלֹהֵי אֲבוֹתֵינוּ, רְצֵה נָא בִמְנוּחָתֵנוּ)
קַדְּשֵׁנוּ בְּמִצְוֹתֶיךָ וְתֵן חֶלְקֵנוּ בְּתוֹרָתֶךָ
שַׂבְּעֵנוּ מִטּוּבֶךָ, וְשַׂמַּח נַפְשֵׁנוּ בִּישׁוּעָתֶךָ
(וְהַנְחִילֵנוּ יהוה אֱלֹהֵינוּ, בְּאַהֲבָה וּבְרָצוֹן שַׁבַּת קָדְשֶׁךָ
וְיָנוּחוּ בָם כָּל יִשְׂרָאֵל מְקַדְּשֵׁי שְׁמֶךָ)
וְטַהֵר לִבֵּנוּ לְעָבְדְּךָ בֶּאֱמֶת.
כִּי אַתָּה סָלְחָן לְיִשְׂרָאֵל וּמָחֳלָן לְשִׁבְטֵי יְשֻׁרוּן בְּכָל דּוֹר וָדוֹר
וּמִבַּלְעָדֶיךָ אֵין לָנוּ מֶלֶךְ מוֹחֵל וְסוֹלֵחַ אֶלָּא אָתָּה.
בָּרוּךְ* אַתָּה יהוה
מֶלֶךְ מוֹחֵל וְסוֹלֵחַ לַעֲוֹנוֹתֵינוּ וְלַעֲוֹנוֹת עַמּוֹ בֵּית יִשְׂרָאֵל
וּמַעֲבִיר אַשְׁמוֹתֵינוּ בְּכָל שָׁנָה וְשָׁנָה
מֶלֶךְ עַל כָּל הָאָרֶץ, מְקַדֵּשׁ (הַשַּׁבָּת וְ)יִשְׂרָאֵל וְיוֹם הַכִּפּוּרִים.

עבודה**

רְצֵה יהוה אֱלֹהֵינוּ בְּעַמְּךָ יִשְׂרָאֵל, וְלִתְפִלָּתָם שְׁעֵה
וְהָשֵׁב אֶת הָעֲבוֹדָה לִדְבִיר בֵּיתֶךָ
וְאִשֵּׁי יִשְׂרָאֵל וּתְפִלָּתָם, מְהֵרָה בְּאַהֲבָה תְקַבֵּל בְּרָצוֹן
וּתְהִי לְרָצוֹן תָּמִיד עֲבוֹדַת יִשְׂרָאֵל עַמֶּךָ.

* בבית כנסת שבהר הבית: בָּרוּךְ אַתָּה יהוה אֱלֹהֵי יִשְׂרָאֵל מִן הָעוֹלָם וְעַד הָעוֹלָם, בָּרוּךְ אַתָּה יהוה, מֶלֶךְ מוֹחֵל וְסוֹלֵחַ לַעֲוֹנוֹתֵינוּ וְלַעֲוֹנוֹת עַמּוֹ בֵּית יִשְׂרָאֵל, וּמַעֲבִיר אַשְׁמוֹתֵינוּ בְּכָל שָׁנָה וְשָׁנָה, מֶלֶךְ עַל כָּל הָאָרֶץ, מְקַדֵּשׁ (הַשַּׁבָּת וְ)יִשְׂרָאֵל וְיוֹם הַכִּפּוּרִים.

** רְצֵה יהוה אֱלֹהֵינוּ בְּעַמְּךָ יִשְׂרָאֵל, וְלִתְפִלָּתָם שְׁעֵה, וְהָשֵׁב אֶת הָעֲבוֹדָה לִדְבִיר

וְתֶחֱזֶינָה עֵינֵינוּ בְּשׁוּבְךָ לְצִיּוֹן בְּרַחֲמִים. בָּרוּךְ אַתָּה יהוה, הַמַּחֲזִיר שְׁכִינָתוֹ לְצִיּוֹן.

הודאה

כורע ב׳מודים׳ ואינו זוקף עד אמירת השם.

ימוֹדִים אֲנַחְנוּ לָךְ
שָׁאַתָּה הוּא יהוה אֱלֹהֵינוּ
וֵאלֹהֵי אֲבוֹתֵינוּ לְעוֹלָם וָעֶד.
צוּר חַיֵּינוּ, מָגֵן יִשְׁעֵנוּ
אַתָּה הוּא לְדוֹר וָדוֹר.
נוֹדֶה לְּךָ וּנְסַפֵּר תְּהִלָּתֶךָ
עַל חַיֵּינוּ הַמְּסוּרִים בְּיָדֶךָ
וְעַל נִשְׁמוֹתֵינוּ הַפְּקוּדוֹת לָךְ
וְעַל נִסֶּיךָ שֶׁבְּכָל יוֹם עִמָּנוּ
וְעַל נִפְלְאוֹתֶיךָ וְטוֹבוֹתֶיךָ
שֶׁבְּכָל עֵת
עֶרֶב וָבֹקֶר וְצָהֳרָיִם.
הַטּוֹב, כִּי לֹא כָלוּ רַחֲמֶיךָ
וְהַמְרַחֵם, כִּי לֹא תַמּוּ חֲסָדֶיךָ
כִּי מֵעוֹלָם קִוִּינוּ לָךְ.

כששליח הציבור אומר ׳מוֹדים׳, הקהל אומר בלחש (סוטה מ ע״א):

ימוֹדִים אֲנַחְנוּ לָךְ
שָׁאַתָּה הוּא יהוה אֱלֹהֵינוּ
וֵאלֹהֵי אֲבוֹתֵינוּ
אֱלֹהֵי כָל בָּשָׂר
יוֹצְרֵנוּ, יוֹצֵר בְּרֵאשִׁית.
בְּרָכוֹת וְהוֹדָאוֹת
לְשִׁמְךָ הַגָּדוֹל וְהַקָּדוֹשׁ
עַל שֶׁהֶחֱיִיתָנוּ וְקִיַּמְתָּנוּ.
כֵּן תְּחַיֵּנוּ וּתְקַיְּמֵנוּ
וְתֶאֱסֹף גָּלֻיּוֹתֵינוּ
לְחַצְרוֹת קָדְשֶׁךָ
לִשְׁמֹר חֻקֶּיךָ
וְלַעֲשׂוֹת רְצוֹנֶךָ
וּלְעָבְדְּךָ בְּלֵבָב שָׁלֵם
עַל שֶׁאֲנוּ מוֹדִים לָךְ.
בָּרוּךְ אֵל הַהוֹדָאוֹת.

וְעַל כֻּלָּם יִתְבָּרַךְ וְיִתְרוֹמַם וְיִתְנַשֵּׂא שִׁמְךָ מַלְכֵּנוּ תָּמִיד לְעוֹלָם וָעֶד

בֵּיתֶךָ, וְאִשֵּׁי יִשְׂרָאֵל וּתְפִלָּתָם, מְהֵרָה בְּאַהֲבָה תְקַבֵּל בְּרָצוֹן. בַּבַּיִת הַגָּדוֹל וְהַקָּדוֹשׁ שָׁם נַעֲבָדְךָ וְשָׁם נִדְרֹשׁ אֶת כָּל אֲשֶׁר צִוִּיתָנוּ, בְּרֵיחַ נִיחוֹחַ תִּרְצֶה אוֹתָנוּ, וּתְהִי לְרָצוֹן תָּמִיד עֲבוֹדַת יִשְׂרָאֵל עַמֶּךָ. וְתֶחֱזֶינָה עֵינֵינוּ בְּשׁוּבְךָ לְצִיּוֹן בְּרַחֲמִים. בָּרוּךְ אַתָּה יהוה, הַמַּחֲזִיר שְׁכִינָתוֹ לְצִיּוֹן.

קהל ואחריו שליח הציבור:

אָבִינוּ מַלְכֵּנוּ, זְכֹר רַחֲמֶיךָ וּכְבֹשׁ כַּעַסְךָ
וְכַלֵּה דֶּבֶר, וְחֶרֶב, וְרָעָב, וּשְׁבִי, וּמַשְׁחִית, וְעָוֹן
וּמַגֵּפָה, וּפֶגַע רַע,
וְכָל מַחֲלָה, וְכָל תַּקָּלָה, וְכָל קְטָטָה
וְכָל מִינֵי פֻּרְעָנִיּוֹת, וְכָל גְּזֵרָה רָעָה
וְשִׂנְאַת חִנָּם
מֵעָלֵינוּ וּמֵעַל כָּל בְּנֵי בְרִיתֶךָ.

קהל ואחריו שליח הציבור:

וַחֲתֹם לְחַיִּים טוֹבִים כָּל בְּנֵי בְרִיתֶךָ.

שליח הציבור ממשיך:

וְכֹל הַחַיִּים יוֹדוּךָ סֶּלָה
וִיהַלְלוּ וִיבָרְכוּ אֶת שִׁמְךָ הַגָּדוֹל בֶּאֱמֶת לְעוֹלָם כִּי טוֹב
הָאֵל יְשׁוּעָתֵנוּ וְעֶזְרָתֵנוּ סֶלָה, הָאֵל הַטּוֹב.
י בָּרוּךְ* אַתָּה יהוה
הַטּוֹב שִׁמְךָ וּלְךָ נָאֶה לְהוֹדוֹת.

אם עדיין לא שקעה השמש, הכוהנים עולים לדוכן לברך.
אם איחרו, יש מתירים לעלות לדוכן עד שלוש עשרה דקות וחצי
אחרי השקיעה (׳יחווה דעת׳ ח״ו, מ), ויש מקלים בכל זמן בין השמשות,
לפני צאת הכוכבים (׳תפילה כהלכתה׳ בשם רי״ש אלישיב).

---

* בבית כנסת הבנוי בהר הבית: בָּרוּךְ אַתָּה יהוה אֱלֹהֵי יִשְׂרָאֵל מִן הָעוֹלָם וְעַד הָעוֹלָם, בָּרוּךְ אַתָּה יהוה, הַטּוֹב שִׁמְךָ וּלְךָ נָאֶה לְהוֹדוֹת.

ברכת כוהנים

אם יותר מכוהן אחד עולה לדוכן, הגבאי קורא:

כֹּהֲנִים

הכוהנים מברכים:

בָּרוּךְ אַתָּה יהוה אֱלֹהֵינוּ מֶלֶךְ הָעוֹלָם, אֲשֶׁר קִדְּשָׁנוּ בִּקְדֻשָּׁתוֹ שֶׁל אַהֲרֹן, וְצִוָּנוּ לְבָרֵךְ אֶת עַמּוֹ יִשְׂרָאֵל בְּאַהֲבָה.**

שליח הציבור מקריא מילה במילה, והכוהנים אחריו:

יְבָרֶכְךָ יהוה וְיִשְׁמְרֶךָ: קהל: **אָמֵן** במדבר ו

יָאֵר יהוה פָּנָיו אֵלֶיךָ וִיחֻנֶּךָּ: קהל: **אָמֵן**

יִשָּׂא יהוה פָּנָיו אֵלֶיךָ וְיָשֵׂם לְךָ שָׁלוֹם: קהל: **אָמֵן**

שליח הציבור ממשיך 'שִׂים שָׁלוֹם'.

הכוהנים אומרים:

רִבּוֹנוֹ שֶׁל עוֹלָם, עָשִׂינוּ מַה שֶּׁגָּזַרְתָּ עָלֵינוּ, אַף אַתָּה עֲשֵׂה עִמָּנוּ כְּמוֹ שֶׁהִבְטַחְתָּנוּ. הַשְׁקִיפָה מִמְּעוֹן קָדְשְׁךָ מִן־הַשָּׁמַיִם, וּבָרֵךְ אֶת־עַמְּךָ אֶת־יִשְׂרָאֵל, וְאֵת הָאֲדָמָה אֲשֶׁר נָתַתָּה לָנוּ, כַּאֲשֶׁר נִשְׁבַּעְתָּ לַאֲבֹתֵינוּ, אֶרֶץ זָבַת חָלָב וּדְבָשׁ: דברים כו

הקהל אומר:

אַדִּיר בַּמָּרוֹם שׁוֹכֵן בִּגְבוּרָה, אַתָּה שָׁלוֹם וְשִׁמְךָ שָׁלוֹם. יְהִי רָצוֹן שֶׁתָּשִׂים עָלֵינוּ וְעַל כָּל עַמְּךָ בֵּית יִשְׂרָאֵל חַיִּים וּבְרָכָה לְמִשְׁמֶרֶת שָׁלוֹם.

אם אין כוהנים העולים לדוכן, שליח הציבור אומר:

אֱלֹהֵינוּ וֵאלֹהֵי אֲבוֹתֵינוּ, בָּרְכֵנוּ בַּבְּרָכָה הַמְשֻׁלֶּשֶׁת בַּתּוֹרָה, הַכְּתוּבָה עַל יְדֵי מֹשֶׁה עַבְדֶּךָ, הָאֲמוּרָה מִפִּי אַהֲרֹן וּבָנָיו כֹּהֲנִים עַם קְדוֹשֶׁיךָ, כָּאָמוּר

יְבָרֶכְךָ יהוה וְיִשְׁמְרֶךָ: קהל: **כֵּן יְהִי רָצוֹן** במדבר ו

יָאֵר יהוה פָּנָיו אֵלֶיךָ וִיחֻנֶּךָּ: קהל: **כֵּן יְהִי רָצוֹן**

יִשָּׂא יהוה פָּנָיו אֵלֶיךָ וְיָשֵׂם לְךָ שָׁלוֹם: קהל: **כֵּן יְהִי רָצוֹן**

** בבית כנסת הבנוי בהר הבית שליח ציבור אומר את הברכות ברצף אחד. הציבור אינו אומר 'אמן'. בסוף ברכת כהנים אומר הציבור: **בָּרוּךְ שֵׁם כְּבוֹד מַלְכוּתוֹ לְעוֹלָם וָעֶד.**

שלום

שִׂים שָׁלוֹם טוֹבָה וּבְרָכָה
חַיִּים חֵן וָחֶסֶד וְרַחֲמִים עָלֵינוּ וְעַל כָּל יִשְׂרָאֵל עַמֶּךָ.
בָּרְכֵנוּ אָבִינוּ כֻּלָּנוּ כְּאֶחָד בְּאוֹר פָּנֶיךָ
כִּי בְאוֹר פָּנֶיךָ נָתַתָּ לָּנוּ יהוה אֱלֹהֵינוּ
תּוֹרַת חַיִּים וְאַהֲבַת חֶסֶד
וּצְדָקָה וּבְרָכָה וְרַחֲמִים וְחַיִּים וְשָׁלוֹם.
וְטוֹב יִהְיֶה בְּעֵינֶיךָ לְבָרְכֵנוּ
וּלְבָרֵךְ אֶת כָּל עַמְּךָ יִשְׂרָאֵל בְּכָל עֵת וּבְכָל שָׁעָה בִּשְׁלוֹמֶךָ.

בְּסֵפֶר חַיִּים, בְּרָכָה וְשָׁלוֹם, וּפַרְנָסָה טוֹבָה
וּגְזֵרוֹת טוֹבוֹת, יְשׁוּעוֹת וְנֶחָמוֹת
נִזָּכֵר וְנֵחָתֵם לְפָנֶיךָ, אֲנַחְנוּ וְכָל עַמְּךָ בֵּית יִשְׂרָאֵל
לְחַיִּים טוֹבִים וּלְשָׁלוֹם.

יש מוסיפים כאן ׳וְנֶאֱמַר: כִּי־בִי יִרְבּוּ יָמֶיךָ׳ (עמ׳ 508), כמו במוסף,
וממשיכים לפי הסדר (׳הַיּוֹם תְּאַמְּצֵנוּ׳, ׳כְּהַיּוֹם הַזֶּה תְּבִיאֵנוּ׳) עד לסיום הברכה.

בָּרוּךְ* אַתָּה יהוה, הַמְבָרֵךְ אֶת עַמּוֹ יִשְׂרָאֵל בַּשָּׁלוֹם.

שליח הציבור מסיים בלחש:

יִהְיוּ לְרָצוֹן אִמְרֵי־פִי וְהֶגְיוֹן לִבִּי לְפָנֶיךָ, יהוה צוּרִי וְגֹאֲלִי: תהלים יט

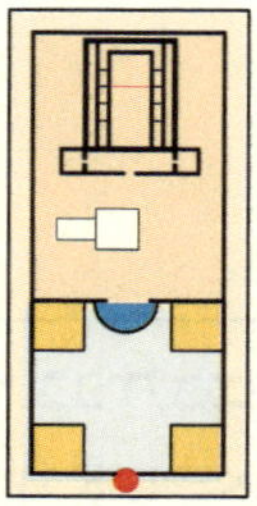

הכהן הגדול מקדש ידיו
ורגליו פושט בגדי זהב
ולובש בגדי חול ויוצא
מהמקדש לביתו

* בבית כנסת הבנוי בהר הבית: **בָּרוּךְ אַתָּה יהוה אֱלֹהֵי יִשְׂרָאֵל מִן הָעוֹלָם וְעַד הָעוֹלָם, בָּרוּךְ אַתָּה יהוה, הַמְבָרֵךְ אֶת עַמּוֹ יִשְׂרָאֵל בַּשָּׁלוֹם.**

אומרים 'אָבִינוּ מַלְכֵּנוּ' גם אם יום הכיפורים חל בשבת.

שליח הציבור והקהל אומרים פסוק פסוק,
ואם התפילה התארכה, וכבר קרב סוף הצום, נוהגים לומר בקול רק
מ'הַחֲזִירֵנוּ בִּתְשׁוּבָה' עד 'סְלִיחָה וּמְחִילָה', כבשאר ימות השנה.

פותחים את ארון הקודש.

אָבִינוּ מַלְכֵּנוּ, חָטָאנוּ לְפָנֶיךָ.
אָבִינוּ מַלְכֵּנוּ, אֵין לָנוּ מֶלֶךְ אֶלָּא אָתָּה.
אָבִינוּ מַלְכֵּנוּ, עֲשֵׂה עִמָּנוּ לְמַעַן שְׁמֶךָ.
אָבִינוּ מַלְכֵּנוּ, חַדֵּשׁ עָלֵינוּ שָׁנָה טוֹבָה.
אָבִינוּ מַלְכֵּנוּ, בַּטֵּל מֵעָלֵינוּ כָּל גְּזֵרוֹת קָשׁוֹת.
אָבִינוּ מַלְכֵּנוּ, בַּטֵּל מַחְשְׁבוֹת שׂוֹנְאֵינוּ.
אָבִינוּ מַלְכֵּנוּ, הָפֵר עֲצַת אוֹיְבֵינוּ.
אָבִינוּ מַלְכֵּנוּ, כַּלֵּה כָּל צַר וּמַשְׂטִין מֵעָלֵינוּ.
אָבִינוּ מַלְכֵּנוּ, סְתֹם פִּיּוֹת מַשְׂטִינֵנוּ וּמְקַטְרְגֵינוּ.
אָבִינוּ מַלְכֵּנוּ, כַּלֵּה דֶּבֶר וְחֶרֶב וְרָעָב וּשְׁבִי וּמַשְׁחִית וְעָוֹן וּשְׁמַד מִבְּנֵי בְרִיתֶךָ.
אָבִינוּ מַלְכֵּנוּ, מְנַע מַגֵּפָה מִנַּחֲלָתֶךָ.
אָבִינוּ מַלְכֵּנוּ, סְלַח וּמְחַל לְכָל עֲוֹנוֹתֵינוּ.
אָבִינוּ מַלְכֵּנוּ, מְחֵה וְהַעֲבֵר פְּשָׁעֵינוּ וְחַטֹּאתֵינוּ מִנֶּגֶד עֵינֶיךָ.
אָבִינוּ מַלְכֵּנוּ, מְחֹק בְּרַחֲמֶיךָ הָרַבִּים כָּל שִׁטְרֵי חוֹבוֹתֵינוּ.
אָבִינוּ מַלְכֵּנוּ, הַחֲזִירֵנוּ בִּתְשׁוּבָה שְׁלֵמָה לְפָנֶיךָ.
אָבִינוּ מַלְכֵּנוּ, שְׁלַח רְפוּאָה שְׁלֵמָה לְחוֹלֵי עַמֶּךָ.
אָבִינוּ מַלְכֵּנוּ, קְרַע רֹעַ גְּזַר דִּינֵנוּ.
אָבִינוּ מַלְכֵּנוּ, זָכְרֵנוּ בְּזִכָּרוֹן טוֹב לְפָנֶיךָ.
אָבִינוּ מַלְכֵּנוּ, חָתְמֵנוּ בְּסֵפֶר חַיִּים טוֹבִים.
אָבִינוּ מַלְכֵּנוּ, חָתְמֵנוּ בְּסֵפֶר גְּאֻלָּה וִישׁוּעָה.

אָבִינוּ מַלְכֵּנוּ, חָתְמֵנוּ בְּסֵפֶר פַּרְנָסָה וְכַלְכָּלָה.

אָבִינוּ מַלְכֵּנוּ, חָתְמֵנוּ בְּסֵפֶר זְכֻיּוֹת.

אָבִינוּ מַלְכֵּנוּ, חָתְמֵנוּ בְּסֵפֶר סְלִיחָה וּמְחִילָה.

אָבִינוּ מַלְכֵּנוּ, הַצְמַח לָנוּ יְשׁוּעָה בְּקָרוֹב.

אָבִינוּ מַלְכֵּנוּ, הָרֵם קֶרֶן יִשְׂרָאֵל עַמֶּךָ.

אָבִינוּ מַלְכֵּנוּ, הָרֵם קֶרֶן מְשִׁיחֶךָ.

אָבִינוּ מַלְכֵּנוּ, מַלֵּא יָדֵינוּ מִבִּרְכוֹתֶיךָ.

אָבִינוּ מַלְכֵּנוּ, מַלֵּא אֲסָמֵינוּ שָׂבָע.

אָבִינוּ מַלְכֵּנוּ, שְׁמַע קוֹלֵנוּ, חוּס וְרַחֵם עָלֵינוּ.

אָבִינוּ מַלְכֵּנוּ, קַבֵּל בְּרַחֲמִים וּבְרָצוֹן אֶת תְּפִלָּתֵנוּ.

אָבִינוּ מַלְכֵּנוּ, פְּתַח שַׁעֲרֵי שָׁמַיִם לִתְפִלָּתֵנוּ.

אָבִינוּ מַלְכֵּנוּ, זְכוֹר כִּי עָפָר אֲנָחְנוּ.

אָבִינוּ מַלְכֵּנוּ, נָא אַל תְּשִׁיבֵנוּ רֵיקָם מִלְּפָנֶיךָ.

אָבִינוּ מַלְכֵּנוּ, תְּהֵא הַשָּׁעָה הַזֹּאת שְׁעַת רַחֲמִים וְעֵת רָצוֹן מִלְּפָנֶיךָ.

אָבִינוּ מַלְכֵּנוּ, חֲמוֹל עָלֵינוּ וְעַל עוֹלָלֵינוּ וְטַפֵּנוּ.

אָבִינוּ מַלְכֵּנוּ, עֲשֵׂה לְמַעַן הֲרוּגִים עַל שֵׁם קָדְשֶׁךָ.

אָבִינוּ מַלְכֵּנוּ, עֲשֵׂה לְמַעַן טְבוּחִים עַל יִחוּדֶךָ.

אָבִינוּ מַלְכֵּנוּ, עֲשֵׂה לְמַעַן בָּאֵי בָאֵשׁ וּבַמַּיִם עַל קִדּוּשׁ שְׁמֶךָ.

אָבִינוּ מַלְכֵּנוּ, נְקֹם לְעֵינֵינוּ נִקְמַת דַּם עֲבָדֶיךָ הַשָּׁפוּךְ.

אָבִינוּ מַלְכֵּנוּ, עֲשֵׂה לְמַעַנְךָ אִם לֹא לְמַעֲנֵנוּ.

אָבִינוּ מַלְכֵּנוּ, עֲשֵׂה לְמַעַנְךָ וְהוֹשִׁיעֵנוּ.

אָבִינוּ מַלְכֵּנוּ, עֲשֵׂה לְמַעַן רַחֲמֶיךָ הָרַבִּים.

אָבִינוּ מַלְכֵּנוּ, עֲשֵׂה לְמַעַן שִׁמְךָ הַגָּדוֹל הַגִּבּוֹר וְהַנּוֹרָא שֶׁנִּקְרָא עָלֵינוּ.

אָבִינוּ מַלְכֵּנוּ, חָנֵּנוּ וַעֲנֵנוּ, כִּי אֵין בָּנוּ מַעֲשִׂים
עֲשֵׂה עִמָּנוּ צְדָקָה וָחֶסֶד וְהוֹשִׁיעֵנוּ.

שליח הציבור ואחריו הקהל:

שְׁמַע יִשְׂרָאֵל, יהוה אֱלֹהֵינוּ, יהוה אֶחָד: דברים ו

שליח הציבור אומר שלוש פעמים והקהל אחריו:

בָּרוּךְ שֵׁם כְּבוֹד מַלְכוּתוֹ לְעוֹלָם וָעֶד.

שליח הציבור אומר שבע פעמים והקהל אחריו:

יהוה הוּא הָאֱלֹהִים.

סוגרים את ארון הקודש.

קדיש שלם

ש״ץ: יִתְגַּדַּל וְיִתְקַדַּשׁ שְׁמֵהּ רַבָּא (קהל: אָמֵן)
בְּעָלְמָא דִּי בְרָא כִרְעוּתֵהּ
וְיַמְלִיךְ מַלְכוּתֵהּ
וְיַצְמַח פֻּרְקָנֵהּ וִיקָרֵב מְשִׁיחֵהּ (קהל: אָמֵן)
בְּחַיֵּיכוֹן וּבְיוֹמֵיכוֹן וּבְחַיֵּי דְכָל בֵּית יִשְׂרָאֵל
בַּעֲגָלָא וּבִזְמַן קָרִיב
וְאִמְרוּ אָמֵן. (קהל: אָמֵן)

קהל וש״ץ: יְהֵא שְׁמֵהּ רַבָּא מְבָרַךְ לְעָלַם וּלְעָלְמֵי עָלְמַיָּא.

ש״ץ: יִתְבָּרַךְ וְיִשְׁתַּבַּח וְיִתְפָּאַר וְיִתְרוֹמַם וְיִתְנַשֵּׂא
וְיִתְהַדָּר וְיִתְעַלֶּה וְיִתְהַלָּל
שְׁמֵהּ דְּקֻדְשָׁא בְּרִיךְ הוּא (קהל: אָמֵן)
לְעֵלָּא לְעֵלָּא מִכָּל בִּרְכָתָא וְשִׁירָתָא
תֻּשְׁבְּחָתָא וְנֶחֱמָתָא
דַּאֲמִירָן בְּעָלְמָא
וְאִמְרוּ אָמֵן. (קהל: אָמֵן)

נוהגים לתקוע בשופר במוצאי יום הכיפורים (תשובת הגאונים, ׳שערי תשובה׳ סז).
יש נוהגים לתקוע באמצע קדיש תתקבל (כמו במוסף לראש השנה),
ויש תוקעים אחר הקדיש – וכן נוהגים אם עדיין לא הגיע זמן צאת החג.

תוקעים:

תקיעה

יש מוסיפים:

שברים תרועה תקיעה גדולה

תִּתְקַבַּל צְלוֹתְהוֹן וּבָעוּתְהוֹן דְּכָל בֵּית יִשְׂרָאֵל
קֳדָם אֲבוּהוֹן דִּי בִשְׁמַיָּא
וְאִמְרוּ אָמֵן. (קהל: **אָמֵן**)

יְהֵא שְׁלָמָא רַבָּא מִן שְׁמַיָּא
וְחַיִּים טוֹבִים עָלֵינוּ וְעַל כָּל יִשְׂרָאֵל
וְאִמְרוּ אָמֵן. (קהל: **אָמֵן**)

כורע ופוסע שלוש פסיעות לאחור. קד לשמאל, לימין ולפנים באמירת:

עֹשֶׂה הַשָּׁלוֹם בִּמְרוֹמָיו
הוּא יַעֲשֶׂה שָׁלוֹם
עָלֵינוּ וְעַל כָּל יִשְׂרָאֵל
וְאִמְרוּ אָמֵן. (קהל: **אָמֵן**)

לַשָּׁנָה הַבָּאָה בִּירוּשָׁלַיִם הַבְּנוּיָה.*

---

* **בְּחַג הַסֻּכּוֹת בַּמִּקְדָּשׁ בִּירוּשָׁלַיִם הַבְּנוּיָה.**

קוֹרֵן ירושלים   מכון המקדש